中国电线电缆行业发展简史

◎中国检验检测学会电线电缆分会 组编
◎吴长顺 主编

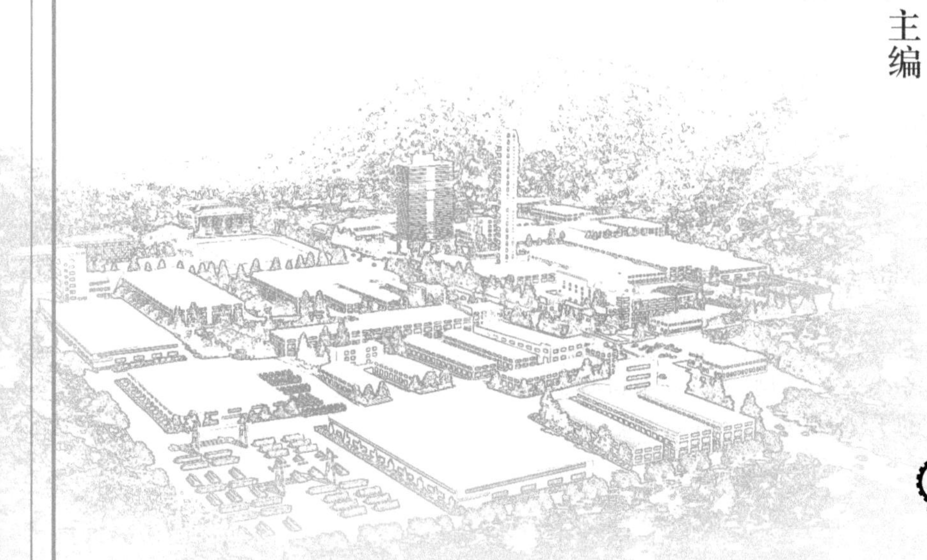

机械工业出版社
CHINA MACHINE PRESS

本书全面系统地介绍了我国电线电缆行业的发展历程，共分为6篇：第1篇主要讲述了我国电线电缆行业从无到有，到成为世界第一大电线电缆制造国的发展过程；第2篇主要讲述了计划经济时代的行业发展，以及电线电缆产业布局和改革开放前主流电缆企业的发展变迁；第3篇主要讲述了电线电缆特色企业异军突起和头部企业快速扩张，以及产业集群效应；第4篇主要讲述了五大线缆产品和塑料材料产品的发展变迁；第5篇主要讲述了电线电缆行业标准化、质量与认证，以及认证体系的建立；第6篇主要讲述了电线电缆时代人物、院校线缆工程学科建设与人才培养，以及技能人才鉴定与培育。通过回顾我国电线电缆行业的发展历程，总结行业发展的成功经验，可以为行业的未来发展提供重要的参考和借鉴，推动行业持续健康发展。

本书可作为电线电缆行业从业人员的培训教材，也可作为科研院校、政府相关部门的参考用书。

图书在版编目（CIP）数据

中国电线电缆行业发展简史 / 吴长顺主编. -- 北京：机械工业出版社，2024. 12（2025.6重印）. -- ISBN 978-7-111-77410-5

Ⅰ. F426. 61

中国国家版本馆 CIP 数据核字第 20252SP269 号

机械工业出版社（北京市百万庄大街22号　邮政编码100037）

策划编辑：王振国　　　　责任编辑：王振国　关晓飞

责任校对：郑　婕　张　征　　封面设计：张　静

责任印制：张　博

北京建宏印刷有限公司印刷

2025年6月第1版第2次印刷

210mm×285mm · 32.5印张 · 2插页 · 999千字

标准书号：ISBN 978-7-111-77410-5

定价：188.00 元

电话服务　　　　　　　　网络服务

客服电话：010-88361066　　机　工　官　网：www.cmpbook.com

010-88379833　　机　工　官　博：weibo.com/cmp1952

010-68326294　　金　书　网：www.golden-book.com

封底无防伪标均为盗版　　机工教育服务网：www.cmpedu.com

本书编委会

序

《中国电线电缆行业发展简史》一书，历经近两年的努力，即将付梓出版。编写组给我捎来书稿，希望我为本书作序。

记得一年前，我在一次参加由中国检验检测学会电线电缆分会组织的行业论坛期间，同与会嘉宾们谈及我国电线电缆发展历史时，嘉宾们认为，我国电线电缆行业作为重要配套产业，伴随着国民经济的快速发展，近年来年产值都超过万亿元，成为机械工业中仅次于汽车行业的第二大产业，如此辉煌的历程值得我们当代人着笔去记载、去总结。同时，与会专家提议并邀请中国检验检测学会电线电缆分会副会长兼秘书长、上海缆慧检测技术有限公司董事长吴长顺来牵头，组织行业人士共同编纂一部关于我国电线电缆行业发展的史书。没想到，如此提议，竟然成真。

看着手中书稿，感慨颇多！就借此机会谈谈自己对电线电缆行业发展历程的一些认识和感受。

我于 1963 年在西安交通大学开始电气绝缘与电缆技术专业的学习，从此与电线电缆行业结下了不解之缘。毕业之后我在企业从事线缆生产方面的技术工作十余年，而后又重回教育系统，一直在西安交通大学承担教学和科研工作。在此期间，我有幸参加了 CIGRE B1 绝缘电缆研究委员会十余年的研讨学习。于此也曾执笔编著，而面对我国线缆工业的宏大历程，深知《中国电线电缆行业发展简史》一书编纂工作的不易。吴长顺同志从事电线电缆行业近 40 年，在行业内颇具影响力，如今更是不负众望，仅仅两年不到的时间，就组织了行业相关人士将本书编纂成功，实非易事。这不仅体现了吴长顺同志以及参编人员对行业事业的热爱，更体现了作为电线电缆行业从业者那份实现线缆强国梦的坚定理想信念，以及坚持为电线电缆事业发展贡献智慧与力量的深厚行业情怀。

拜读了《中国电线电缆行业发展简史》书稿，我觉得这本书结构明晰、层层推进，按行业发展元年、发展初期、快速发展期、成熟期四个阶段，详细叙述了我国电线电缆行业每一阶段发展的闪亮足迹，而每一部分都有相对独立的文本结构，各个部分既互相衔接又形成了完整的逻辑链条。从全书的内容看，这本书比较全面、纪实地反映了我国电线电缆行业的发展历程，为传承行业精神、技术、文化提供了重要记录，也为行业立足当下、擘画未来提供了有益参考。我相信，这本书对于我们电线电缆从业者，特别是新"线缆人"了解我国电线电缆行业经过艰难曲折走向发展繁荣的历程及成功经验，一定会有所裨益。

20 世纪 30 年代后期，我国第一家电线制造企业——中央电工器材厂（昆明电缆厂的前身）正式建立，由此开启了我国电线电缆产业的征程；20 世纪 50 年代中期，当时的第一机械工业部组织设立了行业归口技术机构——上海电缆研究所，并开始投资兴建沈阳电缆厂和扩建上海电缆厂，由此拉开了我国计划经济指导下电线电缆产业大规模建设的序幕。特别是改革开放后，国家全面开始计划经济体制改革，市场经济逐步开放，国有电线电缆企业逐步退出历史舞台，民营电线电缆企业如雨后春笋般地蓬勃发展起来，并且在行业中的占比逐年上升。如今经过80余年的发展，整个行业从小到大、从弱变强、从落后走向先进，业内的技术人才从少到多，以集中统领的“产、学、研”三结合技术研发模式转变成以企业为中心的“产、学、研、用等”多体结合的技术创新模式，不少企业进入产值达百亿级的重位，从而建成了可称世界规模最大、产品品种最全、产业门类齐备、基础配套完整的电线电缆产业体系。

我国电线电缆行业之所以在旧中国举步维艰、在新中国蓬勃发展，最重要的一点是我们有了党的领导，有了优越的社会主义制度，以及由此生成的良好的发展环境和政策。另外，行业技术要进步，产业要发展，关键在人才。我们深知，我国电线电缆行业要保持良好发展势头，争创世界一流水平，在激烈的国际竞争中掌握主动，实现线缆强国梦想，就必须尊重知识、尊重和爱护人才，不断激发“线缆人”的首创精神，以及他们的紧迫感、责任感和献身电线电缆发展事业的使命感。我们不会忘记那些为我国电线电缆行业发展奋斗了一生、做出了各种贡献的人。本书特设单独章节——“时代人物”，对此进行了介绍，他们中有行业前辈、技术专家、企业家，还有行业新秀“创二代”，有知名的也有不知名的，但他们在电线电缆建设史上留下的艰苦创业、无私奉献、鞠躬尽瘁的事迹，我们要永远铭记。我们要学习他们的开拓精神、奉献精神，以及家国情怀。

回首我国电线电缆行业发展历史，我们充满骄傲和自豪。同时，我们还要清醒地看到，我国虽是电线电缆制造大国，但还不是电线电缆强国，我们必须戒骄戒躁，要在新的使命感召下，展开新的追求，向着更高水平、更优质量、更响品牌和更加满意的目标迈进，开启电线电缆行业发展新征程，逐步实现线缆强国梦想。

是为序。

曹晓珑

二〇二四年六月六日于西安

前言

电线电缆是输送电能、传递信息和制造各种电机、电器、仪表所不可缺少的线材，被誉为国民经济的“血管”和“神经”，广泛应用于能源、交通、通信、汽车、石油化工以及航空航天等领域，在制造业中扮演着非常重要的角色。我国电线电缆行业起步于1936年，通常以中央电工器材厂一厂的创办作为我国电线电缆工业的元年。

回望我国电线电缆行业发展历程，可谓是一部自强不息、向新图强的壮阔史诗。从旧中国的艰难起步，到新中国的新生与蓬勃发展，每一步都充满了挑战与机遇。特别是近十多年来，我国电线电缆行业取得了长足的发展，每年的产值都在万亿元以上，成为我国机械工业中仅次于汽车行业的第二大产业，我国也跃居世界第一大电线电缆制造国。如此辉煌的历程需要我们当代“线缆人”去记载，然而，至今尚无一本全面叙述中国电线电缆行业80多年来发展历史的书籍。

我自1988年参加工作以来，一直从事电线电缆产品检验检测工作，经常与行业前辈、专家学者，以及行业同仁打交道，他们时常提到关于编纂行业发展史的事，认为编纂行业发展史功在当代、利在长远，对于我们今后从中汲取历史经验、把握历史发展规律、指导行业工作具有重大意义，并提议让我来组织牵头。起初我并未在意大家的提议，直到2022年底，中国检验检测学会在筹建电线电缆分会，酝酿《中国电线电缆行业发展简史》（以下简称《简史》）编纂时，我才真正体会到行业前辈与同仁们的对电线电缆事业发展的历史责任感，体会到他们作为电线电缆行业从业者对行业的热爱，以及那份“对历史负责、为现实服务、替未来着想”的情怀。于是我们电线电缆分会在成立之时（2023年6月），首届理事会讨论决定将《简史》编纂工作列入为行业服务、办实事之一，并作为2023—2024年重点任务来完成。

《简史》编纂是一项系统工作，任务繁重艰巨，实施周期长，质量要求高。对此，我们编纂工作组在编纂过程中始终坚持高标准、严要求，把精品意识贯穿于编纂工作全过程，确保《简史》经得起历史和实践的检验。

在史料收集上，我们力争多多益善。编纂工作组邀请了行业前辈、专家、学者和科研院所（校）、行业检验检测机构、重点企业，以及地方行业组织负责人参与《简史》编纂。半年时间内，参与编纂的人员就以板块、条线多方收集与行业相关的文字、图片、数据等，为编纂工作组提供了大量翔实的史料。

在史料筛选上，我们力求精益求精。编纂工作组紧紧围绕“求真、求实”原则，去粗取精、去伪存真，并按照出精品的要求，比勘史料，确定史料的选择。还对章节中所录入的时代人物进行一一对接，未取得本人同意的没有收录，以确保《简史》客观、真实、生动，全面记述中国电线电缆产业从无到有、从小到大、从弱到强的发展历程。

在谋篇布局上，我们力图脉络分明。编纂工作组进行了数十次讨论，几易其稿，最终确定《简史》

篇、章、节的内容。《简史》以年代为顺序，全面记录行业发展元年、发展初期、快速发展期及成熟期四个阶段，详细叙述了早期电线电缆行业在西方技术影响下的缓慢萌芽，从第一家电缆厂的创办和第一根线缆的诞生，每一步都显得尤为艰难。新中国成立后，电线电缆行业迎来了新生，特别是改革开放的春风为行业带来了春天，引进国际经验，确立市场观念，推动自主研发，全行业得到了快速发展，取得了令全球瞩目的辉煌业绩。《简史》以分类编辑法，介绍了电线电缆五大类产品（导体与裸电线、电气装备用线缆、电力电缆及附件、通信电缆与光缆、绕组线）、塑料材料产品和制造装备产品的发展与变迁，详细叙述了支撑电缆工业发展的制造工艺、标准、检测与认证，以及职业技能鉴定等体系的建立与发展，重点介绍了改革开放前主流电缆企业的发展变迁，以及行业具有代表性的“专精特新”企业和头部企业的发展特色。

回顾和总结历史，是为了更好地建设现在和开辟未来。《简史》自编纂以来，经全体编纂人员一年多的努力，如今正式与读者见面了。全书系统地记录了我国电线电缆行业的发展历程，述录先驱的开拓，启迪来者的奋斗，既致敬一代代“线缆人”对线缆强国梦的求索，更激励行业后来者踔厉奋发、勇毅前行，为全面推进我国电线电缆行业高质量发展而努力奋斗。

《简史》的面世，是全体编撰人员用心血为我国电线电缆行业筑起的一座文化丰碑。

《简史》的编纂得到了上海、安徽、广东、江苏、浙江、山东、河北、河南、湖北、湖南、四川、贵州等地方行业组织负责人、行业专家、学者和科研院所（校）、行业检验检测机构、重点企业的大力帮助和支持。另外，需要特别指出的是，第4篇第1章第4节中的“海光缆部分”由黄俊华编写，第5节“绕组线”由鲍煜昭编写；第4篇第2章共有7节，赵以正作为主要编写者付出了大量心血，刘云龙参与了第2、7节的编写，刘雄军、孙无忌参与了第3节的编写，瞿保钧参与了第4节的编写，程金星参与了第5、6节的编写，曹晓珑教授参与第6节的审核。在此一并表示衷心感谢！

由于我们经验不足，水平有限，特别是在史料收集方面还有不足之处，加之《简史》出版时间紧、工作量大，虽经多次修改，尚有疏漏与不足之处，恳请广大读者批评指正，以便后续加以完善和提高。

吴长恒

二〇二四年五月一日于上海

目录

第 4 篇　领风骚 · 满园春色

第 5 篇　竞风流 · 科技引领

第 6 篇　强国梦 · 业由才广

第 1 篇

观古今·行业总览

第1章 线缆工业发展元年

第1节 电缆在我国的首次使用

盘根交错的地下电缆，如同城市的血脉，将动力之源连绵不断地输送至每一座建筑、每一条街道、每一盏路灯，为城市的每一个角落带来光和热。它们是悄无声息的城市生命维系者，为现代文明的繁荣和活力提供了安全、稳定和高效的动力。

我国首次使用电的历史可以追溯到19世纪末的上海，即英国电缆在上海外滩的初次使用。在那个时代，居民普遍使用煤油灯和煤气灯，电力技术开始萌芽。1879年爱迪生发明电灯，1879年5月，上海公共租界工部局电气处工程师毕晓浦以一台7.64kW的蒸汽机为动力，带动西门子工厂生产的自励式直流发电机。当锅炉气压达到每平方英寸0.21MPa时，打开蒸汽阀门带动蒸汽机转动，弧光灯碳棒间出现火花并逐渐发出洁白的弧光。从此，华夏大地迎来了电力时代，开启了有电的历史新篇章。

图1 1882年上海外滩边的第1根弧光灯杆

如果说毕晓浦点亮了我国电力行业的星星之火，3年后上海电气公司的成立无疑加了一把火。1882年，曾在工部局任秘书的英国人立德尔成立了上海电气公司，创建了我国第一家电厂——乍浦电厂。1882年7月26日，电厂的围墙转角内竖起了第1根弧光灯杆，并沿外滩直到虹口招商局码头立杆架线串接15盏灯。当天晚上7时，电厂开始供电，弧光灯璀璨夺目，如同星辰闪耀，点亮了黑色的世界，亦如在夜幕中绘制的一幅幅流光溢彩的画卷，这一刻，四溢的光芒永远留在了成百上千人的心底，同样也刻入了我国电力工业史中。弧光灯杆的矗立（图1）标志着我国迈入了电灯照明的崭新纪元，也象征着我国在现代化道路上走出了坚实的一步。

19世纪末，西方工业革命蓬勃发展，电力行业对新设备新工艺的探索步履不停，电力电缆应运而生。1879年，爱迪生制成黄麻沥青绝缘电力电缆；1888年，英国的费伦蒂制成10kV二芯油浸纸绝缘电缆；1890年，美国制成三芯油浸纸绝缘电力电缆；1893年，英国开始生产纸力缆。为改善人民生活，上海开始引进一系列西方先进技术。受限于当时的电力技术，杆塔架线供电不稳且占用城市空间多，而电缆因其供电可靠、隐蔽性好、安全性高、输送容量大等优点，在国际上已得到广泛的认可和应用，因此引入电缆技术，提高电力供应的稳定性和安全性，成为当时上海城市发展的重要方向。然而，电缆取代架空线的铺设之路并不顺利。

早在 1884 年，主要由英美管辖的工部局（租界设立的行政机关）第一次向电气公司提出敷设地下电缆，但电气公司认为世界地下电缆技术尚不成熟，在上海付诸实践难上加难。电气公司一方面考虑到上海的天气夏季多雨，敷设地下电缆的后果可参考当时的印度孟买——从 6 月到 9 月的大雨天气导致配电盒中注满雨水、绝缘体失效；另一方面考虑到上海地下常年积水，土地存在盐碱化的问题，这使得地下电缆面临着更为艰难的运行环境；另外，还要改装一套适合上海地区的地下电缆设备，公司也无力承担这笔费用。所以，工部局第一次的地下电缆铺设想法就此作罢，直到 8 年以后，国际电缆技术得到了较大发展，部分政策开始向地下电缆倾斜。

1892 年 1 月，英国商务部禁止在人口密集的城市使用架空电线，鉴于当时上海的高人口密度以及狭窄的道路状况，工部局出于对公众安全和城市建设的考虑，建议所有的架空电线均埋入地下。这一建议也得到了当时电气工程师们的支持。尽管如此，电气公司还是就地下电缆铺设的可行性问题与工部局进行了长达半年的持久论战。最终，以英国现行规定为依据，加上以部分使用者的联合证明据理力争，使得工部局董事会束手无策。工部局最后考虑到架空电线的可存在性和地下电缆敷设的费用问题，逐渐放松了口径，5 月以后不再坚持将现有的电线埋入地下。这是工部局提议敷设地下电缆的再次尝试，仍以失败告终。

直到 1897 年，上海公共租界工部局电气处正式敷设首条 100V 的地下电力电缆，这条进口的电缆采用硫化天然橡胶为绝缘材料，铅包作为护套，全长 2.27km，主要向直流照明用户供电，成为上海使用地下电力电缆供电的起源，也逐渐拉开了我国电力电缆不断发展的序幕。

第 2 节　我国创办的第一家电缆厂

我国第一家电缆厂的创办历经了动乱、战争的洗礼，艰辛曲折的道路不同一般。

20 世纪初，我国饱受帝国主义的侵占掠夺，屡遭军阀混战、哀鸿遍野之苦。20 世纪 30 年代，在帝国主义列强瓜分践踏的缝隙中挣扎出来的我国早期民族资本工业，已是风雨飘摇、步履维艰。与此同时，以国民政府为代表的官僚资本企业则已悄然兴起。

1935 年，南京国民政府资源委员会就开始谋划开发资源，创办钢铁、机械、电工等重工业工厂。1936 年 3 月，国民政府资源委员会的“工业建设三年计划”被国民党中央通过，不久开始着手创建“国营”工矿事业。至此，兴建直接关系到电力工业兴衰的中央电工器材总厂上海电工器材分厂，即被列为重工业三年计划中十大厂矿之一，并于 1936 年 7 月成立了恽震为主任委员、张承祜等 9 人为委员的中央电工器材厂筹备委员会（图 2），筹备处设于南京。

图 2　中央电工器材厂筹备委员会部分委员与英国工程师布莱克合影

当时拟设四个厂，一厂为电线厂，二厂为电管厂，三厂为电话机厂，四厂为电机厂，预算约为当时法币的 1450 万元。

筹备委员会成立后，先后与英国电缆绝缘公司、开能达电缆有限公司、亨利电报制造有限公司、美国亚克屈勒电子管公司、德国西门子电机厂等签订技术协议（国外工厂负责提供技术、培训人员），并选购了英、法、美等国的生产设备。其间，张承祜抽时间到英国电缆绝缘公司学习了 3 个月，中央资源委员会派赴英国电缆绝缘公司所属工厂学习电线制造技术的还有葛和林、娄尔康、支少炎、卞学智。电线厂在建厂之初就拥有了英、德、意、法、美等国较为先进的电线电缆生产设备和技术。

1937 年 3 月，勘定厂址，选定湖南湘潭下摄司。然而，基建工程尚未动工，“七七”事变爆发，给正在兴建中的电工器材厂笼上了浓重的阴影。当时政府迁都，大片国土沦陷，交通阻断，使筹备事宜屡遭挫折，计划迭次修改，尚未出襁褓即遭此厄运，似乎预示着未来的中央电工器材厂在今后几年中“坎坷多舛”的命运。

1938 年，由于时局所迫，生产电缆的一厂决定另行选址迁往云南，其余仍按照原计划在湘潭加紧建设。然而，1938 年武汉沦陷，湘潭门户打开濒临战争前线，筹备处奉令将总办事处、二厂和四厂的一部分迁至桂林，三厂及四厂的另外一部分迁至昆明，与先一步迁至昆明的一厂合建于昆明马街子（图 3），距滇缅公路 9km 处。图 4 为中央电工器材厂破土动工。

图 3　中央电工器材厂筹备人员在云南昆明马街子勘察地形

图 4　中央电工器材厂破土动工

1939 年底，由于日本军机经常空袭昆明，指导安装和培训的 BICC 工程师布莱克为自身安全考虑，随即返回英国，之后的机器安装及试生产均由国内技术人员和工人自行完成。最初由吴维正、姚恫尧带领职工安装，后来赴德学习的史通等人陆续回国，又延揽了留学日本的李杜、国立交通大学 1937 年毕业生吴世英等共同投入紧张的安装调试工作中，按期圆满完成了任务。一厂与四厂于 1939 年陆续投产，生产的电线产品商标皆为“昆电工牌”。历经三年搬迁磨难的中央电工器材厂于 1939 年 7 月 1 日正式宣告成立（图 5），并将这一天确定为厂庆日。该电线厂称为中央电工器材厂一厂，为我国电线电缆工业奠定了基础。

图 5　我国第一座钢架厂房（中央电工器材厂）

1939 年 7 月 1 日，中央电工器材厂一厂正式成立时，国民政府拨给创业经费 210 万银圆，建厂面积为 8415m^2，职工人数为 497 人。同年。技术人员和工人经过共同努力，制造出我国第一根裸铜导线，填补了当时国内空白，我国自己生产的第一根电线诞生了。

电线厂开始生产后，又于 1937 年在上海、重庆、香港、兰州等地设立办事处，办理营业的购运工作。然而好景不长，1940 年 10 月昆明遭到日本军机大规模轰炸，总办事处及一厂、四厂受到巨大损失，后虽经修复，却已元气大伤，三厂、四厂不得不搬迁。1941 年，国民党军队在缅甸战场失利，滇缅公路阻断，而桂林分厂亦因情况紧急被迫部分搬迁到重庆，部分搬迁到贵阳。1942 年 8 月，马街子工业区再度遭到日本军机轰炸，昆明厂再次受到重创，损失惨重，在加紧抢修的同时，又在距原厂 3km 处的栗园山谷中购地建造分工厂，用以疏散。

自此以后，中央电工器材厂的生产条件日益艰苦（图 6）。因其产品攸关军需民用，故虽然条件艰苦，仍要想方设法维持生产。直到日本投降，先后研制的原材料有锌皮、炭精、黄蜡绸、黄蜡布、洋干漆、绝缘清漆、方铜线、漆包线、磁钢、话盒振膜、白金电极、胶木等数十种，对抗战时期的军、民事业，做出了一定的贡献。

图 6　中央电工器材厂大门

1945 年 8 月，抗战胜利，中央电工器材厂重新改组，一厂和四厂合组为昆明分厂，重庆二厂和重庆四厂合并为重庆分厂，三厂单独改组为中央有线电器材公司，并着手筹建新厂，也办理接收敌伪电器工业。

抗战前后张承祜、葛和林、娄尔康、吴维正、胡懋书、李杜、马盛模、毛安民、陈俊雷、胡国澄等人在英国、美国、加拿大等国各厂学习电线电缆技术。

第 3 节　第一根国产线缆的诞生

在人类史上，电线的发明是从需要传输电能量或电信号开始的，所以电线电缆的使用远在 200 年前就已开始了。最初是用于电讯和炸矿方面，1812 年俄国科学家西林格第一个试验成功，他用橡皮带绝缘的电缆埋在涅瓦河底来炸矿，以后据说又在慕尼黑附近的伊萨河中安装了一条通信电缆。之后英、美、德各国也相继制造了一些不同形式的原始电缆，其中包括把铜线装在玻璃管中，以及用松香、洋干漆、沥青等来浸渍纱麻，包在导线外面作为绝缘。横跨美国纽约港的水底通信电缆是用橡皮绝缘的，外面用黄麻和沥青保护，在 1842 年投入运行。1866 年横跨大西洋的海底电缆是用马来树胶绝缘的，外面装了铁丝铠装。到 1879 年白炽灯面世之后，电线电缆在电力方面的使用才进入了新阶段。高压电力电缆的发展约在 1890 年开始。这时英国的 10kV 电缆在伦敦安装成功，这条电缆是用纸带包在铜管外面做成的，每段约 20 英尺，全长 30 英里。与此同时，铅包铜绞线的电缆也开始制造了。在 1890—1910 年的 20 年间，电缆技术没有很大进步，20kV 的三芯电缆在 1910 年以后才开始普遍使用，而 35kV 的电缆则在第二次世界大战时才开始制造。那时虽然对高压电缆采取了加厚绝缘的办法，但是由于对三芯统包型电缆在设计上的一些缺点没有充分加以估计，所以造成了很多故障。这种缺点直至屏蔽型电缆发明之后才得以解决。到目前为止，所有高压和超高压的电缆都仍旧采用这种形式，它是德国科学家 M. 霍斯司特达在 1914 年发明的，因此常用他名字的首个字母 H 来代表它。1923 年苏联工程师 C.M. 布拉根和 C.A. 雅可夫列夫进一步创造了分相铅包电缆，它除了具有与屏蔽型电缆同样的优点外，还有很多其他优点。这种电缆在英美各国常常叫作 HSL 型，其中 SL 即是分相铅包的意思。

在 20 世纪 20 年代，我国已经开始尝试电线电缆的制造，但这些都是由外国人投资和控制的，我国完全不能自主。直到 1939 年，我国建立了自己的电缆企业，才开始了中国人自主设计、制造电线电缆。

中央电工器材厂一厂（后改名为昆明电缆厂）是我国第一根电线诞生的地方，生产设备都是进口的，但当时由于国内工业基础差，连安装生产设备的起重吊装设备都缺乏，老一代昆缆人竭力发挥聪明才智，用手动葫芦和木制龙门吊（图 7）将沉重的生产设备迅速安装并调试完成。

参加中国第一根电线制造的技术人员有张承祜、姒南笙、吴维正、姚诵尧、葛和林、史通、娄尔康等，工作包含厂房选址、厂房建设、设备引进、考察、人员培训、设备安装调试、原材料采购、工艺研究等。图 8 所示为兴建中的 6000m^2 铜线及橡皮线车间，这当时是我国建筑面积最大的电线电缆生产车间。经过近一年的勤奋努力，中央电工器材厂的土建工厂终于圆满竣工。

图 7　工人们用土方法在吊装设备

图 8　兴建中的 6000m^2 铜线及橡皮线车间

我国自己创办的电缆企业内生产的电线为绞合铜缆，相当于现在的 TJ 型产品，截面积大约为 50mm^2。图 9 所示为我国创办的电缆制造企业生产的第一根线缆产品。

图 9　我国创办的电缆制造企业生产的第一根线缆产品

第2章

行业发展初期（1949—1977年）

第1节　概　述

1949年前在我国除了中央电工器材厂一厂（电线厂）是由国民政府出资官办的电线制造企业外，其余都是外资的或民营的小作坊企业，生产规模小，品种相当单一，电线结构简单，绝缘和护套材料原始。直到1976年，电线电缆行业在中国共产党的领导和主持下获得迅速发展，但也经历了不少的曲折和挫折。

新中国成立初期对电线制造企业或相关企业进行了公私合营改造，后由国家有关部门统一在全国进行了电线电缆制造企业的布局，涉及生产制造工艺、生产制造设备、产品研发、原材料开发等，到1965年，全国电线电缆行业状况与1949年前相比发生了翻天覆地的变化。然而在那个特定历史时期，电线电缆行业发展速度受到严重的冲击，影响了生产秩序和行业的有序发展。纵观1949—1978年时期，我国电线电缆行业的发展也取得了较大的成就，例如在全国电线电缆制造企业数量和地域布局上，西藏以外的其他省、市、自治区（不含港澳台）几乎都布局了电线电缆制造企业，基本满足了国民经济建设的需要。

这期间，除了少量的电线电缆生产设备需要进口，其余都是自力更生开发生产设备、开发原材料、开发生产制造工艺等，取得了辉煌的成绩。

1950年，上海电线厂为发展油浸纸绝缘电力电缆和纸市话电缆，提高熔铜压延能力，自行设计制造了新的工艺装备，扩建了车间，成功试制国内第一根橡皮绝缘铠装电力电缆和第一根橡套矿用电缆，结束了国内不能制造电缆的历史。

1950年，上海元富电工厂模仿国外样品成功试制塑胶线。

1951年5月，上海电线厂自行设计成功试制国内第一根6.6kV铅包纸绝缘电力电缆和汽车飞机用低压腊克线。

1951—1953年，上海电线厂成功试制100对、200对、1200对空气纸绝缘市话电缆，用于城市电讯市话传输。

1953年，上海电线厂成功试制国内第一根石油勘探电缆。

1954年，上海电线厂成功试制国内第一根铜电车线，结束了国内电车线靠进口的历史。

1954年，上海电线厂成功试制国内第一根万伏油浸纸绝缘电力电缆。

1954年，上海电线厂成功试制国内第一根船用橡皮绝缘电缆。

1956年9月12日，隆重地举行了沈阳电缆厂改扩建验收开工生产典礼大会，完成了156个苏联援建重大项目中唯一一个电线电缆行业的项目建设。

1957年，组建了国内电线电缆专业研究机构——上海电缆研究所。

1958—1965年，全国通信电缆生产能力得到较大提升，创建了西安电缆厂、成都电缆厂、侯马电缆厂、焦作铁路信号工厂、济南铁路电务工厂等。

1958年，上海电缆厂成功试制泡沫聚乙烯简易载波电缆，星绞式市内电话电缆、音频海底电缆、

110kV 高压充油电缆等尖端产品；自行设计的 KBP 高压七光电缆的试制成功，标志着上海电缆厂的技术水平已接近世界先进水平。

1962 年，上海电缆厂在通信电缆方面也有较大突破，属于低频通信范围内的空气绝缘市话电缆产品的 400 对、1200 对规格产品，由原来的同心式结构试制成单位式结构，解决了同心式市话电缆在大对数时容易产生弯曲变形等质量问题，缩短了使用单位在安装敷设过程中的接线工时。

1967—1969 年，上海电缆厂的重大新试产品——大长度过江电缆及附件，满足了我国过江敷设大长度高压电缆的需要。

1971 年，开发了交联聚乙烯绝缘全塑电力电缆，还为北京地铁工程生产了 16km 的 35kV 单芯 185mm^2 充油电缆，满足了北京地铁工程的紧急需要。

在此期间，我国电线电缆行业的主流企业在中国共产党领导下还对社会主义阵营中兄弟国家的电线电缆制造企业进行了援建。

1979 年四季度第一机械工业部（简称“一机部”）召开的机械工业厅局长会议上的资料显示，当时主要的电线电缆厂（包括专用设备、电缆附件等厂）共 125 家，各大区企业的分布状况和总产值百分比见表 1。

表 1　各大区企业的分布状况和总产值百分比

地区	各大区在总产值中所占百分比（%）			
	企业数	1957 年	1963 年	1975 年
西南地区	9	6.0	3.5	4.0
西北地区	7	—	0.6	4.7
中南地区	24	6.0	8.2	12.0
华东地区	41	38.5	46.6	44.9
华北地区	27	10.5	15.7	16.7
东北地区	17	39.0	25.4	17.7
合计	125	100	100	100

1949—1976 年的电线电缆生产发展情况，包括铜、铝导体用量，以及各个历史时期总产值、总导体用量、职工人数的年平均增长速度，见表 2 和表 3。

表 2　1949—1976 年电线电缆行业铜、铝导体用量　（单位：万 t）

年份	铜导体	铝导体	总导体	年份	铜导体	铝导体	总导体
1948	—	—	—	1963	2.71	2.33	7.37
1949	0.65	—	0.65	1964	4.34	2.53	11.40
1950	0.59	—	0.59	1965	5.48	4.39	14.26
1951	1.00	—	1.00	1966	6.43	6.72	19.87
1952	1.39	0.07	1.53	1967	5.75	5.80	17.35
1953	2.44	0.21	2.86	1968	5.87	4.65	15.17
1954	2.60	0.11	2.82	1969	9.59	7.18	23.95
1955	2.20	0.18	2.56	1970	11.6	10.70	33.00
1956	3.41	0.65	4.71	1971	12.0	11.40	34.80
1957	4.14	0.74	5.62	1972	13.0	13.30	38.60
1958	7.46	2.83	13.12	1973	13.2	12.80	38.80
1959	10.72	4.15	19.02	1974	13.7	11.90	36.50
1960	11.98	5.00	21.98	1975	11.90	11.00	33.90
1961	3.42	1.74	6.90	1976	10.42	9.10	28.62
1962	2.09	1.71	5.51				

注：1. 所有统计数字，仅为机械工业部所属工厂的统计数字，不包括邮电部、铁道部、电子工业部系统工厂。

2. 铝导体的用量乘以 2 计入总导体用量。

表 3　1949—1976 年电线电缆行业各个历史时期总产值、总导体用量、职工人数的年平均增长速度

项目		总产值	总导体用量	职工人数
各历史时期数值	1949 年	—	0.65 万 t	2000 人
	1952 年	2.22 亿元	1.54 万 t	—
	1953 年	3.21 亿元	2.86 万 t	6673 人
	1957 年	4.83 亿元	5.62 万 t	—
	1958 年	19.70 亿元	13.12 万 t	—
	1965 年	11.79 亿元	14.26 万 t	30328 人
	1966 年	16.64 亿元	19.87 万 t	36814 人
	1976 年	27.14 亿元	28.62 万 t	75600 人
年平均增长速度	1949—1952 年	—	33.3%	—
	1953—1957 年	10.7%	18.5%	—
	1958—1965 年	-0.8%	1.2%	—
	1966—1976 年	5.0%	3.7%	7.4%

可以看出，1953—1957 年总产值和总导体用量的年平均增长速度是历史上最高的，分别为 10.7% 和 18.5%，而 1958—1965 年总产值和总导体用量的年平均增长速度则是历史上最低的，分别为 -0.8% 和 1.2%。

从每年总导体用量或总产值可以看出，1949—1976 年的电线电缆发展规律与国内的政治形势有关，因为电线电缆产品是配套产品，与国民经济建设的规模、速度密切相关。

第 2 节　1949—1953 年线缆发展概况

新中国成立前一直到 1953 年初，我国的电线电缆行业基础相当薄弱，在全国范围内还没有出现规模性的电线电缆制造企业，也没有形成系统性的电线电缆行业组织，仅仅是在国内主要几个具有工业基础的城市，如上海市、天津市、沈阳市、昆明市、哈尔滨市、北京市和武汉市等，创办了一些规模较小、产品品种比较单一的小型电线电缆制造工厂。

这里把 1949 年前和国民经济恢复时期（1949—1952 年）这段时间我国电线电缆行业的状况合并起来进行叙述。

1. 上海市

上海生产电线起始于 20 世纪 30 年代，生产电缆则是在 1949 年之后的事。

1931 年，日商松源矿在上海市大连路周家嘴口，开办了中国协记电线厂（后改名为上海电线三厂），它是上海最早生产铜芯橡皮线和民用花线的专业工厂。

1937 年，郑佩民在上海市徐家汇开平路 69 号，创办了培成电业厂（后改名为上海电线电缆一厂），它是上海最早生产橡皮绝缘棉纱编织软线的工厂。

到 1938 年，全国共有电线制造厂 100 多家，其中 57 家集中在上海。

八一三事变后，许多工厂毁于日军炮火，但在租界内，电线制造业略有发展。

1939 年 10 月，由姚云峰、姚华峰等集资 2 万元，在上海市徐家汇徐镇路 417 号，创办了民华电器厂（后改名为上海铝线厂），有职工 10 余人，主要生产铜灯头、电池和小电珠。

1938 年 3 月，在上海市抚顺路 202 号，日商福士重治独资开办了大陆炼铜厂（后改名为上海铜材厂），

主要生产黄铜皮、紫铜皮和直径 3mm 的铜丝。

1940 年，施祥林在上海市徐家汇徐镇路俭德村，创办了南洋水电工程行（后改名为上海南洋电线电缆厂），有职工 7 人，以修理为主，同时制造少量小截面民用电线，年产量 30 余公里。

日本投降后（1945 年），国民政府资源委员会中央电工器材厂先后接收了中华电气株式会社、东光电气株式会社、日本机械制作所、浦东电线厂和大陆炼铜厂一部分，在此基础上，于 1945 年 10 月成立了中央电工器材厂上海制造厂及其所属第二电线厂，共有职工 198 人，成为当时上海最大的电线制造厂，主要生产裸铜线、橡皮线、纱包线、电磁线等。

1946 年，在上海市长宁路苏家角 1019 号，宝康电艺机械行附属宝康电艺机械制造厂（后改名为上海电磁厂）成立，它是上海最早生产漆包线的工厂。

1947 年，在上海市青岛路 71 号，上海元富电工厂和新开灵电工器材厂（后改名为上海塑胶线厂）开业，主要生产家装线类产品。

1949 年前夕，上海电线电缆制造企业有 100 多家。

图 10　1947 年的上海电线厂

上海电缆厂的前身上海电线厂（图 10）的经历：国民政府资源委员会中央电工器材厂上海制造厂及其所属第二电线厂，于 1945 年 10 月由被接管的中华电气株式会社、日本机械制作所、东光电气株式会社和大陆炼铜厂、浦东电线厂合并而成，下设冶炼工场（河间路 826 号）、电线工场（昆明路 700 号）和电机工场（通北路 710 号）。1946 年，在军工路征地 1500 亩新建厂房并将电线工场迁入新址，主要生产裸铜线、橡皮线、纱包线和电磁线等。1949 年 5 月 30 日由上海市军事管制委员会接管，同年 12 月 1 日电线工场更名为上海电线厂，电机工场更名为上海电机厂，冶炼工场更名为上海冶炼厂。

1949 年 5 月 20 日，解放军的炮火日趋逼近上海市区。电线厂军工路的厂房划在军事区内，为了保护工厂的财产，大部分机器设备被拆除移到比较安全的地带。1949 年 5 月 23—27 日，市区进行激战，工厂全部停工。1949 年 5 月 27 日凌晨，在中共地下党支部的积极准备下，上海电线厂护厂队员在军工路上升起第一面红旗。这一天，厂纠察队员都戴上“人民保安队”的臂章，开始维护厂区周围的秩序，并收集国民党溃军丢弃在碉堡内的枪支弹药。1949 年 5 月 28 日，上海解放的第二天，解放军某部派一小分队进驻电线厂，负责保护设备和仓库。1949 年 5 月 30 日，由上海市军事管制委员会财政经济接管委员会重工业处，派出以军事代表高飞、杨子华为首的 20 多位解放军同志接管了中央电工器材厂上海制造厂，军事接管后，成立了由军代表、职工代表、工人代表参加的清点委员会，并按价编卡造册。同年 12 月 1 日改名为上海电线厂。电机工场划归上海电机厂，冶炼工场另外组成上海冶炼厂。

自 1949 年 5 月份，先后成立了清点委员会、节约委员会和整编委员会。到 11 月底，历时三个月的整编工作结束。1949 年 12 月 1 日，原上海制造厂一、二、三分厂正式组成国营上海电线厂，隶属于华东工业局领导（原四分厂扩充改组为社会电机厂）。新成立的上海电线厂下设三个分厂：一分厂即河间路上海冶炼厂，专业炼铜压延铜杆；二分厂即军工路上海电线厂，专业生产各种电线电缆；三分厂即昆明路铜制品工厂，专业生产铜排及铜制品。

此时的上海电线厂设备陈旧，生产能力低下，包含厂房、仓库、宿舍等建筑物及所遗留的 75 台大小仪器、设备在内，共折合当时人民币仅 94 亿元。其生产设备极为简陋，军工民用急需的电解铜的生产能力尤为低劣，只能用最简单的坩埚炉浇注细小的三寸方线锭，轧制出来的铜杆只能在简单的单头拉线机上拉制。当时电线厂只能生产一些裸铜线、纱包线和制造工艺比较简单的橡皮线。

1950 年 2 月，召开了华东工业部上海电线厂、全国五金工会华东工业局上海电线厂分会成立大会，厂长葛和林和副厂长沈康分别作了“我们的任务”和“如何保证完成 1950 年生产任务”的报告。

1951 年 9 月，上海电线厂第一届党代会召开，选举产生了中共上海电线厂委员会。

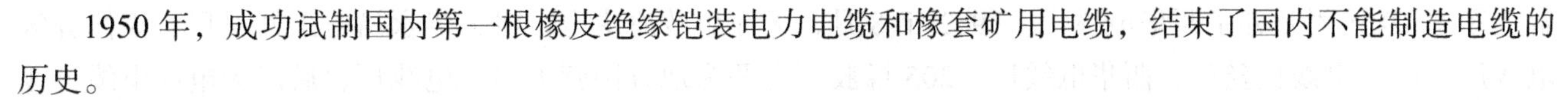

1950 年，成功试制国内第一根橡皮绝缘铠装电力电缆和橡套矿用电缆，结束了国内不能制造电缆的历史。

1950 年，上海电线厂为发展油浸纸绝缘电力电缆和纸市话电缆，提高熔铜、压延能力，自行设计制造了新的工艺装备，扩建了车间。

1950 年，上海元富电工厂模仿国外样品成功试制塑胶线。

1950 年，上海电线四厂生产出 16×38/0.15 铜编织线。

1950 年，上海电线厂生产出 48×20/0.15 铜编织线。

1951 年 5 月，上海电线厂自行设计，成功试制国内第一根 6.6kV 铅包纸绝缘电力电缆和汽车飞机用低压腊克线。

1951 年，上海电磁厂生产出耐温等级 105℃油性漆包线。

1951 年，上海电线四厂生产出电刷线、铜绞线、铜扁线、铜带。

1953 年，上海新民电讯工业社生产出梯排、母线。

1951—1953 年，上海电线厂成功试制 100 对、200 对、1200 对空气纸绝缘市话电缆，用于城市电讯市话传输。

1953 年，上海电线厂成功试制国内第一根石油勘探电缆。

2. 天津市

天津市与电线生产有关的企业起始于 1926 年，在第一个五年计划开始生产电缆。

1926 年，开业的大昌隆箩底厂生产电器器材，曾发明拔丝织造箩底，当时获南京国民政府发明创造金质奖；1938 年增加电线产品，以生产照明花线为主。

1933 年，天津铭华顺电线厂开业，生产花线。

1938 年，天津鑫棉电线厂开业，生产橡套电线。

1938 年，天津同增和电线厂开业，生产紫花线。

1939 年，天津镜云工业社开业，生产纱包线、紫花线，后改名为天津电磁线厂。

1940 年，天津源兴电工器材厂开业，生产电话线、裸铜线。

1943 年，天津鸣山制线厂开业，生产纱包线。

1950 年 6 月，在天津市和平区安东路 9 号，陆伯创建了私营大新电器厂，生产油性漆包线。

1950 年，天津警备区后勤部出资收购了大昌隆箩底厂，改名为公营中华电线拔丝厂。

1950 年，解放军 205 师后勤部出资收购了私营瑞昌橡胶厂，改名为 205 橡胶厂。

同一时期，解放军第 19 兵团开办了西华电线厂。

天津电子线缆公司前身的经历：1943 年由日伪开发公司投资开建的华北电线株式会社，在 1945 年日本投降后由国民政府经济部接收，1946 年移交给国民政府资源委员会，改名为中央电工器材厂天津分厂电线组，当年又将接收的太平电线厂并入该厂，于 1947 年开始正式生产。1949 年 1 月天津解放，中央电工器材厂天津分厂电线组由天津市军事管制委员会电信接管处接管，同年 7 月厂名改为中央电工器材第一制造厂北分厂，同年 8 月接收中美无线电厂部分人员和器材并入该厂，同时将老解放区阳泉工厂等单位部分人员调入充实该厂。1950 年 9 月，厂名改为中央电工器材制造北厂，后改名为天津电子线缆公司。1952 年，中央电工器材制造北厂已具备生产 23000km 橡皮绝缘中型被覆线的能力，又移地扩建了电磁线车间，引进匈牙利一套漆包线机和纱包机等先进设备，当年投产，扩大了电磁线的规格范围，线径为 0.04~1.62mm。这一阶段，电磁线的生产进入了工艺比较先进、质量比较稳定的时期。

天津电缆总厂前身的经历：1949 年初，天津解放后，天津市公安一处接管了私营永昌电工器材厂，改为公营，职工 236 人。1926 年开业的大昌隆箩底厂，曾发明拔丝织造箩底，当时获南京国民政府发明创造金质奖；1938 年增加电线产品，以生产照明花线为主；1950 年天津警备区后勤部出资收购了这个厂，改名为公营中华电线拔丝厂。1950 年，解放军 205 师后勤部出资收购了私营瑞昌橡胶厂，改名为 205 橡胶厂。

解放军第19兵团开办了西华电线厂。1952年8月，天津市政府决定，将天津永昌电工器材厂、天津分区电线厂、中华电线拔丝厂、西华电线厂、205橡胶厂合并为地方国营天津市电线厂，后成为电线电缆行业骨干厂。仍分散生产，总厂在河北区调纬路，共有职工814人，占地面积1万m^2，主要生产设备103台，年产电线16000km左右，工业总产值512万元。随后成功试制了以铝代铜，增加生产铝芯橡皮线、铝芯橡力缆，每年为国家节约铜材2000t。

天津市电线总厂前身的经历：其前身是1950年2月开业的私营振华电线厂，坐落在南开区四马路，占地面积800m^2，职工20人，生产橡皮绝缘电线，半手工半机械化操作。1952年与久大、东华、兴亚3个橡胶厂合并，职工增至110人。

天津市漆包线厂前身的经历：其前身是陆伯成于1950年6月创办的私营大新电器厂，厂址在和平区安东路9号，职工9人，资金2000元，厂房面积80m^2。设备是20世纪30年代的日本机器，其中水箱拉丝机2台，卧式漆包机2台，立式漆包机1台。生产油性漆包线，使用“五星牌”商标，年产25t，华北地区独此一家。建厂初期，无工程技术人员和专职检验人员，后应用户要求，添置针孔、耐电压检测仪器，设置了专职检验员，企业规模也有所扩大。

1950年，在天津市河西区泰山路6号，建成中央军委民航局天津第三修理厂，1952年定名为天津机要实验厂，1960年改名为国营754厂，后改名为天津光电通信公司。

3. 昆明市

云南电气机械及器材制造业主要包括电机制造、输配电及控制设备制造、电线电缆及电工器材制造等几大类。自1936年国民政府资源委员会投资筹建，于1939年在昆明西郊建成中央电工器材厂一厂（电线厂）、三厂（电话机厂）、四厂（电机厂）后，云南成为我国较早的电线、电机生产基地，我国第一根裸铜绞线就诞生在中央电工器材厂一厂。

中央电工器材厂一厂初期曾与英国绝缘电缆公司签订技术协议，公司派工程师和领班协助安装设备，一厂选派技术人员赴英实习，设备多是从英国进口，部分从德国、法国、美国进口。

1945年抗日战争胜利后，市场萎靡，中央电工器材厂人员遣散，规模缩小。

1950年3月，昆明市军事管制委员会工业接管部接管了昆明的中央电工器材厂。

1953年，改名昆明电线厂。

4. 哈尔滨市

哈尔滨电缆厂的前身是东北人民政府工业部电器工业管理局第七厂（简称“电工七厂”），是1950年10月从沈阳“南厂北迁”来哈尔滨建厂的。当时美帝国主义发动了侵朝战争，战火迅速烧到了鸭绿江边。为支援抗美援朝，保家卫国，中共中央为应对战争对沈阳重工业的威胁，决定疏散沈阳的部分重要工业企业。电工七厂根据中共中央的指示精神，于1950年10月“北迁”到哈尔滨建立新工厂。同年10月12日，满载机器设备和“北迁”职工的列车抵达哈尔滨，开始了建厂创业的光辉历程。厂址选定在西付家区（现道外区）许公路（现景阳街）30号，那儿原是沦陷时期遗留下来的远东汽车公司的破旧汽车库，占地27000m^2，可用生产面积仅有11500m^2。当时是单独建制，定名为哈尔滨电线厂，于1950年12月正式投产，有力地支援了经济建设和抗美援朝对电线的需求。

哈尔滨电缆厂建厂时期，当时厂区院内杂草丛生，厂房破旧，垃圾成堆，职工吃住条件极为艰苦。尽管如此，“北迁”职工没有退缩，而是以高度的爱国主义精神和高涨的工作热情经受住了严峻的考验。他们清理厂院，修缮厂房，打地基，安机器，经过一个多月不分昼夜的奋战，急需的大、中、细拉线机，多头束绞机等95台（套）设备安装完毕，并于当年正式开工生产。主要产品为铜单线，产量100t，创造工业总产值54万元。当时职工人数509人。那时工厂只有一座经过修缮的旧厂房，产品品种也很单一，规格少，产量低，设备简陋，管理落后。1951—1953年，工厂生产有了进一步发展，管理工作走上正轨。在此期间，工厂陆续安装了生产橡皮线、漆包线的设备和金属切削设备173台（套），半成品、成品车间已经具备了一定的生产能力，形成了一定规模，增加了产品品种，新建了熔铜、压延车间厂房。同时，在边搬迁边生产的前提下，大力进行了以作业计划为中心的全面加强企业管理和生产管理的工作，形成两级计划调度体系，保证生产均衡有节奏地按计划进行。按照苏联国家标准对产品进行了整顿，编制了工艺规程，加强了技术后方，使产品质量有了稳步提高。1951—1953 年累计完成工业总产值 4519 万元，裸电线类产品产量 440t，绕组线类产品产量 1334t，生产电气装备用电线电缆 35752km，实现利税 2108 万元，1953 年底职工人数 1093 人。主要产品质量达到 20 世纪 40 年代的国际水平，但产品结构等级为低压、低温、小截面，品种少，规模还不成系列。

1952 年前，哈尔滨电线电缆行业生产低档次的圆铜单线、架空绞线和镀锡铜单线 3 个系列的 4 个品种；生产的绕组线有油性漆包线、丝包单线、纱包线 3 个系列，油性漆包线、单线包圆铜线、双纱包圆铜线等 6 个品种；只能生产橡皮绝缘电线 2 个系列，橡皮绝缘编织涂蜡单芯电线、橡皮绝缘爆破用电线等 5 个品种。

5. 沈阳市

日本由于侵华需要，于 1936 年由古河、藤仓、住友等 11 个会社合资筹办电线厂，1938 年开始投产的产品有裸铜线、被覆线、中低压电力电缆及附件。

1937 年 3 月在沈阳铁西区，由日本大阪长谷部竹腰建筑事务所高岗组承担土建设计和施工的“满洲电线”开始建设。

1939 年“满洲电线”进行了二期建设，主要工程项目有熔铜场、第一压延场、第二压延场、镀锡场、细绞线场、漆包线场、绝缘漆场等。1940 年完成的建设项目有电缆场、黄蜡布场等。

到 1941 年 8 月，“满洲电线”大规模的土建安装工程结束，集中精力于生产，直至日本投降。这一时期的主要产品有熔铸铜锭、铝锭、铜杆、铝杆、裸电线、棉纱被覆线、橡胶绝缘电线、水底用橡皮线、厚橡皮软电线、铅包绝缘电线、铁皮橡胶线、纸绝缘电力电缆、话缆、纱包线和漆包线。

图 11　1946 年的沈阳电线厂

以上就是沈阳电线厂（后改名为沈阳电缆厂）的前身（图 11）。

国民党统治时期，沈阳电线厂被国民党军队占用，没有进行基本建设，除熔铸和压延设备外，大部分设备被苏军拉走，其余可用的生产设备迁移到西郊厂区（今沈阳高压开关厂）。

1950 年，国家制定了第一批由苏联专家援建的重点工程项目，沈阳电线厂的改扩建被列为 156 项首批重点工程之一。

1950 年 4 月，以苏联机械制造与工具制造部莫斯科全苏联出入口“技术出口”公司为一方（简称“总交货人”），以中国出入口贸易公司为另一方（简称“总订货人”），签订了 023710732 号电线厂订货合同。

1950 年 6 月，由总工程师马克西莫夫率领的苏联专家小组 5 人陆续来到沈阳电线厂，收集改建厂资料，对全厂自然情况进行调查。苏联设计专家小组驻留期间，在电缆厂领导、技术人员的配合下，历时三个半月，在苏联专家的推荐下，沈阳电线厂编写出“沈阳电线厂设计计划任务书”，提出了改建厂的基本方针。该计划任务书于 1950 年 9 月 21 日经东北人民政府呈请中央人民政府批准，然后转送苏联，作为苏联专家设计的依据。

1951 年 6 月 21 日，在莫斯科的我国商务代表团团长姚依林代表总订货人审核并批准了沈阳电线厂的“初步设计书”。

1952 年 12 月，我国驻苏联代表白杨，代表总订货人审核批准了由苏联提出的沈阳电线厂改建“技术设计”。

1953 年 7 月 1 日，经一机部批准，组成沈阳电线厂建厂委员会。

经济恢复时期，沈阳电线厂修补了全部厂房和仓库，并于 1950 年新建二层包纱厂房，迁回原有生产设备。

6. 北京市

北京电线厂是北京解放初期由十几个私营小厂合并后逐渐发展起来的。这些私营企业开业最早的是业丰电线厂（1936 年开业），其次是永兴电线厂（1938 年开业），再次是大明电线厂（1945 年开业）。

北平解放后，国民经济有待恢复，国家大力扶持私营企业发展生产，北京市又有永达、大陆、建兴等私营电线厂相继开业。

7. 武汉市

1922 年，祥发仁电料行开始经营电机电器修理及纱包线加工，仅有 1 台简易纱包机，独家生产经营。1936 年，祥发仁电料行的徒弟另立门户成立三友电料行，承接来料加工，均以简单的设备生产电线。

武汉解放后，随着建设事业的需要，武汉市的电线电缆生产有所发展，公平西药房由商转工，开始承制裸铜线，1952 年成功试制电解铜丝的裸铜线，1953 年增加了电解槽、冲天炉、绞线机等设备，产量不断增加，质量也不断提高，产品电导率达到 99%。

生产橡皮线的新中华电业厂于 1952 年开办。最初由于对橡皮线硫化及纵包技术掌握不好，次品废品率达 30%。在基本掌握了产品用料规律、改革了硫化和纵包操作技术之后，质量得到提高，达到华东工业部颁发的技术标准，生产的中华牌橡皮线畅销各地。

新中国成立后，我国电线电缆行业发展迅速，1952 年导体用量达 1.53 万 t（导体用量计算方法为每吨铝折合 2t 铜），为 1949 年前的 2.63 倍。1951 年国家开始筹建中南电线厂（后改名为湘潭电线厂）。抗美援朝时期，沈阳电线厂的部分设备和人员北迁哈尔滨，后来成立了哈尔滨电线厂。

在国民经济恢复时期，一些民族企业处于不景气状态，国家采取委托加工、统购包销等措施，使这些企业得以复苏和发展。在这期间，我国有些地方也成立了电线电缆厂，有些是从相关产业转变而形成的电线电缆企业。例如：

（1）衡阳电缆厂 原名衡阳塑料电线厂。1952 年，新中国成立伊始，百废待兴，由于线缆产品短缺制约了我国电力建设，严重影响国民经济发展，衡阳市牙刷纽扣厂以产业报国、实业强国为己任，急国家之所急，毅然投身电线电缆产品的研发生产，从牙刷纽扣塑料制品转产塑料电线，1956 年，由衡阳市牙刷纽扣厂改名为衡阳塑胶制品厂，成为全省第一家塑料电线生产企业。1982 年，衡阳塑料电线厂更名为衡阳电缆厂（图 12）。

（2）青岛电缆厂 青岛电缆厂起源于 1950 年在青岛沈阳路九号建立的私营大新电线厂，创始人是一批热心于电线电缆事业的工商业者（图 13）。当时，厂子虽小却是山东省最早的一家电线厂。从 1950 年的私营大新电线厂发展为 1965 年的公私合营大新电线厂，最初职工人数 28 人，1961 年改为公私合营青岛电线厂，1976 年发展为国营青岛电线厂，1986 年又发展为青岛电缆厂。

图 12 衡阳电缆厂创业初期厂房

图 13 1950 年青岛大新电线厂成立

1951—1953 年我国成功开发的线缆产品如下：

1）1951 年：钢芯纸绝缘电力电缆、空气纸绝缘市话电缆。

2）1952 年：橡皮平行电话线、空气纸绝缘市话电缆。

3）1953 年：橡皮绝缘铅包控制电缆、高射炮用电缆、油矿电缆、煤炭工业用橡套电缆、重型橡套电缆、铜芯纸绝缘电力电缆、采煤机组用橡套电缆、铜芯橡皮软线、双芯橡皮线、矿用橡套电缆、油性漆包线、铜芯橡皮线、圆形电车线和双沟形电车线。

第 3 节　1954—1957 年线缆发展概况

一、我国编制第一个五年规划的背景及所取得的成就

新中国成立时，工业基础特别是重工业基础十分薄弱，现代工业不到国民经济的 10%，钢产量只有 15.8 万 t，且相关人才匮乏。如何在短时间内改变贫穷落后面貌，把我国建设成为一个工业化的富强的社会主义国家，是国家领导人需要殚精竭虑思考和解决的主要问题。

1951 年 2 月 14 日，毛泽东在中央政治局扩大会议上提出了“三年准备，十年计划经济建设”的思想，首次明确提出了编制国民经济发展计划的设想。会议决定，自 1953 年起实行发展国民经济的第一个五年计划，并要求立即开始编制五年计划的准备工作。

中共中央在《关于编制一九五三年计划及五年建设计划纲要的指示》中指出：“国家大规模的经济建设业已开始。这一建设规模之大，投资之巨，在我国历史上都是空前的。为了加速国家建设，除应动员全国力量，集中全国人力和财力以外，必须加强国家建设的计划工作，使大规模建设能在正确的计划指导下进行，避免可能发生的盲目性。”然而，由于旧中国留下的统计资料很不齐全，国内资源状况不明，从中央到地方都缺乏编制经济发展计划的经验，加上抗美援朝战争的影响，且苏联帮助我国建设的重点工程项目短时间内没有确定下来，“一五”计划只能采取边计划、边执行的办法，不断修订、调整、补充。

根据党在过渡时期的总路线的要求，“一五”计划所确定的基本任务是：集中主要力量进行以苏联帮助我国设计的 156 个建设项目为中心、由 694 个大中型建设项目组成的工业建设，建立我国的社会主义工业化的初步基础，发展部分集体所有制的农业生产合作社，以建立对农业和手工业社会主义改造的基础，基本上把资本主义工商业分别纳入各种形式的国家资本主义的轨道，以建立对私营工商业社会主义改造的基础。“一五”计划时期，我国对个体农业、手工业和私营工商业的社会主义改造的任务基本完成。我国电缆行业中沈阳电线厂就属于 156 个建设项目之一。

（1）从工业布局来看　一大批旧中国没有的基础工业部门，开始一个个建立起来。1953 年底，鞍山钢铁公司大型轧钢厂等三大工程建成投产，成为最重要的钢铁工业基地。1956 年，中国第一个生产载重汽车的工厂——长春第一汽车制造厂生产出第一辆汽车，长春也由此成为我国的汽车城；我国第一个飞机制造厂试制成功第一架喷气式飞机；我国第一个制造机床的工厂——沈阳第一机床厂建成投产；我国第一座生产电子管的工厂——北京电子管厂正式投产。1957 年，武汉长江大桥建成，青藏、康藏、新藏公路也建成通车。由于基本建设投资半数以上投放内地，一大批工矿企业在内地兴办，使旧中国工业过分偏于沿海的不合理布局初步得到改进。

（2）从建设速度来看　大大小小的施工项目不胜枚举。仅是限额以上较大的项目，平均每天就有一个开工或者竣工。“一五”期间工业生产所取得的成就，远远超过了旧中国的 100 年，同世界其他国家工业起飞时期的增长速度相比，也是名列前茅的。

总之，“一五”计划所取得的成就，不仅坚定了我国人民走社会主义道路的信心，也为我国社会主义工业化的持续推进奠定了坚实的物质基础，同时，它也为世界范围内其他民族国家的解放斗争和经济建设起到了良好的示范作用。

二、“一五”计划时期电线电缆行业的发展

随着国家“一五”发展计划的制定与实施，国家对电线电缆行业的发展按照地区和产品品种进行了布局。

（一）部直属电线电缆企业的形成

1953年部直属电线电缆厂有昆明电线厂、沈阳电线厂、天津市电线厂、上海电缆厂、湘潭电线厂和哈尔滨电线厂等。这些电缆企业在我国电线电缆行业发展壮大过程中，在生产工艺研究和开发，设备改造、改进和开发，新产品开发，检测设备开发，测试方法研究与开发，标准研究和制定，人才培养和输送等方面起到了“领头羊”的作用，在我国电线电缆发展历史的长河中这些作用和影响力是不可磨灭的。

1. 昆明电线厂

昆明电线厂由一机部直接管理，属于全国机械系统的重点企业，纳入了国家计划。在第一个五年计划期间，主要是建立新型的企业管理机制和基础工作，确立专业分工和发展方向，并与之相适应进行了一些必要的改建和扩建。在企业领导机制上，“军管”撤销后，工厂由中国共产党总支部领导，厂里的工作由党总支决定并向下布置。

当时昆明电线厂的定位为一家综合性的电线电缆工厂，生产的产品品种有裸铜线、电磁线、布电线、电力电缆和通信电缆。

2. 沈阳电线厂

沈阳电线厂是苏联帮助我国设计的156个建设项目之一，由苏联援助扩建，1956年建成投产改名为沈阳电缆厂。

1953年沈阳电线厂开始改扩建，改建工程在苏联专家的帮助下，全厂职工经过3年的积极努力，于1956年9月基本完成。主要工程项目包括：改扩建主厂房、电磁线和漆包线车间、熔铜车间、日用品车间、第一收发室及医务室、铁路专用线；新建锅炉房和蒸汽发生站，机修及电修车间，露天货栈及仓库，水、电、煤气系统等；家属宿舍有南七路、云峰、十四路等地方；几乎更换全厂所有电线电缆专用设备及通用设备，安装主要工艺设备1079台，形成新的生产流水线。根据改扩建的需要，上级决定将沈阳木器厂和沈阳蓄电池厂的一部分划拨给沈阳电线厂。到1956年底，沈阳电缆厂占地面积220600m^2。

沈阳电线厂作为国家156项工程的首批重点工程，在工程项目尚未全部竣工的时候，就遵照上级指令，每竣工一个车间即投产一个车间，在1956年3月陆续实现了裸电线、电磁线、软绳日用品、熔铜、压延车间的投产。

1954年2月，大批苏联专家陆续来到沈阳电线厂，进行施工设计。

1954年6月，沈阳电线厂进入全面停产改扩建阶段，正常的生产任务逐渐转移到分厂（现哈尔滨电缆厂）。

全厂改建工程自1953年9月开始施工，经过3年的努力，至1956年6月，除木工车间因设计方案变更未施工，其余生产车间和附属车间均已完成。改建和新建的项目包括电磁线车间和制漆车间、漆包线车间和腊克涂漆间、软线车间及蓄电池车间和线圈仓库、日用品及锻工和并纱废品利用间、拉线间及空气压缩间和金属仓库、锅炉房及瓦斯发生站和碎煤间、机修及电修车间、压延车间循环系统地下室建筑物、中和槽、压延熔铜车间烟窗、锅炉房烟囱、瓦斯站户外净化装置、冷却塔、机器间、焦油沉淀池、焦油油泵房、储气罐、中和罐、修建车间及第二收发室和汽车消防车库、电缆材料库、易燃材料库、成品电缆露天仓库、油料及半沥青加油站、堆煤场、炉灰及炉渣堆场、第一水泵房及酸类和沥青仓库、第四水泵房及包装间、自行车库、中央实验室、瓦斯救护站、厂部办公室、通信站及厂保卫人员宿舍、第一收发室及医务所、警卫室和守卫亭、食堂、蓄电池室、熔铜车间堆渣场、厂区供电系统、厂区上下水道、厂区蒸汽主管、厂区瓦斯管道、厂区通信、厂区道路、铁路专线、厂区工程、厂区外宿舍工程等。

在该改建工程陆续完工的基础上，1955年8月经上级批准，成立了以尚格东为组长的基建工程联合验

收组。验收组在分期分批组织试生产的同时对各项工程作了初步验收。1956年8月验收组提出“验收动用准备情况报告”，为沈阳电缆厂改建工程的全面验收奠定了基础。

1956年国家任命了以电机制造工业部部长张霖之为主任委员的电机制造工业部电气材料工业管理局沈阳电缆厂国家验收委员会。国家验收委员会经过验收鉴定，于1956年9月做出了“沈阳电缆厂基本建设工程验收鉴定书”，对沈阳电缆厂的改建工程给予了较高的评价。沈阳电线厂是苏联帮助我国建设的重点工程之一，利用旧中国遗留下来的旧工厂进行彻底改建。改建后厂区占地面积192100m^2，工业厂房63803m^2，仓库10450m^2，露天建筑12830m^2，其他建筑11683m^2，各种管路网络33893m，铁路专线1080m，道路11880m^2。

3. 上海电缆厂

上海电缆厂的前身上海电线厂坐落于上海市军工路1076号，该厂前身是国民政府资源委员会中央电工器材总厂，于1945年由接收的中华电气株式会社、日本机械制作所、东光电气株式会社、大陆炼铜厂和浦东电线厂改组而成。下设有冶炼工场、电线工场、电机工场等。1946年初，在军工路征地1500亩辟为新厂址，将电线工场由昆明路迁入。当时职工198人，生产条件十分落后，原材料均依赖进口，到1949年前夕，只能生产裸铜线、橡皮布线、纱包线、花线、漆包线等电线品种。

1952—1955年，上海电线厂又先后并入世界电线厂、新化化学厂和上海灯泡厂合金部。以后陆续并入沈富昌翻砂厂、美成电业厂、亚洲电缆厂和华亚电线厂，职工和设备逐渐增加，生产水平不断提高，成为我国规模较大、技术基础较强和生产品种较全的现代化电缆生产基地之一，第一和第二个五年计划期间，曾为一机部上海电缆研究所、沈阳电缆厂、湖北红旗电缆厂等单位输送了各类干部和工程技术人员。

1953年，成功试制我国第一根石油勘测电缆。

1954年，成功试制我国第一根铜电车线，结束了国内电车线靠进口的历史。

1954年，成功试制我国第一根万伏油浸纸绝缘电力电缆。

1954年，成功试制我国第一根船用橡皮绝缘电缆。

1956年第二季度试制了6种塑胶护套电缆，都是局属重大项目。在我国主要类型的电缆生产中，可以用聚氯乙烯塑胶代替贵金属纯铅，将节约大量国防物资，并提高护层质量，延长电缆的使用寿命，为以塑料作护套的技术发展方向奠定了基础。

1957年，接一机部通知，正式定名为上海电缆厂。

4. 天津市电线厂

天津市电线厂的前身是地方国营天津市电线厂，1953年6月为适应工业调整的需要，天津市政府决定将天津市电线厂划分为3个专业厂：电缆厂、电线厂、电解铜厂。

1954年，建国电线厂合并到电缆专业厂，复华电线厂合并到电线专业厂。此时电缆专业厂开始采用铅包工艺生产电力电缆、船用电缆，并成功试制无硫不镀锡橡套电缆，当年节约50t铜材。

1955年，天津市政府决定将电线专业厂和电缆专业厂合并，厂名仍然为天津市电线厂。

1956年，国家对私营工商业进行改造，又有信昌、通用、和平、建华、利群、荣利等6个私营电线厂并入天津市电线厂。

1957年末，工厂占地面积13985m^2，建筑面积8591m^2，专用设备214台，职工768人，实现工业总产值2128万元，电缆车间连续两年被评为天津市和全国模范车间。

1969年8月29日，天津市电线厂大院遭受特大龙卷风袭击，厂房倒塌4万m^2，18名职工死亡，200多名职工受伤，直接经济损失300多万元，生产受到严重破坏。在抢险救灾中，经上级批准，厂区内除电材设备修造厂外，其余4个单位重新合并，厂名定为天津市电缆厂。

5. 湘潭电线厂

1953年7月，湘潭电线厂的前身中南电线厂收归一机部电工局管理。

1954年，工厂更名为第一机械工业部湘潭电线厂，一机部中南办事处任命张丕刚为第一厂长，詹习扬为第二厂长。湘潭市发给工厂“营字第 00025 号工业营业许可证”。

1954年8月，利用灯泡厂旧厂房改建的制线车间和绝缘车间开始生产圆铜单线、绞线及橡皮绝缘电线。从此，一个新型的电线电缆企业在湖南湘潭下摄司诞生。

1955 年 3 月 16 日，工厂第一期基建任务全部结束，累计完成投资 450.8 万元，基建期间累计上缴利税 768 万元，为基建投资的 1.7 倍。

1953 年 10 月，一机部电工局为整顿全国电线电缆行业的铜绽、铜杆及铜线质量，根据天津会议精神，由上海、昆明、沈阳、哈尔滨、湘潭等厂的工程技术人员组成整顿工作组，由湘潭电线厂生产副厂长兼总工程师吴维正指导，以湘潭电线厂为基地进行整顿。从此，湘潭电线厂铜锭、铜杆、铜线的产品质量名列全国第一，一机部于 1957 年 11 月奖励湘潭电线厂 800 元。

1957 年末，产量、实现利税、上缴利润等项逐年大幅度增长。到 1957 年，资金利税率上升到 78.66%，为湘潭电线厂历史上最高纪录。

6. 哈尔滨电线厂

哈尔滨电线厂生产持续发展时期（1954—1957 年），工厂步入持续发展阶段，已能生产铜杆、铝杆、铜排、铝排，基本形成了一个完整的电线制造工艺。在此期间，苏联援助的两台新式立式漆包机安装投产，并聘请苏联专家来厂进行技术指导，完善了工艺规程，使油性漆包线的规格由原来的 0.18~1.0mm 扩大到 1.56mm。在扩大生产能力的同时，工厂还进一步加强了企业管理基础建设，建立健全了各项规章制度，形成了生产有计划、操作有规程、产品有标准、劳动有定额、物耗有考核的管理体系。同时，工厂采取多种渠道、多种形式加强了人才培训工作，实行输送人员到国内院校深造和厂内技术业务教育相结合，从而提高了干部、工人的文化技术业务水平，为工厂独立核算奠定了基础。至此，已经把过去的一个破旧汽车库建设成为一座生产能力达上千吨的电线工厂，生产范围由小到大，管理从无到有，基本打造出一个完整体系的电线制造工厂，成为黑龙江电线制造业中崛起的一支生力军。

1955 年 1 月，工厂正式独立核算，1956 年 1 月正式单独建制，定名为哈尔滨电线厂。随着国民经济建设的发展，工厂规模远远满足不了国家需求，工厂开始酝酿扩建方案。在此期间，根据国家铜资源缺乏的情况，工厂进行了第一次技术改造，采用了以铝代铜新材料、新工艺，改造了工装和模具，新增了十模拉线机、六盘绞线机等设备，生产出铝单线、铝绞线等一系列铝制新产品，调整了产品结构，并成功研制开发了电刷线、纸包线等 6 种新产品，工厂的生产建设有了持续发展，于 1955 年末提前两年达到第一个五年计划水平。到 1957 年末，职工人数达到 1761 人，设备 399 台（套），1954—1957 年累计完成工业总产值 14510 万元，生产裸电线类 6925t、绕组线类 4087t、电气装备用电线电缆 122587km，实现利税 5942 万元，上缴利税 5932 万元，为国家经济建设发挥了应有的作用。

（二）“一五”期间对私营电线企业的改造

在第一个五年计划期间，国家对迅速发展中的私营电线厂逐步进行社会主义改造，并对当时产品重复、工艺落后、质量低劣的现象采取了必要的整顿措施。

为解决电线电缆行业专用设备问题，将私营上海新业铁工厂改组为公私合营上海新业电工机械厂，以生产线缆设备为主，1952—1957 年共生产电线电缆专用设备 221 台。

上海市：将当时的 105 家私营厂合并为 18 个中心厂。

天津市：将 65 个私营厂合并为 10 个基点厂。

北京市：对大明电线厂进行改造。1954 年 6 月，私营大明电线厂首先公私合营，厂名为公私合营大明电线厂，厂址在北京市宣武区烂缦胡同 79 号，隶属北京市人民政府地方工业局。1955 年 3 月改归北京市第三地方工业局领导。1956 年 3 月，永兴、建兴、大陆、业丰、永大、兆丰、新光、增记、恒大、新民、新平等 12 个厂和同和、太平、荣记、段青 4 个代管厂，以及北洋、北兴、玉庭 3 个生产电解铜的工厂，共计 19 个工厂并入公私合营大明电线厂。同年 8 月，生产电解铜的部分又单独分立为电解铜厂。1957 年 1 月，公私合营大明电线厂将合并过来的许多厂点进行生产改组，划分为电线一厂、电线二厂和纱包厂。

同年6月，电线一厂迁至北京市朝阳区建国门外大北窑、郎家园两地进行生产。同年9月，为了便于管理，又将电线一厂并入电线二厂。同年10月，将纱包厂并入电线一厂，更名为公私合营北京电线厂。

广州市：将18个私营厂合并为广州电线厂。1941年，广州电线厂的前身——合众、利国、安华、合和等民族电线企业相继成立（图14）。新中国成立后，为配合国家公私合营的相关要求，在主管部门广州市机电工业局、广州市电器工业公司的指引下，合众、利国、安华、邓鉴记、合和、鸿记、廖藉球等18家私营厂合营组建成立广州电线厂，并于1956年1月1日正式开业，工厂地址为广州市东风一路152号，经济性质为全民所有制。图15所示为广州电线厂重大记事。

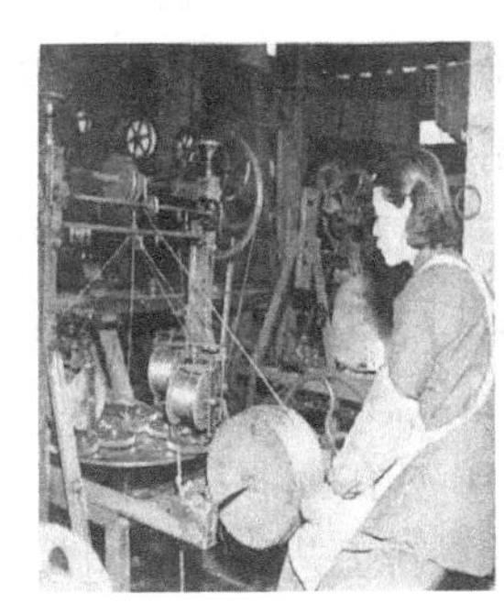

图14　民族电线企业相继成立

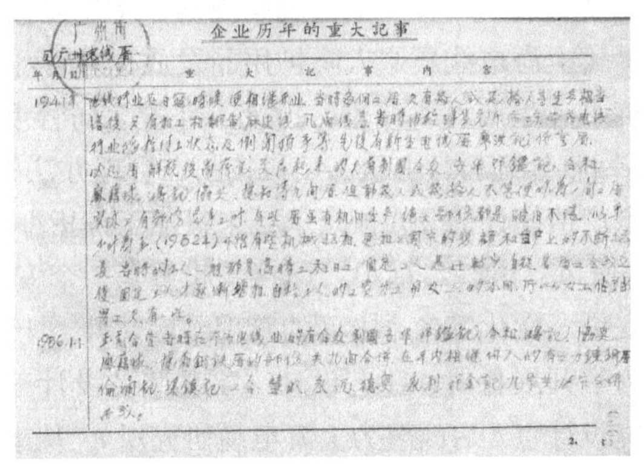

企业历年的重大记事

年月日	重大记事内容
1941	[illegible]
1956.1.1	[illegible]

图15　广州电线厂重大记事

武汉市：将3个私营厂合并为武汉公私合营电线厂，后改名为武汉电线厂。1956年，公平五金厂、新中华电业厂、丁裕丰橡胶厂合并为武汉市公私合营电线厂。通过修整厂房、扩充车间、增添设备，提高了生产能力，增加了产品品种，不仅能生产裸铜线和橡皮线，还能生产漆包线、纱包线、花线和裸铝线等产品。公私合营时期，武汉仅此一家电线厂，产品和品种均不能满足市场需要。1958年，由街道相继办起了一批小型厂社，生产出裸铜圆线和扁线、纱包线、异形裸线，既补充了市场需求，又为电线行业增添了新品种。

福州市：将9个私营厂合并成福州橡胶电线厂。1954年，福州私营企业开始生产布电线。1956年3月，福州太阳、力升、同孚、同宜等9家私营橡胶修补行（店）全行业公私合营，成立福州橡胶电线厂，生产橡皮线，当年生产888.57km。通过合营改组，提高了技术和管理水平，促进了生产的发展。

（三）工艺改进、科研工作的开展和管理水平的提高

1949年前和国民经济恢复时期主要电线电缆生产工艺水平如下：

塑胶电线的原材料是将废旧塑料皮带或旧电线护套，经装有电热丝的摇肉机加热塑化而成的，当时日产量仅仅100m。

20世纪50年代初期，电线电缆行业应用压延机将铜锭和铝锭轧制成直径8mm的杆件；拉丝退火在封闭火罐里进行，然后用稀盐酸清洗，束丝的节距不能调整；橡皮电线以生产油蜡线（布电线）为主，采用天然橡胶纵包方式。1956年，采用苏联标准，促进了工艺发展。

1958年之前绞线采用笼绞机，此后采用管绞机。

新中国成立初期，由于纱包机是自制的土设备，生产的漆包线的质量只能达到美国20世纪30年代产品的水平。1958年采用玻璃丝包机和仿苏、德漆包机，才能大量生产QZ聚酯漆包线、缩醛漆包线产品。

第一个五年计划期间，工厂坚持不断提高和巩固计划管理水平，加强以保证产品质量为重点的技术管理，以及核算、会计监督等，以全面完成国家计划，并相应地调整企业内部的管理机构，从而逐步建立起一整套比较完整的管理机构和管理制度。

1953年，上海电线厂颁布了《救护车使用办法》《本厂保密细则公布试行》《设备科职责先行试行》

《安全技术员职责范围暂行规定》等制度文件。

1955年，上海电线厂还陆续颁布了《技术文件管理制度》《原材料检查制度》《新产品承接程序》《国营上海电线厂合理化建议组织奖励暂行条例》《本厂材料收发保管制度》《生产储备定额制定办法》《材料计划供应保管责任制》《试制产品的试验和鉴定细则》，以及《新工人（实习工人）三级安全教育与调整工人安全教育实施细则》《房屋道路及建筑物设备修理工作暂行办法》《国营上海电线厂食堂职工用膳规定》《对客户服务制度》等多项有关技术管理、安全生产、后勤、销售服务方面的规章制度文件。同年12月，又颁布了《质量经济责任制度》。

1956—1957年，上海电线厂又陆续颁布了《限额发料办法》《成品收发保管制度》《承接订单及合同管理制度》《工厂安全卫生规程规划》《建立辅助生产安全工作制度》《关于装卸、搬运、作业劳动条件规定》《上海电线厂个人防护用品发放标准》《工模具管理制度》《模具检验制度》《计量器具登记和填卡制度》《生产设备调拨、报废、部管、局管重型稀有设备管理制度》《设备检修及备件质量检验办法》《废品回收处理暂行办法》《科技图书管理办法》《防火制度》《厂内经济核算制试行办法及其说明》《关于产量产值统计的几点规定》《来料加工订货办法》《处理消耗定额管理细则》《关键设备管理暂行办法》《工厂通风、电气、锅炉、焊接、起重等5个安全技术管理细则》等数十项有关生产、技术、原材料、设备、安全、文化等各个方面的管理制度文件。上海电线厂的企业管理制度逐趋完备。

为了开展科研、工艺设计、工艺装备设计三结合的科研设计工作，1957年10月在上海组建了上海电缆研究设计室（后改名为上海电缆研究所），从事电线电缆产品的研究设计、新材料新工艺研究、电缆厂工艺设计、电缆专用设备设计及成套设备选型定型工作，并作为布局技术后方和电线电缆产业的情报中心。

为提高企业治理水平，在学习苏联企业治理的基础上由沈阳电线厂编制出适合连续作业型企业的《生产组织设计》。沈阳电缆厂摸索前进，1954年完成制定了沈阳电线厂第一部完整的生产作业计划。当时该计划仅针对裸铜线、电磁线、钢芯铝绞线和压接管，后来陆续开发编制了其他产品的生产作业计划。随后，上海电缆厂制定了生产作业计划、材料成本定额核算、新产品试制、生产技术预备等的工作程序和办法。其他主要厂也开展了计划、生产、技术、治理和经济核算工作，使企业治理水平有所进步。

1954—1957年期间我国开发成功的线缆产品包括：

（1）1954年 梯形铜排、铜带、铜芯穿管橡皮线、棉纱绝缘铜包配线电缆、电焊机用橡套电缆、塑胶腊克线、X光电缆射孔电缆、油绸腊克线、高压腊克线、地球物理工作用电缆、船用橡皮绝缘非燃性橡皮软电缆、铜芯纸绝缘电力电缆、船用裸铜包电力电缆、纸绝缘铜包信号电缆、棉纱绝缘棉纱编织护套局用电缆。

（2）1955年 铜芯船用橡皮线、无线电广播配线用塑料绝缘护套电线、汽车照明用腊克线、汽车发动机用线、铜芯塑料电话配线、矿用非燃性橡套电缆、矿用照明灯用橡套电缆。

（3）1956年 铝芯橡皮线、纸绝缘分相铅包电力电缆、自动电焊机用空芯橡套电缆、铜芯纸绝缘塑料护套电力电缆、橡皮绝缘塑料护套控制电缆、橡皮绝缘塑料护套电力电缆、塑料绝缘塑料护套配线电缆、塑料绝缘及护套信号电缆、塑料绝缘塑料护套矿用电话电缆、橡皮护套铠装矿用电话电缆、高强度漆包线。

（4）1957年 硅有机漆包线、单玻璃丝包硅有机漆包线、铝芯纸绝缘塑料护套电力电缆、高压单芯无线电用线、纸绝缘分相铅包电力电缆、电气化运输车辆用橡套电缆、铝芯纸绝缘电力电缆、特种测试用电缆、船用橡皮绝缘橡套电力电缆、单位式市话电缆、0.4mm市话电缆、X光电缆、铝合金新产品。

第4节　1958—1965年线缆发展概况

1958年国家制定了宏大的建设计划，并提出发挥中央与地方两个积极性等一系列方针，各地电线电缆厂如雨后春笋竞相发展。但此时出现了生产高指标、浮夸风，企业规章制度被打乱，产品质量严重下降，生产大起大落，导体用量由1958年的13.12万t，至1960年剧升到21.98万t，而1962年又剧降至5.51万t。国家及时进行调整，使生产混乱的局面得到控制。

（一）“过度扩张”发展史及相关电线电缆企业的变迁

1958年，各地电线电缆厂竞相发展，新建较大规模的郑州、西安、兰溪、白银、贵阳等5家电缆厂的同时，又大规模扩建湘潭、昆明、上海3个厂。

郑州电缆厂1959年动工完成电缆线车间土建工程后，到1963年修改设计规模后继续兴建。

西安电缆厂由哈尔滨电线厂调人参加建设，1959年完成通信电缆、电磁线车间土建工程并生产一些产品后，即于1962年停产缓建，后又兴建铜网车间并投产。1964年从沈阳电缆厂迁来通信电缆车间，并于当年投产，明确通信电缆为产品发展方向。

上海电缆厂在1958—1962年建成新压延车间、电缆车间、通信电缆车间并扩建电缆车间，生产能力大为扩充。

湘潭电缆厂1959年在新址扩建电磁线车间，1964年又发展了电磁线和塑料、橡套、矿用、船用电缆的生产。

昆明电缆厂1958年扩建了电磁线车间和电缆车间，动工后1961年停建。

沈阳电缆厂1960年建成话缆车间。哈尔滨电线厂扩建了压延、拉拔铝线车间。

由于这一宏大建设计划与国家当时的物力、人力、技术能力远不适应，除上海电缆厂建设完成情况较好以外，其余各厂均未能按原计划实现建设任务。

1. 郑州电缆厂

郑州电缆厂的建设基本上分为三个阶段：1959—1961年，工厂筹建阶段；1961—1964年，停建缓建、封存维护阶段；1964年以后，重新上马阶段。

1960年底，基本建成了三个大厂房——金工厂房、裸线厂房和电缆厂房，还完成了110多台设备的安装任务。

1961年下半年，一机部（61）一机干字1571号文和河南省委（61）精办字第25号文规定，压缩郑州电缆厂人员，部分人员陆续返回农村，精减人数占职工总数的40%。

1962年6月28日，河南省委和一机部决定郑州电缆厂为“封中有留企业”，基建下马，职工只留750人，负责厂房和设备维修及部分产品的生产、试制任务，其余人员全部精减。

1964年，一机部（64）机密土字3330号文批准郑州电缆厂部分扩大初步设计。1965年，一机部（65）机密七字474号文调整郑州电缆厂基建规模。1968年，一机部（68）一机军密八字223号文再次调整郑州电缆厂的基建投资。

1969年，一机部（69）一机军调字523号文批准郑州电缆厂增加小同轴电缆生产线，年产量为1500~2000km。1972年，一机部（72）一机计字474号文批准郑州电缆厂扩大电工专用设备生产能力，年产量达到1500t。

郑州电缆厂于1973年底基本建成，初具生产规模，此后郑州电缆进入快速发展通道。

2. 西安电缆厂

1958年6月10日，一个叫作西安电线厂的大型工厂在西安西郊开始筹建，同年10月1日改名为西安电缆厂筹备处。

在建厂之初，为了帮助西安电缆厂建厂，一机部决定，西安电缆厂由哈尔滨电线厂（1981年更名为哈尔滨电缆厂）和446厂（现西安绝缘材料厂）共同负责包建。其中，哈尔滨电线厂是由沈阳电缆厂分出去的工厂，一度作为沈阳电缆厂的总部，有较高的技术水平。

但是1958年以后，陕西省建设项目上马太多，建筑材料和施工力量严重不足，国家根据轻重缓急的原则，对基本建设项目进行了排队，很不幸，西安电缆厂都没有排上队，刚开工就要缓建了。工厂团队非常着急，于是大家召开了一个紧急会议，会议上一致认为，技术上，工厂有老厂支援的工程技术人员和老工人；材料上，可以在地方政府和兄弟厂的支持下得到解决。最后的结论是：不停工，接着干。但是，困难是非常现实的，除了国家调拨的一些废钢铁外，什么材料也没有，于是西安电缆厂的职工们开动脑筋：有些老工人在废钢铁收购站找到了一些旧齿轮、轴和轴瓦等作为土设备的零件；有些职工在地方政府的帮助下，到人民公社或木材加工厂买到了一些旧木料用来制造机身和零件；没有厂房，职工们就在露天或宿舍内工作，还建设了2600多平方米的茅棚。图16所示为建设中的西安电缆厂。就这样他们制出了孔模机、中拉机、漆包机、绞线机等十几台土设备。经过试验，这些设备性能良好，完全可以代替进口设备进行生产。他们还制造了30多台土设备，并在土厂房里安装自己制造的土机器，开始试制新产品。

1959年7月，中央批准设立西北电力制造公司，这个公司包括西安电缆厂、西安开关整流器厂、西安高压电瓷厂、西安电力电容器厂、西安绝缘材料厂、西安变压器电炉厂等多家工厂。西北电力制造公司后来发展成为96家央企之一的中国西电集团，被称为“共和国的长子”。

1964年12月17日，为了加强内地建设，国家计委和国家经委决定将沈阳电缆厂部分设备（通信电缆车间）和人员（400人）迁往西安，并入西安电缆厂。经过紧张的厂房建造、工程改造和设备安装调试，长途通信电缆产品于1965年9月16日投产，9月30日生产出成品。

3. 浙江兰溪电缆厂

兰溪电缆厂（图17）于1958年选址兴建，1960年因缩短基本建设战线而停建，1969年5月在原址重建，占地14.8万m^2，现地址更名为兰溪市云山街道白沙岭1号。

图16　建设中的西安电缆厂

图17　兰溪电缆厂

兰溪电缆厂1994年改组为股份合作制企业——浙江交联电缆有限公司，2000年公司完成第二次改制，国有资产退出，成为自然人持股的民营企业。

2007年公司与国内最大矿物绝缘电缆生产企业——久盛电气股份有限公司合资合作，更名为浙江久盛交联电缆有限公司，实现了企业优势互补。2022年12月，久盛电气通过收购股权、加大投资，注册资本达到16000万元，公司由其他有限公司转成自然人独资有限公司。现公司总资产2.05亿元，职工128人，其中高级技术人员7名，各类专业技术人员56名。

4. 甘肃白银电缆厂

1958年，国家计委下达白银电缆厂计划任务书，甘肃省白银市电缆厂筹建处成立，1960年正式改名为甘肃省白银市电缆厂。

1965年1月5日，一机部（65）机密机子4号文下达《1965年搬迁项目的通知》：将隶属于上海市第一机电工业局电机工业公司的由1956年公私合营的永成、新光、安乐、震亚等私营厂合并而成的上海大来厂（后改名为公私合营上海大来电业厂）的全部设备和人员迁往甘肃白银市，并入白银电缆厂，定名为长通电线厂。同年4月内迁完成，5月成立甘肃省长通电线厂，6月正常生产。现为白银有色长通电线电缆有限责任公司。

5. 贵阳电线厂

1958年，经贵州省人民政府批准、贵州省机械工业厅筹备组建，成立了贵州省第一家电线电缆生产企业——贵阳电线厂（图18）。当时，贵阳电线厂属于贵阳机械系统新建的13个厂之一，万众瞩目。1959年，贵阳电线厂生产出了贵州历史上的第一条电缆——$16mm^2$的裸铝绞线，结束了贵州不生产电线的历史，填补了贵州工业的空白。

1960年，国家经济陷入困境，部分建设项目停建，贵阳电线厂不幸成为其中之一，被并入贵阳电机厂。

图18 原贵阳电线厂大门

1968年8月，贵州省革委会生产领导小组向一机部军管会生产指挥部送了一份编号为革生（68）307号的文件，里面详细阐述了关于贵阳电线厂安排内迁建设计划的意见，一机部很快做出了积极的回应。随后，贵阳电线厂开始扩充产品品种、扩大生产规模，迎来了快速发展的大好时机。1968年10月14日，贵阳电线厂代表持一机部的公函及省革委会的307号文件到达上海，向上海市革委会工交组汇报联系。随后又与上海市电机公司共同研讨内迁组建工作，双方研究了很多具体问题，包括实现规模所需要的技术人员、设备，原材料的加工、运输等，甚至连内迁后会遇到的问题都进行了反复探讨、研究。1968年11月30日，经过一个多月的研讨工作，内迁方案最后确定，上海市电机公司以（68）沪电机生字第060号文报上海市机电一局。内迁方案得到了上海市机电一局、上海市革委会工交组的认可，并上报给一机部，上海各有关部门以及有内迁任务的企业，对内迁组建贵阳电线厂体现出了饱满的热情。在1969年的全国计划会议上，该内迁方案被正式列入国家计划。

1968年，上海铜材厂、上海裸铜线厂、上海铝线厂、上海塑胶线厂、上海红旗电磁线厂、上海拉丝模厂等6家电线电缆生产企业支援“三线”建设，内迁并入重建的贵阳电线厂。6家企业各抽调部分生产技术人员充实到贵阳电线厂，奠定了贵阳电线厂的生产、技术基础。此时，贵阳电线厂职工人数达200余人，其中大学生67名，研究生1名，已初具规模。

1969年，贵阳电线厂大规模的土建工程全面展开。1970年，上海内迁的设备陆续抵达贵阳，下半年，上海内迁的先头部队到达贵阳，开始进行厂房建设和设备安装。在新厂房尚未建好的情况下，又利用已有的厂房对部分设备进行安装和调试。

1970年9月25日，内迁组建后的贵阳电线厂首批裸铝绞线、塑胶线、电磁线顺利投产，以优异的成果向省、市报了喜。为此，一机部专门对贵阳电线厂发来了祝贺电报（图19）。不久，《贵州日报》对贵阳电线厂的火热生产场景和取得的成果进行了报道，发表了题为“边基建、边搬迁、边生产”的新闻。

经过3年的发展，贵阳电线厂已经可以批量生产钢芯铝绞线、电磁线、塑胶线等产品，为贵州机械工业的建设和电线行业的兴起，做出了应有的贡献。20世纪70年代初，全国线缆行业以专业生产为主，综合性企业不多，贵阳电线厂投产以后，成为全国极少数综合性电线电缆产品生产企业之一，同时列入国家线缆行业28家重点骨干企业。

6. 上海电缆厂

1958年，全国各条战线都出现了建设高潮，上海电缆厂的生产任务骤增，电力工业部要求增产电力电缆100km，冶金部要求在原有基础上再增产数百公里。面对艰巨的生产任务，厂党委决定一方面开辟“自行制造专用设备”的新途径，一方面进一步挖掘原有生产设备潜力，发动群众，开动脑筋，大搞技术革命。

1958年8月，上海电缆厂发出《关于开展技术革命若干问题决定的通知》，提出“充分发动群众”，想办法、抓关键、提措施，号召在全厂开展群众性的技术革命。决定成立厂技术革命委员会，车间、科室成立技术革命研究组，工段成立研究小组。

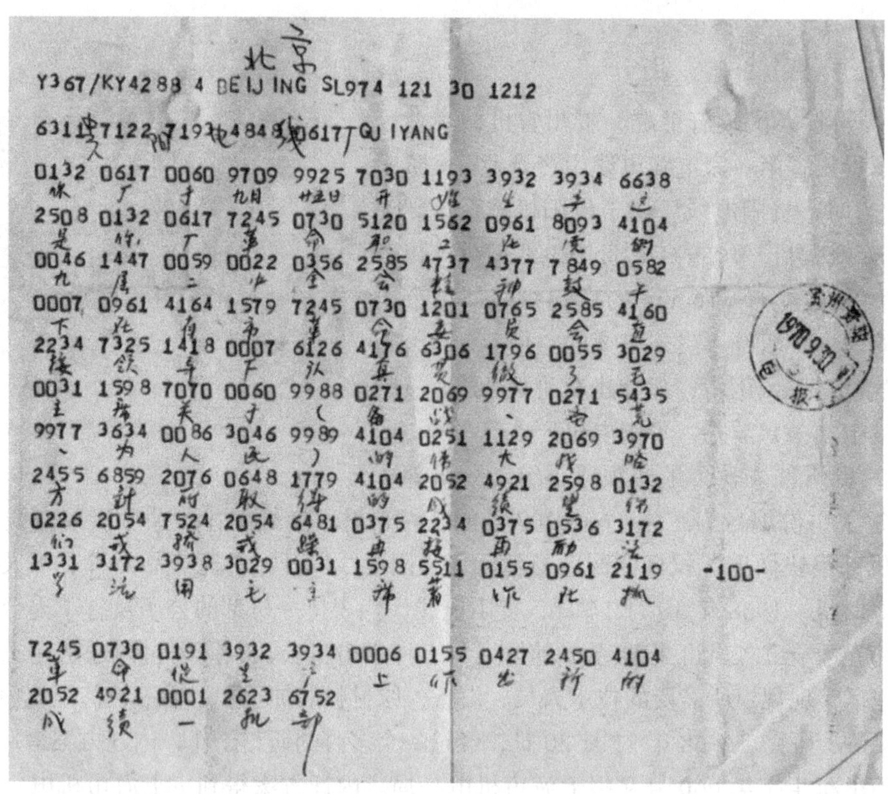
北京
Y367/KY4288 4 BEIJING SL974 121 30 1212
6311 7122 7193 4848 0617 GUIYANG
0132 0617 0060 9709 9925 7030 1193 3932 3934 6638
2508 0132 0617 7245 0730 5120 1562 0961 8093 4104
0046 1447 0059 0022 0356 2585 4737 4377 7849 0582
0007 0961 4164 1579 7245 0730 1201 0765 2585 4160
2234 7325 1418 0007 6126 4176 6306 1796 0055 3029
0031 1598 7070 0060 9988 0271 2069 9977 0271 5435
9977 3634 0086 3046 9989 4104 0251 1129 2069 3970
2455 6859 2076 0648 1779 4104 2052 4921 2598 0132
0226 2054 7524 2054 6481 0375 2234 0375 0536 3172
1331 3172 3938 3029 0031 1598 5511 0155 0961 2119 -100-
7245 0730 0191 3932 3934 0006 0155 0427 2450 4104
2052 4921 0001 2623 6752
成绩 一机部

图 19　一机部为贵阳电线厂顺利投产发来的贺电

通过发动群众，全厂职工提出保证实现厂各项计划的大小革新措施约 1042 条，到 1958 年上半年共实现 400 多条。群众性的“双革”活动，推动了生产技术的发展。立式玻璃丝包机加装冷却水槽，生产加快 60%；腊克机烘管改为密封式，漆缸由 3 只改为 6 只，产量提高 1 倍；库存纸包扁线机恢复装成横纱包机并投入生产；大塑胶机由 700r/min 加快到 900r/min；改装小漆包机，由 16 头增加到 20 头及 40 头，加快了车速；浸油缸提高出缸温度，缩短浸渍时间，并增添铁盘 8 只，适应了生产周转需要；话缆纸包、力缆纸包、成缆机等各种设备加快车速 10%~76%。这些技术措施的改进，对当时“高温高产”形势下全厂生产的发展和保证生产任务的完成，起到了有力的推动作用。

1958 年，上海电缆厂成功试制泡沫聚乙烯简易载波电缆、星绞式市话电缆、音频海底电缆、110kV 高压充油电缆等尖端产品。自行设计的 KBP 高压七光电缆的成功试制，标志着上海电缆厂的技术水平已接近世界先进水平，支撑了兄弟单位七光机的生产，节约了大量国家外汇，不仅具有经济意义，还具有重大的政治意义。

1959 年 4 月，在北京举行的“全国机械工业土设备、土办法展览会”上，上海电缆厂仿制的单头扁线双纱包机被评为二等奖。评委们一致认为，该产品“结构简单，效率较高，造价低廉，节约材料”，“可以在大中型企业中推广使用”。这无疑给正在探索技术双革命中的上海电缆厂以较大的鼓舞。

1958—1962 年，建成新压延车间、电缆车间、军用通信电缆车间，并扩建裸线车间，生产能力大幅提高。

从 1959 年下半年到 1961 年底，两年半时间里共试制完成新产品 65 种，充实了电线电缆的若干缺口，支援了国民经济各个部门的迫切需要，并向“高压、高频、高温”方向迈进了一大步。高频方面，自低频通信电缆发展至高频以至射频电缆；高压方面，先后试制了 110kV、220kV、330kV 超高压电缆的研究品；高温方面，则有耐热 500℃的无机绝缘材料的研制等。新产品中自行设计的比重占 60%，已投产或小批量生产的占 58.4%；重大项目有综合干线同轴电缆、大长度海底通信电缆、热带型电线电缆、大跨越高强度钢芯铝绞线等。其中特别是综合干线同轴电缆，不仅为我国高频通信及电视传输的发展填补了空白，并达到第一流产品及国际水平。在此期间还扩大了以铝带铜范围，用铝量在铜铝耗量中的比例，1959 年为

31%，1960 年为 45%，1961 年 65%，为国家节约了大量有色金属。

1962 年，为满足国家建设需要，上海电缆厂的广大职工发愤图强，克服技术难关，先后试制完成了计划外的 24 个品种的新产品。这些新产品中有满足煤矿工业用的采掘机用橡套电缆和橡套电钻电缆，造船工业用的非燃性橡套电缆和船用橡皮软线，电力工业用的裸铜软绞线，大截面油浸纸绝缘分相铅包电力电缆，电机配套所需的高强度漆包绕组线等品种。

1962 年，在通信电缆方面也有较大突破，属于低频通信范围内的空气绝缘市话电缆产品的 400 对、1200 对规格产品，由原来的同心式结构试制成单位式结构，解决了同心式市话电缆在大对数时容易产生弯曲变形等质量问题，缩短了使用单位在安装敷设过程中的接线工时。期间还成功试制 6kV 三芯不滴流电力电缆。

“二五”期间深入开展的技术创新运动，推动了上海电缆厂的科技知识普及工作。

整个“二五”期间，上海电缆厂通信车间增加 13000m^2，电路专线敷设到工厂内，上海铸造工业公司所属沈富昌翻砂厂并入上海电缆厂，上海市竹木生产合作总社所属的第五生产木器合作社并入上海电缆厂成为电缆木盘车间。基建总投资 5881 万元，包括国产和进口仪器设备，这些基建工程的兴建和仪器设备的扩充，为保证胜利完成“二五”期间的生产任务奠定了基础。

7. 沈阳电缆厂

在“二五”期间，根据沈阳电缆厂通信电缆发展的需要，一机部于 1958 年 9 月批准了沈阳电缆厂通信电缆制造能力的扩建方案。新建话缆车间的工艺由沈阳电缆厂自行承担，由上海电缆研究所审查批准。土建设计由一机部第八设计院沈阳分院承担，建筑施工由沈阳市房产局工程公司承担。1958 年 9 月，话缆车间破土动工，历时一年，于 1959 年 10 月竣工。1965 年，根据一机部西北工作会议精神，话缆车间大部分人员和设备迁往西安电缆厂。

1958 年，沈阳电缆厂在国家计划和地方计划的高指标前提下，也相应地做出了响应。沈阳电缆厂虽然在技术革新和新产品试制中取得一些成绩，但由于不切实际的高指标和浮夸风，下放了部分有经验的专业技术、管理人员以及废除了一些必要的规章制度，使刚刚建立起来的正规生产秩序受到了很大的冲击，造成了不良后果，所以不得不在 1961 年缩短生产战线。

1958 年，在生产上提出的口号是：“南跨长江赶上缆，北过松江越哈线，产值增八十，利润翻一番，产品一百二，人人比红专。”根据高指标编制的生产作业计划进度生产，但由于没有订货量，产品无法销售，造成了大量积压，为此一机部八局只好批准每月停工 5 天，作为技术整顿和设备维修时间。

1960 年，沈阳电缆厂大力贯彻中央提出的“一手抓生产、一手抓生产准备，突破原材料关、保证计划按期完成”的方针，狠抓了生产准备工作，推广“四八交叉作业”生产管理方法，开展了“八条线穿一根针”三结合大协作生产竞赛，在生产上取得了较好成效。

8. 湘潭电线厂

1959 年 4 月 2 日，在一机部电工局和机械局基建处的支持下，经湘潭市计委、建委、城建局参加审议，新厂区选址审定会最后确定板摄路（现书院路）北、电工路（现建设南路）西星子塘地段作为工厂新厂厂址。

根据中南设计院总图设计，并经湘潭市城建局规划办认定的工厂新厂区的四界为东起康家屋场，西靠电工路（现建设南路），南临板摄路（现书院路），北止新开路，占地 44.133 万 m^2。铁路专线从湘潭东站经霞城书院北，自新厂区东南角引入，分南北两条站线，南站线原则上为铜铝导体、原煤及木材货场，北站线为成品及化工原材料的吐纳货场。

1959 年 9 月 29 日，一机部八局以（59）八计字第 60 号文，批准湘潭电线厂扩建中型综合性电线电缆厂，总投资 3000 万元，年产总导体 57200t，其中有铝绞线、钢芯铝绞线、铜排、纸力缆、橡皮塑料电力电缆、控制电缆、橡套电缆、布电线、军用电缆、电磁线等产品，新建 8 个生产车间及辅助设施。1959 年 12 月，老厂区电磁线车间与裸线车间建成投产。湘潭电线厂的固定资产原值超过 800 万元，跨入中型企业行列。至此，工厂扩建规模被国家认定，纳入国家第二个五年计划。年内聚酯漆包线、通用橡套软电缆、橡控电缆、矿用电缆、电焊机软电缆、梯形铜排、铜带等17种新产品投产。

1960年4月10日，新厂区扩建的第一项工程——压延厂房破土兴建。

1960年4月，经湖南省机械局同意，湘潭市政府批准，湘潭电线厂技工学校正式成立。

1960年末，压延厂房及轧机本体安装工程基本完成，通信电缆厂房完成基础工程80%、预制柱70%。根据中共湖南省委（60）991号文件《关于坚决贯彻执行缩短基本建设战线》，扩建中型综合性电缆厂的工程全部停建。所征购的土地除压延厂房及仓库，一部分按上级规定退回农民耕种，一部分按湘潭市要求，借给市苗圃农场使用。新建压延厂房也被湘潭市锻压厂借用。所购进的设备全部进仓库保养收存。

1961年5月，遵照“调整、巩固、充实、提高”八字方针的精神，制定工厂生产调整方案：充分利用新厂停建后的闲置设备和老厂新建电磁线厂房与裸线厂房空余地带，扩大品种和产品制造范围。

根据国务院“精简职工，压缩城镇人口”的指示，1961年精简职工510人，1962年又精简232人，两年内精简人数占1960年职工总数的43%。

1961年，湘潭电线厂各车间均抽调骨干大办食堂，大种大养（即大量种菜和养猪），帮助职工解决经济困难时期的吃饭问题。1961年末，工业总产值下降到1178.43万元，利税总额下降到303万元，分别为1960年的20.30%、16.4%，企业经济效益出现大跌落。

1963年3月，一机部在上海召开节约棉麻丝绸的技术会议以后，湘潭电线厂即着手研究代用材料与改变产品结构的工作，先后实现了以塑料爆破线代替棉纱爆破线，以玻璃丝包线代替纱包线，以纸包扁线代替纱包扁线，以玻璃丝代替棉纱编织橡皮绝缘线等，当年共节约棉纱约1500kg、棉布24400m^2。工厂在节约用棉方面做了不少工作，也取得了不少成绩，这些成果至今仍在发挥作用。

1964年6月，一机部给湘潭电线厂下达船用电缆生产任务，投资45万元，用以发展船用电缆和控制电缆等产品，工厂决定调整橡缆工艺流程，腾出生产场地发展船用电缆，将制造腊克线的专业设备以及新厂停建后的库存部分专业设备，调拨给衡阳塑料电线厂和衡阳电缆厂。

1965年内，收回新厂区停建的压延厂房（当时湘潭市已将其借给市锻压厂，经一机部专函指示收回）作为铜包钢导线的生产场地。从此，停建6年之久的新厂区获得新生。

9. 昆明电线厂

1959年，昆明电线厂裸线车间、电磁车间相继建成投产，生产出钢芯铝绞线、高强度聚酯漆包圆铜线等新产品。这些新产品，对发展云南省的电机、电器、电力工业的发展提供了有利条件。

1963年，开始试制聚氯乙烯绝缘聚氯乙烯护套电力电缆，绝缘线芯为圆形结构。

1964年，又试制出1~3kV扇形芯聚氯乙烯绝缘及护套电力电缆；成功研制出第一代军工产品——军用塑料绝缘电线。

1965年，开发出氟塑料薄膜绕包烧结航空导线。

10. 天津市电线厂

天津市电线厂于1963年归属第四机械工业部，改称为六〇九厂，在此期间也进行了扩建，并于1958年从德国引进了塑料绝缘电线制造技术和设备。

11. 北京电线厂

1958年，北京电线厂投资40万元，改建、新建了部分生产车间，占地面积4415m^2，建筑面积3747m^2，职工人数增加到1259人，增加了许多专业设备，共有设备47台，先后试制成功了信号电缆、塑胶线、氧化膜铝线、玻璃丝包线等几十种规格型号的新产品。其中塑胶线、腊克线、玻璃丝包线、白花线等多种产品投入了生产，填补了许多电线品种的空白。同年11月改名为北京电线厂，隶属于北京市朝阳区工业局。

1959年初，又将北京电缆厂筹建处并入该厂，充实了干部力量和技术力量，加强了管理机构，扩大了机修力量，把生产车间分为裸电线、橡皮线、电磁线三个车间，产品品种由四五个增加到30多个，并逐步生产了高压、高温、高强度、高频产品。

1961年，北京电缆厂划归北京市机电局领导，1963年改为北京市机电局电工材料联合厂所属企业。同年，北京电缆厂开始生产出口塑胶线。1965年，北京电缆厂改为北京市仪器仪表电器工业公司的直属厂。1973年改归北京市机械工业局领导，为局直属企业。

12. 哈尔滨电线厂

扩建时期（1958—1960年），根据国家批复的扩建工程项目，工厂开始扩建两条生产线。经过3年奋战，到1960年末，先后完成了新压延车间、绕包线车间、裸铜线车间、裸铝线车间、厂部办公楼、锅炉房、变电所、职工食堂大楼、单身宿舍大楼等新建和改建项目工程任务。工厂占地面积由原来的2700m^2扩大到154620m^2，建筑面积由11500m^2增加到93681m^2，使工厂形成了在市区内的主体规模。新增了4万t压延机、8模和10模拉线机、高速束绞机等20多台（套）系列设备。随着生产的发展，职工生活也逐步改善。在工厂扩建的同时，进行了以玻璃丝代替棉纱为主的第二次技术改造。这次改造是根据国情和国民经济建设需要，采用了新材料玻璃丝代替棉纱生产绕包线和橡皮线产品，为国家节约了棉纱。在采用新材料上，还有以塑料代替橡胶生产塑料线产品，以合成漆代替油性漆生产漆包线产品，为国家节约了外汇。工厂广泛开展了技术革新运动，职工中的革新迷越来越多，使生产成倍增长，调整了产品结构，增加了新品种，提高了产品的技术等级。1958年，在生产、扩建的同时，根据国家统一规划，工厂承担了西安电缆厂的包建任务，选派了厂长、中层干部到专业技术管理人员58人及部分生产骨干，为西安电缆厂的建设做出了贡献。

1959年，完成工业总产值10745万元，实现利税3363万元，职工近5000人，是工厂发展史上出现的第一次高峰，工厂先后被国家、省、市授予红旗单位称号。

1950—1960年，这10年间工厂发生了巨大变化。企业由小到大，生产飞跃发展，产品品种、产量、利税大幅增长，创造了相当于可建5个电线厂的财富。技术水平由低到高，生产的铝镁合金线、0.025mm漆包线、有机硅玻璃丝包线、氧化膜铝线等12种产品都是国内首次生产。破旧的汽车库不见了，呈现在人们面前的是厂房林立、广阔整洁的现代化工厂，有8个生产车间和5个辅助车间。10年间，工厂制造了国家经济建设所需要的大量电线电缆，有力支援了新中国和社会主义建设，在我国电线电缆工业发展史上占有重要地位。

（二）中小型电线厂的兴起和调整

在公私合营基础上建立的一批中小型电线厂，如无锡电线厂、武汉电线厂、天津市电线厂、天津市漆包线厂、天津市电磁线厂、北京电线厂、青岛电线厂等迁址建厂。

上海市各电线厂在1954—1965年间逐步进行调整改组，为专业化打下了基础。如由培成电业厂等组成上海电线一厂；由南洋电线厂、兆丰电业制造厂、一联电工器材第二分厂合并组成上海电线二厂；由国泰电业厂、一联电工器材第七分厂等合并组成上海电线三厂；由民华电线厂等组成上海铝线厂；由培昌机器拉丝厂、泰祥永记拉丝厂、振泰拉丝厂合并成上海裸铜线厂；由建东铜厂、中央铜厂、上海电缆厂的铜制品车间合并成上海铜材厂；由元富电工厂、培开电线厂、新开灵电工器材厂合并成上海塑胶线厂；由宝康电业厂、方圆电工厂（部分）、光华电业制造厂合并成上海电磁线厂；由倪大华电线厂、协成电线厂、上海电缆厂的电磁线车间合并成红旗电磁线厂（现名上海电磁线一厂）；由中国电工企业股份有限公司组成上海中国电工厂；亚洲电线厂、美成电业厂、华亚电缆厂则于1960年先后并入上海电缆厂。有些厂内迁合肥、南昌，成为合肥电线厂、南昌电线厂的基础。

天津市各电线厂也进行了调整。如由永昌电工器材厂等组成天津市电缆厂；由振华电线厂、宏达电线厂合并成天津市电线厂；由大新电工器材厂组成天津市漆包线厂；天津市电缆厂部分内迁到内蒙古，成为内蒙古电线厂的基础。

另外，在此期间有一大批电线厂兴起，如重庆电线厂、重庆塑料电线厂、衡阳电线厂、佛山电线厂、南宁电线厂、开封电线厂、苏州电线厂、杭州电线厂、西安电线厂、杭州电工器材厂、芜湖电线厂、北京东风线材厂、邢台电线厂、榆次电线厂、辽源电线厂、哈尔滨电磁线厂等。

以南平电线厂的发展变迁为例：1958 年 8 月，三明电缆厂筹建处成立。1959 年，三明电缆厂停建，与福州电线厂筹建处，福州橡胶电线厂划出的电线部分合并，成立福州电线厂，厂址设在福州。1965 年 6 月，组建福州电线厂南平分厂。1965 年 7 月 17 日，中共南平地委工交政治部经工字第 17 号文批复同意成立中共福州电线厂南平分厂筹建处临时支部委员会。1966 年 2 月 8 日，中共南平地委工交政治部以（66）工字第 06 号文批准成立中共福州电线厂南平分厂临时支部委员会。1966 年 11 月，福州电线厂南平分厂更名为南平电线厂。

1965年9月，由武汉电线厂、新华电线厂、长江电线厂、满春纱包线社、群益纱包线社、光辉拉丝社、建新拉丝社、三阳电线社、花楼漆包线社、钢城绝缘带社等 10 个电线生产厂组建成武汉电线总厂，实行专业化生产，产量有了大幅度增长。1965 年，主要产品铜导体、铝导体、电磁线和布电线的产量分别达到 1243t、2431t、528t 和 42108km。

邮电部及铁道部也建立了许多电线电缆厂，如成都电缆厂。1958 年 10 月 26 日，邮电部批准成立邮电部成都电讯电缆厂筹备处，确定建厂总投资为 1200 万元。1959 年 1 月 10 日，举行建厂奠基仪式，建厂工程正式破土动工。1961 年 2 月，邮电部正式给工厂命名为邮电部成都电讯电缆厂。1962 年 9 月，四川省邮电管理局所属成都邮政机械厂与工厂合并，经上级批准，更名为邮电部成都邮电器材厂。1965 年，工厂的主要产品铅包纸绝缘市话电缆产值增加到 3163 万元，这个过程被称为工厂的“一级跳”。

这期间还发展了一些电缆附件厂，如武汉电缆附件厂、长沙电缆附件厂、无锡塑料制品厂、上海武宁五金厂等。

由于当时出现的浮夸风和高指标，以致国民经济严重失调。1961 年，国家提出“调整、巩固、充实、提高”八字方针，工业方面公布了企业管理 20 条，各厂进行了整顿和并转，由 1958 年的 136 个电线电缆厂合并为 1965 年的 44 个。至此，工业生产开始好转。

（三）设备制造厂、电缆附件厂、拉丝模厂的建立和发展

上海新业电工机械厂在 1960 年迁址扩建，改称上海电工机械厂，同年生产电工设备 2400 台件。

东方电工机械厂根据一机（65）密字 613 号文，投资 200 万元，由上海电工机械厂内迁部分设备和人员，于 1966 年 7 月到达四川德阳，同年生产 95.8t 电工设备。

郑州电缆厂建成专用设备制造部分；天津市也建成电材设备修造厂。

由于电线电缆工业当时需要大量专用设备，因此一机部组织晨光机器厂、淮海机械厂、太原晋西机械厂、营口机床二厂、本溪机器厂、重庆压缩机厂、哈尔滨电工技校等，制造了大批电线电缆专用设备。另外，电线电缆厂也自制了很多设备，如上海电缆厂自制了 200 多台，中国电工厂自制了 96 台。

（四）电线电缆行业研究所的成立

1958 年 5 月，根据一机部（58）八机一字 431 号文，将上海电缆研究设计室改名为上海电缆研究所。1959—1960 年，建成 11000 m^2 各种试验室及机修车间，并完成高压楼土建工程。

1961 年，将上海电缆研究所军用高频、海底通信电缆业务和职能划归到国防部第十研究院，这部分后来发展为 1423 研究所。

1958 年，我国提出了援建越南电线厂的任务，由上海电缆厂包建，上海电缆研究所、第八设计院参加。厂所结合后进行了大量工作，后来被迫中止。

1958—1965 年期间，我国成功开发的线缆产品如下：

（1）1958 年 镉铜梯排、银铜梯排、裸铝绞线、铝扁线、钢芯铝绞线、高强度漆包铜扁线、高强度漆包铝线、F 级高强度漆包线、双玻璃丝硅有机漆包线、纸包圆线 / 扁线、浸水电机用塑料绝缘电线、纱包铝线、铝芯橡皮绝缘塑胶护套电力电缆、氧化膜绝缘线、铝芯橡皮绝缘电力电缆、广播通信用铝芯塑料绝缘线、伐木电钻用橡套电缆、铝芯塑胶线、铝芯穿管橡皮线、野外探测用钢铜线芯耐油橡套电缆、无线电用塑料绝缘电线、60 路载波绝缘泡沫聚乙烯电缆、60 路载波绝缘泡沫聚苯乙烯绳带绝缘电缆、0.6 × 8 对

音频海底电缆，以及各种援外电线电缆。

（2）1960 年　镉铜电车线、热带型腊克线、聚四氟乙烯漆包线、野外探测铜芯耐寒橡套电缆、耐寒橡套电缆、射频电缆、七芯聚酯漆包线、塑料绝缘塑料护套探测电缆、彩色电视电缆、6101 海底通信电缆、强力射频电缆、橡皮绝缘高频电缆、6102 海底通信电缆。

（3）1961 年　600mm^2 裸铜软绞线、铝芯滤尘器电缆、240mm^2 大跨越高强度钢芯铝绞线、橡皮绝缘高压屏蔽线、塑胶腊克线、热带型橡皮绝缘电力电缆、航空无磁性电线、铁芯平行电话线、橡皮绝缘塑胶护套蓄电池电缆、列车电站用缆、推土机及采掘机用橡套电缆、铁芯橡套电缆、综合轴干线电缆。

（4）1962 年　软铜天线、橡皮绝缘绕组线、船用橡皮绝缘电话电缆、硅有机橡皮绝缘线、射频电缆、纸绝缘分相铅包电力电缆、专用钢索电缆、船用橡皮绝缘橡套电力电缆、单位式市话缆、7521 海底通信电缆、7888-1 大功率射频电缆。

（5）1963 年　检波器电线、加强型矿用电缆、石油探勘轻型野外电缆、谷仓机用橡套电缆、铜芯干绝缘分相铅包电力电缆、电钻用橡套电缆、高压列车电力电缆、橡套特软电缆、采煤机用橡套电缆、过江水底电话电缆、橡皮护套铠装矿用电话电缆、高频对称局用电缆、高频馈电线用电缆、农村通信用铝芯塑料绝缘电缆。

（6）1964 年　钢铝电车线、电动井壁取芯器用电缆、仿波兰七芯橡套矿用软电缆、28 芯地震检波器电缆、石油泵电缆、铝芯聚乙烯绝缘及护套钢丝铠装过河电缆。

（7）1965 年　高压充油电缆及附件、皱纹钢管电缆、油矿电动井壁取芯器电缆、地震检波器电缆、耐高温探井油矿测井电缆、全塑电力电缆、综合试井电缆、防腐型电缆、电热加热器电缆、海洋地震检波器电缆、海上地震探测电缆、全铝油浸纸电力电缆、双芯同轴无磁芯电缆、组合检波器电缆、强力射频电缆、聚乙烯绝缘软线、硅橡胶电线、无碱玻璃丝绝缘铝包电线。

第 5 节　1966—1976 年线缆发展概况

一、“大三线”和“小三线”行动背景及电线电缆行业的变迁

20 世纪 60 年代中期至 70 年代末期，我国在内地进行大规模工业、交通基本建设。“一线”指沿海和边疆地区，“二线”指介于一、三线之间的中部地区，“三线”指四川、贵州、陕西、甘肃、湖南、湖北等内地。其中，西南、西北地区（川、贵、陕、甘）俗称为“大三线”，中部及沿海地区的腹地俗称“小三线”。

1964 年 8 月，中共中央书记处会议做出了加强战备、迁移沿海重要工业到内地、建设内地工业基地的战略决定。决定要求各地集中力量建设“三线”，在人力、物力、财力上给予保证。国民经济发展的第三个五年计划的设想由原定的解决“吃穿用”问题向以战备为中心转移。“三线”建设初期的主要项目有：四川、云南交界的攀枝花钢铁工业基地，成都至昆明的成昆铁路，以重庆为中心的常规兵器工业基地，以成都为中心的航空工业基地，以重庆至万县为中心的造船工业基地，陕西的航空工业、兵器工业基地，甘肃的航空工业基地，酒泉钢铁厂等。

“三线”建设带来的问题：建设规模铺得过大，战线拉得过长，超过了国家的承受能力。1969—1971 年新建和内迁的大中项目达 1000 多个，资金、设备、原料难以到位，一部分工程中途下马，还有些则长期不能投产，带来了经济损失。由于进程过快、过急，有些项目未进行资源环境的调查和论证就匆忙动工，造成了严重后果。过分强调战备需要，忽视经济效益以及社会生产和再生产的规律。一些现代化工业企业远离城市，按“靠山、分散、进洞”的原则建设在山沟里，造成生产管理、协作十分不便，企业的经济效益不高。各个企业为了解决生活需要，建设“小而全”的医院、学校等封闭社会设施，造成重复浪费。

这期间我国电线电缆行业所进行的大、小三线建设，大多数是不成功的。

根据国家建设大、小三线“备战”的指示，1965 年开始，又有许多新建和迁建工厂。

湖北红旗电缆厂为“大三线”建设重点厂（原来三年调整期间确定的建设项目），由上海电缆厂包建。1966 年选址筹建，主要产品为高压电缆、海底通信电缆、船用电缆、交联聚乙烯电缆，投资 6700 万元。1971 年 11 月开始生产钢芯铝绞线。

1965 年，上海大来电业厂（1956 年公私合营）全部设备和人员迁往甘肃白银市，并入白银电缆厂（1958 年筹建），同年 4 月内迁完成，同年 5 月正式成立甘肃省长通电线厂。

1968 年，上海铜材厂、上海裸铜线厂、上海铝线厂、上海塑胶线厂、上海红旗电磁线厂、上海拉丝模厂等 6 家电线电缆生产企业，支援“三线”建设，内迁并入重建的贵阳电线厂。6 家企业各抽调部分生产技术人员充实到贵阳电线厂，奠定了贵阳电线厂的生产、技术基础。1970 年正式投产。

成都西南电工有限公司成立于 1969 年，根据当时国家“三线”建设需要，由上海中国电工厂核心团队搬迁至成都组建而成，公司以研制、生产漆包铜圆线为主营业务，于 1970 年正式投产。

1970 年 5 月，天津国营六〇九电缆厂抽出 28 人组建六〇八电缆厂筹备组。六〇八电缆厂（江陵电缆厂）选址在四川省广元县大石小稻村附近的山沟里，根据“三线”建设“靠山、分散、隐蔽”的原则，六〇八电缆厂的生产区都是依山而建，根据地形的高低错落有序地分布，至 1976 年竣工。六〇八电缆厂主要生产通信电缆、部队野战电缆、射频电缆、电力电缆（钢芯铝绞线）和被覆线等。到了 1980 年，随着国际局势和国内经济发展形势的转变，三线军工企业在“保军转民，军民结合”的方针指导下，军事工业开始慢慢向民用产品转移。1996 年，企业搬迁至绵阳，老厂便开始谢幕，退出历史舞台。

除了“大三线”建设外，还有“小三线”建设，主要有：

青岛电线厂于 1966 年开始（为期 4 年），遵照上级建设“三线”企业的指示，按照省机械厅的要求，厂内设备一分为二，调出干部职工 90 名支援国家“三线”建设，建立了青岛电线厂新泰分厂，后改名为山东电缆厂，现为特变电工山东鲁能泰山电缆有限公司。

福州电线厂于 1966 年部分内迁建成南平电线厂，1965 年 6 月组建福州电线厂南平分厂。1965 年 7 月 17 日，中共南平地委工交政治部经工字第 17 号文批复同意成立中共福州电线厂南平分厂筹建处临时支部委员会。1966 年 2 月 8 日，中共南平地委工交政治部以（66）工字第 06 号文批准成立中共福州电线厂南平分厂临时支部委员会。1966 年 11 月，福州电线厂南平分厂更名为南平电线厂。

哈尔滨电线厂于 1968 年部分内迁建成牡丹江电线厂。

杭州电缆厂、温州电线厂部分内迁建成江山电工器材厂。

无锡电缆厂部分内迁建成广德电线厂。1970 年 6 月，江苏省革委会决定建设广德电线厂。1970 年 11 月，在广德县杨滩公社山区建厂，由无锡电缆厂包建，主要产品是各种军用电缆、全塑埋地通信电缆、被覆线等。1972 年建成投产。无锡电缆厂在完成包建任务后，与该厂合作试制生产。1976 年，广德电线厂先后研制出多种规格的埋地电缆。1986 年 8 月，广德电线厂迁回无锡市，厂址位于马圩江溪桥，成为电子部定点生产全塑电线电缆的重点企业。

广州电线厂于 1969 年部分内迁建成花县电线厂。

沈阳电缆厂部分内迁抚顺清原，建成 8290 电线厂（图 20）。沈阳电缆厂为了应对形势的需要，进行了部分内迁，并在抚顺清原地区的斗虎屯公社偏脸沟建成了 8290 电线厂。这个厂区早期被称为辽宁 708 厂、抚顺东进电缆厂。建成投产后，厂区的管理权交由四机部，获得了正式的国营 8290 厂的代号，并更名为抚顺电缆厂。1985 年，8290 厂迈出了大山，进入了抚顺城。在后来的 20 年左右，国内电缆行业乱象丛生，8290 厂于 2004 年被 6409 厂所收购，从此退

图 20　山沟里的 8290 电线厂

出历史舞台。

大、小三线的建设，如湖北红旗电缆厂、西南电工厂、贵阳电线厂、长通电线厂等，有助于改善我国电线电缆工业的地域布局。但大多数厂由于交通不便、协作困难，影响经济效益，有的甚至停产撤点，如广德电线厂、花县电线厂等。

二、特殊历史时期电线电缆行业队伍不断扩大

在特殊历史时期，虽然经济建设不正常，但社会在进步，需求在增加，在此期间又新建了一批电线电缆厂，对后期电线电缆行业发展、地域布局等起到了关键性作用。

如东北的长春电线厂、吉林电线厂、集安电线厂、青冈电线厂、肇东电线厂、阜新电缆厂；北京的延庆电线厂、廊坊电线厂、丰台电线厂；山西的离石电线厂、平遥电线厂；内蒙古的赤峰电线厂；陕西的渭南电线厂；广西的西宁电线厂；新疆的新疆电线厂；云南的红河州电线厂；河南的郑州电磁线厂；山东的济南电磁线厂、烟台铜材厂；湖北的黄石电线厂、武汉塑料电线厂、武汉第二电线厂；湖南的常德电线厂、长沙电线厂、湘潭电线厂、梧州电磁线厂；广东的广州第二电线厂、南海县电线厂；江苏的常州有色金属压延厂等。

这些厂有些已经发展壮大成为当今的头部企业，但有些电线厂退出了历史舞台。例如新疆电线厂、黄石电线厂、南海电线厂等经过几次企业名称的变更，仍然是我国电线电缆行业的主流企业。也不乏发展、转型较好的电线电缆企业，如南海县电线厂、四川川东电线厂等。

始建于1968年的南海县电线厂，当时只生产10mm^{2}以下拉丝到成品的布电线，后来由于市场需要，发展生产三芯农用电缆，由于适应市场的需求，产值从200多万元发展到3000多万元。1973年从平洲三山迁往平洲城区。由于当时市场需求电力电缆，于是购买了Ø54盘成缆机及Ø150盘挤出机，开始生产240mm^{2}及以下的电力电缆，填补了广东市场的空白。当时在广东属于比较大型的电缆厂。到1978年改革开放后，深圳市场急需大量的电力电缆进行开发，一度出现供不应求。1984年，其产值猛增至4亿元，成为当时广东颇具规模的企业。1984年10月改名为南海电缆厂。深圳改革开放急需大量的交联电缆，因此广东购进了很多国外的交联电缆，当时省机械厅立项让南海电缆厂生产交联电缆。在上海电缆研究所的帮助下，引进了国外第一条诺基亚生产的悬链式交联生产线，生产出35kV及以下的交联电力电缆，再次填充了广东市场的空白，并于1989年获得全国交联电缆的金质奖（金牌），交联电缆全国行评第一。1992年，南海电缆厂的交联电缆评为广东的替代进口产品，是唯一一家取得出口替代产品证书的厂家，销售产值突破8亿元。由于南海电缆厂引进了交联电缆生产线，公司的发展突飞猛进，当时公司的产值已超过广州电缆厂，成为广东最大的电线电缆生产企业。经省机械厅、省经委和省工商局批准，更名为广东电缆厂，随着形势的发展于1995年11月转制成立广东电缆厂有限公司，当时自然人股东占公司比例4.5%，直至2003年6月第二次转制为股份制民营企业。转制后进行了新的布局，先后在南海区丹灶镇和南海区大沥镇购买了400多亩地扩建了2个生产基地。

四川川东电缆有限责任公司的前身是大竹县综合社，成立于1970年，隶属于县二轻局。由唐玉明、李永辉、刘乾廷、邓绍田4人组成攻关小组到相关单位学习电线制造技术，利用汽车后桥自制拉丝机等设备，于1970年生产出了第一根电线——钢芯铝绞线，1971年开始生产塑料绝缘电线，1974年开始生产铝芯橡皮绝缘电线。1977年正式更名为大竹县电线厂。1979年征地新建厂房，并于1983年搬迁至大竹县东湖路80号，生产的产品还是比较单一的橡皮绝缘电线。

邮电部于1968年建立了侯马电缆厂，现改名为侯马普天通信电缆有限公司，是中国普天信息产业集团公司麾下的国家大型光、电缆专业生产企业，全国百强电气机械器材制造企业。企业自投产以来先后开发了中 / 小同轴、长途对称、纸市话、射频电缆，局、配、矿用电缆等产品。1978年开始研制并生产通信光缆，并于1987年率先完成了国家级光纤光缆工业性试验项目，使我国光纤光缆进入工业化生产和通信应用阶段。

铁道部在此期间建立了一些电缆企业，例如：铁道部建立的焦作铁路电务器材厂，现改名为焦作铁路电缆有限责任公司，工厂始建于1969年，是随着我国第二条南北干线焦枝铁路建设的进行而配套兴建的。现在是集电线电缆和光缆系列产品设计、开发和生产为一体的专业化电线电缆生产厂家，隶属于中国铁路通信信号集团公司。天水铁路电缆信号厂，现改名为天水铁路电缆有限责任公司，是铁道部于1969年建成的全路第一家生产电线电缆的专业工厂，隶属于中国铁路通信信号集团公司，2000年进入了中央企业工委，主要生产铁路信号电缆、通信电缆、光缆、辐照交联电力电缆、架空电缆、低烟无卤阻燃电缆、耐火电缆，以及各种铜、铝绞线，电线等8大类、24个品种、两千多个规格的产品。

三、特殊历史时期主流电缆企业逆流奋进

这一时期前，国内主流电缆企业，如上海电缆厂、沈阳电缆厂、郑州电缆厂等经过20多年全面系统的整顿发展，各项工作均已走上正轨，成为当时国内电线电缆行业的标杆企业。正当大家满怀信心、干劲十足地向新的征途迈进的时候，经济、政治、思想文化、社会生活等各个领域却遭到了空前的困难，电线电缆行业无一例外地卷入其中，但广大干部职工仍有可圈可点的表现，虽然取得的成绩不显著，但在行业发展进程中也不可缺失。

1. 上海电缆厂

同1966年相比，1967年上海电缆厂全年生产总值下降21.8%，上缴利润下降33.7%，腊克线生产下降11.5%，市内话缆下降5.3%，局内话缆下降5%，电力电缆下降16%，船用电缆下降39%，控制电缆下降10%。1967年4月，厂长、总工程师等人顶住压力，成立了上海电缆厂第一线生产指挥部，坚持指挥全厂职工恢复正常的生产。

1968年12月，我国第一台电缆干燥100kW可控硅供电设备研制成功，它具有电缆绝缘干燥效率高、操作简便、投资少、收效快等优点，可节约电力44.4%，为我国电缆设备全面推广应用可控硅装置创造了一个良好的开端。

1967—1969年间，上海电缆厂的重大新试产品有：大长度过江电缆及附件，满足了我国过江敷设大长度高压电缆的需要；投入生产的小同轴电缆对军工及民用通信事业具有重大的意义；全塑电力电缆、泡沫塑料市内电缆、铝包电缆等；防腐型钢芯铝绞线的生产，大大提高了钢芯铝绞线的防腐性能，延长了产品寿命；以尼龙护套电线代替腊克线，提高了电线的各项性能，节约了大量棉纱，也提高了劳动生产率；船用电缆取消天然胶改用合成胶，并采用了耐油护套橡皮，提高了电缆的质量和寿命，受到客户欢迎；矿用电缆方面无论从导体结构及护套质量方面均比以前有所提高，使用寿命也延长许多。

1971年开发了交联聚乙烯绝缘全塑电力电缆，并且为北京地铁工程生产了16km的35kV单芯185mm^{2}充油电缆，满足了北京地铁工程的紧急需要。

在全国“抓革命、促生产”的形势鼓舞下，从1971年开始，上海电缆厂党委把全厂的生产、技术、质量管理等工作列入党委的议事日程，开始修订各种规章制度，健全企业管理。1972年7月7日，《文汇报》以“依靠群众把好每道工序—上海电缆厂建立和健全产品质量制度”为题，报道了这一先进经验。

2. 沈阳电缆厂

在特殊历史时期，沈阳电缆厂的广大干部、工程技术人员和工人群众，出于对党和社会主义制度的热爱，顽强地坚持执行党中央和国务院的正确方针，灵活、机动性地尽力减轻各种干扰和破坏，始终没有放松对生产的领导和指挥，从1969年到1978年保持了生产的稳步前进。

1966年，广大职工排除各种干扰，保持了1962年以来生产整顿的良好形势，成为沈阳电缆厂建厂以来的第三个产值高峰年。1967年和1968年两年，干扰和破坏最大，1968年总产值仅为1966年的39%。1972年一机部“长春会议”以后生产形势有所好转，1975年“天津会议”对生产起了推动作用，生产保持着前进的形势。从1969年到1978年，工业生产总产值保持在20000万元上下，仅有小幅度浮动。

3. 郑州电缆厂

1966年郑州电缆厂领导机关瘫痪，大部分职能科室被撤销，一些干部下放劳动，各项管理制度被束之高阁，工厂管理混乱。工厂处于半停产状态，经济效益低下，1967年的工业总产值相比1966年下降了近30%，每百元固定资产创造的利润仅2元。

为了完成国家下达的指令性任务，1968年部分管理和生产骨干组织生产恢复，设立生产组，1969年的工业总产值相比1967年上长了56%。

1971年恢复综合计划、财务、物资、销售等职能部门。1972年工业总产值达到了8732万元，是1967年的3.4倍。从1973到1976年生产产值稳定在7000万元上下。

特殊历史时期是郑州电缆厂投资建设的关键时期，“边基建、边生产”是郑州电缆厂的特殊模式，1968年、1969年、1972年一机部对郑州电缆厂的建设规模和产品类别定位进行了多次调整，郑州电缆厂全体员工克服重重困难，保证了工厂建设的同步推进。

4. 武汉电线二厂

武汉电线总厂所属的新华电线厂、长江电线厂、光辉异型裸线厂和江旅电线厂合并为汉口电线厂，1982年更名为武汉电线二厂。

5. 上海电缆研究所

1971年，上海电缆研究所隶属关系从一机部下放到上海市，改名为上海市电缆研究所。在此期间，行业技术工作及科研工作均受到一定影响，1978年2月，根据国务院通知又收回一机部领导。

四、特殊历史时期援外建设史

在特殊历史时期我国电线电缆行业按照国家有关部门的要求，支援社会主义阵营国家电线电缆企业建设的任务没有停止。

1. 东英电线，历经坎坷

1961年3月，上海电缆厂遵照一机部指令，承接了我国线缆行业第一个援外电线厂——援越东英电线厂的筹建任务。在部外事局的领导下，组织了一机部上海电缆研究所（负责初步设计和工艺设计）、第八设计院（负责公用设计和施工图设计）、安装总公司（负责安装指导和材料准备）和新业电工机械厂（负责工艺设备的制造和调试）。上海电缆厂成立了援外办公室，由副厂长归口负责。

1960年7月—1960年11月，上海电缆厂接收了越南文曲电线厂由厂长带领的61名实习生，实习期为一年半。

随着越南“抗美救国”“统一南方”战争不断升级，一时难以集中力量来搞经济建设，故越方向中方提出第一次延期建厂。

1962年8月，中方按照越方要求，派出了第二批工人专家级林必粱、曹庆源赴越修改扩初设计和产品方案。

1966年7月，根据越方要求，重新选择厂址收集资料，由外事局外事处为团长组成电线和蓄电池联合专家组，选择了越南北部地区友垄作为厂址。专家组回国后制定了友垄电线厂的初步设计。

1967—1968年，中方第四次派出了由8人组成的专家组赴越，在友垄厂址现场收集资料，历经10个月，基本上完成了友垄厂址的施工图。

1975年4月，越方第三次提出建厂要求，把厂址从友垄迁移至距河内东偏北30km的东英，把厂名改为东英电线厂。随即中方派出第五批专家组赴越进行三正一平和现场指导，至1978年7月回国。

最后审定援越东英电线厂的规模是：厂区占地面积是8hm^2，建筑面积17000m^2，总投资800万元，建有裸线、橡皮塑料绝缘线、电磁线车间及辅助部门等，建成后预计年产量为铜导体700余吨、铝导体350t，将成为越南北方的一个重要线缆产品基地。

根据越方第三次扩建厂进度要求，中方按照两国材料、设备外交协议，从1975年开始，即根据建厂计划，向越南发运各种土建材料和公用设施器材。经过 2 年多的试制、生产以及厂房基础等的日夜施工，于 1977 年底，建筑面积为 17000m^2 的 6 个主厂房基本施工完毕。

遗憾的是，越方在全国解放战争胜利且南北统一后，由于众所周知的原因，赴越专家组于 1978 年 7 月奉命回国。

2. 援建阿尔巴尼亚电线厂

根据 1961 年 4 月 23 日签订的《中华人民共和国援助阿尔巴尼亚成套项目协议书》，其中有由一机部援建电线厂任务。

阿尔巴尼亚是一个盛产铜矿的国家，不但矿石含铜量高，而且铜的品位较好。他们要求我国援建炼铜厂的同时，还要求上海电缆厂承建斯库台电线厂，一机部同意了他们的要求，决定由上海电缆厂承担这次筹建任务。

一机部于 1961 年 5 月 17 日发出（61）一机密外南 5382 号文件指出：援建阿尔巴尼亚建设电线厂是一个独立项目，由上海电缆厂、上海电缆研究所、第八设计院、安装总公司和新业电工机械厂为主要负责单位。1961 年 7 月，我国提出《阿尔巴尼亚电线厂设计方案初步意见书》（修正本）。1962 年 1 月 23 日，阿尔巴尼亚人民共和国部长会议批准斯库台电线厂设计计划任务书。

援阿电线厂的筹建工作，是从 1962 年下半年开始的，扩初设计在 1962 年三季度由阿方批准和经过两国外交谈判后，于 1963 年全面开始订货和进行各项筹建工作。根据阿方批准的设计任务书和扩初设计中规定，其主要指标是：从铜延压锭开始，生产裸铜线、漆包线、纱包线、丝包线、腊克线和各种塑料绝缘电线电缆，全厂有压延、裸线、电磁线和塑胶线 4 个主要生产车间。

斯库台电线厂导体用量 1800t/ 年，工艺装备 763 台（套），投资 680 万元，我国先后派出专家 37 人次。

援阿电线厂自 1963 年 5 月动工兴建到 1965 年 6 月份投产，建厂时间为两年多，阿方对我国提供的设备质量表示满意。该厂年产值约为 330 万新卢布，每年可收入外汇约 250 万卢布，电线厂每年效益约为 100 万新卢布，工程投资 4 年多即可收回成本。图 21 所示为中国援建的斯库台电线厂。

图 21　中国援建的斯库台电线厂

1971 年，阿尔巴尼亚提出扩建电缆车间，我国又派出专家组前往指导安装生产，于 1972 年 1 月 10 日投产。

3. 援建罗马尼亚萨勒乌漆包线厂铜线拉制车间

援建罗马尼亚萨勒乌裸线拉制车间是 1971 年 3 月 22 日中、罗两国政府在北京签订的《关于中国向罗马尼亚提供成套项目和技术援助的议定书》中规定的援建项目之一。

1972 年 6 月 27 日，中、罗双方于北京签订《萨勒乌漆包线厂铜线拉制车间会议纪要》，援建工作随之正式开展。1971 年 8 月，中国派遣考察组到罗马尼亚布加勒斯特进行考察，经过 4 年的艰苦努力，1975 年二季度在罗马尼亚开始设备安装调试工作，1976 年三季度部分投产，1977 年 4 月 11 日全部投产。1977 年 5 月 17 日，我国与罗马尼亚共同签订了援建项目的投产证书。

铜线拉制车间铜导体用量为 15000t/ 年，工艺装备 223 台（套），投资 683 万元，派出专家共 27 人次，承接单位为天津市漆包线厂，设计单位为上海电缆研究所，主要设备制造厂有上海电工机械厂、东方电工机械厂等 8 个单位。

五、特殊历史时期开发成功的线缆产品

1966—1976 年期间我国开发成功的线缆产品有：

（1）1966 年　皱纹铝包电缆、紫铜管电缆、不滴流电缆、钢铝电车线、轻型屏蔽聚氯乙烯船用电缆、浇铸片式中同轴电缆、补偿导线、加强型矿用电缆、高压橡皮线、挖土机电缆、海底特种屏蔽电缆、PVC 绝缘线、变阻电缆、大功率低衰减电缆、深海橡套电缆、四芯同轴电缆和 T 型电缆。

（2）1967 年　大长度水底高压充油电缆及附件、铝管充气电缆、20 万倍电子显微镜用直流高压电缆、12 芯扁形橡皮电缆、直流 X 线高压电缆、四芯海底电缆、大功率低衰减射频电缆、煤炭工业用高压橡套电缆、拖曳式水下电视电缆。

（3）1968 年　海上地震电缆、移动式橡皮高压电力电缆、海上爆炸电缆、聚四氟乙烯电线、铅包充油电缆、高压点火线、自承式泡沫塑料市内话缆、钢芯铝绞线改型、汽车用低压电线、六芯油矿电缆、局用及配线电缆、交联聚乙烯电力电缆。

（4）1969 年　小同轴综合干线通信电缆、高压电缆及附件。

（5）1970 年　4-14 芯尼龙导线、海上地震勘探电缆、船用电缆。

（6）1971 年　全塑电力电缆、中频同轴电力电缆、交联聚乙烯电力电缆、380kV 超高压充油电缆、全塑信号电缆、全塑市话电缆、全塑长途通信电缆、全塑交联聚乙烯电缆、全塑船用电缆。

（7）1972 年　全塑探测电缆、水下用电视电缆、低噪声电缆、内钢带铠装电缆、深井勘测电缆、滤尘器电缆、泡沫聚乙烯铁道用电缆、工业用电视电缆、中 / 小同轴综合干线电缆、35kV 交联聚乙烯电缆、铌钛合金超导体电线、换位铝导线、超高压三芯充油电缆及附件。

（8）1973 年　航空导线、三芯电力电缆、钢铝混绞线、铝包钢绞线、超深井石油测量电缆、油井电缆。

（9）1974 年　拍摄电影调压电缆、深水密封电缆、耐热塑料船用电缆、乙丙橡胶船用电缆、抗绕电缆。

（10）1975 年　大跨越钢芯铝包钢绞线、实芯铝导体全塑电缆、高压低阻抗电缆、耐高温屏蔽电缆、SF6 全封闭组合电缆头、7000m 超深井勘测电缆、大功率射频电缆、屏蔽型 6kV 橡套软电缆。

（11）1976 年　大庆采输油电缆、快中子治疗机直流高压电缆、地震测试用屏蔽电缆。

第3章 行业快速发展期（1978—2011年）

第1节 概　述

电线电缆行业迅速发展的最重要原因是我国从1978年开始实施改革开放政策，解放了人们的思想，激发了全国人民的积极性和主动性。

改革开放，是1978年12月十一届三中全会起我国开始实行的对内改革、对外开放的政策。我国的对内改革先从农村开始。1978年11月，安徽省凤阳县小岗村实行“分田到户，自负盈亏”的家庭联产承包责任制，拉开了我国对内改革的大幕。在城市，国营企业的自主经营权得到了明显改善。1979年7月15日，中央正式批准广东、福建两省在对外经济活动中实行特殊政策、灵活措施，迈开了改革开放的历史性脚步。改革开放建立了社会主义市场经济体制。1992年南方谈话发表，我国改革进入了新的阶段。改革开放使我国发生了巨大的变化。1992年10月召开的党的十四大宣布，新时期最鲜明的特点是改革开放，我国改革开放和现代化建设事业进入了一个新的阶段。2013年中国进入全面深化改革新时期。深化改革开放需坚持社会主义方向。改革开放是中国共产党在社会主义初级阶段基本路线的两个基本点之一。党的十一届三中全会以来进行社会主义现代化建设的总方针、总政策，是强国之路，是党和国家发展进步的活力源泉。改革，即对内改革，就是在坚持社会主义制度的前提下，自觉地调整和改革生产关系同生产力、上层建筑同经济基础之间不相适应的方面和环节，促进生产力的发展和各项事业的全面进步，更好地实现广大人民群众的根本利益。开放，即对外开放，是加快我国现代化建设的必然选择，符合当今时代的特征和世界发展的大势，是必须长期坚持的一项基本国策。

改革开放使得我国经济建设进入发展快车道，基础建设需要电线电缆产品，电力建设需要电线电缆产品，由于电线电缆产品独特的配套属性，各行各业都需要电线电缆产品。电力传输需要架空导线和高压电缆，城市建设需要配网电缆，房地产开发需要大量的低压电力电缆和家装电线，城市地铁和高速铁路建设需要大量车内电线电缆、轨道沿线配套动力电缆和接触线，各种家用电器需要大量的电子线产品，各种机械设备需要大量的电气装备线产品配套，各种矿山开采和煤炭开采需要大量的矿用电缆产品，尤其是农村电网改造，需要大量的配网用电线电缆和绝缘架空电缆，于是催生了一个庞大的电线电缆产品市场需求。1949年后形成的电线电缆产能远远不能满足改革开放后庞大的市场需求，从20个世纪80年代初，市场就显示出电线电缆产品需求旺盛的迹象。这一时期技术改造、技术引进成为电线电缆行业的主要工作内容，同时乡镇出现了大量的小电线厂。

1989年，国家市场监管总局印发了《中华人民共和国私营企业暂行条例施行方法》，其中第十条规定：申请开办私营企业，申请人应当在企业所在地县、市、区工商行政管理机关办理登记，经核准发给营业执照后，始得营业。

由于国家对私营企业开办政策的开放，再加上电线电缆产品的属性，即不需要较大的投入资金就可以开办简易的电线电缆企业，于是粗放简陋的电线电缆企业一哄而上，电线电缆制造企业数迅速膨胀，从改革开放前的数百家上升到现在的7000~8000家；企业所有制性质从改革开放前的几乎是国有或地方集体所有制变成了现在90%的私营所有制或股份制；电线电缆产能翻了几十倍，导致现在产能严重过剩；电线电缆产品品种从改革开放前的只能满足有限的需求领域，发展到现在几乎覆盖所有经济建设领域，还有大量出口；从改革开放前的电线电缆制造弱国变成现在的电线电缆制造大国；从改革开放前高端的电线电缆依赖进口，发展到现在几乎能全部满足经济建设的需求，而且跃居世界先进或领先的地步，如高压电缆、核电站用电缆、光伏发电系统用电缆；从业人员从改革开放前的几万人发展到现在的80多万人；标准体系也全面与IEC标准接轨；全行业的企业采用ISO质量管理体系进行质量管理；高端生产和检测设备从"闭门造车"到绝大部分进口先进生产和检测设备，为产品开发和质量提升、稳定提供了必要的条件等。但在快速发展过程中，产品质量一直是关注的焦点，2017年西安地铁"问题电缆"事件，是一个典型的偷工减料导致的质量案例，对行业的产品质量提升提供了很好的反面教材。可以说从改革开放到现在，我国电线电缆行业发生了翻天覆地的变化，从全球来看，我国电线电缆制造已经成为不可缺少的部分。

第2节　引进国际经验推动自主创新

我国制造电线电缆的历史与西方发达国家比较，相差几十年，这与工业化进程有关。我国改革开放后，经济建设进入快车道，工业化和基础建设需要大量的各种电线电缆产品，如果按照1978年前的生产装备和制造能力，远远适应不了经济建设的需要。当时虽然各个制造企业也在积极对生产设备和生产技术进行改造，但电线电缆需求压力还是较高，为此借助改革开放的契机，吸收引进国外的先进技术和先进制造设备以及与世界上著名的电线电缆制造企业合作，是提高生产能力、满足市场需求的最佳措施，也是追赶世界电线电缆制造水平的发展道路。因此，在发展国民经济的关键是科学技术进步的方针指导下，有计划地从外国引进若干新技术、新设备已成为1978年之后电线电缆行业的当务之急。技术引进可促进我国电线电缆制造技术的提高，改善、提高产品性能，填补某些产品空白。

一、技术改造与引进

党的十一届三中全会冲破了长期的思想束缚，把党的工作重点转移到以经济建设为中心的轨道上来，把企业技术改造提到重要的议事日程。实行对内搞活、对外开放的政策，使企业的自主权得到发挥，为企业的技术改造提供了充分的条件，从1980年起逐渐开始了大规模的技术改造与技术引进工作。

国内电线电缆制造企业根据自身条件采取了不同形式的技术改造与引进，下面以沈阳电缆厂为例进行叙述。

1980—1983年为沈阳电缆厂技术改造的开始阶段，这个阶段的主要目的是扩大生产能力。因此，上生产措施的项目多，上水平的项目少；以国内自制设备进行更新改造的项目多，引进的项目少。至于资金来源，除国家重点工程，大部分是企业自有资金，4年内投资总额约3850万元，更新设备284台，较重要的技术改造项目有16项。

1984—1986年是沈阳电缆厂大规模的技术改造和引进阶段。1984年是我国经济体制改革的头一年，为了增强企业后劲，实现在20世纪末总产值翻两番的宏伟目标，加快了技术改造和技术引进的步伐。技术改造的性质由以自力更生为主更新改造原有技术设备转向大规模的技术引进，引进的目的由扩大生产转向提高生产技术水平，引进的内容由20世纪70年代水平的二手设备或生产线转向具有20世纪80年代世界先进水平的成套技术设备。1984年共投入4119万元，更新设备92台（套），完成重大项目14项。

1985—1986 年是沈阳电缆厂大规模技术改造、技术引进的高潮阶段。一方面，成交的设备大批到货，土建和安装工程速度加快，验收的项目纷纷投产，经济效益明显增加，为沈阳电缆厂 1988 年产值利润翻番做出重要贡献。另一方面，为适应国民经济日益发展形势的需要，在机械工业部和省、市领导的鼓励和帮助下，进一步扩大了技术改造的规模，增加了许多具有国际先进水平的重大项目，两年共投资技改 22622 万元，更新设备 490 台（套），成交重大引进项目 20 余项，完成重大技改项目 36 项。

综合 1980 年以来的技术改造和技术引进成绩，共可分为以下几类：

1）建成工业厂房约 10 万 m^2。建成的有高压厂房、纸包线厂房、橡缆南厂房、橡缆硫化塔、计量楼、南区塑控一、塑控二、塑力一、塑力二、油矿车间、裸线车间等；改造的厂房有北绞线厂房、电磁厂房（含军工部分）、话缆塑控厂房、附件分厂等。

2）建成具有 20 世纪 80 年代国际水平的全塑控缆、全塑市内话缆、钢芯铝绞线、交联电缆附件、高压电缆等 5 个完整的现代化生产车间和南区塑控一、塑控二、塑力一、塑力二、油矿车间、裸线车间等 6 个国内水平的生产车间。

3）引进干、湿法交联（4 条），三层共挤，熔盐硫化，铝连轧，橡胶加工等 9 条大型生产线，以及弓形成缆机等 32 台单机、20 多台辅机、30 多台检测设备、3 项技术软件（难燃电缆、熔盐硫化、交联电缆附件）。

4）利用国内技术建成或改造铝连轧、橡套硫化、全塑力缆、塑料轴、红箭 -73、架空导线等 7 条生产线及近百台单机。

5）利用引进单机和国产设备建设和改造纸包扁线、漆包线等生产线。

沈阳电缆厂此阶段的技术改造和引进仅仅是电线电缆行业改革开放之初工厂生产能力和技术改造的一个缩影，当时规模企业都有同样的经历。例如：1980 年，天津市漆包线厂从意大利引进两台卧式漆包机和测试仪器；哈尔滨电线厂从美国、日本引进浸涂法无氧铜杆生产线；上海电缆厂从英国 BICC 公司引进氟塑料航空导线制造技术及部分检测设备；南平电线电缆厂从德国、瑞士、日本引进插头线、电气安装线制造技术及生产设备。

1984 年以后出现了技术引进高潮。据不完全统计，至 1985 年底，我国电线电缆行业包括机械、邮电、铁道、冶金部门，共有 72 家工厂，一共引进了 149 个项目，总投资 1.5 亿美元。共引进铜杆生产线 12 条，交联聚乙烯电缆生产线 11 条，橡胶挤出连续硫化机组 57 台，全塑市话电缆生产线 12 条。引进的单机包括拉线机 57 台，漆包机和纸包机共 37 台，绞线机、束线机和成缆机共 27 台，挤塑机和挤橡机共 100 台。这些设备是从美国、芬兰、德国、瑞士、英国、日本、意大利、法国、加拿大、奥地利、比利时等 12 个国家引进的。

行业中不断地进行导体拉丝和绞制、交联 / 硫化生产线、市话电缆生产线、漆包线生产线、光纤生产线和检测设备等的大量引进，同时也引进了生产技术，使电线电缆生产能力得到了大幅度的提升，同时产品质量也得到了一定的保证。引进项目大多数已投产使用，初步发挥了经济效益。

1990 年以后，电线电缆行业中引进了大批的制造设备，几乎是世界上最先进的制造设备，在制造硬件上，我们处于世界领先的地位，为我们成为世界制造大国奠定了扎实的硬件基础。

近些年主要进口的装备有 CCV、VCV、橡套三层共挤连续生产线、铜连铸连轧生产线、铝合金连铸连轧生产线、铜（双头）连续退火大拉机、铜排（带）精轧机、框绞机、成缆机、铝护套包覆生产线、薄膜烧结机。表 4 为主要国外品牌设备供应商。

表 4　主要国外品牌设备供应商

序号	公司名称	装备类型
1	德国 NIEHOFF GROUP	铜铝大中小拉丝机
2	德国 TROESTER	悬链式、立式交联绝缘生产线

（续）

序号	公司名称	装备类型
3	瑞士 MAILLEFER	悬链式、立式交联绝缘生产线
4	比利时 GAUDER GROUP	绞线机，成缆机
5	意大利 PROPERZI	铜铝连铸连轧生产线
6	美国 SOUTHWIRE	铜连铸连轧生产线
7	意大利 SAMP	铜铝大中小拉丝机
8	德国 SKET	绞线机，成缆机
9	西班牙 CABELE	绞线机，成缆机
10	奥地利 ROSENDAHL	各类精细挤出机
11	英国 BWE	铝护套挤出生产线
12	德国 SIKORA	电缆测偏仪
13	德国 LUKAS	高速无缝绕包机
14	美国 JENNINGS	PTFE 推挤烧结设备

截至 2023 年底引进的设备信息如下：

（1）MAILLEFER 设备 由 MAILLEFER 集团引进的电线电缆生产设备数量见表 5~ 表 7。

表 5 截至 2023 年 12 月 31 日 MAILLEFER 集团在我国已订购或已投运生产的电线电缆生产设备数量

产品领域	设备类型	数量 / 条	说明
电力电缆设备	中高压交联电缆设备	247	含中压 CCV、高压 CCV、超高压 VCV
	橡胶绝缘护套设备	21	含水平式和悬链式橡套线
	低压、建筑布线、汽车线等	31	含绝缘和护套生产线
通信电缆设备	通信电缆、信号电缆	116	含市话 + 数据缆 + 信号缆等对称电缆设备
	同轴、射频、漏泄天线	19	含小同轴、射频、漏泄电缆设备
	高温军工及航天航空类	21	
光缆设备	套塑 + 成缆 + 护套	3	未包括 2005 年前 NOKIA/MAILLEFER/NOKIA-MAILLEFER/NEXTROM 品牌生产线
合计		458	条（套）

注：不包含港澳台地区。

表 6 1980—1990 年从 MAILLEFER 集团引进的设备清单

厂家名称	年份	生产线类型	数量	品牌
成都电缆厂	1980	市话电缆	8	MAILLEFER SA
上海塑胶线厂	1982	汽车线缆	2	MAILLEFER SA
上海电缆厂	1984	低压温水交联	1	NOKIA MACHINERY
西安电缆厂	1985	市话电缆	2	MAILLEFER SA
沈阳电缆厂	1985	市话电缆	6	NOKIA MACHINERY
		中压悬链线	2	NOKIA MACHINERY
		橡套线	1	NOKIA MACHINERY
四川电缆厂	1985	低压温水交联	1	NOKIA MACHINERY

（续）

厂家名称	年份	生产线类型	数量	品牌
广东电缆厂	1986	中压悬链线	1	NOKIA MACHINERY
内蒙古电缆厂	1986	橡套线	2	NOKIA MACHINERY
山东电缆厂	1986	中压悬链线	1	NOKIA MACHINERY
浙江兰溪电缆厂	1986	中压悬链线	1	NOKIA MACHINERY
焦作铁路电缆厂	1987	中压悬链线	1	NOKIA MACHINERY
郑州电缆厂	1988	中压悬链线	1	NOKIA MACHINERY
哈尔滨电缆厂	1988	中压悬链线	1	NOKIA MACHINERY
昆明电缆厂	1989	市话电缆	4	NOKIA-MAILLEFER
广州电缆厂	1990	橡套线	2	NOKIA MACHINERY
天津西门子	1990	中压悬链线	1	NOKIA MACHINERY

表 7　截至 2023 年从 MAILLEFER 集团引进的各类产品生产设备情况

产品	类型	年份	数量 / 条	说明
中高压交联电缆设备	MV-CCV	1980—1999	22	我国第一条 CCV 在沈阳电缆厂
		2000—2020	71	
		2020—2023	43	
	HV-CCV	1980—1999	5	
		2000—2020	24	
		2020—2023	15	
	EHV-VCV	1980—1999	5	我国第一条 VCV 在山东电缆厂
		2000—2020	50	
		2020—2023	12	
橡胶绝缘护套设备	RCV	至 2023	4	
	SSCV	至 2023	17	
低压、建筑布线、汽车线缆等	低压（硅烷交联）	至 2023	5	
	建筑布线	至 2023	3	
	汽车线缆	至 2023	23	
通信电缆、信号电缆	通信电缆 + 数据电缆	至 2023	99	我国第一条 TEL 在成都电缆厂
	信号电缆（含铁路信号）	至 2023	17	
同轴、射频、漏泄天线	同轴（含 CATV）	至 2023	10	
	射频和漏泄	至 2023	9	
高温军工及航天航空类	高温民用	至 2023	13	
	军工 + 航天航空	至 2023	8	
光缆设备	二次套塑	至 2023	3	仅包括 2005 年后的 MAILLEFER 品牌
合计			458	条（套）

（2）TROESTER 设备　截至 2023 年 12 月 31 日特乐斯特机械（上海）有限公司在我国（不含港澳

台地区）已订购或已投运生产的电线电缆生产设备数量：高压交联生产线 139 条，其中 84 条 VCV 生产线，55 条 HV-CCV 生产线；中低压交联生产线 53 条；连硫生产线 47 条。

（3）NIEHOFF 设备 早在 1969 年，NIEHOFF 集团收到了第一个我国订单，订购了 3 台 M15 + VG10 + SG45 单头连拉连退生产线。

从 20 世纪 70 年代后期开始，我国客户开始陆续订购设备，基于市场开拓和服务的需要，1994 年 NIEHOFF 集团与上海电缆研究所合作成立尼霍夫上海服务中心。于 2000 年关闭上海服务中心并成立尼霍夫上海代表处。2011 年，NIEHOFF 集团在常州设立全资子公司，2021 年 3 月正式投用了全新的工厂。目前常州工厂生产的设备主要分为四大类：

第一类为 D 631/D 632 型和 D 802 的束线机，采用电子节距，张力实时控制，并且有激光排线机型。

第二类为大拉机的各类收线装置，包括全自动双盘收线、梅花落线机和紧密收线机，并且拥有德国最新机型的授权。

第三类为多头拉丝机（部分机型），关键零部件从德国原装进口，在常州工厂组装并进行出厂前测试。

第四类为特种设备，包括数据缆退扭放线和绞合设备以及汽车线挤出机专用 NPS 收线设备。

截至 2023 年 12 月 31 日，NIEHOFF 集团（包含常州子公司）已经在我国市场交付了超过 6000 台（套）的各类拉丝、退火、收线、电镀、束线、放线、编织等设备。

二、对外合作

随着改革开放的发展，我国电线电缆行业与国外技术交流日益增多，促进了国际交流与合作。在我国举办了多场大型国际博览会与学术交流会。

1986 年在天津第一次举办了国际电线电缆工业技术及设备博览会。

1987 年在北京第一次举办了亚洲电线电缆博览会。

1988 年在上海第一次举办了奥地利电线电缆技术展览会和交流会。

以上这些活动成为行业对外交流和合作的窗口，是“请进来”和“走出去”的重要渠道，也是我国电线电缆行业制造水平和质量提升，以及产品品种开发的信息来源不可缺少的重要因素。

与国外技术合作、合资，从改革开放后有了较大的发展，举例如下：

1984 年 10 月，由上海电工机械厂、东方电工机械厂、深圳特区发展公司、香港华盛昌机械企业有限公司在深圳合资成立华胜线缆电工机械有限公司。同年 11 月，由郑州电缆厂、深圳市机械工业公司、香港佳华电器有限公司在深圳合资成立新华线缆联合公司。线缆行业在经济特区设立“窗口”，对引进国外新技术、开展对外经营业务起到良好的示范作用。随着改革开放的深化，跨地区、跨行业的内外联企业，随之迅猛发展起来了。

1986 年 4 月，西安电缆厂与日本古河电气工业公司签订协议，共同创建联营公司——西安古河光纤光缆有限公司，设计生产能力为光纤 20000km/ 年、光缆 2400km/ 年。

1986 年 11 月，珠海经济特区与香港千钜有限公司合资组建珠海格力千岛漆包线厂，年生产 2000t 各类漆包线（120~200℃等级）和聚酯亚胺 / 聚酰胺亚胺复合漆包线。

1988 年 12 月，上海电缆厂与美国瑞侃公司合资创办上海瑞侃电缆附件有限公司，并于 1989 年 6 月正式投产，主要设计、开发、生产用于通信、电力电缆的电缆附件及其相关产品。

1989 年，深圳澳科电缆有限公司与澳大利亚 OPLEX CA-BLES 合作生产全塑市内电话电缆和塑料绝缘电线。

1998 年 5 月，由成都电缆股份有限公司、成都邮电通信设备厂和西门子（中国）公司三方投资组建西门子通信系统有限公司（成都），主要生产有源混合光纤环路产品（FASTLINK）、本地无线接入产品（DECTLINK）和增强型无线接入产品（CDMALINK）等接入网产品。

1998 年 11 月，杭州富通集团与日本昭和电线株式会社合资成立富通昭和光通信有限公司（FSO）合同章程签字，合资公司引进日本神户制钢的全套光纤拉丝设备、芬兰 NEXTRON 公司的光缆成缆设备以及美国 PK 公司和英国 YORK 公司的测试设备，具备年产光纤 75 万 km、光缆 60 万芯公里的生产能力，1999 年正式投产。

1998 年，江苏宝胜集团与英国 BICC 公司就合作生产高压、超高压电力电缆项目签字。

1998 年，天津电磁厂与法国阿尔卡特联合兴建的天津阿尔卡特电磁线缆有限公司正式开业，主要生产漆包线、纸包线、组合导线、换位导线等产品。

1999 年 2 月，成都电缆股份有限公司与日本三菱电线工业株式会社就合资建立成都中菱无线通信电缆有限公司正式签订合同，全套引进生产设备和采用高聚物发泡工艺生产无线通信系统网络用电线馈线电缆、漏泄同轴电缆以及电缆分配同轴电缆等。

1999 年 9 月，荷兰特恩驰公司在江苏南京市的全资子公司特恩驰（南京）光纤有限公司竣工投产。

2000 年，国际电缆巨头荷兰 HNK 公司与武汉长江通信集团公司、长飞光纤光缆公司共同出资组建武汉安凯有限公司，主要生产移动通信用的同轴射频馈线电缆、漏泄电缆和跳线跨接电缆。

2000 年，成都中康光缆有限公司合资协议正式签约，该公司由普天集团成都电缆股份有限公司与美国康宁有限公司共同投资，原来与成都电缆股份有限公司合作的西门子公司因为经营战略调整的需要，退出光缆制造领域。

2000 年，江苏中天科技股份有限公司与日本日立电线株式会社合资成立了中天日立光缆有限公司，主要生产光纤复合架空地线（OPGW）。

2000 年，深圳特发信息股份有限公司与法国阿尔卡特公司合资在深圳成立光纤生产企业。

2001 年，天水铁路电缆工厂与德国科隆公司共同投资成立天水宏达有限责任公司，主要生产电缆护套料、电缆盘具、无氧铜杆、铝杆等产品。

2001 年，浙江富春江集团和美国罗伊尔系统集团成立的富春江罗伊尔公司光棒项目在富春江通信集团光通信特色园区奠基，建设规模达到光棒 60t、光纤 200 万芯公里、光缆 220 万芯公里、光器件 32 万只、通信电缆 550 万线对公里。

2001 年，杭州富通昭和光通信配件有限公司成立，这是杭州富通集团与日本昭和 6 年来第三次携手合作，也标志着富通集团在光通信事业发展进程中迈出了一大步。

2001 年，比瑞利公司投资的意维丝绝缘导线（宝应）有限公司正式成立，该公司利用宝胜 PBCC 公司的厂房生产电缆及扁平导线、漆包线等配套产品。

2001 年，西安古河光纤光缆公司决定大规模扩产，由日本古河电气工业株式会社投资 1.3 亿元建设新工厂，公司将形成年产光缆 300 万芯公里、光纤 100 万芯公里的生产能力。

2002 年，江苏永鼎集团有限公司、日本古河电气工业株式会社和中国华电工程集团公司共同投资成立苏州古河电力光缆有限公司，生产光纤复合架空地线（OPGW）。

2002 年，烽火通信科技公司与阿尔卡特公司共同创建一个合资公司，制造并销售阿尔卡特全系列光纤产品和烽火通信的光缆系列产品。

2002 年，日本住友电工在深圳建设光纤光缆生产基地，生产单模光纤、预制棒和光缆产品。

2003 年，日立电线在苏州成立日立电线（苏州）有限公司，制造超细同轴电缆和耐热电线等信息电子设备用电线，还计划制造汽车用耐热特殊电线以及工业用电线。

2005 年，耐克森集团在上海成立的耐克森（上海）线缆有限公司正式投产，标志着世界先进的特种电缆将在我国生产。第一期主要生产船用电缆、机车车辆电缆、核电站电缆和安全防火电缆；第二期生产橡皮绝缘电缆，为磁悬浮项目和采矿业等领域提供产品。

2005 年，上海电缆厂有限公司与日本藤仓株式会社共同出资成立上海藤仓橡塑有限公司，主要生产橡塑电缆、船用电缆、石油平台电缆、各种仪器仪表电缆及特殊电缆。

2005 年，富通集团有限公司与香港佳信国际有限公司组建浙江富通光纤技术有限公司，主要业务为规模化生产光纤预制棒，以及特殊光纤预制棒的研发、制造和销售。

2006年，长沙金龙电缆有限公司与加拿大朗润集团鹏力国际有限公司合资组建金龙国际铜业有限公司，将分六期建设从废铜废铝资源回收到原材料粗加工、高档产品精加工的完整铜铝业产业链。

2006年，安徽铜都铜业股份有限公司与德国奥曼公司投资建设的金奥微细漆包线工程动工。

2007年，瑞典哈博电缆有限公司在常州新区投建3G用电缆工厂——哈博（常州）电缆有限公司，扩大了在华投资，新增4条生产线，扩大后的厂区面积为原来的4倍。

2008年底，加拿大铝业有限公司（天津）铝合金产品有限公司生产基地项目完工，采用先进的连铸连轧—拉丝—绞线—成缆工艺，年产特种铝合金电缆超过3.3万t。

2008年，宝胜集团有限公司和普睿司曼公司共同投资实施高压电缆扩产项目。

2008年10月，住友电工与富通集团举行合资签约仪式，共同打造具有全球竞争力的光纤及光纤预制棒产业基地，该项目涵盖光纤、光缆和光纤预制棒的产品领域。

2009年，烽火通信科技股份公司与日本藤仓株式会社合资设立藤仓烽火光电材料科技有限公司，主要生产光纤用预制棒等光电子产品。

2009年，NKT丹麦控股集团和NKT电缆集团共同投资的常州安凯特电缆有限公司高科技产业区正式落成，主要生产电气化铁路接触网产品和中压电缆附件。

2010年，LG集团旗下的LS电缆株式会社斥资收购湖北永鼎红旗电气有限公司的部分股权。

2010年，日本昭和电线电缆系统株式会社与中国信达资产管理公司共同投资组建的天津昭和漆包线公司一期工程投产。

2011年，耐克森公司以12.4亿元收购山东阳谷电缆集团有限公司的电力电缆业务，共同合作建立合资企业。

2011年，日本维世佳株式会社与沈阳电缆产业有限公司签订协议，双方共同投资在沈阳经济技术开发区兴建维世佳沈阳电缆有限公司。

2012年，江苏亨通光电股份有限公司与巴铜CBC导体有限公司在巴西合资建设年产70万芯公里光缆项目。

2013年，江苏中天科技股份有限公司与巴西索维德科技有限公司合资成立中天科技巴西有限公司，建成后生产通信光缆系列产品。

2013年，长飞光纤光缆有限公司与台湾威盛电子股份有限公司在武汉合资设立公司，合资公司主要涉足有源光缆（AOC）市场。

2016年，江苏亨通光电股份有限公司全资子公司亨通光电国际有限公司与Power Technologies Ltd. 在南非约翰内斯堡市正式签署股权转让协议，亨通拟以4.3亿元人民币完成对南非阿伯代尔电缆公司75%股权和阿伯代尔欧洲控股有限公司100%股权的收购。

2016年，宝胜集团有限公司与普睿司曼（中国）投资有限公司签署合资公司股权收购协议，宝胜集团有限公司收购外方所持宝胜普睿司曼电缆有限公司67%股权。

由此可以看出，改革开放后我国电线电缆行业通过技术改造、技术引进、对外合作，在短短的30多年间发生了巨变，产能不但满足了国民经济建设的需要，还出现了产能严重过剩。特别是光纤光缆产品，通过技术引进、对外合作，不仅使我国成为全球最大的市场，而且制造企业也处于世界先进行列。

从对外合作相关信息可知，我国大型线缆制造企业已经走出国门，成为合资、合作技术输出国，电线电缆制造水平发生了根本性变化。

通过技术改造、技术引进和技术合作，我国电线电缆产品得到飞速发展。1977—2023年开发的新产品有：

（1）1977年　11kV不滴流电力电缆及材料、中频同轴电力电缆、中频大电流内水冷却橡套电缆、低噪声屏蔽电缆（航空吊舱电缆）、6kV矿用双屏蔽软电缆、抽油井测试电缆、千伏级矿用半固定屏蔽橡套软电缆、千伏级采掘机用屏蔽橡套软电缆、综合护层塑绝缘市话电缆、八管中同轴电缆、海洋组合式油管电缆、双芯屏蔽高频电缆、8000m大长度超深井石油勘测电缆。

(2)1978年 铝合金线芯塑料绝缘信号电缆、海洋组合式油管电缆、耐热船用电缆、井下用信号电缆、地震预报质子磁力仪电缆、16芯信号电缆。

(3)1979年 煤矿井下顺槽通信探测电缆、煤矿井下工作专用架照明用屏蔽橡套电缆、电子系统通信架空同轴电缆、220kV SF6全封闭电缆终端头、110kV象鼻式终端头、激光聚变用氙灯放电电缆、500kV超高压充油电缆及附件、压力箱电极电缆、电气化铁路用同轴电力电缆、轻便加强型物理探测井电缆、工业控制电子计算机专用信号电缆、500kV电站用扩径空心导线、深海电缆。

(4)1980年 高压电缆外护层防火层材料。

(5)1981年 PVC绝缘护套电力电缆、SF6全封闭电缆终端头、移动式橡套电缆、PVC绝缘护套控制电缆、中油压波纹管压力箱、船用消磁电缆、轻型聚四氟乙烯电缆、航空磁通门磁力仪电缆、海洋质子梯度仪电缆、深井石油勘探电缆、橡套扁电缆、超深井油矿电缆、内水冷大电流同轴软电缆。

(6)1982年 交联电力电缆、纸绝缘海底电力电缆、大长度海底交流电力电缆、不滴流滤尘器电缆、纸绝缘大对数调频市内电话缆、不滴流铅包钢丝电力电缆、无铠装深海电缆。

(7)1983年 新结构内包式钢铝电车线、10800路中同轴电缆、聚氯乙烯电缆接地线、不滴流四芯等截面电缆、不滴流电力电缆、大功率音频电缆。

(8)1984年 深海同轴通信电缆、市内脉码传输通信电缆、35kV及以下交联聚乙烯电缆、乙丙绝缘氯磺化聚乙烯橡皮护套电力电缆、铅包电缆、通用橡套软电缆（重型）、硅橡胶灯具导线、聚四氟乙烯绝缘装置线、乙丙绝缘氯磺化聚乙烯护套控制电缆、耐磨聚四氟乙烯绝缘航空电线、400kV直流高压电缆、聚酰亚胺薄膜绝缘航空电线、聚氯乙烯绝缘聚氯乙烯护套控制电缆。

(9)1985年 油矿电缆、铜芯油浸纸绝缘铅包三芯软接头、海上石油平台用硅橡胶电缆、海底光缆和组合光缆、30万机组配套用测量仪表和计算机电缆、橡皮绝缘高压控制电缆、6/6kV乙丙绝缘氯磺化聚乙烯护套电力电缆、0.6/1kV乙丙绝缘氯碳化聚乙烯护套非阻燃动力电缆、非阻燃动力照明电缆、硅橡胶灯具导线、乙丙氯磺化控制电缆、0.6/1kV乙丙绝缘氯磺化聚乙烯护套阻燃动力电缆、水面舰用水密电缆、航空用油量表电缆、六芯四氟薄膜绕包绝缘电缆、260℃耐磨聚四氟乙烯绝缘电缆、200℃聚四氟乙烯绝缘装置电线、薄煤层采煤机电缆、四氟薄膜绕包绝缘电线电缆。

(10)1986年 热电偶延长电缆、辐照交联聚乙烯电缆、铁道通信光纤电缆、矿用薄膜层抗拉型电缆。

(11)1987年 阻燃型船用电缆、温水交联聚乙烯阻燃电缆、PVC绝缘PVC护套阻燃电缆、温水交联聚乙烯阻燃控制电缆、220kV塞止式连接盒导引电缆、大长度海底电力电缆。

(12)1988年 耐热弹性体中压电缆、阻燃型矿用电缆、耐高温热电偶延长电缆、辐照交联聚乙烯架空绝缘电缆、自控温电缆、132kV高压充油电缆。

(13)1989年 丝包铜绕组线、耐水电机绕组线、仿日射频电缆、电牵引采煤机组综合电缆、大长度无接头钢铝电车线、双钢丝铠装单芯油矿测井电缆。

(14)1990年 辐照交联F40绝缘导线、35kV乙丙高压电缆、66kV交联聚乙烯电力电缆、综合护层市内话缆。

(15)1991年 铁道综合光缆、采煤机用电缆、低温光缆、110kV交联聚乙烯绝缘电力电缆。

(16)1992年 220kV 845mm^{2}充油电缆用SF6封闭终端头、多芯控制通信扁电缆、132kV充油电缆用SF6三相封闭终端头、6kV移动式高压橡套软电缆连接器、6kV露天矿用屏蔽拖曳软电缆、0.6/1kV无卤阻燃交联电缆、铜合金接触线、阻燃交联聚乙烯电缆。

(17)1993年 1~10kV无卤阻燃交联聚乙烯电缆、0.6/1kV乙丙绝缘氯化聚乙烯护套电力电缆、交联聚乙烯绝缘氯化乙烯护套电缆、铜芯聚烯烃绝缘铝塑综合护套电缆。

（18）1994 年 硅烷交联一步法核电站用乙烯绝缘无卤阻燃电缆、铜芯聚烯烃绝缘铝塑粘结护套市话电缆、18/20kV 分相铅包大长度海底电力电缆、泡沫皮绝缘石油膏填充全塑市话电缆、双钢丝铠装特种油矿电缆、五芯阻燃交联电缆、110kV 大长度海底充油电缆及软接头、纵向密封对称通信电缆、100~132kV 高压交联电缆、6~35kV 大截面特种交联电缆。

（19）1995 年 辐照交联 F40 绝缘阻燃电缆、核电站用乙丙绝缘无卤阻燃电缆。

（20）1996 年 大功率石油勘探电缆、150kV 高压充油电缆及附件、120mm^2 银铜合金接触线。

（21）1997 年 高阻燃大截面隔氧层电缆、无毒无害防虫蚁护套电缆、低烟无卤阻燃船用电力电缆和控制电缆、油浸纸绝缘高压充油电缆、220kV 交联聚乙烯绝缘电力电缆。

（22）1998 年 聚酰胺酰亚胺漆包线汽车线束。

（23）1999 年 耐热铝合金架空导线、补偿导线。

（24）2000 年 塑料光纤。

（25）2001 年 10kV 光纤复合电缆、模拟和数字通信和控制用多组金属电缆。

（26）2002 年 ADSS 全介质自承式光复合光缆、助航灯二次电缆、通信 6 类双绞线、HDMI 线、光伏用电缆。

（27）2003 年 磁悬浮电缆、变频系统用电缆、超导电缆。

（28）2004 年 防鼠防蚁电缆、电梯线束、承荷探测光缆。

（29）2005 年 光纤大预制棒、电气化铁路 27.5kV 单相交流交联聚乙烯绝缘电缆、陶瓷化电缆、500kV 交联聚乙烯绝缘电力电缆。

（30）2006 年 铜包铝电缆、通信 7 类双绞线、水密电缆、风能电缆。

（31）2007 年 240 级芳族聚酰亚胺薄膜绕包铜扁线、换位导线、1kV 光纤复合电缆、盾构机电缆、漆包铝圆绕组线、核电站用 1E 级 K3 类电缆、钢芯软铝异型线、ADSS 架空导线、紫外光电缆、ADSS 全介质自承式光复合光缆。

（32）2008 年 耐电晕漆包铜圆线、光纤复合架空地线、新能源汽车电缆、扩径导线、110kV 和 220kV 交联聚乙烯绝缘海底电缆。

（33）2009 年 大飞机专用电缆、轨道交通 1500V 及以下直流牵引电力电缆、5G 装备专用电缆、石油平台电缆、深水水下机器人电缆。

（34）2010 年 中压耐火电缆、港口和工程机械用移动型电缆。

（35）2011 年 宽带弯曲不敏感 OM4 和 OM5 多模光纤、超低损耗 G.654.E 光纤、RTTZ 矿物质分支电缆。

（36）2012 年 极细同轴电缆、煤矿井下变频电缆、稳相同轴电缆、煤矿井下梭车电缆、160 kV 和 210kV 高压陆用直流电缆及附件、核电站用 1E 级 K1 类电缆。

（37）2013 年 水下生产系统用脐带电缆、高速平行线、船用电梯电缆、数字通信对称电缆、8 类（频率达 2GHz）数字通信电缆。

（38）2014 年 B1 级阻燃电缆、海工电缆、70 年高寿命电线电缆、零浮力飘浮电缆、超高层用悬吊电缆、液冷式充电桩电缆、320 kV 高压直流陆用电缆及附件、210 kV 高压直流海底电缆及附件。

（39）2015 年 承荷探测光缆。

（40）2016 年 电力储能系统用电缆（储能电缆）、飞机场柔性充电电缆、碳纤维架空导线、BTTZ 大长度电缆。

（41）2017 年 10kV 和 35kV PP 绝缘电缆、电梯用组合随行电缆、500kV 交联聚乙烯绝缘交流海底电缆、400kV 交联聚乙烯绝缘直流海底电力电缆、35kV 动态海底电缆。

（42）2018 年 岸电电缆。

（43）2019 年　535kV 交联聚乙烯绝缘直流陆用电力电缆。

（44）2020 年　煤矿用井下充电电缆、飞机电源用柔性电缆。

（45）2021 年　35kV 公里级超导电缆、110kV PP 绝缘电缆。

（46）2022 年　66kV 动态海底电缆、535kV 交联聚乙烯绝缘直流陆用电力电缆（国产材料）。

第 3 节　线缆行业规模快速扩张

20 世纪 90 年代，我国从计划经济转到市场经济建设的一些深层次矛盾开始暴露。线缆行业原来是投资效益较高的行业，民营资本大量涌入到线缆行业后，出现的重复投资布点愈演愈烈，国有企业严重亏损、步履艰难。虽然国家经济建设需要大量的电线电缆产品，但利益驱动下，电线电缆产能规模迅速扩张，以致出现产能严重过剩。我们从电线电缆制造企业数、从业人数、销售规模的增加和企业集群式发展可以佐证行业规模的快速扩张。

一、电线电缆制造企业数的增加

我国实施改革开放以后，由于国民经济建设需要大量的电线电缆产品，催生了电线电缆制造企业数量的增加，从图 22 可以看出，从 1986 年开始企业数明显增加，到 2024 年企业数是 1985 年的 3.3 倍（统计的企业数中不含有些电子类的小企业和纯通信类制造企业）；到 2015 年以后电线电缆企业数几乎没有增加，主要是产能严重过剩、市场价格竞争等因素，使得投资者看到了电线电缆行业不是最佳的投资行业。

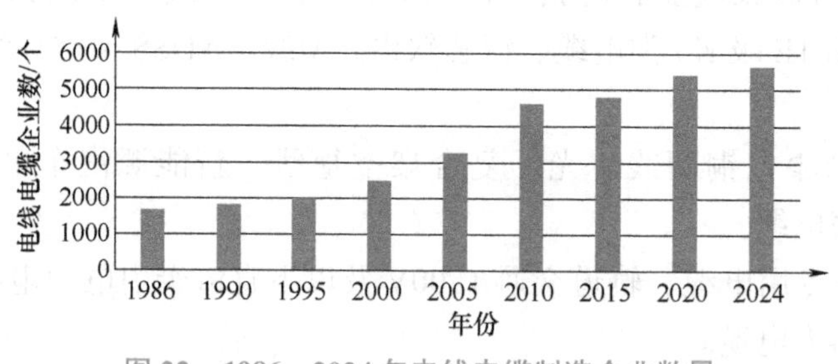

图 22　1986—2024 年电线电缆制造企业数量

二、电线电缆从业人数的增加

由于电线电缆制造企业数量的不断增加，从业人数也明显增加，2020 年电线电缆行业从业人员数量是 1986 年的 4.6 倍，如图 23 所示。

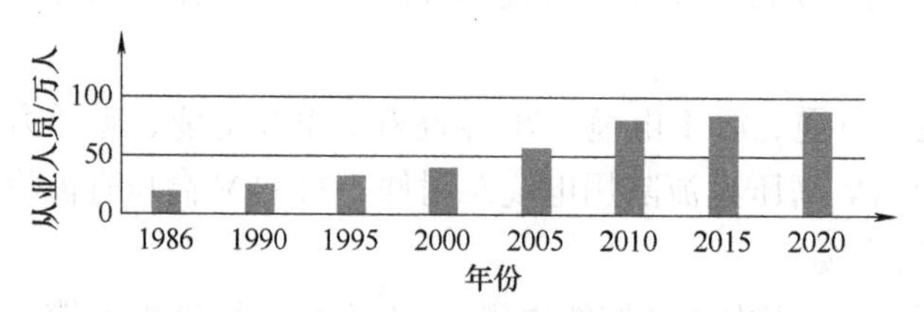

图 23　1986—2020 年电线电缆行业从业人员数量

三、电线电缆销售规模的增加

2020 年电线电缆销售额是 1986 年的 166 倍（图 24）。与从业人员数量相比较，在最近 35 年里，电线电缆制造人均产值提高了 36.4 倍，说明我们装备制造业的先进程度得到提升，当然也伴随着原材料价格的上涨。

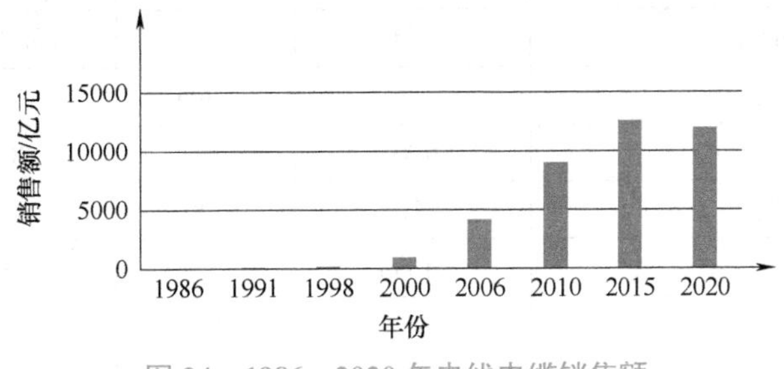

图 24 1986—2020 年电线电缆销售额

四、各类产品销售量的变迁

我国电线电缆主要产品相关年份的使用量对照表见表 8。

表 8 我国电线电缆主要产品相关年份的使用量对照表

产品名称	单位	1986 年	1991 年	2000 年	2005 年	2010 年[②]	2015 年	2020 年
导体折铜总重	万 t	83.5	71.6	350	590	687	1060	1145
铜导体	万 t	40.8	40.5	150	340	354	660	745
铝导体	万 t	21.4	15.5	100	120	160	200	200
裸导线	万 t	28.7	26.5	60	98	180	150	160
电磁线	万 t	14.9	14.7	32	91	115	160	180
电气装备用线	万 km	410	409	1035	2150	4840	5000	—
电力电缆	万 km	10.5	10.7	27.2	56	82.1	87	95.5
通信电缆[①]	万 km	5.29	460	8680	7440	3800	1232[③]	1962[③]
光缆[①]	km	61	28151	1060	2350	15570	20000	28900

① 单位系对公里。
② 系备注年份上一年的数据。
③ 不含数据电缆。

从表 8 可以看出：

1）导体用量逐年增加，2020 年导体折铜用量是 1986 年的 13.7 倍。

2）裸导线用量在 2010 年有一个用量高峰，与电网输电线路投入有关。

3）电气装备用线用量逐年增加，说明我国基建的规模和速度不断加大，与电气装备用线配套的产业发展速度较快。

4）电力电缆增长用量速度放慢，说明了电线电缆配套的特点：城市建设和电力配网建设的速度与电力电缆关联度较高。

5）通信电缆用量在减少，光缆用量剧增，说明在通信领域“光进铜退”，光缆用量激增同时也说明了我国通信产业的发展速度与市场需求高度吻合。

五、我国电线电缆主要产品的生产能力情况

我国电线电缆产能激增与宏观政策控制有关，从 2000 年开始就出现某些产品领域的产能过剩，在 2008 年又加大了固定资产投入，加剧了产能过剩。表 9 为国内电线电缆主要产品的装备能力对照表。

表 9　国内电线电缆主要产品的装备能力对照表

产品名称	单位	2005 年	2009 年	2015 年	2020 年
无氧、低氧铜杆加工能力	万 t/ 年	600	1000	1100	1300
电工铝杆的生产加工能力	万 t	200	450~500	600	600
中压交联电缆（悬链线）	条	>300	—	>600	>600
悬链中压（含部分 110kV）生产能力	万 km	—	40	—	>40
VCV 交联电缆生产线	条	28	—	170	>210
高压电缆生产能力	万 km	—	4.5	—	—
光纤拉丝生产线	条	125	—	—	—
光纤拉丝能力	万 km	—	6600	25000	46000
光缆生产能力	万芯公里	4500	9000	50000	—

我们把表 8 和表 9 进行比较，发现国内主要电线电缆产品的生产能力严重过剩，这也是电线电缆行业不能高效发展的根本原因：固定资产投入过大，不能发挥资产投入的作用，导致资金成本过高，影响了行业健康发展。

六、行业资产总额的变迁

根据行业五年发展规划和有关资料，可以得到行业总资产情况，如图 25 所示。

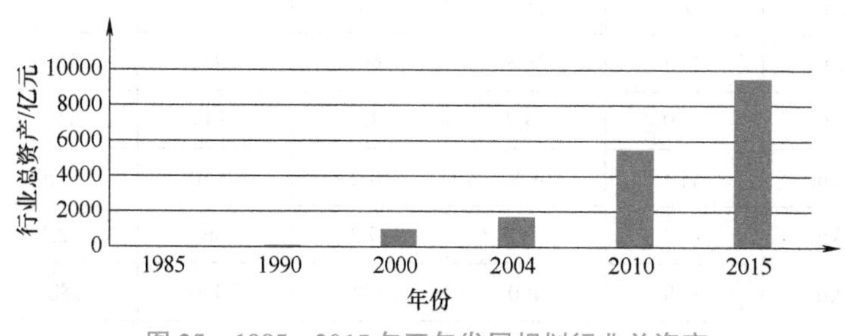

图 25　1985—2015 年五年发展规划行业总资产

改革开放后的 1985 年（20.4 亿元固定资产）与 2015 年比较，行业总资产增长了 466.7 倍，可见行业规模增长的速度极快。但随着我国电线电缆行业快速发展，产品品种齐全，产能较大，增加固定资产投入的意愿在下降，因此今后固定资产增长的可能性较小，随着设备使用年限的增加，固定资产的总值可能会下降。

七、经济发达地区产业聚集、优势明显，形成线缆产业新格局

1. 2001—2005 年期间

列入年度国家统计范围的电线电缆企业总数为 2000~3000 家。从统计的经济指标数据分析，沿海经济发达地区（即华东各省市、华南地区的珠江三角洲地区）的电线电缆企业在规模实力和收入效益等方面相对具有较明显的优势。

首先华东地区电线电缆企业数量约占全国的 46%，资产总额占 56%，而产值和销售收入分别占了全国的 59% 和 61%，利润总额则占了 72%。

其次是华南地区，企业数量占了 21%，资产总额占了 23%，产值和销售收入分别占了 23% 和 22%。其中，珠江三角洲地区的产出占了整个华南地区的 80%。

这些优势的区域，在生产电线电缆品种方面具有明显的聚集效应，且配套的产业链较为完善。例如：全国现已装备的悬链式交联电缆生产线的 60% 集中在华东地区，而华东地区的 41% 集中在江苏。在运行的 20 条 VCV 生产线有 10 条在华东地区（不包括在建或将要投产的 4 个立塔）。全国产能在 50 万芯公里以

上的光缆生产中的2/3集中在华东地区，而华东地区尤其以江苏的光缆企业最为集中，约占50%的数量。华东地区的漆包线产量占全国的49%。江苏吴江、浙江富阳地区已成为通信电缆和光缆制造聚集的地区。江苏宜兴及周边地区聚集着的中压交联电缆制造企业。浙江临安地区则主要集中生产CATV电缆。

在全国范围内有不少类似的线缆产业聚集的地区，成为地方区域经济的一个重要特征之一。区域产业集聚带来了资金、技术、熟练劳动力和信息的集中，使得区域内企业既相互竞争又相互促进，同时带动了配套产业的发展，从而形成了区域产业聚集的效益。

经过这些年改革开放和市场竞争的洗礼，电线电缆行业的新兴企业中崛起了一批行业中的领头企业，这些企业在行业竞争中优势地位的确立，表明了线缆行业新的产业格局业已形成。

2. 2006—2010期间

根据国家统计局2009年统计，电线电缆行业国有及规模以上企业共4653家（2010年为4752家）。其中，长三角的江苏、浙江、上海、安徽，珠三角的广东，环渤海湾的山东、辽宁、河北等省市的企业数量约占全行业的79%。“十一五”期间，这些区域的电线电缆产业发展极为迅速，产业规模增长快，投入强度大，产能扩张明显。在这些区域有大批中小企业群及各类配套企业，同时几乎集中了行业五大产品领域的国内最大规模制造厂，在行业各产品领域已占据极其重要的地位，其中有三四家企业的产值已接近或超过百亿元规模。在这些省市中，一批企业比较聚集的产业集群正成为区域经济的重要力量，其产品制造品种相对集中，但从产业集群组织的发育及产业集群发展的阶段而言，这些产业集群还基本处于规模快速成长的初级阶段，集群内部的低水平竞争问题突出，内部分工协作少，创新能力不足，创新支撑体系薄弱。

以销售产值看，江苏、广东、山东、浙江以及安徽这5个省份的销售产值占全行业（7310亿元）的67.9%。其中，江苏占了全行业的29%，比第二位的广东多了1163亿元。

从出口交货值情况看，广东、江苏、浙江、山东以及上海这5个省市的电线电缆出口交货值占了全行业（544.7亿元）的90.7%。其中，广东占了全行业的38%，比第二位的江苏多了近50亿元。

从资产总额规模看，江苏、浙江、广东、山东以及安徽这5个省份的资产总额占全行业（4443亿元）的67.5%。其中，江苏占了全行业的1/4，是第二位浙江的2倍。

从实现利税情况看，江苏、山东、广东、安徽以及浙江这5个省份实现利税占全行业（591亿元）的68%。其中，江苏约占全行业的30%，比第二位山东多了101亿元。

3. 2011—2015期间

“十二五”期间，中西部地区行业发展步伐加快，主营业务收入年平均增长分别达到16.5%和15.8%，远高于东部地区年平均7.3%的增速。同时，中西部地区行业扩张意愿强烈、增长迅猛。到“十二五”期末，中西部固定资产合计行业占比分别提高7个百分点和2个百分点；资产总额规模年平均增长分别达到16.8%和18.5%，高于东部地区年平均10.4%的增速。中西部地区经济体量行业占比有所提高，中部地区主营业务收入行业占比由2010年的15.7%上升到2015年的21.6%，西部地区由6%增加到8%。到“十二五”期末，中西部地区主营业务收入合计在行业中占比提高了8个百分点，已接近30%。同时，中西部地区相关经济指标要好于东部地区和东北地区（表10）。中西部地区的线缆制造业与东部地区相比，区域总体发展水平和能力仍亟待提高。

表10　“十二五”期末不同地区经济效益指标对比

地区	主营业务利润率（%）	销售毛利率（%）	成本费用利润率（%）	总资产贡献率（%）	流动资金周转次数/次	应收账款回收期/天
东部	5.2	11.5	5.7	12.9	2.2	66
中部	5.8	12.6	6.4	16.4	2.8	50
西部	5.5	12.6	5.7	13.9	2.4	51
东北	3.2	9.2	3.4	9.1	3.0	53

八、技术进步和新品开发与规模扩张同步进行

改革开放后，随着规模扩张、技术改造和引进，行业新品开发速度明显加快，技术进步显著。

1. 导体与裸电线

1）铜杆加工采用了上引法、浸涂法、连铸连轧法，制成了无氧铜杆或低氧铜杆，到1991年推广面已达95%，现在行业里几乎都采用上述方法并取得了巨大的经济效益。

2）推广“电工用铝”，使国内铝导体性能达到国际先进水平，其后又致力于推广“稀土优化综合处理铝合金技术”，技术性能达到国际先进水平。

3）铝镁硅高强度铝合金导线已形成规模生产，研制成功电导率58%和60%（IACS）的耐热铝合金导线。

4）钢芯铝绞线全部达到国际电工委员会标准，为扩大出口创造了良好基础，并改进了防腐型钢芯铝绞线的性能。

5）行业里相关企业成功开发了光纤复合架空地线（OPGW）、三峡用500kV输电工程用高电导率高强度ACSR-GD-720/50钢芯铝绞线、扩径导线和扩径母线、62.5% IACS节能型铝导体、殷钢芯超耐热铝合金绞线和AACSR/EST-640/290-42/37特强钢芯高强度铝合金绞线、纤维增强树脂基复合芯铝合金绞线。

2. 电力电缆及绝缘架空电缆

1）进一步完善和规范了塑力缆的工艺和试验方法，中低压电力电缆完成了“塑料化”，将长期允许工作温度提高到70℃和90℃，完全替代了纸绝缘电力电缆，在6~35kV中压范围内大量生产应用。

2）高压充油电力电缆质量提高并走向国际市场，如出口巴基斯坦、塞浦路斯的132kV充油电缆。但由于其生产工艺和安装使用的复杂性，在我国已被交联聚乙烯绝缘高压电缆所取代。

3）开发了110kV、220kV、330kV和500kV交流交联聚乙烯绝缘电力电缆，并已广泛使用。

4）开发了±160kV、±210kV、±320kV和±400kV直流交联聚乙烯绝缘电力电缆，并已广泛使用。采用国产绝缘材料生产的±500 kV直流交联聚乙烯绝缘电力电缆已挂网试运行。

5）开发了110kV、220kV、330kV和500kV海底交流交联聚乙烯绝缘电力电缆，并已广泛使用。

6）交流500kV、直流535kV及以下电压等级的附件产品已广泛使用。

7）开发了阻燃型、防火型的中低压电力电缆，20kV及35kV乙丙绝缘氯磺化聚乙烯护套阻燃电缆。

8）开发了架空绝缘电力电缆，目前在农村电网改造中得到大量使用。

3. 电气装备用电线电缆

1）开发了阻燃塑料线、橡皮绝缘黑色聚乙烯护套线、耐候型聚氯乙烯线、高电性能聚氯乙烯线等系列品种，这对于安装线的更新换代有重大意义。

2）耐高温绝缘电线。为配合航天、石油平台、冶金、化工工业而开发了用于高温环境的105~260℃配电线路用电线、200~600℃加热元件用电线、500~1000℃高温环境测控用电线。

3）阻燃与防火电线电缆。经过多年的开发研究，国产阻燃型聚氯乙烯绝缘和护套电缆料、低烟无卤阻燃型聚烯烃和橡皮材料已满足IEC标准要求。

4）采用云母复合带、玻璃纤维带、氧化镁绝缘材料，以金属作为防火隔层等结构的柔性防火电缆已广泛使用。

5）控制信号与计算机用电线电缆。由于自动控制、计算机的普及，因此，具有耐湿特性、屏蔽特性、柔软性、阻燃性，满足控制信号、计算机等特性要求的线缆已大量使用。

6）辐照交联聚乙烯、聚氯乙烯、橡皮工艺在电线电缆行业中得到普遍使用，用于核电站用电缆、低压电力电缆、船用电缆、绝缘架空导线、光伏发电用电缆的生产中。

7）光伏发电用线缆全部国产，而且出口占比较大。随着光伏发电场场景的开发，如渔光互补、海上湖泊光伏、滩涂光伏等潮湿环境下，我国又开发了适用范围更广的光伏用电缆，在IEC标准体系内极大丰

富了产品的使用领域。

8）从2005年开始我国就研究并制定了全球第一个风力发电用扭转电缆产品标准，规范了产品特性要求，提升了风电发电机组的可靠性。现在逐步研究采用铝合金导体替代铜导体。

9）我国从1997年开始核电用电缆产品国产化研发，20世纪核电壳外（K3类）电缆已经实现了国产化，2012年核电壳内（K1类）也实现了国产化，是“华龙一号”核电机组不可缺少的一个组成部分。电缆在阻燃性能、电气性能和长期老化性能方面国际领先。

4. 绕组线

1）F、H级漆包线开发的品种主要有F级改性聚酯漆包线、F级自粘性漆包线、F级直焊性聚氨酯漆包线、H级聚酯亚胺漆包线等。

2）复合漆包线已广泛生产应用，如聚酯亚胺/聚酰胺酰亚胺复合漆包线用于冷冻机组、机车、冶金和矿用电机等。

3）220℃聚酰亚胺漆包线批量生产。

4）0.02~0.05mm微细漆包线及特种用途微细聚氨酯漆包线已批量生产。

5）大型发电机绕组用无氧铜绝缘空心导线已批量生产，用于不同的发电机组中。

6）开发了聚芳香聚酰胺纤维纸包线、酮酐粘合聚酰亚胺薄膜绕包线和聚酰亚胺—F46复合绕包线等。

7）研制成功350℃耐特高温、耐辐射性的绕包线。

8）超、特高压干式电抗器用扁形换位导线，变压器换位导线，风力发电机用高性能200级漆包铜扁线和200级漆包铝扁线开发成功。

5. 通信电缆

1）市内通信电缆。全塑市内通信电缆全部代替了纸绝缘电话电缆，有实心、泡沫、泡沫/实心皮等绝缘石油膏填充或非填充结构，以及铝塑粘结综合防水层结构，并开发了架空、土壤直埋式全塑市内通信电缆。

2）因广播电视、无线通信的迅速发展，以及中高频仪器仪表、电子设备的大量使用，促进了射频电缆的发展，开发了大功率射频电缆并形成系列化，还开发了高频率、高频带的射频电缆、F46聚四氟乙烯绝缘阻燃防火型射频电缆、纵孔（藕芯状）聚乙烯绝缘电视电缆。

3）先后开发成功数字通信用无屏蔽对绞5类电缆、物理发泡聚乙烯绝缘皱纹铜管外导体射频同轴电缆、数字通信用实心聚烯烃绝缘水平对绞电缆、长距离点式数据传输电缆、多信息点式应答器数据传输电缆、4G移动通信用集束同轴电缆、高清数据专用短卷边三同轴电缆、1000MHz局域网用高速数据传输电缆。

6. 光缆

1）品种齐全，包括架空、管道、埋地、水下敷设用光缆，铁道通信综合光缆，野战光缆，无金属光缆、浅滩敷设光缆及光纤软线等，附件有光缆终端盒和直通式、帽式、分枝式光缆连接器等。

2）采用单模光纤，波长为1.3μm，传输容量为4次群及以上。

3）研制了96芯管道用单模光缆和外铠型加强中心管光缆。

4）研制了松套层绞式通信光缆及中心管式通信光缆系列、全介质自承式（ADSS）光缆、低析氢半干型层绞式室外通信光缆、室外接入蝶形光缆。

第4章 行业成熟期（2012年至今）

电线电缆产品广泛应用于国民经济各个部门，为各产业、国防建设和重大建设工程等提供重要的配套，是现代经济和社会正常运转的基础保障，也是人们日常生活中所必不可少的产品，被喻为国民经济的“血管”与“神经”。伴随着中国经济的快速增长以及工业化、城镇化进程的进一步加快，电线电缆行业获得了大好的发展时机，至“十三五”期末的2015年，电线电缆行业已快速发展成一个年产值12000多亿元、年铜导体用量近800万t、年铝导体用量近300万t、年光纤用量约15000万km规模的产业，电线电缆铜导体用量占全球用量的约1/4，光纤用量占全球用量的50%以上。按产值规模计算，电线电缆制造业在全国机械工业的细分行业中，仅次于汽车整车制造和零部件及配件制造业位居第二；在电工电器行业20多个细分行业中是产值规模最大的行业，占据1/4的产值规模。随着科学技术的发展，经济和社会由信息化向智能化发展，承担着传输电能和信息的电线电缆的作用和地位将更为重要。

经历了数十年的快速发展，我国电线电缆行业已经迈入成熟期，其特点主要体现在以下几个方面：

1）退出企业增多，新进入企业减少。

2）技术与规模入门门槛提高。

3）制造技术趋同，缺乏变革性技术突破。

4）毛利率持续走低，在位企业的发展更直接地体现在基于效率的竞争结果，覆盖全过程的精益化管理重要性越来越突出。

5）在规模市场上成本竞争能力处于行业效率的前沿，在个性化市场上研发以及产品质量技术性能处于行业效率的前沿，两者皆备或居其一，其企业的发展就具备超越行业平均增长速度的能力和可能。

6）市场监管约束更趋完善，市场优胜劣汰机制作用更加显著，进一步压缩低效劣质企业的生存空间，市场和资源将进一步向具有质量品牌影响力、创新引领能力和成本竞争能力强的优势企业集中；良好的市场激励也促使优势企业不断提升运行效率，追求规模效益，促进行业结构的优化和产能的集中。

在制造企业数量的变化、规模企业的形成、重要产品的发展、新产品开发模式的变化、产品质量提升和出口量不断扩大等方面都体现了我国电线电缆行业发展进入成熟期。

1. 制造企业数量的变化

1978年前，我国的电线电缆制造企业只有几百家，按照国家产业政策布局，分布在西藏以外的其他省、市、自治区（不含港澳台）。改革开放后，随着创办企业政策的放开和国民经济建设对配套物资的大量需求，电线电缆制造企业如雨后春笋般涌现，特别是在1990年以后，企业数量迅速增加，在1987年全国有1700家左右的电线电缆制造企业，到2005年已发展为3600家左右，净增加了1.2倍。据统计，到2024年电线电缆制造企业（不含电子线类企业和纯通信类线缆制造企业）为5600家左右，近20年中净增加了50%。在2010年以后企业数量增加步伐明显降低，从2020年开始由于市场需求的变化，竞争加剧，退出企业数量也在增加，这是行业进入成熟期的明显特征。

2. 规模企业的形成

1978年前，电线电缆行业规模企业数量是很有限的。所谓规模型企业，是指产品品种基本齐全，涉及裸电线、电气装备线、电力电缆、通信电缆和绕组线产品，具有一定的销量，对国家经济建设和国防需求有着重要的支撑作用，例如上海电缆厂、沈阳电缆厂、郑州电缆厂、无锡电缆厂、湘潭电缆厂、昆明电缆厂、天津电缆总厂等。经过改革开放后40多年的发展，电线电缆规模企业性质发生了根本性的变化，企业资本性质由原来单一的国有或地方集体所有变成现在的多元化所有，以私有的、合资的、股份制的和上市的形式存在。规模企业销售占据了一定的市场份额。1978年之前是计划经济时代，生产、销售采用计划制，不能体现企业在市场上的自主性、灵活性和积极性，而现在规模企业完全是通过市场竞争发展壮大起来的，适应市场发展规律，具有较强的生命力，代表了电线电缆行业未来的发展方向。规模企业的发展和稳定是行业发展的晴雨表，未来会左右行业的发展，这体现了电线电缆行业已经走上成熟之路。到目前为止，具有规模企业特征的企业有江苏上上电缆集团、江苏亨通电缆集团、江苏中天电缆、江苏宝胜电缆、无锡江南电缆集团、浙江万马电缆股份有限公司、青岛汉缆股份有限公司、特变电工鲁能泰山电缆股份有限公司等。

3. 重要产品的发展

（1）高压陆用电缆产品 1978年前，我国只有上海电缆厂、沈阳电缆厂能生产纸绝缘的充油高压电缆，产品使用需求也较小。改革开放后，通过设备和技术引进，高压电缆的绝缘形式发生了根本性的改变，由交联聚乙烯绝缘代替原来的纸绝缘，生产方式由原来复杂的绕包、浸渍变成现在的一次挤包完成。从20世纪80年代开始国内高压交联生产线基本为成套进口，其中具备110kV及以上生产能力的立式交联生产线（VCV）超过110条，高压悬链式交联生产线（CCV）超过100条，涉及几十家制造企业。生产规模世界第一，远远大于使用需求。产品性能完全满足IEC标准要求，达到世界先进水平，而且500kV及以下电压等级高压陆用电力电缆产品已广泛用在国内城市电网、水电站等领域，国产400kV高压交联聚乙烯绝缘陆用电力电缆产品亦已出口并用到新加坡新能源项目中，我国制造的高压陆用电力电缆产品逐渐被世界所认可。

（2）高压海底交直流电缆产品 1978年前，海底电缆都是采用纸绝缘，由于海洋经济建设发展的滞后性，对海底电缆的需求较小。由于全球碳排放的要求，使用岸上的可再生能源取代海上燃气发电机和利用海上风力发电替代陆上化石燃料发电已成为未来能源建设的有效途径。海上风电将往深水远岸推进，作为海上风电的重要配套，海洋经济建设和海岛电网建设等海底电缆产品大受市场青睐。中、高压海底电缆市场的需求增速比陆地电缆的更强劲，但是进入的门槛更高。现阶段我国海上风电项目处于蓬勃发展阶段，“十三五”期间海底电缆需求出现爆发式增长，诱导了海底高压电缆生产能力迅速扩张，由2015年前的6家制造企业（宁波东方、亨通高压、中天海缆科技、青岛汉缆、山东万达、无锡曙光）的6处制造基地发展到现在的10家制造企业（新增太阳海缆（东山）有限公司、无锡远东海缆、上海起帆、江苏通光）的16处制造基地。成功开发了500kV及以下电压等级的高压交流海底电缆，而且已经得到了使用；2023年，中天海缆科技生产的长度大于100km、±400kV高压直流海底电缆已在如皋海上投入运行；特别是66kV动态海底电缆的开发获得成功，为远距离海上风电用平台提供了保障；330kV及以下高压海底交流电力电缆出口投标亦屡获成功，证明我国制造的海底电缆已被世界认可。

（3）核电站用电缆 1990年前我国核电站用电缆全部依赖进口，1990—1999年期间沈阳电缆厂自主开发了乙丙绝缘1E级K3类电缆，江苏华光、常州二〇一电缆厂、常州八益电缆公司开发了交联聚烯烃绝缘1E级K3类电缆，2012年江苏上上电缆集团开发了1E级K1类电缆，至此核电站用电缆全部国产化。之后行业内有10家电缆和附件制造企业（安徽电缆、四川尚纬、扬州曙光、江苏赛德、山东华菱、深圳沃尔核材、中科英华、江苏华侃等）纷纷开发了壳内和壳外电缆和附件产品，符合60年模拟寿命的要求，是“华龙一号”核电机组不可缺少的一部分。

（4）光伏发电用电缆 随着光伏绿色新能源开发的兴起，带动了与之配套的电缆（通常光伏发电产生的低压直流电需转换为交流电，连接光伏电池与交直流逆变器间的电缆即为光伏电缆）的开发。出口光伏发电系统需要进行认证，出口的认证标准有欧洲的 TÜV 2 PFG1169 和北美的 UL 4703 等。我国于 2016 年也颁布了能源局标准 NB/T 42073—2016《光伏发电系统用电缆》，中国质量认证中心也开展 CQC 的自愿认证。

随着我国电线电缆产能的提高，产品走出去的趋势越来越明显，例如抗水树型中压电力电缆等产品。

4. 新产品开发模式的变化

由于电线电缆产品配套属性和使用场景的多样性，现行产品标准中规定的产品性能往往不能满足使用场景的要求，因此特种电线电缆产品开发会始终存在。2015 年前，电缆行业开发特种电缆的模式都是电线电缆企业采购原材料（绝缘、护套或具有专门特性的辅助材料），然后进行结构设计和工艺设计，再进行生产制造。现在有些头部规模企业开始设立自己的研发工厂，从买特种材料“研发”特种电缆模式，变成研发特种材料 + 研发特种电缆于一体的具有自主知识产权的研发模式。这种模式的转变进一步说明行业发展进入健康成熟期。未来这种研发模式将会左右新产品的开发，不仅能全面掌握新产品的特性，而且能很好地控制产品成本，解决了模仿的问题。

5. 产品质量提升

自从 1983 年我国电线电缆产品标准与相应的 IEC 标准接轨以后，我国相应电线电缆产品的质量要求都与 IEC 标准一致，为产品质量的检测、控制提供了依据。在电气装备线领域，我国从 1990 年开始参加了 IECEE CB 体系，通过认证的产品在 CB 体系国家内实行质量互认，进一步提升了我国电气装备线产品质量的国际化水平。在电力电缆产品领域，高压电缆产品的生产设备和技术、绝缘和屏蔽原材料等几乎采用进口的，为产品质量的符合性和稳定性提供了可靠的保证。从 2000 年开始，国产中、高压电缆出口订单逐渐增多，其中采用国外检测认证公司国内见证试验的模式验证电缆的产品质量，这些国外公司有荷兰 KEMA、德国 DEKRA 等。经过 20 多年的见证试验考验，我国制造的中、高压电缆产品质量在逐步提高，主要性能可与国际品牌产品媲美。在船用电缆领域，由于我国已成为造船第一大国，其中配套的船用电缆全部来自中国制造，但不同的船东需要的质量认可证书不尽相同。中国船用电缆制造厂都已经历了中国船级社、英国劳氏船级社、法国 BV 船级社、挪威 DNV 船级社、美国 ABS 船级社等全世界各国船级社的认可考核，说明我国船用电缆制造厂具备制造符合世界不同国家船用电缆要求的能力。新能源系统用电缆（光伏、风能、核电）领域，其产品质量都处于世界先进水平，其中有些产品标准是我国首次提出，如风电发电用耐扭转电缆标准是我国首创，IEC 标准体系中没有类似的标准。我国电线电缆行业经过多年的发展，产能上已是世界第一，但在产品质量、品种上正在赶超，这是行业发展成熟的表现。政府每年进行的监督抽样检查也是质量提升的措施之一。

6. 出口量不断扩大

据统计分析，我国电线电缆产品主要销往日本、韩国、中东以及北美，其次是西欧，还有一带一路项目。从 1990—2020 年的行业发展规划资料分析，我国电线电缆产品出口额如图 26 所示。这些数据不含导线、光纤光缆的出口，有些数据是依据相关数据分析得出的。

从我国电线电缆产品出口额变迁的情况分析，1990 年出口大约 2 亿美元，2020 年是 1990 年的 60 倍，行业的快速发展和成熟，说明我国生产的电线电缆产品逐步被世界认可，行业逐步走向成熟阶段。

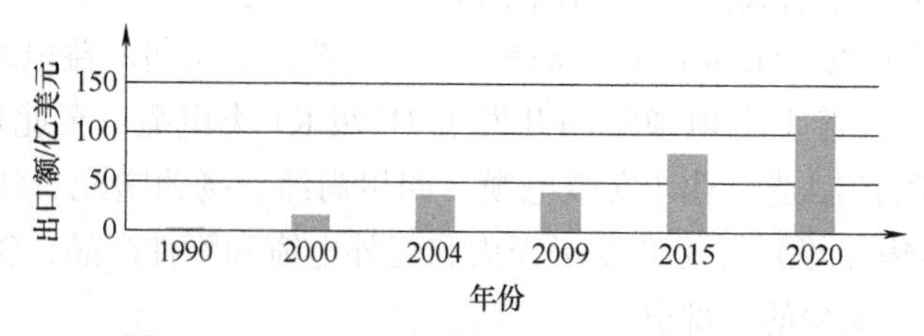

图 26　1990—2020 年我国电线电缆产品出口额

第2篇

忆往昔·峥嵘岁月

第1章 线缆产业雏形

第1节 国家线缆产业布局

电线电缆制造业作为国民经济中占据重要地位的配套行业之一，是国民经济建设和社会正常运转的保障。新中国成立以前，中国电线厂只有中央电工器材厂昆明分厂、上海分厂、天津分厂、沈阳分厂以及上海、天津、北平、成都、广州的民族资本企业共30家，行业基础极为薄弱。

产业空间呈现的均衡化格局与国家发展战略密切相关。据《科技与产业》期刊相关文章显示，新中国成立初期，我国经济发展水平很低，1952年人均GDP仅相当于世界平均水平的23.8%。与此同时，美国等国对中国实行经济封锁，国际地缘关系紧张。在此背景下，我国政府提出优先发展重工业的战略。重工业优先发展战略是将整个国家作为一个超级公司，以计划和命令替代价格和市场，以“156项项目”与“三线”建设为骨干，通过向内地进行布局实现的。在形成国家战备后方的同时，促进了产业空间的均衡化。

本节以1978年改革开放为时间大节点，重点介绍新中国成立至改革开放近30年间，电缆产业跟随国家不断调整的工业战略，以及出台的推进工业发展相关政策进行的产业布局的演变，并简要介绍改革开放后的产业布局现状。

一、自力更生发展策略

新中国成立后，国家一直实行的是单一的计划经济体制。为恢复国民经济发展，国家实施以重工业为中心的工业化战略，依靠国家的整体力量启动工业化进程，以国营经济为主体，以此推进我国现代化的进程。因美国采取技术封锁政策，我国的电缆产业发展对策是“自力更生”。在政府计划经济体制下，通过对电缆产业进行定向投入和引导，对民族资本企业采取扶植发展方针，有计划地发展中央直属电线电缆厂。

本书第6篇第1章将介绍我国电线电缆行业的时代人物，如1949年8月，恽震被上海市军管会选派参加中央财经委员会组织的东北华北工业考察团，进行恢复重建工作的考察，他提出了“要发展我国的电力建设必须自己制造设备”的意见。还有葛和林、娄尔康、马盛模等，为上海电线厂发展油浸纸绝缘电力电缆和纸绝缘市话电缆以及提高熔铜、压延能力，自行设计、制造新的工艺装备做出了巨大贡献，打破了外国对我国电缆产业发展的封锁。这些都是我国电线电缆行业自力更生求发展的缩影。

二、初构“三结合”产业体系

1953—1957年是我国第一个五年计划时期，这一时期主要将工业建设作为政策实施的中心，国家提出

“一化三改”“一体两翼”的总路线，其主体任务是逐步实现社会主义工业化，两翼分别是对农业、手工业的社会主义改造以及对资本主义工商业的社会主义改造。期间，面对国内经济发展水平很低和美国等国家经济封锁的国内外严峻形势，我国政府提出了优先发展重工业的战略，实施了“156 项项目”。

跟随国家工业化政策，电缆行业采取“一重点三结合”的发展措施，即重点发展已有一定规模的电缆厂，如昆明电线厂、上海电线厂等。同时伴随“156 项项目”，在苏联的帮助下扩建了沈阳电缆厂，集中了全国重要科技力量参与建设，使沈阳电缆厂于 1956 年 9 月顺利投产。在此期间，开始组织电缆行业的“三结合”：既有电缆的骨干企业厂，又创建了电缆研究设计室和新业电工机械厂（专门制造电线电缆专用设备）。这样，就形成了制造、研究、设备三结合的完整的电线电缆产业体系。

同时，国家对私营电线厂进行社会主义改造和并转工作，并针对当时出现的产品重复、工艺落后、质量低劣而采取若干整顿措施，使其逐步转向专业化。

三、以“工业七十条”为指针进行整顿与并转

1958—1960 年，为贯彻执行“鼓足干劲，力争上游，多快好省地建设社会主义”的总路线，电线电缆行业经历了曲折发展的过程。1958 年国家制定了宏大的建设计划，并提出发挥中央与地方两个积极性等一系列方针，因此各地电线电缆厂竞相发展。据统计，至 1958 年底，全国共有电线电缆厂 136 家。同时，因“浮夸风”的影响，电缆产品质量也有所下降，造成人力和物力的浪费。

1961 年，国家提出“调整、巩固、充实、提高”八字方针，发布“工业七十条”(“工业七十条”是 1961 年 9 月中共中央颁布的《国营工业企业工作条例（草案)》的代称）要求全国所有工业企业坚定不移地贯彻执行，加快恢复和发展工业生产；并以“工业七十条”为指导方针，对工业企业进行了全面整顿。“工业七十条”是新中国第一部关于企业管理的章程，它不仅恢复了曾被否定和打乱的工业企业规章制度和正常秩序，而且建立了一些以前未曾建立的制度，使我国工业企业的管理在调整中向规范和健全的方向迈进了一步。“工业七十条”的具体执行，不同程度地调整了企业内部关系，改善了管理工作，使生产逐步好转，对贯彻执行“八字方针”发挥了积极作用。上海电缆厂（亚洲电线厂、美成电业厂、华亚电缆厂则于 1960 年先后并入上海电缆厂）等厂依据“工业七十条”进行了整顿和并转。至 1965 年，全国的 136 个电线电缆厂经过并转，只剩 44 家。至此，电缆工业生产开始向好发展。1966 年许多工程技术人员被下放劳动，企业规章制度被废除，管理混乱，产品质量下降，使电线电缆行业面临发展困境。

四、围绕“三线”建设调整产业布局

“三线”建设是我国 20 世纪 60—70 年代国内工业布局和备战的一件大事。期间，经历了决策、实施、辉煌和衰退多个阶段，对我国政治、经济和国防建设产生了重要影响。我国从 1964 年开始进行的长达 15 年、横跨三个五年计划的“三线”建设，投入资金 2052 亿元，投入人力 400 多万，安排了 1100 个建设项目。按照“山、散、洞”的原则，大批沿海企业和技术管理人员迁移到了山沟里，其中进入四川的就有 40 万人。通过新建扩建、迁建、改建，先后建成 2000 个大中型骨干企业、科研院所和大专院校，形成了 45 个大型生产科研基地和 30 多个新兴工业城市，修筑了 10 条总长 8000km 的铁路干线。建成了以国防科技工业为重点，以交通、煤炭、电力、钢铁、有色金属工业为基础，以机械、电子、化工为先导，门类相对齐全的工业体系。

加快“三线”建设，是党中央为改变我国工业布局、加强国防建设而做出的一项重大战略部署，是推动我国生产力布局由沿海转向内地的一次重大战略转移。作为全国战略配套产业之一的电线电缆行业，在“三线”建设中具有十分重要的地位并且承担着艰巨的任务，为“三线”建设的顺利推进做出了重要贡献。

开展“三线”建设以前，我国电线电缆企业主要分布在东北、华东和中西南地区，中西部地区除了昆明电缆厂、四川电缆厂（原成都电线厂)、重庆电线厂、武汉电线厂、郑州电缆厂和湘潭电缆厂，几乎没有

大型电线电缆企业。因此，国家急需调整电缆企业布局，在西部地区建设一批大中型电缆企业。从1965年开始，通过新建和迁建厂，以及邮电部、铁道部、电子工业部等自行建立的电线电缆厂，全国相继增加了大约30个电线厂。通过大、小“三线”和“156项项目”建设，加强了电缆产业在内地的布局，如建成了红旗电缆厂、西南电工厂、贵阳电线厂、8290电线厂、长通电线厂等，初步改变了沿海内地电缆产业布局不均衡的状况。

五、改革开放后的电缆产业发展

1978年党的十一届三中全会以后，国家采取了一系列改革开放和强国富民的方针政策，国家工业进入一个新的发展时期，并发生了深刻变化。跟随着改革开放的步伐，我国电线电缆产业搭上快速发展的经济列车，并在良好的市场经济环境下，呈现出蓬勃发展之势，取得世人瞩目的成就。

根据第三次全国工业普查数据显示，至2020年，我国线缆规上企业4300多家，产业布局主要集中在长三角、珠三角两个区域，其中江苏、广东、山东、安徽、浙江5省企业数合计占比60%（表11为5个线缆主产省行业占比）。更有部分行业龙头企业，如亨通集团、中天科技等也随着国家“一带一路”倡议，在海外市场进行战略布局。

表11　5个线缆主产省行业占比（%）

生产省	企业数	销售产值	出口交货值	资产	人数	利润
江苏	18.5	27.8	20.1	29.2	22.1	26.3
广东	14.9	10.6	42.8	11	21.8	7.4
山东	6.3	9.9	8.1	8.2	7.5	12.2
安徽	7.8	8.1	1.6	8.6	5.9	11.9
浙江	13.4	7.7	12.4	10	8.3	4.9
合计	60.9	64.1	85	67	65.6	62.7

注：数据来源于第三次全国工业普查。

六、行业高速发展下的“去产能”

在社会主义市场经济体制下，我国电线电缆产业市场得到快速扩张，同时行业出现了大量重复建设，造成了产能过剩，普通电线电缆生产装备利用率普遍不足40%。如据《中国电线电缆行业“十四五”发展指导意见》及相关统计数据显示，“十三五”期末我国35kV中低压电缆生产线600多条，110kV及以上交联电缆生产超过200条，其中VCV（立式）生产线超过110条（保守估计已达到或超出了除我国以外的所有国家电缆企业的立塔总数量），CCV（悬链式）生产线超过100条，年生产能力约4万km（按110kV电缆计算）。

为更好地适应转变经济发展方式的需要，2013年2月16日，国家发改委发布了《国家发展改革委关于修改〈产业结构调整指导目录（2011年本）〉有关条款的决定》（简称《决定》），内容涉及了对2011版产业政策的有关条目进行调整的决定。其中，在充分考虑电线电缆制造业作为基础性配套产业的特点和发展需求，对原有产业政策做出了较大调整，例如《决定》中的第20条将限制类“十一、机械”第15项“电线、电缆制造项目（用于新能源、信息产业、航天航空、轨道交通、海洋工程等领域的特种电线电缆除外）”修改为“6千伏及以上（陆上用）干法交联电力电缆制造项目”。

新调整的产业政策结合了电线电缆制造业发展状况，对过剩状况严重的产能明确进行了限制，使得政策在产业发展导向上更符合配套产业的发展需要。新调整的产业政策自2013年5月1日起正式实施。

第 2 节 计划经济时代线缆对国民经济建设的贡献

一、计划经济形成的背景

1949—1956 年，我国经济建设逐步走上计划经济体制的轨道。它的基本形成过程，大致可以分为三个阶段：

第一阶段（1949 年 10 月—1950 年 6 月）是计划经济体制的萌生阶段。1949 年底，没收 2858 个官僚资本主义的工业企业，建立国营工业（占全国工业资金的 78.3%），掌握国民经济命脉，开始建立社会主义公有制。不久，对非公有制的私营工商业实行调整，使私营企业初步纳入计划生产的轨道。在组织机构方面，1949 年 10 月建立中央财政经济委员会，之后又相继成立其他专门性的负责计划管理的中央机构，如全国编制委员会、全国仓库物资清理调配委员会，指定人民银行为国家现金调度的总机构等。通过这些机构，国家开始对经济活动实行行政指令直接管理。

1949 年冬，中央确定实行全国财政经济统一管理的方针，并通过 1950 年 2 月召开的全国财政会议，以指令方式提出了“六个统一”：财政收支统一、公粮统一、税收统一、编制统一、贸易统一、银行统一。这一时期已开始提出发展国民经济的某些计划和措施，如粮食、皮棉、煤炭等安排 1950 年生产的计划指标。在此期间，还进行了某些年度计划的试编工作。如 1949 年底编制出《1950 年全国财政收入概算草案》，1950 年 5 月又试编包括农业、工业、文教卫生等 20 多项内容的《1950 年国民经济计划概要》，为后来编制中、长期的国民经济计划摸索经验。

1950 年 6 月举行的党的七届三中全会认为，这一时期在对旧的社会经济结构进行不同程度重新改组的同时，老解放区“特别是东北，已经开始有计划的经济建设”，但在新解放区“还没有获得有计划地进行经济建设的条件。”

第二阶段（1950 年 7 月—1952 年 8 月）是计划经济体制的初步形成阶段。党的七届三中全会以后，开始在全国范围内创造有计划进行经济建设的条件。1950 年 8 月，中央召开第一次全国计划工作会议，讨论编制 1951 年计划和 3 年的奋斗目标，要求各部门先制定出 3 年奋斗目标和 1 年计划，然后由中央综合拟出全国计划纲要。会后，3 年奋斗目标虽然没有形成计划文件，但已初步形成我国计划经济体制决策等级结构的雏形，即决策权归国家，决策权力的分配采取行政方式形成条块分割的等级结构。

中央首先加强对国营工业生产和基本建设的计划管理，“在工厂内，以实行生产计划为中心，实行党政工团的统一领导”。在基本建设方面，把建设单位划分为“限额以上”和“限额以下”两种具体投资额，并确定把重点摆在交通运输的建设上。

在对农业、手工业的计划领导方面，在 1951 年 9 月召开的第一次互助合作会议上，提出在完成土改的地区，通过开展互助合作运动，克服农民分散经营中的困难，以保证国家农业生产计划的实现。并积极地推广生产互助组与供销合作社的“结合合同”制度的经验，使互助组有计划生产和消费，供销社实现有计划经营。对手工业生产，中央要求各地将组织和发展手工业生产合作社的计划，纳入地方工业计划，并以国家和上级合作社的订货作为发展手工业生产的关键。

在 1950 年调整私营工商业的基础上，要求私营工商业遵照执行政府制定的产销计划。

在市场管理方面，国家指令要求国营贸易公司正确执行价格政策。

总之，在党的七届三中全会以后初步形成我国计划经济体制的决策结构，在国家的集中统一领导下，以制定指令性的经济发展计划的形式，对国民经济各方面开始实行全面的计划管理，计划经济体制已初步形成。到 1952 年 8 月，七届三中全会提出的任务已提前完成。

第三阶段（1952 年 9 月—1956 年 12 月）是计划经济体制的基本形成阶段。1952 年开始计划经济体制进一步健全并得到法律的确认，在已建立的各种专门性的计划管理机构的基础上，1952 年 11 月成立了国家计划委员会，1954 年 4 月中央又成立了编制五年计划纲要草案的工作小组。该小组在 1951 年以来几次试编的基础上，以过渡时期总路线为指导，形成了第一个五年计划草案（初稿）。经过法定的审批程序之后，“一五”计划由国务院以命令形式颁布，要求各地各部门遵照执行。1954 年，我国制定和颁布第一部宪法，其第十五条规定：“国家用经济计划指导国民经济的发展和改造，使生产力不断提高，以改进人民的物质生活和文化生活，巩固国家的独立和安全。”这表明，计划经济体制已成为我国法定的经济体制。

总之，新中国成立初期在产权方面，经过社会主义改造，基本实现对社会主义公有制目标的追求；在对经济活动的管理形式方面，以行政命令方式制定颁布发展国民经济的第一个五年计划并于 1956 年底提前完成“一五”计划中预定的大部分指标。在实际经济生活中运行的这种计划经济体制已被中华人民共和国宪法明文确认为国家法定的经济体制。因此，到 1956 年底我国的计划经济体制已基本形成，并具有自己的若干特点。

1982 年，十二大提出了“计划经济为主，市场调节为辅”的改革方针。计划经济是坚持社会主义方向、建设中国特色社会主义的一个重要的内容，“市场调节为辅”就是既要搞计划经济，还要搞市场经济，即计划经济和市场经济要互相结合。

1992 年，十四大明确提出我国经济体制改革的目标是建立社会主义市场经济体制，使市场在社会主义国家宏观调控下对资源配置起基础性作用。这是一个重大的理论突破，对我国改革开放和经济社会发展产生了非常重要的作用。十五大、十六大、十七大、十八大的表述，都是不断强化市场在资源配置中的基础性作用。2013 年 11 月 12 日，中国共产党第十八届中央委员会第三次全体会议通过了《中共中央关于全面深化改革若干重大问题的决定》，明确提出：“经济体制改革是全面深化改革的重点。其核心问题是如何处理好政府和市场的关系，使市场在资源配置中起决定性作用和更好地发挥政府作用。”

二、电线电缆行业在计划经济时代的变迁

新中国成立初期对私营电线厂进行社会主义改造和并转工作，使其逐步转向专业化。例如上海电缆厂、沈阳电缆厂、天津电缆总厂、广州电缆厂等都是对原有私营小电线厂进行改造合并，进行专业化管理。1953 年是我国实施第一个五年计划的头一年，在逐步实现对农业、手工业和资本主义的社会主义改造的同时，国家集中了大量的人力、物力和财力，兴建 156 项重点工程（沈阳电缆厂的兴建是 156 项重点工程中唯一的电缆项目），并在全国范围内全面系统地学习和引进苏联的工业企业管理制度和方法经验，普遍实行计划管理。

在计划经济时代，在某地创办电线电缆制造企业，都要按计划执行，其中有国家主管部门的计划（部属企业），有地方主管部门的计划（地方企业），但有时制定计划时脱离物力、财力的实际情况，造成计划延迟或调整。例如在国民经济调整时期（1958—1960 年），由于制定了生产高指标，导致电缆行业基建规模增长过猛，如郑州电缆厂、西安电缆厂等大中型企业，在人力、财力、物力无法承受的条件下，不得不使基建工程一再调整；新建的厂经过调整、缩小规模后也逐步投产，成为行业骨干。1966 年 5 月—1976 年 10 月，由于规章制度破而不立，工程技术人员遭受迫害，根据“备战”指示，进行“大三线”建设，国家经济又遭受严重损失。这期间又增加了大约 30 个电线厂，这些厂分布在全国各省和直辖市。邮电部、铁道部、电子工业部等也自行建立了电线电缆厂。

在计划经济年代，电线电缆制造企业兴建或扩建项目都要有上级主管部门批准同意方可实施，例如 1958 年的上海电缆厂通信车间扩建、湘潭电线厂军用电缆厂房扩建、郑州电缆厂钢芯铝绞线产能扩建项目，得到国家计划委员会的批文（中华人民共和国国家计划委员会下达的计划任务书，见图 27）或一机部的批复文件“（58）机远计字第 7 号（图 28）”。

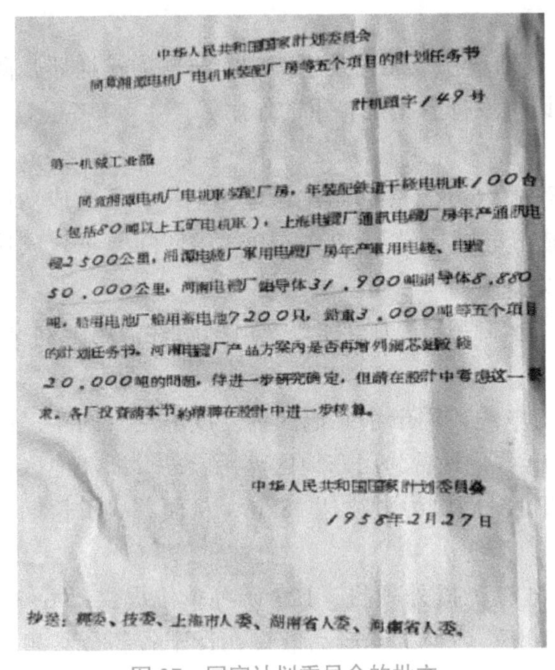

中华人民共和国国家計划委員会
同意湘潭电机厂电机車装配厂房等五个項目的計划任务书
計机頤字149号

第一机械工业部

同意湘潭电机厂电机車装配厂房，年装配鉄道干綫电机車100台（包括80吨以上工矿电机車），上海电纜厂通訊电纜厂房年产通訊电纜2500公里，湘潭电綫厂軍用电纜厂房年产軍用电綫、电纜50,000公里，河南电纜厂铝导体31,900吨铜导体8,880吨，船用电池厂船用蓄电池7200只，鉛粉3,000吨等五个項目的計划任务书。河南电纜厂产品方案內是否再增列钢芯铝絞綫20,000吨的問題，待进一步研究确定，但請在設計中考虑这一要求。各厂投資請本节約精神在設計中进一步核算。

中华人民共和国国家計划委員会
1958年2月27日

抄送：經委、技委、上海市人委、湖南省人委、河南省人委。

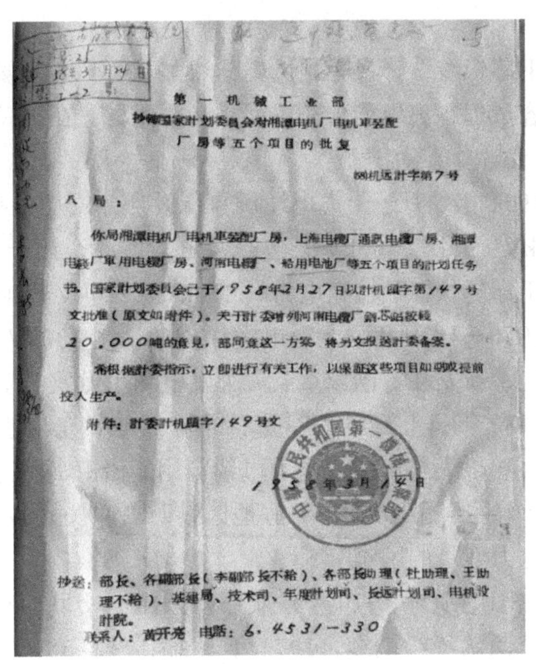

第一机械工业部
抄轉国家計划委員会对湘潭电机厂电机車装配厂房等五个項目的批复
(58)机远計字第7号

八局：

你局湘潭电机厂电机車装配厂房，上海电纜厂通訊电纜厂房、湘潭电綫厂軍用电纜厂房、河南电纜厂、船用电池厂等五个項目的計划任务书，国家計划委員会已于1958年2月27日以計机頤字第149号文批准（原文如附件）。关于計委增列河南电纜厂鋼芯鋁絞綫20,000吨的意見，部同意这一方案，將另文报送計委备案。

希根据計委指示，立即进行有关工作，以保証这些項目如期或提前投入生产。

附件：計委計机頤字149号文

1958年3月1[illegible]日

抄送：部長、各副部長（李副部長不給）、各部長助理（杜助理、王助理不給）、基建局、技术司、年度計划司、長远計划司、电机設計院。
联系人：黄开尧　电話：6.4531-330

图27　国家计划委员会的批文

图28　一机部的批复文件

据不完全统计，到1985年，全国已有电线电缆厂1700多家（包括专用设备和电缆附件厂等），其中机械部定点厂125个，还有其他部委所属的电缆制造企业，如铁道部的济南电务工厂、焦作铁路电缆工厂、天水铁路电缆工厂等，邮电部的侯马电缆厂、成都514厂，其他都是地方国营企业和集体企业。

在计划经济年代，企业的生产计划是根据国家的指令性和指导性计划，结合市场预测取得的情报及用户要求进行编制的，生产订单是国家根据国民经济建设需要安排产品研发、生产，有时企业申报生产计划由上级主管部门审批同意后组织生产。

三、电线电缆行业在计划经济时代发挥的作用

电线电缆产品是各行各业的配套产品，是每个工程、项目不可缺少的物资。新中国成立后，为了改变国家一穷二白的面貌，开始有计划的经济建设项目，包括国防建设，给电线电缆行业发展带来了发展的大好机遇，新产品开发层出不穷。再加上改革开放前，西方国家对我们的封锁，有些特殊场合下使用的电线电缆产品不得不靠自己研发，因此，电线电缆行业在国民经济建设和国防建设中所起的作用越来越重要。特别是计划经济时代，根据国家经济建设和国防建设的需要，执行国家指令性计划，开发了众多的新产品，满足了国家建设的需要。

1. 架空输电线路建设方面

上海电缆厂1958年成功开发了AC钢芯铝绞线，用于高、低压线路。

上海铝线厂1966年开发出LGT、LGJQ、LGJJ系列的钢芯铝绞线产品系列，以及LJ系列的铝绞线；1984年开发出钢芯铝绞线系列的大跨度（3500m）500kV过江导线。

架空裸导线是郑州电缆厂主导产品之一，获部优产品和郑州市名牌产品称号，ACSR-720/50获河南省高新技术产品称号，公司产品被广泛应用于超高压送变电工程，如我国第一条500kV输变电工程平武线，还有云南、广西、宁夏、甘肃、内蒙古、新疆等地区的输变电工程，著名的黄河小浪底工程、三峡工程等。

沈阳电缆厂生产的金杯牌钢芯铝绞线，除按IEC标准生产，还可以按美、英、德、日等国家标准生产，从1981年起至1986年连续保持国家金牌产品荣誉称号。

各地具有裸导线生产能力的电缆企业都为当地架空输电工程或国家重要输电工程提供过相应的架空线

产品。

钢芯铝绞线产品是电力输送中量大面广的重要器材，直到现在，无论是广阔的农村电力输送还是高电压大容量远距离电能传送，都是必要器材，在国民经济建设中发挥着举足轻重的作用。

2. 电力电缆方面

1951 年 5 月，上海电缆厂自行设计并成功试制我国第一根 6.6kV 铅包纸绝缘电力电缆，后又成功试制了 10kV、35kV、66kV 纸包绝缘电力电缆，用于大中型城市电网建设。1960—1968 年期间，先后成功试制用于穿越长江、输送电力的 110kV、220kV 充油高压电力电缆。

1970—1979 年，上海电缆厂成功试制 330kV、380kV 充油高压电力电缆以及电缆附件，用于刘家峡、伊犁河、新安江等国家重点火力发电和水力发电工程。

1982 年，上海电缆厂成功试制 500kV 充油超高压电力电缆，用于东北地区锦辽线电网。同年，试制成功第一根大长度海底电力电缆，用于沿海岛屿之间输送电力，先后为山东地区蓬莱长岛，浙江地区舟山群岛（普陀、岱山等），上海地区崇明岛、长兴岛提供大长度海底电力电缆达 38km，从而解决了长期以来岛上电力不足的困难。

沈阳电缆厂 1970 年建成第一条湿法交联生产线后，陆续为援外项目、123 矿等单位提供了 6~35kV 交联聚乙烯绝缘电缆；1976 年试制生产了 35kV 海底交联聚乙烯绝缘，产品敷设在辽宁省新金县碧流河至长海县岛屿之间的海底；1983 年试制了 66kV 干法交联电缆；1985 年试制了 110kV 干法交联聚乙烯绝缘电力电缆。这些项目的实施，不仅是我国电线电缆行业用塑料绝缘代替纸绝缘生产电力电缆的开创性的工作，缩小了与世界电线电缆发展进程的差距，为后续我国广泛使用交联聚乙烯绝缘作为电缆的主要原材料奠定了技术基础，而且也为我们经济建设工程中提供了必需的配套产品，配合了国民经济建设的发展速度。

计划经济年代，国内一南一北两大电缆厂——上海电缆厂与沈阳电缆厂，在同类产品开发上，几乎在同一个时期开发了电力电缆产品，为我国经济建设中的电力传输做出了贡献。

3. 矿用电缆方面

煤炭是工业化的第一代能源，无论是燃烧效率，还是排放物的清洁程度，煤炭与石油相比都有着巨大差距。虽然在全球的能源供给中，煤炭已经逐渐被石油所替代，但是，我国的能源供给绝大部分还是靠煤炭来完成。特别是在计划经济时代，煤炭是能源的主要来源，开采煤矿需要使用大量电缆，电线电缆企业从新中国成立初期就投身到矿用电缆产品的开发上。1950 年，上海电线厂（后改名为上海电缆厂）成功试制我国第一根矿用电缆，从此开创了我国生产矿用电缆的历史。紧接着，3300V 以下的矿用橡套电缆、采矿用抗油电缆相继投入研制生产。沈阳电缆厂 1953 年试制了 500V 铜芯矿用电缆，1959 年试制了 1kV 铜芯屏蔽矿用电缆，1965 年试制了 1kV 矿用干线电缆等几种矿用电缆。

1974 年以后，我国煤炭部所属的大同、开滦等 20 多个大、中型煤矿从德国、英国、法国、波兰、日本等国家引进了 186 套综合采煤机组，采用的矿用电缆需要千伏级产品。1974 年国家提出矿用电缆升级的指示，下达试制千伏级屏蔽矿用橡套电缆的任务。1975 年后沈阳电缆厂在配方、工艺上进行研究试验，解决了橡套抗撕强度、护套颜色、牢度及电缆标志用油墨配方等关键技术，试制了 UCPJQ、$UCPQ_1$、$UCPQ_2$、$UCPQ_3$ 等 9 个千伏级矿用电缆样品，分别在阳泉三矿、大同三矿、开滦林西矿、范各庄矿等运行使用，均受到用户好评。1976 年根据一机部下达的任务，在三厂、三所、三矿通力协作、统一调研、统一设计的基础上试制生产了 UCPQ、UGSP 等千伏级矿用电缆，产品达到试制技术要求，1981 年通过国家鉴定；1979 年试制生产了 4 × 0.75、6 × 0.75 煤矿井下通信电缆和煤矿井下照明电缆；1983 年试制生产了 UCEPQ 引进采煤机用金属屏蔽拖曳软电缆等，主要技术指标达到国际同类产品水平。这都为我国煤炭开采、能源供应起到关键作用，摆脱了依赖进口的局面。

在此期间，郑州电缆厂、内蒙古电缆厂、唐山电缆厂、抚顺矿务局电缆厂等都开发了矿用电缆产品，满足了煤矿生产的需要。

4. 通信电缆方面

我国通信电缆产品的发展，经历了从纸绝缘到塑料绝缘、从铜缆到光缆的发展变迁，无论在哪个阶段，电缆企业都围绕国家通信建设的需要，开发符合要求的产品。

1951—1953 年，上海电缆厂开发了 TΓ—100 对、200 对、1200 对空气纸绝缘市话电缆，用于城市电讯局市内电话传输。之后又开发了局用电话电缆、长途通信电话电缆。1960 年，开发了我国第一根 KΓIK2.7/9.8—KΓI5/18 海底自动化通信电缆，共生产了 18000 多公里，敷设在渤海湾、海南岛榆林和西沙群岛等。之后又试制成功海底对称电缆、海底水声电缆、海底测磁电缆。1961—1969 年，试制成功 1800 路中同轴通信电缆。1970—1975 年，先后生产出波纹铝管中同轴通信电缆 1250km，用于北京—天津、天津—济南、济南—南京段通信工程。1976—1982 年，试制成功 8 管中同轴通信电缆，用于 5502 工程。1983 年，试制成功 10800 路四管中同轴通信电缆，正式在沿海城市大连、上海等地投入使用。这套设备的体系制式基本符合我国干线电缆通信建设的需要，全系统技术指标到达了设计要求，电气性能及传输质量较好，整个系统基本稳定，并且有一定的安全保护能力。这套系统的研制成功标志着我国载波技术开始进入世界先进水平的行列，填补了我国电缆工业生产的空白。

自 20 世纪 70 年代起，我国开始聚烯烃绝缘市话电缆的研制工作，直到 20 世纪 80 年代中期，邮电部成都电缆厂引进了国外先进制造设备和美国 Essx 公司技术，并于 1986 年通过了邮电部鉴定，聚烯烃全塑市话电缆得到了使用部门的认可，并在成都及周边地区广泛敷设。随着全塑电缆的出现，上海、北京、大连、深圳等城市已全部用全塑市话电缆。据电工协会电线电缆分会 1985 年统计，1984 年全国定点生产企业共生产市话电缆 120 万对公里，其中全塑市话电缆占 33.9%。之后，邮电部成都电缆厂、上海电缆厂、沈阳电缆厂、侯马电缆厂、西安电缆厂等陆续生产了 1800 对、2400 对等全塑市话电缆，先后从纸绝缘市话电缆产品更新换代为塑料绝缘的市话电缆，为我国邮电通信产业的快速发展起了关键性的作用，缩小了与世界通信行业的差距。

5. 特种电缆方面

1970 年，随着我国对外关系的发展，对外贸易迅速扩大，外贸海运量猛增，沿海港口货物通过能力不足，船舶压港、压货、压车情况日趋严重。国家开始重视港口建设，扁形电力电缆同时应运而生，开始大量地运用于港口机械设备中。1979 年，由上海电缆厂自行设计研制的我国第一根超大型、新结构的全塑电力综合扁电缆在国家第一个重点港口改造工程——徐州万寨大型煤炭机械中转站投入使用。这种为港口自动装卸移动式输送机械配套的具有电力传输和信号控制功能的综合超大型扁电缆，标志着我国电缆工业又攀上了一个新高峰。

新中国成立初期，我国船用电缆都按苏联标准研制生产，基本满足了民船生产的需要，也有些特殊规格的产品运用到舰船领域。1983 年后，船用电缆按照 IEC 标准研制生产，更广泛地用于舰艇、船舶上提供信号传递、电力输送、照明等，并开始装备在出口船只上。随着舰船电缆对阻燃性能要求的提高，1987 年又成功研制了阻燃型船用电缆，使该领域的产品又上了一个新台阶。

1965 年，上海电缆厂根据航空工业部、机械工业部的指示，承接研制开发耐高温航空导线，成功试制 AF-250 型的新一代航空电缆产品，在质量稳定后成功使用于 708 飞机上。

郑州电缆厂研制的浮水电缆是海军扫雷装备的主要组成部分，它主要用于扫除江、河、湖、海等水域中布放的水雷。20 世纪 50 年代我国海军扫雷装备由苏联进口，其中的浮水电缆当时是我国电缆行业的空白。1960 年末和 1961 年初，一机部第七、第八局先后以 286 号电报（60）七技三密字第 76 号文和（61）七基技密字第 24 号文指示郑州电缆厂进行浮水电缆试制及建立浮水电缆生产基地。为了满足国防建设急需，一机部决定在郑州电缆厂生产的浮水电缆有近海扫雷和江河港湾扫雷两大类，都取得了较好的结果，为我国国防事业和经济建设做出了重要的贡献。

为了尽快建立健全我国独立的核科技体系，一机部于 1964 年初安排郑州电缆厂参加原子能工业设备的制造工作。1964 年 8 月，一机部下文要郑州电缆厂试制 947 冷却器。1965 年 1 月，调整为郑州电缆厂仅生产947三号机芯子，年产800套。很快建成了一条三号机芯子生产线，并于1966年达到了设计的生产能力。1969年12月，一机部将四号机芯子的试制和生产任务也安排在郑州电缆厂，郑州电缆厂947专用生产车间既能生产三号机芯子，又能生产四号机芯子。1970—1978年完成了四号机芯子的试制与生产任务。1978年郑州电缆厂901三号机芯、海上地震勘探“水下接收系统”成果获全国科学大会奖、河南省重大科技成果奖，1979年四号机冷却器芯子获第一、第二机械工业部科技成果奖，为我国原子能事业的发展做出了重大贡献。

为了加快石油探测水平和能力，我国开始研制屏蔽型PP共聚物绝缘深井油矿油井电缆等系列产品。结合产品关键生产设备的技术和设备引进，从20世纪80年代中期开始，又开发了一系列的承荷探测电缆产品，从生产初期的一个温度等级、两个型号规格开始，将温度扩展到150℃、180℃、230℃、260℃四个等级，电缆外径增加到5.6mm、8mm、12mm、13.2mm四个档次，每挡芯数有1、3、4、7四个规格，共计有20多个型号规格，电缆最大制造长度7000m，产品服务于大庆、辽河、胜利、大港、华北、中原、南阳、汉和、新疆克拉玛依、塔指等国内大型油田。在20世纪80年代中期至21世纪初，郑州电缆厂等企业一直是国内承荷探测电缆主要供应商之一。

6. 量大面广的电线电缆产品方面

在计划经济时代，在全国各地布局的大大小小电缆企业在经济建设中发挥了重要作用，无论是国家、地方政府指令性计划电线电缆产品还是用户求购的电线电缆产品，满足了基本建设（如房屋建设、工矿企业建设、基本交通建设、机械设备等）的需求，这些量大面广的产品包括450/750V及以下电气装备用电缆和中低压电力电缆。

四、计划经济时代开发的新产品

在计划经济年代，根据国民经济建设、国防建设的需要，电线电缆行业的企业一方面接受国家指令性产品研制、开发，另一方解决用户单位的实际需求，开发了满足经济建设需要的新产品，很好地配合了国家建设的发展安排。下面给出在这期间在不同时期电线电缆六大领域的产品名称。

1. 裸导线

1966年，研制成功铜包钢线和热处理高强度铝合金导线。

1967年，研制成功330kV输变电用扩径钢芯铝绞线。

1968年，研制成功非热处理型铝合金导线。

1972年，研制成功铝包钢导线。

1973年，研制成功大跨越钢芯铝包钢导线。

1978年，研制成功电工铝。

1979年，研制成功500kV电站用的1400mm^{2}软母线。

1980年，研制成功稀土铝合金导线。

1983年，研制成功1440mm^{2}钢芯耐热铝合金导线和自阻尼导线。

2. 电力电缆

1951年，研制成功6.6kV纸绝缘铅包电缆。

1956年，研制成功35kV三芯分相铅包电缆。

1966年，研制成功66kV充油电缆及附件。

1968年，研制成功110kV充油电缆。

1969年，研制成功220kV充油电缆。

1971年，研制成功10~35kV蒸汽交联聚乙烯电力电缆。

1973年，研制成功330kV充油电缆。

1974年，研制成功35kV不滴流电力电缆。

1975 年，研制成功 10kV 聚氯乙烯绝缘电力电缆。

1983 年，研制成功 500kV 充油电缆，并在辽锦线上试运行。

1981 年，研制成功 ±100kV 纸绝缘海底直流电流。

1982 年，研制成功长山岛—蓬莱大长度 35kV 交流海底电缆。

1984 年，研制成功耐热铝合金导线和 330kV 全封闭电缆终端头。

3. 通信电缆

1951 年，研制成功 100 对空气纸带绝缘铅包市话电缆。

1956 年，开始生产纸浆绝缘铅包市话电缆。

1957 年，研制成功 252kHz（60 路）纸绳绝缘高频对称长途通信电缆。

1958 年，研制成功 12 路海底对称通信电缆。

1961 年，研制成功 2.6/9.4 四管中同轴电缆。

1964 年，研制成功 60 路铝芯铝护套纸绳绝缘单四线组省内干线通信电缆。

1966 年，研制成功 1.2/4.4 300 路小同轴通信电缆。

1975 年，研制成功 1800 路中同轴电缆。

1978 年，研制成功铝 - 塑料粘结护层市话电缆。

1981 年，研制成功 120 路浅海通信电缆。

1983 年，研制成功 10800 路中同轴电缆。

1984 年，研制成功 1.2/4.4 3600 路小同轴通信电缆。

4. 光纤光缆

1978 年，研制成功短波长（0.83μm）松套光纤四芯及六芯层绞式光缆。

1981 年，研制成功松套双芯光缆和各种轻、中、重型光缆。

1984 年，研制成功轻铠装架空光缆。

1985 年，研制成功防潮层综合护层管道用光缆以及长波长（1.3μm）管道用光缆。

5. 电气装备用电线电缆

1953 年，研制成功硫化矿用橡套电缆；研制成功无硫橡皮配方，并制成石油勘测电缆。

1954 年，研制成功耐热 65℃橡皮绝缘船用电缆。

1957 年，研制成功直流 110kV X 光电缆。

1967 年，研制成功纵向 45 大气压力深水密封电缆。

1970 年，研制成功氧化镁绝缘电缆。

1972 年，研制成功 1000m ± 50m 油井加热电缆。

1977 年，研制成功船用乙丙橡胶绝缘电缆和氯磺化聚乙烯绝缘及护套船用电缆。

1981 年，研制成功千伏级矿用电缆和红、黄彩色橡套矿用电缆。

1982 年，研制成功 8000m 超深井承荷探测电缆；研制成功 6kV F 级电机引出线以及氯磺化聚乙烯绝缘机车车辆线。

1983 年，研制成功聚四氟乙烯和聚全氟乙烯丙烯绝缘高温导线；研制成功潜油电机引出电缆。

1985 年，研制成功汽车用双色电线和高阻尼点火线。

6. 电磁线

1952 年，研制成功 B 级醇酸树脂为粘合剂的玻璃丝包圆扁线。

1956 年，研制成功石棉电磁线。

1959 年，研制成功聚酯漆包线漆和漆包线以及聚醛漆包线。

1964 年，研制成功无磁性漆包线。

1966 年，研制成功玻璃膜微细线和耐高温聚酰亚胺漆包线。

1979 年，研制成功聚氨酯漆和漆包线。

1980 年，研制成功耐水漆包线。

1982 年，研制成功自粘性漆包线和耐冷冻剂漆包线。

1983 年，研制成功以三（2 羟乙基）异氰脲酸酯改性的聚酯亚胺漆和漆包线。

1985 年，研制成功 F 级玻璃丝包线粘结和 F 级改性聚酯漆和漆包线。

在 30 多年的时间里，导线品种发展成绩显著，基本上满足了国民经济各部门的需要，其自给率已达 95% 以上。

第2章 改革开放前主流电缆企业的发展变迁

20世纪90年代前，在我国电线电缆产业中国有电线电缆企业占有不可动摇的绝对统治地位；20世纪80年代形成了南北两大企业，即沈阳电缆厂和上海电缆厂；至20世纪90年代形成了沈阳电缆厂、上海电缆厂和郑州电缆厂三足鼎立的格局。当时行业内也流行着这么一句话：规模大——看沈缆，高精尖——看上缆，历史久——看昆缆，国家级——看郑缆，大三线——看红缆。

随着改革开放的不断深入，从20世纪90年代中期开始，国有电线电缆企业逐步退出历史舞台，民营电线电缆企业在行业中占比逐年上升。《中国企业家》根据《中国统计年鉴》的数据，对2002年和2007年国有及国有控股企业工业产值在全国工业总产值中占的比重进行了计算。2002年，国有工业产值的比重为40%；2007年国有工业产值的比重为29.5%，下降了近10%。

本章着重记述新中国成立初期建立的国有电线电缆企业昔日的辉煌和发展变迁，以及对国民经济发展做出的贡献。

我们从建厂比较早、规模比较大、改革开放前对国民经济建设贡献比较大、不同的地域分布等条件选择了25家企业，作为行业中众多企业发展变迁的缩影，展示了改革开放前电线电缆行业的发展经历。有些企业昔日比较辉煌，现在已经退出电线电缆行业，但它们无论是对国民经济建设的贡献，还是对电线电缆行业人才培养、技术传承等所起的作用，现代电线电缆人是不会忘怀的，作为“简史”是不可缺少的一部分；有些企业创建比较早，在电线电缆行业“风风雨雨”的变迁中，调整比较及时和准确，还屹立在电线电缆行业中，而且具有较强的历史底蕴。

第1节 上海化工厂

上海化工厂前身是1924年日商在沪创办的明华糖厂，抗战胜利后被国民政府接收，更名为中央化工厂上海工厂，直属中央资源委员会。新中国成立后，上海市军事管制委员会正式接管中央化工厂上海工厂，并改名为上海化工厂。

随着我国PVC树脂工业在第一个五年计划期间建立和发展，1954年起，由重工业部化工局下达任务，建立PVC加工手段，为此，1954年4月成立“PVC成型加工”研发组，当时在苏联专家的帮助下研制电缆料，采用的配方技术主要来源于苏联专家的授课。

1956年下半年在原材料开发上有较大突破，在产品技术条件方面，除获得苏联标准，还获悉苏联多种电缆料配方，这些技术信息的获得，对下一阶段工作的发展有重要意义。上海化工厂电线电缆（护套级、绝缘级）首次试产成功，年产量16.5t。

1957年，日本Geon公司开发部长谷古正之来华进行技术交流，带来了美国及日本疏松型树脂加工技术，把工厂从单纯学习苏联经验的片面性中释放了出来。1957—1958年，在国内建立了仿苏PVC树脂生产线，至此，大踏步研究开发电缆料及其他制品的物质、技术基础已经具备。

PVC 电缆料的研究开发，至 1958 年已初具规模，以仿制苏联绝缘、护套材料为目标（即以后产品编号为 5301-1 及 5301-3 的电缆料），这是上海化工厂电缆料产品发展史上的重要台阶。1958 年改进的 5301-3 新配方，实际已基本具备了以后长期大批量生产的 5301-2（绝缘甲级，即 A 级）的雏形，产品质量已达到或接近国外水平；在国内市场上与日本及英国进口料展开激烈竞争，并取得立足点；同时通过化工进出口公司向埃及等国出口，在古巴与加拿大产品竞争，并取得好评。

1961 年化工部制定了部颁暂行标准 HGB 2114-61（内分护层和绝缘甲、乙、丙级），上海化工厂按部标护层级及绝缘乙级生产，并于 1962 年完成了绝缘乙级向甲级的过渡，正式建立了 5301-2 牌号。

1961—1962 年，为论证 PVC 电缆料在湿热带气候条件下使用的有效性，上海化工厂与一机部广州电器科学研究所协作进行室外气候老化的配方筛选，肯定了绝缘级配方，并对护层级配方进行改进，后经试验，改进配方的耐气候老化超过热带橡皮配方，寿命可达五年以上。另外还与广州电科所上海试验站及上海电缆厂协作开发防霉护层级，于 1962 年正式确定用于配套出口的 5301-1T 防霉电缆料。

这一时期的生产形式，主要是双桨捏合机捏合，滚压机（大车）塑化拉片，切粒机切粒。1962 年的年产量为 2100t。

1963—1968 年 PVC 电缆料产品发展已渐臻成熟，其标志为：

1）产品标准从 HGB 2114-61 部颁暂行标准提高到 HC 2-65（草案）。

2）产品向多品种发展，新产品研究开发工作活跃。除 5301-2（绝缘甲级）正式生产，其他较大品种有 5303-2 普通绝缘级、5312 耐寒护层级、5303-1 耐光护层级等，并多次向 105℃及 90℃等级冲击，为今后试制耐热电缆料奠定了基础。

3）通过反复实践，确立不同产品的不同生产工艺。

4）出口电缆料原料国产化。

5）生产装备的现代化。从单纯滚压机（大车）组合塑化改为 XSHM-50 双速密炼机塑化（1963 年起），又引进德国 Henschel FM500C/K 型高速捏合机（1965 年底起）及相应的措施逐步取代双桨捏合机，既提高了产量又改进了质量，使 1965 年电缆料年产量达到 3750t，1968 年增加到 4600t。

6）在加强产品标准化及科研工作的同时，逐步完善测试手段，建立了热老化及耐气候老化（人工及天然）的正规试验条件。

7）与一机部电缆研究所及上海交大协作，对以 5301-2 为代表的产品进行了长期热老化寿命试验及耐热等级评定，1967 年 2 月试验报告结论为 65℃。这对全国 PVC 塑料电线电缆标准的制定及安装使用规程的建立均起到了极为重要的作用。

1967 年 11 月的全国聚氯乙烯电缆料及电线电缆会议上，上海化工厂电缆料（主要是 5301-1 及 5301-2）在会议期间博得好评，被公认为国内第一流产品。

1968—1978 年，尽管多数技术人员调离原工作岗位，对电缆料的技术发展有所影响，但生产设备也作了必要的调整，因此，1978 年 PVC 电缆料总产量上升至 8350t，并有部分产品出口阿尔巴尼亚。

在这一时期内，相继完成了 5301-1、5301-2（各种色泽）电缆料试片的五年室外天然老化试验；农用电缆料（5314）、耐热 80℃船用电缆料（5321）、6kV 电缆料（5331）及 10kV 电缆料（5333）等品种的研究开发工作，其中以 5314 生产量较大；在标准化工作方面颁布了两个部标准，一是化工部标准 HG 2-775-74，二是轻工部标准 SG 22-73，正式规定了 6 大品种，其长期使用温度为 65℃。

PVC 电缆料产品经过 20 余年来科研及生产经验的积累，技术队伍及工人队伍的成长以及生产及试验设备条件的逐步进步，又随着改革开放的大气候的形成和发展，1979—1989 年，电缆料进入了其有史以来的黄金时期，无论在产量、品种及质量上均有长足的进步，成为上海化工厂第一大产品和拳头产品。1982 年电缆料产量首次突破万吨，达 10671.9t，1985 年为最高峰达 14280.1t；产品更新换代已臻成熟，因此产销两旺，以后数年，原材料紧缺及市场销售疲软交替影响，产量略有下降，但仍在万吨以上。

上海化工厂除PVC电缆料外，又研究开发了聚烯烃类电缆料，主要有电缆用黑色低密度聚乙烯（LDPE）护套料、耐热90℃化学交联聚乙烯（XLPE）绝缘料；20世纪90年代初期，成功研制了硅烷交联聚乙烯绝缘料。

上海化工厂的PVC电缆料是全厂产量最大的产品，年生产能力为1.5~2万t，20世纪80年代后期，年产量为1.2~1.4万t，以内销为主；产品品种系列及型号，以国家标准GB/T 8815—1988为主，相当于国际电工标准IEC的类别及型号。上海化工厂是国内产量最大、品种系列最完整的PVC电缆料生产厂。

1995年7月，上海化工厂作为上海市首批95家现代企业制度试点单位之一，实施现代企业制度试点方案；同年12月29日，市经委同意上海化工厂建立职工代表持股会。1996年2月，改制为上海双花塑料有限公司；同年8月，更名为上海化工厂有限公司。2010年12月30日，上海化工厂有限公司经上海市杨浦区人民法院裁定终结破产。

第2节　上海电缆厂

一、上海电缆厂发展溯源

抗战胜利后，1945年12月国民政府资源委员会接管原日商经营的中华电气株式会社、日本机械制作所、东光电气株式会社和大陆炼铜厂、浦东电线厂等五个单位，归属中央电工器材厂上海制造厂，下设四个工场：第一工场冶炼处理废杂铜（河间路826号）；第二工场生产电线（昆明路700号）；第三工场轧制铜皮、电解铜板（昆明路1222号）；第四工场生产和修理电机（爱北路710号）。1947年10月，国民政府中央电工器材厂新规划设立电机、电线、电话、电池四个生产工厂。1948年夏天之前中央电工器材厂在军工路1076号买下一栋现成厂房，将第二工场迁入新址（图29），这就是上海电缆厂最早的雏形。

图29　上海电缆厂大门

1949年5月30日，被上海市军管会接管，在中国共产党的领导下职工们开始艰苦的重建工作，完成水路、电路、起重和运输修复扩建基建；同年12月1日，将第一工场、第二工场和第三工场正式改组成立国营上海电线厂，企业走向新生；1950年，成功试制国内第一根矿用电缆，从此开创我国电缆制造的历史。

1951年，中央人民政府对上海电线厂投入100多亿元（当时货币）进行扩建，当年投入当年研制生产纸包电话电缆，得到政府肯定。

1952年，经上级决定把世界电工橡胶场、新华化工厂并入上海电线厂扩大生产能力，经过三年建设已具备一定规模生产基础，可以提供铜绞线、橡皮电线电缆、铠装铅套橡皮电缆、漆包线、丝包线等20多个品种、400多种规格的电线电缆产品。

1953年，我国实现第一个五年计划，开始系统地学习和引进苏联企业管理制度和方法经验，实施计划管理。

1953年2月，根据华东工业部通告，上海电线厂划归一机部领导；同年4月，根据一机部电器工业管理局和中央重工业部有色金属工业管理局的联合通知，上海电线厂所属冶炼车间划出，成立上海冶炼厂，隶属中央重工业部有色金属工业管理局领导。上海电线厂划分和建立了5个车间、17个科室，为实现计划管理创造了条件，并开始编制计划，按产品分类制定裸铜线、电磁线、连续硫化、电话电缆、矿用电缆、腊克线及电力电缆等8条流水作业生产线计划。成立新产品试制委员会，进行仿苏联改型产品，引用苏联规范，完成44项新产品试制任务，获得全国“推进作业计划优胜单位”称号。

1954年，计划作业全面推广，生产运行有序，作业面貌有很大改观，能生产8大类型、24个品种、上千个规格的电线电缆产品。此时厂房面积扩大2.6倍。

1955年，继续开展新产品试制，完成煤矿竖井电缆、船用电缆、勘探电缆、热电偶电缆；编制、颁布管理制度，涉及技术管理、安全生产、后勤、销售服务方面；年底重点颁布质量经济责任制度，对产品质量保证起到重要作用。

1956年，开展以先进生产者为中心的社会主义劳动建设竞赛，给生产带来巨大变化，产值超额完成112.7%；新开发产品针对行业需求研制，为上海电表厂研发出6种热电偶和补偿电缆；为解决南京电瓷厂迫切需求，开发出镍锰铅、镍锰铜导线，使我国合金制造水平向前迈进一大步；为支援第一汽车制造厂，成功试制高强腊克线；35kV分相铅包电力电缆样品试制成功，为电站建设节省外汇，制造电缆技术水平迈上新台阶；为支援缅甸、越南等国家建设，研发出热带型电缆产品。

1957年5月1日，接一机部通知，上海电线厂正式更名为上海电缆厂。此时上海电缆厂已发展成产品较齐全、机构完备、职能健全稳定的综合性电线电缆生产企业，全厂共有20个科室、5个生产车间、2个仓库，厂房面积从1949年的13247m^{2}增加到1957年的69988m^2，利润总额从1949年的36万元增加到1957年的2449万元，固定资产达到1508万元，工业总产值由1949年的518万元增加到1957年的10724万元，进入稳定发展阶段。1957年新研制了铝芯纸绝缘电力电缆、铝芯纸绝缘塑料护套电力电缆、电气化运输车辆用橡套电缆、单位式市话电缆等16个新产品。

1958年，扩大电磁线车间和通信电缆生产车间，研制出海底通信电缆、射频电缆、60路载波绝缘泡沫聚乙烯电缆等30余项产品；规划建成上海电缆厂铁路专用线，用于运输产品和材料，厂内长1876m，装卸有效长503m。

1959年，对一些管理制度进行了改革，机构精简给产品研制带来影响，当年只研发了一个新产品——合金材料（用于仪表和电器装置）。

1960年，国家为了有效地发展工农业生产、纠正急躁冒进、恢复管理，采用了“三结合”方式，使生产秩序转好，产品研发恢复，完成新品试制23个；同年10月，上海美成电业厂、亚洲电缆厂和华亚电线厂并入上海电缆厂。

1961年，颁布新产品试制管理制度和产品质量责任制及执行细则，研发试制240mm^{2}大跨越高强度钢芯铝绞线、航空无磁性电线等14个产品。

1962年，企业管理走向规范化；同年3月，颁布企业管理制度汇编，其中技术管理制度33项、经济管理制度25项、工艺规程76项；研发试制产品14个，为国防事业提供7521海底通信电缆（国内第一根军用海底同轴通信电缆）和7888-1大功率射频电缆。

1963年，企业成立标准化组负责全厂标准化工作，成立技术档案科系统管理技术开发资料，成立技术教育科普及科技知识；完成新产品164项，其中水声电缆和高压直流电缆属当时尖端产品。

1964年，在全国工业新产品展览会上，中同轴电缆、大同轴海底电缆KПK6/18型获得二等奖，电机用15种成套H级绝缘材料、不滴流电力电缆、4X4X12X4X1.2音频电缆、T3KЮ 19X4X1水声电缆获得三等奖，1500kV 22.5kW/s电缆型冲击电压发生器通过审定。

1965年，是企业技术创新改革年，全厂员工献计献策，共实现380多项重大技术革新项目，研发16项新技术产品，生产出代表当时电力电缆高水平的110kV高压充油电缆，以及国防建设急需的产品强力射频电缆；采用新工艺，实现金属护套以铝代铅；研发出 0.6×4×200 规格的泡沫聚乙烯绝缘聚乙烯护套市内电话电缆，为以塑代纸的推广打下基础。

1966 年是我国第三个五年计划实施的第一年，上海电缆厂制定了详细发展规划并立项，其中赶超国际先进水平的 5 项，追赶同行业先进水平的 5 项，提高和稳定产品质量性能的 3 项；为支援南京长江大桥建设，成功试制大长度高压过江电缆；小同轴综合电缆代表 20 世纪 60 年代通信电缆的尖端产品，当年试制成功。

1967 年，企业生产运行体系不正常，只能维持生产，产能下降。

1968 年 3 月，开始整顿混乱，为生产恢复秩序强调管理措施。

1969 年 4 月，中国共产党第九次代表大会召开，形势相对稳定，采取了一系列有效措施，生产逐步走向有序。

1967—1969 年，新品有少量产生，包括超深深水密封电缆、超深井油矿勘探电缆、井下电视和 330kV 超高压电缆等，其中 330kV 超高压电缆是为国家西北大“三线”刘家峡水电站重点项目提供。

1970 年，加强健全党的建设和组织建设，带领员工“抓革命，促生产”，在恢复生产的同时开发新品，开发了中国式鱼泡小同轴电缆、1350kV 超高压电缆、彩色电视电缆、海洋探测电缆、1200℃超导电缆等 7 个新产品。

1971 年，全国开展规模工矿大会战，上海电缆厂承担高压电力电缆、控制电缆、低压电缆等 150 多种型号规格任务，为北京地铁提供 35kV 单芯 185mm^2 充油电缆，试制交联聚乙烯绝缘塑料护套电力电缆（在当时属国际上电力电缆发展的新产品）；重新修订健全质量管理制度，形成有企业自身特点的全过程质量管理体系，当年《文汇报》专门报道了这一先进经验。

1972 年，企业管理制度的恢复健全推动生产的发展，当年签订合同 26000 份，生产电线电缆近 40980km；开展岗位责任制、质量标准制、操作规程制（“三制”），使产品一次合格优率达到 98% 以上。

1973 年，企业在完成生产任务的同时，对江边码头进行扩建，为满足生产运输需求，使码头具备满足两条货船同时进行运载的能力，同时为生产大截面大长度海缆打下基础；试制成功 800mm^2 220kV 充油电缆，突破高压电缆的截面积限制，当时被称为“争气电缆”。

1974 年，为上海港口建设提供 220kV 高压充油电缆，为 708 大型客机提供配套耐高温 400℃ 的各种导线 13 种、航空无磁性探测电缆等 58 个系列新产品，会同邮电部经过 5 年努力成功试制中同轴电缆 1800 路载波系统。

1975 年，上海电缆厂能生产的主要产品有 17 个大类、77 个系列、380 个型号、2 万多种规格。1968—1975 年，上海电缆厂共试制和成批生产 110kV、220kV、330kV 超高压充油电缆 100 多公里，支援了丹江、安庆、上海港口等 14 个国家重点建设工程。

1975 年是我国第四个五年计划的最后一年，上海电缆厂提出宏伟规划，即奋战三年半一厂变二厂，力争早日赶上超过世界先进水平。

1976 年，完成多项新产品试制任务，包括屏蔽型 6000V 橡皮软电缆、UGP-6000 型海洋电火花地震勘探电缆、中频大电流内水冷却橡套电缆、1000Hz 快中子治疗机直流高压电缆、发射人造卫星用的耐温 1200℃ 的抗烧电缆、海洋组合式油管电缆、超低温 −270℃ 铌钛充铜合金电磁线等新产品。

1977 年，全国开展“实践是检验真理的唯一标准”的大讨论，上海电缆厂按中央方针政策解放技术人员，恢复技术职称，进一步完善职责和岗位责任制，分别建立健全为“二长六大员”为内容的 8 项管理制度。

1978 年，企业实现党委领导下厂长负责制，老中青三结合领导方式给企业带来动力，以《工业三十条》为指导，充实工程技术人员和质量专检人员，产品创新开发、质量提升得到进一步发展；建立制度 104 项，约 18 万字，涉及质量管理的制度有“一个通则五个制度”。

1977—1978 年，试制成功高、精、尖产品 52 项，其中 24 项填补国家空白，4 项赶超世界先进水平；

生产出115km海底大长度同轴电缆，8km超深井耐环境温度2000℃、承受1000个大气压探测电缆，海洋地质考察油管电缆，地震用质子磁力仪电缆；500~750kV超高压电缆样品是赶超电缆世界水平的国家重点项目，样品成功试制，检测后主要技术指标达到法国同类产品水平。

1979年，学习日本小松制作所全面质量管理（TQC）的方法，提出“用户就是上帝，质量是企业的生命”的概念，整顿规范工艺文件格式，针对产品序列化整理完善950套工艺文件、52套工装图纸，完成产值2.9亿元。

1980年，中央开始大幅度经济调整，国家计划下达的任务只占到生产任务的10%，企业开始走向市场，组织销售队伍针对性拜访用户；技术上提前准备，按国际电工标准进行生产，为打进国际市场奠基基础，也为后续上海电缆厂发展带来新空间；以用户需求为主导，当年开发试制新产品103项。

1981年，企业为开发试制新产品的基础研究系列化，开始完善科研试验基地，历时两年建立电缆结构尺寸检验室、物理机械性能试验室、耐燃烧性能试验室、金属材料试验室、电容增值试验室、热老化性能试验室、空气弹老化试验室、低温性能试验室、化学分析试验室、电气化性能测试试验室和橡皮配方试验室；为邮电部研发1800对大对数城市通信用电话电缆；为山东长岛过海电力电缆试制做准备工作。

1982年，完成新产品设计82项，也是开始采用国际标准（IEC）贯彻年，试制成功我国第一根35kV 11km大长度海底电力电缆，用于山东长岛；当年生产总产值21581万元，实现利润4380.8万元，上缴税金1015万元，位居行业第一。

1983年，企业第一次通过改革打破大锅饭，实现利润包干，提出“搞好企业整顿，发展新产品，采用国际标准，组织创优攻关，搞好质量管理，提高经济效益”方针，完成8大技术改造项目和78项攻关项目，试制3600对大对数市话电缆，船用电缆（按IEC标准）获得英国LR、德国GL、美国ABS和法国BV船级社认可，船用产品获得国家金质奖。

1984年，企业质量管理进一步提升，开展QC小组活动，狠抓职工技术业务培训，开办电线电缆专业班、电工班、经济管理等19个培训班，对青年职工进行双补教育。

1981—1984年，引进瑞典连续压铅机和英国航空导线技术，建立电子辐照车间，进一步提升产品水平；承接重点工程项目，按国际先进水平生产石油平台电缆，宝钢工程用电缆，60万和90万kW发电机组用电缆。

1985年，企业深化改革，实施经济责任制，即“三包二联一分配”，激发员工积极性，完成了86项技术改造和340多项技术革新项目；生产装备提升，先后引进上引发无氧铜杆生产线、交联机组（从美国引进）、高速成缆机、连续韧炼拉丝机、盘绞机、温水交联机（从瑞士引进）、三层挤出机（从德国引进），形成新生产力，产品质量进一步提高；对内与深圳成立合资电缆厂，与江苏昆山成立联营厂。

1986年，企业全面推行经济责任制，在落实经济责任制后质量管理进一步加强，开展TQC（全面质量管理）模式，从工艺着手，成立工艺管理科，管理向现代化迈进一步；开发90℃辐照交联聚乙烯电缆、铁道通信光纤光缆、薄煤层采煤机电缆、热电偶电缆等产品；建立中外合资企业——与美国瑞侃公司合作成立电缆附件厂；成立上海电缆厂综合服务开发公司，发展第三产业。

1987年，132kV高压电缆获得荷兰凯马国际电工产品检测测试认可，成为我国首款获得国际权威机构认可的高压电缆产品；同年12月25日，制定“关于深化厂长负责制改革实施方案”，得到上海市机电管理局委员会和上海市机电管理局正式批复，正式实现厂长经营负责制。

1988年，实现厂长经营负责制，完成工业总产值34327万元，上缴税利8785万元，生产又上一个台阶；在国际上与国际著名电缆企业同台参与巴基斯坦电网高压电缆投资项目投标并一举中标，数量达108km，价值1200万美元。

1989年，国务院电子振兴办公室下达的第一号项目中，水底通信综合光缆是国家重点建设所需产品，上海电缆厂当年研制当年投产，生产出国内第一根大长度综合通信光缆，填补国内空白；产品出口创汇457万美元，成为上海市超亿元的14家企业之一。

1990 年，再次中标巴基斯坦卡拉奇电网高压电缆项目，数量 48.6km，价值 560 万美元；110kV 高压交联电缆车间 1990 年 8 月破土动工，1993 年完工投产。

1991 年，国家实行紧缩政策，市场疲软，竞争激烈，企业收入下滑。

1992 年，在困境中奋进，内部挖潜，外部拓展，研发新产品。

1993 年，我国第一座 75m 立塔交联电缆生产线诞生，110kV 高压交联聚乙烯电缆、132kV 交联聚乙烯电力电缆先后生产，填补交联电缆耐压等级上的一个空白；相配套的电缆试验装置——耐压局部放电试验设备同时建成，为产品进入市场提供保障；开发新产品 56 项，完成产品价值 1.2 亿元。

1994 年，110kV 高压交联聚乙烯电缆正式通过专家技术鉴定，分别用于上海市政建设重大项目和山东龙口发电厂；同时开发用于广东大亚湾核电站配套无卤核电站电缆、爬坡光缆、F40 耐高温系列航空导线等 46 项新品。

1995 年，完成无卤辐照电缆、F40 辐照交联航空导线、110kV 大长度海底高压充油电缆、1000mm^2 分裂导体交联电缆；上海电缆厂和上海光纤通信工程公司、法国阿尔卡特电缆集团公司合资组建上海阿尔卡特光缆有限公司。

1996 年是国家“九五”计划起始年，完成纵向密封对称浅海通信电缆，开发阻燃船用电缆 - 阻燃橡套电缆和隔氧层电缆等。

1997 年，将 75m 立塔交联电缆生产线加高至 108m，扩大生产的高压交联电缆的耐压等级，再次成为行业之最；核电站电缆形成系列化，通过法国法马通工厂认可。

1998 年，企业改革年，多种经营走向市场。

1999 年，已建立包含服务、销售、联营等性质的 36 个分公司。

2000—2002 年，进入市场化，从计划经济走向市场，企业开始产生不适应症，产值逐步下降。

2002 年，为田湾核电站提供三批 K3 级电缆并通过国家核安全局和江苏核电公司验收；研制成功我国首根铜镁合金接触线，用于秦沈高速电气化铁路区段挂网；同年 5 月，成立上海上缆辐照技术开发有限公司；同年 7 月，成立上海上缆神舟线缆有限公司。

2003—2004 年，企业资产重组，上海电缆厂转制成上海电缆厂有限公司；重组同时，上海电缆厂有限公司将原上海电缆厂二分厂与日本藤仓株式会社组成上海藤仓橡塑电缆有限公司，将原上海电缆厂九分厂与日本藤仓株式会社组成上海上缆藤仓电缆有限公司。

2005—2014 年，企业维持生产。

2015 年，上海电缆厂有限公司被苏州德威投资有限公司全资收购，更名为上海电缆厂集团有限公司，继续电缆生产与经营。

二、对国家和行业的贡献

上海电缆厂最初只能生产简单的裸铜单丝、纱包线，现在已能生产国家建设所需的 18 大类 77 个系列产品，提供给上天、下地、入海各个行业。上海电缆厂在成长发展的过程中，从企业管理制度优化、世界先进装备的引进和转化、产品技术研发创新、全面质量管理体系建设、人才培养和输出服务等方面对行业都起到了一定的带动、引领和支持作用。

上海电缆厂进行行业制度编制、劳动力成本计算、生产定额测算，形成一套完整的基础生产管理模式；制定产品工艺，对每一系列产品规范生产进行系统化规定；产品技术研究开发系统化，为产品开发验证应用建立一套完整体系；是我国电线电缆产品标准系列化主要参与者。

三、对国防事业的贡献

20 世纪 60 年代上海电缆厂为国防事业做出巨大贡献，成立军工领导小组，专门研发国防急需的电缆，主要包括海底通信电缆、大功率电缆、射频电缆、高频电缆等 6 大类 26 个品种，均满足了国防部门对电线电缆的需求。特别是在 1964 年，为国家生产出我国第一根自行设计制造的海底声呐电缆。

四、对外援助和对“三线”建设的贡献

1961 年，上海电缆厂承担对外援助任务，为柬埔寨、越南、古巴、罗马尼亚、朝鲜等国家提供 780km 电缆。同时援助建设电缆厂，先后帮助阿尔巴尼亚和越南建立电缆制造厂。阿尔巴尼亚电缆厂建成后，当时有英国、法国、意大利等国家的代表团到厂参观，他们对援建工厂能生产这些电器设备感到惊奇，赢得国际声誉。

1968 年，根据党中央关于“三线”建设的指示，上海电缆厂作为主体承担建设湖北红旗电缆厂，组织全套班底，支内人员 415 人。同时抽调人力物力支援广西南宁电线厂，促进了少数民族地区电线电缆工业的发展。另外，承担行业单位培训人员 2000 多人次。

五、管理与荣誉

上海电缆厂的发展见证了国家的发展，它的每一步成长都为国家强大做出了贡献。

在从一个简单工场到成为国家大型二级企业的发展进程中，上海电缆厂为行业建立生产作业规范、工艺流程、产品开发体系、设备管理、安全制度、人员培训、材料管理、质量管理等一整套管理制度，为我国电缆行业基础奠定工作做出重要贡献。

上海电缆厂先后获得国家节能一级企业、国家质量管理奖企业、国家技术进步先进企业等 63 项荣誉；先后有 30 组系列产品获奖，其中国家金质奖产品两个，国家银质奖产品两个，1997 年高压充油电缆获巴黎国际金奖。

第 3 节　中央电工器材厂

昆明电缆集团股份有限公司（简称“昆缆”）前身为中央电工器材厂，始创于 1936 年，是我国民族工业中第一家电线电缆生产企业，也是我国第一根导线的诞生地，在行业中素享有“中国电线电缆工业的摇篮”之美誉。

一、开始创业

20 世纪 30 年代初，在轰轰烈烈的抗日救亡运动背景下，在广大爱国志士“实业救国”的赤诚所推动下，1936 年 7 月国民政府资源委员会正式成立中央电工器材厂筹备委员会。

建厂之初，正值内忧外患，工业基础十分薄弱，电线电缆制造业既无技术人员，又无生产设备。为把工厂建成一流企业，老一代昆缆人竭尽全力引进了国外先进的电线电缆生产设备，又选派优秀人才赴英国和德国学习电线制造技术。

1936 年，日本帝国主义军事势力已由东北进入关内，因此工厂选址曾考虑设于湖南湘潭。然而，1937 年随着卢沟桥事变的发生，抗日战争全面爆发，几经周折，工厂厂址最后选定在昆明西郊马街子。

1938 年，从国外购回的生产电线的机器设备陆续运抵昆明。此时，英国专家布莱克（Blake）等人也到达工厂（图 30）。在英国技术人员的指导下，装机调试工作紧张展开。

1939 年 7 月 1 日，中央电工器材厂正式建成，我国自己生产的第一根导线也在这里诞生了（图 31）。电线厂的技术人员和广大职工，运用掌握到的先进技术提高工艺水平，不断开发新产品，陆续生产出裸铜单线、绞线、橡皮绝缘线、橡皮绝缘铅包电缆、橡套软线、电话机用塞子绳、军用被覆线、镀锌铁线等电线电缆产品及钢丝绳。从此，洋电线独霸我国市场的日子结束了。当初老一辈昆缆人申请的“昆电工牌”产品的商标一直沿用至今。

图 30　1938 年布莱克先生现场指导工作

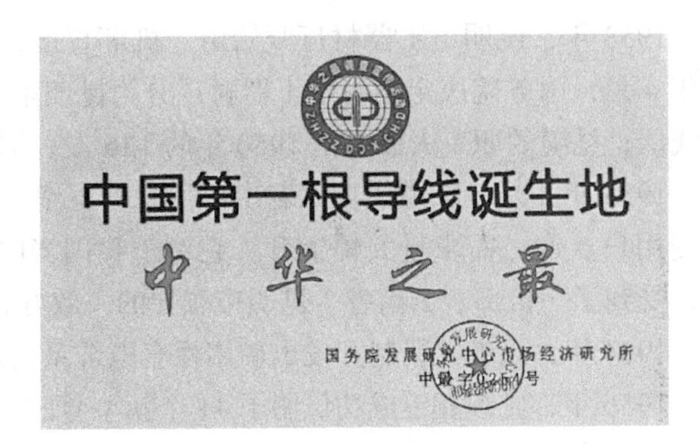

图 31　中国第一根导线诞生地

曾参加工厂筹建的英国专家布莱克先生也深为昆缆人的聪明才智和艰苦创业的精神所感动，拍摄下了许多动人的场面。1981 年，布莱克先生于 43 年后又回到昆明电缆厂（图 32），他对昆明电缆厂的发展变化感慨万千，连同珍藏多年的我国自己制造的第一根导线样品也送给昆明电缆厂，这份珍贵的文物现存放于公司展览室。

图 32　1981 年布莱克先生重回昆明电缆厂

抗战期间，日寇飞机曾多次对工厂进行狂轰滥炸，面对危险老昆缆人毫不畏惧，在空袭频繁的日子里，警报声一响，他们就躲进后山，警报一解除，就又回到自己的生产岗位，他们同仇敌忾，夜以继日奋力抢修，连家属们也加入抢修现场，经过共同努力，从 1939 年至 1945 年，工厂共生产总导体 4400t，生产出近 20 个品种的电线和电器产品。尽管当时的生产规模很小，产品的数量和品种也相当有限，但处于襁褓之中的我国电线电缆制造业，毕竟从此走上了从无到有、从小到大的道路。据统计，在抗战时期，除敌占区，全国城乡使用的电线都是“昆电工牌”产品。

为了电线电缆工业的发展，1945—1946 年，远见卓识的昆缆先驱者们再次选派工程技术人员分别赴英、美等国有关电缆厂学习技术，进一步提高工厂的科技水平。1948 年，学成归来的电线电缆技术骨干分别到全国各电线电缆厂参加建设，他们运用学到的技术，在各电线电缆厂发挥着巨大的作用。这是昆明电缆厂对我国电线电缆工业的又一大贡献，昆明电缆厂不仅是我国电线电缆工业的摇篮，更成为培养我国电线电缆人才的摇篮。

1949 年，在向锦亚工程师的主持下，昆缆人克服重重困难，生产出我国第一根 6.6kV 级铅包橡皮绝缘电力电缆，这是昆明电缆厂第一次生产较高电压级的产品，它不仅解决了昆明云茂纱厂（现昆明纺织厂）投产的实际困难，完成了一个新纱厂投产所需的全部电线电缆的生产任务，也为工厂今后发展橡皮电力电缆的生产奠定了基础。

二、早期发展

1949 年 12 月，云南和平解放，工厂回到了人民的怀抱，也又一次获得了新生，为后来生产的恢复与发展奠定了坚实的基础。

1950 年 10 月，昆明电缆厂爆破线试制成功，这是工厂对新中国的一项重要贡献。

1951 年 3—8 月，昆明电缆厂在生产上创造了 25 次新纪录，工人们提出了 174 个合理化建议，为国家创造了 3 亿多元（旧币）的价值；工业总产值从 1950 年的 114 万元迅速上升到 1953 年的 1284 万元，提高了 11.2 倍。

1951 年 8 月，熔炼车间老技工冯明雨改进反射炉，缩短熔炼时间，提高产量，为国家节约了近 1 亿元（旧币）的资金。

1953年，昆明电工器材厂开始由一机部直接管理，属于全国机械系统重点企业，生产纳入国家计划；同年4月，国务院决定昆明电工器材厂分为昆明电工厂和昆明冶炼厂；同年9月，昆明电工厂更名为昆明电线厂；昆缆的职工人数也由1950年的136人，增加到1953年的816人。

1953年4月，昆缆成功试制出矿用橡套电缆。它采用铅包硫化新工艺，橡套结实、圆整、外观很好，深受用户欢迎，需求量大幅上升。它对于我国当时矿山采掘，特别是云南省矿业的发展，做出了一定贡献，受到了一机部、云南省、昆明市领导的一致好评。

1954年，昆缆又研制开发出矿用橡套电缆系列产品——移动式矿用电缆。

1956年，昆缆相继成功试制了11个新型号的产品。

1957年，昆缆开始生产铝导体电线。

1959年，昆缆裸线车间、电磁车间相继建成投产，生产出钢芯铝绞线、高强度聚酯漆包圆铜线等新产品，这些新产品对发展云南省的电机、电器、电力工业的发展提供了有利条件。

1963年，昆缆开始试制聚氯乙烯绝缘聚氯乙烯护套电力电缆，绝缘线芯为圆形结构。

1964年，又试制出1~3kV扇形芯聚氯乙烯绝缘及护套电力电缆；成功研制出第一代军工产品——军用塑料绝缘电线。

1965年，昆缆开发出氟塑料薄膜绕包烧结航空导线。

20世纪60年代前期，昆缆相继研制成功高温导线、聚乙烯醇缩醛漆包线、玻璃丝包线、塑料布电线、6000V及以下纸绝缘电力电缆等新产品。

1966年，灾难无情地冲击着电缆厂，工厂也处于半停产的瘫痪状态。

此后从1969年至1973年，先后成功试制F4薄膜绕包小截面安装电线、军用两对载波埋地电缆、岛屿电缆、航空用聚四氟乙烯绝缘电线；研制的航空用F46塑料绝缘电线于1976年通过鉴定，并成功运用在我国首次运载火箭的发射工程。至此，昆缆生产的军用产品已发展到29个，除上述新产品，还有飞机用聚四氟乙烯绝缘高压点火线、920电线、航空涡轮发动机用电线、野外用移动电缆、聚四氟乙烯绝缘多芯安装电线等，这些产品使用于飞机、潜艇等军事设施以及电力工业上，对加强我国军工建设和发展电力工业事业发挥了一定的作用。

1976年1月，昆缆试制出6~10kV不滴流油浸纸绝缘电力电缆，当时昆缆是一机部唯一定点生产不滴流纸绝缘电缆的厂家；1978年10月，该产品通过省部级鉴定。

三、发展壮大

1978年8月，昆明电线厂正式改名为昆明电缆厂。

党的十一届三中全会做出把工作重心转移到社会主义现代化建设上来的战略决策以后，国民经济各方面都出现了明显的发展，昆缆也在整顿中取得了进步——不滴流纸力缆的布点；同时，随着企业生产发展和经营机制转换，为适应市场，新工艺、新技术和新材料得到更广泛的运用。

1979年，不滴流纸绝缘电力电缆荣获中共云南省委颁发的科技进步二等奖；成立昆明电缆研究所。

1980年，昆缆研制成功航空涡轮喷气发动机高压点火线、航空涡轮发动机耐热电线；高温导线车间生产的“电工牌”氟塑料绝缘电线成功地用于我国首次发射的运载火箭上，中共中央、国务院、中央军委、国防科工委为此向工厂发来了贺电、贺信。

1981年，昆缆试制出35kV分相铅套不滴流纸绝缘电缆并应用于非洲喀麦隆电站；之后，又按英国BS标准生产出四芯等截面、11kV分相屏蔽及四大一小五芯等各种结构的不滴流纸绝缘电缆，使此产品达到国际标准，并先后出口到巴林、塞浦路斯、马来西亚等中东和东南亚国家，成为工厂出口创汇的拳头产品；国内一些大城市的电力部门也纷纷来厂订购大截面分相铅包不滴流纸力缆，使该产品盛誉空前，三次获得省、部级科技奖。

1982年，昆缆完成6242Y型出口电缆和澳大利亚275型电缆、209·6型电缆，为国家创汇448万美元，也使工厂成为云南省机械工业产品出口最多的企业。

1983 年，昆缆开发新产品 17 种，满足出口需要 4 种（出口巴林的纸力缆、三芯平行塑料线、纸包扁线、双玻璃丝包线），满足国防需要 4 种（三叉戟机航空安装线、泰夫隆绝缘铁镍合金电磁屏蔽 F46 护套电线、改型 1535 电线、70mm^2 FFBL-250 飞机侧部电路用耐高温电线），保证国家重点工程急需 2 种（35kV 不滴流纸缆、UGF-2 型 6kV 橡套矿用电缆），解决国家急需减少进口产品 1 种（UPQ 型千伏级黄色护套屏蔽型矿用橡套电缆）。

1984 年，昆缆被云南省人民政府授予“经济效益成绩显著单位”称号。

1985 年，昆缆荣获昆明市“精神文明单位”荣誉称号；工厂厂值突破 1 亿元大关。

1984—1985 年，昆缆成功试制 UPQ、UCPQ 和 UGSP 3 种型号的千伏级电缆，相继研制开发出大截面聚四氟乙烯绝缘电线、电子计算机用多芯屏蔽电线、多芯 F46 塑料绝缘耐高温电缆、电视天线纵孔电缆、6kV 矿用监视型屏蔽电缆、千伏级采煤用橡套移动屏蔽电缆、大长度双沟电车线、电梯电缆、聚乙烯绝缘直流高压电缆等多种军工民用新产品，其中 UPQ 型千伏级矿用电缆荣获云南省科技成果三等奖，不滴流油浸纸绝缘电力电缆荣获云南省优质产品称号，并经过鉴定、复评被一机部评为部优产品。

1986 年，昆缆新开发了 300/500V 及以下橡皮绝缘黑色聚乙烯护套电线，为布电线更新、发展品种迈出了可喜的一步；成功试制 150mm^2 防腐型钢芯铝绞线，有力地配合了云南省重点建设。

在改革的浪潮中，昆缆也迎来了建厂 50 周年大庆。1981 年，英国朋友布莱克先生来访时带来了对昆缆人来说最珍贵的礼物——一段中国最早的电线产品“中国第一根电缆”的实物样品，以岁月的流逝见证了昆缆 50 年来不平凡的发展历程，同时也赋予了工厂新的历史使命。

面对生产成本升高、部分产品销路下降的趋势初见端倪的情况和发展的需求，昆缆提出加快重大技改项目及设备引进进程的工作目标，开始聚集资金，购置了铝杆连铸连轧生产线和新连续压铅机，并于 1986 年交付使用，同时着手准备征用土地和新产房的建设。

1987 年，昆缆完成电梯电缆、数字巡回检测装置屏蔽控制电缆和 UGSP 6kV 矿用电缆 3 项新产品的研发工作，其中 UGSP 6kV 矿用电缆通过省级鉴定，成为机械电子工业部电线电缆行业重点骨干企业。

随着“七五”技改的推进和实施，工厂集中人力、物力和财力，努力提高生产效率和产品质量，同时引进了美国的蒸汽硫化生产线（MCCV）、英国的加压盐浴硫化生产线（PLCV）、奥地利的大型 3m 成缆机等矿用电缆生产设备。1988 年，经专家论证兴建交联电缆车间，从美国戴维斯公司引进了具有先进水平的第一条干法交联生产线和相配套的局部放电检测装置。对国外先进设备、技术的引进，给交联聚乙烯电力电缆的研发提供了具有国际先进水平的有力支撑，同时通过对它们的消化、吸收和改造，使昆缆的产品质量和生产能力得到大幅提升。

1989 年，昆缆开发交联电力电缆、丁腈聚氯乙烯复合物绝缘引接线、X 射线机用直流高压电缆、静电喷漆高压电缆、铁路机车车辆电缆等新产品，出口创汇达 167.6 万美元，被省机械厅授予“出口创汇先进企业”称号。

1990 年，昆缆 22kV 交联电缆在新加坡投标成功，并再次中标塞浦路斯电缆项目；1990 年，昆缆外销出口成交 442 万美元标书，其中完成出口创汇额 250 万美元；在国际竞争中中标的消息在国内传开后，极大提高了昆缆在国内市场的竞争地位，成为云南省一级先进企业。

1990 年 10 月，机械电子工业部因昆明电缆厂为新中国成立 40 周年阅兵式新武器的研制、生产做出贡献，授予其荣誉奖状。

“八五”期间，昆缆通过技改工程对生产、检测等设备进行填平补齐，紧紧抓住了邓小平南方谈话后的有利时机，积极参与市场竞争，以“高、新、特”占领市场，迎来了昆缆发展的黄金时代。

1991 年，昆缆开发“高、新、特”产品 3 项，即 6/10kV 矿用电缆、0.6/1kV PVC 绝缘架空电缆，以及高原地区用 500kV 钢芯铝绞线。500kV 钢芯铝绞线敷设于漫湾—昆明 500kV 输电线路上，这是我国第一条高海拔地区的 500kV 超高压输电线路。试制样品经能源部和云南省电力中心试验所检测，全部性能合格。产品敷设后，运行效果良好，用户十分满意，这项成果填补了云南高原的空白，为高海拔地区的超高压输电线路用架空导线提供了可靠的制造经验。同年，昆缆以优良的产品质量，先后夺得新加坡、马来西亚两项较大的标书，并严格履行合同，从未发生过退货索赔，在国际上树立了良好的质量信誉和企业形象，充分显示了昆缆在组织生产和科技攻关上都具有较高的水平与潜力，全年出口创汇额达605万美元。

1992年是值得昆缆人欢欣鼓舞的一年，昆缆完成了500kV变电站用组合屏蔽型控缆、橡皮绝缘直流高压电缆、铜芯聚乙烯纵孔式绝缘同轴电缆等5个新产品开发任务，各项经济指标（除利润总额）全面完成了年度计划。其中，产值和销售收入创造了工厂历史最高纪录，完成工业总产值28575万元，产品销售收入23007万元，利润总额359.2万元，实现税利总额3324万元，人均创税利1.34万元，全员劳动生产率108117元。

1993年，在昆明市高新区投资建设光缆公司，1994年成功生产出2400对以下市话电缆。

1994年，在昆明市高新区投资建设辐照中心，1996年成功生产出0.6/1kV及以下辐照交联电线电缆和10kV及以下架空绝缘电缆产品，并对外承接消毒、灭菌、保鲜等业务。

1995年，昆缆在云南省首家通过ISO9001国际质量体系认证，并持续顺利通过复查换证，综合实力处于同行业领先水平，综合经济效益指标保持在同行业前列。

1996—1999年，成功开发出0.6/1kV硅烷交联电缆、低烟无卤阻燃电缆、耐火电缆、煤矿用阻燃电缆、35kV架空绝缘电缆、机车车辆电缆、滤尘器电缆等新产品。

2000—2009年，成功开发出150℃及以下系列电机引接线、硅橡胶系列电缆、耐磨耐拖系列电缆、高强度铝合金架空导线、耐热铝合金架空导线、扩径架空导线、钢芯加强铝芯架空绝缘电缆、计算机电缆等新产品，完成了IE4橡皮开发、氯化聚乙烯替代氯丁胶的研究和推广应用、铜拉循环冷却系统改造等技术创新工作。

2010—2015年，研发出轨道交通系列电缆、1.8/3kV及以下系列变频电缆、防水橡套软电缆、风力发电用耐扭转电缆、铝合金互锁铠装电缆、异形绞合铝合金架空导线、光纤复合OPLC低压电缆和控制电缆、OPPC光纤复合架空相线、低烟无卤阻燃交联布电线、防鼠防蚁防紫外光电缆等新产品。

2016—2020年，研发出矿物绝缘系列防火电缆、平行集束架空绝缘电缆、新能源汽车充电桩电缆、B1级轨道交通用阻燃电缆、10kV变频电缆、行车移动电缆、扁平电缆、8.7/10kV大落差小截面铝芯加强交联电缆、陶瓷化硅橡胶绝缘系列耐火电缆等新产品。

2021—2024年5月，成功研发出B1级系列阻燃电缆、新能源发电场用系列铝合金电缆、异形绞合导体电力电缆、中压三芯阻水电缆、长寿命柔性矿物绝缘耐火电缆、光伏电缆、紫外光交联电缆、机场助航灯光电缆、B2级阻燃电缆、温变电缆、拖链电缆、水上漂浮电缆、35kV聚丙烯绝缘电力电缆、耐酸碱电缆、耐低温电缆等新产品。

经过半个世纪的发展，昆明电缆厂已经成为我国电线电缆行业的龙头企业，在全国享有较高的知名度，多个产品荣获了“部优”“省优”称号，先后开创了电线电缆行业的“八个第一”。

1）1939年，制造出了我国第一根导线。

2）1949年，制造出我国第一根6.6kV级矿用橡套电缆。

3）1976年，制造出我国第一根不滴流油浸纸绝缘电力电缆。

4）1985年，首创我国第一条上引法铜杆生产线。

5）1989年，与上海电缆厂、合肥电缆厂同时引进（美国）6~35kV交联聚乙烯绝缘电力电缆生产技术。

6）2000年，成为首批制造出三峡工程输电线路用ACSR-720/50导线的厂家。

7）2008年8月，首批研制成功国家电网锦屏—苏南 ±800kV特高压直流输电工程用900mm^{2}钢芯铝绞线。

8）2009年4月，首批研制成功宁夏宁东—山东青岛 ±660kV直流输电工程用1000mm^{2}钢芯铝绞线。

四、跨越式发展

随着新现代企业制度的逐步建立，昆缆紧跟时代步伐进入改制时期。

1996 年 12 月，昆明电缆厂组建成立了昆明电缆有限责任公司。

1999 年 12 月，昆明电缆有限责任公司变更为昆明电缆股份有限公司。

2009 年 6 月，引进天水兰天房地产开发（集团）有限公司，并由天水兰天集团控股；2009 年 9 月 8 日，昆明电缆股份有限公司正式更名为昆明电缆集团股份有限公司（简称“昆明电缆集团”）。

2009 年 4 月，公司“昆电工”商标被国家工商行政管理总局商标局认定为“中国驰名商标”。

2009 年 7 月，昆明电缆股份有限公司与曲靖电力投资有限公司共同出资 50%，组建成立曲靖昆缆东电线缆有限公司。2022 年曲靖电力投资有限公司退出生产经营并进行改制，曲靖昆缆东电线缆有限公司成为昆明电缆集团全资子公司。

2010 年，昆明电缆集团积极响应昆明市委市政府“关于鼓励支持主城企业节能减排降低成本退二进三搬迁入园异地发展”的要求，计划投资 24 亿元在昆明新城高新技术产业开发区（马金铺）电力装备园（占地 511.93 亩）建立电线电缆技术研发和制造基地。

2011 年，昆明电缆集团被认定为高新技术企业、云南省企业技术中心、云南省创新型试点企业。

2012 年 12 月，昆明电缆集团开工奠基仪式在马金铺新区举行。

2013 年，昆明电缆集团被认定为云南省创新型企业和云南省职工创新工作室。

2014 年 10—12 月，昆明电缆集团被认定为云南省电缆工程技术研究中心、云南省科技“小巨人”企业、云南省工业产品质量控制和技术评价试验室。

2016 年 4 月，公司整体搬迁到马金铺昆缆新区的步伐持续进行，橡缆车间、低压车间、中压车间、导线车间四大主要车间设备已全部完成搬迁安装，并开始进行产品生产；航安线缆公司、康家工贸公司、机修车间、集星合运输公司等也正在加紧进行搬迁，昆缆新区的建设工作正如火如荼地开展。

2016 年 10 月，昆明电缆集团整体搬迁至昆明新城高新技术产业开发区（呈贡新区马金铺街道魁星街 1766 号）电力装备园，原址“昆明市西山区春雨路 615 号”已不再进行生产。

2018 年 9 月，昆明电缆集团成为我国线缆行业最具竞争力 100 强企业。

2019 年 11 月—2022 年 10 月，昆明电缆集团荣获云南省知识产权优势企业。

五、发展创新

多年来，昆缆曾荣获全国机械行业 500 强企业、全国电器机械及器材制造百强企业等称号，连续入选“2022—2023 年中国线缆产业最具竞争力企业 100 强”及“2023 年中国机械 500 强”等。所生产的“昆电工”牌电线电缆产品在国内外市场上享有较高的信誉，我国首次发射的洲际导弹、试验通信卫星、长征系列运载火箭、神舟五号飞船，以及许多重点建设项目，如三峡工程、二滩电站、漫湾电站、人民大会堂改造、国家电网和南方电网输配电工程、北京奥运场馆建设、新加坡城网改造工程等都使用了“昆电工”牌电线电缆。公司产品还出口到东南亚、南亚、中东、地中海沿岸等数十个国家和地区。

“昆电工”牌产品先后荣获“国产精品”“消费者信得过产品”“云南首批名牌产品”等称号，被中国工业经济协会等单位认定为全国市场电线电缆十大畅销品牌之一；公司还被评为“中国电线电缆生产企业质量信誉最佳企业”，并荣获全国五一劳动奖状等荣誉。

2019 年 12 月，昆明电缆集团全资子公司——昆明电缆集团昆电工电缆有限公司成立；2020 年 5 月，昆电工电缆有限公司经营正式启动。

2020 年 5 月，昆明电缆集团荣获“绿色供应链管理示范企业”称号。

2020 年 12 月，昆电工电缆有限公司通过知识产权管理体系认证。

2021 年，昆电工电缆有限公司开始与北京航空航天大学、昆明理工大学进行合作，共同承担云南省重大科技创新计划项目——“新型高强超耐热铝合金研发与应用研究”，项目形成了耐热铝合金新材料研发、制造与应用技术系统，研发出的新型高强超耐热铝合金达到了国内先进水平。

2021年4月，昆电工电缆有限公司产品入选中国绿色环保产品、中国节能环保产品、中国自主创新最具影响力品牌。

2021年6月，昆电工电缆有限公司被中国电器工业协会评定为电器工业标准化良好行为示范企业。

2021年7月，昆电工电缆有限公司通过商品售后服务评价体系5星级认证。

2021年12月，昆电工电缆有限公司荣获“国家级绿色工厂”荣誉称号。

2021年1月—2023年，昆电工电缆有限公司荣获专精特新“小巨人”企业称号。

2022年2月—2025年1月，昆电工电缆有限公司荣获专精特新中小企业称号。

2022年12月，昆明电缆集团荣获“2022云南企业100强”“2022云南制造业企业50强”荣誉称号。

2022年6月，昆电工电缆有限公司荣获2022年度“电线电缆十大质量放心企业”和“电线电缆创新十佳企业”荣誉称号。

2022年7月，根据昆明电缆集团发展战略部署，确定在甘肃酒泉经济技术产业基地投资建设新能源配套装备制造产业园，同时成立酒泉绿能科技装备有限公司。

2023年9月，昆电工电缆有限公司入选2023年度中国线缆产业最具竞争力企业百强榜单。

2023年10月，昆明电缆集团荣获“2023年中国机械500强”荣誉称号；被昆明市产业工人队伍建设领导工作小组授予“昆明市首批中老铁路沿线产业工人技能人才培训基地”称号。

2024年3月，昆电工电缆有限公司荣获“2024光伏组建专用电缆优秀品牌”荣誉称号。

2024年4月，云南省委成立首批云南省专家人才产业昆电工电缆服务团，专门服务于云南电线电缆龙头企业。

2024年5月，昆电工电缆有限公司与天津大学、上海电缆研究所等单位共同合作研发出我国高原首条35kV环保聚丙烯电缆并在昆明成功挂网运行，再创电缆行业又一个第一。

第4节　北京电线厂

北京市电线电缆总厂的前身为北京电线厂，是北京解放初期由十几个私营小厂合并后逐渐发展起来的。这些私营企业开业最早的是业丰电线厂，1936年开业；其次是永兴电线厂，1938年开业；再次是大明电线厂，1945年开业。

新中国成立后，国家大力扶持私营企业发展生产，又有永达、大陆、建兴等私营电线厂相继开业。

1954年6月，私营大明电线厂首先公私合营，厂名为公私合营大明电线厂，厂址在北京市宣武区烂缦胡同79号，隶属北京市人民政府地方工业局，1955年3月改归北京市第三地方工业局领导。

1956年3月，永兴、建兴、大陆、业丰、永大、兆丰、新光、增记、恒大、新民、新平等12个厂和同和、太平、荣记、段青4个灯管厂，以及北洋、北兴、玉庭3个生产电解铜的工厂，共计19个工厂并入公私合营大明电线厂。同年8月，生产电解铜的部分又单独分立为电解铜厂。

1957年1月，公私合营大明电线厂将合并过来的许多厂点进行生产改组，划分为电线一厂、电线二厂和纱包厂。同年6月，电线一厂迁至北京市朝阳区建国门外大北窑、朗家园两地进行生产。同年9月，为了便于管理，又将电线一厂并入电线二厂。同年10月，纱包厂并入电线一厂，更名为公私合营北京电线厂，职工人数229人。

1957年，北京电线厂开始生产耐高温105℃（A级）油性漆包线产品。

1958年，投资40万元改建、新建了部分生产车间，占地面积4415m^2，建筑面积3747m^2，职工人数增加到1259人，增加了许多专业设备，共有设备47台，先后成功试制了信号电缆、塑胶线、氧化膜铝线、玻璃丝包线等几十种规格型号的新产品。其中塑胶线、腊克线、玻璃丝包线、白花线等多种产品投入了生产，填补了许多电线品种的空白。同年11月，改名为北京电线厂，隶属北京市朝阳区工业局。

1959年初，又将北京电缆厂筹建处并入该厂，充实了干部力量和技术力量，加强了管理机构，扩大了机修力量，把生产车间分为裸电线、橡皮线、电磁线三个车间，产品品种由四五个增加到30多个，并逐步生产了高压、高温、高强度、高频产品。

1960年，北京电线厂开始生产130℃（B级）聚酯漆包线产品。

1961年，北京电缆厂划归北京市机电局领导，1963年改为北京市机电局电工材料联合厂所属企业。同年，北京电缆厂开始生产出口塑胶线。1965年，北京电缆厂改为北京市仪器仪表电器工业公司的直属厂。1973年，改归北京市机械工业局领导，为局直属企业。

1969年，北京电线厂在全国首创了丁腈聚氯乙烯绝缘电机引线产品。

1973年，北京电线厂成功试制6kV及以下电压等级的全塑电力电缆产品。

1978年4月，经上级批准，以北京电线厂为基础，与崇文电磁线厂、东城电线厂、朝阳电线厂、朝阳镇流器厂、石景山线材厂、东城拉丝模厂等7家企业合并组成北京市电线总厂。

1979年10月，北京市电线总厂按专业化原则，将所属各厂划分为北京电线厂、北京电线二厂、北京电线六厂、北京电线七厂、北京电线八厂、北京电线模具厂。

1980年，北京叉车三分厂划归北京市电线总厂，北京电线模具厂划归北京市设备维修总站。同年8月，北京电线八厂并入北京电线厂。

1982年，北京电线厂、北京电线三厂、北京电线五厂、北京电线六厂、北京叉车三分厂合并为北京市电线总厂全民所有制部分。

20世纪80年代，通过技术引进和采用国际标准研制并生产出一批高水平的电线、电缆产品。1982年，北京市电线总厂引进美国设备，生产出电源插头线并通过了美国UL认证，同时开发出耐温120℃、155℃和180℃（分别为E、F、H级）漆包线产品。1987年，北京市电线总厂与北京交通大学联合研制了新型束管式通信光缆，获北京市科技进步一等奖。

1986年10月，北京电线二厂与北京东风铸造厂合并为北京东风电缆厂。

改革开放以来，北京市电线总厂坚持改革，挖掘潜力，狠抓技术改造，引进先进设备，提高产品水平，增强企业竞争力，使产品质量达到英国BS标准要求。

1990年底，北京市电线总厂的厂址为北京市朝阳区建国门外郎家园，占地面积179695m^2，建筑面积141975m^2，职工总数4382人，其中工程技术人员219人，拥有设备929台，其中精大稀设备20台，固定资产原值6359万元，年产电磁线1500t，布电线90016km，已发展成为国有大型企业。

1990年，北京市电线总厂试制生产出薄壁汽车电线，通过了德国大众汽车公司质量认可。

1990年代初期，由于产品主体结构调整，扩大了电缆产品的产量，到1992年5月，北京市电线总厂更名为北京市电线电缆总厂。

1991年，北京市电线电缆总厂成功试制辐照交联耐热125℃阻燃聚烯烃绝缘导线、高强度缩醛漆包圆线。

1992年7月，北京电线七厂并入北京市电线电缆总厂。1994年6月，北京电线三厂从北京市电线电缆总厂分离出去，更名为北京电磁线厂，为北京市机械工业管理局的直属企业。1994年11月，北京第二电缆厂从北京市电线电缆总厂分离出去，为北京市机械工业管理局的直属企业。

1993年，北京市电线电缆总厂成功试制具有国内先进水平的室内成套线、室外成套线、玻璃丝包薄膜绕包铜扁线、玻璃丝包薄膜漆包铜扁线、电话线等新产品。

1994年，北京市电线电缆总厂成功试制具有国内先进水平的五芯PVC绝缘及护套电力电缆、蜂窝式束管光缆、聚氯乙烯绝缘聚氯乙烯护套新产品。

1998年底，北京市电线电缆总厂的厂址为北京市朝阳区建国门外郎家园1号，所属单位有电线分厂、特殊线分厂、电缆分厂、光缆分厂、电缆材料分厂、北京市电线电缆研究所，占地面积 98736m²，建筑面积 89632m²，职工人数 1335 人，其中工程技术人员 245 人，拥有设备 377 台，其中精大稀设备 10 台、数控机床 2 台，固定资产原值 9243 万元，年产布电线 24389km，是国有大型企业，也是国家机械电子工业部和北京市定点生产电线电缆的重点专业制造厂。

2011 年 7 月，北京市电线电缆总厂从建国门外郎家园整体搬迁到北京市通州区，主营范围发生了变化，已完成由生产型企业向管控型企业的转变。

第 5 节 沈阳电缆厂

沈阳电缆厂（简称“沈缆”）是国家第一个五年国民经济计划时期，由苏联援建的 156 项首批重点工程之一，是在“满洲电线”的残址上经改扩建而成立的，已逐步发展成为全国最大的综合性电线电缆制造企业。沈缆在一机部和省、市委的领导下，生产发展迅速，每年都以 10% 的速度递增，特别是党的十一届三中全会以后，各项经济技术指标每年都有新的突破。1983 年工业总产值和上缴利润居全国同行业第一名。1984 年产值和利润分别以 27.9% 和 57.1% 的速度增长。1986 年上缴利税总额由 1980 年居全国机械行业的第 16 位，上升到第 2 位，仅次于第二汽车制造厂。从 1949 年到 1986 年，沈缆共上缴利税 23.9 亿元，相当于国家“一五”时期对沈缆改扩建实际投资额（8067 万元）的 29.62 倍。

生产的主要产品有裸电线、电力电缆、通信电缆、电气装备电缆、电磁线、光纤电缆、电缆附件等 7 大类、70 个系列、444 个品种、40000 多个规格。产品全部采用国际标准生产，1995 年工厂产品质量保证体系通过挪威（DNV）船级社 ISO9001 的认证。处于国际先进水平的 110~330kV 高压充油电缆及附件、66~220kV 交联电缆及附件、煤矿井下用 10kV 及以下矿用橡套软电缆、露天矿用 35kV 及以下高压橡套软电缆、无卤低烟阻燃系列电缆、核级电缆、钢芯铝绞线、航空航天用军工导线等 22 个高新技术产品分别获得国优、部优、省优称号，赢得国内外用户的青睐。产品先后为秦山核电站、田湾核电站、北京地铁、上海轻轨、首都机场、上海宝钢、中国一汽、伊朗德黑兰地铁、巴基斯坦贾姆肖罗电站、巴林铝厂、埃及开罗输电线路、科威特油田变电站等数以百计重点工程配套。

一、历史沿革与大事记

1937 年 3 月 19 日，日本古河、住友、藤仓等“株式会社”合资 500 万日元，建立“满洲电线”。

1938 年 1 月 4 日，“满洲电线”完成第一期工程，开始陆续投产。

1939 年 4 月，“满洲电线”第一次扩建，投资 1000 万日元。

1941 年 3 月，“满洲电线”开始第二次扩建，投资 2000 万日元。

1943 年，“满洲电线”第三次扩建，投资 500 万日元。

1945 年 3 月 15 日，“满洲电线”停工。

1945 年 9 月 3 日，“满洲电线”大部分设备被苏联军队迁走。

1946 年 4 月 8 日，国民政府经济部东北区特派员办公处接收了“满洲电线”，将有关电器工业工厂合并，成立沈阳电工器材厂。

1946 年 10 月 1 日，沈阳电工器材厂改名为中央电工器材厂沈阳制造厂，隶属于国民政府资源委员会。

1948 年 11 月 5 日，沈阳解放后，沈阳特别市军事管制委员会经济处接管了中央电工器材厂沈阳制造厂。

1948 年 11 月 16 日，苏力等代表人民政府接收了中央电工器材厂沈阳制造厂。

1949 年 1 月，改称沈阳电器制造总厂，隶属东北电器工业管理总局领导。袁以辉任厂长，廖克任党代表，苏力、夏淑贤任副厂长，组织工厂恢复生产。苏力兼任电线工场场长。拉线、绞线、熔铜、压延和漆包线、橡皮线生产线先后恢复生产，提前完成了1—4月份的生产任务，以此向新中国成立后的第一个“五一国际劳动节”献礼。

1949年6月，工厂正式独立为沈阳电线工厂，隶属东北电工局。

1950年1月，沈阳电线工厂（简称“沈线”）改称为东北电工局第七厂。

1950年2月14日，苏联代表团同我国签署了包括“沈线”改扩建在内的重点工程00052号贷款协议书。

1950年4月，以苏联机器与工具制造部、莫斯科全苏“技术出口”公司为一方，以中国出入口贸易公司为另一方，签订了023710732号电缆厂订货合同。

1950年6月7日，苏联机器与工具制造部派遣以马克西莫夫为首的专家小组来厂收集改扩建设计所需资料，并会同葛和林、马盛模、胡懋书、张荆山、吴鸿顺等编写出沈缆改扩建设计任务书。

1950年9月24日，中央人民政府批准了沈缆改扩建设计任务书。

1950年10月12日，东北电工局第七厂北迁哈尔滨道外景阳街30号，为总厂，沈阳部分为分厂。

1951年1月，总厂迁回沈阳，沈阳厂为总厂，哈尔滨部分为分厂。

1951年6月20日，我国商务代表团团长姚依林批准了由苏联提出的沈线改扩建“初步设计书”。

1952年8月—12月，先后有东北军区炮兵学校的八一电线厂、沈阳市电机厂、前进电线厂、辽中电线厂并入电工七厂。

1953年8月18日，电工七厂更名为沈阳电线厂。

1954年6月，总厂停止生产进行改扩建。

1955年1月1日，哈尔滨电线分厂独立。

1955年3月5日，娄尔康调入，任总工程师。

1955年，沈阳木器厂并入沈阳电线厂。

1956年7月14日，沈阳电线厂改名为沈阳电缆厂。

1956年9月12日，举行了改扩建验收开工典礼大会。

1956年，35kV油浸纸绝缘铅包电力电缆试制成功。

1957年，110kV X光电缆、24路高频对称通信电缆、75kV电气滤光器电缆试制成功。

1958年2月，由尚格东、付曾藩、黄文林等组成的赴苏考察代表团，考察了苏联12个电缆厂及全苏电缆科学研究院和设备制造厂。

1958年，60路高频对称通信电缆试制成功。

1958年，东北军区后勤部汽车修配厂划归沈缆。

1959年10月，话缆扩建厂房竣工，建筑面织13147m^2，扩大了长途、高频、铁道电气化电缆三种产品的生产能力，计划年产量5000km。

1960年2月4日，从德国西路曼公司引进压铝机；同年12月，压铝机安装完毕，开始调试生产。

1960年5月，沈阳市南市电线厂、光明电线厂并入沈缆。

1961年，试制成功50种、69个规格国防尖端电线电缆产品和高强度聚酯漆包线及16种、13个规格民用电缆新产品。

1963年，钢铝电车线试制成功。

1964年，建成高压电缆生产线，试制成功66kV高压充油电力电缆。

1965年1月1日，经国家经济委员会批准，沈缆为国家一级计划单位和经济核算单位；木工车间分出，成立沈阳电工包装器材厂。

1965年6月20日，根据一机部“西北工作会议”精神，话缆车间迁往西安。

1965年10月，裸线车间铜排工段全部设备（30台）迁往哈尔滨电线厂。

1967年，110kV高压充油电缆及附件试制成功，达到20世纪60年代国际先进水平。

1967年，建成轻型车间，安装了全塑力缆、控制电缆、信号电缆生产线。

1968年，220kV高压充油电缆及附件试制成功。

1969年，330kV高压充油电缆及附件试制成功。

1969年，沈阳电工包装器材厂并入沈缆。

1970年，沈缆建成我国第一条湿法交联生产线。

1971年，10~35kV交联聚乙烯绝缘电力电缆、防白蚁电缆试制成功。

1972年5月11日，柬埔寨国家元首诺罗敦·西哈努克亲王及夫人莫尼克公主来厂参观。

1976年12月9日，成功试制8000m大长度超深井油矿电缆。

1976年，试制500kV高压充油电缆及附件，1980年试制成功并应用。

1977年8月，成功试制高速熔铝冲天炉。

1978年，铝杆连铸连轧生产线投产。

1980年4月17日，沈缆派出工人、干部和技术人员，为长山岛铺设35kV交联聚乙烯绝缘海底电力电缆，结束了渤海长山岛无电的历史。

1980年5月，试制生产出口伊拉克的轻型防腐铜芯铝绞线，达到国际先进水平。

1980年，高压厂房验收使用，建筑面积5248m^2。

1980年，成功试制电工用铝，获一机部科研成果一等奖，并向全国推广。

1981年8月28日，以舟桥正夫为团长的日本古河电气工业株式会社代表团来厂进行友好访问，厂长苏廷科代表沈缆与该社签订了友好协议。

1981年8月29日，扩建的职工医院楼竣工，建筑面识为1500m^2。

1981年，从瑞典西沃滋公司引进了干法交联聚乙烯电缆生产线。

1982年10月，2700路小同轴综合通信电缆试制成功。

1982年，试制生产528mm^{2}钢芯铝绞钱，主要技术指标达到国际先进水平。

1983年，沈阳市红砖四厂并入沈缆。

1983年11月28日，以厂长苏廷科为团长的电缆考察团一行4人赴日本古河电气工业株式会社考察。

1984年10月17日，沈阳市电线三厂隶属沈缆。

1984年，从瑞典引进的干法交联流水线设备投产，从此交联电缆水平进入世界先进行列。

1985年10月8日，沈缆引进的交联电缆附件生产线投产。

1985年，沈缆开始大规模技术引进，引进芬兰交联电缆生产线、全塑控缆生产线、全塑市话生产线、三层挤出交联生产线、加压熔盐生产线、连铸连轧生产线等设备。

1986年5月，型线分厂、军工分厂厂房竣工，建筑面积8400m^2。

1986年7月11日，以机械部副部长何光远为首的一行11人到厂视察。

1986年9月，橡缆南厂厂房竣工，建筑面积7869m^2。

1986年10月29日，从芬兰诺基亚公司引进的全塑控缆生产线在话缆分厂开工剪彩。

1986年11月，历时两年三个月完成南区第一期建设工程，建成塑力一、二，塑控一、二，裸线，油矿电缆6座厂房，以及硫化塔、仓库、中央马路等。

1986年，引进难燃电缆设备及技术，建成国内试验项目最齐全的燃烧试验室；引进光纤电缆设备及技术，成立光缆分厂。

1995年2月12日，沈缆与日本古河电气工业株式会社、伊藤忠（中国）集团有限公司、伊藤忠商事株式会社合资成立沈阳古河电缆有限公司（其中，沈缆和日本古河股权占比均为42.5%，两家伊藤忠占比15%），总投资5217万美元，注册资本2025万美元，固定资产2.7亿元人民币。2002年8月，沈缆将所持有的42.5%的合资公司股权全部转让给东北输变电机械制造有限公司。

1997年，核电站用电力电缆、控制电缆、仪表电缆和热电偶补偿电缆通过机械部和核工业部组织的技术鉴定，产品成功应用于浙江秦山核电站及江苏田湾核电站等核电工程。

1998 年 7 月，沈阳电缆厂经资产重组成立沈阳电缆有限责任公司，其承接了沈阳电缆厂资产的主要部分，其他资产仍归沈阳电缆厂拥有和管理。

2009 年 10 月，辽宁春天投资有限公司收购了沈阳电缆有限责任公司 74.95% 股权。2010 年，公司搬离沈阳市铁西区兴华北街 34 号，迁至沈阳市苏家屯区春兰大街 79 号。

2011 年，沈阳电缆厂搬离铁西区兴华北街 34 号，迁至沈阳市铁西区艳粉街 5 号，负责管理和安置沈阳电缆厂剩余员工。

沈阳电缆厂作为新中国成立后规模最大、品种最全、设备及技术能力最强的电缆企业，几代沈缆人创造了无数个第一，填补了国内空白，替代了进口，为新中国建设，为我国的国防工业、电力传输、核电发展、航空航天事业做出了巨大的贡献。

沈缆有过两次重大技术改造，一是 20 世纪 50 年代引进苏联电缆技术和设备，二是 20 世纪 80 年代先后从芬兰、瑞典、意大利、美国、英国等引进先进的生产设备、试验设备和电缆制造技术、电缆附件技术，从日本引进难燃电缆技术，使沈缆拥有当时国内最先进的设备和电缆技术。

沈缆从新中国成立以来至 1986 年底，调出和支援兄弟单位的干部总数为 960 多名，这些人多数是领导干部和技术、生产、经营管理工作中的骨干力量，20 世纪 90 年代后人员流动更加开放，沈缆的技术骨干在行业多家电缆企业发挥作用，所以沈缆既是全国电线电缆最大的制造工厂，也是培养、造就一大批电缆专业人才的基地。

二、基本建设

沈缆的基本建设经历了 1949 年前、后多个历史阶段，几经搬迁及改扩建，特别是作为 20 世纪 50 年代苏联援建的 156 项首批重点工程之一，在苏联专家的帮助下奠定了沈缆作为大型综合性电缆制造企业的基础，20 世纪 80 年代改革开放后开展的大规模技术改造和技术引进工作，使沈缆在生产设备、试验设备和电缆技术等方面直到 20 世纪 90 年代末仍处于行业领先水平。

（1）1937—1948 年　1937 年 3 月在奉天（沈阳）市铁西区的一片旷野中，承担土建设计和施工的大阪长谷部竹腰建筑事务所高岗组开始了“满洲电线”基本建设工作。截止 1945 年，“满洲电线”厂区面织为 129950m^2，厂房建筑面积为 60274m^2，露天堆场面积为 1820m^2。

在国民党统治时期，工厂被国民党军队占用，没有进行基本建设，除熔铸和压延设备，大部分被苏联军队拉走，其余可用的生产设备迁移到西邻厂区（现沈阳高压开关厂）。

（2）1949—1952 年　在经济恢复阶段，修补了全部厂房和仓库，并于 1950 年新建二层包纱厂房，建筑面积 1930m^2（位于厂南门西侧），迁回原有生产设备，新建老工人村三楼宿舍 1513m^2、景兴平房宿舍 845m^2 等。

（3）1953—1956 年　1950 年国家制定了第一批由苏联援建的重点工程项目，沈缆的改扩建被列为 156 项首批重点工程之一。

1950 年 6 月，由总工程师马克西莫夫率领的苏联专家小组 5 人陆续来厂，收集改建厂资料，对全厂自然情况进行了调查。历时三个半月，在苏联专家的指导下，沈缆编写出“沈阳电线厂设计计划任务书”。该设计任务书于 1950 年 9 月 21 日经东北人民政府呈请中央人民政府批准，然后转送苏联，作为苏联专家设计的依据。

1951 年 6 月 20 日，在莫斯科的我国商务代表团团长姚依林代表总订货人审核并批准了沈缆的“初步设计书”。

1952 年 12 月，我国驻苏联代表白扬，代表总订货入审核批准了由苏联提出的沈缆改建“技术设计”。

全厂改建工程自 1953 年 9 月开始施工，经过 3 年的努力，至 1956 年 6 月，除木工车间因设计方案变更未施工，其余生产车间和附属车间均已完成。

1956年，国家任命了以电机制造工业部部长张霖之为主任委员的电机制造工业部电气材料工业管理局沈阳电缆厂国家验收委员会。国家验收委员会经过验收鉴定，于1956年9月做出了“沈阳电缆厂基本建设工程验收鉴定书”，对沈缆的改建工程给予较高的评价。

沈缆是苏联帮助我国建设的重点工程之一，利用旧中国遗留下来的旧工厂进行彻底改建，改建后厂区占地面织192100 m^2（不包括木工车间），工业厂房63803m^2，仓库10450m^2，露天建筑12830m^2，其他建筑11683m^2，各种管路网路33893m，铁路专用线1080m，道路11880m^2。除第五水泵房（25m^2）、汽车场（388m^2）、自行车库（178m^2）尚未新建，以及白楼工程（1196m^2）尚未改建，厂内其余工程都已完成。工程质量鉴定总评为“优”。工程总造价为8704万元。

（4）1958—1960年　在这一阶段，为满足沈缆扩大再生产需要，经部、局批准将沈阳蓄电池厂余下的部分和汽车修配厂全部厂区（共占地面积35595m^2）拨给沈缆，1960年建成话缆车间14325m^2，沈缆1960年底占地面织为256195m^2。

（5）1961—1976年　在此阶段，沈缆的基建工程很少，厂内仅扩建一层厂部办公区（536m^2）、话缆包装间（1960m^2）、橡缆镀铜地下室（280m^2）等几项工程，厂外新建宿舍有英雄大院、百间房、南五马路、民族街、十二路、南京街、黄河大街、兴顺、景星等处。

（6）1979—1986年　党的十一届三中全会以后，我国进入社会主义建设新时期，沈缆的基本建设也开始高速发展。为扩大生产能力，于1983年将沈阳市红砖四厂和沈阳市电影机械厂辉山厂区划入沈缆，扩大厂区面积约1424299m^2。1986年底，全厂占地面织为165.87万m^2，是原有厂区面织的6.8倍。建成高压分厂、型线分厂、橡缆南厂房、计量楼、橡缆梳化塔、沈缆南区、附件分厂等工业厂房约107000m^2，以及研究所大楼、锅炉房、综合楼等工业厂房25000m^2，建成后全厂工业厂房面积是1955年改扩建时工业厂房面积的3倍。同时在生活福利设施方面也实现了许多重大的建设项目，主要有文化宫、职工医院、休养所、青年大街、光荣里、联宜街、北陵、新工人村、卫工、六栋楼、简易楼、八大院、于洪南里（外购）等宿舍，建成宿舍总面织141600m^2。

（7）1986—1996年　沈缆大部分设备是“一五”期间国家投资改扩建成的20世纪50年代的水平，其生产能力已远远不能满足20世纪80—90年代的需求。为使沈缆的产品在同行业中保持优势及领先地位，在技术改造和技术引进上，企业肯下大力气，舍得投资。从20世纪80年代初期开始，先后从芬兰、瑞典、意大利、美国、英国等发达国家引进了铝连铸连轧、铜连铸连轧、干法交联、低压高速交联、多层挤出、橡胶加工、叉绞机、铜大拉机等十几条生产线；进口了3000t柱塞式铅铝两用机、螺杆式压铅机、弓形成缆机等40多台大型单机和60多台辅助设备；引进并吸收了国外交联电缆及附件制造技术、难燃电缆配方及试验技术、加压熔盐硫化技术、制漆配方等5项先进技术；装备了光纤光缆、全塑控缆、全塑市话电缆、钢芯铝绞线等6个现代化封闭、半封闭式生产车间，依靠引进和自我改造兴建了电缆附件和南区两大分厂。

于1987年10月引进了6201铝合金连铸连轧生产线，开发出了新的铝镁硅输电导线，填补了国内大长度、无接头的合金输电导线的空白，进而打入国际市场。该生产线为我国第一台铝合金杆连铸连轧生产线，生产线的技术先进性达到了20世纪80年代末的国际水平。

三、主要产品

沈阳电缆厂是全国最大的综合性电线电缆制造厂，生产的电线电缆产品种类根据国家经济建设发展的需要及满足用户要求而定，生产的主要产品有裸电线、电力电缆、通信电缆、电气装备电缆、电磁线、光纤电缆、电缆附件等7大类、70个系列、444个品种、40000多个规格。多年来沈缆的主导产品已分别获得国优、部优、省市优质产品称号，多项产品填补了国内空白。产品除满足国内经济建设的需要，还远销世界20多个国家和地区。近年来，沈缆共出口交联电缆、通信电缆、钢芯铝绞线、纸力缆、塑力缆、橡套电缆、充油电缆等累计约33830km，累计出口交货值达62807万元，创汇12943万美元。出口的国家包括印度、巴基斯坦、阿联酋、巴林、尼泊尔、伊朗、伊位克、印度尼西亚等。

四、主要荣誉和成果

1958 年，沈缆提前完成第一个五年计划，是“沈阳市创造新产品、新技术获得显著成绩单位”“沈用市工业生产跃进获得良好成绩先进单位”。

1959 年，荣获全国工业、交通、基建、财贸社会主义建设先进集体，全国群英会红旗单位，一机部先进单位，沈阳市先进工厂等称号。

1960 年，获一机部、农业机械工业部系统红旗单位，辽宁省“双革四化”红旗单位，沈阳市先进单位等称号。

1961 年，荣获辽宁省节煤、节电先进单位，沈阳市完成外贸任务先进单位，沈阳市节煤、节电先进单位等称号。

1978 年 12 月，沈缆荣获辽宁省“大庆式企业”称号。

1979 年 12 月，沈缆被沈阳市评为“先进单位”。

1980 年 4 月 17 日，沈缆派出工人、干部和技术人员，为长山岛铺设 35kV 交联聚乙烯绝缘海底电力电缆，结束了渤海长山岛无电的历史。

1980 年 5 月，试制生产出口伊拉克的轻型防腐铜芯铝绞线，达到国际先进水平。

1980 年 11 月，辽宁省人民政府授予沈缆“节能先进单位”称号。

1980 年，成功试制电工用铝，获一机部科研成果一等奖，并向全国推广。

1981 年 9 月 27 日，钢芯铝绞钱获国家金质奖。

1981 年，沈缆荣获沈阳市企业管理优秀单位，沈用市体育活动、消防工作、保密工作先进单位等称号。

1982 年 11 月，获沈阳市“采用国际标准先进集体”称号。

1982 年，试制生产 528mm^2 钢芯铝绞钱，主要技术指标达到国际先进水平。

1982 年，获沈阳市红旗团委、技术协作、储蓄工作、企业能量平衡、市治安综合治理工作先进单位称号。

1983 年 3 月，沈阳市委市政府授予沈缆“精神文明建设先进单位”称号。

1983 年，获沈阳市“技术改造先进单位”称号。

1983 年，小同轴通信电缆获一机部优质产品称号。

1983 年，获辽宁省“科技情报工作先进单位”称号和优秀科技情报成果奖，获沈阳市消防委员会授予的“消防工作先进单位”称号，荣获沈阳市“治安综合治理先进单位”称号。

1984 年，不滴流纸绝缘电力电缆获一机部优质产品称号。

1984 年，荣获“全国经济效益先进单位”“全国计量先进单位”“一机部先进单位”“省先进单位”“沈阳市消防工作先进单位”等称号。

1985 年 3 月，省委省政府授予沈缆“精神文明建设先进企业”称号。

1985 年 4 月，中华全国总工会授予厂长徐有泮全国优秀经营管理者称号和五一劳动奖章。

1985 年 7 月 20 日，在沈阳市召开的“振兴怀”授奖大会上，沈缆获得“振兴怀”奖，获振兴证书、奖章及奖金。

1985 年 8 月 14 日，荣获煤炭工业部颁发的科学进步三等奖。

1985 年 10 月，沈缆荣获“全国一级计量单位”证书。

1985 年，不滴流纸绝缘电力电缆获国家优秀产品称号，获国家“银牌”奖。

1985 年，铜扁线、长途对称通信电缆获部优质产品称号。

1985 年，沈缆出口的 528mm^2 钢芯铝统线、千伏级矿用电缆及 500kV 超高压充油电缆获国家颁发的

“飞龙奖”。

1985年，荣获“全国经济效益先进单位”“全国企业整顿先进单位”“全国优秀企业管理单位”“省六好企业”“省质量管理先进单位”“沈阳市治安综合治理先进单位”等称号。

1985年12月，“金环牌LGJ系列钢芯铝绞线”经国家质量奖审定委员会批准荣获金质奖章。

1986年6月1日，辽宁省财政厅授予沈缆“财务会计工作先进单位”称号。

1986年10月29日，橡缆分厂QC小组在国家机械部召开的QC小组成果发表会上荣获国家机械部优秀QC小组奖。

1986年12月7日，沈缆荣获国家经委授予的全国技术进步全优奖。

1986年12月24日，KYVRP多芯铜膜屏蔽控制电缆，YLV、YJLV交联聚乙烯绝缘电缆，KVV、KVV22全塑控缆，双玻璃丝包扁线SBECB、$SBECB_{22}$，玻璃丝包钱荣获辽宁省1986年优质产品称号。

1987年11月，“YQJ320型潜油泵机组”项目荣获辽宁省政府颁发的科技进步二等奖。

1987年12月，“金环牌UPQ、UCPQ、W7BP矿用电缆”获辽宁省政府优质产品称号。

1987年12月，“金环牌ZQYD 110kV铅包充油电缆”获辽宁省政府优质产品称号。

1987年12月，“金环牌聚酯漆包圆铜线”获辽宁省政府优质产品称号。

1988年5月，“锦州至辽阳五十万伏试验段及成套输变电设备”荣获国家机械工业委员会颁发的“特等奖”证书。

1988年10月，“乙丙橡皮绝缘阻燃电力电缆”荣获辽宁省科技进步三等奖。

1988年12月，“63kV交联聚乙烯绝缘电力电缆”荣获机电部科技进步三等奖。

1988年12月，“金环牌VV、VLV、VV22、VLV22聚氯乙烯绝缘电力电缆”荣获辽宁省优质产品称号。

1988年12月，“金环牌UZ、U、UP橡套软电缆UC、UCP、YC”荣获辽宁省优质产品称号。

1988年12月，“金环牌FF46-2航空用绝缘电线”荣获辽宁省优质产品称号。

1988年12月，“金环牌TCY、TCG铜电车线”荣获辽宁省优质产品称号。

1989年，“核电站用对称射频电缆”荣获机械电子工业部颁发的科技进步二等奖。

1989年，“金环牌CYZQ102、120-800mm² 110kV油纸绝缘自容式充油电缆”获机械电子工业部优质产品称号。

1989年12月，“金环牌VV、VV22、VLV、VLV22 0.6/1kV 16-300mm^{2}聚氯乙烯绝缘电力电缆”获机械电子工业部优质产品称号。

1989年12月，“金环牌35kV交联聚乙烯电缆”获机械电子工业部优质产品称号。

1989年12月，“金环牌10kV及以下交联聚乙烯绝缘电力电缆”获机械电子工业部优质产品称号。

1989年12月，“金环牌HYA市内通信电缆”获辽宁省政府优质产品称号。

1989年12月，“金环牌YJV、YJLV交联聚乙烯绝缘电缆”获辽宁省政府优质产品称号。

1989年12月，“金环牌SBEB/130双玻璃丝包线”获辽宁省政府优质产品称号。

1989年12月，“金环牌KYVRP多芯铜膜屏蔽控制电缆”获辽宁省政府优质产品称号。

1989年12月，“金环牌KVV、KVV22全塑控缆”获辽宁省政府优质产品称号。

1990年，“金环牌LGJ系列钢芯铝绞线”获国家质量金奖。

1990年，“金环牌110kV油浸纸绝缘自容式充油电缆”获国家质量金奖。

1990年，“金环牌35kV及以下不滴流电力电缆”获国家质量银奖。

1990年，“金环牌W7B承荷控测电缆”获辽宁省政府优质产品称号。

1990年，“金环牌QZ-1/155/1、QZ-2/155/1温度指数155的聚酯漆包圆铜线”获辽宁省政府优质产品称号。

1990年，“金环牌UPQ、UCPQ千伏级矿缆”获辽宁省政府优质产品称号。

1990年12月，“导电用稀土铝导线研究”项目荣获机械电子工业部颁发的科技进步一等奖。

1991年，“稀土优化综合处理在电工铝导体中的应用研究”项目获国家科学技术进步二等奖。

1991年，研制开发的具有当代国际水平的110kV交联聚乙烯绝缘电缆，在全国第一家通过了机电部和能源部技术鉴定，其年生产能力达到3000km；自主设计制造的“220kV充油电缆塞止式绝缘接盒”，技术含量高，达到世界先进水平，受到了国内外专家的好评。

1991年，经国家经委审定，沈缆荣获国家级企业技术进步奖。

1991年，“金环牌YJV、YJV22全系列10kV及以下铜芯交联聚乙烯绝缘电力电缆”获国家质量银奖。

1991年，“金环牌HYA全系列聚烯烃绝缘聚烯烃护套市内通信电缆”获机械电子工业部优质产品称号。

1993年，“110kV交联聚乙烯绝缘电缆及附件的研制”项目荣获机电部科技进步二等奖。

1993年，经省科委审定，沈缆荣获“辽宁省科技先导型企业”称号。

1993年，国家经贸委、税务总局和海关总署认定沈缆为首批国家级“企业技术中心”；同年，沈缆荣获“市高新技术企业”称号。

1993年12月，“110kV交联聚乙烯绝缘电缆及附件的研制”项目荣获机械工业部颁发的科技进步二等奖。

1993年12月，“10kV直接下井供电”项目荣获国家科学技术委员会颁发的科技进步二等奖。

1994年，经机械部科技司审定，沈缆被评为“技术进步示范企业”。

1994年8月，经中国名牌产品认定暨明星企业评选活动组织委员会审定，沈缆被评为“中国明星企业”。

1994年8月，经中国名牌产品认定暨明星企业评选活动组织委员会审定，“金环牌系列电缆”被认定为“中国名牌产品”。

1995年，被辽宁省经贸委和辽宁省技术监督局评为“八五”期间采用国际标准先进单位。

1995年，完成科研项目6项：浅色低酸气阻燃橡皮护套配方；核级电缆低烟无卤阻燃填充配方；核级电缆高压乙丙绝缘配方；核级电缆低烟无卤阻燃乙丙绝缘配方；核级电缆低烟无卤阻燃热固型护套配方；红色PVC护套配方等。

1997年8月，“交联聚乙烯绝缘无卤低烟耐火电缆、阻燃电缆”被国家经贸委认定为“一九九七年度国家级新产品”。

1997年12月，“辐照交联与非辐照交联F40绝缘航空导线研制”项目荣获机械工业部颁发的科技进步一等奖。

1997年，“乙丙橡皮绝缘氯磺化聚乙烯护套低卤阻燃（电力、控缆、仪表、热电偶补偿）电缆”荣获沈阳市人民政府颁发的科技进步一等奖。

1998年3月，“核级电缆系列产品”被国家经贸委认定为“一九九八年度国家级新产品”。

1998年3月，“交联聚乙烯绝缘无卤低烟阻燃及耐火电缆”被国家科学技术委员会认定为“国家级火炬计划项目”。

1999年12月，“220kV大截面分裂导体充油电缆”荣获国家机械工业局颁发的科技进步二等奖。

1999年8月，“220kV大截面充油电缆1×1000平方毫米”被国家经贸委认定为“一九九九年度国家级新产品”。

1999年4月，“220kV及以上自容式充油电缆”被国家科学技术部认定为“国家级火炬计划项目”。

1999年8月，“乙丙橡皮绝缘氯磺化聚乙烯护套低卤阻燃电缆”荣获辽宁省政府颁发的科技进步二等奖。

2000年4月，“核级电缆”被国家科学技术部认定为“国家级火炬计划项目”。

2002年4月和2003年10月，先后两次收到中国载人航天工程办公室颁发的奖状，表彰沈缆为“中国载人航天第三次飞行试验和首次载人航天飞行任务”的完成做出的贡献。

2002 年 12 月，“核电站核安全回路用系列电缆的研究与开发”项目荣获中国机械工业联合会和中国机械工程学会颁发的科技进步二等奖。

2002 年 12 月，“三峡工程用 500kV 大容量输电线路导线研究”项目荣获中国机械工业联合会和中国机械工程学会颁发的科技进步三等奖。

第 6 节　天津六〇九电缆厂

天津六〇九电缆有限公司（简称“六〇九电缆”）始建于 1943 年，是我国第一根国产射频电缆的诞生地。多年来，凭借着丰富的经验和卓越的创造力，六〇九电缆已成长为天津信息产业的重要支柱企业，是我国最大的电子线缆专业化生产企业之一。

一、1949 年前—1953 年初的发展历程

天津六〇九电缆有限公司始创于 1943 年 8 月，原址坐落于天津市河北区京津公路 43 号，最初是将日本古河、住友、藤仓三个公司的过时淘汰的电线专用设备拆迁至天津，定名为华北电线株式会社，仅能拉制铜单线。

1945 年日本投降后，由国民政府经济部接收，1946 年 3 月移交国民政府资源委员会，更名为中央电工器材厂天津分厂电线组，后接收太平电线厂（太平电线株式会社），生产裸铜线、橡皮线、电磁线。

1949 年 1 月 15 日天津解放，由天津市军事管制委员会电信接管处接管，定名为中央电工器材第一制造厂北分厂，隶属于中央军委电信总局工业管理处。1949年8月，中美无线电厂部分人员和器材并入该厂，老解放区阳泉工厂等单位的一部分人员也调入充实该厂。1950 年 9 月，该厂开始独立经营，定名为中央电工器材制造北厂（简称“电工北厂”），生产电磁线、裸铜线、双纱风雨线、橡皮绝缘被覆线、钢芯铝绞线。1950 年冬，中央军委指定六〇九电缆仿制英国的橡皮绝缘中型被覆线。1951 年，该产品投产并应用于抗美援朝战争，初步奠定了六〇九电缆以生产军用通信线缆为主的产品格局。

二、改革开放前的发展历程

1953—1980 年的 20 多年里，六〇九电缆与祖国一起经历了特殊时期和三年困难时期、三年国民经济调整时期，经历了抗美援朝、抗美援越、中印边境自卫反击战、中苏关系破裂、对越自卫反击战等国际重大事件，经历了五个五年计划的奋发图强，迎来了十一届三中全会炸响改革开放的春雷。这期间，六〇九电缆的隶属关系也从一机部、二机部、三机部、四机部、电子工业部到天津市第二机械工业局作了多次调整。

20 多年间，六〇九电缆固定资产原值从 493 万元增长至 2441 万元，职工人数从 1208 人发展到 2964 人，工业总产值（90 年不变价）从 2143 万元提高到 5668 万元，占地面积从 8 万 m^2 扩展到 14 万 m^2（在原址周边扩大），房屋面积从 2 万 m^2 增加到 9 万 m^2。通过引进德国、匈牙利、苏联、英国等国家的先进设备、吸收其先进的管理思想，六〇九电缆逐步形成了规范的内部管理系统，明确仿制和研制技术发展方向，规划综合产品生产布局，建立了完整的计划经济管理模型。

1. 艰难困苦，玉汝于成

这 20 多年间，六〇九电缆的发展史就是一部军工电子线缆的科技创新史。

1954 年后，六〇九电缆陆续研发或仿制了多种音频和野战载波电缆。1957 年，六〇九电缆研制出国内第一根 SYV 射频电缆，到 1964 年逐步形成系列化。1962 年击落一架 U-2 侦察机后，六〇九电缆受国务院委托独家仿制 U-2 侦察机上的高温线缆，并陆续研制氟塑料绝缘加工、铜线连续镀银等工艺技术，并于

1965年研制出我国第一根氟塑料安装线。到20世纪70年代初期，已形成高温小截面安装线、耐高温射频同轴电缆、200℃氟塑料绝缘安装线、250℃航空导线、低噪声电缆多种高温产品。1965年，开始研究聚乙烯螺旋绝缘的制造工艺，生产仿苏的半空气绝缘射频电缆，到20世纪70年代末已达到苏联钟罩式电缆水平。1967年，六〇九电缆从英国引进电子直线加速器，在国内最早将辐照交联技术应用于电线电缆制造工艺。1968年，研制出我国第一根辐照交联和镀铜线缆，大大减轻了产品重量。1971年，第四工业机械部决定，由六〇九电缆包建大“三线”四川广元国营第六〇八厂，结束了六〇九电缆独家生产电子线缆和野战线缆的局面。

2. 千淘万漉，沙尽见金

这20多年间，六〇九电缆的发展史也是一部我国电线电缆业的荣誉传承史。

这期间，六〇九电缆为支援抗美援朝仿制的被覆线产品成功应用于实战，为抗美援越、中印边境自卫反击战做出重大贡献，即使在无线通信发达的今天该产品仍在部队服役；为“两弹一星”配套研制和生产了射频电缆、传感器电缆、防水电缆、测井电缆、镀铜电缆、高温线缆等100多个型号和规格的各种线缆，受到上级的嘉奖，产品被推广应用在航天、航空、武器装备等重点领域；为微波通信、广播、雷达等设备仿制的空气绝缘射频馈线，以及为共用天线和闭路电视系统研制的泡沫聚氯乙烯绝缘射频电缆，广泛应用于电视接收机、天安门阅兵信号传输、天馈系统等一些重要设备和重点工程项目中。

三、改革开放后的发展历程

1978—2018年的40年里，六〇九电缆坚定不移跟党走，走过从计划经济、社会主义市场经济到中国特色社会主义市场经济的发展历程，经受住了改革开放浪潮的冲击，在体制机制改革上始终与党和国家保持步调一致，坚定屹立于改革的潮头，得到党和国家各级领导的关怀和帮助。

在党和国家的关怀下，六〇九电缆稳步成长、创新突围，顺利完成法人治理结构改革，推动了生产线的升级改造，在生产经营和科技研发上取得了斐然业绩。截至2018年底，公司营业收入5.7亿元，总资产12亿元，净资产6.6亿元，职工人数从3000余人降至900余人，占地面积从14万m^2扩大到22万m^2，房屋面积从9万m^2缩减到8万m^2。伴随着我国工业的崛起，六〇九电缆成功实现了国有企业的华丽转身。

1. 乘风破浪，勇毅前行

这40年，六〇九电缆的发展史就是一部老国企突破自我、二次创业的奋进史。

1980年，六〇九电缆成立经营销售科，拉开了工厂从计划经济向社会主义市场经济过渡的序幕。1985年12月，六〇九电缆从电子工业部下放天津市，隶属天津市电子仪表工业管理局，改建为天津电子线缆公司，保留“天津电缆厂”厂名和“国营第六〇九厂”代号（1961年命名）。1988年，实施体制改革，推行党政分开，进一步理顺了公司组织管理系统，实行模拟法人制。1996年，改制为天津六〇九电缆有限公司，建立现代企业制度，也标志着六〇九电缆彻底转变为市场经济模式。2017年，实现党建入章程，在中国特色现代国有企业制度建设上迈出坚定一步。

在体制改革的同时，六〇九电缆也在坚持探索管理理念的创新。1980年，推进全面质量管理。1982年，开始企业文化建设。1990年，实施方针目标管理。2007年，进行事业部制改革。2015年，根据天津市整体规划，六〇九电缆将发展74年的河北区天泰路361号地块转让。2017年12月3日，六〇九电缆总部搬迁至天津经济技术开发区逸仙科学工业园庆龄大路2号，开启了公司发展新的一页。

2. 一星高挂，万里传声

这40年，六〇九电缆的发展史也是一部老品牌坚持初心、焕发新生的复兴史。

40年来，六〇九电缆共有120余项产品、标准、攻关项目获得国家级、省部级奖项，2017年获评国家级高新技术企业，先后创造了我国军用特种线缆研制的26个国内“第一根”，为国家航天、航空事业的发展和国防尖端科技水平的提升做出了贡献。

公司陆续引进德国、美国、瑞士、日本、芬兰、意大利、法国等国家的先进设备及生产线，拥有主要生产设备仪器 700 余台套，其中世界先进的电线电缆设备仪器 70 余台套，生产能力可达到年生产各类线缆 50 万 km，生产产值 20 亿元。

依托于先进的设备仪器和雄厚的科研实力，六〇九电缆研制出大量新产品，部分线缆达到国际水准，实现国产化替代。六〇九电缆的产品涉及 7 大类、2000 多个品种，包括高温线缆、RF 同轴电缆、通信线缆、安装线缆、控制电缆、海洋探测电缆、特种装备线缆等，广泛服务于航天、航空、船舶、电子、兵器、核工业、轨道交通、移动通信、广播电视传媒、新能源等多个领域，连续承担“两弹一星”“神舟”“长征”“嫦娥”“天宫”“风云”“北斗”“阅兵”等国家重点工程以及军工系统装备线缆配套生产，受到上级机关和航天、航空等用户单位的表彰与奖励，获得国家级、部级、天津市级、区级上百个奖项。比较有代表性的如 1984 年电子工业部向六〇九电缆颁发了“一星高挂　万里传声”的锦旗，2000 年中国运载火箭技术研究院赠送“为中国运载火箭首飞成功做出贡献”锦旗，2007 年获得国务院颁发的国家科学技术进步特等奖。

3. 赓续荣光，再启华章

2023 年，六〇九电缆走过风雨辉煌的 80 年，营业收入突破 6 亿元，总资产达到 15 亿元。

第 7 节　青岛电缆厂

青岛电缆厂起源于 1950 年在青岛沈阳路九号建立的私营大新电线厂，占地 1200m^2，创始人是一批热心于电线电缆事业的工商业者。当时，厂子虽小，但却是山东省最早的一家电线厂。

1956 年，私营大新电线厂在国家实行对资本主义工商业的社会主义改造中，实行了公私合营，改为公私合营青岛大新电线厂，至此，该厂初具社会主义性质，产品纳入了国家计划。同年，青岛五五电化厂并入，1958 年青岛东兴制筒厂并入，该厂实力得到进一步扩大，至 1959 年生产形成第一次高潮，年产值达到 1599 万元。1958 年是企业发展的一个重要契机，在我国开始大规模的社会主义工业化建设中，一机部对全国的电线电缆生产布局进行了规划，那时该厂就列入了一机部的规划定点企业，经市政府批准选定现在的厂址，由国家投资 570 多万元移地扩建。新厂建设从 1958 年 10 月破土动工，到 1961 年建成全部投产并改名为公私合营青岛电线厂。改扩建以后，厂房设备改观，生产能力迅速扩大，企业管理逐步走向正规，从此青岛电线厂初具规模，成为全国当时 50 多个定点厂之一，跻身于我国电线电缆行业。1966 年生产形成第二次高潮，年产值达 2907 万元。

1958 年由国家投资扩建，开始搬迁到青岛市北区西吴家村（现延吉路），1967 年完成扩建，更名为国营青岛电线厂。

1966 年开始支援“三线”建设建分厂，使工厂力量受到削弱，企业失去了大发展的机会。

1978 年党的十一届三中全会以后，经过拨乱反正，党的工作重点转移到以经济建设为中心，企业通过恢复性整顿，开始从单纯生产型向生产经营型转变。1979—1981 年企业虽然遇到了又一次工业调整，但从 1978—1983 年企业发展较为稳定。1982 年生产又出现第三次高潮，年产值达到 3831 万元，各项指标达到了当时的历史最好水平。

图 33　青岛电线厂第一批引进设备投产剪彩仪式

从 1984 年开始，青岛电线厂抓住机遇，先后从美国、意大利等国引进了部分先进的技术和设备（图 33），并采用外引内联相结合的办法对企业进行了第一次较大规模的技术改造，加强技术、管理、人才的培养和引进，建立独立的新产品开发机构，不断开发新品种以扩大生产和销售，改革企业内部的经营机制，强化职工的教育和培训等。

经过几年的努力，到1989年末，青岛电线厂固定资产由1984年末的910万元增加到2100万元，五年翻了一番，五年中开发新品种十几个，创市、省、部优质产品6个，五年中年平均产值超过5000万元，年平均创利税超过1500万元。

1985年，青岛电线厂更名为青岛电缆厂，产品第一次有了商标——“青缆牌”。

1985—1986年，企业通过建设性整顿，生产在恢复性的基础上有了较大发展，同时进行了大面积的技术改造，到1987年生产达到了历史最好水平。但由于抓了技改忽视了经营，再加上价格改革的影响，当年经济效益出现了大幅度下降。1988年，技改投资开始全面发挥效力，并重视经营和内部管理，实行了一系列改革措施和承包，经济效益开始回升，恢复到了历史较好水平，但由于原材料的特别紧缺导致生产又下降到了1980年的水平。

1986—1990年，引进的设备陆续发挥作用，生产效率和产品质量有了明显提高，塑料线、漆包线、橡套线等产品先后被评为省优部优产品，公司先后被认定为省级先进企业、国家二级企业。

1989年，青岛电缆厂在实行内部承包的同时，重点加强了企业内部管理，加强了企业的组织建设和制度建设，当年实现了历史上第一次销售过亿元，利润过千万，跨入140家重点企业的前列，职工人均收入也首次达到2700多元，并投资300多万元购建职工宿舍60套。

1993年1月，投资成立合资企业青岛青大电缆有限公司。经过1993—1995年三年合资，1995年底公司搬迁至市北区308国道243号甲，转股重建、二次创业。

2001年，青岛电缆厂改名为青岛电缆股份有限公司，实现了职工控股。

2002年，进行二次改制，改制后国有股和社会法人股全部退出，实现了从国营到民营的转变，将主业转至青岛青缆科技有限责任公司。

2011年，公司搬迁至即墨区环保产业园，占地约87000m^2，产销规模超10亿元。现改名为青岛青缆科技有限责任公司，位于青岛市即墨环保产业园即发龙山路16号。

第8节　哈尔滨电缆厂

1950年10月12日，为保存国家经济建设成果和支援抗美援朝战争，沈阳电缆厂部分北迁至哈尔滨，成立了哈尔滨电线厂，厂址选定在西付家区（现道外区）许公路（现景阳街）30号（图34）。全厂职工在“远东运输公司”的破旧汽车库内，只用1个多月的时间，就清除了杂草废墟，修整了破旧厂房，安装从沈阳运输过来的95台主要生产设备，这些设备大部分都是旧中国遗留下来的20世纪30—40年代沈阳“满洲电线”的陈旧设备。建成裸线和橡皮线两个生产车间，并于1950年12月正式投产，当时只能生产裸电线、橡皮线、纱包线等二十几种简单的电线产品，但有力地支援了经济建设和抗美援朝对电线的需求。

图34　早期的哈尔滨电线厂

1950—1960 年是哈尔滨电缆厂发展史上重要的 10 年，这 10 年间工厂大致经历了三个发展阶段：北迁建厂时期（1950—1953 年）、生产持续发展时期（1954—1957 年）和扩建时期（1958—1960 年）。

改革开放后，全厂职工艰苦奋斗、自力更生、顽强拚搏、不断进取，把一个产品单一、设备陈旧、厂房简陋的小型电线厂，发展成为一个产品齐全配套、技术设备先进、厂房高大宽敞的大型综合性电线电缆制造骨干企业之一，为国民经济的发展、祖国的昌盛做出了重大贡献。生产的电缆品种有裸电线、电磁线、电器设备电缆、电力电缆、通信电缆 5 大类、30 个系列、85 个品种、10000 多个规格的电线电缆产品，并且有 40 个产品采用国际标准，有 5 个产品达到部优、12 个产品为省优、3 个产品为市优产品。产品不但遍及全国 20 多个省市、自治区，而且还远销东南亚、非洲国家及港澳地区。截至 1989 年，工厂总产值增长了 200~300 倍，实现利税 6 亿多元，向国家上缴利税 5 亿多元。

以下是哈尔滨电缆厂自改革开放后的大事记录：

1982 年，从美国、日本引进年产量 3.3 万 t 的我国第 1 条、世界第 14 条用“浸涂成型法”生产无氧铜杆的生产线，使工厂铜导体加工水平不仅在国内处于领先且赶上世界先进水平，引进项目荣获国家经委颁发的“引进先进技术改造现有企业全优奖”，“万里牌”无氧铜杆被国家质量奖审定委员会批准荣获金质奖章。

1985 年 3 月，被命名为黑龙江省“六好企业”。工厂占地面积 16 万 m^2，职工 7000 余人（包括集体职工），固定资产 6000 多万元，主要生产设备 500 多台，年生产能力超过 2 万 t，能生产裸电线、电缆、电磁线 3 大类、53 个系列、148 个品种、近 26000 个规格的电线电缆产品。

1987 年，工厂从意大利康蒂纽斯公司引进了年产量 2 万 t 的具有 20 世纪 80 年代世界先进水平的电工铝连铸连轧自动化生产线，使工厂生产钢芯铝绞线的能力和水平得以大幅提升，促进了工厂钢芯铝绞线产品的出口。

1987 年，工厂经国家计量局检查验收和国家一级计量评审员评审，被评为国家一级计量单位。

1987 年，被黑龙江省机械工业厅评为推进企业管理现代化先进单位。

1987 年 9 月 16 日，被黑龙江省委省政府命名为省级文明单位。

1987 年 12 月，被国家机械委批准为节约能源二级企业。

1988 年 5 月 7 日，被评为黑龙江省级档案管理先进单位。

1988 年 6 月，被评为哈尔滨首批重合同守信用单位。

1988 年，从美国引进的 TQWER-32 型超微型电子计算机辅助生产管理信息系统通过国家机械电子部部级鉴定。

1988 年，从芬兰引进交联聚乙烯绝缘电力电缆生产线，可生产 110kV 高压电缆，使工厂高压电缆生产达到当时国内最高水平；110kV 高压电缆产品获国家级新产品奖，35kV 高压电缆产品获“黑龙”奖；首批产品应用于杭州电业局。

1989 年，从美国西波公司引进耐压等级 200kV 的高压电缆局放检测设备。

1989 年，工厂全年销售收入达 35475 万元，利润 1230 万元，利税 5532 万元，连续三年被评为中国 500 家最大工业企业，成为我国大型一级综合性电线电缆重点骨干企业。

1990 年，从德国引进交联电缆接头技术，填补了国内空白。

1991 年，工厂购入光纤电缆生产线（1993 年正式投产），开辟了黑龙江省通信电缆生产的先河，哈尔滨邮电局成为工厂第一批用户。

1991 年 11 月，工厂在市政府主导下兼并了国营 935 厂（即哈尔滨前卫无线电仪器厂），工厂工业用地面积达到了前所未有的 40 万 m^2，为工厂未来发展提供了必要条件。

1993 年，从日本宇部县引进 1250t 挤压机生产线，可挤拉铜管、铜棒、铜排，为工厂生产电车线、空心导线、大直径铜排、异型材导线提供了保证。

1994 年，从北京电线二厂调入奥地利 LOI 公司生产的氧化镁电缆生产线，可以为国内大型船舶、石油开采、高层建筑等领域提供耐火、耐高温特种电缆。

1996年10月，为一举扭转亏损局面，在市政府领导亲自指挥下，工厂实行分立式经营，成立以哈缆电缆制造有限公司、哈缆电工型材有限公司、哈缆电磁线制造有限公司、哈缆无氧铜线材有限公司为主的21家子分公司，企业新增贷款1亿多元，使企业可以正常经营。

2000年6月，工厂响应市委市政府大型工业企业“退城进郊”号召，从道外区南极街167号老厂区迁至南岗区学府路382号，以无氧铜杆、电工铝杆及高、低压电缆为主导产品进行经营。此外，工厂还涉足了农业养殖和房地产开发领域，取得了一定成效。

2005年，企业失业和下岗人员并轨，集中安置，工厂国有职工由6800人减至1200人。

2010年，工厂经市政府批准，与上海胜华电缆集团有限公司重组成立哈尔滨电缆集团，具体负责电缆生产经营工作。哈尔滨电缆厂负责老企业历史遗留的处理。

2011年，工厂4家厂办集体企业清算解散，工厂1234名集体下岗职工被安置。

2019年8月，哈尔滨电缆厂被哈尔滨工业资产经营有限公司正式托管。

第9节 湘潭电缆厂

湘潭电缆厂始建于1951年，时为中南地区最大的电线电缆企业。2003年，为盘活湘潭电缆厂的有效资产，经湖南省人民政府批准，由湖南钢铁集团有限公司、湘潭钢铁集团有限公司等5家单位在2003年共同发起成立国有股份制企业——湖南华菱线缆股份有限公司。

公司是国内领先的特种专用电缆生产企业之一，产品广泛应用于航空航天、轨道交通及高速机车、矿山、新能源、工程装备、数据通信等多个领域。其中，特种专用线缆包括航空航天及武器装备用电缆、海洋工程及舰船用电缆、轨道及高速机车用电缆、矿山及风电专用耐候性特软电缆、特高压导线、环保型阻燃耐火类电缆、数据通信用电缆等。

2021年6月24日，公司在深交所主板挂牌，正式上市交易（股票代码001208），公司发展开启了新的篇章。

一、企业发展变迁

1936年，开始筹备国民政府资源委员会创办的企业之一——中央电工器材厂，勘定设厂地点为湖南湘潭下摄司（图35）。

（一）企业筹备

中华人民共和国建国伊始，中南军政委员会工业部所属中南电工厂（国民政府资源委员会中央电工器材厂下摄司原厂址，现称湘潭电机厂）及中南地区电力工业的生产恢复和发展，急需纱包电磁线和裸铜绞线等产品，为此，中南军政委员会工业部决定筹建中南电线厂。

1951年7月，中南电线厂筹建委员会成立，由中南军政委员会工业部计划处处长谢北一任主任委员，机械处处长张承祜（我国电线电缆的老专家，国民政府资源委员会中央电工器材厂一厂的筹建者和厂长）、机械处副处长张更生、中南电工厂厂长林津（1948年7月中央电工器材厂正式改组为中央电器有限公司，中央电器有限公司湘潭电机厂成立，林津为第一任厂长，1949年后中南军政委员会工业部中央电器有限公司湘潭电机厂改为中南电工厂）等为委员，下设筹备处，任命中南军政委员会工业部计划处综合计划室主任吴维正（电线电缆专家）为筹备处主任，另抽调3名工程技术人员协助工作。1951年8月1日中南军政委员会工业部中南电线厂筹备处正式成立，吴维正任主任，办公室首先设在武汉市汉口江汉路中南军政委员会工业部大楼内，后来购买了汉口华商街云绣里一栋民房，作为筹备处办公及职工住宿之用。

1951年建厂之初命名为中南军政委员会工业部中南电线厂筹备处，隶属中南军政委员会工业部。

图 36 所示为 1951 年 12 月 31 日中南工业部中南电线厂筹备处全体职工合影。

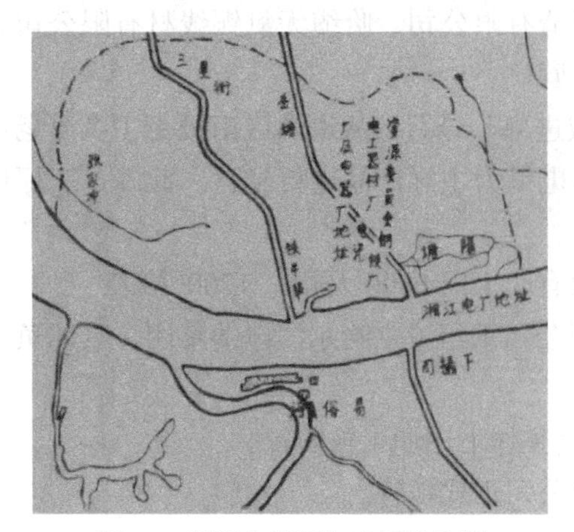

图 35　湘潭电缆厂初定厂址位置

图 36　中南工业部中南电线厂筹备处全体职工合影

（二）厂址选择

工厂建设规模和工艺总流程选定之后，筹备处在选择厂址时，着眼于利用“旧厂房，因陋就简，节约投资，并早日建成投产”。当时可供选用的厂址有两处：其一是武汉谌家矶某军用被服厂旧址，其二是湘潭市下摄司湘机所属原国民政府资源委员会灯泡厂旧址。

通过对比选择，认为从水陆交通、水电供应、政治、经济等条件而言，谌家矶优于下摄司，但下摄司可使用的厂房面积较大，又便于与湘机生产配套，同时湘机让出灯泡厂旧厂房之后又能得到一笔资金发展生产。经中南军政委员会工业部认可，遂选定厂址于湘潭市下摄司。

厂区占地面积 9.65 万 m^2，其西部一栋 1650m^2 砖木结构平房作为制线车间，一栋 199m^2 砖木结构平房作为供应车间，一栋 3850m^2 钢筋混凝土二层楼房的底层作为绝缘车间，二楼作为工厂办公室。新建熔炼、电解、压延 3 个车间及仓库等。东部作为铜库和备用发展地。厂区四周用竹篱围挡。另外，在下摄司阳塘地段征购土地 7.2 万 m^2，作为兴建宿舍区（即“迎建村”）之用。

1951 年 9 月，选定在湖南省湘潭市下摄司建厂，旨在便于与中南电工厂［现名湘潭电机厂（湘电集团），简称“湘机”］配合，并能充分利用国民政府资源委员会 1936 年建成的灯泡厂的旧厂房改建成的绝缘车间（图 37）、制线车间和供应车间（图 38）。

图 37　绝缘车间

图 38　制线车间和供应车间

（三）启动生产

1952 年 3 月，中南军政委员会机关生产供应社正在筹建的武汉电线厂（计划年产橡皮绝缘电线 5000km）并入中南电线厂，同时安排技术人员参加第一届全国耐火材料会议，获得大会总结资料，并于 1952 年 3 月 15 日存档（图 39）。

1952 年 6 月 17 日，中南军政委员会工业部中南电线厂筹备处由武汉迁至湘潭下摄司厂址办公。

1952 年 7 月 9 日，武汉市总工会调集 112 人到下摄司参加基建工作，他们成为中南电线厂的第一代工人。

中共中南电线厂筹备处支部成立，隶属中南电工厂党委，筹备处副主任宋公正任支部书记。

1952 年 12 月，筹备工作基本完成，原中南电线厂筹备处撤销，改名为中南工业部中南电线厂，中南电线厂正式成立，詹习扬任厂长。

1953 年 7 月，中南军政委员会撤消，中南电线厂收归一机部电工局管理领导。

1954 年，工厂更名为第一机械工业部湘潭电线厂，一机部中南办事处任命张丕刚为第一厂长，詹习扬为第二厂长。湘潭市发给工厂“营字第 00025 号工业营业许可证”。

1954 年 7 月，中共湘潭电线厂总支委员会成立，隶属湘潭电机厂党委领导，华光任党总支书记。

1954 年 8 月，利用灯泡厂旧厂房改建的制线车间和绝缘车间开始生产圆铜单线、绞线及橡皮绝缘电线。从此，一个新型的电线电缆企业——第一机械工业部湘潭电线厂在湖南湘潭下摄司诞生。

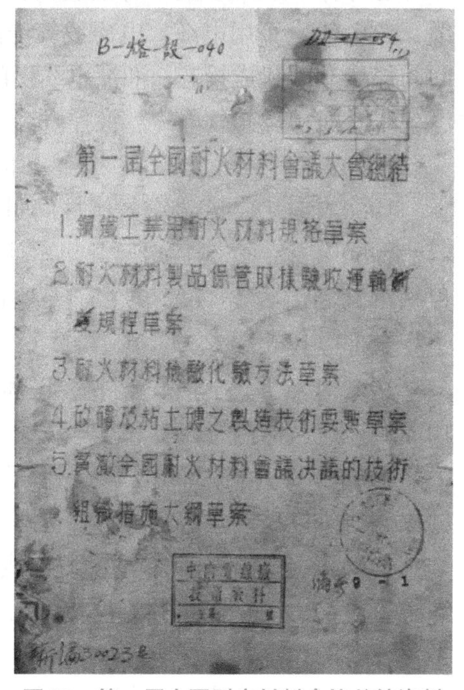
第一屆全國耐火材料會議大會總結

1.鋼鐵工業用耐火材料規格草案

2.耐火材料製品保管取樣驗收運輸[illegible]規程草案

3.耐火材料檢驗化驗方法草案

4.矽磚及粘土磚之製造技術要點草案

5.貫徹全國耐火材料會議決議的技術組織措施大綱草案

图 39　第一届全国耐火材料会议总结资料

1955 年 3 月 16 日，工厂第一期基建任务全部结束，累计完成投资 450.8 万元，基建期间累计上缴利税 768 万元，为基建投资的 1.7 倍。

1955 年 10 月，一机部电工局为整顿全国电线电缆行业的铜锭、铜杆及铜线质量，根据天津会议精神，由上海、昆明、沈阳、哈尔滨、湘潭等厂工程技术人员组成整顿工作组，由湘潭电线厂生产副厂长兼总工程师吴维正指导，以湘潭电线厂为基地进行整顿。从此，湘潭电线厂铜锭、铜杆、铜线的产品质量名列全国第一。

“一五”时期，产量、实现利税、上缴利润等项逐年大幅度增长。到 1957 年，资金利税率上升到 78.66%，为湘潭电线厂历史最高纪录。

随着国家第一个五年计划的顺利完成，电机制造工业部电材局（即一机部电工局）考虑到国民经济发展的需要，1957 年 9 月批准湘潭电线厂扩建年产 2500t 的电磁线车间及与之配套的裸线车间。1958 年 2 月一机部八局（即电机部电材局）下文通知将电磁线扩建规模由年产 2500t 改为 4000t。同年 6 月 9 日，一机部八局再次修改设计任务书：在工农业巨大进步后，电线需要量将日益增加，局决定将电磁线产品方案自年产 4000t 扩大为 10000t。由于产品方案再三改变，负责工艺设计的一机部上海电缆研究所无力承担修改任务。于是，湘潭电线厂抽调 15 名工程技术人员去武汉中南工业建筑设计院修改工艺设计，并配合进行建筑设计，从而赢得了时间，于 1958 年 7 月 8 日在工厂备用地破土动工。至 1959 年 12 月，9295m^2 的电磁线车间建成投产，11124m^2 的裸线车间的土建工程全部完工并安装了部分设备，未完工程因一机部已批准扩建中型综合性电线电缆厂的计划，而未按原方案进行。

1958 年 8 月，一机部将湘潭电线厂下放到湖南省，改为湖南省湘潭电线厂，隶属湖南省机械工业局。

1958 年 2 月 27 日，中华人民共和国国家计划委员会向湘潭电线厂军用电缆厂下达年产军用电线电缆 50000km 的项目计划任务书，工厂开始涉足军用产品。

1958 年末，工业总产值达到 5188 万元，为 1957 年的 3.75 倍。

1959 年 4 月 2 日，在一机部电工局和机械局的支持下，经湘潭市计委、建委、城建局参加审议，下厂参加新厂区选址审定会，最后确定板摄路北、电工路西星子塘地段作为工厂新厂厂址。

1959年9月29日，一机部八局批准湖南省湘潭电线厂扩建中型综合性电线电缆厂，总投资3000万元，年产总导体57200t，其中有铝绞线、钢芯铝绞线、铜排、纸力缆、橡皮塑料电力电缆、控制电缆、橡套电缆、布电线、军用电缆、电磁线等产品，新建8个生产车间及辅助设施。1959年12月，老厂区电磁线车间与裸线车间建成投产。湘潭电线厂的固定资产原值超过800万元，跨入中型企业行列。1959年内，聚酯漆包线、通用橡套软电缆、橡控电缆、矿用电缆、电焊机软电缆、梯形铜排、铜带等17个新产品投产。

1960年4月10日，新厂区扩建的第一项工程——压延厂房破土兴建。

1960年4月，经湖南省机械局同意和湘潭市政府批准，湘潭电线厂技工学校正式成立。

1960年末，压延厂房及轧机本体安装工程基本完成，通信电缆厂房完成基础工程80%、预制柱70%。根据中共湖南省委（60）991号《关于坚决贯彻执行缩短基本建设战线》文件，扩建中型综合性电缆厂的工程全部停建。

1961年5月，遵照“调整、巩固、充实、提高”八字方针的精神，制定工厂生产调整方案：“充分利用新厂停建后的闲置设备和老厂新建电磁线厂房与裸线厂房空余地带，扩大品种和产品制造范围。”

1963年3月，湘潭电线厂着手研究代用材料与改变产品结构的工作，先后实现了以塑料爆破线代替棉纱爆破线、以玻璃丝包线代替纱包线、以纸包扁线代替纱包扁线、以玻璃丝代替棉纱编织橡皮绝缘线等。

1964年6月，一机部给湘潭电线厂下达船用电缆生产任务，投资45万元，用以发展船用电缆和控制电缆等产品。工厂决定调整橡缆工艺流程，腾出生产场地发展船用电缆，将制造腊克线的专业设备以及新厂停建后的库存部分专业设备，调拨给衡阳塑料电线厂和衡阳电缆厂。

1965年，收回新厂区停建的压延厂房作为铜包钢导线的生产场地。

1966年，船用电缆、矿用电缆、电力电缆、铝芯塑力缆等29个产品投产，新产品数量之多前所未有；完成工业总产值5103.34万元，实现利税1261万元，分别比1965年增长49.29%与33.9%，资金利税率高达55.24%。

1968年，湖南省革委会以（68）生综字第529号文批准兴建双金属车间，投资2000万元。为此，向公社收回新厂区9万m^2，恢复新厂区原停建的通信电缆厂房，并新建准备车间、金属仓库，建筑面积共10530m^2。

1969年7月，为提高产品质量，实行铜铝导体分家，将老厂区铝拉绞线设备全部迁入新厂区准备车间。

1969年，湖南省机械工业局革委会将湘潭电线厂下放到湘潭市革委会，隶属湘潭市机械冶金局。

1970年3月，工厂派舒桂生去阿尔巴尼亚支援斯库台电线厂，为其调试纸包机、纱包机，编写工艺文件与培训生产工人，当年12月份回国。

1970年5月，为“525”国防工程配套，成立“525”小组，发展火箭、导弹及航空所需耐高温导线；年内，成立绝缘油漆试验室，着重研究20世纪70年代国际上出现的改性聚酯水乳电泳绝缘漆及涂漆新工艺。

1971年，湘潭电线厂在编制第三个五年计划期间新产品发展规划时，根据省机械局先进行社会调查而后编制规划的精神，组织力量对省内电力、煤炭、冶金等工业系统所属20多个单位的电线电缆产品的需求进行历时近一个月的调查。本着立足本省和邻省未来建设的需要，并结合工厂已有生产全塑电缆的经验和条件，编制了扩大全塑电缆措施方案。1971年12月，一机部以一机计字（71）1300号文批准扩建全塑电缆车间，建设规模为年产塑力缆500km、船用电缆1000km。第一期工程投资额为200万元。此项目工艺设计由工厂自行承担，建安设计由机械工业部第八建筑设计研究院承担，土建工程由工厂委托省建公司进行，铁路专线则委托广州铁路局长沙分局负责勘测设计并施工。

1972年5月，全塑电力电缆措施工程在新厂区破土动工，至1975年3月，全面验收投产。共完成投资520.36万元，其中，国家拨款446.5万元，企业自筹73.86万元。土建及公用工程投资194.3万元，收回新厂原征土地13.83万m^2，共新建厂房设施等13283m^2，修筑铁路专线2.45km，站台货场14528m^2。设备投资 252.3 万元，安装设备 38 台（套），全塑电力电缆、船用电缆、控制电缆专用设备 22 台（套），包括绝缘及护套挤出设备 7 台、蒸汽交联生产线 1 条、成缆机 3 台、装铠机 2 台，并安装 SZD-25/10 中型锅炉 1 台。这些项目为企业发展全塑电缆产品生产，提高企业经济效益，创造了良好的物质条件。1972 年 10 月，在国家倡导“自己办电”的情况下，工厂在新厂区自建发电房，首先安装的 1 台 1000kW 发电机投入运行。

1973 年初，一机部选定湘潭、哈尔滨和西安 3 个电线电缆厂上短线产品（铜排扁线）增产措施，分别与所在地区的机电工业配套。确定湘潭电线厂的建设规模为年产铜排扁线 3000t（其中梯排 800t，铝排 1000t），投资 108 万元，工艺设计由工厂与上海电缆研究所配合完成，土建设计由八院负责完成，施工由湘潭地区工程公司承担。1978 年 3 月正式投产。累计固定资产投资 141.7 万元，完成建筑工程 5604m^2，新增设备 17 台。这是新厂区第二个由国家投资扩建的项目。

1973 年末，湘潭电线厂固定资产原值超过 3000 万元，跨入大型企业行列。

1974 年 5 月，2450m 铁路专用线全线完工，1974 年 6 月验收合格正式通车。1974 年 8 月，经湘潭市计委批准，在新厂区破土兴建电解厂房（即现铜杆连铸连轧厂房），于 1975 年底竣工。1974 年 9 月，湘潭市计委批准的中心试验室在新厂区开工，于 1975 年竣工。

1975 年，工厂自行设计、自行施工的悬挂式蒸汽交联生产线投产，成功试制 10kV 交联聚乙烯电力电缆；工厂生产秩序逐渐恢复正常，工业总产值上升到 6593 万元，比 1974 年增长 65.18%，资金利税率为 23.68%，为 1974 年的 2.4 倍，上缴利润增长到 295 万元。

1976 年，铝杆连铸连轧生产线研制成功，与老工艺比较，操作工人由 59 人减少为 11 人，设备安装容量由 950kW 减少为 250kW，燃料消耗减少 44%。

1977 年 3 月，按照一机部颁发的《提高产品质量，整顿企业管理十二项工作验收标准》的要求开始进行企业管理整顿。

1977 年，工业总产值为 5736.38 万元，比 1976 年增长 51%，实现利税 961 万元，为 1976 年的 3.3 倍；被评为湖南省“工业学大庆”先进企业。

1978 年 3 月，新建的 4481m^2 技术大楼交付使用。1978 年 12 月，为解决职工子弟就业问题，成立附属第一工厂。它是自负盈亏的集体所有制企业，行政上受湘潭电线厂领导，其 90% 的人员安排在湘潭电线厂各车间或科室工作。

1978 年，工业总产值比 1977 年增长 47%，达到 8432.5 万元，实现利税 1284.6% 万元，比 1977 年增长 33.7%；再次被评为湖南省“工业学大庆”先进企业。

1980 年 1 月 11 日，更名为湘潭电缆厂（简称“湘缆”）。1980 年 9 月，新厂行政大楼开工，于 1981 年 5 月投入使用。1980 年 4 月，安装国内仅有的一套 18+24+30+36/630 四段式大型绞线机生产设备（图 40）。

图 40　国内仅有的一套 18+24+30+36/630 四段式大型绞线机

1981 年 6 月，湘潭电缆厂参加中国电线电缆出口联营公司。1981 年 10 月，省计委、经委、省机械厅来厂审查“扩大漆包小线生产，搬迁改造橡缆措施项目”的初步设计，随即以湘经生（81）122 号文正式批准，并确定第一期投资 280 万元。橡缆车间于 1981 年 12 月 12 日正式破土动工。主厂房从北向南共四跨，长 108m，钢筋混凝土结构，建筑面积 9072m^2，边跨各设 10t 电动双梁起重机，中跨设 5t 电动单梁起重机。主厂房东为混橡房，面积 3347.4m^2，自动加料混炼系统都为 4 层架结构。为保证橡缆车间生产经营之便，企业经呈请市经、计委批准，建设绝缘材料净化处理及储备库 6 层框架结构 1788m^2，另建车间办公室、快速试验室及生活间等附属设施 1152m^2，1982 年 12 月 25 日竣工。1985 年 11 月，橡缆搬迁改造任务全部完成，由工厂技改指挥部正式移交，累计使用投资 320 万元。

1984 年，工厂上报船用电缆技术改造措施，进行橡缆车间第二期改造计划，投资 440 万元，向建设银行贷款 380 万元（1984 年贷款 270 万元，1985 年贷款 110 万元），自筹 60 万元，完成绝缘橡料及护套料加工自动化生产线各一条。连续化机组六条均改为冷吸料新工艺，增加束线机和产品检测设备，同时扩建锅炉房 864m^2，加装 SHC-20-25A 锅炉 1 台，这期工程计划于 1986 年完成。通过橡缆车间搬迁改造，从此有了合理的工艺流程、良好的厂房条件、齐全的配套设施，成为同行中生产条件较为完善的一个车间。

1982 年，经湖南省机械工业局批准，成立湖南省产品质量测试中心，该机构对全省电线电缆行业不定期进行产品质量抽查，行使产品质量监督职能，并接受委托承担全省产品质量抽查测试任务。

1982 年 12 月，湘潭电缆厂被国家确定为全国首批 97 个重点技术改造企业之一。年内，湘潭电缆厂技工学校迁入建筑面积为 1213m^2 的新校舍。至此，随着国家第七个“五年规划”的实施，在保留原岳塘区下摄司厂址的基础上，完成了在湘潭市岳塘区建设南路 1 号实施技改扩建，新厂区面积 662 余亩，附属家属住房、学校、医院、俱乐部等服务设施。工厂通过技术革新与资金投入，在加强生产能力提升的同时，提升产品开发能力。

1983 年 1 月 9 日，工厂派遣人员参加国家计委在北京召开的全国首批学首钢重点技术改造企业会议。1983 年 1 月 15 日，在中共湘潭市委工作组的指导下，按照干部“四化”（即年轻化、知识化、专业化、革命化）的要求，调整厂级领导结构。1983 年 4 月，成立技术引进办公室负责经办低氧铜杆引进事宜。1983 年 6 月，国家计委以计外（1983）873 号文批准湘潭电缆厂引进低氧铜杆连铸连轧生产技术和关键设备。1987 年投产后，工厂铜杆加工拥有相当于国外 20 世纪 80 年代的先进工艺水平，生产可达到美国 ASTM、B49-78 标准的优质大长度光亮铜杆，为国家和企业电线电缆产品和电工产品“升标上水平”创造有利条件。

1983 年 8 月 20 日，聚酯漆包圆铜线、聚氨酯漆包圆铜线获一机部颁发的出口许可证。

1983 年 11 月 1 日，新厂区线芯车间破土兴工，1984 年 4 月 27 日竣工，设备安装工程于 1984 年 11 月验收投产。

1983 年 12 月 20 日，湖南省机械工业厅、湘潭市企业整顿办公室和湘潭市机械冶金局组成 79 人联合检查组，按“机械工业企业整顿工作检查验收细则”，在湘缆检查后宣布合格，并于 1984 年 2 月 16 日在湘潭市召开的大会上发给“企业全面整顿合格证书”。

1983 年，湘潭电缆厂职工大学经湖南省人民政府批准和教育部备案，正式命名为湖南省机械工业厅职工大学湘潭电缆厂分校。

1984 年 1 月，湘潭电缆厂接收因管理不善年亏损 75 万元的湘潭市第三机械厂，改名为湘缆附属二厂，它是一个在行政上属湘潭电缆厂领导、经济上自负盈亏的集体所有制企业。1984 年 7 月，湘潭电缆厂被国家经委财政部定为全国 309 个经济效益高又急需改造的大型骨干企业之一。1984 年 10 月，与德国克虏伯公司签订引进低氧铜杆连铸连轧生产设备合同。湖南省建委以（1985）湘建设字 369 号文批准项目整体初步设计，总概算（不含软件引进）为 2018 万元，向省工商银行贷款 1788 万元，企业自筹 230 万元。利用原有的 4760m^2 的电解厂房，加建竖炉间、空压站、循环水泵站等 3259m^2 作为铜杆连铸连轧生产基地；征地 8.1 万 m^2，建液化石油气贮配站 1291m^2。1984 年 11 月，由规划设计室会同一机械部第八设计院编制《1985—1990 年技术改造、技术进步规划》。

1985 年 6 月，湘潭电缆厂被授予“国家二级计量单位”合格证书。

1985 年 12 月，新橡缆车间和线芯车间的技术改造工程正式通过湖南省与湘潭市的两级验收。至此，湘潭电缆厂的固定资产原值为 6359 万元。全年出口创汇 340 万元，是 1984 年的 2.7 倍。全年完成工业总产值 17094 万元，实现利税 4329 万元，分别为 1980 年的 2~3 倍。

1985 年，经湖南省质量技术监督局批准，成立湖南省产品质量监督检验授权站，该机构对全省电线电缆行业行使产品质量监督职能，并接受委托承担全省产品质量抽查测试任务。

1987年，兼并的湘潭市电线厂厂区作为电磁绕组线产品生产制造基地；进口全套奥地利漆包线生产设备及试验设备。

1990年初，兼并了湘潭市仪器仪表厂厂区，将其作为铝包钢单线和铝包钢绞线产品的生产基地。湘潭电缆厂拥有一个主厂区，包括9个生产主体厂以及生活服务公司和劳动服务公司，在湘潭市内有附属工厂两个（湘潭电缆厂橡塑分厂，即附属一厂；湘潭电缆厂木盘分厂，即附属二厂），在香港和深圳各有一个子公司（深圳太平洋铜材有限公司和香港金桂实业有限公司）。

1989年，机械电子工业部机电人（1989）1099号文件认定湘潭电缆厂为工业企业国家大型一类企业。

1990年，机械电子工业部机电计（1990）1007号文件公布湘潭电缆厂为“机械电子工业骨干企业和重点企业名单”单位。

1990年，国务院企业管理指导委员会、国务院生产委员会颁发证书，机械电子工业部机电改（1990）1260号文件批准湘潭电缆厂为“国家二级企业”。

1990年8月25日，国务院发展研究中心、国家统计局工业交通统计司在“1989年中国500家最大工业企业及行业50家评价”中公布湘潭电缆厂获得全国500家最大经济规模329位、行业最佳经济效益34位的成绩，并发来贺信。

1991年4月，中华全国总工会颁发“五一劳动奖状”，授予湘潭电缆厂“全国先进集体”称号。

1991年，对外经济贸易部、国务院机电产品出口办公室授予湘潭电缆厂“七五期间全国机电产品出口先进单位”称号。

1991年，我国引进的首条美国DAVIS三层共挤CCV连续硫化交联生产线在湘潭电缆厂建成投产，并通过交联电缆产品鉴定。

1997年1月17日，组建湖南电线电缆集团有限公司。该公司为湖南电线电缆集团的母公司，属国有独资公司，隶属湖南省机械工业局管理。将湘潭电缆厂、衡阳电缆厂、衡阳电线电缆厂、涟源电线电缆总厂4家企业改建为独资子公司，形成母子公司体制，集团年产值约20亿元。

1998年以来，由于湖南电线电缆集团有限公司（湘潭电缆厂）多年来经营不善等原因，企业陷入严重困难境地，1998年12月，企业两届新领导班子和干部职工为摸索搞活企业的途径做了积极努力，提出了资产重组、分立经营、逐步盘活企业的思路，并先后向省、市及机械工业局作汇报，并于1999年4月获得湖南省机械工业局湘机政（1999）11号文件的批复同意。

至20世纪90年代末期，公司在册职工人数6000余人，具有技术职称的各类专业人员1000余人，生产规模近20亿元，共有国产和引进设备1800余台（套），其中有引进德国的光亮铜杆连铸连轧生产线、日本拉丝机、加拿大盘式成缆机、奥地利漆包线和绕包线生产设备、美国三层共挤交联电缆生产线，以及进口的高端检测设备等。

2001—2004年，湘潭电缆厂经历了繁复而艰难的重组与新生过程。这一时期是企业从重重困境中挣扎脱困，逐步迈向复兴与发展的关键阶段。

2000年，由于市场竞争激烈、企业管理及技术创新不足等原因，企业陷入了停产和半停产的状态。这不仅导致财务状况急剧恶化，还造成了职工大规模下岗和技术人才的流失，企业发展面临严峻考验。

2000年8月24日，湘潭市经委副主任陈准进驻湘潭电缆厂，并成立湘潭电缆有限公司，担任总经理，确保国有资产不流失。除湘潭电缆厂特种厂因军品需要继续生产，其他生产车间全部处于停产或半停产状态。

2003年11月28日，为盘活湘潭电缆厂的有效资产，由湖南钢铁集团有限公司、湘潭钢铁集团有限公司等5家单位共同发起成立了国有股份制企业湖南华菱线缆股份有限公司。2004年5月26日，湖南华菱线缆股份有限公司与湘潭电缆有限公司、湘潭市经济贸易委员会共同签订资产收购合同，将位于湘潭市岳塘区建设南路1号新厂区围墙范围内除在制品、成品原材料、货款、现金及部分车辆、办公用品等之外的全部资产，含所有的设备、厂房、动力、铁路、管道、线路、商标使用权、专利及专有技术、技术图纸资料、生产工装用具、常用备件、工模量具、仪器仪表等，办公设施、土地及附着物和延伸至新厂区外的水电系统、水站、供电站及新厂区正门至建设南路的道路和两边的绿化带等有形和无形资产，以及上述全部资产所在区域的50年土地使用权全部出让。

2005年，全年实现收入3个亿元，利润600万元，完成董事会经营指标。2006年10月，公司ERP上线运行，2008年3月公司承担“电缆行业生产制造及供应链管理系统应用研究”项目，荣获国家2007年制造业信息化示范项目称号，2009年4月公司被评为“2008年中国制造业信息化应用领域及最佳实践奖”。

2007年，为航天研制的脐带电缆已成功运用于神舟七号飞船上。该电缆集电力、信号、监测、控制、数据传输、抗拉为一体，用于连接宇航员与飞船，能耐受 -80~250℃环境温度。

2008年5月，公司荣获“全国五一劳动奖状”。

2009年6月23日，公司“金凤”商标及图案被国家工商总局认定为“中国驰名商标”。2009年11月25日，公司获得“湖南质量管理奖”。

2009年11月25日，公司根据湖南省发展和改革委员会湘发改工（2011）107号文件《关于湖南华菱线缆股份有限公司能源、轨道交通、海洋工程设备专用电缆技术改造项目备案的通知（含可行性研究报告》批复，2011年3月从德国特乐斯特机械有限公司全套引进CCV-35kV三层共挤悬链式干法交联生产线，并于当年投产，满足公司生产经营、产品市场规模需求。

2010年1月15日，为适应国家电网和南方电网的升级改造对架空导线大截面导线产品的技术要求，公司完成JL/G3A-900/40-72/7、JL/G3A-1000/45-72/7特高压大截面架空导线产品在北京权威部门的鉴定，并于2011年在国家电网公司采购锦屏—苏南 ±800kV特高压直流线路工程材料规格招标中中标。

2010年10月，公司为了改善拉丝单线、束绞线芯质量，引进两套德国尼霍多夫拉丝机设备，解决导体生产的产能和线芯的质量问题。

2011年11月，公司参加了在甘肃举行，由中国电力科学研究院组织的“研制的大截面导线在展放试验中指标达到工程项目要求”的展放试验，获得圆满成功。公司架空导线被国家电网选定为该工程项目放线示范工程用导线，并选定为压接教学用导线，是该工程23家架空导线供应厂商中唯一获此殊荣的厂家。

2012年，在南方电网溪洛渡右岸电站送电广东 ±500kV同塔双回直流输电工程招标中中标JL/G3A-900/75-84/17的订单，2013年在国家电网公司溪洛渡左岸至浙江金华 ±800kV特高压直流输电工程线路工程材料JL/G3A-1000/45-72/7招标中中标。

2013年9月，“特高压输电线路用大截面架空导线”项目获科技部国家火炬计划产业化示范项目和湘潭市科技重点项目。

2014年5月，公司总经理丁伟平荣获“2014年全国五一劳动奖章”殊荣。2014年，公司荣获“2013年度湖南省省长质量奖”。

2019年4月，公司获得湖南省工业和信息化厅颁发的“湖南省小巨人企业”称号，2023年4月获得湖南省工业和信息化厅颁发的“专精特新中小企业”称号，2023年7月获得国家工业和信息化部颁发的专精特新“小巨人”称号。

2021年6月21日，湖南华菱线缆股份有限公司成功上市，“华菱线缆”A股在深交所成功发行，成为湖南省首家在注册制下通过混改上市的公司。

二、公司新产品和科学研究

建厂初期，湘潭电线厂的技术力量相当薄弱，仅吴维正总工程师是电线电缆专业技术行家，在科研方面全由吴维正组织一些专题科研攻关活动。随着生产的不断发展和科技队伍的连年充实，工厂的科研试验工作逐步发展，机构也逐步完善。

1961 年，技术科内成立材料试验室、电气试验室、化验室以及热工组以后，科研工作遂初具规模，1970 年成立浸油试验室，1978 年正式经湖南省机械工业厅批准成立电研究所。

1954 年，设计无硫耐热橡皮配方，提高了橡皮的耐热性能，延长了产品的使用寿命，取消铜线芯镀锡，减少了一道工序，降低了生产成本，在当时具有重大的经济意义。

1955 年 10 月，铜锭、铜杆、铜线经过整顿，产品质量步入全国第一流水平。

1956 年，以合成胶（松香软丁苯）代替部分天然胶，不仅降低成本，也提高了产品的质量。

1964 年 12 月 3 日，一机部以（64）机密技字第 3407 号文给湘潭电线厂下达铜包钢导线的试制任务，调拨试制经费 60 万元。这种产品是以钢为芯、外包铜层的导体，可节约铜材 60%~70%，具有抗拉强度大和耐腐蚀等优点，是我国军工通信和邮电广播事业所急需的产品。1966 年完成了小批量试制任务，1967 年正式投产，从而填补了我国电线产品的一项空白，除满足国内需要，还有少量出口到巴基斯坦、赞比亚和澳大利亚等国。

1966 年 3 月 24 日，一机部以（66）机技字第 45 号文下达铝包钢中间工艺试验项目，拨款 40 万元，并指定一机部上海电缆研究所协助，组成试制工作组，开展试验研究工作。1970 年铝包钢线问世填补了国内一项空白，1972 年 8 月铝包钢生产线正式投产，达到批量生产，铝的利用率由 23% 提高到 70.6%。1978 年，全国科学大会和湖南省科学大会都给铝包钢导线及铝包钢生产线的科研成果颁发了奖状。

1971 年，一机部上海电缆研究所把铝杆连铸连轧生产线列入“三五”科学技术发展规划。湘潭电线厂着手试验连铸连轧铝锭工艺，并相继研究刚性大的平立辊悬臂式连轧机等的设计问题，自行设计与自行制造整条生产线，1976 年自制铝杆连铸连轧生产线投产。经过近一年的生产实践证明，生产的铝杆达到并超过国家标准的各项性能指标。

1977 年，改性聚酯水乳电泳绝缘漆及其漆包扁铜线工艺研制成功，获 1978 年全国科学大会科研奖（图 41）和湖南省科学大会奖状。

图 41 1978 年获全国科学大会科研奖获奖证书

1977 年 3 月，一机部下达某军事工程需要的射频同轴电缆和 6024 高温导线的研制任务。湘潭电线厂经过两个月的努力，完成了任务，受到 6024 工程单位的赞扬。1977 年 8 月，镇江跨越长江的原 C-418 大跨越导线因超负荷而软化，以致严重下垂，严重阻碍航道运输。国家计委给湘潭电线厂下达铝包钢大跨越导线的紧急试生产任务。1977 年底完成 185t 导线生产任务，使航运得以畅通。1977 年 12 月，水电部和一机部联合下达钢芯铝包钢大跨越导线生产任务并投资 200 万元。

1979 年 2 月，为解决武汉钢铁公司一米七轧钢机用电问题，一机部下达“平武”工程紧急任务，投资 229 万元。1979 年底制成制造长度为 2800m 的铝包钢大跨越导线，使其实现跨越长江进行输配电。

1980 年 5 月 21 日，湘潭电缆厂生产的高温导线在当年 5 月 18 日成功发射的洲际导弹中发挥作用，国防科委转赠中共中央、国务院、中央军委贺电以示祝贺。

1980 年 8 月，聚酯漆包圆铜线获机械工业部“质量信得过”称号。

1980 年，裸铜线获国家银质奖（图 42）和省科技一等奖。

1980 年，500kV 19/2.8（2.2）铝包钢线获湖南省机械工业厅三等奖。

1981 年，改进 XH-40 型橡皮配方，年节约资金 19.1 万元，荣获市科技三等奖。

1981 年 8 月，防冰复合导线研制成功，获一机部科研成果三等奖，1984 年又获湖南省机械工业厅三等奖。

1982 年，6~10kV 交联电力电缆试制成功，获市科技三等奖；220kV 黄浦江 3.6km 大跨越铝包钢线获市科技二等奖；500kV 载波避雷线获省机械厅二等奖；银铜梯排获市科技三等奖；远红外线在漆包加热烘烤方面的应用获市科技三等奖；矿用屏蔽电缆试制成功，获市科技三等奖；防潮漆包线投产，获市科技二等奖。

1983 年 12 月 27 日，LGJ/ZD-300 型自阻尼架空导线通过厂级鉴定，填补了我国电线电缆产品的一项空白。自阻尼架空导线是赶超世界先进水平的新产品，1984 年通过机械部、电力部联合鉴定，获省经委优秀新产品证书。

1985 年，完成 H 级复合漆包线漆的配方研究，进行 XHFC-50 彩色护套和 XJE-40 乙丙橡皮配方的研制，完成阻燃电缆的研究并投产等。

“六五”期间，企业比较重大的科技成果有 14 项；在新产品试制方面有 25 个为国内首创，如高温电缆、扩径导线、避雷载波地线、载流承力索等；有的已达到或接近国外同类产品水平，如自阻尼架空导线与采用国际标准生产的聚酯漆包线、钢芯铝绞线等 7 种产品。

图 42　中华人民共和国国家银质奖获奖证书

1996 年 11 月，FDXHR 型风力发电机用电缆在国家计委海南新能源（农村能源）示范项目运行情况的评价报告中获“好评”。

2001 年 12 月，“无卤低烟阻燃舰船用电缆的研究”项目获得国防科学技术奖三等奖。

2008 年 9 月，公司研发生产的“某超高温电缆和宇航员用脐带电缆”成功运用到神舟七号载人航天飞船上。

2009 年 8 月，公司轨道交通电缆、超大截面特高压导线、风电电机专用电缆三项产品通过湖南省省级新产品认定，特高压输电线路（±800kV 直流）用大截面架空导线获湖南省优秀技术创新项目奖励。

2009 年 9 月，经中国电力企业联合会鉴定，公司 JL/G3A-900/40-72/7 钢芯铝绞线和 JL/G3A-1000/45-72/2 钢芯铝绞线产品通过技术鉴定，获得湖南省科学技术研究成果证书，可以投入生产。

2009 年，为国营 158 厂研制水密电缆并成功运用于某武器系统上，电缆耐压 4.5MPa 而不损坏。

2010 年 7 月，公司 35kV 及以下轨道交通用无卤低烟阻燃（耐火）电缆列入“2010 年度国家重点新产品计划立项项目”名单，2010 年 8 月该项目获科学技术部国家重点新产品认定证书。

2011 年 3 月，“柔软型低烟无卤舰船用特种线缆的关键技术开发及应用”项目获湖南省国防科学技术进步奖二等奖；2011 年 11 月，该项目产品参加了在甘肃进行的展放试验并获得圆满成功，中国电力科学研究院认为“研制的大截面导线在展放试验中指标达到工程项目要求”。

2011 年 12 月，公司承担的中国运载火箭技术研究院载人航天运载火箭首次交会对接任务成功完成，获得“神箭”贡献奖。

2011 年，为海军某武器系统研制的水下承力探测电缆得到成功运用，该电缆产品在海水中能承受 4500N 的冲击拉力而不断裂。2012 年，水下承力探测电缆获科学技术部国家重点新产品认定证书。2013 年 7 月，“水下承力探测电缆”获评湖南省重点发明专利。

2013 年 9 月，“特高压输电线路用大截面架空导线”项目被评为科技部国家火炬计划产业化示范项目。

2014 年 3 月，“承重电缆”项目获湖南省国防科学技术进步奖三等奖。

2016 年 1 月，“水下承力探测电缆”获湖南省专利奖三等奖。

2017 年 9 月，公司获我国军民两用创新应用大赛优胜奖，成为行业内唯一一个进入半决赛和决赛并获奖的电线电缆企业。

2018 年 1 月，“航空航天轻型导线”项目获湖南省国防科学技术进步奖三等奖。

2019 年 2 月，“矿山装备用新型多功能耐扭曲拖曳电缆关键技术及应用”项目获湖南省科学技术进步奖三等奖。

2021 年 4 月，“一种采矿设备用拖曳耐扭曲金属屏蔽软电缆”获湖南省专利奖三等奖。

2022 年 12 月，“矿物绝缘防火电缆”获评湖南省绿色设计产品。

第 10 节 无锡电缆厂

无锡电缆厂于 1953 年起源于无锡私营立鑫粮行，几经变迁，发展成为国家大型企业，全国十大综合性电线电缆企业之一。它坐落于无锡市城南路 10 号，西临京杭大运河，东依沪宁铁路和高速公路，占地面积 18 万 m^2，建筑面积 11 万 m^2。产品注册商标“喜爱”牌，自 1995 年以来是历届江苏省名牌产品。

主导产品有裸电线、电气装备用电缆、电力电缆、绕组线四大类，包括钢芯铝绞线、交联电缆、架空绝缘电缆、塑力缆、塑控缆、橡套电缆、煤矿用电缆、电焊机电缆、电梯电缆、各类阻燃及耐火电缆、低烟低卤及低烟无卤电缆、计算机电缆、船用电缆、机车车辆电缆、阻水电力电缆、同心导体电缆、预制分支电缆、核电风电用电力电缆、各类漆包线和绕包线、电缆附件等。主导产品均获得国家电线电缆许可证、强制认证、煤安认证和电能产品认证（PCCC 认证）。钢芯铝绞线、交联电缆、架空绝缘电缆被认定为国家城乡电网建设与改造所需产品，煤矿用移动类阻燃软电缆、煤矿用塑料绝缘电力电缆从 2001 年起就已取得国家采煤机械质量监督检验中心颁发的检验合格证，并于 2002 年取得煤矿安全认证标志，“喜爱”牌电线电缆还被列为无锡市质量信得过产品。

产品应用领域包括电力建设、石油化工、电机电器、核电风电、煤炭冶金等，并为超高压输变电工程、大型变电站、大型电厂、大中城市电网建设与改造以及重大建设项目等配套。主导产品均达到国际电工委员会（IEC）标准，并可根据顾客要求按 BS、DIN、ASTM 等发达国家标准组织生产和供货。

多年来，作为国家线缆生产骨干企业，屡次在国家超高压送变电工程、重点建设项目和各行业配套服务中有杰出表现，为超高压输电工程、大型变电站、大型电厂、大中城市电网建设改造以及机场港口、大生产基地等大工程配套，具有较高声誉，并出口国外，深受用户信赖。

无锡电缆厂起步于 1953 年，止步于 2020 年。2020 年 1 月 17 日，因债权人申请，法院裁定受理无锡电缆厂有限公司破产清算，至此企业被迫退出历史舞台。风雨沧桑、跌宕起伏 67 年，员工从 26 人到高达 2600 人；厂房从 405 m^2 到占地面积 18 万 m^2，建筑面积 11 万 m^2；设备从一条小规格橡皮线生产线到拥有各种装备精良的线缆生产设备 500 余台套；产品从单一橡皮线到电线电缆四大类产品、15 个品种、近万个规格；年产值从 34.5 万元到最高 8.5 亿元，年出口超千万美元。曾经有过辉煌的历史，无愧于行业十大电缆厂之一。

一、五十年代，创业变迁

1953 年，无锡私营立鑫粮行转业创办了大中电线厂，厂址为无锡东门亭子桥工艺路 3~5 号。当时该厂仅有员工 26 人，资金 5.27 万元，厂房 405m^2，设备条件十分简陋，只能生产单一的小规格橡皮线，年总产值 34.5 万元，利润 1.6 万元。

1956 年 1 月 17 日，大中电线厂被批准公私合营。

1958 年 8 月，无锡市政府决定将无锡机械厂、金属制品厂的部分员工和设备并入大中电线厂，将私人股份赎买，大中电线厂更名为无锡电线厂，成为地方国营企业，产品有铜、铝芯橡皮线，橡套软线，矿灯线，油性漆包线，纱包线，裸铝绞线，钢芯铝绞线等。

二、六十年代，迁址扩产

1960 年，无锡电线厂员工达到 942 人，年创总产值 2472.04 万元，上缴利润 484.91 万元，成为江苏省内同行业规模最大的厂家，在全国电线电缆行业中也有一定影响。同年 3 月，乘着“二五”计划东风，无锡电线厂更名为无锡电缆厂（图 43）。厂址从东门里弄搬迁到城南路 10 号，占地近 100 亩，新建 11 万 m^2 厂房。企业不仅生产水电配套齐全，而且托儿所、幼儿园、卫生所、员工食堂、员工浴室和员工宿舍等后勤保障到位，为企业的飞跃发展奠定了基础。

图 43　无锡电缆厂

1961 年，试制出 1000~3000V 沥青纸绝缘电力电缆、500V 橡皮绝缘综合护套电力电缆、全塑电力电缆。

1961—1962 年，国家遭受自然灾害，企业任务严重不足，经营困难。1963 年起，国民经济逐渐好转，企业执行“调整、巩固、充实、提高”八字方针，开展增产节约，提高产品质量，增加产品品种，全力发展生产。

1965 年，企业年创总产值 2565.28 万元，利润 685.05 万元，产品增加了矿用橡套电缆、系列塑胶线、塑力缆、聚酯漆包线、玻璃丝包线等品种。

1969 年，企业部分技术骨干及管理干部被安排“上山下乡”离开工作岗位，生产经营虽然受到了干扰和破坏，但绝大多数干部员工仍坚守岗位，为行业发展做出贡献。

三、七十年代，规模生产

1970 年，开始生产规格较大的铜扁线和铝扁线，解决了省内电器、变压器行业的配套需要。

1970 年，省革委会决定由无锡电缆厂在安徽广德包建国营 8390 厂，生产各种军用电缆、全塑埋地通信电缆、被覆线等，于 1972 年建成投产。

自 1970 年初，一年内 1969、1970 届初中生 250 多人分四批入职企业，后续 1971—1976 届初、高中生按政策入职企业；1974 年起，下乡知青返城陆续入职企业；1976 年起，部分下乡的技术骨干和管理干部陆续返厂；企业招聘引进专业人士入职企业，在增添员工新鲜血液的同时，使员工的学历和知识层次有所提高；还有企业周边的乡镇人员按政策入职。由此，企业员工的人数最高达到 2600 人，符合规模生产的需求。

企业注重员工素质和文化程度的提高，设立教育科，开办“721”大学电线电缆班，选派员工参加上海交通大学、西安交通大学、哈尔滨理工大学、无锡党校等的进修学习获取学历；派遣员工参加上海交通大学的三个月专业短训班；组织参加机械联大、压缩机及机床职工大学的入学考试，获取大专学历；聘请哈尔滨理工大学教授任教，成立“电线电缆”大专班和“电线电缆”技校，举办“全国机械工程师本科函授班”；号召员工从初中学历提升到高中学历、从大专学历提升到本科学历、获取双学位等。从不同的维度提高员工的学习能力、知识层面和获得相应学历。

1971 年，企业产值过亿元，成为无锡市首家产值超亿元的规模企业。当年又新征土地 170 亩，开始相继新建橡缆车间、塑力缆车间、熔压车间、炼胶车间，翻建了裸线车间。产品在电力耐压等级、机械强度、电缆直径、截面积等方面都向更高层次发展。

1973 年，钢芯铝绞线产量为 4500t，在当时具有一定规模。

1974年，无锡电缆厂的产值是1.67亿元。

1976年，国家开始进入一个新的历史发展时期。企业顺应全国“工业学大庆”运动，倡导“三老四严”的作风，恢复和健全各种规章制度，大搞文明生产，开展劳动竞赛，举办质量月活动等，使企业管理和厂容厂貌发生很大改观，促进了企业经营生产的规模化发展。企业连续被评为江苏省绿化先进单位。

1978年，企业按照一机部《提高产品质量整顿企业管理十二项工作验收标准》进行整顿，并一次验收合格。

四、八十年代，蓬勃发展

1980年，企业工业总产值12016万元，利润1496万元，成为全国十大电缆厂之一。1983年，企业投资178万元，建成铝杆连铸连轧生产线，属国内先进水平。1984年，钢芯铝绞线被评为部优产品。产品先后用于平武线、黄河小浪底、四川二滩水电站、长江三峡、葛洲坝水利枢纽等500kV高压输变电国家重点工程，以及广东大亚湾核电站、浙江海盐秦山核电站、江苏连云港田湾核电站、仪征化纤及无锡供电局等建设工程。优良的产品质量与服务受到用户好评，其中钢芯铝绞线成为国家电网重大工程项目深受欢迎的产品，被电力行业誉为不是金牌的“金牌产品”。

1986年，企业出现亏损1000多万元。1987年，试行经营管理目标承包责任制，并进行一系列内部组合改革。1987年，企业扭亏为盈，实现利润860万元。1988—1989年，每年盈利超过2000万元。三年超额完成了无锡市机械工业局下达的目标责任状及各项经营管理指标。

企业大力推进技术进步，研发新产品，开辟新市场，引进新设备，替代旧装置，部分产品执行国际标准，参与国际竞争。

橡套电缆采用连续硫化新技术，生产长度和截面积均得到提高。采用彩色橡胶配方生产1140V彩色采煤机组电缆，是行业首创，获得上海电缆所的高度评价。1989年，电焊机电缆被评为部优产品。

绕组线耐温等级升级换代。在漆包线被评为省优产品基础上，于1985年继续建立技改项目，投资214万元开发F级漆包线，同年竣工验收。聚酯亚胺漆包线通过省级鉴定。1987年，单玻璃丝包聚酰亚胺薄膜绕包铜扁线通过省级鉴定，并荣获江苏省颁发的“金牛奖”。

由于全塑电力电缆逐渐替代纸绝缘电力电缆，全塑电力电缆一度出现供不用求的现象，1986年，全塑电缆技术改造工程竣工投产。该项目贷款200万美元，投资1600万元，分别从瑞士、法国、德国引进挤塑机、多功能盘绞机、叉绞机，并配套国产铠装机、成缆机等，产品达到国内先进水平和国际20世纪80年代初期水平。

随着电缆制造技术的发展，交联聚乙烯电缆在国内逐渐被开发和推广应用。1989年，企业还贷后再续贷投资750万元，从美国引进具有国际先进水平的干法悬挂式交联电缆生产线及35kV高压测试设备。该生产线可年产交联电缆3000km，电压等级为6~35kV，属国内先进水平。同年生产的8.7/10kV及以下交联电缆通过省级鉴定，填补了省内空白。

五、九十年代，强化管理

20世纪90年代，民营企业异军突起并迅猛发展，给国营企业带来挑战。1991年，企业以952万元的巨大亏损步入经济困难时期。企业改变经营策略，努力遵循适应市场经济的发展逻辑。由此，钢芯铝绞线、塑力电缆、交联电缆、耐高温漆包线、橡套电缆远销国外10多个国家与地区。

1991年，海湾战争后，主导产品钢芯铝绞线参与我国与伊拉克达成“石油换援建”的联合国招标项目，极大缓解了伊拉克战后电力压力。

1992年，投资833万元，从奥地利引进国际先进水平的F、H级漆包铜扁线生产机组，提高了工艺水平，扩大了漆包铜扁线的生产规模和生产能力。当年绕组线具有 7 个大类、30 多个品种。

1992 年，投资 996 万元的橡套电缆生产车间技术改造项目竣工，年生产能力为 3200km，可用乙丙橡胶、氯磺化聚乙烯等新材料制造橡套电缆，达到国内先进水平。同年还能生产油井加热电缆。

企业出现了“扭亏—增盈—争先”的重大变化，荣获江苏省名优企业、无锡市 AAA 级重合同守信用企业称号。“喜爱”牌电线电缆荣获江苏省名牌产品证书和产品质量免检证书。三峡输电工程用 ACSR-720/50 导线、35kV 交联聚乙烯绝缘电力电缆分别荣获江苏省优秀新产品（金牛奖）。

经江苏省机械工业厅批准，建立江苏省电线电缆检测站、江苏省线缆职工教育培训中心、江苏省电线电缆工人技能培训函授站；经江苏省劳动厅批准，建立国家职业技能鉴定站，为行业做出巨大贡献。

六、跨世纪初 20 年，企业谢幕教训沉痛

进入 21 世纪，为了解决吃大锅饭的问题，企业首选核算相对独立的绕组线、铝导体熔压两个车间，率先组建华益电磁线厂、华冠电缆线材厂，将它们推向市场，独立经营，自负盈亏。通过改革使铝杆年产量突破 20000t，翻了近一番。在取得成功经验的基础上，先后又组建了华跃塑料制品厂、无锡电缆厂运输公司、无锡电缆厂实业总公司。

2003 年，无锡市进行最后一批“砸三铁，企业股改”，无锡电缆厂地上资产（不含土地）整体审计、评估，进行整体改制，产权结构重组，成立无锡电缆厂有限公司，注册资本 3000 万元。无锡市机械资产经营有限公司持股 540 万元，占总股本 18%；中国电缆进出口有限公司出资 900 万元，占总股本 30%；无锡电缆厂主要经营骨干出资 1560 万元，占总股本 52%。这项产权清晰、权责明确的企业产权制度改革，起到了激发内在活力和动力的积极作用。

2000 年，按照 ISO9001 体系设计要求和船级社认证要求，试制出船用电缆。

2001 年，三峡工程用 720/50 大截面钢芯铝绞线通过国家电力公司和国家机械工业局的国家级鉴定，并中标 2000 多万元的三峡工程西电东送项目。此项目是国内首次采用超高压超大截面直流输送方式，许多技术指标均为世界之最，其主干线路的建设代表我国导线制造和建设的最高水平。企业首制石墨涂层大截面交联电缆。新产品额定电压 0.6/1kV 交联聚乙烯绝缘低烟无卤阻燃电力电缆获金牛奖。全年完成外贸出口 1 亿元。

2002 年，建立机械工业特有工种电线电缆职业技能鉴定江苏站，负责在江苏省电线电缆行业开展职业技能评估工作和技能人员 5 个技能等级的培训考证，组织江苏省线缆单位（包括安徽省绕组线单位）参加全国行业技能大赛，参与编写行业职业大典和培训教材。

2004 年，中标国家重点能源建设项目——鄂豫三回 500kV 送电线路工程，全长 301.2km；完成重点新产品 120 级聚乙烯醇缩醛漆包线、500mm^2 及以上大截面钢芯铝绞线、电气化铁路铜接触线的研发，其中超大截面钢芯铝绞线通过省级鉴定。

2007 年，中标尼日利亚国家重点电力建设大项目——MJ 输电线路及 MJ 变电站工程项目 276km，总价值 1 亿多元。

2009 年，自主研发风能电缆；成功设计开发了乙丙橡皮绝缘氯化聚乙烯护套耐扭抗寒性风能发电用电缆，通过江苏省经贸委组织的省级鉴定，产品性能达到国内领先水平。

在国家特高压输电示范工程中，为向家坝—上海 ±800kV 特高压直流输电工程提供高性能、大截面的 ACSR-720/50 钢芯铝绞线产品，产品质量达到了国内先进水平，为国家电网特高压输电示范工程做出了贡献，受到国家电网总公司的通报表扬。

2010 年，非典型直径 Ø17mm 电工圆铝杆研发科技项目达到了国内先进水平，填补了当年国内生产该规格铝杆的空白，并获取专利，获得了良好的经济效益和社会效益，荣获江苏省机械工业科技进步奖三等奖。

2011 年，被评为全国机械行业文明单位，被认定为无锡市企业技术中心。

2012年，开发出太阳能光伏电缆，取得德国莱茵技术有限公司的认证；产出历史最大截面YJV32-26/35kV 3×300mm^{2}交联电缆，出口坦桑尼亚，生产能力有了新的突破。

2016年，成为奥美格新能源电动汽车线缆产品加工基地。

2020年1月17日，因债权人申请，法院裁定受理无锡电缆厂有限公司破产清算，至此企业被迫退出历史舞台。

第11节　合肥电缆厂

合肥电缆厂始建于1956年12月，先后改名为合肥拉丝厂、合肥电线厂、合肥电线电缆厂、合肥电缆厂，1996年设立安徽绿宝电缆股份有限公司，先后隶属安徽省机械厅、合肥市机械局、合肥电机电器工业公司。企业的性质为党委建制的国有大型企业，是机械部26个定点生产电线电缆重点企业之一，也是安徽省电线电缆行业骨干企业和安徽电线电缆产品质量检测中心，并享有出口自营权。

一、历史沿革

合肥电缆厂的前身上海合众文具厂支援内地建设迁厂到合肥，1957年3月正式以合肥文具厂厂名投产，主要产品为订书针、大头针、回形针、镀锌铁丝、圆钉、图钉。同年9月改名为合肥拉丝厂，重点生产镀锌铁丝。

1958年2月，成立合肥电线厂筹备处，并投入生产，主要产品为裸铝绞线、玻璃丝包线、纱包线、漆包线，1960年6—9月先后由上海亚大和丽华两个专业电线厂迁入，扩大了塑胶线和橡皮线两个品种的生产，1964年5月开始生产橡套矿用电缆、重型电缆和橡套软线，直到1973年6月发展成为批量生产电缆的专业工厂，填补了安徽省电缆生产的空白。

1973年7月，更名为合肥电线电缆厂。

1978年8月4日，改名为合肥电缆厂，电缆在整个产品中的含量不断增加，生产技术也日趋成熟，检测手段也逐渐完善。

1976年12月20日，以全员改制方式设立安徽绿宝电缆股份有限公司。安徽绿宝电缆股份有限公司成立后，未全部承担合肥电缆厂的债务，资产及管理不清晰，实际形成了合肥电缆厂、安徽绿宝电缆股份有限公司、合肥星辰电缆有限公司、安徽绿宝集团同时共存的混乱局面。

2002年6月，由合肥市人民政府牵头，将原合肥电缆厂土地和土地上建筑、生产设备整体出售给上海胜华电缆集团公司。经股权转让重组后，企业仍然以安徽绿宝电缆股份有限公司运营。随着国家社会主义市场经济的发展，经济效益得到了一段时期的高速增长，由于产品技术开发和技术改造相对滞后，致使后期企业发展增长乏力，但拥有的驰名商标“绿宝”牌已长期获得市场广泛认可，电线电缆生产销售至今。

二、企业经营和主要产品发展过程

（1）主要产品的发展　合肥电缆厂建厂初期的生产工艺简单、技术要求不高，随着国民经济的发展，以及技改资金的不断投入和设备更新，生产能力大幅提升，企业开始注重向大型化、大批量、高工艺、高质量的要求发展，由过去单纯的生产型转为集电线电缆产品设计、制造、销售以及相关工程和技术服务为一体的综合性企业。产品为电力电缆、绕组线、裸电线和电气装备用电线电缆四大类、61个系列、230个品种、12000多种规格，其中35kV交联聚乙烯电缆、聚酯漆包铜圆线、电焊机电缆、矿用橡套电缆、架空绝缘电缆分别获省级、部级优质产品称号，高压潜水电机绕组线获国家经贸委新产品“金龙奖”，1kV硅烷交联电缆获国家级新产品称号，产品覆盖全国，并出口东南亚等国家和地区。

（2）企业经营主要历程　20世纪50年代开始生产裸铝绞线、电线，由于当时生产能力低下，累计产值仅 703 万元，实现利润 63.23 万元。

20 世纪 60 年代，橡塑布电线、纱包线、漆包线相继投产，并试制生产以橡套软线、500V 重型橡套电缆和 500V 矿用电缆为主的电缆产品，产量明显增长，累计产值达 14398 万元，实现利润 2566.65 万元。

20 世纪 70 年代，电缆产品批量生产，除原有产品，还发展生产 1000V 矿用电缆和仿英金属屏蔽采煤机组电缆，并试制塑胶电力电缆和塑胶控制电缆，布电线、电磁线大批量地为民用、建筑及电机电器行业配套服务，期间累计总产值 34030 万元，实现利润 4667 万元。

1981—1985 年，共投入资金 1970 万元，新增设备仪器 73 台（套），新建测试室 800m^2，产品质量明显提高，开发新产品聚酯漆包线和 6kV 潜水电机绕组线，这两个产品已达国际电工通用水平，获省、部优产品称号。经济效益显著，1985 年工业产值达 4700 万元，利税总额 1200 万元。

企业在七五、八五期间继续开展大规模技改工作，投资 8255 万元，先后引进德国、美国、瑞士等四条先进生产线及四台检测设备，特别是瑞士 Nokia 公司 Ø150 大型护套生产线和加拿大 CEE 公司的 Ø2800 钢丝钢带联合铠装盘绞机的投入使用，使企业大规格钢丝钢带电缆生产技术水平处于国内领先水平，大大增强了企业产品开发和生产需求的大截面、超长度等特种电缆生产能力。合肥电缆厂开发生产了 1~35kV 交联聚乙烯绝缘电力电缆、1~10kV 耐候绝缘架空缆、PVC 绝缘电力电缆、控制电缆、船用电缆、全塑市话通信电缆、电焊机电缆、橡皮绝缘橡套软电缆、矿用橡套软电缆、裸铝绞线、钢芯铝绞线等产品，并分获部、省、市多级认证产品和荣誉证书。技术改造提高了企业生产能力，产生了社会效益和经济效益，企业利税连续数年超千万元。

第 12 节　广州电线厂

广州电缆厂有限公司（简称“广州电缆”）源于抗日战争期间诞生的多家民族企业，1956 年经公私合营后，成立广州电缆的前身——广州电线厂。广州市第一条电线源于广州电缆。

广州电缆是广州市国资委下属的全资国有企业，隶属世界 500 强企业广州工业投资控股集团有限公司，总部位于粤港澳大湾区几何中心广州市南沙区，注册资本 8.41 亿元，员工 800 余人。

广州电缆专业研发、生产、销售“双菱”牌电线电缆及南洋电器“N”牌、广缆义明“義明”牌中低压电气成套设备，品质卓越，获“中华人民共和国国家质量奖”“中国电线电缆十大影响力品牌”“广东省名牌产品”“广州老字号”等殊荣。2023 年，广州电缆入选国务院国资委“科改企业”名单。

公司业务覆盖全国 34 个省级行政区，产品出口世界各地，助力国家电网、南方电网、国家大剧院、港珠澳大桥、广州塔、白云国际机场、广州地铁、广州大学城等重点项目建设；是保利、万科等头部地产企业全国集采战略合作伙伴，全力打造为具有社会影响力的行业标杆；产品覆盖电力、石化、铁路、建筑、信息、航空、汽车、冶金等众多行业，在工程、地产、家装、新能源电动车、光伏等行业都有稳定的客户群。

一、企业发展与沿革

1. 1956 年 1 月，公司前身广州电线厂成立

新中国成立后，为配合国家公私合营的相关要求，在主管部门广州市机电工业局、广州市电器工业公司的指引下，合众、利国、安华、邓鉴记、合和、鸿记、廖藉球等 18 家私营厂合营组建成立广州电线厂，并于 1956 年 1 月 1 日正式开业，工厂地址为广州市东风一路 152 号，经济性质为全民所有制。

1981 年 4 月 12 日，广州电线厂申请更换工业企业证照，经广州市机电工业局、广州市电器工业公司批准同意，广州市工商行政管理局于 1981 年 6 月 17 日向广州电线厂核发了工商企业营业执照，归属广州市机电工业局管理。

2. 1986 年 2 月，广州电线厂更名为广州电缆厂

1986 年 1 月 9 日，基于所生产产品类型转变的原因，广州电线厂申请将公司名称变更为广州电缆厂，广州市机电工业局批准同意本次变更并出具《关于广州电线厂更改厂名的批复》。

3. 1990 年 9 月，广州电缆厂重新注册成立企业法人

1990 年 7 月 30 日，广州电缆厂提交“企业法人申请开业登记注册书”，申请重新按照企业法人登记注册。经广州市机电工业局审批同意，广州电缆厂符合企业法人登记条件。本次重新注册后，广州电缆厂的厂长兼法定代表人为劳永康，经济性质为全民所有制。1990 年 9 月，广州市工商行政管理局向广州电缆厂核发企业法人营业执照。

4. 2009 年 12 月，广州电缆厂改制并更名为广州电缆厂有限公司

2009 年 9 月 14 日，广州电气装备集团有限公司出具《关于广州电缆厂实施公司制改造方案的批复》（穗电气资〔2009〕210 号），原则上同意实施“关于组建‘广州电缆厂有限公司’实施方案”，将广州电缆厂由国有独资企业改制为有限责任公司。2009 年 12 月 8 日，广州市工商行政管理局向广州电缆厂核发新的企业法人营业执照，广州电缆厂改制并更名为广州电缆厂有限公司，改制后公司类型为有限责任公司。

5. 2024 年，广州电缆厂有限公司开展混合所有制改革

通过优化股权结构，引入战略投资者，实施员工股权激励，广州电缆厂有限公司变更为股份制有限公司，以进一步激发企业活力，引领行业高质量发展。

二、公司经营发展中取得的成就

1941 年，广州电线厂的前身——合众、利国、安华、合和等民族电线企业相继成立。

1956 年，合众、利国、安华、合和等 18 家私营厂合营组建成立广州电线厂（图 44）。

2009 年，广州电缆厂改制为广州电缆厂有限公司。

2013 年，公司被评为省级技术企业中心、广东省工程中心、高新技术企业、广州市研发机构等。

2014 年，公司从白云区搬迁至广州市南沙区，投产当年产能再次倍增。

2015 年，公司充电桩线缆投产。

2018 年，与南网深度合作，获历史最大的 10 亿元订单；同年成立创新事业部，专攻新能源汽车领域。

2019 年，“双菱”商标以 14333.58 万元荣获广东线缆行业商标价值第一名。

图 44　广州电线厂

2020 年，获 CNAS 实验室认可。

2021 年，成立 65 周年，在大湾区输配电产业园动工打造产学研一体化产业基地。

2022 年，下属企业广州广缆义明电气有限公司揭牌成立，公司输配电事业发展添新翼。

2022 年，获广州老字号称号，是电缆行业首家获得“老字号”荣誉的企业。

2023 年，入选广州科技企业创新 50 强榜、广州科技企业高质量发展 100 强榜，同时上榜国资委“科改”企业名单。2023 年，中国线缆行业排名第 30 名，广东省线缆行业排名第 4 名，同时获得广东省“专精特新”企业、广州市绿色工厂企业称号、广州市劳动关系和谐企业 AAAA 级证书等荣誉。

第 13 节　衡阳电线厂

恒飞电缆股份有限公司（简称“恒飞电缆”）前身为衡阳电线厂，创立于 1958 年。

恒飞电缆现有长沙和衡阳两个生产基地，总占地面积800亩，员工1400余人，年产值百亿元以上，是中西南地区最大的单个电线电缆生产基地之一，先后荣获“全国五一劳动奖状”“全国工人先锋号”“湖南老字号”等多项荣誉。建厂66年来，恒飞电缆始终坚守“奋斗、专注、专业”的核心价值观，专注电线电缆的研发、生产与销售，如今已成为国内大型的综合性电线电缆制造企业。参与制定国家/行业标准29项，产品获得国家、省、市科技奖项近20项，获授权专利60余项。

一、发展历程

1. 初创期（1958—1965年）

恒飞电缆始创于1958年10月8日，68名来自各阶层的工人抱着一颗为国家电线电缆事业做贡献的决心，在衡阳市黄茶岭茶叶塘1号（现衡阳市雁峰区黄白路121号），以衡阳皮线厂为基础，组建衡阳市电线厂，王顺任首任厂长。这是恒飞电缆的前身，标志着恒飞电缆在我国电线电缆行业的起点。

1959年1月，衡阳市电线厂正式投产，虽然只有艰苦的环境、简陋的工房、原始的设备、单一的产品，但工人们凭着火热的干劲、勤劳的双手，以生产纱包线、橡皮线为主，当年生产电线68.63t，完成工业产值45.09万元，恒飞电缆的基石就这样悄然奠定。

1961年，衡阳电线电缆厂与衡阳轴承厂合并，产品型号进一步增加，以电磁线、布电线、裸线为主导，当时职工人数为162人，工厂占地面积5000m^2，生产区占地1773m^2。两厂合并扩大了生产规模，至1962年底电线总产出1000km，工厂自主研发了新产品，产品型号有突破性增长，主要产品为铜芯橡皮线、铝芯橡皮线、高低压腊克线、石棉片、铜铝绞线。1962年2月，工厂更名为衡阳汽车配件厂。1963年，工厂年产电线达7344km，因生产的电线品质上乘，一机部将工厂列为电线生产定点厂家。1965年，工厂总产值达272.15万元，同年改名为衡阳电线厂。

2. 发展期（1966年—20世纪末）

1966—1978年，一机部和衡阳市政府先后对衡阳电线厂进行投资改造，工厂扩建腊克线车间1000 m^2，购置精轧机等先进设备，陆续开发出FVL航空用聚氯乙烯棉纱编织低压腊克线、聚氯乙烯复合物绝缘引接线、军用特软电缆、军用绕包式高温电缆等多项新产品。特别是1968年，工厂为人造卫星和运载火箭发射装置试制浸涂式高温电缆，该电缆的成功研制填补了我国电缆生产史上的一项空白，也成为衡阳电线厂生产电缆的开端，工厂从此步入军工行列。1980年，浸涂式高温电缆成功用于我国向南太平洋地区发射运载火箭的试验，衡阳电线厂荣获中共中央、国务院和中央军委的联合电贺表扬。

1984年，工厂从德国亨理奇公司引进先进的具有国际标准的电解镀锡机生产线和连续退火机，大大提高生产能力，工厂又陆续研发出电力电缆、控制电缆、通用橡套软电缆、机车车辆用电缆、DCHFR型橡皮绝缘氯磺化聚乙烯护套多芯软电缆等多项产品，填补国内行业多项空白。同年，被机械工业部评为参与通信卫星做出贡献的先进单位。

1987年8月，经衡阳市计划委员会批准，衡阳电线厂恢复原厂名衡阳电线电缆厂。20世纪80年代末，工厂已具备裸电线、电磁线、通用电线电缆、橡皮软电缆、控制电缆、阻燃电线电缆、电力电缆、电机电器引接线、交通工具用电线电缆、军用特殊用电缆、轻型野外线等11大类、50多个品种、1000多种规格的电缆、电线生产能力。1987年，蓄电池连接线、DCHTR多芯电缆被评为省优秀新产品。1988年，被省经委列为省出口商品质量合格保证企业；YH系列产品被机械工业部评为部优质产品，阻燃控制电缆被评为省优秀新产品。

1990年，被省政府评为省先进企业，同年被《中国经营报》评为“产品质量信得过企业”；1992年，被省经委列为1991年度省经济效益百强企业；1993年，被国家统计局评为“中国500家最大电气机械及器材制造企业”排名第187位；1997年，企业通过ISO9001质量体系认证，成为线缆行业首批通过ISO9001质量体系认证的企业；1999年，交联聚乙烯绝缘电力电缆、架空绝缘电缆入选国家经贸委颁发的全国城乡电网建设与改造企业推荐目录。

3. 新起点（2000年至今）

2001年，恒飞电缆经历改制阵痛，于2002年11月正式更名为衡阳恒飞电缆有限责任公司。

2003年，恒飞电缆为我国“神箭”首次将航天员送入太空做出贡献。2005年，产品通过欧洲RoHS环保指令；“恒飞”被评为湖南省著名商标；铁道客车用电线电缆通过CRCC铁路产品认证。

2006年，通过国军标质量管理体系认证、军品保密认证；为神舟六号载人火箭做出杰出贡献，并接受中国运载火箭技术研究院嘉奖；被中国质量万里行授予“中国质量信誉之星”；“恒飞”牌BV、YZ、YZW、YC、YCW、DCEYHR、YH系列橡套软电缆，聚氯乙烯绝缘电缆被评为湖南省名牌产品。

2007年，通过煤安认证、获得武器装备科研生产许可证。2008年，荣获“为神七号载人航天协作配套单位”荣誉称号，航天工程航天员系统总指挥兼总设计师陈善广（少将）与衡阳市委常委、副市长段志刚亲自授牌。

2009年，通过ISO14001环境管理体系认证；荣获衡阳市优秀企业；研发中心被评为湖南省省级技术研发中心；被评为湖南省高新技术企业。

2010年，获得公共场所阻燃制品及组件标识使用证书；获得燃烧性能等级标识授权使用证书；被授予“中国电器工业协会会员证书”。

2011年，公司橡缆分厂炼胶班被中华全国总工会评为“工人先锋号”；为天宫一号目标飞行器和神舟八号飞船空间交会对接做出杰出贡献，受到中国运载火箭技术研究院的表彰；“恒飞”商标被国家工商总局认定为“中国驰名商标”。

2011年，恒飞电缆在长沙市望城开发区购地400亩，总投资13亿元，新建电缆基地，以扩大企业生产规模，大幅度提高市场份额和品牌影响力。总建筑面积约19万m^2，包括一栋办公楼、三栋员工宿舍、四间钢结构厂房，其中厂房面积约16万m^2。项目于2014年10月开工，2015年10月底开始生产设备的安装调试工作，2016年6月八分厂开始试生产，下半年各分厂逐步试产，2017年全面投产，长沙基地正式成为恒飞电缆在湖南的又一根据地。

2012年，恒飞电缆的船用电缆通过中国船级社认证；被科技部评为“国家火炬计划重点高新技术企业”；被评为“湖南省国防科技重点实验室”。2013年，为神舟十号飞船空间交会对接和嫦娥三号登月做出贡献；获得光伏电缆认证证书。

2014年，通过CRCC动车（客车）认证；通过IRIS（国际铁路行业标准）认证；通过法国船级社、美国船级社认证；“新型碳基电化学传感器在环保电缆生产中的应用”项目被湖南省政府评为“湖南省科学技术进步奖”；通过英国劳氏船级社认证；获得湖南省质量信用3A级企业证书。

2015年，通过职业健康安全管理体系认证；充电桩电缆获德凯认证；2016年，通过德国VDE认证；为天宫二号发射做出杰出贡献；为神舟十一号成功发射做出杰出贡献；“恒飞电缆”被评为湖南老字号；被评为湖南民营企业100强。2016年，被评为中国线缆行业100强企业。

2018年4月，恒飞电缆由原先的衡阳恒飞电缆有限责任公司更名为恒飞电缆股份有限公司。这次转型升级是恒飞电缆发展历程中的重要里程碑，通过此次转型升级，恒飞电缆不仅优化了公司治理结构、提升了市场竞争力，还改善了经营业绩，为其未来发展奠定了坚实基础。

2022年6月29日，恒飞电缆智能化产业园项目开工奠基仪式在衡阳成功举行，规划打造中西南地区最大的电线电缆生产基地。该产业园是衡阳市电气设备产业链发展的重要工程，占地面积320亩，建筑面积15万m^2，总投资10亿元，将规划建设5G智能制造车间、技术研发中心、CNAS实验室，围绕新能源、智慧电网、高端装备、航空航天、轨道交通、新一代信息技术等产业链，打造数字化、智能化产业基地，项目达产后，预计可实现年产值60亿元、利税3亿元以上。

2023 年，恒飞电缆获得“全国五一劳动奖状”，这是对恒飞电缆多年以来发展的重要肯定，再一次彰显了恒飞电缆在湖南省电线电缆行业领域的龙头地位。

二、产品特色

恒飞电缆铭记“做好产品”的企业使命，专业生产 35kV 及以下高中低压电线电缆，产品共有 20 大系列、1 万多种规格，种类齐全，结构优质，包括架空导线、电力电缆、架空绝缘电缆、控制电缆、计算机电缆、电气装备用电线电缆、家装专用电线、低烟无卤阻燃电线电缆、矿物绝缘电缆、铝合金电缆、预分支电缆、轨道交通电缆、光伏电缆、风电电缆、充电桩电缆、橡套电缆、矿用电缆、船用电缆、轨道交通车辆用电缆、石油平台用电缆、硅橡胶和扁电缆、军用特种电缆等，广泛应用于智慧电网、智慧交通、新能源汽车、舰船港机、航空航天、智慧矿山、公共建筑、智能家居等领域。

恒飞电缆引入了先进的生产设备 500 余台（套），产品严格按照国家标准和国际标准生产，也可以按照用户的特殊要求生产，执行严格的合格供方准入制度和周期评价机制，与主要供应商形成战略合作，在材料领域共同研发、不断进取。恒飞电缆按国家级实验室标准配置了检测中心，配备检测设备 100 余台（套），在原材料、半成品、成品环节层层检测、层层把关，确保符合“零缺陷、一致性”的质量要求。

恒飞电缆奉行“以客户需求为中心，不断增强客户的体验感与获得感”的服务理念，致力于为客户提供协助选型、交期反馈、物流追踪、安装指导等全方位的售前、售中及售后增值服务。多年来，恒飞电缆为国家电网、南方电网、中国航天、国家能源、华能、大唐、中国建筑、中国中车、比亚迪等知名企业提供了线缆解决方案，赢得了广泛的赞誉与信赖。“恒飞”牌电线电缆已出口至英国、德国、加拿大、俄罗斯、巴西、南非等 40 多个国家和地区，深受国内外客户喜爱。

第 14 节　常州船用电缆厂

常州船用电缆有限责任公司前身为常州船用电缆厂，创建于 1958 年。公司位于常州市天宁经济开发区。

常州船用电缆有限责任公司作为国内专业研制和生产舰船用特种装备用电缆的企业，多年来致力于产品的整体行业进步和发展，参与编制了多项国家标准和国家军用标准，并主编舰船用国家标准详细规范，通过自身的行业地位，带动整个行业健康有序的发展。

一、发展变迁

1958 年，常州船用电缆厂成立。

1973 年，成为第六机械工业部地配单位。

1998 年，实行股份合作制。

2000 年，成立有限责任公司。

2010 年，成为中利科技集团股份有限公司全资子公司。

2012 年至今，厂址由常州市龙游路 5 号变更为天宁经济开发区北塘河东路 8 号，在原有专业舰船用电线电缆的基础上，大力发展新能源、港口机械、矿山、航空航天等特种电线电缆领域。

二、公司荣誉

1982 年，获中共中央、国务院和中央军委嘉奖。

1989 年，国内首批获得船用电缆中国船级社、英国劳氏船级社认可企业。

1991 年，获得“全国信誉最佳企业”称号。

1994 年，低烟低卤阻燃船用电缆获得“国家级新产品”称号。

1995 年，首次通过 ISO9002 质量体系认证。

1998 年，获得“江苏省高新技术企业”称号。

2001 年，低烟低卤阻燃舰船用耐火电缆获得“国家级重点新产品”和“国家级火炬计划产品”称号。

2009 年，获得德国 GL、法国 BV、美国 ABS、挪威 DNV 等 6 项船级社认证。

2011 年，获得“常州市特种船用电缆工程技术研究中心”称号。

2012 年，获得“江苏省特种船用电缆工程技术研究中心”称号。

2013 年，获得“常州市企业技术中心”称号。

2014 年，获得“江苏省认定企业技术中心”和“江苏省清洁生产良好企业”称号。

2015 年，获得“安全生产标准化二级企业”称号，成为江苏省科技成果转化专项资金项目承担单位。

2016 年，获得“常州市市长质量奖”，连续获得“江苏省文明单位”称号。

三、产品介绍

企业的产品以“海豹”为注册商标，广泛应用于各类集装箱船、滚装船、散货船、油轮等船舶、舰艇，以及石油平台的电力、照明、通信、控制、导航等系统。公司产品覆盖了 35kV 及以下全部船用电缆系列，生产各类船用电缆 40 余个大类、万余种型号规格，电线电缆生产能力达 500000km，产品销往国内各大船厂，并远销欧美和东南亚。

企业一贯重视技术进步和新品开发。

在民用产品方面，按 IEC 60092 系列和 NEK 606 标准生产各种船用阻燃电缆、无卤电缆、耐火电缆、中压电缆、变频电缆、耐泥浆以及各类特殊船用电缆等。产品通过了中国（CCS）、英国（LR）、德国（GL）、法国（BV）、美国（ABS）、挪威（DNV）、意大利（RINA）、日本（NK）和韩国（KR）等船级社的型式认可。

在军用产品方面，公司长期致力于舰船用电缆的研制、开发，拥有完善的生产设备及检验仪器，积累了丰富的研究、开发、生产的实际经验，工艺技术水平较高。曾一度解决了行业上的难题——水声换能器电缆曲挠试验通不过的难点与大规格电缆端头进水的解决方案，为行业做了巨大的贡献。2001 年开发的船用中压电缆获得“国家级新产品”称号；2002 年研制的水下 400m 水密封电缆填补了国内空白。近年来公司开发的 4.5MPa 和 6.0MPa 纵向水密封电缆、船缆用岸电电缆、轻型电力电缆、舰船用局域网电缆等都填补了国内空白，处于国内军用舰船电缆的领先地位。2010 年，公司取得“舰船用 6.0MPa 纵向水密封电缆”的国防专利、“加强型舰船用软电缆”的实用新型专利与“舰船用轻型电力电缆”的发明专利。同时，公司重点强化了为常规与非常规动力水下舰艇、“远望号”卫星科学测量船、大型深海石油平台及 20 万 t 以上国内外船舶整船配套的能力。与上海电缆研究所合作，完成了国家重点工程“210”工程用电缆的研究开发项目；与中船重工第 701 研究所合作完成了超大型舰艇用消磁电缆的研发；与中船重工第 719 研究所共同合作开发水下舰艇用电缆老化项目管理等。2010 年以后，随着公司治理结构的变化，由原有的股份制公司转变为中利科技集团全资子公司，加大海军特种装备用电缆的研发力度，先后研制了舰船用中低压变频电缆、中低压直流电缆、中压光电复合岸电电缆、大载流量岸电电缆、TS 系统用特种装备用电缆、分支电缆、事故软电缆、消磁电缆、测磁电缆、中压脉冲同轴电缆、舰用光缆、舰用坞舱高温电缆、中频电缆、耐高温电缆、核级电缆等 30 余项，同时承担了舰船研究所多项配套科研任务，如贯穿件密封摸底试验、端头密封工艺研究、核级电缆寿命研究、分支电缆研究等，为我国电线电缆行业及海军事业发展做出了贡献。

第 15 节　邮电部成都电讯电缆厂

成都四威科技股份有限公司前身邮电部成都电讯电缆厂，1958 年建厂，建厂初期主要生产铅包纸绝缘市话通信电缆。

20 世纪 70 年代开始生产星绞铅包纸绝缘对称长途通信电缆、同轴电缆及射频电缆。

20 世纪 80 年代初通过引进技术开始生产全塑市话通信电缆。

1994 年，在香港成功上市。

2021 年，经国务院国资委批准，从原中国普天集团并入中国电科集团。

2022 年 7 月，正式更名为成都四威科技股份有限公司。

目前，公司拥有员工 500 余人，资产总额 10.5 亿元，总部位于成都市高新西区新航路 18 号。公司现有四大业务板块，即电缆组件装配、光纤、轨道交通用缆、园区运营。

多年来，公司为我国通信事业的发展做出了巨大的贡献，得到党和国家领导人的肯定。公司一直坚持以科技为先导、以质量为核心、以效益为目标的发展思路和“从严、创优、求实、争先”的企业精神。公司锐意进取，已建设成为拥有成都康宁、中住光纤等 4 家中外合资企业和 6 家国内联营企业的大型通信电缆光缆集团公司。由于企业管理和效益突出，公司曾荣获企业管理最高奖——金马奖，还多次获得由省、市及各级地方政府、行业授予的“先进企业”“十强企业”“特别贡献企业”“中国普天业绩增长奖”等荣誉。公司所有产品严格按照国家标准、部颁标准和 IEC 等标准生产，并通过了 ISO9001 质量管理体系认证。公司产品质量优良，分别获得国家、部、省、市“优质产品”“免检产品”等诸多荣誉称号，其中市内通信电缆 HYA、HYAT 型还荣获国家优质产品金质奖。

公司按照成都市总体规划，于 2007 年整体搬迁至成都高新技术产业开发区西部园区，建立中国普天成都工业基地。

回顾公司发展历程，大致可分为以下 5 个阶段。

1. 建设初创时期

1958 年 10 月 26 日，邮电部批准成立邮电部成都电讯电缆厂筹备处，确定建厂总投资 1200 万元。1959 年 1 月 10 日，举行建厂奠基仪式，建厂工程正式破土动工。

1961 年 2 月，邮电部正式给工厂命名为邮电部成都电讯电缆厂。

1962 年 9 月，四川省邮电管理局所属成都邮政机械厂与工厂合并，经上级批准，更名为邮电部成都邮电器材厂。

1965 年，工厂的主要产品铅包纸绝缘市话电缆产值增加到 3163 万元，这个过程被称为工厂的“一级跳”。

1971 年，成功开发星绞铅包纸绝缘对称长途通信电缆，当年各类电缆总产值达到 6812 万元，实现从 3000 万元到 6000 万元的“二级跳”，成为国内影响力最大的通信电缆厂。

1973 年，成功试制并生产四管中同轴电缆和射频电缆，为我国京、津、沪、杭第一条大通路工程做出贡献。

2. 技术进步时期

1982 年 8 月 15 日，中机公司（中国机械进出口（集团）有限公司的简称）、邮电工业总公司和美国 Exess 公司在北京正式签订了工厂的引进工程协议。

1984 年 8 月 15 日，试产出第一条符合 REA 国际标准的全塑市话电缆。

1986年，引进的全塑市话电缆生产线全面投产，全厂的年产值达1.2亿元以上，实现了在1980年的基础上翻一番的目标。

1986年，主导产品HYA型全塑市话电缆荣获国家质量金牌奖，这是全国电缆行业的第一块金牌；荣获国家“六五”技术进步奖。

1987年，工厂确立“从严、创优、求实、争先”的企业精神。

1988年，全塑市话电缆生产线获国家科技进步二等奖。

3. 全面腾飞时期

1989年，工厂荣获国家企业管理最高奖——金马奖。

1991年，工厂荣获“七五国家级技术进步奖”。

1992年2月，工厂被成都市科委等确认为首批高新技术企业。

1993年11月，工厂顺利通过国家经贸委、国家税务总局、海关总署联合组的考查，正式被批准建立成都电缆厂国家企业技术中心。

1994年，更名为成都（普天）电缆股份有限公司，完成股份制改造，并在香港上市成功，控股股东为邮电工业总公司（中国普天信息产业股份有限公司的前身）。

1994年10月26日，公司与德国西门子股份公司的合资公司签字仪式在北京人民大会堂举行。

1997年7月16日，公司通过ISO9002质量体系认证，并取得证书。

4. 巩固调整时期

1999年，公司CDC商标获四川省著名商标称号。

2001年，公司销售收入达19.53亿元，税后利润1.18亿元，创历史最高水平；获成都市重点优势企业称号，排名第3位。

2003年，获四川工业企业最大规模100强及电器机械制造业最大规模10强；完成质量体系2000版改版并通过认证注册。

2006年5月，成都普天工业基地正式动工。

2007年11月，公司行政区域搬迁到位，公司整体搬迁基本完成。

5. 探索转型时期

2008年，公司通过质量管理体系监督审核。

2008年5月，公司参加“5·12”汶川大地震的抗震救灾工作。公司及所属联营合资企业共计捐款78万元，运送数批抢修用全塑电缆10万对公里；职工捐款超过20万元；党员缴纳特殊党费近2.7万元。公司荣获“5·12汶川大地震爱心奖”及市总工会颁发的“抗震救灾重建家园”工人先锋号。

2008年12月29日，公司荣获“成都市企业改革和经济发展突出贡献企业”称号。

2009年4月20日，东莞CDC电缆厂搬迁工作顺利完成。

2009年9月7日，公司成为西南地区首个通过轨道交通车辆用电缆3C认证的厂家。

2009年9月23日，公司工业电子加速器厂房正式动工。

2010年3月25日，公司与中国南车集团签署了战略合作协议，公司与其下属2个公司分别签下北京城铁昌平线机车缆采购合同。

2010年4月23日，公司荣获由成都市委、市政府联合颁发的2004—2008年度成都市“模范单位”称号。

2010年10月，机车缆中标北京地铁8号线和成都地铁2号线。

2011年5月12日，完成东莞CDC电缆厂转让。

2011年5月，辐照加速器建设完成并投入生产，标志着公司轨道交通车辆用电缆生产线顺利打通。

2011年9月2日，公司荣获成都市企业100强称号。

2012年6月29日，公司试点实施全面预算管理和经营业绩考核。

2012年11月13日，股东大会通过普天法尔胜合资事宜。

2012年11月27日，成立电气装备电缆事业部，并对总经理岗位公开竞聘。

2013年3月，电气装备电缆事业部中标南车浦镇项目并开始交货。

2013年5月22日，公司获“成都市开展创建劳动关系和谐企业活动先进单位”称号。

2014年1月6日，公司工会荣获成都市模范职工之家称号。

2014年10月29日，通过改制重组新成立联营合资企业成都月欣通信材料有限公司。

2015年3月3日，公司取得CRCC认证，迈入大铁路的销售门槛。

2015年9月29日，公司通过安全生产标准化三级达标考评。

2015年11月3日，合资成立重庆普泰峰铝业有限公司。

2015年底，成缆信息系统上线，信息化全覆盖工作启动。

2016年4月，重庆普泰峰铝业有限公司启动生产。

2016年6月，成立光通信事业部和智能电气事业部。

2016年7月，中菱公司和能源传输电缆事业部开始整合。

2016年11月，进行了普法集团22.5%股权转让。

2017年1月，公司开展处僵治困工作。

2017年3月，启动监事会问题清单梳理工作。

2017年6月，公司启动“三供一业”分离移交工作。

2017年7月，公司决定退出普泰峰铝业有限公司的经营，同年10月公司同意清算并上报中国普天，同年12月成立清算小组，全面开展普泰峰铝业有限公司的清算工作。

2017年8月，公司首次发布环境、社会及管治（ESG）报告。

2017年9月，成立双创规划工作小组，启动双创工作。

2017年10月，公司荣获2016—2017年度“中国线缆行业100强企业”称号，行业竞争力位列第89位，与2016年相比排名上升；荣获“2017成都制造业100强”称号。

2017年12月29日，成都电缆双流热缩制品厂股东双方签署了股权转让协议，由成都普天收购双流区近都社区持有的成都电缆双流热缩制品厂33.33%的股权。

2018年5月29日，成都电缆双流热缩制品厂完成工商变更，企业名称变更为成都普天新材料有限公司，成为成都普天的全资子公司。

第16节　南昌电缆厂

江西南缆企业集团是以江西南缆集团有限公司（原南昌电缆有限责任公司）和南昌安特电缆有限公司为核心，由15家公司联合组成的企业集团，前身为南昌电缆厂（1958年建厂），地处南昌市井冈山大道516号，属“南昌市重点企业”。

集团主导产品为35kV及以下电力电缆、架空绝缘电缆、架空导线、控制电缆、塑料绝缘电线电缆、阻燃（无卤阻燃）耐火电缆、尼龙护套电线、预制分支电缆、防鼠蚁电缆、电刷线、水冷电缆、电工用铜、铝杆。在国内同行业率先通过定量包装产品质量保证C标志认证，并在江西省内首先推出符合欧盟RoHS指令的环保电线电缆产品。其“赣昌”牌和“科安特”牌电线电缆均为“江西省名牌产品”和“江西省重点保护产品”。2008年，“赣昌”牌电线电缆被认定为“中国驰名商标”。

1958年3月，根据国民经济发展需要，由地方政府批准，开始筹建南昌电缆厂，企业属于全民所有制性质，由董伯申同志出任第一任党委书记。当年国家投资161.79万元。

1959年10月，厂址选定在井冈山大道516号。

1960 年 5 月，上海中华元塑料厂内迁并入工厂，同年三季度塑料线试产成功。1960 年 11 月初，第一根 16mm^2 钢芯铝绞线试产成功，结束了江西不能生产电线的历史。

1962 年，根据国民经济“调整、巩固、充实、提高”八字方针，南昌电缆厂缩小规模、精简人员，于 1963 年并入江西电机厂。

1964 年，由于经济形势的好转，省机械厅下发［64］第 37 号文件决定，将江西电机厂电缆车间划出，单独成立南昌电线厂，当年被一机部确定为定点生产厂。

1965 年，漆包线、纸包线相继投产，填补省内空白。

1967 年，依靠自己的技术力量，成功自制一台熔铝炉，同时购置一台旧轧机并将其改造成手工开坯的压延机，从此结束了不能生产铝杆的历史，摆脱了只能依赖外购铝杆制造电线的被动局面。同年，玻璃丝包线投产，产品品种逐年得以扩大。

1970 年，橡皮线车间成立并投产，生产能力迅速增长，至此，南昌电线厂已具备大批量生产橡套电缆、电焊机电缆、钢芯铝绞线、电磁线、橡皮线、塑料线的能力，年产值达 1363 万元，当年向国家上缴税利 292 万元。

1971 年，为了扩大铜线生产能力，工厂自行设计制造了 10 台十二模钢小拉机。

1979 年，党的十一届三中全会以后，经过拨乱反正，工厂各方面工作逐步走上正轨，经济效益显著提升，产值突破 2000 万元大关，上缴税利超过 500 万元。同年，为缓解技术人员缺乏的状况，开办了广播电视大学电子专业教学班，这是工厂历史上首次创办大专班自行培养大学生。

1980 年，工厂生产的玻璃丝包线首次被评为“省优产品”。

1984 年，工厂以提高经济效益为中心，全面开展企业整顿工作。1984 年 6 月，经省机械厅企业整顿检查验收团验收为合格单位。1984 年 7 月，控制电缆试制成功并正式投产，同时试制电力电缆。1984 年 9 月，经省经委、省机械厅决定，开始实行厂长负责制。

1985 年，经南昌市计委批准，恢复南昌电缆厂厂名，由省机械厅直属企业下放南昌市，隶属市机械工业局，全民所有制性质不变。江西省人民政府授予工厂“江西省经济效益先进单位”称号；市委市政府授予工厂“文明单位”称号。

1986 年，10kV 聚氯乙烯塑料电力电缆投产，工厂被机械工业部认定为江西省首家电力电缆定点生产厂家。

1987 年，铝杆连铸连轧工程竣工并投产，生产能力扩大 1 倍。

1990 年，上引法无氧铜杆生产线竣工，电工圆铝杆和玻璃丝包扁线均荣获“省优产品”称号。

1991 年，10kV 架空绝缘电缆试制成功并于 1991 年 11 月通过省级鉴定。

1993 年 9 月，南昌电缆厂与新加坡山林实业有限公司达成合资 147 万美元组建中外合资江西山林实业有限公司的协议，外方占 54.5% 股权，中方占 45.5% 股权。

1994 年，南昌电缆厂与新加坡安特股份有限公司共同出资 531 万美元成立中外合资安特（南昌）电缆有限公司，外方占 75% 股权，中方占 25% 股权。

1995 年，从德国引进的三层共挤干法交联生产线试运行成功。

1996 年，由于对市场经济的不适应和历史包袱沉重及管理方面的多种原因，企业经济效益滑坡严重，资产负债率高达 147%，被列入全市 24 户特困企业之一。1996 年底，市委调整南昌电缆厂领导班子，葛彬林同志临危受命出任厂长兼党委书记。

1997 年，新班子深入调查研究、集思广益，提出了“以改革为先导，在困难中求生存，团结一致，艰苦奋斗，实现第二次创业”的口号，并决定“第二次创业”分三步走：第一年整顿恢复；第二年巩固提高；第三年跃上台阶。同时推行四大举措：一是大刀阔斧对企业进行体制改革；二是大力调整产品结构；三是着力推动“品牌战略”；四是坚持市场机制创新。

1998 年，在“合理利用资源，实现资产重组，实行分兵突围，坚持分块搞活”的战略思想指导下，通过政府划拨资产，以承债式方式会同职工持股会，组建了南昌电缆有限责任公司。新公司在只有20万元现金和50万元物资的情况下，全体员工艰苦奋斗，在当年剩余的8个月时间内，实现了1100万元的销售收入，为企业走出困境奠定了基础，为全体员工实现二次创业增强了信心。同年，电缆厂对后方车间和服务性单位进行体制上的划小剥离，对科室机构和人员进行大幅度压缩和精简，对闲置厂房、设备和库存物资进行盘活利用。

1999年，电缆公司实现销售总额2808万元并顺利通过了ISO9002质量体系认证，标志着企业的质量管理上了一个新台阶。同年，江西赣昌铝业有限公司、南缆物业管理有限公司和南缆机械制造有限公司相继成立。

2000年，按照“看准方向、找准定位、有进有退、有所为有所不为”的基本方针，以稳定全局为前提，以生产经营为重心，以持续发展为目标，推行狠抓改革、调整产品结构、降低生产成本等一系列卓有成效的工作，取得了较好成绩，各项主要经济指标再创新高，当年实现销售额1.5亿元。为扩大产品的知名度和美誉度，为占领市场积蓄能量，企业推出“品牌战略”，将20世纪80年代注册的“赣昌”牌电线电缆列为“品牌战略”的主打品牌。

2002年，为加快“品牌战略”的实施，投入40万元在江西卫视《天气预报》栏目打出了“赣昌”牌宣传广告；南昌关联塑业有限公司成立。

2003年，南昌电缆有限责任公司在完成了耐火电力电缆省级鉴定的基础上，相继开发了无卤阻燃交联聚乙烯绝缘电力电缆、无卤阻燃交联聚乙烯绝缘电缆电线及预分支电缆。“赣昌”牌电线电缆顺利地通过了ISO9000：2000版质量体系标准认证，并荣获了“江西省名牌产品”称号，被续评为“江西省重点保护产品”。电缆公司被省质协评为“江西省用户满意企业”。

2004年，安特公司外方股东转让其股权，外省某企业欲收购其股权后将安特公司变为其线缆生产基地，此举将严重威胁到企业生存。因此，企业上下竭尽全力，用各种方式筹集资金与合作伙伴共同成功地收购了外方股权。以电缆公司为依托，推进企业规模扩张，实现三项重大重组。一是本着优势互补、资源合理利用的原则，与南昌八一电线厂通过平等协商达成共识，合作组建了南昌八一电缆有限公司；二是为了加强辐射功能，抓住沿海加工业向中部梯度转移的机会，开辟赣南市场，与战略伙伴合作，在赣南组建了江西三联电缆有限公司；三是抓住外方转让安特公司股权的契机，果断做出加速推进企业发展步伐的战略决策。通过三项重大举措，企业整体实力迅速壮大，一个多种经济成分、多种运行机制、多种品牌格局的新型企业集团雏形初露端倪。

2005年，“赣昌”牌塑料线销售额突破4000万元。安特公司按照ISO14001：2004标准的要求，进行了环境管理体系手册的换牌工作，使该体系持续有效运行。抓住各种机会，利用各种场合，运用有效方式，不失时机地进行“赣昌”品牌的宣传，先后举办了销售商联谊会和装饰界联谊会，参加了南昌制造业博览会，“赣昌”品牌得到充分的展示。同年，江西新联建材有限公司成立。

2006年3月28日，江西南缆企业集团召开第一次董事会。2006年5月19日，集团正式挂牌，旗下拥有南昌电缆有限责任公司、南昌安特电缆有限公司等15家企业，母公司为南昌电缆有限责任公司。企业跻身于“江西省机械行业十强企业”行列。在“品牌万里行”大型调查评选活动中，“赣昌”荣获“质量最佳品牌”和“江西市场最畅销品牌”的称号。“赣昌”品牌率先在同行业中取得“欧盟RoHS环保指令”证书及通过“定量包装C标志”认证。江西赣昌铝业有限公司经过三个多月的苦战，在国内率先成功研制开发出特种铝杆，其拉丝最小直径达到0.13mm。同年，南昌市国资委授予企业“先进企业党组织”称号，南昌市国资公司授予企业“先进基层党组织”称号。

2007年，企业荣获“全国机械行业文明单位”称号。市场开拓取得突破性进展，实现了8000系列产品批量出口美国，为打开国际市场迈出了可喜的一步。江西赣昌铝业有限公司成功研制铁铝合金铝杆，突破了8000系列产品首道工序的技术难题。

2008年，“赣昌”牌电线电缆注册商标被认定为“中国驰名商标”；出口美国的产品经美国本土

UL 实验室检测合格，并经美国保险商实验认证机构的工厂检查，在国内率先通过了 UL44 和 UL854 认证。

2009 年，出口美国的热固性绝缘电线电缆和用户引入电缆在国内首家通过省级新产品鉴定；“赣昌”牌电线电缆被评为“全国建筑行业推广应用产品”。

第 17 节 西安电缆厂

西安西电光电缆有限责任公司（简称“西电光电缆公司”）前身为西安电缆厂，始建于 1958 年，隶属全国五百强企业——中国西电集团，属国资委管辖的大型企业之一。

公司注册资本 3.44 亿元，资产总额 11.42 亿元，占地面积 32 万 m^2，厂房建筑面积 9 万 m^2，从业人员 1005 人，年实现产值可达 15 亿元。

西电光电缆公司是以生产电线电缆、铜加工等产品为主的国有大型骨干企业之一，产品涉及 7 大类、17 个系列、45 个产品、2600 多种规格，主要产品有铁路信号电缆、铁路数字信号电缆、内屏蔽铁路数字信号电缆、漏泄同轴电缆、通信电缆、电气化铁路 27.5kV 单相交流交联聚乙烯绝缘电缆、电气化铁路用铜及铜合金接触线、电气化铁路用铜及铜合金绞线、中低压电力电缆、电气装备用电线电缆、矿用电缆、额定电压 450/750V 及以下聚氯乙烯绝缘电线电缆、综合光电缆、数字通信对称电缆、裸电线、金属网过滤器、铁路综合贯通地线及其接续材料等，质量达到国内外先进水平。

西电光电缆公司自建厂以来，先后增加投资 6 亿元进行设备技术改进和新产品开发工作。特别是投资“时速 200km 及以上铁路电气化线缆产品产业化”基础建设项目，使公司成为我国唯一的具备生产和供应铁路电气化涉及的通信、信号、电力、牵引（“四电”）系统产品的专业生产厂家。

公司生产的通信电缆、信号电缆、电力电缆产品曾获得国家免检产品称号。“XD 牌”铁路数字信号电缆、铁路综合贯通地线获得陕西省名牌产品称号。“XD 牌”铁路数字信号电缆、铁路综合贯通地线、电工用铜母排系列产品分别获得西安名牌产品称号。公司自成立以来已为国家铁路、通信和电力建设提供了数百万公里电线、电缆。产品畅销全国各地并出口多个国家，深受顾客信赖，近年来公司向印度、智利、安哥拉、越南和朝鲜等国家出口铁路电缆 2 万多公里。公司除按国际标准、国家标准、行业标准组织生产外，还可按顾客特殊要求进行设计与生产。

一、公司大事记

1958 年，在国家第一个五年计划项目中，经一机部第八工业局批准，由苏联援建，在西安成立了我国第一家以通信、信号为主导产品的西安电缆厂，现隶属中央国有大型企业——中国西电集团。

1958 年 6 月 10 日，一个叫作西安电线厂的大型工厂开始筹建了，同年 10 月 1 日改名为西安电缆厂筹备处。为了帮助西安电缆厂建厂，一机部决定，西安电缆厂由哈尔滨电线厂（原哈尔滨电缆厂）和 446 厂（原西安绝缘材料厂）共同负责包建。

1959 年 7 月，中央批准设立西北电力制造公司，该公司包括西安电缆厂、西安开关整流器厂、西安高压电瓷厂、西安电力电容器厂、西安绝缘材料厂、西安变压器电炉厂等多家工厂。

1964 年 12 月 17 日，为了加强内地建设，国家计委和国家经委决定将沈阳电缆厂部分设备（通信电缆车间）和人员（400 人）迁往西安，并入西安电缆厂。经过紧张的厂房建造、工程改造和设备安装调试，长途通信电缆产品于 1965 年 9 月 16 日投产，同年 9 月 30 日生产出成品。至此，西安电缆厂正式成为以生产通信电缆为主的电线电缆工厂。

1971 年，公司不断扩大生产能力，先后开发了 450/750V 及以下聚氯乙烯电力电缆、0.6/1kV 及以下交联聚乙烯电力电缆、0.6/1kV 及以下聚氯乙烯电力电缆、耐火电力电缆、低煤无卤电力电缆、铝绞线、钢芯铝绞线、塑料绝缘控制电缆等各类电力电缆和控制电缆，实现产品多元化。

1978 年，公司自行成功研制了我国“第一条上引法连续无氧铜”生产线，无氧铜杆的制造水平达到了国内先进水平。

1980 年，公司开始对 1.2/4/4mm 小同轴综合通信电缆展开深入研发，产品被国家通信网使用后，被评为陕西省和一机部优质产品，产品属国内首创，达到当时国内先进水平。

1982 年，公司不断挺进铁路市场，研制开发了多种通信类电缆产品，其中 HEYFLZ 铜芯泡沫聚乙烯绝缘铝包高低频综合对称通信电缆属国内首创，数模综合通信电缆获机械工业部二等奖。

1984 年，公司紧跟铁路市场发展脚步，研制开发了电气化铁路信号屏蔽电缆和 UM71 系统专用信号电缆产品，该产品使铁路信号传输技术发展上升到了一个新的台阶；电气化铁路信号屏蔽电缆获机械工业部三等奖。

1986—1987 年，公司与日本古河株式会社合资，先后开发了多种光缆、综合光缆产品，并自主研发了带状光缆，为铁路建设提供了第一条综合光缆，开创了光纤光缆在我国铁路通信传输的先河，奠定了公司在通信传输领域的领导地位。公司从芬兰引进了多条国际先进生产设备及自动检测仪器，成功研发出全塑市话通信电缆系列产品。

1988 年，借助着良好的发展势头，公司发展了 5 类缆、超 5 类缆、6 类缆等数据传输电缆，并通过了省级成果鉴定。自行设计制作连铸连轧无氧铜杆生产线，年生产能力达到 10000t 以上。

2003 年，随着铁路营运速度的不断提升，公司研发了铁路数字信号电缆、内屏蔽铁路数字信号电缆、点式应答器数据传输电缆、环保型综合贯通地线等多种新型信号类产品，为铁路运营速度不断提升提供了技术支持。

2008 年，公司投资 3000 余万元，对控制电缆、电力电缆以及铜加工产业进行了生产能力及产品种类的扩充，相继开发了装备用控制电缆、10kV 架空绝缘电缆、35kV 及以下中压交联聚乙烯绝缘电力电缆、铜芯塑料绝缘预分支电力电缆、无氧铜母线、无氧铜扁线、无氧铜绞线、纸包绕组线等多种新产品。

2009 年至今，根据市场发展及公司中远期规划目标，公司投资 1.62 亿元设立了“时速 200 公里及以上铁路电气化线缆产品产业化”项目，从德国、瑞士、美国、英国等国家引进了多条先进生产线，研制开发铜合金接触线、承力索、漏泄同轴电缆、35kV 及以下专用电力电缆等高端产品。至此，公司已具备生产和供应铁路电气化涉及的通信、信号、电力、牵引（“四电”）系统产品。

二、对行业的贡献

几十年走来，西安电缆厂在电缆行业取得了骄人的成绩，也开创了多个中国第一：第一条铁路长途对称通信电缆；第一条 3600 路小同轴电缆；第一条铁路光电综合电缆；第一条全塑市话电缆；第一条电气化铁路 UM71 系统信号电缆（用于秦沈专线）；第一条点式应答器设备传输用电缆（LEU）；第一条内屏蔽铁路数字信号电缆；第一条客运专线接地系统专用贯通地缆等。

第 18 节　贵阳电线厂

贵州玉蝶电工股份有限公司前身为贵阳电线厂。

从 20 世纪 50 年代至今，风风雨雨几十载，这个最初叫贵阳电线厂的“三线”建设企业，从内到外完成了一场全面而深刻的蝶变。

一、贵州电线电缆行业的拓荒牛

1958 年，经贵州省人民政府批准、贵州省机械工业厅筹备组建，成立了贵州省第一家电线电缆生产企业——贵阳电线厂。当时，贵阳电线厂属于贵阳机械系统新建的13个厂之一。

1959年，在简陋的车间里，用简单粗糙的设备生产出了贵州历史上的第一条电缆——$16mm^2$裸铝绞线。

1960年，国家经济陷入困境，部分建设项目停建，贵阳电线厂被并入贵阳电机厂（一八五厂）。

1967年，在国家“三线”建设时期，省市有关部门决定，重建贵阳电线厂。因贵州省农校撤销，贵阳电线厂新建在贵州省农校校址及划拨的土地上，人员由贵州省机械厅派出的干部、原贵阳电线厂人员及省农校部分人员合并组成，另外又招收了一批青年职工并送他们到上海专业厂进行培训。此外，还有一批大学生分配到工厂。

1968年8月，贵州省革命委员会生产领导小组向一机部军管会生产指挥部送了一份编号为革生（68）307号的文件，里面详细阐述了关于贵阳电线厂安排内迁建设计划的意见，一机部很快做出了回应。随后，贵阳电线厂开始扩大产品品种，扩大规模，迎来了快速发展的大好时机。

1968年10月14日，贵阳电线厂代表持一机部的公函及省革委会的307号文件到达上海，向上海市革委会工交组汇报联系，随后又与上海市电机公司共同研讨内迁组建工作。

1968年11月30日，上海市电机公司以（68）沪电机生字第060号文报上海市机电一局，内迁方案得到了上海市机电一局、上海市革委会工交组的认可，并上报给一机部。在1969年全国计划会议上该内迁方案被正式列入国家计划。

1968年，上海铜材厂、上海裸铜线厂、上海铝线厂、上海塑胶线厂、上海红旗电磁线厂、上海拉丝模厂等6家电线电缆生产企业，为支援“三线”建设，内迁并入重建的贵阳电线厂（图45）。

图45　20世纪60年代贵阳电线厂的车间和设备

1969年，贵阳电线厂大规模的土建工程全面展开。

1970年，上海内迁的设备陆续抵达贵阳，下半年，上海内迁的先头部队到达贵阳。

1970年9月，上海首批支内人员抵达贵阳。同年9月25日，内迁组建后的贵阳电线厂首批裸铝绞线、塑胶线、电磁线顺利投产。

经过3年的发展，贵阳电线厂已经可以批量生产钢芯铝绞线、电磁线、塑胶线等产品，为贵州机械工业的建设和电线行业的兴起做出了应有的贡献，成为贵州电线电缆行业名副其实的拓荒牛。

二、开启品牌发展之路

1983年3月1日，“玉蝶”商标获准注册，“玉蝶”品牌华丽亮相，开启了贵阳电线厂的品牌发展之路。

20世纪80年代中期，贵阳电线厂的员工发展到1200人，其中工程技术人员140人，这是贵阳电线厂在计划经济时期最为辉煌的一段历程。

此时，贵阳电线厂开始大规模的技术改造。作为全国三大铝导线生产基地之一，电线厂依托302铝厂，由上缆所帮助规划，出国考察后确定引进意大利、比利时先进的拉丝、绞线生产设备，成为全国首家可以生产超长度、大截面、精确定长钢芯铝绞线的企业，其生产的裸铝线和漆包线在1985年和1988年获得贵州省优质产品称号。贵阳电线厂的裸铝线、钢芯铝绞线、电磁线等产品，不仅能按国家标准生产，还能按IEC标准生产。全国首次用直升机架设的葛洲坝跨江导线，就由贵阳电线厂生产。贵昆铁路电气化工程输电线，1994年的天平线（天生桥—平果）、来柳线（来宾—柳州），1995年的漫昆线（漫湾—昆明），1996年的四川石涪长线（石柱—涪陵—长寿），1997年的宝龙二回（宝珠寺输出工程）及以后的西电东送等国家重点工程，贵阳电线厂均参与了建设。其中，漫昆线在当时是架线落差最大、工程质量要求最高，也是全国最早由地方超高压局招标的工程，最后由贵阳电线厂和昆明电缆厂共同完成，并被评为优质工程。

1991 年，贵阳电线厂生产的产品获得国家出口产品质量许可证，不但畅销国内 28 个省市自治区，而且还远销美国、澳大利亚、塞浦路斯、约旦、尼日利亚、尼泊尔、缅甸、马来西亚、新加坡、印尼、越南等国家。1989—1992 年，贵阳电线厂连续四年出口创汇突破百万美元。到 20 世纪 90 年代中期，贵阳电线厂占地面积 630239.68m^2，在全国范围内规模仅次于内蒙古电线厂。

这一时期获得的荣誉有：

1987 年，获得长城安全认证（即 2002 年以后的 3C 安全认证）。

1995 年，获得贵州省名牌产品称号，并获得省著名商标。

1998 年 4 月，通过 ISO9002：1994 认证。

1994 年，列入国家经贸委第二批全国城乡电网建设改造所需主要设备产品及生产企业推荐目录。

1993 年，生产的裸铝线、钢芯铝绞线、电磁线、塑力缆、控制电缆通过国家验收，获得生产许可证。

2000 年，通过生产许可证换证。

根据国家行业布局，贵阳电线厂被定为全国三大铝导线生产基地之一，成为我国电线电缆行业的重点骨干企业之一，被国家统计局评为中国 500 家最大电气机械及器材制造企业之一。

三、走向市场，高速发展

20 世纪末，在计划经济向市场经济转轨过程中，贵阳电线厂的生产经营突然由盛转衰，甚至一度陷入半停产状态，职工也大量下岗。

2000—2002 年，国家实施城乡电网改造、西电东送工程及西部大开发，贵阳电线厂抓住这一机遇，正视困难，解放思想，努力拼搏，在省市政府的支持下，通过内抓管理、外抓市场，进一步拓展融资合作渠道。终于，贵阳电线厂从困境中走出，逐步恢复生机。

2003 年 3 月，为解决企业历史负债问题，通过贵阳市政府、小河区政府的招商引资项目，将贵阳电线厂钢芯铝绞线和电磁线两条生产线及部分土地、建筑物等部分资产出让给青岛汉缆集团。此时，贵阳电线厂占地面积缩小到只有 39.7 万 m^2，生产经营规模缩小到只有一个民用塑胶线产品，职工人数也锐减，只有 600 余人，是鼎盛时期的 1/2。

贵阳电线厂面临只有民用塑胶线一个产品的困境，依托“玉蝶”及“贵州省名牌产品”的品牌优势，不断开拓创新，加强企业管理，增强和完善质量管理及质量意识，在激烈的市场竞争中占领了一席之地，取得了较好的社会效益和经济效益。

然而，企业体制的深层次矛盾，严重制约了贵阳电线厂的发展。2008 年，贵阳电线厂进行产权制度改革，在依法设立的产权交易机构挂牌，公开征集受让方将 50% 的国有产权转让，并继续发展其产业。50% 国有产权出让后，由受让方和贵阳市工业投资控股公司共同控股组建股份制企业，妥善安置职工，建立现代企业制度。2008 年 12 月，贵阳电线厂重组更名为贵阳电线厂有限公司，2009 年 1 月正式挂牌，投资方与国有各占 50% 的股份。2009 年 8 月，投资方收购了电线厂 2003 年出让给青岛汉缆集团的资产（土地、建筑、设备），成立了贵州玉蝶电气电缆有限公司（简称“玉碟公司”）。同年 12 月，贵阳电线厂有限公司剩余 50% 国有产权出让，整体改制为民营企业。

贵阳电线厂有限公司和贵州玉蝶电气电缆有限公司的成立，昭示着它完成了从“三线”建设时期国有企业到现代股份制企业的华丽转身，实现了真正意义上的蝶变。

玉蝶公司凭借在省内区域线缆行业较强的竞争实力，充分利用国内宏观经济环境和政策的引导支持，解决了原企业资产质量差、企业办社会负担重、人员分流压力大、设备老化、技术水平偏低、管理运作不规范等问题。企业改制完成之时，正值贵州发展的“黄金十年”，玉蝶公司经过大力整合，在市场经济的大潮中取得了优异的成绩，得到了长足的发展，进入快速成长期，产品结构也从较单一的电线、电缆产品，增加到电气工业系列的十几类产品。2008 年改制前，玉蝶公司的产能是 11 万 km，产值为 1.9 亿元；

2017 年，玉蝶公司（含电线厂和电气电缆）的产能已达到 50 万 km，产值提升至 13.4 亿元。

四、安家经开区，翩翩起舞展新姿

玉蝶公司原厂区地处阿哈湖二级水源区，限制了工厂的进一步发展。2013 年，根据贵阳市政府“退城进园”政策，玉蝶公司在贵阳市经开区的帮助和支持下，搬入了经开区小孟工业园内的丰报云村贵惠大道西侧。

2018 年，玉蝶公司工业生产基地初步建成，占地面积 22.63 万 m^2，建筑面积 24.63 万 m^2，专业生产设备全部更新为当前国内、国际最先进的设备，并新增生产线设备 21 条（套），建成企业 OSC（大数据）中心 1 个。根据企业生产经营发展需要，贵阳电线厂有限公司和贵州玉蝶电气电缆有限公司合并，以贵州玉蝶电工股份有限公司生产经营原两个企业的产品。

玉蝶公司生产的主要产品有电气安装用 PVC 绝缘电缆电线、钢芯铝绞线、塑料绝缘控制电缆、辐照交联电线电缆、1kV 和 10kV 绝缘架空电缆、PVC、PP-R 管材管件、开关插座等。年生产能力为电缆 30000km，电线 650000km，钢芯铝绞线 60000t。2019 年搬迁完成后，玉蝶公司当年就实现产值 14.21 亿元。2020 年 10 月，公司又获得国家高新技术企业称号。

玉蝶公司通过转型升级，焕发出无限生机，迎来又一个发展的春天，完成了从简单机器生产到智能制造、运用工业云和大数据的一次蜕变。目前，公司正依照“十四五”战略发展规划，全面贯彻新发展理念，推动高质量发展，不断提高企业发展的竞争力和持续力，完善创新体系、增强创新能力、激发创新活力，把握主动，勇往直前。

纵观玉蝶公司的发展历程，发轫于特殊时期的“三线”建设企业，根植于贵州这块神奇的土地，兴盛于经开区，纵跨两个世纪，其“百年老厂”的历程在贵州经济发展史上留下了难得的一笔。

第 19 节　邢台市电线厂

河北邢台电缆有限责任公司（简称“邢缆”）的前身是机械部、铁道部定点生产电线电缆的国有大型企业——邢台市电线厂，也是河北省最大的电线电缆生产厂家和河北省电线电缆行业领军企业。

邢缆的产品主要面向高铁、地铁和机场等市场。北京“双奥”场馆、上海世博会、三峡工程、北京长安街和中南海改造、人民大会堂等国家重点项目和标志性建筑，国电、华能、华润等重点电厂，北京大兴国际机场、首都国际机场、上海浦东机场、成都双流机场、西藏拉萨机场等全国近 90% 的机场，北京西客站、郑州东站、哈尔滨西客站等 100 多家铁路站房，青藏、京九、南昆、内昆、朔黄、郑万等近 200 条铁路（高铁），北京、上海、广州、深圳、天津等城市的地铁工程都采用了邢缆的产品。邢缆“腾达”牌电线电缆在业界和市场具有良好的口碑。

一、艰苦创业，从无到有

1958 年，邢缆的前身——邢台市电线厂应运而生。在邢台市棉丝织厂的一个织鞋带车间的基础上，邢缆开始了艰难的创业之旅。彼时厂区占地仅 10 余亩，员工 30 人，设备简陋，产品单一，主要靠手工制造裸铝线产品。企业性质为全民所有制。

1959—1960 年，企业相继派遣员工去河南安阳等地学习电线制造技术，同年添置拉丝、合股等简易设备，生产技术进一步发展，产品为低电压、小截面裸铝线。

1961—1968 年，相继上马了开放式轧胶机、纵包机、编织机、水箱拉丝机、束丝机、挤橡机等，主要产品为低压小截面的裸铝线、橡皮编织线、橡套电缆。随着企业生产规模逐步扩大和产品品种逐步增加，到 1964 年，邢缆开始正式承担国家计划，被列为机械工业部电线电缆定点生产厂家之一。

1969—1979年，在小黄河以北征地80余亩扩建厂区，修建了沟通南北厂区的小黄河胜利桥，先后建设了机修车间、裸线车间、橡皮线车间、挤塑车间，购置铜、铝五模、八模、十模拉丝机，6盘200、400型和12盘200、400型管式绞线机，焖丝炉，硫化罐等设备，具备了一定的生产规模。主要产品为裸铝线、钢芯铝绞线、橡皮编织线、橡套软电缆、重型橡套电缆、电焊机电缆，以及BV、BLV塑料线等低压产品。厂区占地达到110多亩，职工近900人。

二、与时俱进，稳健增长

1980—1981年，经邢台市人民政府批准，邢台市电线厂兼并市轧铝厂、市漆包线厂，组建邢台市电线总厂，企业综合能力有所增强。

1982—1983年，扩大橡皮线和软线、橡套电缆生产能力，由机修车间自制水箱拉丝机，改造购置焖丝炉，ϕ50、ϕ70挤出连续硫化橡皮线生产线两条，玻璃丝编织机16、24、36锭240台，纵包机等，企业生产能力进一步提高。

1984—1989年，邢缆连续进行几期大的技术改造：通过引进与吸收国外先进设备和技术，扩建了电缆车间、软线车间、炼胶车间、漆包线车间；投资1500万元从芬兰、意大利引进了具有国际先进水平的塑力缆和矿用电缆两条生产线；购置高速束丝机，高速退火拉丝机，70、150挤塑生产线等。技术改造提升了企业生产规模和产品等级，增加了千伏级塑力缆、矿用电缆、漆包线等新品，品种日渐齐全。厂区占地180亩，职工1100人。

1986年，邢台市电线总厂更名为河北邢台电缆厂。

1989年，经过31年的厚积薄发，邢缆销售收入首次突破亿元大关，当年上缴税金3000多万元，实现利润2000万元，成为邢台市重点利税大户。同年，经国务院企业管理指导委员会核准，邢缆晋升为国家二级企业。

1990—1995年，企业持续进行技术改造，提高生产效率和质量，扩建了铝包钢车间、交联车间，并从英国引进先进的双轮连续挤压生产线和挤铝包覆生产线，以及三层共挤交联生产线两条等。厂区占地达180亩，职工1500余人，企业规模也创历史新高。

三、薪火相传，永不止步

1996—2001年，邢缆审时度势，在创新管理上下功夫，开展了企业整顿，对企业管理工作进行了全面的综合治理。“抓贯标、树形象”，以“严细、敬业、务实、创新”为企业精神，围绕“经营上规模、产品上档次、质量上体系、管理上台阶”总目标，率先在线缆行业通过了挪威船级社（DNV）ISO9001质量管理体系认证，这是企业发展史上的一个里程碑。在此期间，河北省电线电缆质量监督检验站挂靠在河北邢台电缆厂。

同时，在提升产品市场竞争力上做文章，加大新产品开发力度，相继研制出几十种新产品投放市场。其中500kV超高压导线、硅烷温水交联电缆、稀土铝绞线、钢芯稀土铝绞线、分支电缆、电气化铁路用绝缘抗冰导线通过国家新产品鉴定，达到国内同类产品的先进水平，填补了省内空白。另外，分支电缆获得国家专利，抗冰电缆获得省科技进步奖。

2001年，根据国家新出台的企业分类标准，经省经贸委等5家单位审核，邢缆被确认为大型二档企业。

这一期间，邢缆先后荣获“河北省科技先导型企业”“河北省经济效益型先进企业”“河北省精神文明先进单位”等荣誉称号，被国家机械局评为“机械工业管理基础规范化企业”。

2001年9月，河北邢台电缆厂经市政府批准，作为邢台市首批改制试点企业，改制为河北邢台电缆有限责任公司，企业性质也由全民所有制变为民营股份制。

2001年10月，在邢缆获批改制的同时，为进一步开拓市场和扩大产能，河北邢台特种电缆有限公司在开发区揭牌成立。

四、栉风沐雨，跨越发展

2002 年 9 月，河北邢台电缆有限责任公司取得市工商行政管理局颁发的企业法人营业执照，标志着河北邢台电缆有限责任公司正式成立，企业进入了一个崭新的发展阶段。

2006 年，邢缆销售收入进一步突破 3 亿元关口，此后连续 5 年逐年递增。

2008 年 12 月，按照《邢台市人民政府关于鼓励市属企业退市进区做大做强有关问题的意见（试行）》和城市规划发展的需要，市政府批准河北邢台电缆有限责任公司实施退市进区搬迁改建。于 2012 年将生产区搬迁至市高新技术开发区新兴东大街 1156 号，新厂区占地 138 亩。

同时，邢缆作为全国裸电线标准化委员会单位、全国导体及线材专家委员会单位、河北省电线电缆行业常务理事长单位，参与了多项国家、行业和地方标准的制（修）订和中国电线电缆行业“十四五”发展指导意见的编纂工作。

公司始终把质量和服务作为企业的生存之本，在获得 ISO9001 质量管理体系认证的基础上，又陆续通过 ISO14001 环境管理体系和 ISO18001 职业健康安全管理体系审核认证，以及 3C 强制认证、工业产品生产许可证、铁路产品 CRCC 认证、民航公告等。

2018 年，为进一步加快城市建设，改善主城区环境质量，优化产业布局，邢缆被市开发区确定为退市进园搬迁改造项目。2020 年，新厂区最终选址于开发区智慧路以东、兴泰大街以南、振兴路以西、融泰大街以北地块。2024 年，公司住所由河北省邢台市襄都区团结东大街 1 号变更为河北省邢台经济开发区融泰大街 151 号。

第 20 节 甘肃省长通电线厂

白银有色长通电线电缆有限责任公司（简称“长通公司”）前身——甘肃省长通电线厂成立于 1965 年。1965 年，上海大来电业厂（1956 年公私合营）全部设备和人员迁往甘肃白银市，并入白银电缆厂（1958 年筹建），同年 4 月内迁完成，同年 5 月正式成立甘肃省长通电线厂。

白银有色长通电线电缆有限责任公司是中国 500 强企业——白银有色集团股份有限公司的全资子公司，是西北地区经营历史最久的集研发、生产、销售于一体的综合性电线电缆企业。公司位于甘肃省白银市白银区，占地 225 亩，建筑面积 97023 m^2，注册资本 2.29 亿元，年生产规模 20 亿元，拥有员工 1000 余人。

长通公司被认定为国家级绿色工厂、火炬计划重点高新技术企业、甘肃省高新技术企业和甘肃省专精特新企业，是甘肃省电缆技术创新中心依托单位。公司通过了 UL 认证、3C 认证、煤安认证、IATF 16949、ISO9001、ISO14001、OHSAS18001 等管理体系认证。

长通公司“敦煌”牌产品荣获“陇货精品”和“甘肃省名牌产品”称号，主导产品为电力电缆、电气装备用线缆、架空导线、特种电缆、微细及超微细电磁线、低温超导电缆等，主要应用于国内重大工程项目，如酒泉卫星发射基地、天宫一号、神舟系列、国家电网工程、大型水电 / 风电 / 光伏发电工程、核聚变装置、国家大科学项目等。其中，微细及超微细电磁线主要用于电子元器件、音响器材、钟表仪器、智能控制等行业，产品主要销往珠三角、长三角地区，出口印度、泰国、越南、柬埔寨等国家。

长通公司与中科院合肥等离子体物理研究所合作成立了超导电缆工程实验室，参与实施了国际热核聚变实验堆（ITER）计划、中国聚变工程实验堆（CFETR）等国内外重大工程核聚变装置用超导电缆的研发制造，产品达到国际先进水平。

长通公司承担了省、市科技重大专项和科技支撑计划项目 12 项，完成成果鉴定、产品鉴定和项目验收 22 项，拥有专利 84 项。公司先后获得省部级奖 24 项，荣获 2016 年度甘肃省企业技术创新示范奖。

长通公司坚持高质量发展，全力以赴拓展线缆制造与服务业务，以基础类线缆产品为支撑，以高新类线缆产品为主导，以极限制造、技术领先为方向，将公司打造成为产品特色鲜明、品牌形象良好、竞争优势突出的线缆行业一流企业。

企业发展与沿革如下：

1. 甘肃省长通电线厂成立

1956年，永成、新光、安乐、震亚等私营厂并入上海大来厂，并更名为公私合营上海大来电业厂，隶属于上海市第一机电工业局电机工业公司。

1958年，国家计委下达白银电缆厂计划任务书，甘肃省白银市电缆厂筹建处成立，于1960年正式更名为甘肃省白银市电缆厂。

1965年1月5日，一机部以（65）机密机子4号文下达《1965年搬迁项目的通知》，上海大来电业厂的全部设备和人员迁往甘肃白银市，并入白银电缆厂，定名为长通电线厂。同年4月内迁完成，同年5月成立甘肃省长通电线厂，同年6月正常生产。

2. 更名为兰州长通电线厂

根据甘肃省革命委员会甘革发（69）2号文件《关于下放省属企业事业的通知》，长通电线厂于1969年1月起下放给兰州市领导。1970年2月，甘肃省长通电线厂更名为兰州长通电线厂。图46所示为正在工作的兰州长通电线厂工人。

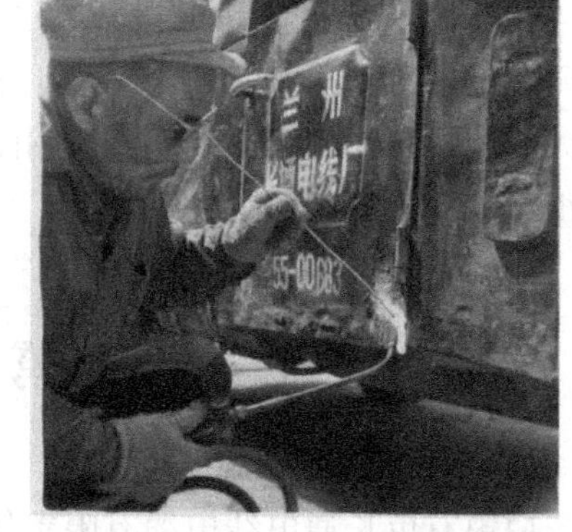

图46 正在工作的兰州长通电线厂工人

3. 更名为甘肃省长通电缆厂

1985年11月1日，兰州长通电线厂更名为甘肃省长通电缆厂，隶属白银市经济计划委员会。

4. 更名为甘肃长通电缆（集团）有限责任公司

1996年，经甘肃省政府批准，甘肃省长通电缆厂改制为具有经营国有资产职能的国有独资公司，更名为甘肃长通电缆（集团）有限责任公司。

5. 更名为白银有色长通电线电缆有限责任公司

2010年11月，实行政策性破产后被白银有色集团股份有限公司整体收购，更名为白银有色长通电线电缆有限责任公司。2013年，完成新建及搬迁工作，公司由白银市白银区长通路1号搬迁至白银市白银区东环路452号。

6. 注册成立白银一致长通超微线材有限公司

2015年11月，从发展战略角度出发，引进珠海一致电工有限公司，在白银市注册成立了控股子公司——白银一致长通超微线材有限公司，从事微细及超微细电磁线的研发制造。

2017年，公司为国际热核聚变实验堆（ITER）计划研发制造的超导电缆全部完成交付。

2009—2017年，长通公司先后4次通过了由中国国际核聚变计划执行中心组织的绞缆工艺评审和绞缆工艺认证评审。2016年，完成了与中科院合肥物质研究院签订的44个超导电缆的绞制合同。2017年11月，在长通公司举办了“ITER极向场线圈PF4超导电缆竣工见证仪式”，为ITER计划制造的超导电缆全部完成。

7. 合作成立超导电缆工程实验室

2020年7月，为了进一步推动中国聚变工程实验堆（CFETR）等相关核聚变装置用超导电缆的研发，中科院合肥等离子体物理研究所与长通公司合作在白银成立了超导电缆工程实验室。

2022年，建成微细电磁线研发中心及产能提升建设项目。

2020年，为对接电子元器件行业高端客户的特殊技术要求，完成了微细电磁线研发中心建设，具备了国际标准全性能的分析测试能力。

2021年10月，启动微细电磁线产能提升项目建设，于2022年底建成并投入生产运行，目前具备年产

1.6 万 t 微细及超微细电磁线的生产能力。

第 21 节　郑州电缆厂

郑州电缆厂（简称“郑缆厂”、“郑缆”或“郑州电缆”）是我国发展国民经济第一个五年计划期间经国家计划委员会（58）计机顾字第 149 号文（图 47）、一机部（58）机远计字第 7 号和（58）机远计字 82 号文（图 48）批准兴建的，1958 年 6 月成立郑缆厂筹备处，1959 年 3 月 18 日举行厂房开工奠基典礼。

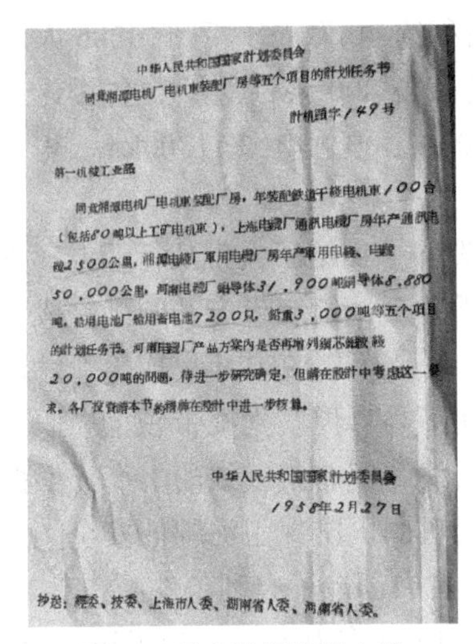

中华人民共和国国家计划委员会
关于湘潭电机厂电机车装配厂房等五个项目的计划任务书

计机顾字149号

第一机械工业部：

同意湘潭电机厂电机车装配厂房，年装配铁道干线电机车100台（包括80吨以上工矿电机车），上海电缆厂通讯电缆厂房年产通讯电缆2500公里，湘潭电线厂军用电缆厂房年产军用电线、电缆50,000公里，河南电缆厂铝导体31,900吨铜导体8,880吨，[illegible]电池厂[illegible]蓄电池7200只，铅重3,000吨等五个项目的计划任务书。河南电缆厂产品方案内是否再增列钢芯铝绞线20,000吨的问题，待进一步研究确定，但请在设计中考虑这一要求。各厂投资请本节约精神在设计中进一步核算。

中华人民共和国国家计划委员会
1958年2月27日

抄送：经委、技委、上海市人委、湖南省人委、河南省人委。

图 47　国家计委批复文件

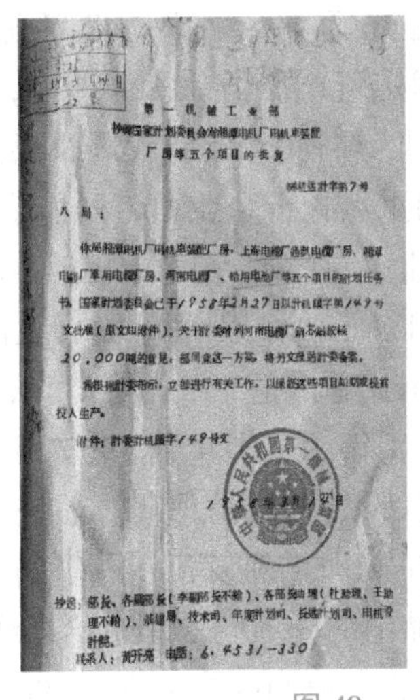

第一机械工业部
[illegible]国家计划委员会对湘潭电机厂电机车装配厂房等五个项目的批复

机远计字第7号

八局：

你局湘潭电机厂电机车装配厂房，上海电缆厂通讯电缆厂房，湘潭电[illegible]厂军用电缆厂房，河南电缆厂、[illegible]用电池厂等五个项目的计划任务书，国家计划委员会已于1958年2月27日以计机顾字第149号文批准（原文如附件）。[illegible]河南电缆厂[illegible]20,000吨的意见，部同意这一方案，[illegible]

[illegible]计委指示，立即进行有关工作，以保证这些项目[illegible]投入生产。

附件：计委计机顾字149号文

1958年3月1[illegible]日

抄送：部长、各副部长（李副部长不给）、各部长助理（杜助理、王助理不给）、[illegible]、技术司、年度计划司、长远计划司、[illegible]

联系人：[illegible]　电话：6·4531-330

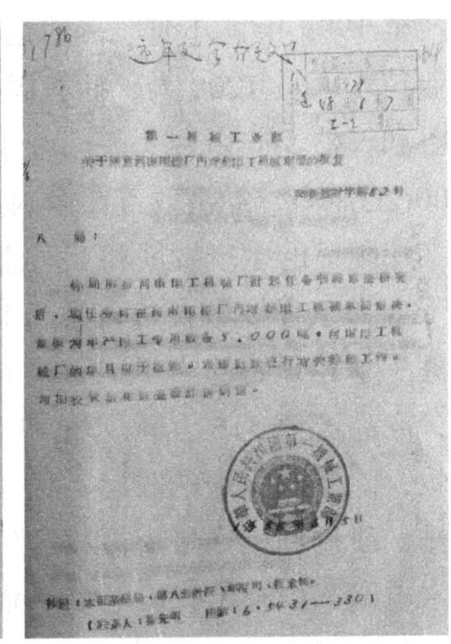

图 48　一机部批复文件

郑缆厂是我国电线电缆行业唯一一家从事电线电缆和电工机械工艺装备生产、制造的综合性大型骨干企业，直属于一机部。1987 年，随着经济体制改革的不断深入，一机部将郑缆厂下放，隶属郑州市管理。1994 年 6 月，经郑州市政府批准（批准文号：郑体改字［94］第 66 号）改制为郑州电缆（集团）股份有限公司。2002 年 12 月，经郑州市政府批准（批准文号：郑政文［2002］257 号）在郑州电缆（集团）股份有限公司的基础上整合资产，组建了郑州电缆集团有限责任公司（简称“郑州电缆集团”）。

郑缆厂位于河南省郑州市中原区华山路，厂区占地面积 63.68hm^2，生活区占地面积 17.46hm^2。厂区当年铺设有铁路专用线与陇海铁路郑州西站相接，郑州市的内环路通过厂前，交通运输方便，为郑缆厂的各种物资进厂和产品出厂提供了便利条件。

郑缆厂建厂初期经国家计委批准的《计划任务书》中的规模：总投资 12710 万元，年产电线电缆（折合铜导体总重）113000t、电工机械设备 5000t。

一、历史发展变迁

1. 郑缆厂的建设历程

郑州电缆厂的建设基本上分为三个阶段：1959—1961 年，工厂筹建阶段；1962—1964 年，停建缓建、封存维护阶段；1964 年以后，重新上马阶段。

1960 年底，基本建成了 17683.30m^2 的金工厂房、23357.39m^2 的裸线厂房和 33061.64m^2 的电缆厂房，还完成了 110 多台设备的安装任务，累计完成基建投资 2960 万元。

1961 年下半年，一机部（61）一机干字 1571 号文和河南省委（61）精办字第 25 号文要求压缩郑州电缆厂人员，从 1960 年末实有 4950 人中精减 1800 人。1961 年 7 月 25 日—8 月 15 日，有 1902 人陆续返回农村，精减人数占职工总数的 40%。

1962 年 6 月 28 日，河南省委和一机部决定，郑缆厂为“封中有留企业”，基建下马，职工只留 750 人负责厂房和设备维修及部分产品的生产、试制任务，其余人员全部精减。

1964 年，一机部以（64）机密土字 3330 号文批准郑缆厂部分扩大初步设计。1965 年，一机部（65）机密七字 474 号文调整郑缆厂的基建规模，将原定投资的 1200 万元改为 1636.5 万元。1968 年，一机部（68）一机军密八字 223 号文再次调整郑缆厂的基建投资。

1969 年，一机部（69）一机军调字 523 号文批准郑缆厂增加小同轴电缆生产线，年产量为 1500~2000km。1972 年，一机部（72）一机计字 474 号文批准郑缆厂扩大电工专用设备生产能力，年产量达到 1500t。

郑缆厂于 1973 年底基本建成，初具生产规模，此后郑缆厂进入快速发展通道。

至 1995 年，郑缆厂占地达 66 万 m^2，工厂及生活配套建筑面积约 40 万 m^2，职工 6286 人，其中各类专业技术人员 1200 人，拥有固定资产原值 31633 万元，主要工艺装备 800 余台（套），各类先进的检试验设备和仪器 500 余台（套）。企业具备年产钢铝绞线及裸铝绞线 17000t、电力电缆 11300km、电工专用设备 2000t 的能力，经济效益在全国重点骨干企业中名列前茅。

郑缆厂的生产发展和工厂建设同步进行。1959 年 3 月开始建设前，集结了大批从行业老厂支援来的党政干部、工程技术人员和生产工人，他们因陋就简，土法上马，千方百计组织生产并圆满完成下达的生产任务。基建开始的当年，完成工业总产值 115 万元，商品产值 103 万余元，1960 年完成工业总产值 699 万元，商品产值 516 万元。从 1961 年的下半年到 1963 年，工厂基建下马，但厂党委带领全厂职工坚持生产自救，除完成厂房的收尾工程和设备的维护保养，还进行了裸铝绞线和钢芯铝绞线的生产。根据一机部的安排，研制和生产了支援牧区牛奶加工的设备——牛奶分离机；为巩固国防保卫海疆的安全，试制成功了浮水电缆，填补了我国电缆产品中的一项空白，也给郑缆厂的生产发展创造了有利条件。

1964 年，郑缆厂完成工业总产值 900 多万元，1965 年猛增到 1750 多万元，做到了边基建、边生产，创写了工厂建设史上的新篇章。

1979 年 4 月，郑缆厂开始由计划生产型逐步向生产经营型过渡。

1981 年全年总产值达到 6972 万元，1982 年郑缆厂生产的电缆产品进入国际市场，1983 年工业总产值首次突破 1 亿元，利税 2310 万元，其中利润 1200 万元，取得了扩大企业自主权后较好的经济效益。1986 年工业总产值 17184 万元，利税 5589 万元，其中利润 3002 万元。

截至 1986 年底，共完成上缴利税 38478 万元，是全厂固定资产 10047 万元的 3.8 倍，为国家做出了应有的贡献。

2. 郑缆厂的经营管理及改制变迁历程

郑缆厂经营管理及改制变迁大体经过四个阶段：

（1）1959—1965 年　郑缆厂实行了全厂集中的计划管理体制，即在国家的统一计划和主管部门领导下，确定企业发展方向和经营方针，企业的各项管理工作都围绕完成国家计划来进行，产品由国家包销，即以产定销，财务靠国家拨款。

（2）1966—1976 年　1966 年下半年开始，经营管理机构大部分被撤销，干部下放劳动，许多管理制度被废除，工厂管理混乱，经济效益低下。1968 年郑缆厂设立生产组，1971 年恢复综合计划科。

（3）1979—2007 年　郑缆厂经过 1979 年和 1983 年两次整顿，各项管理开始走上了科学化、正规化的轨道。1983 年 12 月，经一机部、河南省、郑州市组成检查团检查验收，授予郑缆厂“企业整顿先进单位”称号。

1987 年，随着经济体改革的不断深入，一机部将郑缆厂下放，隶属郑州市管理。

1994 年，郑缆厂将企业生产经营部分的全部净资产折股，采取独家发起、定向募集、法人和本企业职工参股方式，改组设立了郑州电缆（集团）股份有限公司。2002 年 12 月，进一步组建了郑州电缆集团有限责任公司，郑州电缆集团稳定运行至 2007 年。

2007 年，郑州电缆集团线缆主营业务进行公私混合所有制改制，以当时的民营上市公司持股 75%、郑州电缆集团持股 25% 组建了郑州电缆有限公司，日常经营管理由郑州电缆有限公司全权负责。2015 年 10 月，控股民企主要产业转移，郑缆电缆有限公司线缆主营业务被终止。

2007 年，郑州电缆集团剥离了电线电缆及电工机械设备制造主营业务后，由郑州市国资委直属管辖，经营方向调整为国有资本的优化配置、经营主业的转型升级。

（4）2007 年至今　2007 年，郑州电缆集团重组改制后，不再从事线缆生产经营活动，由初期中心工作为“人员安置、资产处置、后勤服务、保持稳定”，转为在郑州市委市政府统一部署下谋求新发展。目前，集团公司下属子企业 4 个，即郑州电缆（集团）股份有限公司、郑州电缆技工学校、郑州电缆幼儿园、郑州百顾百扫物业服务有限公司；代管企业 1 个，即欧丽实业公司。

2023 年，郑州电缆集团同白鸽集团等 7 家市管企业一起参与了郑州国有资本投资运营集团有限公司的组建，并隶属其管理，较好地履行了深化改革使命，实现了换道提速。

二、主要产品

郑缆厂是一机部直属全国唯一一家既能生产电线电缆，又能生产电工专用设备的大型综合性企业。

在计划经济时代郑缆厂承担着国家许多重点工程配套的指令性任务，又是机电产品出口扩权企业之一，担负着较重的出口创汇任务。为了满足国民经济发展的需要，郑缆厂建厂以后，不断改造落后的工艺装备，增加新设备，持续实施了一系列重大技措技改项目。

郑缆厂采取研制和引进相结合的方式，建成了部分具有国际国内先进水平的生产线，为满足电线电缆产品升级换代建立了基础，产品品种不断增加，至 1997 年郑缆厂的电缆产品已扩展到 10 大类、220 余个品种。14000 余个规格。这 10 大类产品是裸铝线及钢芯铝绞线、纸力缆、塑力缆、橡套电缆、中高压交联电缆、油矿电缆、控制电缆、船用电缆、光缆、同轴及长途对称通信电缆。

郑缆厂不仅生产电线电缆产品，也是我国电工专用设备制造厂家之一，有着包括设计、铸造、锻压、铆焊、热处理、齿轮、工具、机械加工、装配在内的完整工艺体系。至 1986 年郑缆厂电工专用设备产品有电缆专用设备、电瓷专用设备和通用机械设备等三大类、41 个品种，其中铝杆连铸连轧机、束线机、拉丝机、绞线机、成缆机、编织机、装铠机、挤塑机、真空练泥机、电火花机床等设备均系全国电线电缆和电瓷、陶瓷行业生产所需的关键设备。1991 年 12 月，大型瓷件的切割研磨工艺及设备研究、棒形旋转切割导角机分别获机械电子工业部二等奖和三等奖。

郑缆厂电线电缆和电工专用设备产品广泛用于国民经济各行各业，主要目标市场为电力、煤炭、石油、冶金、航空、铁路、海洋、交通、通信、电瓷、陶瓷及科研、国防等事业。例如：北京地铁、葛洲坝水电工程、平顶山—武汉 500kV 输变电线路、1984 年北京—秦皇岛电气化铁路等大型工程建设中均采用了郑缆厂提供的产品。1992 年 8 月 14 号发射的我国自行研制的“长征二号 E”捆绑式运载火箭也采用了郑缆厂的产品，同年 8 月 15 日郑缆厂收到了航空航天工业部航天物资供销总公司发来的感谢信。我国赴南极考察队用的高强度磁力仪电缆也来自郑缆厂，在长达四个多月的航行期间，电缆经受了赤道的高温、极地的低温和风浪的袭击，保证了南极考察的顺利进行。

在国民经济建设中郑缆厂做出了突出贡献，典型产品举例如下：

1. 浮水电缆

浮水电缆是海军扫雷装备的主要组成部分，主要用于扫除江、河、湖、海等水域中布放的水雷。20 世纪 50 年代我国海军扫雷装备由苏联进口，其中的浮水电缆当时是我国电缆行业的空白。1960 年末和 1961 年初，一机部第七、第八局先后以 286 号电报（60）七技三密字第 76 号文和（61）七基技密字第 24 号文指示郑缆厂进行浮水电缆试制及建立浮水电缆生产基地。

为了满足国防建设急需，一机部决定由郑缆厂生产近海扫雷和江河港湾扫雷两大类浮水电缆。试制成功的代表产品型号、生产试制时间和鉴定定型日期见表 12。

表 12 浮水电缆代表品种及完成时间

使用场合	产品型号	试制起止时间	定型日期	鉴定日期
近海扫雷	F-23-Ⅲ	1960年11月—1963年11月	1964年5月	1963年11月
	F-37-Ⅱ	1966年—1967年5月	1967年9月	
	F-37-Ⅰ	1976年	1979年12月	1979年12月
江河港湾扫雷	SC-2F	1966年11月—1986年5月	1986年8月	1986年12月

1964年，郑缆厂生产的浮水电缆获国家经委、一机部新产品试制奖，全国机械工业科学技术大会奖，河南省重大科技成果奖。

2. 947冷却器芯子

为了尽快建立健全我国独立的核科技体系，一机部于1964年初安排有关电缆厂参加原子能工业设备的制造工作。1964年8月，一机部下文要求郑缆厂试制947冷却器。1965年1月，调整为郑缆厂仅生产947冷却器三号机芯子，年产800套。郑缆厂很快建成了一条三号机芯子生产线，并于1966年达到了设计的生产能力。

1969年12月，一机部将四号机芯子的试制和生产任务也安排在郑缆厂，郑缆厂某专用生产车间既能生产三号机芯子，又能生产四号机芯子，1970—1978年完成了四号机芯子的试制与生产任务。

1978年，郑缆厂901三号机芯、海上地震勘探“水下接收系统”成果获全国科学大会奖、河南省重大科技成果奖；1979年，四号机冷却器芯子获第一、第二机械工业部科技成果奖（图49）。

图49 郑州电缆厂获得的荣誉

3. 小同轴电缆等通信电缆

1969年4月，为满足建设国防地下通信电缆网的需要，郑缆厂着手试制“内扎绳式”四管小同轴综合通信电缆样品。按一机部（69）一机军调字523号文批准的年产1500~2000km小同轴电缆的设计方案，1970年建成生产流水线。按总参通信兵部（70）通后字第3329号文要求，投入小批试生产，产量逐年增加，到1974年年产量高达893km。

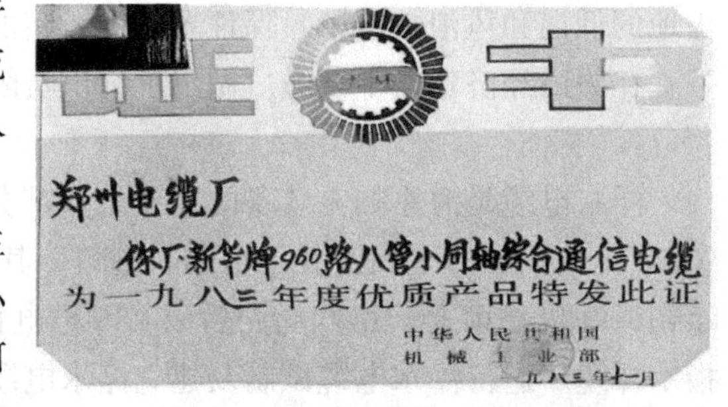

图50 1983年八管960路小同轴综合通信电缆所获荣誉

1974年试制生产出四管过河小同轴电缆，1980年试制生产出八管及八管过河小同轴电缆，1981年试制生产出二管小同轴电缆。1978年，HOYPLWV-1.2/4.4小同轴通信电缆获河南省重大科技成果奖；1983年11月，八管960路小同轴综合通信电缆获机械工业部优质产品证书（图50）和河南省优质产品证书。HOZL11 型、HOZQ15 型八管 960 路小同轴综合通信电缆多次受到解放军某部队指挥部和机械工业部的表彰。

4. 海洋勘探电缆

1977 年以后陆续研制投产的品种有海洋地质勘探用高强度磁力仪电缆 MCGC-2 2×6、96 道海洋石油勘探前导电缆、海洋地质勘探用质子磁力梯度仪电缆 MCT 4×4。新型海洋质子磁力梯度仪电缆是 1993 年 7 月郑缆厂和中国科学院南海海洋研究院合作开发的。

5. 承荷探测电缆

1978 年研制出 5500m 屏蔽型 PP 共聚物绝缘深井油矿油井电缆，1979 年研制出 WZBP-59 7×0.56 单芯过油管射孔电缆及 WZP-10×0.67 振弦压力计电缆。

20 世纪 80 年代中期，又开发了一系列的承荷探测电缆产品，从生产初期的一个温度等级、二个型号规格开始，将温度扩展到 150℃、180℃、230℃、260℃四个等级，电缆外径增加到 5.6mm、8mm、12mm、13.2mm 四个档次，每挡芯数有 1、3、4、7 四个规格，共计有 20 多个型号规格，电缆最大制造长度 7000m。

产品服务于大庆、辽河、胜利、大港、华北、中原、南阳、汉和、新疆克拉玛依、塔指等国内大型油田。在 20 世纪 20 年代中期至 21 世纪初，郑缆厂一直是国内承荷探测电缆的主要供应商之一。

6. 纸绝缘、塑料绝缘和中压及以下交联聚乙烯绝缘电线电缆

从 1966 年投产到 1986 年底止，郑缆厂累计生产纸力缆、塑力缆 33968.2km，完成产值 50522.6 万元。

1987 年，郑缆厂完成了中压及以下交联聚乙烯绝缘电线电缆关键设备和技术的国际引进及消化吸收，扩充了大截面 PVC 塑力缆及中压交联聚乙烯绝缘电缆各 2000km 的生产能力。

1986 年和 1991 年聚氯乙烯绝缘电缆均获机械工业部优质产品奖，10kV 及以下铜芯交联聚乙烯绝缘电缆于 1991 年获国优金质奖章（图 51）。

郑州电缆厂：
VV、VV22、VLV22 0.6/1KV 及以下
你厂"ZL"牌聚氯乙烯绝缘电力电缆产品
被评为一九九一年度优质产品特发此证

郑州电缆厂：
铜芯交联聚乙烯绝缘电力电缆
经
国家质量奖审定委员会批准荣获
金质奖章特发此证书

图 51　聚氯乙烯、聚乙烯绝缘电缆所获荣誉

7. 110kV、220kV 高压交联聚乙烯绝缘电力电缆

1994 年底 110~220kV 高压电缆工程项目具备试生产条件，1995 年 8 月 110kV 交联聚乙烯绝缘电缆通过了机械工业部、电力工业部联合举行的技术鉴定，首批电缆于 1995 年 12 月 28 日在北京供电局投入运行，这也是北京供电局首次选用国内 110kV 交联电缆替代进口。

1996 年 12 月，220kV 交联电缆通过机械工业部重大装备司和电力工业部科技司联合组织的技术鉴定，填补了国内空白，标志着我国高压交联绝缘电力电缆的生产技术跨入了世界先进行列。

8. 钢芯铝绞线系列产品

裸导线获部优产品和郑州市名牌产品称号。ACSR-720/50 钢芯铝绞线获河南省高新技术产品称号，广泛应用于超高压送变电工程，如我国第一条 500kV 输变电工程平武线，以及云南、广西、宁夏、甘肃、内蒙古、新疆等地区的输变电工程，还有黄河小浪底工程和三峡工程等。

2003 年 LGJK350/50 扩径型钢芯铝绞线是为我国第一条 750kV 输电线路（官亭—兰州东）研制的，2005 年 1 月通过了中国机械工业联合会和国家电力公司联合组织的技术鉴定，产品达到了国际先进水平。

2003年研制了750kV输变电示范线路工程用JLHN58K-1600扩径型耐热铝合金母线，该产品于2005年1月通过了中国机械工业联合会和国家电力公司联合组织的技术鉴定，填补了国内空白，达到了国际同类产品先进水平。

2007年为武汉高压研究院特高压试验基地以及我国首条特高压试验示范工程——晋东南—南阳—荆门特高压工程研制了AC 1000kV、DC 800kV特高压输变电工程用扩径型耐热铝合金母线，同时还研制了西北电网用750kV输电工程用400-500新型疏绞型扩径导线。这两个产品当年均通过了河南省科学技术厅的科学技术成果鉴定。

9. 橡套类产品

橡套线缆产品是1959年郑缆厂建厂初期就形成生产能力的产品类别之一，相继研制出的产品有YHC $3\times70\ mm^2$重型橡套电缆（1965年6月）、矿用橡套软电缆（1965年11月）、水中使用橡套软电缆（1979年6月）、三芯潜水钻机电缆和水中拖曳软电缆（1980年7月）、6kV矿山屏蔽橡套软电缆（1980年12月）、UCPQ $3\times35+1\times10+3\times4$千伏级采煤机屏蔽橡套软电缆（1983年）、UGSP-6kV监视屏蔽矿用电缆（1986年）。此外，橡套船用电缆的研制在1966年也取得了成功。

三、对电缆行业的贡献

郑缆厂在成长发展的过程中，从企业管理制度优化、世界先进装备的引进和转化、产品技术研发创新、全面质量管理体系建设、人才培养和输出服务等方面对行业都起到了一定的带动、引领和支持作用。

1. 全面发展获荣誉，起行业示范和带动作用

郑缆厂在成长发展历程中取得了许多被广泛认可的成绩并获得了多项荣誉。主要有：

1985年，获评中国500家最大工业企业之一，同年中国电线电缆联合出口公司授予郑缆厂金杯奖。

1987年，获国家技术监督局授予的“国家一级计量企业”称号。

1988年，被国家经委等部委批准为大型一类企业，1992年经复查被批准为国家大型一档企业。

1988—1991年，连续四年获评中国500家最大工业企业之一。

1990年，被机电部授予“1988—1989年度设备管理优秀单位”称号。

1990年，被河南省机电厅授予“工艺管理先进单位”称号。

1991年，由国家统计局工业交通统计司和《管理世界》中国企业评价中心共同发布，在中国500家、电气制造业50家最大经营规模工业企业评价中郑缆厂分别位于452位和20位。

1991年，国务院企管指导委、国务院生产办批准郑缆厂为“国家二级企业”；交联电缆获国家优质产品金质奖；获得创机电部质量管理奖、省质量管理奖；入选中国电工器材行业协会电线电缆协会第一届理事会常务理事单位；被机电部授予“安全级企业”称号；被国家档案局授予“国家一级档案管理企业”称号。

1992年，被国家统计局授予“统计工作国家二级企业”称号；获得外贸经营自主权；被评为河南省工业企业实现利税百强企业之一、河南省工业企业行业二十强之一；被评为中国100家最大电气机械及器材制造企业第28位；被机电部授予“国家节约能源一级企业”称号。

1993年，经国家经贸委、国家技术监督局推荐，在1993年质量万里行活动中被评为“全国百家产品质量优秀企业”之一。

1996年，郑缆集团成立了技术中心，1997年被认定为省级企业技术中心，2000年被认定为国家企业技术中心。

2003年7月，被中国机械工业企业管理协会授予中国机械500强——电线电缆20强。

2. 实施系列重大技措技改项目，起行业引领和示范作用

（1）实施的主要技措技改项目 郑缆厂从建厂之初开始，紧盯世界先进技术和设备的发展趋势，持续跟进、适时引进，为自身发展和行业进步提供了支持。

1）1959 年，一机部电工局确定郑缆厂作为浮水电缆的定点生产厂，并选派技术骨干赴苏联亚速电缆厂专门学习浮水电缆的制造技术，建立了浮水电缆专用生产线。

2）1983 年，国家经委、外经贸部批准了郑缆厂的“海上石油平台用承荷探测电缆技术引进可行性研究报告”。1984 年 10 月，郑缆厂引进了美国罗切斯特公司的“承荷探测电缆技术”和德国的氟塑料挤出机、电缆预拉伸机等关键工序设备，形成国内领先的承荷探测电缆专业化生产基地，年生产能力为 800km。

3）1983 年 11 月，对外经贸部、国家经委同意郑缆厂与德国 TROESTER 公司合作引进三层共挤机组。

4）1985 年 3 月，对外经贸部、国家经委同意了郑缆厂“橡胶三层挤出连续硫化机组制造技术”的引进，该技术属全国独家引进。

5）1985 年，河南省计划经济委员会批准郑缆厂从美国罗克贝斯托斯公司引进二手 ϕ 90+ ϕ 120+ ϕ 150 干式 1+2 中压交联电缆生产线，以及其他大型配套生产和检测设备，形成年生产大截面 PVC 绝缘电缆、中压交联绝缘电缆各 2000km 的能力。项目总投资 2143 万元，于 1987 年完工投产。

6）1992 年 10 月，河南省计经委批准郑缆厂实施综合光缆及光缆生产线工程项目，项目总投资 1262 万元，关键工序生产设备及检测仪器从国外引进，1994 年 4 月具备批量生产条件。

7）1989 年 5 月，启动了阻燃电缆改造发展项目，重点是引进阻燃技术软件、增加阻燃电缆品种、提高产品技术水平、建立电线电缆燃烧试验室。该试验室的主要检测设备分别从日本、英国引进，是当时行业企业所建的功能最先进、项目最齐全的电线电缆及材料阻燃试验室，使郑缆厂在行业内最早有能力研制满足国际标准的阻燃耐火特性电缆，为郑缆厂阻燃耐火系列电缆的市场占先提供了强力支撑。

8）1992 年 6 月，河南省计经委批准郑缆厂引进芬兰诺基亚—麦拉菲尔公司立式交联生产线机组及瑞士哈佛莱公司局部放电检测设备，建造 85.4m 高的立塔，项目总投资近 7000 万元。项目于 1994 年底具备试生产条件。

9）1994 年，河南省计经委批准郑缆厂辐照交联特种电线电缆工程项目的建设，总投资 5363 万元；利用法国政府贷款 280 万美元引进了法国维维拉德公司 2.5MeV 40mA 电子加速器、线传输系统及相关技术软件。

（2）取得的主要创新成果　随着先进工艺装备和技术的不断升级换代，郑缆厂在科技开发方面取得了显著成效，得到了社会的充分肯定。

LGJ 系列钢芯铝绞线和 1kV 系列聚氯乙烯绝缘电缆分别于 1984 年 10 月和 1986 年 1 月获中国机械工业部优质产品奖。

1985 年 12 月，ZL-350、500 真空练泥机获国家优质产品银质奖，并于 1990 年经国家质量审定委员会复查确认，继续授予国家银质奖。

1985 年和 1990 年，JS-400 束线机两次被河南省人民政府授予优质产品奖。

1986 年，35kV 及以下系列不滴流纸绝缘电缆获部优称号。

1988 年，与北方交通大学（现北京交通大学）和北京六〇五厂联合研制的直埋式综合单模光缆在北京市科委组织下通过了技术鉴定。

1991 年 10 月，10kV 及以下交联绝缘电缆获国家质量奖审定委员会颁发的金质奖章。

1991 年 12 月，大型瓷件的切割研磨工艺及设备研究、棒形旋转切割导角机分别获机械电子工业部二等奖和三等奖。

1992 年，通用橡套软电缆（YC、YCW）、船用电力电缆（CEF/DA、CEF80/DA、CEFR/DA）被河南省机械电子工业厅评为机械产品一等品；GV 150 挤塑机组通过河南省科技成果鉴定。

1994 年，W7BP 承荷探测电缆在机电部机械产品质量等级评定中被评定为一等品。

1996 年 8 月，辐照交联特种电线电缆被河南省科学技术委员会确定为高新技术产品。

1996 年 10 月，10kV 及以下交联绝缘电力电缆被机械工业部评定为优等品。

2000 年 6 月，DRK-0.7/12 热镀锡机、GXQ-90/12+120/12 型挤橡硫化机组分别获河南省机械工业科技进步三等奖。

2003年8月，自控温加热电缆被授予河南省机械工业科技进步一等奖。

2008年4月，750kV输电工程用400~500疏绞型扩径导线和AC 1000kV、DC 800kV特高压输变电工程用扩径型耐热铝合金母线被河南省科学技术厅确认为河南省科学技术成果。

1991年，机械电子部对行业主要生产厂生产的35kV及以下交联电缆进行生产整顿，郑缆厂是首批第一家通过验收的企业。

1994年，制定了企业标准Q/ZL81—1996《额定电压220kV交联聚乙烯绝缘电力电缆》，其中几项关键技术指标高于相应国际标准的要求；试制的产品（型号为YJQ_{02}220/1×800）一次性通过了上海电缆研究所国家电线电缆质量监督检验中心和电力部武汉高压研究院电气设备检测中心的联合检测，并通过了机械工业部和电力工业部联合组织的技术鉴定。

郑缆厂研制了我国第一条750kV输电线路用LGJK350/50扩径型钢芯铝绞线、750kV输变电示范线路工程用JLHN58K-1600扩径型耐热铝合金母线产品，这两项产品均通过了中国机械工业联合会和国家电力公司联合组织的技术鉴定，填补了国内空白，而且产品性能处于世界领先水平。

郑缆厂设计、制造了承荷探测电缆专用的绝缘线芯成缆机、钢丝装铠机、钢丝装铠预扭装置、电缆校直装置等关键工艺装备，推动了国内承荷探测电缆制造水平的升级。

（3）电工机械产品的系列化研制 郑缆厂电工机械产品的研制取得了显著成效，为线缆行业电线电缆产品及设备升级提供了有力支持。

1）电线电缆行业用设备代表产品有：1960年，Ⅲ级12模拉线机；1966年，24锭金属编制机；1975年，双履带式鱼泡机、96盘油矿探测电缆装铠机；1976年，铝杆连铸连轧机；1977年，SX400束线机；1979年，48/400型塑料电缆钢丝钢带联合装铠机、ϕ1000束线机；1980年，ϕ80塑料挤出机；1981年，ϕ400/100盘三段成缆机、ϕ150橡胶挤出机、HCV-I连续硫化机组、36锭金属编织机、ϕ200塑料挤出机；1982年，ϕ85橡胶挤出机和橡胶连续硫化机组、ϕ400/12+18笼式绞线机、ϕ400/36+36钢丝装铠机、ϕ400/30+30钢丝装铠机；1984年，SX-250束线机；1985年，ϕ500/12+18+24叉式绞线纸包机、ϕ90塑料挤出机组、油矿电缆用32+32钢丝装铠机（包括预成型装置）等。

2）研发投产的电工机械设备主要有：1962年，电瓶车；1963年，手摇式牛奶分离机和军用战壕灯；1971年，ϕ500真空练泥机；1977年，ϕ350真空练泥机；1978年，ϕ800真空练泥机；1981年，电瓷切割机、仿形修坯机（1.3m，2.5m）；1982年，ϕ350粗练泥机；1983年，ϕ800切坯机；1984年，ϕ450×3000外仿修坯机；1991年，大型瓷件的切割研磨机、棒形旋转切割导角机等。

3. 健全质量管理体系认证，起行业示范和引领作用

为提高产品质量，郑缆厂从1979年开始推行全面质量管理，建立健全产品设计、制造、检测、包装发运、售后服务等一整套质量保证体系。截至1986年底，郑缆厂拥有国优产品2项、部优产品4项、省优产品7项，同年获河南省质量管理奖。

1991年，在全国“质量、品种、效益年”活动中，郑缆厂以创机电部质量管理奖为动力，优化现场，优化企业管理，贯彻实施“质量管理和质量保证”系列国家标准，进一步优化质量体系文件。

郑缆厂从1990年开始贯彻实施GB/T 10300《质量管理和质量保证》系列标准。1991年，为开拓国际市场，满足纸绝缘电力电缆出口贸易的需要，决定按ISO9002：1987国际标准对纸力缆生产线的质量保证体系进行系统完善，申请英国劳埃德质量保证公司（劳氏）认证。1991年9月，取得英国劳氏总部签发的QAC0910989号认证批准证书（LAQR认证标志和UKAS皇冠认可标志），成为中国机械行业首家一次审核通过劳氏认证的单位，实现了质量管理与国际接轨。

郑缆厂通过ISO9002质量保证模式标准认证后，在行业以至全国引起较大反响。从某种程度上讲，郑缆厂的认证工作对同行业以及全国的贯标认证起到了一定的促进作用。1993年，郑缆厂被国家经贸委、国家技术监督局、中央电视台组成的“93质量万里行”电视宣传活动组委会评为“全国百家产品质量优秀

企业”。

1994 年 8 月，郑缆厂交联绝缘电缆通过了劳氏认证审核并顺利取证，最终郑缆厂全系列线缆产品全部纳入劳氏质量体系认证。

郑缆厂质量保证体系待续进行国际认证对行业起到了一定的示范和引领作用。

第 22 节　湖北红旗电缆厂

1964 年，我国吹响“三线”建设的号角。开展“三线”建设以前，我国电线电缆企业主要分布在东北、华东和中西南地区，中西部地区几乎没有大型电线电缆企业，西部地区需要的电线电缆产品需要经长途跋涉才能运到西部，非常不便利。因此，国家急需调整电缆企业布局，在西部地区建设一批大中型电缆企业。另外，考虑到未来葛洲坝和三峡水电站建设用电缆，以及某些军工产品制造，一机部决定建设湖北红旗电缆厂。

一、电缆厂筹建

1966 年 2 月，开始选址筹备建设湖北红旗电缆厂，为“大三线”建设重点厂。

1967 年 8 月，经国家计委、建委和一机部批准，由一机部上海电缆厂、第八设计院、上海电缆研究所和华中勘察大队组成了联合设计组，成立了鄂西电缆厂筹备处。

1968 年 2 月，鄂西电缆厂更名，被一机部正式命名为湖北红旗电缆厂，直属一机部管辖，计划投资 6700 万元，通信地址为湖北省宜昌市 510 信箱。

1968 年 11 月 18 日，电缆厂在宜昌市区长江南岸的谭家河山沟里动工兴建。

1. 厂址选择

湖北红旗电缆厂最初选址在安徽省铜陵市，由于不符合“大三线”建设要求，最终改为湖北省西部、长江三峡出口处的宜昌市区长江南岸的一条山沟里。这条山沟的名称叫作谭家河。整个红旗电缆厂的生产、生活和服务设施，全部分散在一条纵深数公里的山沟里，形成了一个几代人赖以生存的设施周全的小社会。

2. 人员配置

根据建厂设计规划，国家从一机部、上海电缆厂和上海电缆研究所抽调干部，与部队派遣的军代表一起，为红旗电缆厂配备了坚强的领导班子，为顺利推进建厂工作打下了坚实的党政领导基础。

根据建厂设计规划，国家还为红旗电缆厂配备了 200 名多专业大专毕业生和 25 名电缆产品、材料和设备研究人员。上海电缆厂支援了 500 多名经验丰富的各工序、各工种生产工人，为确保工厂顺利投产和持续正常生产打下了坚实的技术基础。

二、创业时期

1968—1974 年是红旗电缆厂从无到有的艰苦创业时期。上海电缆厂和上海电缆研究所的支内职工陆续从上海来到谭家河这条偏僻的山沟里。

（1）生活条件　谭家河山沟重峦叠嶂，其间有一条小溪（也就是所谓的谭家河）自南向北流入长江。山沟里首先建起了一座可容纳 24 户人家的二居室六层楼房，供建厂先遣部队人员居住。其他人员住的都是用稻草、葵叶和泥巴搭成的窝棚。工地上有几个食堂，非常简朴。生活用水是用水桶从长江里挑来，倒在一个大铁箱里，用明矾沉淀一下即可饮用。物质供应实行定量制，几乎各种生活用品，诸如布匹、棉花和煤油、主副食品（粮油、鸡鸭鱼肉、蛋、豆腐，甚至香烟等），全凭票供应。

（2）劳动条件　当时谭家河山沟里全是泥土小路，晴天全是尘，雨天全是泥。早上，起床军号一响，人们开始起床，到食堂吃饭，然后各自上路出工。上班的人，除了本厂职工，还有江苏省来的基建民工和河南省来的小毛驴板车队。小毛驴板车队的任务是从长江里把鹅卵石和沙子运到建筑工地上，可节省工程资金。每天上班时分，他们有的扛着铁锹镐头，有的赶着毛驴板车，有的挑着竹篾箩筐，争先恐后浩浩荡荡，好不热闹。他们或者到露天作业场地，修道路、挖地基、栽树苗，或者在竹席搭建的极其简陋的办公室，从事基建项目管理，人人都尽职尽责。

尽管创业时期的生活条件和劳动条件都非常艰苦，但对于“三线”建设者来说，这些都不算什么。

（3）工人队伍建设 创业时期，红旗电缆厂的工人队伍建设主要由三个方面组成：

一是组建“红工连”。1970 年 4 月，从湖北省特别是鄂西地区招录了第一批 200 名本地知识青年，成立了“红工连”，由曾经在部队农场劳动锻炼过的大学生担任连队领导。初期，这些年轻人一边从事基建工程的体力劳动，一边接受文化知识培训，1973 年起逐步走上工作岗位，成为基建主力军。

二是组建“家属群”。1972 年 3 月起，把上海电缆厂支内职工的家属招录来厂做临时工，主要从事仓库管理和服务部门帮办，后来全部转为正式工。

三是组建“子女班”。1972 年 5 月起，把上海电缆厂的支内职工插队落户的子女招录来厂，分配到不同的工作岗位，不少人后来成为业务骨干。

（4）知识精英磨炼 创业时期进入红旗电缆厂的第一批知识精英，经历了精神上和肉体上艰苦的磨炼，但他们没有被艰苦征服，而是磨炼出了一副铮铮铁骨，为今后的工厂管理、生产和科研奠定了坚实的精神基础。

从 1970 年 4 月开始，一大批电缆行业管理精英和技术骨干，风华正茂的大学毕业生，求知若渴的下乡知识青年，满怀豪情地从祖国四面八方来到宜昌谭家河山沟。他们都怀着同一个梦想：为早日建成国家级重点“三线”建设项目贡献一份力量。他们以纤弱的身体从事沉重的劳动，头顶烈日，顶风冒雨，扛水泥、搬砖头、挖基坑、运木料、修道路、栽树木，上下一心，干群结合，团结协作，坚韧不拔，充分发扬“跑步前进”的艰苦创业顽强拼搏的精神。

这些技术精英来自上海交通大学、西安交通大学、清华大学、复旦大学、同济大学、天津大学、中山大学、南京大学、合肥工业大学、湖南大学、东北工学院、哈尔滨电工学院、赣州冶金学院等几十所院校。他们在新产品研发、新材料应用、新设备引进消化吸收改进、厂区水电供给和民用设施基建等不同的岗位上，不论在“边基建，边生产”时期，还是在全面投产研发新产品阶段，都为工厂建设投产做出了卓越的贡献。

三、建成时期

1970—1978 年，由于国内外形势紧迫，红旗电缆厂的建设过程采取了“边基建，边生产”的模式。设备安装完一台投产一台，车间建成一个投产一个，基建生产两不误。由于采取了这种建设模式，才在比较短的时间里，建成了红旗电缆厂的雏形，初步形成了批量生产规模。

1. 生产车间先进

由联合设计组设计建造的红旗电缆厂，各车间生产布局、工序布置以及生产和检测设备等都是国内外先进水平。

1970 年 4 月，建成一车间（导体导线车间）。

1970 年 5 月，建成设备动力车间（机械动力车间）。

1971 年 8 月，建成七车间（电缆盘车间）。

1972 年 3 月，建成二车间（船用电缆车间）。

1973 年 4 月，建成三车间（塑力缆车间）。

1975 年 10 月，建成四车间（海底电缆车间）。

1975 年 10 月，建成电缆装运码头，并配套海底电缆装船设施。

1978 年 9 月，建成五车间（高压纸绝缘充油电缆车间）。

1978 年 9 月，建成六车间（电缆附件车间）。

2. 生活设施齐全

红旗电缆厂里设有托儿所、幼儿园、职工医院、职工食堂、有线电视、广播站、游泳池、职工浴室、篮球场、足球场、超市、农贸市场、娱乐室、图书馆、小学、初中、高中、技校等。每周放映露天电影。经常免费分发副食品和生活用品。这条往日荒凉寂寞的小山沟，已经变成了一个生活服务设施齐全、居民安居乐业的小社会。

四、投产时期

1974—1978 年，在“边基建，边生产”原则的指引下，工厂建设进度符合国家要求，各类电线电缆产品陆续顺利投产，达到了前所未有的巅峰时期。

1. 齐全的产品

红旗电缆厂投产后的产品有铜铝导体和导线、塑料绝缘电线电缆、控制电缆、船用电缆、矿用电缆、110kV 及以下交联聚乙烯绝缘电力电缆、110kV 和 220kV 纸绝缘高压电缆、大长度 120 路浅海海底通信电缆、大长度 ±100kV 直流海底电力电缆、大长度无中继光缆、海上石油平台电缆、地铁或轻轨用电缆、核电站用电缆、计算机电缆、阻燃耐火电缆、移动型通用橡套软电缆、移动轻型矿用橡套软电缆、采煤机用金属屏蔽软电缆、架空绝缘导线、尼龙护套电线、超 5 类数据电缆和预分支电缆，以及各色阻燃、耐火、无卤低烟、防蚁、防鼠、防雷、防辐射等特种电线电缆。其中，110kV 和 220kV 纸绝缘高压电缆、大长度 120 路浅海海底通信电缆、大长度 ±100kV 直流海底电力电缆和大长度无中继光缆都属于国内外领先技术水平。

2. 先进的设备

红旗电缆厂的所有生产和测试设备均为全新的国内外先进设备，有国产的，有进口的，也有自主研制的。例如：一车间建成了铜铝导体生产线，完成电工铝精炼项目。二车间建成了完善的橡胶加工生产线和船用电缆挤出硫化生产线。三车间建成了高度 76m 的交联塔（图 52），并引进了美国中压 CCV 交联电缆生产线。四车间引进了日本海底通信电缆接头设备，自主设计、制造和安装了电缆绝缘定径切削装置，建成了海底电缆装船码头（图 53）。五车间引进了法国 144 盘高压电力电缆纸绝缘绕包机，引进了芬兰压铝 / 压铅机；建设了高压试验大厅，自主研制了超高压电缆试验 2400kV 冲击试验发生器（图 54）。六车间引进了意大利 Pirelli 电缆公司的海底电缆软接头技术，解决了 38km 整条大长度海底电力电缆的接头问题。

图 52　高度 76m 的交联塔

图 53　海底电缆装船码头（长江南岸）

图 54　自主研发的超高压电缆 2400kV 冲击试验发生器

3. 全方位人才培养

红旗电缆厂从建厂规划到建成投产全过程中，一直很重视人才培养，培养对象包括企业运营、产品研发、品质检控、材料分析、市场开拓以及财务管理等方面的人才，培训方式有厂内、国内和国外培训等。

1970 年 9 月建厂初期，红旗电缆厂就派出由大学生和新进厂青年工人组成的 20 人实习团队到武汉电线厂实习，工种涉及铜铝拉丝、塑力缆和通信电缆制造以及产品质量检验等。刚开始基建的时候，红旗电缆厂的国内委托培训技术人员的单位主要是院校和研究所。1972—1975 年先后选派 8 名青年工人到上海交通大学、西安交通大学和哈尔滨电工学院进修电缆技术。国内有些有关院校和研究单位经常来厂进行技术交流。

国外技术和管理人员培训地主要是德国、日本和意大利，培训科目主要是电缆制造、敷设工程和现代电缆企业管理等。同时，美国、德国和日本的电缆产品、设备和材料制造专家，经常来厂进行技术交流座谈。这些培训和中外技术交流，有力地促进了红旗电缆厂的技术、工艺和企业管理水平。

另外，为克服“三线”工厂交通不便和信息闭塞的局面，红旗电缆厂成立了由 20 多名技术人员组成的设计组，专门从事电缆设备研制和改进研究。还建立了藏书 5 万多册、订阅中外杂志 30 多种的图书情报室，并与上海电缆研究所、上海市情报研究所、湖北省情报研究所、宜昌市情报研究所和北京图书馆等单位建立了密切关系，为技术人员提供查阅国内外最新专利和技术资料提供方便，开阔了他们的眼界，并为他们提供技术创新的灵感。

五、辉煌时期

1980—2000 年是红旗电缆厂按计划全面建成投产后，逐步走向辉煌的时期，也是红旗电缆厂从 1968 年开始建设，到 2002 年被资本收购，其存在 34 年的历史中一段光辉灿烂的时期。这一时期可分为两个阶段：1980—1990 年为初步繁荣昌盛阶段，1991—2000 年为保持稳定发展阶段。

1. 工厂规模

红旗电缆厂从 1980 年上半年起，各车间相继正式投产，一直到 2000 年，工厂规模和职工队伍相对稳定，未发生重大变化。1997 年 3 月，红旗电缆厂改制为湖北红旗电缆有限责任公司。改制后，工厂规模稳定扩大，占地面积 60 万 m^2，生产和生活设施齐全完善，职工总数近 3000 人，其中工程技术人员 250 人，管理人员 270 人。拥有重要生产设备 600 多台套，其中高压电缆纸包机、成缆机、塑料挤出机、交联电缆生产线、压铅 / 铝机、上引法铜杆生产线和高压电缆试验设备等均从国外引进。属于国家大型一档企业和机械部大型电线电缆行业重点骨干企业。原材料由国家统一调配，产品由国家统一销售。

2. 产品研发和出口

在这一时期，红旗电缆厂研制了一批国内急需、国内外领先水平的电缆产品：110kV 及以下交联聚乙烯绝缘电力电缆；110kV 和 220kV 六分裂导体纸绝缘高压充油电缆；大长度 ±100kV 直流海底电缆；大长度海底电缆软接头；大长度 120 路浅海通信电缆；大长度无中继光纤电缆；特大截面钢芯铝绞线；某些军工产品等。

各种电线电缆产品远销世界 10 多个国家和地区，其中出口巴基斯坦的 7077t 特大截面钢芯铝绞线，属国内电线电缆行业之首。

3. 培养人才报祖国

主要体现在以下几个方面：

（1）精英励志 本厂培养起来的企业管理和技术精英，经过多年的艰苦磨炼，把自己打造成为具有真才实学的人才，走上党、政、车间和各部门的领导岗位，成为企业的领导骨干。

（2）国家选拔 国家、湖北省和宜昌市政府从红旗电缆厂选拔了一批德才兼备的干部，进入各级政府的党政职能部门，成为新生领导力量和接班人。湖北省、宜昌市政府、外资公司驻华机构和深圳大亚湾核电站等，都有红旗电缆厂人的身影。

（3）技术传播 红旗电缆厂以其巨大的规模、众多的人才和雄厚的技术实力，在省内外享有良好的声誉，许多新兴的民营企业前来寻求咨询支持。红旗电缆厂发扬大厂风范，多批次派出技术人员去小企业进行实地技术指导和操作示范。有不少技术人员和工人足迹遍布中西南和华东地区，为那些地区电线电缆行业的发展做出了贡献。

（4）对外支持　红旗电缆厂不仅走出去为外厂外地电线电缆企业提供技术支援，也接受外地电线电缆企业来厂技术培训。1985 年 5 月，在江苏省宝胜电缆厂成立初期，20 多名青年职工来到红旗电缆厂接受技术培训。这些接受培训的年轻人，后来都成了宝胜电缆厂的企业管理和技术骨干，有的走上了工厂领导岗位。

六、衰退时期

1. 衰退原因

红旗电缆厂于 1997 年 3 月改为湖北红旗电缆有限公司后，原来的企业运作模式全部发生了变化，逐步显现出水土不服、力不从心的弊病。从大局来看，企业衰退的原因主要有三个方面：

（1）国企改制形势所趋，且民营企业此时已在行业中占主导地位　有些民营企业已完成资本积累，企业管理和生产设备均已上了一个台阶。有些优秀的民营企业的运营水平，甚至超过了原来那些国家定点企业。同时，三资企业也已完成起步阶段，进入扩大发展时期。沿用多年的全国电线电缆产品订货会被取消，完全实行市场化营销，致使国企措手不及，虽然努力转变适应，但收效甚微。红旗电缆厂由于地理位置和体制等原因，已不适应当前经济形势。

（2）行业洗牌，国企转制和资产重组逐步进入白热化　红旗电缆厂虽然曾经光辉数十年，但仍然无法抗拒行业洗牌的潮流。

（3）外资入侵势如破竹　改革开放后，我国巨大的电线电缆市场深深地吸引着工业发达国家的电线电缆制造商前来投资设厂，并且取得了很好的业绩。外资在华成立的电线电缆厂，产品几乎覆盖所有电线电缆产品领域，从 220~500kV 高压和超高压交联电缆，到细小的电子线缆，无所不有。在如此严峻的中外竞争氛围中，我国电线电缆企业不论是国有企业还是民营企业，很难与外资企业竞争。

2. 红旗电缆厂改制

在内外部环境的胁迫下，红旗电缆厂已无法正常继续生存下去，被迫于 1997 年 3 月改制为湖北红旗电缆有限责任公司，完全按市场经济模式运作。但凭着原来雄厚的技术基础，红旗电缆厂仍然保持大型电缆企业地位。至 2000 年，红旗电缆厂研制成功多项国内外领先的新产品。“红旗电缆”这个曾经响亮数十年的品牌名号，依然隐藏在“红缆人”的心中，相继成立了十几家打着“红旗电缆”招牌的中小电线电缆企业。不过，这些新成立的电线电缆企业加入了与红旗电缆公司竞争的行列，加剧了红旗电缆公司的困境。

3. 红旗电缆公司被永鼎收购

从 1997 年 3 月改制到 2000 年底，红旗电缆公司在困境中奋斗生存，但仍然有较强的生机。为了让“红旗”这面旗帜不倒，让数千职工安心劳动和生活，公司决定寻找合作对象。2002 年 12 月，江苏永鼎股份有限公司以 1.45 亿元收购了湖北红旗电缆有限责任公司，新公司命名为湖北永鼎红旗电气有限公司。

4. 永鼎红旗被韩国 LS 收购

2009 年 9 月，韩国 LS 电线株式会社以 1600 万美元收购了湖北永鼎红旗电气有限公司的股权，更名为乐星红旗电缆有限公司。如今的乐星红旗电缆有限公司是原湖北红旗电缆厂的后身，仍位于湖北省宜昌市点军区谭家河，注册中文名为乐星红旗电缆（湖北）有限公司。

第 23 节　南海县电线厂

广东电缆厂有限公司已有 50 多年发展历史，始创建于 1968 年，原名为南海县电线厂。当时只生产 $10mm^2$ 以下拉丝到成品的布电线，后来由于市场需要，开始生产三芯农用电缆，由于适应市场的需求，产值从200多万元发展到3000多万元。1973年从平洲三山迁往平洲城区，当时市场需求电力电缆，电线厂购买了 ϕ54盘成缆机及 ϕ150盘挤出机，开始生产240mm^{2}及以下的电力电缆，填补了广东市场的空白。当时广东比较大型的电缆厂只有南海县电线厂、广州电缆厂和佛山电缆厂（1990年已被佛山电气集团收购）。

1978年改革开放之初，深圳市场急需大量的电力电缆，一度出现供不应求，因此南海县电线厂得以快速发展，到1984年产值已猛增至4亿元，成为当时广东颇具规模的企业。1984年10月，南海县电线厂更名为南海电缆厂。深圳改革开放急需大量的交联电缆，因此广东购进了很多国外的交联电缆。当时省机械厅立项安排南海电缆厂生产交联电缆，在上海电缆研究所的帮助下，引进了国外第一条诺基亚悬链式交联生产线，生产出35kV及以下的交联电力电缆，再次填充了广东市场的空白，并于1989年获得全国交联电缆的金质奖（金牌），交联电缆全国行评第一。

1992年，电缆厂的交联电缆被评为广东的替代进口产品，是唯一一家取得出口替代产品证书的厂家，销售产值突破8亿元。由于引进了交联电缆生产线，发展突飞猛进，成为广东最大的电线电缆生产企业。经省机械厅、省经委和省工商局批准，南海电缆厂更名为广东电缆厂，随着形势的发展于1995年11月转制成立广东电缆厂有限公司，当时自然人股东占公司比例4.5%，2003年6月第二次转制为股份制民营企业，公司地址为广东省佛山市南海区桂城街道平洲永安中路26号。转制后公司进行了新的布局，先后在南海区丹灶镇和南海区大沥镇购买了400多亩地扩建了2个生产基地。

广东电缆厂有限公司现已发展壮大，包括广东电缆企业集团有限公司、广东电缆企业集团（大沥）有限公司等3家公司，共占地580亩，厂房面积合50万m^2，现有员工900人，是华南地区比较大型的专门生产、销售线缆产品的厂家之一。

第24节 侯马电缆厂

侯马普天通信电缆有限公司（原邮电部侯马电缆厂，又称为邮电502厂）地处山西省侯马市新田路258号，占地面积48万m^2，作为“三线”建设工程中的抢建项目之一，始建于1968年，1975年正式投产，是国家定点研制生产通信电缆、通信光缆的专业化大型一类企业。

2001年，经国家经贸委正式批准，实施债转股方案，由中国东方资产管理公司和中国普天信息产业集团公司出资、注册并挂牌运营。

一、主要产品

1978年开始光通信研究，1987年率先完成国家光缆工业性试验项目，并通过国家级鉴定验收，使我国光纤光缆进入工业化生产阶段。

据1994年统计，产品涉及11大类、48个品种、千余种规格的通信光、电缆，包括中/小同轴、长途对称、纸市话、射频电缆，以及局配矿用电缆、局域网数字通信电缆、松套层绞式普通光缆、中心管式普通光缆、松套层绞式带状光缆、中心管式带状光缆、室内光缆、ADSS光缆以及非金属光缆、闭路电视电缆、铁路信号线、长途通信电缆、OPGW等产品。

建厂初期，产品还包括用于通信系统测试和通信工程测试的300KC、600KC、1.6MC、17MC系列传输测试仪表，以及50ns和10ns脉冲反射测试仪。

二、企业大事记

1971年8月30日，制造出履带式鱼泡成型机。

1971年9月，改制星绞机、装铠机，自制土包带机，打通了对称电缆生产流水线；仅用8天时间，生产出 6km 鱼泡式新结构的单四芯电缆；试制出铅包塑料四组四芯和全塑四组四芯电缆样品。

1973 年 1 月 31 日，长途对称电缆试制成功并生产出合格产品。

1973 年 2 月，塑料电线试制成功。

1973 年 10 月 10 日，四组铜芯铅包泡沫聚乙烯绝缘高频对称电缆通过邮电部的鉴定。

1973 年 12 月 15 日，试制完成 6.5km 中同轴电缆，并于 1974 年 6 月 20 日通过邮电部鉴定。

1973 年 600KC 系列测试仪表取得阶段性成果，到 1973 年底已试制成功 7 个类型的电缆产品，并自制 29 台专用设备。

1974 年初，接受了为国内第一条同轴干线提供 400km 中同轴电缆产品的任务。工厂组织工程技术人员突破注片模、屏蔽机等关键难题，打通了同轴生产线。1974 年 6 月 20 日，收到邮电部（74）邮科字 470 号文批复："你厂试制生产的嵌片式四管中同轴电缆，是在时间短、条件差、缺乏经验的情况下试制的，成绩是显著的。""已经达到技术要求的规定，可以批量生产。"此后，工厂提前一个月完成了当年提供 400km 中同轴电缆的任务。1974 年 12 月 16—19 日，邮电部会同山西省革命委员会在工厂召开了基建竣工验收投产会议。

1975 年，成功试制我国第一批八管中同轴电缆，为京—汉—广第二条地下长途干线提供了新产品；成功试制具有先进水平的脉冲反射测试仪，自此测试仪表开始了两个系列、四个产品的批量生产。

1977 年初，为毛主席纪念堂生产了八管中同轴电缆。

1977 年 12 月 30 日，成功试制第一台 SZ 绞机，为市话电缆绞制技术赶上先进水平奠定了基础，并在 1978 年 3 月 17 日收到山西省革命委员会国防工业政治部、办公室联合向工厂发来的贺电，祝贺工厂在既缺乏技术、又无经济条件的情况下，成功试制了该产品。

1978 年 1 月，工厂决定成立研究所，开发光缆和全塑市话电缆新产品。

1978 年 3 月，在全国科技大会上，中同轴 1800 路载波系统、2.6/9.5mm 长途干线八管综合同轴电缆、八管中同轴电缆精密测量方法和万路载波电缆技术、塑料通信电缆粘接护套四项成果获奖。

1978 年 4 月，邮电部在武汉召开光通信会战会议，给邮电 502 厂下达的任务是：1978 年 11 月完成 3km 四芯光缆成缆试制，1979 年打通生产流水线，1980 年开始试生产并形成 30~50km 的生产能力。自此，工厂开始了光纤、光缆的研制与开发，并在同年 9 月 22 日，经过对成缆机联动、空载试运行后，试生产出三根四芯聚乙烯护套样品光缆，总长 420m。

1978 年 5 月 12 日，工厂光缆会战设备组抽调 6 名技术人员，开始进行将中同轴屏蔽机改造成光缆成缆机的设计工作。经过 28 天奋战，完成设计图样 200 余张，提前完成设计任务，并移交制造车间进行加工。

1980 年 3 月 12 日，工厂试制的长江深水四管中同轴电缆通过鉴定。

1980 年 10 月初，国内首创注片式小同轴电缆试制成功，并通过邮电部技术鉴定，投入批量生产。1980 年 10 月 22 日，1.2/4.4 型长途干线六管综合同轴电缆通过邮电部鉴定。

1980 年 11 月，对小同轴单管结构进行了改革，同时第一台小同轴电缆履带式连续注片机经过张贵有等人的努力攻关按期试制成功。该技术在中国专利局注册专利，并于 1985 年 9 月 5 日获得邮件部工业局技术鉴定证书。

1980 年 12 月，与德国 KABELMETAL ELEKTRO GMBH 公司签订引进一台皱纹电缆护套机（即氩弧焊机）的购销合同，与 1982 年 7 月安装验收完毕并投入使用。

1980 年，纸绝缘市话电缆生产流水线和小同轴生产线打通；软化铜线表面质量超过同行业水平，从而打入香港市场。

1982 年 6 月 11 日，中同轴电缆配套 12 路分支电缆通过邮电部鉴定。

1982 年 9 月 22 日，四管综合同轴高屏蔽电缆通过邮电部鉴定。

1982 年，成功试制中同轴连续注片机；攻克新型对称结构（全铝塑结构）所用的聚苯乙烯绳的拉制工艺；制成全铝单四芯组电缆，并于1983年4月通过邮电部鉴定；为国内第一个实用化光缆通信工程——武汉市话中继光缆工程提供了所需的全部13km光缆。

1984年4月，国家计委以计科2332号文批准“在侯马电缆厂改建规模为年产1000km光缆的短波长多模梯度光纤成缆工业性试验车间”（简称“多模光缆工试项目”），同时成立光缆试制车间。

1984年7月11日，收到党中央、国务院、中央军委为工厂给国家通信试验卫星基地生产6km电缆发来的贺电。

1984年8月，六管综合同轴电缆和全铝单四芯电缆被国家评为优秀新产品，获金龙奖。

1984年9月，邮电部工业局来厂召开防白蚁小同轴电缆质量检查会，认为工厂已具备生产条件，可以确量生产。

1985年1月16日，工厂同英国特殊气体服务公司签订引进光纤制造设备和技术合同。

1985年7月11日，工厂六项成果荣获部级科技进步奖，其中连续注片式小同轴综合通信电缆获一等奖，另外二等奖三个、三等奖两个。

1985年10月18日，邮电部工业局以（85）工技字78号文发布质量管理通报，其中工厂电缆装铠质量管理小组被评为优秀QC小组，另有三个小组被评先进QC小组并获奖励。

1985年12月19日，工厂生产的中小同轴电缆荣获省级优质产品称号，小同轴电缆进一步获得了国家银质奖。

1986年2月25—31日，历时十年之久的京汉广中同轴电缆载波工程在武汉通过国家验收。

1986年3月11日，工厂召开光缆鉴定会，2芯、4芯、6芯、8芯、12芯光缆一次全部通过鉴定。

1986年8月17日，进行“光缆工试”项目厂内验收会，经过四个组的检查，均认为该项目达到要求，正式通过并报请邮电部组织验收。

1986年10月9—21日，藕式及竹管式闭路电视用户电缆通过邮电工业局鉴定。

1987年，建成我国第一条光缆流水线。

1987年10月10—27日，工厂的光缆、电视电缆和中小同轴电缆参加了在日内瓦举行的第五届世界电信展览会并展出。

1987年11月4日，“光缆工试”项目通过国家验收，在全部国产化的基础上每年可为国家通信建设提供1000km的高质量光缆。

1988年6月1日，自主设计并制造了光纤骨架挤制设备和光纤入槽设备，六芯骨架式光缆在工厂试制成功，开创骨架式光缆生产纪元。

1988年8月14日，邮电部物资局、工业局对工厂成功试制的兰武长途干线单模光缆召开技术质量检查会并一致通过，同意提供工程建设使用。

1988年11月20日，竹管式电视电缆被评为省优产品并通过了部优检测。

1988年12月，邮电部以（1988）科字202号通知，向工厂颁发了多模光缆工业性试验工程验收证书，认为其建设经济效益显著、生产工艺成熟、测试手段齐全、实现了国产化、总体布局比较合理，达到年产光缆1000km的生产能力，并有增产潜能。

1988年，自制长途干线光缆在侯马投产；工厂在兰州至武威的大西北光缆通信工程中，在征得用户同意的前提下，把原提供的光缆结构改为世界先进的骨架式光缆，受到用户称赞；自主设计并制造了国内第一台桶式收线机。

1989年5月11日，工厂生产的SIZV-75-5A型、STOV-75-5A型电视电缆荣获1998年度科技进步一等奖，SYDY-75-4.4/9.5型电视电缆获二等奖。

1989年7月23日，在莫斯科举办的“中国科技日”活动中，工厂的光缆、闭路电视电缆参加展出。

1989年7月26日，山西省电缆产品质量监测中心对工厂的铜芯纸绝缘市话电缆进行了评优检测，确认达到省优指标。

1989 年 11 月 2 日，《解放军报》发表“为国家重点国防科研项目做贡献，侯马电缆厂提前完成特急电缆生产任务”一文，报道工厂仅用 23 天为某卫星发射中心生产 10 多公里特种电缆，保证了卫星的成功发射。

1990 年 4 月，为亚运会生产的 47km 光缆送抵北京。

1990 年 6 月，与意大利德·安杰利工业公司签定年产 60 万对公里全塑市话电缆关键设备和一套美国 DCM 公司电缆自动测试仪表的引进合同，合同总金额为 497 万美元。

1990 年 9 月 7 日，工厂为我国第一条国产化兰州—乌鲁木齐光缆干线工程的乌鲁木齐—吐鲁番段提供 80 余公里八芯直埋光缆，并通过工程验收，认为光缆性能良好。

1990 年 9 月，引进的英国 SGC 公司的光纤生产线首次批量拉制出 234km 的光纤。

1990 年 9 月 27 日，生产的聚乙烯竹管绝缘同轴电视电缆被国家评为优质产品，荣获国家银牌奖，产品电气性能达国际先进水平。

1990 年 10 月 20 日，为兰州到乌鲁木齐电气化铁路而兴建的“兰州—武威”光缆通信工程竣工，通过部级验收并交付使用，其中工厂共为其生产了 330km 光缆。

1990 年 11 月 3 日，与西班牙卡浦利公司签定价值 113.8 万美元的盘绞式光缆成缆机引进合同，1991 年 10 月末该成缆机已基本联动运行成功。

1990 年 12 月 3 日，工厂为国家最后一条中同轴通信干线——郑州—徐州通信工程提供 236km 中同轴电缆产品，标志着我国中同轴通信电缆生产史的结束。

1990 年 12 月 21—22 日，被列入 1990 年国家重点新产品试制计划的一槽多芯光缆研制成功，经邮电部通信专家、用户代表到厂鉴定，产品结构、性能均达到 20 世纪 80 年代国际水平，属国内首创。该产品于 1991 年 1 月份相继获得国家科委、物价局、物资部、中国工商银行联合颁发的“全国新产品”称号和邮电部颁发的“部优”产品称号。

1990 年，光缆石油膏填充剂达到国际水平。

1991 年 10 月 7—15 日，工厂通信光缆在瑞士、日内瓦国际电联举办的第六届世界电信展览会上展出，并受到国际电联和各国专家的好评。

1991 年 11 月 12 日，工厂完成出口朝鲜 100km 高频长途对称电缆的任务，本年度创外汇累计达 147 万美元。

1991 年 11 月底，工厂全塑市话电缆关键设备引进一期工程、光缆改造工程全部完成，形成工厂技术优势与引进先进设备相结合的新格局，实现年产全塑市话电缆 60 万对公里、通信光缆 4000km 的生产能力。

1991 年，工厂在“南沿海”光缆干线工程中，参与国际竞争，用优质的产品平抑了外商竞标价；还参与邮电部对某国外商提供不合格光缆的索赔，维护了国家利益；光缆被国家批准为“替代同类进口产品”。

1992 年 1 月 19 日，一套四册 90 余万字的厂《企业管理标准》正式发放各车间处室，内有企业管理标准 311 项、部门工作标准 34 个。

1992 年 1 月 21 日，再次与朝鲜签订长途对称电缆 15km、纸市话电缆 85km 共计 51 万美元的订货合同。

1992 年 1 月 22 日，在工程技术领域做出突出贡献的张贵有高级工程师收到国务院颁发的“享受政府特殊津贴”的证书。

1992 年 3 月，HYAT 及 HYA 系列铜芯聚烯烃绝缘铝塑综合护层市内通信电缆通过中国邮电工业总公司的鉴定；由厂研究所工程师们共同设计的 2.4m 盘绞成缆机通过鉴定。

1992 年 4 月，“南沿海”光缆工程施工中，日本住友公司提供的 19 盘光缆存在指标问题，在邮电部向日方提出索赔而遭到日方无理拒绝后，已完成供货任务的邮电 502 厂提出取而代之，提供所需光缆，日方出于自身利益，不得不答应全部退换光缆。邮电 502 厂为民族扬眉吐气，为国家赢得声誉，邮电部特令嘉奖工厂 10000 元，予以表扬。

1992 年 4 月，根据机电部机电科 147 号文，GYAT、GYA 系列通信光缆被批准为国家替代进口产品；国家京汉广架空光缆和京津济宁光缆重点通信工程与工厂签订 1670km 光缆供货合同。

1992 年 8 月 22 日，研制并通过鉴定的价值 1510 万元的层绞式束管充油光缆产品南下广东通信市场。

1992 年，SYDY-75-12-8 型电视干线电缆产品在中国广播电视设备工业协会上获专家好评，该产品完全可以替代进口的美国 MC2500 型电缆，填补了国内空白。

1993 年 3 月，工厂在电子工业 1993 年百家企业中排名第 71 位。

1993 年 8 月，工厂在“1993 年度全国 500 家最大工业行业 50 家”评价中位居“山西省最大工业企业”第 30 名，名额排序名列“全国电子工业企业”第 30 位。

1993 年 8 月 6 日，工厂正式同中国邮电器材西南公司签署了南宁—昆明通信干线中南宁至百色段 279km 的光缆供货合同，其销售额为 1302 万元。该工程为邮电部 1993 年度重点通信工程。根据合同要求，工厂将为工程提供 24 芯束管式管道光缆 29km、金属加强芯直埋光缆 185km、非金属加强芯直埋光缆 54km、水线光缆 11km。

1993 年 10 月 12 日，工厂为连接长江两岸的江阴—靖江光缆工程，生产出国内首条长达 2.85km、自重 8t 的 SC-CYTS 5333 型 14 芯束管式水线光缆。

1993 年，工厂投资 6000 万元，从瑞士、芬兰、意大利引进光纤着色机、带状光纤机、48 芯光纤套塑机、成缆机、高速挤塑线、护套生产线，并配套国内设备全部安装就位。

1994 年 6 月 10 日，经中国邮电工业总公司、邮电部和国家主管部门批准，工厂引进芬兰、瑞士、意大利等国的光纤、光缆、全塑电缆等 11 台套、价值 788 万美元的二期引进设备全部安装投产，形成了年产 15000km 光缆、180 万对公里全塑市话电缆的生产规模。

1994 年 7 月，成功试制 HYFA2000 × 2 × 0.5 的泡沫绝缘电缆。

1994 年 10 月，研制的骨架式带状光纤光缆 GJD-GYTA-D96 被国家科委、中国工商银行、劳动部、国家外国专家局和国家技术监督局评为“一九九四年度国家级新产品”。

1994 年 11 月，工厂新开发的双钢丝轻型铠装光缆进入各地通信工程。

1995 年 9 月 12 日，工厂首次生产的 96 芯通信光缆发往辽宁省大连市邮电局，这种松套层绞式光缆为国内当时同类型产品中最大芯数的管道光缆。

1995 年 9 月 22 日，纵贯北京—九江—广州全程 3423km 的光缆干线工程国际招标结束，工厂承接了该工程九包合同的最后一包，即江西赣州分别至定南、瑞金的 415km、价值 216.17 万美元的 48 芯、20 芯系列光缆供货任务。

1995 年 9 月，在国家重点光缆干线“京九”工程中，某外商因故退标，工厂临危受命，经过全厂职工 20 多个昼夜的紧张生产，于 1995 年 11 月 15 日前圆满完成了邮电部指令性计划，经邮电部验收组严格检验、工地开盘测试，141 盘 HMC 牌光缆全部合格，产品质量和性能可与同类进口产品相媲美。

1996 年 10 月 27 日，工厂为美国 D&A 公司制作的一批价值 70 万元的同轴综合通信电缆，在通过省商检局的检验后，正式发往天津口岸出境。

1997 年 1 月 2 日，工厂生产的一条 10.3km 的 144 芯带状光缆，安全运抵大连市环网通信工程工地，再次开启了采用国产高密度大容量光缆承建高速光纤用户信息网的新篇章。

1997 年 4 月 30 日，在北京连接西藏的“兰州—西宁—拉萨”光缆通信工程国际招标中，工厂承接了该工程中最为艰险的格尔木至唐古拉山口段 598km 的系列光缆供货重任，1997 年 6 月 10 日首批 278km 的 18 芯直埋、特种光缆出厂发运，这些产品在海拔 5230m 左右的永冻层中经受住了严酷的自然环境考验。

1997 年 6 月 12 日，一条长 2.3km 的 216 芯带状光纤光缆在工厂试制成功，并在天津市塘沽高新技术开发区投入使用。

1997 年 8 月 29 日，邮电部 1997 年度新产品开发项目——松套层绞式带状光纤光缆胜利完成，并通过邮电部鉴定。

1997 年 12 月 13 日，中国质量管理协会、国家技术监督局、邮电部等 15 个部门和社会团体共同组织的全国用户满意工程推进大会在北京召开，工厂的 HMC 牌全塑市话电缆被授予“全国用户满意产品”称号，是获奖产品中唯一的通信线缆产品。

1998 年 8 月，“松套层绞式带状光缆”项目获邮电部科学技术进步三等奖。

1999 年 7 月 23 日，为大庆提供的光缆、全塑市话电缆全部发往用户，该批产品中既有特殊结构的 GYTA53 型 36 芯、48 芯通信光缆，也有国内通信网中少见的 HYA 型 3200 对大容量全塑市话电缆。

1999 年 7 月，“松套层绞式带状光缆”项目获中国邮电工业总公司“1998 年度科技进步一等奖”。

三、发展变迁

1968 年，国家计划委员会和国家建设委员会批准新建通信电缆厂，选址在山西省曲沃县侯马镇。

1968 年 11 月 7 日，邮电部军委会指定李玉奎（时任邮电部副部长）、徐信（时任邮电部政治部副主任）等人组成邮电部 502 工程处革命领导小组，领导工程的筹建工作。

1969 年 3 月 26 日，邮电部军管会以（69）军管生一字 27 号文，批准 502 工程扩大初步设计，设计规模为人员 2500 名，建筑面积 104795m^2，主要设备 892 台，仪表 475 部，总投资 2832 万元。

1970 年 1 月 1 日，邮电部分设为国家电信总局和邮政总局。1970 年 1 月 6 日，电信总局发出《关于更改工厂名称的通知》，工厂更名为电信总局 502 厂，直属电信总局领导。

1971 年 6 月 21 日，电信总局决定 502 厂划归电信科学研究院领导。

1972 年 4 月 29 日，电信总局临时党委决定，从 1972 年 7 月 1 日起，502 厂仍归电信总局直接领导。

1973 年 6 月 1 日，电信总局与邮政总局合并恢复邮电部，工厂隶属邮电部领导。

1975 年 1 月 31 日，邮电部邮人字 78 号文通知，变更直属邮电工厂名称，工厂更名为邮电 502 厂（第二名称：侯马通信电缆厂）。

1981 年 8 月，根据邮电部部长办公会议决定，部直属厂除邮电部上海电话设备厂同时保留和使用邮电 520 厂名称，其他厂的代号厂名一律取消，故工厂更名为邮电部侯马电缆厂。

1996 年 12 月，中国邮电工业总公司所属 22 家工厂经邮电部批准，进行更名，工厂更名为侯马邮电通信电缆厂。

2000 年 4 月，中国普天信息产业集团公司（原中国邮电工业总公司）正式宣布了首批 16 家企业更名公告，工厂更名为侯马普天通信电缆厂。

2001 年 4 月 13 日，企业实施“债转股”，由中国东方资产管理公司和中国普天信息产业集团公司出资，注册成立了侯马普天通信电缆有限公司。

第 25 节　大竹县电线厂

四川川东电缆有限责任公司的前身是大竹县综合社，成立于 1970 年，隶属大竹县二轻局。由唐玉明、李永辉、刘乾廷、邓绍田四人组成攻关小组到相关单位学习电线制造技术，利用汽车后桥自制拉丝机等设备，于 1970 年生产出了第一根电线——钢芯铝绞线，1971 年开始生产塑料绝缘电线，1974 年开始生产铝芯橡皮绝缘电线，并由传统的纵包绝缘方式改为挤包绝缘方式，填补了国内空白。

1977 年，正式命名为大竹县电线厂，1979 年征地新建厂房，并于 1983 年搬迁至大竹县东湖路 80 号，生产的产品还是比较单一的橡皮绝缘电线。

1985 年，李永辉同志任厂长后，进行大胆改革和创新，完善组织机构，改革企业职工工资制度，完善了工时定额和材料消耗定额，推行了计件工资制，极大地提高了员工的生产积极性，同时大力实施技术改造，新上铜导体生产线，改进炼胶工艺（采用罐式硫化），产品进一步扩大为橡皮绝缘电线、小规格橡套电缆、橡皮花线等。

1987 年，聚氯乙烯绝缘电线投产，“黑象”电线电缆产品商标注册，产品通过四川省机械工业厅质量认证。

1990 年，RXS、BV、BLV 取得中国电工产品认证（CCEE 长城认证），RXS 产品获得四川省优质产品称号。

1992 年，大竹县电线厂更名为四川川东电缆厂，并着手实施“八五”技改。新建密炼车间和连硫车间，1992 年密炼生产线投产，1995 年连硫生产线投产，开创了川渝地区用连硫技术生产橡缆的先河。

1998 年，四川川东电缆厂改制为四川川东电缆有限责任公司。公司扩建了拉丝车间，一大批电力电缆、架空绝缘电缆、铝绞线及钢芯铝绞线、控制电缆等投产，新建了实验大楼，新增检测设备 100 多台套，企业研发能力进一步增强。

2002 年，公司进一步深化产权制度改革，李永辉及其他 25 位股东共同出资整体购买，彻底转制为民营企业。

2006 年，被劳动部列为电线电缆职业技能鉴定站（四川站），负责四川（含重庆市）地区电线电缆行业职工技能培训及鉴定工作。

2007 年，按照大竹县委县政府的要求，实施退城入园和迁址扩能工程。在大竹县工业园区征地 210 亩，总投资 2 亿元，完成了工业园区新厂房的一、二期建设，建成了导体分厂、电气装备用线分厂、电力电缆分厂、矿用电缆分厂、特种电缆分厂和橡塑绝缘材料分厂。

2023 年 5 月，公司顺利在天府（四川）联合股权交易中心股份有限公司“双创企业板”挂牌。

第3章 时代赋予的发展机遇

第1节 良好的市场发展环境

1978年12月，中国共产党召开十一届三中全会，做出把党和国家工作中心转移到经济建设上来、实行改革开放的历史性决策，开启了我国改革开放的伟大历程。改革开放40多年来，我国固定资产投资保持快速增长。从投资的结构上看，工业投资、基建投资和房地产投资是三大领域。其中，在基建方面，尤其是交通基础设施方面实现了跨越式发展。数据显示，1997—2017年我国交通运输业累计完成投资近40万亿元，年均增长18.4%。

电线电缆制造业作为国民经济中重要配套行业之一，电线电缆产品广泛应用于房地产、电网、交通、舰船、能源等领域，在我国制造业中扮演着非常重要的角色。跟随着改革开放的步伐，我国电线电缆产业搭上快速发展的经济列车，并得益于良好的市场环境提供的大好发展机遇，呈现出蓬勃发展之势。从2012年起，我国电线电缆行业就实现产值超万亿元。目前，在世界范围内我国也已超过美国，成为世界上第一大线缆生产大国，线缆行业成为在我国机械工业领域内仅次于汽车行业的第二大产业。

一、房地产业的快速发展拉动了电缆市场需求

1978年改革开放后，我国实施经济改革政策，允许私人拥有住房，并引入房地产市场的概念。1988年，政府推出了住房制度改革，实施商品房制度，开始建立市场化的住房分配机制。1998年，政府发布《城市商品房销售管理暂行办法》，进一步推动房地产市场的发展，并允许外资进入我国的房地产市场。

随着住房制度改革不断深化和居民收入水平的提高，住房成为新的消费热点。1998年以后，随着住房实物分配制度的取消和按揭政策的实施，房地产投资进入平稳快速发展时期，并成为国民经济的支柱产业之一，其投资规模的扩大直接影响到电缆行业的需求。随着房地产项目的增加和规模的扩大，建筑施工所需的电缆量也随之增长。据统计数据显示，房地产行业在施工过程中每平方米的电缆消耗量在稳步上升，从而拉动了整个电缆行业的发展需求（表13）。

二、电网加速建设不断释放电缆需求

我国的电网发展历程可谓是一部波澜壮阔的史诗，自19世纪40年代初开始起步，便踏上了一条充满挑战与机遇的征途。从最初的摸索与试验，到逐渐建立起规模庞大的电力系统，我国电网经历了无数的风雨洗礼。

表 13　2000—2020 年我国房地产市场投入占比

年份	房地产 / 亿元	GDP/ 亿元	占比	年份	房地产 / 亿元	GDP/ 亿元	占比
2020	74553	1015986	7.3%	2009	18761	348518	5.4%
2019	69632	990865	7.0%	2008	14600	319245	4.6%
2018	64623	919281	7.0%	2007	13714	270092	5.1%
2017	57086	832036	6.9%	2006	10321	219439	4.7%
2016	49969	746395	6.7%	2005	8483	187319	4.5%
2015	42574	688858	6.2%	2004	7152	161840	4.4%
2014	38086	643563	5.9%	2003	6157	137422	4.5%
2013	35340	592963	6.0%	2002	5335	121717	4.4%
2012	30752	538580	5.7%	2001	4706	110863	4.2%
2011	27781	487940	5.7%	2000	4141	100280.1	4.1%
2010	23327	412119	5.7%				

注：数据来源国家统计局。

进入 21 世纪，随着科技的飞速发展和经济社会的深刻变革，我国电网也迎来了新的发展机遇。新型智能电网、坚强电网等先进技术的不断涌现，为我国电网的转型升级提供了强大的动力。如今，我国电网已经实现了从依赖进口到技术领先的华丽转身。特高压技术全球领先，电网设备出口量位居世界第一，我国电网的技术和装备已经走向世界舞台的中央。

“十四五”期间，南方电网计划投资约 6700 亿元，以加快数字化电网和现代化电网建设进程，推动以新能源为主体的新型电力系统构建；国家电网计划投入 3500 亿美元（约合 2.23 万亿元），推进电网转型升级。这意味着，国家电网和南方电网“十四五”电网规划投资累计将超过 2.9 万亿元，如果算上两大电网巨头之外的部分地区电网公司，“十四五”期间全国电网总投资预计近 3 万亿元。这明显高于“十三五”期间全国电网总投资 2.57 万亿元、“十二五”期间的 2 万亿元。架空导线、电力电缆在电力投资和电网建设中扮演着至关重要的角色，如此巨大的电网建设投资，必然会产生巨大的电缆需求。2021 年，电网工程建设投资达到 4951 亿元。新能源为主体的电力系统规划进一步推动了配电网建设，为架空导线、电力电缆需求提供了强大的保障（图 55）。

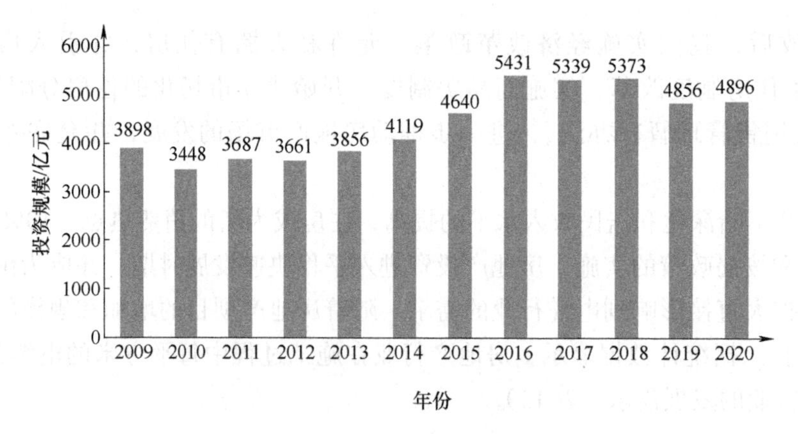

图 55　2009—2020 年我国电网建设投资规模

注：数据来源中国电力企业联合会。

三、高铁建设带动电缆市场发展

中国高速铁路（简称中国高铁）是当代中国重要的一类交通基础设施。目前，中国高铁已成为国家交通发展的新经脉，促进了区域经济的繁荣与发展。2023 年底，中国铁路运营里程达到 15.9 万 km，其中高铁达到 4.5 万 km（图 56）。

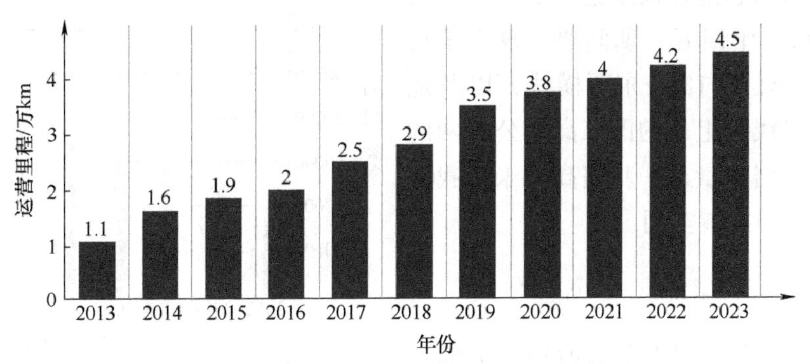

图 56　2013—2023 年中国高铁运营里程

注：数据来源交通运输行业发展统计公报。

如此大规模的基础设施的投入，在驱动相关电气产品需求的同时，会大量使用电线电缆，使得电线电缆行业也分得了很大一块蛋糕。根据国家发改委发布的《中长期铁路网规划》可知，2025 年我国铁路网规模将达 17.5 万 km，将连接各大省会城市，以及其他 50 万人口以上大中城市。我国高速发展的高铁正在构建一个越来越密集的铁路网络，作为高速铁路电力传输的重要载体，接触网也因此成为轨道交通的大动脉和生命线，高铁的快速发展为电缆行业带来无限的商机。

四、高速公路建设推动电缆市场需求

从 1988 年中国大陆第一条高速公路（沪嘉高速）正式通车到现在，我国的高速公路建设取得了举世瞩目的成就。“十五”期间我国共建成高速公路 2.47 万 km，是“八五”和“九五”期间建成高速公路总和的 1.5 倍。全国高速公路通车总里程先后跃上了 2 万 km、3 万 km、4 万 km 三个大台阶。部分省份已实现了省会到地市全部由高速公路连接，长江三角洲、珠江三角洲、环渤海等经济发达地区的高速公路网络也正在形成（图 57）。

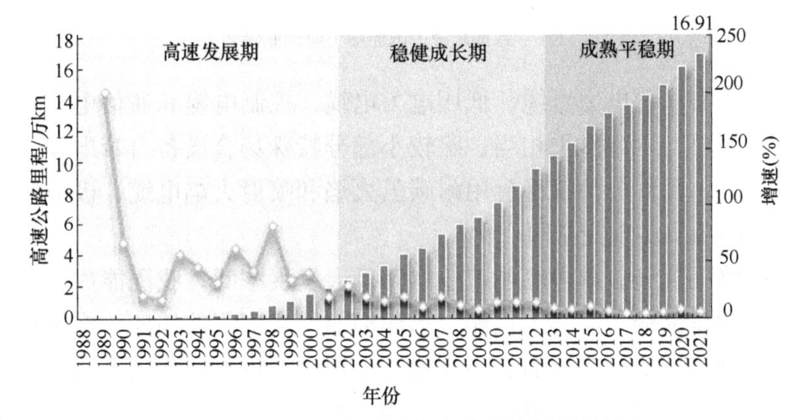

图 57　1988—2021 年全国高速公路里程及增速

注：资料来源国家统计局，华经产业研究院整理。

当前我国高速公路已经进入了发展平稳阶段，表现为高速公路总里程与新增历程增速的放缓。根据交通运输部《2022 年交通运输行业发展统计公报》，截至 2022 年底，高速公路里程为 17.73 万 km，增加 0.82 万 km，国家高速公路里程为 11.99 万 km，增加 0.29 万 km。图 58 所示为 2012—2021 年中国高速公路累计建设投资总额。

根据《“十四五”现代综合交通运输体系发展规划》，“十四五”公路交通建设的主要目标是：到 2025

年，综合交通运输基本实现一体化融合发展，智能化、绿色化取得实质性突破，综合能力、服务品质、运行效率和整体效益显著提升，交通运输发展向世界一流水平迈进。国家公路网总里程预期达到 550 万 km，具体到高速公路来讲，“十四五”期间要实现 7 条首都放射线、11 条北南纵线、18 条东西横线，以及地区环线、并行线、联络线等组成的国家高速公路网的主线基本贯通，普通公路质量进一步提高。未来我国高速公路仍然具有较大的发展空间。

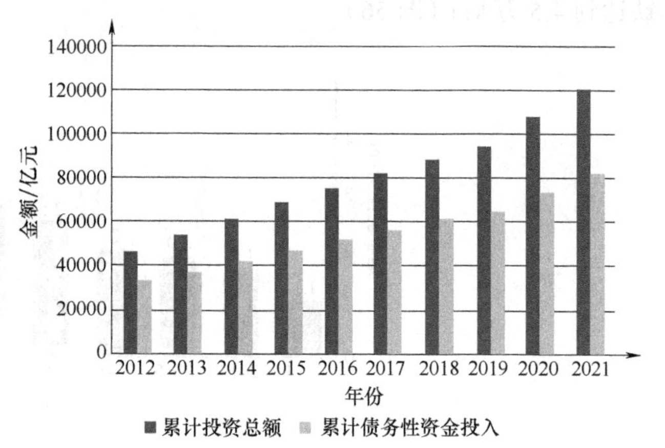

图 58 2012—2021 年中国高速公路累计建设投资总额

五、造船业推动了电缆细分市场的发展

20 世纪 70 年代末我国造船业借着改革开放的春风开始进入国际市场，并通过设施改进、技术磨炼、生产优化等，于 20 世纪 90 年代后期进入了一轮高速发展的快车道，并于 21 世纪前 10 年超越日本、韩国，成为新的世界第一造船大国。图 59 所示为 2013—2022 年我国造船完工量及其增速。

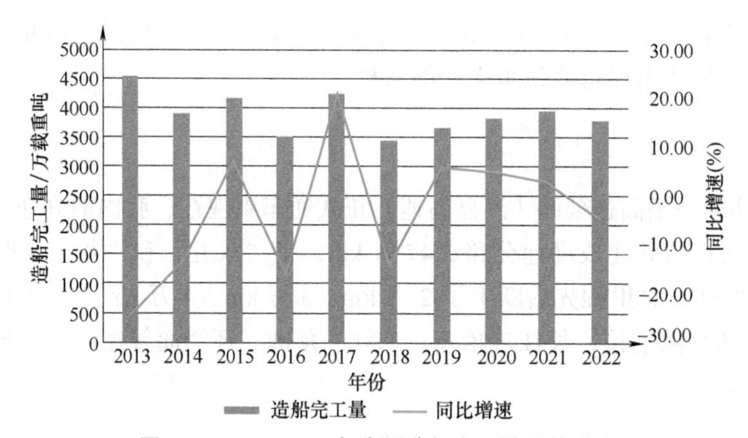

图 59 2013—2022 年我国造船完工量及其增速

注：数据来源中国船舶工业行业协会。

我国船用电缆主要品种有中压电力电缆、低压电力电缆、控制电缆和通信电缆等。目前，国内电缆企业生产船用电缆的技术水平已与国际水平相当，除较小部分特殊场合设备自带电缆，外企已基本退出了国内市场。在产品和技术层面，除部分油气平台用耐碳氢火焰和喷射火焰电缆、极地船舶用耐超低温电缆等尚未完全国产化，其余电缆基本实现完全国产化。

由于我国海洋开发战略的实施，国内船舶工业得到巨大发展空间。我国能成功制造的新型船舶种类不断增加，例如成品油船、化学品船、海洋工程船、远洋渔船、大型集装箱船、客滚船、滚装船、液化石油气船、液化天然气船、大型冷藏船、散货船、渔政船、军用船、自卸船、大舱口多用途船、穿梭油船、高速无舱盖集装箱船、高速水翼客船、海上储油船、巨型油船和内河船舶等，另外还有缉私艇、救生艇、游艇等小型船舶舰艇。由于船舶行业的迅速发展，我国已经成为具有世界影响力的造船大国，年造船产量占世界市场份额的 40% 左右，进一步拉动了船用电缆的市场需求。

六、城市化进程撬动电缆市场发展大空间

近年来，我国城镇化建设进程推动了多个产业的发展，其中电线电缆产业也深受城镇化进程的影响，得到迅速的发展。

根据国家统计局的数据，2023 年末，我国的常住人口城镇化率达到 66.2%（表 14）。这一指标反映了

我国城市化进程的快速发展，与改革开放之初相比，我国的城镇化率从不足 20% 增长到超过 66%，经历了世界上规模最大、速度最快的城镇化过程。尽管与发达国家 80% 左右的城镇化率相比，我国还有一定的差距，但我国的城镇化进程仍在继续，每年有超过 1000 万的农村居民进入城镇，推动着城镇化率的不断提高。

表 14 1996—2023 年我国常住人口及城镇化率统计

年份	年末总人口 / 万人	城镇人口 / 万人	乡村人口 / 万人	城镇化率（%）
1996	122389	37304	85085	30.48
1997	123626	39449	84177	31.91
1998	124761	41608	83153	33.35
1999	125786	43748	82038	34.78
2000	126743	45906	80837	36.22
2001	127627	48064	79563	37.66
2002	128453	50212	78241	39.09
2003	129227	52376	76851	40.53
2004	129988	54283	75705	41.76
2005	130756	56212	74544	42.99
2006	131448	58288	73160	44.34
2007	132129	60633	71496	45.89
2008	132802	62403	70399	46.99
2009	133450	64512	68938	48.34
2010	134091	66978	67113	49.95
2011	134916	69927	64989	51.83
2012	135922	72175	63747	53.10
2013	136726	74502	62224	54.49
2014	137646	76738	60908	55.75
2015	138326	79302	59024	57.33
2016	139232	81924	57308	58.84
2017	140011	84343	55668	60.24
2018	140541	86433	54108	61.50
2019	141008	88426	52582	62.71
2020	141212	90220	50992	63.89
2021	141260	91425	49835	64.72
2022	141175	92071	49104	65.22
2023	140967	93267	47700	66.16

注：资料来源国家统计局。

城镇化和工业化是促进电线电缆行业需求增长的长期驱动因素。伴随着我国城镇化和工业化进程的不断推进，并推动着城镇公共设施、建筑、交通、工业等诸多产业投资规模的不断增加，对输 / 配电、轨道交通等电力电缆、电气装备电缆带来长久的刚性需求。

例如：我国城镇化进程的推进，推动着以地铁、轻轨为主要方式的城市轨道交通的快速发展。2008—2017 年，我国城市轨道交通固定资产投资复合增长率达到 21.95%。根据前瞻产业研究院的报告，截止 2020 年末，我国城市轨道交通以 7978.19km 运营里程排名全球第一，占全球总里程的 23.9%。铁路、城市轨道交通建设规模的加大，势必增强对轨道交通车辆用电缆、铁路信号电缆、电气设备电缆等线缆的需求。

七、新能源触动电缆市场新引擎

在保障国家能源安全，确保我国能源领域高质量发展，推进我国安全高效实现能源清洁低碳转型，促进发展方式绿色转型的新形势下，2012 年 11 月召开的党的十八大明确提出："推动能源生产和消费革命，控制能源消费总量，加强节能降耗，支持节能低碳产业和新能源、可再生能源发展，确保国家能源安全。"党中央首次提出能源生产和消费革命，突出了控制能源消费总量、确保国家能源安全以及发展新能源等主要工作方向。2021 年，国务院又出台了《2030 年前碳达峰行动方案》，一股新能源大潮来袭，光伏、风电、核电等新兴产业迎来新的发展赛道。作为电力传输材料的重要组成部分，电缆行业也随之迎来新一轮的增长。图 60 所示为 2015—2021 年我国新增新能源发电装机容量。

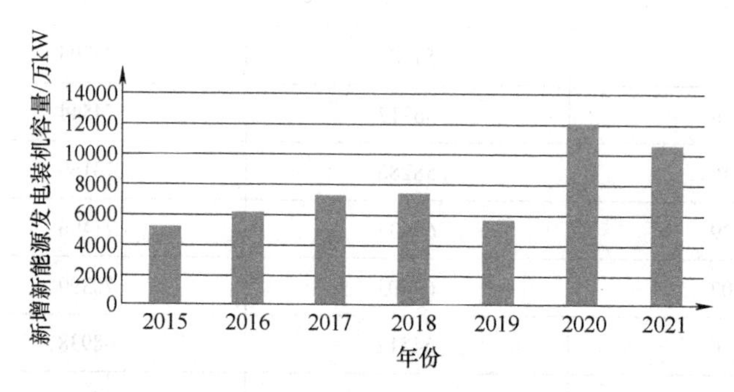

图 60 2015—2021 年我国新增新能源发电装机容量

注：资料来源 2015—2021 年全国电力工业统计快报；数据为风电、光伏、核电总和。

八、"一带一路"引领电缆行业走向国际市场

2013 年秋，我国先后提出共建"丝绸之路经济带"和"21 世纪海上丝绸之路"的倡议，倡导共商、共建、共享理念，得到国际社会广泛关注和积极响应。之后，"一带一路"倡议从理念转化为行动，从愿景转变为现实，深刻影响中国与世界（"一带一路"建设成就见图 61、图 62）。

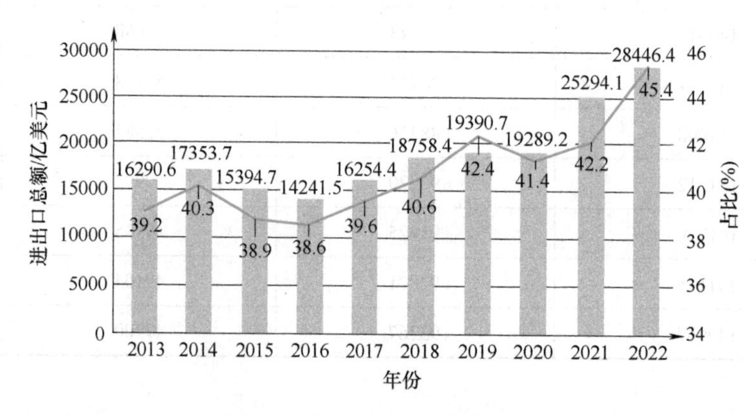

图 61 2013—2022 年中国与共建"一带一路"国家进出口总额及其占中国外贸总值比重

注：数据来源《共建"一带一路"：构建人类命运共同体的重大实践》白皮书。

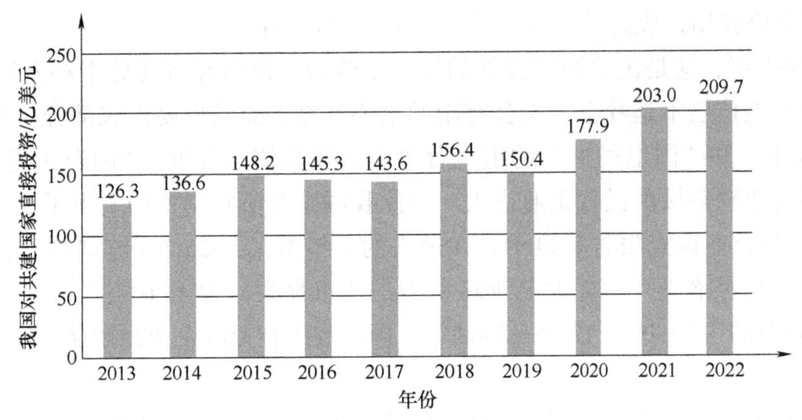

图 62　2013—2022 年中国对共建“一带一路”国家非金融类直接投资

注：数据来源中国商务部。

随着“一带一路”持续深入推进，我国与共建“一带一路”国家将迎来更多高质量发展和高水平合作机遇，为全球发展与国际合作注入更强劲动能。“一带一路”倡议为电线电缆行业带来难得的机遇。从国内看，“一带一路”涵盖了 16 个省份，目前各省市正在做出积极应对，陆续推出一些重点项目，仅西安市就推出了 60 个“丝路项目”。从国际上看，6 大走廊更是好戏连台，仅高铁建设将达 8.1 万 km。而电力和铁路交通等设备出口持续提速，将带动沿线区域经济的快速发展，相关国家的电力建设需求将持续增长。这些都会对电线电缆行业“走出去”带来深远影响和重大发展机遇。

第 2 节　民营线缆企业蓬勃兴起

本节在叙述民营企业蓬勃发展前，先梳理一下我国关于支持、鼓励民营经济发展的大政方针，具体如下：

党的十五大把“公有制为主体、多种所有制经济共同发展”确立为我国的基本经济制度，明确提出“非公有制经济是我国社会主义市场经济的重要组成部分”。

党的十六大提出“毫不动摇地巩固和发展公有制经济”，“毫不动摇地鼓励、支持和引导非公有制经济发展”。

党的十八大进一步提出“毫不动摇鼓励、支持、引导非公有制经济发展，保证各种所有制经济依法平等使用生产要素、公平参与市场竞争、同等受到法律保护”。

党的十八届三中全会提出，国家保护各种所有制经济产权和合法利益，坚持权利平等、机会平等、规则平等，废除对非公有制经济各种形式的不合理规定，消除各种隐性壁垒，激发非公有制经济活力和创造力。

党的十八届四中全会提出要“健全以公平为核心原则的产权保护制度，加强对各种所有制经济组织和自然人财产权的保护，清理有违公平的法律法规条款”。

党的十八届五中全会强调要“鼓励民营企业依法进入更多领域，引入非国有资本参与国有企业改革，更好激发非公有制经济活力和创造力”。

党的十九大把“两个毫不动摇”写入新时代坚持和发展中国特色社会主义的基本方略，作为党和国家一项大政方针进一步确定下来。

这一系列方针政策，为进一步扎实推动民营经济健康发展、高质量发展指明了方向。据国家统计局 2021 年底数据显示，民营经济贡献了 50% 以上的税收、60% 以上的国内生产总值、70% 以上的技术创新成果、80% 以上的城镇劳动就业、90% 以上的企业数量。民营企业在稳定增长、促进创新、增加就业、改善民生等方面发挥了重要作用，成为推动经济社会发展的重要力量。

从改革开放到1991年，这是民营经济发展的第一个阶段，民营经济还处于补充地位。1992—2012年这段时间，民营经济的地位已不是社会主义公有制的重要补充，而是重要组成部分。特别是到了1998年，民营企业在“抓大放小”和“国退民进”的重大背景下，迎来快速发展。“国退民进”，是指国有资本退出竞争性行业，这些行业和领域由民营企业进入。因此我国企业所有制格局发生了重大的变化和调整。据2002年一份《中国私营企业调查报告》显示，在过去的4年里，有25.7%被调查的私营企业是由国有和集体“改制”而来。在这些企业中以东北部地区所占的比重最大，为45.6%；“改制”前是国有企业的占25.3%，是乡镇集体企业的占74.7%。1998—2003年，国有及国有控股企业户数从23.8万户减少到15万户，减少了40%。

在我国电线电缆行业中，一直到20世纪90年代前，国有企业在我国电线电缆产业占有不可动摇的绝对统治地位。20世纪80年代形成了南北两霸，即沈阳电缆厂和上海电缆厂；至20世纪90年代形成了沈阳电缆厂、上海电缆厂和郑州电缆厂三足鼎立的格式。

随着改革开放的不断深入，从20世纪90年代中期开始，国有电线电缆企业逐步退出历史舞台，民营电线电缆企业在行业中占比逐年上升。在“九五”“十五”的十年发展中，我国电线电缆行业内的经济成分完成了重大转变。改革开放初期主要由国有经济为主、集体经济为辅比较单一的经济成分组成，经过这段时间的改革调整，已逐步转变为以民营企业为市场主体，三资企业抢占大量的高端市场，国有企业在市场中的占有率不断萎缩的形势（表15）。

表15 “十五”期末我国电线电缆产业所有制格局

计算方式	国有企业（%）	三资企业（%）	民营企业（%）
以资产计算	15	25	60
以产值计算	4.05	25	70

注：资料来源上海电缆研究所资料。

据20世纪80年代末期的行业调查显示，当时原国家定点的国有企业的产值要占整个电线电缆行业产值的48%，而到了2004年，国有企业产值则下降到仅占全行业的4.05%，民营企业产值所占比重却由原来的40%上升到70%以上。而且部分民营企业已完成资本积累，生产设备和治理均已上了一个台阶，有些优秀的民营企业水平甚至远超过了原国家定点企业。同时，三资企业也已完成起步阶段，进入扩大发展时期。2004年，在我国电线电缆行业销售收入前十名企业中，仅有江苏宝胜集团有限公司一家是国营企业，其余均为三资企业或民营企业。

另外，民营电线电缆企业在推动行业市场竞争方面发挥了重要作用。市场竞争是经济发展的动力源泉之一，而民营企业作为市场主体之一，通过竞争推动了行业企业的不断进步和提升。这种竞争机制有助于淘汰低效率、低质量的企业，促使企业更好地适应市场需求，推动整个电线电缆产业的优化升级。特别是在改革开放后，良好的市场环境为电线电缆企业提供了大好的发展机遇。民营企业大多为较新的企业，运营负担小，经营决策果断灵活，发展快速；相比之下，电线电缆行业中的国有企业老厂较多，各方面负担沉重，总体缺乏创新发展意识，因此在与民营企业的竞争中往往处于下风。电线电缆作为配套非核心行业，国家未对国有企业有政策倾斜，国有企业已逐渐退出高端领跑地位。

一段时间以来，我国电线电缆行业一直在重新洗牌，国有企业成了民营企业吞并和重组的关注焦点。就全国最大型的几家电缆企业来看，企业吞并、并购、资产重组十分激烈。素有亚洲第一大厂的沈阳电缆厂已经解体，一部分成为日资的沈阳古和电缆有限公司；2004年，上海电缆厂经资产重组，转制为上海电缆厂有限公司，为上海电气（集团）总公司的全资子公司。2015年，德威投资集团有限公司全资收购上海电缆厂有限公司100%股权。在此次转让中，上海电缆厂对外投资企业的上海藤仓橡塑电缆有限公司50%

股权、上海南洋藤仓电缆有限公司20%股权与标的公司股权一并转让。郑州电缆厂于2007年被中科英华高技术股份有限公司注资控股；红旗电缆厂于2000年被实力强劲的民营内资电缆企业并购，后变更为湖北永鼎红旗电气有限公司，2009年11月，被韩国LS集团旗下LS电线株式会社成功收购，更名为乐星红旗电缆。

随着我国经济体制改革的不断深化，特别是党的十六届三中全会后，围绕贯彻落实科学发展观，我国经济体制改革向重点领域和关键环节稳步推进、不断深入，社会主义市场经济体制日趋完善。我国电线电缆行业在鼓励、引导非公有制经济发展的政策下，如"非公经济36条"和《国务院关于鼓励和引导民间投资健康发展的若干意见》等相继出台，给电线电缆行业注入了新的活力，民营企业蓬勃发展，形成百舸争流的局面。特别在2013年生产许可证调整后，新增近3000家电缆公司，使我国电线电缆企业数量达到最高峰。据不完全统计，我国大大小小的电缆企业一度曾达到上万家。

据电线电缆行业"十四五"指导意见显示，"十三五"期末，以企业数计算，我国电线电缆行业规上企业4320多家。其中，国有控股企业数占比只有5%，集体控股企业占3%，私人控股企业占66%，港澳台商控股企业占6%，外商控股企业占11%，其他企业占9%。由此可见，民营企业在我国电线电缆行业中居于主体地位，不仅其产值已占到我国电线电缆产业总产值70%以上，而且已经形成了一批在行业内有极大影响力的大型企业，如亨通集团、中天科技、上上电缆、远东电缆、富通集团、浙江万马、起帆电缆、青岛汉缆、宁波东方和江南电缆等。

第3节 线缆企业融入资本生态圈

电线电缆产品相对其他行业产品而言，是占用资金最大的产品，回款难、融资难、财务成本高已经吞食了电线电缆企业的大部分利润。而加强市场融资是解决这一难题的一项有效措施，可以降低企业的负担和成本。因此，越来越多的电线电缆企业已经走上市融资的渠道（表16）。

表16 电线电缆行业或与电线电缆行业上下游有关的上市公司或间接上市公司

序号	公司名称	简称	代码	成立日期	上市时间	网址
1	远东智慧能源股份有限公司	远东股份	600869	1995-01-25	1995-02-06	www.600869.com
2	四川汇源光通信股份有限公司	汇源通信	000586	1994-03-04	1995-12-20	www.schy.com.cn
3	物产中大集团股份有限公司	物产中大	600704	1992-12-31	1996-06-06	www.wzgroup.cn
4	冠城大通股份有限公司	冠城大通	600067	1988-04-03	1997-05-08	www.gcdt.net
5	特变电工股份有限公司	特变电工	600089	1993-02-26	1997-06-18	www.tbea.com
6	江苏永鼎股份有限公司	永鼎股份	600105	1994-06-30	1997-09-29	www.yongding.com.cn
7	中广核核技术发展股份有限公司	中广核技	000881	1993-04-17	1998-09-02	www.cgnnt.com.cn
8	深圳市特发信息股份有限公司	特发信息	000070	1999-07-29	2000-05-11	www.sdgi.com.cn
9	安徽鑫科新材料股份有限公司	鑫科材料	600255	1998-09-28	2000-11-22	www.ahxinke.com
10	江西联创光电科技股份有限公司	联创光电	600363	1999-06-30	2001-03-29	www.lianovation.com.cn
11	天津百利特精电气股份有限公司	百利电气	600468	1999-09-23	2001-06-15	www.benefo.tj.cn
12	烽火通信科技股份有限公司	烽火通信	600498	1999-12-25	2001-08-23	www.fiberhome.com
13	铜陵精达特种电磁线股份有限公司	精达股份	600577	2000-07-12	2002-09-11	www.jingda.cn
14	江苏中天科技股份有限公司	中天科技	600522	1996-02-09	2002-10-24	www.chinaztt.com

（续）

序号	公司名称	简称	代码	成立日期	上市时间	网址
15	长园科技集团股份有限公司	长园集团	600525	1986-06-27	2002-12-02	www.cyg.com
16	江苏亨通光电股份有限公司	亨通光电	600487	1993-06-05	2003-08-22	www.htgd.com.cn
17	宝胜科技创新股份有限公司	宝胜股份	600973	2000-06-30	2004-08-02	www.baoshengcable.com
18	深圳市沃尔核材股份有限公司	沃尔核材	002130	1998-06-19	2007-04-20	www.woer.com
19	贤丰控股股份有限公司	贤丰控股	002141	2002-10-10	2007-07-20	www.sz002141.com
20	安徽楚江科技新材料股份有限公司	楚江新材	002171	2005-12-21	2007-09-21	www.ahcjxc.com
21	浙江万马股份有限公司	万马股份	002276	1996-12-30	2009-07-10	www.wanmaco.com
22	福建南平太阳电缆股份有限公司	太阳电缆	002300	1994-07-11	2009-10-21	www.npcable.com
23	宁波东方电缆股份有限公司	东方电缆	603606	2002-06-10	2009-10-30	www.orientcable.com
24	江苏中利集团股份有限公司	中利集团	002309	1988-09-05	2009-11-27	www.zhongli.com
25	上海摩恩电气股份有限公司	摩恩电气	002451	1997-10-05	2010-07-20	www.mornelectric.com
26	江苏中超控股股份有限公司	中超控股	002471	1996-08-05	2010-09-10	www.zcdlgf.com
27	通鼎互联信息股份有限公司	通鼎互联	002491	2001-02-07	2010-10-21	www.tdgd.com.cn
28	青岛汉缆股份有限公司	汉缆股份	002498	1989-11-08	2010-11-09	www.hanhe-cable.com
29	金杯电工股份有限公司	金杯电工	002533	2004-05-24	2010-12-31	www.gold-cup.cn
30	河南通达电缆股份有限公司	通达股份	002560	2002-03-26	2011-03-03	www.hntddl.com
31	深圳金信诺高新技术股份有限公司	金信诺	300252	2002-04-02	2011-08-18	www.kingsignal.com
32	江苏通光电子线缆股份有限公司	通光线缆	300265	2002-01-29	2011-09-16	www.tgjt.cn
33	露笑科技股份有限公司	露笑科技	002617	1989-05-24	2011-09-20	www.roshowtech.com
34	尚纬股份有限公司	尚纬股份	603333	2003-07-07	2012-05-07	www.sunwayint.com
35	远程电缆股份有限公司	远程股份	002692	2001-02-20	2012-08-08	www.yccable.cn
36	杭州电缆股份有限公司	杭电股份	603618	2002-04-17	2015-02-17	www.hzcables.com
37	南京全信传输科技股份有限公司	全信股份	300447	2001-09-29	2015-04-22	www.qx-kj.com
38	浙江盛洋科技股份有限公司	盛洋科技	603703	2003-06-10	2015-04-23	www.shengyang.com
39	杭州高新材料科技股份有限公司	杭州高新	300478	2004-11-26	2015-06-10	www.gxsl.com
40	江苏安靠智电股份有限公司	安靠智电	300617	2004-05-20	2017-02-28	www.ankura.com.cn
41	瀛通通讯股份有限公司	瀛通通讯	002861	2010-10-23	2017-04-13	www.yingtong-wire.com
42	长缆科技集团股份有限公司	长缆科技	002879	1997-12-23	2017-07-07	www.csdlfj.com
43	金龙羽集团股份有限公司	金龙羽	002882	1996-04-12	2017-07-17	www.szjly.com
44	浙江长城电工科技股份有限公司	长城科技	603897	2007-08-16	2018-04-10	www.grandwall.com.cn
45	长飞光纤光缆股份有限公司	长飞光纤	601869	1988-05-31	2018-07-20	www.yofc.com
46	广东日丰电缆股份有限公司	日丰股份	002953	2009-12-17	2019-05-09	www.rfcable.com.cn
47	宁波金田铜业（集团）股份有限公司	金田股份	601609	1992-06-20	2020-04-22	www.jtgroup.com.cn
48	上海起帆电缆股份有限公司	起帆电缆	605222	1994-07-11	2020-07-31	www.qifancable.com
49	宁波卡倍亿电气技术股份有限公司	卡倍亿	300863	2004-03-05	2020-08-24	www.nbkbe.com
50	浙江兆龙互连科技股份有限公司	兆龙互连	300913	1995-08-21	2020-12-07	www.zhaolong.com.cn

（续）

序号	公司名称	简称	代码	成立日期	上市时间	网址
51	新亚电子股份有限公司	新亚电子	605277	1987-04-07	2021-01-06	www.xinya-cn.com
52	中辰电缆股份有限公司	中辰股份	300933	2003-06-18	2021-01-22	www.zcdl.com
53	河北华通线缆集团股份有限公司	华通线缆	605196	2002-06-21	2021-05-11	www.huatongcables.com
54	湖南华菱线缆股份有限公司	华菱线缆	001208	2003-07-01	2021-06-24	www.hlxl.com
55	上海国缆检测股份有限公司	国缆检测	301289	2004-02-16	2022-06-22	www.ticw.com.cn

第4章 行业社会团体组织的发展

第1节　中国电器工业协会电线电缆分会

中国电器工业协会电线电缆分会（简称“电线电缆分会”）成立于1988年，是中国电器工业协会（CEEIA）所属33个分支机构之一。

电线电缆分会是行业内涵盖电线电缆各专业领域的全国性行业协会组织，由全国各地区、各系统和各种所有制的电线电缆生产企业、企业集团、科技单位、学校及各类相关机构在平等、自愿的基础上组成的全国性行业组织。分会在政府和会员、行业内外各种关系之间发挥“桥梁”和“纽带”作用，为我国电线电缆行业的发展做贡献。

电线电缆分会现有近400个会员，国内绝大多数有规模的电线电缆制造企业均是分会会员，此外部分知名的专用设备和原材料供应厂商也已加入分会。分会下设导体线材、电气装备用线缆、电力电缆与附件、通信电缆与光缆、绕组线、电线电缆材料、电缆专用设备、对外交流合作等多个专业工作部。

电线电缆分会主要工作范围：维护会员利益；向政府提出政策措施建议；提供咨询服务；提供各类出版物和信息；组织各种行业活动和展览；推行自律性行业管理以及在行业内外发挥中介协调作用。

电线电缆分会的作用包括：

（1）建立了一个沟通平台　电线电缆分会加强与各地方协会及商会间的沟通协调，建立了资源共享、互联互通机制，以不断增强协会的服务能力，更好地发挥沟通政府、企业以及社会的中介和桥梁作用，有效传递行业的诉求及政府信息，更好地凝聚会员，努力维护行业的整体利益，维护会员的合法权益，加强行业自律和宣传引导，相互协调，形成共同发力的制度体系、价格体系，建立和完善有序的市场秩序，为行业企业理性发展营造了一个公平、和谐的竞争环境。

（2）建立了一个信息网络　电线电缆分会承担起“牵头”重任，搭建交流平台，建立资源共享的信息化网络。同时，强化与上下游企业的沟通。利用电线电缆分会秘书处单位上海电缆研究所的资源优势，全面搞好调查统计、经济分析，为行业提供价格指导、企业业务、项目投资等方面的有价值的信息，推进行业技术创新、品牌培育、产品结构调整，促进行业转型升级，使行业企业更具竞争力、发展更健康。

（3）建立了一个对外渠道　充分发挥电线电缆分会对外交流作用，定期组织行业企业外出考察学习、开拓视野，使行业企业更准确地研判国内外电线电缆行业发展趋势，引导行业向着健康、可持续的发展方向前进。

第 2 节 中国通信企业协会通信电缆光缆专业委员会

中国通信企业协会通信电缆光缆专业委员会成立于 2003 年，通信电缆光缆专业委员会是中国通信企业协会的分支机构。通信电缆光缆专业委员会第一次会议选举中国邮电器材集团公司杨忠良总裁为名誉主任，中国邮电器材集团公司副总裁李亚东为主任。专业委员会聚集了全国 70 多家大中型光纤、光缆、电缆企业，这些企业占全国光缆、电缆生产能力和需求量的 90% 以上，具有广泛的代表性和典型性。

中国通信企业协会是经民政部核准注册登记的非营利的全国性社团法人，成立于 1990 年 12 月，原名中国邮电企业管理协会，2001 年 5 月经信息产业部、民政部批准更名为中国通信企业协会（简称“中国通信企协”），英文名称为 China Association of Communication Enterprises（缩写为 CACE）。

通信电缆光缆专业委员会旨在“面向企业、背靠政府、服务企业”，面向全国各类通信电缆光缆生产企业和相关原材料及设备生产厂商，坚持为企业服务的宗旨，帮助企业（行业）解决和处理经营与管理中的实际问题，建立健全行业自律机制，维护企业的合法权益，沟通企业与政府、企业与企业、企业与用户、企业与社会间的联系，发挥桥梁和纽带作用，为加速我国通信事业的建设和发展服务。

第 3 节 中国电子元件行业协会光电线缆及光器件分会

中国电子元件行业协会光电线缆分会于 1988 年 3 月 28 日成立，2013 年 8 月扩名为中国电子元件行业协会光电线缆及光器件分会，是光电线缆及光器件制造企业、原材料、设备供应商、主要用户及相关研究所、院校自愿组成的跨部门、跨地区的全国性行业组织，隶属于中国电子元件行业协会。

分会的最高权力机构是会员大会，由会员大会选举产生的理事会是执行机构，理事会设理事长 1 名和副理事长若干名，负责协会工作。理事会下设秘书处作为分会的常设机构，主持日常工作。

分会成立 30 多年来，在中国电子元件行业协会的正确领导下，在中国电子科技集团公司第 23 研究所和各会员单位的鼎力支持下，始终坚持“加强行业管理、推动产业转型升级、促进政企沟通、服务会员单位”工作方针，不断推动我国光电线缆及光器件行业的快速健康持续发展。

分会拥有光电线缆行业的工业企业、研究所和高等院校等会员单位共 170 余家。国内著名的光纤光缆、通信线缆、光器件、计算机和消费电子线缆的企业占了较大比例，会员单位的市场份额约占全行业的 75%。分会下设四个专业组：通信光电缆专业组、计算机和消费电子线缆专业组、光电线缆材料专业组、光器件专业组。

分会的主要工作是充分发挥协会在政府和企业之间的桥梁和纽带作用，向政府反映企业的愿望和要求，向企业传达政府的政策和意图，协助政府搞好行业管理，承办政府部门委托办理的事项；开展对行业基础资料的调查、搜集整理和交流工作，协调本行业内部和行业与相关行业间的经济、技术合作，推动企业科学技术、产品质量和经营管理水平的提高；研究国内外技术经济市场，预测产品发展趋势，为政府和会员单位提供国内外有关经济、技术、市场等方面的信息服务，对企业的经营活动和开拓市场进行指导；开展团体标准的制定工作，发挥标准对行业的引领作用；组织编制行业五年规划和其他专业技术发展路线图；举办行业峰会（高峰论坛）、各类专业研讨会、展览会，开展国际间经济技术交流活动；为企业提供其他各类服务。

第 4 节　中国检验检测学会电线电缆分会

中国检验检测学会电线电缆分会于 2023 年 6 月在江苏金坛成立（图 63），是中国检验检测学会的分支机构。

图 63　中国检验检测学会电线电缆分会成立大会

中国检验检测学会是由全国检验检测科技工作者、相关科研院所、高等院校学者、企业和社会相关代表人士自愿发起成立的全国性、学术型、非营利的社会组织，是党和政府联系检验检测科技工作者的桥梁和纽带，是促进市场监管工作发展的重要力量。中国检验检测学会由国家市场监督管理总局管理，是中国科学技术协会团体会员，中华人民共和国民政部社团组织注册号为 5110000008855 1172E。

中国检验检测学会电线电缆分会主要工作内容：

1）组织开展电线电缆检验检测领域的科技理论、检测方法、技术标准、能力评价、仪器设备、实验室建设、风险管理等学术、技术交流活动。

2）开展电线电缆检验检测领域人员培训和能力提升工作，开展检验检测人员继续教育工作。

3）组织开展检验检测科研、标准化、技术咨询和科普工作，组织高端制造课题研发，推广先进技术，促进科技成果转化。

4）征集电线电缆检验检测领域团体标准的意向并组织立项工作。

5）协助学会组织科技成果鉴定、科技奖项申报和筛选工作。

6）推动国际合作与技术交流，包括检测技术交流、能力验证合作和标准样品推广等。

7）组织开展线缆行业调研、研讨，发布行业发展动态报告，提出行业新领域的发展指导意见。

8）组织编著出版电线电缆检验检测领域学术著作和论文集。

9）加强与管理部门、线缆行业商（协）会、实验室、材料装备制造商等相关机构、企事业单位的联系，搭建合作交流的平台。

10）承办学会委托的其他工作。

中国检验检测学会电线电缆分会的宗旨是通过整合国内电线电缆产业检测技术创新资源，围绕电线电缆产品全生命使用周期质量安全控制需求，开展电线电缆质量、制造装备、材料等技术基础体系的研究；推动我国电线电缆自主创新技术突破、试验检测技术升级、标准体系完善、成果转移转化；打造电线电缆领域国家质量技术一体化创新体系，全面构建电线电缆产业信用体系，为我国电线电缆产业“高质量发展”和“走出去”提供技术与信用体系支撑。

第 5 节 全国线缆行业商协会联席会及地方商（协）会

1978 年改革开放以来，随着市场经济的发展和政府改革的推进，企业为了适应市场竞争的需要，意识到需要在行业间进行紧密的合作，而政府在从计划经济时代的全能型走向市场经济时代的有限型的过程中，也意识到需要将行业性的微观管理职能转移出去。因此，鉴于市场经济发展和政府职能转变的需要，中国的行业协会商会进入了一个全新的发展时期。

一、行业内相继成立具有影响力的商（协）会

我国电线电缆行业中，最早成立的行业社会组织是在 1987 年 5 月成立的上海电线电缆行业协会。

1988 年，作为全国电线电缆行业龙头的上海电缆研究所牵头发起成立了中国电器工业协会电线电缆分会，此后，全国电线电缆产业发展较快的省、市也相继发起成立了行业社会组织。

1989 年 9 月，湖北省电线电缆行业协会成立。

1990 年，浙江省电线电缆行业协会成立。

1990 年，四川省电工行业协会电工材料分会成立，2014 年更名为四川省电工行业协会电线电缆分会。

1999 年 6 月，高邮市电线电缆行业协会成立。

2001 年 9 月，杭州市临安区电线电缆行业协会成立。

2005 年 5 月，安徽省电线电缆行业协会成立。

2005 年 8 月，湖州市电器工业商会成立。

2006 年，安徽省无为县电线电缆行业协会成立。

2007 年 1 月，乐清市电线电缆行业协会成立。

2007 年 4 月，河南省电线电缆行业协会成立。

2007 年 8 月，宜兴市电线电缆行业协会成立。

2007 年 8 月，阳谷县光电线缆行业协会成立。

2008 年 5 月，东莞市虎门信息传输线缆协会成立。

2009 年，宁波市电线电缆商会成立。

2010 年 3 月，东莞市电线电缆行业协会成立。

2011 年 12 月，苏州市光电缆业商会成立。

2015 年 8 月，宁晋县电线电缆行业协会成立。

2016 年 3 月，辽宁省电线电缆行业协会成立。

2020 年 7 月，山东省电线电缆行业协会成立。

2022 年 12 月，云南省电线电缆行业协会成立。

2023 年 5 月，贵州省电线电缆行业协会成立。

二、全国线缆行业商协会联席会的发起及其作用

为全面强化职责，相互学习、相互支持，促进各地方协会以及地方商会间在更高层面上展开合作，2012 年 9 月 23 日，由中国电器工业协会电线电缆分会倡议组织的首届全国电线电缆地方行业协会及地方商会秘书长联席会议在上海电缆研究所召开。中国电器工业协会副会长、电线电缆分会理事长、上海电缆研究所所长魏东，上海电缆研究所党委书记、副所长虞顺康，中国电器工业协会电线电缆分会秘书长奚根娣、副秘书长吴士敏，以及来自上海、浙江、湖北、北京、河南、江苏、安徽、广东、河北等 15 家地方商（协）会秘书长出席会议。参加会议的有：袁根法（上海电线电缆行业协会秘书长）、金吾芬（浙江省电线

电缆行业协会秘书长）、孙泽强（湖北省电线电缆行业协会秘书长）、石铁（北京市电线电缆行业协会秘书长）、胡存孝（河南省电线电缆行业协会秘书长）、万孟军（宜兴市电线电缆行业协会副会长）、未代龙（安徽省无为县电线电缆行业协会副会长）、刘涛（东莞市电线电缆行业协会秘书长）、何明（杭州市临安区电线电缆行业协会秘书长）、王群刚（宁晋县电线电缆行业协会秘书长）、牟建宏（乐清市电线电缆行业协会秘书长）、潘巧萍（安徽省电线电缆行业协会常务秘书长）、吕金花（宁波市电线电缆商会秘书长）、韩拥军（湖州市电器工业商会副秘书长）、冯峰（苏州市光电缆业商会常务副秘书长）。

会议认为，中国电器工业协会电线电缆分会与各地方行业协会、商会都有一个共同的目标，就是为行业服务，为会员企业创造价值，更好地推动电线电缆行业的科学、稳定、健康发展。中国电器工业协会电线电缆分会以及各地方商（协）会应进一步携手，组织成立全国电线电缆地方行业协会及地方商会秘书长联席会议，为促进各地方协会及商会间的沟通、交流搭建了一个良好的平台。至此，全国电线电缆地方行业协会及地方商会秘书长联席会议正式建立，后逐步演变为“全国电线电缆地方协（商）会联盟”，并改称为“全国线缆行业商协会联席会”。

全国线缆行业商协会联席会成立后，围绕“加强沟通合作、共同推进线缆行业更好发展”这一宗旨，在行业内开展会议、论坛、展会、讲座等活动，并常态化，为全国电线电缆行业组织架起了一座沟通桥梁。

第3篇

看今朝·百舸争流

第1章 特色企业异军突起

改革开放后，在国家政策的不断叠加和革新下，为我国电线电缆行业的健康发展提供了良好的环境，涌现出一批批电线电缆中小企业。随着企业数量的增加，行业同质化竞争也越来越激烈，导致企业利润水平越来越低，因此许多中小企业走上了专业化生产、精细化管理、特色化服务等差异化发展道路，寻找电线电缆某一特定专业领域（即特种电缆）内的细分市场。它们通过在“赛道”上的不断博弈，逐步成长为专精特新“小巨人”企业。

本章将从不同的“赛道”介绍行业内长期深耕细分领域的“专精特新”企业。例如：常州八益电缆股份有限公司在特种电缆设计、开发、制造、营销方面名列行业前茅，尤其是在核电站用核级电缆方面具有较强的技术实力和市场基础，是行业内第一批取得国家核安全局颁发的准入证书的核级电缆生产商，其自主研发生产的核电站用仪控电缆的市场占有率达到70%，市场竞争优势明显；南京全信传输科技股份有限公司专门为重大型号项目提供全面配套和技术保障方案，满足客户多层次、多方向的差异化需求；扬州光明电缆公司生产舰船电缆；惠州乐庭智联科技股份有限公司生产数据电缆；上海金丰电缆有限公司生产港机卷筒电缆；苏州科宝光电科技有限公司生产机器人用电缆。这些充满活力的“专精特新”企业，其差异化、特色化发展之路为电线电缆行业发展“专精特新”中小企业指明了努力方向。

第1节　惠州乐庭智联科技股份有限公司

一、公司概况

惠州乐庭智联科技股份有限公司（简称“乐庭”）创立于1981年，是一家专业从事线缆研发制造的高新技术企业。目前乐庭有4个制造工厂（分别位于广东惠州仲恺、广东惠州水口、江苏常州金坛、越南北宁省），办事处遍布国内外。

乐庭拥有一支110多人的专业研发技术团队，涵盖材料、工艺、设备、结构设计、测试、仿真等各领域专业人才，可在新产品研发、产品优化升级等方面为客户提供有竞争力的解决方案。乐庭配有化学实验室、机械物理实验室（CNAS认证）、高频传输实验室、特种实验室等多个实验室，产品通过UL、CUL、CSA、CCC、CQC、TUV、VDE、PSE、KC等认证。乐庭能够多年健康持续稳步发展，在于优异的产品品质、严苛的全链条生产制造监管流程，可保证产品性能的一致性。

在多年的发展中，乐庭获得了众多行业和客户的认可，获评“惠州市通信及特种线缆工程技术研究开发中心”，连续多年获得“全国最具竞争力线缆百强企业”“广东省最具竞争力线缆20强企业称号”；同时乐庭也是广东省“专精特新”企业和广东省重点商标保护企业。

二、产品介绍

1988 年，乐庭从一条电话线开启了电线发展之路。在电子消费市场，乐庭结合市场和客户的需求，有超过 1000 个 UL 型号产品可供选择，覆盖绝大多数电气设备市场需求和不同的应用场景。在发展消费电子线的同时，1989 年乐庭开始做汽车配线，产品出口日本，在众多汽车终端上使用。随着时间推移，乐庭在汽车领域的产品逐步向车载影音、天线发展，在 2013 年开始推出新能源汽车 EV 线和充电线，到 2020 年，随着辅助驾驶和无人驾驶时代的到来，推出百兆以太网线等一系列车载移动互联的汽车线产品，进行整车方案的提供。

乐庭专注且聚焦通信领域，在 1990 年开始生产计算机线缆，为以后通信线缆的研发奠定了坚实的基础。紧随通信技术的发展，相继推出了超细同轴、USB、HDMI、LVDS、DVI、SFP 等通信线缆，服务科技的发展和网络技术的变革。近些年，乐庭在数据中心的业务不断深耕，覆盖机内和机外应用铜缆，产品传输速率从 10Gbit/s、40Gbit/s、100Gbit/s、400Gbit/s、800Gbit/s 到 1.6Tbit/s，从传统数据中心到云计算，再到现在的人工智能，应用场景越来越广泛。同时，得益于在通信线缆技术上积累的优势，乐庭加快了汽车行业和工业市场新品的推出速度。在工业市场，乐庭从 2005 开始研发探索高寿命的拖链线、机器人线缆以及信号线缆产品，至今已拥有一系列完善的工业线缆解决方案。

纵观 40 多年的发展，乐庭在电气装备线缆和通信线缆上一直处于行业前端，为全球客户提供具有竞争力的解决方案。

第 2 节　广州市新兴电缆实业有限公司

一、公司概况

广州市新兴电缆实业有限公司（简称“新兴电缆”）始建于 1982 年，是集研发、制造、销售为一体的大型线缆企业，位列中国线缆 100 强、广东线缆前 10 强。

新兴电缆高质量的产品和服务赢得了市场高度认可，主要业务涉及电网、新能源、新装备、新基建、交通运输、石油化工、医疗健康、文体教育等多个领域，是港珠澳大桥、白云机场、广州地铁、广州塔、广州港、广州南站、厦门港、泉州东站等 300 多项国家重点工程的供应商，服务国家电网、南方电网、中国华能、中国石化、中国建筑、中国中铁、中国电建、保利集团等各行业客户 10 万多家。

二、产品介绍

新兴电缆 40 多年来持续在技术创新的道路上探索前行，推出了一系列新型电缆产品，以满足不同领域对高性能、环保、智能化电缆的需求。以下几款特色产品充分展现了新兴电缆的技术实力与市场前瞻。

（1）极线 N70 高档装修电线　该产品采用德国先进的线缆生产技术，通过欧盟标准认证，使用寿命超过 70 年，产品大量应用在高档小区、别墅区的精装房等。

（2）柔性矿物质绝缘防火电缆　该产品能在 950℃ 火焰温度下经受 3h 燃烧而正常运行，具备优异的防火性能，已经广泛应用在各种商场、医院、写字楼等人员密集场所。

（3）燃烧性能 B1 级电力电缆　该产品满足欧洲最高级别阻燃 CPR 性能要求及国内 B1 阻燃等级，在火灾条件下能有效抑制火焰蔓延，降低火灾对环境的影响。该产品已经广泛应用于地铁、商场、医院、高层建筑等。

（4）建筑用超 A 类阻燃电缆　该产品是建筑行业内阻燃性能等级最高的电缆，采用特殊阻燃材料和结构设计，保证电缆在发生火灾时不可燃烧，避免产生各类烟雾和有毒气体对人身安全造成影响。该产品已广泛应用于商场、医院等人员密集场所。

（5）光伏线缆 该产品通过德国 TUV 认证，具备耐候性和耐蚀性优异、环保节能、抗紫外线性能强、使用寿命长等优点，已广泛应用于全国各地的光伏发电系统中。

（6）新能源储能线缆 该产品应用在储能系统中直流侧的电池模块之间、电池簇之间、电池簇与汇流箱之间、电池簇与电池双向储能变流器（PCS）之间，以及能源管理系统（EMS）、电池管理系统（BMS）、箱变系统中进行能量储存、转移和分配。

（7）汽车高压电缆 新兴电缆已通过 IATF16949 汽车行业质量体系认证。该电缆用于连接充电口与电池、电池内部、电池与发动机及其他元器件，作为电力传输的载体，已广泛用于在售电动汽车中。

（8）轨道交通电缆 该产品广泛应用于地铁、轻轨、隧道、车站的列车信号传输、供电系统、通信系统、安全监控系统等领域，具备高可靠性、高耐久性、高阻燃性、环保等特性。

第 3 节　江苏中煤电缆有限公司

一、公司概况

江苏中煤电缆有限公司地处中国电缆城——江苏省宜兴市官林镇，创建于 1985 年，是一家以生产、研发和销售各类电力电缆、橡套电缆及特种电线电缆为显著特色的综合性制造企业。公司注册资金 3.18 亿元，占地面积 30 万 m^2，员工总人数 720 余名。

公司一直秉承依靠科技进步、创造品牌价值的经营理念，是国家“守合同重信用”企业、高新技术企业、江苏省专精特新中小企业、江苏省绿色工厂、江苏省明星企业、AAA 级质量信用企业。近年来，先后被评为 2022 年中国特种电缆十大品牌和 2023 年中国电力电缆供应商综合实力 50 强。公司产品先后被评为江苏省著名商标、江苏省名牌产品、江苏高新技术产品。

二、产品介绍

企业主要产品有额定电压 220kV 及以下电力电缆、8.7/15kV 及以下煤矿用阻燃电缆、控制电缆、计算机与仪表电缆、架空绝缘电缆、电气装备用电线电缆、26/35kV 及以下盾构机用电缆、26/35kV 及以下港机电缆、66kV 及以下风力发电用电缆、舰船用电线电缆、中频电缆、变频电缆、铁路及轨道交通用机车电缆、航空用电线电缆、光伏发电用电缆等。公司产品广泛应用于电力、煤炭、石化、军工、铁路、城轨、航空、船舶、冶金、建筑等领域，积极参与广州白云机场、深圳机场、上海地铁、兰新铁路、北京奥运场馆、上海世博会中国馆、国家会议中心等重大工程项目建设，不但畅销全国各地，还远销东南亚、欧洲、非洲、澳大利亚等地，深受国内外用户的青睐。

公司主要特色产品有：

（1）特种橡皮绝缘电缆 该产品是公司的核心产品和拳头产品，主要有采煤机加强型橡套软电缆（该电缆具有高耐磨、高抗拉、高耐久、高寿命等特性）和采煤机光纤复合橡套软电缆（该电缆为智能煤矿采煤设备自动化和远程监控的核心技术）。

（2）煤矿用无卤低烟橡套软电缆 该产品燃烧时不会释放出大量浓黑的烟雾和有毒、腐蚀性、刺激性气体，有利于井下人员疏散和电气设备的防护。

（3）盾构机电缆 该产品打破了国外的长期垄断，达到了国内外领先水平。

（4）航空中频电缆 该电缆克服了在中频 400Hz 下电压降较大的不足，具有耐磨、抗拉等优异性能。

（5）66kV 及以下风力发电电缆 风能电缆由为风机由陆上到海上、由小兆瓦到大兆瓦发展提供动力，为国家“碳达峰”“碳中和”贡献力量。

（6）露天铲运机电缆 该电缆打破国外的长期垄断，高强度、高耐磨，适用铲运机频繁拖拽、频繁受力，寿命周期更久。

（7）港机电缆 该产品具有外径小、重量轻、高强度、高耐磨、高抗拉等特性，达到国内外一流水平。

公司是行业内研发实力雄厚的特种电缆企业之一，建有江苏省特种研发机构、江苏省特种橡皮电缆工程技术研究中心、江苏省企业技术中心，积极开展产学研合作，不断完善科技创新管理体系，加强科技合作，积极发挥产学研的作用，与研究所、大学共同开展项目研制攻关，与已有合作的701所、浙江大学、浙江树人大学、河南工学院等建立了深厚的合作关系。江苏省特种橡皮电缆工程技术研究中心主要进行橡皮绝缘电线电缆新产品、新材料、新技术的研究和开发应用。自主研发的35kV高压煤矿用拖曳电缆，打破了我国高端露天煤矿用电缆依赖进口的局面。公司是GB/T 29631—2013《额定电压1.8/3kV及以下风力发电用耐扭曲软电缆》的牵头草拟企业，参与了20余项国家及行业标准的制定，累计承担省级以上科研计划8项，累计获得授权专利106项（其中发明专利10项），获得国家高新技术产品32项、国家重点新产品4项、军工装备配套研制项目10余项。

第4节 扬州曙光电缆股份有限公司

一、公司概况

扬州曙光电缆股份有限公司是1985年创办的专业生产电线电缆的集体企业，初期厂名是高邮市菱塘电缆厂，后更名为扬州市曙光电缆厂；2004年改制为民营企业，更名为扬州曙光电缆有限公司；2012年通过股份制改造，更名为扬州曙光电缆股份有限公司；2015年4月获准在新三板挂牌上市。

公司占地面积20.5万m^2，建筑面积7.5万m^2，净资产11.06亿元，员工650人。公司制造经验丰富，技术力量雄厚，现有高级工程师4人，高级经济师7人，注册会计师1人，工程师92人，技师66人，高级技师2人，具备电缆新品研发、工艺标准、生产制造、性能检验等能力，通过长期引进和培养，打造了一支能够推动企业持续发展的技术和管理团队。

二、产品介绍

公司的主要产品有220kV、110kV及以下交联电力电缆、塑力缆、架空绝缘导线、屏蔽控制和计算机电缆、核电站用电缆、光伏电缆、风能电缆、橡套电缆、煤安电缆、轨道交通电缆、补偿电缆、防火电缆、舰船用电缆、建筑安装用线等20多个系列，主要为国家电网、输变电、发电厂、冶金、石油、化工、铁路、港口等行业配套供货。

公司的特色产品有：

（1）核电站用K1、K3类中压电缆、动力电缆、控制电缆、仪表电缆 2013年11月，公司获得民用核安全设备设计、制造许可证，成为全国仅有的10家具备核级电缆生产资质的企业之一，先后为秦山、霞浦、田湾、苍南、宁德、福清、漳州、石岛湾、陆丰、昌江等核电厂配套供货。公司研发生产的第四代高安全性核级电缆被列为江苏省重大科技成果转化项目，并获得国家发明专利证书，专利号为ZL.2022II007904.8。

（2）220kV高压交联电缆 公司有两条VCV-500kV进口生产线，导体最大截面积为2500mm^2，主要为国家电网配套供货，先后为雄安新区雄东—昝西220kV输变电工程、青岛岛城（黄埠岭）500kV变电站220kV送出工程、南京秋藤—望江220kV线路工程、成都桃乡—蓉东220kV线路工程等国家重点项目配套提供220kV 2500mm^2高压交联电缆193km，并先后为漳州、霞浦核电厂研发和生产60年寿命的220kV

630mm^{2}高压交联电缆。2023年，公司的220kV电缆取得“江苏精品”国际认证联盟颁发的“江苏精品”认证证书。

第5节　扬州光明电缆有限公司

一、公司概况

扬州光明电缆有限公司的前身是1986年10月创办的，高邮县通用电缆厂（乡镇集体所有制企业，位于高邮县菱塘集镇，占地面积550m^2）；1991年7月更名为扬州市光明电缆厂；1993年，更名为国营扬州光明电缆厂；1994年。更名为扬州光明电缆有限公司（由乡镇集体所有改为股份制）；1999年9月，为进一步适应市场需求，公司产品结构转型从生产普通陆用电缆转型为生产船用电缆。公司占地面积13.5万m^2，建筑面积10万m^2，现有员工310多人，具有中、高级职称人员54人，各类专业技术人员102人，注册资本10168万元。

公司拥有30多年的船用电缆生产制造经验，现有生产线18条，240台套具有国内先进水平的检测设备，总资产5亿多元，2023年的销售额为12亿元。公司是国家高新技术企业、省民营科技型企业，先后被上级有关部门评为“全面质量管理达标先进单位”“江苏省名牌产品企业”“江苏省科技型中小企业”“省工商联先进企业”。

二、产品介绍

（1）公司的主要产品　船用电缆、海工电缆、港口机械用移动电缆和岸电电缆等。

1）按绝缘材料分有交联聚乙烯绝缘电缆、交联聚烯烃绝缘电缆、乙丙橡皮绝缘电缆和硅橡胶绝缘电缆等。

2）按护套材料分有无卤聚烯烃护套电缆、无卤交联聚烯烃护套电缆、氯丁橡胶护套电缆、氯磺化聚乙烯护套电缆和聚氨酯护套电缆等。

3）按温度等级分有常规普通型电缆、耐低温−20~60℃电缆、耐高温90~250℃电缆。

（2）产品的主要型号　CJ、CE、CBP、CHJ、CHE、JYJ、JQYJ、JE、JHQ、JHYJ、JHE、RFOU、BFOU、ADEU和ADEXF等。

（3）产品的主要执行标准　IEC 60092-350、IEC 60092-353、IEC 60092-376、IEC 60092-375、NEK606、ISO 8005、T/CAS 429等。

（4）产品通过认可的船级社　中国船级社（CCS）、美国船级社（ABS）、英国船级社（LR）、法国船级社（BV）、挪威船级社（DNV）、韩国船级社（KR）、日本船级社（NK）、意大利船级社（RINA）和俄罗斯船级社（RS）等。

第6节　常州八益电缆股份有限公司

一、公司概况

常州八益电缆股份有限公司（简称“八益电缆”）是集研发、制造和销售高品质特种电缆为一体的民营高新技术企业。公司始建于1989年，2003年改制成立常州八益电缆股份有限公司，坐落于经济发达、人才聚集的江苏省常州高新技术产业开发区，注册资金2亿元。公司将“创造高科技特缆市场、领航国内跨入国际”作为使命与担当，2012 年成为青岛汉缆股份有限公司（股票代码 002498）的全资子公司，全力打造新能源领域特种电缆市场板块。目前公司已获得授权专利 73 项，其中发明专利 8 项、实用新型专利 65 项，先后主要负责和参与起草了 20 多项国家标准和行业标准。公司是国家火炬计划重点高新技术企业、国家级“专精特新”小巨人企业，先后获得多种荣誉奖励。

1997 年 12 月，公司“核电站用 1E 级控制 / 仪表 / 补偿电缆（40 年）”通过部级科技成果鉴定。

2005 年 4 月，公司“核电站用 1E 级控制 / 仪表 / 补偿电缆（60 年）”通过省级科技成果鉴定。

2009 年 1 月，公司第一批取得核级电缆设计和制造许可证。

2018 年 11 月，公司“棒控棒位电缆”和“预制电缆”通过部级科技成果鉴定。

2019 年 11 月，公司“华龙一号核电站用严酷环境下 1E 级 K1 类电缆（60 年）”通过部级科技成果鉴定。

2020 年 12 月，公司“堆外核测设备用 1E 级同轴电缆（60 年）”“1E 级仪控柜内薄绝缘电缆（60 年）”“核电站用通信专用电缆（60 年）”通过部级科技成果鉴定。

2024 年 4 月，公司“三代非能动核电站严酷环境 1E 级电缆（60 年）”通过部级科技成果鉴定。

二、产品特色

八益电缆在特种电缆设计、开发、制造、营销方面名列行业前茅，尤其是在核电站用核级电缆方面具有较强的技术实力和市场基础。在核电领域，八益电缆是全国第一批取得国家核安全局颁发设计与制造准入证书的核级电缆供应商，同时作为国内首家成功启用国产化电缆料的厂家，打破了核电缆料长期依赖国外供应商进口的垄断局面，助力我国核电国产化发展 20 余载。

八益电缆是专门研发生产核电站电缆的公司，是最早研发并掌握核电缆关键制造技术的厂家之一，其中双层绝缘共挤技术取得国家专利。公司最早实现核电缆关键材料国产化，使得核电缆与进口电缆相比具有很强的竞争优势。公司核电站 1E 级 K1 类系列电缆已经实现了覆盖国内“国和一号 CAP1400 及 CAP1000”、中广核 / 中核“华龙一号”技术路线要求，电缆鉴定寿命为 60 年（导体长期运行温度 90℃），也打破了核电缆关键绝缘和护套材料长期依赖一家供应商的局面，是国内唯一同时采用两家材料并完成上述技术路线鉴定试验的厂家，为我国核电安全做出了巨大贡献。

目前常州八益已为上海核工程研究设计院股份有限公司、中国核电工程有限公司、中广核工程有限公司等单位大批量供货，已向田湾、徐大堡、红沿河、宁德、阳江、防城港、苍南、太平岭、陆丰、福清、方家山、昌江、海阳、三门、山东荣成 CAP1400、巴基斯坦卡拉奇 / 恰希玛等核电项目提供 1E 级 K3 类和 K1 类低压电力电缆、控制电缆和仪表电缆以及补偿电缆产品共 4 万多公里；已掌握二代、二代加、三代、四代壳内 / 外核电仪控电缆（40/60 年）的设计 / 制造技术，成功服务核电行业 20 多年；核电仪控电缆国内市场第一，1E 级仪表电缆市场份额 70% 以上。

第 7 节　明达线缆集团有限公司

一、公司概况

明达线缆集团有限公司（简称“明达线缆”）始建于 1989 年，是一家集专业研发、生产、销售、服务于一体的电线电缆国家级“小巨人”企业。公司总部位于我国线缆之乡河北省宁晋县黄儿营经济园区，现辖河北宁晋、四川成都和海外三大制造基地；公司总部占地面积 42.2 万 m^2，建筑面积 24.9 万 m^2，注册资本 5.69 亿元，员工 680 余人，综合实力跻身于中国线缆行业 100 强、矿用橡套电缆企业 10 强、河北省民营企业 100 强。2022 年公司总销售收入约为 36 亿元，创历史新高，其中国内销售收入 13.75 亿元，出口销售收入 22.25 亿元。

公司拥有先进的规模化系列成套生产设备和检测设备，为生产性能优良的线缆产品提供了可靠的保障，并可根据美国、加拿大、德国、日本、英国等国家线缆标准组织生产，主要产品有节能环保高强高导铝合金电缆、矿物质绝缘柔性防火电缆、新能源汽车用充电桩电缆、地铁隧道专用盾构机电缆、航天特种控制电缆、硅橡胶氟塑料耐高温特种电缆、石油探测潜油泵专用电缆、橡套软电缆、各种高低压矿用电缆、高压无泄漏（零泄漏）矿用电缆、新型耐用采煤机电缆、电焊机电缆、风力发电机专用耐低温（–40℃）电缆、高低压交联电力电缆、架空绝缘电缆及各种阻燃耐火电力电缆、塑力电缆、预制分支电缆、控制电缆、架空导线、计算机电缆、补偿电缆、布电线和各种专用单屏蔽电缆、镀锡铜丝和各种型号的光铜线，以及电工铝杆及高分子材料等 19 大类、上万种规格型号的系列产品。

二、产品介绍

铝合金电缆是明达线缆的特色产品，起步于 2013 年，经过十几年的创新发展，目前已居国内同行业前茅，被山西省、青海省列入建设领域新产品新技术推荐产品，公司成为河北省铝合金电缆工程技术研究中心、河北省电线电缆技术研究院铝合金导体研发基地。公司建立了一整套以 GB、IEC、ASTM、BS、AS、EN、DIN、UL 等一系列以国内外先进标准为基础的技术和质量双保障体系，来满足国内外客户对产品质量的需求。公司凭借铝合金电缆产品的技术优势和进出口自营权优势，产品远销美国、加拿大、欧盟、东南亚、非洲、澳大利亚等国际市场。

第 8 节　安徽华菱电缆集团有限公司

一、公司概况

安徽华菱电缆集团有限公司创建于 1990 年，坐落于长江之畔的“国家火炬计划无为特种电缆产业基地”。经过 30 多年的发展，公司已成为国内特种电缆制造行业重要骨干企业之一，年产值 30 亿元。公司总占地面积 30 万 m^2，现有员工 600 余人。公司生产装备精良，关键生产设备和检测设备从法国、日本、瑞士、德国、芬兰等国引进，企业始终处于技术创新的前沿。

公司是“高新技术企业”及“重点火炬计划企业”，拥有特种电线电缆国家地方联合工程研究中心、省级企业技术中心和安徽省轨道交通用电缆工程技术研究中心，建立了国家级博士后科研工作站，并于 2018 年聘请大连理工大学蹇锡高院士成立企业院士创新联合体。目前公司拥有有效专利 43 项，其中发明专利 7 项，参与编制了国家及行业标准 24 项，通过省级成果鉴定 13 项。

二、产品介绍

（1）时速 400km 及以下高速动车组机车车辆电缆　公司的铁路机车车辆电缆产品已应用到时速 350km 动车组“和谐号”和时速 350km 中国标准动车组“复兴号”等高速动车产品上，客户涵盖了中国中车各大主机厂及配套厂。

（2）低损耗高速铁路数字信号电缆　公司拥有铁路行业所需的中铁检验认证中心 CRCC 产品认证证书，并通过了国际铁路联盟的 ISO/TS22163 认证，拥有安徽省唯一一家以轨道交通电缆为研究方向的工程技术研究中心和安徽省电线电缆行业唯一一家特种电缆国家地方联合工程研究中心，博士后科研工作站及院士协同创新中心。

（3）智慧建筑特种柔性矿物绝缘防火电缆　公司于 2013 年开始柔性防火电缆的研发和生产工作，现有产品范围包括了 450/750V 控制电缆和 0.6/1kV~26/35kV 中低压电力电缆，产品广泛应用于机场、地铁、医院和住宅等领域。

（4）其他特色产品　一是特种电缆，是为钢包车、铁水罐车、斗轮机、采煤机、盾构机、起重车、行车、龙门吊等特种设备的动力传输和信号传递而开发的专用电缆；二是特种阻燃、耐火电缆（中压耐火电缆、B1 级低烟无卤阻燃电线及电缆）。

第 9 节　新亚特电缆股份有限公司

新亚特电缆股份有限公司始建于 1992 年 6 月，其前身为徐顶峰、徐亚平兄弟俩筹资 30 万元，注册成立的无为电力器材厂；1998 年公司更名为安徽新亚特种电缆总厂；2002 年 2 月公司进行改制，组建安徽新亚特电缆集团有限公司；2009 年投资 7 亿元，在芜湖注册成立新亚特电缆股份有限公司。

公司现占地面积 60 万 m^2，员工 1200 人，其中中高级职称 92 人，拥有国际先进水平的生产、检测设备 500 余台套。经过 10 多年的发展，公司已发展为集研发、生产、销售和服务为一体的国家火炬计划高新技术企业、安徽省高新技术企业、安徽省创新型企业、中国驰名商标企业、全国守合同重信用企业、国家武器装备承制单位企业、中国线缆行业百强企业、专精特新“小巨人”企业。

企业已建立省级研发中心，电缆工程研究院、博士后科研工作站等，构建了完善的自主创新体系和科研人才队伍。形成了一批企业自有核心制造技术，多次获得省部级科技奖励。先后荣获“国家企事业单位知识产权试点企业”“全国安康杯优胜企业”“全国守合同重信用企业”“全国电线电缆行业质量领先品牌”“全国产品和服务质量诚信示范企业”等称号。

公司主要的特色产品为计算机仪表信号电缆、35kV 及以下电力电缆、核电站用电缆、铁路用电缆、新能源电缆、矿用电缆、船用电缆等 38 大系列、上万种型号规格电缆，产品广泛应用于军工、石油、石化、电力、冶金、建筑、核电站、船舶、矿山等行业，产品畅销全国并出口到国外，服务过大庆油田、独山子石化、首钢集团、宝钢集团以及北非、中东、中亚、南亚等国内外重大建设项目，受到用户一致信赖，是中国核电、中广核、中电科、中石油、中石化、中海油、国家五大电力公司的优秀供应商和合作伙伴。

第 10 节　铜陵精达特种电磁线股份有限公司

铜陵精达特种电磁线股份有限公司（简称“精达股份”）始建于 1990 年，位于安徽省铜陵市国家级经济技术开发区黄山大道 988 号，注册资本 19.21 亿元，2002 年在上交所上市（股票代码 600577）。公司是一家从事铜基电磁线、铝基电磁线、特种导体研发、制造、销售和服务的国家高新技术企业，产品广泛应用于新能源汽车、光伏、机器人、人工智能、军工、航空航天、家电、特种电机、5G 通信及电子产品等领域，畅销全国并远销欧洲、南美、东南亚、中东、日本等市场。公司在京津冀、长三角、粤港澳拥有三大生产基地，直接或间接控股公司 24 家，现已发展成为国内第一、全球前三的电磁线制造商，并致力于成为全球电磁线行业领导者。2023 年营业收入 179 亿元，产品总销量为 31.1 万 t，国内市场占有率约 13%，全球市场占有率约 6.7%。

公司是国家技术创新示范企业、中国制造业单项冠军示范企业、国家级智能制造示范企业、国家级大数据试点示范企业、国家级绿色工厂（3 家子公司荣获此荣誉），并通过两化融合管理体系 AAA 级认定。2023 年公司荣登“中国民营企业制造业 500 强”第 433 位、“安徽省民营企业营收百强”第 24 位、“安徽省民营企业制造业综合百强”第 34 位，入围 2023 年皖美品牌十大影响力事件，并入选“2023 年度安徽省新能源汽车产业 20 强企业”。

公司建有国家企业技术中心、国家级博士后科研工作站、国家级技能大师工作室、精达电磁线研究院、CNAS 实验室等 20 个研发创新平台，紧密跟踪国内外先进装备技术，采用自主创新与引进消化相结合的方式，每年制定科技研发课题，成立科研攻关小组，并与上海交通大学、北京航空航天大学、中国科学院合肥物质科学研究院、合肥国际应用超导中心等高校院所大力开展产学研对接活动，促进科技成果转化。

公司始终专注于铜基电磁线（汽车电机用电磁线、特种工业电机用电磁线、高性能扁平电磁线等）、铝基电磁线（家用电器用电磁线、变压器用电磁线、铜包铝电磁线等）和特种导体（铜银高速铜线、铜锡合金线、铜镍合金线、高频线、第二代高温超导带材等）三大系列产品，紧紧围绕国内外头部企业，通过建设三大制造基地和事业部化管理，合纵连横，调配资源，实现区域化快速响应，建立集团化、系统化的市场开发和服务体系。在“双碳”背景下，公司积极布局新能源汽车、光伏、风力、核能发电等领域，加大技术投入和市场开发，通过在超导线、合金导体等方面的研究，拓展无人驾驶、VR/AR、智能安防、智慧城市、智能家居、物联网技术等更多的新兴领域，促进公司产品结构的转型升级，提高市场话语权和竞争力。

第 11 节　河北华通线缆集团股份有限公司

河北华通线缆集团股份有限公司创建于 1993 年，国内主厂区占地面积 22 万 m^2，现有员工 2000 多人（其中技术研发人员 200 余人），进口及国产生产设备 420 多台套，检验检测设备 260 多台套，年生产能力达 80 亿元。

公司凭借着强大的科技实力，不仅在电梯电缆、方电缆、潜油泵电缆、矿用电缆、风能电缆、核电电缆、特种电缆和海洋电缆等领域不断推出新成果，更主要的是根据油气和矿业客户的需求，系统地研究开发了油田、采矿、航天航空等领域急需的连续油管、毛细管、封装管缆、智能控温集束管、井下光纤等突破性产品，满足了国内外客户的深度需求，提供了系统的解决方案。尤其是复合性管缆、海洋漂浮电缆等产品的研发生产，不仅填补了国内市场的空白，取得了线缆行业突破性的重大成果，在国际上也处于绝对领先地位。

2012 年后，公司进入快速发展阶段，面对国内外的新形势，公司审时度势及时调整了经营策略，在坚持以“油、矿、机、船”为龙头，以“核、风、军、特”为两翼，以海洋电缆和连续油管及管缆为研发创新核心的基础上，重点以国际贸易为发展方向，在巩固国内市场的条件下不断扩大产品出口占比，加快在东南亚、非洲、欧洲等区域的建厂布局，开启了占领国外销售市场和生产基地出海布局的战略篇章。

第 12 节　上海金丰电缆有限公司

上海金丰电缆有限公司位于上海市闵行区龙吴工业园区，建筑面积 9500m^2，公司自 1996 年创立以来，始终专注于移动型特种电缆的研发与生产。公司凭借专精特新及高新技术，在推动移动电缆国产化进程中攻坚克难，取得显著成果，是电缆行业国产化的先驱者和技术领先者。

2003 年公司提出产品战略转型目标——精耕刚柔移动电缆，采取产品差异化和目标集聚竞争策略不断提高产品技术水平，对特殊环境下使用的电缆提供专业解决方案。公司经过十余年的创新、研发，制造出的移动电缆已处于国内领先地位，并与国际同类产品相媲美，具备了进口电缆国产化的能力。

公司的移动电缆核心产品包括低中压卷筒电缆、低压拖令及拖链电缆等，这些产品广泛应用于冶金钢铁、港口机械和工业自动化等多个领域。此外，公司还提供储能电缆、光伏电缆、机车电缆、电气控制电缆等多种类型产品，并针对石油平台等特殊场合推出定制化解决方案。

第 13 节　苏州科宝光电科技有限公司

苏州科宝光电科技有限公司（简称“科宝光电”）总部位于中国香港，系香港科宝技术有限公司于1996 年设立在内地的特种电线电缆专业制造企业。科宝光电拥有完善的研发、试验、制造实力，是中国工控自动化用电线电缆的龙头企业，先后荣获国家级专精特新“小巨人”企业、国家火炬计划重点高新技术企业、江苏省高新技术企业、江苏省工业机器人工程研究中心、苏州市质量奖等荣誉，先后参与编制多项国家及行业标准，拥有全球首家 UL 认证机器人电缆动态测试实验室。

科宝光电当前以“一聚焦（智能装备电缆）、两支撑（汽车特殊电缆、医疗装备电缆）”为市场发展战略，凭借公司多年来在工业自动化柔性电缆市场的技术积累，以工业机器人领域为核心基础，业务延伸到伺服控制领域（通用自动化）、半导体领域（洁净室）、传感器领域、工业视觉领域、工业数据传输领域等智能制造全场景应用市场。

科宝光电秉承“专精工业特殊电缆，连通智能工业经脉”的使命，为全球客户提供最佳电气连接解决方案，为国家智能制造工业领域进步添砖加瓦。

第 14 节　山东华凌电缆有限公司

一、企业概况

山东华凌电缆有限公司（简称“华凌”）创建于 1997 年，位于济南市经十东路圣井高科技园，是一家集电线电缆、新材料的研发、生产、销售、服务于一体的国家高新技术企业。

20 多年来，华凌从创新、项目、技改、管理、人员培养等方面不断加大投入，打造出国内一流的研发平台——新能源电缆国家地方联合工程实验室、国家企业技术中心，同时将产业延伸至新材料领域，成立中白（白俄罗斯）高性能高分子材料协同创新中心，每年至少 5 项新产品，成为行业创新标杆、质量标杆。

华凌是全国电线电缆标准化技术委员会会员单位、中国电工技术电线电缆专委会单位、中国标准化协会电线电缆标委会单位、全国电线电缆重点产品价格监测采报价定点企业，荣获“全国守合同重信用企业”“国家级专精特新‘小巨人’企业”“中国线缆产业最具竞争力百强企业”“山东省隐形冠军企业”“山东省质量标杆”“山东省名牌产品”“山东省消费者满意单位”等诸多荣誉称号。

二、产品介绍

华凌主营产品包含核电电缆、轨道交通电缆、长寿命电缆、机车车辆电缆、矿用电缆、船用电缆、柔性防火电缆、新能源电缆、汽车线束、信号电缆等 30 多个系列，其中三代核电壳内壳外电缆取得民用核安全设备设计和制造许可证。

（1）高性能长寿命电缆　高性能长寿命电缆是华凌将核电站用电缆技术转化为民用产品技术的成功案例，解决了现有电线电缆产品与建筑物寿命不匹配的问题。

（2）核电材料研制　华凌依托中白（白俄罗斯）高性能高分子材料协同创新中心，开发了 60 年寿命的低烟无卤阻燃辐照交联材料；同时，联合山东省科学院与白俄罗斯国家科学院合作引进高性能尼龙增韧剂及增韧尼龙生产技术，满足我国国民经济建设和国防领域对优质低温冲击性能和高强度尼龙工程塑料的迫切需求，打破国外企业对该技术和产品的垄断。

（3）轨道交通机车电缆 华凌自主开发的CRH系列动车组电缆成功应用于济南地铁R1线项目。

（4）核电电缆 华凌完成了鉴定寿命为60年的1E级K1类、K3类和三代核电站壳外系列电缆的模拟件生产和鉴定试验，并通过了国家核安全局组织的专家会，于2016年12月19日取得了民用核安全设备设计和制造许可证。同时，针对CAP1400安全壳内β和γ辐照转换关系，华凌于2014年11月与728院签订“三代核电电缆材料γ和β射线试验研究合作开发协议”，并于2016年8月取得三代核电电缆材料β和γ辐照转换关系的报告，同年11月取得了三代核电电缆β和γ辐照试验检测报告。2019年11月，华凌按原技术方案要求取得全性能检测报告。

第15节 江苏亨通电子线缆科技有限公司

江苏亨通电子线缆科技有限公司创建于2000年，为亨通集团旗下致力于研发生产新能源相关行业特种线缆的企业。公司先后获国家级专精特新“小巨人”企业、江苏省高新技术企业、江苏省民营科技企业等称号，获得80余项国家专利，还先后获得国家重点新产品、江苏省高新技术产品、南通市科学技术进步奖等荣誉。

公司具有20多年传统汽车低压线、新能源汽车高压电缆、车载数据线、交直流/液冷充电电缆、风能电缆、光伏电缆及储能电缆的研发经验，不断围绕新能源汽车智能化、信息化、轻量化、网联化及新能源行业的快速发展需求，推出铝基合金轻量化线、液冷大功率充电线和车载通信高速数据线等新产品，并可根据客户需求定制开发应用于各种严苛环境下的特种线缆产品。另外，公司的风能、光伏和储能线缆产品通过了国内外专业机构的认证和检测，并得到客户的广泛认可，在行业内具有良好的声誉和知名度。

（1）汽车线缆 主要产品有汽车高压铜电缆、铝电缆（单芯/多芯屏蔽或非屏蔽交联聚烯烃/硅胶高压电缆等相关产品，主要用于电动汽车主次级回路电力传输）；汽车低压电缆（主要用于车门、车灯及其他低压系统）、车载数据线（主要用于车载通信系统，如天线、倒车影像/倒车雷达、影音娱乐系统、360°环影系统、ADAS等）。

（2）新能源线缆 主要有硅橡胶绝缘风机引接线缆，分为低压硅橡胶绝缘电缆（500V~3kV）和中压硅橡胶绝缘电缆（6~10kV），适用于高温和灵活安装环境；光伏线缆有PV1-F、H1Z2Z2-K等相关产品，主要用于直流端线—线最高电压1.8kV（额定直流电压1.5kV）的光伏系统、连接高机械性能要求的光伏部件和设备、极端环境下的室内和室外光伏部件和设备等；储能线缆有储能系统用高压系列电缆，主要用于电池连接电缆、直流侧电力传输等；充电电缆有欧标交流充电电缆、国标交/直流充电电缆、美标交/直流充电线、IEC交/直流充电线，并获得CQC 1147/DEKRA K175-3（国内首批联合双认证企业）、IEC 62893-4-2大功率液冷充电电缆产品认证，相关产品主要应用于电动汽车快速及慢速充电。

第16节 南京全信传输科技股份有限公司

南京全信传输科技股份有限公司创建于2001年，总部位于南京，是专业从事军民两用光电传输、网络与控制产品的研发、生产、销售，提供光电传输系统技术解决方案的民营科技型上市企业（2015年在深交所创业板成功上市，股票代码300447）。公司产品覆盖航空、航天、船舶、电子、轨道交通、民用航空、工程机械装备、5G通信等领域，满足客户多层次、多方向的差异化需求。

公司聚焦的主航道为电子信息产业上下游产业链，凭借品牌优势和资本力量，加快产业拓展，坚持自主创新，持续提供光电传输、光电系统集成、FC网络、软件集成等自主可控产品及服务；掌握核心技术，持续提升核心竞争力，致力于成为传输领域的引领者。2021年公司被认定为国家高新技术企业，2023

年被认定为国家级专精特新"小巨人"企业，同时还是江苏省两化融合试点企业及南京市知识产权示范企业，并获得市级科技进步奖多项和知识产权贯标体系认证，主导和参与制定了国家和行业标准 21 项，拥有有效知识产权 170 余项（发明专利 35 项）。

公司在高性能传输线缆产品领域先后研发出 20 多个系列、1000 多种型号、40000 多个规格产品，包含高温低频安装线、高速数据电缆、射频稳相电缆、航空光缆、野战光缆、舰船水密气密电缆等。

公司还为各领域光电互联系统提供从系统设计到产品实现的整体解决方案，产品覆盖电源传输、信号传输、射频传输、光传输等板块，应用于战斗机、运输机、无人机、直升机、高教机、雷达等。

公司在民品产业的布局和拓展上，以轨道交通车辆用线缆为研究起点，开发了车辆用 MVB、WTB、CAN、以太网线等多类专用线缆，成为国内首家实现此类线缆自主化开发和国产化替代的企业，获得多项专利，并投入批量配套。目前，此类产品已在盾构机上实现国产化替代，并在国产大飞机上进行了应用。至此，公司民品市场从以轨道交通为主，转型为以轨道交通、民用航空、工程机械装备为支柱，5G 通信、机器人、新能源等业务领域多层次并举的市场结构。

第 17 节　无锡鑫宏业线缆科技股份有限公司

一、企业概况

无锡鑫宏业线缆科技股份有限公司于 2004 年成立，2023 年成功上市（股票代码 301310），有鑫宏业科技（湖南）有限公司、江苏华光电缆电器有限公司、江苏鑫宏业科技有限公司等 5 家全资子公司。

公司被评为国家高新技术企业、国家级专精特新"小巨人"企业。公司承载着江苏省新能源特种线缆工程技术研究中心、江苏省认定企业技术中心、无锡市科技研发机构等多重研发平台重任，坐拥国家 CNAS 认证实验室及 TÜV 莱茵授权实验室，并获 IATF16949 质量体系管理认证，确保了产品研发与检测的国际一流水准。公司积极参与并成功制定了两项国家标准和四项行业标准。公司新能源汽车线缆产品成功应用于北京奥运会、上海世博会、南京青奥会等重大项目。

二、产品介绍

（1）光伏线缆　公司产品被广泛应用于光伏电池板、光伏接线盒、光伏连接器、光伏逆变器等领域。

（2）新能源汽车电缆　公司已进入多家知名终端客户的供应商名录，与整车厂一级供应商保持长期稳定的合作关系。

（3）储能线缆　储能线缆作为公司新兴的产品线，随着全球储能市场的快速发展，展现出巨大的市场潜力。

（4）船舶电缆　公司拥有中国船级社 CCS 工厂认可证书和美国船级社 ABS 工厂认可证书等资质与证书，可提供全系列舰船特种线缆产品，近年来围绕新能源"发、储、送、用"全产业链进行布局，特别是聚焦"电化长江"使用场景和新能源船舶电动化领域。

（5）核电电缆　公司持有国家核安全局颁发的 1E 级电缆、电气贯穿件民用核安全设备设计许可证和民用核安全设备制造许可证、电线电缆的全国工业产品生产许可证等资质与证书，是国内唯一持有核线缆、核贯穿件两个核电系列产品设计和制造资质的厂家。

（6）其他电缆　公司的轨道交通线缆、船用线缆、机器人线缆等产品也为公司的业务发展提供了多元化的支撑。

第2章 头部企业快速扩张

自改革开放以来，电线电缆行业搭上飞速的经济列车，得到了快速发展，实现了从小到大、由弱变强的巨大飞跃，创造了电线电缆发展史上的奇迹，不仅形成了以无为、宜兴等为支撑的产业集群，还孕育出亨通、远东、中天、上上等一大批“百亿级”头部企业。

回溯至20世纪80年代，我国迎来了外资以“三来一补”（来料加工、来样加工、来件装配和补偿贸易）形式的涌入，沿海地区因此迎来快速发展，尤其是在加入WTO后，这一模式进一步推动了我国成为世界工厂。如世界著名电线电缆制造商Prysmian（普瑞司曼）、Nexans（耐克森）、Pirelli（比瑞利）、Sumitomo（住友）、Furukawa（古河）、Siemens（西门子）均已在我国建立了合资、独资企业。它们来华建厂的目的是利用我国廉价的劳动力和优惠政策，制造高水平的产品，既可取得我国市场份额，又可以低成本参与国际竞争，获取最大化利润。自2010年起，我国进入了资本输出的新篇章，大量资本流向美国、欧洲及东南亚等地，并逐步步入了一个全新的国际化阶段。在经历激烈的国际竞争和“内卷”后，我国的电线电缆产品因高性价比获得全球认可，不仅满足了国内市场，还成功打入发达国家和新兴市场。像亨通集团这样的跨境行业巨头，提出看世界地图做企业、沿着“一带一路”走出去的理念，先后在海外并购印尼PT Voksel、南非Aberdare、西班牙Cablescom、葡萄牙Alcobre等当地知名企业，促进其与亨通集团旗下的业务相融合，不断增强亨通品牌的国际知名度，抢占国际市场，成为新一代跨国公司的典范。

外资企业的入驻和“内卷”虽然带来了严峻挑战，但也促使我国电线电缆企业练就了强大的创新能力、高效的管理体系和卓越的产品质量，以及建立起上下游产业链，这些优势造就了行业头部企业的崛起，成为行业的领头羊，引领行业走向世界。

本章将重点介绍我国电线电缆的头部企业，其规模、产品覆盖性、管理水平等代表了我国电线电缆的最高制造水平，也是我国从制造大国走向制造强国的引领企业。

第1节　金杯电工衡阳电缆有限公司

一、企业概况

金杯电工衡阳电缆有限公司（简称“金杯电缆”）作为金杯电工股份有限公司核心全资子公司，成立于1952年，是我国电力事业发展的见证者和推动者。公司前身是衡阳电缆厂，湖南省第一根塑料电线诞生的地方。公司现占地面积约30万m^2，注册资本4亿元，总资产24亿元，年生产能力60亿元以上，员工1200余人，2023年销售收入近60亿元，同比增长近20%，纳税超1亿元，2021—2023年累计利税7.168亿元。

公司致力于架空导线、电力电缆、电气装备用电线电缆、特种电缆等4大类、全系列、全规格高品质线缆产品的系统研发、设计、制造、营销与服务，产品广泛应用于新能源、输配电、建筑工程、国防军工、工业配套、轨道交通、汽车等领域。多年来公司为国家智慧能源系统、特高压电网、高铁和城市轨道交通、“北煤南运”战略大通道、风力发电、核电建设、汽车产业和工程机械、清洁能源工程和政府重大工程项目提供了大量稳定、可靠的优质产品和系统的解决方案。

公司坚持走“产学研一体化”道路，取得了一系列科技成果，如国家火炬计划产业化示范项目、湖南省科学技术进步奖、湖南专利奖等。公司现有授权专利 84 项，目前拥有研发技术相关人员 805 人，参与编制国家及行业标准 15 项、团体标准 4 项，形成了线缆行业领先的技术研发、生产制造实力。

二、发展历程

1. 衡阳市牙刷纽扣厂时期

1952 年，由政府提供了 3 万元资金，建成了一家制作牛骨柄猪鬃毛牙刷和贝壳纽扣的工厂，而这个在湘江边由三间简陋民房组成的厂房，就是如今名震三湘的衡阳电缆厂的前身——衡阳市牙刷纽扣厂。

2. 衡阳塑胶制品厂时期

1956 年，牙刷已积压了 10 万余支，工资发不出，工人吃饭都成问题，工厂临近倒闭。为了生存，这家工厂开始转向以生产塑料日用品为主的方向发展，开始试制电线。图 64 所示为湖南衡阳塑胶厂吹塑薄膜车间一角。

图 64　湖南衡阳塑胶厂吹塑薄膜车间一角

1956 年，工厂生产出了湖南省第一根塑料电线。

1958 年，厂内共有 8 台挤出放线机，当年生产工业、民用电线 5000 余千米。这一年，企业的工业产值达到了 920 万元。

1959 年，产品品种增加至 36 个，工厂的塑胶制品和电线两大类产品都得到了长足的发展，特别是在生产工艺上取得了较大的突破，实现了聚氯乙烯树脂自行加工塑胶熟料的工艺目标，从此解决了自用原材料加工受制于人且成本居高的重大问题。

1965 年，农用喷雾器的外壳挤出成型设备及喷雾器全套配件的生产装备均研制成功并投入使用。

3. 衡阳塑料电线厂时期

1968 年，试制成功军用岛屿电缆等产品。

1970 年，与上海电缆研究所合作研制“铝芯泡沫聚乙烯绝缘纵向密封塑料护套高频通信电缆”并获得成功。

4. 衡阳电缆厂时期

1981 年，全国电线电缆行业形势逆转，产品销售困难，利润下降，企业面临严峻挑战。由于当时国内电线国家标准水平较低，为保证产品质量，衡阳电缆厂花费大量的人力、物力，参照国际标准研制新技术、新工艺、新材料，产品质量终于达到了英国 BS 标准的水平，并通过了当时国内最权威的上海电缆研究所的认定，获得采用国际标准证书。1982 年 6 月，衡阳电缆厂被列入 24 家行业采用国际标准先行厂家之一，担任塑料电线和全塑市话电缆两个产品的生产任务；同时正式更名为衡阳电缆厂。

1984 年，衡阳电缆厂经国家质量奖审定委员会审批，成为全国唯一一家获得国家优质产品银质奖的厂家（图 65）。

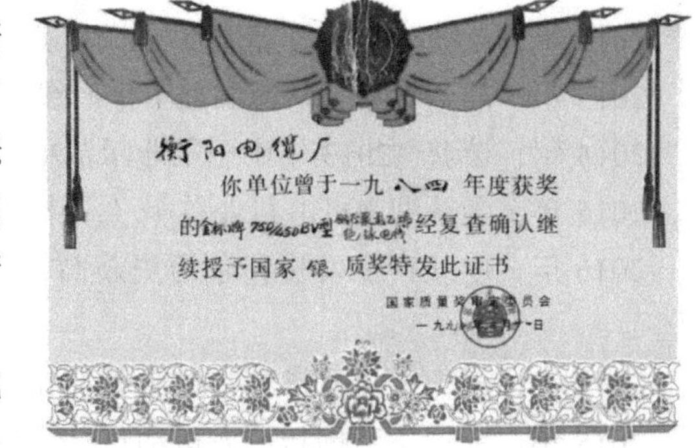
衡阳电缆厂
你单位曾于一九八四年度获奖
的金杯牌750/450BV型铜芯聚氯乙烯绝缘电线经复查确认继
续授予国家银质奖特发此证书
国家质量奖审定委员会
一九[illegible]日

图 65　衡阳电缆厂获得国家质量奖审定委员会证书

1984 年，衡阳电缆厂与日本昭和电线株式会社签订市话电线技术合作协议。至此，引进国外先进技术生产新结构市话电缆项目正式启动，衡阳电缆厂进入以自我积累方式增加科技投入，实施大规模技术改造的时代。

1985 年，衡阳电缆厂获得国内第一张电工产品认证合格证书（图 66），率先与国际接轨，进入安全产品认证行列。

1987 年，工厂所生产的新结构市话电缆达到 20 世纪 80 年代国际先进水平，产品被国家机电部指定为“替代进口产品”，成为我国第二家引进市话电缆生产线的企业，整个项目由于投资少、时间短、见效快而受到国家机电部的表彰。由于该项目科技水平高、市场需求量大、产品附加值高，企业营利能力大增，步入了飞速发展之路。

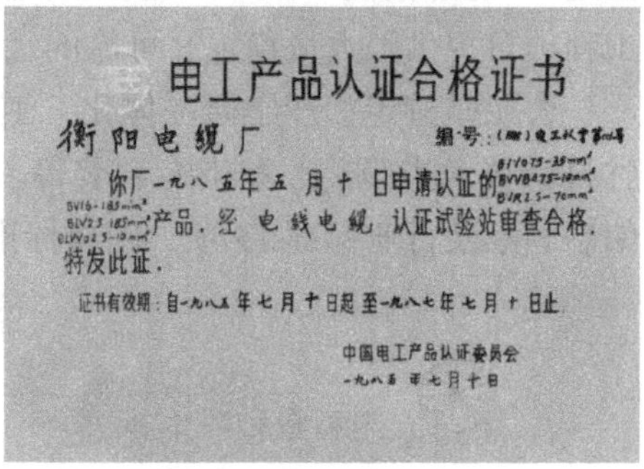

1993 年，为确保产品的高品质，工厂的决策者又果断地投入 2600 万元，引进了具有世界先进水平的光缆生产设备和检测仪器。事实证明，在当时堪称巨资的投入不仅提升了产品的品质，也为工厂的进一步发展打下了坚实的基础。

图 66 获得国内第一张电工产品认证合格证书

1995 年，在行业率先贯彻 ISO9000 标准，完善了原材料采购、验收的质量控制手段，改进了工序质量控制方式，加强了检验和不合格品的控制等一系列的工作，使质量管理工作进一步走向科学化、规范化、程序化。

1996 年，经邮电通信质量体系认证中心对工厂进行质量体系认证，衡阳电缆厂通过并获得 ISO9002 认证证书，为企业产品进入国内国际市场参与竞争取得了通行证，质量管理工作走在行业前列。

5. 湖南湘能金杯电缆有限公司时期

2004 年，衡阳电缆厂与湖南湘能电工股份有限公司强强联合，成立了湖南湘能金杯电缆有限公司，为金杯牌电线电缆的发展注入了新的活力和发展契机，企业的销售额也由合并前的 1 亿多元，大幅度跨越到 2005 年的 3 亿多元、2006 年的 5 亿多元，成为湖南省最大的电线电缆生产企业。2007 年 1—8 月份产值比 2006 年同期增长 70%。

2005 年，公司从德国和瑞士等国家引进先进的高压交联生产设备，历经多年攻关，进行了数百次试验试制，终于成功研制出 110kV 交联聚乙烯绝缘高压电力电缆，彻底改写了湖南省及周边地区不能生产 110kV 高压电缆的历史，树立起了湖南线缆行业的又一座里程碑。

6. 湖南金杯电缆有限公司时期

2009 年，当时世界首条时速最高、里程最长的高铁客运干线——武广高铁投运，引发国内外极大关注。武广高铁湖南段全程所用的轨道交通电缆就来自“金杯制造”。

2009 年，公司收到国家工商行政管理总局商标局关于认定“金杯 GOLD CUP 及图”商标为驰名商标的批复，“金杯”成为衡阳市第一个“中国驰名商标”。

2010 年，公司在深交所成功上市（股票代码 002533），成为湖南省线缆行业唯一一家上市公司。

7. 金杯电工衡阳电缆有限公司时期

2012 年，荣获国家科技部颁发的“国家火炬计划重点高新技术企业”。

2013 年，湖南省第一条辐照加工生产线和铝合金生产线相继竣工投产。

2014 年，荣获“2013 年中国工业示范单位”，成为引领我国工业前行的榜样企业。

2015 年，荣获湖南机电行业首个“湖南老字号”荣誉称号。

2016 年，电线产品发货量创历史新高，奠定了湖南电线市场领导者地位。同年，企业纳税总额突破 1 亿元。

2017 年，成为“中国制造 2025”衡阳市试点示范城市工业代表企业之一。

2018 年，公司不断创新研发电缆设计，提升高端电缆制造水平，实现高端电缆产品“国产化”，打破国外垄断，自主研发的“环保型低烟无卤矿物绝缘防火电缆项目”成功入选湖南省“5 个 100”中的“100 个重大产品创新项目”。

2019 年，参与京张高铁（我国第一条智能化高速铁路）、蒙华铁路等国家级超级工程项目建设，助力我国“北京冬奥会”“北煤南运”。同年，获批首家省级特种电线电缆工业设计中心。

2020 年，公司不断夯实产业基础，深入推进“金杯智造”成效显著，凭借“生产管理进度智能管控项目”获评“全国上云上平台标杆企业”，“5G+ 电线电缆电工装备物联智慧工厂”项目入选湖南省 30 家“5G+ 制造业”典型应用场景名单。同年，公司聚焦用户价值创造，布局核心市场，创新营销模式，成立现货中心，创行业之先河，打通电缆渠道终端“最后一公里”。

2021 年，在主动应变中抢抓发展机遇，公司投资 5000 余万元，扩建厂房 3136m²，新增两条进口 35kV 交联线，大幅调整生产工艺布局，优化生产流程，推进中高压电缆产能升级项目顺利投产增效，将中高压电缆产能提升至 10 亿元以上；顺利完成了郑济铁路、郑万铁路、黄黄铁路、杭绍台铁路等项目轨道交通用电缆合同的交付，以广阔担当助力我国铁路事业发展“加速度”。同年，公司获评工业和信息化部“2021 年度国家级绿色工厂”、全国质量信得过产品。

2022 年，公司参与两项国家标准和两项中国电器工业协会标准的制定，其中两项在标准起草单位排序中位列前三，并获评湖南省首家“中国电器工业标准化示范企业”。同年，随着智能制造时代的到来，公司不断推进智能化改造和数字化转型，开始建设“智慧线缆装备车间”。

2023 年，公司电线公里数创历史新高，经营规模突破 50 亿元大关，在逆势中展现了企业发展的韧性；创新研发的“低压 PP 电缆”技术水平达到国际先进水平；10kV 环保型改性聚丙烯绝缘电力电缆成功挂网投运，填补了湖南省此技术应用的空白。同年，为进一步抢滩新能源、工业配套领域，公司调配精兵强将，成立工业线缆项目部，打造企业“第二发展曲线”。

第 2 节　冠城大通股份有限公司

冠城大通股份有限公司前身是创立于 1956 年的福州电线厂，至今已有 60 多年的历史。1992 年福州电线厂改制为福州大通机电股份有限公司，1997 年福州自动化仪表股份有限公司（“福州大通”的前身）在上交所挂牌上市（股票代码 600067）。2002 年，福建丰榕投资有限公司成为公司的控股股东，公司因此更名为冠城大通股份有限公司。公司连续多年荣获福建企业百强、福建民营企业百强等称号。2020 年 1 月 11 日，公司位列“2019 中国企业社会责任 500 优榜单”第 391 位。

公司始终坚持以市场为导向调整产品结构，根据用户需求不断完善和开发新产品，技术水平和产品质量国内领先，部分产品达国际先进水平。聚氨酯漆包线等产品获国家金奖、银奖，聚酰胺酰亚胺漆包铜线、聚酰胺酰亚胺复合聚酯或聚酯亚胺漆包铜线、聚酯亚胺漆包铜线、耐高温自粘线等 50 多个类别的产品通过美国 UL 认证。“武夷”牌漆包线凭借其卓越的产品品质、顾客满意度和品牌知名度，曾荣获“中国名牌产品”“中国驰名商标”及“中国电器工业最具影响力品牌”。

公司凭借电磁线产品的优秀质量，荣获中国汽车工业协会颁发的“中国汽车电机电器电子行业十强企业”等称号，以及全国机电工业劳动定额定员标准化技术委员会先进集体等奖项。2021 年，大通新材荣获“2021 年度中国线缆产业最具竞争力企业 100 强”“IFWMC 旺财金球奖”“2021 福建制造业企业 100 强”“福建省工业龙头企业”等荣誉。下属公司江苏大通获得“江苏省服务型制造示范企业”等荣誉。

第 3 节　特变电工山东鲁能泰山电缆有限公司

一、公司概况

特变电工山东鲁能泰山电缆有限公司是国家制造业单项冠军示范企业、国家高新技术企业，是超高压电缆系统一体化企业，具备500kV及以下电力电缆、电缆附件、特种电缆、民用布电线、±1100kV特高压交直流大截面导线等全系列电线电缆产品研发、制造和试验能力，及超高压电缆系统竣工试验和在线监测能力；配备世界领先“一塔九线”工艺布局，可生产制造电压等级最高、载流能力最大的高压电缆产品，是目前国内超高压电缆系统集成能力最强的企业。公司占地面积80万m^2，共有员工1460人（其中各类技术人员600人），拥有资产26亿元。

公司前身为山东电缆厂（始建于1950年），是国家大型一档企业，先后获得全国五一劳动奖状、中国机械工业质量信得过、管理进步示范企业、全国质量管理企业、重合同守信用企业、用户满意活动企业、安全企业、出口创汇企业等称号。

公司始终坚持人才引领发展的战略定位，全方位培养、引进、使用人才，现有中高级技术人员115名，其中行业专家、技能带头人、高级技师等高层次专业技术型人才20余人。公司坚持把科技创新作为引领发展的第一动力，不断加大科研投入，共同推动行业技术的创新发展。与西安交通大学、山东大学、哈尔滨理工大学等高等院校合作，先后建成山东省电线电缆绝缘技术重点实验室、山东省超高压电缆及附件工程技术研究中心等研发平台6个，实现自主技术重大突破33项，参与修订国内外标准58项，荣获国家、各类省部级科技进步奖及专利奖32项，成为目前国内超高压电缆系统集成能力最强的企业。

二、发展历程

1966年9月，遵照上级建设三线企业的指示，按照省机械厅的要求，青岛电线厂厂内设备一分为二，调出干部职工90名支援国家三线建设，青岛电线厂部分搬迁至山东省新泰县，成立青岛电线厂新泰分厂。

1987年2月，青岛电线厂新泰分厂更名为山东新泰电线厂。

1987年10月，山东新泰电线厂更名为山东电缆厂。

1992年12月19日，泰安市体改委批复泰安市机械电子工业局，同意成立山东电缆电器集团总公司，核心企业为山东电缆厂（泰经改发〔1992〕50号）。

1992年12月24日，泰安市机械电子工业局根据泰安市体改委批复批准文件，同意成立山东电缆电器集团总公司，核心企业为山东电缆厂（泰市机电字〔1992〕第241号）。

1993年3月16日，山东省体改委批复泰安市体改委，同意山东电缆电器集团总公司进行股份制改革试点（鲁体改生字〔1993〕第36号）。

1993年3月17日，山东省体改委批复泰安市体改委，同意设立山东电缆电器（集团）股份有限公司（鲁体改生字〔1994〕第61号）。

1993年3月18日，泰安市体改委批复，同意山东电缆电器集团总公司列为股份制试点企业，由其与中国成套设备进出口（集团）总公司共同发起，采取定向募集方式设立山东电缆电器（集团）股份有限公司（泰经改发〔1993〕015号）。

1996年12月30日，山东省体改委批复泰安市人民政府，同意山东电缆电器（集团）股份有限公司更名为山东电缆电器股份有限公司，同文颁发山东省股份有限公司批准证书（鲁证股字〔1996〕120号，鲁体改函字〔1996〕282号）。

1997年1月24日，山东省工商行政管理局确认颁发企业法人营业执照，注册号26717133-5-1。

1997年6月18日，山东电缆电器股份有限公司在深交所挂牌上市，股票代码000720，股票简称鲁能泰山，为电力类大盘股。公司发起人股东为鲁能泰山电缆电器有限责任公司（18.54%）、山东鲁能物资集团有限公司（7.53%）。

1998年，山东电缆厂筹建北厂区，厂址位于山东省新泰市周家庄村。

1999年11月03日，经山东省工商行政管理局核准，山东电缆电器股份有限公司更名为山东鲁能泰山电缆股份有限公司。

2003年8月30日，山东鲁能泰山电缆股份有限公司以新泰电缆业务所有资产与负债折价9000万元作为出资，与特变电工股份有限公司合资组建特变电工山东鲁能泰山电缆有限公司。

2011 年，特变电工山东鲁能泰山电缆有限公司迁建新泰市新汶工业园（特变电工华东输变电科技产业园）。

三、服务共建“一带一路”

公司积极响应“一带一路”倡议，坚定不移走出去、拓市场，建设具有全球竞争力的一流企业，在装备我国的同时与世界分享我国先进的电力建设经验，为荷兰、法国、阿联酋、巴林、孟加拉、越南等 80 多个国家和地区提供高质量产品和服务，加速融入大循环、双循环。

公司立足东南亚、中东等优势市场，坚持以优质的产品和服务提升客户忠诚度和认可度，近年来先后参与科威特 132kV 电力工程、文莱淡布隆跨海大桥 66kV 高压电缆一体化项目、巴林水电部 220kV 总包工程项目等 10 余个电力成套工程，被誉为“光明使者”。同时，公司加快拓展欧洲、澳大利亚等新兴市场，强化高端对接、积极参与国际竞标，以荷兰市场为中心向周边辐射，实现法国、德国、英国、比利时等国别市场连续中标。2024 年，公司又实现南半球迄今为止规模最大的储能项目，也是澳大利亚最大的可再生能源项目——澳大利亚 380kV 抽水蓄能电站 380kV 电缆一体化项目中标，进一步提升了特变电工品牌国际影响力。

第 4 节　福建南平太阳电缆股份有限公司

一、公司概况

福建南平太阳电缆股份有限公司创建于 1958 年，从事电线电缆研究、制造已有 60 多年历史。公司建有超高压电缆生产基地、南平太阳电缆城、上杭太阳铜业公司、包头太阳满都拉电缆有限公司、龙岩太阳电缆、东山太阳海缆六大生产基地，是福建省电线电缆制造龙头企业。

公司拥有福建省超高压海底电缆工程研究中心、省级企业技术中心，具有国家认可实验室，是福建省首批创新型试点企业。通过多年的技术创新，公司积累了雄厚的技术实力，拥有 110 项专利，先后获得了福建省政府质量奖、南平市政府质量奖、中国电线电缆行业竞争力 20 强等荣誉。

公司产品主要有 500kV 及以下交联聚乙烯绝缘电缆、全塑电力电缆、架空绝缘电缆、特种架空导线、钢芯铝绞线、计算机电缆、BVR 系列塑料线、汽车线、控制电缆、射频电缆、通用橡套电缆、矿用电缆、船用电缆、机车电缆、核电站电缆、风力电缆、硅橡胶绝缘电缆、35~500kV 海底电力电缆、海底光电复合电缆、柔性直流海底电缆等，涵盖 1000 多种型号、25000 多种规格，具备为国内外各级重点工程及制造各种装备电机、电器、仪表等提供全方位配套的能力。

2010 年 12 月，500kV 超高压电缆生产立塔建成投产（图 67）。

图 67　500kV 超高压电缆生产立塔建成投产

二、发展历程

1. 创建初期

1958 年 8 月，三明电缆厂筹建处成立。

1959 年，三明电缆厂停建，与福州电线厂筹建处、福州橡胶电线厂划出的电线部分合并，成立福州电线厂，厂址设在福州。

1965年6月，组建福州电线厂南平分厂。

1965年7月17日，中共南平地委工交政治部经工字第17号文批复同意成立中共福州电线厂南平分厂筹建处临时支部委员会。

1966年11月，更名为南平电线厂。

1966年2月8日，中共南平地委工交政治部以（66）工字第06号文批准成立中共福州电线厂南平分厂临时支部委员会。

1979年7月，更名南平电线电缆厂。

1982年，被兵器部审定为其保证体系成员。

1982年，立项引进工程（第一期）：1983年从德国、日本、奥地利等4国的9家跨国公司引进16套生产电线电缆专用设备，项目总投资812万元，1984年9月全面竣工并投入试生产。

1984年12月，第一期引进工程“电器安装用塑料电线和电源插头线”项目通过国家验收。

1985年6月，一机部电工总局在南平电线电缆厂召开全国现场会议总结推广“第一期引进技改工程”项目经验。

1985年9月，引进聚氯乙烯尼龙护套线、塑力电缆、控制电缆关键设备项目立项。

1986年，引进工程（第二期）：从德国购置3台生产电缆专用设备及钢带铠装头、印字机等设备，组成全塑电力电缆系列产品生产线，完成主导产品从布电线向电缆的转变。

1987年5月，国家机械委确认南平电线电缆厂为重点企业。

2. 改革开放后快速发展期

1987年11月，南平电线电缆厂更名为南平电缆厂。

1988年3月，第三期引进工程“低压交联聚乙烯电缆生产线”项目立项。

1989年6月，设立厦门分厂。

1993年11月，成立厦门奥凯电缆有限公司。

1994年6月，改制为福建南平电缆股份有限公司。

2002年7月，公司更名为福建南平太阳电缆股份有限公司。

2002年12月，福建南平太阳电缆股份有限公司成功完成资产重组。

2004年4月，增资扩股，引入新的投资者厦门象屿集团有限公司（第二大股东）。

2005年8月，定向增资扩股，引入新的战略投资者福建和盛集团有限公司（并列为第二大股东）。

2005年12月，太阳牌电线电缆被国家质量监督检验检疫总局评为“免检产品”。

2006年6月，“辐照交联”生产线技改项目正式投产。

2007年9月，“特种电缆”生产线技改项目正式投产。

2009年10月21日，福建南平太阳电缆股份有限公司在深交所挂牌上市（股票代码002300）。

2009年2月，投资成立福建上杭太阳铜业有限公司。

2010年6月3日，布局内蒙古包头，跨省北上建厂——总投资5亿元的内蒙古生产基地动工建设（太阳满都拉电缆有限公司）。

2010年12月，500kV超高压电缆生产立塔建成投产。

2014年，完成退城入园，入驻延平新城，线缆航母扬帆起航。

2017年，智能制造、家装电线全面升级，助力太阳再创辉煌。

2018年8月30日，上杭太阳铜业有限公司年产22万t连铸连轧铜杆生产项目投产。

2021年，补短板扩产能项目——交联电缆水平生产车间悬链楼扩建工程建成。

2022年5月，中压电缆正式启用Ecode码质量追溯系统，做到每根电缆都有专属“身份证”。

2022年6月，省重点项目——太阳电缆（龙岩）有限公司生产项目投产。

2023 年，响应国家政策，太阳海缆（东山）有限公司横空出世，开创福建省海底电缆制造的新产业，促进海上风电事业的发展。

第 5 节 杭州电缆股份有限公司

一、公司概况

杭州电缆股份有限公司（简称“杭电股份”）始建于 1958 年，其前身为杭州电缆厂（图 68），是浙江省建厂最早、产品最齐的综合性行业龙头企业。公司注册资本 6.9 亿元，占地约 1300 亩，建筑面积超 100 万 m^2，员工 1800 余人。2023 年，公司位列杭州市制造业第 13 位、杭州市数字经济第 12 位、中国电线电缆行业最具竞争力企业 20 强。

杭电股份总部（杭电科创园）位于杭州市钱塘区杭州经济技术开发区，占地面积 120 亩。

杭电股份电力电缆生产基地位于杭州市富阳经济技术开发区，占地面积 180 亩，主要生产 500kV 及以下中高压交联电力电缆。

杭电股份导线和特种电缆基地位于杭州市富阳区东洲新区，占地面积 170 亩，主要生产全系列铝合金架空导线和 1kV 及以下低压特种电缆。

图 68 杭州电缆厂

杭电股份控股的杭州千岛湖电线电缆产业园（杭州千岛湖永通电缆有限公司、浙江杭电永通线缆有限公司等）位于杭州市淳安县千岛湖镇，占地面积 170 亩，主要生产民用电线等。

宿州永通电缆有限公司是杭电股份全资子公司，位于安徽省宿州经济技术开发区，占地面积 70 亩，作为杭电股份矿用电缆生产基地，主要生产橡套和控制电缆等。

杭电股份新能源锂电铜箔生产基地位于南昌市小蓝经济开发区，占地面积 200 亩，主要生产新能源锂电铜箔产品。2023 年进入试生产阶段。

杭电股份产品规格齐全，产品涵盖从特高压、超高压、高压到中低压的各类导线、电力电缆、民用线缆及特种电缆，具体包括 500kV、330kV、220kV、110kV、66kV 超高压、高压交联电力电缆，35kV 及以下中低压电力电缆，1100kV、1000kV、800kV 及以下特高压导线，轨道交通电缆、磁悬浮电缆、风力发电场用电缆、太阳能发电用电缆、矿用电缆、防火电缆等特种电缆。

二、发展历程

1992 年，杭州电缆厂与香港太平洋电缆股份有限公司合资成立杭州中策电缆（股份）有限公司。

2000 年，浙江富春江通信集团承债式兼并杭州电缆厂和杭州中策电缆（股份）有限公司，更名为浙江富春江集团杭州电缆厂。

2002 年 4 月，更名为杭州电缆有限公司。

2007 年，响应杭州市政府号召，实施企业整体搬迁。

2011 年 3 月，进行股份制改造。

2015 年 2 月，杭电股份在上交所成功上市（股票代码 603618），开启了以电线电缆为主业 + 光通信、新材料和新能源汽车锂电池等相关产业的“一体两翼”发展战略。

第6节　江苏上上电缆集团有限公司

一、公司概况

江苏上上电缆集团有限公司（简称“上上”）总部位于江苏省溧阳市高新区上上路68号，拥有4个厂区，占地面积74.2万m^2，建筑面积50万m^2，现拥有员工6000余名，企业资产总额103亿元，首届“中国线缆行业最具竞争力企业”排名第一，世界绝缘线缆企业规模排名中国第一、全球第七。

上上前身为溧阳县砂轮厂（图69），于1967年建厂，建厂资金5000元，职工15人，借用溧阳县老干校15间平房为生产、办公用房，建厂当年完成产值2.71万元。建厂初期企业运行正常，后期因产品滞销，企业经营进入困境。

1971年步入电线电缆设计制造行业，并更名为溧阳县电线厂（图70）。1971年5月第一批普通塑料电线诞生。1971年当年电线的产、销额分别为49.7万元和47.8万元。

图69　溧阳县砂轮厂

图70　溧阳县电线厂

1973年着手试生产橡套软线，在镇江电工器材厂、上海电缆厂、无锡电缆厂等兄弟企业的支持下，橡套软线试制成功。1975年电焊机线试制成功。至1983年，相继形成了塑料电线、橡皮电线、橡套软线、电焊机线、钢芯铝绞线、裸绞线、棉纱线等电线系列产品。但由于产品档次低，产销递增率均徘徊在10%左右，1983年产、销收入只有452万元和450万元。

1983年是上上发展历程中的“关键一步”，这一年，丁山华从溧阳县电机厂调到溧阳县电线厂任厂长。丁山华到任后带领干部员工更新观念、转轨变型、调整产品结构，重点开发大厂不愿做、小厂做不了的市场短缺产品；把国家重点建设项目中的煤矿电缆作为主攻目标，先后开发了矿用信号、通信等5个系列新产品；为国家5个重点工程配套供货，被全国80多个煤矿、矿务局选用，其中矿用信号电缆填补了国内空白，并达到了20世纪80年代初国际先进水平。1987年塑料电力电缆和阻燃橡套电缆研制成功，电线厂逐步完成了以生产电线为主到以生产电缆为主的重要转变。

1987年5月，溧阳县电线厂正式更名为江苏省溧阳电缆厂。

1983年10月到1992年4月，在丁山华任厂长的10年间，工厂从一个仅有85.89万元固定资产、452万元产值的无名小厂发展成固定资产3100万元、产值6500万元的中型企业，并成为溧阳市工业企业的排头兵、常州市骨干企业和利税大户、江苏省先进企业。

1992年3月，丁山华调任溧阳市经济委员会副主任，在接下来的几年间企业经营急转直下，危难重重，丁山华受市委市政府委托于1995年4月重回电缆厂任厂长。上任后丁山华坚持以人为本，强化管理，大胆推出一系列改革措施，使企业生产经营恢复正常，当年实现产值1.44亿元、销售1.53亿元，弥补年初亏损后实现利税544.9万元，产、销均创历史最高纪录。

1996年是溧阳电缆厂摆脱困境、再创辉煌的关键年。为此，丁山华提出了“抓好三大储备、一大开发”（即市场储备、产品储备、生产能力储备和人力资源开发）的工作指导思想，千方百计抽调资金加大技术改造步伐，先后引进具有国际先进水平的芬兰诺基亚公司的110kV化学交联生产线及10多台套先进装备。由于指导思想明确、各项措施到位，1996年实现产值2.17亿元、销售2.25亿元、利税769万元。“九五”期间共投资1200万元，对现有设备进行了120次（台）的改进与改造。由于新设备的不断投入和现有设备的不断改造，电缆厂在这期间年产值增长了近7倍，2000年实现产值11.21亿元、销售8.27亿元、利税2858万元。

20世纪90年代中后期，股份合作制开始被引入苏南，并在宜兴、无锡等地试行。1998年溧阳电缆厂按照当时溧阳市政府的要求也开始进行第一次改制，而这一次象征性的改制除了厂名由原来的溧阳电缆厂改名为江苏上上电缆集团有限公司之外，企业整体的架构并没有发生多大变化。2001年9月16日，企业迎来了第二次改制，正是这次成功的改制也成为上上发展历程中一个具有重大意义的转折点和里程碑，企业也由此走上发展快车道，开启上上高质量发展的崛起之路。图71所示为2001—2023年改制后企业产销趋势。

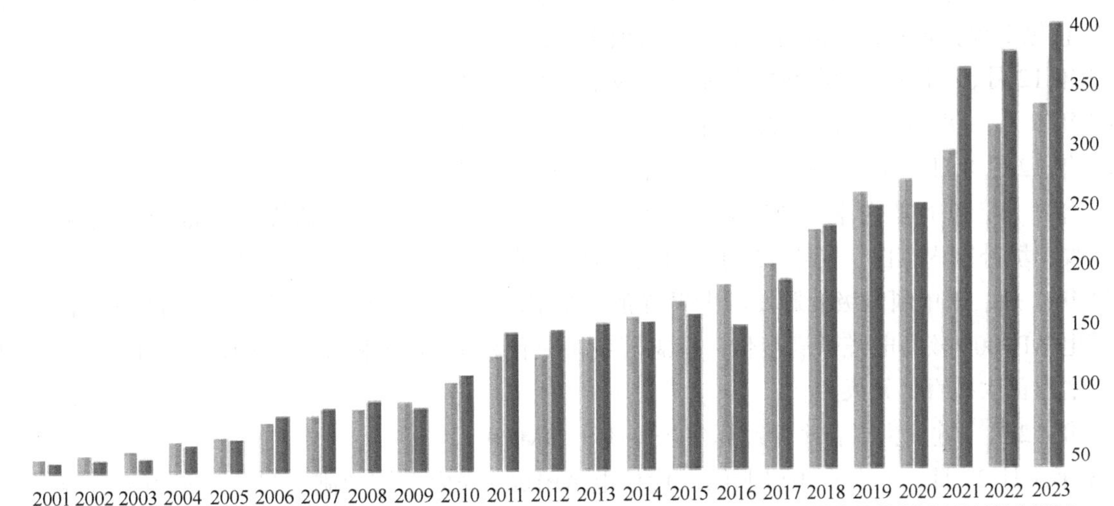

	2001	2002	2003	2004	2005	2006	2007	2008	2009	2010	2011	2012	2013	2014	2015	2016	2017	2018	2019	2020	2021	2022	2023
■	12.1	14.8	19.5	26.0	29.5	35.2	46.1	58.4	68.0	76.1	95.3	100.1	113.7	130.6	143.6	158.7	174.3	203.7	234.3	244.6	269.1	281.6	307.9
■	8.6	10.2	13.6	23.5	27.2	47.4	59.1	69.8	58.6	82.0	118.1	118.8	125.3	126.9	127.6	121.7	161.3	207.6	227.0	227.6	342.1	352.9	371.8

■ 不变价产值　■ 含税销售额

图71　2001—2023年改制后企业产销趋势（单位：亿元）

上上长期坚守主业，扎根电缆50余年，专注于电线电缆产品的研发、制造和服务，已具备220V~500kV全系列电力电缆及各类特种电缆的生产能力，年产能超400亿元，产品涉及新能源、输配电、海工及船舶、建筑工程、矿用、工业制造、轨道交通、汽车等8大领域。

上上电缆拥有国家企业技术中心、国家级博士后科研工作站、江苏省特种电线电缆工程技术研究中心和江苏省新能源用特种线缆工程研究中心（简称“一站三中心”）。2009年11月，江苏上上电缆集团有限公司技术中心被审定为国家企业技术中心，作为江苏上上电缆集团有限公司的技术研究开发机构，负责公司重大科技项目和技术改造项目的论证、申报立项工作，负责新产品新材料开发、标准化管理、专利申报、科技情报收集和工艺技术管理工作等。中心通过不断发展，建立了较为健全的机构，下设多个科研部门。

二、发展历程

1967 年 8 月，上上前身溧阳县砂轮厂成立。

1968 年 2 月，更名为溧阳县金刚砂制品厂，后因产品滞销谋求转型。

1971 年 4 月，更名为溧阳县电线厂，正式转产电线。

1971 年 5 月，上上前身最原始产品——普通电线诞生。

1983 年 10 月，丁山华调任溧阳县电线厂任厂长，带领电线厂实现由亏转盈，电线厂由此迎来崭新发展局面。

1985 年 10 月，与常州自动化研究所联合研制的矿用信号电缆通过国家鉴定，一举填补国内空白。

1987 年 5 月，更名为江苏省溧阳电缆厂。同年 10 月 10 日，“上上”商标注册成功。

1992 年 12 月，电缆厂在溧阳市率先实现产值、销售双超亿元。丁山华因业绩突出，调任市经委任副主任。

1995 年 3 月，丁山华再次调至电缆厂任厂长，扭转急剧亏损的经营状况。

1996 年年底，引进了厂史上第一台、当时世界上最先进的芬兰麦拉菲尔化学交联生产线，生产中压电缆，由此进入国家电力系统。

1998 年 8 月，正式更名为江苏上上电缆集团有限公司。

2000 年 9 月 28 日，集团总部迁至昆仑厂区。

2001 年 9 月，完成股份制改造，成为民营企业，由此进入发展快车道。同年 10 月，在行业内率先实施 ERP 信息化工程，企业管理走向标准化、精细化、数字化。

2003 年 12 月，“上上”牌电线电缆成为“国家免检”产品。

2004 年 9 月，获“中国名牌产品”称号。

2005 年 12 月 8 日，北厂区破土动工，总占地面积超 11 万 m^2。

2007 年 1 月，在行业内率先获得 PCCC 产品认证。同年 2 月，自主研发的首批 1E 级 K1 类核电缆顺利通过验收，填补国内空白。同年 12 月 28 日，西厂区破土动工，总占地面积 35 万 m^2。

2011 年 7 月，获中国船级社颁发的世界首张“船用产品无石棉认可证书”。同年 11 月 5 日，自主研制的三代核电 AP1000 核岛电缆圆满交付，标志着我国三代核电 1E 级核岛电缆国产化的良好开局。同年 12 月，集团销售首次破百亿元大关。

2012 年 12 月，建成世界首个超高压集控系统（CIMS）。

2013 年 4 月 27 日，上上自主研制的三代核电 AP1000 壳内电缆圆满交付，一举填补世界空白，上上核电缆研发制造技术步入世界最前列。

2014 年 9 月，获“中国线缆行业最具竞争力企业”第一名，世界线缆企业规模排名中国第一、全球第十（CRU 首次发布）。

2016 年 2 月，获第二届“中国质量奖提名奖”（图 72）。

2017 年 5 月，超高压 MES 系统项目启动。同年 10 月，获 CNAS 实验室认可证书。同年 12 月，成功研发“华龙一号”项目用 K1 类系列电缆。

2018 年 9 月，世界线缆企业规模排名中国第一、全球第七（CRU 发布）。同年 11 月，获第三届“中国质量奖提名奖”。同年 12 月，获“中国工业大奖”（图 73）；丁山华董事长被中宣部、国家发改委联合授予全国“诚信之星”；集团销售一举突破 200 亿元。

2019 年 4 月 28 日，西二厂区破土动工，总占地面积 17 万 m^2。

2021 年 1 月，获 TÜV 莱茵大中华区首张电动车用液冷大功率快充电缆认证证书。同年 9 月，获第四届“中国质量奖提名奖”。同年 12 月，集团销售突破 300 亿元。

2023 年 6 月，现代化智能管理工厂建设有序推进，创建了四大数字管理中心。

图 72　“中国质量奖提名奖”证书

图 73　“中国工业大奖”证书

第 7 节　安徽天康（集团）股份有限公司

安徽天康（集团）股份有限公司起步于 20 世纪 70 年代天长县西北部一个微不足道的社办企业——安乐五金机械厂，现已发展成为拥有 4 个直属制造部、30 多家子公司、6000 多名员工的国家级重点高新技术企业集团，跻身于安徽省 50 家重点骨干企业和全省十强民营企业之列，成为安徽省民营经济的旗帜性标杆大型企业。

一、萌芽阶段（1974—1985 年）

1971 年初春，在安乐偏僻乡村活跃着“穷则思变”的一群人，他们筹集了 800 元资金，在几间牛房里开始了艰苦创业之路，成立了安乐五金机械厂。1974 年初春，在青年工人赵宽、卢登连的强烈要求下，聘请了江苏扬州、泰兴的 4 位师傅，准备上马能够外销的工业产品。经过一个多月的筹备，1974 年 3 月 26 日，新项目“五金油石”“铝线夹”两个生产车间正式开工投产（图 74）。

1975 年 7 月，工厂新建八间砖瓦结构厂房，招收了 10 名员工，新上“不锈钢阀门”项目。当年，实现销售收入超过 6 万元。

图 74　1974 年的安乐五金机械厂厂房

然而，1976 年春，为贯彻全国建设大寨会议精神，将仅有的 20 名员工中的 8 名动员回生产队务农。小厂在艰难的环境里缓慢前行，一度陷入困境。

迎来曙光和转机的是，1979 年 1 月，安乐五金机械厂生产科长赵宽在大庆油田窝里屯化肥厂考察后，向公社汇报提出开发热电偶热电阻仪表产品的建议。1980 年 2 月 5 日，思想开明的安乐公社革委会批准了他们的意见，安乐五金机械厂上马“热电偶”“热电阻”项目。小厂转产仪表产品，为仪表厂（天康集团前身）的发展迈出了历史性的关键一步。

1981 年 8 月 31 日，安乐公社党委任命生产科长赵宽为副厂长，负责仪表产品生产。同年 10 月，安乐五金机械厂更名为安乐仪表厂。企业建立仪表车间，设有厂办公室、生技科、供销科、财务科。为确保产品质量，企业设立计量室、质检室，员工发展到61人。

1983年4月，安乐仪表厂更名为天长县仪表厂。同年5月5日，赵宽被安乐公社党委任命为仪表厂厂长。企业新建12间砖瓦结构厂房，将仪表车间分为“热电偶”“热电阻”“铝制品”和“金工”4个车间。

二、起步阶段（1985—2000年）

1986年1月21日，根据企业的请求，天长县政府发出通知，将仪表厂划归县经委管理，由乡镇企业转变为县属大集体企业，但产权仍属于安乐乡政府。企业划归县经委管理后，企业发展的外部环境得到了大幅提升与改善。

1986年11月，仪表厂投资开发与仪表相配套的补偿导线及其他电线产品（图75）。补偿导线和其他电线产品的开发为集团光电缆产业的发展奠定了基础。从此，电线电缆产业在天康由星星之火到风生水起，一路高歌猛进，成为天康集团高质量发展的重要增长板块。

图75　初期电缆车间

1991年3月，仪表厂在天长县城东门仁和南路征地2公顷，开辟新的生产厂区，扩大仪表、电缆产品的生产规模，企业发展中心开始向县城转移。

1993年9月，天长撤县设市，天长县仪表厂遂更名为天长市仪表厂。

1991年，计算机仪表（屏蔽）电缆研发试产成功，成为天长地区的第一根仪表信号电缆。

1991年6月，赵宽厂长带领技术人员赴广东、深圳等地进行市场调查后，在县城新厂区开发通信光缆产品。1992年1月5日，实现全省第一条“通信光缆”生产线开机量产，产品的主要性能经检测达到国际领先水平。同年11月，仪表厂被安徽省经济贸易委员会确定为全省首家光电缆生产基地，当年产量达500km。1993年5月5日，工厂启动通信光缆二期扩建工程项目建设，加快光电缆产业的发展，抢占市场先机。

1993年12月，天康光电有限公司正式挂牌创建，负责电线、电缆、光缆新产品研发、生产与经营。

1994年初，本安防爆电缆、低压无卤阻燃电缆研发试制成功，引领带动天长地区电缆的发展。GLH-24PC-2MB型光缆接头盒被安徽省经济贸易委员会认定为省1994年度新产品。

1996年9月，以仪表厂为核心，与其所属的光电公司、中药厂、胶合板厂组建安徽天康光电缆（集团）股份有限公司。

1997年7月3日，“洲鸽”牌通信光缆系列产品被滁州市政府作为首批“滁州市名牌产品”在《安徽日报》上郑重推出。1997年12月，年产万千米光缆技改项目通过省级验收。

1999年7月，集团在天长市区征地8.53公顷建设天康高科技工业园，通信光缆生产车间整体搬迁至工业园内，生产规模得以扩大。GYSTA53型24芯以下层绞式光缆、塑料绝缘控制电缆系列产品，获得电信设备进网许可证和出口机电产品质量许可证书。

1999年8月，“洲鸽”牌中心束管式、层绞式光缆获安徽省科委颁发的省高新技术产品认定证书。同年12月，GYTA、GYTY通信光缆通过安徽省机械工业厅新产品省级专家鉴定评审。

三、腾飞阶段（2000—2020年）

进入21世纪，集团在扎根天长市的同时不断走向市外、省外，分别在上海、北京、合肥设立办事处，成为集团对外洽谈业务、招商引资、推销产品的窗口。安徽天康集团已经成为全省电线电缆产业的“领跑”企业，生产规模不断扩张。这个阶段开启了天康电线电缆品牌的发展之路，拥有中国驰名商标1项、省著名商标2项、品牌商标60多项、安徽省名牌产品7项。企业规模也在不断扩大。2000年，企业电线电缆产值达到1.2亿元，之后20年间，年增长近20%，2020年电线电缆产业产值实现42.2亿元，稳居安徽省同行业第一。

2000 年 1 月，集团在江苏省盱眙县观音寺镇投资创办盱眙第一山电仪材料厂（2001 年 1 月更名为江苏天康光电缆仪表有限公司），生产经营光电缆及其配套产品和原材料，迈出跨区域扩张发展的第一步。

2000 年 10 月，“洲鸽”牌 GYXTW-12D 光缆和 GYSTA53-144D 光缆获安徽省质量技术监督局颁发的省质量信得过产品证书。同年 11 月，“洲鸽”牌电线、电缆系列产品被中国国际贸易促进委员会列为 WTO 的推荐产品。

2001 年 1 月 9 日，“洲鸽”牌 GY 系列光缆被安徽省政府认定为安徽名牌产品。

2001 年 7 月 9 日，研发的新产品 35kV 交联电缆和 10kV 架空电缆通过专家评审，获得生产许可证。

2001 年 8 月，江苏天康公司“塑料绝缘材料”和“无氧铜杆”两个项目开机投产。

2002 年 1 月，研发的硅橡胶补偿导线获安徽省工业产品准产证。同年 12 月，研发的 1E 级 K3 类核光电缆产品通过国家核电站专家组的鉴定；GYSTS、GYSTY53、GYXTS、GYXTW4 个品种通信光缆经中国人民解放军总参谋部组织的专家检测评审，准予进入国防通信网使用。

2003 年 8 月 11 日，研发的无卤低烟阻燃光缆被安徽省科技厅认定为省级高新技术产品。

2004 年 2 月 25 日，集团在安乐老厂区成立康泰仪表电缆厂，生产经营电线电缆、仪器仪表等产品，扩大了电线、电缆等产品的生产规模。同年 12 月，研发的 TK 系列核实施用 1E 级电缆通过国家核安全局、上海核工程研究设计院等权威机构评审认证。

2005 年 1 月 27 日，研发生产的 ZA-RVV 阻燃耐火软电缆经泰尔认证中心认证，获产品认证证书。同年 9 月，“洲鸽”牌 YJ 系列交联聚乙烯绝缘电力电缆被认定为安徽名牌产品。同年 12 月，集团投入近亿元，被列入安徽省“861”行动计划的“控制电缆”技术改造项目完成，电缆生产能力扩大 1 倍。

2005 年 12 月，集团生产的“洲鸽”牌 YJV、VV 系列电力电缆被国家质量监督检验检疫总局审定为 2005 年 12 月至 2008 年 12 月免检产品。

2006 年 8 月，集团在经三路创办安徽天康数据线缆有限公司，生产经营数据线缆及附件、配件产品，扩大光电缆产业的门类。

至此，天康集团的电线电缆、光缆、数据缆及电缆配套材料版图已然形成。

2008 年 9 月 17 日，研发的煤矿用电缆通过国家矿用电缆认证，获国家矿用产品通行证。

2008 年 12 月，“洲鸽”牌电力电缆被认定为安徽名牌产品。

2009 年 1 月，研发的新“橡套电缆”投入批量生产。同年 12 月，额定电压 1kV 和 3kV 电力电缆、固定布线用无护套电缆获得国家标准化管理委员会颁发的采用国际标准产品标志证书。

2010 年 7 月，橡套电缆通过中国质量认证中心 CCC 产品认证；ZAKVV-450/750V 阻燃聚氯乙烯绝缘控制电缆、ZA-NH-YJV 阻燃耐火交联聚乙烯绝缘电力电缆获国家防火建设质量监督检验中心颁发的公共场所阻燃制品及组件标识使用证书。

2010 年 12 月，集团“核级电缆辐照”项目通过省级验收，获得安全许可证。

2011 年 4 月，研发的额定电压 6~30kV 电力电缆、层绞式通信用室外光缆产品经国家标准化管理委员会审核，获采用国际标准产品标志证书。

2011 年 11 月，研发的高交联度光伏电缆通过省级新产品鉴定，投入批量生产。

2012 年，船用柴油机用控制电缆研发成功，国际领先且填补国内空白。

2012 年 11 月，研发的计算机用双层铜包铝线编织屏蔽电缆、风力发电用风电机舱扭曲电力软电缆同时被安徽省经信委认定为安徽省新产品。

2013 年 7 月，船用电力电缆、控制电缆、通信仪表电缆研发成功，填补省内空白。

2013 年 10 月，研发的光电缆系列产品获法国质量和环境体系（BV）认证证书。

2015 年 4 月、12 月，新型耐低温（−50℃）电力电缆、金属加强构件抗拉控制电缆、铝合金联锁铠装电缆等 10 个产品获安徽省新产品证书。

2015年6月，“洲鸽”牌计算机用（屏蔽）电缆（DJ系列）被认定为安徽名牌产品。

2016年4月，消防耐火计算机用铜包铝线编织分对屏蔽总屏蔽电缆获滁州市科学技术奖三等奖。

2016年8月，投资建设的安徽天康（集团）股份有限公司电线电缆检测中心通过了CNAS实验室认证，获得CNAS认可证书。

2016年12月，电动汽车充电桩电缆获省高新技术产品认定证书。

2017年1月，室内六类非屏蔽平行对称数据电缆、TK-HBI型防蚁电缆、柔性拖链电缆等4项电缆获安徽省新产品证书。

2018年5月，成为安徽省电线电缆商会第四届会长单位。

四、转型阶段（2020—2024年）

科学技术是第一生产力。集团电线电缆产业在实现产品飞跃发展的同时，十分注重内部管理，向高精尖特转变，向科技要效益，产品迈上了高端化、智能化、绿色化。集团电缆参与的国家重大建设工程项目达到184个，累计销售超百亿元，企业核心竞争力进一步增强。

企业发展的竞争，归根到底是人才的竞争。集团推进全员创新，激发创新活力，培育一批符合创新发展要求的人才队伍。电缆技术岗位上拥有高级职称10名，中级职称215名，初级职称495名；电缆技术工种上拥有高级技师9名，技师90名，高级工584名，中级工411名，初级工921名。

注重技术成果的转化。近年来，通过举办安徽天康集团科技和人才大会，推动和促进项目研发和转化，每年投入研发的新产品超过15项，技改项目不低于50项。

2020年开始，ERP、MES、WMS、DCS、RCS、AGV、BI等多系统的集成，实现敏捷制造的生产管理目标。

2020年5月，耐油环保控制电缆、陶瓷化硅橡胶绝缘柔性矿物材料隔离层耐火电缆等5项产品获电线电缆新产品鉴定证书。

2020年11月，加入长三角光电缆产业链联盟。

2020年，研发船用电线，并取得中国船级社产品认证。

2021年，核电站用非核（1E）级无卤低烟阻燃60年寿命中压电力电缆、低压电力电缆、控制电缆、计算机仪表屏蔽电缆、补偿电缆研发成功。

2022年，铁路车辆用无卤低烟阻燃30年寿命电缆研发成功。

2022年3月，船岸连接电缆研发成功，填补省内空白。

2023年5月，变频器用电力电缆、定日镜立柱摇摆抗紫外线阻燃无卤线缆等3项产品获电线电缆新产品鉴定证书。

2023年，金属非金属矿山用10kV及以下无卤低烟阻燃电力电缆研发成功。

2024年，金属非金属矿山用无卤低烟阻燃控制电缆、无卤低烟阻燃橡皮电缆研发成功。

历经半个世纪的蓬勃发展，天康集团现已成为主营业务涉及仪器仪表、光电缆、医疗医药等跨行业、多元化的集团公司。

集团连续多年入榜中国制造业企业500强、中国民营企业制造业500强、中国电子信息百强企业、中国机械工业百强企业，先后获得国家高新技术企业、国家级守合同重信用企业、国家企业技术中心、全国五一劳动奖状单位、全国普法先进单位、全国和谐劳动关系创建示范企业、国家知识产权示范企业、安徽省民营企业税收贡献50强、滁州市工业企业十强企业等荣誉称号。

集团所涉及的光电缆产业主要涵盖电力电缆、控制电缆、核级电缆、轨道交通电缆、矿用电缆、船用电缆、仪表信号电缆、通用橡套电缆、补偿电缆、高温电缆、防火电缆、新能源电缆、伴热电缆、光缆、数据线缆、通信电缆等系列，广泛应用于电力、石油、化工、国网、农网、核电、军工、轨道交通、矿山、航海、商场、高层建筑等行业。

集团光电缆产业已全面迈入高质量发展进程，拥有中国驰名商标1件、安徽省著名商标1件，获得安徽省人民政府质量奖、滁州市市长质量奖，主导、参与制定国家标准9项、行业标准11项、地方标准13项、团体标准32项，产品通过3C、CQC、MA/KA、泰尔、PCCC、阻燃标识、碳足迹、CCS、DNV、BV、LR、ABS、NK、KR、RINA、GL、RS、CE、TUV、EAC、SGS等国内外产品认证。

第8节 青岛汉缆股份有限公司

一、企业概况

1982年，时任汉河村党支部书记的张思夏同志，面对汉河村地少、地薄、欠债多的现状，凭借“敢闯敢做”的胆识和魄力，贯彻落实改革开放政策，在解决贫穷、活跃乡村经济、带动村民走上工业化道路上积极实践，开始探索以工养农、以厂兴村的新路。张思夏同志拿出了家里仅有的1000元，又向邻居借了2000元，凑齐了启动资金，用被人淘汰的旧机件加工成简易设备，带领村民把牛棚翻新改造成电线电缆生产车间，同时还聘请了三位从电缆厂退休的师傅作为技术人员……终于，汉缆股份的前身——青岛汉河铜铝材厂在汉河人的翘首期盼中成立了。

1996年，在大多数线缆企业还在围绕中低压电缆产品展开竞争的时候，电缆厂利用有限的资金改造升级电缆生产线，从国外引进当时世界领先的220kV超高压立式交联电缆生产线，革新技术研发和生产110kV、220kV高压超高压交联电缆及海底电缆，一举填补了国内空白，这些产品已成为当时线缆企业的主导产品。同时它还是国内第一家成功研发500kV 2500mm²国内最高电压等级、最大截面积的超高压交联聚乙烯绝缘电缆，国内第一家研发集电力、信号传输为一体的大长度无接头光电复合型海底电缆技术，国内第一家成功解决矿用电缆频繁弯曲技术，国内第一家提供高压超高压电缆及附件系统全套解决方案的企业。

1997年，公司借鉴国内外的先进经验，吸纳不同所有制成分参与，以股份多元化形式，建立具有法人地位的所有制企业，组建了青岛汉缆集团有限公司。

2001年，公司利用“稳健多样”的资本运营机制，与湖南电力公司组建长沙创业汉河电缆有限公司，同时收购濒临破产的河南金龙电缆有限公司的超高压资产，成立青岛汉缆有限公司焦作分公司，使企业提高了生产能力及市场份额。同期，公司凭借在高压超高压交联电缆、电缆附件、海洋系列电缆等高端系列产品的研发及工程应用的实质性突破，先后参与起草和审定了众多电线电缆国家和行业标准，得到了行业及客户的高度认可。2010年，汉缆股份在深交所挂牌上市，标志着汉河品牌跨入了新的发展阶段。

经过40多年的稳健发展，公司陆续在焦作、修武、阳谷、常州、长沙、北海、淄博、平度、即墨等地建设完成了国际领先的高压超高压电缆生产和测试示范基地、高压电缆料生产试验基地、电缆附件生产研发基地，拥有德国、芬兰、瑞士等立先进的式超高压生产线及国际一流的生产、测试、试验和研发装备。先后投资成立华电高压、电气工程等20多家国内子公司，并在美国、新加坡、中东等设立海外销售公司，使公司成为行业领先的能为客户提供电缆及附件、电力设计、输变电工程、竣工试验、运行维护及服务等全套解决方案和交钥匙工程的大型企业。

公司凭借完善的研发体系和超强创新能力，先后被授予国家企业技术中心、博士后科研工作站和我国电缆行业唯一的“国家高压超高压电缆工程技术研究中心”，先后参与了我国线缆行业“十一五”至“十四五”发展规划，承担完成了国家、省市级项目50多项，开发新技术新产品70多项，获得各类成果奖励20余项，主持或参与编制国家标准85项，拥有300多项知识产权及70多项专有技术。

公司凭借雄厚的技术研发与生产制造实力，使企业发展成为我国规模最大的高压超高压电缆生产厂家，到2023年，110kV及以上高压超高压电缆累计市场销售量近4万km，110kV及以上高压超高压电缆被评为国家工信部制造业单项冠军产品，是中国制造业500强、中国线缆行业最具竞争力十强企业、全球海缆（能源领域）最具竞争力十强企业。公司的高品质、安全性、优质服务及持久创新，见证了我国的崛起、国际聚焦的重大时刻：2008年奥运会鸟巢和水立方、2010年上海世博会、2022年冬奥会、三峡工程、央视大楼、建国70周年、建党100周年、新加坡400kV城市电网项目等重点工程。公司在不断填补国内空白的同时，创造了我国超高压电缆出口发达国家的历史，一展民族电缆企业的“国际范儿”。

二、发展历程

1982年，成立青岛汉河铜铝材厂，生产裸电线。

1983年，更名为青岛汉河电线厂，生产塑料绝缘电线。

1989年，更名为青岛电力电线电缆厂，生产10kV、35kV交联绝缘架空电缆；与青岛电业局电力服务公司联营。

1993年，被确认为机械部定点生产企业。

1994年，成立青岛电缆研究所。

1995年，被认定为青岛市高新技术企业，110kV、220kV交联电缆列入国家火炬计划项目。

1996年，与芬兰Nokia公司签订了220kV超高压立式交联电缆生产线合同，并生产110kV交联电缆。

1997年，组建了青岛汉缆集团，与大连电业局合资成立大连汉河电缆有限公司。

1999年，被认定为山东省企业技术开发中心，与新疆喀什电力公司等单位合资成立新疆疏勒汉河电缆有限公司，生产220kV交联电缆、空气加强绝缘型母线槽。

2002年，建立中共青岛汉缆集团委员会，与湖南电力公司合资成立长沙汉河创业电缆有限公司。

2003年，在青岛即墨女岛港建立海底电缆生产基地，并自主研发设计制造我国第一条交联光电复合海底电缆立式成缆机；在广西北海成立青岛汉缆股份有限公司北海分公司。

2004年，“汉河”牌交联聚乙烯电力电缆荣获中国名牌产品；公司荣获全国守合同重信用企业称号。

2005年，收购河南金龙电缆有限公司超高压生产厂区，成立青岛汉缆有限公司焦作分公司，并开始生产110kV、220kV高压电缆；在2002—2005年间依据项目规划先后在长沙、即墨、北海、焦作设立生产基地，经济效益稳步提高，公司发展步入快车道。

2007年，改制为青岛汉缆股份有限公司。

2008年，荣获国家五部委批复的“国家认定企业技术中心”。

2010年，公司正式在深交所敲响了上市的钟声，在深交所成功上市；“汉河”获中国驰名商标；被批准设立博士后科研工作站；荣列第四批国家创新型试点企业；荣列2009—2010年度中国超高压电缆十强企业。

2011年，被科技部批准建立行业唯一的“国家高压超高压电缆工程技术研究中心”。

2012年，并购常州八益电缆股份有限公司；公司生产的500kV电力电缆中标国网，入选2012年度电线电缆行业十大新闻。

2013年，入选第一届中国电线电缆行业最具竞争力十强企业；设立汉缆股份北海公司，专业生产低压电缆和导线；公司高压超高压交联聚乙烯超净绝缘料被科技部列为国家863计划项目。

2014年，获“国家技术创新示范企业”称号。

2015年，获“国家知识产权示范企业”称号；获“青岛市市长质量奖”荣誉。

2016年，中标新加坡能源公司400kV 2500mm² 超高压电缆系统工程，国产超高压电缆首次出口发达国家。

2017年，获“山东省海洋工程电缆研究中心”称号；投资设立汉缆股份新加坡公司。

2019年，合资在洛杉矶设立汉缆美洲公司；设立汉缆中东公司。

2020年，收购耐克森阳谷电缆公司，使公司的高压超高压电缆生产能力处于国内领先地位；成立汉河氢能科技公司，致力于氢能相关产品的研发和生产。

2021 年，投资 15 亿元建设即墨海缆二期工程，立塔高度 180m，并获评全球海缆（能源领域）最具竞争力企业 10 强；成立淄博齐鲁高电压绝缘材料有限公司。

2022 年，由公司提供国内最长 500kV 输电系统的广州楚庭乙线工程通电运行；获国家工信部颁发的绿色工厂证书；获国家工信部颁发的 110kV 及以上高压超高压交联电缆制造业单项冠军。

2023 年，淄博齐鲁高电压绝缘材料有限公司一期项目 220kV 超高压超净绝缘材料投产；公司连续多年荣获中国线缆产业最具竞争力十强企业。

三、产品介绍

公司主要生产 750kV 及以下高中低压交联聚乙烯绝缘电力电缆、110kV 及以下柔性电力电缆、35kV 及以下船用和矿用电缆、超高压超耐热和高强度铝合金导线、1000kV 及以下交流和 ±800kV 及以下特高压导线、碳纤维导线、500kV 及以下光纤复合全系列海缆、数据缆、核电站电缆、石油平台用电缆、风力电缆、阻燃耐火电缆、750kV 及以下电缆附件等 8 大类、百余系列、万余种规格的产品，是国内唯一提供 750kV 及以下电缆及附件、敷设安装、竣工试验成套服务全套解决方案和交钥匙工程的大型制造服务商。

公司自 1989 年开始研究高压超高压交联电缆，相继完成高压超高压电缆和测试产业化基地、高压超高压电缆料研发中试基地、高压超高压电缆附件研发中试基地、海洋工程电缆研发产业化基地的建设工作。经过 20 余年的技术创新和经验积累，公司攻克了高压超高压电缆三层共挤、材料高净输送等关键技术难题，突破生产线感应加热系统技术、应力松弛系统技术、智能控制技术、装备制造技术，解决了中国海洋工程电缆关键生产设备整套依赖进口的局面；突破对国产聚乙烯基料的超净化技术、混配技术、材料加工技术，解决我国海洋工程电缆材料依赖进口的局面；突破对高压超高压电缆附件的材料选取、电场分布分析和结构设计技术、工艺装备和加工成型技术，打破国外的垄断地位，引领了我国海洋工程电缆的发展。

四、对电缆行业的贡献

青岛汉缆股份有限公司自成立以来一直专注于电线电缆产品及电缆附件的研发、生产、销售和服务，形成了具有引领行业发展的电缆高端技术。公司技术水平已达到国内同行业领先水平，经济效益行业排名位居前列，成为电线电缆行业的龙头企业之一。

公司自 1989 年开始研究高压交联电缆，经过“引进—消化—吸收—再创新”的发展历程，成为行业技术标准的领跑者和技术创新的引领者。公司是全国电线电缆标准化技术委员会高压电缆工作组组长单位、国家认证认可监督管理委员会电线电缆强制性产品认证技术专家组成员单位、电线电缆行业“十一五”至“十四五”规划的起草单位，参与了目前我国所有高压超高压电缆标准的制定工作。此外，公司也在行业的“高压超高压电缆超净绝缘材料国产化研究和应用”“高压超高压电缆寿命指数研究”“智能电网系统输电高压超高压智能电缆”“高压电缆缓冲层烧蚀研究”等课题中承担着主导作用。

公司于 2004 年首家成功研发 500kV 2500mm² 超高压交联聚乙烯绝缘电缆，500kV 2500mm^2 超高压电缆为国内第一家成功研发的国内最高电压等级、最大长度、最大截面积的产品；2013 年，国内首家 500kV 电缆系统应用城网输电工程实现国产化应用；2016 年，新加坡电网全球招标 400kV 交联聚乙烯超高压电力电缆，汉缆股份是唯一代表我国线缆行业参与投标的厂家，并一举中标 25.2km，实现了我国制造 400kV 超高压电力电缆进入发达国家城市电网，对于树立我国在该领域的产品形象和市场竞争力具有重大意义，且项目于 2018 年开始系统安装敷设，目前已经竣工投产；2022 年，完成首个南方电网广州楚庭 500kV 超高压城市电网（电缆）项目，其中的 500kV 2500mm² 超高压电缆是国内输电距离最长、电压等级最高、容量最大的陆上超高压电缆系统，汉缆股份中标 60 余公里。公司产品技术水平达国内领先或国际先进水平，形成了核心竞争力，极大地提升了在行业中的地位。

目前国内城市电网超高压输电项目中所应用的 500kV 超高压电缆产品全部由汉缆股份供货，并已经安全、稳定运行超过 10 年。此外，在国内外重大水电工程项目中，汉缆股份的高品质也赢得了客户的赞誉。

在海洋工程电缆领域，公司拥有近 30 年研发和生产经验，是国内最早替代进口，打破国外垄断并实现海油、岛屿供电工程化应用的制造商。2016 年国内首家完成 500kV 海底电缆系统制造并通过型式试验，2022 年完成的 500kV 3×1600mm² 大长度大截面超高压光电复合海底电缆为我国首创。公司凭借 20 余年海洋工程电缆生产经验和技术诀窍，攻克海洋工程电缆三层共挤、材料输送、交联技术等行业制造技术难题；突破生产线感应加热系统技术、应力松弛系统技术、智能控制技术、装备制造技术，解决我国海洋工程电缆关键生产设备整套依赖进口的局面；研发海洋工程配套装备用动态电缆、脐带缆，是国内首次开展该项技术研究，该项技术将打破国外技术垄断；突破对超高压海底电缆软接头及抢修接头的研究，从材料选取、电场分布分析和结构设计技术、工艺装备和加工成型技术打破国外的垄断地位，引领了我国海洋工程电缆的发展。公司通过对海洋工程电缆共性技术和关键技术的攻关，将研究成果转化为生产力，面向全行业推广，提高行业海洋工程电缆的技术水平和自主开发能力，实现国产化替代进口，提高我国海洋工程电缆的国际地位和市场竞争力。

至 2023 年末，汉缆累计为社会提供高压超高压电缆 35500 余公里，其中超高压 220kV 电力电缆在国家电网公司的市场占有率超过 40%；为用户提供超过 2200 余公里海底电缆，国内市场占有率超过 30%。

第 9 节　长飞光纤光缆股份有限公司

一、长飞的诞生

1984 年 5 月 12 日，国家计委 955 号文批复《邮电部关于引进光纤通信成套技术项目建议书》，引进国外先进技术和设备，建立中国的光纤光缆生产企业。图 76 所示为当年的光纤光缆生产线项目可行性研究修改报告。

经充分认证，1988 年 5 月，以武汉光通信技术公司（武汉邮科院）25%、武汉信托（武汉市政府）25%、荷兰飞利浦 50% 的出资比例成立武汉长飞光纤光缆有限公司（简称长飞），其中“长”代表长江，“飞”代表飞利浦。

长飞由邮电部、武汉市和荷兰飞利浦公司三方创建，是我国在发展光通信产业的大背景下，首批成立的合资企业之一。30 多年来，通过技术引进、消化、吸收与再创新，“长江边的飞利浦”逆袭为“世界的长飞”。

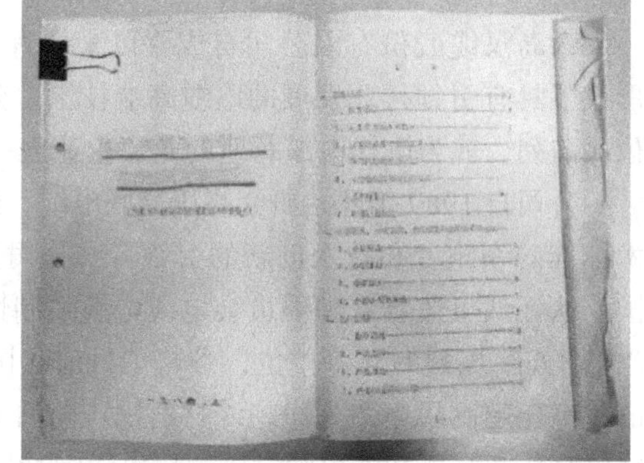

图 76　光纤光缆生产线项目可行性研究修改报告

二、发展历程

1991 年，第一根量产光纤诞生。

1992 年，光纤光缆成功投产。

1993 年，向美国出售光纤（进军海外市场的第一步）；是我国光纤光缆行业第一家通过 ISO9002 质量管理体系认证的企业。

1994 年 1 月，飞利浦将 37.5% 股份转给荷兰德拉克，其余的 12.5% 股份卖给武汉光通信技术公司。

1997 年 4 月，专攻单模光纤。

1998 年初，攻克单模光纤技术，成为继美国康宁、朗讯之后世界上第三家能生产此种光纤的公司。

1998 年，批量生产保实和大保实光纤；在国内首条 G.655 光缆干线中中标。

2002 年，自主研发低水峰光纤，迈上自主发展之路。

2004 年，光纤第七期扩产，成为全球第三大光纤生产企业和第五大光缆生产企业。

2005 年，光纤预制棒产品开始销售；光纤产销量突破 1000 万 km，国内市场占有率超过 40%；PCVD 工艺制备非零色散位移单模光纤和规模化生产的技术研究获国家科学技术进步二等奖。

2008 年，研制出外径 200mm、拉丝长度 7000km 以上的大尺寸光纤预制棒。

2013 年 12 月，长飞改制为外资股份有限公司，更名为长飞光纤光缆股份有限公司，主要股东包括中国华信邮电经济开发中心、Draka Comteq B.V 及武汉长江通信集团股份有限公司。

2014 年 12 月 10 日，在香港联交所成功上市。

2014 年，成为全球最大的预制棒供应商，光纤及光缆规模双居全球第二。

2015 年 6 月 23 日，长飞和日本信越化学在武汉签署成立光纤预制棒公司的合资协议，股比为信越化学 51%、长飞 49%。

2015 年，光纤、预制棒双双位居全球第一，光缆居全球第二。

2016 年，中国联通联合长飞开展全球首个 G.654.E 光纤的陆地部署实验。

2016 年，光纤预制棒、光纤、光缆三大业务全球市场首次第一，也是全球唯一同时掌握 PCVD、OVD、VAD 三种预制棒制备技术的企业；造就 2016 年“81 亿元骄人成绩单”。

2017 年 4 月，联合国家电网建成世界首条超低衰减大有效面积 G.654 超长距离特高压线路（陕北到武汉线）；2015—2017 年的营业收入分别为 67.38 亿元、81.11 亿元、103.66 亿元，净利润分别为 5.63 亿元、7.17 亿元、12.68 亿元，收入年均复合增长率 24.35%。

2018 年 1 月 3 日，长飞与宝胜科技创新股份有限公司签署海缆项目合资协议，打造出国内最大、世界领先的海缆制造与服务基地。

2018 年 7 月 20 日，上海 A 股上市，成为中国光纤光缆和湖北省首家 A+H 股上市企业。

2018 年 10 月，成为获得世界三大政府质量奖之一的“欧洲质量奖”的第一家中国企业。

2018 年，“长飞光纤光缆技术创新工程”项目荣获国家科技进步二等奖，长飞成为光纤光缆行业唯一一家三次获得该奖项的企业。

2019 年，位列 2019 中国制造业企业 500 强第 448 位、中国电子信息百强第 67 位。

2020 年 9 月 20 日，宝胜海缆（宝胜与长飞合资公司）首根大长度 220kV 光电复合海缆成功交付。2020 年业绩：收入 43.52 亿元，同比上升 27.74%；归母净利润 4.79 亿元，同比上升 82.48%；扣非净利润 1.61 亿元，同比下降 34.2%。

2021 年 3 月，确定“十四五”时期发展新目标：再造一个长飞。

2021 年 5 月，研制出全球最大尺寸的外径 230mm、拉丝长度 10000km 光纤预制棒。

2021 年 6 月，完成对巴西 Poliron 公司 100% 股权的收购，成为拉丁美洲区域业务发展的里程碑。

2021 年底，长飞潜江有限公司获评国家级绿色工厂，成为全球单体最大的光纤预制棒及光纤智能制造工厂。

三、长飞骄人的业绩

作为原国家邮电部牵头成立的中国光通信行业首家中外合资企业，我国第一根商用光纤的诞生地，孜孜追光 35 载，长飞光纤光缆股份有限公司勇担振兴民族光通信产业使命，成长为全球最大的光纤预制棒、光纤和光缆供应商，生产的产品销往 90 多个国家和地区，是我国企业成功走向全球的典范。

根据权威咨询机构 CRU 数据，从 2016 年开始，长飞主营业务的市场份额连续 7 年保持全球第一。长飞 2022 年年度业绩报告显示，2022 年实现营业收入 138.30 亿元，较上年增长约 45.03%；海外业务的收入增幅超过 50%，占总收入比例超过 1/3，达到历史最高水平。

2016 年底，长飞实现光纤预制棒、光纤、光缆销量全球第一，提前 4 年兑现对总书记的承诺，并蝉联至今。坚持走科技自立自强的道路不动摇，长飞在自主创新、资本市场、海外市场等方面都取得了较大的发展和进步。

长飞掌握了光纤预制棒、光纤、光缆全部生产关键技术，还实现了原材料的国产化、零部件的国产化、制造装备的国产化，真正做到了核心技术的自主可控，并带动国内光纤产业发展，向海外反向输出设备。

打破国外垄断，长飞成为全球唯一掌握 PCVD、VAD、OVD 三大主流预制棒制备技术，并成功实现产业化的企业，光纤预制棒单棒拉丝长度从 2013 年的 7000km，到 2018 年的 8000km，再到 2024 年的 10000km，处于行业全球最高水平。

始终践行创新驱动发展，长飞每年将营业收入的 5% 左右投入研发，不设上限，成为行业唯一一家三次荣获国家科技进步二等奖的企业；积极主持或参与起草各类标准 200 余项，其中已发布国际标准 23 项，国家及行业标准 141 项；累计申请专利 1300 余项，获得国内外专利 1000 余项，棒纤领域专利数量全国第一。

加快“走出去”步伐，做大做强海外市场。长飞紧跟国家“一带一路”倡议，造船出海，布局全球，在印尼、南非、巴西、波兰等地投资建设 5 个海外生产基地，陆续建立 20 多个海外平台和 50 多个海外办事处，产品远销 90 多个国家和地区。

第 10 节　宝胜科技创新股份有限公司

一、企业概况

宝胜科技创新股份有限公司（简称“宝胜股份”）位于江苏省扬州市宝应县苏中路 1 号，原是宝胜集团有限公司核心子公司，2022 年 11 月，宝胜集团经中航机载系统有限公司批准由宝胜股份进行托管，宝胜股份成为营运主体，作为中国航空工业集团有限公司旗下上市子公司。宝胜股份目前有宝胜电缆城、宝胜科技城、智能网络厂区三大生产基地，占地面积约 142.37 万 m^2，建筑面积约 62.6 万 m^2，旗下有中航宝胜电气股份有限公司、宝胜高压电缆有限公司、中航宝胜智能技术有限公司、江苏宝胜物流有限公司等多家重点子公司。截至 2023 年底，宝胜股份总资产 217.71 亿元，职工 7219 人，实现开票销售额 396.37 亿元，入库税收 5.16 亿元。

作为我国电线电缆行业大型国有控股企业，宝胜股份拥有包括江苏省特种电缆材料及可靠性研究重点实验室、企业博士后科研工作站、企业院士工作站、国家认定企业技术中心、高压电力电缆国家地方联合工程研究中心、江苏省电线电缆工程技术研究中心、江苏省超导电缆工程研究中心、江苏省高压电力电缆工程中心、江苏省工业设计中心在内的“一‘室’两‘站’六‘中心’”等创新平台，致力于航空航天、核电、海工、轨道交通、数字通信、新能源和超导等领域用高端装备电缆及系统的研发与工程化服务。

宝胜股份参与起草国家、行业标准 103 项，拥有行业领先的生产装备数百台（套），行业领先的专利技术 435 项，可专业生产 1000 个品种、10 万多个型号、近千万个规格的全系列电线电缆及导体、高分子材料产品，电压等级涵盖低、中、高和超高压，覆盖电线电缆应用的各个领域，专业提供电线电缆及电气工程设计安装、智能装备、光伏电站建设 EPC 项目总承包服务以及电能和智能系统解决方案。

二、重大发展节点

1985 年，宝应县政府为发展地区经济，筹集 1492.61 万元投资款在城北综合工业规划区实施“宝胜电缆厂项目”。同年 5 月 16 日，宝胜电缆厂正式成立，属于县属集体企业性质。

宝胜电缆厂以德国“西格勒”塑料电缆厂设备为基础，搭配部分国外进口新设备、整套新设备及国产新设备建立 10 条产品线，主要生产裸电线和裸导体制品、电力电缆、通信电线电缆、控制电缆等 4 大类线缆制品。

1986 年 4 月 24 日，宝胜电缆厂试产出首个“宝胜”牌产品——钢芯铝绞线；7 月 7 日，试制出第一条绝缘生产线；9 月 30 日，试产出全塑电力电缆；10 月 5 日，试产出全塑控制电缆；10 月中旬，宝胜电缆厂 37 台主要设备全部投入试产；11 月下旬，开始投入批量生产；12 月，宝胜电缆厂生产出“扩初设计”中所规定的 4 大类、近 90 个规格的产品。

1987 年，宝胜电缆厂全面投产，生产电力电缆 723km（162 个规格）、控制电缆 784.8km（87 个规格）、布电线 579km（35 个规格）、铝绞线和钢芯铝绞线 204.3t（13 个规格），实现全年工业生产总值 1302.8 万元，利税 156.38 万元。之后数年，宝胜电缆厂产销量逐年提升，到 1990 年，宝胜电缆厂成功晋升为中型企业。

1991 年 12 月，宝胜电缆厂经宝应县政府批准由县属集体企业性质改为预算外全民企业性质。企业性质变更后，为适应市场经济发展形势，宝胜电缆厂在 1992 年实施综合改革试点工作，转换企业经营机制，实现“破三铁”制度改革，实行以制造电线电缆为主业，实行多种经营，提高宝胜自主经营管理能力，迈出宝胜走向集团化发展的第一步。

1994 年 5 月，宝胜被列为“省 127 家现代企业制度试点单位之一”；同年 9 月 28 日，江苏宝胜集团有限公司揭牌成立。

1995 年，为适应国际化经营发展需求，江苏宝胜集团有限公司对内实施现代化改革，以公有制为投资主体，吸收法人股和职工股，改制为“有限责任公司”，建立现代企业制度，入选“中国 500 家最佳经济效益工业企业电气机械及器材制造业”第 14 位。

1997 年，江苏宝胜集团有限公司打破地域界限，通过企业联合与合作的方法向江苏省外发展，以合资组建上海宝胜电缆电器有限公司、济南宝胜鲁能电缆公司等子公司的方式开拓省外生产基地，将营销模式由“产地销”变为“销地产”，扩大公司在全国市场的份额。

1998 年，江苏宝胜集团有限公司以特种电缆、塑料电缆、交联电缆、通信电缆 4 个分厂全部净资产作为出资额，设立宝胜电气股份有限公司，通过宝胜电气股份有限公司在 B 股发行价值 5 千万美元股票，为公司进一步实施资本运作开拓了渠道。

1999 年，江苏宝胜集团有限公司打破地域限制，由地方企业成为全国性大型企业，企业名称因此变更为宝胜集团有限公司，成功获选“国家 520 家重点企业”。

2000 年 6 月，宝胜集团为实施“A 股上市计划”成立宝胜科技创新股份有限公司。

2002 年，宝胜集团推进“宝胜电缆城”项目。

2004 年 8 月 2 日，宝胜科技创新股份有限公司股票正式在上交所发行上市，证券简称“宝胜股份”，股票代码 600973。

2011 年，宝胜集团推进实施“特种电缆项目”，大力发展建设科技城厂区。

2013 年，宝胜集团陷入发展困顿期，为谋求进一步发展，与中国航空工业集团有限公司达成战略重组协议，借用航空工业平台实现高端化、智能化、绿色化发展，强化宝胜集团在航空航天、核电、海工、轨道交通、数字通信、新能源和超导等领域用高端装备电缆及系统的研发工作。

2022 年 11 月，宝胜集团经中航机载系统有限公司批准由宝胜股份进行托管，宝胜股份成为营运主体。

三、发展建设成果

1987 年 1 月，宝胜电缆厂成功注册“宝胜”商标；5 月，宝胜被列为省重点企业；8 月，成为国家机械工业委员会电缆定点生产单位。

1988 年 4 月，宝胜获得扬州市出口质量许可证，开启宝胜的对外出口工作。

1992 年，宝胜电缆厂实施综合改革试点工作，自主经营能力大幅提高；同年成为里下河地区首家产销过亿的企业。

1995 年，宝胜集团获得江苏名牌产品证书，入选“中国 500 家最佳经济效益工业企业电气机械及器材制造业”第 14 位、“中国江苏最佳经济效益工业企业”第 20 位。

1996 年，宝胜集团成为苏北首家进入省级重点大型企业集团的县级单位。

1997 年，宝胜集团在江苏最大工业企业 200 家中销售收入名列第 55 位，净资产名列第 112 位，利税总额名列第 48 位；在江苏省规模效益企业工业前 200 位排序中名列第 55 位；在江苏省规模效益企业大中型企业前 200 位企业排序中名列第 45 位；在江苏省规模效益企业行业企业前 100 位企业排序中在机械行业名列第 18 位。

1998 年 8 月，江苏宝胜集团有限公司获得科学技术部“火炬优秀企业奖”。

2002 年 1 月，宝胜科技创新股份有限公司获准自营进出口权；3 月，在马德里条约范围内注册宝胜商标；4 月，宝胜集团被国家质量协会评为“全国质量效益型先进企业”；9 月，宝胜集团首次跻身于中国企业 500 强行列，被国家统计局评定为 2001 年度中国最大 500 家企业集团。

2004 年 2 月，“宝胜”及图注册商标被认定为“中国驰名商标”，是全国首批“中国驰名商标”，也是电线电缆行业中第一件“中国驰名商标”。

2008 年 6 月，“宝胜”品牌荣获中国电线电缆行业标志性品牌称号；8 月，北京奥运会开幕，宝胜电缆成功点亮奥运“鸟巢”，整个工程招标采购的 8000 万元电缆以及 5700 万元开幕式用移动电缆全部都是宝胜制造。

2012 年，宝胜取得国家核安全局颁发的核电站电缆设计和制造许可证，打开了进军核电市场的大门。

2013 年 9 月，宝胜首次获得“亚洲品牌 500 强”称号，之后十余年，宝胜品牌价值不断提高。

2014 年 11 月，宝胜股份发展为“江苏省地标型企业”。

2016 年 12 月，宝胜股份推进“高速轨道交通用数字信号及智能网络电缆生产项目”，建设智能网络新生产区，实现“两城四区”产业聚集规模。

四、科技成果

宝胜重视新品研发生产工作，每年通过各类研发、引进项目发展高精尖产品产业链，始终保持走在行业发展前列。

1990 年 10 月，宝胜研发的 KVV（1）、KVV22（2）、KVVP2、KVVP2-22 发电厂变电站用屏蔽型控制电缆获得国家级新产品证书（图 77），经国家能源机电部联合评定，各项技术性能达到国外同类产品水平，可以替代进口产品，其中三种屏蔽控制电缆填补了国内空白。

1991 年 4 月，宝胜电缆厂的“宝胜”牌聚氯乙烯绝缘、聚氯乙烯护套控制电缆产品被选为“一九八九年度江苏省优质产品”；10 月，宝胜电缆厂产品被指定为核电厂专用产品。

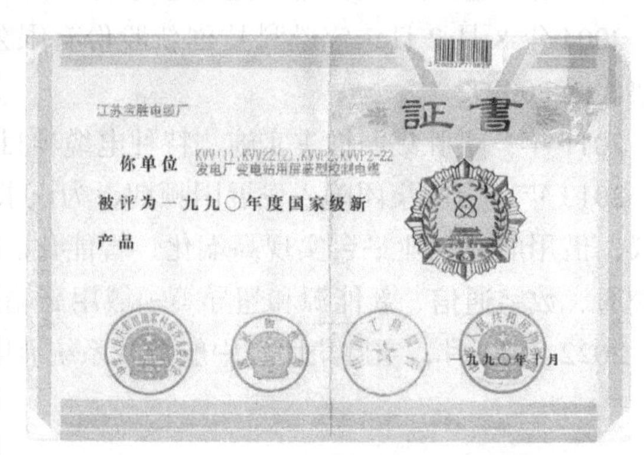
証書

你单位 KVV(1),KVV22(2),KVVP2,KVVP2-22
发电厂变电站用屏蔽型控制电缆
被评为一九九〇年度国家级新
产品

一九九〇年十月

图 77　1990 年获得国家级新产品证书

1992 年，宝胜电缆厂耐火电线电缆的制造和测试技术获得国家机械电子工业部科学技术进步三等奖，进一步促进宝胜阻燃耐火电缆发展。1994 年 6 月，宝胜被铁道部正式列为定点企业。同年 8 月，HYA 型全塑市话用电缆获得“国家级重点新产品证书”，1995 年此产品获批接入公用电话网使用。

1994 年 12 月，宝胜研制的 35kV 交联电缆、无氧铜杆、铁路信号电缆、钢铝绞线架空电缆等 4 个新产品经过认证达到国内一流水平，聚酯漆包线、补修电缆、防海水控制电缆等 3 个新产品达到省内一流水平。

1995 年，宝胜引进德国西门子公司最先进的设备样机，组织科技人员进行技术攻关，开发达到国际先进水平的成套设备，实现光电复合缆机返销德国、日本等国的目标。同年，公司研制的 YJV、YJLV、

YJV22、YJLV22 硅烷交联聚乙烯绝缘电力电缆获得“国家级新产品证书”。年底，完成省级火炬计划“计算机网络用数据传输电缆”研制任务，打破国外产品一统国内市场的局面，填补国内空白，为国家节约了大量外汇。

1996 年，在研发计算机网络用数据传输电缆的基础上完成 100Mbit/s 高速高性能数据传输通信电缆研制工作，实现当年销售 4500 万元。

1995 年 12 月，宝胜通过 ISO9001 质量体系认证，推进宝胜向国际市场迈进。

1996 年，公司从芬兰 Nokia 公司引进的具有国际先进水平的 110kV 交联电力电缆生产线试车成功。

1997 年 9 月，宝胜研发的 A 类阻燃性能隔火层阻燃电缆（额定电压 35kV 及以下塑料绝缘、护套隔火层阻燃电力电缆、交联控制电缆）综合指标达到了国内先进水平，被广泛应用于石油、化工、冶金、机场、地铁、港口、隧道、宾馆及高级楼宇等阻燃要求比较高的重要场合。同年，“宝胜”牌 35KV 及以下塑料绝缘电力电缆通过了省技术监督局组织的专家评审，被授予“江苏省质量监督免检产品”称号。

1999 年，宝胜经国家人事部批准建立博士后科研工作站。

1999 年，宝胜的 220kV 交联电缆 VCV 生产线第一批合格产品下线，宝胜正式涉足超高压电缆行业。

2000 年 12 月，宝胜的火宅感温报警电缆等 4 个新产品达到了国际同类产品的先进水平，辐照交联电力电缆等 6 个新产品达到了国内同类产品的先进水平。

2001 年 5 月，宝胜科技创新股份有限公司生产的 WD2C-HEYFAPT23 地铁干线用通信电缆、额定电压 35KV 以下交联聚乙烯绝缘无卤低烟阻燃电力电缆、无卤低烟阻燃通信电缆被国家经济贸易委员会认定为 2001 年度国家重点新产品。

2001 年 8 月，宝胜科技创新股份有限公司开发的 Internet 信息高速公路骨干网电缆项目作为“2000 年高新技术产业化推进项目”顺利通过国家级专家论证，2002 年 9 月该项目被列入国家级星火计划。

2002 年 9 月，宝胜科技创新股份有限公司研制开发的具有屏蔽和耐化学药品功能的电力电缆、新型电气装备用自控温加热电缆、JTW 火灾感温报警电缆三个项目被列入 2002 年度国家级重点新产品试产计划，通信电缆获得了国家信息产业部进网许可证并通过美国 UL 实验室样品检测。

2003 年 5 月，宝胜电缆城建设正式启动，铜杆项目作为第一个进入宝胜新工业园区的项目正式竣工投产；12 月，“宝胜”牌电线电缆成为国内首批获得“国家免检产品”称号的线缆品牌之一。

2005 年，宝胜的铁路内屏蔽数字信号电缆系列产品顺利通过中铁铁路产品认证中心的 CRCC 认证，并获得了铁道部产品认证证书。

2009 年 12 月，宝胜研发的应答器数据传输电缆、抗水树型电缆、额定电压 6kV 到 30kV 光复电缆、静电除尘器用高压直流电缆等 13 项产品通过投产鉴定，其中应答器数据传输电缆等 7 项新产品填补了国内空白。

2011 年 4 月，宝胜股份与中核集团三门核电项目签约，宝胜成为第一个将产品运用于世界首座最先进的第三代核电机组 AP1000 核电机组的电缆企业。

2014 年 11 月，由宝胜科技创新股份有限公司自主研发的“35kV 及以下光纤复合电缆”获得 2014 年度科技部火炬计划产业化示范项目立项支持。

2015 年 10 月，宝胜一期 10MW 屋顶分布式光伏项目成功并网发电，是航空工业下首个单体达到 10MW 的项目，标志着宝胜光伏项目取得阶段性突破。

2019 年 3 月，宝胜股份研发的航空航天线缆系列 6 项新产品通过鉴定，其中 5 项新产品达到国内先进水平，1 项新产品达到国内领先水平。

2020 年，宝胜海缆攻克海缆连续大长度生产的行业难题，实现首根大长度 220kV 光电复合海缆交付。

2022 年，宝胜股份与沈阳沈飞线束科技有限公司达成合作，为 AG600 水陆两栖飞机鲲龙与 C919 大型客机提供电缆技术支持。

第 11 节　无锡江南电缆有限公司

一、企业概况

无锡江南电缆有限公司是集电线电缆生产、销售、研发于一体的国家重点高新技术企业，是全国用户满意标杆企业、中国制造业 500 强、中国民营企业 500 强、中国民营企业制造业 500 强。公司占地面积超过 65 万 m^2，建筑面积 40 万 m^2，总资产逾 100 亿元。员工 2300 余人，其中大专以上中高级技术、管理人员占职工总数的 30% 以上。“五彩”品牌被评为“中国驰名商标”“江苏省重点培育和发展的国际知名品牌”等。

公司是电线电缆行业国际贸易的领先者，国内最大的电线电缆自营出口企业，电力电缆自营出口额稳居行业第一，是我国出口质量安全示范企业、海关 AEO 高级认证企业。公司主要生产 500kV 及以下电力电缆、电气装备电缆、1100kV 及以下裸电线等三大类产品，共 100 多个品种、4 万多个规格。公司具有雄厚的科研实力，建有国家级博士后科研工作站、江苏省企业院士工作站、江苏省企业技术中心、江苏省特种电缆与应用工程技术研究中心和 CNAS 评定的实验室。公司目前拥有有效专利 218 项，其中发明专利 19 项，承担省、市级科技项目 30 余项，参与制定 80 余项国家及行业标准。

二、发展历程

1985 年，成立江南电缆厂，生产普通布电线。

1997 年，进行股份制改造，成立无锡市江南线缆有限公司。

2004 年，公司资产重组，正式成立无锡江南电缆有限公司。

2010 年，公司 750kV 超高压电缆生产线顺利投产。

2012 年，母公司江南集团在香港主板市场成功上市。

2023 年，公司完成私有化，积极推进国内上市。

2024 年，实现高质量发展，成为高端电缆绿色产品供应商、智能电网绿色方案解决商、电力工程集成服务提供商。

三、海外建厂

为了紧跟国家“一带一路”步伐，公司于 2006 年在南非约翰内斯堡设立海外分厂——南非亚洲电缆有限公司（SA ASIA CABLE LTD.)，是首家在国外建厂的电缆企业。2016 年 1 月，公司依托南非分公司正式建立公共海外仓，总面积 27957m^2，配备完善的设备设施和管理人才，成为集仓储物流、通关培训、售后服务、营销展示为一体的公共海外仓；2019 年，该仓获评江苏省公共海外仓，为其他企业积极开拓国际市场起到了带动和保障作用。

第 12 节　远东电缆有限公司

一、企业概况

远东电缆有限公司（简称远东）前身创建于 1985 年，地处长三角经济圈中心的千年陶都宜兴市，目前是我国线缆制造领军企业、全球线缆行业最具竞争力十强，员工 3789 人；是远东智慧能源股份有限公司

（股票代码 600869）的全资子公司。

1990 年，创始人蒋锡培带领公司紧跟国家战略，深耕国内核心区，全面落实“1+10”产业基地布局，拥抱海外市场，产品销往 160 多个国家和地区。

公司连续多年作为我国线缆行业的科技强企，制定国际标准 9 项、国家标准 42 项，拥有国家专利 600 余件，其中发明专利 140 件；承担国家火炬计划、863 计划等项目 13 项；公司产品应用于白鹤滩水电站、天宫二号、核电“华龙一号”、特高压、港珠澳大桥、大兴机场等国家重大工程；荣获国家科技进步二等奖、中国专利优秀奖；风力发电用电缆和高导电率铝绞线荣获国家工信部制造业单项冠军。

公司获得全国质量奖、全国质量标杆企业、国家知识产权示范企业、国家级绿色工厂、国家绿色供应链示范企业、国家绿色设计示范企业、中国先进技术转化应用大赛银奖、江苏省省长质量奖、江苏省智能制造示范工厂等荣誉。创始人蒋锡培董事长荣获“全国劳动模范”、“中华人民共和国成立 70 周年纪念章”和“中国企业改革发展贡献奖”等殊荣。

二、发展历程

1985 年，在我国改革开放进入全面展开的重要时期，蒋锡培用 20 多万元家底创办了远东控股集团的前身——宜兴市范道仪器仪表厂，这是在改革开放浪潮下催生的苏南模式的典型代表。可是天不遂人愿，几年下来，蒋锡培第一次创业以负债将近 20 万元而告终。但是，不屈不挠的蒋锡培却始终没有放弃创业梦。随后，机缘巧合之下，蒋锡培进入线缆行业。1990 年，在当地政府的支持下，自筹资金 180 万元，征地 3 亩，带领 28 名亲朋好友，在宜兴市范道乡创办了范道电工塑料厂。同年 5 月，远东第一根电线产品下线。之后，蒋锡培带领创始人团队向内抓生产管理，向外抓市场拓展，成立当年就实现营收 400 多万元。

1991 年，远东营收达到 1800 多万元，并在北京、青岛、天津、苏州、芜湖、淮北等地开设了近 20 家经营部。

1992 年，远东营业收入突破 5000 万元。同年，远东大胆突破，勇于尝试，改制为乡办企业，企业发展取得了良好的资金支持，也争取到了税收等方面的优惠政策，解决了深层次的人才引进问题。到 1994 年底，企业营收已经超过 1.5 亿元，总资产达到 5000 万元，两年间增长了 10 倍。同年，远东被农业部评为全国千家最佳经济效益乡镇企业、中国千家最大经营规模乡镇企业。

1995 年，在新的历史形势下，远东实现第二次改制，从乡办集体企业改制为股份制企业，广大员工成为公司的股东。这帮助远东克服了“苏南模式”下的乡镇企业产权不明晰等诸多问题，实现了资本的有效运营。再次改制后的远东全面发力，1995 年、1996 年生产效率爆发式增长，利润同比增长分别达到 182.8%、126.5%。

1997 年，远东与华能集团、华电集团、中国电网、江苏电力等四大国企签约，成立了我国第一家混合所有制企业——江苏新远东电缆有限公司。这一突破性壮举打破了同质化带来的发展瓶颈，让远东率先进入电网建设领域，再次抢占了发展先机。

2002 年，在电力行业主辅分离改革的背景下，远东再次大胆改革，回购股份，再度民营化。

2010 年，远东控股收购上市公司三普药业，以定向增发的形式，向集团定向发行股份，收购旗下全资子公司远东电缆有限公司、江苏新远东电缆有限公司、远东复合技术有限公司 100% 优质资产，并成立远东电缆股份有限公司，实现了电线电缆产业整体上市，迈向全新的发展平台。2012 年，远东收购了全球特缆、核缆龙头企业——安徽电缆股份有限公司，紧抓国家大力发展清洁能源的契机，快速切入核电市场。

2014 年 8 月，为进一步明确公司战略定位，远东电缆股份有限公司更名为远东智慧能源股份有限公司（简称“智慧能源”股票代码 600869），经营范围拓展到智慧能源技术、产品与服务及其互联网、物联网应用的研发、制造与销售，智慧能源项目规划设计、投资建设及能效管理与服务，能源工程总承包及进出口贸易，仓储物流。历经近 30 年跌宕起伏后，远东正由电线电缆制造销售企业升级为全球领先的智慧能源、智慧城市服务商。

2021 年 1 月，为更好聚焦主业，创新创优，以极致的产品和服务更好成就客户，持续提升公司品牌和全球竞争力，增强证券简称辨识度，远东智慧能源股份有限公司将证券简称由“智慧能源”变更为“远东股份”。

2021 年 5 月，远东电缆（宜宾）有限公司成立，地址位于四川省宜宾市南溪区宜远路 8 号，拟投建电线电缆生产车间 7 个，建成后达到年产绝缘电线 210 万 km，其他各类智能电缆 21.5 万 km，达产后公司可实现年销售收入 362 亿元。

2022 年初，远东于江苏如东投资 30 亿元建设海工海缆产业基地项目，其中光电复合海底电缆及特种海底电缆 2000km，海底光缆 6000km，提供各类电缆附件及工程服务，形成产业合围优势。

三、产品介绍

公司主要致力于架空导线、电力电缆、电气装备用电线电缆、特种电缆等 4 大类线缆产品的系统研发、设计、制造、营销与服务，产品广泛应用于智能电网、智慧交通、清洁能源、绿色建筑等领域。公司拥有总资产 64.37 亿元，净资产 15.60 亿元，员工 3796 名；拥有 4 个厂区、占地 69 万 m^2，厂房面积 25 万 m^2，拥有国内外先进生产设备和检测设备 1600 多台（套），已实现交联聚乙烯绝缘电力电缆最高电压等级达 500kV、架空导线最高电压等级达 1100kV，产销连续多年位居行业前茅，服务客户涵盖国内外知名企业，同诸多世界 500 强企业建立了战略服务合作关系。

四、对电缆行业的贡献

远东在行业内首创“质监监造”和“招投标监察提示函”，主动承担质量责任，强化公司内部质量监督。早在 2012 年，远东与原宜兴质量技术监督局正式签署了“坚守质量社会责任自觉接受质量监督协议”，将被动接受监督转变为主动要求监督，从生产设备到原材料采购到材料定额，到生产工艺，到半成品、成品，再到产品入库、出库全过程开放，从源头上系统地保证产品质量安全，开创了电缆企业先河。面对电线电缆行业假冒伪劣、粗制滥造、偷工减料、以次充好现象屡禁不止，远东以高度的社会责任意识，坚持与假冒伪劣产品作斗争，坚持以“质量之剑”披荆斩棘，首创“招投标监察提示函”，净化外部行业环境。多年来，远东每次招投标，主动发放监察提示函，提示用户对产品质量进行监督。

远东于 2006 年率先引入 CTC 公司的碳纤维复合导线，并在此基础上进行研发，还牵头制定了国家标准。2009 年，公司通过技术攻关，自主研发出碳纤维复合芯导线，开启了碳纤维复合芯导线完全国产化时代。在量产过程中，发现碳纤维复合芯存在性能不稳定、材料损耗量大，成本高等问题，针对以上问题首先采用 QFD 对客户关心的质量特性转化为设计要求、工艺要求、生产要求，开发满足用户需求的产品。其次，在生产过程中将工序中不可控的内容通过六西格玛改进转化成可控的，实现过程的可控性，最终目标是实现提升产品性能水平及提升产品质量的一致性。最终，远东打破美国 CTC 国外技术垄断，攻克碳纤维复合芯拉挤成型技术和楔形线夹连接技术，超越国外技术，达到国际领先。

在风电领域，远东自 2002 年以来就在风电领域持续深耕，已成为我国最大的风电电缆供应商之一。远东致力于风电电缆前沿技术研究，促进风电技术的不断革新，推动风电国产化进程，其研发的 110kV 高压扭转电缆代表了国际风电扭转电缆的最高技术水平，是实现海上 15MW 以上风电机组国产化的重要里程碑，为海上风电平价时代的到来提供强有力的保障，并于 2021 年获国家单项冠军产品称号，为我国风力发电做出重要贡献，为清洁能源输电保驾护航。

在海洋工程领域，远东通过自主研发，打破国际技术壁垒，实现国产替代进口。

超高层建筑吊装电缆技术掌握在日企的手中，国内电缆行业在吊装电缆领域存在技术空白。2020 年，远东为白鹤滩水电站工程设计的垂吊敷设电缆已顺利完成敷设安装并通电试运行，这是远东垂吊敷设电缆在水力发电新能源领域的第二次实践，更是垂吊敷设电缆吊装敷设技术的又一次新突破。

液冷大功率充电采用全循环液冷散热技术，可以解决目前电动汽车充电速度慢等问题，是未来充电技术的发展方向。远东根据液冷充电桩系统及其配套整体难点，主要集中在与其相配套的抗大冲击电流电缆的研发上，采用更小的截面积、更轻的电缆来实现更大的传输电流、更高的效率，最终实现对电动汽车的快速充电。远东最终替代灏讯开发，打破国外技术垄断，实现3~5min续航100km，解决新能源汽车的充电难题，推动了新能源汽车的发展。

第13节　广州南洋电缆集团有限公司

一、企业概况

广州南洋电缆集团有限公司位于广东省广州经济技术开发，实缴注册资本7.89亿元，净资产14亿多元，总资产20亿多元，近3年含税销售额超200亿元，三年共计纳税2亿多元。NAN南牌电缆创于1985年，至今已有30多年历史，是国家工商总局认定的中国驰名商标和国家质检总局评定的中国名牌产品，公司各类电线电缆均被评为广东省高新技术产品和广东省名牌产品，荣获第七届广东省政府质量奖提名奖，是国家级绿色工厂，生产基地总面积25万m^2，年生产能力100亿元。公司是高新技术企业，连续多年荣获广东省线缆产业最具竞争力企业20强第一名、中国线缆产业最具竞争力企业20强，是广东省制造业企业100强，是华南地区专业研发制造500kV、220kV、110kV、35kV及以下交联电力电缆、低压电线电缆以及预分支电缆、辐照电缆、矿物绝缘电缆、电动汽车充电电缆、70年使用寿命环保电线等各类电缆的龙头企业。

公司产品广泛用于南方电网和国家电网城乡电网改造电力工程和输配电系统项目，并在大唐、国华、华能等发电系统得到广泛应用。部分重点工程，如北京电视中心、北京奥运鸟巢体育馆、广州亚运场馆、广州新电视塔、广州白云机场、广州国际会展中心、广州地铁、长沙地铁、佛山地铁、深圳机场、南京地铁、郑西高铁等项目均采用公司产品。

广州南洋电缆集团有限公司一直以创新求发展，以优质创品牌为经营理念，组建了完善的产品研究开发体系，拥有机械、自动化、电线电缆等专业高级技术人才队伍，技术力量雄厚，致力于产品的设计、研发，用专业的知识和强大的研发实力为产品的优秀品质奠定了坚实的基础；拥有省级企业技术中心、广东省工业设计中心和广东省超高压电缆工程技术研究中心，是广东省高新技术企业。2017年1月，广州南洋电缆集团有限公司检测中心获得CNAS认可证书。到目前为止，广州南洋电缆集团有限公司拥有133项电线电缆相关专利以及32种高新技术产品，并参与多项国家标准及行业标准制定。

二、发展历程

1985年8月，创始人郑钟南先生在广东汕头经济特区创立广东南洋电缆厂（后变更名称为广东南洋电缆厂有限公司），使用NAN南牌商标。

2001年12月，创始人在广州经济技术开发区成立广东南洋电缆有限公司，统一使用NAN南牌商标。

2004年9月，NAN南牌电缆被国家质量监督检验检疫总局评为中国名牌产品。

2005年10月，广东南洋电缆有限公司名称变更为广州南洋电缆有限公司。

2008年3月，NAN南牌商标被国家工商总局认定为中国驰名商标。

2013年11月，吸收合并广东南洋超高压电缆有限公司（广东南洋超高压电缆有限公司成立于2008年3月，注册资本4.8亿元，110kV交联电缆在2010年01月通过中国电力企业联合会产品技术鉴定，220kV交联电缆2010年12月通过中国电力企业联合会产品技术鉴定），合并后广州南洋电缆有限公司注册资本（实收资本）7.8亿多元。

2016年6月，500kV交联电缆通过中国电力企业联合会产品鉴定。

2018 年，荣获“2018 年广东制造业 100 强”；荣获“2018 年中国线缆行业最具竞争力企业 20 强”，广东排名第一；荣获“2018 年度广东省线缆行业最具竞争力企业 20 强”，排名第一。

2019 年，荣获“2019 年中国机械 500 强”和“2019 年广东省制造业企业 500 强”。

2020 年 9 月，广州南洋电缆有限公司名称变更为广州南洋电缆集团有限公司。

2020 年，公司年度含税销售额达到 56 亿元。

2021 年，公司“NAN 南牌”商标被纳入广东省重点商标保护名录；荣获“2021 年广东省制造业企业 500 强第 100 位”。

2022 年 8 月，荣获“第七届广东省政府质量奖提名奖”。

2023 年，荣获国家级“绿色工厂”；荣获“2023 中国线缆产业最具竞争力企业 20 强”，连续六年广东排名第一；荣获“2023 年广东线缆产业最具竞争力企业 20 强”，连续六年排名第一；荣列“2022 年广东省制造业企业 500 强第 89 位”；公司年度含税销售额达到 80 亿元。

第 14 节　河南通达电缆股份有限公司

一、企业概况

河南通达电缆股份有限公司成立于 1987 年，2011 年在深交所上市，股票代码 002560，是洛阳市首家民营上市公司。公司专注于电线电缆、航空器零部件以及铝基新材料三大领域的深度研发与全面销售。

公司专注于电线电缆研发制造，布局绿色、智能、高效电能传输，航空结构零部件精密加工制造与柔性装配，铝基复合新材料生产制造产业；是国家高新技术企业、国家级专精特新“小巨人”企业、国家级绿色工厂、国家级绿色供应链管理企业、国家知识产权优势企业、国家知识产权示范企业、中国机械行业 500 强企业、中国驰名商标、中国线缆行业 100 强企业。

二、产品介绍

公司主要产品有钢芯铝绞线、钢芯软铝绞线、高强度铝合金系列导线、耐热铝合金导线、铝包钢绞线、铝包钢芯铝绞线、碳纤维复合芯导线扩径导线等特种导线（最大生产规格达到 2000mm^2），电气化铁路用铜及铜合金接触网导线和承力索，架空绝缘电缆、控制电缆、布电线、中低压电力电缆，8000 系列铝合金电缆等产品。除按国标生产外，还可按国际电工委员会 IEC、英国 BS、美国 ASTM、德国 DIN、欧盟 EN 等标准生产相应产品。

三、发展历程

1987 年，成立偃师通达电料厂，研发生产裸导线产品。

1994 年，偃师通达电料厂更名为洛阳通达电缆厂。

2002 年，洛阳通达电缆厂更名为河南通达电缆股份有限公司；成功研发三峡输电工程用 500kV ACSR-720/50 超高压导线，通过国家机械联合会和国家电力公司的技术鉴定，中标三峡工程，入围国家电网供应商。

2009 年，成功研发特高压导线 JL/G3A-900/40-72/7 和 JL/G3A-1000/45-72/7，通过中电联的技术鉴定，产品达到国际水平；中标我国首条“晋东南—南阳—荆门”特高压输电线路用钢芯铝绞线产品，大截面裸导线产品正式进入国家干线电网，成为国家电网特高压大截面裸导线产品主要供应商；成功研发生产铝包钢系列产品。

2010 年，铝包钢系列产品取得 CRCC 认证，获准进入铁路市场。

2011 年，在深交所成功上市，成为河南省第一家电缆主板上市公司；研发上引连铸 - 连续挤压工艺生产的电气化铁路用铜银合金系列接触线和铜镁合金系列绞线，通过河南省科技厅组织的技术鉴定，产品达到国内先进水平。

2012 年，成立河南省超高压导线工程技术研究中心；研制的 JL/LHA1-465/210-42/19 铝合金芯铝绞线、JLHA1/EST-640/290-42/37 特高强钢芯高强度铝合金绞线、JLHA3-675-6/1 中强度铝合金绞线等新产品获得中电联组织的技术鉴定。

2014 年，上引连铸 - 连挤冷轧工艺生产的电气化铁路用高强度铜锡合金系列接触线和高强度铜镁合金系列接触线，通过河南省科技厅组织的技术鉴定，产品达到国内先进水平；大截面特高压导线 JL1/G3A-1250/70-76/7、JL1/G2A-1250/100-84/19、JL1X1/G3A-1250/70-431、JL1X1/LHA1-800/550-452 等系列产品陆续研制成功，通过中电联组织的技术鉴定，并批量广泛应用于国家特高压输电线路。

2016 年，公司成功收购成都航飞航空机械设备制造有限公司，为实现公司军民融合战略迈出了坚实的一步。

2017 年，获评“博士后创新实践基地”。

2018 年，中标秘鲁帕拉卡斯港口码头电网工程项目，标志着公司中压电力电缆产品正式走向世界。

2019 年，城市轨道交通用 B1 级直流 1500 V 牵引电缆研发成功，通过省工信厅组织的技术鉴定。

2020 年，中标洛阳地铁 2 号线一期工程供电系统，电缆产品进入城市轨道交通市场；成功研发生产外贸型中压架空绝缘电缆，并进入哥伦比亚电网市场。

2021 年，获评国家级专精特深“小巨人”企业；成功控股河南通达新材料有限公司的 60% 股权，实现电线电缆、航空器零部件以及铝基新材料三大领域多元化经营。

2022 年，获评“国家级绿色工厂”称号；三防低烟无卤阻燃 B1 级中压电力电缆研发成功，并中标武汉光谷城市轻轨工程项目。

2023 年，新能源汽车用直流、交流充电桩电缆，风力发电机组雷电防护系统用中低压电缆等新产品研制成功。

四、对行业的贡献、成就及取得的荣誉等

作为河南省电线电缆行业的领军企业，多年来公司专注于线缆领域技术研发，至今已取得 120 多项专利，其中发明专利 12 项。公司还参与起草《圆线同心绞架空导线》《架空绞线用硬铝线》《裸电线试验方法》《电力牵引用接触线》《架空导线蠕变试验方法》5 个国家标准，参与起草《架空导线用中强度铝合金圆线》《钢芯耐热铝合金架空导线》2 个行业标准，参与起草《环保电线电缆》《额定电压 20kV 及以下钢芯加强铝芯架空绝缘电缆》等 10 个团体标准，获准设立“河南省超高压导线工程技术研究中心”“河南省企业技术中心”“河南省博士后创新实践基地”“轨道交通用电缆洛阳市中试基地”，研发的多项新产品通过了中国电力企业联合会组织的专家鉴定，为公司发展积累了丰富的技术储备。

第 15 节　浙江万马股份有限公司

一、企业概况

浙江万马股份有限公司创始于 1989 年，是国家重点发展的高新技术企业，业务涵盖新智造、新材料、新能源三大事业，从硬件设施到技术实力，在电线电缆、高分子材料、充电桩新能源等领域均处于国内领先水平。公司于 2009 年在深交所挂牌上市（股票代码 002276）。2020 年 11 月，青岛海控正式入资万马股份。公司占地 80 万 m^2，拥有员工 5500 余人，总资产超过 137 亿元，2023 年销售收入 151 亿元。

二、产品介绍

公司主要产品有超高压电力电缆，高、中、低压电力电缆，防火电缆，预分支电缆，控制电缆，计算机电缆，民用电线电缆，通用橡套电缆，专用电缆（轨交、矿用、光伏、风能）等全系列线缆产品共 180 多个品种，产品规格达到 50000 余个，其中交联聚乙烯绝缘电缆最高电压等级可达 500kV。

1993 年，第一根电缆生产成功。

1994 年，第一根 35kV 交联电缆试制成功。

1995 年，第一根控制电缆研制成功并批量投产。

1997 年，第一根硅烷交联电缆研制成功。

1998 年，低烟低卤 A 级阻燃电力电缆新产品研制成功。

2000 年，第一根计算机电缆研制成功并批量投产；研发出民用电线全系列产品，开启了家装线缆征程。

2002 年，城市轨道交通（含地铁、轻轨）电缆研制成功；预制分支电缆研制成功。

2005 年，第一根 110kV 电缆研制成功并投入运行。

2007 年，“110kV 超高压交联聚乙烯绝缘阻水电力电缆产业化”项目投产，开启批量生产超高压电缆的征程；110kV 电缆中标广州地铁 5 号线，轨道交通大批量起步。

2008 年，第一根 220kV 电缆研制成功并投入运行。

2009 年，额定电压 35kV 及以下静电喷涂全阻水电缆研制成功；第一根 275kV 高压电缆出口。

2011 年，智能型高压、超高压交联电缆研制成功。

2012 年，0.6/1kV 及以下风力发电用耐扭曲软电缆研制成功。

2013 年，第一根柔性防火电缆通过省级新产品鉴定；机场助航灯光回路用埋地电缆通过省级新产品鉴定。

2014 年，10kV 及以下超级耐火交联电缆研制成功。

2017 年，防火全系列 4 大类产品全部研发投产。

2018 年，直流 1500V 阻水电缆研发成功，批量供应轨道交通；110kV 和 220kV 高压电缆取得 KEMA 认证，500kV 超高压电缆通过预鉴定试验。

2019 年，公司的中压、低压、控缆、布电线全系产品取得 B1 级阻燃证书；智能型防盗接地线研制成功。

2020 年，风能控制电缆线束成套发货。

三、发展历程

1989 年，张德生同志在临安县临天乡横坛村创建杭州临安特种电子电缆厂，生产电视电缆等产品。

1993 年，浙江万马电缆厂成立，这是公司发展史上首个使用“万马”字号的企业。

1994 年，浙江万马高分子材料厂成立。

1996 年，“万马大厦”在临安锦城镇落成；同年 8 月，经杭州市人民政府批复同意，公司总部迁址杭州。

2000 年，获准注册了 41 项“万马”商标，“万马神”牌电力电缆当年被评为浙江省名牌产品 100 强。

2003 年，控股天屹集团有限公司。

2005 年，搬迁至青山湖科技城，建成亚洲最高立塔，进入超高压领域。

2007 年，成立浙江万马电缆股份有限公司。

2009 年，万马电缆股份（股票代码 002276）在深交所中小企业板成功上市。

2010 年，拓展新能源业务，也是国内较早专业从事电动汽车充电设备研发制造、充电站整体解决方案、充电设施建设运营服务的企业。

2012年，110kV高压绝缘料上市，实现超高压绝缘料的国产替代。

2014年，浙江爱充网络科技有限公司、浙江万马专用线缆科技有限公司成立。

2015年，110kV、220kV超高压绝缘料通过国家级鉴定。

2017年，万马高分子实验中心顺利通过CNAS认证；万马聚力及四川万马成立。

2019年，清远万马新材料有限公司奠基。

2020年，青岛海控入资万马股份；万马股份进档第二批杭州市"鲲鹏"企业；万马股份创新园正式启用；湖州万马高分子项目投建。

2021年，获批国家企业技术中心；营收首次突破百亿。

2023年，万马股份连续6年荣膺"中国线缆产业最具竞争力企业10强"；青岛万马高端装备产业项目（一期）正式开工；公司被评为"浙江省制造业百强企业"。

四、对电缆行业的贡献

公司致力于高压、超高压电缆国产化，目前已实现超高压电缆进口替代、突破卡脖子技术、填补国内行业空白，引领行业发展。

成功开发的"220kV高压电缆绝缘料"填补国内空白，并通过国家级新产品鉴定；"高性能防盐雾通信同轴电缆""同向式耐转动新能源电缆""低烟无卤型煤矿用橡套软电缆"等产品项目通过省级鉴定，达到国内领先水平。公司与科研院所合力开发的超光滑屏蔽料、±320kV/±400kV高压直流电缆料等产品，取得了突破性进展。

2007年，"110kV超高压交联聚乙烯绝缘阻水电力电缆产业化"项目被列入国家火炬计划项目。采用自主知识产权的"静电涂覆技术"完成全阻水导体结构设计并实现量产，解决了产品阻水粉填充不均匀、阻水效果不理想的问题。

2012年，研发的"智能型高压、超高压交联电缆"获杭州市科技进步三等奖；在高压电缆内放置测温光纤，随时检测电缆运行温度，可大大降低电缆运维成本，并能够提前预警；与南方电网合作智能电网项目，成为合作示范工程，为国家智能电网建设贡献力量。

2016年，研发的"超级新型防火电缆"通过杭州市重大科技项目验收；研制开发的铜护套超级防火电缆满足喷淋、振动防火试验，并积极推向市场，为防火电缆的推广及产业化应用贡献力量。

2017年，"超级新型防火电缆"获浙江省优秀工业产品奖。

2018年，"智能防盗接地电缆"获浙江省优秀工业产品奖。为了解决客户因接地电缆被盗造成的电网系统故障，特开发了智能防盗接地电缆，该电缆配有光纤及信号接收系统，当有偷盗行为发生时，可及时报警，并能显示所在位置，能够及时发现问题，避免更大损失产生。

2019年，主导编写了《接地电缆》团体标准，这是首个关于接地电缆的独立标准。在此标准之前接地电缆并没有专门的标准对产品进行标准化的要求，本标准首次对接地电缆进行了详细的说明及要求，为电缆行业该系列产品的生产制造、选型、使用等提供了参考依据。同年开始开发B1级阻燃电缆，累计销售5亿元，并获得了中压、低压、控缆、布电线全系产品的B1级燃烧试验证书，可满足人口密集场所的环保、高阻燃性能要求。

第16节 亨通集团有限公司

一、企业概况

亨通集团有限公司成立于1991年，位于苏州市吴江区，是我国光纤光网、能源互联网、大数据物联网、新能源新材料等领域的国家创新型企业、高科技国际化产业集团，拥有控股公司70余家，其中5家公司在境内外上市，产业遍布全国16个省份，并在欧洲、南美洲、非洲、亚洲等地区创建12个海外产业基地，40多家营销技术服务公司，业务覆盖150多个国家和地区，全球光纤网络市场占有超15%，跻身全球光纤通信前三强、海洋通信前三强、中国企业500强、中国民企百强，入选2023年全球线缆产业最具竞争力企业10强（第三名）、2023年全球海缆最具竞争力企业10强（第三名）、2023年中国线缆产业最具竞争力企业10强（九连冠）。

“打造世界知名品牌，成就国际优秀企业”。亨通把握世界科技革命产业变革新趋势，坚持产业报国、科技引领、创新驱动战略，依托国家企业技术中心、国家工业设计中心、国家级博士后科研工作站等省部级创新载体，不断打破国外垄断，填补数十项国内空白，实现光纤通信、海洋通信与海洋能源关键技术及产业链供应链自主可控，持续向通信能源全球价值链高端攀升，跻身全球领先的光通信与能源系统解决方案服务商。自主投资建设运营的跨亚、非、欧三大洲的海底通信网络系统为沿途20多个国家30多亿人提供高速率大容量信息互联互通，为助推宽带中国、网络强国、海洋强国战略实施贡献民企力量，为“一带一路”互联互通及全球海洋通信光网及能源互联网的建设贡献中国智慧，为中国制造赢得声誉。

亨通聚焦数字化、智能化、工业互联网助力制造业升级转型，构建个性化定制、柔性化制造、可视化监造、网络化协作的先进智能制造模式，打造具有全球竞争力的“三化企业”（工厂智能化、制造精益化、管理信息化），荣获光通信行业唯一的中国质量奖及全球“灯塔工厂”，先后承担“中国制造2025”三大工程（国家工业强基、智能制造、绿色制造），两次荣获国家科技进步二等奖，入选国家技术创新示范企业、国家知识产权示范企业、中国工业大奖、国家制造业单项冠军、国家工业互联网双跨平台、国家智能制造示范工厂、国家两化深度融合示范企业等殊荣，被列入《求是》杂志、央视《大国重器》、中宣部改革开放40周年纪录片《我们一起走过》和丛书《改革开放与中国企业发展》及核心价值观微电影《光网络筑梦人》等向全国推广。

亨通集团先后在江苏、上海、浙江、安徽、辽宁、黑龙江、内蒙古、北京、天津、山东、陕西、四川、广东、福建等全国16个省市创建国内产业基地，亨通集团先后在埃及、巴西、南非、印尼、葡萄牙、西班牙、印度、德国、墨西哥等地创建12个海外产业基地。

二、产品介绍

（1）光纤通信 建立光棒 - 光纤 - 光缆 - 光网络全价值光通信产业链，拥有全球领先及自主知识产权的绿色光棒、超低损耗光纤、海洋光纤、多模光纤、激光光纤、多芯光纤、400Gbit/s/800Gbit/s光模块等产品，可提供全光网、光模块及光互联、工业互联网、无线通信、海洋通信与海洋观测、水生态感知等系统解决方案，形成“设计 + 平台 + 服务”的服务模式，成为全球领先的通信网络、海洋光网互联互通系统解决方案服务商，跻身全球光纤通信行业前三强、海洋通信前三强。

（2）能源互联 拥有从铜铝合金材料、高分子材料等高端精密材料，到中低压、高压、超高压、特高压和海洋能源互联等的电力传输全产业链，具备目前国际国内最高电压等级的1000kV AC和 ±1100kV DC的电缆系统电气型式试验的超级试验验证能力。已覆盖风电和光伏环境使用中的全系列电缆产品，可提供全面的风力发电用输电、风力发电用线束、光伏电力传输及新能源铝合金电缆等系统解决方案，形成了从海底电缆研发制造与敷设、风机基础施工、风机安装到风场运维的海上风电场运营完整产业链，为智能电网、风光储充、海上风光工程、海洋油气等领域提供“产品 + 方案 + 工程 + 服务”的系统解决方案，成为全球领先的电力能源互联系统解决方案服务商，跻身全球超高压海缆前三强。

（3）通信电缆 面向通信、轨道交通和工业特种领域，提供数据电缆、工业特种线缆、轨道交通用线缆、市内通信电缆等产品，成功突破工业缆产品关键核心技术，在工业机器人领域实现了缆 - 组件全系列产品的交付，致力于为各大运营商、铁塔、广电系统、企业级客户等提供行业领先的连接解决方案。

（4）汽车线缆 公司致力于成为全球新能源智能连接系统解决方案服务商，已形成充电连接“枪-桩-缆”、充电服务、充换电场站建设运营等新能源汽车产业链，成功自主研发液冷充电技术，可提供汽车导线、耐热耐高温电线、屏蔽电缆、新能源车高压电缆、铝基金属导体电缆、新能源车用高低压线束组件及充电产品。

三、发展历程

1991年6月，成立江苏省通信电缆厂吴江分厂；同年10月，生产出第一根通信电缆。

1999年5月，亨通集团有限公司召开首届董事会。

2003年8月，亨通光电成功上市（SH600487）。

2004年11月，“亨通光电”被评为“中国驰名商标”。

2010年12月，亨鑫科技先后在新加坡和我国香港两地上市（HK1085）。

2015年11月，亨通光电并购印尼上市公司PT Voksel Electric Tbk（股票代码：VOKS）。

2022年4月，亨通集团并购上市公司亨通股份（原“瀚叶股份”）（SH600226）。

2023年8月，亨通集团旗下子公司天津盟固利成功登陆创业板（SZ301487）。

四、对电缆行业的贡献

1999年6月，开发出国内第一支“半干式缆芯光缆”，通信光缆首次通过国家信息产业部鉴定。

2010年8月，自主开发的光纤预制棒通过专家鉴定。

2011年11月，我国最高电压等级、最大截面光电复合海底电缆（220kV 1×1000mm²）在亨通高压正式下线。

2013年5月，500kV巴西亚马孙河智能电网大跨越工程创下“大截面、大跨度”两个全球第一。

2014年12月，大尺寸光棒正式进入大批量生产（图78），创下三项世界第一。

2016年6月，超低损耗光纤中标国家工业强基工程项目。

2017年5月，国内首家5000m海底光缆测试成功，实际应用水深超8000m。

2017年6月，亨通发布世界最长单根无接头220kV 1×1600mm² 海缆。

2017年8月，自主研发新一代绿色光纤材料，建成全球单体规模最大的绿色光棒研发产业基地，由邬贺铨、赵梓森院士等组成的鉴定委员会认为，“有机硅环保型大尺寸光纤预制棒关键技术与产业化项目成果国内首创，国际领先”。

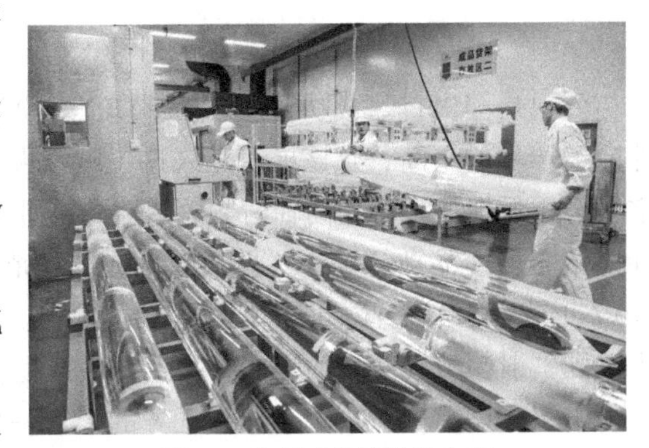

图78 大尺寸光棒批量生产

2018年3月，世界首创超高压500kV 1×1800mm² 单根无接头最长海缆。

2018年10月，承建全球领先、世界首条国家电网昌吉—古泉 ±1100kV特高压直流输电工程。

2019年4月，国际电信联盟在瑞士举行2019年信息社会世界峰会颁奖盛典，亨通与中国联通联合研制的量子保密通信系统荣获C5类别最高奖项。

2019年12月，“铝合金节能输电导线及多场景应用”项目荣获国家科技进步二等奖。

2020年9月，在葡萄牙承建全球首个半潜漂浮式海上风电工程。

2023年6月，承建全球最大单机风电机组（16MW）项目。

2023年12月，亨通光纤光棒智能制造基地入选世界经济论坛（WEF）全球“灯塔工厂”名单，成为全球光通信行业首个入选的企业。

第 17 节　通光集团有限公司

一、企业概况

通光集团有限公司成立于 1991 年，现已发展成为集通信、电力、智能装备、海洋系统和电力能源综合服务为一体的多元化企业集团，是我国光电线缆行业的领军者之一。旗下拥有通光线缆、通光光缆等 10 多个全资及控股公司，其中通光线缆于 2011 年 9 月上市（股票代码 300265）。

公司专注于输电线缆、装备电缆和光通信领域的产品研发，先后研制开发了 OPGW 光缆、海底光电缆、航空航天用耐高温电缆等上千个新品种，产品拥有完全自主知识产权。

公司多项产品在国内市占率遥遥领先，并远销 60 多个国家和地区。与国家电网、南方电网两大电网公司，中国电信、中国联通、中国移动三大运营商，中国船舶工业总公司、中国兵器工业总公司、中国航空工业总公司、中国航天工业总公司、中国核工业总公司五大军工集团建立了长期战略合作关系。旗下共有 4 家子公司被授予国家级专精特新“小巨人”企业的荣誉，此外还有 3 家子公司的产品获得单项冠军称号。公司在研发方面建立了国家企业技术中心、国家级博士后科研工作站、江苏省工程技术研究中心、江苏省工程研究中心等多个平台。公司不仅被评为国家知识产权示范企业和江苏省创新型领军企业，还通过了 CNAS 实验室认证。此外，公司还陆续承担了国家火炬计划项目、863 项目、国家科技型中小企业创新基金项目以及江苏省科技成果转化、科技攻关、重点研发等省部级科研项目。公司拥有 260 多项国家专利，并参与制定了 IEC 标准及通信光缆国家相关标准超过 50 项。公司先后荣膺“中国名牌”“中国驰名商标”“中国标准创新贡献奖”“江苏省质量奖”“中国电子元件百强”“中国线缆行业百强”等荣誉称号。

二、对光电线缆行业的贡献

公司是国内首家成功开发“PI/PTFE 薄膜绝缘电线电缆”的企业，该产品填补了国内空白，打破了国外同类产品的垄断，且该项目还入选了国家火炬计划产业化示范项目。公司首家成功开发并批量生产“航空航天用低损耗高稳相同轴射频电缆”，并在国内率先通过了军方（空军驻上海地区军事代表局）组织的设计鉴定，该产品被认定为“性能满足详细规范和用户的要求，主要性能与国外同类产品相当”，该项目于 2017 年被列入江苏省重大科技成果转化项目。公司开发的移动基站用半柔同轴射频电缆填补国内移动基站半柔同轴射频电缆技术的空白，入选“科技型中小企业技术创新基金”。公司的交联乙烯 - 四氟乙烯电线电缆配套于中国首次载人交会对接任务的天宫一号、神舟九号及长征二号 F 火箭等国家战略工程，受到中国航天科技集团公司、中国运载火箭技术研究院表彰奖励。

公司电力光缆产品（主要型号有 OPGW、ADSS 和 OPPC）核心技术优势明显，在产品制造和工业设计两个领域内形成了 4 项核心技术（全介质自承式光缆设计软件、光纤架空复合地线设计软件、不锈钢管生产线自行设计和改造能力、铝管生产线自行设计和改造能力），确立了在该产品领域的技术领先地位。公司成功研发了电力物联网用超大芯数增强型 OPGW 光缆，该产品成功配套乌东德电站送电广东广西特高压多端柔性直流示范工程（简称“昆柳龙直流工程”，是世界上首条特高压常直、柔直混合直流工程，是促进清洁能源消纳、促进东西部扶贫协作、服务粤港澳大湾区建设的重大工程，对于推动绿色发展、区域协调发展、创新发展具有里程碑式的意义）。为此，公司荣获中国南方电网公司授予的“昆柳龙直流工程攻坚战特别贡献奖”。

公司生产了我国第一根低蠕变钢芯软铝绞线节能型导线，填补了国内空白，综合技术性能达到了国际同类产品的先进水平，推动了电力行业的节能减排进程，入选“国家火炬计划项目”和“国家创新基金项目”；“特高压远距离大容量输电线路用节能导线的研发及产业化”项目，被列入江苏省重大科技成果转化项目，获得800万元财政资助资金。

公司的海底光缆突破多个国内第一：我国第一根实际投运最大长度的海光缆；我国第一根实际投运的深海光缆；在我国第一次成功运用缆过渡技术（2009年第一次使用单、双铠过渡技术）。2016年，公司承担的“海底网络平台产业链协同创新”项目入选国家海洋经济创新发展示范项目，获得2200万元中央财政资助资金，并支撑公司所在地——南通市获评第一批国家海洋经济示范城市。

公司凭借强大的科学技术和研发力量、健全的技术创新体系及激励制度，一直站在特种高端线缆领域的前沿，实现了航空导线、电力物联网用大芯数OPGW光缆等多个产品的核心技术突破，形成多项核心技术诀窍，产品质量精良，性能参数明显优于国内行业水平，与国外先进水平相当，部分性能指标甚至优于国外同类产品，能够满足高端用户要求，且成本低，供货周期短，市场竞争力优势显著。公司先后获评国家知识产权示范企业、江苏省创新型领军企业，荣获中国专利奖等荣誉，“航空导线”“应力转移型特强钢芯软铝型线绞线”“光纤复合低压电缆”入选工信部单项冠军产品。子公司江苏通光光缆有限公司、江苏通光海洋光电科技有限公司入选国家级专精特新“小巨人”企业，子公司江苏通光强能输电线科技有限公司、江苏通光信息有限公司入选江苏省专精特新“小巨人”企业。公司始终把绿色发展作为公司的核心战略之一，致力于实现节能降耗、保护环境的目标，努力成为高效、清洁、循环、低碳的绿色工厂。子公司江苏通光信息有限公司、江苏通光光缆有限公司先后入选国家级绿色工厂。

第18节　中天科技集团有限公司

一、企业概况

中天科技集团有限公司（简称“中天科技”）公司前身为1976年10月成立的如东县河口砖瓦厂，其后更名为南通市黄海建材厂；1996年2月9日，南通市黄海建材厂整体改制为江苏中天光缆集团有限公司；1999年11月，经批准由有限责任公司整体变更为股份有限公司；2002年10月24日，在上交所上市交易。

中天科技从如东河口起步，2000年初在南通经济开发区设立公司，开始向南通开发区、主城区拓展，现布局为南通总部、如东本部（股份公司注册地）、上海科创中心、北京分公司，在山东、广东、四川、河南等多个省市设有公司（工厂）。

2012年，中天科技印度有限公司成立，开启在海外创办实体企业的征程，“产品向高端延伸、产能向国际延伸”战略启动实施。现运营印度、巴西、印尼、摩洛哥、土耳其5家海外基地和14个营销中心，设有44个海外办事处，产品出口160个国家或地区，营销网络实现“一带一路”全覆盖。

公司顺应“清洁低碳”新经济秩序，争当“双碳”超长赛道主力军，致力成为对区域经济承担责任的绿色制造科技集团。公司现已形成通信、电力、海洋、新能源、工业互联网等专精特新一企一品深耕模式，拥有80多家子公司和16000多名员工，是南通市最大的先进制造业企业，也是中国企业500强、国家重点高新技术企业、全国质量奖和中国工业大奖获得单位。

二、产品介绍

1. 通信产品

作为全球ICT基础设施和服务提供商，中天科技具备为客户提供综合解决方案“总包”服务的能力，已形成以数据中心为核心的物理基础设施群，以5G天线为核心的无线网群，以特种棒纤缆、光模块等业务为核心的承载网群，以及以智慧安防为核心的物联网平台产品群，可从云、管、端多维度为网络建设提供多产品协同创新。

2. 电网产品

以服务电网为己任，中天科技已经形成输配电完整产业链，积极参与特高压电网和智能电网建设。中天科技拥有行业顶尖的高性能特种导线技术，“高性能铝合金架空导线制造关键技术与应用”荣获国家技术发明二等奖；OPGW 在线运行超过 50 万 km，市场占有量全球第一；研发了世界最大容量 ±525kV 柔性直流电缆、大长度高压电缆、免维护系列金具等一批新品。

三、对电缆行业的贡献

中天科技担任中国电子元件协会光电线缆及元器件分会副理事长单位、中国通信企业协会电缆光缆专业委员会副主任单位、中国电器工业协会光电线缆专业委员会副理事长单位，是全球光纤光缆企业 10 强、中国电子元件百强、中国电子信息百强、中国光纤光缆产业领军企业、中国通信产业社会责任标杆企业、全国电子信息行业领军企业、中国通信产业与技术贡献企业、十佳金牌上市公司等，拥有工信部认定的 7 项制造业单项冠军，荣获中国 500 强、全国质量奖、中国工业大奖、中国专利奖。

2018 年，中天科技与上海交通大学联合研发的“高性能铝合金架空导线制造关键技术”获得“国家技术发明二等奖”。

第 19 节　上海起帆电缆股份有限公司

上海起帆电缆股份有限公司成立于 1994 年，历经 30 年的建设，现已发展成研发实力雄厚的创新型电线电缆企业。公司拥有上海金山、安徽池州、湖北宜昌、上海闵行 4 个大型生产基地，在陕西西安设立了一个直属销售中心，230 多家签约经销商分布在国内各省市。公司目前有员工 4500 余名，拥有国内外先进的电线电缆研发、生产、检测设备 3000 余台（套），年生产能力超过 300 亿元。

一、发展历程

1994 年 7 月，上海起帆电线电缆有限公司成立，注册于青浦区赵巷新城工业区，员工 13 人，注册资本 50 万元。

2000 年，产品逐渐进入上海市及周边地区，参与了多项大型建设工程，如兰州发电厂、松江大学城、上海地铁工程项目、张家港钢铁集团、青浦海关、青浦法院等；员工增加到 80 人，年产值达到 3000 多万元，并在上海及周边市场形成了一定的影响力。

2003 年 4 月，公司组织技术骨干赴本市及外省市优秀企业学习考察，开阔了眼界，理清了发展方向；同年 10 月，公司决定在青浦区重固镇工业区另外购买 50 亩土地建设厂房。

2004 年 2 月，重固新厂房建设开工，11 月完工交付使用。新建厂房另外投资 2000 万元，引进当时国内先进的生产和检测设备。

2005 年，公司从原来的青浦区赵巷新城工业区搬迁到新建的青浦区重固镇工业区。

2006 年 4 月，投资 800 万元的橡套电缆车间投产。

2007 年，实现产值超过 10 亿元。

2008 年 1 月，购置金山区张堰镇工业区 160 亩土地新建厂房，并设立了产品研发中心，总投资 2.5 亿元；同年 7 月，公司金山新厂区一期 80 亩项目工程正式开工。

2010 年 3 月，企业注册资本增加到 10060 万元，当年实现产值超过 20 亿元，并被银行系统评为年度诚信企业；同年 5 月，公司二期项目举行了隆重的奠基仪式，公司又投资 6000 万元采购新厂区生产线及检测设备。

2012 年，上海起帆电线电缆有限公司吸收合并上海爱梅格电气制造有限公司；同年 3 月，上海市金山区张堰镇总部大楼落成。

2012 年，金山总部三、四期工程开建。

2015 年 8 月，与哈尔滨理工大学达成校企合作。

2016 年 7 月，公司进行股份制改革。

2017 年 3 月，陕西起帆电缆有限公司成立。

2018 年 2 月，注册成立池州起帆电缆有限公司。

2020 年 7 月，起帆电缆成功挂牌上交所主板（股票代码 605222）；同年 8 月，与池州政府签订 1000 亩土地的购买意向协议；同年 10 月，成立宜昌起帆电缆有限公司。

2021 年，收购上海南洋 - 藤仓电缆有限公司。

2022 年 6 月，池州起帆电线电缆产业园开始建设，市场占有率提升，市值达 126 亿元。

2023 年 10 月，福建省平潭综合实验区的海缆生产基地开始建设，项目总投资约 20 亿元。

二、产品介绍

公司产品涵盖电力电缆、电气装备用电线电缆、通信电缆和裸电线 4 大类，包括 500kV 及以下塑料绝缘陆上和海底电力电缆、35kV 及以下橡皮绝缘电线电缆、架空绝缘电缆、架空导线、矿用电缆、船用电缆、航空航天用线缆、核电站用电缆、水密电缆、耐火电缆、耐高温电缆、耐极寒电缆、海洋工程装备用电缆、控制电缆、计算机电缆、光伏系统用电缆、拖链电缆、机器人电缆、新能源汽车用电缆、预分支电缆、布电线、射频电缆、网络线等近 30 个系列，共计近 4000 种型号、50000 余个规格。产品广泛应用于水利、电力、家装、轨道交通、建筑工程、航空航天、新能源、通信、舰船、智能装备、冶金、石化、港口机械、海洋工程及工矿等多个领域，并出口到澳大利亚、德国、美国、菲律宾、蒙古、新加坡、也门、阿联酋等 50 余个国家和地区。

三、公司品牌与荣誉

公司获得国家发明专利和实用新型专利 150 余项，与哈尔滨理工大学、上海交通大学、河南工学院等高校建立了紧密的产学研合作关系。2022 年公司名列中国线缆行业最具竞争力企业 20 强和上海企业 100 强。公司通过了 ISO9001 质量管理体系、ISO14001 环境管理体系、ISO45001 职业健康安全管理体系、ISO50001 能源管理体系、两化融合管理体系、ISO14064 等认证，荣获国家级绿色工厂、市级绿色供应链称号。

1998 年 9 月，获得电缆制造通行证——全国工业生产许可证。

2006 年 7 月，企业荣获“中华优品牌”荣誉称号；同年 11 月，“起帆”品牌首次荣获“上海名牌”荣誉称号。

2007 年，企业荣获“中国著名品牌”“电缆行业十佳诚信企业”和“国家重点新产品”证书。

2008 年，“起帆”再次被推荐为“上海名牌”；荣获“质量管理先进单位”称号。

2011 年，荣获“上海市科技企业”称号；公司高低压电缆系列正式入选我国“名优新机电产品目录”；同年 8 月，获评上海市高新技术企业。

2012 年，荣获“上海市科技创新型企业”称号。

第 20 节　金龙羽集团股份有限公司

一、企业概况

金龙羽集团股份有限公司于 1996 年成立，下设 7 家全资子公司、2 家分公司，为集团企业。公司拥有深圳和惠州两大生产基地，并在惠州及重庆设立研发中心，总占地面积33万m^2，员工800余名，拥有国内外先进的电线电缆研发、生产、检测设备800余台（套），年生产能力达100亿元，总资产近30亿元，是一家专业从事电线电缆研发、生产、销售与服务的企业，同步对外提供行业电线电缆检测服务，具备线缆行业从产品设计、技术输出、原材料采购、过程管控、成品检验到产品包装、运输、贮存的全生产要素、全生命周期的经营管理能力，深耕线缆行业，在广大消费者心目中已有相当的知名度和影响力，深受国内外客户的好评与信赖。

二、发展历程

1996年4月，成立深圳市金龙羽电缆实业发展有限公司。

1997年9月，“金龙羽”商标注册成功。

1997年2月，深圳市金龙羽电缆实业发展有限公司电线BV 1.5mm^2 450/750V产品被深圳市技术监督局授予“96产品监检质量好企业”称号。

1999年3月，深圳市金龙羽电缆实业发展有限公司被深圳市技术监督局授予“1998年度深圳市产品质量监督检验质量好企业”称号。

1999年1月，深圳市金龙羽电缆实业发展有限公司通过ISO 9002：1994质量体系认证。

2000年10月，“金龙羽”牌系列产品获得深圳市公安消防局颁发的“深圳市消防产品销售许可证”。

2001年11月，“金龙羽”牌系列产品获得广东省公安厅消防局颁发的“广东省消防产品登记证”。

2001年9月，深圳市金龙羽电缆实业发展有限公司被深圳市工商行政管理局认定为“2000年度重合同守信用企业”。

2001年4月，经国家质量技术监督局审查，深圳市金龙羽电缆实业发展有限公司生产的系列产品取得“全国工业产品生产许可证”。

2001年6月，深圳市金龙羽电缆实业发展有限公司的额定电压35kV及以下交联聚乙烯绝缘电力电缆通过了广东省经济贸易委员会的新产品新技术鉴定验收。

2002年9月，经广东省名牌产品推进委员会评价确认，特授予深圳市金龙羽电缆实业发展有限公司生产的“金龙羽”牌聚氯乙烯绝缘电力电缆、交联聚乙烯绝缘电力电缆产品为“广东省名牌产品”；同年11月，深圳市金龙羽电缆实业发展有限公司的35kV交联聚乙烯绝缘电力电缆、10kV架空绝缘电缆被国家经贸委列为两网改造推荐产品。

2006年4月，深圳市工商行政管理局通过深圳金龙羽集团备案登记，简称金龙羽集团，同年5月，金龙羽集团惠州工业园落成。

2007年2月，金龙羽集团深圳工业园落成。

2008年9月，金龙羽集团110kV交联电缆鉴定会顺利通过。

2012年8月，金龙羽集团经深圳市中小企业上市培育工作领导小组办公室审核，认定金龙羽集团有限公司符合深圳市中小企业改制上市登记备案条件，并颁发上市登记备案证书。

2014年11月，金龙羽集团有限公司改制成功，成立金龙羽集团股份有限公司。

2017年7月17日，金龙羽在深交所挂牌上市（股票简称“金龙羽”，股票代码002882）。

2020年11月，金龙羽集团荣获全球首张三层共挤布电线IECEE-CB证书。

2021年11月，金龙羽集团和《品牌中国》栏目签署战略合作协议。

2022年5月，金龙羽高速三层共挤电线产品发布。

2023年8月，金龙羽集团全资子公司惠州市金龙羽电缆实业发展有限公司在2023耐火电缆产业高质量发展论坛荣获“2023隔离型矿物绝缘铝金属套耐火电缆十大优秀品牌”和“2023云母带矿物绝缘波纹铜护套电缆十大优秀品牌”。

三、产品介绍

公司产品涵盖架空电线电缆、布电线、电气装备电缆、电力电缆、特种电缆等5大类、20多个系列、100多个型号、5600多种规格。

（1）布电线　主要用于450/750V及以下动力装置、日用电器、仪表及电信设备，产品型号主要有BV、BVR、BVV、BVVB、BLV系列（包括阻燃、耐火）等。

（2）电力电缆　主要包括0.6/1kV聚氯乙烯绝缘或交联聚乙烯绝缘电力电缆、额定电压等级35kV及以下中低压交联聚乙烯绝缘电力电缆，产品主要型号有YJV、YJLV、YJV22、YJV23、YJV32、YJV33（包括阻燃、耐火、低烟无卤系列）；防火电缆主要包括BTLY、BTTRZ、YTTW、YTTWY；额定电压66~500kV高压/超高压交联聚乙烯绝缘电力电缆产品主要型号有YJLW02、YJLW03、YJLW02-Z、YJLW03-Z（包括阻燃、防蚁系列）。

（3）架空导线及电缆　主要包括铝绞线、钢芯铝绞线、铝合金导线、硬铜绞线以及架空绝缘电缆等（主要包括LGJX、JKV、JKLV、AC90等系列）。

（4）电气装备电缆　主要包括控制电缆及其他电缆等。

（5）特种电缆　主要包括铝合金电缆（主要型号包括YJLHV、YJLHY、YJLHV22、YJLHV23、YJLHV32、YJLHV33），变频电缆，计算机电缆，低烟低（无）卤、阻燃、耐火系列电缆，以及防鼠防白蚁电缆等。

第21节　宁波东方电缆股份有限公司

一、企业概况

宁波东方电缆股份有限公司成立于1998年，2014年在上交所主板上市，总部位于浙江宁波。公司是我国海陆缆核心供应商，多年来一直在科技创新、质量管理、核心技术突破等方面处于行业领先地位，位列全球海缆最具竞争力企业10强、中国线缆行业最具竞争力企业10强、中国上市公司价值评选主板价值100强。目前公司已形成海缆系统、陆缆系统和海洋工程三大产业板块。

公司拥有500kV及以下交流（光电复合）海缆、陆缆，±535kV及以下直流（光电复合）海缆、陆缆系统产品的设计研发、生产制造、安装和运维服务能力，并涉及海底光缆、智能电网用电线电缆、核电缆、通信电缆、控制电缆、电线、综合布线、架空导线等一系列产品，广泛应用于电力、建筑、通信、石化、轨道交通、风力发电、核能、海洋油气勘采、海洋军事等多个领域。

公司是国家高新技术企业、国家技术创新示范企业、国家创新型企业、国家知识产权示范企业，拥有国家企业技术中心、国家级博士后工作站、院士专家工作站，承担了国家科技支撑计划项目、国家高技术研究发展计划（863计划）和国家海洋经济创新发展区域示范项目等多项国家重大科技项目，并牵头起草海底电缆国家标准。2020年，公司获评国家制造业单项冠军，并入选浙江省首批数字化未来工厂。

公司在充分考虑市场、资源、交通等因素的基础上，进行了更加科学合理的产业布局，在国内、国际打造“3+1”产业体系，以创造新质生产力为驱动推进企业实现高质量发展。东方电缆东部（北仑）基地作为浙江省重点项目，于2022年正式投产，全面达产后实现产能100亿元，为高端海洋装备研发、制造提供产业支撑；积极布局南部，在广东阳江建设生产基地，打造系统集成、产业链整合及系统设计能力，提升南部市场影响力及竞争力；高起点谋划北部产业基地，打造辐射东北亚市场的优质产业区块；同时，在欧洲荷兰成立子公司，布局国际市场，进一步提升国际品牌影响力，助推企业高质量发展。

公司依托上述产业基地基础，逐步形成了陆缆系统、海缆系统和海洋工程三大产业板块，全面覆盖了从陆地到海洋、从产品到服务的相关业务。

公司依托海陆工程服务技术提升与装备研制，完成了从单一产品制造商向系统解决方案供应商的转型升级，实现了先进制造业与服务业的融合，目前已形成深远海脐带缆和动态缆系统解决方案、超高压电缆和海缆系统解决方案、智能配网电缆和工程线缆系统解决方案、海陆工程服务和运维系统解决方案共 4 大产品 / 服务系统解决方案。

二、发展历程

1. 1998—2005 年：主业探索，初具规模

公司初创，依靠科技创新发展成为行业规模企业，成为国内最大数据电缆基地。

1998 年，宁波东方电缆有限公司成立。

2004 年，数据电缆生产基地落成。

2. 2006—2015 年：从陆地走向海洋

紧根国家发展海洋经济战略，独辟蹊径，涉足海底电缆领域，“从陆地走向海洋”，逐渐成为国内规模最大的海底电缆产业基地之一，为现有产业布局奠定基础。

2005 年，开始研发海底电缆。

2006 年，海缆生产制造基地建成。

2007 年，股改并发起设立宁波东方电缆股份有限公司。

2007 年，国内首条 110kV 光电复合海底电缆应用在东海海域。

2009 年，进军海洋脐带缆领域。

2009 年，成立宁波海缆研究院工程有限公司。

2011 年，第一根脐带缆——我国首根动力脐带缆服务印尼。

2014 年，IPO 主板上市（股票简称“东方电缆”，股票代码 603606），是企业发展史上的重要里程碑。

3. 2016—2020 年：海陆并进

把握国家重要战略机遇，以宁波为轴线，布局南部，设立阳江市东方海缆技术有限公司，积极探索从单一制造走向“制造 + 服务”的转型升级，形成“海缆系统、海洋工程、陆缆系统”3 大业务板块；不断打破国际技术壁垒，攻克两大“卡脖子”技术，推动了海底电缆和海洋脐带缆国产化进程，对于保障海洋资源、能源和国防安全都具有重要意义。

2018 年，首根国产大长度海洋脐带缆投运；国际首根 500kV 交联海缆（含工厂接头）投运；海工 01 号、02 号下水，开启海工工程业务板块。

2020 年，圆满完成圭亚那海缆抢修任务，以不输欧美的海缆制造运维能力在国际舞台上闪耀四方、为国争光，实现从单一产品制造商向系统解决方案供应商的转型升级。

4. 2021—2025 年：高质量发展

面向“十四五”及未来，紧跟国家发展海洋经济、“一带一路”倡议和“3060”双碳战略，牢牢抓住主业不动摇，抓住自主创新不动摇，肩负起“更高、更深、更远”的重任，开启高质量发展新局面。

2021 年，东部（北仑）基地“未来工厂”投产，开启硬核智造新模式，投资 25 亿元，2022 年投产，全面达产后新增产能 100 亿元。

2022 年，欧洲（荷兰）公司设立运行。

2022 年，中标世界首个 500kV 三芯海缆项目和首个超深水（1500m）脐带缆项目。

2022 年，广东东方南部基地开始建设，投资 10 亿元，2024 年底投产，达产后新增产能 30 亿元。

2023 年，世界首个 500kV 三芯海缆（含工厂接头）项目投运。

2024 年，首个欧洲海上风电超高压海缆项目交付。

三、对电缆行业的贡献

公司自主研发的新型脐带缆和超高压海底电缆技术、产品已达国际领先水平，成功实现了“由陆地到海洋”的战略转型，推动行业的高质量发展。

公司先后承担 / 参与国家科技支撑计划项目、国家 863 计划、国家重点研发计划等 24 个国家级科技项目，在海洋缆领域内形成了包括大长度无接头海缆制造、工厂软接头、脐带缆截面耦合集成设计技术、超双相钢管小空间焊接技术、脐带缆疲劳测试技术等 17 项核心技术，取得了一系列创新成果；取得授权国家专利 151 项，其中发明专利 47 项；牵头 / 参与制定国家、行业和团体标准 68 项，其中牵头制定海缆领域首个行业标准，并获国家标准创新奖。

2023 年，在高端海洋装备领域成功突破 3 大核心技术：国内首个深远海动态缆系统研制成功并应用于“海油观澜号”；大长度三芯 500kV 海缆实现全球首次应用，超高压海底电缆技术创造了新的里程碑；新一代 525kV 直流海缆研发通过预鉴定试验与型式试验，为海上风电远距离送出并补齐了最后一块技术短板。

第 22 节 烽火通信科技股份有限公司

一、企业概况

烽火通信科技股份有限公司（简称“烽火通信”）于 1999 年成立，2001 年 12 月 25 日在上交所正式上市（股票代码 600498），现为中国信息通信科技集团有限公司（简称“中国信科”）下属企业。烽火通信的前身是武汉邮电科学研究院，它是我国光通信的发源地，是中国光谷的龙头企业。2018 年 7 月，在国务院国资委主持下，将烽火科技集团和大唐电信集团联合重组为中国信科，总部设在湖北武汉，目前中国信科是由国资委直管的信息通信行业高科技央企，2023 年集团营收约为 650 亿元。

烽火通信作为中国信科旗下核心企业，主要继承了光传输和光纤光缆两大板块业务。其中，烽火通信线缆产出单元主要从事光纤预制棒、光纤、普通光缆、海底光缆、通信电缆、光电连接器、线缆材料及相关产品的研发、制造和技术服务，具备完善的产品管理体系，建立了完整的上下游产业链。其光缆年产出超过 6000 万芯公里，并掌握了先进的 PCVD+RIC、VAD+OVD 光纤预制棒生产工艺，光纤光缆产业规模居于全球前四。公司拥有自主知识产权的线缆核心产品主要有低水峰单模光纤、色散补偿光纤及其模块、OM5 多模光纤、G.657.B3 光纤、G.654.E 光纤、多芯光纤、耐辐照光纤、海底光缆等。

烽火通信拥有雄厚的光纤光缆产业装备。目前，公司已拥有自行研制的 50 多套具有国际先进水平的 PCVD、VAD/OVD 设备，机床精度、沉积效率达到国际领先水平；拥有 100 多条高速拉丝生产线，实际拉丝速度达到 3500m/min。公司形成了年生产单模光纤 6000 万芯公里、多模光纤 100 万芯公里的能力，并根据产业拓展需要，研制开发更先进的光棒、光纤制造设备，开展棒纤缆工艺和技术研究。

同时，烽火通信非常重视对产品检测、产品标准方面的研究，在光纤光缆领域牵头制定了多项国家标准和行业标准，目前是我国光纤光缆行业标准协会的组长单位。2012 年，烽火通信获得国内光纤光缆行业首家第一方 CNAS 检测实验室国家认可证书，标志着公司的光纤光缆检测能力全面与国际接轨，也表明烽火通信坚守国家队责任与姿态，以“质量领先”引领行业发展。

二、发展历程

1976 年，制造了我国第一台光纤拉丝机。

1977 年，研制出公司的第一根短波长（0.85μm）阶跃型石英光纤，长度 17m，衰耗为 300dB/km，取得了通信用光纤研制史上的第一次技术突破。

1978 年，自制具有一定自控能力的玻璃车床和拉丝机，光纤研制水平显著提高。

1979 年，建立当时国内最长的光纤通信试验段（8Mbit/s、5.7km 架空光纤试验段），说明在市话通信网内正式建立实用化的光纤通信已具备条件；实现短波长多模梯度型光纤，这是研制光纤过程中的第二次技术突破。

1980 年，短波长低损耗光纤研制成功，这是第三次技术突破；研制成功弹性石英毛细管色谱柱，达到当时国际水平。

1982 年，单模光纤研制成功，实现了光纤研制的第四次技术突破（邮电部科技进步一等奖）。八二工程于 1982 年 12 月 31 日全线开通，是我国第一个实用化的国产光纤通信工程，开创我国光纤通信历史的新篇章，标志着我国进入数字通信时代（获湖北省科技成果一等奖、邮电部科技进步一等奖、国家“六五”攻关表彰）。

1983—1984 年，多模梯度光纤获“六五”国家科技攻关项目、邮电部科技进步一等奖。

1985—1990 年，赵梓森带领武汉邮电科学研究院团队，完成了我国第一条 34Mbit/s 市内光缆通信系统工程，用于市话。这是国家“七五”重点攻关项目，是国内首次采用长波长光纤进行传输。同阶段完成了单模多模光纤工业性实验：年产单模光纤 8000km、多模光纤 4000km；“七五”期间体用多模单模光纤累计达 29787km，光缆 2300km。

1986 年，MCVD 法光纤预制熔炼系统、PCVD 法光纤预制棒熔炼工艺取得进展；成功研制单芯、偏芯、六芯、八芯骨架式光缆。

1987 年，助力我国第一条全国产化省内二级干线架空光缆通信系统——“汉荆沙”工程建成开通，总长 244.8km；34Mbit/s（三次群）光端机、光中继机研制成功，填补国内空白。

1988 年，助力第一条全国产化 140Mbit/s 单模光缆架空系统——“汉南”工程（“七五”科技攻关项目）成功开通，且达到国际同类产品水平，标志着我国光通信事业发展进入一个新的历史阶段。

1990 年，助力我国第一条直埋式长途干线光缆通信系统——“合芜”工程开通，其光端机为三主一备，这在全国是首次使用；扬州—高邮 34Mbit/s 长波长单模架空光缆获国家科技进步二等奖。

1991 年，松套骨架式光缆研制成功并完成鉴定，可为主干光通信工程提供新结构的光缆；束管式架空光缆研制成功并完成鉴定，其结构为国内首创。

1992 年，自主设计安装的拉丝机，每分钟拉丝 150m，与国外设计水平相当；PCVD 法大预制棒制造技术通过邮电部鉴定。

1993 年，中心管式光缆、钢带纵包束管式光缆等多个光纤光缆项目通过邮电部鉴定；1993 年 5 月 24—25 日，上海—无锡 565Mbit/s 光缆通信系统试验段成功验收，该工程的开通填补了国内空白，打破了“巴统”的技术封锁；1993 年 6 月 29 日，国产化的光纤通信国家一级干线——140Mbit/s 京汉广架空光缆工程全线开通，全长 3046km，是世界最长架空光缆通信线路，标志着“首站中轴”战役的初步胜利；完成合肥—芜湖南 140Mbit/s 长途单模光缆通信系统试验工程，获国家科技进步三等奖；系列光缆在八纵八横光缆干线获得广泛应用。

1995 年，赵梓森当选为中国工程院院士；武汉邮电科学研究院的 SDH 技术正式进入实用化阶段。

1995—1999 年，武汉邮电科学研究院先后推出了国产第一套 155M、第一套 622M 和第一套 2.5G SDH 光纤通信系统，以及 8 × 2.5Gbit/s 波分复用系统，紧跟国外先进水平。

2001 年，武汉邮电科学研究院转制企业——烽火通信成功在上交所上市；中国光电子产业基地确定落户武汉，“武汉·中国光谷”正式诞生，以武汉邮电科学研究院及光通信技术为核心，相关光电子、激光、中小显示面板、存储器芯片等产业相继在武汉落地并开花结果。

2002 年，实现了原材料—制棒—拉纤—成缆全部国产化，有效促进了全产业链国内大循环，实现了装备自主化、产品生产本地化、产品市场全球化。

2003 年，由烽火通信承担的国家 863 攻关项目——新型掺稀土光纤的研发取得标志性成果，某指标参数达到国际先进水平，并成功在国内市场商用。

2004 年，由烽火通信承担的国家 863 计划——WDM 超长距离光传输技术研究与实现项目成功通过国家 863 专家组验收及电信运营商测试，其性能达到国际业界同等水平、国内领先水平。

2005 年，烽火通信与藤仓公司在武汉签署合作协议，由双方共同投资、烽火通信控股成立烽火藤仓光纤科技有限公司，烽火通信大步迈向国际化。

2006 年，烽火通信光缆跻身中国名牌产品并荣获国家免检商品荣誉称号。

2007 年，助力青海油田工程实现，这是国内最大 FTTH 总包工程。

2009 年，参与国家天文台 500 米口径球面射电望远镜 FAST 项目建设，提供动光缆，助力天眼看世界；藤仓烽火光电材料科技有限公司成立，并建设我国最大的光棒制造基地。

2010 年，成功研制出具有国际先进水平的光子晶体光纤，拥有多项核心技术的知识产权。

2011 年，室内光缆标准获科学技术二等奖。

2012 年，烽火通信光纤光缆检测实验室获得中国实验室国家认可证书。

2014 年，在国内首次实现普通单模光纤以超大容量超密集波分复用传输 80km，传输总容量达到 100.23Tbit/s，这项技术的突破，使我国站在了国际光通信技术与应用领域的前列；同时实现“研制出中国第一根中空带隙光子晶体光纤”、“弯曲不敏感光纤技术水平全国第一”和“国内第一个实现棒纤装备自主化”等三项成果。

2015 年，弯曲不敏感微结构光纤及其制造方法获国家科技进步二等奖。

2016 年，烽火锐拓成立，重点解决光棒产能供应严重不足、受制于外的问题。

2018 年，中国信息通信科技集团有限公司由武汉邮电科学研究院和电信科学技术研究院联合重组而成；同年，光子晶体光纤集成开发技术获湖北省技术发明奖二等奖，一种细径保偏光纤获中国专利优秀奖，超低损耗光纤光缆关键技术研发及产业化获中国通信学会科学技术奖二等奖。

2019 年，在国内首次实现 1.06Pbit/s 超大容量波分复用及空分复用的光传输系统实验，可以在 1s 内传输约 130 块 1TB 硬盘所存储的数据，相当于近 300 亿人同时通话。

2020 年，承担“粤港澳大湾区超级光网络”课题中“多芯光纤及光缆的设计制备”研发任务。

2021 年，多场景用大芯数、高可靠、长寿命光纤光缆及成套装置关键技术获中国电子元件行业协会科技进步奖二等奖。

2022 年，成功攻克了 7 芯单模光纤和扇入扇出器件的制备工艺技术以及多芯光纤成缆工艺，助力粤港澳大湾区打造世界上距离最长、容量最大的空分复用光通信“超级高速公路”。

三、产品介绍

烽火通信线缆类产品主要包括光纤预制棒、光纤、普通光缆、电力光缆、海底光缆、通信电缆、光电连接器、线缆材料，广泛应用于运营商、企业、政府等不同的数据通信客户。

1）光纤预制棒主要包括 G652、G657、超低衰减光纤预制棒等产品。

2）光纤产品主要包括低水峰单模光纤、色散补偿光纤、OM5 多模光纤、G.657.B3 光纤、G.654.E 光纤、空分复用光纤、耐辐照光纤、激光光纤、光子晶体光纤、保偏光纤、耐高温光纤等。

3）光缆及相关配套产品主要包括 GYTA、GYTS、GYTY53、GYTA33、GYFTY、ADSS、GYDTA、GYDXTW、气吹微缆等普通室外缆产品，以及单芯缆、束状缆、分支缆、蝶形引入光缆、module 光缆等软光缆产品；电力光缆包括 ADSS、OPGW、OPPC 及导线产品；海底光缆包括浅海、深海用系列光缆，协同海底中继器、分支器、放大器等湿端设备，以及施工船及配套服务，向海洋通信用户提供全套解决方案。

4）通信电缆类产品包括数字缆、漏缆、布电线、光电混合缆、充电桩电缆等。

5）烽火通信在光电连接器方面有完整的产品系列，并由单独的部门承担国内外总包业务。

四、对电缆行业的贡献

烽火通信是我国光纤光缆行业五大家里面唯一的国资控股企业，在将产业做大做强、考核经营指标的同时，也承担了更多的国家使命与社会责任。2018 年 4 月，习近平总书记在考察烽火通信时特别强调，“要将核心技术、关键技术掌握在自己手里”。烽火人始终牢记总书记嘱托，加强自主可控的创新建设，主导或参与了大量的科技攻关项目，近年来在高、精、尖技术方面取得了丰硕成果。

自 2009 年开始，烽火通信与国家天文台、北邮深入合作，历时 6 年开发出世界最大口径的射电望远镜用动光缆产品，该光缆是 FAST 馈源仓的关键技术之一。自 2016 年项目调试成功以来，位于贵州大窝凼的 FAST 项目一直保持稳定运行，截止到 2024 年 3 月，已累计发现 900 多颗脉冲星。“人民科学家”南仁东曾评价：“FAST 项目能达世界领先水平，离不开烽火通信的支持，动光缆反复机械运动能达到 6.6 万次以上，远高于常规光缆水平，这一技术成果将光缆的静态使用推向动态应用的全新领域。”为勉励烽火通信对天文事业的支持，国际天文组织专门命名了一颗“烽火通信星”（图 79）。

图 79 “烽火通信星”小行星命名证书

2020 年 8 月 25 日，在中国核能行业协会组织主持下，由中国工程院院士、核反应堆及核电工程专家叶奇蓁和中国工程院院士、“光纤之父”赵梓森牵头行业专家共同评审的由烽火通信科技股份有限公司完成的国家科技重大专项项目子课题 / 专题“1E 级（核安全级）光缆研制”科研成果，获得评价：自主开发了具有自主知识产权的低辐致衰减高带宽多模光纤，研制成功全干式 1E 级光缆，在国内率先将阿累尼乌斯活化能理论应用在光缆热寿命试验上，光缆经过 100℃、427h 热老化和 11Gy 的 Co60 辐照老化后，光缆的衰减系数≤ 3.3dB/km@850nm 和≤ 0.9dB/km@1300nm，在核电站运行环境下达到 60 年鉴定寿命；该产品具有完全自主知识产权，为国内首创，填补了国内 1E 级光缆的空白，达到同类产品国际领先水平；该产品可应用于我国三代核电站，具有良好的社会、经济效益和广泛的推广应用前景。

烽火通信系列保偏光纤处于国内领导地位，长期以来保持国内高端市场较大份额，先后服务我国天舟一号货运飞船、火星探测计划天问一号和祝融号火星车，是全球首创将保偏技术、光子晶体光纤技术运用于太空的实践成果，获惯性专家评价：“国际首创，其中 ϕ 60/100 超细径、耐辐照保偏光纤居国际领先水平。”

烽火通信是国内最早研制超低损耗光纤的单位之一，具备丰富的超低损耗光纤、多芯光纤及放大技术研究与应用基础，已参与完成多个示范工程，如中国电信首个低损耗大有效面积光纤光缆陆地试验网工程、全球首个空分复用大容量示范工程——超级光网络广深 7 芯光纤光缆示范工程等。

第 23 节　兰州众邦电线电缆集团有限公司

一、企业概况

兰州众邦电线电缆集团有限公司（简称众邦集团）始建于 1999 年 9 月，是一家以电线电缆生产为主业的民营企业。如今的众邦，已从一个电线电缆生产加工厂，发展成为以电线电缆为主业，集酒店管理、物业服务、商业综合体运营为一体的大型企业集团，其中电线电缆年生产能力超过 200 亿元，成为中国电线电缆行业骨干企业，也是中国西部十省区产能最大的电线电缆制造企业、甘肃省工业百强企业、中国线缆行业最具竞争力 20 强企业。

二、发展历程

1999—2003 年是众邦集团的第一次创业阶段。厂区占地 12 亩，位于兰州市安宁区，设计产能 1 亿元。1999 年 9 月 9 日，金银强先生响应西部大开发的号召，只身一人来兰州投资创业，仅用 157 天建成了厂房，并于 2000 年 3 月 26 日正式投产。46 位创业人，他们有的成为众邦集团的生产骨干，有的走上了领导岗位，有的成为众邦的领军人物。投产当年，实现了 2300 万元的销售收入，到 2003 年，销售收入突破 1 亿元，为适应企业发展，进行了第二次建厂。

2004—2010 年是众邦集团的第二个发展阶段。2004 年 3 月 26 日，占地 46 亩的众邦集团电线电缆生产基地建成投产，设计产能 10 亿元，位于兰州经济技术开发区 578 号。到 2010 年，电线电缆销售收入突破 10 亿元。

2011 年，众邦集团进入了稳健发展的第三个历史阶段。众邦集团于 2010 年 4 月 12 日启动建设电线电缆城，进行了第三次建厂，这个位于兰州经济技术开发区众邦大道、占地 200 亩、建筑面积 12 万 m^2、设计产能 100 亿元的电缆城于 2011 年 3 月 26 日正式投产运营。

2018 年 8 月，众邦集团西安工厂正式启动，众邦电线电缆集团有限公司正式成立，位于西安经济技术开发区经纬路 7777 号，于 2018 年 8 月开工建设，这个占地 500 亩、建筑面积 25 万 m^2、设计产能 150 亿元的现代化智能工厂于 2021 年 3 月正式投产运营。

三、产品介绍

公司专业生产各种“众邦”牌电线电缆，主要产品有布电线、聚氯乙烯绝缘电力电缆、220kV 及以下交联聚乙烯绝缘电力电缆、铝合金电缆、钢芯铝绞线、控制电缆、计算机电缆、网线、绝缘架空电缆、通用橡套电缆、电焊机电缆、盾构机电缆、风机电缆，超 A 类阻燃电力电缆、全系列矿用电缆、耐火电缆、柔性矿物绝缘防火电缆、无机矿物绝缘防火电缆、平行集束电缆、预分支电缆、硅橡胶电缆、低烟无卤电缆、氟塑料电缆、光伏电缆、风电电缆、辐照类电线电缆，以及 750kV 及以下各类架空导线。

目前公司拥有发明专利 6 项、实用新型专利 50 项，通过国家级新产品鉴定 3 项，获省级科技进步二等奖 1 项，省部级新产品鉴定 12 项，省部级科技成果鉴定 4 项，省级优秀新产品、新技术 4 项。2013 年，众邦集团获得甘肃省首批政府质量奖。

第 24 节　浙江元通线缆制造有限公司

浙江元通线缆制造有限公司成立于 2000 年，是世界 500 强企业——物产中大集团旗下高端制造板块的重要核心成员，专业生产各类电力电缆、布电线、防火电缆、控制电缆、橡套电缆、船用电缆等电缆产品，拥有崇贤、钱江、德清三大生产基地，是国内特种线缆生产规格最为齐全的生产企业之一，也是工矿企事业单位分割零售配供线缆细分领域内的隐形冠军企业。

一、聚焦线缆主业，经营指标连创新高

公司成立至今主要经历了两个发展阶段：

（1）开渠引水期（2002—2012年） 2001年以50万元收购萧山义桥一家破产企业美时年电缆厂正式起家，成长于余杭崇贤（2004年搭建成一个集生产、研发、配送于一体的线缆基地），实现从贸易型企业向制造型企业转变。这10年，公司坚定走“贸工科一体化”道路，即先有市场，再办工厂，逐步增加研发投入，用有限的成本不断“试”出正确的战略。线缆销售额实现从2002年的零增长到2012年的4.36亿元。

（2）高速增长期（2012—2022年） 发展于钱江开发区（2015年设立特种电缆公司，占地158亩，厂房7万m^2，开始走向技术研发、高端制造），强大于德清智慧产业园（占地460亩，厂房17万m^2，拥有一座8.8万m^2亚洲最大的单体信息化电缆车间），为浙江省特别重大产业项目，获评浙江省“未来工厂”。这10年，公司实现持续高速发展，年均营收复合增长率31.71%，年均利润复合增长率38.28%，平均净资产收益率43.22%，发展速度行业罕见。10年间，公司在贸工结合的实践中不断摸索前行，找准制造型企业在生产经营管理的门道，凭借独特的商业模式走出一条自由特色之路，电缆生产制造规模已成功跻身行业前十，位列省内第一。

二、深耕研发创新，产品版图持续拓展

公司建有省级企业工程研究中心、省级企业研究院、省级工程研究中心、省级博士后工作站、省级高技能人才创新工作室等高能级技术创新平台，拥有完善的产品技术研发体系。与浙江大学、西安交通大学、浙江工业大学及中科院等国内知名高等院校及科研院组建创新联合体，深入推进产学研深度融合，开展关键核心技术攻关，提升高能级科创平台建设质效。

在研发创新方面，公司紧密关注电线电缆市场的前沿需求，以客户与市场需求为导向，加强在材料改性、产品结构、生产工艺等方面的不断尝试与突破，找准差异点，前瞻性地开展高技术含量、高附加值产品的研发与成果转化，加速新产品市场化、产业化发展。

目前，公司在深耕电力电缆、控制电缆、家装线缆等常规系列产品的基础上，全力拓展“特精尖”新产品图谱，已形成独具特色的三大特色系列产品。其中，防火电缆“品类最全”，至今已形成涵盖5大产品全系列防火电缆的产品体系，“柔性无机矿物质绝缘防火电缆的防火材料与电缆制品研发及示范应用”项目获2022年度浙江省“尖兵”“领雁”研发攻关计划立项；煤矿电缆“资质最齐”，已取得MA认证（即煤安认证）证书231张，是国内矿用电缆安全认证证书最多的企业；船用电缆“前景最广”，通过了全球8大船级社认证。采煤机光电复合电缆、深水水密电缆、盾构机电缆等高端产品性能达到国际先进水平，打破国外技术垄断，实现进口替代。公司产品广泛应用于电力、轨道交通、石化、煤矿、冶金、新能源、舰船、机械工程、建筑等领域。

三、厚植品牌建设，推进高质高速发展

公司先后获得美国UL认证、欧盟CE认证、TUV光伏认证、MA认证（全行业认证数量第一）、加拿大CSA认证、PCCC产品认证、电力行业准入资质、质量管理体系认证、环境管理体系认证等国内外各种资质证书300多项，是国内外获得行业专业认证最齐全的企业之一。

公司先后荣获“国家高新技术企业”“国家知识产权优势企业”“省知识产权示范企业”“浙江省电线电缆行业优胜企业”“浙江省科技型中小企业”“专精特新中小企业”“中国绿色环保诚信经营单位”“浙

江省未来工厂”等称号。“中大元通线缆”品牌被评为“浙江省名牌产品”。

公司自成立以来，秉承着“诚信经营，同心同德”的理念，坚持诚信经营，坚持做国标产品，凭借过硬的产品质量先后成为国家电网、中国建材、中国石化等众多国字号企业及人民大会堂、G20 会场、杭州奥体中心等重大项目的电线电缆综合配套商。凭借在消费者心中树立的良好品牌形象，公司 BV 线销量连续 3 年全省第一，民用阻燃耐火线在区域终端家装市场占据主导地位，市场占有率超过 50%，已成为省内前 20 家家装公司的首推品牌。

第3章 产业集群效应凸显

产业集群是中小企业发展的重要组织形式和载体，对推动企业专业化分工协作、有效配置生产要素、降低创新创业成本、节约社会资源、促进区域经济社会发展都具有重要意义。

目前，我国电线电缆行业已形成较为成熟的产业链。上游主要为提供制造电线电缆产品所用的金属原材料、辅助原材料以及绝缘和护套的材料行业，如铜、铝及其合金、聚乙烯、聚氯乙烯等行业；中游包括提供电力电缆、通信电缆、电气装备用电缆及裸电线、绕组线等其他类型电缆的电线电缆生产制造企业；下游主要为对电线电缆有需求的行业，如工程机械、通信行业、电力行业、石油化工及建筑行业等。经过多年的发展，特别是改革开放后，民营电缆企业得到快速发展，大批民营企业家依托本地政府政策的支持以及资源优势发展集群经济，逐步形成了多个电缆产业集群。其中，安徽无为、河北宁晋、江苏宜兴、广东东莞等多个产业集群已逐步发展壮大，一些地区产业集群销售收入已起过本地企业销售收入的1/2，产业集群对区域经济的支撑作用日益明显。

第1节 江苏省宜兴地区

江苏省宜兴市官林镇电缆产业的发展可追溯至20世纪70年代，当时该镇开始涉足电缆制造领域，主要是以合作为主的小作坊式企业，规模较小，产品质量参差不齐。经过几十年的发展，如今，该镇拥有完整的电缆产业链和高度集成的生产体系，能够高效地满足国内外市场的需求，成为产业体量最大的产业，也是宜兴的地标产业，占据了“半壁江山”。2022年，全市共有电线电缆产品及辅料生产企业500多家，其中198家规上企业实现产值1491亿元，占宜兴规上企业总产值的29.8%。

官林镇电线电缆产业优势明显，已形成以电线电缆、铜材加工、化工涂料、塑料机械等为主的产业集群，其中尤以电线电缆为最，销售量占全国总量的10%，被国家相关部、委、局等授予“中国电缆城”和“江苏省电线电缆出口基地”称号，同时被评为“全国优质产品生产示范区”及“全国质量监管示范区”。

一、产业发展

本标题下着重介绍宜兴最初的电线厂，以及如今的重点十多个头部企业的发展变迁，描述回顾整个宜兴地区线缆行业如何从无到有，一步步发展成全国最大的产业集群基地、全国优质产品生产示范区的过程。

宜兴市最早生产电线电缆的是红塔公社田舍村电线厂，建于1976年4月，初期产品是广播用铁芯线和绝缘铝芯线。1985年底，该社的县电磁厂完成产值860.4万元。

1984年川埠乡建宜兴电缆厂，1986年2月又建宜兴县电工厂，两厂的移动型扁电缆通过省级鉴定，聚酯漆包线被上海电机厂采用，1987年两厂实现产值2404万元、利税147万元。1987年南新乡建无锡市电线电缆厂，生产控制电缆和 VV22 全塑电线电缆。至 1988 年底上述企业年产值达 7251.25 万元。

宜兴电线电缆产业最有代表性的还是官林地区，即官林镇和官林公社。官林地区系原官林区政府所在地，分管 8 个行政镇和公社，分别是范道公社、官林镇、纽家公社、都山公社、丰义公社、新建公社、新芳公社、杨巷公社。官林镇是由纯城镇居民户口构成的行政镇。1976 年由该镇党委书记丁寅生同志主抓成立了五金厂，生产刮刀、塑胶和塑胶制品及小电线，至 1980 年正式更名为宜兴市东方电缆厂，建有轧铜、拉丝铰合、塑包、橡套四大车间，员工 350 人，1995 年底完成产值 27503 万元、销售 16111.7 万元、利税 1008 万元。

（1）宜兴市电线电缆二厂 创立于 1981 年，是官林公社村办企业，由大田村在技术等各层面得到官林镇支持而兴办。职工 94 人，至 1995 年产值 2000 万元、利润 45 万元、全员劳动主产率 21.2 万元；期间（1984 年下半年至 1985 初），该厂管理层主要管理人员分流出来，另办新厂——宜兴县电工电线厂。

（2）江苏电缆厂 创办于 1985 年 3 月 1 日，原名宜兴县电工电线厂、宜兴县电工材料厂，1989 年更名为无锡市电工厂，1991 年更名为江苏电缆厂，同年总厂新厂搬至市政府所在地的宜城镇北郊，厂区一期占地面积 222.8 亩，二期 88.8 亩，三期 98 亩（二期、三期系 1991 年与邮电部市场开发部、邮电部侯马电缆厂、马来西亚马国公司、国浩投资公司合办的通信电缆厂所征地，主要生产光纤光缆。后几经改制出让变更为江苏享鑫科技有限公司。后享鑫科技中部分管理人员另创企业江苏俊知技术集团，现两家企业均为上市公司。总厂建筑面积为 7.02 万 m^2，被市政府接收为市属重点企业。1993 年成立党委，1995 年分设为江苏电缆一厂、二厂、三厂、六厂、八厂 5 个分厂，职工人数 1148 人，最多时达 2826 名。注册商标“峰塔”，生产全系列电线电缆，产品为部优省优，通信电缆为其特色产品，至 1995 年时销售值达 30086 万元，年产值 5 亿多元。由于改制派生出中江电缆有限公司、江苏峰塔电缆有限公司、上海沪安电缆有限公司和无锡市沪安电缆有限公司（该二厂系一套班子二块牌子，早期挂靠在江苏电缆厂名下）等，由此在江苏电缆厂的基础上至 21 世纪初衍生出几十家电缆厂，对宜兴电缆行业发展起了很大的推进作用。江苏电缆厂营业执照于 2003 年 3 月 7 日注销。

（3）无锡市江南电缆有限公司 创办于 1985 年 7 月，1995 年时厂区占地面积 60 亩，建筑面积 1.8 万 m^2，职工 500 人，有 6 个车间，产值 14000 万元，利税 500 万元。1993—1994 年与煤炭部合作筹建成立江苏中煤矿缆有限公司。江南电缆于 2012 年 4 月在香港上市。现江南电缆名下还有一大型铜厂。

（4）江苏东峰电缆有限公司 成立于 1988 年，扩大规模后重新登记于 1994 年 9 月 13 日，生产全系列电线电缆及 500kV 以下交联电缆，注册资本 30800 万元，另投资有 8 家企业。

（5）江苏长峰电缆有限公司公司 1985 年前身为竹制品、装饰材料及铝拉丝厂，后更名宜兴长风线缆厂、宜兴市长丰电力线缆厂，1991 年 1 月 12 日更名为江苏长峰电缆有限公司，注册资本 21880 万元，生产全系列电线电缆及全系列铝合金杆 / 丝、铝合金电缆。

（6）无锡市曙光电缆有限公司 成立于 1992 年，注册资本 30777 万元，生产全系列电线电缆及 500kV 及以下交联电缆和海底电缆。

（7）江苏远程电缆有限公司 成立于 1994 年 1 月，注册资本 71814.6 万元，生产全系列电线电缆及 500kV 及以下交联电缆，2012 年 8 月 8 日在深圳上市。

（8）无锡市长城电缆有限公司 成立于 1994 年，注册资本 20300 万元，生产全系列电线电缆及 500kV 及以下交联电缆，2023 年由政府收购并注销营业执照，现已转让更名为江苏渠成电缆有限公司。

（9）无锡市沪安电缆有限公司 1998 年前在上海创建上海沪安电缆有限公司，1998 年 3 月 31 日在官林成立无锡沪电缆有限公司，注册资本 30800 万元，2009 年分别在新加坡和我国台湾地区上市，生产全系列电线电缆及 500kV 及以下交联电缆。由于各种原因该厂于 2018 年注销原营业执照，主体企业已出售转让于普睿司曼，普睿司曼江苏总部搬至宜兴官林。

（10）无锡市华美电缆有限公司 成立于 1998 年 12 月 15 日，其前身在 1994 年时生产小 BV 线，现占地面积 30 万 m^2，生产 210kV 及以下的各种规格系统电缆，年产值 50 亿元，注册资本 35080 万元。

二、产业概况

1983年3月宜兴县由原镇江地区划归无锡市管辖，1984年1月国家取消人民公社名称改为乡称谓。1985年县取消区级行政区域，撤销区工委（成立巡视组，1991年5月停止工作）。1986年6月29日，官林镇官林乡合并成为官林镇，后又并入纽家、都山、丰义三个乡，共由5个乡镇合成。1988年1月9日宜兴县改为县级宜兴市。原9个乡镇中的新建乡改为镇，新芳乡、杨巷乡合并为杨巷镇，与官林接壤的范道乡（远东电缆原属范道乡）后并入高塍镇，但人们习惯上仍统称这9个乡镇为官林地区。改制前成立的企业名称中有当时的地名的，前辍为宜兴县的，后改为宜兴市、无锡市。官林地区暨官林镇已由1976年的一家线缆企业发展到1985后的10多家、1995年前的31家线缆企业（其中个体经营7家、村办企业15家、校办企业3家、镇办企业5家、市属企业1家），1995年后增至90多家。2004年1月与官林镇北接壤的丰义镇（1994年丰义撤乡设镇）并入官林镇，丰义镇原有的20多家线缆企业亦并入官林镇。至2005年官林已有线缆企业150多家，至2015年前后已有200多家并辐射至宜兴全市；其中官林镇线缆头部企业有生产超高压电缆的立塔5座，分属江南、远程、沪安、曙光、东峰5家（前3家为上市企业）；官林的江苏浦漕电缆亦为中小企业板块上市公司。

除官林以外，宜兴市内主要头部领军企业如下：

（1）远东电缆有限公司（远东控股集团有限公司）　成立于1992年10月22日，其前身1985年时为宜兴县范道仪表厂，1990年时为宜兴县范道电工塑料厂，该厂几经改制不断发展壮大，生产全系列电线电缆和500kV及以下超高压电缆、1100kV及以下架空导线，率先在国内制成碳纤维导体。现注册资本为18亿元，年销售额200多亿元。2021年5月在四川宜宾市成立远东电缆（宜宾）有限公司。2023年8月24日在江苏南通市如东县成立远东海缆有限公司，从事光纤光缆和海底电缆制造。上市后收购兼并改制重组10多家线缆电工企业，在发展过程中也为行业衍生出好几家骨干企业。

（2）江苏圣安电缆有限公司　成立于1999年10月20日，生产全系列电线电缆及500kV以下（立塔）交联电缆，有25家由其投资出资的合伙企业。

（3）江苏中辰电缆有限公司（江苏中辰控股有限公司）　成立于2003年6月18日，主要生产全系列电线电缆和500kV及以下（立塔）交联电缆，2021年上市，在山东、江西等地创办中型电缆企业、相关投资合伙企业10多家。

（4）江苏中超电缆有限公司（江苏中超控股集团有限公司）　企业前身成立于1995年8月5日，生产常规线缆，2004年扩资更名为江苏中超电缆有限公司，当时征地300多亩，员工600多人。2010年9月10日上市，生产全系列电线电缆及500kV以下（立塔）交联电缆。现注册资本为126800万元。通过收购兼并改制重组投资新建了10多家线缆企业，现名下有线缆、电工、机械、环保、地产等近50家企业。

（5）江苏宝安电缆有限公司（江苏宝安控股集团有限公司）　成立于1996年7月26日，注册资本25031万元。占地300多亩，现有员工800多人，生产全系列电线电缆，名下有企业3家以及合伙投资等相关企业10多家。

电线电缆作为宜兴的支柱产业，植根于苏南模式乡镇企业的深厚底蕴基础上，在改革开放的原动力推动下，经过近半个世纪的发展，聚集了电线电缆产品及辅料生产企业500多家，从业人员5万多人，产品远销80多个国家和地区，呈现出良好的发展势态，但产业发展中仍存在中低端产品产能过剩、要素支撑保障不够、行业聚合能力不强等问题（例如2013年时及以后相当一段时间内，在国内改革供给侧大气候，以及线缆行业爆雷金融担保风波引发资金链脱节等情况的连锁反应下，就关、停、并、转了几十家线缆企业，在这同时有些企业法人盲目扩张、违规操作，甚至还有赌博、隐瞒资产等情况发生，均受到了不同程度的法律制裁）。

三、产业特色

（1）产出规模大　从全国范围看，电力电缆和通信电缆的市场占有率分别超过 15% 和 50%。

（2）骨干企业多　2023 年，线缆产业 76 家销售超亿元企业的收入和利税，在行业中的占比均达 97% 以上，上市企业已有 7 家。

（3）装备水平高　全市建有 50 万伏立塔生产线 8 座，进口悬链生产线 20 多条，大平方射频同轴电缆生产线 10 多条，并配套进口了一大批先进检测设备，已成为国内产品种类最全（包括海底光电缆）、市场份额最大的线缆产业基地。

（4）创新能力强　拥有高新技术企业26 家，省级以上工程、企业技术中心 11 家，拥有专利1000 多项，国家重点新产品 2 个，国家火炬计划项目 16 个，8 家企业参与了 16 个国家标准、17 个行业标准制修订。江苏长峰电缆生产线专利配方全进口铝合金电缆全系列产品、远东生产线全进口碳纤维复合芯导线、江南超低温特种电缆等一批国际领先新产品已投入批量生产。

（5）品牌建设成效明显　全行业国家和省产品质量监督检查抽查合格率均好于同类产品平均水平，6 家企业获得省级质量管理奖，成功创建中国名牌产品 3 个（该奖项停止前）、江苏名牌产品 29 个、驰名商标 13 件、著名商标 26 件，省级以上名牌、品牌产品销售额占总量的 82% 以上。

（6）服务平台日臻完善　国家电线电缆质量监督检验中心运行稳定，行业专业技术工人培养富有成效，“国家火炬计划宜兴电线电缆产业基地”、“江苏省新型工业化产业示范基地”、“中国电线电缆产、学、研、政、合作联盟”、教育部“蓝火计划”等一批高规格平台纷纷落户，产业发展的集聚度和影响力逐步提高。

四、政策助力

1. 培育集群诞生土壤

市场大潮下，分则力单、合则势盛。作为我国电线电缆产业的集中区，宜兴地区拥有各类线缆生产及相关企业 500 多家，而这些企业中又有 200 余家集中在官林镇，这个占地仅 100 多平方公里的小镇也成了享誉海内外的“中国电缆城”。不经意间，官林已经具备了特色产业群诞生的土壤。

2007 年 11 月，宜兴市政府编制的《中国电缆城发展规划》通过评审，为我国电缆城的系统性、可操作性建设提供了指南。

2009 年，宜兴市政府出台《关于开展创建全国电线电缆优质产品生产示范区活动的实施意见》和《关于成立创建全国电线电缆优质产品生产示范区工作领导小组的通知》，开始进行全国电线电缆优质产品生产示范区创建工作。

2010 年 4 月 29 日，宜兴国检局与宜兴质监局、国家电线电缆检测中心分别签订了《关于构建大质量机制、促进质量提升合作备忘录》和《关于构建大质量机制、建设大质检文化合作备忘录》两个备忘录，2012 年 6 月 29 日又与宜兴市官林镇人民政府签订了《“检镇牵手”共促经济发展合作备忘录》。两年时间 3 份备忘录，宜兴国检局通过和宜兴质监局、国家电线电缆检测中心、官林镇政府的沟通协作，建立了一整套地方政府主导、企业主体负责、检验检疫部门监管的质量安全保障体系，真正将出口线缆产业集聚区打造成了一个有机整体。

2012 年 8 月，为加快品牌基地建设，进一步推进我市电线电缆产业实施品牌战略，促进我市电线电缆产业由数量优势转化为品牌优势、质量优势和竞争优势，宜兴市政府出台《中国电缆城品牌基地培育实施方案》。

在多个政府部门的协同努力下，当地企业也纷纷扭转单打独斗、各自为战的经营策略，充分发挥集群优势，形成了以远东、江南、明珠等公司为首，梯队布局合理的特色产业集群。

2. 政府规划绘蓝图

为全面贯彻党的二十大精神，深入践行习近平新时代中国特色社会主义思想，认真落实中央和省、市聚力重点产业集群、加快建设现代产业体系的要求，推动全市电线电缆产业加快转型升级、提质增效，2023 年 7 月，宜兴市政府研究出台了《宜兴市电线电缆产业集群发展三年行动计划（2023—2025 年）》，旨在进一步提振发展信心，增强发展动能，推动电线电缆产业高质量发展。

（1）五大发展目标 明确了创新能力显著增强、质量效益明显提高、企业能级大幅提升、绿色发展更加优化、智能制造更趋完善五大发展目标，主要包括：到 2025 年，产业 R&D 投入占业务收入比重达 2.5% 以上，新增高新技术企业 8~10 家，省级以上企业技术中心、创新中心等创新载体 5~8 家，发明专利 60 件以上；电线电缆产业产值达 2000 亿元，税费贡献超过 66 亿元，培育产值超 300 亿元的龙头企业 1 家、超百亿元的 3 家、超 50 亿的 10 家、超 10 亿的 20 家、1~2 家上市企业，创建一批国家级、省级绿色工厂和绿色产品、智能工厂、智能车间，无锡市智能应用场景，国家级、省级两化融合管理体系标杆企业、示范企业。

（2）四大发展战略 一是品质先行。主要是提高全市低、中、高压电力电缆产品品质，加快智能化改造、数字化转型，全面打响“宜兴制造”区域品牌。二是创新驱动。主要是引导提升企业自主创新能力，突破“卡脖子”技术，大力发展风力发电、光伏发电、核电、新能源汽车等新能源装备用线缆，轨道交通、舰船、航空航天等交通装备用线缆，建筑线缆、柔性线缆等高附加值线缆。三是企业优强。主要是鼓励龙头企业资产整合兼并重组，加快培育链主企业、领军企业、专精特新行业小巨人和“单打冠军”。四是开放合作。主要是引导企业加强国际合作，吸纳电线电缆行业全球优质要素资源，同时依托太湖湾科创带建设、长三角一体化战略，抢抓创新要素、金融资源，推动线缆企业由装配生产向全域延伸。

（3）十一大工作举措 围绕五大发展目标和四大发展战略，推出了强化科创平台建设、着力开发高端产品、培育优强骨干企业、加强质量标准建设、构筑数智转型高地、聚力强链补链延链、支持产业链配套协作、积极引进培育人才、扩大对外开放窗口、加大金融支持力度、强化质量监督管理这十一条具体工作举措。同时明确了各项举措的责任单位，各部门根据自身职责推进实施。

（4）四大保障措施 为确保十一大工作举措的顺利推进，制定了加强组织领导、加大政策引导、强化执法检查、合力协调服务四大保障措施，主要是发挥宜兴市电线电缆产业集群发展工作专班力量，市工业和信息化局牵头负责，会同市发展改革委、科技局、市场监管局、生态环境局、财政局、地方金融监管局等相关职能部门协同推进，形成工作合力，确保电线电缆产业提档升级有序推进。

2023 年，全国镇域经济 500 强榜单发布，官林镇位列 2023 镇域经济 500 强第 16 位，排名无锡全市各镇首位。总之，中央确定官林镇为无锡第一强镇，主要是因为该镇卓越的经济实力、强大的产业集聚效应和优越的地理位置。电缆产业作为该镇的重要支柱产业，不仅在国内市场上具有较高的知名度和影响力，也在国际市场上赢得了广泛的认可和赞誉。

第 2 节　安徽省无为地区

安徽省无为市高沟镇是全国闻名的电缆之乡。自 20 世纪 80 年代末开始，以高沟镇为主要集聚区的电线电缆产业逐步发展壮大，随着集聚效应，辐射到姚沟、泥汊、无城等镇，形成了特色鲜明的电线电缆产业集群。经过 30 多年的积淀积累，无为电缆已成为科技部唯一以特种电缆为主导产品的火炬计划产业基地。

“特”是无为电线电缆的生命线，也是无为电线电缆转型升级之路的指向标。近年来，无为电线电缆产业危中寻机、难中求进，在激烈的行业竞争中不断优化产业布局、加快产品技术革新、着力打入高端市场，在加大制造设备、人才和技术研发的投入上奋力实干，以坚守智造的初心，在产业转型升级的征程上一路高歌猛进。

一、产业发展

无为电线电缆起源于滨江小镇高沟，该镇位于无为东南部，南拥长江，曾世世代代陷入贫瘠与落后，以前唯一“出口”是一条蜿蜒坎坷的江堤，驱车到县城要两三个小时，全镇居民绝大多数是农业人口。

早期的高沟人从零开始，将一个无区位、无资源、无技术的“三无”小镇，发展壮大成为闻名遐迩的“中国电缆之乡”和全国特种电缆产业基地、国家级火炬计划高新技术产业基地，也是安徽省最典型、最成熟、最活跃的产业集群，被誉为“八百里皖江的一颗璀璨明珠”，被经济界称为“高沟现象”“高沟模式”。

改革开放40余年，正是无为电线电缆从萌芽到经历初步成长和全面发展的40多年，回顾无为电线电缆产业发展历程，呈现出明显的阶段性，大致可分为4个阶段。

1. 工业萌芽阶段（1968—1980年）

20世纪70年代初，受个体私营企业发展的影响，高沟镇开始有了小作坊式的磨具生产，高沟的民营工业企业开始出现，高沟工业由此进入了萌芽阶段。在该阶段，无为企业数量少、产业规模小、产品种类单一，虽尚未出现电线电缆企业，但形成了无为电线电缆产业基础和企业家群体的萌芽。

2. 初步成长阶段（1980—1990年）

20世纪80年代初，高沟外销售人员发现电加热器市场广阔，高沟人开始生产和销售电热圈、云母加热片等电加热产品，高沟民营企业从磨具、磨料等小型手工作坊，渐渐扩大到电加热、机电产品、电线电缆等多品种生产，电线电缆企业萌发，初代电线电缆企业创建。

3. 全面发展阶段（1990—2008年）

20世纪90年代初，高沟镇电加热产品销售人员在开发市场的过程中发现电线电缆产品存在广阔的市场需求，开始进行电线电缆经销业务。1991年，定兴人沈志海发现电线电缆产业中的巨大商机后，筹资办起了无为第一家特种电线电缆厂，即安徽华海电缆厂（现安徽华海特种电缆集团）。在此基础上，陆续带动了众多企业家、业务员发现电缆产品附加值高、利润丰厚，陆续转产。这就带动了高沟电缆产业的蓬勃发展，从而形成了高沟电缆产业集群，涌现出一批快速发展的企业，如华星电缆、江淮电缆、华菱电缆、华宇电缆、华能电缆、新亚特电缆等。

随着改革开放的推进，1997年无为乡镇企业改制，绝大部分企业完成了产权制度改革，企业管理机制实现彻底转变，当年电缆产业总产值超亿元。2000年以后，电缆产业集群骨干企业持续加大投入，集群规模不断扩大，创新能力不断提高，集群实力显著提升，形成了特色鲜明的电缆产业集群。在该阶段，企业明显增多，规模不断扩大，涌现出华菱、新亚特、华能等一批企业，实力不断提升，电线电缆产业集群雏形基本确立，并于2006年获批“国家火炬计划无为特种电缆产业基地”。

4. 转型升级阶段（2009年至今）

围绕做大做强电线电缆产业，无为市委市政府积极引导企业走“新产品、高技术、特色化、专业化”发展之路，以市场为导向推进科技创新，加快企业转型升级，企业保持了平稳的发展态势。市委市政府也先后出台了《关于进一步加快电线电缆产业发展的决定》《关于扶持电线电缆骨干企业做大做强的决定》等文件，从政策层面推动电线电缆转型升级。

在该阶段，电缆产业链基本形成，生产基地拓展为以高沟为中心，辐射姚沟、泥汊等镇的产业集群，创新逐步成为产业发展的重要动力，于2014年建成国家特种电线电缆产品质量监督检验中心（安徽）。值得一提的是，2019年以来，无为电缆产业发展由规模扩张型向质量效益型转变，产业链进一步完善，于2019年成功跻身安徽省首批县域特色产业集群之列，后并被认定为“2023年度安徽省中小企业特色产业集群”之一。

二、产业概况

目前，无为市电线电缆行业拥有电缆制造及配套企业270余家，组建集团企业51家，资产总规模超

360亿元，从业人员2.5万余人，年产能660万km，产品畅销全国30多个省、市、自治区，并随“一带一路”出口中欧、东南亚、中东及非洲等国家和地区。

目前，电线电缆及配套业是无为市的支柱产业之一，并成为全国最大的特种电缆产业基地，先后荣获“国家火炬计划无为特种电缆产业基地”“国家新型工业化产业示范基地”“全国特种电缆产业知名品牌示范区”“国家中小企业特色产业集群”“安徽省优质特种电线电缆生产示范区”“安徽省电缆特色产业集群（基地）”“安徽电缆专业商标品牌基地”等荣誉称号。

截止2023年末，无为市电线电缆行业拥有规上工业企业108家，累计完成产值265亿元，同比增长6.3%，销售收入累计完成289亿元，同比增长10.5%，缴纳税金8.2亿元，同比增长14.2%；产业集群中高新技术企业60家，国家级专精特新“小巨人”企业11家，省级“专精特新”中小企业43家，冠军企业6家。

2019—2023年，无为市电线电缆产业发展总体上稳中有进，产业规上企业数、规上工业产值、应税销售收入、入库税金等指标，除2020年受新冠疫情影响有所下滑外，均呈逐步增长的态势。目前，行业规上企业数量占无为市的40%左右，工业产值占比39%左右，销售收入占比37%左右，如图80和图81所示。

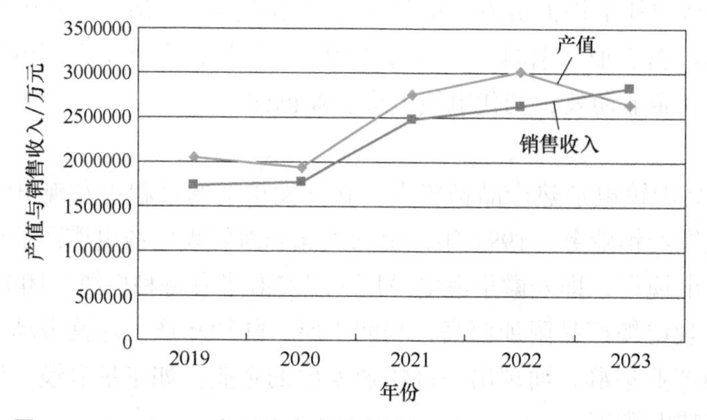

图80　2019—2023年无为市电线电缆行业规上工业企业产销情况

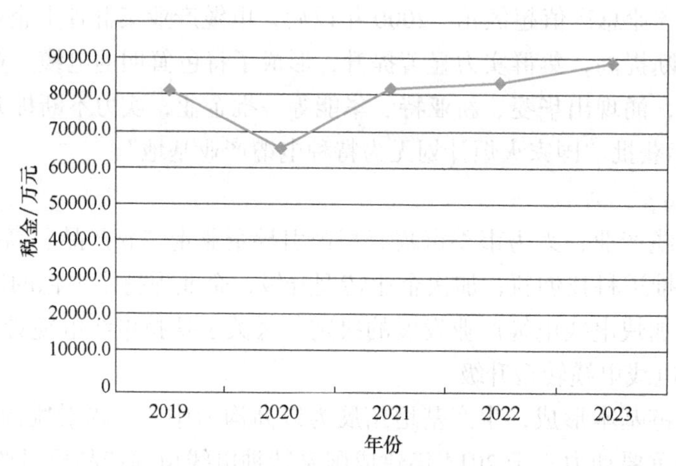

图81　2019—2023年无为市电线电缆行业规上工业企业税金情况

三、产业特色

无为电线电缆产品广泛应用于冶金、电力、石油、化工、煤矿、铁路、交通、军工等诸多领域和重大工程，深受国内外用户信赖。主要产品包括35kV及以下电力电缆、控制电缆、仪表用计算机电缆、补偿导线电缆、耐高低温电缆、阻燃耐火电缆、铁路机车信号电缆、石油化工电缆、核电电缆、能源环保电缆、风能发电电缆、矿用电缆、轨道交通用电缆、舰船电缆、航空航天电缆、军工装备等其他特种电缆。经过30多年的发展，无为市电线电缆产业已成为全国四大电线电缆产业基地之一、国内唯一特种电缆产业基地，也是安徽省发展最成熟、最典型、最活跃的产业集群，并具有自己的特色。

（1）产品特色鲜明　基于无为电线电缆企业体量不大的现状特点，通过规模化生产形成成本效益，进而抢占市场份额的路径很难实现，无为电缆只能发挥自身“小、快、灵”的特点，专精于特种电线电缆产品领域，以求取得突破。近年来，无为电缆以生产制造35kV以下电力电缆和电气装备用电线电缆为主，具有一定知名度和细分行业影响力的产品主要集中在轨道交通、舰船、航空航天、矿用、核电、新能源等领域，如华菱的轨道交通电缆，华宇的舰船电缆，宏源、光复的航空航天电缆，凌宇的矿用电缆，尚纬、新亚特的核电电缆，华能的风力、光伏新能源电缆。在新兴的新能源汽车市场中的高压线束领域，远征、太平洋等一批企业也实现了产品和市场的突破。无为市电线电缆产业已延伸出根据客户需求，提供特种电线电缆产品个性化、特色化定制服务，在众多细分行业电缆应用领域内，坚持“特”字当头、另辟蹊径，在激烈的市场竞争中保持显著优势。

无为特色产品主要包括铁路机车车辆用电缆、光伏发电新能源电缆、风力发电新能源电缆、稳相电缆、微波低损耗电缆、水密电缆、舰船用电缆、额定电压8.7/10kV及以下移动金属屏蔽监视型软电缆、核级电缆【连接用的核级K3类电缆、安全壳外电缆（K3类）、安全壳内电缆（K1类）】等。

（2）产业转型步伐加快　深入实施工业互联网创新发展战略，深化新一代信息技术与制造业融合发展，华能电缆、华宇电缆、安徽尚纬电缆等企业积极参与芜湖市工业互联网标杆示范培育三年行动计划，6家电缆企业确定为无为市工业互联网创新发展标杆示范企业。产业集群累计建成省级智能工厂1家，省级数字化车间5家，市级智能工厂1家，市级数字化车间10家，省级网效之星2家，省级制造业与互联网融合发展试点企业4家，通过国家两化融合贯标评定企业20家，其中2023年认定省级智能工厂1家（无为首家），市级数字化车间1家。10家企业参与上缆所开展的Ecode码质量追溯体系建设工作，率先采用Ecode物品编码技术的信息化手段，建立健全数字化质量追溯体系，建成唯一的二级分平台。

（3）产业链补短板加快　以产业链“延链、强链、补链”为目标，持续巩固提升产业集群核心竞争优势，推动上下游产业链延伸发展。以楚江高新为代表的11家电线电缆铜基材料企业累计完成产值107亿元，同比增长34%；新引进的凯波特材（安徽）有限公司2023年底投产入规，预计可实现年产值15亿元左右。当前，无为电缆以特种电线电缆制造业为主导，上游导体、绝缘材料各环节基本实现了本地化配套。

（4）JMRH不断深化　在国家JMRH发展战略的带动下，无为电缆企业正加快向兵器、舰船、通信、航空航天、核工业等领域迈进。无为在全省率先编制出台县级JMRH产业发展规划和实施意见，2019年6月，牵头组建安徽省JMRH特种电缆产业创新联盟，同年10月，与中国兵工学会共同组建安徽省电缆产业JMRH协同创新联合体。目前，无为电缆涉军认证企业24家，13家企业获有“军工三证”，4家企业获得省军民融合发展专项资金支持，3个项目入选国家武器装备关键技术产品产业化能力建设项目库，4个项目入选安徽省军民融合“十四五”重大项目库，5家优质大中型企业加入军队物资工程服务采购商库，6家企业被中央融办确定为全国军民融合重点企业。无为电线电缆已成为全省涉军企业集中度最高区域之一。

（5）创新基础扎实　为进一步加大产品创新和技术进步，同时破除企业规模体量小导致创新投入有限的薄弱环节，无为市电线电缆产业大力推动“产学研”合作，全力促进产学研成果转化。近年来，通过开展“千家企业大走访”，联合浙江大学、安徽工程大学等高校院所和安徽科技大市场、启迪国际等技术转移机构等，深入电缆企业全覆盖走访，开展技术需求收集，形成产业链技术需求清单，进行精准发布，寻找解决方。通过深入开展产学研合作活动，促进企业需求和学院科创成果充分耦合。鼓励企业购买技术服务，开展技术合作，指导企业登记技术合同，推动技术成果转化落地。2023年度，无为市电线电缆产业累计登记省级科技成果150项，登记技术合同约18亿元，认定省级新产品7项、安徽工业精品2项、安徽省首台套重大技术装备1项。

四、政策助力

1. 无为市行业协会

安徽省无为县电线电缆行业协会成立于2006年2月，由无为县人民政府牵头组建，时任县政府县长助理的童忠宝兼任协会会长，协会工作人员都是公务员身份，活动经费均由政府安排下拨，至2019年8月，前三届协会一直以政府行为在开展活动。后由于国家文件要求政企脱钩，党政机关公务人员不得参与社团活动。在无为县委县政府主要领导主导下，根据文件要求，结合无为电线电缆实际情况，于2019年8月选举产生了第四届会长，形成了由各电线电缆企业组成的非营利性社会团体组织。2021年10月21日，安徽省无为县电线电缆行业协会更名为安徽省无为市电线电缆行业协会。

2. 地方政府支持

为进一步促进产业的高质量发展，加快转型升级步伐，提升产业发展能级，在“提升科技创新水平、提高智能制造能力、强化金融要素支撑、加大人才引进和培训力度、优化土地资源利用、强化龙头企业培育”等方面，市委市政府出台了一系列支持企业发展的优惠扶持政策，鼓励企业加大技术改造力度，推动企业往“专精特新”方向发展，打造国家级专精特新“小巨人”企业，每年兑现电缆企业奖补资金达5000多万元。

自2012年以来，市委市政府先后出台了《关于大力支持民营经济发展的实施意见》《关于金融支持实体经济发展若干政策的实施意见》《无为县鼓励和支持电线电缆企业兼并重组暂行办法》《无为县鼓励企业技术改造奖励办法》等系列政策支持电线电缆企业做大做强。

无为市委市政府依托产业集群优势，通过实施领军企业培育，积极打造了华菱电缆、华宇电缆、国电电缆、华能电缆、尚纬电缆等一批在行业细分领域市场占有率高、品牌优势明显、创新能力强、发展迅速的电线电缆领军企业，形成了一批有实力、有品牌、有特色且具有全国影响力的“单打冠军”和“配套专家”，从而带动整个电缆产业转型升级。

通过不断培育壮大，2023年无为市电线电缆企业中产值5亿元以上企业共9家，其中楚江、华菱、国电、华宇、尚纬等5家企业产值突破10亿元。

多年来，无为市委市政府积极搭建平台，助力企业创新，2005年由政府出面成立无为县电线电缆行业协会，2012年发起筹建国家电线电缆检测中心（安徽）。为进一步加大电缆科技创新平台和人才队伍的建设投入，成立上海电缆研究所 - 安徽特种电缆产业技术研究院联合工作站、合肥工业大学无为技术转移中心等公共创新平台，设立安徽省居民融合特种电缆产业创新联盟、安徽省电缆产业协同创新联合体、中国电工技术学会和中国兵工学会专家工作站，并积极与高校院所开展深度合作，在科技成果转化、标准制定、新产品开发等方面不断取得新成果。

依托技术赋能，“无为电缆”早已摒弃“粗老重”的工业制造旧模式，转向“高精尖”工业智造领域。安徽国电电缆重视科技创新与产品研发，目前已拥有国家专利64项、省级高新技术产品16项、安徽省级认定新产品7项，并连续两届入选安徽省重大科技专项。华能集团积极推进数字化转型升级，加快数字化、智能化车间改造，现已获得省数字化车间、省网效之星等荣誉并被认定为芜湖市大数据企业。通过抢抓制造业数字化转型的机遇，无为市积极建立规模以上工业企业信息化发展长效机制。截至2024年7月，共有16家企业通过国家两化融合管理体系评定，有4家企业获得省级制造业与互联网融合发展试点企业，有20家企业加入与上海电缆研究所合作的线缆工业互联网项目。

第3节　河北省宁晋地区

一、宁晋县电线电缆产业现状

宁晋县电线电缆产业起步于20世纪80年代，经过40多年发展，已成为华北最大、全国第三的电线电缆生产基地，2023 年营收 434.7 亿元，增速 27.1%，居全省 107 个重点产业集群第 6，并呈现出以下 4 个特点：

（1）集群效应明显 拥有生产及配套企业 2393 家（其中规上企业 321 家），线缆产业集聚度达 80%，形成了从铜杆加工、辅料生产到成品线缆的完整链条，主要产品有 35kV 及以下电力电缆、架空绝缘电缆、铝合金电缆、矿用电缆等。全县在外从事线缆行业人员 5 万余人，销售网络遍及全国各省、市、自治区大中城市。

（2）创新能力较强 拥有国家特种电线电缆产品质量监督检验中心，市级以上研发平台 16 家，省级“专精特新”企业 65 家。2023 年，产业研发投入归集金额 4.8 亿元，增长 25.2%，先后获得省科技成果 6 项、发明专利 39 件。鑫晖铜业参与研发的“高速铁路用高强高导接触网导线关键技术及应用”项目，让高铁的速度提升到 400km/h 以上，荣获国家科技进步奖二等奖；宏亮电缆研发的新型无氧铜杆达到国际先进水平；亚星线缆拥有国内独一份产品——中压防爆炸电缆；明达电缆开发的联锁铠装电缆、耐日光电缆等系列新产品具有自主知识产权核心技术。

（3）品牌质量过硬 拥有 6 件中国驰名商标，22 家电缆企业的 24 种产品获河北省名牌产品，20 家企业商标获省著名商标，产品抽检合格率保持在 98% 以上。鑫晖铜业作为主要起草单位，参与制定电气化铁路电缆国家标准；京缆电缆获国家级知识产权优势企业称号；明达电缆牵头制定了铝合金电缆河北省地方标准，是河北省企业标准领跑者。长江三峡、克拉玛依油田、北京大兴国际机场、国家电网等重点工程都有宁晋线缆的身影。

（4）企业融通发展 “头部企业 + 公共服务平台”型载体吸引入驻企业 1010 家，其中聚集着 808 家线缆企业，190 家管理咨询、信息服务等社会服务机构，8 家资本服务机构。充分利用头部企业拥有的研发、检测设备，通过资源共享、服务合作等方式，带动提升上下游中小企业制造水平，95 家企业销售收入突破亿元关，培育了 20 家专精特新企业、2 家“小巨人”企业，创新链共享、供应链协同、产业链协作的融通发展模式日渐成熟。

二、推动电线电缆行业发展的措施

近年来，宁晋县委县政府通过政府引导和市场化运作，不断培育壮大重点企业，打造自主高端品牌，增加产品附加值，提高企业市场竞争力，促进电线电缆产业高质量发展。

（1）坚持科技创新，助推行业整体提升 出台《电线电缆产业集群高质量发展实施方案》《宁晋县支持企业科技创新 15 条措施》《电线电缆“1+N”结对帮扶方案》，建立 1 亿元产业引导资金，用于鼓励企业加强科技投入和攻关。深化“千企转型”和“百项技改”行动，与河北工业大学、兰州大学等 50 余所高校开展产学研合作，组织 185 家规模企业每家结对帮扶 3~5 家中小企业，实现抱团发展、联动提升。

（2）突出内育外引，蓄足产业发展后劲 宁晋县电线电缆企业扩大生产规模、在外宁商回家投资建厂意愿非常强烈，为此，县政府多次对接部委、省厅、市局，争跑政策、土地和资金等要素支持，搭建产业发展新平台。目前，正在建设的贾家口镇高端智能制造产业园已有 11 家企业入驻，东汪镇高压电线电缆产业园已有 4 家企业入驻。同时正与江铜华北、凯波线缆等业内龙头紧密对接，力促达成合作。

（3）精准纾困解难，解除企业后顾之忧 编发《税费优惠政策清单》《科技惠企政策“一本通”》，推动惠企政策应知尽知、直达快享，2023 年办理留抵退税 5.81 亿元，研发费用加计扣除金额 2.36 亿元，同比增长 18.91%。实行县级领导干部分包重点项目、企业，协调解决各类难题。创新“供应链融资”模式，做大“订单贷”等融资产品，已投放贷款 7.32 亿元，惠及企业 100 家，有效缓解企业流动资金压力。

三、宁晋县电线电缆未来展望

随着国家不断推进基础建设，深入实施“一带一路”战略，以及配电网建设、城市电缆入地化、铁路技术装备水平提升等，为电线电缆带来广阔的市场空间。宁晋县政府锚定“打造千亿级电线电缆产业集群”目标，抢抓建设全国产业转型升级试验区先行县机遇，有针对性地实施系列行动，向高端化、智能化、绿色化发展。

（1）实施龙头引育行动 一是拓展产业下游链条。内育头部企业，做精铝合金线缆、电力电缆等细分市场，加快成长为行业“隐形冠军”；外引安徽绿宝等业内龙头，战略布局光纤光缆、海洋电缆等新领域。二是补足产业上游链条。宁晋县电线电缆产业年用铜量在100万t左右，但本地缺少优质铜杆企业，需要从外地大宗采购。下一步将加强与江铜华北、中国铜业等业内一流企业对接沟通，积极引进龙头企业落户，稳定原辅材料供应。

（2）实施园区集中行动 创新土地利用模式，在加快推进高端智能制造产业园、高压电线电缆产业集聚区建设基础上，将土地指标向园区集中，在苏家庄镇再谋划建设一个电线电缆产业园，建成融生产、科研、物流、服务、管理于一体的高标准、现代化产业园区。发挥国有平台作用，通过国有平台公司混改、控股，培育壮大民营企业，走出一条集约节约用地的“宁晋模式”，助力电线电缆产业转型升级。

（3）实施创新引领行动 加大科技型中小企业、高新技术企业、专精特新企业等的培育力度，力争规上工业企业研发投入年增长9%以上，年新增专精特色中小企业30家。支持企业与院校、研发机构建立长期稳固的合作，加快推进上海电缆研究所在宁晋设立分所或检测中心。充分发挥河北省科技成果展示交易中心宁晋分中心作用，助推科技成果结出更多产业之花。推进产业数字化改造，加快“5G+工业互联网”建设，建立产业大脑，建成一批“数字化车间”“智能工厂”。

（4）实施营商环境提升行动 在招商引资方面，出台更加优惠的招商引资扶持政策十一条，健全招商项目快速预审机制。为重点企业代建厂房、代购设备，让企业“拎包入住”。在降本增效方面，由国有平台联合优质线缆企业成立政府控股的供应链管理公司，帮助线缆企业大宗采购原材料，降低企业成本10%左右。在上市培育方面，对纳入上市储备库的企业，提供一企一专班服务，前置500万元奖励资金，推动企业加快上市步伐。

第4节 广东省东莞虎门

东莞市线缆产业经过30多年的发展，目前已形成年销售额超千亿元的产业规模，产品以通信、消费性电子用线缆大类的控制电缆、计算机电缆及耐高温的铁氟龙电缆、硅橡胶电缆、阻燃电缆、低烟无卤电缆等特种电缆产品为主，用户领域主要涉及通信、消费类电子、汽车、能源等行业。据相关统计，目前东莞在线缆生产、线缆设备、线缆材料等方面已形成以虎门镇为中心的产业集群，辐射长安、厚街和石碣等镇的板块经济发展态势。规模较大的企业有领亚电子科技股份有限公司、东莞市中德电线电缆有限公司、东莞市日新传导科技股份有限公司、东莞市民兴电缆有限公司、东莞市胜牌电线电缆有限公司等。

一、产业发展

信息传输线缆产业是服务于手机通信行业、IT行业、家电和消费类电子行业的线缆细分产业，俗称电子线，一般指利用电传导某种信号或能量的电线，可以分为数据线、同轴线、网络线、医疗线、机器人柔性线缆和低烟无卤线等，目前市场容量有千亿规模。

东莞市虎门信息传输线缆产业历经多年的发展，涵盖了线缆制造、线缆材料、线缆端子和线缆设备制造4大类别，形成了集研发、生产、销售、服务于一体的完整产业链，规模居全国镇级产业集群之首，是具有优质公共服务的集群体系。

自1998年引入首家台资线缆企业万泰光电（东莞）有限公司以来，虎门拉开发展信息传输线缆产业的序幕。2009年，虎门镇设立了广东省第一家线缆产业协会。2018年以来，虎门镇先后获广东省信息传输线缆产业技术创新专业镇、东莞市重点扶持发展产业（信息传输线缆产业）集群、东莞市高端新型电子信息产业基地等称号，标志着虎门线缆产业发展迈上新的台阶。

虎门信息传输线缆起源于20世纪80年代，是国内最早形成消费类电子线缆完整产业链的区域。经过

30余年的发展，“虎门线缆”已成为国内具有代表性的行业品牌，也是虎门的支柱产业之一。虎门信息传输线缆产业发展经历了起步、发展、壮大和成熟4个阶段（图82）。

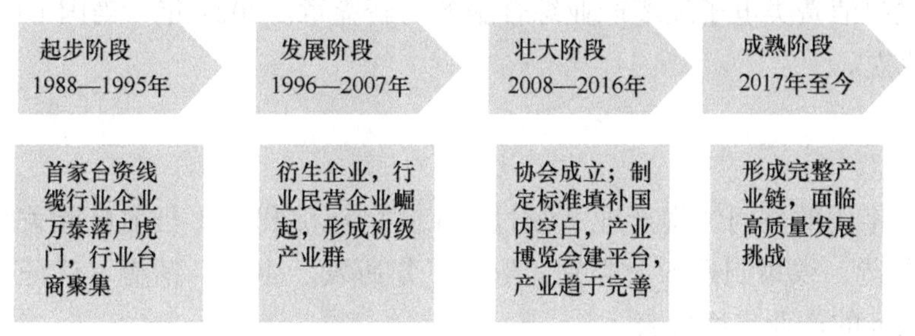

图82 虎门信息传输线缆产业发展历程

1. 起步阶段（1988—1995年）

1988年3月，台湾万泰企业集团在东莞设立线缆制造工厂——东莞虎门万泰电线厂，后于2011年变更为万泰光电（东莞）有限公司，主要从事电子线、电源线、计算机线、隔离线、并排线、网路线等的设计与制造。万泰光电（东莞）有限公司作为东莞首家台资线缆行业企业落户虎门，成为开启虎门信息传输线缆产业的标志性事件。随后，在万泰光电的带动下，线缆产业的台商来虎门投资，逐渐形成一个产业雏形。30多年来，万泰光电为虎门线缆产业培养超过300名创业者从事线缆业以及周边产品的开发生产，该企业被誉为线缆产业的“黄埔军校”。虎门线缆企业群的规模效应开始显现，出现了快速增长。

2. 发展阶段（1996—2007年）

万泰光电衍生出了东莞市联升电线电缆有限公司、领亚电子科技股份有限公司等企业，直接推动该行业民营企业的崛起。随着台资布局的完成和民营企业的崛起，虎门线缆行业在2004年左右形成初级产业群雏形。至2007年，虎门全镇共有信息传输电子线缆企业及其上下游企业195家，民营企业不断发展，与台资平分秋色，线缆行业工业总产值达到151.2亿元。

3. 壮大阶段（2008—2016年）

2009年，东莞市虎门信息传输线缆协会成立，构建了虎门乃至整个东莞线缆产业的行业组织机制。同年，虎门信息传输线缆产业集群被东莞市政府认定为重点扶持发展产业集群。2010年，东莞市虎门线缆行业联盟成立，这对制定和推广实施联盟标准、逐步规范产品生产和技术标准具有重要意义。2010年，虎门发布首批信息传输线缆联盟标准，开创了国内线缆行业标准的先河，填补了虎门信息传输线缆标准体系的空白。

2013年，中国电子元件行业协会光电线缆分会计算机和消费电子产品类线缆专业委员会在虎门镇成立，虎门正式拥有了“国字号”线缆公共服务平台。2013年，虎门线缆协会与美国UL在广东现代国际展览中心首次合作举办国际电线电缆展览会。同年，虎门获省科技厅授予“电子信息设备制造类”技术创新专业镇。2016年，首届亚太线缆技术信息交流大会在虎门举行，广东省信息传输线缆与连接技术标准化技术委员会成立。

4. 成熟阶段（2017年至今）

2017年以来，全球各国电线电缆制造企业已经开始了兼并重组步伐，在下游需求不断提升的情况下，中国电线电缆制造企业的并购重组步伐将会加快，加之铜期权的推出，会进一步减少原材料价格波动对制造企业的影响，推动行业集中度的提升。虎门线缆产业也在全球趋势的影响下，进入成熟稳定阶段。在此阶段，伴随着产业结构调整的不断推进以及细分市场需求的升级，品牌与质量将成为线缆产业内企业之间竞争的关键因素。通过不断强化品牌效应、提升产品质量等方式，电线电缆企业将逐步摆脱价格竞争，在质量竞争中渗透着材料特性、工艺水平、控制能力等标准方面的竞争。

在此阶段，虎门进一步加大了产业投入力度，力求推动产业转型升级。2017年，“东莞市虎门线缆行业联盟标准化试点项目”通过了专家组考核验收，该试点项目较好地解决了国家信息传输线缆产业科技成果转化的问题，发挥了标准联盟引领产业发展、促进科技创新的积极作用。

2019 年 7 月，东莞虎门信息传输线缆公共服务平台和中国检验认证集团广东有限公司虎门检测中心正式投入运营，拉开了虎门消费类电子线缆产业综合服务的新篇章。2021 年，美国 UL 在海外的第一个线缆标准化工作组在虎门成立。

二、产业概况

起步于 20 世纪 80 年代的虎门线缆产业，经过数十年的沉淀积累，目前已涵盖线缆制造、线缆材料、线缆端子、线缆设备制造、线束制造 5 大类别，形成了集研发、生产、销售、认证于一体的完整产业链，是东莞具有优质公共服务的产业集群代表。

线缆企业成为虎门重要的梯队支撑。数据显示，2023 年虎门镇规上线缆企业共完成工业总产值 125.8 亿元。当前，虎门共有规上线缆企业 137 家（其中高企数量 98 家），数量占全镇规上企业的 16.7%，产值占 12.9%。图 83 所示为 2019—2023 年虎门信息传输线缆产业工业总产值。

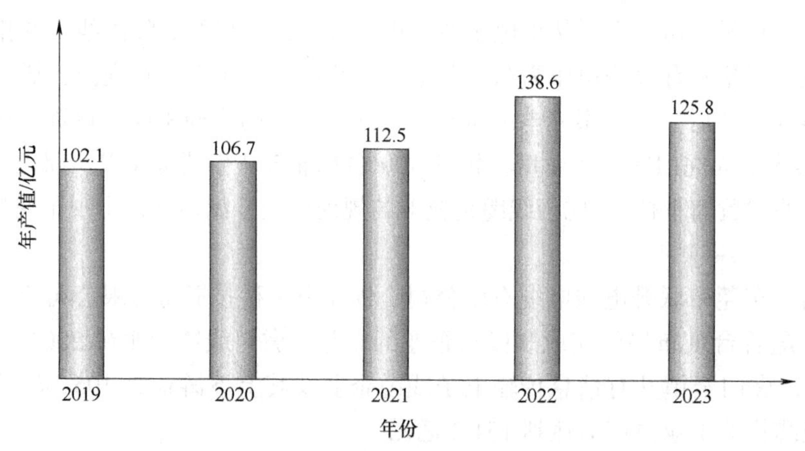

图 83　2019—2023 年虎门信息传输线缆产业工业总产值（单位：亿元）

注：数据来源根据调研测算。

虎门镇现有信息传输线缆上下游企业超过 200 家，企业主要分布在龙眼、赤岗、北栅、村头、白沙、怀德等社区。这些上下游企业与生产加工企业形成了虎门镇信息传输线缆行业庞大的产业集群、完善的产业链条配套体系、成熟发达的市场空间、行业信息的交汇中心和先进技术的交流中心，培育了一批具有国际影响力的大型企业，如设备生产知名企业有庆丰、精铁、恩祥、冠标等，分别生产电线押出机、绞线机、拉丝机等，原材料生产知名企业有银禧、建通等，分别生产塑胶、端子等，线材生产企业有胜牌、联升、稳畅等，线束与连接器企业有维峰、意兆、协顺等。

三、产业特色

1. 起源最早

东莞市虎门镇是国内消费类电子线缆行业的主要发源地和集中地，是国内最早形成消费类电子线缆完整产业链的区域。目前，虎门镇消费类电子线缆、连接器行业不断发展壮大，产品远销欧、美、日等发达国家和地区，以虎门、深圳为中心的地区已成为国内消费类电子线缆行业的重要集中地与制造基地。虎门镇也因此先后荣获广东省信息传输线缆产业技术创新专业镇、东莞市重点扶持发展产业（信息传输线缆产业）集群、东莞市高端新型电子信息产业基地等多项荣誉。

2. 产业链最完整

虎门镇现有信息传输线缆生产企业 300 多家，主要从事通信行业、IT 行业、家电和消费类电子行业的材料、电子线、电源线、电线及其连接器的生产、加工和销售。

近 10 多年来，虎门线缆产业在产业发展模式方面进行了一系列创新，期间经历了多种模式相结合，逐渐从传统方式走向多元方式，由台商投资、企业单打独斗转为建立联盟实现产业集群作战，由单纯的生产制造模式为主，逐渐过渡到全产业链发展模式。目前，虎门线缆产业涵盖线缆制造、线缆材料、线缆端子和线缆设备制造 4 大类别，形成了规模庞大的产业集群、配套完善的产业链条、成熟发达的市场体系，产品远销欧、美、日等发达国家和地区。

3. 标准最全

2009 年以来，在虎门镇政府的大力支持下，虎门镇成立了东莞市虎门信息传输线缆协会，协会联合行业内的材料、设备、线缆制造商及检测机构等共同组建了虎门信息传输线缆产业联盟，着手消费类电子线缆行业各类产品联盟标准的调研、起草和推广工作，至 2021 年累计制定发布 117 项团体（联盟）标准，带动 60 多家企业共同关注和借鉴应用团体（联盟）标准指导实际生产制造，有效改善产品质量状况，杜绝无标假冒伪劣产品，提升了虎门线缆的行业地位与声誉，实现了产业规模优势向技术标准优势、市场竞争优势的转化，促进了线缆产业自主创新和转型升级。

4. 最先与国际权威检测认证机构合作

2021 年，虎门线缆协会与美国 UL 签署了构建“中国区 UL 电线电缆标准技术小组”备忘录，强化与国际权威检测认证机构的合作。这是线缆行业国际领先机构美国 UL 在美国以外成立的首批两个标准工作组之一，也是美国 UL 在海外的第一个线缆标准化工作组。根据此合作备忘录，美国 UL 接收了 5 名东莞线缆行业代表成为 UL 具有产品标准、认证实施规则投票权的委员，实现了中国技术专家直接参与 UL 标准的制修订，不仅为企业走向海外市场带来帮助，也向全球展示了东莞线缆行业的实力，对于提升线缆企业的技术水平，促进我国电线电缆行业持续稳定发展起到了重要作用。

近年来，虎门线缆协会共参与 UL 网络线、UL 装配电子线、UL 汽车电线、UL 软电线等产品标准投票提议 10 余项，有效推动了带温度保护新型电源线在壁炉行业的应用，通过温度控制功能的设计，避免了壁炉及电暖气产品因过度发热超负荷工作而产生火灾等安全隐患；推动实现对传统产品使用材料改性，在满足安全标准的基础上增加了材料的抗老化性能，避免了因材料抗老化性能不良引起的产品老化。

第 5 节　江苏省吴江地区

江苏省苏州市吴江区光电缆产业起步于 20 世纪 80 年代中期，经过多年的发展，以七都镇为主要集聚地的光电缆产业链通过延伸和辐射，逐步形成了吴江区光电缆产业集群，先后被国家农业部、科技部命名为“全国光电通信科技园”“国家火炬计划光电缆产业基地”，也被外界称为“中国光电缆之都”。2024 年 7 月，由吴江区七都镇申报的光纤光缆产业集群成功入选江苏省中小企业特色产业集群。

一、“电缆重镇”的由来

改革开放初期，苏南乡镇工业异军突起，给我国农民开创了一条前所未有的发展道路，也为改革开放中的我国经济注入了强劲的活力。当时，吴江七都的乡镇工业以作坊式起家，大多是尝试性的小打小闹，产品档次低，只能销往山区和落后的边远地区。乡镇企业最初给人们的印象是技术条件差，设备陈旧、落后，很难形成规模。

20 世纪 80 年代初，江苏吴江七都镇桥下村村主任沈归英因一个偶然的机会，了解到一位重要的吴江老乡——当时担任上海电缆厂厂长的沈康（后担任上海电缆研究所所长）。自改革开放以来，国家对基础产业和基础设施的建设十分重视，特别是邮电通信、交通运输等项目投入巨大，对电缆需求较大，于是村主任就邀请沈康为家乡的发展支着。1985 年，从上海电缆研究所退休的沈康，在桥下村的邀请下回到了吴江，支持家乡办厂。因此，七都镇便有了第一家高科技企业——吴江特种电缆厂，并且带动了很多电缆厂的出现，后来又带动了很多配套厂的出现，如铜材加工厂、拉丝厂、电线厂、塑料制品厂，还带动了铜材交易市场出现。

再后来，周边村镇也相继仿效，从上海、成都、武汉等通信工业发达地区找寻技术支持，例如顾云奎创建的吴江电缆二厂（永鼎集团前身）和邮电部成都电缆厂合作，崔根良创建的七都通信电缆厂（亨通集团前身）和武汉邮电科学院合资联营。

在20世纪90年代初，北京至天津的光缆干线、沪宁高速公路、黄浦江过江隧道、深圳机场等的地下电缆，都出自吴江七都，这样的成绩，让人不能不刮目相看。如今，光电缆产业已经成为吴江的四大支柱产业之一，七都镇也发展成为名副其实的“电缆重镇”。

二、吴江光电缆产业集群的形成

吴江光电缆产业集群的形成起源于七都镇，后辐射至芦墟、松陵、震泽、八都等乡镇。2012年9月1日，江苏省的县级市吴江市经批准改设为苏州市吴江区。尽管该地经历了行政区划调整，但“光电缆之都”的称号仍然闻名全国。该集群的光纤光缆生产量占全国的1/5，在国内外均享有盛誉。

下面结合《吴江市志》《八都镇志》等资料，探寻一下吴江光电缆产业集群形成的起源。

1985年，七都镇有乡办的吴江特种电缆厂，芦墟镇有生产通信电缆的上海电线塑料厂吴江电缆厂（后更名为吴江电缆二厂）。1989年，吴江电缆二厂又更名为苏州通信电缆厂（永鼎集团前身），其生产的HYA全塑市话电缆通过省级鉴定；试制同轴射频电缆，为上海市电话号码“6升7”工程配套，产品部分性能超过日本同类产品，可替代进口产品。1993年起，芦墟和七都两个镇的通信电缆业得到迅速发展，并逐步成为吴江的特色产业。

1991年4月，七都镇抢抓住全国通信业大发展的机遇，决定把吴江乳胶厂转产成立七都通信电缆厂。吴江七都乡工业公司与吴江县民政福利工业公司、吴江外贸公司签订协议，联合经营福利企业七都通信电缆厂。同年6月，成立江苏省通信电缆厂吴江分厂，10月18日生产出第一根通信电缆。

1994年，七都镇组建江苏亨通集团公司，“亨通光电”成功注册（2003年8月上市），市话电缆生产超过30万对公里；同年，芦墟镇组建了江苏永鼎集团有限公司。1997年9月29日，永鼎集团旗下的江苏永鼎股份有限公司在上交所上市。

1997年，七都镇有亨通、双塔和巨通3个国家级电缆企业集团，还有恒通这个省级电缆企业集团，全年生产全塑通信电缆866万对公里、光缆24万芯公里。

1998年，全市有17家电缆生产企业，有40条电缆生产线和10条光缆生产线。

1999年5月，芦墟镇永鼎集团从芬兰耐斯隆公司引进的带纤光缆串联生产线正式投产，生产不间断20km超长带纤光线，还收购了光缆企业上海凯奥灵；同年，七都镇亨通集团投资1.2亿元从芬兰诺基亚公司引进高压电力电缆生产线。1999年，全市有通信电缆生产线42条、光缆生产线14条。

1999年5月，吴江市华强通信电缆厂创建，厂址在震泽镇八都社区，这就是后来的江苏通鼎光电线缆集团有限公司。2001年，成立江苏通鼎光电股份有限公司（集团公司的子公司，2010年10月上市）。江苏通鼎光电股份有限公司、苏州市盛信光纤传感科技有限公司是通鼎集团旗下的核心企业，专业从事通信光纤、通信光缆、通信电缆、射频同轴电缆及城市轨道交通电缆、分布式光纤传感系统等产品的生产。

在2000年前后注册的企业有亨通集团有限公司、永鼎集团有限公司、吴江通信电缆厂、吴江市盛信电缆有限责任公司、吴江特种电缆二厂、吴江佳通光缆制造厂、吴江市光电通信线缆总厂、吴江市邮电电缆厂、吴江宏都线缆厂等大中型民营企业。其中，七都的亨通集团有限公司、芦墟的永鼎集团有限公司、八都的江苏通鼎光电线缆集团有限公司的光缆产销量在国内均名列前茅。

2005年末，全市有36家光、电缆生产企业，主要分布在七都、芦墟、松陵、震泽、八都、庙港、同里7个镇；有83条光缆生产线，年生产能力60万芯公里；有172条通信电线生产线，年生产能力670万对公里，光缆、电缆产业实现销售额90亿元。

如今，亨通集团、通鼎集团、永鼎集团等作为集群内领军企业，掌握着光纤光缆相关核心技术，为集群奠定了在国内乃至国际光电通信领域的地位与话语权。亨通集团已成长为中国光纤光网、能源互联网、大数据物联网、新能源新材料等领域的国家创新型企业、高科技国际化产业集团，拥有控股公司 70 余家，其中 5 家公司在境内外上市，产业遍布全国 15 个省份，并在欧洲、南美洲、非洲、亚洲等地区创建了 12 个海外产业基地，有 40 多家营销、技术服务公司，业务覆盖 150 多个国家和地区，在全球光纤网络市场的占有率超 15%，跻身全球光纤通信前三强、中国企业 500 强、中国民企百强。通鼎集团是专业从事光棒光纤光缆、通信电缆、铁路信号电缆、城市轨道交通电缆、RF 电缆、特种光电缆、光器件仪器仪表、机电通信设备、线缆及配套产品的研发、生产、销售和工程服务，并涉足互联网应用、房地产、物联网、金融、酒店服务等多元领域的民营企业集团，建有吴江“光通信产业园”和震泽“通鼎科技产业园”两大产业集聚基地。2010 年 10 月 21 日，通鼎集团旗下核心企业之一——通鼎互联信息股份有限公司在深交所成功上市。永鼎集团现已成为以通信科技、海外工程、汽车产业、超导产业为核心的多产业综合性集团企业，拥有数十家控股、参股公司，旗下的江苏永鼎股份有限公司于 1997 年 9 月在上交所上市，是国内光缆行业首家民营上市公司。

因亨通集团、通鼎集团、永鼎集团三家骨干企业的迅速发展和区域政策引导，吸引了大大小小的光电缆行业公司入驻吴江区，并逐步形成了光电缆产业集群。时至今日，该集群通信电缆和光缆产量已分别占到全国的 20% 和 25% 以上，特别是“光电缆生产基地”七都镇，集群发展特色鲜明，形成了品种齐全、配套完善的产业链。2022 年，七都镇规模以上工业企业产值超 600 亿元，其中 22 家光电缆企业做出了巨大的贡献，产值达到 422 亿元，占整个工业产值的 70.4%。

未来，吴江区将积极落实各项举措，主打产业链主企业带动中小企业实现生态绿色发展与产业创新协同，共同构建智能化、绿色化、低碳化、集约化的光电通信现代化产业体系，形成引领全省乃至全国发展的产业核心竞争集群。

第 6 节 安徽省天长地区

20 世纪 70 年代以来，天长电线电缆风生水起，从星星之火发展到铺天盖地再到顶天立地，历经近 50 年的发展壮大，形成了以天康集团为代表的电线电缆产业集群。天长电线电缆行业获得全国多项“冠军”称号，天长市成为全国闻名遐迩的电线电缆之乡。

“全链条”是天长电线电缆行业最鲜明的特色。电线电缆已经成为天长市三大主导产业（电线电缆、新能源、合金材料）之一，天长市因此成为安徽省光电缆高新技术产业基地。天长电线电缆产业链配套齐全，涵盖电线电缆高分子材料、装备制造、铜材、智能控制、辅助材料等，全产业发展同频共振、相得益彰。2023 年，全市光电缆产业规上企业有 196 家，占全市规上企业总数的 28.3%；开票销售收入 558 亿元，占规上企业销售总额的 45.7%；入库税收 10.3 亿元，占规上企业纳税总额的 42.7%。

一、产业发展

天长电线电缆产业因仪表产业而兴起并伴随仪表的发展而壮大，总体上经历了一个从无到有、从点到面、由弱到强的发展历程，大致分为以下 4 个阶段：

1. 萌芽起步期（20 世纪 70 年代初—1985 年）

20 世纪 70 年代初，下放到原安乐乡的上海知青从上海仪表厂带回第一台温度仪表及生产技术后，慢慢形成仪表产业的燎原之势。由于仪表产业的发展壮大，需要电线电缆进行配套，在原湖滨乡、龙岗乡分别诞生了电线一厂、电线二厂，主要生产铝绞线、钢芯铝绞线和电线电缆。1982 年 5 月，安乐仪表厂（现为安徽天康集团）建立起全县第一个补偿导线生产车间，开发生产补偿导线和塑料绝缘线。电线电缆产品在与仪表产业配套的同时，还满足了当时的农村电网改造需求，并畅销全国各地。

2. 规模发展期（1985—2000 年）

1985 年以后，天长电线电缆产业迎来了快速发展期。电线电缆产业由过去的零星几家发展到呈现燎原之势的上百家，电线电缆产业方兴未艾。据统计，截至 2000 年底，全市电线电缆生产企业 102 家，固定资产总额 26 亿元，从业人员达万人以上，年销售收入超 10 亿元，开发出通信光缆、计算机电缆、橡套矿用电缆、低烟无卤阻燃电缆、本安防爆电缆等新产品，产品已进入国际市场。随着国内外市场需求旺盛，诞生了安徽天康集团、安徽电缆、东方特种电缆、蓝德集团等亿元电缆企业，电线电缆企业的数量迅速扩大，逐渐形成了集群效应。同时，企业也开始注重品牌建设，通过提高产品质量和服务水平，提升整体竞争力。

3. 转型升级期（2000—2015 年）

这个时期，天长电线电缆行业拉开了转型升级的序幕，企业开始注重向管理和质量要效益。一批企业开始重视质量管理工作，在电缆企业中全面推行 ISO 9000、ISO 14000 系列认证，成为占领国际市场的"通行证"。企业注重技术改造和科技创新，专利产品大量涌现，一大批高新技术企业唱起了"主角"。据统计，截至 2015 年底，全市电线电缆企业拥有各类专利 1000 多件，其中发明专利近百件。

4. 高质量发展期（2015 年至今）

天长电线电缆产业深入贯彻新发展理念，在激烈市场竞争中勇立潮头、主动求变，电线电缆产品的"含金量"不断攀升。高附加值、高效益电缆大量涌现，核级电缆、航空电缆、轨道交通电缆、油井测控电缆、新能源电缆等细分领域电缆形成规模，信息化改造、智能装备、数字化车间、智能工厂成为新时尚。与此同时，电缆辅助材料也蓬勃兴起，出现了高分子材料、光纤、铜材、电缆装备等一批与光电缆产业配套的产业。

二、产业现状

天长市的电线电缆产品主要有电力电缆、控制电缆、核级电缆、轨道交通电缆、航空电缆、油井测控电缆、矿用电缆、船用电缆、仪表信号电缆、通用橡套电缆、补偿电缆、高温电缆、防火电缆、新能源电缆、伴热电缆、光缆、数据线缆、通信电缆等系列，广泛应用于电力、石油、化工、核电、军工、轨道交通、矿山、船舶、建筑等行业，在国内市场具有较高份额。目前，电线电缆作为天长主导产业之一，已在国内电缆产业内具备重要影响力。

目前，天长电线电缆产业拥有上下游企业 300 多家，10 亿元企业 6 家，资产总规模 300 多亿元，产品远销世界各地；拥有国家企业技术中心 1 家，国家级专精特新"小巨人"企业 8 家，中国驰名商标 4 件，高新技术企业 48 家，获得省级科技进步奖 4 项，承担省级以上重大专项 4 项，省级企业技术中心 12 家，电线电缆 CNAS 实验室 3 家。

三、产业特色

（1）融合 闯出了一条互促发展新路。天长电线电缆产业有一个全国绝无仅有的特点，就是电线电缆与仪器仪表产业几乎是同时兴起和发展起来的。天长不仅是全国著名的电线电缆产业集群，同时也是全国知名的仪表之乡，由于这两个行业的客户相融度高，用仪器仪表的企业大部分也用电线电缆，而用电线电缆的也必然用到桥架和开关柜，使得天长市的电线电缆、仪器仪表、桥架、开关柜这 4 个行业始终高度融合、互促互补，因此这 4 个行业是伴生发展、相互促进的关系，这也是其他地区的电线电缆产业所无法比拟的优势。

（2）协作 探索了一条全产业链协调发展模式。电线电缆的发展带动了电缆原辅料、电缆装备的兴起。铜材以天大铜业、天迈新材料、新安新材料，高分子材料以晶锋高分子材料、格瑞新材、康泰来塑材，电缆装备以海纳电气、持质恒智能设备等为代表的一批电线电缆材料和装备企业不断成长壮大。天康集团、安徽电缆、徽宁集团、埃克森集团、晶锋集团、康利亚股份等企业已逐渐成为电缆产业链领军企业，在国内外享有较高的知名度和市场占有率。而这些领军企业又有力地带动了全市一批中小企业的发展。电线电缆全链条“链”出了竞争力，“链”出了高质量，“链”出了高效益。

（3）创新　形成了一个产学研合作发展格局。创新是发展的第一动力。在国家、省市的政策支持下，天长电线电缆企业积极寻求与高校、科研院所等在更大范围、更高层次、更宽领域开展产学研合作，积极促进科技成果转化落地，构建了科研、设计、工程、生产和市场紧密衔接的完整技术创新链条，很大程度上解决了本地区技术领域原始创新匮乏、共性技术供给不足、核心竞争力受制于人的问题。

目前，天长电线电缆企业与全国50多家高校院所开展产学研合作，共建研发中心、研究生创新基地、院士工作站、博士后科研工作站，累计转化科技成果200多项。天长市政府每年投入2000万元支持产学研合作项目，吸引了南京大学、中国科学技术大学、中科院合肥物质研究院、合肥工业大学、江南大学等16所高校院所在天长设立科技成果转化分支机构。

（4）提质　走出了天长电线电缆企业的品牌之路。天长已经形成全国远近闻名的电缆市场，许多企业成为人们津津乐道的知名企业。天长拥有中国驰名商标4件，安徽省著名商标30多件，获得安徽省人民政府质量奖的1家、滁州市市长质量奖的11家，主导、参与制定国家标准8项、行业标准12项、地方标准22项。天康集团的计算机电缆及补偿电缆在中国石化国际事业有限公司排名第一，控制电缆排名第二；天康集团的1~35kV电力电缆在中国石油天然气集团有限公司排名第一；安徽电缆三代核电站用电缆的市场占有率达到60%以上；徽宁集团生产的油田专用电缆（承荷探测电缆、潜油泵电缆）在中石油、中石化、中海油的安徽省企业中排名第一；康利亚股份深耕轨道交通市场多年，生产的轨道交通电缆获安徽重大科技专项；埃克森集团的航空电缆在市场上具有很高的美誉度；晶锋的高分子材料创新发展走在了行业前列。

四、政策助力

企业的发展与政府支持密不可分。历届天长市委市政府一棒接着一棒，咬定青山不放松，高度重视并大力支持电线电缆产业，从政策、奖励和空间等方面扶持电线电缆发展、做大做强，不断增强企业的核心竞争力。

（1）出台文件（给政策）　几年来市政府连续出台了一系列扶持政策，有力促进了电线电缆产业发展壮大，力促企业上规模、上台阶、上水平，例如出台了《关于建立健全天长市“3+3”产业链“链长制”工作机制的通知》（天办〔2022〕51号）、《安徽滁州高新技术产业开发区产业转型升级示范园区建设方案》、《天长市工业企业分层培育五年行动方案》（天办〔2022〕17号）、《关于扶持仪表电缆产业做优做强的若干政策》（天发〔2019〕9号）、《关于进一步激发新动能推动工业经济高质量发展的暂行办法》（天发〔2020〕5号）、《关于推进工业经济高质量发展的若干政策（试行）》（天发〔2022〕1号）等一系列政策文件。天长市委市政府牢固树立“项目为王”理念，聚焦政府职能转变、制度机制完善、数字技术赋能，改革创新工作机制，梳理工作流程，完善考核办法，全面优化创新创造环境，努力营造有利于仪表线缆产业发展的政策环境和制度体系，重点推动仪表线缆产业转型升级，使其产业规模不断向上突破，牢牢占据我市首位产业的地位。

（2）表彰激励（给票子）　市委市政府每年召开企业表彰大会，拿出财政资金评选评先、给予奖励，累计发放奖补资金10亿元。对企业在科技创新、高层次人才创业、人才引进、技术改造等方面，给予优惠扶持政策。近年来，每年兑现电线电缆企业奖补资金1亿元以上。奖补政策推动了产业集聚，促进了产业升级，带动了科技创新，培育了龙头企业，增加了电缆产业的核心竞争力。

（3）搭建平台（给空间）　天长市积极为电缆产业发展搭建创新创业平台，形成完整的“众创空间＋创业苗圃＋孵化器＋加速器＋产业基地”的创新产业链，探索出“企业出题、政府立题、高校解题、市场阅题”的科技创新的“天长模式”。加强与大院大所合作，布局一批集技术研发、成果转化、公共服务、项目孵化和人才集聚为一体的重大公共研发服务平台和新型研发机构。加强科创园、科技大市场、智能装备及仪表研究院建设，通过科技平台创新全方位培养引进人才，为电缆产业发展提供鲜活动力，促进电缆企业技术水平不断提升。

天长电线电缆产业实现了从全面开花向推动产业集群集聚转变，从大水漫灌向精准施策、一企一策转变，从鼓励兼并重组做大做强向鼓励技术升级、产品升级、市场升级等高质量发展转变。作为天长工业经济首位产业的电线电缆产业，已形成了以安徽天康（集团）股份有限公司、安徽电缆股份有限公司、安徽徽宁电器仪表集团有限公司、安徽埃克森科技集团有限公司、安徽晶锋集团股份有限公司、安徽省康利亚股份有限公司等重点企业为龙头、滁州高新区为基地的产业集群。

第 7 节　山东省阳谷地区

山东阳谷电线电缆产业起步于 1986 年，经过 30 多年的培植壮大，已成为我国北方三大线缆集聚地之一，在国内同行业拥有较高的知名度和影响力。目前，全县拥有线缆生产企业 52 家，是山东省拥有电线电缆生产许可证企业最多的县。经过多年发展，“阳谷电缆”涌现了日辉、齐鲁、新太平洋、恒昌、鑫辉、鲁青、中通、昊辉、龙大、领航、中天、华辉、华东、江北、金宇、共辉、万通、昌辉、大金、万里行、阳光、鲁宝等知名线缆品牌，拥有光纤预制棒、光电复合缆、铜产品加工、高铁架空导线、电线电缆机械设备制造、电线电缆辅料等产业 30 余家，从业人员 15000 余人，年产值 200 多亿元。

一、产业发展

20 世纪 80 年代，在山东省阳谷县西湖乡一片贫瘠的盐碱滩上，李银起带领一群祖祖辈辈面朝黄土背朝天的农民开始艰苦的创业，成功完成了从传统农业向工业创富的转型。他们用 30 多年的时间，建立起一个产品涵盖光电传输领域几乎所有市场、年销售收入近 200 亿元的现代化企业集群。

1. 萌芽阶段（1978—1985 年）

1978 年，副业队成立线路器材厂，专业生产线夹，产品主要用于电力工程中电线电缆的固定。1980 年，线路器材厂实行承包制，开始在外地设立办事处。1984 年，代买电缆的一笔业务，坚定了工厂建设电缆项目的想法。1985 年，良种场在“三无”（一无资金、二无厂房设备、三无技术人才）条件下，开始筹建电缆厂。

2. 快速成长阶段（1986—1993 年）

1986 年 6 月，工程技术人员自制成缆机（图 84）、绞线机、木盘具等，生产出第一根普通电线、电力电缆。同年 10 月，国营山东阳谷县电缆厂成立，同时设立济南、西安电缆办事处。1990 年 12 月，上马线缆项目，企业荣升为省级中型二企业。1991 年 3 月，国营阳谷县电缆厂变更为国营山东阳谷电缆厂，同年 5 月企业成功研制出 YC 橡套电缆并列入山东省星火项目计划，还自制了铜带、铜线复绕机、放线架，成立了电缆厂理化实验室。1992 年 2 月，山东阳谷电缆厂橡缆分厂成立，同年 5 月划分为 4 个分厂（力缆分厂、橡缆分厂、钎具分厂、东方电缆有限公司），实行独立核算、自负盈亏，这种化整为零的改革大大调动了经营的积极性和增加了市场反应的灵活性。1992 年 6 月，引进韩国金星、日本神户先进工艺生产市话通信电缆，同年电缆厂被评为“重合同、守信用企业”。1993 年 4 月，阳谷电缆厂晋升为国家大型企业，各项指标达到国内领先水平。

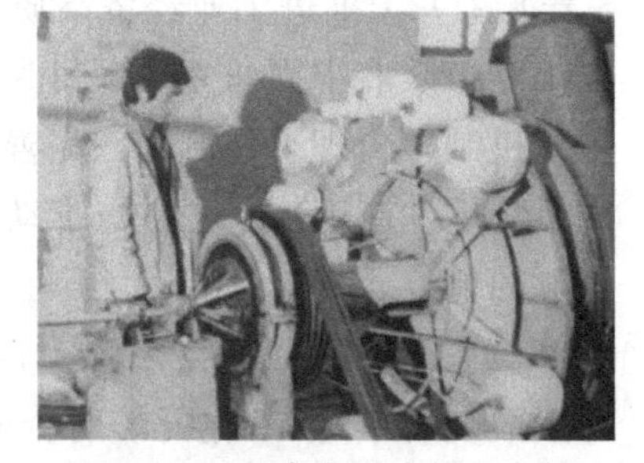

图 84　1986 年阳谷电缆厂自行研制的第一台成缆机

3. 多元化发展阶段（1994—2003 年）

1995 年 5 月，企业兼并阳谷县景阳冈酒厂、造纸厂和棉纺 6 厂，成立山东阳谷电缆集团。1999 年 6 月，电缆集团与中国（亚太电缆有限公司）持股公司合资成立山东太平洋光缆有限公司，又于2000年1月与中国（亚太电缆有限公司）持股公司合资成立山东太平洋橡缆有限公司。2000年3月，日辉牌电线电缆被评为山东省名牌产品。2001年3月，集团公司被评为首批国家级重合同守信用企业，日辉牌电线电缆被认定为山东省名牌产品，公司被认定为山东省高新技术企业并成立省级技术研发中心，同时，铝塑板项目、高压交联电缆项目投产。2002年3月，集团公司被科技部认定为国家高新技术企业，日辉商标被评为山东省著名商标，同年10月取得国家CCC认证。2003年8月，集团公司进行股份制改造。2003年12月，公司入围“中国企业500强”（179位）和“中国机械工业企业核心竞争力100强”，日辉牌电缆被评为山东省名牌产品、免检产品。

4. 主业回归期全面发展阶段（2004—2013年）

各企业聚焦于各自的细分市场上，发挥并增强专业的技术、先进的设备、完善的销售网络、细致周到的服务等全方位的竞争优势，使得各企业核心竞争力日益增强，市场地位逐渐稳固。

山东太平洋橡缆股份有限公司主要面向矿用电缆市场，公司设备先进、技术力量雄厚，拥有国内领先的实验室，是国家级重点高新技术企业，参与制定多项矿缆产品国家标准，销售网络覆盖全国20多个省市自治区，占有长江以北70%矿缆市场，在矿缆产业内具有较强的竞争优势。

耐克森（阳谷）新日辉电缆有限公司的控股股东是世界电缆产业的龙头——耐克森公司，拥有全球领先的技术研发和产品制造能力。利用阳谷电缆先进的生产设备、成熟的技术工人，结合阳谷电缆遍及国内的营销和服务网络，新日辉在高压、超高压电缆产业内拥有较高的话语权。

山东太平洋光纤光缆有限公司技术研发能力先进，生产工艺设备国内领先，管理水平持续优化提升，市场经营能力出类拔萃，经济效益居于市场领先地位，发展势头良好。

2004年9月，山东日辉电缆有限公司成立，同年12月被山东省政府评为山东省文明诚信百佳企业。2005年8月，成立山东日辉铜业有限公司，同年12月公司矿用橡套电缆和超高压交联电缆被科技部认定为国家级火炬计划项目。2006年12月，超高压交联电缆被山东省政府列为首批“百个重点产品”；具有电缆最高技术代表意义的500kV交联电缆生产试制成功。2007年2月，集团公司荣获2006年度“山东省品牌价值百强企业”，“日辉”商标品牌价值15.14亿元；同年3月，“日辉”商标被认定为中国驰名商标。2009年2月，集团公司被山东省委省政府授予“改革开放30年山东省优秀企业”荣誉称号；同年7月，企业被国家统计局评为“中国最大1000家企业集团”“中国大企业竞争力500强”“电线、电缆、光缆及电工器材制造行业效益十佳企业”；同年10月，集团公司成立阳谷明鑫铜业有限公司。2010年5月，集团公司成功开发OPLC光缆并成为国家重点新产品。2011年9月，集团公司成立阳谷新日辉电缆有限公司。2012年9月，集团公司和耐克森公司组建耐克森（阳谷）新日辉电缆有限公司；山东太平洋光缆有限公司与武汉长飞光纤光缆有限公司正式签署合作协议，引进“一塔四线”设备，上马光纤拉丝项目并正式吊塔。2013年3月，集团公司启动新的光电复合缆、辐照交联电缆项目；同年8月，光纤光缆产业化项目主要设备——拉丝塔第一台设备开始安装；同年11月，山东太平洋光纤光缆有限公司的第一根光纤投产下线。

5. 深化改革阶段（2014—2018年）

2014年，阳谷电缆人经过深思熟虑之后充分认识到，今天的市场已经不是20多年前的市场，对手也不是20多年前的对手，因循守旧、刻舟求剑地走20多年前的老路，必然会被现实撞得头破血流，只有勇于面对新形势、善于创造新办法，才有成功的可能。于是，各电缆企业进行了一系列的创新发展。2015年2月，“日辉”商标荣获山东省著名品牌荣誉称号，集团公司荣获“2014年度山东省机械工业百强企业”称号；同年6月，日辉牌电线电缆荣获2015中国电线电缆十大品牌第七名；同年10月，集团公司汽车线束项目和年产400万芯公里光缆项目投产；同年12月，集团公司研发的“一种摇篮式成缆机在线自动预扭装置”获得国家实用新型专利，年产400t高性能光纤预制棒项目获得国家开发银行资金支持，年产10万t铝合金杆、铝合金节能导线项目投产。2016年3月，阳谷光电信息产业园总体规划设计完成，总占地

4050亩并获得县政府批准，成为阳谷县“两城一带”“一区六园”战略规划中重要的产业园区；同年6月，阳谷电缆集团公司荣获“中国制造企业500强”称号；同年9月，中国电气化集团与阳谷电缆集团公司达成生产高铁铜合金接触导线、铜合金拉力索项目合作。2016年9月，阳谷电缆集团公司荣获“2016年中国线缆行业最具竞争力企业20强”称号；同年10月，集团公司举行年产400t光纤预制棒项目奠基仪式（2018年该项目正式投产）。

6. 阳谷光电线缆产业集群形成与发展（2018年至今）

阳谷电线电缆产业集群的形成与发展得益于阳谷电缆厂、电缆集团的形成与发展。伴随着改革开放的步伐，20世纪90年代，民营企业进入了快速发展期。2003年集团改制后，原电缆集团的部分业务人员、营销人员站出来纷纷成立新的电缆企业，电缆厂家雨后春笋般地迅速成长起来，县域内各种电线电缆厂家及产业链配套企业得到更快发展，从而形成了阳谷光电线缆产业集群。到2020年，全县电线电缆行业拥有电缆制造及配套企业100余家，从业人员15000余人，产品畅销全国20多个省、市、自治区，并随“一带一路”出口中欧、东南亚、中东及非洲等国家和地区。

为了更好地规范、服务电缆企业，2017年阳谷县光电线缆行业协会正式成立。几年来，协会组织会员企业经常性地进行技术质量培训、外地参观交流，与科研院所和外地协会建立了广泛的工作联系，为全县电线电缆产业的可持续发展发挥了积极作用。目前，电线电缆及配套业是阳谷的支柱产业之一，也是我国北方三大产业基地之一，先后荣获“全国特种光电线缆产业知名示范区”、“国家新型工业化产业示范基地”、“国家中小企业特色产业集群”、“提质强企”国家级综合试点等荣誉称号。近年来，阳谷电线电缆产业规范提高、争先创优，阳谷电缆品牌形象得到了提升，成功培育国家高新技术企业16家、省级专精特新企业26家、瞪羚企业5家、省级质量标杆企业4家、国家级工业产品绿色设计示范企业3家、中国电线电缆十大品牌1个、中国驰名商标1个、中国著名商标1个、山东名牌14个、山东优质品牌5个、山东知名品牌6个、山东省高端品牌培育企业2家、省技术中心1个、市级技术中心3个、市级绿色工厂4家，先后荣获5次市长质量奖。通过培育，全面推动阳谷电线电缆产业提档升级，促进企业“两化融合”数字化转型，产品质量水平显著提高，市场竞争力全面增强。

二、产业特色

历经数十载的积累与发展，阳谷电线电缆产业已然构建起一套完善且品类繁多的制造体系，其中涵盖了1~500kV电力电缆，于高、中、低压电线电缆领域凸显出强劲的生产实力，能够生产电力电缆、光纤光缆、矿用电缆、矿物绝缘电缆、高寿命电缆、光伏电缆、控制电缆、耐火阻燃电缆、架空绝缘电缆、计算机电缆、电器装备用电线电缆、光电复合缆、铝合金电缆、钢芯铝绞线、镀锌钢绞线等超800种型号、21000余种规格的电缆产品。尤为值得一提的是，阳谷电缆集团公司的“年产400t光纤预制棒项目”成功填补了山东省在此领域的空白，让其成为山东省首家涉足光纤预制棒制造的企业，充分彰显出其卓越的技术实力与行业领先地位。阳谷县的电线电缆产品凭借其超凡的品质以及广泛的应用范畴，深得国内外用户的信赖，在电力、建筑、石油、化工、冶金、矿业、铁路、交通、通信、军工、航空、造船、信息产业等诸多领域都能够发现阳谷电线电缆的踪迹，其产品覆盖全国众多领域及重大工程，为国家的现代化建设贡献了重要力量。经过30多年的发展，阳谷光电线缆产业已成为全国较有影响的电线电缆产业基地，被国家市场监督管理总局指定为“提质强企”国家级综合试点唯一的工作示范区，也是山东省发展最活跃的产业集群。

三、政策助力

为进一步促进产业的高质量发展，加快转型升级步伐，提升产业发展能级，在“提升科技创新水平、提高智能制造能力、强化金融要素支撑、加大人才引进和培训力度、优化土地资源利用、强化龙头企业培育”等方面，阳谷县政府出台制定了一系列优惠扶持政策，鼓励企业加大技术改造升级力度，推动企业往

“专精特新”方向发展，打造国家级专精特新“小巨人”企业，支持电线电缆产业做大做强。

山东省市场监督管理局批复阳谷县组织开展电线电缆产业“提质强企”行动建设试点以来，县委县政府高度重视，成立了由县长任组长的电线电缆产业“提质强企”行动工作专班，市场监管局牵头，工信、发改等多部门配合，重点实施了质量追溯体系、质量基础设施一体化建设、人才培育等“七大工程”，分别与河南工学院、上海电缆研究所签订了人才培养框架协议和战略框架合作协议，拓宽夯实人才、技术基础。各项举措可归结为以下几方面：

（1）加强战略规划，优化产业布局　按照适度超前的原则，谋划出台电线电缆产业发展规划，以规划和政策为牵引，科学合理谋划产业布局，延伸产业链条，推动产业升级。综合考虑产业园区、产业政策、物流配送等因素，科学、合理规划产业集群，加大人才、技术、财税、金融政策支持力度，注重产业集群内的循环经济、清洁生产、产业链配套等，以促进形成阳谷电线电缆优质、高效、互利的产业集群布局。

（2）推进项目建设，膨胀产业规模　加大对现有“低、小、散”光电线缆生产企业的资源整合力度，通过自由兼并、重组、联合等方式进行优化组合，培育一批小而精、小而专、小而优的企业，形成专业分工和优势互补的产业发展模式，真正体现集群优势。

（3）优化产品结构，增强市场竞争力　传统电缆产品市场竞争日趋激烈，利润空间越来越小，所以从战略角度关注国家相应产业政策，适应国家电力工业和电网建设的发展趋势，重点研究特高压、智能电网、5G 网络等国家重点扶持和发展的行业，预测未来的市场容量，推进产品不断升级，把阳谷县打造成高中低压门类、品种齐全的研发、生产和销售基地。

（4）加快技术创新，提升质量水平　整合现有检测资源，优化资源配置，积极申报建设山东省电线电缆产业计量测试中心。依托山东国缆检验检测有限公司，搭建电线电缆专业检验检测平台，完善电线电缆“原辅材料—半成品—成品”全过程的检验功能，提升检验检测平台服务企业能力，为全县电线电缆产业发展提供技术支撑。同时引入高端检测技术，提升检测能力和核心竞争力，逐步做大市场规模，扩大市场影响范围，推动建设黄河以北国家级电线电缆检验检测中心，助力电线电缆产业高质量发展。鼓励企业与科研院校等建立产学研联合体，促进光电行业技术升级。支持重点企业建立国家、省、市级的技术研发中心，学习引进国际先进技术，研究开发新产品，提高产品质量，降低产品成本。推进企业质量检测平台建设，产值亿元以上企业建立产品试验室或质量检测站，小企业根据自身力量设立检测室，确保产品合格率。鼓励和帮助企业实质性参与国家标准或行业标准的制修订工作，促进具有自主知识产权的科技成果通过标准及时转化为生产力，增强阳谷电线电缆在行业中的话语权。

（5）加强监督管理，打击违法行为　充分发挥行业协会和市场监管部门的作用，不断完善相关政策措施，维护公平竞争的市场秩序，促进产业集群健康发展。通过生产许可证、强制性认证、产品质量抽查、市场执法检查等形式，加强对行业的监督管理，严厉打击无证生产经营和生产经营假冒“阳谷电缆”品牌的行为。鼓励行业龙头企业开发拥有自主知识产权的产品，加大知识产权保护力度，严格执法，严厉打击侵犯电线电缆知识产权的行为，营造良好的电线电缆产业发展环境。

第 8 节　江苏省高邮地区

自 20 世纪 80 年代初，以菱塘回族乡为主要集聚区的特种电缆产业逐步发展壮大，随着集聚效应，辐射到送桥镇、高邮镇等乡镇，形成了特种电缆产业集群。“特”是高邮电缆产业的生命线，也是高邮电缆产业转型升级的指向标。多年来，高邮电缆人靠着一股拼劲和闯劲，靠自己的辛勤汗水和智慧，推动电缆产业从小到大、从弱变强，在竞争中寻求突破，依靠创新求发展，优化产业布局，不断创造自己的特色、塑造自己的品牌，形成了高邮电缆产业的竞争优势。

2012 年，主要集中在菱塘回族乡的高邮市特种电缆产业集群被国家科技部批准为国家火炬高邮特种电缆特色产业基地。

一、产业发展

改革开放40余年来，高邮电线电缆经历了萌芽、初步成长、全面发展、转型升级4个阶段。

1. 萌芽阶段（1980—1986年）

高邮地区的电缆企业发展源于改革开放初期，第一家生产电缆的是扬州市华能电缆厂。早在1980年，位于菱塘回族乡沙湖村的广播器材厂业务员在推销产品的过程中，发现一个用户的计算机控制柜里用扁平电缆，并跟人家要了一段废品回来研究，厂长陶沂源认为工艺并不复杂，通过市场调研，觉得自己也可以加工。所以就买了各种颜色的BV线回来，根据用户需要配线，然后并排平放拉直绷紧，再用环己酮把多根线芯粘起来晾干。这就是高邮市的第一根电缆。后来根据市场需要，又开始加工组合电缆（就是将通信、仪表和控制电缆等组合成一根电缆），当时这种电缆主要是军工研究所需要，由于需求量很少、品种规格多，计划经济时期市场上根本买不到，国营大型电缆企业计划任务多、生产压力大，更是不愿意生产，于是就给乡镇企业提供了拾遗补阙的机会。华能电缆厂就是在这样的背景下诞生的。开始由于没有束丝机、编织机、成缆机、挤出机等设备，就靠买电线回来加工，先用人工把多根（多种）线芯按规则绞合起来，外面绕包带，然后再依靠每天只有一趟的菱塘班车送出去挤护套，一般是在无锡虎台电缆厂加工。就这样穷办苦干，赚点钱就买设备，努力改变生产条件，通过几年奋斗，工厂建了一栋新厂房，买了编织机、束丝机、挤出机和简易的检测设备，成为实际意义上的电缆生产企业。但由于当时的乡村企业在市场上缺乏信任度，为了扩大市场销售，1986年经与“国营无锡八三九〇厂”（专业为军工生产电线电缆的企业）协商，同意增挂“国营八三九〇厂湖滨分厂”厂牌，技术上由八三九〇厂指导，每年付给一定比例的技术指导费。增挂厂牌后，其生产、销售能力和产品品种不断增加，规模也不断扩大。到了1993年，该厂积累了一定的技术和资金实力，但由于当时所处的地理环境偏僻、交通非常不便等问题，就决定将厂址从菱塘回族乡沙湖村迁到高邮市郊区，取名为扬州市华能电缆厂。迁址后华能电缆厂在稳定原有产品的基础上，着力开发油田承荷探测电缆（也称测井电缆），并根据市场需求不断取得技术上的突破，产品质量取代进口，目前已成为承荷探测电缆国内最大的供应商。建有江苏省承荷探测电缆工程技术研究中心、江苏省企业技术中心、江苏省智慧油田用超深井超宽承荷探测电缆研发及应用工程研究中心、江苏省博士后创新实践基地，参与起草行业标准SY/T 6600—2020《石油天然气钻采设备 承荷探测电缆》、行业标准JB/T 3302—2016《承荷探测电缆》、企业标准Q/SY 13001—2016《承荷探测电缆采购技术规范》和国家标准GB/T 38296—2019《电器设备内部连接线缆》，主持起草的团体标准T/JSVA001—2022《承荷探测电缆》被评为省优秀团体标准。

华能电缆厂是高邮地区电缆企业的发源地，带动了高邮地区特别是菱塘回族乡电缆产业的快速发展，并逐步形成了产业集群。

2. 初步成长阶段（1987—1995年）

随着改革开放的不断深入，长期以农业为生的高邮人开始向苏南人学习，高邮市委市政府提出“主攻工业，稳定农业，发展副业”的发展战略，要求精兵强将上工业办乡镇企业，发动各级干部找市场找产品。在这种背景下，1985年10月从国营八三九〇厂湖滨分厂拆分出第一个电缆厂—高邮市菱塘电缆厂，这就是后来的扬州曙光电缆股份有限公司。1991年，扬州市曙光电缆厂产值过千万元，市政府牵头组织了隆重的庆祝大会，号召全市学曙光。后来就相继诞生了扬州市光明电缆厂、扬子电缆厂、长城电缆厂、通达电缆厂、红旗电缆厂、晨光电缆厂、华城电缆厂等10家电缆企业，主要生产低压电力电缆、控制电缆、计算机电缆、橡胶电缆、同轴电缆、BV线等。到1995年，菱塘回族乡的电缆产值已经达到1亿元，占全部工业产值的65%以上，同时也带动了其他产业的发展，初步形成以电缆为核心的工业体系。

3. 全面发展阶段（1996—2010年）

在华能、曙光、光明、扬子、红旗等企业的发展过程中，也培养了一批有市场、懂技术、会管理的人才队伍，为产业裂变创造了一定条件。在不到 5 年的时间里，就新增了华城、亚光、华润、赛德、赛特、恒辉、苏能、中大、中能、晨光、金阳光、金鑫、讯祥等 15 家电缆企业，这些新增企业的老板都是因为自己掌握了一定的市场和技术，也积累了一定的资金，所以就在原企业出来独办了，以展现自己更大的人生价值。而高邮地区的电缆企业都是走的“自我积累，自我提高，自我发展”的路子，坚持稳中求进的发展战略，虽然发展的速度不是很快，但每一步都走得比较扎实，抗风险能力较强。2023 年，高邮市的电缆产值达到近 100 亿元，其中菱塘回族乡的电缆产值达到 80 亿元，全乡有 3000 多人从事电缆生产和销售，加之为电缆配套的产业还有拉丝、电缆料、钢带、铜带、包带、电缆盘、运输等，以菱塘为核心的电缆产业已成为高邮市的 4 大产业之一。

4. 转型升级阶段（2010 年至今）

围绕做大做强电线电缆产业，高邮市委市政府积极引导企业走“高技术、特色化、专业化”发展之路，以市场为导向推进科技创新，加快企业转型升级，保持企业平稳健康发展。市委市政府也先后出台了《关于进一步加快电线电缆产业发展的决定》《关于扶持电线电缆骨干企业做大做强的决定》等文件，从政策层面推动电线电缆转型升级。

在政府的政策鼓励下，各个企业结合自身的优势特点，寻找适合自己发展的产品，经过近 10 年的创新投入，高邮电缆产业集群初步形成了差异化发展的新格局。

1）扬州曙光电缆股份有限公司：投资 2.5 亿元新上 500kV 高压交联电缆生产线和以核电站用电缆为主的新能源电缆，是高邮电缆产业集群的排头兵，先后参与 GB/T 12706、GB/T 9330、GB/T 11017、GB/T 19666 等 30 多个国家标准的编制和修订，成为中国电缆最具竞争力百强企业、国家高新技术企业，年销售额 25 亿元以上。

2）扬州光明电缆公司：主攻船用（包括军用舰船）电缆，包括电力电缆、仪表电缆、控制电缆，先后通过了中国船级社（CCS）、英国船级社（LR）、德国船级社（GL）、美国船级社（ABS）、法国船级社（BV），意大利船级社（RINA）、日本船级社（NK）、挪威船级社（DNV）、韩国船级社（KR）、俄罗斯船级社（RS）认可，年销售额突破 10 亿元以上，目前已成为国内船缆销售规模最大的企业。

3）扬州华能电缆公司：专攻承荷探测电缆，围绕市场需求不断创新升级，质量替代进口，深受用户信赖，年销售额 2 亿元以上，成为国内承荷探测电缆销售单项冠军。承荷探测电缆主要应用于南海海底水声、深远海可燃冰探测、深海工作站和高原峡谷地质油气勘探信号传感传输，目标产品无中继长度 10~13km，由光纤、绞股铜芯、超薄密封胶层、超高强耐蚀绞股钢丝、铠装外护层等结构组成，含光纤、铜合金、密封胶、高分子、超高强钢等多种材料，一体化绞股结构成形，为满足承受 2200MPa 载荷、耐海水腐蚀、150℃环境要求而设计，是特种复合式超高强光电传感电缆系统。

4）扬州亚光电缆公司：以研发生产舰船/船舶用电缆、航空航天用电缆、特种新能源汽车充电用电缆、无人机光电复合系留电缆及组件等为自己的主导特色产品，已成为国家级专精特新“小巨人”企业、江苏省服务型制造示范企业。

总之，在转型升级阶段，各个企业都能围绕自身特点寻找自己的生存空间，同时围绕低碳、绿色高质量发展要求，逐步淘汰落后产能，加快智能化、信息化建设步伐。

二、产业概况

经过 40 多年的发展，高邮市有电缆企业 28 家，其中年产值 20 亿元以上的 1 家，10 亿元以上的 2 家，5 亿元以上的 4 家，亿元以上的 16 家。2023 年，高邮电线电缆产业开票销售额达 100 亿元，同比增长 15% 左右，实现工业税收 2 亿多元，同比增长 20% 左右。高邮电线电缆产业发展示意图如图 85 所示。

主要产品有 220kV 及以下高压交联电缆、核电厂用 1E 级 K1 和 K3 类电缆、舰船用电缆、承荷探测电缆、矿用电缆、航空航天用电缆、影视电缆、机器人电缆、阻燃 B1 级电缆、防火电缆、塑力缆、架空电缆、屏蔽控制电缆、计算机电缆、橡胶电缆、变频电缆、补偿电缆、安装线等 20 多个系列，产品销售领域包括电力系统（包括火电、水电、核电、变电、风电、光伏）、石油化工、煤矿、轨道交道、钢厂、机场、港口、舰船、航空等。同时还跟着“一带一路”走出国门，产品销售到10多个国家。电缆作为高邮市特色产业，有力地拉动了其他产业的发展，如拉丝、钢带、铜带、电缆料、电缆盘、运输等，还有餐饮业、服务业。据统计，电缆拉动的其他产业的年产值已经达到15亿元以上，为高邮经济的发展作出了巨大贡献。目前，高邮市电缆产业集群已成为江苏省特种电缆产品生产优质示范区。

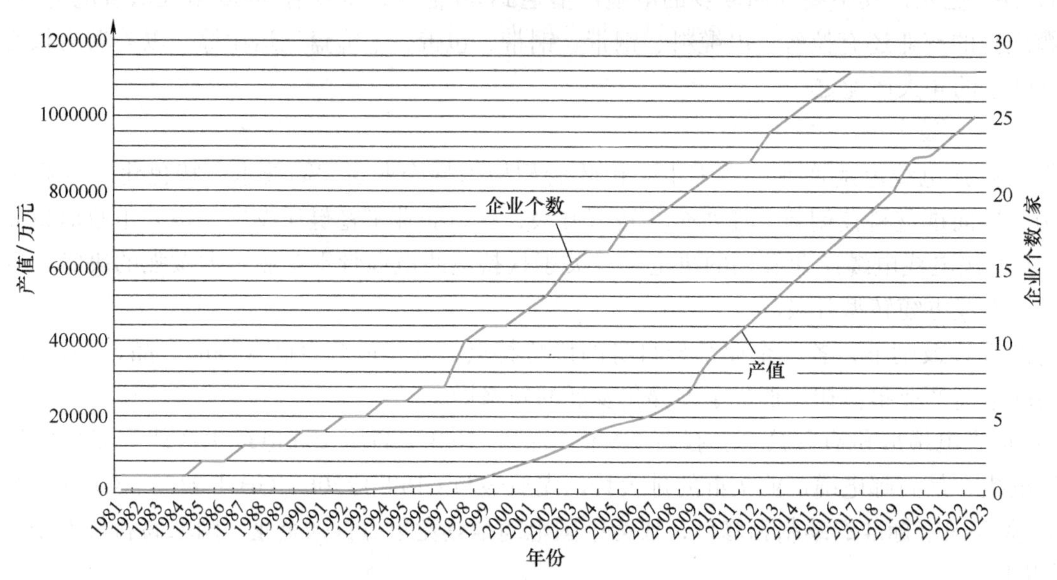

图85　高邮电线电缆产业发展示意图

在电缆企业中有高新技术企业5家、江苏省博士后科研工作站2个、江苏省研究生工作站4个、省级工程中心5家、省级企业技术中心16家、省工程技术研究中心4家、国家级专精特新“小巨人”企业4家、省级专精特新企业9家。近3年，累计实施省级以上科技项目8项，累计研发新产品500多个、申报专利800余件，拥有有效授权专利300余件。

三、政策助力

为促进电缆产业发展，高邮市委市政府出台了很多的扶持政策：

1）对增长速度快、科技投入大的企业给予奖励，对产品认证、参与标准起草等给予奖励。

2）在征用土地方面帮助办理审批手续，土地价格给予最大优惠。

3）以政府名义与西安交通大学、上海电缆研究所、哈尔滨理工大学、武汉科技大学建立了全面合作关系，基地内企业先后与上海大学、哈尔滨理工大学、南京理工大学等10余家省内外高校建立了多种形式的产学研合作关系。

4）加大智改数转扶持力度，重点围绕智能制造标杆示范、两化融合贯标、企业上云等方向强化精准支持，引导企业加大“智改数转网联”投入，鼓励企业组织实施具有信息化、网络化特征的技改项目，重点提升核心装备、关键工序的自动化水平。

5）帮助企业招引人才，对引进的本科及以上学历人才给予奖励。

6）如企业需要政府或机关里的指定人才，政府给予协调满足。

7）帮助企业培养人才，包括委外定向送培、以电缆协会名义请专业学校的老师来菱塘集中定期培训、以政府名义请培训机构来菱塘培训、定期组织各企业员工开展技能竞赛，以及企业之间互相参观交流、定期开展职业资格培训等。

第4章 产业强省步履铿锵

改革开放后，我国经济得到了快速发展，在此阶段，我国电线电缆行业发展出现了明显的区域差异，一些省电线电缆行业扩张较快，一些省发展不明显。

新中国成立初期，我国工业非常落后，电线电缆产业也不例外，当时只有上海、天津、武汉、广州、沈阳、昆明等几个大城市有只能生产简单线缆产品的企业。随着国家产业布局的展开，到20世纪60年代末，据各地的史料记载，我国各省电线电缆企业筹建情况如下：

1）天津市：与电线生产有关的企业起始于1926年。

2）上海市：最早生产线缆的企业的创办时间大约为1931年。

3）北京市：于1936年最早开业的私营企业是业丰电线厂。

4）云南省：于1936年开始筹建电缆企业。

5）辽宁省：于1936年由古河、藤仓、住友等11个会社合资筹办“满洲电线”。

6）四川省：1939年8月，在全国的抗日烽火中，张仲篪等8名爱国商人筹资30万法币在成都成立建川工业股份有限公司建川电化工厂，生产铜杆、铜线，以支持抗日战争的物资需要。

7）广东省：1941年，合众、利国、安华、合和等民族电线企业相继成立。

8）山东省：1943年6月，潍县宏大电业制造厂开业，生产风雨线、胶皮线、纱包线等导线，月产量60000m，但很快停业。

9）黑龙江省：1950年10月，有工厂从沈阳“南厂北迁”来哈尔滨建厂的。

10）湖南省：1951年7月，中南电线厂筹建委员会成立，在中央电工器材厂的基础上重新开始筹建。

11）江苏省：1953年，无锡私营立鑫粮行转业创办了大中电线厂。

12）福建省：福州的电线生产是从橡皮电线起步的，在1954年私营企业已开始生产布电线。

13）安徽省：合肥电缆厂建于1956年12月。

14）河北省：线缆生产始于1958年，最早的产品是棉纱编织橡皮线。

15）陕西省：1958年6月，西安电线厂开始筹建。

16）浙江省：杭州电缆厂是浙江省建厂最早、产品最齐的综合性企业，始建于1958年。

17）河南省：1958年6月，在郑州成立郑缆厂筹备处，在1959年3日18日举行厂房开工奠基典礼。

18）甘肃省：白银电缆厂于1958年筹建。

19）贵州省：1958年，经贵州省人民政府批准、贵州省机械工业厅筹备组建，成立了贵州省第一家电线电缆生产企业——贵阳电线厂。

20）江西省：1959年，南昌电线厂开始生产电磁线、裸铜线、裸铝线产品。

21）新疆：1966年，乌鲁木齐电线厂试制成功铝绞线（包括钢芯、铝芯绞线）。

22）山西省：侯马电缆厂始建于1968年，于1975年正式投产。

23）湖北省：武汉的祥发仁电料行于1922年开始纱包线加工，仅有1台简易纱包机，独家生产经营。

从上述信息可知，由于电线电缆是各行各业的配套产品，国家在产品的地域布局上还是考虑了各地产品布局的均匀性，到1970年全国各省几乎都有电线电缆制造企业。

1979年四季度第一机械工业部召开的机械工业厅局长会议上的资料显示，主要电线电缆厂（包括专用设备、电缆附件等厂）共125个，其中西南地区9个、西北地区7个、中南地区24个、华东地区41个、华北地区27个、东北地区17个。

据电线电缆行业“十四五”指导意见显示，“十三五”末，以企业数计算，我国电线电缆行业规上企业为4320多家。

改革开放后，由于地域经济发展不平衡，各省的电线电缆企业数出现了发展不平衡的局面，据中国质量认证中心统计，截至2024年4月，全国CCC认证企业数见表17。

表17　截至2024年4月全国CCC认证企业数　（单位：家）

序号	区域	认证过的企业数	持有效证书企业数	序号	区域	认证过的企业数	持有效证书企业数
1	黑龙江	89	23	14	重庆	165	65
2	吉林	87	26	15	河南	796	366
3	辽宁	389	149	16	安徽	660	311
4	内蒙古	75	28	17	江苏	1714	877
5	北京	136	13	18	浙江	1746	794
6	天津	177	51	19	江西	253	104
7	河北	1434	815	20	湖南	196	65
8	山东	733	252	21	贵州	107	34
9	山西	76	31	22	云南	150	73
10	甘肃	33	17	23	上海	301	102
11	陕西	199	44	24	广东	2411	999
12	新疆	105	56	25	海南	18	6
13	四川	411	164	26	福建	206	78

从表17可知，认证过的企业数量是12667家，这里面有ODM的工厂，存在重复的情况；持有效证书的企业为5543家，说明我国生产电线的企业从实行CCC强制性认证以来发生比较大的变化，也符合电线电缆行业优胜劣汰、自然退出的市场规律。但这里仅仅统计了参加CCC强制认证的企业，行业中实际企业数要大于此数，电子线制造企业、纯通信电缆制造企业、纯电力电缆制造企业、纯裸电线制造企业、纯绕组线制造企业等未纳入统计范围。

在全国电线电缆企业大家庭中，江苏、河北、广东、浙江、四川、安徽、山东、河南、辽宁企业数比较多，与这些地区的经济发展、产业的传承、国有大企业区域性的扩散、产业集中区的“传、帮、带”有关。

下面主要介绍江苏、河北、广东、浙江、四川、安徽6个省电线电缆发展情况。

一、江苏省

江苏省最早生产线缆的企业是无锡电线厂，后改名为无锡电缆厂。早期的电线电缆企业有苏州电线厂、江苏通信电缆厂、南京电磁线厂、常熟电缆厂、镇江电缆厂、溧阳电缆厂、常州无线电材料总厂、燎原机械厂、南京电线电缆厂、张家港市无线电材料厂、镇江无线电材料厂、常州市电工厂等。到 20 世纪 80 年代末，依托上海电缆厂、上海电缆研究所等单位的技术辐射效应，出现了江苏宝胜、远东、亨通、中天、无锡江南等大批电线电缆制造企业，产品涉及电线电缆 5 大领域，其规模和产值约占据整个行业的 1/3。

江苏是我国电线电缆行业传统大省、制造强省，逐步形成了无锡宜兴、苏州吴江、扬州地区、南通地区等多个产业集聚区。在中国电线电缆产业最具竞争力百强榜中，榜单前五强的 5 家江苏企业总营收超过 1000 亿元，18 家江苏入榜缆企营收总和占全国百强 41% 以上。

其发展特征是产业集中区多，单个规模大的企业较多。自 20 世纪中期以来，江苏省宜兴市发展成为我国最大的电线电缆生产基地，远东电缆有限公司、上上电缆集团、亨通集团、中天科技、宝胜集团发展速度较快，成为名副其实的行业“巨鳄”。官林镇更是建成了行业著名的“中国电缆城”，产品主要以电力线缆为主，年产值超千亿元。

江苏苏州吴江地区形成了以亨通集团等几家大型企业为龙头的通信电缆、光缆生产基地，在全国占有该类产品前十强中的半壁山河。

江苏省溧阳市以上上电缆为龙头的电力电缆生产企业，逐渐成长为国内电缆企业的标杆，其精益成本控制使国内企业难以企及。

中天科技带动了南通的线缆产业发展，以高压海底电缆和光纤光缆为拳头产品。

扬州地区包括高邮、菱塘，以船用电缆、计算机电缆等为特色，在全国具有一定的占有率。

目前，江苏省电线电缆行业的主要企业共有 3524 家，其中 2021 年电线电缆企业注册数量为 212 家，2022 年注册企业数量 45 家。

地区分布方面，目前江苏电线电缆企业主要分布在无锡、扬州、苏州、常州、淮安和南京，截至 2022 年底，无锡市共有相关电线电缆企业 1106 家，扬州市和苏州市分别有 612 家和 544 家，常州市 347 家，淮安市 208 家，南京市 190 家。

二、河北省

河北省的电缆产业伴随着我国电缆产业发展，进步尤其大。河北省电缆产业萌芽于 1949 年前的天津，雏形于 20 世纪 50—60 年代，发展于 20 世纪 80 年代，崛起于 20 世纪 90 年代。

1958 年建厂的河北邢台电缆有限责任公司（前身为邢台电线厂、河北邢台电缆厂）是当时全国新建的 136 家（实际建成 44 家）电线厂之一，经过几十年发展，成为原机械部、铁道部定点生产电线电缆的国有大型企业，直到进入 21 世纪都是河北省电缆行业领军企业，其阻燃电缆、耐火电缆、电力机车接触线、铝包钢导线等产品在全国市场都有相当影响力。始建于 1969 年的河北电信光缆有限公司由原属河北省邮电管理局的河北省电缆厂改制而来，是通信光缆、通信电缆、蝶形光缆和数字通信电缆的专业生产厂家。

改革开放后，多种经济体制共同发展，乡镇企业、私营企业迅猛崛起。河北省电缆行业与全国一样，也由国有企业“一统江湖”变为“群雄逐鹿”。20 世纪 70 年代，在河间、宁晋等地的生产队中个别先知先觉的“能人”们偷偷领着人开始生产电缆，没有技术就自己摸索，没有设备就土法上马，没有物资就各显神通。就这样坚持到改革开放的春风吹到河北平原这块以前只产粮食的土地，这些队办企业、村办企业就像春天的种子，迅速开枝散叶，通过承包、改制，形成以个体、股份制为主体的电缆企业群。在改革开放 40 余年经济高速发展的催生下，至今已形成了以宁晋电缆产业基地为领头羊，以沧州河间、任丘、廊坊霸州等产业集聚区以及唐山周边为骨架的电缆产业格局。

当前河北省内注册的电缆生产企业共 3000 余家（实际 1625 家），尤以邢台宁晋县、沧州河间市、石家庄晋州市分布最为集中，在沧州任丘、保定雄县、廊坊霸州和文安县产业密度也较高。

宁晋县电线电缆产业起源于 20 世纪 70 年代，经过近 50 年的滚动发展，现在已形成 1140 余家电缆企业（其中规模以上企业310家）、省级专精特新中小企业45家、国家级专精特新“小巨人”企业4家、年产值420亿元、从业人员3万余人的产业规模，成为全国4大电缆产业基地之一。2023年8月，“宁晋县中低压电线电缆产业集群”获评河北省中小企业特色产业集群称号。宁晋的电缆产业以贾家口镇、东汪镇、苏家庄镇、大曹庄镇和侯口镇为重要节点，其中尤以小河庄、黄儿营、司马、洨口、邱头村最为集中，形成辐射全县14个乡镇65个行政村的行业发展格局，主要生产35kV及以下交联聚乙烯绝缘电力电缆、聚氯乙烯绝缘电力电缆、煤矿用电缆、橡套电缆、控制电缆、架空导线及特种电缆等数千个品种、规格、型号电缆产品。

电线电缆产业是河间市的传统支柱产业，起步于20世纪70年代末，目前全市拥有专业线缆生产厂家97家，规模以上企业56家，从业人员1.2万人，年产值近300亿元，国家级专精特新“小巨人”企业2家，创出3个中国驰名商标（会友、津桥、仙桥）、18个河北省著名商标、26个省名牌产品和19个河北中小企业名牌产品，有高压立塔3座（新宝丰电缆、信承瑞电缆、沧州会友）。2018年，河间市获“河北省电线电缆产业名市”荣誉称号。当前，在传统电缆产品的基础上，其产品研发正逐步向船用电缆、机车车辆用电缆、高频通信电缆等高端、高质、高附加值领域转变。

河北省晋州市依托电线电缆产业特色，形成该市集群内电缆企业70余家、规模以上企业19家、年产值30亿元的产业规模，有专精特新中小企业9家、国家级专精特新“小巨人”企业4家、国家高新技术企业10家。该产业集群被纳入河北省县域特色产业集群统计范围。2020年，河北省工业和信息化厅认定晋州市营里镇为河北省电线电缆产业名镇。

三、广东省

广东珠三角地区是目前我国电线电缆产业结构最具特色的产业集中地，拥有广州电缆厂有限公司、广东电缆厂有限公司、广州番禺电缆集团有限公司、广州市明兴电缆有限公司、广州市新兴电缆实业有限公司、广州市庆丰电线厂有限公司、台山市电缆厂有限责任公司、广东中联电缆集团有限公司、广州市荔湾电线厂、广州南洋电缆集团有限公司、广东新亚光电缆股份有限公司、金龙羽集团股份有限公司、广东天虹电缆有限公司、广东坚宝电缆有限公司、广州恒星传导科技股份有限公司、广东思柏科技股份有限公司、深圳深缆科技有限公司（深圳深缆集团）、深圳奔达康电缆股份有限公司（奔达康控股集团）、珠海汉胜科技股份有限公司、广东远光电缆实业有限公司、广东胜宇电缆实业有限公司、广东登峰电线电缆有限公司、中山市电线电缆有限公司、广东日丰电缆股份有限公司、广东华声电器实业有限公司、广东珠江电线电缆有限公司等具规模效应的大型电线电缆企业。

除上述重点企业外，广东省还拥有大量的以生产附加值较高的电子线缆、电器装备用特种线缆为主要产品的专业化企业，且有大量产品出口，东莞虎门是我国电线电缆出口的主要地区。

四、浙江省

浙江省最早生产电线电缆的企业是杭州电缆厂、浙江兰溪电缆厂，始于1958年。改革开放后，依托上海电缆厂、上海电缆研究所、上海传输线研究所等单位的技术辐射效应，电线电缆制造企业出现爆发式的增长，出现了浙江万马、宁波东方、浙江球冠、浙江晨光、富通集团、正导技术股份等一大批电线电缆制造企业，全省电线电缆产品涉及5大领域。浙江省电线电缆原材料制造企业在行业中具有相当大的比例，如浙江万马材料、浙江远大、杭州高新等企业。

浙江富阳的通信电缆及器材制造业起源于1984年9月创办的富阳县大源邮电器材厂（即浙江贝尔通信集团有限公司的前身），起初是邮电器材加工和市话电缆生产。1996年，全市通信行业已形成一定的生产规模和档次，并逐步向产业化、集团化方向发展，当时产值超亿元的只有富春江集团、富通集团和昭和有限公司，其余企业大多数规模小、产品档次低、行业布局分散、形不成合力，而且行业内耗大，销售竞相压价，业务互相拆台。富阳市委市政府及时发现问题，也积极引导和加强管理，专门发出富政［1998］

118号文《富阳市高新技术企业认定及扶持政策的暂行规定办法》。全市通信行业抓住时机，加大投资力度，进行技术改造，改变产品档次低、效益小、布局散等现状，努力培育新的经济增长点。是年，全行业投入1.33亿元进行技术改造，占全市工业总投入的44.31%。富通集团与昭和电缆株式会社二度“联姻”，引进外资研制填补国内空白的电子线和局用电缆等高科技产品，引进日本神户制钢和芬兰诺基亚先进设备，以及美国KP及YOR公司测试仪器以制造高科技光纤、光缆等。1998年10月，富阳市通信器材行业协会成立，加强了全市通信器材行业管理，加大了扶持力度，推进了产业结构、产品结构和企业组织结构的调整。首批入会的有33家企业，这些企业1998年的销售额占全市通信器材行业销售额的75%，总资产占全行业的92%。1999年，富阳市工业经济综合实力10强企业评选中，富通集团、富春江集团、华达集团、华伦集团、长虹集团5家企业当选。富通集团引进电子线设备，富春江集团引进光纤、光缆先进技术，使富阳成为光电、线缆为主体的机械电子产品生产基地。同年3月，富春江集团接管杭州中策电缆厂，成为富阳首家进入杭州的通信企业。

电线电缆是临安市特色支柱产业，“七五”开始起步，“八五”快速发展，“九五”形成规模，“十五”登上新台阶。1980年中期，全国刚开始实施有线电视网，临安一批农民企业家研究开发生产有线电视电缆。原乡镇企业恒通集团是临安市首先开发生产射频电缆的企业，接着天屹、万马、锦江、申光、邮电光缆等一批乡镇企业相续投资开发生产射频电缆、市话电缆、电力电缆、光纤光缆等系列产品。1986年，钱阿明创办的杭州临安电讯线材厂与电子工业部23所联合开发电视电缆、射频电缆和多芯电缆三种新产品，1990年完成工业产值1810万元，创利73万元，上缴税金127万元。1990年中期，临安电线电缆行业门类齐全、品种繁多，已成为全国闻名的电缆之乡，也是潜力很大的电缆出口基地。全市拥有射频电缆、市话电缆、光纤光缆、电力电缆各种民用线的生产厂家80余家，年工业总产值13亿元，占全县工业总产值的13%。CATV系统用的射频同轴电缆年生产能力近50万km，占全国市场总额55%以上，覆盖全国各地。一大批电线电缆产品荣获部优、省优产品，多数规模以上企业通过ISO9000系列认证。进入21世纪，临安已成为我国电视电缆的制造集中地。

温州市正规生产电缆产品，始于1967年，温州电线厂是最早的生产厂家。1976年生产橡皮花线，至1992年，该厂生产胶质线、橡皮花线、铜芯塑料线、射频电缆、橡套电缆等7个品种、16个型号、152个规格。1992年，温州市生产电线的主要厂家有温州市电缆厂、瑞安市电工器材厂、春蕾塑胶线厂、苍南县电缆厂、苍南县仪表电线厂等，产品有双胶花线、电源线、塑胶线、裸铜线、铜芯绞线等。乐清县耀华电讯设备厂生产的跃华牌聚乙烯电话软线，1988年获省优产品称号。改革开放后，温州地区的电线电缆发展呈现家族式的发展模式，在温州具有一定的特色和影响力，是温州地区电线电缆产业发展的原动力。随着产业的发展壮大，这些企业都纷纷走出温州，在上海、重庆、成都等地形成了新的生产能力。

宁波市电线电缆产业的开始可追溯到1981年，当年开办的电缆企业有鄞县精工电线电缆厂、鄞县电磁线厂、鄞县电讯电线厂、东海电工厂、贵阳电线厂宁波分厂、奉化漆包线厂、北仑电缆厂、北仑电线厂（今宁波东方电线电缆厂）、镇海电工材料厂、余姚电线厂、余姚电线插头厂等，生产漆包线、塑料铜芯线和电缆。改革开放后，出现了宁波东方电缆股份有限公司、宁波球冠等大型电线电缆制造企业。东方电缆较早切入了海缆市场，在2005年开发出填补国内空白的35kV光电复合海底电缆、海底交联电缆，在2006年成功开发110kV及以下海底电缆并投放市场，在我国海缆生产制造领域确立了领先的优势。

五、四川省

四川偏处西南一隅，抗日战争的烽火虽未波及四川，但生产力的提高仍然需要各式工厂在大后方进行建立。1939年8月，在全国的抗日烽火中，张仲篪等8名爱国商人筹资30万法币在成都成立建川工业股份有限公司建川电化工厂，生产铜杆、铜线，以支持抗日战争的物资需要。1940年7月，第一批铜线生产合格，向外供货即报四川省政府备案。1942年，三头拉丝机投产，开始由机器代替人工拉线，生产效率大大提高。

在四川，建川电化工厂是1949年前唯一的一家电线电缆厂。

1. 新中国成立初期

新中国成立后的1951年7月，根据川西工业厅指示，建川电化工厂公私合营成为国营企业，改名为公私合营川西铜线厂。1958年，该厂电磁线、橡皮线等车间相继投产，员工人数达了1432人，更名为成都电线厂，之后产品种类进一步扩大，到了20世纪70年代，已具备玻璃丝包线、电焊机软电线、橡套软电缆、玻璃薄膜微细线、腊克尼龙线、全塑电力电缆和控制电缆、矿用电缆、农用地埋线等各类电线电缆产品的综合生产能力。

1958年10月，四川的第二家电线电缆企业——邮电部成都电缆厂成立，总投资1200万元，1971年，星绞铅包纸绝缘对称长途通信电缆成功开发，各类电缆总产值达到6812万元。1973年，试制成功并生产四管中同轴电缆和射频电缆，成为国内影响力最大的通信电缆厂。

1974年，四川川东电缆厂在达州地区成立，成为四川省的第三家电线电缆厂。

2. 改革开放时期

20世纪80年代，市场经济开始发展，四川省开始出现了除以上三家外的其他少量电线电缆企业，如1982年成立的四川新都电缆厂、1987年成立的东方电线厂、校办工厂德阳电缆厂等。

20世纪90年代，随着改革开放的春风，一大批电线电缆企业开始涌现，本地和外地的企业家们纷纷在四川成立大大小小的各种电线厂。在这期间，四川省的龙头老大四川电缆厂正在进行股份制改制，由于国营企业改制后的一系列问题，产量未跟上市场经济蓬勃发展的需求，原占据市场份额第一的著名商标“塔牌”让出了大片市场，给其他品牌的电线电缆企业以巨大契机和生存空间。到了20世纪90年代末，四川省的电线电缆企业总数已达到了100家，品牌纷争，山头林立，电线电缆产业进入了繁荣昌盛的快速发展时期。这段时期，是以房地产开发、各种工程所需的电线和电力电缆为主要产品。

1984年，成都电缆厂试产出第一条符合REA国际标准的全塑市话电缆。

1985年，国内第一个成束燃烧实验室由四川电缆厂建成。

1986年，国内第一根10kV交联聚乙烯绝缘电力电缆由四川电缆厂首先生产。

1988年，第一根“三相五线制”五芯电缆在四川电缆厂诞生。

1992年，四川电缆厂股份制改制，腾出了大片市场空间被同期新建的电缆厂占据。

3. 2000年后

随着生产力的不断提高，本地市场对产品种类的需求大量增加，四川省的电线电缆企业除了依然保持以聚氯乙烯绝缘电线、电力电缆为主的产业结构外，逐渐向多样化进行发展，两座500kV超高压电缆生产立塔于2015年分别在乐山市的尚纬股份有限公司、德阳市的中航宝胜（四川）电缆有限公司建成，其他企业也陆续开发风电电缆、轨道交通电缆、核电电缆、阻燃防火电缆等新兴产品，形成产品种类比较齐全的供应链。2020年，国内第一根“华龙一号”三代核电站阀门用小外径特殊电缆由尚纬股份首先生产。

到2024年为止，四川省的电线电缆生产企业约为200家，总产值400亿元左右，产能最大的为特变电工（德阳）电缆股份有限公司，年销售收入约为50亿元，第二的尚纬股份有限公司约30亿元，还有两三家十几亿元的电缆企业，其余生产企业产能较小，基本属于中小微企业。其中，约有130家企业获得了电线电缆生产许可证，仅有3C而无许可证的小微企业约50家。

六、安徽省

安徽最早生产电线电缆的企业是以合肥为中心，改革开放后逐步以无为、天长为生产集中区，支撑着安徽电线电缆产业。

无为市以特种线缆生产基地为核心产业，正着力打造全国最大的特种电线电缆高新技术产业基地。目前，无为市电线电缆行业拥有电缆制造及配套企业270余家，组建集团企业51家，资产总规模超360亿元，从业人员 2.5 万余人，年产能 660 万 km，产品畅销全国 30 多个省、市、自治区，并随“一带一路”出口中欧、东南亚、中东及非洲等国家和地区。目前，电线电缆及配套业是无为的支柱产业之一，也是全国最大的特种电缆产业基地，先后荣获“国家火炬计划无为特种电缆产业基地”“国家新型工业化产业示范基地”“全国特种电缆产业知名品牌示范区”“国家中小企业特色产业集群”“安徽省优质特种电线电缆生产示范区”“安徽省电缆特色产业集群（基地）”“安徽电缆专业商标品牌基地”等荣誉称号。截至 2023 年末，无为市电线电缆行业拥有规上工业企业 108 家、产业集群高新技术企业 60 家、国家级专精特新“小巨人”企业 11 家、省级专精特新中小企业 43 家、冠军企业 6 家。

天长以天康集团、徽宁、安缆为龙头的线缆企业，主要以生产计算机电缆等仪表类的线缆为主。天长市的电线电缆产品主要有电力电缆、控制电缆、核级电缆、轨道交通电缆、航空电缆、油井测控电缆、矿用电缆、船用电缆、仪表信号电缆、通用橡套电缆、补偿电缆、高温电缆、防火电缆、新能源电缆、伴热电缆、光缆、数据线缆、通信电缆等系列，广泛应用于电力、石油、化工、核电、军工、轨道交通、矿山、船舶、建筑等行业，在国内市场具有较高份额。目前，电线电缆作为天长主导产业之一，已在国内电缆产业内具备重要影响力。

目前，天长电线电缆产业拥有上下游企业 300 多家，10 亿元企业 6 家，资产总规模 300 多亿元，产品远销世界各地。拥有国家企业技术中心 1 家、国家级专精特新“小巨人”企业 8 家、中国驰名商标 4 件、高新技术企业 48 家，获得省级科技进步奖 4 项，承担省级以上重大专项 4 项，拥有省级企业技术中心 12 家、电线电缆 CNAS 实验室 3 家。

安徽省拥有长三角与中部地区接壤的区域优势，承载了产业转移的使命，随着安徽经济发展的深入，电线电缆产业必将迎来第二次扩张。

经过改革开放以来近 40 年的发展，我国电线电缆产业已经形成了相当规模，基本具备了参与国际竞争的实力。电缆行业的发展经历过红利期和艰难的黑暗时期，曾作为国民生产总值仅次于汽车制造行业的电缆行业实现弯道超车，逐步赶超世界水平。

纵观我国电线电缆产业分布，长三角地区以完备的产业链在电缆行业占据半壁江山，且电力电缆大企业较多，如江苏六大厂远东电缆、上上集团、宝胜科技、亨通集团、中天科技和无锡江南。这些企业在完备的产业链基础上，积极转型，打造核心产品。远东转型新智慧能源；上上以电力电缆为基础，以核电电缆、橡套电缆为盈利点，深化精益生产；宝胜被中航工业收购，是为数不多的国企央企；亨通集团布局高压海缆后，积极布局走出去战略，在多个国家并购建厂。

一个个“产业集中区”的崛起，不仅是我国电线电缆产业的一道美丽的风景线，更是我国电线电缆产业开始走向成熟的标志，它是大规模的电线电缆制造工厂及相关产业的集合，是产业集群的初步形态。产业集群的形成、发展和成熟将成为我国电线电缆产业逐步发展壮大的重要标志。以上这些地区尽管大多数还不是严格意义上的电线电缆产业集群，仅见雏形。实际上，这些电缆城基本上都是区域性行业合作组织、众多电线电缆制造厂的相对集中而已。要达到整体大于个体相加，并真正发挥地区资源、品牌等的集中优势，仍有较大的发展和改进空间。产业集群并不是简单的堆，而是严格按科学规律的有机结合，它是产业发展的一种进程的自然结果，不能一蹴而就。从发达国家的地区产业趋势看，产业集群是产业与区域的有机结合，具有明显的产业特性、地域特性与网络特性，能够产生极强的竞争力效应。而电缆产业集群是世界电缆业百年发展历程中，大浪淘沙、殊途同归的成功模式，也是包容了现代电线电缆产业规模效益、精益方式、技术设计之大成的“模块集约地”。

第4篇

领风骚·满园春色

第1章 五大线缆产品的发展变迁

第1节　导体与裸电线

仅有导体而无任何绝缘层的产品统称为裸电线与裸导体制品。在使用中，为了保证电流沿导线方向流动，必须在安装时加上外部的绝缘。对架空导线而言，必须架设在电线杆上，以空间距离来对地绝缘，各相导线之间保持足够距离，同时导线与电杆之间采用各种瓷绝缘子来绝缘。因此，裸电线及裸导体制品不能明确电压等级，只有依据安装后的线路附加的绝缘措施而确定电压等级。

一、产品分类

按结构与用途的不同，裸电线可分为4个小类：

1. 裸单线

裸单线指的是不同材料和尺寸的有色金属单线，可分为圆单线（铜、铝及其合金）、扁线（铜、铝及其合金）、有金属镀层（锡、银、镍）的单线和双金属线（铝包钢、铜包铝、铜包钢）等。

此类产品大部分作为制作电线电缆产品的材料。在早期，也曾以原单线作为小容量的供电线或电话线，在农村短距离使用。

2. 裸绞线

裸绞线是裸导线类产品中的主导产品，由于总是架设在电杆上，习惯上称为架空导线。架空导线本身不分电压等级，即从低压、中压到高压乃至超高压，原则上都可以用同一系列的导线。但330~1000kV级输电线路用的导线，对导线外径大小及表面的光洁度有特殊要求，以减少导线表面电晕（即电场使周围局部空气电游离，会增大线路损耗），所以开发了扩径导线，就是为了消除导线表面电晕的问题。

架空导线结构虽然简单，但其作用却极为重要。在以输、变、配电为目的的电力网络中，其线路长度占了总量的90%以上，特别是在110~800kV高压输、配电线路中更是占了绝大多数。

裸绞线从结构组成上可分为3种：一种是以单一金属材料的单线绞制而成，如铝绞线、铜绞线、铝合金绞线等；另一种是以钢绞线为芯线以增加承拉强度，外面绞上一层或几层铝绞线或铝合金线的钢芯铝绞线；第三种是以双金属单线绞制而成的绞线，如铝包钢绞线。

钢芯铝绞线是使用最广泛的品种，由于有了钢芯承受悬挂在电杆上的拉力，可以增大电杆间距以减少投资（特别是高压线路）并延长导线寿命、增强安全性。常用导线的每个规格，都有2~5个派生规格，即同一铝导体截面积可配合2~5种截面积的钢芯线，如400/20、400/35、400/50、400/65、400/95，其中400为铝线的截面积之和（mm^2），而斜线右侧的数字为钢芯线的截面积（mm^2）。这样配合的目的是适应不同抗张拉力要求的线路段选用。

敷设线路周围如有腐蚀气体（如海边的盐雾等），则应采用涂有防腐涂料的防腐型钢芯铝绞线。

架空导线新品发展的趋势如下：

1）在不增加导线自重的前提下增加抗拉能力和耐振动性，如高强度铝合金绞线、采用高强度钢芯的绞线、自阻尼（防振动）导线等。

2）提高导线的长期工作温度或电导率，如高电导率铝合金线、倍容量导线等。

3）在寒冷地区防止导线上结冰的防冰雪导线等。

这些产品统称为特种架空导线。

几种钢芯铝绞线的排列结构如图 86 所示。表 18 是常用架空导线的品种。

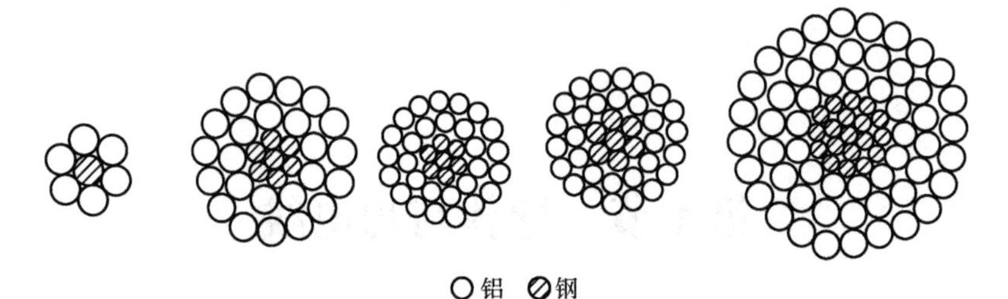

图 86　几种钢芯铝绞线的排列结构

表 18　常用架空导线的品种

品种	型号	截面积范围 / mm^2	标准或规范	用途
铝绞线	LJ	16~800	GB 1179	用于档距较小的一般配电线路
铜绞线	TJ	10~400	技术规范	用于对铝有严重腐蚀的环境中
钢芯铝绞线	LGJ	10~800	GB 1179	在一般输、配电线路广泛使用
防腐钢芯铝绞线	LGJF	10~800	GB 1179	用于有腐蚀气雾存在的一般输、配电线路
热处理铝镁合金绞线	LHAJ	10~1000	GB 9329	用于一般配电线路，但档距可比 LJ 大
热处理铝镁硅稀土合金绞线	LHBJ	10~1000		
钢芯热处理铝镁合金绞线	LHAGJ	10~1000		用于一般配电线路，但档距可比 LGJ 大
钢芯热处理铝镁硅稀土合金绞线	LHBGJ	10~1000		
防腐热处理铝镁合金绞线	LHAGJF	10~1000		同 LGJF，但档距可相应增大
防腐热处理铝镁硅稀土合金绞线	LHBGJF	10~1000		
稀土优化处理铝绞线	LJX	10~800	技术规范	作为 LJ 替代品种，防腐性能略优

3. 软接线与编织线

这是一类特殊用途的产品，品种不少但用量较少，如电动机械的电刷线、蓄电池的并联线、天线、接地线和屏蔽网套等。此类产品是采用细铜单线经束绞、复绞而成。蓄电池的并联线一般制成扁形；屏蔽网套系编织而成，套在要求屏蔽的电线外。

4. 型线与型材

产品的横截面形状各异，不是圆形的称为型线，而不是以较大长度使用的产品称为型材。按其用途可分为以下三种：

1）作为大电流母线（又称为汇流排）用的铜、铝排材。大多数是扁平状，也有制成空心矩形和半工字形的，可用于电厂、变电站传输大容量电流，也可用于开关柜中。近年来又发展出了带绝缘层的绝缘母线。

2）接触网导线。此类导线用于电气化铁路、城市电车、隧道内电动机（如地铁、矿山地下坑道车）等用的架空导线。由于城市轨道交通路线和电气化铁路的大规模发展，使接触网导线（俗称电车线，现简称接触线）的用量成倍增加。

对接触线的技术要求除了导电性能好和有足够的抗拉强度、良好的耐气候腐蚀性外，更主要的是抗耐磨性，这与导线的使用寿命直接相关。

目前，主要的品种有圆形、双沟形的铜接触线（型号 CTY、CT），葫芦形的铜铝复合线（CGLN、CGLW），钢或铝和铝合金复合线（CGLHT），双沟形铝合金线（CLHA）等。

图 87 是几种接触线的截面图。

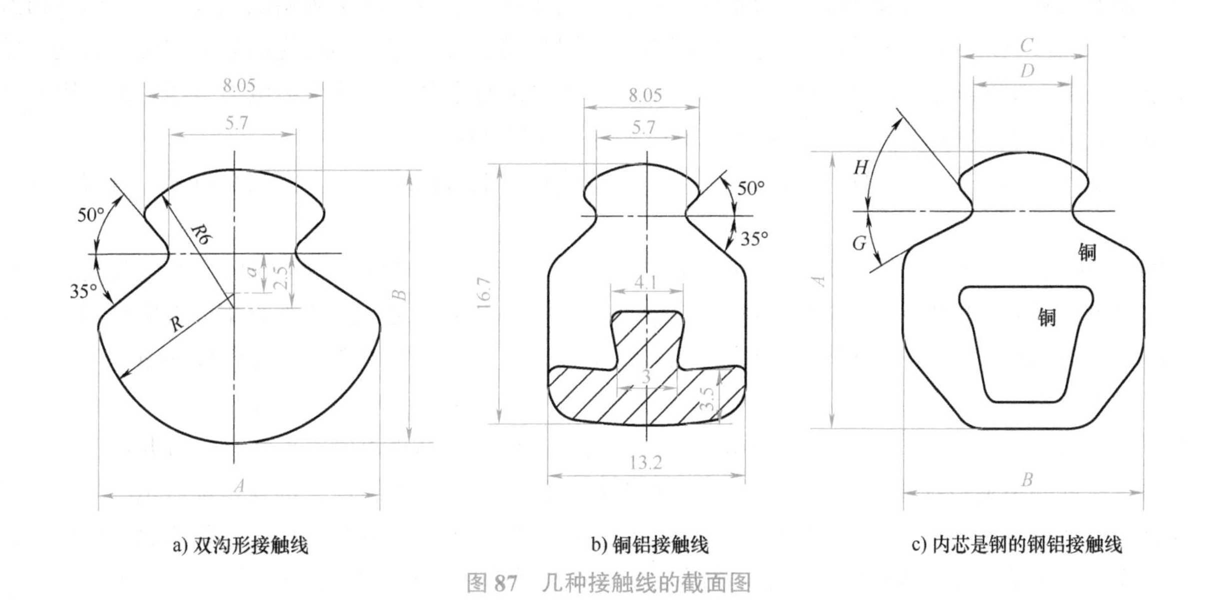

a) 双沟形接触线　　b) 铜铝接触线　　c) 内芯是钢的铜铝接触线

图 87　几种接触线的截面图

3）异形排材。异形排材主要用于发电、电动机中换向器的构件，以及各种刀开关的刀头电极，因此截面形状各异，如梯形、单峰形、双峰形等。其材质为铜或铜合金。

二、制造能力

裸电线制品从产品结构来讲，比气体电线电缆产品相对简单一些，从品种分析看属于传统产品中的电力传输产品。新中国成立初期，电力传输需求小，因此生产企业较少。当国家以经济建设为主的时候，裸导线制品特别是绞线产品需求量增加，国内增加了较大产能，而且分布较广，基本每个大区都有生产能力。

据统计，我国制造裸电线制品（铝绞线或钢芯铝绞线）的企业如下：

（1）北京市　北京市电线电缆总厂、北京电线七厂、北京云通电缆厂、北京市延庆电缆厂。

（2）天津市　天津市大成五金厂、天津华港电缆制造有限公司、天津立飞电线电缆有限公司、天津友慧电线电缆有限公司。

（3）河北省　石家庄电缆厂、辛集市电线电缆厂、河北弘飞线缆集团有限公司、河北北方电缆集团有限公司、河北宝丰电线电缆有限公司、河北电力沧海线缆有限公司、亚龙电线电缆有限公司、河北华伦线缆有限公司、沧州会友线缆集团公司、任丘市龙海电缆厂、唐山市电缆总厂、遵化市电缆厂、迁安市有色金属线材厂、廊坊市第一电缆厂、保定吉达电力线缆厂、保定天威集团电力线材厂、清苑县电力线材厂、保定市满中电线厂。

（4）山西省　太原电线电缆厂、榆次长城电缆厂、榆次电力电缆厂、离石电缆有限公司、山西天立电缆有限公司、晋城市新华线缆有限公司。

（5）内蒙古　包头市满都拉电缆厂、赤峰市佳讯电线电缆有限责任公司、赤峰电业电线电缆厂、宁城县天宇电力器材公司、扎兰屯市电线厂。

（6）辽宁省 沈缆四环电缆制造有限公司、沈阳大鹏电缆有限公司、营口电缆厂、营口市中宇电缆有限公司、大连汉河电缆有限公司、大连金州电缆有限公司、丹东电业局电力器材厂、锦州电业电缆制造有限公司、北票市电线厂、凌源市电线电缆厂、阜新市华通电缆厂、阜新市电车线厂、葫芦岛市电线电缆制造有限责任公司。

（7）吉林省 长春电线厂、长春市宽城福利机械电线厂、大安市电线厂、吉林省远大线缆集团有限公司、舒兰市电线厂、龙井市电线厂、辽源市电线电缆分厂、梨树县电线厂。

（8）黑龙江省 哈尔滨电磁线厂、哈尔滨市有色金属线材厂、哈尔滨市东明电磁线厂、哈尔滨市红星电线厂、哈尔滨市电线二厂、哈尔滨市沈新电线电缆有限公司、哈尔滨海洋线缆制造有限责任公司、哈尔滨光宇电线电缆有限公司、木兰县电线厂、哈尔滨沃尔德电缆有限公司、佳木斯电力电线电缆有限责任公司、廊坊市通信电缆厂富拉尔基分厂、大庆油田奥维电缆有限公司。

（9）上海市 上海南大电缆集团有限公司、上海电缆厂、上海铝线厂、上海浦东电缆厂有限公司、上海九龙电缆厂。

（10）江苏省 江苏都梁集团有限公司、仪征电缆厂、江苏贝得电机电器集团股份有限公司、镇江电缆厂、扬中市苏源光明电缆有限公司、镇江市威能达电线电缆有限公司、江苏神鸡集团有限公司、常州市电线电缆厂、无锡市电缆厂一分厂、无锡市马山金马铝线厂、无锡远东电缆厂、无锡江南电缆厂、张泾电缆厂、宜兴市苏南电力设备厂、宜兴市巨峰电缆有限公司、宜兴市电力电缆厂、无锡市电力线路厂、江苏长锋电缆有限公司、江苏圣安电缆有限公司、宜兴市曙光电缆厂、苏州市康宝电缆厂、苏州新源特种线缆有限公司、江苏新恒通电缆集团公司、张家港市铝线厂、江苏省铜山电缆厂、淮安市淮胜电缆厂、洪泽县金属线材厂、盐城兰陵电线电缆有限公司、东台市红星电工厂、东台市电线二厂、江都市鑫达线缆有限责任公司、泰兴市精益铜材有限公司、江苏隆源双登电器电缆有限公司、启东市电线厂、如东县电线电缆厂、如皋市东方电缆厂、南通光明电线厂、中天科技集团。

（11）浙江省 富春江集团杭州电缆厂、杭州东冠电缆有限公司、杭州万胜中兴钢缆有限公司、浙江永翔电缆集团有限公司、浙江万马集团大连有限公司、浙江省富春江通信集团有限公司、杭州江南电缆厂、新安江有色金属材料厂、上虞市自强电缆有限公司、上海普兴电线电缆厂、嘉兴泗洲线缆集团公司、浙江晨光电缆有限公司、嘉兴市五丰电缆有限公司、浙江临海电缆厂、浙江日光电缆公司、浙江交联电缆有限公司、兰溪市电线电缆厂、浙江开成电缆制造有限公司、东阳市三洋电缆厂、东阳市白云电线电缆厂、浙江昌泰电力电缆有限公司、瑞安市电缆厂、兴乐电缆有限公司、上海浦大电缆厂一分厂、乐青市南洋电缆厂。

（12）安徽省 安徽绿宝电缆有限公司、安徽欣意电缆有限公司、安徽华能电缆厂、合肥电力电线厂、舒城电线电缆有限公司、桐城市桔灯电缆有限公司、淮南力达电线厂、濉溪县电力线材厂分厂、濉溪县电力线材厂、阜阳电力电线厂、亳州市电线厂、霍邱县叶集兴盛铝制品加工厂、无为县电线厂、安徽长风特种电器电缆厂、芜湖电缆厂、安庆电缆厂、潜山电缆厂。

（13）福建省 福州大通机电股份有限公司、南平市三红电缆有限公司、夏宜电线电缆厂、南平南线电缆有限公司、龙海市五金精铝制品厂、云霄电线厂、福建华协导电排线有限公司。

（14）江西省 南昌洪都电线厂、南昌电缆有限责任公司、南昌华新电缆有限公司、德安县共青城青湖电线厂、江西鑫新实业股份有限公司、江西铜丰电工器材有限公司、广丰县中策电缆有限公司、新华金属制品股份有限公司、赣州宏远电线有限责任公司。

（15）山东省 济南宝胜鲁能电缆有限公司、济南希格玛电缆有限公司、平阳铝厂线材厂、德州鲁能华德同业电缆有限公司、淄博市周村区前进铝线厂、滨州市电线电缆厂、东营东方塑业有限公司、胜利油田泵公司电缆厂、东营市电缆厂、胜利油田胜利电线电缆厂、高密菲达电力电缆有限公司、诸城市电力电缆厂、山东荣成大祝线缆有限公司、文登市电缆厂、蓬莱玉锟电缆有限公司、龙口市电线电缆厂、青岛华光电缆有限公司、青岛中能电线电缆制造有限公司、青岛华东电缆电器有限公司、青岛新凯电线电缆有限公司、泰安鲁能泰山电缆厂、泰安市泰山区泰山电缆厂、莱芜市汇河电线厂、莱芜市刘陈村综合福利加工厂、济南铁路局新汶电缆厂、泰安万通电缆有限公司、山东鱼台电力制造业有限公司、曲阜市孔圣电线电缆厂、鲁能泰山曲阜电缆集团股份有限公司、邹城市圣光电线厂、临沂沂光电缆有限公司、枣庄银桥电缆有限公司、山东华能线缆有限公司。

（16）河南省　郑州市电线厂、亿路集团金龙电缆厂、郑州市第二电缆厂、郑州中原电缆厂、郑州市二七电线厂、郑州电缆厂劳动服务公司、郑州电缆集团股份有限公司、郑州华力电缆有限公司、巩义市恒星金属制品有限公司、郑州宇晨电缆电线有限公司、郑州光华电缆厂、郑州天元宇星电缆有限公司、郑州裕华电线电缆有限公司、郑州长通电线电缆有限公司、巩义市通讯电缆厂、巩义市中博电缆公司、新乡市电缆厂、新乡市亨通线缆有限公司、新乡市黄河电缆厂、河南金博电缆有限公司、焦作铁路电缆工厂、河南金龙电缆集团有限公司、焦作市振宏电缆厂、焦作市电力电缆厂、安阳市电线电缆有限公司、许昌电力电线厂、长葛市永兴铜材有限公司、禹州市电缆厂、禹州市线材厂、禹州市牡丹电线电缆公司、漯河电缆厂、驻马店开发区汇丰电缆有限公司、周口聚通电缆有限公司、洛阳市神鹏电磁线有限公司、河南蒿声电缆有限公司、开封电缆厂、商丘市电业局永城分局电线厂、商丘金炬电线电缆有限公司、禅城通达电缆有限公司。

（17）湖北省　武汉市双利电线电缆有限责任公司、武汉市中南电线电缆厂、武汉市黄鹤电线电缆一厂、武汉第二电线电缆厂、武汉市四新电线电缆厂、武汉市江虹电线电缆有限责任公司、武汉市蔡甸区电线厂、武汉新光电线电缆厂、武汉市中达电线电缆制造有限公司、武汉市武湖电线电缆厂、新洲区阳逻镇电线厂、麻城市铝线厂、汉川电工器材厂、京山县电线电缆厂、钟祥市广夏电线厂、钟祥市萃宇电线电缆有限责任公司、钟祥市迅达电线厂、钟祥市长城电线厂、钟祥市光明电线厂、湖北省汉川电缆厂、汉川县田二河镇电线厂、应城市电线厂、河北洪乐电缆有限公司、荆州市沙市第二电缆厂、监利电线电缆厂、襄樊市电缆厂、丹江口市汉丹电线电缆有限公司、宜昌金狮电线电缆有限公司、枝江市电线厂、宜昌三峡电线厂。

（18）湖南省　湘潭市电业局潭州电线厂、沈阳电缆厂沅江分厂、华容县鲇鱼须镇电线厂、汨罗市电线厂、吉首市汽车修制厂、金果市电线厂、金果实业衡阳电缆厂、衡阳县电线厂、邵阳市电线二厂、永州市冷水滩区电线厂、桑植县民族塑料电线厂。

（19）广东省　番禺鸿力电缆有限公司、清远远光电缆实业有限公司、韶关市信达电线厂、阳山县番阳电线厂、揭阳市华新电线电缆有限公司、珠海电缆厂、东莞市嘉得电线电缆厂、东莞市华达电缆厂、广东沥光电气实业有限公司、南海大沥迅达电线厂、南海樱花电气有限公司、顺德雄力电缆有限公司、新会三新电工器材有限公司、台山市电缆厂有限公司、海南电线电缆厂。

（20）广西　南宁银杉电线电缆有限公司、南宁电力线缆有限责任公司、南宁市福利电线厂、玉林市宝炬电线电缆有限公司、桂林国际电线电缆集团公司、桂林市穿山电线电缆厂、柳州银通电线电缆制造有限公司。

（21）重庆市　重庆线路工业公司、重庆电线电缆实业有限公司、重庆泰山电线电缆有限责任公司、重庆鸽牌电线电缆有限责任公司、重庆铝业有限公司、重庆天虹电线电缆有限公司。

（22）四川省　成都鑫牛线路有限公司、成都康达特种电缆厂、成都利康线缆有限公司、四川鑫南方高压电缆有限公司、四川南方电缆厂、四川电力电线厂、四川省华力电缆有限公司、德阳砂马东方电缆有限责任公司、资阳市电缆厂、资阳市发盈电工材料厂、泸州长城机电厂。

（23）云南省　云南前列电缆厂、玉溪电线电缆厂、云南红河电线厂、曲靖电缆厂、云南牟定铜矿电线厂。

（24）陕西省　西安塑力电缆厂、户县电线厂、宝鸡电缆厂、陕西电缆厂、镇巴县电线电缆厂。

（25）甘肃省　甘肃诚信电力工贸公司电线电缆厂、金川有色金属公司电线电缆厂、长通电缆科技股份有限公司、天水铁路电缆工厂、长庆石油勘探局水电工程公司电线厂、青海电线电缆厂、青海昂特电气制造有限责任公司。

（26）宁夏 宁夏隆达电缆有限公司。

（27）新疆 新疆五元实业发展中心、新疆百商电线电缆有限公司、新疆特变电工股份有限公司线缆厂、新疆呼图毕电线厂、博湖县电线厂。

裸电线产品以铝绞线和钢芯铝绞线为主，几乎全国每个省、市、自治区都有该产品的生产企业，其中河北省、江苏省、浙江省、山东省、河南省和湖北省企业较多，与电线电缆制造大省比较吻合，反映了该产品是量大面广的产品。随着国家输电线路电压等级的提高和输送容量的增加，需要大长度、大截面等产品，增强了对电线电缆制造能力的要求，因此从2000年以后，国家大型工程用钢芯铝绞线产品集中由几个大型制造商供应，如江苏中天、无锡江南电缆、无锡远东电缆、亨通集团、河南通达、青岛汉缆集团、杭州电缆股份有限公司等。

三、技术进展

伴随着国民经济的高速持续发展，作为电线电缆中重要的一部分，裸电线也得到高速发展。裸电线的用铝量占行业用铝量的绝大部分。为了满足“十五”期间输电线路的新增、扩容，以及三峡工程、“西电东送”等重大工程建设的需要，裸电线出现不少新品种，以满足工程建设的需要。

1）配合三峡输电工程研制的ACSR-720/50大截面导线得到应用，并已在500kV的主干线路上大面积推广使用，单根长度为2500m。它有一套完整的工艺装置，包括铝连铸连轧机组、高速滑动式大拉机、54盘630型框式绞线机、铝线的冷压焊机，以满足制造需要。

2）在三峡输电工程中，线路需跨越大江、大河，如汉江、长江等，已制成全铝包钢绞线AS-510和高强度钢芯高强度铝合金绞线ACSRMST-640/290。在此基础上，这两类大跨越导线已逐步形成系列，并带动了铝包钢线的系列化生产，特高强度镀锌钢线和高强度铝合金也进入规模化生产。

3）结合西北电网750kV电网建设，已研制成功LGJK-300/50的扩径导线和750kV变电站用扩径母线，形成了一整套能满足生产扩径导线和扩径母线的工艺、工装与技术。

4）结合城市电网建设，针对老线路增容和新建线路用导线，借鉴日本等国的经验，研制了耐热铝合金导线和殷钢芯耐热铝合金导线，缓解了线路扩容的燃眉之急。今后需提高增容（或扩容）导线的性能和降低制造成本。

5）双金属线材的应用扩大，生产水平和能力进一步加强。用铜量猛增和铜价的迅速攀高，使得一些双金属线材的运用具备了一定的比较优势，如铜包铝线新产品得到发展，并正以迅猛之势扩大生产与应用。同时铜包钢线的用量也激增，现已有十余家生产厂家。铝包钢线的应用范围加大，工厂现已能生产14%IACS~40%IACS的各种铝包钢线单线，结合工程需要，已制成各种绞线。

6）架空输电线的生产技术进一步加强与巩固。电工铝导体、一般强度、中强度及高强度镀锌钢线、铝包钢线等都能成批生产，并都满足国内外各种标准的要求，形成钢芯铝绞线批量出口的格局，除传统输往亚洲外，开始销往非洲、南美洲各地，成为我国电线电缆出口的支柱品种。裸电线的生产技术也有了长足的进展。

7）铜杆生产更集中，工厂规模更大型化。相对于“九五”期间铜杆生产以上引法为主的态势，“十五”期间已发展为以连铸连轧为主要生产手段，新引进的铜连铸连轧机组年产量超过10万t，已有几家大型的工厂，且以铜冶炼行业的工厂为主，设备也主要采用国外先进的进口设备。

8）高强度铝合金线的制造设备已经大部分国产化，除极个别工厂，全国已有超过10家工厂采用国产设备生产铝合金线，利用这些机组还能生产耐热铝合金线，也能生产电工铝杆。

9）用Conform机组生产小截面型材。2000年以前生产小截面型材，如扁线和小截面母线，几乎都采用轧制拉伸法或挤压法。2000—2005年开始采用Conform机组挤压生产，使产品质量明显提高，制造工艺水平与世界同步。目前我国已经拥有100余台套生产铜扁线及小截面型材的Conform挤压机。

10）铝包钢线的生产已进入优质高效阶段。目前我国铝包钢线的制造几乎都采用国产 Conform 挤压机组加直线式拉线机，其质量全部符合国内外各种标准，单台机组产量已走在世界前列。“十五”期间国产 Conform 机组已具规模，目前已拥有 10 余台套能生产铝包钢线的 Conform 机组。

11）用包覆焊接法生产铜包铝、铜包钢双金属线材。以前生产铜包钢线材，绝大多数采用电镀法，但用电镀法生产高电导率的铜包钢线较为困难，而用包覆焊接法能生产各种电导率的铜包钢线，且一台套包覆焊接机组还可以用于生产铜包铝线。现已研制出较简易的铜包铝线包覆焊接和拉线机组，到 2005 年，铜包铝线的生产、应用已有一定数量。结合目前形势应研制出性能良好的机组并加以推广应用。

12）制造性能优良的大截面架空线的设备系列已形成，制造工艺确认并行之有效。2000—2005 年，结合三峡输电工程用大截面导线 ACSR-720/50 的研制，其生产设备已确认为铝的连铸连轧机组、滑动式高速大拉机、54 盘 630 型框式绞线机和冷压焊机。生产工艺的每个环节都处于受控状态，并有监造制度，以保证产品的质量优良。

13）2006—2010 年，国内已研制生产了 1000mm^2 和 900mm^2 的大截面导线，并已应用于线路工程建设，提高了传输容量，降低了线路电阻损耗，具有节能降耗的综合效应。大跨越工程用导线已实现国产化，形成了铝包钢导线和钢芯铝（铝合金）导线两大系列。大跨越工程的建设规模处于国际领先水平，大跨越导线制造处于国际先进水平。

第 2 节 电气装备用线缆

在电线电缆五大类产品领域，电气装备用电线电缆的品种多，涉及的领域多，结构既有最简单的也有最复杂的，在我国从 20 世纪 30 年代开始就有生产，约占电线电缆行业产值的 40%，它既属于先进制造业的一部分，也是各种装备的关键配套部件。

电气装备用线缆（从最后一个开关装置将电能直接传送到各种用电设备、器具作为连接线路用的电线电缆，各种电气装备内部的连接安装线，以及信号、计测、控制系统中用的电线电缆统称为电气装备用线缆）是电线电缆产品中产品门类最多、细分产品技术差异度最大的领域，同时也与装备制造、能源、建筑工程等行业息息相关。它的品种数很多，产量也大，产值约占全行业的 1/3。

从系统工程角度来看，整个电（光）传输工程由网络（由电线组成）和终端（各种电气设备）两大部分构成。

网络部分的电缆的突出要求是大长度、长寿命和高可靠。终端部分变化多端，个性化要求十分明显。电气装备用线缆也可理解为终端部分的线缆。

最早的电气装备用线缆的绝缘、护套通常用棉麻、丝绸等天然纤维和沥青、石蜡作为原材料，性能要求高的电线采用天然橡胶制成。20 世纪 60 年代，电气装备用线缆的绝缘、护套开始塑料化。

在人类历史上，用金属导体外加绝缘来传输电信号是 1812 年由俄国的科学家第一个试验成功的，他将用橡皮带绝缘的电缆埋在涅瓦河底来炸矿。我国生产电线的历史比发达国家要晚得多，这与电的使用有很大的关系。在我国几个工业基础比较好的城市，生产电线的历史可以追溯到 20 世纪 20 年代。

1931 年，日商松源矿在上海市大连路周家嘴口开办了中国协记电线厂（后改名为上海电线三厂），它是上海最早生产铜芯橡皮线和民用花线的专业工厂。

1937 年，郑佩民创办了培成电业厂（后改名为上海电线电缆一厂），它是上海最早生产橡皮绝缘棉纱编织软线的工厂。

1933 年，天津铭华顺电线厂开业，生产花线。

1938 年，天津鑫棉电线厂开业，生产橡皮电线。

1938 年，天津同增和电线厂开业，生产紫花线。

1941 年 8 月，“满洲电线”大规模的土建安装工程结束，开始集中精力于生产，直至日本侵略者投降，主要产品有熔铸铜锭、铝锭、铜杆、铝杆、裸电线、棉纱被覆线、橡胶绝缘电线、水底用橡皮线、厚橡皮软电线、铅包绝缘电线、铁皮橡胶线、纸绝缘电力电缆、话缆、纱包线、漆包线。沈阳电缆厂自 1949 年恢复生产后，开始生产 0.75~240mm^2 布电线；1953 年生产 120mm^2 500V 铝芯橡皮线；1956 年开始生产 0.75~16mm^2 腊克线和 2×0.75mm^2、4×0.75mm^2 橡套电线；由于编织型橡皮线的生产工艺烦琐落后、价格高、寿命短，1965 年进行高低压腊克线改型，采用丁腈 - 聚氯乙烯复合物绝缘取代了低压腊克线，基本上淘汰了棉纱编织。

1950 年，上海元富电工厂模仿国外样品成功试制塑胶线。

新中国成立后，由于国民经济建设的需要、原材料的开发运用，以及国外电线电缆生产技术和生产设备的输入，电气装备用线缆得到了突飞猛进的发展，细分领域越来越多，下面就部分细分领域电气装备用线缆产品的发展历史进行介绍。

1. 布电线

自从 1950 年上海元富电工厂模仿国外样品成功试制塑胶线以后，由于塑料材料的电气和机械物理性能优异、加工工艺简洁方便、生产效率高，再加上高聚物绝缘和护套材料的大量使用，使得布电线迅速得到推广应用。20 世纪 50 年代以后成立的电线电缆制造企业中，布电线是最基本的产品，几乎只要生产电线电缆产品，家装电线是不可缺少的。改革开放后，由于生产布电线投资少、见效快、设备少、生产工艺简单，大家纷纷上马布电线，以致现在生产能力严重过剩。

绝缘电线（布电线）是指包覆绝缘层的电线，包括各种连接线、安装线。

1）用于交流 500V 及以下或直流 1000V 及以下的电气设备及照明装置的布电线（现已基本淘汰，不再生产）：

① BXR：铜芯橡皮绝缘软线。

② BX（BLX）：铜（铝）芯橡皮绝缘线。

③ BXF（BLXF）：铜（铝）芯氯丁橡皮绝缘线。

2）用于各种交流、直流电器装置，电工仪表、仪器，电讯设备，动力及照明线路固定敷设的布电线：

① BVR：铜芯聚氯乙烯绝缘软线。

② BV、60227 IEC 01（BV）：一般用途单芯硬导体无护套电缆。

③ 60227 IEC 05（BV）：内部布线用导体温度为 70℃的单芯实心导体无护套电缆。

④ 60227 IEC 07（BV）：内部布线用导体温度为 90℃的单芯实心导体无护套电缆。

⑤ BVV、60227 IEC 10（BVV）：轻型聚氯乙烯护套电缆。

⑥ BLV：铝芯聚氯乙烯电线。

⑦ BLVV：铝芯聚氯乙烯绝缘聚氯乙烯护套圆形电缆。

⑧ BLVVB/BVVB：铝芯 / 铜芯聚氯乙烯绝缘聚氯乙烯护套扁形电缆。

3）用于各种交流、直流电器装置，电工仪表，家用电器，小型的电动工具，动力及照明装置的布电线：

① RV、60227 IEC 02（BV）：一般用途单芯软导体无护套电缆。

② RVS：铜芯聚氯乙烯绝缘绞型连接软电线。

③ RVB、60227 IEC 42（BVB）：铜芯聚氯乙烯绝缘扁形无护套软电线。

④ RVV：铜芯聚氯乙烯绝缘聚氯乙烯护套软电缆。

⑤ 60227 IEC 06（RV）：内部布线用导体温度为 70℃的单芯软导体无护套电缆。

⑥ 60227 IEC 08（RV）：内部布线用导体温度为 90℃的单芯软导体无护套电缆。

⑦ RXS、RES：铜芯橡皮绝缘棉纱编织绞型软电缆。

⑧ RX、RE：铜芯橡皮绝缘棉纱编织圆形软电线。

⑨ REH：铜芯橡皮绝缘橡皮保护层总编织圆形软电线。

⑩ 60227 IEC 41（RTPVR）：扁形铜皮软线。

⑪ 60227 IEC 43（SVR）：户内装饰照明回路用软线。

⑫ 60227 IEC 52（RVV）：轻型聚氯乙烯护套软线。

⑬ 60227 IEC 53（RVV）：普通聚氯乙烯护套软线。

⑭ 60227 IEC 55（RVV-90）：导体温度为90℃的耐热轻型聚氯乙烯护套软线。

⑮ 60227 IEC 57（RVV-90）：导体温度为90℃的耐热普通聚氯乙烯护套软线。

⑯ 60227 IEC 74（RVVYP）：耐油聚氯乙烯护套屏蔽电缆。

⑰ 60227 IEC 75（RVVYP）：耐油聚氯乙烯护套非屏蔽电缆。

⑱ YQ、YQW：轻型橡套软电缆。

⑲ YZ、YZW、60245 IEC 53（YZ）、60245 IEC 57（YZW）：中型橡套软电缆。

⑳ YZB、YZBW：中型橡套扁形软电缆。

㉑ YC、YCW、60245 IEC 66（YCW）：重型橡套软电缆。

㉒ 60245 IEC 05（YRYY）：导体最高温度 110℃ 750V 软导体耐热乙烯 - 乙酸乙烯酯橡皮绝缘单芯无护套电缆。

㉓ 60245 IEC 06（YYY）：导体最高温度 110℃ 500V 硬导体耐热乙烯 - 乙酸乙烯酯橡皮或其他相当的合成弹性体绝缘单芯无护套电缆。

㉔ 60245 IEC 06（YRYY）：导体最高温度 110℃ 500V 软导体耐热乙烯 - 乙酸乙烯酯橡皮或其他相当的合成弹性体绝缘单芯无护套电缆。

㉕ 60245 IEC 58（YS）、60245 IEC 58f（YSB）：装饰回路用氯丁或其他相当的合成弹性体橡套圆形电缆、扁形电缆。

4）用于室内外明装固定敷设或穿管敷设的布电线（现已基本淘汰，不再生产）：

① BBX：铜芯橡皮绝缘玻璃丝编织电线。

② BBLX：铝芯橡皮绝缘玻璃丝编织电线。

由于上述产品结构简单，生产工艺并不复杂，全国生产此类产品的厂家最多，据不完全统计，全国仅 PVC 绝缘塑布线生产厂家大大小小不下 6000 家，主要生产厂家年产能约 50 万 km，生产能力远远供大于求。

涉及的产品标准有 GB/T 5013、GB/T 5023、JB/T 8734、JB/T 8735，是属于 CCC 强制性认证产品。

各省都有其区域品牌，产品质量优，引领着当地的市场导向，如福建南平太阳电缆股份有限公司、上海熊猫线缆股份有限公司、湖南衡阳电缆有限公司、杭州电缆股份有限公司、无锡远东电缆公司、江苏上上电缆集团、宝胜科技、无锡江南电缆有限公司、昆明电缆集团股份有限公司、贵阳电线厂有限公司、桂林国际电线电缆集团有限责任公司、天津金山电线电缆股份有限公司、山东阳谷电缆集团有限公司、特变电工德阳电缆有限公司、兰州众邦电线电缆集团有限公司等生产的塑布线。

目前，普通建筑工程上 PVC 绝缘及护套塑布线由于价格低廉、电气性能优越、敷设方便，使用量仍然占主导地位。

橡皮布电线产品（JB/T 1601—1993）已属淘汰产品，行业大多数企业早已停止生产，但在一些经济不发达地区仍有少量需求。

2004 年甚至更早些时候，随着人们阻燃、环保和节能意识的增强，行业中有些电缆企业陆续开发了含卤阻燃型的布电线和低烟无卤辐照电线，由于其阻燃效果好、无卤环保、发烟量小、耐温等级高、载流量大，在高层建筑、公共场所和高档住宅等场合使用已经成为一种发展趋势。这些产品对应的基础产品标准为 GB/T 5023、JB/T 8734、GB/T 19666、JB/T 10491，对应的型号如下：ZA+ GB/T 5023 和 JB/T 8734 基本型号；ZB+ GB/T 5023 和 JB/T 8734 基本型号；ZC+ GB/T 5023 和 JB/T 8734 基本型号；ZD+ GB/T 5023

和 JB/T 8734 基本型号。

由于交联工艺大多数采用辐照交联，随着紫外光辐照交联技术的成熟及阻燃硅烷交联料的国产化，该类布电线产品也得到应用。表 19 中为几种交联电缆的正常运行时导体最高工作温度。

表 19　几种交联电缆的正常运行时导体最高工作温度

型号	名称	正常运行时导体最高工作温度 /℃
BYJ	交联聚烯烃绝缘电缆	90、105、125、150
BYJR	交联聚烯烃绝缘电缆	90、105、125、150
RYJ	交联聚烯烃绝缘软电缆	90、105、125、150
BYJYJ	交联聚烯烃绝缘和护套电缆	90、105、125、150
RYJYJ	交联聚烯烃绝缘和护套软电线	90、105、125、150
RYJYJB	交联聚烯烃绝缘和护套扁形软电线	90、105、125、150

行业中开发含卤阻燃型的布电线和低烟无卤辐照电线的同时，还开发了耐火型的布电线，其产品性能和产品型号依据是 GB/T 19666。

由于建筑用尼龙护套电线与普通建筑用布电线相比，具有电线直径细，穿管方便，有优异的耐磨、耐油、耐液化气和煤气腐蚀性能，尼龙护套有能承受相当大的短路电流的能力等特点，2000 年前后行业中开发了建筑用尼龙护套电线，2001 年机械部颁布了其产品标准 JB/T 10261—2001《额定电压 450/750V 及以下聚氯乙烯绝缘尼龙护套电线和电缆》。

2013 年，行业中提出了 70 年寿命、低烟无卤无毒阻燃耐火布电线的要求，2014 年住建部出台了产品标准 JG/T 441—2014《额定电压 450/750V 及以下双层共挤绝缘辐照交联无卤低烟阻燃电线》和 JG/T 442—2014《额定电压 0.6/1kV 双层共挤绝缘辐照交联无卤低烟阻燃电力电缆》。

随着 GB 31247—2014《电缆及光缆燃烧性能分级》的颁布，2016 年开始行业里有企业开发了符合 B1（d_0，t_0，a_1）要求的布电线产品。

关于布电线的线芯分色要求，标准中规定，电缆的绝缘线芯应用着色绝缘或其他合适的方法进行识别。国内传统的做法是整体绝缘为同一个颜色，即从里到外都一个颜色。用着色方法进行线芯分色，有两种方法：一种是传统的做法；另外一种是线芯表面着色一层非常薄的绝缘层（多层挤出），其材料组成相同，就是颜色与里层的不同。采用第二种着色方法需要双层或三层共挤，对挤出设备要求很高且是高速的，生产效率高，而且对材料的挤出性能要求很高，一般的材料不适合这种工艺，所以采用表面着色方法（双层或三层共挤工艺）生产的产品性能能保证稳定合格。现在已经有大型企业采用表面着色的方法进行分色识别，这样既能保证产品质量又能防止假冒伪劣。

2021 年，国内部分企业在布电线上采取了多层共挤工艺（表面着色工艺），但由于 IEC 相关标准缺乏相应规定，导致产品出口的合规受阻。为此，上海缆慧检测技术有限公司作为国际电工委员会 IECEE 平台下的 CB 实验室，整理相关材料和议案，向 IECEE CTL（测试实验室委员会）提交了 IEC 标准的解释需求。担任 IECEE CTL 线缆领域专家组（ETF06）召集人的谢志国博士（中国质量认证中心），积极组织国内外专家进行研讨，详细阐述问题、建议和理由，编写和提交决议草案，并最终推动形成 IECEE CTL 决议（DSH2166），指导此类产品相关检测认证工作的开展。这项工作不仅切实帮助客户和行业解决了新型产品国内国际的合规需求，助力线缆企业新产品开发和市场开拓，也将国内线缆相关技术要求通过 IECEE 平台输送到国际平台上。

随着电气化发展，电子产品逐渐小型化，对电源设备的小型化要求也越来越迫切。根据 IEC 60950 的要求，绝缘层厚度达到 0.4mm 及以上，或由三层绝缘结构组成，都可以认为是强化绝缘。三层绝缘线就是利用这个规定，把单层绝缘厚度做到 0.03mm 厚度，三层绝缘总厚度 0.1mm，实现了电气小型化。2005 年

5月，上海罗坤电气科技发展有限公司创始人姚正平（毕业于西安交通大学电气绝缘与电缆专业，一直从事电线电缆的研发和生产），在国内没有绝缘层厚度0.03mm生产工艺的情况下，根据对进口产品的结构和材料进行分析研究，终于成功生产出国内第一根三层绝缘线，填补了国内空缺，把进口产品的价格直接腰斩，为国家节省了大量的外汇。

2. 耐火电缆

国内耐火电缆的结构和组成较复杂，有高聚物绝缘材料与云母带组成的电缆绝缘和耐火层结构，有纯云母带绕包的电缆绝缘和耐火层结构，有纯高聚物具有结壳性的电缆绝缘和耐火层结构，但不管哪种结构，其耐火特性必须满足GB/T 19216或IEC 60331或其他耐火试验方法标准规定的“在火焰条件下要求电缆或光缆保持线路完整性的试验”，就是在燃烧条件下电缆不击穿或光缆不断裂。由于耐火电缆耐火层的材料、结构不同，品种很多，在此仅介绍两大类耐火电缆的发展历程。

（1）高聚物绝缘层和云母带组成的耐火电缆　用作电气绝缘材料的云母带，由云母带纸、增强材料和粘合剂三部分组成。制作云母纸的原材料有天然云母和合成云母两类。天然云母有许多种，作为电气绝缘材料的主要有白云母和金云母两种。而目前有实用价值的合成云母只有氟金云母。表20为云母特性。

表20　云母特性

特性	白云母	金云母	氟金云母
密度 / (g/cm^3)	2.7~2.9	2.7~2.85	2.78~2.85
硬度（莫氏）	2.8	2.5	3.4
熔点 /℃	1200~1300	1200~1300	1370
tanδ（23℃）	10^{-4}	10^{-3}	10^{-4}
介电常数	5~8	5~7	5.6~6.3
体积电阻率（23℃）/（Ω·cm）	10^{12}~10^{16}	10^{14}	10^{15}
体积电阻率（600℃）/（Ω·cm）	10^{4}~10^{8}	10^{10}	10^{11}
击穿电压 / (kV/mm)	159~317	125~281	185~238

从表20可以看出，白云母在常温下的电气性能优于金云母和氟金云母，但在高温下，其绝缘性能急剧下降。耐火云母带不同于一般的电气绝缘云母带，在我国，常选耐火性能更好的金云母或氟金云母。

20世纪80年代中期，上海电缆研究所和邢台电缆厂等在研制耐火电线电缆时使用的是西安绝缘材料厂改进生产的有机硅玻璃粉云母带，并且采用JB 1479—1974《5450-1有机硅玻璃粉云母带》标准作为验收依据。由于该标准适用于一般电气绝缘，不能满足耐火云母带的性能要求，因此1991年上海电缆研究所发布了技术条件Q/SJ05—1991《电线电缆用云母带》。在这个技术条件中，规定了云母带在高温下电性能的试验方法和技术指标，即按规定制作的试样，在800℃、90min的情况下，耐1kV交流电压1min不击穿，在该温度下的绝缘电阻应不小于1MΩ。直到1995年，国际电工委员会才正式出台了耐火安全电缆用云母纸带的国际标准，即IEC 60371-3-8：1995（第一版）（我国习惯将该标准译为电缆用耐火云母带）。考虑到我国的实际情况，在1999年出台的机械行业标准JB/T 6488.5—1999《云母带 耐火安全电缆用粉云母带》中非等效采用了IEC 60371-3-8。

从20世纪90年代初，采用高聚物绝缘加云母带作为耐火层的耐火电缆逐渐多起来，当时成为耐火电线电缆的首选耐火层。

评价耐火电缆耐火特性的试验方法标准随IEC标准版本的更新，国家标准也进行了相应的更新。

1）GB 12666.6—1990《电线电缆燃烧试验方法　第6部分：电线电缆耐火特性试验方法》，本标准等效采用IEC 331（1970）《电缆的耐火特性》。本标准试验结果的判定依据是：如在燃烧试验期间3A熔丝不熔断，则判定试验结果为合格。试验时火焰的强度分为A类（火焰温度为950~1000℃）和B类（火焰温度为750~800℃）。

2）GB/T 19216.11—2003《在火焰条件下电缆或光缆的线路完整性试验　第11部分：试验装置——火焰温度不低于750℃的单独供火》，本标准等效采用IEC 60331-11：1990《在火焰条件下电缆或光缆的线路完整性试验　第11部分：试验装置——火焰温度不低于750℃的单独供火》。试验条件为，在0.1MPa和20℃的基准条件下，本试验用流量规定如下：

① 空气：每500mm长喷嘴（85±5）L/min。

② 丙烷：每500mm长喷嘴（5±0.25）L/min。

3）GB/T 19216.12—2008《在火焰条件下电缆或光缆的线路完整性试验　第12部分：试验装置——火焰温度不低于830℃的供火并施加冲击》，本标准等同采用IEC 60331-12：2002《在火焰条件下电缆线路完整性试验　第12部分：试验装置——火焰温度不低于830℃供火并施加冲击》。试验条件为，在0.1MPa和20℃的基准条件下，本试验用流量规定如下：

① 空气：每500mm长喷嘴（160±8）L/min。

② 丙烷：每500mm长喷嘴（10±0.4）L/min。

4）GB/T 19216.21—2003《在火焰条件下电缆或光缆的线路完整性试验　第21部分：试验步骤和要求——额定电压0.6/1.0kV及以下电缆》，本标准等效采用IEC 60331-23：1999《在火焰条件下电缆或光缆的线路完整性试验　第21部分：试验步骤和要求——额定电压0.6/1.0kV及以下电缆》。该标准规定的耐火性能要求如下：

① 供火时间：供火时间应在相关的电缆产品标准中规定。如果没有，推荐供火时间为90min。

② 合格判据：具有保证线路完整性的电缆，只要在试验过程中保持电压（即没有一个熔断器或断路器断开）和导体不断（即灯泡一个也不熄灭）。

③ 重复试验：如果试验失败，根据有关标准的要求，应另取两根试样进行试验。如果两根都符合试验要求，则应认为试验合格。

5）GB/T 19216.23—2003《在火焰条件下电缆或光缆的线路完整性试验　第23部分：试验步骤和要求——数据电缆》，本标准等效采用IEC 60331-23：1990《在火焰条件下电缆或光缆的线路完整性试验　第23部分：试验步骤和要求——数据电缆》。该标准规定的耐火性能要求如下：

① 供火时间：供火时间应在相关的电缆产品标准中规定。如果没有，推荐供火时间为90min。

② 合格判据：具有保证线路完整性的电缆，只要在试验过程中保持电压（即没有一个熔断器或断路器断开）和导体不断（即灯泡一个也不熄灭）。

③ 重复试验：如果试验失败，根据有关标准的要求，应另取两根试样进行试验。如果两根都符合试验要求，则应认为试验合格。

6）GB/T 19216.31—2008《在火焰条件下电缆或光缆的线路完整性试验　第31部分：供火并施加冲击的试验步骤和要求——额定电压0.6/1kV及以下电缆》，本标准等效采用IEC 60331-31：2002《在火焰条件下电缆或光缆的线路完整性试验　第31部分：供火并施加冲击的试验步骤和要求——额定电压0.6/1kV及以下电缆》。该标准规定的耐火性能要求如下：

① 供火时间：供火时间应在相关的电缆产品标准中规定。如果没有，推荐供火时间为120min。

② 合格判据：具有保证线路完整性的电缆，只要在试验过程中保持电压（即没有一个熔断器或断路器断开）和导体不断（即灯泡一个也不熄灭）。

③ 重复试验：如果试验失败，根据有关标准的要求，应另取两根试样进行试验。如果两根都符合试验要求，则应认为试验合格。

7）GB/T 19216.1—2021《在火焰条件下电缆或光缆的线路完整性试验　第1部分：火焰温度不低于830℃的供火并施加冲击振动，额定电压0.6/1kV及以下外径超过20mm电缆的试验方法》，本标准等效采用 IEC 60331-1：2018《在火焰条件下电缆的试验 线路完整性　第 1 部分：火焰温度不低于 830℃的供火并施加冲击振动，额定电压 0.6/1.0kV 及以下外径超过 20mm 电缆的试验方法》。该标准规定的耐火性能要求如下：

① 供火时间：供火时间应在相关的电缆产品标准中规定。如果没有，推荐供火时间为 30min、60min、90min、120min。

② 合格判据：具有保证线路完整性的电缆，只要在试验过程中保持电压（即没有一个熔断器或断路器断开）和导体不断（即灯泡一个也不熄灭）。

任一判据失效认为该电缆试验失败。

③ 重复试验：如果试验失败，根据有关标准的要求，应另取两根试样进行试验。如果两根都符合试验要求，则应认为试验合格。

8）GB/T 19216.2—2021《在火焰条件下电缆或光缆的线路完整性试验　第 2 部分：火焰温度不低于 830℃的供火并施加冲击振动，额定电压 0.6/1kV 及以下外径不超过 20mm 电缆试验方法》，本标准等效采用 IEC 60331-2：2018《在火焰条件下电缆的试验 线路完整性　第 2 部分：火焰温度不低于 830℃的供火并施加冲击振动，额定电压 0.6/1.0kV 及以下外径不超过 20mm 电缆的试验方法》。该标准规定的耐火性能要求如下：

① 供火时间：供火时间应在相关的电缆产品标准中规定。如果没有，推荐供火时间为 30min、60min、90min、120min。

② 合格判据：具有保证线路完整性的电缆，只要在试验过程中保持电压（即没有一个熔断器或断路器断开）和导体不断（即灯泡一个也不熄灭）。

任一判据失效认为该电缆试验失败。

③ 重复试验：如果试验失败，根据有关标准的要求，应另取两根试样进行试验。如果两根都符合试验要求，则应认为试验合格。

9）GB/T 19216.3—2021《在火焰条件下电缆或光缆的线路完整性试验　第 3 部分：火焰温度不低于 830℃的供火并施加冲击振动，额定电压 0.6/1.0kV 及以下电缆穿在金属管中进行的试验方法》标准等效采用 IEC 60331-3：2018《在火焰条件下电缆的试验 线路完整性　第 3 部分：火焰温度不低于 830℃的供火并施加冲击振动，额定电压 0.6/1.0kV 及以下电缆穿在金属管中进行的试验方法》标准。该标准规定的耐火性能要求如下：

① 供火时间：供火时间应在相关的电缆产品标准中规定。如果没有，推荐供火时间为 30min、60min、90min、120min。

② 合格判据：具有保证线路完整性的电缆，只要在试验过程中保持电压（即没有一个熔断器或断路器断开）和导体不断（即灯泡一个也不熄灭）。

任一判据失效即认为该电缆试验失败。

③ 重复试验：如果试验失败，根据有关标准的要求，应另取两根试样进行试验。如果两根都符合试验要求，则应认为试验合格。

从上述耐火试验方法中耐火试验条件（温度、空气和丙烷的流量、合格判据、燃烧时间）的变化，可以看出：随着时间的推移，人们对耐火试验性质的认识和对电缆耐火特性的要求也发生了变化，如耐火时间从 30~120min 可以根据使用要求进行选择，这样对耐火层的结构设计会有所不同，这也涉及电缆的成本。

在传统的耐火电缆标准中，没有专门的以云母带作为耐火层的电缆产品标准，仅仅在 GB/T 19666—2005《阻燃和耐火电线电缆通则》中描述了耐火电缆的结构和命名方式。

该标准中描述："本产品的电线电缆必须采用铜导体，额定电压在 0.6/1kV 及以下（更高电压等级在考虑中），其绝缘应具有耐火特性，否则在导体或电缆缆芯上应设置耐火层。常用耐火层用耐火云母带绕包而成，其厚度、层数及绕包迭盖率由制造厂设计确定。耐火云母带的性能可参照本标准附录 C 的规定。如该耐火层在导体和绝缘层之间，则允许绝缘层厚度可以减薄，但减薄后的厚度不应小于原标准厚度的 80%。允许在耐火层上设置增强层。制成品的耐火性能即线路完整性应符合本标准第 5.2 条的规定。”

耐火电缆的型号组成：耐火电线电缆的型号由产品耐火特征代号（N）和相关电线电缆型号两部分组成。

随着城市建设速度和规模的发展，高层建筑越来越多，楼层越来越高，电线电缆的特殊使用场合也不断增多，设计院和消防部门等对中压电力电缆同时具备耐火特性的要求也越来越强烈，为此，从 2010 年开始，国内已有部分企业为了适应市场的需求，开发了中压耐火电力电缆。但由于 IEC 60331 或其他国外标准中没有涉及电压等级大于 1kV 耐火电缆的试验方法和考核要求，为了规范中压耐火电力电缆技术要求，确保产品质量和引领该产品的健康发展，国家电线电缆质量监督检验中心于 2012 年负责组织《额定电压 6~35kV 挤包绝缘耐火电力电缆技术规范》的起草编写工作，指导行业中压耐火电缆产品的生产、评估、检测等工作。

（2）无机矿物绝缘耐火电缆 矿物绝缘防火电缆自 1934 年英法大规模生产以来在各领域得到广泛应用。

1991 年，我国颁布了 GB/T 13033—1991《额定电压 750V 以及下矿物绝缘电缆及终端》以后，国内湖州久立、宝胜科技、上海胜华、上海安捷等相继开发了这类产品。

氧化镁防火电缆的型号如下：

BTTQ/BTTZ　轻型 / 重型铜芯铜护套矿物绝缘电缆

BTTHQ/BTTHZ　轻型 / 重型铜芯铜合金护套矿物绝缘电缆

BTTQV/BTTZV　轻型 / 重型铜芯铜护套聚氯乙烯外护套矿物绝缘电缆

BTTHQV/BTTHZV　轻型 / 重型铜芯铜合金护套聚氯乙烯外护套矿物绝缘电缆

BTTQY/BTTZY　轻型 / 重型铜芯铜护套聚烯烃外护套矿物绝缘电缆

BTTHQY/BTTHZY　轻型 / 重型铜芯铜合金护套聚烯烃外护套矿物绝缘电缆

WD-BTTQY/BTTZY　轻型 / 重型铜芯铜护套无卤低烟外护套矿物绝缘电缆

WD-BTTHQY/BTTHZY　轻型 / 重型铜芯铜合金护套无卤低烟外护套矿物绝缘电缆

传统的氧化镁绝缘耐火电缆采用有限长度的拉制工艺生产，生产的产品长度受到一定的限制，并且产品的刚性较大。

2005—2011 年期间，上海胜武电缆有限公司等率先成功开发了以云母带作为绝缘的柔性矿物绝缘 BTLY、YTTW 耐火电缆，通过了 GB/T 19216 以及 BS 6387 规定的 CWZ 耐火试验，其凭借较高的弯曲柔性便于敷设和生产效率高等优势抢占了 BTTZ 矿物绝缘电缆大量的市场份额。

2017 年，我国颁布了 GB/T 34926—2017《额定电压 0.6/1kV 及以下云母带矿物绝缘波纹铜护套电缆及终端》标准，使得市场上出现两种矿物绝缘材料的耐火电缆的形式。一种是氧化镁为矿物绝缘，一种是云母带矿物绝缘耐火电缆。

GB/T 34926—2017 标准中涉及的产品型号如下：

RTTZ450/750V 铜芯云母带矿物绝缘波纹铜护套控制电缆

RTTYZ450/750V 铜芯云母带矿物绝缘波纹铜护套聚烯烃外护套控制电缆

RTTVZ450/750V 铜芯云母带矿物绝缘波纹铜护套聚氯乙烯外护套控制电缆

RZDJ450/750V 铜芯云母带矿物绝缘波纹铜护套带保护导体电缆终端

RZDF450/750V 铜芯云母带矿物绝缘波纹铜护套带保护导体电缆终端

RTTZ0.6/1kV 铜芯云母带矿物绝缘波纹铜护套控制电缆

RTTYZ0.6/1kV 铜芯云母带矿物绝缘波纹铜护套聚烯烃外护套控制电缆

RTTVZ0.6/1kV 铜芯云母带矿物绝缘波纹铜护套聚氯乙烯外护套控制电缆

RZDJ0.6/1kV 铜芯云母带矿物绝缘波纹铜护套带保护导体电缆终端

RZDF0.6/1kV 铜芯云母带矿物绝缘波纹铜护套带保护导体电缆终端

2018 年，我国成功研制了氧化镁绝缘连续拉拔生产设备和工艺技术，解决了传统氧化镁绝缘生产工艺不能生产大长度电缆的问题，生产效率大大提高，使得氧化镁绝缘市场份额得到了提升。生产的产品满足 GB/T 13033—2007《额定电压 750V 以及下矿物绝缘电缆及终端》标准要求。

2015—2016 年，由于陶瓷化硅橡胶技术的成熟，以此代替云母带为耐火层的柔性耐火电缆也被多家企业开发出来。由于其也能达到 BS 6387 规定的 CWZ 耐火试验，且比 BTLY、YTTW、RTTZ 等更具弯曲柔性，以及无须专用接头，其市场前景也逐渐被看好。

当前国内矿物绝缘耐火电缆产品标准如下：

GB/T 13033—2007《额定电压 750V 及以下矿物绝缘电缆及终端》标准：绝缘是由紧压成形的粉末矿物密实体组成，耐火层和绝缘层为一体的氧化镁材料。

GB/T 34926—2017《额定电压 0.6/1kV 及以下云母带矿物绝缘波纹铜护套电缆和终端》标准：绝缘层和耐火层为同一云母带绕包层。

JG/T 313—2014（建筑行业标准）《额定电压 750V 及以下金属护套无机矿物绝缘电缆和终端》标准：在同一金属护套内，由无机矿物带、纤维和纤维带作绝缘层的单根或多根绞合的软铜芯组成的电缆。

耐火层是云母带材料。在国内开发的耐火电缆也满足 BS 6387、BS 8491 的标准要求。

3. 城市工程配电电缆（预分支电缆）

预分支电缆是电缆制造企业在工厂车间里直接在主干线电缆上接上分支线电缆的一种电缆，不用在工地现场另外做分支接头，大大节省了工程时间和费用。

当一根主干线电缆需要分支出多条时，就可以使用预分支电缆，尤其在高层建筑里面。如果不用分支电缆而用普通电缆，那么就需要先布置一根电缆从楼底到楼顶作为主线，为了连接每层的配电箱，必须要有分支电路。现场施工时就需要在主线上接出分支，在现场分支电缆不但耗费时间和人力，而且接头质量不高，而分支电缆则是在工厂就预先把接头做好，减少了施工现场的工作量，并且接头质量也有保障。

预制型分支电缆是一种工厂生产的组合产品，具有多方面的优点。预制型分支电缆的产品成本、竖井建设和施工 3 项费的用总和比绝缘母线槽低。“十五”期间（2000—2005 年）国内已解决预制型分支电缆导体压接和连接盒整体注塑等关键技术，聚氯乙烯绝缘制型分支电缆的制造技术已经成熟。

2006 年，由上海电缆研究所牵头，联合宝胜科技创新股份有限公司、广东电缆厂有限公司、中国九川电器有限公司、重庆鸽牌电线电缆有限公司、江苏上上电缆集团有限公司、远东电缆有限公司、上海南洋—藤仓电缆有限公司、中国瑞鑫集团有限公司、上海胜华电缆集团有限公司、昆明电缆集团股份有限公司共同制定的 JB/T 10636—2006《额定电压 0.6/1kV（U_m=1.2kV）铜芯塑料绝缘预制分支电缆》行业标准。目前预制型分支电缆在高层建筑物配电方面已实现大规模的应用。另外，制造厂还按用户要求开发了其他敷设方式的预制型分支电缆，并增加了更严格的试验要求。

当前多芯预分支电缆明显增多，产品种类逐渐延伸出无卤低烟系列。除楼宇需求外，地下配电系统多芯预分支电缆的用量也出现增加。

典型的预制分支电缆型号和名称如下：

FZVV 铜芯聚氯乙烯绝缘聚氯乙烯护套预制分支电缆

FZYJV 铜芯交联聚乙烯绝缘聚氯乙烯护套预制分支电缆

Z^a-FZVV 铜芯聚氯乙烯绝缘聚氯乙烯护套阻燃预制分支电缆

Z^a-FZJYV 铜芯交联聚乙烯绝缘聚氯乙烯护套阻燃预制分支电缆

WDZ^a-FZJYy 铜芯交联聚乙烯绝缘无卤低烟聚烯烃护套阻燃预制分支电缆

N^b-FZJYV 铜芯交联聚乙烯绝缘聚氯乙烯护套耐火预制分支电缆

此处，上标“a”表示满足 GB/T 18380 标准中 A 类、B 类、C 类和 D 类的要求；上标“b”表示满足

GB/T 19216 标准的要求。

4. 电梯电缆

电梯电缆行业是电线电缆行业的一个细分领域。随着城市化和建筑业的发展，电梯成为现代城市交通和建筑中不可缺少的一部分，电梯电缆行业也迅速发展。根据中国电梯协会统计数据，截至 2020 年底，全国电梯数量突破 800 万部，位居世界第一。

早在 20 世纪 80 年代，随着科技的进步和经济发展，世界发达国家研制出高速电梯。我国电梯技术也获得了突飞猛进的发展。电梯不但是人们的代步工具，同时也是一个国家科技文明的标志，电梯技术的发展情况反映了国家和社会的进步与文明程度。

与电梯配套的电梯用电缆也得到了迅速的发展。在 2011—2015 年期间，受国内繁荣的房地产产业及电梯行业的拉动，电梯电缆得到了长足的发展。

由于国内大型电梯企业主要都集中在江苏、浙江、上海、广东地区，故电梯电缆生产企业大都集中在这 4 个区域，主要生产厂家有上海老港申菱、上海南洋—藤仓、上海新时达、上海长顺电梯电缆有限公司、上海贝恩科电缆公司等。上述企业的电梯电缆执行标准基本可以概括为 3 类：国标（GB/T 5023、JB/T 8734 系列）、欧系（EN 50214 系列）及日系（JIS C 3408 系列）。

在技术上，国内市场上的电梯电缆普遍还是以低速梯用电缆为主，电缆芯数不超过 60 芯，运行速度也在 4m/s 以下。但随着一些超高建筑的建设与建成，如上海世贸中心，越来越多采用高速电梯电缆，要求运行速度达到 7m/s，甚至超过 10m/s，电缆的芯数也增加到 120 芯以上。

随着科技的进步，电梯系统也在不断地升级和发展。这促使电梯电缆行业不断进行技术创新，技术创新包括提高电缆的柔韧性、耐磨性、抗干扰能力等，以此来提高电梯的安全性和可靠性。

电缆产品必须符合国家和地区的安全质量标准。这包括电缆材料的选择、绝缘性能、耐磨性能、电参数等方面。制造商需要遵循这些标准，以确保生产的电缆符合质量要求和安全规定。

随着国家经济政策的调整及市场的实际需求，以及环保与安全性要求的提高，传统材料的电梯电缆比例将有所下降，取而代之的是近年来迅速发展起来的环保、阻燃电梯电缆。同时，具有复合功能的电梯电缆（如集电梯运行控制、网络、视频信号、语音传输等功能为一体）更加适用于高层建筑场合，取代传统只有控制功能的电梯电缆。随着新材料的不断应用，一些环境条件比较苛刻的领域，如船舶、港口及工矿用电梯电缆的需求也在增加。这些变化将会促使各企业对产品结构、生产设备、工艺进行优化调整。

国内的电梯电缆企业以满足国内客户为主，少量出口至一些发展中国家和地区，如印度、东南亚及非洲地区。制约出口的原因，除工艺技术原因外，新材料的技术水平、品质管理水平及发达国家的贸易壁垒也是重要原因。

5. 核电站用电缆

核电站及仪器设备用的配套电缆，大多数品种与常规电缆等同，但还存在相当比例的专用特种电缆。这类特种产品与普通的常规电缆相比，用量相对较小、生产专业化程度较高、技术含量高、不可替代性强。在 20 世纪 90 年代之前，核电站用电缆全部依靠进口，但从 20 世纪末，国内核电站用电缆国产化工作进展迅速。

国内对核电站用电缆的生产采取民用核电安全电气设备设计 / 制造许可证的制度进行产品生产、质量控制的管理措施。目前拥有国家核安全局颁发的民用核电安全电气设备设计 / 制造许可证的主要电缆企业有江苏上上电缆集团有限公司、安徽电缆股份有限公司、四川尚纬股份有限公司、常州八益电缆股份有限公司、江苏华光电缆电器有限公司、远东电缆有限公司、宝胜科技创新股份有限公司、扬州曙光电缆股份有限公司、江苏新远程电缆有限公司等。当前，从事核级电缆设计及制造企业几乎全是国企、上市公司、专精特新企业，这有助于提高我国核级电缆与国外企业的竞争能力，为出口欧美市场打下了坚实基础。

GB/T 22577—2008《核电站用 1E 级电缆　通用要求》已于 2008 年正式发布。2012 年，上海电缆研究所检测中心建成电线电缆专用的 LOCA 试验装置并开展 LOCA 试验检测，取得了良好的效果。该项目取得 2013 年“机械工业科学技术进步一等奖”荣誉。从 2017 年开始，上海缆慧检测技术有限公司也具备了核电站用电缆的 LOCA 试验能力，而且设备能力能满足特殊场合核设施的 LOCA 试验要求。

这类特殊的核电站用电缆及核电站仪器设备用电缆主要包括以下产品：

1）核电站用核安全级电缆（1E 级 K3 类）。1997 年，沈阳电缆厂为国家重点工程项目秦山核电二期工程提供岛内用核级电缆 500km。

1997 年，由常州八益电缆股份有限公司和常州华光电缆电器有限公司开发成功具有 40 年模拟热寿命的 1E 级 K3 类核电站用电缆，实现了国产化。安徽电缆股份有限公司、四川尚纬电缆股份有限公司、山东华菱电缆有限公司、江苏赛德电缆有限公司、安徽新亚特电缆股份有限公司等先后开发了 1E 级 K3 类核电站用电缆。

2）2012 年，由江苏上上电缆集团有限公司开发成功具有 40 年模拟热寿命的 1E 级 K1 类核电站用电缆，实现了国产化。它是我国核电走向世界的国家名片——“华龙一号”不可缺少的一个组成部分。电缆的阻燃性能、电气性能和长期老化性能方面在国际上领先。

3）仪器仪表等设备用电线电缆。各种核仪器仪表的专用的设备引线，这些引线设计极为特殊，往往与设备、系统整体设计，具有极其特殊的技术特点和不可更换性。如核测系统用的同轴电缆（有机绝缘）、堆顶机构的高温电缆、机柜设备内部的无卤引接线、壳内设备用高温电缆等。这一类产品的部分品种或部分堆型已经实现国产化了。2010 年，江苏华光电缆电器有限公司、上海电缆研究所、常州八益电缆股份有限公司、宝胜科技创新股份有限公司等企业研制出 CAP1400 用堆顶棒控棒位电缆。其他产品（如核测同轴电缆、机柜内电缆等）也在研制中。

4）三代核电站用 60 年模拟热寿命壳内核电站用电缆。2015 年，国内核级电缆制造企业和相关单位在国内核级电缆国产化的道路上通过开展大量工作，解决了很多技术难题，行业核级电缆的技术水平得到了较大提升。多家制造厂（江苏上上电缆集团有限公司、上海电缆研究所等）的 1E 级电缆配方材料技术取得突破，达到了 40 年或 60 年使用寿命的要求，同时满足了产品低烟无卤特性、耐高辐射剂量特性（壳内电缆）等要求。多个厂家相继在原二代核级电缆技术基础上进行了三代核电 60 年寿命的电缆设计开发工作。各厂家的产品质量性能得到进一步提高，特别是电缆的机械物理性能、抗开裂性能、热寿命以及耐辐射性能等相比之前有明显提高。其中，第二代核电 40 年寿命电缆（K3 类）产品技术成熟稳定，实现了国产化；第二代核电 40 年寿命电缆（K1 类）产品技术已成熟，取代了进口。第三代核电 60 年寿命壳内严酷环境电缆、壳外和缓环境电缆也已实现了国产化。

6. 风力发电用电缆

随着科学技术的发展，风力发电作为绿色能源已经得到重视和开发。我国风能资源丰富，风能总储量约有 43.5 亿 kW，其中可开发和利用的陆地上风能储量有 3 亿 kW，另外加上近海域，我国风能储量有 10 亿 kW 以上，发展潜力巨大。

风力发电用电缆，又简称风能电缆，其主要用于风电机舱和塔筒内，分为控制电缆、信号电缆、耐扭曲电力电缆等。风场环境恶劣且电力电缆随叶轮摆动而扭曲，故风能电缆一般要求较高，其主要特性要求为：使用寿命为 20 年，敷设在机舱及塔筒内，在 −40~90℃的温度下工作，电缆最小弯曲半径为 $6D$（D 为电缆外径），具有耐低温、耐油、耐扭曲、耐气候、耐紫外线、耐酸碱、耐盐雾等。

风力发电电缆是整个风机正常运行供电的重要纽带。风力发电电缆包括机舱内部用到的软电缆、控制电缆、数据线和拖链电缆等，以及塔架内用到的照明用电源线、固定敷设和扭转部分用动力电缆。国内从 2005 年开始研制风力发电用耐扭转电缆。

国内低压风力发电电缆主要是 1.8/3kV 及以下风力发电用耐扭曲软电缆，这种电缆一般采用乙丙橡胶或硅橡胶绝缘，氯磺化聚乙烯或氯丁橡胶或聚氨酯弹性体为护套。2013 年，国内出台了风电电缆标准 GB/T 29631—2013《额定电压 1.8/3kV 及以下风力发电用耐扭曲软电缆》，规定了产品的技术要求、试验方法和检验规则；同时国内有些风机厂以德国标准 / 欧盟标准 VED 0282 Part12/HD 22.12 为依据，外加上德国莱茵技术有限公司提供的性能补充要求；有些依据美国保险商实验室（UL）标准。国内电缆厂家的风力发电用扭转电缆制造水平已达到国际化标准，国外的许多风机厂商也开始选用国内风电电缆。表 21 为国内外风电电缆标准对比。

表 21　国内外风电电缆标准对比

性能指标	中国	欧盟	美国
工作温度	90℃、70℃	90℃、80℃	90℃
额定电压	450/750V、0.6/1kV、1.8/3kV	450/750V、0.6/1kV	1000V、2000V
阻燃性能	GB/T 18380—2008 IEC 60332-1	IEC 60332-1 DIN　VDE 0482　265-2-2	UL 1685
常温耐扭性能	±1440°/12m，10000 次	非屏蔽最大 ±144°/m 屏蔽型最大 ±100°/m	无耐扭试验要求
低温耐扭性能 -40℃或 -55℃	±1440°/12m，2000 次	无低温耐扭试验要求	无低温耐扭试验要求
护套耐油性能	GB/T 2951.21 IEC 60811-2-1 （100±2）℃ /24h	EN 60811-2-1 IEC 60811-2-1 （100±2）℃ /24h	选择项，UL1581 （75±1）℃ /60d （100±1）℃ /98d
成品电缆低温弯曲	-25℃、-40℃、-55℃	-25℃	-25℃
护套低温拉伸和冲击	-25℃、-40℃	-40℃	-40℃
耐日光老化	耐日光老化 720h 或 1008h	耐日光老化 720h	耐日光老化 720h
负重试验	导体截面积 ×15N	悬空长度最大 100m	无
试验电压	450/750V 为 2.5kV 0.6/1kV 为 3.5kV 1.8/3kV 为 6.5kV	450/750V 为 2.5kV 0.6/1kV 为 3.5kV	1000V 为 3000~6000V
低烟无卤试验	无	无	有
成品挤压试验	无	无	有
RoHS	无	有	无

2017 年，由上海电缆研究所、江苏上上电缆集团有限公司、普睿司曼（天津）电缆有限公司、江苏亨通电力电缆有限公司、宝胜科技创新股份有限公司、远东电缆有限公司、特变电工（德阳）电缆股份有限公司、江苏中煤电缆有限公司、青岛汉缆股份有限公司、衡阳恒飞电缆有限责任公司、安徽凌宇电缆科技有限公司、安徽华宇电缆集团有限公司、浙江万马股份有限公司等编制完成了 GB/T 33606—2017《额定电压 6kV（U_m=7.2kV）到 35kV（U_m=40.5kV）风力发电用耐扭曲软电缆》标准。

当前，由于风机大型化及海上应用带来对风能电缆的新需求，如特定环境用低烟无卤阻燃型风能电缆、大功率风机工作温度达 105℃耐扭转风能电缆、电压等级达到 66kV 和 110kV 的耐扭转风能电缆，以及耐扭转铝合金导体风能电缆。

7. 光伏电缆

自 2003 年以来，我国光伏产业增长速度超过 30%，成为世界最大的光伏电池组件生产国。

光伏发电已带动相关产品的发展，如光伏电缆。通常光伏发电产生的低压直流电需转换为交流电，连接光伏电池与逆变器间的电缆即为光伏电缆。

光伏电缆又称太阳能发电用电缆（PV 电缆），一般采用交联聚烯烃做绝缘和护套，也有用其他材料，如硅橡胶做绝缘。光伏电缆作为光伏系统中电能传输的关键部件，太阳能光伏电缆长期在露天条件下运行，气候环境对其影响极大。光伏电缆除了具有一般电缆要求的绝缘性能、阻燃性能和机械强度外，还要能应对露天暴晒、雨雪霜露、高温和冰冻等各种恶劣天气。此外还应具有防潮、防酸碱、防化学物质腐蚀的特性。目前国内已有专用的PV电缆用料，PV电缆出口认证主要有欧洲的TÜV 2 PfG1169和北美的UL 4703。表22为现有机构已认证的光伏电缆。

表22　现有机构已认证的光伏电缆

产品名称	认证机构	机构中文名
USE-2光伏电缆	UL	美国保险商实验室认证
UL4703 PV单芯光伏电缆		
TC-ER多芯光伏电缆		
2PfG 1169 1000V等级光伏系统用电缆	TÜV	莱茵技术（上海）有限公司
2PfG 1990 1500V等级光伏系统用电缆		
2PfG 1940多芯光伏电缆		
PV-CC光伏电缆	JQA	日本质量保证协会
HCV光伏电缆	PSE	日本产品安全标志
CE/F光伏电缆		
无卤低烟交联聚烯烃绝缘和护套光伏发电系统专用电缆	CQC	中国质量认证中心

我国于2016年也颁布了国家能源局标准NB/T 42073—2016《光伏发电系统用电缆》。

根据光伏电缆的使用场合，光伏电缆分为两种：直流端单芯光伏电缆、逆变器用多芯光伏电缆。

光伏电缆的主要生产厂家有无锡鑫宏业特塑线缆有限公司、江苏双登科技、中国广核集团有限公司、苏州宝兴电线电缆有限公司、浙江人和光伏科技有限公司、常熟泓淋电线电缆有限公司、湖州上辐电线电缆高技术有限公司等。其生产规模已经涉及众多电缆制造企业，绝大部分光伏电缆产品是通过电子辐照工艺完成绝缘和护套的交联，其性能满足各国光伏电缆产品标准的要求（见表23）。

表23　各国光伏电缆产品标准对比

技术指标	CQC	TÜV	UL	EN
绝缘老化前抗张强度、断裂伸长率	≥9MPa，≥120%	≥6.5MPa，≥125%	≥10.3MPa，≥150%	≥8MPa，≥125%
护套老化前抗张强度、断裂伸长率	≥9MPa，≥120%	≥8MPa，≥125%	≥10.3MPa，≥150%	≥8MPa，≥125%
绝缘护套老化后机械物理性能	抗张强度、伸长率变化率≤±30%（150±2）℃×168h	抗张强度、伸长率残留率≥70%（150±2）℃×168h	抗张强度、伸长率残留率≥70%（121±1）℃×168h	抗张强度、伸长率残留率≥70%（150±2）℃×168h
成品耐压	AC 6500V/5min	AC 6500V/5min	AC 3000V/min	AC 6500V/15min
绝缘电阻率	≥3.67×10^{14}Ω·cm	≥10^{14}Ω·cm	导体不同，绝缘电阻常数不同（UL44）	导体不同，绝缘电阻常数不同（EN 50618）
燃烧	GB/T 18380.12单根垂直燃烧	2PfG单根垂直燃烧	VW-1	IEC 60332-1-2单根垂直燃烧
耐UV试验	HD 605S1/A1	HD 605S1/A1	UL1581第1200节	HD 605S1/A1
烟密度试验	无要求	无要求	无要求	透光率≥60%

光伏发电用线缆已全部实现国产化，而且出口占比较大。随着光伏发电场应用场景的不断拓展，如渔光互补、海上湖泊光伏、滩涂光伏等潮湿环境下，我国又开发了适用范围更广的光伏用电缆，极大地丰富

了产品的使用领域。

8. 新能源车充电用电缆

用于供电点或充电站与车辆之间传导充电连接用的电缆，即电动汽车充电用电缆。其电压等级可以分为 AC 300/500V、AC 450/750V、AC 0.6/1kV、DC 1000V 和 DC 1500V，温度范围一般为 -40~90℃。

2011—2015 年，新能源汽车被确定为国家七大战略性新兴产业之一，也是世界汽车工业发展的必然趋势。我国电动汽车电缆在 2014 年的产量为 38000km，比 2013 年提高了 52%。这主要是因为政府大规模推动电动公交巴士的运营，各大一线城市现在都有独立运营的电动公交车站。电动汽车的续驶里程和充电时间不断完善，基本满足私家电动车的需要，所以私家电动车快速发展。

电动汽车充电用电缆是随着电动汽车的发展而出现的新型电缆，我国自 2009 年以来逐步针对该类产品进行研制。2011—2015 年，我国电动汽车充电桩电缆得到了快速的发展，在电缆原材料、工艺、产品、试验等方面均取得了较大的进步。

随着电动汽车的普及，对应的充电电缆的标准应运而生，国内和国际标准如下：

2017 年由上海电缆研究所、中国质量认证中心、无锡鑫宏业特种线缆有限公司等编制的 GB/T 33594—2017《电动汽车充电用电缆》标准发布。

IEC 62893-3《额定电压 0.6/1kV 及以下电动汽车充电用电缆　第 3 部分：按照 IEC 61851-1 中模式 1，2 和 3　额定电压 450/750V 及以下交流充电电缆》。

IEC 62893-4-1《额定电压 0.6/1kV 及以下电动汽车充电用电缆　第 4-1 部分：按照 IEC 61851-1 中模式 4　无热管理系统的直流充电电缆》。

IEC Ts 62893-4-2《额定电压 0.6/1kV 及以下电动汽车充电用电缆　第 4-2 部分：按照 IEC 61851-1 中模式 4　带热管理系统的直流充电电缆》。

EN 50620《电动汽车充电用电缆》。

CQC 1147—2022《电动汽车充电用液冷电缆认证技术规范》。

电动汽车充电用电缆有交流电缆和直流电缆两类。

交流电缆的额定电压为 AC 300/500V、AC 450/750V、AC 0.6/1kV，绝缘材料一般为 PVC、XLPE、交联聚烯烃、EPR、HEPR，护套材质一般为 PVC、TPE、TPU、热固性弹性体、交联聚烯烃。

直流电缆的额定电压一般为 DC 1000V（国内标准）和 DC 1500V（IEC 标准），绝缘材料一般为 XLPE、交联聚烯烃、EPR、HEPR，护套材质一般为 TPE、TPU、热固性弹性体、交联聚烯烃。直流电缆还包括带冷却系统的液冷电缆和非液冷电缆。

目前电动汽车充电用电缆产品完全可以国内生产，无需进口。

随着欧洲、北美电动汽车传导充电系统产业的发展及国内新能源产业的快速进步，我国国内电动汽车充电电缆已经形成了规模，常见产品结构有交流充电线“3+1”四芯充电电缆、“3+2”五芯充电电缆、“5+2”充电电缆、直流有 9 芯充电电缆、15 芯充电电缆等一系列产品。

电动汽车充电用电缆的认证机构见表 24。

表 24　电动汽车充电用电缆的认证机构

产品名称	认证机构	机构中文名
电动汽车充电系统电缆	UL	UL 美华认证有限公司
电动汽车充电系统用电缆	TÜV	莱茵技术（上海）有限公司
电动汽车传导充电系统用电缆 -TPE	DEKRA	德凯质量认证（上海）有限公司
电动汽车传导充电系统用电缆 -TPU		
电动汽车充电系统电缆	CQC	中国质量认证中心

9. 电动汽车用电缆

电动汽车上同时有低压线束和高压线束，并且用量大致相当。低压线束用电缆作用于仪表盘、车灯、音响系统和其他设备等，以支持汽车灯光系统、传感器系统、辅助设备系统等正常工作，电压等级为AC 30V/DC 60V及以下。高压线束用电缆是用于连接动力蓄电池、逆变器、空调压缩机、发电机、电动机从而实现动力输出的带有绝缘装置的电缆，又称为新能源汽车用高压连接软电缆，电压等级为AC 600V/DC 900V（1000V）或AC 1000V/DC 1500V，载流量可达到300A以上，汽车加速的瞬时电流甚至可能超过1000A。由于车内空间狭小、高低温、复杂液体环境、振动等恶劣环境，容易造成绝缘材料老化和绝缘强度下降，产生漏电，进而损坏车辆电器系统，因此，汽车用电缆有着非常高的性能要求。

汽车电缆的常见工作温度等级为-40~200℃。温度范围由其绝缘和护套材料性能所决定，其中PVC耐温等级为-40~85℃，交联聚乙烯、热塑性弹性体的耐温等级为-40~125℃，交联聚烯烃耐温等级为-40~125℃，硅橡胶耐温等级为-40~175℃。少数特殊部位用到的氟塑料电缆温度等级能达到-40~250℃。

国内汽车电缆的起步是在20世纪50年代初期（中国汽车工业在计划经济下开始自主造车），1955年上海电缆厂成功试制了汽车用系列线。当时，汽车线束的加工一般由汽车主机厂下属的分厂（车间）和少量国有汽车配套定点企业完成。历经中国汽车工业的开放合作阶段（1980—1999年）、快速发展和自主崛起阶段（21世纪以来至今），在汽车市场规模高速增长的驱动下，国产汽车电缆生产企业的数量和规模得到迅猛发展。

汽车电缆的主要标准有GB/T 25085系列《道路车辆 汽车电缆》，GB/T 25087—2010《道路车辆 圆形、屏蔽和非屏蔽的60V和600V多芯护套电缆》，QC/T 1037—2016《道路车辆用高压电缆》，ISO 19642系列《道路车辆汽车电缆》，LV112/216系列《汽车用电缆》，JASO D625系列《自动车部品—自动车用电线》，SAE J1127—2020《低压电池电缆》，SAE J1128—2020《低压初级电缆》。

国内主要的汽车电缆生产企业有：无锡鑫宏业线缆科技股份有限公司、福斯汽车集团、江苏亨通电子线缆科技有限公司、宁波卡倍亿电气技术股份有限公司等。

10. 机车车辆用电缆

1881年，为解决唐山的煤炭运销问题，李鸿章创办了唐胥铁路，这被认为是中国铁路建筑史的正式开端。随后在1909年，被誉为“中国铁路之父”的詹天佑修建了我国首条自己设计、施工的铁路——京张铁路。1964年，日本造出了世界上第一条高铁线路，紧接着欧洲也有了高铁。2003年，我国开始运行高铁。2017年，“复兴号”诞生，同年首条中国标准的海外铁路正式通车。2019年，世界首条真正意义上的智能化高速铁路——京张高铁正式通车。历经百年，从无到有，从9.67km的运煤小铁路到“八纵八横”，从时速35km/h到350km/h，随着高速铁路的发展，其机车车辆配套用电缆也得到了飞速的发展，从早期的65℃耐热等级（如天然/丁苯绝缘编织涂蜡型电缆）到现在的90℃、105℃耐热等级（交联聚烯烃电缆、聚醚型电缆、PEEK电缆），从最基本的传输性能要求到数字信号的传输，从非阻燃型发展到无卤低烟阻燃、低毒、耐低温、耐潮湿等要求，主要产品实现了从依赖进口到全国产化的转变。

机车车辆用电线电缆应用于额定电压3.6kV及以下的配电系统、控制系统、信号系统等。特别适用于窄小空间以及有低烟、无卤、阻燃等特殊要求的场合。

由于早期国内的高速铁路机车引进国外的全套技术，因此电缆的技术规范主要以欧盟标准为主，例如EN 50264系列、EN 50306系列、EN 50382系列等标准，其余的标准逐渐被淘汰（包括法标系列和日标系列的轨道交通电缆标准）。到目前为止，国内机车车辆用电缆生产厂已达百余家，但通过CRCC产品认证的仅有30余家，认证依据为TJ/CL 313—2014《动车组电线电缆暂行技术条件》（以EN 50382、EN 50264、EN 50306为依据，增加了日系产品型号和数据电缆）和Q/CR 814—2021《铁路客车用电线电缆》（与EN 50264、EN 50306无明显技术差异）。其余的机车车辆用电缆标准还有GB/T 12528—2008和国家铁路局标准TB/T 1484—2017系列，而GB/T 12528—2008和TB/T 1484—2017系列由于额定电压不符合现行铁路技术要求或者指标过高等原因，使用相对较少。

常见的产品型号：按绝缘、护套的壁厚（标准壁、小尺寸、薄壁）有EN 50264-2-1、EN 50264-2-2、EN 50364-3-1、EN 50264-3-2、EN 50306-2、EN 50306-3、EN 50306-4、EN 50382-2、WDZ-DC-90、WDZ-DC-R-90、WDZ-DC-H-90、WDZ-DC-ZP-H-90、WDZ-DC-B-105、WDZ-DC-B-ZP-BH-105、WDZ-DC-B-ZP-H-90 P类/E类等。

机车电缆主要生产企业有天津金山电线电缆股份有限公司、恒飞电缆股份有限公司、安徽顺驰电缆股份有限公司、安徽华菱电缆集团有限公司、迈特诺（马鞍山）特种电缆有限公司等。

11. 轨道交通工程专用电缆

轨道交通用电缆主要包括35kV交联聚乙烯绝缘交流电缆、1500V交联聚乙烯绝缘直流电缆、1500V乙丙橡胶绝缘直流软电缆。随着城市地铁、城市轨道交通和高速铁路的快速发展，与其配套的专用电缆也得到了较大的发展。2001—2005年，为配合城市轨道交通的发展，开展了1500V直流电缆的开发。2001—2005年，轨道交通电缆用材料完全达到了国外水平，原来地铁项目出现的一些问题都得到了较好的解决，如护套材料的开裂问题、绝缘材料的收缩问题等。防老鼠、防白蚁性能主要通过在护套材料中添加环保生物添加剂以及在电缆结构上进行设计而解决；防紫外线老化性能主要通过添加炭黑等助剂进行解决；防潮性能主要通过结构进行解决。

涉及的产品标准有：

上海城市轨道交通工程建设标准STB/GD—010101—2007《额定电压1500V及以下轨道交通用直流电力电缆》

GB/T 28429—2012《轨道交通1500V及以下直流牵引电力电缆及附件》

GB/T 28427—2012《电气化铁路用27.5kV单相交流交联聚乙烯绝缘电缆及附件》

主要生产轨道交通用电缆的厂家有江苏上上电缆集团有限公司、杭州电缆股份有限公司、宁波球冠电缆股份有限公司、浙江万马电缆股份有限公司、宝胜科技创新股份有限公司、宁波东方电缆股份有限公司、远东电缆有限公司、浙江晨光电缆股份有限公司、江苏东强电缆有限公司、焦作铁路电缆有限责任公司、金杯电工股份有限公司等。目前从事轨道交通领域的电缆制造企业不少于十几家，并都具备一定的规模。

12. 储能专用电缆

新型电力系统形态逐步由“源、网、荷”三要素向“源、网、荷、储”四要素转变，多时间尺度储能技术的规模化应用将推动解决新能源发电随机性、波动性、季节不均衡性带来的系统平衡问题。

储能是新型电力系统的重要组成部分，碳中和的核心也是储能。未来新技术的不断迭代升级和新型能源实施不断更新，其市场规模和潜力将开启储能大时代。

由于储能设备的开发、运用，其特殊的使用场景和要求有别于普通电缆的要求，所以电缆企业根据储能设备生产企业的要求开发了储能专用电线电缆产品。

电化学储能通过化学反应将化学能和电能进行相互转换来储存能量，储能载体包括铅酸蓄电池、钠硫电池、液流电池、锂离子电池等。

自2019年开始，全球储能市场规模持续扩大。储能电缆的主要作用是实现电池模块之间、电池簇之间、电池簇与汇流箱及储能变流器之间的电力传输。由于其输送电能较大、所处工位充斥化学介质（例如电池酸）、安装半径较小等特点，储能电缆需要具备良好的绝缘性能、高载流、耐高温、耐磨损、柔软、耐腐蚀、使用寿命较长等特点。

德国莱茵TÜV（简称TÜV莱茵）、中国质量认证中心和上海缆慧检测技术有限公司等单位于2019年联合起草了PPP 58049A《电力储能系统用电池连接电缆》标准。中国质量认证中心和TÜV莱茵为了适应产品认证的需要，分别编制了CQC 1143—2023《电力储能系统用电池连接电缆认证技术规范》标准和2PfG 2693《蓄电池储能系统接线电缆一般规定》标准。

储能专用电缆用绝缘材料分为 V-90（耐热 90℃聚氯乙烯）和 YJ-125 低烟无卤阻燃耐热（125℃交联聚烯烃）两种。采用 5 类导体，截面积范围为 0.22~240mm²。该产品除具有常规性能外，还应具备柔软度、耐液体（电池酸）、耐盐雾等特性。

国内主要的储能电缆生产企业有无锡鑫宏业线缆科技股份有限公司、远东电缆有限公司、宁波开博线缆有限公司、无锡三钧能源科技有限公司等。

为了适应施工装备的要求，可以将电缆的两端装配端子形成组件，或者由带绝缘层的铜排或铝排作为储能系统中的连接电缆。

13. 仪表、控制、计算机电缆

控制电缆、计算机电缆、热电偶电缆等仪表类电缆是电气装备用电线电缆中应用范围最广的一类产品。

从 20 世纪 90 年代初开始，由于国内经济的发展与市场的需要，国内众多电缆企业开始研制此类产品，最为代表性的电线电缆产业集中区——安徽无为。计算机电缆在 2009 年市场应用已经非常成熟，但由于没有统一的国家标准，各企业主要参考英国标准 BS 5308 制定自己的标准。

国家电线电缆质量监督检测中心于 2009 年组织有关单位编制了国家电线电缆质量监督检测中心技术规范 TICW/6—2009《计算机与仪表电缆技术规范》。该规范中涉及聚乙烯绝缘计算机电缆、聚氯乙烯绝缘计算机电缆、交联聚乙烯绝缘计算机电缆、无卤低烟阻燃聚烯烃绝缘计算机电缆、硅橡胶绝缘计算机电缆、氟塑料绝缘计算机电缆，不仅有效规范了市场，还显著提高了产品质量。

2018 年，安徽新亚特电缆股份有限公司等单位参照 TICW/6—2009 的内容编制了 JB/T 13486—2018《计算机与仪表屏蔽电缆》标准，该标准包含：

DJVPV 型铜芯聚氯乙烯绝缘铜丝编织分屏蔽聚氯乙烯护套计算机与仪表屏蔽电缆

DJVVP 型铜芯聚氯乙烯绝缘铜丝编织总屏蔽聚氯乙烯护套计算机与仪表屏蔽电缆

DJVPVP 型铜芯聚氯乙烯绝缘铜丝编织分屏蔽及总屏蔽聚氯乙烯护套计算机与仪表屏蔽电缆

DJVPV22 型铜芯聚氯乙烯绝缘铜丝编织分屏蔽钢带铠装聚氯乙烯护套计算机与仪表屏蔽电缆

DJVVP22 型铜芯聚氯乙烯绝缘铜丝编织总屏蔽钢带铠装聚氯乙烯护套计算机与仪表屏蔽电缆

DJVP2VP222 型铜芯聚氯乙烯绝缘铜带分屏蔽及总屏蔽钢带铠装聚氯乙烯护套计算机与仪表屏蔽电缆

DJVVP32 型铜芯聚氯乙烯绝缘铜丝编织总屏蔽钢丝铠装聚氯乙烯护套计算机与仪表屏蔽电缆

DJYPV 型铜芯聚乙烯绝缘铜丝编织分屏蔽聚氯乙烯护套计算机与仪表屏蔽电缆

DJYVP 型铜芯聚乙烯绝缘铜丝编织总屏蔽聚氯乙烯护套计算机与仪表屏蔽电缆

DJYPVP 型铜芯聚乙烯绝缘铜丝编织分屏蔽及总屏蔽聚氯乙烯护套计算机与仪表屏蔽电缆

DJYPV22 型铜芯聚乙烯绝缘铜丝编织分屏蔽钢带铠装聚氯乙烯护套计算机与仪表屏蔽电缆

DJYVP22 型铜芯聚乙烯绝缘铜丝编织总屏蔽钢带铠装聚氯乙烯护套计算机与仪表屏蔽电缆

DJYP2VP222 型铜芯聚乙烯绝缘铜带分屏蔽及总屏蔽钢带铠装聚氯乙烯护套计算机与仪表屏蔽电缆

DJYVP32 型铜芯聚乙烯绝缘铜丝编织总屏蔽钢丝铠装聚氯乙烯护套计算机与仪表屏蔽电缆

DJYJPV 型铜芯交联聚乙烯绝缘铜丝编织分屏蔽聚氯乙烯护套计算机与仪表屏蔽电缆

DJYJVP 型铜芯交联聚乙烯绝缘铜丝编织总屏蔽聚氯乙烯护套计算机与仪表屏蔽电缆

DJYJPVP 型铜芯交联聚乙烯绝缘铜丝编织分屏蔽及总屏蔽聚氯乙烯护套计算机与仪表屏蔽电缆

DJYJPV22 型铜芯交联聚乙烯绝缘铜丝编织分屏蔽钢带铠装聚氯乙烯护套计算机与仪表屏蔽电缆

DJYJVP22 型铜芯交联聚乙烯绝缘铜丝编织总屏蔽钢带铠装聚氯乙烯护套计算机与仪表屏蔽电缆

DJYJP2VP222 型铜芯交联聚乙烯绝缘铜带分屏蔽及总屏蔽钢带铠装聚氯乙烯护套计算机与仪表屏蔽电缆

DJYJVP32 型铜芯交联聚乙烯绝缘铜丝编织总屏蔽钢丝铠装聚氯乙烯护套计算机与仪表屏蔽电缆

随着各类仪器仪表由自动化向智能化的推进，以及使用这些仪器仪表的系统对整体环境电磁兼容

（EMC）的关注日益增加，仪表类电缆的屏蔽效能也变得尤为重要。因此，氟塑料绝缘、硅橡胶绝缘的应用得到了快速发展，其应用领域也不断扩展，控制电缆、计算机电缆、热电偶电缆等仪表类电缆采用此类绝缘材料生产的电缆产品标准也相继出台。

14. 光纤复合电缆

光纤复合电缆是指用于宽带接入网系统中的传输线，是一种新型的接入方式。它集光纤、输电铜线于一体，可以解决宽带接入、设备用电、信号传输的问题。

目前，光纤复合低压传输电缆产品主要有两种：额定电压 0.6/1kV 及以下配网用光纤复合电缆产品主要用于智能小区或办公楼等配网分支，由管道、隧道或直埋等接入分线箱；额定电压 300/500V 及以下入户用光纤复合电缆则主要用于用户接入，可垂直或水平布线，引入智能电表和光器件终端。此外，还可以根据客户需求定制。由于接入方式的多样性及使用环境的复杂性，还可根据客户的要求，按照电压、光纤芯数、结构进行个性化定制，确保网络的安全和可靠。

光纤复合低压电缆（OPLC）具有高可靠性数据传输、价格低、连接方便、外径小、重量轻、占用空间小等特点；光缆和电力线于一体，避免二次布线，降低工程费用；产品具有良好的弯曲和耐侧压性能；解决电力网的通信问题。光纤复合电力电缆在家庭智能化、办公自动化、数字化变电站、工控网络化的数据传输中具有重要的地位。

光纤复合低压电缆目前按照功能分类主要有电力、通信共输类光纤复合电缆和电力、温度检测类光纤复合电缆。电缆结构分非铠装和金属铠装型，分别适用于室内、室外敷设安装的要求。

光纤复合低压电缆具备出色的机械性能，如优异抗冲击性能和良好的耐压性能，环境适应能力强。企业在研发该产品时，充分考虑了使用环境的复杂性。国内主流的 OPLC 产品严格按照 GB/T 7424 标准中 E1、E3 和 E4 要求进行拉伸、压扁、冲击等试验，均符合并优于标准的要求。

考虑到 OPLC 用于用户接入，OPLC 产品设计中融入了无卤阻燃、耐火等特性的要素，使用了绿色环保的材料。基于安全的考虑，使用阻燃、耐火材料。OPLC 符合 GB/T 18380.3、GB/T 19216.21、GB/T 17650、GB/T 17651.2 等标准的要求。OPLC 光电复合性能见表 25。

表 25　OPLC 光电复合性能

项目	电气性能（交流耐压不击穿）	通信光纤单模 /（dB/km）	测温光纤多模 /（dB/km）
OPLC 电缆成品综合性能	$3.5U_0$/5min	光纤衰减系数 ≤ 0.4/1310nm	光纤衰减系数 ≤ 3.0/850nm
OPLC 电缆成品压扁后性能（电缆经三个不同方向外加压力，将电缆外径压扁至原来直径的 80%）	$3.5U_0$/5min	光纤附加衰减 ≤ 0.1/1550nm	/
OPLC 电缆成品弯曲后性能（电缆弯曲直径符合 GB/T 12706.2 表 B.2，正反弯曲三次）	$3.5U_0$/5min	光纤附加衰减 ≤ 0.05/1550nm	/
OPLC 电缆成品热循环试验综合性能（导体温度：95~100℃，20 个循环）	$3.5U_0$/5min	光纤附加衰减 ≤ 0.4/1550nm	/

目前，我国研发和生产 OPLC 的企业主要有江苏亨通电力电缆有限公司、中天科技股份有限公司、江苏上上电缆集团有限公司、宝胜科技创新股份有限公司、浙江万马电缆股份有限公司和江苏通光电子线缆股份有限公司等企业。

由于监控、5G 技术的广泛使用，电信号、电源传输和光纤于一体的光电复合电缆的应用日益受到关注。

15. 设备配套用机器人 / 柔性拖链电缆

21 世纪初，国内相关企业开始研制智能制造设备用柔性电缆。柔性电缆是一个统称，不同运动功能的智能制造设备，其相应的柔性电缆的动态特性也不相同。机器人分为两大类，即工业机器人和特种机器人。所谓工业机器人就是面向工业领域的多关节机械手或多自由度的机器人。而特种机器人则是除工业机器人之外的、用于非制造业并服务于人类的各种先进机器人，包括服务机器人、水下机器人、娱乐机器人、军用机器人、农业机器人、机器人化机器等。

从 2010 年左右开始，随着工业装备技术的进步，特别是工业机器人（焊接、搬运、装配等）、特种机器人（空间、水下、探测等）及相关自动化装置（拖链等）技术的规模化应用，设备配套用软线领域产生一类具有独立技术内涵并具有相当市场容量的产品门类，目前市场上一般称为机器人 / 柔性拖链电缆。

根据使用用途，机器人电缆可分为供电电源基座线、电箱内连接线、编码器连接线、控制线等，其依据机器人设备的设计不同而有所不同。机器人电缆应具有相当的柔性、耐磨、耐油、耐弯曲、耐扭曲、耐弱酸碱、防紫外线、耐候性等特性。其中，根据安装位置的不同和设备运动的自由度不同，机器人电缆需要承受相当次数的弯曲、扭转及其叠加的往复运动：

1）耐弯折次数：400 万次 ~1 亿次。

2）耐扭转次数：500 万次 ~1 亿次（一维、二维和三维）。

3）拖链随行次数：500 万次 ~2000 万次。

由于使用场景的特殊性和多变性，不同的运动设备，其配套的电缆动态特性要求不一致，所以很难制定统一的产品标准。目前还没有统一的计算机用柔性电缆的标准，大多是制定了企业技术条件。

我国目前已经能够生产具有国际先进水平的平面关节型装配机器人、直角坐标机器人、弧焊机器人、点焊机器人、搬运码垛机器人和 AGV 自动导引车等一系列产品。2015 年以来，我国机器人市场发展迅猛，年均增长超过 40%，增长率居全球首位。国内机器人产业的高速发展也促进了机器人用电缆产业的发展，国内一些电线电缆生产企业已经开始关注机器人用电缆的产品研发和市场开拓。机器人电缆苛刻的耐弯折性能要求决定了所需的原材料必须具备高柔软性能并具备一定的强度和抗撕裂性能，相应的氟塑料、弹性体等材料的国产化仍需要一定的时间，并需持续努力推进。

目前国内生产机器人电缆（柔性电缆）的企业有：苏州科宝光电科技有限公司、无锡鑫宏业线缆科技股份有限公司、江苏亨通电力电缆有限公司、上海易初电线电缆有限公司、浙江卡迪夫电缆有限公司、苏州安卡电缆有限公司、宁波容合线缆有限公司、浙江万马电缆股份有限公司、苏珩线缆有限公司、上海名耐电线电缆有限公司、亚米卡电缆有限公司、亚当电缆有限公司、新雅电缆有限公司、成佳电缆有限公司、荣缆电线电缆有限公司、泰来兴电缆有限公司、红旗电工电缆有限公司、金泰科电缆有限公司、顺电电缆有限公司、标顶电缆有限公司、上宝电缆有限公司、胜牌电缆有限公司、鼎宇电缆有限公司。

16. 航空航天导线

（1）产品的发展历程 我国航空航天事业起步于 20 世纪 50 年代。最初的航空导线也在同一时期生产，绝缘形式主要有两种：橡皮绝缘和棉纱编织涂蜡克漆，产品的重量较重，耐温等级为 −40~105℃。

到了 20 世纪 60 年代，国内主要采用 PVC 作为绝缘材料，护套材料采用尼龙，耐温等级为 −40~105℃，重量有了显著下降。这一时期，国内对耐高温材料的应用研究进展较快。1963 年，中国电子科技集团公司第二十三研究所生产了第一根 PTFE 绝缘材料的电线。

20 世纪 70 年代，国内主要采用 FEP 作为绝缘和护套材料，耐温等级为 −55~200℃，电线电缆的耐温等级、耐化学溶剂、重量等方面性能有了显著提高。

20 世纪 80 年代，国内主要采用 FEP 绝缘电线，同时开始使用 PTFE 绝缘电线。PTFE 推挤技术逐渐成熟，PTFE 绝缘电线耐温等级为 −55~260℃，电线电缆的耐温等级有了提升。

20 世纪 90 年代，国内仍然沿用 FEP 和 PTFE 绝缘作为电线电缆的主要材料。1990 年，上海电缆厂开始研究交联 F40 绝缘电线电缆的生产技术。

21 世纪初，国内突破了交联 F40 绝缘电线电缆的生产技术，并开始大量应用于航空航天领域中。交联 F40 绝缘电线电缆的耐温等级为 −55~200℃，其密度为 1.7g/cm^3，小于 PTFE 和 FEP（密度为 2.2g/cm^3），因此电线电缆的重量有了较大的改善，同时绝缘的强度也有较大提高。

21 世纪 10 年代，国内突破了 PI/PTFE 复合绝缘的生产技术，交联 F40 绝缘材料和 PI/PTFE 复合材料在航空航天领域中应用。其中，PI/PTFE 复合材料的强度高于交联 F40 绝缘材料，耐辐照性能指数级优于交联 F40 绝缘材料。这两种电缆至今仍然在沿用。

对于航天用导线，在 20 世纪 60 年代至 90 年代主要使用交联聚乙烯电线电缆。2000 年以后，开始使用交联 F40 绝缘电线电缆并沿用至今。

航空导线绝缘生产的工艺路线为挤出和绕包，从最初的普通材料挤出（挤出机最高温度为 200℃左右）发展到现在的高温挤出（挤出机最高温度为 300℃左右）。挤出工艺的精度从最初的 ±0.2mm 发展到现在的 ±0.03mm 左右，交联 F40 绝缘电线电缆增加了电子辐照交联工艺技术。但绕包工艺路线无较大变革，只是对设备的绕包精度提出了更高的要求。航天导线的工艺路线为挤出和交联，与航空导线类似，挤出机温度和精度有了较大提升。

（2）产品特点介绍 航空电缆是一种特殊的电缆，具有防火、防腐、耐高温、耐低温、耐辐射等特点，以及体积小、重量轻、耐热老化、耐化学腐蚀、耐酸碱油及其他有机溶剂等优异特点。航天电缆在航空电缆的基础上，增加了耐真空环境、耐推进剂、耐原子氧侵蚀等要求。

（3）产品依据标准

1）HB 0—76—1971《飞机的导线、电缆号和导线颜色》。

2）HB 5963—1986《航空用镀锡铜芯 105℃聚氯乙烯绝缘尼龙护套电线》。

3）HB 6150—1988《航空用聚四氟乙烯绝缘电线》。

4）GJB 773A—2000《航空航天用含氟聚合物绝缘电线电缆通用规范》。

5）GJB 773B—2015《航空航天用含氟聚合物绝缘电线电缆通用规范》。

（4）国内主要的生产企业 国内航空航天线缆的主要生产企业为天津六〇九电缆有限公司、中国电子科技集团公司第二十三研究所、南京全信传输科技股份有限公司、江苏通光电子线缆股份有限公司、广州凯恒特种电线电缆有限公司。

航空航天导线由于涉及军品，所以存在资质壁垒。但目前，国家提出军民融合，给民营企业参与军品生产提供同等待遇。一些民营企业通过合资的方式创办一些企业，形成一种新的机制。如西安飞机工业（集团）有限责任公司和江苏亨通电力电缆有限公司的合作，成都飞机设计研究所（611 所）和南京全信传输科技股份有限公司的合作、中航光电科技股份有限公司 158 厂和西安富士达科技股份有限公司的合作等。宝胜科技创新股份有限公司也进入了中航工业。新型民营企业主要集中在江苏、安徽一带，体制较灵活，逐步扩大了军工的市场份额。目前航空的沈阳飞机工业（集团）有限公司、成都飞机工业（集团）有限责任公司、西安飞机工业（集团）有限责任公司、陕西飞机工业（集团）有限公司、贵州航空工业集团有限责任公司及其设计所，中国航天的一到五院、八院、中国电子科技集团公司第十研究所、中国电子科技集团公司第十四研究所、中国电子科技集团公司第二十九研究所等实现的航空航天导线的国产化，产品主要份额为民营企业所占领。

17. 矿用电缆

1950 年，上海电线厂（后改名为上海电缆厂）试制成功我国第一根矿用电缆，从此开创了我国电缆生产矿用电缆的历史。紧接着，3300V 以下的矿用橡套电缆、采矿用抗油电缆相继投入研制生产。

沈阳电缆厂于 1953 年曾试制 500V $3\times70+1\times10mm^2$ 铜芯矿用电缆，1959 年试制了 1kV $3\times25+3\times10mm^2$ 铜芯屏蔽矿用电缆，1965 年试制了 1kV 矿用干线电缆等四种矿用电缆。1974 年以后，我国煤炭部所属的大同、开滦等 20 多个大、中型煤矿从联邦德国、英国、法国、波兰、日本等国家引进了 186 套综合采煤机组，于是千伏级矿用电缆成了发展方向。1974 年，我国提出矿用电缆升级的指示，下达试制千伏级屏蔽矿用橡套电缆的任务。从 1975 年开始，沈阳电缆厂在配方、工艺上进行研究试验，解决了橡套抗撕强度、护套颜色、牢度及电缆标志用油墨配方等关键技术，试制了 UCPJQ $3\times50+1\times6+3\times4$、

UCPQ 3×50+1×6+3×4、3×25+1×16+1×16、3×25+1×16+3×16、3×70+1×25+1×25、$UCPQ_1$ 3×25+1×16+1×16、$UCPQ_2$ 3×25+1×16+1×16、$UCPQ_3$ 3×25+1×16+1×16、3×70+1×25+1×25 共 9 个千伏级矿用电缆样品，并分别在阳泉三矿、大同三矿、开滦林西矿、范各庄矿等运行使用，受到用户的好评。1976 年，根据一机部下达的任务，在三厂、三所、三矿通力协作、统一调研、统一设计的基础上试制生产了 UCPQ 3×95+1×35、UPQ 3×25+1×16、3×70+1×25、UGSP 3×35+1×16 等千伏级矿用电缆，产品达到试制技术的要求，并于 1981 年通过国家鉴定。1979 年试制生产了 4×0.75、6×0.75 煤矿井下通信电缆和煤矿井下照明电缆。1983 年试制生产了 UCEPQ 3×95+2×50 采煤机用金属屏蔽拖曳软电缆（仿英 7 型）等，主要技术指标达到国际同类产品水平。

随着国民经济建设的需要，国内电缆企业逐步增多，地域分布日趋合理，在电缆品种上也逐步扩大，具备橡套生产线的规模企业都具备了矿用电缆的生产能力。例如沈阳电缆厂、郑州电缆厂、湘潭电缆厂、天津电缆总厂、河北唐山电缆厂、内蒙古电缆厂、溧阳电缆厂、无锡电缆厂等。

国内矿用电缆产品的结构还是以沿袭英国与德国同类产品的结构为主。在 2001—2005 年期间，矿用电缆电压等级和截面积有大幅度提高，矿用变频电缆也有一定的发展。

矿用电缆是煤矿不可缺失的配套产品。在矿用电缆中，煤矿用电缆占最大，2010 年之前，随着对煤炭需求量的快速增长以及煤矿机械化、自动化程度的提高，煤矿用电缆得以飞速地发展。

从产品来看，伴随着采煤机组的推广应用，3300V 的综合采煤机组用电缆得到了普遍的应用，电缆截面积也相应增大，形成了以 95~185mm^2 为主要规格的系列产品。为了提高单机生产能力和采煤效率，综合采煤机组不断向大型化发展，单机配电功率越来越大，目前已达到 5000kW 以上。为满足大型综合采煤机组供电要求，新的煤矿安全规程已将井下最高允许电压提高到 10kV，型号为 MYPTJ 和 MYPT，截面积为 185mm^2。于是，电压为 10kV 的橡套软电缆也得到发展和应用。

21 世纪初，随着采煤自动化和机械化所带来的大功率需求，煤矿用电缆的发展主要集中在两方面：一是 3.3kV 采煤机电缆，分为非金属屏蔽（代表型号为 MCP）和金属屏蔽（代表型号为 MCPT）两大类；二是 10kV 煤矿用动力电缆（代表型号为 MYPTJ）。

国内已开发出高耐磨、耐拖拽矿用电缆；煤矿用矿用橡套软电缆普遍实现阻燃化；煤炭行业标准认定的最高电压为 8.7/10kV，并且已有批量生产。绝大多数护套橡皮采用氯化聚乙烯；绝缘橡皮已实现以乙丙橡皮代替天然丁苯橡皮绝缘；从电缆结构上看，已明令淘汰半导电布带绕包屏蔽结构；从制造工艺上看，双层、三层共挤得到广泛的推广应用。

进口矿用橡套软电缆主要来自美国、德国、英国和澳大利亚，而且多用于与进口采煤机械配套和维修。进口矿用橡套软电缆以 3.6/6kV 电压系列为主，产品结构与 GB 12972 系列标准的要求相似，绝缘为乙丙橡皮，电缆具有阻燃性，成品外径一般要比同规格国标电缆小，但护套材料多是聚烯烃弹性体。从弹性和柔软性上看，其不及硫化橡皮，但抗拉、抗撕和耐磨性具有明显优势。

除了部分性能要求高的电缆外，大部分矿用橡套软电缆还是以国产为主，8.7/15kV 及以上的高压、高强度、高耐磨、高抗撕、耐拖曳、光电复合型阻燃矿用橡套软电缆已批量投入使用。

各生产企业仍然不断地进行技术改造和技术创新。

1）设备及工装：各生产厂家均不同程度更新和改造生产设备，采用双层、1+2 三层和三层共挤连续硫化设备及一些盐浴硫化设备（国产及部分进口），不少也安装了在线检测设备。为生产 6kV 以上矿用电缆，许多企业都增加三层共挤连续硫化设备。有的工厂对电缆护套外面采用了压印的耐久印字。

2）材料：绝缘已强制采用 EPR；护套已普及使用 CPE；绝缘屏蔽实现并达到可剥离半导电橡皮技术。

3）技术：8.7/10kV 高压矿用电缆开发了大截面积 240mm^2 规格的产品，（原标准规定最大截面积为 150mm^2）。长期困扰采煤机控制电缆的断线问题经过采用一些技术措施后有所改善，延长了使用寿命。

4）试验检验：6kV 以上的电缆均将局部放电试验列为例行试验；生产企业按照美国安全法规均添置相关设备实施负载燃烧试验。大部分企业都开展电缆成束燃烧试验。

煤矿用电缆实行煤安许可证制度，目前国内生产矿用电缆主要厂家有江苏上上电缆集团有限公司、上海蓝昊电线电缆有限公司、江苏电气有限公司、唐山华通线缆集团股份有限公司、宝胜科技创新股份有限公司、青岛汉缆股份有限公司、安徽华宇电缆集团有限公司、四川川东电缆有限责任公司、江苏中煤电缆有限公司、远东控股集团有限公司、金杯电工股份有限公司、中天科技装备电缆有限公司、安徽凌宇电缆科技有限公司等。全国共有325家获得矿用电缆生产的煤安认证资质（其中有100多家有6kV以上矿用电缆生产能力及资质）。

18. 港口机械用电缆

由于我国出口业务的扩大，港口码头发展迅速，港口码头专用设备增多，近几年派生出港口机械专用电缆的细分市场。之前由于使用量小，国内有些生产船用电缆的企业也会生产一些港口机械用电缆，但绝大部分依赖进口。随着港口机械设备功能的提高，需要的电缆性能也相应提高，涉及低压卷盘电缆、中压卷盘电缆、蓄缆筐用吊具电缆、卷盘吊具电缆、拖令电缆、拖链电缆、伺服电缆等，一般要求具备柔软、抗撕裂、耐盐雾、耐扭转等性能。

国内生产这些电缆的企业主要是上海蓝昊电线电缆有限公司、江苏电气有限公司、江苏上上电缆集团有限公司、江苏中煤电缆股份有限公司、上海南洋电材有限公司、无锡远东电缆有限公司、上海金丰投资股份有限公司等。

2021年，由上海蓝昊电气股份有限公司、上海蓝昊电线电缆有限公司、江苏电气有限公司、交通运输部水运科学研究院、天津港集装箱码头有限公司、南京港（集团）有限公司共同起草的T/CPHA 25—2023《港口机械移动电缆》团体标准，由中国港口协会2023发布，并于2024年实施。此标准的实施和推广，将会推动我国港口机械专用电缆的发展。

19. 舰船及海洋工程用电缆

1955年，上海电缆厂试制完成了系列船用电缆（船用裸铅包铠装电力电缆、船用船包铠装电力电缆、船用橡皮绝缘非燃性橡皮软电缆、船用橡皮绝缘橡套用软电缆），满足了当时修船和造船的需要，当时主要是以氯丁、乙丙橡胶等为主要绝缘和护套材料。

1958年，沈阳电缆厂试制生产了2~37芯1~240mm^{2}天然丁苯胶船用橡套电缆；1972年试制生产了耐热聚氯乙烯绝缘、丁腈 - 聚氯乙烯护套船用电缆；1974年试制生产了三元乙丙胶绝缘、丁腈 - 聚氯乙烯复合物耐油护套船用电缆，产品达到交通运输部颁布的标准；1983年试制生产了3×50mm^{2}乙丙绝缘耐热氯丁护套船用电缆、12×1.5mm^{2}聚氯乙烯绝缘和护套船用电缆。

作为细分领域的产品，国内也陆续成立了专门的船用电缆制造厂。例如，常州船用电缆有限责任公司的前身常州船用电缆厂，创建于1958年，是一家集科研、生产、销售于一体的江苏省高新技术企业。湘潭电缆厂、沈阳电缆厂等也生产船用电缆。

改革开放后，由于造船行业发展的需要，船用电缆需求量上升，国内出现了几十家具备生产船用电缆能力的企业，其中最具代表性的是在扬州地区，这里舰船用电缆制造企业较多，几乎占据国内销售额的50%。

随着海洋油气资源的开发，设计部门会参照船用电缆的技术要求对平台上装备使用的电缆进行设计，这些装备包括海洋油气钻井装备、海洋油气生产装备、海洋工程船舶以及这些装备的配套设备和系统。与此配套的电缆品种较多，包括广泛应用于钻井平台与钻井船等勘探与开发的装备，固定式及浮式生产平台（如浮式生产储卸油装置），浮式液化天然气生产储卸装置（FLNG）等生产加工装备，浮式储卸装置（FSO）、浮式液化天然气储存及再气化装置（LNG-FSRU）等储存与运输装备，ROV支持船、潜水支持船等作业与辅助服务装备，载人深潜器等水下系统与作业装备，地震勘探系统、海上平台电站等配套系统与设备的各型电缆，比如电力控制仪表电缆、ROV电缆、水下脐带电缆、海底光电复合电缆、耐泥浆电缆、水密封电缆、地震勘探电缆、水下拖拽电缆等。

随着无卤低烟阻燃的要求，绝缘材料和护套材料由传统的氯丁、乙丙橡胶材料被交联聚乙烯、无卤低烟交联聚烯烃材料所代替。舰船用电缆以无卤低烟和辐照交联型电缆为主，随着船型以及用途的变化，舰船用电缆的质量也有显著提高。

由于特殊使用场合的要求，特殊的舰船用电缆得到了开发，比如纵向水密消磁电缆、消磁扁电缆、舰船用特种高载流量电缆等均是为了配合船舰发展应运而生。纵向水密消磁兼具消磁电缆和纵向水密封的性能，护套具有耐海水腐蚀和防海生物侵袭等特点，适用于此的材料等得以发展。再者随着海洋工程装备的建设，符合 NEK TS 606：2009《海上平台用无卤 / 防泥浆电缆》以及 IEEE Std 1580TM—2010《船舶及固定或浮动平台的海洋电缆推荐规范》、UL 1309 等美国标准要求的耐泥浆交联聚烯烃和耐高温化学交联聚烯烃等材料也受到材料厂家的关注和研发兴趣。特殊要求的产品大多是因为某项性能超出了现有的标准，需要对此设计新的试验方法而进行验证评估，这也相应使得试验评估技术得到发展。比如纵向水密消磁电缆提出的电缆应具备纵向气密性能，就要求发展新的气密性能检测方法。

舰船用及海上石油平台用电缆的主要生产厂家国内有常州船用电缆有限责任公司、江苏上上电缆集团有限公司、扬州光明电缆有限公司、扬州光明电缆有限公司、江苏中煤电缆有限公司、中天科技装备电缆有限公司、湖南华菱线缆股份有限公司、安徽华宇电缆集团有限公司、安徽新亚特电缆股份有限公司、山东中船电缆有限公司、山东华菱电缆有限公司、青岛汉缆股份有限公司等。舰船用电缆产品一般执行国际电工委员会 IEC 60092 系列、MIL 系列、GJB 1916 标准。经过多年的发展，国内产品的技术水平基本已达到国际水平，可替代进口的各型号船舶和石油平台用电缆，比如海洋石油 981、JU2000E、10000TEU 船、LNG 船等。

由于舰船、海上石油平台是特殊场合，所使用的产品都有特殊监管的质量认证要求，同时为适应出口船的要求，目前船用电缆的认证证书有美国船级社（ABS）认证、法国船级社（BV）认证、中国船级社（CCS）认证、挪威船级社（DNV）认证、德国船级社（GL）认证、韩国船级社（KR）认证、英国船级社（LR）认证、日本船级社（NK）认证、意大利船级社（RINA）认证、俄罗斯船级社（RS）认证等和中国渔检（ZY）认可等。

20. 机场灯光照明电缆

机场灯光照明电缆是指机场助航和信号灯系统主回路用埋地电缆。该电缆是应国内机场大规模建设需要而产生的，国外也有类似的产品。

20 世纪末，国内由山东烟台电缆厂采用 1+2 工艺挤出、电子加速器辐照交联工艺生产出了机场灯光照明电缆。

2007 年，由中国民用航空局机场司提出，江苏上上电缆集团有限公司、中国民用航空局机场司共同编制的 MH/T 6049—2008《机场助行灯光回路用埋地电缆》标准于 2008 年由中国民用航空局发布，该标准采用了 FAA AC 150/5345—7E《机场助航灯光回路用 L-824 埋地电缆》标准。

2020 年，由中国民用航空局机场司提出，中国民航科学技术研究院、上海国缆检测中心有限公司对 MH/T 6049 进行了修订，最新版本的 MH/T 6049—2020《机场助行灯光回路用埋地电缆》标准由中国民用航空局发布。

机场灯光照明电缆执行中国民用航空局发布的 MH/T 6049—2020 标准，实行民用机场专用设备使用许可证制度，产品额定电压为 5kV，规格为 $1 \times 6mm^2$。该标准涉及乙丙绝缘、交联聚乙烯绝缘两类产品。机场助航灯光电缆主要工艺技术是采用 1+2、2+1 或三层共挤绝缘生产线，以及辐照交联工艺等。一些企业通过对 CCV 悬链式化学交联生产线改造后也可以生产该产品。特别是三层共挤机头模具要重新设计，否则容易出现断胶、倒胶、出胶不稳、挤出表面不光滑，甚至有出现焦烧等问题。还应考虑绝缘层和外屏蔽层的剥离力要求。

获得中国民用航空局颁发生产许可证的企业有焦作铁路电缆有限公司、江苏中辰电缆有限公司、浙江万马电缆股份有限公司、江苏中煤电缆有限公司、江苏省远东电缆有限公司、江苏上上电缆集团有限公司、宝胜科技创新股份有限公司等企业。

近年来，随着民航机场的发展，以及民航机场建设提速、提质的要求，结合我国从南方到北方，从高原到平原的不同地理环境，对电缆的特性要求也在逐渐增加。根据机场的设计要求，有的企业先后开发了阻水型、防潮型、柔软型、耐寒（环境应力开裂）型、防鼠防蚁型电缆。在产品结构上，采用导体填充油膏、纵包阻水带或导体绞合时添加阻水纱，以及采用纵包铝塑复合带等措施，以提高电缆的纵向和径向阻水防潮性能；有采用金属丝编织铠装（编织密度大于 80%）或金属带铠装等结构提高防鼠、防蚁性能；有采用乙丙橡胶绝缘氯丁橡胶护套改善产品柔软性能；有采用抗水树型交联聚乙烯绝缘料来满足产品的防水、防潮性能；有采用高密度聚乙烯护套料添加环保型驱避剂或采用尼龙 12 做护套提高产品的防鼠、防蚁性能；也有采用硫化橡胶和辐照交联橡胶两种不同形式的工艺生产柔软型灯光电缆。

第 3 节　电力电缆及附件

电力电缆及其附件一般都按电压等级进行分类，电压在 1~3kV 为低压电力电缆及其附件，电压在 6~35kV 为中压电力电缆及其附件，电压在 45~275kV 为高压电力电缆及其附件，电压在 330~500kV 为超高压电力电缆及其附件。

我国电力电缆及其附件产品的研究、开发、生产及应用，也是随着我国电线电缆生产能力、制造水平、工艺装备的提高而不断完善并逐步提高的。从新中国成立初期的低电压纸绝缘、油浸纸绝缘、不滴流电力电缆逐步演变成聚氯乙烯绝缘、交联聚乙烯绝缘、乙丙绝缘、聚丙烯绝缘的过渡、提升，到目前为止已达到世界先进水平。

一、电力电缆产品的发展简史

1949 年前，沈阳电缆厂曾生产过 10kV 及以下纸绝缘电力电缆。新中国成立后，中国人自己开始生产电力电缆产品。

1. 油浸纸和不滴流电力电缆

1951 年，上海电线厂（上海电缆厂的前身）自行设计试制成功我国第一根 6.6kV 铅包纸绝缘电力电缆，后又试制成功 10kV、35kV、66kV 纸包绝缘电力电缆，产品用于大中型城市电网建设，为我国制造更高电压等级的电缆奠定了基础。

1954 年，上海电线厂自行设计并试制成功我国第一根 10kV 油浸纸绝缘电力电缆。

1956 年，上海电线厂试制成功 35kV 分相铅包电力电缆，使上海电线厂的电线电缆制造技术水平迈上新台阶，投入生产后，为国家节省大量外汇，有力地支援了全国各地电站工程的需要。

1962 年，上海电缆厂试制成功 6kV 三芯 185mm^2 不滴流电力电缆，弥补了干绝缘电力电缆由于干绝缘层油料不足而形成空隙和气隙，导致绝缘强度降低等缺陷。同时，敷设的落差较干绝缘电缆的 100m 提高至 250m，并可供垂直敷设。其结构上由于芯绝缘厚度仅 0.2mm，带绝缘厚度为 0.95mm，因此可以节约大量的绝缘及护层材料。

1962 年，上海电缆厂还试制成功了 5kV 三芯 120mm^2 分相铅包钢芯铠装水底电力电缆，结束了全靠进口的历史。这一成就对当时的工业建设、节约外汇以及提高电缆工业制造水平具有重要的政治和经济意义。

1956 年，沈阳电缆厂研制成功 6kV 25~240mm^2 垂直敷设滴干纸绝缘电力电缆。

1960 年，沈阳电缆厂开始研制不滴流电力电缆；1962 年研制成功 6kV 3 × 120mm^2 不滴流电力电缆样品，达到苏联 1958 年的产品水平。

1965 年，沈阳电缆厂研制成功 35kV 不滴流电力电缆样品，样品性能达到设计要求。

1994 年，上海电缆厂试制成功了 18/20kV 3 × 50mm^2 分相铅包大长度海底电力电缆产品，满足了向沿海岛屿输送高电压、大容量电力的需求。

不滴流电力电缆产品在国内还有一些电缆企业生产，如郑州电缆厂、湖北红旗电缆厂、昆明电缆厂、沈阳军区后勤部电缆厂等。在我国，随着交联聚乙烯绝缘材料的广泛使用，纸绝缘电力电缆由于其生产工艺复杂等原因逐渐退出了历史舞台，国内所有纸绝缘电缆的生产设备都已拆除或淘汰。

2. 充油电力电缆

高压充油电缆在我国电缆工业发展过程中仅有两家电缆企业开发生产过：上海电缆厂和沈阳电缆厂。

1958 年，上海电线厂试制成功 110kV 高压充油电力电缆。

1960—1968 年，上海电缆厂先后试制成功 110kV 和 220kV 高压充油电力电缆。

1969 年，为了配合我国西北“大三线”建设的重点工程——刘家峡 330kV 输电工程，上海电缆厂接受了试制 330kV 超高压充油电缆的任务。这种电缆的特点是单根长度长、绝缘层数多、出线外径大。上海电缆厂面临着“小机器生产大电缆”的情况。为此工厂领导亲自组织有关部门的干部、技术人员，深入三车间高压电缆工段，和电缆研究所的科技人员一起搞调查研究，掌握大量第一手资料。根据全厂的实际生产设备条件，从有利于生产的角度着眼，设计出具有先进水平的 330kV 超高压电缆新结构。在以“大庆工人为榜样，有条件要干，没有条件创造条件也要干”“国家需要三三零，困难再大也要干”的口号下。工人们每天坚持 12 小时工作，终于试制成功了具有当时世界水平的 330kV 超高压电缆，并在刘家峡经受了 4 年实际使用的考验，性能良好。上海电缆厂从 220kV 电压等级发展到 330kV 电压等级，只花了一年的时间，创造了世界电缆工业发展史上的奇迹。

1970—1979 年，上海电缆厂先后试制成功 330kV、380kV 高压充油电力电缆和电缆附件，产品用于全国各地火力、水力发电以及电力输送等重点工程。1982 年，上海电缆厂试制成功 500kV 超高压充油电力电缆，并运行在东北锦辽线电网。1990 年，上海电缆厂 110kV（CTZA 系列）油浸绝缘自容式高压充油电力电缆获得国家金质奖。1990 年，上海电缆厂根据国际市场的需要，研制开发了 132kV 高压充油电力电缆产品，获得荷兰凯玛国际电工产品检测中心的测试认可，并获得国际市场的通行证。从而陆续在巴基斯坦、塞浦路斯、印度尼西亚等国家和我国香港地区的重大工程中中标。1994 年，上海电缆厂试制成功了 110kV 大长度海底高压充油电力电缆产品，满足了向沿海岛屿输送高电压、大容量电力的需要。

1958 年，沈阳电缆厂曾试制过 110kV 和 220kV 高压充油电缆，但没有形成足够的生产能力。20 世纪 60 年代初，沈阳电缆厂筹建高压电缆生产线后，于 1964 年试制成功 66kV 高压充油电缆，于 1965 年试制成功 110kV 高压充油电缆，于 1968 年试制成功 220kV 高压充油电缆，该充油电缆采用单芯结构，线芯采用 Z 形线或弓形线绞合，有中空油道，充以绝缘油，其外采用半导电纸屏蔽、高压电缆纸和低黏度绝缘油绝缘，铅和铜带铠装加固护层，这种电缆性能优良，能承受很高的工作电场强度，具有很低的介质损耗、较高的工作温度和可靠的护层防护等。1969 年，沈阳电缆厂试制生产了 330kV 高压充油电缆。1971 年，沈阳电缆厂开始试制 500kV 高压充油电缆，根据 110kV 和 220kV 高压充油电缆工频击穿试验的结果，用 0.045mm 国产油浸纸低油压时，长期工频击穿电场强度可达 46kV/mm。如果采用中油压，长期工频击穿电场强度可提高 40% 左右，所以在试制 500kV 高压充油电缆时，采用薄纸中油压、绝缘厚度 25mm 和 28mm 的结构。产品试验结果：工频击穿电压升至 810kV，试验时间 1h20min 电缆未击穿，达到了预期效果，经过进一步改进在 1980 年获得成功，并于 1982 年在锦辽线上试运行投入使用。

在我国，随着交联聚乙烯绝缘材料的广泛使用，高压纸绝缘充油电缆由于其生产工艺复杂等原因逐渐退出了历史舞台，国内所有生产充油电缆的生产设备都已拆除或淘汰。但从国外及国内运行的情况来看，高压纸绝缘充油电缆相比于交联聚乙烯绝缘电力电缆更具可靠性。

3. 橡皮绝缘电力电缆

1950 年，上海电线厂试制成功我国第一根矿用电缆，从此开创了我国电缆生产的历史。紧接着，电压在 6.6kV 以下的各种橡皮绝缘、铅包、铠装电力电缆和 3.3kV 以下的矿用橡套电缆等相继投入研制生产。

1956 年，沈阳电缆厂开始陆续试制生产 1~4 芯 1~240mm^2 橡皮绝缘铅包电力电缆系列产品。

1958 年，沈阳电缆厂试制生产橡皮绝缘聚氯乙烯护套电力电缆系列产品。

1990 年 9 月，上海电缆厂试制成功 35kV 乙丙绝缘电力电缆，该产品是机电部“八五”国家级电线电缆开发的新产品之一，其技术性能达到 20 世纪 80 年代中期的国际先进水平，属国内首创的重大产品。

2004 年，江苏上上电缆集团有限公司试制成功 35kV 乙丙绝缘电力电缆，该产品采用 5 类导体、绝缘和屏蔽材料，其技术性能达到国际先进水平。

2014 年，青岛汉缆股份有限公司采用特乐斯特三层共挤设备开发成功 64/110kV 乙丙橡皮绝缘高压电力电缆，该产品采用第 5 种导体，技术指标符合 IEC 60840 标准的要求。

国内有众多电缆企业生产橡皮绝缘电力电缆产品，例如远东电缆有限公司、江苏中煤电缆有限公司、常州船用电缆有限责任公司、天津普睿斯曼电缆有限公司、河北华通线缆集团股份有限公司、安徽华宇电缆集团有限公司、安徽凌宇电缆有限公司等。其产品主为船用电力电缆、矿用电力电缆、移动场合输送电能的软电力电缆，电压等级一般小于或等于 10kV。生产设备有国产的 1+2 挤橡机和进口的三层共挤挤橡机，屏蔽和绝缘材料都由企业自己根据配方进行生产。

4. 聚氯乙烯绝缘电力电缆

1956 年，上海电线厂试制成功 6 种塑胶护套电缆，在主要类型的电缆生产中可以用聚氯乙烯塑胶代替贵金属铅，提高了电缆护层质量，延长了电缆的使用寿命，为以塑料做护套的技术发展奠定了基础。

1967—1969 年，上海电缆厂试制生产了全塑电力电缆产品（聚氯乙烯绝缘电力电缆）。

1967 年，沈阳电缆厂建立塑力缆生产线后，陆续试制生产了 1kV 1~4 芯 1~500mm^2 绞合线芯聚氯乙烯绝缘电缆系列产品。

1969 年，沈阳电缆厂试制生产了 6kV 钢丝铠装聚氯乙烯绝缘电缆系列产品和 1kV 3×95~3×185mm^2 实芯扇形聚氯乙烯绝缘电缆产品。

1978 年，沈阳电缆厂试制生产了 1kV 3×300mm^2+1×185mm^2 出口聚氯乙烯绝缘电缆产品；1982 年，试制生产了 1kV 1×120mm^2 出口巴林聚氯乙烯绝缘电缆产品。

由于聚氯乙烯绝缘材料相对于纸绝缘和橡皮绝缘，从性能和生产工艺等方面具有较大的优势。所以聚氯乙烯绝缘材料在电缆行业发展速度很快，促使企业重新规划了生产能力，在 20 世纪 50 年代至 60 年代依据苏联标准或企业技术条件开发和生产该产品。

1975 年后，以机械工业部 JB 1597—1975《聚氯乙烯绝缘聚氯乙烯护套电力电缆》标准要求组织生产。该标准中产品的电压等级为 1kV，单芯电缆的导电线芯截面为圆形，多芯电缆线芯截面积 35mm^2 及以下的线芯为圆形、扇形或半圆形。芯线截面积 50mm^2 及以上的线芯应为扇形或半圆形，四芯电缆中的第四芯（中性线芯）可为圆形或扇形。

GB 12706.2—1991《额定电压 35kV 及以下铜芯、铝芯塑料绝缘电力电缆　第 2 部分：聚氯乙烯绝缘电力电缆》标准是等效采用国际电工委员会 IEC 502—1983《额定电压 1~35kV 塑料挤包绝缘电力电缆》标准。本标准规定了额定电压 10kV 及以下铜芯、铝芯聚氯乙烯绝缘电力电缆产品的型号、规格、技术要求和试验。聚氯乙烯绝缘电力电缆产品的电压等级范围在 1~10kV。

此系列产品标准在 2002 年又进行了修订，GB 12706.1—2002《额定电压 1kV（U_m= 1.2kV）到 35kV（U_m=40.5kV）挤包绝缘电力电缆及附件　第 1 部分：额定电压 1kV（U_m= 1.2kV）和 3kV（U_m=3.6kV）电缆》标准是等效采用国际电工委员会 IEC 60502-1：1997《额定电压 1kV（U_m= 1.2kV）到 35kV（U_m=40.5kV）挤包绝缘电力电缆及附件　第 1 部分：额定电压 1kV（U_m= 1.2kV）和 3kV（U_m=3.6kV）电缆》标准。本标准规定了包含了额定电压 1kV 和 3kV 铜芯、铝芯聚氯乙烯绝缘电力电缆产品的型号、规格、技术要求和试验。

GB 12706.2—2002《额定电压 1kV（U_m=1.2kV）到 35kV（U_m=40.5kV）挤包绝缘电力电缆及附件　第 2 部分：额定电压 6kV（U_m=7.2kV）到 30kV（U_m=36kV）电缆》标准是等效采用国际电工委员会 IEC 60502-2：1997《额定电压 1kV（U_m=1.2kV）到 35kV（U_m=40.5kV）挤包绝缘电力电缆及附件　第 2

部分：额定电压 6kV（U_m=7.2kV）到 30kV（U_m=36kV）电缆》标准。本标准规定了额定电压 6kV 铜芯、铝芯聚氯乙烯绝缘电力电缆产品的型号、规格、技术要求和试验。

在 2008 年和 2020 年又分别对该系列标准进行了修订，其中聚氯乙烯绝缘电力电缆的电压等级进行了修改，电压等级分别为 0.6/1kV、1.8/3kV 和 3.6/6kV，取消了 6/6kV~6/10kV 电压范围的产品。

20 世纪 80 年代，行业中开发了 10kV 聚氯乙烯绝缘电力电缆，由于聚氯乙烯绝缘介质损耗大、局部放电特性较难控制、绝缘厚度大于同等电压等级的交联聚乙烯材料。因此行业中很少生产电压等级较高的聚氯乙烯绝缘电力电缆。

随着环保意识的增强，从“十一五”开始，1kV 聚氯乙烯绝缘电缆生产占比继续下降，而交联聚乙烯电缆占比不断上升。聚氯乙烯绝缘电力电缆占比由 2003 年的 67.2%，下降到 2005 年的 59.2%，到 2008 年已下降到 53.3%；而交联聚乙烯电缆占比由 2003 年的 32.8%，上升到 2005 年的 40.8%，2008 年的 46.7%。由于聚氯乙烯绝缘和交联聚乙烯绝缘在成本、阻燃特性等各有特色，交联聚乙烯绝缘电力电缆的占比还会再提高，但完全替代聚氯乙烯绝缘电力电缆的可能性不大。

5. 交联聚乙烯绝缘交流电力电缆

交联聚乙烯绝缘交流电力电缆电压等级覆盖从 1kV 到 500kV，截面积范围从 2.5mm^2 至 3000mm^2，随着电压等级和截面尺寸的变化，其生产设备、生产工艺等都不一样。我国的低电压交联聚乙烯绝缘交流电力电缆在 20 世纪 70 年代就开发出来并投入使用，随着我国电线电缆使用需求的增加以及制造水平的提高，开发的电压等级也逐步提高。20 世纪 80 年代开发了中压交联聚乙烯绝缘交流电力电缆，20 世纪 90 年代我国开始研制开发高压交联聚乙烯绝缘交流电力电缆。

从 1968 年开始，上海电缆厂着手研制开发交联聚乙烯绝缘电力电缆，这是国内最早研制交联聚乙烯绝缘电力电缆的企业，并于当年试制成功我国第一根交联聚乙烯绝缘电力电缆。

1971 年 11 月，上海市机电一局下达了“123 矿”等工程所需的第三批机电产品的通知，上海电缆厂承担了高压电力电缆、控制电缆、低压电缆、汽车照明用钢芯橡皮线等 150 多个型号及规格的电缆生产任务，其中新试产品交联聚乙烯绝缘全塑电力电缆的性能较油浸纸绝缘铅包电缆更优越，同时其敷设条件不受垂直的限制，是特殊工程、地面和地下电力输送的优质产品，也是当时国际上电力电缆开发的新产品。

1971 年，上海电缆厂完成 6~10kV 蒸汽交联聚乙烯绝缘电力电缆。

20 世纪 80 年代初，上海电缆厂、四川电缆厂等采用进口 Maillefer 硅烷交联生产线，生产交联聚乙烯绝缘低压交流电力电缆，其采用蒸汽房或水浴进行交联。

1986 年，上海电缆厂将电子加速器辐照技术应用于交联聚乙烯电缆的生产中，试制成功 1kV 辐照交联聚乙烯绝缘电力电缆，此后国内陆续有电缆企业购置电子加速器用于生产低压交联电缆，20 世纪 80 年代到 90 年代，电子加速器一般都是进口美国、俄罗斯等国的。到 20 世纪 90 年代后期，国产电子加速器研发成功，目前电缆企业的电子加速器或专门对外辐照加工企业所使用的电子加速器基本都是国产的。

20 世纪 90 年代末，国内开发了自交联的绝缘材料，在常规环境条件下生产的电缆存放一定的时间后绝缘就实现了交联，此工艺绝大部分使用在 1.8kV 及以下电压等级的电缆生产上。

目前国内 1.8kV 及以下电压等级交联聚乙烯绝缘电力电缆属于量大面广的普通电缆，生产企业众多，具备生产许可证的企业都能生产该类产品。

关于中压交联聚乙烯绝缘电力电缆的发展历程如下：

1970 年，沈阳电缆厂建成第一条湿法交联生产线后，为支援阿尔巴利亚工程、“123 矿”等工程试制生产了 6~35kV 交联聚乙烯绝缘电力电缆。

1971 年，上海电缆厂对悬挂交联机组采用蒸汽交联工艺，解决了上下牵引同步、悬挂度光电控制、塑胶机机身加热、自动控制以及螺杆转速稳定问题，并形成稳定生产。1976 年，中压交联电力电缆经第一机械工业部鉴定通过后投入批量生产。

20 世纪 80 年代初，我国陆续进口了干法交联生产线，其中有美国、芬兰、瑞典等国的设备。

1981 年 4 月，经国家批准，沈阳电缆厂从瑞典引进干法交联生产线，此后开发了干式交联绝缘的中压电力电缆。

1982 年，上海电缆厂试制成功 35kV 1×300mm² 干式交联电力电缆。

1984 年后，我国电缆企业全面贯彻执行 IEC 标准，有近 20 家的电缆企业引进了进口干法交联生产线，并按 IEC 标准生产中压交联电力电缆。

20 世纪 90 年代中期，国产干法交联悬链生产线研发成功。由于经济建设的需要，中压交联电缆需求旺盛，众多企业建设了中压交联电缆的生产线，国产交联悬链生产线很快占据了主导地位。但在 2000 年以后，中压交联生产能力严重过剩。到“十三五”末，我国中压交联电缆的生产能力为 40 万 km/ 年，开工率低于 50%。35kV 及以下中压交联电缆生产线超过 800 条。其中约 1/3 生产线使用时间超过 20 年。

近年来，据电线电缆行业发展规划统计，中低压交联电力电缆的产量统计见表 26。

表 26　中低压交联电力电缆的产量统计　（单位：万 k m / 年）

电压等级	“九五”期末	“十五”期末	“十一五”期末	“十二五”期末	“十三五”期末
3kV 及以下成品	18	28	43	40	46
6~35kV 成品	5	7.8	18	16	19

中低压电力电缆包括 1.8/3kV 及以下低压电力电缆和 6~35kV 中压电力电缆，广泛用于城区配电网、建筑、交通、石油石化、装备制造、海洋工程等行业。

在交流聚乙烯绝缘中压电力电缆发展过程中，相应的产品标准依据 IEC 标准的变更也做了多次修订。

GB 12706.3—1991《额定电压 35kV 及以下铜芯、铝芯塑料绝缘电力电缆　第 3 部分：交联聚乙烯绝缘电力电缆》是等效采用国际电工委员会 IEC 60502：1983《额定电压 1~30kV 塑料挤包绝缘电力电缆》。本标准规定了额定电压 10kV 及以下铜芯、铝芯聚氯乙烯绝缘电力电缆产品的型号、规格、技术要求和试验。中压交联聚乙烯绝缘电力电缆产品电压等级覆盖 3.6/6kV 至 26/35kV 的范围。

GB/T 12706.2—2002《额定电压 1kV（U_m=1.2kV）到 35kV（U_m=40.5kV）挤包绝缘电力电缆及附件　第 2 部分：额定电压 6kV（U_m=7.2kV）到 30kV（U_m=36kV）电缆》是等效采用国际电工委员会 IEC 60502-2：1997，该标准中中压交联聚乙烯绝缘电力电缆产品电压等级覆盖 3.6/6kV 至 18/30kV 的范围。

GB/T 12706.3—2002《额定电压 1kV（U_m=1.2kV）到 35kV（U_m=40.5kV）挤包绝缘电力电缆及附件　第 3 部分：额定电压 35kV（U_m=40.5kV）电缆》是等效采用国际电工委员会 IEC 60502-2：1997，该标准中中压交联聚乙烯绝缘电力电缆产品电压等级包括 21/35kV 和 26/35kV。

GB/T 12706.2—2008《额定电压 1kV（U_m=1.2kV）到 35kV（U_m=40.5kV）挤包绝缘电力电缆及附件　第 2 部分：额定电压 6kV（U_m=7.2kV）到 30kV（U_m=36kV）电缆》是等效采用国际电工委员会 IEC 60502-2：2005，该标准中中压交联聚乙烯绝缘电力电缆产品电压等级覆盖 3.6/6kV 至 18/30kV 的范围。

GB/T 12706.3—2008《额定电压 1kV（U_m=1.2kV）到 35kV（U_m=40.5kV）挤包绝缘电力电缆及附件　第 3 部分：额定电压 35kV（U_m=40.5kV）电缆》是等效采用国际电工委员会 IEC 60502-2：2005，该标准中中压交联聚乙烯绝缘电力电缆产品电压等级包括 21/35kV 和 26/35kV。

GB/T 12706.2—2020《额定电压 1kV（U_m=1.2kV）到 35kV（U_m=40.5kV）挤包绝缘电力电缆及附件　第 2 部分：额定电压 6kV（U_m=7.2kV）到 30kV（U_m=36kV）电缆》是等效采用国际电工委员会 IEC 60502-2：2014，该标准中中压交联聚乙烯绝缘电力电缆产品电压等级覆盖 3.6/6kV 至 18/30kV 的范围。

GB/T 12706.3—2020《额定电压 1kV（U_m=1.2kV）到 35kV（U_m=40.5kV）挤包绝缘电力电缆及附件　第 3 部分：额定电压 35kV（U_m=40.5kV）电缆》是等效采用国际电工委员会 IEC 60502-2：2014，该标准中中压交联聚乙烯绝缘电力电缆产品电压等级包括 21/35kV 和 26/35kV。

关于高压交联聚乙烯绝缘电力电缆的发展历程如下：

1977 年，上海电缆厂着手研制 110kV 高压交联聚乙烯电力电缆，并进行技术储备。

1988 年，上海电缆厂从美国引进 110kV 高压交联立式机组，开始试制高压交联电力电缆。1990 年，试制成功 66kV 高压交联聚乙烯绝缘电力电缆。1993 年，上海电缆厂试制成功 132kV 高压交联聚乙烯绝缘电力电缆。1994 年，上海电缆厂试制成功 110~132kV 高压交联聚乙烯绝缘电力电缆，并通过电力部和机械部的联合鉴定后投入批量生产。

1981 年，沈阳电缆厂经国家批准从瑞典引进干法交联生产线，试制了 66kV 干法高压交联聚乙烯电力电缆。1985 年，沈阳电缆厂试制成功了 110kV 干法高压交联聚乙烯电力电缆。通过试制生产干法交联电缆，沈阳电缆厂成功跻身国际交联电缆生产领域的行列。

随着高压电缆的需求量逐渐增加、生产技术不断提高，国内掀起了高压电缆生产的高潮。到目前为止，所有高压交联生产线都是进口设备，主要来自 Maillefer 和德国的特乐斯特。生产高压交联聚乙烯绝缘电力电缆的设备有立式和悬链式，立式居多，但生产的电缆性能是一致的。从产品偏心度分析，二者之间也没有明细的差别。

1997 年 8 月，沈阳古河电缆有限公司的高压交联聚乙烯绝缘电力电缆通过了型式试验；1999 年 10 月，特变电工鲁能泰山电缆有限公司的高压交联聚乙烯绝缘电力电缆通过了预鉴定试验。而国内开始大量使用是在 2000 年左右。

2005 年 10 月，河北宝丰电缆有限公司的高压交联聚乙烯绝缘电力电缆通过了型式试验，2013 年 4 月河北宝丰电缆有限公司的高压交联聚乙烯绝缘电力电缆通过了预鉴定试验。配套附件为江苏安靠智电股份有限公司生产。290/500kV 的高压交联聚乙烯绝缘电力电缆首先使用在水电站，2014 年青岛汉缆集团生产的 290/500kV 电缆在北京海淀城市电网中使用，并于 2014 年 6 月底全部建成。工程主体为架空线与电缆混合线路，其中电缆部分为双回路，路径长度约 6.7km，采用隧道敷设、交叉互联接地方式。使北京电网 500kV 网架结构将得到进一步完善，电源支撑能力进一步提高，为北京西北地区供电可靠性进一步提升提供了有力保障。其中一个回路的电缆及附件首次采用国产产品。随后，该电缆产品陆续在上海、广州等地使用。

至“十三五”末，我国高压超高压电缆生产能力达到 10 万 km/ 年。高压超高压电缆产能主要分布在华东地区和华南地区，与电力电缆企业总体分布呈现正相关。国内高压交联生产线基本为成套进口，其中具备 110kV 及以上生产能力的立式交联生产线（VCV）超过 110 条，高压悬链交联生产线（CCV）超过 150 条。全国高压交联生产线分布：江苏 52 条、山东 25 条、浙江 24 条、广东 11 条、河北和辽宁各 8 条、湖北和河南各 7 条、上海 6 条、天津和重庆各 4 条、四川 3 条、江西和福建各 2 条，以及北京、黑龙江、湖南、甘肃和陕西各 1 条。

据电线电缆行业发展规划统计，高压超高压电力电缆的产量统计见表 27。

表 27 高压超高压电力电缆的产量统计 （单位：万 km / 年）

电压等级	“九五”期末	“十五”期末	“十一五”期末	“十二五”期末	“十三五”期末
110（66）kV 及以上	0.2	0.36	1.1	1.0	1.5

高压和超高压电力电缆主要用于城市输电网、发电站、海上风电、石化、化工、钢铁等领域。110kV 电缆用量中，用户工程占比超过 50%；对 220kV 及以上电缆，电网用量占比超过 60%。

我国电力电缆制造的主要地区集中在华东、中南以及华北地区。而华东地区电缆产业更为突出，占据行业的半壁江山。相对而言这里也是企业发展比较迅速，竞争比较集中、激烈的地区。其特点如下：

1）从企业数量看，华东地区占 53.6%，主要集中在江苏、浙江、安徽、山东以及上海，同时也是我国企业最为集中的几个省市。

2）单纯从企业分布来看，全国电线电缆规模以上企业最多的前几个省市分别是江苏、广东、浙江、安徽、山东、河北、辽宁以及上海，其中江苏在居所有省市之首。

3）从行业的资产规模来看，华东地区电线电缆制造企业的资产规模扩张较快，说明我国电线电缆制造行业在华东地区保持着较大的竞争力。

4）从我国电线电缆行业企业群来看，在华东、中南、华北区域内已形成了若干个产业集群和产品生产基地。我国华东、华南地区是我国优先发展起来的地区，也是外资企业最先进入的地区，拥有全国最先进的资源和技术。因此，可以说我国电线电缆行业具有技术区位指向型。从我国电线电缆区域的特点以及近年来的发展状况来看，电线电缆业将呈区域集中趋势。

在高压交流聚乙烯绝缘电力电缆发展过程中，相应的产品标准依据 IEC 标准的变更也做了多次修订。

GB 11017—1989《额定电压 110kV 交联聚乙烯绝缘电力电缆》是等效采用国际电工委员会 IEC 840：1989《额定电压 30kV（U_m=36kV）~150kV（U_m=170kV）挤包绝缘电力电缆试验》标准。

GB/T 11017.2—2002《额定电压 110kV 铜芯、铝芯交联聚乙烯绝缘电力电缆及其附件　第 2 部分：额定电压 110kV 交联聚乙烯绝缘电力电缆》是等效采用国际电工委员会 IEC 60840：1999 标准。

GB/T 11017.2—2014《额定电压 110kV（U_m=126kV）交联聚乙烯绝缘电力电缆及其附件　第 2 部分：电缆》是等效采用国际电工委员会 IEC 60840：1999 标准。

GB/Z 18890.2—2002《额定电压 220kV（U_m=252kV）交联聚乙烯绝缘电力电缆及其附件　第 2 部分：电缆》是等效采用国际电工委员会 IEC 62067：2001 标准。

GB/T 18890.2—2015《额定电压 220kV（U_m=252kV）交联聚乙烯绝缘电力电缆及其附件　第 2 部分：电缆》。

GB/T 22078.2—2008《额定电压 500kV（U_m=550kV）交联聚乙烯绝缘电力电缆及其附件　第 2 部分：额定电压 500kV（U_m=550kV）交联聚乙烯绝缘电力电缆》。

我国高压交联聚乙烯绝缘电缆的生产技术已完全成熟，生产技术的关键项目可归纳为：

1）带扭转的框绞机和盘绞机，用以生产分割导体电缆。

2）应采用超光滑内、外半导电屏蔽料。

3）应采用超净绝缘材料，并带有相应的杂质在线检测装置。

4）具有超净料的自动下料装置（消除环境污染）。

5）导体预热装置（提高产量并可改善热机械应力）。

6）恒温精度高且螺杆压力大的挤出机（要求挤出温度低，为 115℃，温控精度高达 ±1℃，螺杆压力大于 50MPa）。

7）高效滤网装置（可过滤大于 30μm 的杂质）。

8）X 射线绝缘偏芯在线测量装置。

9）全干式交联生产线（可减小微孔及尺寸），如能采用高压力硅油或 MDCV 生产线则更好（微孔尺寸可小于 1μm）。

10）三层共挤装置（防止在 1+2 挤出时，内半导电层擦伤），TROSTER 公司的锥形三层共挤头比传统的直型的好，流路畅通，预交联料不会在机头停留。

11）在高压交联电缆挤出生产线中，在绝缘机头处加装了一套绝缘料杂质计数系统，可将进入电缆绝缘内的杂质大小和个数以及距电缆端头的位置和距离全部记录下来，并作为交货的档案资料提供给用户。

12）为防止绝缘偏心，TROESTER 公司提供了上下牵引同步旋转的交流生产线，以补偿因重力产生的偏心，并防止绝缘扭伤。

13）NOKIA 公司向国内提供了可以生产 220~500kV 交流电缆的 CCV 绝缘生产线。

14）使用交联度和热延伸的在线显示装置，在交联电缆经过交联管时，可随时自动显示交联度或热延伸。

15）在交联管内进行导体预热，预热温度可达 160℃，交联热源可分别从导体和绝缘表面双向传入，降低了绝缘表面温度，提高了传热效率，并大大地降低了绝缘的热应力。

16）采用烘房收线（用于去除气体和消除部分热应力）。

17）要有防水层，110~500kV 超高压电缆埋设在地下时应具有金属防水层。

18）采用 1+1 护套挤出机，用以同时挤包半导电层。

6. 海底电力电缆

海底电缆对我国发展海岛经济、跨海电力联网以及海上风力发电场的输电至关重要。大长度海底电缆技术难度大、安装敷设要求高、最易受到外力破坏、维修成本大，同时也是贵重的资产设备。

由于海洋环境条件的复杂性，对海底电缆的要求比陆上用的电缆要高得多，其产品结构、防护等级、交货长度等都有特殊性。1949 年后，随着经济建设和国防发展的需要，岛屿之间的输电及通信为海底电缆的发展提供了机遇。

1960 年，上海电缆厂试制成功我国第一根海底同轴电缆，参照苏联 KEK-5/18 进行试制。当时为了保密，以 6102 作为代号，用于载波频率为 156kHz 以下的载波通信线路。该电缆的试制成功标志着我国海底电缆研制进入一个新阶段。

1961—1962 年，上海电缆厂又试制成功海底对称通信电缆，这是我国第一根对称海底电缆，该产品由上海电缆厂和735部队共同研制，并于1964年通过鉴定。该产品支持8路音频信号传输，与同轴电缆相比，既方便，又不需要额外载波设备。

1962 年 10 月，为保护我国领海主权，一机部八局将海底水声电缆试制任务下达给上海电缆厂。当时无资料、无样品，唯一的线索是根据工程师赴苏联考察时在记录本上所记下的一点儿资料。根据这一信息，经查阅材料和分析推测，该产品是一种绝缘铝包电缆，其结构中具有承受水下压力的抗压元件，型号为 T3K。经工程技术人员反复试制，海底水声电缆于 1963 年终于试制成功，并通过鉴定。

1965 年，上海电缆厂试制成功海底测磁电缆。

1966 年，上海电缆厂试制成功海底特种屏蔽电缆、深海底橡套电缆。

1967 年，上海电缆厂试制成功 35kV $1\times150mm^2$、110kV $1\times270mm^2$、220kV $1\times350mm^2$ 大长度水底高压充油电缆，满足了建设南京长江大桥的需要。

1982 年，上海电缆厂试制成功我国第一根大长度海底输送电力电缆，为我国沿海岛屿输送电力。这结束了长期来我国沿海岛屿缺电的历史。

1987 年，上海电缆厂试制成功 6~35kV 大长度海底电力电缆，满足了山东长岛和福建沿海岛屿输送电力的需要。

1976 年，沈阳电缆厂试制生产了 35kV 海底交联聚乙烯绝缘电力电缆。该产品具有较好的游离放电性能，在 26kV 测量电压下，放电量不超过 20pC，冲击电压为 200kV（±10 次），工频耐受电压为 61kV（4h），并且具有较低的介质损耗。该产品敷设在辽宁省新金县碧流河至长海县岛屿之间的海底，使用效果良好。

1999 年，上海电缆厂研制的 110kV 大长度深水海底充油电缆、电缆终端和软接头附件在浙江舟山群岛投入运行，实现了舟山与内陆的电力联网。

随着交联聚乙烯绝缘材料在电缆行业的应用，海底电力电缆的绝缘材料从 20 世纪 70 年代开始逐渐采用交联聚乙烯绝缘材料。电压等级从 10kV 到 500kV。随着我国电线电缆行业的兴起，生产海底电缆的企业也逐渐增加，例如湖北红旗电缆厂、青岛汉缆集团有限公司、宁波东方电缆股份有限公司、中天科技集团有限公司、江苏亨通高压电缆有限公司、无锡市曙光电缆有限公司、上海起帆电缆股份有限公司等。

以交联聚乙烯绝缘为代表的海底电缆开发历程如下：

2008 年，宁波东方、中天科技、亨通高压开发了 64/110kV 的高压海底电缆。

2008 年，亨通高压、宁波东方、中天科技等开发的 127/220KV 海底电缆，现使用于舟山电力联网工程。这是当时国家支持的项目，也是最早国内开发高压海底电缆的厂家，通过了能源部和科技部两部的联合鉴定。

2012年，青岛汉缆股份有限公司成功研发了交联聚乙烯绝缘光纤复合海底电缆软接头HYJQ41-F127/220kV 1×800mm^2 +2×SM（15+1）C产品。

2017年，亨通高压、宁波东方、中天科技等开发的290/500kV交联聚乙烯绝缘海底电缆，现使用于舟山电力联网工程。

2017年，中天科技、亨通高压、宁波东方成功研制了35kV海上动态电缆。

2022年，亨通高压成功研发了66kV海上动态电缆。

高压海底电缆出口标志性的项目：俄罗斯能源桥项目中的127/220kV海底电缆。

国内海底电缆开始规模化生产的同时，依据的产品标准也在研究和编制。其标准为JB/T 11167.2—2011《额定电压10kV（U_m=12kV）至110kV（U_m=126kV）交联聚乙烯绝缘大长度交流海底电缆及附件　第2部分：额定电压10kV（U_m=12kV）至110kV（U_m=126kV）交联聚乙烯绝缘大长度交流海底电缆》。

7. 海缆/陆缆高压直流电力电缆

自1954年世界上第一个直流输电工程投入商业化运行以来，高压直流输电技术已经历70多年的发展。直流输电系统的核心器件——换流元件经历了从汞弧阀到晶闸管阀，再到电压源控制（VSC，由IGBT组成）器件的变革。目前在超高压、特高压领域主要使用基于晶闸管的直流输电技术，国际上简称为LCC—HVDC技术，主要用于大容量远距离输电。海底电缆输电和交流电网的互联等领域，目前已建成的工程中其线路电压在100~750kV范围，传输功率为50~3000MVA；在建的工程中最高电压等级为800kV，传输功率为6000MW。基于可关断器件的电压源换流器（VSC）和脉宽调制（PWM）技术的轻型直流输电技术，简称为VSC-HVDC技术。轻型直流输电的概念在20世纪90年代由ABB公司首次提出，自1997年进行首次工业性试验以来，已有数十条输电线路投入商业运营，其中最高容量已达1000MW。轻型直流输电技术在我国也称为柔性直流输电技术，主要应用于可再生能源并网、孤岛供电、城市电网供电和异步交流电网互联等领域。

随着国内外对可再生清洁能源（如风力发电、太阳能发电、潮汐能发电、生物能发电等）的重视和推广，柔性直流输电技术也被越来越多的重视和应用，作为柔性直流输电中的关键电力设备之一——塑料绝缘直流电缆将成为电缆行业的一个热点。目前这方面的技术水平参差不齐，国外有些公司，如ABB已经在研制和开发320kV等级的塑料绝缘直流电缆，日本也具备500kV等级电缆的生产能力。相对而言，国内电力电缆行业起步较晚，处于研发和试制阶段。

我国高压直流电力电缆及附件在重大工程上的应用主要有：

1）±160kV直流电缆及附件用于风力发电系统：±160kV 500mm^{2}直流海缆和陆缆（海、陆缆连接）应用于南澳岛大型风电柔性直流输电示范工程，2013年12月开始投运。以柔性直流的形式将南澳岛大规模的风电稳定、可靠地送出，是世界上第一个柔性多端直流输电工程实例。

2）±210kV直流电缆及附件用于海岛电网连接：±210kV 300mm^2、500mm^{2}和1000mm^{2}直流海缆和陆缆（海、陆缆连接）应用于浙江舟山±210kV五端柔性直流输电科技示范工程。工程共建设舟定、舟岱、舟衢、舟泗、舟洋5座换流站，总容量100万kW，新建直流输电线路141.5km，其中，海底电缆129km。2014年7月正式投运，这是世界上电压等级最高、端数最多、单端容量最大的多端柔性直流输电工程。

3）±320kV直流电缆：用于世界上第一个采用真双极接线、电压和容量双创国际之最的柔性直流输电工程——厦门±320kV柔性直流输电科技示范工程。2015年底，27根±320kV 1600mm^{2}直流陆地电缆全部敷设完成，系统现已投运。

4）2019年江苏如东海上风电项目使用了±400kV的海底直流电缆。

我国研究开发海缆/陆缆高压直流电缆的历程如下：

2009年8月，上海华普电缆厂和上海交通大学共同研制完成的国内首条35kV交联聚乙烯绝缘柔性直流电缆并通过了型式试验和预鉴定试验。

2013年3月，中国电力企业联合会在广州市组织召开了产品技术评审会。宁波东方电缆、中天科技、青岛汉缆股份有限公司、上缆藤仓和亨通高压分别研制的 ±160kV 交联聚乙烯挤包绝缘直流电缆（含陆用电缆和海底电缆）、±160kV 交联聚乙烯挤包绝缘直流电缆终端（含瓷套绝缘和复合套绝缘结构）、±160kV 交联聚乙烯挤包绝缘直流电缆预制式直通接头产品顺利通过鉴定，运用于南网柔性直流输电示范工程。

2014年，国产单根最长、电压等级最高、截面最大的 ±210kV 挤包绝缘柔性直流海底电缆（中天科技集团有限公司、宁波东方电缆股份有限公司和青岛汉缆集团有限公司共同研发）应用于舟山 ±210kV 五端柔性直流输电科技示范工程。

2014年，以中天科技、宁波东方、亨通高压为代表的企业成功研制 ±320kV 直流电缆，现使用于厦门供电局。

2017—2018年，宁波东方、中天科技、亨通高压成功研制 ±525kV 直流电缆。

2017—2018年，宁波东方、中天科技、亨通高压、重庆泰山成功研制 ±535kV 直流电缆。

2019年，中天科技成功研制 ±400kV 直流电缆，现使用于如东海上风力发电输电系统。

2020—2022年，宁波东方、亨通高压、重庆泰山采用国产绝缘料成功研制 ±535kV 直流电缆。

在国内高压直流电缆开发生产的同时，依据的产品标准也在研究和编制中。标准如下：

GB/T 31489.1—2015《额定电压 500kV 及以下直流输电用挤包绝缘电力电缆系统　第1部分：试验方法和要求》。

GB/T 31489.2—2020《额定电压 500kV 及以下直流输电用挤包绝缘电力电缆系统　第2部分：直流陆地电缆》。

GB/T 31489.3—2020《额定电压 500kV 及以下直流输电用挤包绝缘电力电缆系统　第3部分：直流海底电缆》。

8. 聚丙烯绝缘电力电缆

在我国，聚丙烯作为电力电缆绝缘材料起始于2015年。上海交通大学江平开教授在2014年的科技部973项目“大容量直流电缆输电与管道输电关键基础研究”中提出研发聚丙烯的高压直流电缆绝缘材料并承担了课题三“纳米固体绝缘介质电场与热场的调控理论及方法”。其在2015年开始试制聚丙烯绝缘中压电缆，2016年江平开教授的团队和上海华普电缆厂的周雁团队建立了长期合作关系，协同开展了电力电缆用聚丙烯绝缘材料生产，制造了 26/35kV 的聚丙烯绝缘电力电缆，并在2017年通过了企业标准规定要求的型式试验。

2017年8月，江苏上上电缆集团有限公司研制成功 10kV 聚丙烯绝缘电力电缆。

2017年11月，江苏上上电缆集团有限公司研制成功 35kV 聚丙烯绝缘电力电缆。

2018年，江平开教授团队开始研制 110kV 聚丙烯绝缘材料及其生产工艺，于2023年通过了型式试验。

2022年8月，由中国电力科学研究院有限公司牵头，西安交通大学、中国石化燕山石化公司和江苏上上电缆集团有限公司等单位共同参与研发的 110kV 热塑性聚丙烯绝缘电力电缆（PV-64/1101×1000）通过技术鉴定。

随后，国内陆续有电缆企业开始研发生产聚丙烯绝缘电力电缆，如宁波东方电缆股份有限公司、无锡江南电缆有限公司等企业。

9. 超导电缆

超导电缆是解决大容量、低损耗输电的一个重要途径，所以各国科技工作者进行了大量的研制工作。

超导电缆是利用超导在其临界温度下成为超导态（电阻消失、损耗极微、电流密度高、能承载大电流）的特点而设计制造的。其传输容量远远超过充油电缆和交联电缆，也大于低温电缆，可达 10000MVA 以上，是正在大力研究发展中的一种新型电缆。由于超导体的临界温度一般在 20K 以下，故超导电缆一般在

4.2K 的液氦中运行。

超导电缆的结构有刚性和可挠性两种形式，缆芯分单芯和三芯。设计时必须充分考虑其组成材料的膨胀系数，以免电缆因热胀冷缩产生过大内应力而受损。

2000 年，中国科学院电工所研制的 6m 长高温超导电缆成功地通过了 1450A 的电流，比设计值高出 50%。从试验结果看，该超导电缆的性能稳定，各项技术指标基本上达到了实际应用的要求。

2001 年，甘肃长通电缆科技股份有限公司与中国科学院电工所合作开发生产高温超导电缆。

2001 年，北京英纳超导技术有限公司与云南电力集团合资成立北京云电英纳超导电缆有限公司，共同推动我国高温超导电缆的产业化。

2003 年，我国第一个 10m、10.5kV/1.5kA 的三相交流高温超导电缆系统在中国科学院电工所试验运行成功，它使我国高温超导研究在实用化的道路上向前迈进了一大步。

2003 年 8 月，由上海电缆研究所、上海电机工程学会、北京云电英纳超导电缆有限公司主办的高温超导电缆应用前景国际研讨会在上海举行。会议邀请了国内及高温超导电缆发展较快国家的高温超导行业专家和我国电力系统专家，共同讨论了高温超导电缆发展情况、高温超导电离能在我国的应用前景以及高温超导电缆应用对电力系统的要求等问题。

2004 年，上海电缆厂有限公司与北京云电英纳超导电缆有限公司研制成功 3 根（每根长度 33m，载流量为 2000A）35kV 超导电力电缆，并在昆明普吉变电站一次并网成功。

2005 年，由中国科学院电工所、甘肃长通电缆科技股份有限公司和中国电科院理化技术研究所联合研制的 75m、10.5kV/1.5kA 三相交流高温超导电缆成功完成了安装、调试，并通电成功，这是 3 个企业、院所继联合完成我国第一根 10m、10.5kV/1.5kA 三相交流高温超导电缆的研制后，在超导领域的又一重大突破。

2009 年，美国超导公司（AMSC）进一步扩大与社会电缆研究所的战略合作关系，上海电缆研究所购买了其高温超导（HTS）线材。上海电缆研究所采用该线材开发和生产出 30m、35kV 的电缆系统。

2013 年 4 月，我国研制的长度达 360m、载流能力达 10kA 的高温超导直流输电电缆通过了科技部组织的专家技术验收，并在巩义市河南中孚实业股份有限公司顺利投入工程示范运行。

2013 年 12 月 9 日，由上海电缆研究所研制的我国首条冷绝缘高温超导电缆系统在宝山钢铁股份有限公司投入实际供电线路。系统额定容量为 120MVA（额定电压 35kV，额定电流 2000A，最大瞬时负荷电流达到 2200A），长度为 50m，三相超导材料均采用 AMSC 提供的二代高温超导带材。该系统的应用为国内首创（图 88）。

图 88　上海电缆研究所研制的中国首条冷绝缘高温超导电缆

2021 年 12 月，世界首条 35kV 千米级超导电缆示范工程在沪投运，位于上海市徐汇区长春变电站和漕溪变电站两座220kV变电站之间，线路全长1.2km，设计电流2200A，这是国家电网有限公司在国内首次建设的超导输电项目，也是目前世界上输送容量最大、线路最长、全商业化运行的35kV高温超导电缆。

二、电缆附件

电缆附件是电缆线路中不可或缺的组成部分，包括终端和接头两大类。根据用途和制作方式的不同，电缆附件可分为绕包式、浇铸式、模塑式、热缩式、预制式、冷缩式和注塑式7类。各类电缆附件各有优缺点，适用于不同电压等级和环境条件下的电缆线路。其中，热缩式、预制式和冷缩式电缆附件是目前中低压电缆应用最为广泛的电缆附件类型。

电缆附件不同于其他工业产品，任何工厂都不能生产出完整的电缆附件，而只能提供电缆附件里的组件、部件或材料，然后通过现场安装到电缆上以后才构成完整的电缆附件。也就是说完整的电缆附件必须由工厂制作和现场安装两个阶段完成。因此，电缆附件的质量不仅取决于工厂提供的电缆附件用的组件、部件或材料，还受其他诸多因素的影响。归纳起来，一个质量可靠的电缆附件首先是设计合理；此外，工厂提供的电缆附件用组件、部件或材料的性能满足相应标准规定的要求；同时还要求现场安装工艺正确、严谨，安装时环境条件（主要是指空气的温度、湿度、灰尘等）符合相应规程规定；还有一个重要因素就是电缆本体质量。因为所有电缆附件里都包含一段电缆，这段电缆的绝缘好坏将直接影响电缆附件性能的可靠性，不容忽视。

1. 电缆附件介绍

（1）电缆终端　电缆通过终端将供电端和用电端连接起来。电缆终端分为两类，一类为传统的敞开式终端，另一类为设备终端。敞开式终端是指终端外绝缘在大气环境条件下运行的终端，敞开式终端习惯上分为户外型和户内型。

1）户外终端：安装在室外，能在经受风霜雨雪、阳光照射及灰尘影响环境下运行的电缆终端。

2）户内终端：安装在室内，在不经受风霜雨雪、阳光照射环境下运行的电缆终端。

（2）电缆接头　电缆接头就是把电缆与电缆相连接的装置。根据具体作用不同，常用的接头归纳起来有以下几个品种：

1）直通接头：连接两根材料与结构完全相同的电缆的接头。我国电缆行业习惯称其为中间接头或对接头。

2）分支接头：将支线电缆连接到干线电缆上的接头。支线电缆与干线电缆近乎垂直的接头称T型分支接头，近乎平行的接头称Y型分支接头，在干线电缆某处同时分出两根分支电缆，称X型分支接头。

3）过渡接头：广义讲，是连接电缆导体或绝缘不同的电缆接头。因为在这种电缆接头两端的电缆允许的载流量是不相同的，接头本身结构和材料上就必须考虑这个问题。特别是一边为挤包电缆，一边为油浸纸电缆相互接连的接头，要阻止油浸纸电缆里的油对挤包电缆绝缘材料产生不良影响。过渡接头多数是相邻两根电缆相互连接的直通接头，也可能是分支接头。

4）堵油接头：用于落差大于规定值的黏性浸渍纸绝缘电缆线路，截断油路，防止高端电缆绝缘干枯，低端电缆绝缘油压超过规定值。高压充油电缆用来分割油路的接头通常称之为塞止盒。

5）转换接头：连接多芯电缆与单芯电缆的接头，多芯电缆里的每相导体分别与一根单芯电缆导体连接。这种接头可能出现在中低压电缆线路。

6）绝缘接头：使接头两端电缆的金属护套或金属屏蔽层及半导电层在电气上断开，以便交叉互连，减少护层（或屏蔽层）损耗，也可以有效地限制电缆末端金属护套或金属屏蔽层的感应电压值。多用于110kV及以上高压大长度电缆线路。35kV单芯大长度电缆线路也有应用。

（3）电力电缆常用附件的特点

1）绕包式电缆附件：用具有不同特性（绝缘、半导电、应力控制、防水、耐漏痕等）的自黏性橡胶带材，现场绕包在经过处理后的电缆末端或连接处而形成的终端或接头。由于所用的各种带材都为具有冷流性和热变形的非硫化或低硫化点橡胶材料，不仅绕包时耗时多，而且经过一段时间运行后会变形，局部位置会变薄。尤其是当接头内电缆绝缘轴向收缩后使其与绕包绝缘层之间形成气隙而引起沿面放电，导致击穿。这种电缆附件主要适用于中压挤包绝缘电缆，曾经也一度用作高压（110kV）挤包绝缘电缆直通接头。

2）浇铸式电缆附件：利用热固性树脂（常用的有环氧树脂、聚氨酯、丙烯酸酯等）现场浇铸在经过处理后的电缆末端或连接处的模子或盒体内，固化后而形成的终端或接头。由于是在常温常压下浇铸，固化成型后绝缘内存在气泡是难免的。其主要用于挤包绝缘电缆，由于局部放电要求很难通过，故只适用于中低压油浸纸绝缘电缆。

3）模塑式电缆附件：利用与电缆绝缘相同或相近的带材现场绕包在经过处理后的电缆连接处，再用模具热压成型的接头。曾一度用作中压（35kV）和高压（110kV）挤包绝缘电缆接头。由于所用带材太薄、绕包时间长、热压成型分阶段、时间长、很不方便，所以很快就不再使用了。

4）热缩式电缆附件：将具有电缆附件所需要的各种性能的热缩管材、分支套、雨罩现场套装在经过处理后的电缆末端或连接处，再加热收缩而形成的终端或接头。热缩式电缆附件为多层结构，层间难免有气隙，而且热缩管收缩后其在常温下没有弹性，一旦受到扰动，层间就会脱开，因此局部放电要求很难通过。同时，运行一段时间后可能因层间气隙放电导致击穿。采用弹性体管材和热缩管材的复合管材则可用于35kV和60kV挤包绝缘电缆。

5）预制式电缆附件：利用橡胶材料（通常采用硅橡胶），将电缆附件里的增强绝缘和半导电屏蔽层在工厂内模制成一个整体或几个部件，然后现场套装在经过处理后的电缆末端或连接处而形成的终端或接头。这类附件具有体积小、性能可靠、安装方便、使用寿命长等特点。预制式电缆附件不足之处在于对电缆的绝缘层外径尺寸要求高，通常的过盈量在2~5mm（即电缆绝缘外径要大于电缆附件的内孔直径）。如果过盈量过小，电缆附件将出现故障；如果过盈量过大，电缆附件安装非常困难（工艺要求高）。特别在中间接头上，安装既不方便，又常常成为故障点。此外价格又较高。预制式电缆附件是近年来中低压以及高压电缆采用的主要形式。

6）冷缩式电缆附件：利用橡胶材料，将电缆附件里的增强绝缘和应力控制部件在工厂内模制成型，再扩径，内加支撑物，现场套在经过处理后的电缆末端或连接处，抽出支撑物，收缩压紧在电缆上而形成的终端或接头。冷缩式电缆附件广泛用于中低压挤包绝缘电缆，且不断朝高电压发展，目前已经有500kV冷缩式电缆附件。

7）注塑式电缆附件：现场借助专用注塑设备和模具将与电缆绝缘相同或相近的材料在加温和抽真空状态下注射到经过处理后的电缆连接处，使之与电缆绝缘粘合为一体，恢复后的连接处与电缆本体几乎等直径，俗称软接头，多用于大长度跨海底电缆。

2. 附件产品发展历程

电缆附件的开发完全依附于电缆的开发，一个完整的电缆线路，没有附件不可能投入使用。开发的附件形式、附件内部结构、使用的材料与电缆绝缘结构、绝缘材料密切相关，随着电缆绝缘材料从纸绝缘演变成塑料固体绝缘，附件形式也发生了根本性的变化。

1968—1975年，上海电缆厂试制了与110kV、220kV、330kV超高压充油电缆相配套的充油电缆附件。

沈阳电缆厂于1964年试制成功与66kV高压充油电力电缆配套的附件、1967年试制成功110kV高压充油电缆及附件、1968年试制成功220kV高压充油电缆及附件、1969年试制成功330kV高压充油电缆及附件、1976年开始试制500kV高压充油电缆及附件并于1980年试制成功并应用。

1981年，舟山直流输电工业性试验工程的±100kV海底直流电缆（包括附件和软接头）完成技术审查，为后续施工奠定了技术基础。

在交联聚乙烯绝缘替代纸绝缘之前，电力电缆附件都是采用绕包式纸绝缘应力锥、绝缘油和瓷套外绝缘形式。

在20世纪80年代交联聚乙烯绝缘电缆问世后，陆续出现了热缩式电缆附件和冷缩式电缆附件产品。

热缩式电缆附件俗称热缩电缆头，广泛用于35kV及以下电压等级的交联电缆或油浸电缆的中间连接和终端上。与传统电缆附件相比，其具有体积小、重量轻、安全可靠、安装方便等特点。产品符合GB 11033标准，长期使用温度范围为−55~105℃，老化寿命长达20年，径向收缩率≥50%，纵向收缩率小于5%，收缩温度为110~140℃。

冷缩式电缆附件具有体积小、操作方便、迅速、不需要专用工具、适用范围宽和产品规格少等优点。与热缩式电缆附件相比，无须用火加热，且在安装以后挪动或弯曲不会像热缩式电缆附件那样出现附件内部层间脱开的危险（因为冷缩式电缆附件靠弹性压紧力）。与预制式电缆附件相比，虽然都是靠弹性压紧力来保证内部界面特性，但是它不像预制式电缆附件那样与电缆截面一一对应，没有那么多的规格种类。

冷缩式电缆附件现场安装时，将预扩张件套在经过处理后的电缆末端或接头处，抽出内部支撑的塑料螺旋条（支撑物），压紧在电缆绝缘上而构成电缆附件。它是在常温下靠弹性回缩力，而不是像热缩式电缆附件要用火加热收缩。早期的冷缩式电缆终端头只是附加绝缘采用硅橡胶冷缩部件，现场处理仍采用应力锥型式或应力带绕包式。

冷缩式电缆附件普遍都采用冷收缩应力控制管，电压等级从10kV到35kV。对于冷缩式电缆接头，1kV级采用冷缩式绝缘管做增强绝缘，对于10kV级采用带内外半导电屏蔽层的接头冷缩式绝缘件。对于三芯电缆终端分叉处采用冷收缩分支套。

国内从1990年左右开始研发110kV及以上电压等级的交联电缆附件产品。

“十一五”期间，国产化电力电缆附件已得到应用，但仍需大量进口。已研制生产出110kV交联绝缘海底电力电缆相应的工厂接头（软接头）。

“十二五”期间，国内已开展了电力电缆附件相关基础理论的研究工作，已能够完整制造出与500kV超高压电缆配套的附件系统，包括500kV中间接头、户外终端和GIS终端，并已开始应用于城市电网中。同期开展直流电场分布与温度关系、空间电荷对直流电场的影响、直流电缆用材料、直流电缆的结构设计，以及抗污秽特性（及抗盐雾）直流终端和中间接头等方面的研究，期间我国已先后成功研制出与±160kV、±200（210）kV和±320kV直流陆地电缆和海底电缆配套的附件（包括±200kV及以下电压等级的软接头），并初步建立了500kV及以下电压等级的试验评估平台与测试方法。

在这期间，我国在电力电缆附件国产化制造能力方面得到进一步的巩固，无论对生产装备的引进消化吸收还是配套的国产设备都有了较深入的了解与研究，高压电缆附件生产设备也基本实现了国产化。

至2020年末，我国电力电缆附件整体市场规模近100亿元。其中，高压电缆附件市场约40亿元。对于高压超高压附件市场，110kV等级附件市场超过60%。对于中压附件市场，10kV等级附件市场约占70%。

各类电缆附件企业数量超过200家。规模化的电缆附件企业10余家，产能利用率相对较饱满。尤其对于区域化的中小附件制造商，附件企业总体产能利用率相对较低。中低压附件制造设备基本实现国产化；高压和超高压附件生产设备及（绝缘）原材料主要来自进口。通过220kV预鉴定试验的电缆附件企业累计25家，通过500kV预鉴定试验的电缆附件企业有3家。

期间，国内品牌电缆附件企业与外资附件企业并存，前者数量更多。两类企业的中低压附件和高压附件在网络用户、工业用户市场侧重有所不同。但国内品牌附件市场占比逐步提高，估计接近80%。规模电缆附件企业除提升制造能力外，自身安装队伍扩张显著，应对分散的工程安装任务。附件安装独立承包商出现并持续发展，满足中高压电缆工程附件安装分包要求。除成套电缆附件企业以外，还有数百家电缆金具和线缆辅材制造商，主要集中在华东和华中地区，细分领域合计年产值超过20亿元。

3. 附件产品标准的变迁

1）GB 5589—1985《电缆附件试验方法》。本标准后改为JB/T 8138—1995，并于2002年作废，而由

GB/T 18889—2002 代替。

2）GB 11033—1989《额定电压 26/35kV 及以下电力电缆附件基本技术要求》。本标准后改为 JB/T 8144—1995。

3）GB/T 12706.4—2002《额定电压 1kV（U_m=1.2kV）到 35kV（U_m=40.5kV）挤包绝缘电力电缆及附件　第 4 部分：额定电压 6kV（U_m=7.2kV）到 35kV（U_m=40.5kV）挤包绝缘电力电缆附件试验要求》。该标准先后在 2008 年和 2020 年进行过两次修订，都是等效采用 IEC 60502 标准。

4）GB/T 18889—2002《额定电压 6kV（U_m=7.2kV）到 35kV（U_m=40.5kV）挤包绝缘电力电缆附件试验方法》。

5）GB/T 9327—1988《电缆导体压缩和机械连接接头试验方法》。此标准后续进行过两次修订。

6）GB 14315—1993《电线电缆导体用压接型铜、铝接线端子和连接管》，此标准后续进行过两次修订。

7）GB/T 9326.3—2008《交流 500kV 及以下纸或聚丙烯复合纸绝缘金属套充油电缆及附件　第 3 部分：终端》；GB/T 9326.4—2008《交流 500kV 及以下纸或聚丙烯复合纸绝缘金属套充油电缆及附件　第 4 部分：接头》。

8）JB 1095—1967《户外用鼎足式铸铁电缆终端盒》标准为我国最早的电缆附件标准，现被 JB/T 6466—2006 代替。

9）JB/T 6464—2006《额定电压 1kV（U_m=1.2kV）到 35kV（U_m=40.5kV）挤包绝缘电力电缆绕包式直通接头》。

10）JB/T 6465—2006《额定电压 35kV（U_m=40.5kV）电力电缆瓷套式终端》。

11）JB/T 6566—2006《额定电压 1kV（U_m=1.2kV）到 35kV（U_m=40.5kV）纸绝缘电力电缆瓷套式终端》。

12）JB/T 6568—2006《额定电压 1kV（U_m=1.2kV）到 35kV（U_m=40.5kV）挤包绝缘电力电缆绕包式终端》。

13）JB/T 7829—2006《额定电压 1kV（U_m=1.2kV）到 35kV（U_m=40.5kV）电力电缆热收缩式终端》。

14）JB/T 7830—2006《额定电压 1kV（U_m=1.2kV）到 35kV（U_m=40.5kV）挤包绝缘电力电缆热收缩式直通接头》。

15）JB/T 7831—2006《额定电压 1kV（U_m=1.2kV）到 10kV（U_m=12kV）电力电缆树脂浇铸终端》。

16）JB/T 7832—2006《额定电压 1kV（U_m=1.2kV）到 10kV（U_m=12kV）电力电缆树脂浇铸直通接头》。

17）JB/T 8503.1—2006《额定电压 6kV（U_m=7.2kV）到 35kV（U_m=40.5kV）挤包绝缘电力电缆预制件装配式附件　第 1 部分：终端》。

18）JB/T 8503.2—2006《额定电压 6kV（U_m=7.2kV）到 35kV（U_m=40.5kV）挤包绝缘电力电缆预制件装配式附件　第 2 部分：接头》。

19）JB/T 10740.1—2007《额定电压 6kV（U_m=7.2kV）到 35kV（U_m=40.5kV）挤包绝缘电力电缆冷收缩式附件　第 1 部分：终端》。

20）JB/T 10740.2—2007《额定电压 6kV（U_m=7.2kV）到 35kV（U_m=40.5kV）挤包绝缘电力电缆冷收缩式附件　第 2 部分：直通接头》。

21）JB/T 10739—2007《额定电压 6kV（U_m=7.2kV）到 35kV（U_m=40.5kV）挤包绝缘电力电缆可分离连接器》。

22）JB/T 6467—2011《额定电压 26/35kV 及以下电力电缆附件系列型谱》。

23）JB/T 8640—2014《额定电压 26/35kV 及以下电力电缆附件型号编制方法》。

24）DL/T 413—2006《额定电压 35kV（U_m=40.5V）及以下电力电缆热缩式附件技术条件》。

25）GB/T 11017.3—2014《额定电压 110kV（U_m=126kV）交联聚乙烯绝缘电力电缆及其附件 第 3 部分：电缆附件》是等效采用国际电工委员会 IEC 60840：1999。

26）GB/T 18890.3—2015《额定电压 220kV（U_m=252kV）交联聚乙烯绝缘电力电缆及其附件 第 3 部分：电缆附件》。

27）GB/T 22078.3—2008《额定电压 500kV（U_m=550kV）交联聚乙烯绝缘电力电缆及其附件 第 3 部分：额定电压 500kV（U_m=550kV）交联聚乙烯绝缘电力电缆附件》。

4. 规模电力电缆附件企业产品开发和发展历程

我国电缆附件制造企业有 200 多家，但规模企业只有 10 家左右，这些企业代表了我国电缆附件行业的发展水平，下面简单介绍其中的几家，以说明我国电缆附件的发展历程。

（1）上海三原电缆附件有限公司 上海三原电缆附件有限公司（以下简称三原公司）成立于 1993 年 12 月，成立之初，主要以上海电缆研究所第三研究室附件组作为核心的人员与设备基础，在浦东洋泾村租赁厂房。后来由于土地规划问题，公司在 1995 年上半年搬迁至杨浦区虬江码头路海军机械厂内。

三原公司成立之前，1992 年，上海电缆研究所承接了西安西电进出口有限责任公司出口至泰国曼谷的 66kV 交联电缆 GIS 终端，而电缆是泰国企业生产。该批产品所需的橡胶应力锥，经过反复讨论及试制，最终由上海电缆研究所设计，广东电缆附件厂生产。1993 年，上海电缆研究所承接了中国电线电缆进出口公司出口至巴基斯坦卡拉奇的 132kV 交联电缆户外终端共 6 套设备，该批产品所需的橡胶应力锥同样也是上海电缆研究所附件组（三原前身）设计，广东电缆附件厂采用硅橡胶生产，三原于 1994 年 1 月出发前往巴基斯坦卡拉奇安装施工。这批产品可以说是国内第一次生产预制交联电缆附件。

三原公司成立初期，高压交联电缆应用较少，上海、北京还大量使用充油电缆。由于 SF_6 气体通过 GIS 终端渗漏进入充油电缆会导致充油电缆产生严重的运行事故，因此上海供电局提出开发 110kV 充油电缆死密封结构 GIS 终端。所谓的死密封，就是类似现在的交联插拔式 GIS 终端，采用环氧套管顶部金属嵌入，无密封圈，杜绝漏气。该产品开发成功后，在上海、北京两地都有大量使用，达到了预期的设计目的。在此基础上，2001 年 3 月，三原公司和上海电缆输配电公司合作开发的 220kV 充油电缆死密封 GIS 终端通过了产品鉴定，并在上海电力投入使用。之后，出口至科威特和委内瑞拉。

1994 年 8 月，三原公司购置了法国 REP 公司橡胶注射机一台，开始研发交联电缆附件，采用乙丙橡胶，早期的橡胶配方由上海电缆研究所开发。公司的产品 110kV 交联电缆户外终端及 GIS 终端于 1997 年 9 月份通过了当时的两部鉴定。两种产品采用相同的应力锥，户外终端采用欧式结构，GIS 终端采用填充绝缘油结构。早期受限于技术原因，GIS 终端环氧套管顶部未能嵌入内电极，需要在开关壳体外部安装油杯连接至 GIS 终端以消纳绝缘油的热胀冷缩，给安装及运行带来较大不便。国内仅三原公司提供过该结构的产品，在全国各地及泰国曼谷等地均有运行，虽然结构复杂，但运行很稳定。2003 年以后淘汰了该油杯结构，采用目前通行的干式结构。

1997 年，三原公司成功申请国家科技部科研项目“220kV 交联聚乙烯电缆终端开发研究”，1999 年完成日式户外终端产品开发。2000 年 9 月 5 日在国家电线电缆质量监督检验中心完成与山东鲁能泰山电缆股份有限公司 220kV 交联电缆配套进行的预鉴定试验。

三原公司在 2003 年 6 月搬迁至浦东新区金桥开发区自建的新厂房，2010 年 12 月与上海电缆研究所开发中心、上海磁浮交通工程技术研究中心合作完成了上海市科委科研计划项目“磁浮交通长定子绕组电缆及其附件国产化研究”，项目组开发的电磁悬浮列车用 12/20kV 电缆附件冷缩户内终端和冷缩直通接头通过了上海电缆研究所国检中心和武汉高压研究所的型式试验。由于市场原因，该产品未投入使用。

2011 年，三原公司成功开发 132kV 充油—交联电缆过渡接头，在上海电缆研究所国检中心取得型式试验报告，该产品在科威特大量使用，运行稳定，未见有故障报告。该产品还在孟加拉、波兰小批量使用。

2012 年，为配合 3C 出口科威特，三原公司开发了 132kV 充油电缆附件，包括户外终端、中间接头、GIS 终端及塞止接头，所有产品一次性通过 KEMA 见证试验，后来科威特水电部通过 3C 公司大量采购该产品，阿根廷有少量采购。由于国内充油电缆日渐减少，上海电缆研究所和沈阳电缆有限公司的充油电缆附件逐步停止生产，三原公司成为国内唯一一家充油电缆附件生产商。

2012 年，三原公司成功开发 35kV CD 绝缘高温超导终端，该产品于 2013 年在宝钢投入示范运行，在整个运行期间，超导终端一直稳定运行。2021 年，三原公司首次开发的超导接头成功应用在上海 35kV 1 公里超导项目。

2013 年，公司开发的 ±160kV 交联聚乙烯绝缘直流电缆户外终端和橡胶整体预制式接头通过了中国电力企业联合会组织的产品鉴定，该产品在南网汕头 ±160kV 直流示范工程中得到应用，所有的直流附件都由三原公司提供，经过多年运行，未见电气故障。

2014 年，三原公司开发的 ±200kV 交联聚乙烯绝缘直流电缆户外终端，在舟山柔性直流科技示范工程中应用，并且运行稳定。这是国内该电压等级产品的首次批量应用。

（2）长缆电工科技股份有限公司 长缆电工科技股份有限公司创建于 1958 年（原长沙电缆附件有限公司），是国内专业生产电缆附件历史最长、品种规格最齐全的骨干企业之一。公司是国家高新技术企业、湖南省高压电缆附件工程技术研究中心、省级企业技术中心、长沙国家级高新技术产业开发区重点企业。

长缆电工科技股份有限公司拥有 70 多年电缆附件的生产历史，集研发、生产、销售和服务于一体，具备 500kV 及以下各电压等级交、直流全规格及其配套产品的生产能力，具有完善的检测手段，拥有完整的产品线。

1）公司发展历程：

1958 年，公司成立，生产 35kV 及以下油浸纸电缆附件。

1970 年，生产 35kV 及以下油浸纸电缆附件、金具、压接工具。

1980 年，生产 35kV 及以下交联电缆绕包、浇注热缩型附件、金具、压接工具、敷设器具。

1983 年，企业管理升级，生产 QX-18 机钳、直滑车。

1990 年，生产 35kV 及以下交联电缆预制冷缩、热缩型附件，金具，压接工具，绝缘材料。

1997 年，公司改制，创立长沙电缆附件有限公司，生产 110kV 及以下高压、中压电缆附件。

2000 年，研发并生产 110~220kV 及以下超高压、高压、中压电缆附件。

2011 年，长沙电缆附件有限公司变更为长缆电工科技股份有限公司，研发并生产 220~500kV 及以下超高压、高压、中压电缆附件。

2014 年，DC ± 320kV 交联聚乙烯绝缘直流电缆附件通过型式试验；500kV 交联聚乙烯绝缘电力电缆附件系列全都通过型式试验。

2016 年，DC ± 320kV 交联聚乙烯绝缘直流电缆附件通过预鉴定试验。

2017 年，DC ± 525kV 交联聚乙烯绝缘直流电缆附件通过型式试验。

2018 年，DC ± 535kV 交联聚乙烯绝缘直流电缆附件通过型式试验，500kV 交联聚乙烯绝缘电力电缆附件通过预鉴定试验。

2）公司主要产品：500kV 及以下交流电力电缆附件（包括户内外终端、GIS 终端、绝缘中间接头、直通中间接头、分支接头、变压器终端等）；DC ± 535kV 直流电缆附件（包括瓷套终端、复合套终端、中间接头；10~35kV 电缆分支箱、环网箱、开闭所等高低压开关成套智能设备）；智能在线监测系统系列产品；接地装置类产品（直接接地箱、保护接地箱、交叉互联箱、护层保护器等）；连接金具类产品（接地端子、连接管、核电金具等）；电缆敷设及施工机具类产品（电缆输送机、牵引机、提升机、放缆滑车、电缆校直设备、电缆固定夹、压接工具、绝缘剥削刀、绝缘打磨机、多功能拉固机等）；电缆附件用辅助材料类产品（绝缘带、半导电带、防水带、防火带、填充胶、铠装带、环氧泥、防水防火防爆电缆接头盒、绝缘防水密封胶、绝缘防水包覆片等）。

3）公司产品已广泛应用于北京、上海、深圳等电网改造工程在内的特大型、大型城市输配电网改造项目，秦山、大亚湾、岭澳核电站在内的核电工程项目建设，北京、上海、广州等在内的主要城市轨道交通项目建设，武广高铁、沪昆高铁等在内的干线高铁项目建设以及北京奥运会场馆电力建设（图 89）、广州亚运会场馆电力建设、三峡工程、厦门柔性直流输电科技示范工程等国家重点工程建设。公司的产品是电力、轨道交通、高铁等基础设施建设领域电力线路中的关键设备。

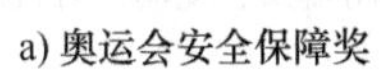

a) 奥运会安全保障奖　　b) 张北示范工程

图 89　奥运会安全保障奖和张北示范工程

（3）沈阳古河电缆有限公司　沈阳古河电缆有限公司成立于 1995 年 4 月，1997 年 5 月投产，位于苏家屯区大淑乡胡家甸，占地面积 4 万 m^2，建筑面积 3 万 m^2，公司是由日本古河电缆工业株式会社、日本伊藤忠商事株式会社、日本古河电气工业株式会社共同兴办的外商独资企业，投资总额 5217 万美元，注册资本 2025 万美元。

公司采用日本技术和设备，生产制造超高压、大截面、大长度交联聚乙烯电缆及包括终端连接盒等附件在内的成套电缆装备，年生产量为 280km。

公司从日本古河电工引进了全套交联电缆和电缆附件的工艺和技术，装备了法国、芬兰、美国、德国、日本、奥地利等国家先进的生产及检测设备。

1997 年 11 月，公司的 220kV 交联聚乙烯电缆顺利通过了国家部级的科技成果鉴定。

1998 年 3 月，公司通过集设计、开发、生产、安装和服务为一体的国际 ISO 9001 质量体系认证。

1998 年 5 月，公司获“先进技术企业”荣誉称号。

1999 年 3 月，公司的附件（户外、GIS 终端、绝缘接头）产品通过上海电缆研究所和武汉高压研究所的型式试验。

1999 年，公司被沈阳市人民政府评为“优秀纳税企业”荣誉称号。

公司创建以来，先后为北京、上海、南京、杭州、广州、宁波、昆明、武汉等地的供电局提供了数百公里的交联电缆产品及配套附件产品，并受到广大用户的好评。

沈阳古河电缆有限公司附件开发历程见表 28。

表 28　沈阳古河电缆有限公司附件开发历程

序号	时间	事件	用户
1	1998 年 11 月	成功取得 220kV 组合预制接头型式试验报告	
2	1998 年 11 月	成功取得 220kV 干式绝缘 GIS 终端型式试验报告	
3	1999 年 3 月	中标北京 220kV 电缆及附件工程项目，包括户外终端和 GIS 终端	北京供电局
4	1999 年 4 月	成功取得 220kV 瓷套户外终端型式试验报告	
5	2000 年 5 月	中标国内首条长线路 220kV 交联聚乙烯绝缘皱纹铝护套电力电缆项目，包括组合预制接头、户外终端	武汉供电局
6	2001 年 12 月	成功取得 110kV 瓷套户外终端型式试验报告	
7	2001 年 12 月	成功取得 110kV 干式绝缘 GIS 终端型式试验报告	
8	2001 年 12 月	成功取得 110kV 组合预制接头型式试验报告	

（续）

序号	时间	事件	用户
9	2002年2月	成功取得110kV整体预制接头型式试验报告	
10	2002年8月	成功取得220kV电缆系统预鉴定试验报告，包括组合预制接头、整体预制接头、瓷套户外终端、干式绝缘GIS终端	
11	2008年12月	成功取得500kV电缆系统预鉴定试验报告，包括整体预制接头、瓷套户外终端、复合套户外终端、干式绝缘GIS终端	
12	2008年6月	110kV整体预制接头具备生产能力	
13	2012年11月7日	成功取得220kV导体内置光纤电缆系统预鉴定试验报告，包括整体预制接头、瓷套户外终端、复合套户外终端、干式绝缘GIS终端	
14	2017年3月	成功取得500kV电缆系统型式试验报告，包括整体预制接头、瓷套户外终端、复合套户外终端、干式绝缘GIS终端	
15	2018年10月	220kV整体预制接头具备生产能力	
16	2019年5月	成功取得220kV电缆系统型式试验报告，包括整体预制接头、瓷套户外终端、复合套户外终端、干式绝缘GIS终端	
17	2020年6月	成功取得220kV电缆系统预鉴定试验报告，包括整体预制接头、瓷套户外终端、复合套户外终端、干式绝缘GIS终端	
18	2021年1月	成功取得330kV电缆系统型式试验报告，包括组合预制接头、瓷套户外终端、复合套户外终端、干式绝缘GIS终端	
19	2022年5月	成功取得330kV电缆系统预鉴定试验报告，包括组合预制接头、瓷套户外终端、复合套户外终端、干式绝缘GIS终端	
20	2022年8月	西安西郊330kV线路投运，包括组合预制接头、复合套户外终端、干式绝缘GIS终端	西安供电局
21	2023年6月	西安东北部330kV线路投运，包括组合预制接头、复合套户外终端、干式绝缘GIS终端	西安供电局

（4）江苏安靠智电股份有限公司 江苏安靠智电股份有限公司（简称安靠智电）创建于2004年，是国内唯一同时掌握两种地下输电技术（电缆输电和GIL输电）的国家高新技术企业。公司参与制定了500kV电缆连接件的国家标准，研发的500kV电缆连接件打破了国外的长期垄断，推动了我国电缆工业由高压到超高压的跨越。公司在国内率先研发气体绝缘输电产品（GIL），拿到全球第一个1000kV GIL型式试验报告，弥补了电缆系统输电缺陷。安靠智包作为国内唯一民营能源装备企业，研发的先锋输变电超级装备在2018年3月和2021年5月两次被中央广播电视总台《大国重器》栏目报道，代表了我国电力装备的最高技术水平。

产品方面，在电网最主要的220kV电压等级，公司研发出具有发明专利的三相共箱GIL，节约40%造价，并提升了产品安全可靠性。通过三相共箱技术缩小了产品体积，大大降低了电力隧道的土建造价。公司自主掌握了搅拌摩擦焊、壳体密封、壳体检验等多项GIL核心关键技术，并通过这些技术的融合实现了绝缘气体零泄漏。这项技术已运用在国家电网（苏通）1000kV气体绝缘输电线路上。工程应用方面，已先后为江苏中关村220kV GIL工程、常州瓶武线500kV GIL输电项目、全球220kV（三相共箱）GIL最长的中国中化集团有限公司鲁西化工项目、山东华星石化110kV GIL项目、重庆高新区220kV GIL陈宝东西线工程、山东华星石油化工110kV三相共箱GIL工程、国内第一条10kV三相共箱GIL溧阳新钢川空项目、内蒙古通威二期5万t高纯晶硅项目220kV线路建设、绍兴大明电力220kV（三相共箱）GIL等27个工程提供了相关服务。

公司已累计投入3亿元用于基础性研究，已建成目前电缆行业的唯一国家战略性产业研发平台（国家发改委认定），同时也是江苏省电缆附件工程技术研究中心和江苏省地下智能输电工程中心，中心拥有材料实验室（国家复合材料工程检测中心）、超高压试验大厅、特高压试验大厅和电缆模拟运行线路，开展对电缆连接件的设计、制造、材料、工艺、安装、运行环境方面的长期可靠性基础研究。为了确保500kV电缆在包括隧道、沟道、直埋、桥梁、穿管、水下等各种环境下长期运行，公司借助电网、发电、院校等社会综合研发力量，开展相关深入研究。

公司发展历程：

2009年，国家电网公司首次集中招标年度110kV连接件最大供应商；总承包的国产第一条500kV电缆线路在山西同化电厂顺利投运。

2010年，国家电网公司认证的第一家500kV电缆连接件供应商；公司的产品首次替代进口承担国家重大赛事保电任务（广州亚运会主场馆）；总承包三峡向家坝世界最大800MW水电机组500kV电缆工程。

2011年，220kV电缆连接件成为国家电网公司第一个国产化试点应用（天津滨海新区）产品，及服务南方电网公司第一个最大截面和最长距离220kV电缆输电线路（广州科翔路）项目；在中国国电集团公司、中国华电集团有限公司、中国大唐集团有限公司的项目中首次实现500kV电缆连接件及系统国产化。

2012年，公司被认定为“火炬计划重点高新技术企业”；国家发改委认定公司的研发中心为“国家战略新兴研发平台”；总承包的国产第一条330kV电缆系统在甘肃酒钢投运。

2013年，总包世界最长单根500kV电缆线路在仙游栏抽水蓄能电站投运；收购河南安靠电力工程设计公司，开始向现代化制造服务型企业转变。

2014年，总包国家电网公司浙江仙居和江西红屏的500kV水电站电缆工程项目；为国家电网公司第一条国产500kV城市电缆输电线路提供连接件（北京海淀变电站）；承接南方电网公司第一个电缆示范工程（珠海横琴220kV隧道工程）。

2015年，220kV、500kV、1000kV气体管母线GIL填补两项国内、国际空白；承接全球最大落差462m竖井超高压电缆工程（厄瓜多尔美纳斯水电站）；跨国驰援，麦洛维水电站造成苏丹全国大停电，仅4天时间就使苏丹重现光明；牵手施耐德建设其在我国的建筑和制造两个领域的首个智能能效管理供电示范项目。

2016年，建成国内最专业的GIL制造工厂；发电行业首条220kV（三相共箱）GIL水电线路（中国华能集团有限公司济宁电厂）；总包大唐集团黄金坪水电站、中国国电集团有限公司猴子岩水电站500kV电缆工程项目。

2017年，成功在深交所创业板挂牌上市；总包行业第一条220kV GIL城市输电线路（江苏中关村）；国内第一条500kV GIL城市输电大连星海湾项目；搅拌摩擦焊和1000kV GIL通过中国机械工业联合会鉴定；北疆电厂500kV电缆二期工程顺利投入运营。

2018年，公司研发制造的GIL特高压大容量输电装备成为“造血通脉”的利器。获得《大国重器》和《经济半小时》栏目的报道；一带一路，布局海外，与全球科技巨头、世界500强及世界著名的产品多元化跨国企业明尼苏达矿业及机器制造公司实现战略合作。

2019年，中标三峡集团如东海上风电国内第一个海上风电500kV变电站超高压电缆系统，开启海上风电市场；中标中国华电集团有限公司周宁抽水蓄能电站500kV超高压电缆系统；电网第一条无锡荣巷220kV单相GIL、一次性通过竣工试验，实现在城市主要电压等级的规模应用；EPC联合总承包常州瓶武电网第一条500kV GIL；中标鲁西化工220kV GIL输电线路工程，再创行业最长三相共箱GIL的记录。

2020年，公司投资设立江苏安靠智能电站科技有限公司；中标西安330kV架空线入地迁改工程；中国电力建设集团有限公司的杨房沟500kV水电站顺利投运；江都协鑫武坚风电首批风机并网发电，其中110kV升压站由公司提供服务。

2021年，公司中标泰州靖江过江隧道35kV智慧模块化变电站租赁项目；三峡长龙山500kV抽水蓄能电站顺利投运；中央广播电视总台大型工业纪录片《大国重器Ⅲ——动力澎湃》第三集“电驱加速器”，在中央广播电视总台第二频道财经频道播出。这是公司继《大国重器Ⅱ》后，公司核心产品及技术在主流媒体大型纪录片中又一次精彩亮相。

2021年，公司中标中国华能集团有限公司泸定公司硬梁包水电系统；中标四川大渡河双江口水电站500kV电缆系统；中标青海公司玛尔挡水电站330kV电缆系统，“水光蓄能”千万瓦级多能互补一体化基地是国家能源集团在青海打造的首个清洁能源示范基地，海拔为3200m，是目前500kV最高海拔的工程。

2023年，向家坝更换一回500kV电缆系统；西安330kV架空线入地迁改工程，国产首台套平滑铝护套330kV电缆系统投入运营；中标中国电力建设集团有限公司巴拉水电站500kV电缆系统；总包青海格尔木乌图美仁330kV升压变电站，并一次性通过竣工试验。

（5）长园科技集团股份有限公司 长园科技集团股份有限公司（简称长园集团）创建于1986年，是专业从事工业与电力系统智能化数字化的研发、制造与服务的科技型产业集团。长园科技集团旗下拥有海内外员工超8000人，在国内拥有14个产业园区，在美国、芬兰、意大利、越南等国家拥有12家海外子公司与9个办事处。2002年，长园集团在上海证券交易所上市，发展至今总资产超155亿元。

一路走来，长园集团坚定不移地朝着“助力全球制造更智能、更高效，推动能源利用更安全、更方便”的使命前进，经过近40年的发展，公司的产业领域涵盖数字能源电力、新能源、电力新材料、安全科技、测试及自动化五大方向，服务于全球80个国家和地区的客户，是国家电网公司、南方电网公司等世界500强企业的长期合作伙伴。

科技创新是长园集团保持高质量发展的内核动力。公司坚持自主研发，精研行业前沿技术，旗下3家公司拥有“国家重点专精特新小巨人企业”荣誉称号、16家子公司获得“省市级专精特新企业”荣誉称号、18家子公司获得“国家高新技术企业”荣誉称号，并通过国家检测中心、省/市级企业技术中心和工程技术中心、博士后科研工作站和创新基地的资质认证。截至目前，公司已获得2748项授权专利与910项软件著作权。

1986年，长园科技集团股份有限公司由中国科学院长春应用化学研究所与深圳科技园合资创立。电缆附件的发展历程如下：

1988—1993年，1kV（10~400mm^2）、10kV（25~800mm^2）、15kV（25~630mm^2）、35kV（50~630mm^2）热缩电缆附件相继研发成功，并大量应用于国内外电力公司、厂矿企业、铁路等用电企业。

2001—2003年，1kV（25~400mm^2）、10kV（25~800mm^2）、15kV（25~800mm^2）、35kV（25~800mm^2）全冷缩电缆附件研发成功，助力国内配电网优质快速发展。

2003年，35kV全冷缩电缆附件5000余套应用于青藏铁路二期（格尔木到拉萨铁路沿线）。

2004年，长园集团的35kV、2000A高温超导电缆附件成功在云南普吉变电站挂网运行，成为当时我国第一条（世界第三条）高温超导电缆附件。

2006年，110kV交联聚乙烯绝缘电力电缆附件研发成功，产品首次成功运用在深圳梅林变电站、襄樊变电站等项目中。

2008年，长园集团10kV（300mm^2）产品运用于北京国家奥林匹克公园34个场馆。

2009年，广州亚运会场馆采用长园集团10kV（300mm^2）全冷缩电缆附件。

2010—2011年，自主研发的64/110kV交联聚乙烯绝缘电力电缆附件系列产品被广东省科学技术厅等6部委认定为自主创新产品，并助力世界大学生运动会场馆（深圳大运中心）竣工通电。2006年至今，该产品系列运用稳居行业前列，是国家电网公司、南方电网公司的主要供应商之一。

2012年，220kV交联聚乙烯绝缘电力电缆附件研发成功，产品首次成功运用于厦门供电公司、襄樊供电公司等工程中。

2016年，长园集团220kV海底电缆附件助力俄罗斯向克里米亚半岛完成输电任务。

2019 年，长园集团的电缆 220kV—3 × 500mm² 抢修接头，首次运用于广东南鹏岛高压海缆修复工程。2012 年至今，该产品系列运用稳居行业前列。

2017 年，500kV 3500mm² 电力电缆附件研发成功，产品通过了国家电网电力科学研究院的预鉴定试验，该产品为当年国内外截面最大、电压最高的电缆附件。同年，500kV 1600mm² 海底电缆附件通过型式试验。

2018 年，330kV 交联聚乙烯绝缘电力电缆附件研发成功，并于当年应用于俄罗斯圣彼得堡首个电缆工程项目。2023 年，330kV 2500mm² 电缆附件产品运用于甘肃、宁夏等新能源光、风复合基地。

2013 年，DC ±160kV（1600mm²）、DC ±200kV 电力电缆附件（1600mm²）电缆附件相继研发成功，其中 DC ±200kV 电力电缆附件在舟山五端联网直流输电工程中得到应用。2014 年，DC ±320kV 电力电缆附件研发成功，通过了国家电线电缆质量监督检验中心型式试验。2020 年，DC ±500kV 海底电缆附件、DC ±535kV 国产料电缆附件相继研发成功，通过了上海缆慧检测技术有限公司、珠海高技术产业开发区质量监督检验所等第三方机构型式试验，并通过了全球能源互联网研究院的科技验收。

2018 年，110kV 1200mm² MMJ 电缆接头投运于港珠澳大桥。

2019—2023 年，110~220kV 智能电缆附件相继研发成功，通过了国家电网公司电力科学研究院、国家电线电缆质量监督检验中心的型式试验、预鉴定试验。

2021 年，110~330kV 平滑铝护套电缆附件研发成功，并在福州、北京的 110kV、220kV 电缆线路得到应用。

2022 年，500kV 国产绝缘料电缆附件研发成功，并通过了第三方型式试验。

2023 年，10~35kV 直流 PP 绝缘料电缆附件研发成功，并通过了第三方型式试验。

（6）特变电工昭和（山东）电缆附件有限公司　特变电工昭和（山东）电缆附件有限公司成立于 2009 年，位于山东泰安，注册资金为 1400 万美元，公司融合了特变电工山东鲁能泰山电缆有限公司的雄厚实力与昭和电线电缆系统株式会社的成熟技术。

公司致力于研发、制造、销售和施工 66~500kV 交、直流系列的电力电缆附件产品，服务于国家电网公司、南方电网公司等客户，产品远销日本、科威特、新加坡、孟加拉、肯尼亚、印度尼西亚等 20 多个国家和地区。

特变电工昭和（山东）电缆附件有限公司附件开发历程见表 29。

表 29　特变电工昭和（山东）电缆附件有限公司附件开发历程

产品类别	产品名称	研发完成时间	项目应用情况
交流	220kV 及以下电缆附件	2009 年 11 月完成相关型式及预鉴定试验	2010 年 3 月首次在湖北 220kV 岳府湾沙湖变项目
	330kV 2500mm² 电缆附件	2020 年 9 月完成型式试验，2022 年 7 月完成 PQ 试验	2020 年首次应用于西安东北部 330kV 项目
	500kV 2500mm² 硅橡胶电缆附件	2012 年 11 月完成型式试验，2014 年 4 月完成预鉴定试验	2015 年首次应用于在平信发集团 500kV 项目
	500kV 2500mm² 乙丙橡胶电缆附件	2017 年 9 月完成型式试验，2019 年 4 月完成预鉴定试验	2021 年首次应用于上海静安 500kV 项目
	500kV 1800mm² 海缆用电缆附件	2016 年 11 月完成型式试验，2018 年 8 月完成预鉴定试验	2019 年首次应用于浙江舟山 500kV 项目
直流	535kV 3000mm² 直流电缆附件	2018 年 7 月完成型式试验	

以上这些典型企业代表了我国电力电缆附件产品的发展历程，还有未展现的企业同样也有辉煌的发展经历。

我国电线电缆行业从改革开放至今已走过40多年的发展之路，电力电缆及附件产品从只有纸绝缘产品到以交联聚乙烯绝缘一统天下，从低压0.6/1kV到高压交流500kV，直流到535kV，同时生产企业拥有几百家，成为全球最大的制造大国，发生了天翻地覆的变化。这得益于改革开放政策，使得我国的电线电缆行业跻身于世界先进之列，电力电缆及附件产品质量也可以与世界品牌媲美。

第4节　通信电缆及光缆

我国的现代信息传输和应用技术是近50年来以极高速度发展和赶超世界水平的一个重要领域。下面就该领域产品发展的脉络做一简单介绍。

一、通信电缆

早期的信息传输系统仅承担电报、电话、电传打字机和电视等业务，因此采用的电线电缆主要是市内电话电缆、长途通信电缆（对称式或同轴式结构）和一般的通信线、通信设备用线等。

1. 我国的通信电缆发展简史

通信电缆产品品种较多，这里就几个主要的产品进行介绍。

（1）市话电缆和早期的同轴电缆　沈阳电缆厂的前身“满洲电线”只生产军用电话线和少量的通信电缆。

1951—1953年，上海电缆厂试制成功200对、1200对空气纸绝缘市内电话电缆，用于上海市内电话传输。此后，又试制成功局用电话电缆、长途通信电话电缆，为我国邮电通信事业提供了大量的传输线路。

1956年，沈阳电缆厂改扩建后，试制生产了纸浆绝缘市内话缆系列产品。1957年和1958年试制生产了24路、60路纸绳纸绝缘高频对称通信电缆系列产品。

1958年，成都普天电缆股份有限公司成立，建厂初期主要生产铅包纸绝缘市话通信电缆。

1960年，上海电缆厂试制成功我国第一根6101海底自动化通信电缆。为解放军通信兵部提供了长达18000多km的海底通信传输线路，敷设在各沿海岛屿及港口的军事基地。此后，又试制成功海底对称电缆、海底水声电缆、海底测磁电缆等。

1965年，西安电缆厂生产了我国第一条铁路长途对称通信电缆，之后又生产了我国第一条3600路小同轴电缆。

1965年，成都普天电缆股份有限公司主要产品铅包纸绝缘市话电缆产值增加到3163万元，这个过程被称之为工厂的“一级跳”。

1966年，上海电缆厂试制成功浇铸片式中同轴电缆，并于1977年发展为8管2.6/9.5型。

20世纪70年代，成都普天电缆股份有限公司开始生产星绞铅包纸绝缘对称长途通信电缆、同轴电缆及射频电缆。

1970年，沈阳电缆厂试制了四管小同轴通信电缆。

1971年，成都普天电缆股份有限公司的星绞铅包纸绝缘对称长途通信电缆成功开发，各类电缆总产值达到6812万元，实现从3000万到6000万元的“二级跳”，成为国内影响力最大的通信电缆厂。

1973年，成都普天电缆股份有限公司试制成功并生产四管中同轴电缆和射频电缆，为我国京、津、沪、杭第一条大通路工程做出了贡献。

1973年，侯马电缆厂试制成功6.5km中同轴电缆。1974年邮电部给侯马电缆厂下达当年生产400km中同轴电缆，为我国第一条地下同轴干线提供产品服务。

1974年，沈阳电缆厂试制生产了青藏铁路用小同轴大综合通信电缆。该电缆敷设于海拔3000m的高原，因此选用单四线组 300 路载波系统。

1977 年，侯马电缆厂为毛主席纪念堂提供了八管中同轴电缆。

1979 年，沈阳电缆厂试制成功 960 路六管小同轴综合通信电缆。

1982 年，沈阳电缆厂试制生产了 2700 路小同轴综合通信电缆，其型号及规格为 HOZL4 × 1.2/4/4+ 4 × 4 × 0.9（高）+13 × 4 × 0.9（低）+10 × 2 × 0.6。产品的特点为：高频四线组为多扭矩式绞合，高低频四线组绝缘单线采用统一结构，其外径均为 2.3mm，模拟传输系统最高使用频率可达 22MHz，采用数字传输系统，可开通数传四次群。

1983 年，沈阳电缆厂试制生产了 3600 路小同轴综合通信电缆。试制中为了提高全频带衰减，使之符合标准，对同轴对结构尺寸进行了调整，调整了鱼泡机的触头尺寸，提高铝护套密封性等措施，保证了产品质量。同轴对可用于 22MHz 及以下模拟干线通信系统或 34Mbit/s 以下数字通信系统。

1983 年，上海电缆厂开发了 10800 路大容量中同轴电缆，满足了长途通信干线的需要。

1990 年，侯马电缆厂为我国最后一条中同轴通信干线——郑州—徐州通信工程提供了 236km 中同轴电缆产品，标志着我国中同轴通信电缆生产史的结束。

1984 年，成都普天电缆股份有限公司试产出第一条符合 REA 国际标准的全塑市话电缆。

1986 年，成都普天电缆股份有限公司引进的全塑市话电缆生产线全面投产，全厂的年产值在 1.2 亿元以上，实现了在 1980 年基础上翻一番的目标。

1986 年，成都普天电缆股份有限公司主导的产品 HYA 型全塑市话电缆荣获国家质量金牌奖。这是全国电缆行业的第一块金牌。之后，又荣获国家“六五”技术进步奖。

1991 年，上海电缆厂利用引进的全塑市内话缆串列生产线，试制成功性能达到 IEC 708 标准的全塑话缆，并使通话路数到 1800 对和 2400 对。

1993 年，上海电缆厂试制成功 HYPA 铜芯聚烯烃绝缘铝塑综合护套市内通信电缆，达到国际先进水平。

1994 年，上海电缆厂试制成功 HYQY 铜芯聚乙烯绝缘铝塑粘结护套市话电缆、HYPAT 泡沫皮绝缘石油膏填充全塑市话电缆，具有防潮性能好、外径小、使用寿命长等优点。

1994 年，侯马电缆厂经中国邮电工业公司、邮电部和国家主管部门批准，引进芬兰等国的全塑电缆生产线，形成了 180 万对公里（电缆中导线对数乘以其长度）全塑市话电缆的生产规模。

由于市场需求的原因，新中国成立初期到改革开放之前，全国通信电缆企业不多，产品品种也有限，随着市场需求的兴起，塑料绝缘代替纸绝缘。1990 年之后的近 20 年里，全塑市话电缆企业迅速增加，上海电缆厂、沈阳电缆厂、成都 514 电缆厂、西安电缆厂、侯马电缆厂等通信电缆骨干制造企业在技术传播、传授方面起到了引领作用。全国各地能生产市话通信电缆的企业如下：

1）北京市：北京市电信设备厂。

2）天津市：天津市通用电缆厂、天津市天马电缆厂、天津澳津电缆有限公司。

3）河北省：河北电信光缆有限公司、河北信通线缆有限公司、河北电线电缆厂、河北长胜电线电缆厂、任丘市第一电缆厂、唐山冀东线缆有限公司、廊坊源兆通信器材有限公司。

4）山西省：山西晓山电缆厂、侯马三利通信电缆有限公司。

5）内蒙古：内蒙古邮电通信设备厂。

6）辽宁省：抚顺罗德利电缆有限公司、抚顺电缆厂、大连泛亚通信电缆有限公司、大连通信电缆厂、庄河市长宏企业公司、庄河市通信电缆厂、大连万事通电信电缆有限公司、阜新通讯电缆有限公司、阜新市电缆厂、东辽县电线厂。

7）吉林省：吉林万达通信电缆有限公司、辽源市北方电讯器材厂、北方电讯企业集团公司。

8）黑龙江省：哈尔滨塑料线厂、黑龙江省通信电缆厂二厂、牡丹江先行电线电缆有限公司、齐齐哈尔新乐电子器材厂、廊坊市通信电缆厂富拉尔基分厂。

9）上海市：上海八方电缆有限公司、上海新海腾电缆有限公司、上海快鹿线缆有限公司、上海广播电视光缆实业公司、上海申工电线电缆有限公司、上海浦东斯派克电缆厂、上海金汇电缆厂、上海华新电线电缆有限公司。

10）江苏省：南京通宇光缆有限公司（江苏通信电缆厂）、南京市高淳邮电电缆厂、江苏全兴电缆厂、镇江电线电缆厂、丹阳市银河通信电缆厂、句容市通信电缆厂、常州升阳电缆厂、常州市邮电通信光缆厂、无锡市万里通讯电缆厂、无锡市宏达通信电缆厂、金城特种电缆厂、无锡金城电缆厂、无锡邮电电缆厂、无锡六通通信电缆厂、吴县市通信线缆厂、吴县市特种电线电缆厂、亨通集团有限公司、苏州九龙电缆有限公司、吴江市邮电电缆厂、江苏永鼎股份有限公司、吴江通信电缆厂、吴江市震泽通信电缆厂、吴江电线厂、吴江市光电通信线缆总厂、吴江市华东通信电缆厂、吴江市江电通信线缆厂、昆山邮电电缆厂、上海电缆厂十分厂、江苏中利电缆有限公司、连云港市福利通信电缆厂、淮安市淮胜电缆厂、淮安招商电缆公司、淮安市三利电线电缆公司、沭阳县电缆厂、泗阳电线电缆厂、盐城通信线缆有限公司、大丰市联营邮电通信电缆厂、江苏东强股份有限公司、泰州市通信电缆厂、兴化电缆总厂、江苏宝胜集团有限公司、扬州新象电缆有限公司、启东市电缆厂、南通电缆厂。

11）浙江省：杭州电线电缆总厂、杭州邮电电缆厂、杭州余杭瓶窑通信电线厂、浙江永翔电缆集团有限公司、萧山市电缆总厂、杭州临安通信电缆厂、萧山市光缆总厂、杭州临安电线总厂、浙江华达通信器材集团有限公司、杭州富通昭和电线电缆有限公司、桐庐通信电缆厂、浙江振兴通讯电缆厂、浙江汉维通信器材有限公司、浙江兆龙线缆有限公司、浙江尖峰通信电缆有限公司、永嘉县通信电缆厂、温州市金田电缆厂。

12）安徽省：安徽电信线缆有限公司、安徽立达通信电缆有限公司、汤山电缆厂、安庆市通信电缆厂。

13）福建省：福建建榕通信电缆有限公司、福建省邮电电缆厂、长乐市环球电缆厂、泉州市冠达通信器材厂。

14）江西省：江西省联发通信电缆有限公司、江西泛亚电线电缆有限公司、江西电线电缆总厂。

15）山东省：济南瑞通铁路电务有限公司、济南金星线缆有限公司、山东欧亚电缆有限公司、淄博电缆厂、威海通信电缆厂、龙口市电线电缆厂、青岛中能电线电缆制造有限公司、青岛嘉信电缆有限公司、青岛亚华通讯电缆有限公司、山东省通信电缆厂、济南铁路局新汶电缆厂、鲁能泰山曲阜电缆有限公司、山东适美通讯电缆有限公司。

16）河南省：巩义市鸿雁通信线缆厂、河南金龙电缆集团有限公司、安阳市通信电缆厂、河南康鑫集团有限公司、周口市通信电缆厂、周口市顺达通讯电缆厂、义马矿务局电线厂。

17）湖北省：武汉电信电缆厂、新洲县张店长岭电缆厂、湖北省福利通讯电缆厂、湖北省江南电缆厂。

18）湖南省：株洲神通电信实业有限责任公司、金果实业衡阳电缆厂。

19）广东省：广东兴达电缆厂、增城市新塘通达电信器材厂、清远市永达通讯工贸公司电缆厂、梅州市信业通讯器材厂、揭阳市曙光电缆厂、广东曙光通信光缆厂有限公司、潮州市永翔邮电电缆厂、澄海市汕沪电缆厂、东莞市通讯电缆电器总厂、东莞 CDC 电缆厂、湛江佳通电缆企业有限公司、佛山市电缆厂。

20）广西壮族自治区：桂林通信电缆厂。

21）四川省：成都通信电缆厂、成都信海通信线缆有限公司、四川天信电缆有限公司、四川天府电缆厂、乐山市江洋通信电缆有限公司、四川通信电缆股份有限公司、四川亚东集团、四川电缆实业有限公司。

22）云南省：玉溪华新电线电缆有限公司。

23）陕西省：西安北方电缆厂、陕西省通讯电缆厂、西安电缆厂一分厂。

24）甘肃省：甘肃省电信电缆厂。

从各省曾经拥有的市话电缆企业来看，生产市话电缆的企业分布在全国24个省市，其中江苏省、浙江省、山东省、广东省居多，与该地区经济发展具有一定的相关性，与邮电系统电缆制造企业的分布也有关系，全国市话电缆企业数高峰时达数百家。江苏省吴江地区在上海电缆研究所等单位的技术支持下，在市话电缆需求旺盛时，发展较快，以至于成为国内市话电缆生产最集中的区域。在“十五”期间，江苏吴江、浙江富阳地区已成为通信电缆和光缆制造聚集地区。

“十五”全塑市话电缆的辉煌期间（2000—2004年）：市话电缆国产生产设备，如绝缘生产线、高速绞对机、成缆机及护套生产线的技术日渐成熟，能确保产品达到YD/T 322标准要求，通信电缆所用材料全部实现国产化。通信电缆绝缘形式：实心绝缘，全面生产应用；皮-泡沫-皮绝缘，试制成功并进入推广应用。

通信电缆结构（HYAC型）：HYA实心绝缘非填充型通信电缆占全部产品的87.5%，HYAT实心绝缘填充型通信电缆占全部产品的25%，派生结构HYA53和HYA55型已成熟并可大批生产。开发了防啄木鸟通信电缆并通过现场试验，已得到推广应用。

“九五”期末市话电缆年产量8500万对公里，“十五”期末市话电缆年产量7000万对公里，“十一五”期末市话电缆年产量3000万对公里。在“十一五”后期，我国的固定电话用户数开始出现负增长，出现高速接入及“光进铜退”的总体趋势，使得全塑市话电缆HYAT系列的通信电缆市场急剧萎缩，据估计降幅达到50%以上，600对以上的市话电缆的需求几近趋于零。

随着光缆和无线电传输的发展，市话电缆的需求量逐渐下降，大部分企业逐渐退出市场，目前还继续生产市话电缆的企业相当少。

（2）数据电缆 随着通信技术的发展，数据电缆应运而生，我国数据电缆的生产起始于20世纪80年代末期。数字通信电缆作为网络连接线，是设备与设备之间、设备内部以及建筑内部传递信息的介质，承担了“最后一百米”的传输重任，是网络的基本构件。20世纪90年代初，数字通信电缆的运用在我国开始兴起。此后20多年，伴随着信息化建设的日趋成熟，数字通信电缆获得了较快发展。数字通信电缆在智慧城市和大数据战略的推动下，以及高端智能楼宇和数据中心的广泛应用背景下，市场应用领域不断拓宽，需求不断扩大，2020年我国数字通信电缆市场销售额达到126.95亿元。

1988年，西安电缆厂开发了五类、超五类、六类等数据传输电缆，并通过了省级成果鉴定。

浙江兆龙互连科技股份有限公司成立于1993年，拥有20多年线缆行业研发制造经验，能生产三类、五类、超五类、六类及大对数数据电缆、智能数据电缆100万标箱。

除惠州乐庭电线电缆有限公司、宁波东方电缆有限公司、扬州帝一电缆有限公司、浙江正导技术股份有限公司等一批生产数据电缆的企业外，全国各地其他生产数据电缆的企业如下：

1）天津市：天津澳津电缆有限公司。

2）山西省：侯马普天通信电缆有限公司。

3）黑龙江省：黑龙江电信国脉通信电缆有限公司。

4）上海市：上海新腾电缆有限公司、上海申斌电缆有限公司、上海宏普通讯器材有限公司、上海华新电线电缆有限公司、上海富瑞电缆有限公司、上海乐庭电子线缆有限公司。

5）江苏省：无锡市远方电缆厂、吴江市江电通信线缆厂、南通中天电缆有限公司、江苏东强股份有限公司。

6）浙江省：浙江省通信电缆厂、乐清市华东电线电缆实业公司、浙江兆龙线缆有限公司、浙江正导电缆有限公司。

7）山东省：淄博通信电缆厂、青岛华光电缆有限公司、青岛电缆股份有限公司、山东适美通讯电缆有限公司。

8）广东省：广东曙光通信光缆厂有限公司、深圳龙岗和平通信电缆有限公司、深圳润展电线电缆有限公司、中山市日丰电缆制造有限公司、惠州乐庭电线电缆有限公司。

9）四川省：乐山江洋通信电缆有限公司。

10）陕西省：西安西电光电缆有限公司。

国内数据电缆市场呈现以下特点：

1）产能比较分散。数据电缆客户的分散性特征明显，因此，数据电缆制造企业的分散性也比较强，并未形成与电力电缆等产品相似的集约化制造。目前统计的具备该类电缆制造能力超过100万箱的企业仅为8家，具备10条串联线的企业为5家。按照统计的串联线数量，2014年行业产能超过3000万箱。但2014年总产量在2000万箱左右，呈现产能过剩的现象。客户分散性大的特点也导致各企业的设备利用率差距大。

2）国内高端市场的自主品牌产品占比小。近几年，三大运营商综合布线系统中，通过招投标采购的国内自主品牌的数据电缆总金额维持在7~8亿元（2014年200万箱左右），在国内其他高端市场（智能楼宇、数据中心等）的数据电缆产品总金额维持在20~30亿元。值得注意的是，在高端市场60%以上数据电缆产品来自中国工厂OEM的国外品牌。

3）出口依赖性强。从具备代表性企业统计的数据，超过50%的产品输出国外市场。出口产品中超过80%仍然属于OEM产品。

数据电缆的国产生产设备情况：如绝缘生产流水线、高精度小节距绞对机、成缆机及护套生产线已成熟，能确保达到YD/T 926、五类和超五类数据电缆的要求。测试设备国产化，各性能指标已达国外同类水平。

五类和超五类数据缆型已成熟可大批生产，比例大致为45%对55%。六类和超六类数据缆型只有少部分厂家能生产。

“九五”期末数据电缆年产量为90万箱，“十五”期末数据电缆年产量为300万箱，“十一五”期末数据电缆年产量为1800万箱。在“十一五”后期，综合布线宽带接入数字电缆得到良好的发展，国际和国家标准已规定了Cat5（100MHz）、Cat5e（100MHz或125MHz）、Cat6（250MHz）、Cat6a（500MHz）、Cat7（600MHz）、Cat7a（1000MHz）、Cat8（2000Mhz）数字电缆的性能。由于国内外市场需求的持续旺盛，国内制造企业的数量和技术得到大幅提高。

综合布线用电缆的技术呈现向高频化发展的趋势。数据电缆标准在“十二五”期间得到了发展，产品系列从传统的Cat5e（100MHz）、Cat6（250MHz）、Cat6a（500MHz）提高到Cat7（600MHz）及Cat7a（1000MHz）。2015年开始考虑制定更高频率的数据电缆标准Cat8（2000MHz）。

“十三五”期间，国内数据电缆行业的企业数量总体变化不大，但结构上外资企业淡出，民营企业占据市场主导地位，市场份额加速向优势企业集中。

产品已经由Cat5系列持续发展为Cat6、Cat6a、Cat7及以上产品。高速平行对电缆产销量也逐步提升，并以独特的产品特性和较强的综合竞争力保持持续稳健的发展状态。

（3）CATV电缆 有线电视（Cable Television，简称CATV）也称电缆电视，由无线电视发展而来，最初出现于1950年的美国宾夕法尼亚州。有线电视仍保留了无线电视的广播制式和信号调制方式，并未改变电视系统的基本性能。有线电视把录制好的节目通过线缆（电缆或光缆）送给用户，再用电视机重放出来，而不向空中辐射电磁波，所以又称闭路电视。

我国有线电视的发展始于1974年，其可概括为三个阶段：

1）第一阶段：1974—1983年期间的共用天线阶段。它在技术上的特点是在全频道采用隔频传输，一个共用的天线系统能够传送五六套电视节目，这个阶段可称为有线电视的初级发展阶段。

2）第二阶段：1984—1990年期间的电缆电视阶段。它的技术特点是对以电缆方式建设为主的企业或者城域网络采用邻频传输，可以传送10套左右的电视节目。以1985年沙市（现荆州市沙市区）建立的有线电视网络为起点，有线电视网络从共用天线阶段演进到了电缆电视阶段。然而，在这个阶段有的地市有线电视网络已经开始采用光缆进行远程传输。

3）第三阶段：从1990年至今。这个阶段以1990年11月2日我国政府颁布的有线电视管理暂行条例为标志，从此以后，我国的有线电视网络迈入了高速的、规范的及法制化的发展轨道中。

从我国有线电视的发展看出，CATV电缆是从1983年开始兴起的，有部分企业特别是生产通信电缆的企业开始生产CATV电缆。例如：

1）天津市：天津六〇九电缆有限公司、天津市海燕线缆制造有限公司。

2）山西省：山西电子材料厂、离石电缆厂。

3）上海市：上海金尔电线电缆有限公司、上海23研究所、上海营前电线电缆有限责任公司、上海世基特种电缆有限公司、上海申斌电缆有限公司、上海银木电器制造有限公司、上海天诚线缆有限公司、上海乐庭电子线缆有限公司。

4）江苏省：南京线缆厂、201所常州市电缆厂、武进市东亚电缆厂、无锡市远方电缆厂、苏州市长顺电缆厂、苏州市信德电线电缆厂、亨通集团有限公司、江苏永鼎股份有限公司、扬州装备制造总厂电缆厂、泰州市通讯电缆厂、江苏华能电缆有限公司。

5）浙江省：杭州临安金龙电缆厂、临安市通达电信电缆厂、临安环宇电缆厂、临安邮电光缆有限公司、浙江万马集团公司特种电子电缆厂、杭州华源电缆有限公司、临安邮电通讯器材二厂、杭州临安万隆线缆厂、杭州临安三电电缆有限公司、杭州临安华立电缆厂、临安宏基电子有限公司、临安特种电工二厂、杭州临安双龙电子电缆有限公司、临安市光缆厂、临安昌临电缆有限公司、临安青峰电缆厂、临安光纤线缆实业总公司、浙西电讯电缆厂、建德市新安江电线电缆厂、嘉兴市净湘电线厂、海盐电线厂、钟海电线电缆有限公司、海宁远通特种线缆有限公司、嘉兴爱康电子线缆有限公司、奉化迅达特种电缆厂、浙江尖峰通信电缆有限公司、浙江开城电缆制造有限公司、乐清市华东电线电缆实业公司。

6）安徽省：淮南市文峰航天电缆厂、鸿泰实业有限公司、安庆天立电线电缆有限责任公司、安徽宜德电子有限公司、安庆电缆厂、池州市新光源电线电缆厂、贵池市特种电缆公司。

7）江西省：联创光电公司线缆分公司。

8）山东省：济南市槐荫区福利电线厂、山东欧亚电缆有限公司、淄博电缆厂、烟台特利络基通讯器材有限公司、烟台新牟电缆有限公司、青岛汉缆集团有限公司、青岛胶州电缆有限公司、青岛华光电缆有限公司、山东科虹线缆有限公司、山东电视电缆厂。

9）河南省：新乡市漆包线厂。

10）湖南省：湘潭电缆有限公司。

11）广东省：汕头市汕沪电缆厂有限公司、深圳新宏远电工器材有限公司、深圳龙岗和平通信电缆有限公司、汉胜特种电线有限公司、潮州市仪表电线厂、万丰工业有限公司、高州市电线电缆厂。

12）广西壮族自治区：桂林市广正电线电缆有限公司、玉林市线缆厂。

13）四川省：成都市韦克电缆公司、成都营门电缆厂、成都电缆厂电线分厂、四川省新都美河线缆厂、成都风雅罗亚尔电缆制造有限公司、四川爱通电子线缆制造有限公司、四川通信电缆股份有限公司、四川九洲光通信有限责任公司。

14）陕西省：陕西烽火集团烽火电线电缆厂、陕西省通讯电缆厂。

从统计信息看，CATV电缆主要生产企业集中在华东地区，浙江临安地区形成集中生产CATV电缆的时间大约是在“九五”期间。

“九五”期末，CATV电缆年产量为90万km；“十五”期末，CATV电缆年产量为300万km；“十一五”期末，CATV电缆年产量为800万km。

“十二五”期间，由于网络的深度覆盖和网络机顶盒的出现，国内CATV电缆需求迅速下降。移动通信用传统皱纹泡沫7/8"馈线用量下降，室内分布用皱纹泡沫1/2"馈线与用于基站天线跳线皱纹泡沫1/2"以下馈线用量增加，各类天线用半柔及50Ω泡沫绝缘编织电缆应用增加。

通信电缆领域还有很多用于不同应用场景的细分产品，例如铁路信号电缆、射频同轴电缆、高频数据电缆、漏泄同轴电缆等，由于简史的篇幅有限，在这里不做一一叙述。

2. 通信电缆产品的变迁

经典的市内通信电缆采用纸带或纸浆涂包绝缘、铅护套结构。我国从1980年末开始逐步以聚乙烯绝缘塑料护套电缆取代了纸绝缘铅套通信电缆。全塑型市内通信电缆由于各个工序可以串列式高速生产、性能好、易于维护，因此到了1990年，基本上已敷设的老线路上仍在继续使用全塑型市内通信电缆，制造厂仍供应少量维修用的产品。

对称长途通信电缆用于城市之间或城市长途台到市内电话局之间的连接线路，要求传输容量比市内通信电缆大。一般按最大传输容量的大小分为低频（108kHz）和高频（252kHz）两种。在1950年和1960年，高频长途通信电缆曾作为主干通信线路。

自1970年中、小同轴电缆研制成功，由于可以传输更多的信息容量，又可制成同轴对、星绞对称组合信号线等各种综合结构，因此逐步取代了对称长途通信电缆。

同轴电缆的结构是中心一根导线，外层是用薄铜带纵包成圆管构成外导体，中间可用间隔聚乙烯片保持外导体的间距，使内外导体呈同轴状态，故称同轴电缆。内、外导体的尺寸是由传输特性确定的。小同轴电缆的内导体直径为1.2mm，外导体内径为4.4mm，同轴对表示为1.2/4.4。中同轴电缆的内导体直径为2.6mm，外导体内径为9.4mm，同轴对表示为2.6/9.4。

中同轴综合通信电缆在1970—1980年是我国干线长途通信线路的主体，通信质量与使用寿命均很好。1990年以来，已被传输容量大、价格低的光缆快速取代。

随着通信技术的发展，数据电缆应运而生，我国数据电缆的生产起始于1980年末期。传输频率越来越高，现可达Cat8（2000MHz）。

因有线电视而起的CATV电缆，由于网络的深度覆盖和网络机顶盒的出现，国内CATV电缆需求迅速下降，最终会成为小众产品。由于信息传输技术的提高和改变，未来通信电缆的结构、形式还会发生变化。

3. 相关品种和标准

（1）纸绝缘市内通信电缆品种和标准（表30）

表30　纸绝缘市内通信电缆品种和标准

品种	型号
纸绝缘铅套市内通信电缆	HQ（裸铅套）、HQ_{02}（聚氯乙烯护套）、HQ_{03}（聚乙烯护套）
纸绝缘铅套钢带铠装市内通信电缆	HQ_{22}（聚氯乙烯护套）、HQ_{23}（聚乙烯护套）
纸绝缘铅套细圆钢丝铠装市内通信电缆	HQ_{32}（聚氯乙烯护套）、HQ_{33}（聚乙烯护套）
纸绝缘铅套粗圆钢丝铠装市内通信电缆	HQ_{41}（麻被外护层）、HQ_{42}（聚氯乙烯护套）、HQ_{43}（聚乙烯护套）

早期的纸绝缘通信电缆一般采用如下标准：

JB 681—1981《铜芯纸绝缘对绞市内通信电缆》。

JB 682—1965《铜芯纸绝缘星绞低频通信电缆》。

JB 867—1966、JB 867—1981《通信电缆用电桥法测试工作电容》。

JB 2818—1979《通信电缆测试方法用比较法测量串音衰耗》。

JB 2819—1981《通信电缆　对称电缆电容不平衡测试方法》。

JB 2820—1982《通线电缆　高频对称电缆　固有衰减测试方法　开短路法》。

GB 5441.1、5441.10—1985《通信电缆试验方法》。

（2）聚烯烃绝缘聚烯烃护套市内通信电缆品种和标准（表 31）

表 31　聚烯烃绝缘聚烯烃护套市内通信电缆品种和标准

产品名称类别 实心聚烯烃		型号			敷设、使用
		泡沫聚烯烃	带皮泡沫聚烯烃		
聚烯烃绝缘、非填充式、挡潮层聚乙烯护套市内通信电缆	无铠装	HYA	HYFA	HYPA	管道及架空安装于悬挂线上
	双钢带铠装	HYA$_{23}$	–	–	直埋，但又在特殊情况下使用，使用时必须用气压维护
	单层纵包轧纹钢带	HYA$_{53}$	–	–	
	双层纵包轧纹钢带	HYA$_{533}$	–	–	
	自承式	HYAC	–	–	
聚烯烃绝缘、填充式、挡潮层聚乙烯护套市内通信电缆	无铠装	HYAT	HTFAT	HYPAT	管道及架空安装于悬挂线上
	双钢带铠装	HYAT$_{23}$	HYFAT$_{23}$	HYPAT$_{23}$	直埋
	单层纵包轧纹钢带	HYAT$_{53}$	HYFAT$_{53}$	HYPAT$_{53}$	直埋
	双层纵包轧纹钢带	HYAT$_{533}$	HYFAT$_{533}$	HYPAT$_{533}$	直埋
	单细钢丝	HYAT$_{33}$	–	–	水下
	单粗钢丝	HYAT$_{43}$	–	–	水下
聚烯烃绝缘、隔离式（内屏蔽）、挡潮层聚乙烯护套市内通信电缆	非填充式	HYAG	HYFAG	HYPAG	管道
	自承式	HYAGC	–	–	架空
	填充式	HYATG	HYFATG	HYPATG	管道
	填充式双钢带铠装	HYATG$_{23}$	HYFATG$_{23}$	HYPATG$_{23}$	直埋
	填充式单纵包轧纹钢带	HYATG$_{53}$	HYFATG$_{53}$	HYPATG$_{53}$	直埋
	填充式双纵包轧纹钢带	HYATG$_{553}$	HYFATG$_{553}$	HYPATG$_{553}$	直埋
	填充式单细钢丝	HYATG$_{33}$	–	–	水下
	填充式单粗钢丝	HYATG$_{43}$	–	–	水下

市内通信电缆规格的变化是线对数和单根芯数中导线的直径。标称的线对数系列为 10 对、20 对、30 对、50 对、100 对、200 对、300 对、400 对、600 对、800 对、900 对、1000 对、1200 对、1600 对、1800 对、2000 对、2400 对、2700 对、3000 对、3300 对、3600 对，每一线对的导体直径有 0.32mm、0.4mm、0.5mm、0.6mm、0.8mm；常用的为 0.4mm，其次是 0.32mm 和 0.5mm。

小对数的电缆常用于建筑物内；400 对及以下电缆用于住宅小区和大楼内；而 2000 对以上的电缆（导体采用 0.32mm）主要用于中继线路（即各电话分局之间或至市电话局之间）。由于中继线路优先采用光缆，所以大对数电缆生产量剧减。

1993 年，国内依据 IEC 标准首次编制塑料绝缘市话电缆标准，分别如下：

GB/T 13849.1—1993《聚烯烃绝缘聚烯烃护套市内通信电缆　第 1 部分　一般规定》

GB/T 13849.2—1993《聚烯烃绝缘聚烯烃护套市内通信电缆　第 2 部分　铜芯、实心或泡沫（带皮泡沫）聚烯烃绝缘、非填充式、挡潮层聚乙烯护套市内通信电缆》

GB/T 13849.3—1993《聚烯烃绝缘聚烯烃护套市内通信电缆　第 3 部分　铜芯、实心或泡沫（带皮泡沫）聚烯烃绝缘、填充式、挡潮层聚乙烯护套市内通信电缆》

GB/T 13849.4—1993《聚烯烃绝缘聚烯烃护套市内通信电缆　第 4 部分　铜芯、实心聚烯烃绝缘（非填充式）、自承式、挡潮层聚乙烯护套市内通信电缆》

GB/T 13849.5—1993《聚烯烃绝缘聚烯烃护套市内通信电缆　第 5 部分　铜芯、实心或泡沫（带皮泡沫）聚烯烃绝缘、隔离式（内屏蔽）、挡潮层聚乙烯护套市内通信电缆》

其中 GB/T 18349.1—1993 标准在 2013 年又进行了修订，旨在适应新材料、新技术的发展，并提高产品质量和安全性。

邮电部也编制了相应的塑料绝缘市内通信电缆标准和试验方法标准如下：

YD/T 322—1996《通信聚烯烃绝缘铝塑综合护套市内通信电缆》

YD/T 837.1—1996《铜芯聚烯烃绝缘铝塑综合护套市内通信电缆试验方法　第 1 部分　总则》

YD/T 837.2—1996《铜芯聚烯烃绝缘铝塑综合护套市内通信电缆试验方法　第 2 部分　电气性能试验方法》

YD/T 837.3—1996《铜芯聚烯烃绝缘铝塑综合护套市内通信电缆试验方法　第 3 部分　机械物理性能试验方法》

YD/T 837.4—1996《铜芯聚烯烃绝缘铝塑综合护套市内通信电缆试验方法　第 4 部分　环境性能试验方法》

YD/T 837.5—1996《铜芯聚烯烃绝缘铝塑综合护套市内通信电缆试验方法　第 5 部分　电缆结构试验方法》

YD/T 322 在 2013 年也做了修订。

（3）数据电缆　数据电缆的型号一般都用数字电缆的类别来表示，例如 CAT5，对数有 4 对、8 对、25 对等。

国内依据 IEC 标准在 1999 年编制了数字通信用对绞或星绞多芯对称电缆标准，分别是：

GB/T 18015.1—1999《数字通信用对绞或星绞多芯对称电缆　第 1 部分：总规范》

GB/T 18015.2—1999《数字通信用对绞或星绞多芯对称电缆　第 2 部分：水平层布线电缆　分规范》

GB/T 18015.3—1999《数字通信用对绞或星绞多芯对称电缆　第 3 部分：水平层布线电缆　空白详细规范》

GB/T 18015.4—1999《数字通信用对绞或星绞多芯对称电缆　第 4 部分：工作区布线电缆　分规范》

GB/T 18015.5—1999《数字通信用对绞或星绞多芯对称电缆　第 5 部分：工作区布线电缆　空白详细规范》

GB/T 18015.6—1999《数字通信用对绞或星绞多芯对称电缆　第 6 部分：垂直布线电缆　分规范》

GB/T 18015.7—1999《数字通信用对绞或星绞多芯对称电缆　第 7 部分：垂直布线电缆　空白详细规范》

以上分标准在 2017 年又进行了修订和增补。

邮电部也编制了相应的数字通信用对绞或星绞多芯对称电缆标准，分别是：

YD/T 1019—2023《数字通信用聚烯烃绝缘水平对绞电缆》

YD/T 838.1—2016《数字通信用对绞 / 星绞对称电缆　第 1 部分：总则》

YD/T 838.2—2016《数字通信用对绞 / 星绞对称电缆　第 2 部分：水平对绞电缆》

YD/T 838.3—2016《数字通信用对绞 / 星绞对称电缆　第 3 部分：工作区对绞电缆》

YD/T 838.4—2016《数字通信用对绞 / 星绞对称电缆　第 4 部分：主干对绞电缆》

（4）CATV 电缆　电缆分配系统用电缆分为实芯绝缘和用物理发泡聚乙烯绝缘同轴电缆，物理发泡聚乙烯绝缘同轴电缆的使用频率为 5~960MHz，具有衰减慢、驻波比低、不易受潮等突出优点，用作闭路电视、共用天线系统的分支线和用户线，以及其他电子装置传送信号的良好媒介。电缆的长期工作温度应不超过 70℃，相对湿度不超过 95%（40℃）。允许弯曲半径：在室内使用时不小于电缆外径的 5 倍，在室外使用时不小于电缆外径的 10 倍。

GB/T 14864—1993《实芯聚乙烯绝缘射频电缆》标准，在 2013 年又进行了修订。该标准中有两个产品型号：SYV 实芯聚乙烯绝缘聚氯乙烯护套射频同轴电缆和 SEYV 实芯聚乙烯绝缘聚氯乙烯护套射频对称电缆。

CATV 电缆的相关主管部门也颁发了相应的标准，如：邮电部颁发的 YD/T 1092—2004《通信电

缆 无线通信用50Ω泡沫聚乙烯绝缘皱纹铜管外导体射频同轴电缆》标准，广播电视总局颁发的GY/T 135—1998《有线电视系统物理发泡聚乙烯绝缘同轴电缆入网技术条件和测量方法》标准，电子工业部颁发的SJ/T 11138—1997《电缆分配系统用物理发泡聚乙烯绝缘同轴电缆》标准。

二、光缆

1966年，在光波通信因传输介质问题而陷入低潮时，在一家英国电信公司工作的英籍华人高锟博士对光通信做出大胆设想，提出了光纤通信的概念。他认为，电可以沿着导电的金属导线远距离传输，光也能沿着低损耗玻璃远距离传输；通过消除玻璃中的各种杂质，做出有实用价值的低损耗光纤是完全可能的。他提出如果光纤衰耗能降到20dB/km以下，就可能应用于通信；并提出光纤的衰减为20dB/km的要求还远远大于材料的机理所确定的损耗极限。于是许多国家又开始着手这方面的研究工作。

1970年，美国康宁公司经过反复的研究和实验，终于研制成功了衰减为20dB/km的石英光纤。该光纤直径很小，只有人的发丝那么细且柔软可绕。它的出现既克服了地下透镜或反射镜波导存在的问题，又避免了大气对光波导的干扰，因而成为一种理想的传输介质。证实了四年前高锟博士的设想。从此光纤成了未来光通信的理想传输介质，高锟也被世人尊为“光纤之父”。1972年，康宁公司又把光纤的衰减降到4dB/km。1973年，贝尔实验室发明MCVD（改进的化学气相沉积）法制造光纤，使光纤的衰减降到1dB/km。

1976年，美国首先在亚特兰大成功地进行了44.73Mbit/s传输10km的光纤通信系统现场试验，使光纤通信向实用化迈出了第一步。1980年，多模光纤通信系统已经投入商用，单模光纤通信系统也进入了现场试验。此后，光纤通信在全世界就飞速发展。1990年底，全世界已建成1600万km光纤线路，其中美国724万km，日本161万km，英国100万km。此时的光纤通信、卫星通信和微波通信并列为当代三种主要通信手段。1992年底，全世界敷设光纤的长度为4420万km，其中海底光缆已达70.4万km。1999年，全世界使用光纤7000万km，其中长途光缆占23%，海底光缆占2%，城域网和接入网光缆占70%，用户光缆占5%。

我国在1976年研制出了可用于光通信的多模光纤，1979年多模光纤在短波长窗口（0.85μm）的衰减已低于5dB/km，在长波长窗口（1.3μm）的衰减已低于1dB/km，并于当年建成5.7km光纤数字通信试验系统。

从使用场景分，光缆分为陆地使用光缆和海底通信光缆。

1. 陆地使用光缆

（1）陆地通信光缆发展简史

1983年，连接武汉三镇、全长13.5km的8Mbit/s光缆系统正式投入电话网使用，使我国的光纤通信开始走向实用化阶段。

1988年，电信总局在甘肃省兰州—武威（300km）建设了我国第一条用国产设备的长途直埋光缆通信干线，光纤是长波长（1.30μm）多模光纤、衰减小于1.2dB/km，传输速率为140Mbit/s。

1988年，扬州—高邮（68km）之间34Mbit/s单模光纤传输系统投入使用。

1990年，我国迎来了光纤通信的大发展。

2000年左右，由于因特网的兴起，数据业务，尤其是IP业务爆炸式增长，掀起了国际性的光网络建设高潮。如美国此时期新建国家级长途干线6条，光缆总长度20万km以上。这些网络统一采用新一代G.655光纤，光纤芯数高达100芯以上，普遍采用以10Gbit/s为基础的密集波分复用系统，光缆总传输能力可高达10T bit/s。通信业务设计以数据信息业务特别是IP业务为主，也兼容话音业务。接入网从光纤到小区、到大楼、逐步向光纤到户发展。

随着光纤通信的需求，光缆生产能力在我国也迅速发展起来。1985年起，上海电缆厂开始着手研制光缆。利用海底电缆生产工艺装备，试制成功海底光缆和组合光缆，此后，从芬兰引进光缆生产设备，并于

1986年试制成功4~8芯铁道通信光缆，于1990年试制成功直埋式8芯单模13组铁道综合光缆、低温光缆、轻型铠装束管式特种光缆。同年，上海电缆厂试制成功我国第一根长江大长度水底光缆，用于合肥至芜湖的通信线路，全长14.5km，每对光纤可开通1920路电话，填补了国内空白。

1986年，侯马电缆厂光缆试工项目通过工厂内部验收。

1988年，侯马电缆厂成功交付兰武长途干线单模光缆的任务。

1992年，武汉长飞光纤光缆有限公司的光纤光缆成功投产。

1994年，北京市电线电缆总厂试制成功具有国内先进水平的蜂窝式束管光缆新产品。

据统计，全国生产光缆的企业如下：

1）北京市：北京广电长阳光缆厂、北京电线电缆总厂、北京朗讯科技光缆有限公司。

2）天津市：天津六〇九电缆有限公司。

3）河北省：河北电信光缆有限公司。

4）山西省：侯马普天通信电缆有限公司。

5）辽宁省：沈阳电缆厂。

6）上海市：上海电缆厂、上海西马克光电有限公司、上海阿尔卡特光缆有限公司、上海八方电缆有限公司、上海二十三所、上海常华通信设备有限公司、上海凯奥灵通讯光缆有限公司、上海明星电缆总厂、上海申港电线厂、上海华新电线电缆有限公司、人民电器集团上海有限公司。

7）江苏省：南京通宇光缆有限公司、江苏华新泛亚光电缆有限公司、南京华新藤仓光通信有限公司、江苏华东邮电电缆厂、常州宝丽光电有限责任公司、常州神雁光纤通信有限公司、常州市邮电通信光缆厂、宏图高科技股份有限公司光电线缆分公司、无锡市宏达光电线缆有限公司、中邮国浩光电缆有限公司、吴县市通信线缆厂、亨通集团有限公司、苏州九龙电缆有限公司、苏州港龙光电缆股份有限公司、江苏永鼎股份有限公司、吴江通信电缆厂、吴江市光电通信线缆总厂、吴江妙都光缆有限公司、双塔集团吴江特种光电线缆厂、江苏中利电缆有限责任公司、扬州天虹光缆有限公司、江苏通光集团有限公司、南通中天电缆有限公司、南通中南集团特种电缆厂。

8）浙江省：杭州乘风电器公司、浙江永翔电缆集团有限公司、杭州临安金龙电缆厂、临安邮电光缆有限公司、杭州富通集团公司、杭州富春江通信器材集团公司、浙江省富春江通信集团有限公司、诸暨市塑料电线厂、湖州南方通信电缆有限公司、湖州光纤电缆公司。

9）安徽省：淮南新光神光纤线缆有限公司、安徽天康集团股份有限公司、安徽天大企业集团光电缆有限公司。

10）福建省：福建建榕通信电缆有限公司、福建省邮电电缆厂。

11）江西省：新华金属制品股份有限公司。

12）山东省：山东大正实业集团有限公司、济南盛瑞光电有限责任公司、山东欧亚电缆有限公司、烟台电缆厂、招远市黄金电缆厂、鲁能泰山曲阜电缆集团股份有限公司、山东适美通讯电缆有限公司、山东奥维线缆有限公司、枣庄银桥电缆有限公司。

13）河南省：郑州电缆集团股份有限公司、河南省通信电缆厂、焦作铁路电缆工厂、河南康鑫集团有限公司。

14）湖北省：湖北凯达光纤光缆有限责任公司、长飞光纤光缆股份有限公司、烽火通信科技有限公司。

15）湖南省：金果实业衡阳电缆厂。

16）广东省：清远市永达通讯工贸公司电缆厂、汕头市汕沪电缆厂有限公司、广东曙光通信光缆厂有限公司、中宝光缆有限公司、佛山市华骏电工器材有限公司、佛山市中宝企业集团公司、佛山市电缆厂、顺德广意通讯电缆有限公司、顺德市南方电缆实业有限公司、广东江南电缆实业有限公司。

17）四川省：成都营前电缆厂、普天线缆有限责任公司、成都汇源光缆厂、成都海星通信线缆有限公司、四川天信电缆有限公司、峨眉山双龙光通信有限公司、四川九洲光通信有限责任公司。

18）陕西省：西安西电光电缆有限公司、西安应用光学研究所光纤光缆厂。

19）甘肃省：天水铁路电缆工厂。

从检索各省曾经拥有的光缆企业看，生产光缆的企业分布在全国19个省市，其中江苏省、浙江省、山东省、上海市、广东省居多，与该地区经济发展具有一定的相关性，并且与邮电系统电缆制造企业的分布有关，全国光缆企业数在高峰时有数百家。江苏省吴江地区在相关单位的技术支持下，在2000年左右发展较快，以亨通集团有限公司、永鼎股份有限公司等龙头企业为主，在“十五”期间，江苏吴江成为光缆制造聚集的地区。

“十五”期间（2000—2004年）通信光缆市场主要表现如下：

1）通信光缆产品符合ITU-T　G.652标准、ITU-T　G.655标准和IEC　60793-1-41标准、IEC　6094标准的要求，整体已处于国际一流水平，部分产品已优于国外产品并开始进入国际光缆市场。

2）国内生产设备，如光纤一次被覆机、光纤二次套塑机、光纤着色机以及光纤成缆机等已能批量生产。

3）接入网光缆得到了广泛应用，其中带状光缆的应用量显著增加。

4）新产品研制已分别按出局干线光缆、配线分支光缆、引入光缆三大类产品要求进行，符合IEC的有关标准，并已大量投产。国内申请专利项目达数百项，具有自主知识产权。

5）全介质自承式光缆（ADSS）得到大量应用，其安装投运的长度约为5.6万km。产品结构以束管层绞结构为主、中心束管结构为辅。产品质量进一步提高。自主开发的微机软件进行计算设计，保证了产品质量并为电力运行部门设定了安装位置，配套供应了所需的金具。ADSS受电腐蚀的机理研究已比较成熟。

6）这期间，光纤复合架空地线（OPGW）在国内已大量用于输电线路，几乎新建的500kV线路全部采用OPGW，增长速度大于ADSS，敷设投运的长度约为12.7万km。目前，我国的OPGW的年需求量已达到14万km，成为全世界OPGW用量最大的国家。国内有十余家企业能生产OPGW产品，规模最大的企业年产已超过万千米，成为全世界最重要的制造商之一。OPGW的结构包含铝（或铝合金）管式、不锈钢管式的光单元，可以采用中心管式或层绞式结构进行生产。

随着光缆生产技术日臻成熟以及生产效率的不断提高，市场竞争也在不断加剧，再加上招投标采的方式用集采模式，使得小型光缆生产企业或大型电线电缆制造企业中没有形成光缆生产规模的企业逐渐淡出了光缆制造领域，而在国内形成了几个巨型的供应商，如烽火通信科技股份有限公司、武汉长飞光纤光缆有限公司、亨通集团有限公司、中天科技集团有限公司、永鼎集团有限公司等。

（2）相关品种和标准　随着光通信的发展，光纤工作波长不断扩展。1980年初，主要是第一窗口，工作波长约为850nm；1980年末开始用第二窗口（即0带），波长范围为1260~1360nm；1990年中期开始使用第三窗口（即C带），波长范围为1530~1565nm；1990年末期开始使用第四窗口（即L带），波长范围为1565~1625nm；1999年开始使用第五窗口（即E带），波长范围为1360~1460nm；2000年开始使用短波长（即S带），波长范围为1460~1530nm；以后会用到超长波长（即U带），波长范围为1625~1675nm。

目前，已实用的光纤分为A、B两种，基本上是石英系列的光纤，即由二氧化硅和各种掺杂剂所制成。A类为多模光纤，多模光纤按折射率分布曲线形状参数g的范围不同又可分成A1、A2.1、A2.2、A3四种，各有不同的适用范围。近来发展起来的塑料光纤（A4）也属于多模光纤。传输的频带宽度可从几十到几千MHz·km。A1类光纤在信息系统中应用较为普遍。B类光纤是单模光纤，其芯径很细，仅数倍于所传输的光波波长，因此经传输的脉冲展宽很小而光纤的频带很宽，一般可达几万MHz·km。由于制造技术的发展，制造成本明显低于多模光纤，因此它的应用越来越广泛，特别是在长距离的信息传输中。B类光纤按光波传输中的色散情况及衰减程度等分为B1.1、B1.2、B3、B4等四种，以B1.1应用最广泛。

还有一些特殊的光纤，如掺铒光纤、氟化物光纤等。总之，光纤的品种和制造技术仍在快速发展中。

光缆的产品分类如下：

1）按缆芯结构分类的光缆型式见表32。图90所示为光缆缆芯的基本结构。

表32 按缆芯结构分类的光缆型式

光缆型式	结构	说明
层绞式	在中心抗张元件周围绞合数根二次被覆光纤而成，适用于芯数较少的光缆	一般为48~144芯。近年来采用光纤带，并扩大松套管尺寸，也可多达千芯左右
骨架式	在抗张元件外挤制骨架，再将一次涂覆的光纤嵌入骨架开槽中，槽可呈螺旋形或S—Z形，槽内可放一根或多根光纤，或光纤带，并充填胶状物。光纤（或带）嵌入时应精确控制绞线张力，使槽内的光纤（或带）有适当的余长	与层绞式相似
中心管式	在一根管内充填胶状物，放入具有适当余长的不同色谱的光纤（或带），管外加阻水带和皱纹钢带铠装。作为抗张元件的两根直径为1.6mm的钢丝沿塑料管放在轴对称位置，然后再挤上高密度聚乙烯护套	因光纤在光缆中心，所受弯的应力较小。抗张元件轴对称放置，又减少了应力，提高了灵活性和稳定性。芯内含8组时为96芯，如用18条12芯光纤带，可达216芯
单位式	先把若干根光纤以层绞式或骨架式制成光纤单位，然后再将多个光纤单位绞合。 每个光纤单位由5根二次被覆管绞在中心加强件周围组成，光纤芯数为5×12。7个单位绞合成缆，共420芯，外径31mm。如用骨架式，每个槽放5个8芯光纤带，则一个光缆单位为200芯（5×5×8）。再加5个单位绞合，可达1000芯，外径仅40mm	适合要求多芯的接入网光缆。随着对光纤单位的要求，可增加绞合的光纤单位数，可发展到4000芯以上，与市内通信电缆的线对数相当

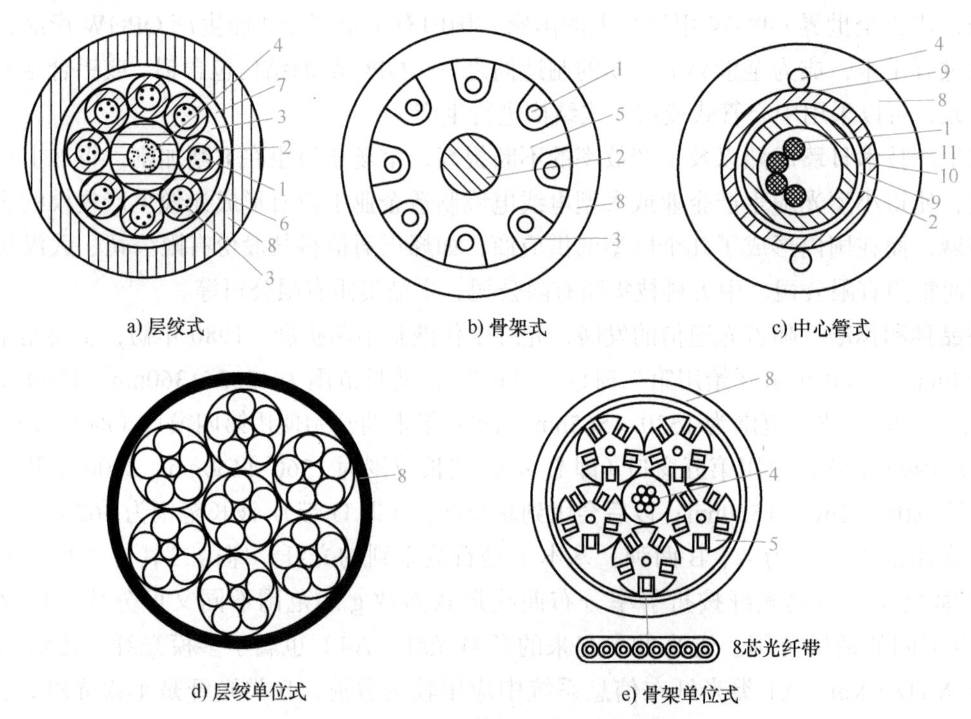

图90 光缆缆芯的基本结构

1—光纤 2—松套管 3—填充物 4—加强构件 5—骨架 6—包带 7—铝塑复合带 8—护套 9—撕裂绳 10—阻水带 11—钢塑复合带

2）按使用环境分类的光缆型式见表33。

表 33 按使用环境分类的光缆型式

类别	敷设或使用场合	特征与要求
直埋用光缆	直埋在地下，用于长途通信线路	必须有防水带和铠装层
管道用光缆	敷设在管道或隧道中，用于市内中继线路及大型建筑区域中	采用铝带—聚乙烯复合内护层
架空用光缆	架设在电杆上或建筑小区内沿建筑物安装，用于省内通信干线以及建筑区域内	施工快、费用少，但易受外界环境的影响。为防止鸟枪射击，有的要加上轻型金属铠装
室内用光缆	作为大楼内的局域网用或作为室外光缆的引放室内用	要求光缆有阻燃特性，外护套宜采用低烟无卤处理
设备用光缆	供设备内光路接之用	一般是轻巧的单芯或双芯光缆，使用长度较短
软光缆	应用于非固定的场合，例如军用移动通信	要求光缆柔软、尺寸小、重量轻，具有良好的弯曲性能和足够的抗张性能
水下用光缆	用于通信线路的过河段	要求良好的径向和纵向密封能力，并用钢丝铠装，提高光缆的抗拉和防止机械外伤的强度
海底光缆	敷设于海洋中作为国家之间或各大洲之间通信线路的主干线，如贯穿太平洋、大西洋的长达几百千米、几千千米的线路	① 由于要抵御敷设时的多种机械力和长期的深水压力，对光缆的抗张元件及外部保护结构必须精心设计 ② 要求深水密封 ③ 要自身能远程供电，供光缆线路中功率放大，监测器作用。供电直流电压达 ±6000V

3）按通信网类别分类的光缆型式见表 34。

表 34 按通信网类别分类的光缆型式

类别	使用场合	特征与要求
干线光缆	用于通信系统中的主干线路中；一般是直埋，管道敷设，少量架空敷设。深海光缆是最典型的国际干线光缆	由于要求传输容量大，传输距离长，一般均采用 B1.1 类常规单模光纤；对衰减要求极高。其保护结构根据预定的敷设方式精心设计
接入网光缆	将众多用户接入公用通信网用的光缆，包括交换局与用户之间所有的机线设备。其中又分主干线光缆、配线光缆和用户光缆，主干光缆一般只有几千米到几十千米，但光缆芯数极多，达千余芯至几千芯	① 接入光缆中的配线和用户光缆，要具有适应各种现场条件的可操作性，如柔软，易接续，易分支，装拆方便等 ② 进入室内的光缆要求阻燃性 ③ 对光纤的衰减要求可宽松些，一般敷设后光纤的衰减不大于 0.5dB/km 即可

4）其他专用光缆：随着光通信技术的发展，其应用领域不断拓展，带有光纤的综合型光电复合电缆的需求日益增多，例如：

① 通信用综合光电电缆。电缆中含有光纤和低频四线组通信电缆，此综合光电电缆主要用于铁路通信系统，非常经济合理。

② 光纤复合电力电缆。由于光纤是绝缘体，它可以放置在电力电缆的缆芯间隙中构成复合缆。既能传输电力，又能实现无感应和没有串音的数据通信。

③ 光纤复合架空地线（OPGW）。在长距离高压或超高压输电线路的上端架空地线中放置光纤单元，可便于遥控、遥测和电力系统内部通信用。结构一般是将光纤单元放入一密封的铝或不锈钢管中，外面绞上钢或铝单线而成。

④ 全介质自承式光缆（ADSS）。在高压输电线路上利用杆塔资源架设的通信光缆，既可供电力系统调控和通信用，又可供区域的通信线路用。但光缆处于高压电力线路的强电场环境中，当光缆护套上的电动势达到一定数值时，会因表面电缆和飞弧的作用使护套受到侵蚀。

光缆的相关标准主要有国家标准和邮电部标准，这些标准用于指导光缆的生产、产品验收和检测，具体如下：

GB/T 7424.1—2003《光缆总规范 第 1 部分：总则》

GB/T 7424.2—2008《光缆总规范　第 2 部分：光缆基本试验方法》

GB/T 7424.3—2003《光缆　第 3 部分：分规范室外光缆》

GB/T 7424.4—2003《光缆　第 4 部分：分规范光纤复合架空地线》

GB/Z 41287.1—2022《通信用建筑物引入光缆　第 1 部分：管道和直埋用引入光缆》

GB/Z 41287.2—2022《通信用建筑物引入光缆　第 2 部分：自承式架空用引入光缆》

GB/T 12507.1—2000《光纤光缆连接器　第 1 部分：总规范》

GB/T 12507.2—1997《光纤光缆连接器　第 2 部分：F-SMA 型光纤光缆连接器分规范》

GB/T 18480—2001《海底光缆规范》

GB/T 18899—2023《全介质自承式光缆》

GB/T 28518—2012《煤矿用阻燃通信光缆》

GB/T 24202—2021《光缆增强用碳素钢丝》

GB/T 29199—2012《光缆防鼠性能测试方法》

GB/T 14760—1993《光缆通信系统传输性能测试方法》

GB/T 19856.1—2005《雷电防护通信线路　第 1 部分：光缆》

YD/T 1258.1—2015《室内光缆　第 1 部分：总则》

YD/T 1258.2—2009《室内光缆系列　第 2 部分：终端光缆组件用单芯和双芯光缆》

YD/T 1258.3—2009《室内光缆系列　第 3 部分：房屋布线用单芯和双芯光缆》

YD/T 1258.4—2019《室内光缆　第 4 部分：多芯光缆》

YD/T 1258.5—2019《室内光缆　第 5 部分：光纤带光缆》

YD/T 1258.6—2006《室内光缆系列　第 6 部分：塑料光缆》

YD/T 1258.7—2019《室内光缆　第 7 部分：隐形光缆》

YD/T 1460.1—2018《通信用气吹微型光缆及光纤单元　第 1 部分：总则》

YD/T 1460.2—2006《通信用气吹微型光缆及光纤单元　第 2 部分：外保护管》

YD/T 1460.3—2006《通信用气吹微型光缆及光纤单元　第 3 部分：微管、微管束和微管附件》

YD/T 1460.4—2019《通信用气吹微型光缆及光纤单元　第 4 部分：微型光缆》

YD/T 1460.5—2023《通信用气吹微型光缆及光纤单元　第 5 部分：光纤单元》

YD/T 1997.1—2022《通信用引入光缆　第 1 部分：蝶形光缆》

YD/T 1997.2—2015《通信用引入光缆　第 2 部分：圆形光缆》

YD/T 1997.3—2015《通信用引入光缆　第 3 部分：预制成端光缆组件》

YD/T 1997.4—2022《通信用引入光缆　第 4 部分：光电混合缆》

YD/T 1999—2021《通信用轻型自承式室外光缆》

YD/T 2159—2022《接入网用光电混合缆》

YD/T 3349.1—2018《接入网用轻型光缆　第 1 部分：中心管式》

YD/T 3349.2—2018《接入网用轻型光缆　第 2 部分：束状式》

YD/T 3349.3—2018《接入网用轻型光缆　第 3 部分：层绞式》

YD/T 3350.1—2018《通信用全干式室外光缆　第 1 部分：层绞式》

2. 海底通信光缆

海底通信光缆简称为海光缆，是一种连接陆地—陆地、陆地—海岛、海岛—海岛之间通信系统的水下光缆。海光缆系统以其大容量、高可靠性、优异的传输质量等优势在通信领域，尤其是国际通信中起到了不可或缺的作用。

（1）相关标准和分类

1）适用标准。与海光缆相关的主要标准见表 35。

表 35　与海光缆相关的主要标准

标准号	名称
GB/T 18480—2001	海底光缆规范
GB/T 51154—2015EN	海底光缆工程设计规范（英文版）
GB/T 51167—2016EN	海底光缆工程验收规范（英文版）
GJB 5652—2006	海底光缆接头盒规范
YD/T 2283—2023	海底光缆
YD/T 814.3—2005	光缆接头盒　第三部分：浅海光缆接头盒
YD/T 814.5—2011	光缆接头盒　第 5 部分：深海光缆接头盒
ITU-T G.971—2016	海底光缆系统的一般特性
ITU-T G.972—2016	关于海底光缆系统相关术语的定义
ITU-T G.973—2016	无中继光纤海底电缆系统的特性
ITU-T G.974—2007	有中继海底光缆系统的特性
ITU-T G.975—2006	海底系统的前向纠错
ITU-T G.975.1—2013	高比特率 DWDM（密集波复用）海底系统的前向纠错
ITU-T G.976—2014	光纤海底电缆系统的测试方法
ITU-T G.977 FRENCH—2006	光放大光纤海底电缆系统的特性
ITU-T G.978—2010	光纤海底电缆的特性

2）分类和名称。相关国际标准将海光缆分为有中继缆和无中继缆两大类，国内现行相关标准按工作水深，又有浅海缆和深海缆之分。

除光纤外，有中继缆的结构中含有为水下中继器供电的馈电元件；无中继缆结构中无供电元件，但可含有用于检测的导体。它们都应适合浅水和深水的应用。在国际标准中的浅水和深水的界限为 1000m，国内标准为 500m。

在不同的应用场合下，海光缆的分类和名称见表 36。

表 36　海光缆的分类和名称

<table>
<tr><th>按系统</th><th>按缆芯结构</th><th>按光单元结构</th><th>按外铠装结构</th><th>按水深</th><th>敷设方式</th></tr>
<tr><td rowspan="6">1）有中继
2）无中继</td><td rowspan="6">1）中心管无内铠
2）中心管单内铠
3）中心管双内铠
4）层绞光单元</td><td rowspan="6">1）不锈钢管
2）铜管 / 铝管
3）PB 松套管
4）塑料骨架</td><td>陆芯海缆（MTC）</td><td rowspan="3">浅海缆</td><td>管道 / 埋设</td></tr>
<tr><td>重铠缆（HA/RA）</td><td>埋设</td></tr>
<tr><td>双铠缆（DA）</td><td>埋设</td></tr>
<tr><td>单铠缆（SA）</td><td rowspan="3">深海缆</td><td>埋设 / 抛设</td></tr>
<tr><td>轻型保护缆（LWP）</td><td>抛设</td></tr>
<tr><td>轻型缆（LW）</td><td>抛设</td></tr>
</table>

（2）缆结构和主要性能

1）缆结构及名称。海光缆的结构主要由缆芯和铠装保护层两部分组成，在所有结构中，外铠装保护层是雷同的，其结构的主要区别在缆芯部分。

缆芯指海光缆内护层（绝缘层）及其以内的部分，包括一个或多个光单元以及可能有的加强件或导体；光单元指与光纤直接接触并提供保护的单元，如含有光纤的金属管或塑料（复合）管。保护层或铠装的功能是对缆芯提供保护，主要与水深、施工、工作环境和维修相关。海光缆对铠装的要求是：光缆应对其工作深度下的恶劣环境提供良好保护，抵御海水及海洋生物腐蚀、鱼咬和摩擦，保护光缆克服外力和船舶活动的影响。

常见海光缆保护层结构和名称见表37。

表37 常见海光缆保护层结构和名称

名称	简述
陆芯海缆（MTC）	陆缆芯＋管道直埋护层入地下的缆
轻型缆（LW）	海缆芯＋轻型护层
轻型保护缆（LWP）	轻型缆＋附加保护层
单铠缆（SA）	海缆芯＋单层钢丝铠装保护
双铠缆（DA）	海缆芯＋双层钢丝铠装保护
岩铠缆（RA）	海缆芯＋多层小节距钢丝铠装保护
重铠缆（HA）	比双铠缆具有更高强度、直径和重量

2）主要性能。海光缆的光学性能应满足通信系统的要求，部分力学性能及含义见表38。除此之外，海光缆的主要性能还包括弯曲、扭转、冲击耐水压、渗水、电气、环境等性能。

表38 海光缆的部分力学性能及含义

性能	含义
缆直径	所有组成元件的标称直径之和的计算值（mm）
空气中质量	缆在空气中质量的计算值（kg/km）
水中质量	缆在水中质量的计算值（kg/km）
断裂拉伸荷载（UTS）	缆被拉断的最大张力（kN）
光纤断裂荷载（FBL）	施加纵向张力使光纤瞬间断裂的负荷（kN）
标称永久抗张强度（NPTS）	正常工作时缆能承受的最大持久张力（kN）
标称工作抗张强度（NOTS）	缆敷设或修理时的最大平均工作张力（kN）
标称瞬时抗张强度（NTTS）	缆可以施加的最大瞬时或最大意外张力（kN）

（3）我国海光缆发展简史

1851年，在英国和法国之间开通了世界第一条用于传送电报的海底电缆；1858年，电报海缆从大西洋西岸的美洲大陆铺到英伦三岛。20世纪60年代末，国内外均采用了海底同轴电缆进行海底通信建设。

1980年，英国铺设了世界第一条实验海底光缆；1984年，铺设了第一条商用海底光缆。1988年，世界上第一条跨洋海底光缆（TAT-8）建成。

我国的海光缆研发始于20世纪80年代中期，基本上与国外是同步的。

1983年，由机电部二十三所与上海电缆厂合作，研制了我国第一条长度为2km的实验海光缆。该缆为塑料骨架缆芯、单层钢丝铠装，在舟山海域敷设并通过了反复打捞敷设等试验。

1986年，由机电部八所与湖北红旗电缆厂合作，研制了我国第一条实用化军用海底光缆。该缆为塑料骨架缆芯、粗钢丝单层外铠装，包括两个缆接头在内全长33.6km，于1990年敷设在青岛海域浅海区。

1995年，机电部八所和湖北红旗电缆厂合作，研制了第二条军用海底光缆。该缆为带铝管的层绞缆芯、粗钢丝单层外铠装，连续长度25km且无接头，在1996年敷设在锦州海域浅海区。

1996年，法国阿尔卡特公司、上海光通信公司和上海电缆厂共同组建了上海阿尔卡特光缆有限公司，建设了生产线和输缆系统及专用码头，采用国际标准设计、制造全系列无中继海光缆。2000年7月，该公司生产制造的48芯不锈钢管缆芯、双钢丝外铠装的无中继缆建成开通。首次商用于省网一级干线（浙江电信宁波—舟山干线），该缆在海中长度为 36km。

在 2000 年前后，中天科技和通光集团分别开始建设生产线和专用码头，开始了国产自主研发并规模化生产海底光缆。有关部门不失时机地先后制定颁布了首部关于海底光缆的国家标准（GB/T 18400—2001）和国家军用标准（GJB 4489—2002）。

2002 年，中天科技海底光缆产品成功通过了部级鉴定；2004 年，通光集团海底光缆及接头盒通过了部级鉴定。国产化海光缆主要采用不锈钢管无中继缆芯，铠装包括轻型钢丝铠装（LW）、轻型钢丝铠装带聚乙烯护套（LWP）、钢带铠装（SA）、双层钢丝铠装（DA）、钢性铠装（RA）和重型铠装（HA）。中天科技和通光集团开始向国内相关用户提供了百公里级以下的无中继浅海光缆。2007 年，中天科技深海光缆及接头盒产品通过了部级鉴定。2008 年，连续长度为 57km 的 48 芯无中继海光缆首次销往海外（土耳其）。

2010 年，由通光集团研发的国内第一条百公里级铠装过渡（SA—DA－SA）无中继海光缆投运。该缆在一根整长 100km 的双内铠不锈钢管缆芯上，先以 DA 铠装 10km，又过渡到 SA 铠装 80km 再过渡到 DA 铠装 15km。两个 DA 段工作在浅海和登陆，SA 段工作在水深大于 2000m 的深海。

2011 年，中天科技与美国阿拉斯加电话公司的 160km 海底光缆项目签约，将超百公里的国产大长度海光缆打入海外市场。

2012 年，由台湾电信公司与中国电信、中国联通、中国移动共同投资合作建设的两岸第一条直通的金厦海底光缆系统开通。该无中继 DA 缆由上海特雷卡（原阿尔卡特）光缆公司提供，华为技术有限公司提供通信设备。

从 2012 年起，有关部门开始千公里级有中继海光缆系统的研究，中天科技和通光集团承担了有中继海光缆的研发，华为技术有限公司承担了海底中继器和系统设备的研发。至 2017 年初，我国第一条千公里级（海中长度 850km）的有中继深海光缆在某海域投入运行。

2016 年，中天科技研制的我国第一根全国产化无中继深海光电复合缆在某深海海底观测网成功投入运行。

华为海洋是华为技术有限公司与全球海事系统有限公司于 2007 年底成立的合资公司，与中天科技、亨通光电、通光集团等国内外海光缆厂商合作，形成了全海光缆产业链，可为客户提供海光缆系统交钥匙工程。2015 年，华为海洋获得喀麦隆—巴西跨南大西洋 6000 多 km 有中继海光缆系统的国际工程。

亨通海洋成立于 2014 年，前身是亨通光电海洋事业部。2015 年，亨通海洋完成了有中继海光缆 4400m 的深海试验。亨通海洋海光缆除了应用于国内用户，还远销泰国、斯里兰卡、委内瑞拉等多国。2016 年，亨通海洋与华为海洋合作向科摩罗电信交付了首个国际商业海缆通信工程项目 Avassa 海光缆。

2015 年，烽火海洋在广东珠海成立，专业生产无中继和有中继海光缆及海底中继器，提供海洋系统设计、安装施工、调试开通、维护、增值服务等海洋网络全面解决方案。2018 年承接、2019 年交付了马来西亚到印度尼西亚的 800km 海光缆工程总包项目，项目工程包含全系列岸端和水下产品、施工和服务。

2018 年，长飞宝胜海洋工程有限公司在扬州成立，2021 年，首根大长度海光缆成功交付。

经过 40 多年的发展，我国海底光缆产业取得了长足的进步，具备了完全自主能力，基本形成了海底光通信系统设计、海底光缆、中继器、海底光通信设备、海缆施工工程与运维的完整海底光通信系统产业。

第 5 节　绕 组 线

一、发展历程及规模

（1）20 世纪 30 年代　我国第一根绕组线——油性漆包线，从天津漆包线厂的前身私营大新电器厂诞生，用于一般电器、仪表及电信设备。上海以家庭作坊形式生产纱包铜圆线，用于电信系统、家用电器等领域。

（2）20 世纪 40 年代 沿海地区受战事的影响，民族工业陷入萧条，昆明电缆厂等企业实行战时体制。昆明电缆厂引进英国绝缘电缆公司的技术，采用棉纱生产纱包线，采用天然丝生产丝包线，采用油性漆生产漆包线等，产品用于电机、电器。

1946 年，上海电磁线厂的前身宝康电艺机械制造厂也开始生产油性漆包线、纱包线、丝包线等绕组线。当时绕组线企业的制漆、制模、漆包、并合丝团、并合纱团等工序都在企业内部完成。

（3）20 世纪 50 年代 新中国成立后百废待兴，绕组线行业跟着国家基础建设的节奏，步入电机及电器工业建设的轨道。

天津市漆包线厂、昆明电缆厂、上海电磁线厂、中国电工厂、上海电磁线一厂、哈尔滨电缆厂等先期生产绕组线的厂家，同时向全国辐射输出技术力量。各地公私合营全面推开，国营企业也应运而生，东北、华北、华东、中南地区都纷纷建设绕组线制造企业。专业绝缘材料厂同步建立，供货给没有制漆工序的企业。

对于漆包线设备，大规格立式车床为仿苏式漆包机，小规格卧式车床大多为多层烘炉，纱包机、玻璃丝包机、拉丝机等均由企业自力更生制造。

根据电机、电器、仪表及电信设备、变压器绕组的设计需要，产品提高了耐热等级，采用高强度聚酯漆包线（B 级，130℃）和高强度聚乙烯醇缩醛漆包线（E 级，120℃）替代油性漆包线（A 级，105℃）。纱包线和丝包线由于绝缘厚度大、耐热性低，多数已被漆包线所替代，仅可用作高频绕组。新增生产的纸包线用于变压器绕组。

（4）20 世纪 60 年代 全国绕组线生产链的材料、生产任务及供配单位都是由政府计划部门逐级归口管理，并通过每年的计划会议统筹安排，即下达指令性计划。当时的产业政策是，企业生产任务的大目标应满足国家五年计划需求，具体任务服从国家第一机械工业部、各省机械工业厅、各市机械工业局层层的计划安排。

各生产厂家的产品类别、产品品种各有特色，例如：上海电磁线厂主要生产漆包线、纱包线、天然丝包线；上海电磁线一厂主要生产漆包扁线、绕包扁线；中国电工厂主要生产微细、中小规格漆包线；福州电线厂生产漆包线；无锡电缆厂主要生产漆包圆线、纱包线和玻璃丝包线；天津市漆包线厂主要生产漆包圆线；天津市电磁线厂主要生产漆包、绕包扁线；昆明电缆厂主要生产漆包线、纸包线；常州无线电材料厂主要生产微细、小规格漆包线；沈阳电磁线厂主要生产漆包线、纱包线等。

当时，产品品种较前期有所增加，例如：直焊聚氨酯漆包线，规格以中、小及微线为多，用于电子、家电和精密高频仪器、仪表、线圈或元件；自粘性漆包线，就是在外层涂有粘合剂涂层的漆包线，用于电机、电器及各种电子仪表线圈；双玻璃丝包线，用于中大型电机、电器绕组；单玻璃丝包聚酯漆包线，用于电焊机、变压器绕组。在材料方面提出了以铝代铜，漆包大铝线、纸包铝线为主流品种。产品标准执行中国机械行业标准或供需双方认可的技术标准。

20 世纪 60 年代末，根据国家“三线”建设的需要，沿海地区企业的核心团队搬迁至内地组建工厂。例如，上海的中国电工厂部分搬迁至成都新繁镇组建成都西南电工厂。

（5）20 世纪 70 年代 企业发展规模根据国家计划年增长率而增长，企业的技术升级、产品升级、技术改造、技术革新活动都由上级管理部门统筹安排及拨付资金。

中国电工厂领衔研发的催化燃烧热风循环工艺技术，改变了电热炉对漆包线以辐射传热为主的烘焙形式，具体方法是：在烘炉内将漆液中蒸发的溶剂收集起来，并使其经过催化床在催化剂作用下发生氧化反应，放出大量热，在烘炉内循环烘焙漆包线。这是漆包工艺的绿色革命性变革，既推动了环保又降低了能耗，还提高了行线速度，大幅度提高了漆包线的产量和生产效率。天津市漆包线厂研制成功以金属镍为载体的蓬体球型钯催化剂，以此为基础设计研制成功热风双循环催化燃烧漆包机并投入生产，使我国漆包机设备进入世界先进行列。由此，全国各企业纷纷效仿。上海电缆所组织设计制造，推进了行业漆包设备、工艺的技术进步，建立了行业发展的里程碑。

产品品种增加了聚酰胺酰亚胺复合漆包线、聚酯亚胺漆包铜圆线和铜扁线、聚酰亚胺漆包线（H 级，180℃）。耐冷冻漆包线、彩色聚酯漆包线和耐深海水漆包线等在这一时期也开启了研发工作。

丝包铜绕组线包括丝包单线和丝包束线，用于电器、仪表、电信设备的线圈和探矿电缆的线芯，耐温等级为 A 级（105℃）。

（6）20 世纪 80 年代　自改革开放以来，绕组线行业蓬勃发展，自主创新能力稳步提高，产品品种与发达国家基本接近，生产设备、工艺、标准与国际接轨。

由上海电机技术研究所领衔研发的漆膜介质损耗测试设备、测试线样的制作方法及各类型漆包线的图谱分析，能分析出漆包线漆的种类、耐温等级、涂覆结构、漆膜的固化程度，相当于给漆包线做了“B 超”。这既拓展了漆包测试技术的应用，又能指导涂漆工艺参数的确定，在行业企业得到充分应用，是漆包线行业发展的又一里程碑。

引进国外设备，从奥地利、意大利、德国、美国、日本等国家先后引进漆包机，其中以奥地利 MAG 公司产的设备总产能最多，约占 60%，使我国绕组线行业装备和技术迅速接近或达到国际先进水平。同时，通过消化吸收，从仿制国外漆包机入手，国内建立了专业漆包机生产厂家。由于国产新型漆包机价格仅为进口设备的 1/5~1/3，性能大体能满足使用的基本要求，所以成为许多漆包线厂设备购买或更新的首选。

由于用户需求的多样化，绕组线产品品种结构也发生了巨大变化。1985 年前，我国漆包线绝大部分为 130 级聚酯漆包线，还有少量聚氨酯漆包线及缩醛漆包线，绕包线也仅有丝包线、纱包线和玻璃丝包线三个品种。为此，当时的机械工业部电工处处长曹亚琴组织上海电器科学研究所、常州绝缘材料厂、中国电工厂、上海电磁线一厂、无锡电缆厂、南通电机厂、南阳防爆电机厂、抚顺电机厂、湘潭电机厂等研究所及企业技术人员，开展绕组线耐温等级升级换代的技术攻关。而后，155 级聚酯漆包线、180 级聚酯亚胺漆包线、200 级聚酰胺酰亚胺漆包线、240 级芳族聚酰亚胺漆包线、180 级玻璃丝包线、240 级芳族聚酰亚胺薄膜绕包烧结线等产品进入市场，做出了中国特色。

产品标准由原来执行行业标准和国家标准，转变为执行 IEC 标准。上海电缆研究所组织绕组线制线厂集中举办 IEC 标准培训班，提升了我国贯彻 IEC 标准工作的整体质量水平。而后，绕组线产品执行国家标准基本等同采用 IEC 标准。

1980 年，漆包线产量为 5 万 t，之后每年平均以 10% 的速度增长。

（7）20 世纪 90 年代　1992 年，党的十四大明确提出，我国经济体制改革的目标是建立社会主义市场经济体制，以利于进一步解放和发展生产力。进入市场经济时代，行业进行了企业结构调整。长江三角洲、珠江三角洲和环渤海地区的民营企业异军突起，迅猛发展。而老牌国有企业上海电磁线厂、上海电磁一厂、上海裸铜线厂于 1996 年破产，中国电工厂于 1997 年破产，昆明电缆厂的绕组线产品也已退出历史舞台。

绕组线随着下游产品的快速发展，展现出快速增长、技术质量提升的发展态势。绕组线用铜杆的质量是电线电缆产品中要求最高的，因此有些铜杆厂制定漆包线专用铜杆的内控标准。一些境外公司在华独资成立绝缘材料企业或合资企业，供应高档绕组线漆和耐高温烧结薄膜。除特殊用途绝缘漆需要进口，国内制漆基本可满足要求。新型国产漆包机 DV 值可以达到 100，提速降耗，满足了绕组线的快速发展。

20 世纪 90 年代，行业研发的新产品之一是换位导线。换位导线用于大型变压器可以大幅降低负载损耗，降低绕组热点温升，提升绕组机械强度，使结构更加紧凑，并且使线圈加工更加简便。沈阳变压器所属分厂首先进行了研发，产品一经问世，国内扁绕组线生产企业纷纷建立换位导线生产线，提高换位导线产能，在变压器行业绕组设计和制造中得到了广泛应用。

顺应市场需求，我国绕组线质量的整体水平有了很大提高。漆包线产品标准都采用国际标准，漆包线产品获得美国 UL 认证。到 20 世纪 90 年代末，一些特种漆包线质量已达到先进国家的实物质量。许多绕组线企业通过了 ISO 9002 质量体系认证，还有一些企业通过了 ISO 14000 环境管理体系认证。

（8）21 世纪初 随着改革开放的深入，绕组线迎来了空前的大好发展时机，而国民经济快速发展的需求又刺激了新兴民营企业的发展。我国加入 WTO 后，境外的绕组线制造企业，如住友、日立、LG、阿尔卡特等纷纷在中国市场投资建厂。新型股份制企业发展迅速，部分企业经过体制改革重获新生，整个行业呈现多元化发展的格局。漆包线产量从 1980 年的 5 万 t 增长到 2002 年的约 40 万 t，超过日本、美国居世界首位。同时也有了一定量的出口，2009 年我国绕组线产品的出口量首次超过进口量。

家电产品开始从普及型消费向结构型消费转变，高端智能、健康节能、时尚的特点在家电产品上显现突出，我国成为最大的家电生产基地。换位导线替代进口，并为国产材料研发的首台动车配套，用于“和谐号”高速动车牵引变压器。绕组线作为关键绕组材料，用于电网特高压变压器，实现了规模化生产。

同时，国内绕组线市场存在以下问题：一方面，没有真正可以和国际知名漆包线企业抗衡的国内漆包线企业，行业要在新世纪中稳步发展，整体技术水平需要大幅提升，必须要创建和发扬自己的特色；另一方面，由于生产能力的快速增长，漆包线供大于求的矛盾日益尖锐，有些漆包线厂的开工率仅为 50%~60%。

当时的产业政策：在国家发展战略的框架下，充分发挥绕组线行业作为国民经济重要配套行业的特点，让企业在可预期结果的基础上，按照市场、效益，自主决策、理性选择。通过市场调节、政策引导、企业理性发展，促使产业走上健康持续发展的道路。

在此背景下，企业经营更加注重技术与品牌的建设，纷纷成立技术中心、工程中心、院士工作站、博士后工作站等研发机构及创新技术交流平台，开展企业联合、“产学研”合作、上下游互助，以共享成果、共担风险的形式联合攻关，努力突破产业技术瓶颈，全面提高产业技术创新的基础能力。

2008 年，国内绕组线行业经历了由经济过热到保增长跌宕起伏的变化。2008 年下半年，受金融危机的影响，市场需求下降，用户的撤单、延缓订货和货款回笼等问题使部分中小企业出现亏损甚至破产。直到 2009 年，企业在政府拉动内需的投资项目上受惠，行业生产才有所恢复。

（9）21 世纪 10 年代 绕组线行业的发展重点从数量规模上的扩张转向内在素质的提高，从高速期转向成熟期，主要特点如下：

1）产品结构多样化调整。电子行业的发展带来了耐热性与直焊性兼优的聚氨酯漆包线的需求猛增。冰箱、空调压缩机行业的崛起带动了 200 级复合漆包线的需求增长。电机行业的升级换代促进了 F/H 级漆包线产量的上升。高效电机的大力推广带动了耐电晕漆包线等特种漆包线的发展。变压器行业带动了换位导线和组合导线的发展。风电市场的兴起和轨道交通的需求促进了薄膜绕包线的发展。超导卢瑟福电缆的研发开拓了科技前沿市场，其用于粒子对撞机等大科学工程装置。由于铝线市场的利润率是铜线的 2 倍以上，所以进入铝线市场的企业逐渐增多。在这个时期，绕组线行业正逐步进行产品结构的优化升级。

2）绝缘漆性能优异化扩展。随着高新技术的发展，特别是风力发电、牵引机车、新能源汽车的发展，开发了高耐热等级、高附着力的聚酰胺酰亚胺底漆及面漆，新型耐电晕漆、耐热性自粘漆，环保型自润滑聚酰胺酰亚胺漆，高固体含量聚酯漆（固体含量为 60% ± 5%，黏度为 1000~2500mPa · s），减少了环境污染，减轻了生产成本，降低了资源消耗。

3）生产设备绿色化提升。低能耗低排放高速拉丝机、漆包机等的开发成功和应用，有效控制了电能的消耗，显著减少了废气排放量；实现自动化，减少了人工因素对生产过程的影响；增加在线检测装置和报警装置，实现高效、洁净、安全、可靠的功能；绕包设备进入数字化时代，绕包精度和绕包质量不断提高，线速度提高 40% 左右；进口和自制的换位装置增加了记忆功能，提高了工艺精度和生产效率。

4）制造工艺精益化探索。半硬铜导线屈服强度的制作方法与控制，涂漆系统输漆洁净度的控制措施，绝缘漆固体含量的定量管理，可调节涂漆模具的设计应用，引入三次催化燃烧工艺提高燃烧热能利用效率，对催化燃烧废气进行处理实现节能减排目标等都有了新的突破。

5）检测技术可视化控制。改变仅用传统的测试仪器检测产品的方法，研发出高端漆包线测试仪器，如介质损耗测试仪、激光测径仪、耐电晕测试仪、在线检测仪等。行业大部分企业都购置了可视化检测设备，通过精密仪器对漆包线漆及工艺效果进行快速充分分析，方便控制产品生产过程及最终产品的质量。

6）“智改数转”的探索和实践。绕组线行业作为传统的劳动、资金、资源集型行业，面对市场竞争激烈、用工管理难度加大、环保管控趋严、综合运营成本上升等一系列问题，企业在材料、设备、制线、检测、物流等各维度开展智能制造信息化建设。在企业内部，信息化应用到销售管理、客户管理、生产控制管理、工艺质量管理、采购管理、库存管理、人力资源管理、绩效管理、薪酬管理、办公自动化管理等多方面，并形成整体业务、数据的闭环，使生产流程更可控、高效，信息化应用更灵敏、普及，从而实现企业经营效率的提高。在企业外部，制线单位、原材料单位及客户方搭建可视化沟通平台，实现信息互通，提高工作效率。

（10）21世纪20年代初期　国家在“十四五”推出新型基础设施建设（简称新基建），主要包括5G基站建设、特高压、城际高速铁路和城市轨道交通、新能源汽车充电桩、大数据中心、人工智能、工业互联网七大领域，利好绕组线行业。

从产量来说，2020年漆包线总产量为182万t，2021年为195万t，2022年为193万t，2023年约为200万t，属于缓慢增长并伴有波动。

从品种来说，聚酯漆包线的占比在下降，而改性聚酯漆包线、聚酯亚胺漆包线、耐热聚酯漆包线三者的占比在上升，已达50%以上。聚酰胺酰亚胺漆包线的占比达到15%~18%，这意味着200级复合线的占比在上升。聚氨酯漆包线的占比有所调整，130级低热级的产品在大量减少。市场对利兹线、换位导线、薄膜烧结云母绕包线、半硬导线的产品要求和精度提出了更高要求。市场需求的不断扩大和用户需求的多样化，促使产品结构发生了很大变化。

从新品来说，耐热自粘换位导线用于特高压和超高压电力变压器；超导卢瑟福电缆用于粒子对撞机等大科学工程装置；复合绝缘耐高温绕组线的特点是耐高温、耐辐射，主要用于高温和辐射场合；三层挤出线处于研发阶段。

从市场来说，交流变频电机、变压器、电抗器、医疗器械、新能源汽车、空调、洗衣机用漆包线的需求在提升；吸尘器用漆包线的需求基本持平；电动工具、手机、电冰箱、微波炉、电风扇用漆包线的需求在下降。2021年，漆包线产品出口达到17.08万t，有所上升。

从产能区域来说，浙江、广东、安徽位列全国前三。

从绝缘材料来说，针对行业的特殊性，从源头优化绝缘漆配方，采用环保友好型缩醛漆和自粘漆替代传统的绝缘漆；环保型漆用非酚类/苯类溶剂替代酚类/苯类溶剂，减少具有挥发性、刺激性气味溶剂的使用；提高漆液的固体含量，降低绝缘漆溶剂含量，实现VOC排放的整体减少。

随着新基建项目的推进，轨道交通牵引变压器用诺梅克斯（Nomex）纸、特高压电力变压器用耐热纸和高密度纸的用量有所提升，且质量指标也有提高。

从设备来说，收线智能机器人，线速随炉温变化的智能调节，降能措施、废气处理深化，裸导线拉制或挤压、漆包、绕包、换位等各种在线连续质量监控等技术的应用，将绕组线制造功能进行了历史性的推进。

从环保工艺处理来说，在烘炉增加环保配套设施、外置VOC尾气处理系统、在废气末端增加三次催化治理设备、采用金属催化剂+陶瓷催化剂（同时提高催化剂含量）等措施，使生产效率大幅提升，能耗大幅下降，废气得到有效收集和集中处理，排入外环境的废气指标可远低于国家和地方的法律法规要求，厂区周围无异味。

从两化融合推进企业“智改数转”来说，在行业里已形成了共识，企业“智改数转”是一项庞大、科学的系统性工程，要对传统的管理思路和管理方法进行变革，赋予先进、正确的管理理念。随着数据分析和可视化技术的发展，可视化的数据运营模式将逐渐成为企业管理的标配，成为企业的数据资产及数字化运营创新的必然选择。

无锡统力电工有限公司经过 8 年的探索，实现了利用 5G 赋能设备进行无线数据采集及可视化展示、能源管控、设备维护及专家指导的远程应用、智慧仓储物流系统、超高清实时视频监控应用、现场机器视觉应用六个场景，取得了显著的效果，为企业的可持续发展起到了关键的作用。其“智改数转”的三大经验：第一，企业信息化需要更新管理思想；第二，企业数字化需要系统协同推进；第三，企业智能化需要持续挖掘潜能和持续投入。其实践为行业“智改数转”提供了新视角和新方向。“智改数转”是企业破解运营难点痛点、加快转型升级的新选择。

新基建七大领域的建设都与绕组线紧密相关，这将给绕组线行业带来新一轮的增长驱动力。我国已经不仅仅是绕组线的加工大国，在国际上，不管是产量还是质量都有引导绕组线产业的趋势。

二、产品系列及标准

绕组线系列主要包括漆包圆绕组线、绕包绕组线（其绝缘层用天然丝、涤纶丝、玻璃丝、绝缘纸、云母带、薄膜、纤维带等绝缘材料）、换位导线、潜水电机绕组线、超导绕组线等。

绕组线执行标准：GB 标准——强制性国家标准；GB/T 标准——推荐性国家标准；JB 标准——机械行业（包括机械、电工、仪器仪表等）强制性标准；JB/T 标准——机械行业推荐性标准；NB 标准——能源行业（包括核电、风电、水电）强制性标准；NB/T 标准——能源行业推荐性标准；IEC 标准——国际电工委员会标准；JIS 标准——日本标准；NEMA 标准——美国标准。

从 20 世纪 80 年代起，根据产品应用市场的需要，部分 JB 标准提升至 GB 标准；国家标准管理委员会开始贯彻国际标准，绕组线国家标准基本上都等效采用 IEC 标准。

现有执行标准及历年的过渡标准见表 39~ 表 48。

表 39　漆包圆绕组线的标准

序号	首制年份	产品名称	产品型号	导体标称直径范围	产品标准	对应 IEC 标准	适用范围
1	1985	漆包圆绕组线	一般规定	—	GB/T 6109.1—2008	IEC 60317-0-1: 2005	—
2	1985	155 级聚酯漆包铜圆线	QZ-2/155	1 级：0.020mm 及以上 3.150mm 及以下 2 级：0.020mm 及以上 5.000mm 及以下	GB/T 6109.2—2008	IEC 60317-3: 2004	电机、电器仪表及电信设备的绕组
3	1977	120 级缩醛漆包铜圆线	QQ-2/120	1 级：0.040mm 及以上 2.500mm 及以下 2 级：0.040mm 及以上 5.000mm 及以下 3 级：0.080mm 及以上 5.000mm 及以下	GB/T 6109.3—2008	IEC 60317-12: 1990	油浸式变压器、电器仪表的绕组
4	1985	130 级直焊聚氨酯漆包铜圆线	QA-2/130	1 级：0.018mm 及以上 2.000mm 及以下 2 级：0.020mm 及以上 2.000mm 及以下	GB/T 6109.4—2008	IEC 60317-4: 2000	微型变压器、线性电机的绕组

（续）

序号	首制年份	产品名称	产品型号	导体标称直径范围	产品标准	对应IEC标准	适用范围
5	1985	180级聚酯亚胺漆包铜圆线	QZY-2/180	1级：0.018mm及以上3.150mm及以下 2级：0.020mm及以上5.000mm及以下 3级：0.250mm及以上1.600mm及以下	GB/T 6109.5—2008	IEC 60317-8：1997	电机、电器仪表及电信设备的绕组
6	1985	220级聚酰亚胺漆包铜圆线	QY-2/220	1级：0.020mm及以上2.000mm及以下 2级：0.020mm及以上5.000mm及以下	GB/T 6109.6—2008	IEC 60317-7：1997	高温、辐射、密封环境，干式变压器绕组、汽车点火线圈
7	1974	130L级聚酯漆包铜圆线	QZ-2/130L	1级：0.050mm及以上3.150mm及以下 2级：0.050mm及以上5.000mm及以下	GB/T 6109.7—2008	IEC 60317-34：1997	电机、电器仪表及电信设备的绕组
8	1985	130级聚酰胺复合直焊聚氨酯漆包铜圆线	Q（A/X）-2/130	1级：0.050mm及以上1.600mm及以下 2级：0.050mm及以上2.000mm及以下	GB/T 6109.9—2008	IEC 60317-19：2000	高频、音频线圈，电子变压器绕组
9	2008	155级直焊聚氨酯漆包铜圆线	QA-2/155	1级：0.018mm及以上0.800mm及以下 2级：0.020mm及以上0.800mm及以下	GB/T 6109.10—2008	IEC 60317-20：2000	高频、电视、仪器、仪表用线圈
10	2008	155级聚酰胺复合直焊聚氨酯漆包铜圆线	Q（A/X）-2/155	1级：0.050mm及以上1.600mm及以下 2级：0.050mm及以上1.600mm及以下	GB/T 6109.11—2008	IEC 60317-21：2000	高频线圈，微电机、塑封小型直流电机的绕组
11	1990	180级聚酰胺复合聚酯或聚酯亚胺漆包铜圆线	Q（ZY/X）-2/180 Q（Z/X）-2/180	1级：0.050mm及以上3.150mm及以下 2级：0.050mm及以上5.000mm及以下 3级：0.250mm及以上1.600mm及以下	GB/T 6109.12—2008	IEC 60317-22：2004	高温重载工业电机的绕组
12	2008	180级直焊聚酯亚胺漆包铜圆线	QZYH-2/180	1级：0.020mm及以上1.600mm及以下 2级：0.020mm及以上1.600mm及以下	GB/T 6109.13—2008	IEC 60317-23：2000	电动工具、非密封家用电机的绕组
13	2008	200级聚酰胺酰亚胺漆包铜圆线	QXY-2/200	1级：0.071mm及以上1.600mm及以下 2级：0.071mm及以上0.500mm及以下	GB/T 6109.14—2008	IEC 60317-26：1990	汽车点火线圈，高温环境仪器、仪表用线圈
14	1989	130级自粘性直焊聚氨酯漆包铜圆线	QAN-2B/130	1B级：0.020mm及以上2.000mm及以下 2B级：0.020mm及以上2.000mm及以下	GB/T 6109.15—2008	IEC 60317-2：2000	高频、音频线圈，电子变压器绕组

（续）

序号	首制年份	产品名称	产品型号	导体标称直径范围	产品标准	对应IEC标准	适用范围
15	2008	155级自粘性直焊聚氨酯漆包铜圆线	QAN-2B/155	1B级：0.020mm及以上0.800mm及以下 2B级：0.020mm及以上0.800mm及以下	GB/T 6109.16—2008	IEC 60317-35:2000	高频、电视、仪器、仪表用线圈
16	2008	180级自粘性直焊聚酯亚胺漆包铜圆线	QZYHN-2B/180	1B级：0.020mm及以上1.600mm及以下 2B级：0.020mm及以上1.600mm及以下	GB/T 6109.17—2008	IEC 60317-36:2000	电动工具、非密封家用电机的绕组
17	2008	180级自粘性聚酯亚胺漆包铜圆线	QZYN-2B/180	1B级：0.020mm及以上1.600mm及以下 2B级：0.020mm及以上1.600mm及以下	GB/T 6109.18—2008	IEC 60317-37:2000	小微电机、镇流器的绕组
18	2008	200级自粘性聚酰胺酰亚胺复合聚酯或聚酯亚胺漆包铜圆线	Q（Z/XY）N-2B/200 Q（ZY/XY）N-2B/200	1B级：0.050mm及以上1.600mm及以下 2B级：0.050mm及以上1.600mm及以下	GB/T 6109.19—2008	IEC 60317-38:2000	小型及微型电机绕组，高载荷电气绕组，电动工具、汽车控制电机的绕组，异形线圈/绕组
19	1990	200级聚酰胺酰亚胺复合聚酯或聚酯亚胺漆包铜圆线	Q（Z/XY）-2/200 Q（ZY/XY）-2/200	1级：0.050mm及以上2.000mm及以下 2级：0.050mm及以上5.000mm及以下	GB/T 6109.20—2008	IEC 60317-13:1997	
20	2008	200级聚酯-酰胺-亚胺漆包铜圆线	QZXY-2/200	1级：0.018mm及以上1.600mm及以下 2级：0.025mm及以上5.000mm及以下	GB/T 6109.21—2008	IEC 60317-42:1997	制冷装置的电机绕组
21	2008	240级芳族聚酰亚胺漆包铜圆线	QY（F）-2/240	1级：0.020mm及以上2.000mm及以下 2级：0.020mm及以上5.000mm及以下	GB/T 6109.22—2008	IEC 60317-46:1997	汽车点火线圈，高温环境仪器、仪表、电气元器件用线圈
22	2008	180级直焊聚氨酯漆包铜圆线	QA-2/180	1级：0.018mm及以上1.000mm及以下 2级：0.020mm及以上1.000mm及以下	GB/T 6109.23—2008	IEC 60317-51:2001	电动工具、非密封家用电机的绕组
23	1989	热粘合或溶剂粘合聚酯漆包圆铜线	QZN	—	GB 6109.8—1989	—	干式变压器、电器仪表的绕组

表 40　漆包铝圆绕组线的标准

序号	首制年份	产品名称	产品型号	导体标称直径范围	产品标准	对应 IEC 标准	适用范围
1	2009	漆包铝圆绕组线	一般规定	—	GB/T 23312.1—2009	IEC 60317-0-3：2008	—
2	1977	120 级缩醛漆包铝圆线	QQL-2/120	1 级：0.400mm 及以上 1.600mm 及以下 2 级：0.400mm 及以上 5.000mm 及以下	GB/T 23312.2—2009	—	油浸式变压器、电器仪表的绕组
3	1974	130 级聚酯漆包铝圆线	QZL-2/130	1 级：0.400mm 及以上 1.600mm 及以下 2 级：0.400mm 及以上 5.000mm 及以下	GB/T 23312.3—2009	—	电机、电器仪表及电信设备的绕组
4	2009	155 级聚酯漆包铝圆线	QZL-2/155	1 级：0.400mm 及以上 1.600mm 及以下 2 级：0.400mm 及以上 5.000mm 及以下	GB/T 23312.4—2009	—	
5	2009	180 级聚酯亚胺漆包铝圆线	QZYL-2/180	1 级：0.400mm 及以上 1.600mm 及以下 2 级：0.400mm 及以上 5.000mm 及以下	GB/T 23312.5—2009	IEC 60317-15：2004	
6	2009	180 级聚酯或聚酯亚胺 / 聚酰胺复合漆包铝圆线	Q（ZY/X）L-2/180 Q（Z/X）L-2/180	1 级：0.250mm 及以上 3.150mm 及以下 2 级：0.400mm 及以上 5.000mm 及以下	GB/T 23312.6—2009	—	高温重载工业电机的绕组
7	2009	200 级聚酯或聚酯亚胺 / 聚酰胺酰亚胺复合漆包铝圆线	Q（Z/XY）L-2/200 Q（ZY/XY）L-2/200	1 级：0.400mm 及以上 3.150mm 及以下 2 级：0.400mm 及以上 5.000mm 及以下	GB/T 23312.7—2009	IEC 60317-25：1997	汽车点火线圈，高温环境仪器、仪表用线圈

表 41　漆包铜扁绕组线的标准

序号	首制年份	产品名称	产品型号	导体标称尺寸范围	产品标准	对应 IEC 标准	适用范围
1	1986	漆包铜扁绕组线	一般规定	—	GB/T 7095.1—2008	IEC 60317-0-2：2005	—
2	1977	120 级缩醛漆包铜扁线	QQB-2/120	宽边尺寸：最小 2.00mm，最大 16.00mm 窄边尺寸：最小 0.80mm，最大 5.60mm	GB/T 7095.2—2008	IEC 60317-18：2004	油浸式变压器、电器仪表的绕组
3	1986	155 级聚酯漆包铜扁线	QZB-2/155	宽边尺寸：最小 2.00mm，最大 16.00mm 窄边尺寸：最小 0.80mm，最大 5.60mm	GB/T 7095.3—2008	IEC 60317-16：1990	电机、电器仪表及电信设备的绕组
4	1986	180 级聚酯亚胺漆包铜扁线	QZYB-2/180	宽边尺寸：最小 2.00mm，最大 16.00mm 窄边尺寸：最小 0.80mm，最大 5.60mm	GB/T 7095.4—2008	IEC 60317-28：1990	

（续）

序号	首制年份	产品名称	产品型号	导体标称尺寸范围	产品标准	对应 IEC 标准	适用范围
5	1986	240 级芳族聚酰亚胺漆包铜扁线	QY（F）B-2/240	宽边尺寸：最小 2.00mm，最大 16.00mm 窄边尺寸：最小 0.80mm，最大 5.60mm	GB/T 7095.5—2008	IEC 60317-47：1997	耐高温电机、干式变压器、密封式继电器、辐射环境电工器件的绕组
6	1995	200 级聚酯或聚酯亚胺/聚酰胺酰亚胺复合漆包铜扁线	Q（ZY/XY）B-2/200	宽边尺寸：最小 2.00mm，最大 16.00mm 窄边尺寸：最小 0.80mm，最大 5.60mm	GB/T 7095.6—2008	IEC 60317-29：1990	高载荷电气绕组、电动工具、汽车控制电机的绕组
7	1974	130 级聚酯漆包铜扁线	QZB-2/130	宽边尺寸：最小 2.00mm，最大 16.00mm 窄边尺寸：最小 0.80mm，最大 5.60mm	GB/T 7095.7—2008	—	电机、电器仪表及电信设备的绕组

表 42　纸包绕组线的标准

序号	首制年份	产品名称	产品型号	导体标称尺寸范围	产品标准	对应 IEC 标准	适用范围
1	1987	纸包绕组线	一般规定	—	GB/T 7673.1—2008	—	—
2	1987	纸包圆线	系列品种代号-绝缘纸带代号-导体代号 如：ZM-0.45-1.500	直径 d：1.000~5.000mm	GB/T 7673.2—2008	—	油浸式变压器、大容量电抗器等的类似绕组。芳香族聚酰胺纸包线用于干式变压器、牵引变压器和高温电机的绕组
3	1987	纸包铜扁线	系列品种代号-绝缘纸带代号-导体代号 如：ZB-0.20-1.00×4.00	宽边 b：2.00mm ≤ b ≤ 16.00mm 窄边 a：0.80mm ≤ a ≤ 5.60mm	GB/T 7673.3—2008	—	
4	2008	纸绝缘组合导线	产品型号-外层绝缘标称厚度-（扁绕组线标称绝缘厚度+扁绕组线导体规格窄边×宽边/扁绕组线根数）/ H_{max} × W_{max} 如：ZZ、ZZD、ZZM	窄边 a：0.80mm ≤ a ≤ 5.60mm 宽边 b：2.00mm ≤ b ≤ 16.00mm	GB/T 7673.4—2008	—	电力变压器、牵引变压器等电器的绕组
5	2008	纸绝缘多股绞合导线	产品型号+线芯代号-绝缘标称厚度-线芯标称截面积 如：ZJ、ZJD、ZJM	线芯标称截面积：10~500mm²	GB/T 7673.5—2008	—	变压器或高温电器设备用绕组引线

表 43　玻璃丝包铜扁、圆绕组线的标准

序号	首制年份	产品名称	产品型号	导体标称尺寸范围	产品标准	对应 IEC 标准	适用范围
1	1987	玻璃丝包铜扁绕组线	一般规定	—	GB/T 7672.1—2008	IEC 60317-0-4：2006	—
2	1987	130 级浸漆玻璃丝包铜扁线和玻璃丝包漆包铜扁线	GLEB GLQB GLEQ	宽边尺寸：最小 2.00mm，最大 16.00mm 窄边尺寸：最小 0.80mm，最大 5.60mm	GB/T 7672.2—2008	—	大中型电机、干式变压器的绕组
3	1987	155 级浸漆玻璃丝包铜扁线和玻璃丝包漆包铜扁线	GLB GLEB GLQB GLEQB	宽边尺寸：最小 2.00mm，最大 16.00mm 窄边尺寸：最小 0.80mm，最大 5.60mm	GB/T 7672.3—2008	IEC 60317-32：1990	大型发电机、中型电机的绕组
4	1987	180 级浸漆玻璃丝包铜扁线和玻璃丝包漆包铜扁线	GLB GLEB GLQB GLEQB	宽边尺寸：最小 2.00mm，最大 16.00mm 窄边尺寸：最小 0.80mm，最大 5.60mm	GB/T 7672.4—2008	IEC 60317-31：1990	
5	2008	200 级浸漆玻璃丝包铜扁线和玻璃丝包漆包铜扁线	GLB GLEB GLQB GLEQB	宽边尺寸：最小 2.00mm，最大 16.00mm 窄边尺寸：最小 0.80mm，最大 5.60mm	GB/T 7672.5—2008	IEC 60317-33：1990	大中型发电机绕组，干式变压器绕组
6	1987	玻璃丝包薄膜绕包铜扁线	GLMB-130、GLEMB-130 GLMB-155、GLEMB-155 GLMB-180、GLEMB-180 GLMB-200、GLEMB-200	宽边尺寸：最小 2.00mm，最大 16.00mm 窄边尺寸：最小 0.80mm，最大 5.60mm	GB/T 7672.6—2008	—	较严酷工艺条件下，大中型电机的绕组
7	1987	玻璃丝包铜圆绕组线	一般规定	—	GB/T 7672.21—2008	IEC 60317-0-6：2007	—
8	1987	155 级浸漆玻璃丝包铜圆线和玻璃丝包漆包铜圆线	GLE GLQ1 GLQ2 GLEQ1 GLEQ2	裸导体（GL2）：0.500~5.000mm 1 级漆膜厚度漆包线（GL1 和 GL2）：0.500~1.600mm 2 级漆膜厚度漆包线（GL1 和 GL2）：0.500~5.000mm	GB/T 7672.22—2008	IEC 60317-48：1999	大中型电机、干式变压器的绕组
9	2008	180 级浸漆玻璃丝包铜圆线和玻璃丝包漆包铜圆线	GLE GLQ1 GLQ2 GLEQ1 GLEQ2	裸导体（GL2）：0.500~5.000mm 1 级漆膜厚度漆包线（GL1 和 GL2）：0.500~1.600mm 2 级漆膜厚度漆包线（GL1 和 GL2）：0.500~5.000mm	GB/T 7672.23—2008	IEC 60317-49：1999	大型发电机、中型电机的绕组
10	2008	200 级浸漆玻璃丝包铜圆线和玻璃丝包漆包铜圆线	GLE GLQ1 GLQ2 GLEQ1 GLEQ2	裸导体（GL2）：（0.500~5.000）mm 1 级漆膜厚度漆包线（GL1 和 GL2）：0.500~1.600mm 2 级漆膜厚度漆包线（GL1 和 GL2）：0.500~5.000mm	GB/T 7672.24—2008	IEC 60317-50：1999	中型、大型发电机绕组，干式变压器绕组

表 44　薄膜绕包绕组线的标准

序号	首制年份	产品名称	产品型号	导体标称尺寸范围	产品标准	对应 IEC 标准	适用范围
1	2009	240 级芳族聚酰亚胺薄膜绕包铜扁线	GB 编号和（或）IEC 编号 - 导体标称尺寸（宽度 × 厚度）- 级	宽度：最小 2.00mm，最大 16.00mm 厚度：最小 0.80mm，最大 5.60mm	GB/T 23310—2009	IEC 60317-44：1997	牵引电机、耐辐射特种电机的绕组
2	2009	240 级芳族聚酰亚胺薄膜绕包铜圆线	GB 编号和（或）IEC 编号 - 导体直径 - 级	直径：最小 1.600mm，最大 5.000mm	GB/T 23311—2009	IEC 60317-43：1997	
3	2014	风力发电机用绕组线	一般规定	—	NB/T 31048.1—2014	—	风力发电机的绕组
	2014	240 级芳族聚酰亚胺薄膜绕包烧结铜扁线	WYFB/240 WYFBP/240	宽边尺寸：最小 2.00mm，最大 12.00mm 窄边尺寸：最小 0.80mm，最大 5.00mm	NB/T 31048.2—2014	—	
	2014	聚酯薄膜补强云母带绕包铜扁线	WZMB WZMZB WZMYB WZMYFB	宽边尺寸：最小 2.00mm，最大 16.00mm 窄边尺寸：最小 0.80mm，最大 5.60mm	NB/T 31048.3—2014	—	
	2014	玻璃丝包薄膜绕包铜扁线	WGLZB， WGLEZB WGLYB， WGLEYB WGLYFB， WGLEYFB WGLZMB， WGLEZMB WGLYMB， WGLEYMB	宽边尺寸：最小 2.00mm，最大 16.00mm 窄边尺寸：最小 0.80mm，最大 5.60mm	NB/T 31048.4—2014	—	
	2014	180 级及以上浸漆玻璃丝包漆包铜扁线	WGLQB/180 WGLEQB/180 WGLQB/200 WGLEQB/200	宽边尺寸：最小 2.00mm，最大 16.00mm 窄边尺寸：最小 0.80mm，最大 5.60mm	NB/T 31048.5—2014	—	
	2014	聚酰亚胺薄膜补强云母带绕包铜扁线	WYMB WYMYB WYMYFB	宽边尺寸：最小 2.00mm，最大 16.00mm 窄边尺寸：最小 0.80mm，最大 5.60mm	NB/T 31048.6—2014	—	
4	1991	潜油电机用特种聚酰亚胺薄膜绕包铜圆线	薄膜绕包线代号 - 聚酰亚胺薄膜代号 - 绕包层数代号 - 级代号 如：MYF-S2 2.120	直径：1.500~5.000mm	JB/T 5331—2011	—	潜油电机及充油型电机的绕组

表 45　丝包铜绕组线的标准

序号	首制年份	产品名称	产品型号	导体标称尺寸范围	产品标准	对应 IEC 标准	适用范围
1	1989	丝包铜绕组线	SQZ、SDQZ、SEQZ、SEDQZ SQQ、SEQQ、SQA、SDQA、SEQA/SEDQA	直径 d：0.050~2.500mm	GB/T 11018.1—2008	—	电器、仪表、电信设备的线圈
2	1989	130 级丝包直焊聚氨酯漆包束线	SEDJ SEJ	单线导体标称直径：0.025~0.400mm	GB/T 11018.2—2008	IEC 60317-11：2005	各种频率下的电子仪表及电器设备的线圈

表 46　换位导线的标准

序号	首制年份	产品名称	产品型号	导体标称尺寸范围	产品标准	对应 IEC 标准	适用范围
1	2017	换位导线	系列代号 - 绕包用材料代号 - 换位线芯材料代号 - 导体代号 - 绝缘标称厚度 如：HMN1C1-1.35 27/1.60×6.30	导体窄边尺寸为 0.80~3.15mm； 导体宽边尺寸为 3.00~13.00mm； 导体宽边尺寸 / 导体窄边尺寸 =2~7	GB/T 33597—2017	—	各种油浸式变压器、电抗器等的绕组
2	2007	换位导线	一般规定	—	JB/T 6758.1—2007	—	—
	2007	纸绝缘缩醛漆包换位导线	H HC1、HC2、HC3 HN HNC1、HNC2、HNC3	线芯根数 5~83 根 导体窄边标称尺寸 a：1.00~2.50mm 导体宽边标称尺寸 b：4.00~14.00mm b/a=2~7	JB/T 6758.2—2007	—	各种油浸式变压器、电抗器等的绕组
	2007	无纸捆绑型缩醛漆包换位导线	HKN HKNC1、HKNC2、HKNC3 HWN HWNC1、HWNC2、HWNC3 HUKNC1、HUKNC2、HUKNC3	线芯根数 11~67 根 a：1.00~2.50mm b：4.00~12.00mm b/a=2~6.5	JB/T 6758.3—2007	—	大型电力变压器、牵引变压器的绕组
	2007	耐热型漆包换位导线	HFZG HFZGC1、HFZGC2、HFZGC3 HXZY HXZYC1、HXZYC2、HXZYC3 HX（ZY/XY） HX（ZY/XY）C1、HX（ZY/XY）C2、HX（ZY/XY）C3	线芯根数 5~67 根 a：1.00~2.50mm b：4.00~12.00mm b/a=2~6.5	JB/T 6758.4—2007	—	各种干式变压器、电抗器等电器的绕组

表 47　潜水电机绕组线的标准

序号	首制年份	产品名称	产品型号	导体标称尺寸范围	产品标准	对应 IEC 标准	适用范围
1	1996	潜水电机绕组线	一般规定		JB/T 4014—2013	—	矿用、水厂、铁路、海水等行业电机的绕组
2	1996	额定电压 450/750V 及以下聚乙烯绝缘尼龙护套耐水绕组线	SQYN SJYN	SQYN 型耐水线的导体根数 / 标称直径：1/（0.60~2.50）mm SJYN 型耐水线的导体根数 / 标称直径：7/（0.80~1.12）mm、19/（0.36~1.40）mm	JB/T 4014.2—2013	—	
3	1996	额定电压 450/750V 及以下改性聚丙烯绝缘耐水绕组线	SP SJP	SP 型耐水线的导体根数 / 标称直径：1/（0.60~3.35）mm SJP 型耐水线的导体根数 / 标称直径：7/（0.80~1.12）mm、19/（0.63~1.25）mm	JB/T 4014.3—2013	—	
4	1996	额定电压 600/1000V 及以下交联聚乙烯绝缘尼龙护套耐水绕组线	SYJN SJYJN	SYJN 型耐水线的导体根数 / 标称直径：1/（0.80~4.00）mm SJYJN 型耐水线的导体根数 / 标称直径：7/（0.80~1.12）mm、19/（0.63~1.40）mm	JB/T 4014.4—2013	—	

表 48　超导绕组线的标准

序号	首制年份	产品名称	产品型号	导体标称尺寸范围	产品标准	对应 IEC 标准	适用范围
1	2019	超导漆包圆绕组线	QNbTi/Cu	单线导体标称直径 d：0.500~1.600mm	Q/320205 GGAP12—2022	—	适用于医疗、光伏、半导体设备的线圈
2	—	编织绝缘 WIC 线	—	窄边标称尺寸 a：1.00mm ≤ a ≤ 2.00mm 宽边标称尺寸 b：1.50mm ≤ b ≤ 3.50mm	—	—	
3	2018	超导卢瑟福电缆	RNbTi RNb_3Sn	线芯根数 6~48 根 单线导体标称直径 d：0.500~1.500mm	Q/320205 GGAP17—2021	—	适用于粒子加速器、科研磁体、医疗装备的线圈
4	2018	铝稳定体超导卢瑟福电缆	FRLNbTi	线芯根数 6~48 根 单线导体标称直径 d：0.500~1.500mm 窄边标称尺寸 a：最小 3.00mm，最大 20.00mm 宽边标称尺寸 b：最小 10.00mm，最大 70.00mm	Q/320205 GGAP18—2022	—	适用于粒子探测器、科研磁体的线圈

三、市场领域及贡献

1. 漆包绕组线

漆包绕组线是工业电机（包括电动机和发电机）、变压器、电工仪表、电力及电子元器件、电动工具、家用电器、汽车电器等用来绕制电磁线圈的主要材料。随着人民生活水平的不断提高，家用电器对绕组线的性能要求大幅度提升。空调变频电动机、冰箱压缩耐氟电动机、电器仪表及电信设备等的绕组要求漆包线具有优良的附着性能、热稳定性、机械强度、耐溶剂性能，以及良好的电气性能，尤其需提供低的摩擦系数。

随着全球新一轮科技革命和产业变革的蓬勃发展，我国推行绿色发展的战略举措，绿色节能与产品性能高度融合成为漆包技术的发展潮流和趋势。

我国是最大的家电生产基地，约占全球家电产能的60%~70%，其中空调和微波炉占全球产量的80%左右，冰箱和洗衣机占50%左右，小家电产量占全球80%左右，电动工具出口量占全球的80%以上。

我国新能源汽车经过几年的技术蓄势，得到了前所未有的发展，漆包小扁线（平均截面积为8mm^2）受需求的拉动，2021年的产量为7480t，2022年的产量为24100t，2023年的产量为45300t，快速增长趋势显而易见。绕组线面对新能源汽车快速发展的窗口期，也将会快速发展。

2. 绕包绕组线

绕包线的特点是绝缘层比漆包线厚，组合绝缘的电性能较高，能较好地承受过电压及过载负荷，应用于大中型电工产品中。其绝缘层通常采用天然丝、涤纶丝、玻璃丝、绝缘纸、云母带、薄膜、纤维带等绝缘材料，其结构为单导体绕包、漆包复合绕包、绕包材料复合绕包、组合导线。

天然/涤纶丝包铜绕组线用于电器、仪表、电信设备的线圈。漆包涤纶玻璃丝烧结线用于核电发电机。耐电晕聚酰亚胺薄膜烧结线用于轨道交通牵引电动机。绝缘厚度较厚的玻璃丝云母带或玻璃丝亚胺薄膜复合绕包线用于大型工业电机。薄膜绕包线具有耐辐射性，以及更高的力学性能和电性能，主要用于特种电机。薄膜补强云母带绕包线具有优异的耐电晕性和耐电压性，是风力发电机及高频电器、交流器绕组的良好选择。

3. 换位导线

换位导线是指以一定根数的漆包铜扁线组合成宽面相互接触的两列，并按要求在两列漆包线的上面和下面沿窄面作同一转向换位制成的组合型绕组线，被誉为变压器的“心脏”，主要用于国家新基建中的特高压电网、城际高速铁路和城市轨道交通。

换位导线在特高压变压器中起到电位转换功能，其性能指标对变压器安全运行及寿命可靠性起着决定性作用。近年研发的耐热自粘换位导线具有粘结强度高等特点，在提高变压器绕组使用寿命的同时，可大幅降低变压器绕组自身的损耗，具有可观的节能效果，对于提高特高压电网运行的安全性可靠性、促进能源电力产业节能减排具有十分重要的现实意义。我国是世界上首个将特高压电网用于商业运行的国家，特高压电网建设已经成为我国制造在国际上的亮丽名片，特高压大容量变压器用换位导线的作用举足轻重，其产品性能全球领先。

换位导线也用于轨道交通牵引变压器绕组，是关键的配套材料，能满足高铁牵引变压器使用环境恶劣，绕组耐热、耐高压、轻量化、体积小、载流量大、损耗小的要求，也能满足高速列车运行速度快、温度高、振动大、运行区域温差大、工作环境温升高的应用要求。随着我国高速铁路持续运营速度达350km/h，代表着当今世界高铁最高运营速度，实现由并跑到领跑的转变，为“世界领先”。

4. 潜水电机绕组线

潜水电机绕组线具有绝缘性能好、导电性能稳定、耐热性能强等特点是潜水电动机的关键组件，能够有效地保障潜水电动机的正常运行。

潜水电动机作为各种水下机械的配套动力源，可潜入井下水、江河、湖泊、海洋以及其他场合水中工作，广泛应用于在井下或江河湖泊中探测或取水、农业灌溉、城市供水、工矿企业排水、城乡建筑排水、居民生活用水、城市或工厂污水污物处理等。因此，潜水电机绕组线可为国家建设、人民生活做出巨大贡献。

5. 超导绕组线

超导绕组线应用在能源、医疗、交通、科学研究及国防军工重大工程等方面，具有非同寻常的应用价值，属于有发展潜力的高精尖产品，将会对国民经济和人类社会的发展产生巨大推动作用。能耗低、环境友好的超导绕组线还有望解决人类能源危机的问题，对我国的发展具有重要的战略意义。

第2章 塑料材料产品的发展变迁

电线电缆绝缘和护套是电线电缆具备传输特性的重要单元，绝缘和护套材料从棉纱到纸再发展到高聚物，使电线电缆的使用场景发生了天翻地覆的变化。由于使用场景的多样性，绝缘和护套材料的特性也要与之相适应，因此出现了众多特性的绝缘、护套材料。考虑到加工成本和特性性能的问题，因此出现了不同加工工艺的材料，由于篇幅限制，在这里只呈现量大面广的七大类绝缘和护套材料的发展历程。

第1节　我国软质PVC电缆料发展历程

一、早期创建和成长期（1956—1964年）

最早生产的软质PVC电缆料是在1926年由美国的W.L.西蒙合成的PVC树脂。1933年，W.L.西蒙提出用高沸点溶剂和磷酸三甲酚酯与PVC加热混合可加工成软质PVC制品。

由于PVC具有良好的物理性能、化学性能、机械和电气性能、阻燃性能、耐水性能，从此拉开了软质PVC电缆料生产的序幕。欧洲在20世纪40年代已实现了PVC的商品化生产，以后在西方发达国家相继展开，日本也在此时开始发展该类产品。

新中国成立初期，我国PVC树脂的研究和生产是一片空白。1954年，出于国家经济和国防需要，当时沈阳化工研究院开始进行PVC树脂的初步研究，1958年锦西化工厂建成了一套年产3000t规模的PVC生产装置。然而我国用于电线电缆的PVC电缆料也是从1954年开始研制的，当时上海化工厂着手进行早期研发。上海化工厂是个至今已有70多年历史的老厂，1949年前，就有生产橡胶的技术人员和生产装置，而老一辈的技术人员也有不少留学美国的经历。

在我国第一个五年计划期（1953—1957年）的1954年，由重工业部化工局下达任务，要求上海化工厂建立PVC加工车间，加工生产软质PVC电缆料及其他相关产品。

当时所用PVC树脂是苏联生产的П Б型，所用增塑剂只有DBP、TCP、五氯联苯及DOS等，稳定剂及其他助剂也不配套。PVC采用的配方技术主要来源于苏联专家来沪讲学时提供的几个护层级和绝缘级PVC电缆料配方，加工设备也只有Z型混合机、二辊炼塑机（简称大车）和切粒机，从大车上拉出带状物进行切粒，操作基本靠手工。到1956年，上海化工厂只年产16.5t PVC电缆料产品，是1961年定型牌号5301-1护层级和5301-2绝缘级两个品种的雏形。

当时我国依据的苏联技术标准有：

1）PVC树脂按苏联TYM2276-50（П Б 及 П Ф 型）。

2）绝缘料按苏联TYMXП2909-51（绝缘级配方489）。

3）护层料按苏联 ГОСТ5960-51（护层级绝缘 A 及 Б）。

16.5t PVC 电缆料在现在看来是微不足道的数量，但让上海化工厂的技术人员和工人奠定了基础理论知识和生产实践技能并完成了启蒙学习的阶段。

当时所用的 PVC 树脂是紧密型树脂，由于聚合时用明胶作分散剂，用偶氮二异丁腈作引发剂，树脂本身加工性、塑化性都不好（那时俗称乒乓球树脂），加热混合一锅 250kg 料至少要花费 1h，才能使增塑剂被树脂吸收，在大车上塑化也不容易塑化成型。

1949 年以后，随着我国与日本民间交往增多，日本 PVC 加工的技术人员为了推销他们的产品，频繁地与上海化工厂技术人员展开技术交流。

1957 年，日本 Geon 公司开发部长谷古正之来华技术交流，带来了疏松型 PVC 树脂的加工技术，这对我国塑料制品及电缆料加工生产的发展是一次较大的促进。因为疏松型 PVC 树脂容易吸收增塑剂，易加工塑化，大大提高了生产效率和产品的物理化学及电气化能，当时俗称为棉花球树脂。工人们用通俗的语言反映出乒乓球树脂和棉花球树脂在加工生产时的巨大差别。

技术人员也在技术交流中扩大了视野，从单纯学习苏联经验的片面性中释放出来。上海化工厂资料室开始订购英国、德国、美国 CA 文摘，日本等国家的塑料期刊。资料室技术人员以后每月从这些期刊中选出针对性的文章，出版成文摘月刊供全厂技术人员和有关人员阅读学习。上海化工厂也是最早从国外引进原材料进行 PVC 电缆料生产的企业，其中有日本的树脂 S1003 和 S1001、英国的 D6512 和 D6518，增塑剂有 DOA、ED-3 和 BPBG 等，稳定剂有三盐基性硫酸铅、二盐基性亚磷酸铅、二盐基性苯二甲酸铅及有机锡等。此时苏联类的 П Б 型（乒乓球树脂）已在国内生产。

1958 年，锦西化工厂生产规模为年产 3000t 的装置投产。以后又在北京、天津大沽、上海天原建成年产 6000t 的四套生产装置并陆续投产，20 世纪 60 年代各省市又陆续建造了许多 PVC 树脂厂。20 世纪 70 年代中期，我国石化工业迅速发展，PVC 树脂生产已从乙炔法转向乙烯氧氯化制氯乙烯法，1976 年 10 月北京化工二厂已引进年产 8 万 t 生产装置。

1979 年，我国从日本三井东压公司和信越公司引进两套乙烯氧氯化制氯乙烯法装置，分别在齐鲁石化和上海吴泾化工建成年产 20 万 t 的乙烯氧氯化制氯乙烯法装置生产 PVC 树脂。

在不断与日本技术人员交流的基础上，所得到的信息也大大地加速了上海地区电缆料生产配套助剂的生产，如上海溶剂厂、上海试剂厂、上海电化厂迅速配套了苯二甲酸二辛酯及苯二甲酸类系列增塑剂。上海电化厂产出了系列的氯化石蜡，中华化工厂产出了石油酯，上海延安油脂厂产出了硬脂酸钡及钙、锌、镁等硬脂酸皂类稳定剂系列产品。

上海东方化工厂产出了盐基性系列稳定剂，并为了加强对工人的劳动保护，还与上海化工厂联合开发生产出酥状铅类稳定剂，以减少使用时的粉尘飞扬。上海企业在 20 世纪 70 年代中期已具备生产 PVC 电缆料多种主要助剂的能力。

当时提倡社会主义大协作，上海化工厂是一个对全国各地同行企业开放的单位，同行企业可以凭介绍信来上海化工厂参观、访问和见习，上海化工厂也毫无保留地把产品配方和生产工艺提供给来访者。每年夏季全国各有关大专院校可以派大学生来工厂实习，实习期可长达一个月。上海交大、上海华东化工学院、上海同济、四川大学和北京化工学院等更是年年有老师带同专业学生来工厂实习。上海化工厂也接待和扶助同行企业（如京津地区的塑料业同行）来厂参观、实习和交流。当年天津近代化工厂是北方国营企业，也是同行，是与上海化工厂交往更密切的企业。由于上海化工厂也生产压延薄膜和硬板，所以京津地区的同行一来实习就是一个季度甚至半年。这样上海化工厂和上海地区的助剂企业就通过这种大协作迅速带动了各地企业的发展。

那时沿海地区与中西部经济发展差别很大，PVC 树脂生产厂大都建立在沿海城市。在计划经济时代，客观地讲 PVC 电缆料的发展离不开上海电缆研究所、上海电缆厂、上海塑胶线厂、上海劳动塑胶线厂和上海电线五厂的相互协作。特别是上海电缆研究所、上海电缆厂和上海化工厂都属杨浦区，而且在产品开发上都有很好的紧密合作。

1974 年，上海化工厂工程技术人员合作写了一本名叫《聚氯乙烯成型加工》的书，由上海人民出版社出版，全国发行，第 1 版就印了 22000 册，发行后一抢而空。该书共有 11 章 45 节，讲述了原料、配方和加工工艺等，涉及 PVC 电缆料、压延薄膜、挤出管型材、注射加工件各大类产品，公开了生产配方，对配方设计进行讲述，还涉及硬板的二次成型、制作防酸防碱的硝酸吸收塔，以及压延薄膜加工时采用的进口金属探测器的工作原理分析。全书叙述的内容均为生产实际，很受同行读者欢迎。22000 册售罄也从另一侧面反映从业人员众多。书中公布的 PVC 电缆料量产配方实例（表 49~ 表 54）虽然现在看来有些保守，但在当年用这些配方生产的产品很受电线电缆厂和最终用户的好评。

表 49　绝缘级电缆料

原料	数量 / 份数
PVC 树脂（XO-2）	100
苯二甲酸二辛酯	40
三盐基性硫酸铅	3
二盐基性亚磷酸铅	3
硬脂酸钡	1
二盐基性硬脂酸铅	0.3

表 50　普通绝缘级电缆料

原料	数量 / 份数	
	配方 I	配方 II
PVC 树脂（XO-2）	100	100
苯二甲酸二辛酯	22	22
石油酯	18	20
氯化石蜡	18	
环氧酯		5
三盐基性硫酸铅	2	2
二盐基性亚磷酸铅	4	4
硬脂酸钡		0.7
二盐基性硬脂酸铅	0.5	0.3
硬脂酸钙	0.3	
双酚 A		0.1
木糖醇	0.3	

表 51　普通护层级电缆料

原料	数量 / 份数
PVC 树脂（XO-2）	100
苯二甲酸二辛酯	34

（续）

原料	数量 / 份数
癸二酸二辛酯	10
磷酸三甲酚酯	10
三盐基性硫酸铅	3
二盐基性亚磷酸铅	3
硬脂酸钡	2
碳酸钙	2

表 52　耐寒护层级电缆料

原料	数量 / 份数
PVC 树脂（XO-2）	100
苯二甲酸二辛酯	10
癸二酸二辛酯	28
石油酯	18
氯化石蜡	8
三盐基性硫酸铅	3
二盐基性亚磷酸铅	4
二盐基性硬脂酸铅	1
硬脂酸钙	1
双酚 A	0.5
碳酸钙	5

表 53　柔软护层级电缆料

原料	数量 / 份数
PVC 树脂（XO-2）	100
苯二甲酸二辛酯	30
癸二酸二辛酯	30
环氧酯	6
硬脂酸钡	3
硬脂酸镉	1.5
双酚 A	0.25

表 54　耐热电缆料

原料	数量 / 份数	
	配方 I	配方 II
PVC 树脂（XO-2）	100	100
醚型双季戊四醇酯	50	50

（续）

原料	数量 / 份数	
	配方 I	配方 II
二盐基性苯二甲酸铅	8	
硅酸铅		8
二盐基性硬脂酸铅	1.5	1.5
双酚 A	0.2	0.2

其中，绝缘级电缆料 5301-2 和普通护层级电缆料 5301-1 就是从苏联学习并由我方技术人员改进的配方，经过我方技术人员反复试验演变后，沿用了近 20 年没有变动。在 1961 年起正式确定此牌号。

由于大量使用 PVC 材料，因而也积累了大量的检测数据，从而为今后参照 IEC 60227-1：1979《额定电压 450/750V 及以下聚氯乙烯绝缘电缆　第 1 部分：一般要求》和 IEC 60502：1983《额定电压 1~30kV 挤出固体绝缘电力电缆》两个标准而制定的 GB/T 8815—1988 提供了依据。在此之前，从 1961 年起 PVC 电缆料执行化工部暂行标准 HGB 2114—1961（内分护层级、绝缘级甲级、乙级两级），但当时产品都按护层级和绝缘级甲级生产。

到 1976 年，我国电缆料总量的增长属于较低的水平。可查到的资料显示，在 1976 年北京化工二厂进口年产 8 万 t 乙烯氧氯化制氯乙烯及 PVC 树脂生产装置，算是自早期开发该类产品后年产量最高的装置了。

二、自主发展期（1965—1986 年）

1956—1976 年的 20 年间，PVC 电缆料新产品的开发和基础科研主要集中在上海市，老化试验研究有广州和天津基地，其中产品开发首推上海化工厂和上海电缆研究所。上海电缆研究所汇集了一大批专家，在我国电线电缆的发展过程中发挥着重大作用，其权威性和专业性被行业同仁一致认同，其第二研究室和第四研究室分别开发电线电缆和通信电缆方面的产品和相应的原材料，同时上海电缆研究所与企业之间也有广泛的合作项目。

在 PVC 电缆材料方面，上海电缆研究所、上海化工厂和上海电缆厂开展了紧密的三方合作开发。由于 1949 年后一段时期我国实行计划经济，所以电缆料产品的发展坚持独立自主、自力更生。这期间主要做了以下开发工作：

1. 产品开发

产品开发，标准先行，从 1954 年接触到苏联的树脂和产品标准后，1961 年化工部制定并颁布暂行标准 HGB 2114—1961。在 HGB 2114—1961 的基础上进一步提高到了 HC 2—1965（草案），而 HC 2—1965（草案）是轻工部于 1973 年颁布的标准 SG 22—1973 的蓝本，新标准改进了低温性能等的试验方法。SG 22—1973 正式规定了 6 大电缆料品种，其长期使用温度为 65℃。1974 年，投入量产化的不超过 10 种，其中也有同一牌号而增塑系统代用的配方。这些配方几乎都是我国当时可提供的原材料配置经试验研究而确定的。

2. 基础科研实验

基础科研实验是由上海电缆所牵头，由上海化工厂提供 6 种电缆料材料的配方，由上海塑胶线厂和上海劳动塑线厂、上海电线五厂负责制成大量电线。其中绝缘料 5303-2 提供了 31 种颜色的材料，由上海塑胶线厂制成的电线分别送到上海龙华气象站，以及哈尔滨、北京、重庆和广州的合成材料老化所。广州合成材料老化所在广州天河老化试验站进行试验，上海在龙华气象站进行试验，其他地区由各地安排老化试验。该工作始于 1968 年，终于 1973 年，历时 5 年，在我国不同地区进行户外老化试验。

试验目的是了解不同牌号产品、不同颜色的 PVC 电缆料在各地天然气候下的老化情况，找出其老化规律，并积累 PVC 电缆料在天然气候中老化的实际数据。

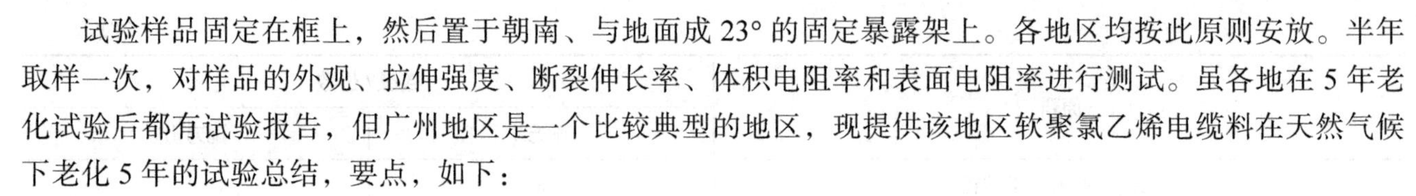

试验样品固定在框上，然后置于朝南、与地面成 23° 的固定暴露架上。各地区均按此原则安放。半年取样一次，对样品的外观、拉伸强度、断裂伸长率、体积电阻率和表面电阻率进行测试。虽各地在 5 年老化试验后都有试验报告，但广州地区是一个比较典型的地区，现提供该地区软聚氯乙烯电缆料在天然气候下老化 5 年的试验总结，要点，如下：

（1）试验品种牌号及配方：

① 护层级（表 55）：

表 55

品种	牌号	性能	颜色
普通护层级	5301-1		黑色
普通护层级	5303-1	耐光性能好	黑色
户外护层级	5312		黑色

② 绝缘级（表 56）：

表 56

品种	牌号	颜色
普通绝缘级	5303-2	共有 31 种颜色
高电性绝缘级	5301-2	中兰
户外绝缘级	5311	中兰

品种、牌号、颜色共有 36 种，配方及颜色列于表 57、表 58 中。

表 57 配方

组分	产品种类及牌号					
	绝缘级			护层级	耐光	耐寒
	5301-2	5303-2	5311	5301-1	5303-1	5312
PVC 树脂（XO-2）	100	100	100	100	100	100
邻苯二甲酸二辛酯（DOP）	40	22	10	34	22	10
磷酸三甲苯酯			3	10		
癸二酸二辛酯			30	10		24
石油酯（T-50）		20			20	16
环氧酯		5			5	4
氯化石蜡			5			6
磷酸二苯 - 辛酯					7	
三盐基性硫酸铅	3	2	3	3	2	3
二盐基性亚磷酸铅	3	4	4	3	5	4
硬脂酸钡	1	0.7	0.5	2		1
硬脂酸镉			1			0.5
硬脂酸铅	0.5					
硬脂酸锌						0.25

（续）

组分	产品种类及牌号					
	绝缘级			护层级	耐光	耐寒
	5301-2	5303-2	5311	5301-1	5303-1	5312
二盐基性硬脂酸铅		0.3			0.7	0.25
二酚基丙烷		0.1	0.5			0.25
亚磷酸三苯酯						0.5
碳酸钙				3		3

注：其中 5303-2 有 31 种颜色，31 种颜色及配比列于表 58 中。

表 58 颜色配方（1）

序号	颜色名称	着色剂用量												
		钛白粉浆 1∶2	炭黑浆 1∶4	立索尔宝红浆 1∶2	酞菁蓝浆 1∶2.5	酞菁绿浆 1∶2	柠檬黄浆 1∶2	中铬黄浆 1∶1	桔铬黄浆 1∶1	塑料红 GR 浆 1∶2	塑料紫 RL 浆 1∶3	酞菁蓝母料 2%	酞菁绿母料 1%	塑料红母料 4%
0	本色													
1	鲜紫红			0.32						0.3				
2	橘红							1		0.6				
3	粉红	1.2												0.3
4	橙色								2					
5	肉色	0.15							0.2					
6	鹅黄							2						
7	柠檬黄						3							
8	奶黄	0.15					0.3							
9	深绿				0.15	1.2								
10	中绿					0.44						0.1		
11	翠绿					0.4	0.9							
12	草绿					0.3		0.6						
13	浅绿					0.12								
14	果绿						0.1						0.15	
15	芷青				0.5						0.4			
16	深蓝		0.03		1.9									
17	中蓝				0.5									
18	浅蓝				0.1									
19	粉蓝	0.6			0.04									
20	湖蓝				0.05	0.05								
21	蓝灰											0.3		0.1

（续）

序号	颜色名称	着色剂用量												
		钛白粉浆 1∶2	炭黑浆 1∶4	立索尔宝红浆 1∶2	酞菁蓝浆 1∶2.5	酞菁绿浆 1∶2	柠檬黄浆 1∶2	中铬黄浆 1∶1	桔铬黄浆 1∶1	塑料红GR浆 1∶2	塑料紫RL浆 1∶3	酞菁蓝母料 2%	酞菁绿母料 1%	塑料红母料 4%
22	灰色	1.0	0.05											
23	茄紫										0.4			
24	青莲										0.06			
25	棕色		0.2						1.4	0.15				
26	黑色		2											
27	白色	4												
28	老鲜紫红			0.6					0.7					
29	老棕色		0.275	0.62				2						
30	老紫色	0.5		0.15	0.14									

表 59　颜色配方（2）

	2% 蓝母料	1% 绿母料	4%GR 红母料
PVC 树脂	150	150	150
DOP	55	56	60
BaSt	2	2	2
酞菁蓝浆	15.6		
酞菁绿浆		6.5	
塑料红 GR 粉			8.8

（2）在天然气候下老化 5 年的测试结果

① 拉伸强度及断裂伸长率。拉伸强度在半年及一年时比原始值高，以后基本上逐步下降，但下降不快。5303-2 中的 6#~12#、15#~17#、23#、25#、26#，以及 5301-1、5303-1、5311、5312 的拉伸强度在三年内基本上超过或保持接近原始值，说明作为护层级的 5301-1、5303-1、5312 及户外绝缘级的 5311 的拉伸强度能达到要求。断裂伸长率在老化过程中明显趋于下降，老化 4 年时取样测试温度为 30℃，该周期的断裂伸长率值比前周期大，这可视为测试温度对它的影响。

5303-2 中的 7#、9#、11#、16#、17#、26#，以及护层级的 5303-1、5301-1、5312 较耐老化，其在天然气候下暴露 5 年后断裂伸长率的残留率还保持在 70% 以上。

5303-1 的断裂伸长率的残留率最高，表明在 DOP 和石油酯混合作主要增塑剂时，磷酸二苯 - 辛酯表现出了优良的增塑性能，达到了该牌号作为耐光护层的要求。

在天然气候下老化 5 年后，拉伸强度和断裂伸长率的数值保持较高的为绿色、蓝色及黑色。磷酸二苯 - 辛酯被认为是一种耐光老化的优秀助剂。

② 体积电阻率及表面电阻率。体积电阻率数值从开始至暴露一年半时都是逐渐增大的，二年至三年半时数值有些起伏，但差值不是很大，暴露四年时降至较低值，第五年时数值又有增高。暴露四年时测试温度为 31℃，证明是测试温度导致这项数值变低。颜色对体积电阻率似乎无突出的影响。

表面电阻率的数值在天然气候下老化过程中波动大，难以确定它的规律。从样品的外观来看，深绿色、深蓝色及黑色样品的层面较光滑，杂质少，但在表面电阻率的数值上表现有差异。两种电阻率的数值反映不出护层级和绝缘级的区别，高电性能绝缘级材料 5301-2 和其他牌号也无显著的数量级差别。

③ 外观变化情况。在天然气候下老化 5 年后，除表面变得粗糙、无光泽，颜色无明显变化的为：5303-2 中的 16#、26#，以及 5301-1、5301-2、5311、5312、5303-1 均为深蓝色及黑色的。在天然气候下老化过程中逐步褪色的主要为绿色及浅蓝色，明显褪色的为红色、黄色及茄紫色。5303-2 中的 28#、29#、30# 这三种颜色最差，暴晒一个月后就明显褪色。酞菁蓝和炭黑的耐候性最佳，酞菁绿居于中等，塑料紫、塑料红、柠檬黄列第三，立索尔宝红耐候性最差。

上海化工厂在 1974 年 6 月也做出总结，其基本内容和结果趋势与广州的结果比较接近。这项工作对我国 PVC 电缆料的发展起了很大的推动作用。该试验提供的大批量生产的配方、数据、结论。带动了各地 PVC 电缆料生产的自主创新发展。

1973 年 7 月，由天津市聚氯乙烯农用薄膜防老化耐低温科研会战组和南开大学联手发表了国外聚氧乙烯光氧老化研究概况，该文汇总了日本诸多企业和专家发表的文章和专利，展示了国外对软质 PVC 抗光老化的许多研究动态和成果。

3. 生产工艺的改进

我国在 20 世纪 50 年代中期到 60 年代中期，生产工艺落后，生产效率低，仅靠 Z 型混合机、大车和切粒机切粒，手工操作为主。上海化工厂的产量在 1956 年为 16.5t，1962 年为 2100t，1965 年为 3750t，1968 年为 4600t。

上海化工厂在 1965 年从联邦德国购入 HenShel（亨舍尔）FM500C/K 型高速混合机，是国内的第一家。这种高速混合机的混合效率大大地超过了老式的 Z 型混合机，一台 500L 高速混合机与一台 75L 密炼机组合，使用棉花球树脂，基本生产能力可达年产万吨。

上海化工厂在 1967—1968 年就采用这种塑化组合，塑化后的料经过两台 Ø550 × 1500 大车再使用乒乓球树脂，年产量可在 5000 t 左右。

上海化工厂也是我国首家采用风送工艺和脉冲输送工艺把 PVC 树脂实现远距离、高楼层输送的第一家，然后又实现粒料的风力输送。他们又将增塑剂和稳定剂进行大混合，从而使其能在高速混合机中实现自动计量。

1979 年 10 月，上海化工厂一位名叫陈爱珠的技术人员首次从资料中看到采用新型增塑剂 DOTP（对苯二甲酸二辛酯）能提高材料的电性能和耐温性能，根据此信息上海化工厂迅速在 1980 年开发生产出 DOTP，从而开创了我国耐热 70℃ PVC 电缆料的大量生产。我国在 1980 年后用 DOTP 作为主增塑剂，生产出耐热 70℃ PVC 电缆料，这比国外仅落后了 6 年。

三、快速发展期（1987—2000 年）

国内生产 PVC 电缆料的企业，在上海唯一的一家国营企业就是上海化工厂。1989 年 9 月上海电缆研究所投资的上海凯波特种电缆有限公司成立。当时除上海化工厂，京津地区只有天津近代化工厂在生产 PVC 电缆料，另外湖南株洲塑料厂及宜兴、成都等地为数不多的单位也在生产 PVC 电缆料。

1978 年改革开发放后，各行各业都在进入快速发展期。在进入市场经济的进程中，面对电缆用户的要求，产品开发也进入一个快速发展期。但从计划经济时代转入市场经济时代有一个认识和实践过程，所以也需要一段时间才能大量生产满足市场需求的产品。

锦西化工厂在 1958 年可年产 3000t 乒乓球树脂，后来又在上海，天津、北京建了 4 家年产 6000t 乒乓球树脂的生产厂。20 世纪 60 年代，各地又陆续新建了许多 PVC 树脂生产单位，当时采用的都是电石法。20 世纪 70 年代中期，随着我国石化工业的迅速发展，国内开始建设乙烯氧氯化制氯乙烯生产装置。1976 年 10 月，北京化工二厂引进年产 8 万 t 乙烯氧氯化制氯乙烯及 PVC 树脂生产装置，开启了我国 PVC 树脂规模化生产的序幕。

我国在1979年从日本三井东压公司和信越公司引进两套当时具有世界先进水平的年产20万t乙烯氧氯化制氯乙烯及PVC树脂生产装置（第1套在山东齐鲁石化，第2套在上海吴泾化工），并于1990年顺利先后投产，该年我国PVC树脂年产已达100万t。另外，沈阳化工厂建成系列氯化石蜡产品，上海溶剂厂、上海试剂厂配套生产苯二甲酸系列产品，并可提供耐寒型增塑剂DOS、DOA和ED3。简言之，全国各地沿海地区为PVC电线料配套的助剂到20世纪90年代末已成规模型量产地。

PVC电缆料在自主发展期的产品、工艺和标准情况如下：

（1）执行标准 1982年，在郑州的一次会议上提出电线电缆执行IEC标准的问题，随后我国几乎等同/等效地全面执行IEC标准，迅速与国际接轨。

（2）产品开发 上海化工厂的耐热等级产品、耐压等级产品当时已系列化，耐寒、特耐寒产品（珍宝岛自卫反击战中使用的特种耐寒、柔软级护层料），以及各种防霉、防鼠、防蚁等特殊功能性PVC电缆料也都发展齐全。如此众多品种的电缆料被开发应用，不单表明我国的技术水平在提高，同时也证明我国功能性添加助剂的完善，以及与国外助剂供应商合作的加强。在快速发展期，我国产品开发进入高速发展期。

（3）工艺改进 1981年，上海化工厂完成了主流程立体化布局，使物料流向合理化；还采用了风送和高压气体脉冲输送树脂，配方中增塑剂和稳定剂用大混合装置制成流体，高速混合机自动计量加料装置在国内首次实现使用。PVC电缆料的生产初步实现生产流水线化（图91），形成国内第一条年产万吨级当班生产当班切粒包装的流水线。这项工作在国内同行企业中也在展开，例如株洲塑料厂也建成了一条流水线。

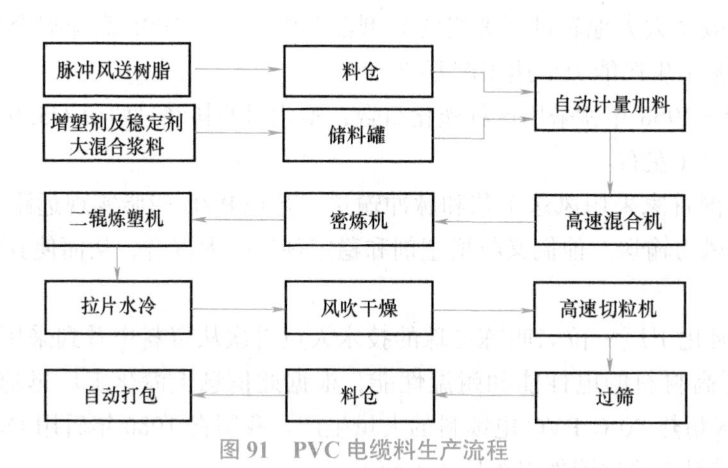

图91 PVC电缆料生产流程

20世纪90年代，随着乡镇企业的崛起，PVC电缆料加工厂雨后春笋般成立。市场经济的发展给乡镇企业增添了活力，如江苏的江苏德威，浙江的杭州通达、杭州高新、浙江万马，已都形成年产几千吨的规模，之后的2~3年又都迅速达到年产3~4万t的水平。20世纪90年代末期和21世纪初期开始用双阶式同向双螺杆生产PVC电缆料圆形粒子，不单生产效率高，还可满足用户的加工要求。乡镇企业、民营企业的崛起和壮大是这一时期最大的特点。

四、高速发展期和绿色环保发展期（2001—2018年）

2000年，国家做出对全国城乡电网进行改造的决定，这时全国各地的乡镇企业都成了主力军，当然也给全国线缆行业及相关企业带来巨大的发展机会，全国电线电缆产品进入高速发展阶段。2001年，我国加入WTO，更促进了我国与世界各国的贸易发展，这些都给PVC电缆料的发展带来了商机。随着改革开放的深入，全国城镇化率不断提高，从新中国成立初期的10.6%提高到2000年的35%，2010年已达50%。

我国的 PVC 树脂产量在改革开放后逐年增长，2006 年的年产能已达到 1652 万 t，居世界第一。2009 年 7 月统计的我国 PVC 年产能达 1800 万 t，2020 年的 PVC 年产能达 2526 万 t。

“十二五”时期（2011—2015 年），2011 年聚氯乙烯电缆料全行业产量约为 167 万 t，到 2015 年全行业产量约为 245 万 t。粗略估算约有 10% PVC 树脂用于 PVC 电缆料产品。与此同时，绿色环保也在业内迅速发展。

硅烷交联 PE 电缆料二步法在 1992 年也完成了国产化。1996 年，新加坡塑化技术有限公司、爱乐舒（厦门）精细化工有限公司和新加坡卡安特公司向我国大量倾销一步法生产的硅烷交联 PE 电缆料。日本三菱油化向我国出口在聚合 LDPE 时把硅烷接枝到 LDPE 的 A 料工艺，其加工性和物理性能非常好。

欧盟在 2003 年通过关于限制电子电气设备中使用某些有害成分的指令和关于报废旧电子电气设备的指令，这对我国出口线缆产品是个挑战。再加上我国也规定，高层建筑、大型建筑场所、地铁建设和隧道建设都必须使用低烟无卤类电线电缆，使 PVC 电线电缆料的应用范围有较大压缩。加之经交联（如硅烷交联、辐照交联、紫外光交联）的 PE 类产品，其耐温、电气甚至低温性能都优于 PVC 类产品，甚至在小区商品房建筑中也愿意选用低压交联 PE 类产品作为绝缘材料。

尽管如此，PVC 电缆料在电力电缆的制造生产中仍然有相当比重，没有迹象表明 PVC 电缆料会失去市场需求。首先，IEC 国际标准中 PVC 电缆料的标准没有变动；其次，PVC 电缆料制造的电缆价廉物美，产品的柔软性和手感好，阻燃性和加工性优良，仍受到广大用户的欢迎。PVC 电缆料的配方也在改进，如使用无铅热稳定剂系统并制成高等级阻燃的护层级电缆料，这是其他材料无法替代的。这个时期 PVC 电缆料虽然有发展压力，但又有发展空间，虽增长率有放缓，但增长还在延续。

在高速发展期和绿色环保发展期，民营企业已实际成为 PVC 电缆料生产的主力军，2009 年，国企代表上海化工厂已中止生产 PVC 电缆料，他们的产品重点已作调整。国营企业经过新中国成立初期近 20 年的技术发展和积累，PVC 电缆料产品开发更加注重市场化、产品开发的性价比和企业的经济效益。

但在这一阶段出现过两次质量事故，虽然是少数企业的案例，但其影响面还是很广的。主要是制成的电线产品中出现护层级增塑剂析出，造成此现象的原因有两个：

其一是在配方中对氯化石蜡增塑剂的过多使用。氯化石蜡是辅助增塑剂，在配方中按惯例其用量只能在 10~15phr 范围内，加入后可提高产品的阻燃性，而且又可降低配方成本。但少数企业的技术人员忽略了氯化石蜡本身有不同品种，通常正确选用 C15 的重油经 52% 氯化而制成 52% 氯化石蜡，如果选用 C12 的轻油氯化，又因氯化程度达不到 52%，不但相容性不好，而且挥发性也较重油的 52% 氮化石蜡产品大。这种材料制成电缆后一般也不会马上析出，经过一段时间后，在架空的条件下才会发现有增塑剂析出。

其二是使用环氧大豆油和环氧脂肪酸甲酯。这是因为曾经苯二甲酸类增塑剂价格上涨很多，而上述环氧类增塑剂价格相对偏低，少数企业为了追求利润，就把此类辅助增塑剂用在配方中，随着用量逐渐加大，最后也会像氯化石蜡类增塑剂在配方中用量过多那样，造成电缆护层料析出的结果。

这两种质量事故引起国内电缆行业和材料生产企业的强烈关注。但在 2010 年以后再也没有出现过以上现象。

五、PVC 电缆料的现状（2018 年至今）

我国在“十三五”期间的电缆料行业发展势头良好，作为上游原材料行业，电缆料企业整体上跟随电线制造业分布，具有区域化集群特征，与电线电缆制造业一样呈现出“区域集群协同发展”的趋势，显示出产业链的紧密合作、协同创新。这有利于提高市场占有率，增强行业的国际竞争力。

2020 年上海电缆研究所业务窗口统计得出，全国电缆料生产企业共 884 家（该数据不包括企业送往其他检测中心检测的数字）。事实上在河北宁晋地区，浙江地区，广东地区，江苏宜兴地区、太仓地区，四川成都地区，安徽地区都有规模产量的生产企业。而小规模企业更是分布广泛，难以统计。

我国PVC电缆料生产企业多，但具有规模经济的企业不多，大多数为中小规模企业。由于竞争十分剧烈，一些研发能力差、技术水平低的小企业纷纷倒闭，有特色的中小企业被并购，行业逐步整合，产业集中度缓慢上升。

大的电缆制造厂商为了降低成本，就自己生产PVC电缆料实现自给自足，特殊品种的电缆料及自给量不足的部分才向电缆料供应商采购。这种模式目前在电缆厂被广泛采用，传统的电线电缆生产的专业细分模式已发生重大变化。

形成规模产量的电缆料生产企业也在采用配料自动化、计量自动化，成品包装后用机械手自动码垛，生产流水线也尽可能采用全自动化，以降低人工成本。我国塑料加工机械供选用的品种齐全，如双阶式同行双螺杆造粒机组、密炼机组合挤出机造粒机组。设备生产企业已有定型产品，同时机组质量也向国际先进水平靠近，特别是机组生产效率在大幅提升，75/180机组、年产7000t左右的双阶式同向造粒机组已属成熟产品。

有的企业由于经营管理不善等诸多原因而造成经营困难，再加上新冠疫情的影响，PVC电缆料在2015年产量实绩为245万t，到2020年下降到170万t，下降幅度之大也是前所未有的。总体上来说，我国护层级和绝缘级的用量比大约为9∶1，力缆用料和线缆用料比大约为8∶2。现在全球已走出新冠疫情的影响，经济也在复苏。我国电力需求的增长是持续的主题，而PVC电缆料的需求也会随之增长。但随着绿色环保、欧盟双指令的推行，以化学交联、辐照交联、硅烷交联、紫外光交联等绿色环保产品应用越来越普遍，PVC电缆料在低压绝缘的市场基本已很小了。即使是民用家庭用电线，也随着JG/T 441—2014《额定电压450/750V及以下双层共挤绝缘辐照交联无卤低烟阻燃电线》的推行，而逐步取代PVC电缆料。而JG/T 442—2014《额定电压0.6/1kV双层共挤绝缘辐照交联无卤低烟阻燃电力电缆》又让PVC电缆料失去部分电力电缆的市场份额。尽管如此，PVC电缆料在中压电力电缆的护层料市场依然占有相当份额。电缆厂要求高阻燃性能、高电性能的PVC护层料促进了此类材料的技术进步。有单位在使用新疆天业的SG-3型PVC树脂，并对配方中的阻燃体系进行升级，同时对配方进行调整升级，制成高电性能的PVC电缆料且已商品化多年。阻燃剂不单独使用三氧化二锑，而是多种无机阻燃剂复配，氧指数可达36%以上，甚至达到38%。耐寒-40℃ PVC护层级电缆料也已商品化。PVC护层级电缆料价廉物美，依然是中压电力电缆护层级首选的电缆料。

PVC电缆料的种种优点再加之价廉PVC电缆料物美，因此在我国电线和电缆行业中仍占有一席之地，其生产总量仍居电缆料之首位。2015年，全国总耗用量约为245万t，受疫情影响，年耗费下滑到2020年的170万t，虽到谷底，但仍属电缆材料耗用量的首位。现在已走出谷底进入恢复上升发展期。

国内PVC电缆料历经了近70年的发展，为了适应当下绿色经济的发展步伐，充分发挥PVC电缆料价廉物美、加工成型方便、阻燃性能好的优点，应对配方深入研发，对加工工艺自动化深入改造，做大做强区域企业，使我国PVC电缆料事业的发展更加规范化、合理化，在国际舞台上形成更有竞争力的企业。

第2节　我国化学交联聚乙烯绝缘料的发展历程

一、开创阶段（1990年前）

化学交联聚乙烯（XLPE）绝缘料最早由美国GE公司在1957年发明，并在此基础上于1958年首次采用蒸汽湿法交联方式制造出XLPE电缆，标志着XLPE绝缘料正式被应用于电力电缆工业制造。1959年，日本从美国引进蒸汽湿法交联技术并将其应用于XLPE电缆的制造，随后发现湿法交联工艺中大量的水蒸气在高温、高压力下会进入XLPE绝缘层形成微孔从而诱发水树枝化现象，造成电缆绝缘性能下降甚至击穿，影响电缆的使用安全和寿命。在此背景下，日本对XLPE电缆交联工艺展开研究，随后在20世纪60

年代初率先开发出干式交联XLPE电缆生产线，使XLPE电力电缆制造交联工艺由蒸汽湿法交联演变为目前世界通用的干法交联工艺，进一步促进了XLPE绝缘料在电力电缆制造中的推广使用。

国内XLPE绝缘料的研发始于1988年，最早由上海化工厂、西安交通大学、上海电缆厂三家单位联合开发，通过查阅大量资料文献和专利及对国外先进产品（如美国UCC等公司的产品）剖析借鉴，成功开发出了“35kV及以下可交联低密度聚乙烯绝缘塑料阶段产品（10kV及以下等级XLPE电缆料)”，该产品于1989年9月16日通过上海市化学工业局技术鉴定。随后在湖南湘潭电缆厂完成国内首根采用国产XLPE绝缘料的35kV电力电缆的生产。当时上海化工厂通过全套引进瑞士BUSS公司KKG14-18往复式双阶混炼造粒机组制造XLPE绝缘料，该工艺装备的螺杆在旋转的同时还能够进行轴向的往复运动，再结合螺杆、机筒的特殊结构，使其具有低压力、低剪切、低温升和高混炼质量（即所谓“三低一高”）的特点。这种低温柔性剪切特性可以有效降低因高温和强剪切造成的聚合物链段断裂而产生焦烧和DCP提前分解而产生预交联的风险，特别适合对混炼质量要求高而又对剪切和加热敏感的XLPE绝缘料的加工，是当时公认的最先进且最适合生产XLPE绝缘料的工艺装备之一。

XLPE绝缘料不仅具有优异的电气性能和力学性能，经过交联生产线工艺处理后，交联网状结构还赋予材料更加良好的耐热性能，使得交联聚乙烯电力电缆的正常工作温度可达到90℃，比充油电缆的工作温度（80~85℃）高，所以在相同导体截面积的情况下，载流量更大。此外，交联聚乙烯绝缘电力电缆的接头和终端预制成型，敷设安装更加简单方便，不像充油电缆那样受高落差、振动等因素限制，施工现场火灾风险也相对较小。

我国在1988年底完成试生产后，1989年上海化工厂在国内率先实现了XLPE绝缘料的量产，结束了国内XLPE绝缘料完全需要进口的时代，并终结电力电缆长期使用充油电缆的历史，为后续国内电力电缆用XLPE绝缘料的发展积累了技术基础和实践经验，开创了XLPE绝缘料在国内迅速发展的先河。

二、发展阶段（1991—2010年）

随着XLPE产品国产化进程的推进，20世纪90年代初期，江苏吴江新时代、河南万博塑料厂、哈尔滨呼兰塑料厂、浙江万马高分子材料厂等企业先后建成XLPE绝缘料生产线。在此阶段，这几家单位效仿上海化工厂，首条生产线均全套引进瑞士BUSS公司生产的往复式双阶混炼造粒机组来生产XLPE电缆料。

在该阶段后期，XLPE绝缘料生产领域的代表性企业除上海化工厂，还包括万马高分子、杭州通达、太湖远大等几个当时在国内较具知名度的企业。

浙江万马高分子自1994年开始引进该公司第一条瑞士BUSS公司WKG20往复式双阶混炼造粒机组后，又先后上线了几台国产双螺杆双阶混炼挤出造粒机组用于生产XLPE，年产能在2万t左右。在此期间，万马高分子还和西安交通大学合作，在国内率先开发出抗水树XLPE绝缘料并应用于中压电力电缆的制造。

杭州通达电缆材料有限公司于1999年采用国产大连橡胶塑料机械厂制造的90/180双螺杆双阶混炼挤出造粒机组生产XLPE绝缘料，随后在2002年又全套引进瑞士BUSS公司MKS200/280往复式双阶混炼造粒设备用于XLPE的生产，但由于商务问题，该设备在2006年才完成安装及投产，投产后总年产能达到1.5万t，跃居国内前列。

太湖远大从2004年开始采用国产双螺杆双阶混炼挤出造粒机组生产XLPE绝缘料，年产能在1万t。

在此期间，早期投产XLPE绝缘料的江苏吴江新时代、河南万博塑料厂、哈尔滨呼兰塑料厂等企业均因经营不善而先后停业，令人惋惜。

20世纪90年代，在上海电缆研究所牵头下，按国务院和机械工业部指示对全国生产XLPE电力电缆的生产线按ISO质量管理体系要求进行全面整顿和验收，并为此制定了“交联电缆生产整顿管理规范”，对我国交联电缆质量提高起到积极的推动作用。经整顿后，原材料（含铜导体）检验、生产过程工艺控制、生产后的工艺控制都明确规范并形成统一文件，从而使我国 XLPE 电力电缆生产走上正轨并迅猛、健康发展。

1995 年，经电力电缆专委会修改补充后，又在原整顿规范基础上编制了“交联聚乙烯电力电缆生产工艺规范”，此规范对各厂的交联电缆生产都具有指导意义。此规范包含了“必须具备和执行的标准”“必须具备的检测设备”“必须具备的技术文件”“质量控制要点”“组织措施”五个部分。

2004 年，由中国机械工业联合会提出，上海电缆研究所、上海化工厂、万马高分子、杭州通达等单位参与起草的机械行业标准 JB/T 10437—2004《电线电缆用可交联聚乙烯绝缘料》在国内首次发布，结束了国内化学交联绝缘材料的生产和检测没有统一标准的境况，标志着国内 XLPE 绝缘料的发展迈上新的台阶。

在此阶段，XLPE 绝缘料的发展及国产化进程都取得了巨大的突破，国内诸多电缆料生产企业相继建成 XLPE 绝缘料生产线，35kV 及以下的交联聚乙烯绝缘料已基本完全国产化，产量和质量都得到了保证，满足相关交联电力电缆的使用要求。同时在 2009 年前后，以万马高分子为代表的相关企业单位对 110kV 及以上电力电缆用聚乙烯绝缘料进行了初步的预研工作，为之后实现 110kV 及以上电力电缆用聚乙烯绝缘料国产化积累了经验和奠定了良好的基础。

三、快速发展和普及阶段（2011—2020 年）

在该阶段，35kV 及以下等级的 XLPE 绝缘料已基本全部国产化，中压电缆抗水树 XLPE 绝缘料在国内越来越多地得到推广应用并出口到国外，例如浙江万马高分子、上海新上化和上海至正道化均有类似产品的出口和内销业绩。

“十二五”之前，高压、超高压电缆绝缘料完全依靠进口。“十二五”期间，国内 110kV 电缆高压绝缘料率先在浙江万马取得了技术突破，实现了批量国产化生产和应用。据不完全统计，我国当时线缆行业每年 110kV、220kV 绝缘料的使用量约为 3 万 t/ 年。“十二五”期间，110kV 及以下高压电缆绝缘料技术虽有了突破，但绝大部分用量仍需进口，尤其是 220kV 及以上高压、超高压电缆料仍全部依赖进口。当时世界范围内高压、超高压绝缘料生产厂商主要有陶氏化学（原美国联碳）、北欧化工、韩华、LG 化学、尤尼卡等。

自 2012 年开始，110kV 超净料逐步开始实现国产化，初步形成了不同设备和工艺方法生产高压交联聚乙烯绝缘料的技术，设备总产能约为 7 万 t/ 年，为“十三五”时期生产更高电压等级电缆料打下了基础。青岛汉缆与齐鲁石化合作，优化了聚乙烯树脂的结构，确定了可用于高压聚乙烯绝缘电缆料的树脂及其基本要求，自主设计了双螺杆混合、脱挥、熔体泵加压过滤的材料加工净化工艺，以及过氧化物后吸收渗透的工艺和装备。从 2012 年开始，110kV 绝缘料的年产量为 3000~3500t。浙江万马与扬子石化合作，优化确定了高压聚乙烯原料的树脂牌号，突破了国内没有高压聚乙烯绝缘料用树脂的历史，采用引进的全套进口往复式单螺杆混炼、熔体泵加压过滤、过氧化物后吸收渗透的工艺技术，产能可达到 4 万 t/ 年。江苏德威在 2012 年同样引进瑞士 BUSS 全套设备，采用往复式单螺杆混炼、熔体泵加压过滤、过氧化物后吸收渗透的工艺技术，制造 YJ-110 产品，产能为 2 万 t/ 年。燕山石化公司引进全套科倍隆设备和技术，采用双螺杆混炼、熔体泵加压过滤、过氧化物后吸收渗透技术，设计产能为 1 万 t/ 年。

四、现状及展望（2021 年至今）

1. 35kV 及以下 XLPE 绝缘料

经过 30 多年的发展，35kV 及以下 XLPE 绝缘料以江浙沪为中心辐射全国，形成百家争鸣的态势。其中万马高分子 2023 年产量为 11 万 t 左右，太湖远大为 5 万吨左右。此外，上海新上化拥有 2.5 万 t 的年产能，至正道化、远东新材料、杭州永通、浙江富邦、中利光伏等企业均有 2 万 t 的年产能，产业集聚效应进一步凸显。同时，越来越多的大型电缆企业开始拥有自己的化学交联绝缘料生产线，可满足或部分满足自身需求。与之配套的上游 LDPE 原材料质量也更趋稳定，牌号更加多样化，给电缆料生产企业提供了更多的选择空间，但同时也带来更加激烈的市场竞争。据不完全统计，截至 2023 年底，国内 35kV 及以下 XLPE 绝缘料产能应不少于 50 万 t，供需趋于饱和，并隐隐有产能过剩的趋势，后续产线布局和市场走向值得相关企业思考。

2. 110kV 及以上 XLPE 绝缘料

据不完全统计，截至 2023 年底，国内共有 35kV 及以下中压电缆 CCV（悬链式）生产线 400 条左右，从国外引进的 110kV 及以上交联电力电缆生产线 120 条左右，其中 VCV（立式）生产线约 100 条，CCV（悬链式）生产线约 20 条。以每条生产线年产 400km（110kV 电缆占 80%，其绝缘料用量为 2.5t/km；220kV 电缆占 20%，其绝缘料用量为 5.2t/km）估算，国内每年 110~220kV 高压电缆绝缘料的总需求量应在 15 万 t 左右，其中 110kV 高压电缆绝缘料的需求量在 10 万 t 左右，220kV 高压电缆绝缘料的需求量在 5 万 t 左右。110kV 高压电缆用绝缘料虽已实现国产化，但受制于原料、产能及国内电缆厂认可度等因素的影响，远不能满足国内市场的需求，其中 70% 以上材料份额仍需依靠国外进口。因此，单价高、价格波动大、货源紧缺、供货不及时等“卡脖子”现象还会时常发生，严重制约国内高压电缆的进一步发展。只有不断提高国产高压电缆绝缘料的市场占有率，彻底实现自产自用，我们才能把主动权掌握在自己手中，从而拥有在高压电缆领域更多的话语权。

针对我国高压电缆用交联聚乙烯绝缘料长期依赖进口的现状，2007 年万马高分子率先在国内开展高压电缆用（110kV、220kV）交联聚乙烯绝缘料的研究，并于 2012 年实现产业化。

近期，为进一步推进高压绝缘料的国产化进程，在上海电缆研究所等单位的牵头下，国内对交联聚乙烯绝缘料开展了标准制定工作。2021 年 8 月 30 日，中国电器工业协会发布了 T/CEEIA 514—2021《66kV~220kV 交流电力电缆用可交联聚乙烯绝缘料和半导电屏蔽料　第 1 部分：66kV~220kV 交流电力电缆用可交联聚乙烯绝缘料》，该团体标准为 66~220kV 绝缘料的推广应用提供了技术支撑，对规范市场、指导生产、提高产品的技术性能具有十分重要的作用，使产品能够更好地满足市场需求和使用需要。同时，该标准有助于消除该类产品在国际贸易中不对等技术壁垒的现状，降低相关检验成本，提升国内相关生产企业的产品竞争力。目前，该标准已被多家行业内重点企业所采用，依照新标准生产的 66~220kV 交流电力电缆用可交联聚乙烯绝缘料均满足电缆制造和相关国际和国家标准要求，并且市场反馈良好，具有较好的示范效应，推动了产业健康有序发展。同时，该标准的制定能够助力我国电工新材料产业高质量发展，助推我国高压绝缘料向全球高端供应链攀升，进一步完善了我国电工行业的标准体系，为加快促进行业转型升级提供了有力的技术保障。

在 110kV 高压绝缘材料方面，目前国内已经实现量产的有万马、德威、燕山石化、淄博齐鲁高电压绝缘材料等企业，但产能仍有较大缺口。据不完全统计，目前还有烟台万华、太湖远大、江苏上上、江苏柯灵、杭州润和等企业也在布局高压绝缘材料产品，一旦投入运行将会迅速改善国内市场供应短缺情况，甚至促进国内高压绝缘材料进一步走出国门，参与全球市场化竞争。

220kV 及以上高压、超高压和特高压电缆用绝缘料国产化推进任重而道远，特别是海缆用高压、超高压绝缘料，受国外技术封锁及市场影响较大，目前仍全部需要进口。此外，国内用于高压、超高压等绝缘料生产的 LDPE 基础树脂至今未能形成正式标准和与需求相匹配的产能，也是制约国内高压、超高压绝缘技术突破的一个重要因素，需要国内众多企业、科研院所和高校通力合作、共同研发，争取早日突破技术壁垒、摆脱困境。

3. 工艺装备方面

在 35kV 及以下 XLPE 绝缘料生产工艺装备方面，经过近几十年的发展，国产工艺装备不断更新迭代，已日趋成熟，和国外先进设备的差距逐渐缩小，已基本实现国产化。以南京科亚为代表的双螺杆双阶混炼挤出造粒机组和以江苏新达科技有限公司为代表的国内往复式双阶混炼造粒机组已在国内广泛应用，产能和质量均稳定可靠，可满足国内对 XLPE 绝缘料高质量发展的要求。对应的工艺路线也较为成熟，主要有采用双螺杆双阶混炼造粒机组和往复式双阶混炼造粒机组两种。二者的区别在于混炼塑化的方式差异，后续的单螺杆挤出、偏心水雾切粒、离心脱水、筛分、沸腾干燥等工序基本一致。

在高压绝缘料工艺装备方面，仍是以往复式混炼塑化、熔体泵加压过滤、过氧化物后吸收渗透的工艺技术路线为主，同时对设备进行了针对性的优化升级。例如瑞士 BUSS 公司推出了其最新研发成果 COMPEO 系列机型，与传统的 MKS 机型相比，它不仅有更高的扭矩、更大的槽深比、更多的叶片，可以 3 螺片、4 螺片混合使用，拥有更加灵活的加工的方式和更大的加工窗口，同时也更加低碳节能，该设备近两年正逐步成为高压绝缘材料的主流设备，受到越来越多国内企业的青睐。此外，科倍隆的国产双螺杆混炼造粒机组等设备在国内高压绝缘材料领域也有应用。

4. 我国进入 XLPE 电缆材料出口的时代

1990 年，我国电线电缆产业实现了飞速发展，随着改革开放的深入，从 20 世纪 90 年代中期开始，民营企业在行业中占有的比重逐年上升。在电线电缆绝缘料领域，地方企业及乡镇企业也开始大批涌现，其数目之多是过往所未见的。

在国内电缆用绝缘料及屏蔽料产业日益成熟壮大的 20 世纪 90 年代末，国际贸易出口仍属于市场空白，大部分生产企业没有精通外语的人才，也没有任何进出口经验，更没有在国际市场上打造中国电缆料知名品牌的意识。浙江鑫方德集团关注到该行业短板并创立了苏州广润进出口公司，该公司有十余个精通多国外语的销售人才，将 FEC 品牌产品出口到中东、中亚、东南亚和俄罗斯等地。在 2000 年初，浙江鑫方德集团、上海万益高分子材料有限公司及浙江远大高分子材料有限公司以合作代销方式推进“走出去”战略，成为国内首家将电缆绝缘料及屏蔽料推向国外市场的企业，实现了我国屏蔽料及 XLPE 电缆料在出口贸易领域“零”的突破。与此同时，浙江鑫方德集团一直促进国外电缆行业的专家与国内的电缆料生产厂家进行技术沟通，搭建起了中外技术交流的桥梁。

随着全球电线电缆市场规模的持续增长，尤其是发展中国家的需求增长较快，市场对 XLPE 电缆料的数量和品质要求也日益增加。为了满足国际市场的需求，浙江鑫方德集团于 2017 年及 2022 年在浙江嘉兴分别设立屏蔽料和绝缘料生产基地，紧贴市场脉搏，每年以 FEC 品牌出口约 2 万 t 上述绝缘材料（含代销及委托外加工量）。现在出口上述产品的企业还有浙江远大、浙江万马、杭州永通等企业。我国已从依赖进口绝缘材料的时代转向出口产品到世界各地的新时代。

第 3 节　我国辐照交联电线电缆材料的发展历程

20 世纪 50 年代末，在发现使用电离辐射可以使聚烯烃交联之后，不久便实现了辐射处理工艺的工业化应用。辐照处理工艺应用在各种行业，在电线电缆行业主要用于交联绝缘和护套。英国物理学家亚瑟·查尔斯比在 1952 年发现可通过电子束辐照实现聚乙烯交联。1957 年，Paul Cook 创办了雷瑟姆电线和电缆公司，利用电子束诱导的方法首次实现了聚乙烯电线的产业化。我国的辐照处理工艺萌芽于 20 世纪 60 年代。1958 年，吉林长春应化所的钱保功院士建立了我国第一个高分子辐射化学研究室，经过一段时间的努力，成功研制了热收缩材料和辐照交联电线。1980—1999 年，辐射工业进入平稳发展期，用于辐照交联的加速器不超过 50 台。1984 年，上海电缆厂率先开发了辐照电线电缆生产线，接着烟台电缆厂也开发了辐照交联电线电缆生产线。随着“辐照专科班”“辐照用材料协调组”等组织成立，辐照电缆工业发展速度加快。2000—2020 年，辐照电缆工业进入快速发展期，2010 年用于辐照交联的加速器已有约 130 台，到 2020 年有 250~300 台。辐照交联电线电缆也涌现出许多新的品种，如航空 XETFE 线缆、船用线缆及材料、城市轨道及机车车辆交通线缆、辐照交联风 / 光 / 核电线电缆等。辐照技术目前可以实现聚乙烯、聚氯乙烯、乙丙橡胶、聚四氟乙烯、聚丙烯等多种树脂的辐照交联。辐照工艺的进步提高了电线电缆的使用性能，扩大了辐照交联线缆的应用范围。

1. 萌芽期（1960—1979 年）

20 世纪 50 年代末，在吉林长春应化所建立了我国第一个高分子辐射化学研究室，进行基础性和国防任务的研究，随后将研制成功的热缩材料和辐照交联电线用于“东方红”人造卫星。天津六〇九厂也在这个时期对辐照交联高分子材料开展研究，采用加速器进行辐照交联电线电缆生产，主要用于聚乙烯、硅橡胶电线电缆、多路载波电缆及小同轴电缆的辐照交联。20 世纪 60 年代，受限于辐照设备，辐照技术仅用于热收缩材料和薄膜固化等。20 世纪 70 年代初，吉林应化所引进一台美国 RDI 高频高压加速器（3MeV，40mA）开展辐照交联电线电缆的研究。1978 年，上海化工厂研发了大口径 600cm 辐照交联热收缩套，并应用于在新疆克拉玛依石油管道的接口上，内衬橡胶由上海橡胶制品研究所研发，以作为接头的防护。9 年后取样检测，其性能完好如初。中国科学院长春应化所联合地方科技力量开展辐射高分子材料机理性研究，并把研究的主要目标锁定在工业用辐照交联记忆性热收缩材料，以应用于电缆的接头方面。截至 20 世纪 70 年代末，线缆行业企业拥有的加速器不超过 16 台。虽然这个时期开展了有关辐照交联电线电缆的研究，但大多是在实验室小试阶段，很难形成量产。

2. 平稳发展期（1980—1999 年）

20 世纪 80 年代中后期，在改革开放的推动下，辐照设备的需求增加，相继从美国、日本和苏联引进工业用大功率电子加速器 5 台。辐照交联由于具备成本低、生产速度快、节省能源、无污染等优势，所以首先在美国工业化，随后在西欧和日本也实现了工业化。1980 年左右，兰州近代物理研究所、上海科技大学和吉林辐射化学研究所率先开始了辐照交联材料的研发。1983 年 10 月，吉林省科委主持对吉林市辐射化学研究所生产的“辐射交联热收缩管、膜”进行技术鉴定，该产品用于高压电缆、通信电缆和海底电缆的终端和连接套管，可作为仪器仪表的电线接头和接插件。1984 年，上海电缆厂率先开发了辐照电线电缆生产线，接着烟台电缆厂也开发了辐照交联电线电缆生产线。1984 年，第一期全国辐照技术讲习班成立，培养了我国大批的辐照技术相关人才，促进了辐照交联电线电缆的技术交流。1985 年，上海电缆厂首先对辐照交联 PVC 电缆料配方进行了研究，发现以 TMPTMA 作为敏化剂可有效降低辐照剂量，交联之后的 PVC 具有更好的耐温效果，随后辐照交联电线电缆在上海电缆厂试验成功。

20 世纪 80 年代后期，我国辐照交联电线电缆的发展逐渐加快。1986 年 9 月，中科院近物所与铁道部通信信号公司天水铁路电缆信号工厂签订了《联合研究开发辐照交联电线电缆意向书》。1987 年 9 月正式签订了《联合研究开发辐照交联电线电缆合同》。1988 年 4 月，中科院近代物理研究所为烟台电缆厂承担电线电缆束流下辐照装置设计研制任务，签订了《烟台辐照交联生产线承包协议书》，并建成辐照交联用生产线。1988 年，国际原子能机构在吉林长春召开了辐照交联电线电缆工业应用研讨国际会议，随后中国科学技术大学设立了辐射化学专业，上海科技大学进行了辐照材料的工业化应用研究。

烟台电缆厂于 1990 年 6 月成功试制一根耐温 105℃辐照交联聚乙烯电缆，并设计研制能适应全规格线缆生产的辐照交联电线电缆生产线。同年，中科院近物所和铁道部通信信号公司天水铁路电缆工厂合作研究开发辐照交联电线电缆，建成一条年辐照处理绝缘料 1200t 的辐照交联生产线。1991 年，上海化工厂生产的“10kV 及以下辐照交联架空电缆用黑色 PE 塑料”通过成果鉴定，并形成产业化应用。1992 年，“辐照交联电线用聚氯乙烯塑料”通过成果鉴定，并在西安电线总厂生产电线，实现了产业化应用，该产品填补了国内辐照行业辐照交联聚氯乙烯电线用塑料的空白。辐照交联 PVC 电缆的成功制备也促使行业制定相关电缆绝缘料的标准。上海化工厂于 1992 年发布了《辐照交联电线用聚氯乙烯塑料》企业标准，规定了 XLPVC 的技术要求，其可应用于特种电线、电机接引线、特种电气电线等低压绝缘层和彩色电视机护套层。1992 年 9 月，辽源市电缆厂的“0.6/1kV 辐照交联聚乙烯绝缘架空电缆”通过吉林省机械电子工业厅鉴定。1993 年，江苏上上电缆集团引入一台高频高压加速器并开始了辐照交联电线电缆的工业化生产。1995 年，常熟市电缆厂生产的“10kV 辐射交联聚烯烃绝缘架空电缆”和“辐射交联控制电缆”达到国际同类产品水平。1995 年成立了“辐照用材料协调组”，促进了技术人员的交流和材料研究的进步。随着技术的不断发展，10kV 和 1kV 辐照交联聚乙烯绝缘架空电缆料逐渐得到广泛应用，开创了国内辐照交联电线电缆的第一次辉煌。这个时期也开发出一些新的品种，例如辐照交联三元乙丙橡胶（EPDM），其具有较好的电绝缘性，可应用于电力电缆、矿用电缆、船用电缆、电机引出线和核装置用电缆等耐热和高压产品。

1996—2000 年，“九五”攻关项目“辐射交联电线电缆新材料研究及产品开发目标”发布，辐照交联电缆成为国家级的攻关目标。1997 年，沈阳电缆厂等研制的“1kV 低烟无卤阻燃辐照交联聚烯烃绝缘材料”顺利通过部级技术鉴定，该研究成果成功应用于秦山核电站核级电缆的生产。临海亚东特种电缆此时期开发出 40 年寿命的 K1、K2、K3 类防辐射核电缆料以及 150℃辐照交联电缆料等产品。20 世纪 90 年代末，用于电线电缆的辐照加速器有 50 台左右，我国辐射加工行业辐照用材料产业化显著加快，辐照用材料技术水平和质量不断提高。

这一时期生产的产品主要有：

1）耐压 1kV 级 90℃和 105℃辐照交联聚乙烯绝缘电力电缆。

2）耐压 1kV 级 90℃和 105℃辐照交联聚烯烃绝缘架空线。

3）耐压 10kV 级 105℃辐照交联聚烯烃架空线。

4）3.6/6kV 聚乙烯辐照交联机场照明电线。

5）GRVZ 型辐照交联阻燃电视机高压线。

6）辐照交联潜油泵井下电缆。

7）辐照交联乙丙弹性体绝缘和氯磺化聚乙烯护套船用电缆。

8）耐温 150℃灯用辐照交联阻燃聚烯烃软电线。

9）辐照交联电机引出线。

10）辐照交联聚乙烯绝缘和氯磺化聚乙烯护套船用电缆。

这一时期制定的相关标准主要有：

1）JB/T 10260《架空绝缘电缆用黑色可交联聚乙烯绝缘料》。

2）JB/T 10437《电线电缆用可交联聚乙烯绝缘料》。

3）JB/T 10436《电线电缆用可交联阻燃聚烯烃料》。

4）HB 7275《航空用镀银铜导体辐照交联乙烯 - 四氟乙烯共聚物绝缘电线》。

5）QB/T 2462《电线电缆用辐照交联聚烯烃塑料额定电压 0~10kV 聚乙烯绝缘料》。

3. 快速发展期（2000—2020 年）

20 世纪末，用于电线电缆的加速器不超过 50 台，2010 年约有 130 台，到 2022 年已有 250~300 台，加速器的台数相比 20 世纪末有了显著的增长。电线电缆行业加速器的数目也从侧面反映了辐照电缆的快速发展。目前，电子辐照加速器种类繁多、用途各异，按其能量范围和主要应用可分为 3 类：低能（0.1~0.3MeV）加速器，代表类型是电子帘加速器，主要用于表面涂层辐射固化；中能（0.3~5MeV）加速器，代表类型是高频高压加速器，主要用于电线电缆、热缩材料辐照加工；高能（5~10MeV）加速器，代表类型是直线加速器，主要应用于科学研究。

21 世纪以来，加速器种类和数量的增加也促进了辐照加工电线电缆的快速发展。辐照交联高分子材料产业化，产品主要包括辐照交联电线电缆、热收缩材料、EPDM 辐射硫化以及辐照交联聚烯烃发炮材料等。辐照电线电缆加工应用领域迅速发展，广泛应用于航空、新型轨道交通、新能源（核电、风电、光电）等新兴产业，使得我国辐射加工产业进入快车道。辐照技术的进步也促进了对辐照材料研发和性能的提高，辐照技术和辐照电缆材料取得了世界瞩目的发展。

“十五”到“十一五”期间（2001—2010 年），企业加大了投入，通过优化生产工艺，开始对温度要求较高的特定领域进行更广泛的尝试。国内知名电缆料企业，如上上电缆、金发科技、浙江万马、上海凯波、临海亚东和江苏德威等开发了 125℃和 150℃辐照交联聚烯烃电缆料，该类电缆料长期工作温度可达 150℃，具有良好的耐热性能和机械性能。至 2002 年底，我国辐射加工（主要包括辐照交联电线电缆、热缩材料及其他辐射化工产品）产业年产值已达32亿元，其中辐照交联高分子材料已占整个辐射化工产品的90%以上，与10年前比较，规模翻了3番，交联电线电缆和热收缩材料两大类产品占辐射化工总产值的80%以上。早在2004年，国产XETFE绝缘电线电缆在飞机上已实现小范围的应用。随后发布了“航空用镀镍/镀锡/镀银铜芯辐照交联乙烯-四氟乙烯共聚物双层挤制绝缘电线”标准。2006年，发布了电机绕组引接软线用辐照交联电线标准JB/T 6213《电机绕组引接软电缆和软线》；2008年发布了GB/T 12528《交流额定电压3kV及以下轨道交通车辆用电缆》；2010年发布了GB/T 17556《船用电力和通信电缆护套材料》和GB/T 17557《船舶、近海装置用电力、控制、仪表、通信及数据电缆的绝缘材料》。

“十二五”到“十三五”期间（2011—2020年），通过技术创新和产业升级，辐照交联聚乙烯绝缘料的生产效率和质量得到提高，成本降低，推动了产业化进程。辐照交联聚乙烯料出现新的应用方向，既可用于新能源汽车电池包绝缘和线束保护，也可作为相关设备的绝缘和防护材料用于5G通信领域，还可在高速铁路及轨道交通领域特殊部件中发挥作用。2014年发布了JB/T 10491《额定电压450/750V及以下交联聚烯烃绝缘电线和电缆》、JG/T 442《额定电压0.6/1kV双层共挤绝缘辐照交联无卤低烟阻燃电力电缆》和JG/T 441《额定电压450/750V及以下双层共挤绝缘辐照交联无卤低烟阻燃电线》。这些标准指明环保、安全、可靠性高、使用寿命长是未来辐照交联电线电缆的发展方向。典型的长寿命辐照交联聚烯烃电缆料配方如下：配方中包含乙烯-醋酸乙烯酯共聚物、高密度聚乙烯、氢氧化镁、丙基三甲氧基硅烷、蒙脱土、硬脂酸锌、硬脂酸、抗氧剂、防老剂、TAIC敏化剂。“十三五”期间，辐照交联电缆料发展方向将进一步拓展，辐照交联聚乙烯绝缘料产品性能进一步提升，在无卤低烟、耐热性、耐候性、耐化学腐蚀性等方面取得了较为显著的发展和进步。在辐照交联电线电缆的研究上，江苏上上电缆走在了前列，目前已建有14台辐照交联电子加速线，辐照交联电线电缆有几十种。2015年，上上电缆完成“双层共挤绝缘辐照交联电线电缆”鉴定，河南乐山电缆完成“150℃高强度无卤阻燃环保辐照交联聚烯烃绝缘料”鉴定，扬州曙光电缆完成“辐照交联聚乙烯绝缘无卤低烟阻燃控制电缆和电力电缆、无卤阻燃辐射光伏电缆”产品鉴定。2017年12月，江南电缆顺利通过“双层共挤绝缘辐照交联无卤低烟阻燃电线（70年寿命线）”鉴定。2019年1月，塔牌电缆研发的“辐照交联聚乙烯绝缘聚烯烃护套低烟无卤阻燃A类电力电缆”通过技术鉴定。2022年，中广核“光伏电缆用辐照交联聚烯烃”和“防静电辐照交联聚乙烯发泡材料”新产品通过鉴定，上上电缆完成“125℃辐照交联光伏电缆用无卤低烟阻燃聚烯烃”和“防紫外线90℃辐照交联机车电缆用无卤低烟阻燃聚烯烃”鉴定。

“十四五”发展战略提出要推进线缆产业基础的高级化，强调“双碳”目标和绿色制造，并指出我国辐照电线电缆行业由快速发展期迈向成熟期。21世纪初，辐射电缆发展迅速，涌现出各种各样的辐照交联电线电缆新品种。展望未来，绿色环保、低碳、无卤阻燃、长寿命是今后辐照交联电线电缆的发展方向。国产大飞机项目、海上风电、物联网、人工智能、云计算等新产业的兴起也促进了辐照交联电线电缆的发展。辐照交联航空航天飞机线缆及XETFE材料、辐照交联船用线缆及材料、辐照交联城市轨道及机车车辆交通线缆材料、辐照交联风/光/核电线电缆及材料、辐照交联新能源汽车用低压电线及材料等领域将是未来的新发展方向，这些行业将为辐照交联电线电缆发展注入新的动力。

第4节　紫外光辐照交联电线电缆新技术的发展历程

紫外光辐照交联是继过氧化物交联、硅烷交联和电子束辐照交联之后发展起来的一种新的交联技术，它是一项全新的交联技术。

紫外光交联技术的原理是以聚烯烃为主要原料，再掺入适量光交联剂，在一定条件下进行紫外光辐照，光交联剂吸收特定波长的紫外光产生自由基，通过自由基反应将聚烯烃分子链交联成三维网状结构。

中国科学技术大学以瞿保钧为首的“光交联电缆研制团队”从基础研究开始，依托一系列原始创新的技术发明，重点解决了紫外光引发交联聚乙烯绝缘电线电缆的材料配方、专用设备及生产线工艺流程等几个关键科学技术问题，取得了紫外光交联聚乙烯绝缘材料工业化应用于生产交联电线电缆新产品的重大突破，从而打破了我国电线电缆交联技术长期依赖进口的局面。该研究团队与企业合作先后研发了国内外首条紫外光交联聚乙烯电缆中试生产线、批量生产线和产业化规模生产线，成功应用于生产 10kV 及以下紫外光交联电力电缆、控制电缆和其他特种电线电缆等系列新产品，开创了一项具有国际领先水平、由我国自主开发、具有自主知识产权的原始创新技术，为我国交联电线电缆生产技术开拓了一条新途径。

一、紫外光交联技术基础研究上的重大突破

20 世纪 50 年代，美国学者 G.Oster 就发现紫外光可使聚乙烯发生交联的现象，从此开始的 30 多年里诸多学者一直试图将紫外光交联聚乙烯应用于电线电缆领域，但始终未能获得成功。其主要关键挑战在于：其一，紫外光本身的穿透能力很弱，难以穿透 0.3mm 厚的聚乙烯薄层；其二，聚乙烯本体光交联反应速率极低，无法满足工业生产需求。20 世纪 80 年代初，德国一家研究所断言：紫外光只能应用于小于 0.3mm 厚的表面接枝固化领域，不可能被应用于聚乙烯电线电缆绝缘材料的本体交联领域。到了 20 世纪 80 年代中后期，世界上仅有少数几个研究组仍在继续研究，其中有瑞典的本・朗比研究组和乌克兰的 Kachan 研究组。

本・朗比是瑞典皇家工学院高分子系教授，瑞典皇家科学院和瑞典皇家工程院两院院士，国际著名的光化学家。1984 年 7 月，中国科学技术大学的瞿保钧师从本・朗比教授，他的课题是研究低密度聚乙烯的紫外光交联。该课题就是为了研发紫外光交联聚乙烯绝缘电线电缆新材料所做的基础性研究。经过 3 年在实验室中的反复试验，瞿保钧对聚乙烯材料的配方和各种反应条件（如光引发剂和交联剂的种类及用量、紫外光强度、温度等）不断优化，在聚乙烯本体光交联厚度和反应速率上取得了一些重要的突破性进展：紫外光交联法可以在最短 10s 左右即可使 2mm 以上厚度的低密度聚乙烯本体样品的交联度达到 70% 以上。这不仅大大提高了光引发交联的速率，而且将交联的均匀度提高了近 10 倍。与此同时，瞿保钧还对光交联聚乙烯材料的结构和性能作了深入的研究，发现该材料的力学性能、电气性能等十分优良，有望应用于电线电缆绝缘材料。这些实验室基础研究成果收录于瞿保钧在瑞典皇家工学院的博士论文集《低密度聚乙烯的紫外光交联研究》（原文为全英文版）中，其中有 5 篇论文发表在有关的国际专业期刊上。

1987 年 8 月，瞿保钧从瑞典回到中国科学技术大学（简称中科大）之后，很快就组织了由施文芳、徐云华、梁任又等人参与的"光交联电缆研究团队"，并在 1988 年获得国家自然科学基金项目"低密度聚乙烯的紫外光交联及其在电缆工业中的应用"（国家自然科学基金项目批准号 5880104）以及中国科学院"七五"重大项目"光、电子辐射技术及材料改性"的子课题"紫外光辐照交联低密度聚乙烯绝缘电线电缆材料的研究"（编号 88-68-2）的资助，结合国内的实际情况继续深入开展紫外光引发聚乙烯本体交联新材料的应用基础和反应机理的研究以及产业化应用的前期研究。通过各种实验方法获得了立足于国内原材料的光交联聚乙烯新材料配方和最佳条件参数。经过多年的不懈努力，他们采用电子自旋共振波谱和核磁共振波谱等手段不仅证实了聚乙烯光引发交联反应过程中的大分子聚乙烯自由基中间体的不同种类，而且还揭示了光引发剂引发交联后的各种光解产物，科学地证实了之前理论推测的反应机理。同时，瞿保钧等人还通过广角 X 射线衍射、拉曼光谱和小角激光散射对光交联 XLPE 材料的结构进行了深入研究。

这些研究表明：聚乙烯在强化光引发剂体系和一定反应条件下经紫外光照射后生成了具有三维网状的交联结构，其晶体形态和结晶度均发生了变化，分子构型的改变致使其性能也发生了改变。这些都体现在光交联后的聚乙烯在耐热性、机械性能、抗开裂性能、热变形性能、电性能、耐磨性能以及耐老化性能上都得到改善。

上述所有这些光交联基础研究为紫外光辐照交联电线电缆的产业化应用奠定了基础。

二、紫外光交联电线电缆新技术产业化发展历程

紫外光交联技术的产业化推广应用过程经历了长达 20 多年的时间。该技术在产业化发展过程中不仅获

得了国家自然科学基金会、中国科学院、国家科技部的大力支持，而且也离不开与电缆企业的密切合作、共同开发。例如，国家自然科学基金“快速反应”项目“紫外光交联聚乙烯电线电缆新技术”（项目批准号 59773030）、科技部的国家科技支撑计划项目“新型多功能轨道交通用电缆的研制与开发”（项目批文号 2007BAE27B01）和国家高技术研究发展计划“863”项目“交联聚乙烯超高压绝缘材料生产技术开发”（项目批文号 2013AA030702）的资助加快了光交联整套技术的产业化和推广应用的进程。紫外光辐照交联聚乙烯绝缘电线电缆新技术的产业化应用历史可以分为以下四个阶段：

1. 中试生产阶段

1990 年，以瞿保钧为首的中科大“光交联电缆研究团队”在实验室研究的基础上，成功研制了光交联电缆的最佳材料配方并获得相关技术参数，制造了以国产高功率中压汞灯为光源的第一代初创型紫外光辐照交联电缆设备，并设计了相应的工艺流程。1991 年初，中科大“光交联电缆研究团队”与江苏省常熟电缆厂合作对该厂普通电缆生产线改造，仅需将中科大研制的初创型紫外光交联电缆设备安放在原有生产线中，便创建了国内外首条紫外光辐照交联电线电缆中试生产线，完成了紫外光交联聚乙烯电缆绝缘材料的可行性试验，首次使用紫外光交联法成功研制生产出了 20~50kV 电视高压线聚乙烯绝缘线芯材料。但由于当时电视机高压电缆的阻燃外护层材料在国内尚未过关，最终没有形成产品。1991 年，中国科学院仅对“紫外光交联聚乙烯电线电缆新技术研究”作了科学技术成果鉴定（中科院（91）成鉴字 133 号），没有对电视机高压电缆产品作鉴定。

2. 工业化批量生产阶段

1991 年底以后，中科大“光交联电缆研究团队”继续深入研究，在国家自然科学基金的资助下对光交联材料配方和以国产高功率中压汞灯为光源的第一代光交联辐照设备和工艺技术流程进行了优化和改进。1996 年初，中科大“光交联电缆研究团队”又开始与铁道部焦作铁路电缆工厂合作，经过两年多的艰苦努力，不断改进试验，创建了国际上首条紫外光交联电缆产业化规模生产线，并成功地生产制造出紫外光交联电力电缆和控制电缆新产品。1999 年，“紫外光辐照交联聚乙烯绝缘电力电缆和控制电缆新技术和新产品”通过了中国科学院和铁道部的科学技术成果联合鉴定（中科院成鉴字［1999］第 022 号；铁道部科技成果办公室技鉴字［1999］第 070 号）。中科大和铁道部焦作铁路电缆工厂还共同申请了两项国家专利。2000 年 8 月，焦作铁路电缆工厂重建的首条紫外光交联电缆生产线投入批量生产，用于生产 1kV 及以下光交联电力电缆和控制电缆新产品，紫外光辐照交联聚乙烯绝缘电线电缆新技术正式进入产业化应用的阶段。但该厂自制的电缆材料只供给本厂使用，不对外供货。由于当时双方签署了“不得单方面将光交联电缆技术转让给第三方”的协议，延缓了该项新技术相当一段时期在电缆行业中的推广应用。

3. 大规模产业化生产阶段

2002—2005 年期间，以瞿保钧为首的中科大“光交联电缆研究团队”又成功研制了以微波激发无极灯为光源的第二代紫外光辐照交联电缆设备，并再次优化了光交联材料配方和工艺流程。2005 年 5 月，合肥华新电工（现合肥神马科技）牵头在合肥召开的国内电缆行业会议上大力推荐光交联电缆新技术，并邀请瞿保钧教授在会议上做报告，全面、系统地介绍了紫外光交联电缆新技术及其应用前景，受到了与会电缆企业的极大关注。2005 年 6 月，黑龙江沃尔德电缆有限公司贾洪修董事长和鲍文波总工程师向瞿保钧教授提出合作开发请求，经双方协商并最终签署了共同开发、联合推广光交联电缆新技术协议。同年，中科大把紫外光交联聚乙烯绝缘电线电缆生产设备和工艺流程技术的专利使用权授权给合肥华新电工（合肥神马科技），以共同在国内电缆行业中推广应用。然后，中科大又把紫外光交联聚乙烯绝缘电线电缆料生产的专利技术转让给黑龙江沃尔德电缆有限公司（之后黑龙江沃尔德电缆有限公司又新成立了黑龙江省润特科技有限公司专营光交联聚乙烯电缆料）。为确保光交联电缆料的质量和售后服务，又经双方协商，中科大方同意由黑龙江沃尔德电缆公司独家销售光交联电缆料，并向全国电缆行业推广应用。2005 年 9 月，中科大、合肥华新电工和黑龙江沃尔德电缆三方在合肥就共同研制开发“可分色的 1kV 紫外光交联聚乙烯绝缘电缆”和“10kV 紫外光交联聚乙烯绝缘电缆新产品”项目签署了三方合作协议。2007 年，三方合作研制开发的国内外首条以微波激发无极灯为光源的第二代紫外光交联电缆生产线在黑龙江省佳木斯市诞生，并成功地制造出符合电缆行业标准的10kV及以下电力电缆和控制电缆新产品，获得了黑龙江省“新产品新技术鉴定验收证书”（黑经技术鉴字［2007］6号）。

然而，在2009年初的推广应用过程中，由于以进口的无极灯为光源的第二代光交联辐照设备造价昂贵，一般用户难于接受，应用推广受到了极大影响。因此，黑龙江沃尔德电缆有限公司向中科大“光交联电缆研究团队”提出请求：要求开发以国产中压汞灯为光源的辐照设备（即第一代光交联设备），降低设备成本，以便于推广。于是中科大“光交联电缆研究团队”与合肥大成通讯设备有限公司展开合作，并成功研制了交联效率高、生产速度更快速的改进型第一代光交联电线电缆设备。同时在此基础上，黑龙江沃尔德电缆有限公司与哈尔滨理工大学哈普电气技术有限责任公司合作，对以中压汞灯为光源的第一代紫外光辐照设备做了大量完善和改进工作，最终由哈普电气所制造的改进型第一代光交联电缆设备交联效率进一步提升，设备成本进一步降低，于2010年面向全国推广，开拓了数以百计的紫外光交联聚乙烯电线电缆生产线。中国电器工业学会电线电缆分会在2016年9月公布的《中国电线电缆行业“十三五”发展指导意见》中，对“十二五”期间紫外光交联聚乙烯电缆料的销售情况做出了高度评价：“黑龙江省润特科技有限公司的紫外光交联XLPE电缆料，在‘十二五’期间推出90℃、125℃、135℃耐温等级系列产品，累计总销售量达3.6万t，用户逾300多家，成为国内电缆料行业技术发展瞩目的亮点之一。”

至此，利用紫外光交联法光照设备先后研制开发了两代紫外光辐照交联电缆设备。第一代采用中压汞灯作为紫外光源，该设备投资低，易操作维护，但其缺点是汞灯的使用寿命较短且光强衰减较快。第二代采用微波激发的无极灯模块单元作为紫外光源，该设备使用过程中光强基本无衰减，寿命长，但价格相对较高。第一代和第二代紫外光辐照设备主要由中科大“光交联电缆研究团队”和相关企业合作研制开发。2010年以后，对第一代光交联设备的改进及完善工作主要由哈普电气公司完成，并与黑龙江省润特科技有限公司一起面向全国推广，开拓市场。

2017年，哈普电气公司开始独立研制以发光二极管（LED）为光源的第三代紫外光辐照设备，并于2018年投入批量生产。第三代设备采用LED器件作为紫外光源，具有功率密度高、使用寿命长、生产效率高、可靠性优良、免受环境污染和智能测控系统高效等显著特点，受到用户高度认可，极大地推动了光交联法新技术在全国电缆行业中的推广应用。

4. 大规模应用扩展阶段

经过各方多年艰辛努力打开了业界市场，紫外光交联技术才逐步被业内企业认知，并认可该项技术的独创性和应用潜力。为了满足电缆行业对光交联技术日益增长的市场需求，中科大“光交联电缆研究团队”和黑龙江省润特科技有限公司密切合作，开展了对光交联无卤阻燃电缆材料的研究，对三元乙丙橡胶（EPDM）、EVA结合膨胀型磷氮类阻燃剂和纳米级氢氧化镁阻燃增强复合材料体系开展了研究和开发，并取得了良好的效果。其中，紫外光交联法制造无卤阻燃特种电缆的技术已成功商品化。另外，还对硅橡胶和尼龙展开了紫外光交联的研究，以便应用于制造光交联特种电缆材料。与此同时，中科大“光交联电缆研究团队”和哈普电气公司合作，对采用紫外光交联法制造高压、超高压交联电缆做出了探索性研究（“交联聚乙烯超高压绝缘材料生产技术开发”项目，国家高技术研究发展计划，2013AA030702，2013.01.01—2015.12.31）。目前光交联法用于制造高压电缆还有一些关键技术问题尚未得到解决。

综上所述，从光交联电缆新技术产业化过程的回顾中可以得到一个结论：以瞿保钧为首的中科大“光交联电缆研究团队”从基础研究开始，立足于国产原材料研发了光交联电缆的系列关键技术和光照设备，与相关企业合作创建了国际上首条光交联聚乙烯绝缘电线电缆材料的中试生产线、批量生产线和产业化规模的生产线，并生产制造出35kV电视高压线绝缘线芯、10kV及以下电力电缆和控制电缆等新产品，最终成功实现了光交联电线电缆产业化生产，对紫外光辐照交联电线电缆这项新技术做出了开创性的重大贡献。在紫外光交联电线电缆新技术应用推广过程中不少企业也做出了关键性的重要贡献，其中有江苏省常熟电缆厂、铁道部焦作铁路电缆工厂，特别是将光交联电线电缆新技术推向全国的黑龙江沃尔德电缆有限公司及之后的黑龙江省润特科技有限公司和将第三代LED紫外光交联辐照设备推向全国的哈普电气技术有限责任公司，它们在光交联法产业化的不同阶段起到了关键性的推动作用。这充分说明了一个事实：一项原始创新技术发明成果转化为生产力不是一件轻而易举的事情，但其中最为有效的途径是走“产学研”合作的道路。

三、紫外光交联电缆研发过程中所取得的技术成果回顾

中科大“光交联电缆研究团队”在该项新技术的研发过程中已获得了21项国家专利，其中发明专利18项（包含有1项国际（PCT）发明专利）、实用新型专利3项。

以中科大为项目第一完成单位的中国科学院或省部级科学技术成果鉴定的项目有三项。1991年，中国科学院对“紫外光交联聚乙烯电线电缆新技术研究”作了科学技术成果鉴定（中科院（91）成鉴字133号），其鉴定意见为“紫外光交联聚乙烯绝缘电缆材料制造新技术属国际首创”。1999年9月，中国科学院和铁道部对“紫外光辐照交联聚乙烯绝缘电力电缆和控制电缆新技术和新产品”的科学技术成果联合鉴定，由电缆行业专家和高分子材料科学院士、教授组成的鉴定委员会做出的鉴定意见是：“紫外光辐照交联聚乙烯绝缘电缆生产新技术为交联电缆生产开拓了一条新途径，处于国际领先水平。”“研制的交联聚乙烯绝缘电力电缆和控制电缆新产品性能优异，可以投入批量生产。”2007年，黑龙江省对“紫外光辐照交联聚乙烯绝缘10kV及以下电缆和电缆材料新技术和新产品”项目的创新成果作了“国际领先水平”的鉴定意见，同时该项目又获得了黑龙江省“新产品新技术鉴定验收证书”(黑经技术鉴字［2007］6号)。

国家自然科学基金委员会在1999年12月第三期简报中以“紫外光交联法及其在聚乙烯绝缘电缆工业应用的突破”为题上报中共中央、国务院、全国人大、全国政协及各部委局及有关部门。“紫外光辐照交联电缆新技术”在2000年荣获第九届中国专利新技术新产品博览会金奖和特别金奖，在2001年又荣获了第十三届全国发明展览会金奖。“光交联聚烯烃绝缘电力电缆的生产方法及其专用设备”ZL98111722.8）发明专利获2009年度中国专利优秀奖。

中科大“光交联电缆研究团队”对紫外光交联聚烯烃新材料及其无卤阻燃纳米复合材料进行了深入研究，都具有原创性的贡献。2017年，瞿保钧教授代表“光交联电缆研究团队”与中科大火灾科学国家重点实验室联合完成的“聚合物/层状无机物纳米复合材料的火灾安全设计与阻燃机理”课题获得了国家自然科学奖二等奖；2008年，“聚合物无卤阻燃新技术及其阻燃电缆”获安徽省科学技术奖二等奖；2007年，“紫外光辐照交联聚乙烯绝缘电缆材料”获黑龙江省省长特别奖；2000年，“聚乙烯光引发交联的机理及其结构性能研究”获安徽省自然科学奖二等奖等。

四、紫外光交联法的技术优势及局限性和发展前景展望

1. 紫外光交联法的技术优势

与传统的高能电子束辐照交联、过氧化物化学交联和硅烷交联技术相比，紫外光交联法具有以下独特的技术优势：

1）交联反应速度快。根据线径不同，一般在零点几秒内即可完成光化学交联反应。

2）投资少。可利用普通生产线上现有的生产设备，仅需加1套紫外光辐照设备。

3）产品加工周期短、生产效率高。紫外光交联法采用在线连续挤出—光照交联“一步到位”的工艺流程，不需要化学交联法的排气工序、高能辐照法的去剩余电荷工序以及硅烷交联法的水煮工序。

4）操作维护方便。紫外光交联法不会发生预交联现象，不需要像化学交联和硅烷交联那样定期清理挤出机的螺杆。

5）安全防护要求不苛刻，对环境友好。

6）成本及能耗低。根据相关同类产品的成本核算，可节省20%~30%的成本。

2. 紫光光交联法的局限性

随着紫外光辐照交联聚烯烃绝缘电缆新技术的深入应用，该新技术的一些局限性也逐步表现出来，主要有以下两个方面的问题：

1）紫外光辐照交联技术不适用于带有炭黑色母料的各种聚烯烃材料，因为炭黑可大量吸收紫外光能量，从而导致光引发剂难以引发聚烯烃绝缘电缆材料的光交联。相较于炭黑，添加其他各种颜色的色母料对紫外光交联的影响程度相对较小。

2）紫外光辐照交联技术目前还不适用于生产35kV及以上的高压或超高压电缆，因为这类高压或超高压电缆的结构包括内屏蔽层、绝缘层和外屏蔽层，必须三层共挤才能符合产品质量要求。由于外屏蔽层材料添加了高浓度的炭黑，而炭黑对紫外光有强烈吸收，因此紫外光难以使高压或超高压电缆的绝缘层实现光交联。

3. 紫外光交联法的发展前景展望

聚乙烯材料交联后具有优良的电气性能、力学性能和耐热性能等，广泛应用于电力电缆、电气装备用控制电缆、电视高压线、船用电缆、轨道交通用电缆、航空航天用电缆、核电站用电缆、军工用电缆等。因此，作为交联聚乙烯途径之一的紫外光交联技术在电线电缆行业的应用前景十分广阔。

紫外光辐照交联聚乙烯绝缘专用电缆料经“国家电线电缆质量监督检验中心”测试表明：其各项性能优良，如体积电阻率、击穿电压和介电性能以及力学性能和热氧老化性能等，均达到了35kV及以下交联聚乙烯电缆用绝缘料的各项技术指标。

紫外光辐照交联法生产的XLPE电缆产品经“国家电线电缆质量监督检验中心”和“电力工业部电气设备质量检验测试中心”全面的产品型式试验，结果表明：其具有优秀的电气性能和物理化学性能，各项技术指标达到或超过了规定的技术标准，应用于电力和电气控制系统将大大提高系统的安全性能。

从目前的市场需求来看，紫外光辐照交联技术最主要应用于生产1kV及以下分色低压电力电缆和控制电缆系列新产品。紫外光交联电缆料的聚烯烃基料选材丰富，可以采用高密度、低密度、线性低密度聚乙烯、EVA树脂以及EPDM橡胶等。紫外光交联电缆技术今后的发展趋势是研发不同种类聚烯烃材料的光交联特种电缆、低烟无卤阻燃电缆和耐高温特种电缆等。

随着紫外光交联技术在电缆行业中的进一步推广应用，会有越来越多的电缆企业用该项技术来生产电线电缆。这是因为紫外光交联技术与其他交联技术相比具有很强的竞争优势：投资少、见效快、生产效率高、完全满足产品性能要求。目前国内市场可以提供紫外光交联电缆料和紫外光辐照设备的公司数不胜数。例如，江苏、广东、安徽、河北等电缆企业较集中区域均有电缆料厂家在销售紫外光交联电缆料，但最早掌握该项技术并向全国电缆行业提供光交联电缆料的公司有黑龙江省润特科技有限公司及其江苏分公司、合肥光冉高分子材料科技有限公司。同时，由哈尔滨理工大学哈普电气科技有限公司最早研究并制造出的LED紫外光交联电缆设备对紫外光交联新技术的推广应用做出了巨大贡献，目前已经几乎完全取代了早期第一代和第二代紫外光辐照设备，并正以每年百台以上的速度装备国内电线电缆行业生产线。

随着电缆企业用户的逐步增多，紫外光交联电缆料和设备的生产企业同样也会增多。通过对紫外光交联材料及设备的生产标准进行规范化，可以确保紫外光交联技术在电缆企业中的规范化应用。

第5节　我国无卤低烟阻燃电缆料的发展历程

电线电缆用外覆层（如护套、绝缘材料）基本都是高分子材料，常用的材料有橡胶、聚氯乙烯、聚乙烯等，其中聚氯乙烯材料因价格便宜、性能优异而应用最为广泛，自20世纪80年代以来在卤素阻燃材料市场中占有绝对的统治地位。随着社会的进步和科学技术的飞速发展，人们的环保意识逐渐增强，PVC内在的弱点，如燃烧时释放的大量黑烟中有严重的腐蚀性气体和有毒气体等问题，受到人们的广泛关注。统计结果表明，火灾中85%以上的死因与烟气有关，其中大部分是吸入了烟尘及有毒气体昏迷后而致死的。因此，欧洲阻燃协会提出了禁用多溴二苯醚的法案，荷兰首先实施，其他国家开始仿效。为了克服这些问题，电线电缆行业开始寻找卤素阻燃剂的替代品，并逐步研发出低卤、无卤的电缆材料。全球三大溴系阻燃剂生产商也转向开发无卤阻燃剂，这也标志着阻燃剂品种的战略性转变。这些新型阻燃材料不仅具有更好的阻燃性能，而且在燃烧时不会产生有毒烟雾和腐蚀性气体，从而大大提高了电线电缆的安全性和环保性，因此无卤低烟阻燃材料的研究开发已是一个热门课题。本节主要回顾无卤低烟电缆料的发展历程。

一、国外无卤低烟阻燃电缆料的发展历史

早在20世纪70年代，国外一些先进电缆制造企业就开展了无卤低烟阻燃电缆的研制，在国际电线电缆年会和期刊上发表了一些相关的文章。20世纪80年代，无卤低烟阻燃电缆及电缆料的研究颇为活跃，同时由于传统的高阻燃有卤电缆给人类造成了巨大的伤害，无卤低烟阻燃电缆料逐渐成为研究开发阻燃电缆料的主流方向。国外研制无卤低烟阻燃电缆料的企业包括Scapa Polymerics Ltd、PolyOne、Padanaplast、美国联合碳化学公司和AEI等。

有趋势表明，在重要场合下无卤低烟将逐渐成为这些电缆料的首选。英国自从伦敦皇家地铁站遭遇惨痛火灾事故以后，相关部门已经明令在公共场合下必须采用符合使用技术指标的LSZH电缆料，进一步推动了无卤低烟阻燃聚烯烃电缆料行业的发展，2001年在欧洲成立了FROCC（Fire Retardant Olefinic Cable Compounds）协会。接下来简要的介绍国外主要的无卤低烟电缆料厂家及产品：

（1）Scapa Polymerics Ltd（UK）：Megolon

1）热塑性无卤低烟护套料：

第一代：1981年，最早生成LSOH的厂家。

第二代（S300）：1987年，加工性有改进，可有较快的挤出速度。

第三代（S500）：1992年，使用低压缩比螺杆可以达到PVC的挤出速度。

第四代（S560）：1996年，比较适合于光纤电缆，可在规范PVC挤出机上加工。其中Megolon D36/2/7符合UL1666标准，适用于通信电缆。

2）热固性无卤低烟绝缘料：交联型无卤低烟绝缘料，2001年新技术。

Megolon品牌是国际上最早推出且具有代表性的无卤低烟阻燃电缆料商品。1996年推出的第四代商品的加工性达到了可在常规的PVC挤出机上加工的需求。后来开发的新商品阻燃性能达到了美国UL 1666标准的要求。

（2）Padanaplast（Italy）：Cogegum（16种）、Cogefill（4种）等　Padanaplast公司于1971年成立，主要生产PVC产品，1982年开始生产无卤低烟阻燃电缆料产品，包括热塑性及可交联的SIOPLAS。2000年，公司被Solvay集团收购，加强了其在特种环境硅烷交联化合物领域的主导地位。

（3）PolyOne（USA）：ECCOH产品　PolyOne是世界上最大的电线电缆特种材料供应商之一，有丰富的产品品种和定制化产品设计的能力，可为电线电缆行业客户提供材料总体解决方案。ECCON是PolyOne的一个分公司，20世纪80年代推出第一代无卤低烟阻燃电缆料产品，但其加工工艺较差。1990年推出了新一代无卤低烟阻燃电缆料产品，加工时需要借助定制的挤出机螺杆。1996年推出的无卤低烟阻燃电缆料可在普通PVC挤出机上生产无卤低烟电缆。

（4）AEI Compounds（UK）　AEI Compounds公司在1983年成为AEI电缆有限公司分部，主要的无卤低烟阻燃电缆料产品有：SX538无卤低烟阻燃电缆料，可用于电力电缆和光缆的护套料；SX541无卤低烟阻燃电缆料，采用硅烷交联、高阻燃、高柔性的综合技术开发而成，用于电力电缆护套料；CT08-93无卤低烟阻燃电缆料，具有高成炭特点，满足欧盟建筑产品指令EN50399防火测试中的B2评级要求；后期还推出了其他领域应用的无卤低烟阻燃电缆料。

（5）日本企业 日本早期在无卤低烟阻燃电缆料产业发展迅速，是少数几个掌握无卤低烟阻燃电缆料核心技术的国家之一。日立、藤仓、住友等电线公司每年都颁布较多与无卤低烟阻燃电缆料相关的专利，这些专利主要采用不同的方法解决无卤低烟阻燃电缆料的核心问题，即克服阻燃性能与其他性能的矛盾，对各种性能进行综合平衡。已有部分产品实现了商品化。

二、我国无卤低烟阻燃电缆料的发展历程

1. 初期阶段（1990—2000年）

国内无卤低烟阻燃电缆料的研究开发工作晚于国外数年，但在改革开放和市场经济的促进下得到快速发展。20世纪80年代，我国引进了美国UCC 1638 NT无卤低烟阻燃电缆料作为电力电缆的外护套，因此早期一些电缆厂都建有烘干房，主要用于烘干无卤低烟阻燃电缆料，以防止影响挤出速度和外观。

20世纪90年代初，我国具有一定规模且具备开发能力的电缆料企业及科研院校也开始关注无卤低烟阻燃电缆料的开发。1992—1993年，上海高分子材料研究所委托中国科学院上海有机化学研究所剖析该产品，其主要的成分和用量如下：

1）聚合物（40%）：是两种聚合物的混合，其中主成分是EVA（含VA 14%），占37.4%，次要成分是聚二甲基硅氧烷，占2.6%。

2）无机填料（59%）：主要成分是氢氧化镁，主要作为阻燃剂。

3）有机添加剂（1.0%）：

① 石蜡油（0.50%）。

② 抗氧剂：抗氧剂1010（约占0.25%），抗氧剂DSTP（约占0.15%），抗氧剂264（约占0.04%），抗氧剂HoechatTM03（约占0.04%）。

此外，还发现有微量2，6-二叔丁基苯酚，但不知是有意添加的还是生产抗氧剂1010过程中未反应完全的原料。

由于早期国内研究人员在研究无卤低烟阻燃电缆料时，在原材料方面选择较少，并且对原材料用于无卤低烟阻燃电缆料的理论研究和实践缺乏实战经验，因此在开发上存在一定的难度。但由于我国在电力电缆和通信电缆方面有着巨大的市场需求，因此吸引了国外产业发达的电缆制造商来华投资建厂，如电线电缆制造商Prysmian（普睿司曼）、Nexans（耐克森）、Pirelli（比瑞利）、Sumitomo（住友）、Furukawa（古河）等知名大企业来华建合资、独资企业。通过合资建厂给我国电缆行业带来了新的制造技术和新的加工技术，使业内人士有了更多的学习借鉴的机会，也提升了国内的电缆料研究开发能力。

1995—2000年，随着我国辐照技术的稳步发展，无卤低烟阻燃交联型电缆料的需求逐步增大，促使一些电缆料企业、研究所、高等院校研究开发该类产品，如兰州化工研究所、西安交通大学、上海电缆研究所等都在对无卤低烟阻燃电缆料进行基础性研究。沈阳电缆厂和东北橡塑材料有限公司联合开发无卤低烟阻燃辐照交联聚烯烃绝缘材料，研制的1kV电缆产品于1997年通过部级技术鉴定，该研究成果用于秦山核电站二期工程核级电缆的生产。国内的无卤低烟阻燃电缆料厂，如临海市亚东特种电缆料厂在此时期也开发出40年寿命的K1、K2、K3类防辐射核电缆料等产品。随后，国内还有无锡爱邦高聚物有限公司、江苏三角洲塑化有限公司、上海凯波电缆特材股份有限公司、上海化工厂、河北中联塑胶科技发展有限公司等电缆料厂都开始无卤低烟阻燃电缆料的研究开发和应用。

2. 中期阶段（2001—2010年）

2001—2010年，随着我国对无卤低烟阻燃电缆料的需求逐年增长，电缆料企业加大了研发投入。但由于我国EVA（乙烯—醋酸乙烯共聚物）的生产和应用起步较晚，1993年北京东方石油化工有限公司有机化工厂从意大利埃尼化学公司引进了中国首套釜式法EVA树脂生产装置和技术，并于1995年2月投产。2005年底，扬子石化-巴斯夫有限责任公司采用的是Basell公司的高压管式法工艺技术，兼产LDPE和EVA。北京燕山石化公司于2010年对化工六厂的高压装置进行改造，该装置为釜式法工艺，产能为20万

t/年，并于2011年3月底产出第一批合格产品E-VA9F1，其后产品不断升级。但在当时EVA树脂用于电线电缆领域的牌号较少，科研人员基本选用进口EVA材料，如美国杜邦、美国陶氏、日本三井、韩国韩华等的产品作为低烟无卤电缆料研究和使用的基体树脂。阻燃剂主要还是以无机阻燃剂氢氧化铝、氢氧化镁为主。但在研究要求较高的特定领域的无卤低烟阻燃电缆料时，还是选择德国马丁的氢氧化铝、氢氧化镁进行尝试，因为它们的细度和表面处理技术优于国内阻燃剂。在开发研究满足耐温125℃和150℃辐照交联聚烯烃电缆料的国内电缆料企业主要有临海亚东、江苏三角洲、无锡爱邦、上海凯波、浙江万马和江苏德威等。该类电缆料长期工作温度可达150℃，具有良好的耐热性能和机械性能。2004年，北京化工大学在张立群教授的技术团队带领下，成功研发出我国自主知识产权的高性能无卤阻燃电缆料，解决了当时国内无卤低烟电缆料产品存在的机械性能低和加工性能差的问题。同年，上海至正和意大利潘德那公司合资建立上海至正潘德那聚合物有限公司，作为国内的无卤低烟阻燃电缆料合资企业之一，引进国外的无卤低烟阻燃电缆料的新技术和新工艺。2004年5月，中国电器工业协会电线电缆分会在贵阳召开会议，主要讨论无卤低烟电缆料生产、使用中存在的问题及绿色环保电缆料等主题。

针对无卤低烟电缆料的标准化要求，2004年由上海电缆研究所牵头，联合无锡爱邦高聚物有限公司、江苏三角洲塑化集团有限公司、河北中联化工有限公司、临海市亚东特种电缆料厂，制定并发布JB/T 10436—2004《电线电缆用可交联阻燃聚烯烃料》，2007年新增上海至正潘德那聚合物有限公司、上海新上化高分子材料有限公司及北京中友聚创橡塑技术有限公司参与JB/T 10707—2007《热塑性无卤低烟阻燃电缆料》的制定。标准实施后，国内的无卤低烟阻燃电缆料研究开发逐步规范化。到2009年底，全国的无卤阻燃电缆料产量已达到14万t，已占到PVC电缆料总量的1/10，与2005年相比产量增加了7倍。

无卤低烟阻燃电缆料在使用过程中，国内某知名电缆大厂发生了电缆开裂问题。2011年，中国电气工业协会电线电缆分会在银川召开的电气装备线缆和橡塑材料专业技术研讨会上，上海凯波特种电缆厂发表论文《无卤低烟阻燃护套料抗开裂性能及其检验方法的研究和探讨》，会议后引起业内同行高度关注。2015年，该检测方法被纳入GB/T 32129—2015《电线电缆用无卤低烟阻燃电缆料》。随后上海旺嘉实业有限公司就开发出这款试验设备并申请了国家专利。该试验设备既可作为产品出厂检测用，也可作为电线电缆厂进货验收检测用，同时还可作为材料厂配方试验用。国家标准中规定制取缠绕样品时负荷为1kg，但在附件A中又建议使用2kg的负荷。实际上，有时电线电缆厂在特定产品生产时希望材料厂加大负荷到5kg甚至更大，这样可确保成缆产品的护层料不开裂。电力电缆开裂问题现已得到有效解决。

3. 快速发展阶段（2010—2020年）

“十二五”期间，由于我国进入“光进铜退”时代，宽带网络建设及智能建筑迅猛发展，室内通信光缆的市场需求量也在同步增长，市场容量比较大。室内通信光缆除用于用户引入端，还可广泛地用作室内布线、跳线、通信设备和数据设备内的连线及数据线，且这方面的需求还会继续增大。2015年，随着FTTH（光纤到户）的大规模部署，用户可独享光路分支带宽，宽带网络也已进入百兆光网时代，市场的需求量进一步提升；无卤低烟光电缆材料持续高速发展，光通信用无卤低烟阻燃材料在国内也基本实现了自主供给，适合FTTH、3G、4G建设的光通信电缆用无卤低烟护套材料，通过材料的创新解决了材料阻燃、抗开裂、挤出工艺性的问题；4G基站建设的拉远光缆用无卤低烟阻燃护套材料在技术上取得突破；主要的光缆料企业有上海至正道化、湖北科普达、杭州红其、海门启新、中联光电、无锡杰科等。

2010—2020年，我国的无卤低烟阻燃电缆料在各领域得到大力推广应用，使用量快速攀升。国家大型基础项目建设、轨道交通、绿色新能源工程建设、智能电网建设为无卤低烟阻燃电缆料提供了很好的市场应用空间。人们对绿色环保材料的认识进一步推动了无卤低烟阻燃电缆料类别的细分，产品技术水平显著提高。2020年，我国的无卤低烟阻燃电缆料市场需求约为122亿元，年均复合增长率约为6.8%。在电气装备线用无卤低烟阻燃电缆料方面，主要为海洋石油平台用电缆、光伏发电用电缆、轨道机车用电缆、风能用电缆以及满足UL标准的电源线，技术水平取得了很大的进步，例如UL电子线、建筑布线、汽车线及光伏电缆等应用的辐照交联聚烯烃线缆料技术得到解决，第三代核电站的K1类电缆材料配方及评估技术的进一步提升在稳步推进中，满足三代核电站AP1000的壳内电缆料技术水平达到国际领先。在电力电缆用无卤低烟阻燃电缆料方面，220kV电缆用阻燃护套材料实现了国产化。2015年，江苏上上电缆集团有限公司完成“双层共挤绝缘辐照交联电线电缆”鉴定，远东电缆有限公司完成“额定电压0.6/1kV双层共挤绝缘辐照交联无卤低烟阻燃电力电缆”鉴定。2020年，浙江晨光电缆股份有限公司通过了“1kV交联聚乙烯绝缘聚烯烃护套无卤低烟阻燃B1级耐火电力电缆”“110kV交联聚乙烯绝缘阻燃A类电力电缆”等的技术鉴定。

生产设备的技术水平也有了一定的进步和提升。密炼机设备的工艺技术、同向双螺杆混炼造粒技术及国产往复式单螺杆混炼造粒机组技术进一步获得完善和提高，但在自动化、生产效率方面与国外同类机组对比仍有提升空间。

原材料国产化的进度也在加快。无卤低烟阻燃材料用原材料主要是聚烯烃树脂及无机阻燃剂等，已基本完成国产化配套，国产的EVA树脂牌号中，VA含量较低的产品基本满足电缆料行业需求，国内的主要EVA生产厂以有扬子石化-巴斯夫有限责任公司、联泓新材料科技股份有限公司、燕山石化、宁波台塑。不同树脂基材接枝马来酸酐的相容剂技术获得成熟应用。在阻燃剂生产及研发方面，国内不断扩大氢氧化铝的生产规模，无机阻燃剂改性技术得到快速发展。国内生产的化学法氢氧化镁性能也不断提高，但在产品稳定性方面还存在一定差距，特别是针对无机填料的表面处理技术和超细化方面有待提高。

国内针对无卤低烟电缆料的标准化修订工作顺利推进，发布了JG/T 441—2014《额定电压450/750V及以下双层共挤绝缘辐照交联无卤低烟阻燃电线》、JG/T 442—2014《额定电压0.6/1kV双层共挤绝缘辐照交联无卤低烟阻燃电力电缆》、GB/T 32129—2015《电线电缆用无卤低烟阻燃电缆料》、《光伏组件电缆用无卤阻燃聚烯烃电缆料》、YD/T 1113—2015《通信电缆光缆用无卤低烟阻燃材料》，进一步规范和提高了无卤低烟阻燃电缆料的应用。

“十三五”期间，《中国电线电缆行业“十三五”发展指导意见》指出，2015年全行业预计使用无卤低烟阻燃料40万t。通过对22家电缆料和电缆厂走访调研，2015年销售量统计为25.45万t。

三、无卤低烟阻燃电缆料的现状和未来发展趋势

“十四五”期间，无卤低烟阻燃电缆料的多场景和高性能化应用仍是主要的发展方向。无卤低烟阻燃料的多场景应用重点关注高端装备、清洁能源、光通信电缆用无卤低烟阻燃电缆料以及新型阻燃技术及阻燃剂产品的开发应用。特别是随着新基建推进，以及节能环保和安全标准规范的要求，行业面临全面实施GB 31247—2014要求的B1（B2）燃烧等级，如轨道交通、光缆、数据缆等产品适用的B1阻燃无卤低烟材料将迎来较大发展。行业需要研发适合多场景应用的高性能产品，优化现有产品性能，降低成本，扩大市场。

在高性能方面的要求如下：要求无卤阻燃电缆通过成束A类燃烧和B1级燃烧（重点在双喷灯、中压单芯电缆方面），提高了对护套料、隔氧层料及包带的整体阻燃性要求，在技术领域方面极具挑战性；要求达到B1级指标且附加项目滴落达到d0级，即在燃烧过程中不发生任何滴落，以解决在火灾场景中滴落物引燃周边可燃物的风险。随着GB/T 19666—2019的实施，要求单根燃烧过程中产生的滴落物不得引燃下部的医用棉，这对护套的成壳性要求大大提高。

随着科技的不断发展，无卤低烟阻燃电缆料在未来将会有更多的发展机遇和挑战。同时，随着全球环保意识的提高，各国政府可能会出台更为严格的电缆环保法规和标准，以限制有害物质的使用和排放，这将为无卤低烟阻燃电缆料带来更大的市场机遇。总之，未来无卤低烟阻燃电缆料将在材料创新、技术升级、应用拓展等多方面得到发展。

第 6 节 抗水树 XLPE 电缆料的发展历程

一、引言

交联聚乙烯（XLPE）电力电缆以其优异的电气性能、机械性能、耐热性能及传输容量大、可连续挤出、生产效率高等特性深受广大电力用户的欢迎。由于其制造工艺简单、维修方便，20 世纪 60 年代已被发达国家作为主流的中压电力电缆。由于我国 XLPE 电力电缆发展比较晚，到 20 世纪 80 年代末 XLPE 电力电缆才逐渐成为电力电缆的主流。电力电缆投入运行后都会受到电场、机械应力、热场等因素的作用而发生老化，影响使用寿命。研究人员通过不断对运行的电力电缆跟踪观察和研究，发现水树枝化是 XLPE 电力电缆绝缘破坏的主要原因。其中，引起水树枝化的主要原因是电力电缆在制造、运行、敷设过程中有水分子侵入到电缆内部。水树枝在特定电场作用下逐步发展并延伸成电树枝，导致电缆绝缘被击穿，进而造成电缆使用寿命大幅缩短，对电力系统的稳定性和可靠性造成威胁。本节主要回顾抗水树 XLPE 电缆料的发展历程。

二、国外 XLPE 电力电缆的发展历程

LDPE 首先作为绝缘材料用于电力电缆的初步尝试是在 1939 年，然而直到 1950 年底，LDPE 才真正奠定了作为绝缘产品的领先地位并逐步取代橡胶材料。1952 年，英国科学家亚瑟·查里斯贝（Arthur Charlesby）发现辐照后的聚乙烯产生了交联，从此对聚乙烯的交联技术研究拉开序幕。经过交联改性的 PE 材料，其结构从线状转变成网状，因此它的性能得到大幅度的提高，不仅表现在它的力学性能、耐环境应力开裂性能、耐化学腐蚀性能、抗蠕变性和电性能等方面，尤为突出的是提高了 PE 的耐热性。交联后的 PE 工作温度可以达到 90℃，比原先未交联时提高了 20℃，短路温度也从一般 PE 的 150℃提高到 250℃，从而大大提高了电力电缆的载流量。

1957 年，美国 GE 公司首先采用过氧化物（DCP）作为交联剂发明了化学法的 XLPE。1958 年，GE 公司又制造出蒸汽湿法交联 XLPE 电缆生产线，并经过 10 年时间制造出不同等级的交联电缆。1974 年，美国能源研究开发局下属电力研究院与 GE 公司合作，计划研制交联电缆，于 1977 年宣告 138kV、230kV、345kV XLPE 电缆设计、制造和敷设技术研究成功，并获得专利。

日本在 1959 年开始从美国引进湿法交联技术，在运用湿法交联技术过程中发现其工艺生产中有大量的水蒸气注入电缆气孔内从而引发水树枝化现象。于是从 20 世纪 60 年代起，日本研究人员优化工艺，研究开发出干式 XLPE 电力电缆交联工艺。日本住友电气公司先后在 1960 年制造出 6kV XLPE 电缆，1961 年制造出 33kV XLPE 电缆，1982 年制造出 500kV XLPE 电缆。日本六大电线电缆公司（住友、古河、日立、藤仓、昭和、三菱）几乎同时研制出 XLPE 电力电缆，并且它们都有非常完善的交联系统和自己独特的技术。

北欧在 1965 年也开发了中高压全干式 XLPE 电力电缆生产线。XLPE 电力电缆的耐电压等级也从 110kV 提升到 500kV，传输容量也不断得到提高。目前 XLPE 电力电缆已在全球中高压电力电缆中占主导地位。

三、国内 XLPE 电力电缆的发展历程

我国 XLPE 电力电缆起步较晚。20 世纪 80 年代中期开始，随着国内 XLPE 电力电缆需求增加，干式 XLPE 交联生产机组如雨后春笋般建立起来，但是由于电缆企业缺少对交联生产技术的认识，交联电缆的击穿故障率较高，直接影响到了交联电缆的运行安全。为此，由上海电缆研究所牵头开展了 XLPE 交联生产机组的整顿和验收，电力电缆缆企业的人员素质、工艺水平、体系管理等得到了提升。

国内 XLPE 的研发始于 1988 年，最早由上海化工厂、西安交通大学、上海电缆厂三家单位联合开发，通过大量资料文献和专利的查阅以及对国外先进产品的剖析借鉴，成功开发出了“35kV 及以下可交联低密

度聚乙烯绝缘塑料阶段产品”，该产品于 1989 年 9 月 16 日通过上海市化学工业局技术鉴定。随后在湖南湘潭电缆厂完成国内首根采用国产 XLPE 绝缘料的 35kV 电力电缆的生产。

1989 年，上海化工厂率先实现了 XLPE 绝缘料的量产，结束了国内 XLPE 绝缘料完全需要进口及电力电缆长期使用充油电缆的历史，为后续国内电力电缆用 XLPE 绝缘料的发展积累了技术基础和实践经验，开创了 XLPE 绝缘料在国内迅速发展的先河。

6kV、10kV、35kV 为中压城市配电网的电压等级，中压主要使用的是 XLPE 绝缘电力电缆。《中国电线电缆行业发展“十四五”发展指导意见》中，预估 2020 年 XLPE 绝缘料产量为 30 万 t，但由于受疫情的影响，2020 年 XLPE 绝缘料销售量为 19.67 万 t。

四、国外中压 XLPE 电力电缆水树枝化的发现和治理

XLPE 是一种非极性的高聚物，具有憎水性。关于水树枝引发和生长的机理有很多解释，大部分学者认为是渗入到材料内部的小水珠在电场的作用下发生沿电场方向的形变，形状由球形变成椭球形，并同时对材料施加沿电场的挤压力，当它施加给材料的能量超过材料分子键的键能时，就会导致分子链的变形或键的断裂，以及材料的破坏，在这些区域就会形成一些微小的充水孔穴。水树枝就在电场和水分子的共同作用下逐步生长、发展。

1967 年，日本首次发现地埋 XLPE 电力电缆因水树枝化引发电树击穿后，接着在 1972 年美国西海岸大面积 XLPE 电力电缆水树枝化后引发电树击穿，引起大面积停电。美国通过解剖西海岸敷设的 161 条 XLPE 电力电缆，发现运行 5 年后几乎半数电力电缆的绝缘中都出现了水树枝化现象。美国早年使用湿法交联生产 XLPE 电力电缆，这与多年后出现大面积停电可能有一定的关系。

由于美国在 20 世纪 70 年代出现中压 XLPE 绝缘电力电缆水树枝化导致击穿电缆的高潮，所以绝缘材料供应商、电力电缆制造商和供电部门都把目光聚焦到了 XLPE 绝缘的水树枝化现象，开展对抗水树 XLPE 电缆料和电力电缆的研究。后来，美国 UCC 公司和英国 BP 公司在 20 世纪 80 年代相继研究和推出抗水树 XLPE 绝缘料。

欧洲和北美电力系统的中压 XLPE 电力电缆中，中压抗水树 XLPE 电力电缆具有高达 95% 的市场占有率，主要是因为其安全可靠性好，使用寿命长。从 2000 年起美国中压 XLPE 电力电缆已全部采用抗水树 XLPE 绝缘电缆。

五、我国中压 XLPE 电力电缆水树枝化的发现

我国自 20 世纪 80 年代引进 XLPE 电力电缆的制造技术和设备，并大规模生产 XLPE 绝缘电力电缆。经过 40 多年发展，目前 10~35kV 中压电力电缆几乎都采用常规的 XLPE 绝缘材料，但在一定的潮湿环境下，电缆在运行 8~12 年后普遍生长出大量水树，致使中压 XLPE 电力电缆出现水树枝化现象。同时在特定电场的作用下，水树枝化逐步发展并延伸成电树枝化现象，最终导致电力电缆绝缘被击穿，影响电网的安全运行。

上海电缆研究所在工程服务中对故障电力电缆的检测结果显示，运行超过 5 年的中压 XLPE 电力电缆绝缘绝大部分都发生了水树枝化现象。尤其是安装在南方潮湿环境中的电力电缆，水树枝化的发生十分普遍，个别严重的水树枝长度接近绝缘厚度的 70%。上海供电局把上海地区在 1992—2003 年敷设的 XLPE 电力电缆取样 12%，并委托上海交通大学电气材料与绝缘研究中心评估 XLPE 电力电缆水树枝化，结果这批 XLPE 电力电缆运行不到 10 年，水树枝化已达到 30% 左右。

上海金山石化公司的 35kV 电缆系统是全国最大的一个 35kV XLPE 电力电缆供电区域单位，电缆全长约 500km。它在 1985 年选用干法交联生产的 XLPE 电力电缆，电力电缆运行 3~5 年后产生水树，7~10 年间电力电缆出现被击穿的现象，已有约 40% 的电力电缆被击穿后进行更换，新安装的电力电缆使用约 10 年仍有电力电缆击穿现象。这对电网系统的安全送电产生较大的威胁，电缆到底能运行多久，最终还要取决于其抗水树能力。

蒋佩南先生是国内研究 XLPE 电缆的知名专家，他撰写了一本交联电缆论文集，通读全集 40 篇文章，发现有 12 篇文章谈到水树枝化问题，约占全集文章的 30%，可见 XLPE 电缆水树枝化问题的严重性。

武汉高压研究所在抗水树枝化研究领域进行了大量试验研究，研究表明，通过采用新型的抗水树技术生产的中压抗水树 XLPE 电力电缆具有良好的抗水树效果，电缆运行的可靠性和安全性都得到很大的改善。然而，在目前电缆行业的价格大战环境下，除非出口和用户特定要求，一般推广抗水树 XLPE 绝缘料的难度较大。希望通过回顾中压电力电缆存在的水树枝化问题，引起行业相关人员更多关注。

六、我国抗水树 XLPE 绝缘材料的对策

水树枝化是由于 XLPE 材料中存在水，在交变电场作用下导致水树枝的引发、生长，最终形成水树枝化。随着对水树枝化机理研究的深入，不仅对水树枝化有了更深的了解，也为抑制水树枝化提供了理论上的支持。经过多年的研究，人们也提出了许多改善水树枝化的方法，编者经过阅读大量的文献和亲身实践的经验，把我国学者对于抗水树 XLPE 绝缘材料的对策归纳为 4 个字句：堵、疏、堵疏结合、填。下面简要介绍抗水树的改进思路和方法：

（1）堵的思路　“堵”即改变绝缘材料的结构，通过加入成壳剂，使 XLPE 晶体从大球晶转变为小球晶，以提高材料的致密度。大球晶之间的间隙大，小球晶之间的间隙小，同时小球晶的增加会使无定形区面积也相对减小，因为水树枝化多发生于此区域，这样就可以阻止水分子的侵入。西安交通大学屠德民、党智敏等在 2002 年发表的“新型抗水树聚乙烯绝缘电缆料的研究”一文中，就是加入三梨糖醇作为成壳剂来研究新型抗水树 XLPE 电缆料的。

（2）疏的思路　“疏”即加入带有极性的高聚物，如 EEA、EVA、EAA 等。因为水是极性物质，而 XLPE 是非极性物质，所以其具有疏水性，即 XLPE 对水具有排斥能力。因为 XLPE 对水的吸引力小于水分子的内聚力，所以吸附在这类材料表面的水往往成为鼓起的水滴，不能形成连续的水膜。材料疏水性的大小可用接触角进行衡量，当接触角大于 90° 时为疏水性材料，当接触角小于 90° 时为亲水性材料。水树引发和生长的关键是交变电场对水滴的极化。交变电场的正负极变化可使水滴极化变形，而这种从圆形水滴到椭圆形水滴的变化在 50Hz 频率下可每秒发生 100 次。对绝缘材料来说这是一种每秒 100 次张弛的疲劳实验，也是一种破坏运动，是水树引发和生长的根源所在。加入 EEA、EVA、EAA 这类极性物质后，由于极性材料的亲水性使接触角小于 90°，可以避免进入绝缘材料体内的水成为水滴，而是化解形成水膜。由于这种疏导作用，可避免电致应力产生。

（3）堵疏结合　西安交通大学电气绝缘研究中心是我国开展此工作的先行者之一，屠德民、党智敏、曹晓珑、谢大荣、徐曼等关于抗水树 XLPE 绝缘料的研究成果有很多，读者可自行查阅相关堵疏结合的理论。

（4）填的思路　近年来，将纳米材料作为添加剂添加到 XLPE 绝缘材料内的研究工作相继展开。实践证明：添加纳米材料可消除无定形区的缺陷和微空隙。填入的纳米陶土不仅可堵塞无定形区的微小空隙，同时煅烧陶土还有活性，可捕获导电粒子。

我国抗水树 XLPE 电缆料的研究主要还是疏的思路居多，国内主要的电缆料厂基本都是以改性为主，但又很难从基体材料结构进行改性，只能通过添加极性材料来改善绝缘材料体内的水分子，以避免水分子变成水滴，如国内的万马高分子、上海至正道化、上海新上化等电缆料厂都采用这种方法来解决 XLPE 的水树枝化问题。人们在研究抗水树枝化过程中发现，屏蔽料质量和 XLPE 绝缘体的界面光洁度对电缆性能和抗水树性能也是至关重要的。

七、我国抗水树 XLPE 绝缘料的研究及成果

普通 XLPE 电力电缆在干燥环境下具有优良的电气和机械性能，但在实际应用中电缆敷设的环境通常比较恶劣或者处在潮气湿度比较大的环境下，而普通 XLPE 电力电缆不具备抗水树能力，长期使用下绝缘会逐渐吸收环境中的水分，在电场的作用下，久而久之电缆就容易产生大量水树，降低电缆的电气性能和

使用性能，影响电网的安全稳定运行。

在此背景下，2006年浙江万马高分子聘请西安交通大学屠德明教授为技术顾问开发抗水树XLPE电缆料，2009年其开发的抗水树XLPE绝缘料通过了武汉高压研究院的360天（成缆）鉴定试验并进入了产业化推广阶段，利用该产品制成的电缆主要出口至发达国家。同时，抗水树XLPE绝缘料在2009年获得了国家发明专利，2010年被列入国家重点新产品计划，并通过了美国菲尔普斯道奇公司和意大利普睿司曼公司的检测。应用抗水树XLPE电缆料可以大幅度提升中压电力电缆的使用寿命，大大节约铜、铝、聚乙烯等资源的消耗，有效降低电缆的击穿故障率，对电网的安全稳定运行有着重要意义，推进电缆行业向绿色化发展。

2011年，上海至正道化与西安交通大学电气绝缘研究中心曹晓珑、谢大荣、徐曼教授合作开展抗水树XLPE绝缘料产品的研发和水树枝化的试验及评定，并在曹晓珑、谢大荣、徐曼教授指导帮助下建立了一套符合国家标准GB/T 21224—2007要求的实验装置，该装置不但可做样品抗水树评定，也可指导研发人员进行配方设计。通过对水树枝化的在线观察，可以清晰地看到水树枝变化的过程，并可以摄像予以保存。经过多次反复试验（实验条件：试验电压5kV，频率1000Hz），抗水树XLPE绝缘料和空白样对比，抗水树XLPE绝缘料的抗水树效果都优于空白样。2012年，上海至正道化向上海磁悬浮公司提供了抗水树XLPE绝缘料试制品，该料经西安交通大学电气绝缘研究中心按照GB/T 21224—2007（等同IEC/TS 61956：1999）《评定绝缘材料水树枝化的试验方法》进行检测，结果为达到设计要求。后期该产品曾在国内进行了批量销售。

国网武汉高压研究院电压技术研究所杨黎明先生认为，采用抗水树材料生产的电力电缆，其使用寿命会有大幅上升，应在中压电缆中重点推广应用抗水树XLPE电缆，将其作为一项新技术在电网中使用。

当然，还有很多电缆料厂和研究机构对抗水树的机理和预防都做了大量的研究工作，在此就不一一列举了。

经过多年对XLPE电缆及电缆料的研究，电力电缆的防水结构工艺不断优化并逐步走向成熟，对抗水树XLPE绝缘料研究的成果已有很多转化为商品化产品。采用抗水树材料生产的XLPE电力电缆会大幅提升电缆的使用寿命。希望通过对抗水树发展历程的回顾，引起电缆行业同仁的更多关注，从而更好地保障我国输配电电网的安全可靠运转。

第7节　我国硅烷交联聚乙烯绝缘料的发展历程

一、概述

交联聚乙烯具有优异的电气性能、耐高低温性能和耐应力开裂性能等。常见的聚乙烯交联技术有过氧化物交联、硅烷交联、辐照交联和紫外光交联等。和其他交联聚乙烯相比，硅烷交联具有设备投资少、生产成本低、生产效率高、产品适应性强等特点，适用于各种厚度的产品，同时也适用于大部分有填充的复合材料。并且由于配方体系中过氧化物添加量少，不易在PE中生成微孔，更有利于保持PE的高绝缘性。硅烷交联按其生产工艺可分为二步法（Sioplas E法）、一步法（Monosil R法）和共聚法（Visico）三种。

1. 二步法硅烷交联

Sioplas E法硅烷交联工艺最早由英国米德兰有机硅公司在20世纪60年代开发，并在1968年获得专利，1972年正式实现产业化。该工艺分接枝料、催化母料（即A、B料）的生产和挤缆两个工序进行。故也称二步法。二步法工艺虽然投资少、原料成本低，但制造过程较难控制，且成品随着储存时间的增长，熔融指数会逐渐下降。经硅烷接枝后的PE容易与空气中的水分发生预交联，故储存期短，单独接枝料储存期一般不超过半年，接枝PE和催化母料混合后储存期一般不超过3h。此外，由于使用过程需多次混合接枝料和催化母料，容易带入杂质，故一般情况下二步法只能用于10kV及以下电线电缆绝缘的制造。

2. 一步法硅烷交联

一步法硅烷交联由瑞士Maillefer公司和英国BICC公司于1974年发明。该工艺首先将PE和配方助剂一次性加入到挤出机，接着由挤出机挤出包覆电线电缆。其工艺简单，减少了材料的污染，适用于生产耐压等级较高的电缆，但也存在着对工艺技术要求较高、投资大的缺点。国外将这种一步法通称为Monosil R法，请读者不要将其与现在国内沿用的一步法相混淆。Monosil R法是电缆厂家首先将各种原料采用计量秤按配方比例加入挤出机的料斗，再由挤出机完成接枝和挤缆工序。各种材料由供应商直接供应给各电缆厂，而供应商往往又会将硅烷与抗氧剂、抗铜剂甚至催化剂等混在一起，既可少用几台秤，又可达到从原料上绑定客户的目的。而我们国内现在沿用的一步法最早来自新加坡爱乐舒（厦门）精细化工有限公司、卡安特等公司，其技术则来自德国的KABELMETAL和BSL公司。该一步法简单来说就是把各种原料按配方比例全部加入高速混合机中混合均化，然后采用防潮袋封装后供给电缆企业使用。后来，为了减少PE在高速混合机混合过程中高速摩擦而造成的粉末问题，国内在2010年前后纷纷采用真空摇罐工艺完成一步法硅烷交联。

3. 共聚法硅烷交联

1986年，日本三菱油化公司推出交联共聚物产品Visico，即LINKLON系列PE和乙烯基硅烷共聚法硅烷交联PE。共聚法吸收了一步法和二步法的优点，在高压PE反应釜中使乙烯和乙烯基硅烷在2500bar高压条件下发生共聚，故它既保证了材料的高洁净度，又可避免由于接枝过程中过氧化物引发剂分解形成微孔而产生水树枝化的隐患，也基本免除过氧化物分解残留物的污染，显著提高了硅烷交联的电性能。因此该电缆料除用于低压电缆的制造，更适应于中压电缆的制造。此外，共聚法硅烷交联还具有以下特点：

1）在共聚物中，硅烷共聚单体分布较均匀，故其水解交联速度快且交联晶格分布均匀，力学性能好，所需硅烷含量较低。

2）由于共聚过程中基本隔绝了水分，故成品料储存期长，正常条件下可储存50周时间而熔融指数无变化，特殊存放二年后仍可以使用，有利于市场开拓。

3）共聚法生产批量大，质量稳定，共聚物基本不含交联PE，加工性能好。

4）用户可沿用已有的普通电缆生产线，基本不需要新增设备。

20世纪末，英国BP、日本三菱油化、美国UCC等公司先后推出过共聚法硅烷交联产品，并占领了交联PE电缆不少市场。尽管共聚法有种种优点，但价格上还是比一步法和二步法更贵，所以目前在国内市场上鲜见共聚法硅烷交联产品。

二、国内早期发展和成长阶段（1994—2015年）

20世纪90年代之前，我国技术人员对硅烷交联技术其实并不陌生，特别是在国内迅速发展的化学交联和辐照交联技术的推动下，有关硅烷交联技术的报道也逐渐增多。这项技术的最大特点就是它的化学反应完全可以用反应方程式表达出来，之所以未能在我国早期发展，原因是该技术受到专利保护，直到专利保护期满后才得以在国内外展开研究。当时，由于我国改革开放推行市场经济，技术人员和管理者更加注重市场需求和企业效益，同时也得益于相对宽松的外部市场环境，为引进新产品和新技术创造了更加有利的条件。

自从1994年8月在烟台举办交联电缆技术研讨会和1995年9月在武夷山举办交联电线电缆标准研讨会后，国内硅烷交联绝缘低压电力电缆和控制电缆等产品迎来了跨越式的发展。究其原因，除了电缆研究所多年的技术推广和各电缆厂之间相互技术交流，还有以下几个因素：

1）国内用户对硅烷交联电缆有了进一步的认识，设计院也开始大量采用。如当时上海地区各供电局就做出决定，要求1996年开辟的新电缆线路和架空绝缘电缆线路一律使用交联聚乙烯绝缘。

2）硅烷交联电缆的售价大幅度下降，从原来最高的33000元/t左右，下降至最低的17500元/t，几乎腰斩。

3）除有些电缆厂自己开发一步法硅烷交联外，其他电缆厂则外购成品料生产硅烷电缆，不需要大量投资和增加高水平的技术措施。

当时许多外商正是看准了我国硅烷交联电缆的发展趋势才纷纷涌入我国市场。具体情况如下：

1）共聚法硅烷交联方面。日本三菱油化公司的 LINKLON 最早于 1987 开始进入我国市场，该材料在 1996 年前后售价为 2.5~3.2 万元 /t。随后美国联碳公司（UCC）的 SILINK 料和芬兰 - 挪威合资的北欧化工电线电缆集团的 Visico 料也逐步开始进入我国市场。

2）二步法硅烷交联方面。美国 AEI 公司的 408/401 料最早推向我国市场，但因价格偏高和交货期等问题，未能打开局面。韩国 LG 化学公司的 S11230NT/MB 料大量向我国低价倾销，这是对国产硅烷影响最大的进口材料。此外还有英国 BP 公司的 D505/M55 料等也在国内有出现。

3）混合的固相一步法（即目前国内统称的一步法）硅烷交联方面。所有的材料以固体形态混合并封装于防潮袋内，使用时无须烘干，在挤塑机内完成引发、接枝和产品成型，但需要较高的挤塑温度。新加坡爱乐舒（厦门）精细化工有限公司的 PLEXLINK 已经开始准备大批量进入我国市场，并在上海开过一次技术推广应用会。此外还有韩国的 SILOXINE 和印度尼西亚的 MASLINK 料也颇具代表性。

4）计量加料的液相一步法（Monosil R 法）硅烷交联方面。该工艺采用纯聚乙烯粒子料和多种助剂混合液，在专用设备上完成引发、接枝和产品成型。典型的设备有 NOKIA-MAILLEFER L/D=30 一步法挤塑机和瑞士 CAB MACHINE 设备（L/D=26，有预混配料和混合料的储存罐）。意大利 DE ANGELI 公司的干法计量预混一步法和湿法计量预混一步法情况也基本相同。

国外硅烷交联产品的大量涌入引发国内科研院校和企业对该材料的开发热潮，进一步推动了硅烷交联绝缘材料的国产化进程。我国最早在 1994 年由哈尔滨电工学院电缆材料研究所用二步法工艺生产出硅烷交联绝缘料，并经沈阳电缆厂、黑龙江肇东电缆厂和大庆迅达电缆厂使用后，展现的各项性能完美达标。此外，哈尔滨精化实业股份有限公司也曾在 1996 年 8 月的“中国电工技术学会电线电缆专委会”专题论文中提到其当年硅烷交联聚乙烯绝缘料的产能为 4000t/ 年，说明该公司在国内较早启动了硅烷交联聚乙烯绝缘料的研发和生产。

1995 年，为了验证我国上海金山石化的 PE 能否应用于硅烷交联电缆料的制造，上海高分子功能材料研究所将 100kg 牌号为 DJ200A 的树脂交给美国奥斯佳（OSi）公司，要求该公司在国外 OSi 研究室进行验证，验证结果表明：采用 DJ200A 生产的硅烷交联绝缘料制造的电线除拉伸强度稍低及出现铜导体发绿现象外，其他性能均满足 IEC502 标准的要求。由于这两个问题在配方技术上可以解决，所以上海高分子功能材料研究所会同上海化工厂对二步法硅烷交联聚乙烯绝缘料展开立项研发，在 1996 年底成功量产，并于 1997 年 1 月 15 日完成“1kV 及以下电线电缆用硅烷交联聚乙烯绝缘料”产品的技术鉴定。当时上海化工厂采用大连橡胶塑料机械厂制造的 L/D=44 的 90 型同向平行双螺杆混炼造粒机组生产二步法硅烷交联料，产量最高可达 550kg/h，年产能约为 4000t。当时上海化工厂在生产二步法硅烷交联料时，为了控制基料 PE 的水分不高于 200ppm，还曾在 1996 年花费几十万投资一套体积庞大的分子筛装置。之后，随着技术的不断进步，新的生产工艺就取消了该干燥装置，而产品质量基本不会受到影响。

随后，河南濮阳塑料厂开始生产硅烷交联电缆料，进入 2000 年后，杭州通达、万马高分子、太湖远大、杭州高新等企业也先后上马硅烷交联电缆料项目，所采用生产设备大部分为同向平行双螺杆混炼造粒机组。

国内一步法硅烷交联聚乙烯绝缘料最早在 1996 年由爱乐舒、卡安特等公司向国内输入，自此以后国内逐步完成一步法的国产化。当时的工艺路线主要是采用高速混合机工艺混合均化基础树脂、催化母料、抗氧剂和硅烷剂等配方组分。后来随着技术的革新进步，逐步演化成采用真空摇罐等现行比较常用的生产工艺。

在早期开发硅烷交联电缆料的企业都碰到一个共同的问题，就是配方的数据重复性很差，特别是作为交联电缆料主要性能指标的热延伸试验，一度使技术人员陷入困境。1995 年，在哈尔滨召开的一次行业会议中，来自哈尔滨精化实业股份有限公司的李静工程师发表了一篇题目为“硅烷可交联聚乙烯电缆绝缘材料热延伸试验试样制备方法的初步实践”的论文，此文石破天惊解众惑。作者对比了经模压法、挤压法和成缆法三种制样方式制成的试样的试验数据，证明了通常的模压法不适用硅烷交联对热延伸的评价，得出挤压法更适合硅烷料热延伸试验的试样制备。该项研究是开创性的，对后续硅烷交联绝缘料热延伸试验检测方法具有重要意义。其中的试验部分内容如下：

1）试验所用仪器及设备：流变仪及带型口模；压光牵引装置一套；平板硫化机一台及厚度为（1.0 ± 0.1）mm 的模具一副。

2）试验条件：

① A、B 料按 95 : 5 比例混合均匀。

② 挤压法试样制备条件见表 60。

表 60 挤压法试样制备条件

流变仪	机头	三段	二段	一段
温度控制	145℃	135℃	110℃	100℃

另外，牵引速度应略大于挤出速度。

③ 模压法试样制备条件：平板硫化机的压力 >15 MPa，温度为（170 ± 5）℃，加压 10min 后开始冷却，冷却至 70℃以下起模。

④ 试样要求：表面光滑，厚度控制在（1.0 ± 0.1）mm。

⑤ 交联条件：90℃温水交联 8h。

⑥ 试片处理条件：在室温下干燥 24h 后方可进行试验。

3）试验结果：热延伸试验按 GB 2951.18—1982 的规定进行，温度为 200℃，拉伸强度为 0.2MPa，时间为 15min，测试结果见表 61。

表 61 不同制样方式下的测试结果

试片编号	模压法		挤压法		成缆法	
	伸长（%）	变形率（%）	伸长（%）	变形率（%）	伸长（%）	变形率（%）
1	225	9.2	50	2.5	95	2.5
2	X	X	50	1.9	85	3.0
3	215	15	49	2.5	95	2.5
4	X	X	50	2.5	90	2.5
5	X	X	50	2.5	85	2.5

注：X 表示试片没有做出数据。

4）结果分析：从以上三组数据不难发现，通过挤压法制备的试样的热延伸检测数据与成缆法的检测数据比较接近，而通过模压法制备的试样的热延伸检测数据与成缆法的检测数据相差较大，而且试片试验获得数据的成功率仅为 40%。因此我们认为热延伸试样的制备方法应采用与成缆工艺接近的挤压成型方法，这样才能准确有效地检测硅烷交联料的性能。

该方法对后续硅烷交联料的性能检测准确性具有重要意义，之后在 2004 年更是被纳入由上海电缆研究所、上海化工厂、万马高分子、杭州通达等单位参与起草的机械行业标准 JB/T 10437—2004《电线电缆用可交联聚乙烯绝缘料》的“6.2.2 硅烷交联聚乙烯绝缘料试样制备”中。该标准的发布与实施使硅烷交联电缆料从制样、性能指标到检测方式都具有统一的标准和规范，有利于供需双方检测数据的对标和市场规范化管理。

三、快速发展阶段（2016—2020 年）

经过 20 多年的发展，随着技术的革新和进步，国内可用于硅烷交联基材的聚乙烯树脂牌号更加多元化，选择性更多，同时产品质量也更加稳定可靠，为国内硅烷交联电缆料的高质量快速发展奠定了基础。

加工设备方面基本上采用同向平行双螺杆混炼造粒机组。北方以百年老厂大连橡胶塑料机械厂为代表，南方以南京为中心形成了双螺杆混炼造粒机组生产制造基地，较具代表性的有科亚、科倍隆、瑞亚、诚盟等设备供应商。国内的设备质量不断迭代升级，更符合客户的使用预期，其中水下造粒和熔体泵加压连续过滤技术也十分成熟，只有核心关键部件仍依赖国外进口，与国外同款机组相比仍存在较大的提升空间。

在该阶段，硅烷交联电缆料迎来迅猛发展，江浙沪区域的万马高分子、江苏德威、太湖远大、杭州高新、上上电缆、上海新上化、至正道化等企业都具备万吨以上硅烷交联料的生产销售能力。

电缆厂自产自销的代表首推江苏上上电缆集团有限公司，其拥有电缆制造所需的几乎所有的绝缘材料，自给自足率可达 80%，目前仅核电类绝缘材料仍需从临海市亚东特种电缆料厂外购。上上电缆 2023 年的材料年总产量在 15 万 t 左右，正计划引进建设年产 2 万 t 的 500kV 及以下化学交联 XLPE 生产线和年产 0.5 万 t 的 110~220kV 半导电屏蔽料生产线，预计 2025 年可建成投产。其他如江苏亨通、远东电缆等也已建成年产 3~5 万 t 的绝缘材料生产基地。上述企业在“十二五”期间已形成相当大的生产规模，并在产品开发和品种升级迭代方面也做了充分的预研和储备。

“十三五”期间，尽管受到全球新冠疫情的影响，但在碳达峰碳中和绿色低碳发展的国内外大背景下，以及国内高铁“八纵八横”加紧建设的条件下，电动汽车迅猛崛起，地铁和高铁建设增速，进一步促进国内中低压电线电缆的快速发展。据不完全统计，国内 2020 年硅烷交联电缆料的全年需求量约为 25 万 t，仅次于化学交联 XLPE 电缆料的 30 万 t。同时也是在这个阶段，材料生产企业为适应电缆用户多元化的需求，又先后开发出了更成熟的低收缩硅烷交联电缆料、自交联硅烷交联电缆料、高速挤出硅烷交联电缆料、硅烷交联无卤低烟阻燃聚烯烃电缆料等材料。

四、现状及展望（2021 年至今）

电力作为国民经济的命脉，是现代产业的动力“心脏”，更是国民经济发展的“先行官”。当前，电力投资与建设产业不断遵循新发展理念、高质量发展和新发展格局的总要求，全面建设清洁低碳、安全高效的能源供应体系，更为我国社会主义现代化建设提供强有力的动力保障。

据不完全统计，仅 2023—2024 年国内先后有烟台万华、江苏柯灵、太湖远大、浙江万马、江苏上上、杭州润和等企业通过引进 BUSS 公司设备上马 110kV 及以上高压绝缘材料项目，项目建成投产后可形成 14 万 t 左右的新增产能，再加上之前已经投产的高压绝缘材料项目，可以预见未来 3~5 年国内中高压化学交联 XLPE 电缆料的产能必然会突破 50 万 t。同时与之配套的中低压绝缘料预计也将迎来新的增长点，但具体增速也只能用以后的数据评判。在中低压电线电缆绝缘料选择方面，基于现有技术和未来几年的预测，基本也只能在硅烷交联料、辐照交联料和紫外光交联料等材料中进行选择。

结合三种材料的特点来看，辐照交联料的设备投入大，预计可能将会被其他两种材料挤占市场份额。而紫外光交联料因工艺简单、设备投入小，近几年增长也很迅猛，但同时又存在无序低价竞争的现象，其产品质量及光源设备也良莠不齐，至今没有国家标准可以制约该类产品。此外，紫外光交联对颜色选择性强，最明显的就是黑色可以将紫外光能转化为热能，导致无法实现交联，涉及颜色含黑色成分的（如灰色、深棕色等）都将会影响产品在紫外光源下的交联。值得一提的是，受到工艺和生产效率的制约，辐照交联和紫外光交联电缆料通常只用于生产 3kV 及以下低压电线电缆。而硅烷交联电缆料则不受限制，可以用于 20kV 及以下电线电缆的制造，适用范围广、性价比高，具有广泛的市场认可度，加之电缆企业也具备丰富的应用经验，预计在未来一段时期仍将占据着中低压绝缘料市场的主导地位。

第3章 制造装备产品的发展变迁

电线电缆制造设备是电线电缆产品生产、开发的必备设备，其先进程度直接影响着电线电缆产品的新品开发、生产效率、产品质量等。我国电线电缆制造装备的发展也经历了曲折，好在改革开放后通过大量引进国外先进制造设备，弥补了我国电线电缆制造对制造设备的大量需求，同时为追赶世界电线电缆制造水平提供了必备条件，也缩短了与世界电线电缆制造水平和产品质量水平的差距。

一、中国第一家线缆设备制造工厂的发展历程

上海电工机械厂始建于1928年春，当时的厂名是新业五彩花铁制罐厂，厂址在上海市戈登路（现江宁路）海防路口，主要冲制牙粉罐头。1929年春，制罐厂迁至康脑脱路（现康定路），同年秋天，产业转卖给李泰云。

李泰云（1896—1981年）生前为上海交通大学教授、中国农工民主党上海市委员会委员、上海市政协委员。1933年，李泰云发放了10万股金，在杨树浦平凉路宁武路口买了2亩多土地，建造了新厂房，内设制罐工场、机械工场、铸工工场，厂名改为新业铁工厂。

1938年春，厂址迁至小沙渡路（西康路）租界，厂名改为普利铁工厂。1946年，厂址迁回原址。1953年7月1日，经上级批准公私合营，改名为上海新业电工机械厂，划归一机部电工局领导，产品方向明确为电工专用设备、工业电炉和真空电炉，成为国内第一家从事电工专用设备、电炉制造的专业化工厂。

1955年，亨大救火车制造厂等12家厂社相继并入新业电工机械厂。1960年，经上海市委决定，将电炉车间划出，建立上海电炉厂，而上海新业电工机械厂迁至上海市军工路580号。1966年，该厂400余名职工支援内地建设，建立四川德阳东方电工机械厂。同年12月，上海新业电工机械厂改名为上海电工机械厂，主要生产电线电缆专用设备，主要产品为拉丝机、挤塑机、绞线成缆机、漆包机四大系列，产品出口东南亚、英国等地。

改革开放后，由于种种原因，现已退出市场。

二、不同时期线缆设备制造的发展历程

1. 1970年前

根据一机（65）密字613号文的要求，1966年上海新业电工机械厂内迁部分设备和人员，再加上当地的投资，新建了四川德阳东方电工机械厂。

同一时期，郑州电缆厂建成专用设备制造部门，天津市也建成电材设备修造厂。由于电线电缆工业当时需要大量专用设备，因此一机部组织晨光机器厂、淮海机械厂、太原晋西机械厂、营口机床二厂、本溪机器厂、重庆压缩机厂、哈尔滨电工技校等制造了大批电线电缆专用设备。另外，电线电缆厂也自制了很多设备，如上海电缆厂自制了200多台，中国电工厂自制了96台。

20世纪60—70年代，电线电缆产品及其制造工艺发生了根本性的变化，导致了电线电缆专用设备的

变革。这一时期是电线电缆专用设备创新最繁荣、发展最迅速的时期。

2. 1971—1985 年期间

改革开放以后，出现了技术引进的高潮。据不完全统计，截至 1985 年底，我国电线电缆行业，包括机械电子、邮电、铁道、冶金部门，共有 72 家工厂，一共引进 149 个项目，总投资 1.5 亿美元以上，引进了铜杆生产线、交联生产线、橡胶挤出硫化生产线、全塑市话电缆生产线等。这些引进的先进生产设备给我国设备制造企业提供了一个学习、借鉴的机会。为建立我国的电线电缆专用工艺装备制造体系，国内在选型、研究设计、系列生产、标准化等方面做了很多工作。据统计，截至 1985 年，开发的电线电缆制造设备有：

1966 年，研制成功小同轴电缆成套生产设备。

1970 年，研制成功高压电缆纸包机。

1971 年，研制成功铝杆连铸连轧机组。

1972 年，研制成功铝包钢线生产流水线和铝扁线轧拉设备。

1974 年，研制成功铜线连续退火大拉机。

1975 年，研制成功 2500mm 盘绞式大型成缆机和催化燃烧漆包机。

1976 年，研制成功橡胶加工半自动生产线。

1977 年，研制成功 250BM 螺杆塑料挤出机。

1978 年，研制成功市内电话电缆高速拉丝绝缘生产线。

1981 年，研制成功叉式绞线机。

1983 年，研制成功同轴电缆定径切削、铜带纵包工艺装备。

1984 年，研制成功铝合金连铸连轧工艺设备。

1985 年，研制成功连续压铅机和大长度光纤拉丝套塑涂覆生产流水线。

3. 1986—2005 年期间

电线电缆专用设备是电线电缆制造业赖以生存和发展的基础，先进的专用设备大大地推动了电线电缆行业的技术进步和经济效益的提高。20 世纪 80 年代后期，国内引进电缆专用制造设备达到高潮，引进了数百台（条）设备和生产线，价值达数亿美元。因此，国内电线电缆设备制造企业进行了引进电缆专用制造设备的消化、吸收与再创新工作。“十五”期间，电线电缆专用设备在消化吸收国外先进技术的基础上，自主开发了新型国产专用设备，改进并完善了原有设备，新工艺、新技术在行业中普遍推广使用，设备成套能力增强，设备的技术水平、性能和可靠性都有了明显的提高。设备制造厂的专业特点也比较明显，一批知名企业凸显，其主导产品达到或接近 20 世纪 90 年代初进口设备的水平，国产电线电缆专用设备基本能满足我国常规电线电缆生产的需求。由于国产专用设备所采用的工艺是先进的，设备功能是齐全适用的，且价格仅为先进工业国家同类设备的 1/5~1/3，有着良好的性能价格比，不仅在国内市场具有相当的竞争力，同时还有一定数量的设备出口到一些发展中国家。

尽管如此，与国外先进水平相比，差距仍然是明显的。首先自主开发能力差，基本停留在测绘、仿制的较低层次上，没有形成电线电缆产品、材料、工艺和设备有机结合的开发创新体系。高端电缆产品的关键生产设备不能满足行业发展需要，如光纤制棒设备、超高压交联电缆生产线、OPGW 纤芯管焊接设备、微同轴物理发泡设备、汽车线生产设备等几乎全部依赖进口。即使是消化吸收后开发的设备，与国外设备相比仍有一定差距，主要表现在生产效率较低（效率为先进进口设备的 50%~80%）、自动化程度不高、可靠性较差和能耗较大。与不断改进的国外设备相比，国产设备的差距还在拉大，不能完全满足一些起点较高的现代企业的需要，每年仍有几亿元的设备需要进口。不仅如此，仍有为数不少的电工设备制造厂还在生产结构陈旧、效率低下、耗能严重甚至污染环境的设备。结果，低水平的产品供过于求，高水平的产品仍需进口。

在这个时期，技术含量较高的电线电缆产品使用的生产设备还是以进口的先进设备为主，国产的制造设备用于中低档电线电缆产品的生产上。

20 世纪 90 年代以来，国际上更注重提高电线电缆产品质量、提高生产效率、节约能源和保护环境。相较于国外一些新的高效、节能工艺和专用设备，国内的主要差距如下：

（1）利用废铜直接生产铜杆　国内废铜火法精炼方法采用传统的分拣—熔化—深度氧化还原—连铸连轧工艺，该工艺既不能有效去除杂质，再生铜杆的电导率和加工性能也难以达到要求。同时，有大量烟气溢出，污染环境。国外 FRHC（火法精炼高导电铜）的主要技术是精练，其技术核心是调整杂质成分和含氧量，而不是采用深度氧化还原的方法。根据铜液中的杂质成分和含量，通过计算机辅助设计确定精炼工艺参数进而选择特种添加剂及其用量。整个精炼过程都是在倾动式精炼炉内完成的，并配有专门的废气处理装置。新开发的 COSMELT 连续熔化工艺则将反射炉的批次作业转换成连续作业，提高了热效率，也提高了连铸连轧生产线的利用率。可见，在废铜直接生产铜杆方面，与国外先进工艺存在原理性的差异。

（2）铜、铝杆连铸连轧生产线　国产铜、铝杆连铸连轧设备不成系列、规格少、产能低，缺少大型铜、铝杆生产设备，不能满足专业化生产要求。熔炼设备自动化控制程度低、能耗大。国产连铸机中，金属液位仍然由人工控制（国外早已采用金属流量自动控制系统）。轧机截面及各道次变形率小，产能低，能耗高。生产线在线检测功能缺失，未开发工艺监视和数据测量系统。铝连铸连轧生产线还缺少铝杆冷却和双盘自动成圈装置。

（3）拉丝设备　与国外同类先进设备相比，差距仍然明显，主要表现在生产速度较低，约为国外同类设备的 50%~70%，而单位产量的能耗却接近进口设备的一倍。从一次性投资、产量、能耗、修理费用等方面综合测算，综合经济性能不及进口设备。此外，设备在自动化程度、寿命和可靠性等方面还有不小差距。尚无国产多头拉丝机商品上市。

（4）绞制、成缆设备　国产绞制、成缆设备的主要差距在于加工精度和动平衡精度不够高，设备转速为进口设备的 1/3~1/2（瓶颈在于绕包装置的转速），噪声大，能耗高，生产效率低（辅助时间长），有些设备的张力装置尚需进一步改进。

（5）交联、挤出生产线　目前，绝大多数的国产中压交联生产线没有采用计算机模拟技术，生产线凭经验操作，在生产线的稳定性、灵敏度和抗干扰性等方面还需提高。20 世纪 90 年代开发了一台国产 110kV 立式交联生产线，10 多年来没有进一步完善和发展，导致国外立式交联设备一统天下。

（6）金属护套和铠装设备　锁扣式铠装电缆可直接埋地敷设，并适用于腐蚀和非燃性建筑中，减少了管道布线带来的施工难度和人工成本。而且锁扣式铠装比常规铠装更有柔韧性，更容易安装，是一种用途广泛的铠装方式。锁扣式铠装机国内已有试制，但未商品化。

（7）漆包机　尽管国产高速漆包机性能已有极大提高，但仍需进一步提高催化燃烧热风循环效率，降低能耗，减少废气排放和泄漏。

（8）在线检测装置　目前国产检测装置品种还比较少，测试精度、灵敏度和抗干扰性还有差距。并且基本上都是指示仪表，不能对设备进行自动控制，也不能提供设定值与反馈值偏差。

4. 2006—2010 年期间

从 2000 年开始，我国电线电缆设备制造企业注重提高生产效率、提高设备运行速度、减少辅助时间和减轻人工劳动强度。例如：大轴承支承式管绞机运行速度提高 20% 以上；630 框绞机可配备多种形式的上下盘装置，缩短了换盘时间，提高了生产效率；提高挤出机的挤出量，ϕ120 挤出机的出胶量可达 1t/h；开发的高效绞制设备大型双节距束线机开始被用户认可。

具体体现在以下几个方面：

1）根据电缆厂生产重大工程项目用电缆的需要开发关键生产设备。

2）光缆、数据缆（6、6e 类）、同轴电缆生产设备技术水平提高很快，基本满足国内需求。

3）光纤生产的关键设备（光纤拉丝塔）也由光纤光缆厂自行研制成功。

4）高速催化燃烧热风循环漆包机、拉丝—漆包生产线、换位导线生产线达到国际先进水平。

通用系列产品的性能和质量有了进一步提高。在此期间，电线电缆专用设备新产品或重大改进的产品（部分）有：铜连铸连轧生产线；立式海缆成缆机；铜型材摩擦连续挤压机；连续压铅机系列；铜包铝生产线；6类缆生产设备；双头铜大拉机；物理发泡挤出机；铜合金巨拉机；高速催化燃烧热风循环漆包机；非滑动式铝（合金）大拉机；换位导线绞线机；710、800大型框绞机；光纤不锈钢护套焊接设备；OPGW绞线机；紫外光交联设备；大容量双节距束绞机；电子加速器和束下设备；三层共挤连硫生产线；110kV悬链式高压交缆生产线等。

2005年之前开发的许多设备，如连续压铝机、电子加速器和束下设备、铜型材摩擦连续压机等在此期间得以完善提高，并形成了较完整的系列。

5. 2011—2015年期间

在电线电缆工业高速发展过程中，电线电缆专用装备制造也同样得到长足的发展，不仅在产能规模上基本满足80%市场和电缆产品制造的工艺需求，而且在主要设备的技术性能和产品质量上也不断和世界一流水平趋近。

电线电缆电工装备制造市场年需求总量在80~90亿元，而现有国产装备制造能够满足其中约85%的中低端产品，但高端装备及研发试验类产品的装备仍需从欧美进口，占总量的10%~15%，年均10亿元左右。

2011—2015年期间，全国涉及电线电缆专业电工设备制造的企业保守估计在450~500家，外围企业也有100~200家，从业人数有3~3.5万人，产值规模在近亿元及以上的企业数量约50家（约占10%）。

据相关资料统计，全国电线电缆专业电工设备制造企业分布如图92所示。

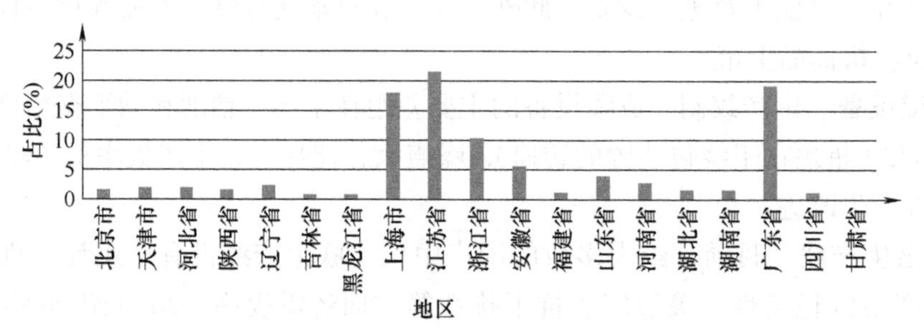

图92　全国电线电缆专业电工设备制造企业分布

从分布图看，上海市、江苏省、浙江省和广东省是电线电缆专业电工设备的制造大省。

2010—2015年期间，年均产值保持3亿元以上的仅有合肥神马，产值3000~4500万的企业约有100家，占企业总数的20%。具有核心竞争力（产值、创新、品牌、利润率、市场占有率）的企业仅占25%~30%，70%~75%的企业年均产值仅2000万左右甚至更少。

在每年80~90亿元的市场总量中，价格竞争非常激烈。位于后100位企业的订单不足是常态化现象，因而企业开、停、并、转现象层出不穷。前100位企业相对稳定，因为品牌影响力和售后服务配套比较成熟，订单量基本能够满足自身生存的需要。然而因为资金面和现金流并不乐观，企业要升级发展也并非易事，因此造成了总量不大、集中度不高、发展不快的格局。这也是许多年以来年均产值超过3亿的规模企业仅有一家，而98%的企业均是中小规模甚至是小微企业的根本原因。

电线电缆行业现有产能远远大于实际产量，也就是说，各电缆企业的设备存量已在几年之前就已经大大超过其现有实际产量，设备平均利用率普遍在60%以下，因此电工设备制造业的产量并未随电线电缆的产值增加而增加。随着经济建设速度放慢，电线电缆行业受到的影响是企业开工率不足、订单减少、利润下降等，增加了企业对未来发展趋势不明朗的担忧，从而导致企业的信心不足、观望情绪增加，新的投资项目明显减少，因此电工装备的实际销售量环比是有所下降的。同时，国家产业政策限制了中高压项目的投资建设，也进一步使得大型成套电缆设备采购量下滑，产值和利润有所下降应在情理之中。

在此期间，我国电线电缆制造设备状况如下：

（1）交联CCV、VCV生产线 全国电缆生产企业现有CCV生产线约800条，其中近15%处于不正常生产状态，其余85%按满负荷产能保守估计可年产150万km电缆，设备产能严重过剩。国内企业尚未具备VCV生产线制造能力，所有装备均从国外进口。HCCV生产线已被生产企业和用户所接受，白城福佳率先投入大量人力和资金研发出了适合我国市场需求的HCCV生产线。

（2）普通绝缘、护套挤出机 作为电线电缆最基础的专用设备，挤塑机的技术水平实际上代表着我国的电线电缆设备制造水平。30多年来，尽管我们整体的制造水平已得到长足发展和提高，也始终在追赶世界一流，但却从未超越欧洲的装备制造水平，主要问题在于：

1）塑料挤出机的效率低。南京艺工、安徽普瑞斯等企业生产的挤出机的效率与欧洲生产的挤出机的效率还有很大的差距，只能达到其效率的70%。欧洲挤出机的螺杆转速与挤出量呈线性关系，国产塑料挤出机的螺杆转速与挤出量的线性关系较差。

2）能源消耗大。

（3）成缆、绞线、束线装备 国产绞制、成缆、束线设备是供应量最大的设备种类，占总产值的约1/3。和国外设备相比其主要差距在于加工精度和动平衡精度不够高、设备转速约为进口设备的1/2~2/3（限制成缆机生产效率提高的瓶颈在于绕包装置的转速）、噪声大、能耗高、生产效率低（辅助时间长）、设备的张力控制不稳定。

近几年来，国内市场还推出了用于电力电缆生产的高效绞制设备，如中心管式绞线机、S-Z绞线机等。

随着海缆产品的兴起，生产海底电缆的核心设备——国产立式成缆机在此期间也已投入使用。该设备的放线绞合转盘直径为34m；4个单盘放线盘的直径为15m，单盘承重1200t；配有4套4500放线架和8套3150放线架；两段1400摇篮式成缆机可实现8+16同步绞合；两段800钢丝铠装机可实现70+80同步绞合；可实现大容量收线，35m收线转盘最大承重7500t；四履带牵引，牵引力达15t。其单机配置值已达到领先水平。

同心式绞线机和传统框绞机相比具有转速和线速高、效率高、导体的紧压系数高、劳动强度低、噪声低等显著优点。

（4）绕组线装备 经过30年的技术提升，漆包线装备国产化已近99%。统计结果表明，每年新设备销量约300台（套），年总销售额约3亿元，其中高端机型占17%~20%。高端机型生产效率高（DV值80以上）、能耗低（生产每吨铜线用电800kW·h以下）、排放低（单机在50ppm以下）。

（5）光纤光缆生产线 预制棒设备在此期间没有专业的生产厂家，拉丝设备有50%依靠进口，其他装备基本实现国产化。

（6）数据线、信号缆、电子线设备 网络设施建设中的数据线、信号缆、射频线、馈线、电子线等产品的品种广泛。其生产设备要求小型化、智能化、工艺控制精准。该领域的设备国内企业开发较为成熟，基本完全实现国产化。其每年的需求增长稳定，并且出口量不断提高，也有进入欧盟市场的良好业绩。

（7）铜、铝导体制杆设备 20世纪80年代，上海电缆研究所组成的工程技术人员团队在消化了芬兰OUTOKUMPU公司的技术后研制出上引法无氧铜杆工艺生产装备，为我国电缆企业制造电工铜杆奠定了坚实基础。经过30多年的发展和积累，该工艺技术已经非常成熟。目前，上引法设备的存量庞大，据不完全统计，累计存量保守估计有800台（套），满负荷产能应有300万t左右。因此，上引法设备在国内市场的需求量已无空间，产品主要面向东南亚市场和其他国际市场。

2011年以来，铝合金电缆产品异军突起，给铝合金连铸连轧和铝合金拉线机增加了很大一块市场份额。

（8）设备出口情况 近年来，中国制造已经受到全球认可，电线电缆设备制造企业在国内竞争惨烈的情况下，纷纷瞄准国际市场，由最初的东南亚市场延伸到非洲、中东、东欧、南美等市场，覆盖的国家和地区有 40~50 个，产品有 4 大类（铜铝制杆、电线电缆、绕组线、光纤光缆）、50~60 个品种和机型。

在此期间，国内电工设备制造企业，尤其是前 10 名的企业，在创新研发上都加大了投入，虽然尚不能完全自主创新，但也在不断缩短与世界先进水平的差距。

尽管困难重重，但此期间的电线电缆设备创新成果还是精彩纷呈的，典型创新产品有：

1）立式成缆机。随着能源开发和电力建设的完善，跨海输电的需求日益迫切。海上风电、陆—岛输电、陆—油井平台等电缆用量的剧增，催生出海底电缆和海底光电复合缆的生产热潮，与之配套的重要大型装备立式成缆机也由国内两家企业先后研发成功，并已在亨通海缆和吉恩重工投入使用。

2）铝包覆连续挤铝机。随着无缝金属护套工艺技术的推广应用，合肥神马研制的大管径（ϕ170mm）铝护套连续挤压机突破了多项技术瓶颈，打破了国外的技术壁垒和市场壁垒，独创了四杆并进，摩擦挤压的技术，实现了技术自主，已在 8 家电缆厂得到生产应用。

3）高效低耗低排放卧式漆包机。2014 年，巨一同创公司研发了新型漆包线设备。相对于传统高能耗、高排放的漆包设备，该设备不仅具有高 DV 值（0.4mm 可达 150，1.2mm 可达 120），而且能耗低（耗电量仅 200kW · h/t（铜），较之原来的设备电耗下降 75%）排放低（20ppm 以下，比原来的设备下降 50% 以上），目前已在业内的精达、大通、格力等企业生产应用，实测各项指标后获得一致认可。

在此期间其他非典型创新型电缆设备见表 62。

表 62 其他非典型创新型电缆设备

序号	设备种类	制造企业
1	铜、铝双头非滑动大拉机	鸿盛鸿、广东永雄、德阳杰创
2	多头（16 头）中拉机	欣宏泰、广东永雄、德阳杰创
3	大型立式成缆机	合肥神马、长江精工
4	橡套三层共挤连续生产线	天津天缆
5	联锁铠装机	合肥神马
6	同心式绞线机	合肥神马、无锡恒泰
7	辊压双节距绞线机	合肥神马、东佳港、鸿盛鸿
8	弓形束线绞线机	合肥神马
9	全干式（非油膏填充）光纤二次套塑挤出生产线	上海科辰
10	皮泡皮三层共挤物理发泡串联挤出生产线	上海金东、上海科辰

6. 2016—2020 年期间的电工设备制造格局

电线电缆电工设备制造企业经过 30 多年的发展、调整、整合、沉淀，已形成具有比较明显的区域性制造企业集群。安徽、江苏、广东、浙江四省最为集中，上海、河南、河北、湖北也有不少数量的制造企业。

1）皖宁圈：20 世纪 80 年代起步，发展稳定，目前产出规模占全国份额的 20%~25%。

2）四川德阳圈：20 世纪 90 年代起步，以东方电工为背景形成的众多装备制造企业，经过多年的市场淘汰，集群制造规模有所缩小，目前仅剩数家企业，产出规模约占全国份额的 5%。

3）江苏南部圈：以无锡、常州和溧阳为主，21 世纪初开始形成，目前已有 20~30 家中等规模企业，区域内也有数家外商投资的企业，生产规模占全国份额的 10%~15%。

4）广东圈：以东莞、虎门地区为主，形成于 20 世纪 90 年代，企业数量较多，规模普遍不大，在装备线缆的电工设备制造方面有专长，在圈内的机械加工配套能力强，目前生产规模占全国份额的 15%~20%。

5）江苏北部圈：以东台、盐城地区为主，形成于2015年左右，以经济开发区管理模式为主，能够享受到国家产业优惠政策以及地方投资优惠政策，目前生产规模占全国份额的5%~8%。

整个电工设备制造企业随着电线电缆行业发展壮大而成长，目前电工设备制造企业数量约在300家（指具有研发、机械加工、集成装配能力的企业），外围配套、代加工、热处理企业有600~700家，从业人员有3~5万人。

电工设备制造企业中，95%为民营企业或民营股份制企业，约1%为国有或集体所有制企业，约4%为中外合资企业。销售规模最大的是合肥神马科技股份有限公司，公司性质为国有企业。上述被统计企业中，50%为中小企业，45%为小微企业。

电线电缆电工设备制造核心骨干企业的主要产品见表63。

表63 电线电缆电工设备制造核心骨干企业的主要产品

序号	企业简称	主要产品名称
1	合肥神马	绞线机、成缆机
2	上海昱品	光纤智能生产线
3	广意永雄	拉丝机
4	昂倍兹	绞线机、成缆机
5	天津天缆	三层共挤橡胶连续硫化生产线
6	新东电	连铸连轧生产线
7	合宁电工	绞线机、成缆机、大型托盘
8	江苏星基	MES技术、挤出串列生产线
9	巨一同创	高速拉丝漆包机、高速连轧连涂扁线漆包机
10	联士科技	BTTZ产品用氩弧焊纵包
11	四川蜀虹	连铸连轧生产线
12	上海南洋	编织机、绕包机
13	普瑞斯	挤出机、CCV生产线
14	无锡恒泰	布线生产线、收排线机
15	欣宏泰	多头拉丝机
16	德阳杰创	双头大拉机
17	鹿丰电气	BTTZ设备、联锁铠装机、氩弧焊纵包机
18	伊东新	挤包机、铝大拉机
19	无锡南方	收排线机、护套挤出机
20	常州艾邦	Conform设备
21	江苏苏阳	成缆机、束绞机、海缆辅助机械设备
22	浦东钧艺	上引法设备
23	三丰集团	拉丝机、绞线机
24	杭州三普	自动并丝机、大拉机、编织机
25	广东钲威	对绞机、单绞机、化学发泡挤出机
26	江苏硕杰	管绞机、行星式笼绞机、挤出机

（续）

序号	企业简称	主要产品名称
27	以太龙	SZ 绞线机、光纤塔、二次套塑生产线
28	无锡佳成	拉丝机
29	合肥超旭	防火电缆设备
30	无锡中鼎	智能绕包机、绞线机、挤出机
31	上海伟业	光纤光缆系列设备
32	无锡梅达	高速漆包机
33	广东盛永	中速漆包机
34	南京弘科	绞线机、成缆机
35	上海金东	数据缆设备、射频缆设备
36	白城天奇	CCV 生产线
37	东莞冠标	大、中、小、微拉机
38	昆山富川	镀锡机、绞线机、挤出机
39	芜湖电工	绞线机、成缆机
40	昆山先锋	拉丝机、绞线机、挤出机
41	东莞精铁	挤出机设备
42	佛山斯壮	拉丝机、束绞机
43	浦东力生	上引法连铸机
44	江苏雅智杰	布线智能生产线
45	东莞庆丰	笼绞机、精密挤出机
46	青岛金源祥	智能交联设备、护套挤出机、橡套硫化设备
47	白城福佳	CCV 生产线、挤出机
48	河北新明	叉绞机、笼绞机、挤出机
49	徐州恒辉	编织机
50	东莞智汉	悬臂单绞机
51	佛山佳美	编织机
52	东莞太阳	漆包机
53	江苏汉鼎	单绞机、绕包机、束绞机、摇摆机
54	西北机器	收线机、排放器、智能设备
55	伟达峰	对绞机、束绞机、挤出机
56	河北合兴	框绞机、笼绞机
57	上海科辰	数据缆、漏泄缆、对绞线设备，氩弧焊设备
58	巢湖金业	钢丝铠装成缆机

据不完全统计，近年来出口电工设备约 20 亿元，年均增长约 10%，主要出口目的地有 70~80 个国家和地区，出口的设备和仪器种类有 50 余种。但大部分设备出口地均为发展中国家，尤其以东南亚、中东、北非和南美的国家为主，少量产品已经进入西欧和北美等发达国家。

在国家创新政策的驱动下，经过电工设备制造企业的持续不懈努力攻关，在产品创新和技术进步上都取得了可喜的成果，一些电工设备产品的技术水平、产能效率、节能指标均已进入世界先进水平行列。具体情况如下：

1）干法交联生产线未有技术性突破，高端市场还是被国外企业垄断。

2）光棒、光纤、光缆生产线有重大进步，光纤光缆的制造设备取得长足进步。上海昱品科技研制的“节能环保型高速光纤智能制造系统”不仅生产效率指标已达到国际先进水平，而且在节能、环保、智能化等方面均有显著的提升。另外，光纤预制棒沉积设备也获得重大进展，国产化装备的技术性能、生产效率、环保指标等均可以替代进口设备，改变了国际供应商长期垄断的局面。同期，在中天科技持续数年科研攻关下，已成功突破光棒制棒装备的瓶颈。

3）低耗低排高速漆包机的能耗指标和排放指标均已进入世界前列，速度指标已达世界顶级水平的80%。

4）无氧铜上引法设备历经40余年持续改进已基本成熟。20世纪80年代我国成功研发了上引法无氧铜杆设备，为我国电线电缆行业和产品的技术进步做出了较大贡献。最近10多年来，随着连铸连轧设备性能的快速提升，其优异的低氧铜杆质量以及单台设备大产能的输出，已逐渐成为生产电工铜杆的主流设备。

5）挤出机+电子加速器叠加工艺串列生产线。辐照交联工艺生产的电线电缆产品性能稳定，同时具备阻燃性能和优良的电气性能等，受到人们的青睐。江苏星基智造最新研发的90+100/50串联挤出生产线，实现了与辐照加速器的再串联，成功完成了叠加工序的集成。

6）大口径挤铅机（海缆制造用）晋级世界前列。在海缆制造过程中，挤包金属护套是必不可少的工序。随着海缆制造里程数的增加，设备制造商伊东新的挤铅装备也不断创新进步，已跻身世界前列，不仅挤包直径可达225mm（目前世界最大），而且出铅量比国外同级产品多30%。目前，其在国内著名海缆制造商中占有率第一，出口方面在2019年入围工信部出口单项冠军竞选。

7）海缆制造用立式成缆机世界最大。由国内制造领军企业合肥神马科技有限公司经多年研发成功推出的立式成缆机，性能指标直追国际最先进的产品，适用大截面海缆制造（目前已生产出国际上最大长度、最大截面积的海底电缆）。其直径达12m（载重1200t）的放线盘可承载多种类线盘，不仅可用于大长度海底电缆制造，也适用于脐带缆生产制造。而且在这台设备上还有许多项独创的新技术，是具有世界领先水平的电工设备。

8）高频单芯线的化学发泡挤出机。东莞庆丰研发了用于生产数据交换机机柜用特高频数据传输线的生产线，可生产线径极细、传输频率高达25GHz的电线。该设备采用化学发泡工艺，其工艺控制精度已和WTM公司相当，达到世界级水平，技术上基本和国外最先进的设备没有代差。

9）主动放线恒张力笼绞设备。东莞庆丰研发的新型高精度控制的导体绞制设备，可生产针对控制机器人、充电桩电缆等新场景的产品。和传统笼绞式设备比较，其具有效率高、节距控制精准、张力恒定、绞体柔软等特点，是近年来有特殊需求的新能源线缆产品的适用设备。

10）BTTZ刚性氧化镁矿物绝缘电缆生产线快速发展。目前，我国的ZTTZ机型大部分均采用轧机轧制工艺，其生产效率和成品率均优于国外同类设备。

11）大轴承高速管绞设备。江苏昂倍兹智造近年研发的新型大轴承高速管绞机克服了老机型的一系列缺点，旋转体转速高达500r/min，而且噪声更小，大放线盘直径可达630mm，节距控制精度达1%，成品缆体圆整度、扭转应力提升明显，能使成品电缆更加美观。

12）联锁铠装电缆连续生产线。安徽鹿丰研发成功的联锁连续铠装生产线经过数代更新，已具备电气化主动送带成圆技术，送带精度可以精确到1mm以内，可以低速同步起动、高速同步停机，抗摇摆试验可达到20万次以上。

13）高速布电线串列生产线。江苏星基智造最新研发的中拉+挤出串列生产线已经成功解决了布电线高速产出的效率指标——进线 3.5mm 铜杆，2.5mm² 规格电线的出线速度约为 800m/min。同时，高速打包机通过买断意大利 EFAF 技术，也已形成打包技术同步配套。

2016—2020 年期间线缆制造设备的创新成就见表 64。

表 64 部分创新的电工设备成品

设备名称	创新点
双头铜大拉机（连续退火）	提高效率、节省空间
多头铜拉机（连续退火）	提高效率和拉制质量
高速（双出线）挤出生产线（800m/min）	提升效率
光纤预制棒生产线、光纤拉丝生产线	自主知识产权设备
三层共挤物理发泡串列生产线	可生产多种用途的产品
800/170（80+90 盘）钢丝铠装集合机组	大长度、成缆工序集成
直径大于 30m、载重 10000t 的海缆蓄缆承托转盘	可生产更大长度的海缆
各类防火（柔性、刚性）电缆生产装备	突破防火电缆的瓶颈
精密张力（节距）控制笼绞机（超高频线缆）	提高产品质量和性能
新型高效高速低耗低排漆包机生产线（含智能收换盘、码垛机器人、AGV）	节能减排、智能制造
新型全封闭无气体散排自动镀锡生产线	减排、更加符合环保
高速精密智能大口径管绞机	提高生产效率、降噪
新型高速绕组线用绕包机	增效提质
一步法及 360° 紫外光交联生产线	新的交联工艺
联锁铠装金属护层生产线	新的电缆产品结构
挤出型铝护套生产线	实现无缝金属护套
高速铜、铝同心式绞线机	提高效率
螺杆直径 ϕ200 的铅套挤包机	大截面海缆生产
ϕ150 护套挤出机（挤出量为 950kg/h）	提高生产效率
高速双节距绞线机	增效提质
新型束线机	高速
高速布电线串列生产线	高效、大长度、多工序

三、特色企业简介

规模电线电缆制造设备企业有上百家，在各自的领域、市场中发挥着作用，但作为专用设备制造行业，有些企业是起到引领作用的，在这里将给出一些企业的简介。

1. 合肥神马科技集团有限公司

合肥神马科技集团有限公司隶属中国建材集团有限公司，成立于 1958 年，位于合肥经济技术开发区，是业界公认的目前我国产品种类、产销量和技术水平等多项指标均领先的电线电缆专用设备制造商以及陆地和海洋管道专用设备制造行业的重要企业。

合肥神马科技集团有限公司是国内电线电缆专用设备制造业中的龙头企业，自 1985 年进入线缆专用设备制造业至国家“九五”发展规划末期，开发了涵盖电力电缆、通信电缆和光缆等三大系列共 60 多个品种，其中国家火炬计划项目 1 个，国家级新产品 9 个，有多项产品获省科技进步一等或二等奖，数控盘绞机项目获省科技大会重奖。公司产品畅销全国600多家线缆制造厂并出口到世界各地，产品产销量等多项经济技术指标连续多年居行业首位。

公司发展历程如下：

1958年，合肥轻工模具厂成立，主要生产玻璃模具、非标轻工机械。

1986年7月，合肥轻工模具厂增挂“合肥电工机械厂”厂牌，转产电线电缆专用设备。

1994年6月，合肥神马电工集团成立，以合肥电工机械厂为核心企业，并增挂“合肥神马电工集团公司”名称。

1996年11月，合肥电工机械厂和华新（上海）投资有限公司等共同投资设立合肥华新电工机械有限公司（后更名为合肥华新电工有限公司）。

1996年12月，合肥电工机械厂整体改制为合肥神马电工股份有限公司。

1999年8月，合肥神马电工股份有限公司实施主辅分离，在合肥经济技术开发区设立合肥神马电缆机械股份有限公司，专业从事电工机械的开发、生产和销售。

2005年9月，合肥神马电缆机械股份有限公司股权由中国建材集团有限公司所属中国联合装备集团公司受让。

2007年1月，合肥神马电缆机械股份有限公司更名为合肥神马科技股份有限公司。

2007年4月，合肥神马科技股份有限公司整体吸收合并合肥华新电工有限公司。

2011年12月，合肥神马科技集团成立，公司更名为合肥神马科技集团有限公司。

2017年9月，公司完成增资扩股，上海赢嘉实业有限公司成为公司战略投资者和重要股东。

2. 昂倍兹（上海）智能科技有限公司

2015年11月18日，昂倍兹ABZ于上海浦东成立，其产品系列包括单头/双头、铜/铝/铝合金大拉机，分电机框式绞线机，高速管式绞线机，高速分电机笼绞机，盘绞式成缆机，高速弓形成缆机等。产品智能化程度高，可实现远程控制与实时监控。

伺服双头全自动大拉机、智能分电机框绞机、智能大轴承管绞机为昂倍兹ABZ的三大核心产品。

大拉机一直是昂倍兹ABZ的主要产品之一，特别是2023年推向市场的伺服双头全自动大拉机，性能十分卓越。

2015年，公司开发了智能分电机框绞机，可直联分电机传动，已取代传统地轴式框绞机。其绞笼通过独立齿轮箱由变频电动机驱动，传动比大，可降低电动机驱动功率，有效达到节能降耗目标。系统配备智能模块，可实现远程程序下载，也可通过手机或计算机可远程实时监控设备运行状况、生产数据、故障信息等，也可在故障时短信通知。

昂倍兹ABZ的管绞产品型谱齐全，实现从165型到800型全系列覆盖，适用范围逐步扩展。智能大轴承管绞机更是备受市场欢迎。

在市场开发方面，其与国内外众多线缆企业建立了合作关系，出口产品到10多个国家与地区，如美国、意大利、巴西、泰国、土耳其、伊拉克、巴基斯坦、乌兹别克斯坦、越南、印度尼西亚、俄罗斯、阿联酋、埃及等。

3. 无锡恒泰电缆机械制造有限公司

无锡恒泰电缆机械制造有限公司是国内光纤光缆、电线电缆设备制造的专业公司，创建于1999年（原公司名为无锡恒泰线缆设备厂），已于2003年通过ISO9001质量管理体系认证。经过多年的技术研发和创新，公司已发展成为具有一定规模并在电缆行业内有一定声誉的电缆设备专业供应商。公司产品主要有框绞机系列、挤出机系列、电线生产线、同心式绞线机等四大系列，拥有发明专利及其他专利30项，软件著作权7项，为电缆设备行业研发型企业领头羊。

公司发展与大事记录如下：

1999年6月，租赁锡山市八士自来水厂车间300 m^2后成立无锡恒泰线缆设备厂，员工3名，主要生产气动式履带牵引机及端轴式收排放线机。

2000 年 5 月，成立无锡恒泰电缆机械制造有限公司。

2000 年 8 月，无锡恒泰第一套 ϕ120 电缆护套生产线制造成功，并于 2000 年 9 月在杭州富通集团投入运行。

2001 年 5 月，无锡恒泰第一套 ϕ90 光缆护套生产线和第一套光缆 SZ 绞成缆生产线制造成功，并于 2001 年 6 月在杭州富通光电股份公司投入运行。

2002 年 3 月，搬入新厂房。

2002 年 6 月，无锡恒泰第一套光缆钢丝铠装生产线制造成功，并于 2002 年 7 月在普睿司曼无锡公司投入运行。

2002 年 10 月，和芬兰 NOKIA-MAILLEFER 公司成功配套 VCV 生产线设备，并在沈阳古河电缆投入运行。

2003 年 5 月，无锡恒泰第一套 630 地轴传动框式绞线机生产线制造成功。

2003 年 7 月，无锡恒泰第一套 500 地轴传动框式绞线机生产线制造成功。

2003 年 10 月，无锡恒泰第一套 630 地轴传动整体上盘框式绞线机生产线制造成功。

2004 年，新购场地扩大生产规模。

2006 年 5 月，无锡恒泰第一套 200 挤出生产线制造成功，并在安徽华星电缆公司投入运行。

2008 年 8 月，无锡恒泰第一套 630 分电机传动整体上盘框式绞线机生产线制造成功，并在江苏中天科技投入运行。

2009 年 6 月，无锡恒泰第一套电线全自动成圈包装机研制成功，并在郑州三缆公司投入运行。

2011 年 8 月，无锡恒泰第一套电线全自动高速自动电线包装生产线研制成功，并在河南金水电缆集团公司投入运行。

2013 年 8 月，无锡恒泰第一套电线智能高速电线包装生产线研制成功，并在金杯电工公司投入运行。

2017 年，无锡恒泰第一套同心式绞线机研制成功，并在郑州三缆公司投入运行。

2018 年，无锡恒泰协助贵州玉蝶集团完成电线智能车间的整体设计及设备制造，并完成省级验收。

2019 年，无锡恒泰协助宁波球冠电缆公司完成智能电线车间的整体设计及设备制造，并完成省级验收。

4. 佛山市广意永雄机械有限公司

佛山市广意永雄机械有限公司是广意集团属下的子公司，成立于 1995 年，坐落于经济、交通、信息发达的“中国品牌名镇”——顺德容城，是专业研发、生产、销售“永雄”品牌电工设备的高科技企业。经过 10 多年的发展，公司现拥有多个系列化型号高速金属拉丝机的设计制造及配套能力，厂房面积接近 3 万 m^2，年生产能力达 2 亿元，是国内主要的高速金属拉丝机设备制造商之一。公司主要生产拉丝机、漆包机、镀锡机、电缆串联线、光纤电缆、通信数字电缆等系列成熟的产品，产品销往全国各地及出口到亚洲、非洲、南美洲、欧洲等地。公司在上海、成都、天津等地区设有办事处，并在全球多个区域发展了独立代理商，形成了完整的销售、售后服务网络。

5. 上海南洋电工器材股份有限公司

公司成立于 1993 年，成立之初生产单一的印字设备，1999 年 GSB-1A 型 16 锭编织机批量生产，如今已经形成了立式编织机系列和卧式编织机系列。编织机产品包括从轻型 16 锭、24 锭至重型 16 锭、24 锭、32 锭、36 锭、48 锭，且可根据客户需求定制化生产。公司完成了无油编织、扁线编织、双层编织一体化、编织绕包 / 绕包编织一体化、小型电缆粗丝编织、大型电缆细丝编织设备，以及针对不同编织丝材料而设计的不同编织设备，包括铜丝、钢丝、纤维丝、涤纶丝等。

现在，公司已成为行业中的知名专业设备生产企业，并成为高速编织机国家标准的主要起草单位。

公司于 2000 年通过 ISO9001 质量管理体系评定，2002 年起连续被评定为上海高新技术企业，2007 年被评定为上海市科技小巨人（培育）企业，2010年被评定为上海市创新型企业，目前已获得国家专利超30项，多项产品被评定为国家重点新产品、上海市重点新产品和上海市专利新产品。

1999年，16锭编织机（GSB-1A）推向市场，2001年获得国家重点新产品证书。2000年，24锭编织机（GSB-2）推向市场，2001年获得上海市级新产品二等奖，2002年获得国家重点新产品证书。2002年，卧式编织机开始陆续推向市场，满足当时船用电缆的编织需求。卧式32锭编织机（WGSB-3）被认定为上海市高新技术成果转化项目。2003年，立式重型编织机开始推向市场，满足船用电缆、矿用电缆的编织需求。重型24锭编织机（GSB-2Z）2006年获得上海市重点新产品证书，2007年获得国家重点新产品证书，2010年获得上海市专利新产品证书。2009年，公司参与编制GB/T 23643—2009《电线电缆用高速编织机》。2013年，48锭玻璃纤维编织机获得2013年浦东新区职工科技创新成果提名奖。

自2003年高速编织机获取德国颁发的CE认证证书后，公司产品开启了市场的国际化进程，远销全球各地。2011年，公司承担国家火炬计划项目“电线电缆用高速编织机”，2014年获中国电器工业协会颁发中国电器工业最具影响力品牌，2015年获中国电器工业协会颁发中国电器工业技术创新标杆企业。

2016年，公司成功在新三板企业中挂牌，股票代码837569。2019年，公司在江苏海门港新区成立全资子公司海门南洋电工器材有限公司。

四、智能制造设备已初现端倪

智能制造是一种由智能机器和人类专家共同组成的人机一体化智能系统，它在制造过程中能进行智能活动，如分析、推理、判断、构思和决策等，即通过人与智能机器的合作，去扩大、延伸和部分地取代人类专家在制造过程中的脑力劳动。它把制造自动化的概念更新，扩展到了柔性化、智能化和高度集成化。

电缆行业在制造设备时需要解决电线电缆制造过程中的体力劳动和生产全过程的值守，故电工设备的功能正在朝这个方向发展，例如高速布电线串列生产线+自动打包系统（生产效率高，节省了大量人力），新型高效高速低耗低排漆包机生产线（含智能收换盘、码垛机器人、AGV），自动、智能绞线上、下盘装置，生产现场的AGV，黑灯仓库，带有智能功能的机械臂（解决了挤铅工序中人工搬运铅块的体力劳动）。

当前，设备智能化已进入实质性阶段，随着科学技术的发展，智能化将逐渐成为机械设备发展的主流趋势，不仅能有效提高工作效率，还可大幅度降低生产成本。面对全球激烈的竞争，我国电线电缆设备走智能化之路迫在眉睫，以柔性化生产、自动化、数字化等为基础的智能化制造将成为行业未来的入门标准。

电线电缆电工设备制造企业应顺应智能化建设推进的阶段性要求，首先在设备单体上逐步完善智能化的基础功能，为智能化车间或工厂的系统建设做好联机准备。其次，对不同电线电缆制造的完整工艺流程中的设备按照智能制造的要求重新设计生产流程，为立体化智能仓库等硬件的串列智能化消除流转障碍。

第4章 检测仪器产品的发展变迁

电线电缆产品由生产到出厂整个流程，产品检测是不可缺少的工序。早期电线电缆产品品种比较少，工业不发达，使用领域也较少，因此对电线电缆的需求是能通电和能传输信号。随着工业领域门类的增加，以及使用特性和要求不断增多，对产品特性的要求也越来越多。为了确认电线电缆是否符合这些性能要求，就需要对电线电缆产品进行检测。早期，只需要测一下电线电缆的绝缘电阻、耐电压、外径、厚度等非常普通的性能指标，而随着使用要求的提高和使用原材料品种的增加，检测项目越来越多。例如：原来绝缘纸、绝缘布不需要进行老化试验，但现在使用的高聚物材料需要进行老化试验、热延伸试验、热冲击试验等；原来电缆的工作电压等级不高，只需要进行绝缘电阻测量、耐电压试验，但现在使用高聚物而且电压等级较高，不仅要测量绝缘电阻和进行耐电压试验，还需要进行局部放电试验、介质损耗试验、雷电冲击试验、表面电阻试验、直流电缆的耐电压试验、空间电荷测量等；随着人们对高压电缆使用特性和要求的研究，发现还需要进行长期电、热老化试验，也就是预鉴定试验；对于通信电缆，早期只要测一测导体通与不通，但随着通信电缆绝缘材料的改变和传输信号频率的提高及传输距离的增加，又增加了通信电缆的传输特性测量，如一次参数测量（电阻、电容、电感）和二次参数测量（衰减、串音等参数）。随着电线电缆产品使用领域的细分，其特殊要求越来越多，增加了许多试验项目，如电线电缆动态特性试验已经细分为机器人领域电缆的动态特性测量、风力发电领域的耐扭转特性试验、卷筒电缆的耐弯曲特性试验、海上动态缆的动态特性测量、海上脐带缆的动态特性等测量。由于早期的漆包线产品绝缘材料已被全部更换，所以针对高聚物绝缘漆增加了许多检测项目。20世纪70年代末出现了光纤光缆，相对于铜缆来说，这是个一全新的领域，为此又增加了许多新的检测项目。根据电线电缆检测项目的特性，把检测类型分为三类，分别为例行试验、抽样试验和型式试验。

1）例行试验：由制造商在成品（所有制造长度电缆或所有附件）上进行的试验，以检验电缆或附件是否满足规定的要求。

2）抽样试验：由制造商按规定的频度在成品电缆、取自成品电缆的试样或附件的部件上进行的试验，以验证成品电缆或附件是否满足规定的要求。

3）型式试验：在一般工业生产基础上对某种型式的电缆系统、电缆或附件在供应之前进行的试验，以证明电缆或附件具有满足预期使用条件的良好性能。

注意：型式试验通过后，不必重复进行，除非电缆或附件中的材料、制造工艺、设计或设计电场强度发生改变，且这种改变可能会对其性能产生不利影响。

随着电线电缆使用原材料的不断更新、产品使用场景的不断细分，检测项目也不断增加，相应检测设备就要不断地开发来满足日益变化的检测需求。因此，电线电缆产品检测设备领域也是随着电线电缆行业的不断扩大而得到了发展。我国电线电缆检测设备也经历了从无到有、从进口到国产化的发展道路。

据初步调查，截至1983年底，我国电线电缆行业（包括电缆研究所）拥有检测设备仪器3800台（套），原值共 2368 万元。为适应行业发展的需要，国内企业多年来自行研制了不少测试设备，也进口了一些分析检测和性能测试仪器。

1. 自行研制的设备

架空导线用 200t 卧式拉力试验机和振动、蠕变等试验机，矿用电缆弯曲、冲击等试验机，油矿电缆高温高压试验装置，漆包线针孔试验、单向刮漆等试验仪器，高压电缆用 1500kV 工频耐压试验装置，1200kV 直流耐压试验装置，4200kV 冲击耐压试验装置，通信电缆用串音及阻容自动测试仪，通用的计米器、偏心测量仪和数字测试仪等。

2. 进口的测试仪器

进口的测试仪器包括万能拉力试验机，双射线脉冲示波器，示差扫描量热计，红外分析光度计，流变仪，液相色谱红外热像仪，超低频局部放电测试仪，频谱分析仪和部分线缆标准用测试仪，局部游离放电设备（包括屏蔽室），光纤光缆全套测试设备，SMSZ/50 通信电缆自动测试仪，8505 型网络参数测试仪，INSTRO 电子万能拉力机，氧弹老化箱等。

直到 1985 年，在线检测和微观分析检测手段方面仍然是薄弱环节，亟待充实完善；在贯彻执行国际标准所需的性能测试手段方面，也仍有大量工作需要进行。

自 1978 年改革开放以来，我国电线电缆检测设备发生了巨大的变化，除了一些高端的微弱信号处理、抗干扰处理等领域的仪器设备在测量精度、可靠性方面与国外设备相比仍处于弱势，其他领域的设备几乎国内都能研发生产，有些还可以出口到国外。

3. 电力电缆电气特性检测设备

电力电缆电气特性的检测项目随着绝缘材料的改变而有所增加。早期纸绝缘电缆（纸绝缘充油电缆、油浸纸绝缘电缆）的电气性能检测项目一般是绝缘电阻、耐电压（交流、直流）、雷电冲击、电容测量。当交联聚乙烯绝缘替代纸绝缘以后，增加了局部放电（配套无游离高压交流电源和大型屏蔽室）、介质损耗等项目。20 世纪 70 年代，上海电缆研究所研发了电线电缆行业首套高压交流试验装置、高压直流试验装置和冲击电压发生器。改革开放初期，交流聚乙烯绝缘中压电缆出厂试验中的局部放电测试所用的测试仪器和屏蔽室需要进口，经过近 40 多年的发展，电力电缆电气性能检测设备实现了国产化，产品也经历了迭代更新。例如，以扬州市鑫源电气股份有限公司为代表的高压试验设备供应商提供的高压无游离交流电源、冲击电压发生器、高压直流电源，以及常州新区金利达电子有限公司提供的高压屏蔽室，都能满足国内交流 500kV 及以下电压等级和直流 535kV 及以下电压等级线缆的电气试验要求。

2019 年前，国内开发的开放型冲击电压发生器如图 93 所示。后来，扬州市鑫源电气股份有限公司与西安交通大学合作开发了充高介电常数气体的密封型冲击电压发生器（图 94），其操作和维护方便，并且体积小、效率高。

2020 年前，国内开发的开放型直流电压发生器如图 95 所示。后来，扬州市鑫源电气股份有限公司与西安交通大学合作开发了充高介电常数气体的密封型直流电压发生器（图 96），其操作方便且体积小。

4. 耐火、燃烧设备

国内开发耐火、燃烧设备起始于 20 世纪 90 年代初。在 20 世纪 90 年代前后，国内还有部分企业进口了国外的燃烧设备，而国产耐火、燃烧设备的要求和特性也在不断地改进。例如：早期成束燃烧试验系统的进风方式没有明确是底部进风还是顶部抽风，后来参照 IEC 标准后就统一修改为从底部进风，因为研究发现进风方式对试验结果有一定影响；另外，燃烧气体和空气流量控制也逐步改用质量流量计等。上海捷胜线缆科技有限公司做了大量的研究工作，生产研发的耐火、燃烧试验设备完全满足 GB 标准、IEC 标准、EN 标准和 BS 标准的要求。

从 2017 年开始，符合 GB/T 31248 标准要求的热释放试验设备也已实现国产化，替代了进口设备。

5. 电线电缆常规检测设备

1）绝缘护套厚度检测设备：在 2013 年之前，国内除个别检测机构和电缆制造企业采用进口的全自动检测设备，绝大部分检测机构和制造企业都采用光学检测设备。2013年，上海捷胜线缆科技有限公司在国内首先开发了WCDMS《电线电缆全自动结构测量系统》，替代了进口设备，并且检测速度更快，测量数据重复性好。此后国内又出现了几家全自动结构测量设备供应商。

图93　开放型冲击电压发生器

图94　密封型冲击电压发生器

图95　开放型直流电压发生器

图96　密封型直流电压发生器

2）拉力机：在20世纪80年代初期，拉力机主要依靠进口，国内生产拉力机的供应商较少。改革开放后出现了众多拉力机供应商，如扬州精艺，深圳三思，广州广材，东莞优肯，山东也有几十家做拉力机的，还有长春试验机厂、营口材料试验机厂等，电缆行业使用较多的供应商有扬州精艺、广州广材等。

3）老化箱：电线电缆行业早期的老化箱是带风机和旋转电动机的老化试验箱，随着产品标准和试验方法标准的改变，老化箱改成自然通风的大老化箱。从2010年开始，国内开始使用自然通风的精密小型老化箱，其优点是温度分布在时间和空间上较均匀，表现为热失重试验数据的分散性。精密小型老化箱的供应商有江苏安特稳科技有限公司、常熟市环境试验设备有限公司等。

6. 通信电缆检测设备

早期的通信电缆一次参数检测设备都实现了国产化，在20世纪90年代二次参数检测设备以进口为主。上海电缆研究所赛克力光电缆有限责任公司开发了CTS-650对称数字通信电缆测试系统，适用于CAT5、

CAT5e、CAT6、CAT6A、CAT7、CAT7A、CAT8 数据电缆的测试要求，实现了二次参数检测设备的国产化。

7. 光纤光缆检测设备

从 20 世纪 70 年代末开始，光纤光缆相继产品化，初期光纤光缆的光传输特性和几何参数检测设备都依靠进口，进入 21 世纪后陆续有国产化的设备被研发出来，替代了进口设备。上海电缆研究所赛克力光电缆有限责任公司开发了 OFM170X 光纤多参数测试系统，适用于测量光纤 / 光缆的衰减、模场直径、截止波长和宏弯损耗等参数。

8. 漆包线检测设备

漆包线产品的绝缘材料改变以及耐温等级提高后，增加了许多检测项目。早期的检测设备以进口为主，但国产设备开发速度也较快，例如长沙湘鸿仪器机械有限公司能提供全套的漆包线产品检测仪器。

9. 工业柔性电缆机械性能检测设备

智能制造已经成为未来绕不过去的发展方向，其制造设备中会使用大量的柔性电缆，电缆是否具有柔性需要通过不同柔性要求的试验进行验证。几种典型的柔性试验设备及一般技术要求如图 97~ 图 102 所示。

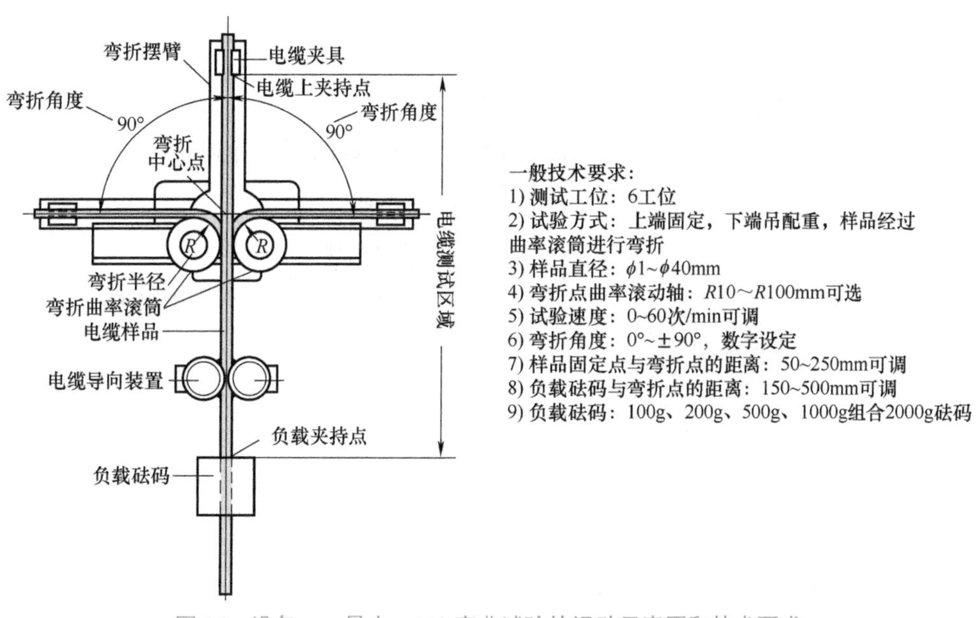

图 97 设备一：最大 ± 90° 弯曲试验的运动示意图和技术要求

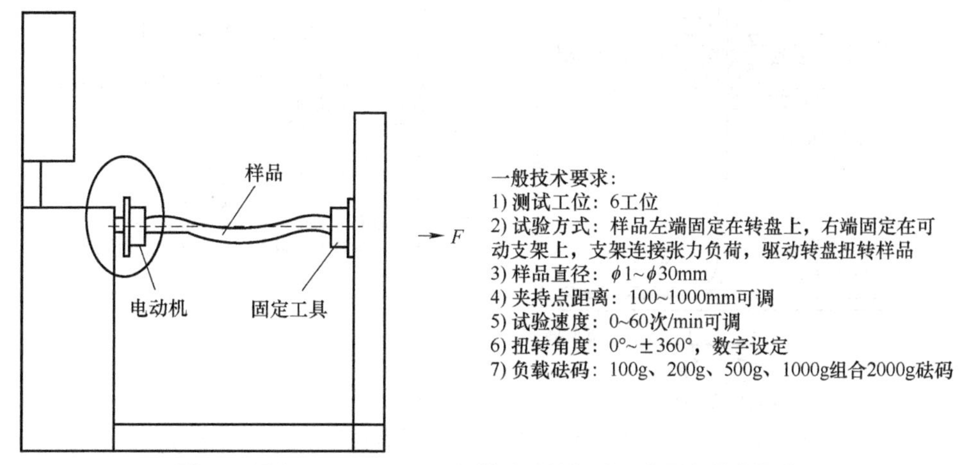

图 98 设备二：0°~ ± 360° 扭转试验的运动示意图和技术要求

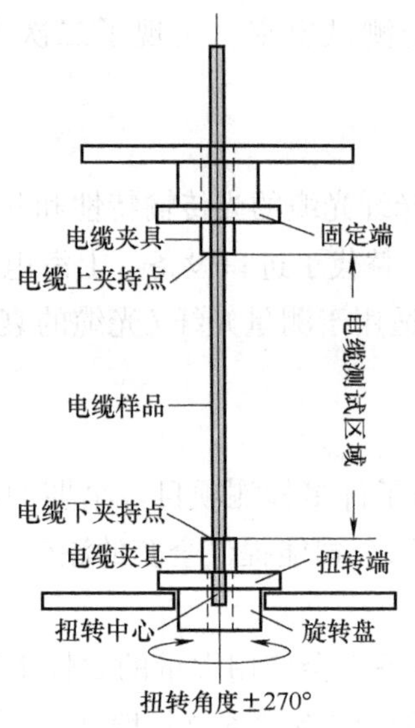

一般技术要求：
1) 测试工位：6工位
2) 试验方式：垂直扭转，即下端扭转，上端固定后缠绕于圆管接入监测点
3) 样品直径：ϕ1~ϕ30mm
4) 夹持点距离：50~800mm可调
5) 试验速度：0~60次/min可调
6) 扭转角度：0°~±360°，数字设定
7) 负载砝码：无

图 99　设备三：0°~±360° 扭转试验的运动示意图和技术要求

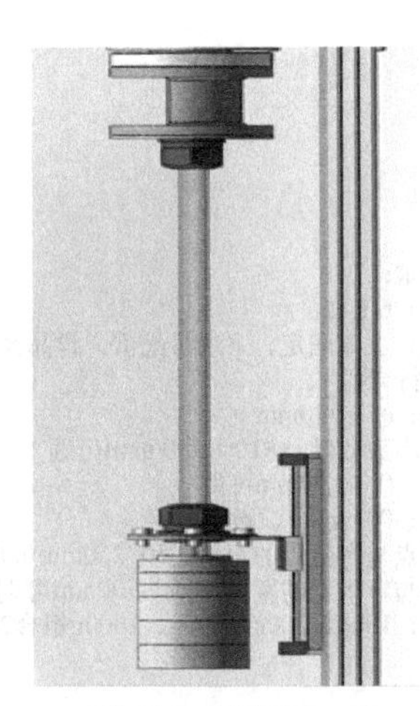

一般技术要求：
1) 测试工位：6工位
2) 试验方式：垂直扭转，即上端扭转，下端固定并吊挂负载砝码
3) 样品直径：ϕ1～ϕ30mm
4) 夹持点距离：50～1100mm可调
5) 试验速度：0～60次/min可调
6) 扭转角度：0°～±360°，数字设定
7) 负载砝码：100g、200g、500g、1000g组合2000g砝码

图 100　设备四：0°~±360° 自身扭转试验的运动示意图和技术要求

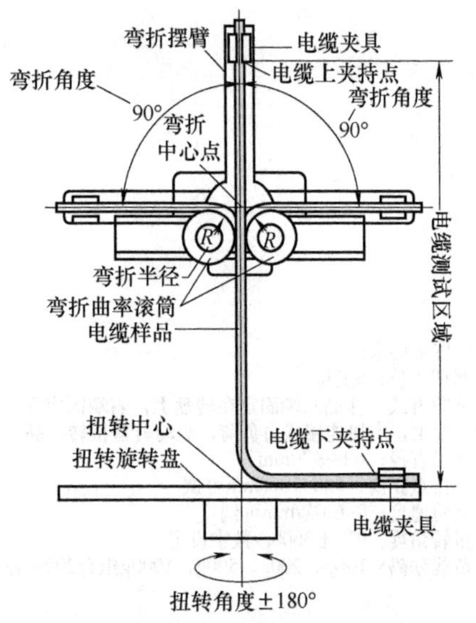

一般技术要求：
1) 测试工位：3工位，扭转-弯曲同步测试或扭转/弯曲独立控制
2) 试验方式：扭转-弯曲复合测试，样品上端固定于弯曲夹具、下端固定于旋转平台进行测试
3) 样品直径：ϕ1～ϕ20mm
4) 试验速度：0～60次/min可调
5) 弯折角度：0°～±120°，数字设定
6) 扭转角度：0°～±720°，数字设定
7) 弯折点曲率滚动轴：R10~R50mm可选
8) 弯折点与扭转点的距离：100~300mm可调节

图 101　设备五：弯折 & 扭转复合试验的运动示意图和技术要求

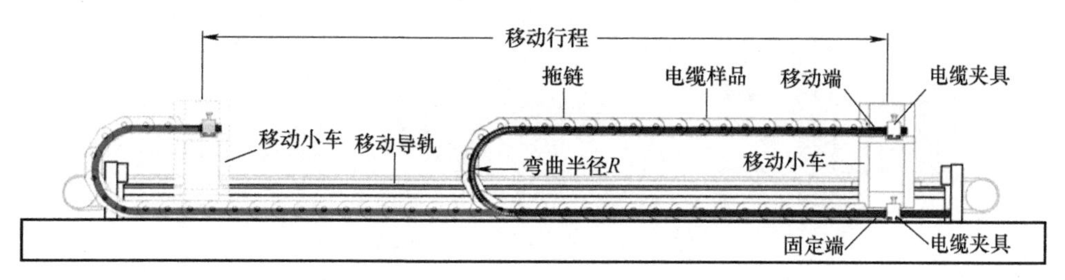

图 102　设备六：拖链弯曲试验的运动示意图

一般技术要求：

1）测试工位：水平两翼式的 2 个工位。

2）试验方式：水平 U 形弯曲，样品固定在相应的拖链里，并跟随拖链作水平方向弯曲测试。

3）样品直径：ϕ1~ϕ20mm。

4）测试空间：每个工位可安装拖链宽度为 15~150mm。

5）测试行程：0~500mm。

6）最高频率：180 次 /min。

7）测试线速度：0~4m/s。

8）测试加速度：0.5~100m/s^2。

9）弯曲半径：15~150mm。

在电线电缆检测机构和制造企业中使用较多的以上设备的供应商是苏州拓博机械设备有限公司等。

电线电缆产品检测项目繁多，相应的检测设备也是千变万化，但国内上百家的各种检测设备供应商按照标准要求也在不断开发满足标准要求的检测设备，检测设备正在朝着数字化、智能化方向发展。国内供应商开发的设备不仅满足国内第三方检测机构、电线电缆制造企业和用户的质量检测要求，而且有些设备也已走出国门，例如高压电缆局部放电检测系统、高压电源等设备已远销中东、欧洲等国家和地区。

第5篇

竞风流·科技引领

第1章 概述

科技创新立潮头，奋楫争先竞风流。

电线电缆制造要满足众多配套领域的发展需求，其高质量发展既要依靠科技创新，使之持续具有满足各应用领域新需求的产品研发制造能力；同时，也必须依靠过程创新，使之持续能以高质量、高效率、绿色环保的制造获得合理的效益回报，增强可持续发展的后劲。

过去，我国电线电缆行业里的一些企业都习惯于跟踪追赶，应用创新多，产业创新少。自改革开放后，我国“线缆人”坚持“创新为魂”的发展理念，以科技引领，强化过程创新，驱动电线电缆产业可持续的高质量发展，推动了我国电线电缆制造由小到大，再由大到强的转变，全面提升了我国电线电缆制造的国际竞争力。

一、行业技术体系初步建立

1957 年 10 月，机械工业部为开展电线电缆研究设计工作，将科研、工艺设计、工艺装备设计三者结合起来，谋求电线电缆工业有更大的发展。因此，由葛和林建议并负责筹建电线电缆的科研机构，后经第一机械工业部批准，在上海建立了上海电缆研究设计室。该研究室从事电线电缆产品研究设计、新材料新工艺研究、电缆工厂工艺设计、电缆专用设备设计及成套设备选型定型工作，并作为布局技术后方以及电缆工业的技术情报资料中心。此后，我国电线电缆行业在生产工艺、标准化、质量与认证等体系建设方面逐步进行了完善。

1958 年 5 月，根据第一机械工业部文件精神，上海电缆研究设计室正式更名为上海电缆研究所。60 多年来，上海电缆研究所以“科技为本、创新为魂、市场为根”的经营理念，持续打造高端平台，服务线缆企业，引领行业发展，努力构建具有行业先导地位的国家级创新型科研院所。同时与行业内的电线电缆技术专家一道撑起了我国线缆行业发展的“脊梁”，为国家经济建设、国防建设做出了巨大贡献。

上海电缆研究所创造了多个行业“第一”：

20 世纪 60 年代，研制出国内首台铝连铸连轧设备。

20 世纪 70 年代，研制出国内第一根光缆。

20 世纪 80 年代，推出稀土优化综合处理生产电工铝导体技术。

20 世纪 90 年代，研制出国内第一根桥梁用缆索，开创我国桥梁缆索产业。

2001 年，研制出三峡输电工程用大截面、大跨越导线。

2004 年，研制出国内第一根商用高速磁悬浮轨道交通用长定子电缆系统。

2009 年，研制应用 350km/h 及以上高速铁路用超细晶强化型铜镁合金接触线。

2013 年，研制应用国内第一条冷绝缘高温超导电缆系统。

二、行业技术体系接轨国际

根据电线电缆产品分类原则，从 1959 年起，我国将电线电缆产品分为五大类。1978 年，我国首次出版的

《电线电缆手册》进一步对五大类产品给予确认，并明确了五大类产品的定义和涵盖范围，小类和系列的划分等，沿用至今。

电线电缆制造工艺的发展史可以追溯到19世纪初。当时，电力的应用刚刚开始，人们为了将电力从发电站输送到远距离的用户，发明了电线电缆。随着电力工业和通信技术的发展，电线电缆制造工艺也不断进步，从最早的铜芯电线到现在的铝合金电缆，从单一的铜导体发展到各种复合材料和光纤导体，电线电缆制造工艺始终保持着与时代同步的发展。

我国工业标准化技术体系建设起步大约比国际上先进国家晚60年。1950年，只有华东工业部制定的"中国线缆"标准。第一个五年计划期间，技术上全面学习苏联，各厂基本上直接采用苏联标准进行生产。1961年，我国开始制定第一批电线电缆专业标准（即D标准）。1965年，又开始制定第一批国、部标准（即GB、JB标准）。1967—1974年间，曾对上述标准进行修改并补充新标准。

自20世纪80年代起，线缆工业通过大量引进国外先进技术，在消化吸收以及技术创新的基础上，使产品及应用水平大幅提高，与国际先进标准的差距明显缩小。1981年，第一机械工业部正式提出要采用国际先进标准的要求。1982年，电工局在郑州召开了"电线电缆行业积极采用国际标准厂长会议"，会上提出将23个厂作为国际通用标准的先行厂。至1983年，已经制定的电线电缆标准共112个，涉及导体、护层、电线电缆产品、电线电缆附件、专用设备、线盘模具。其中完全采用国际通用标准的有21个，占比19%。1984年，又完成了电工铜铝及其合金扁线、航空电线电缆试验方法、漆包圆铜线等相关标准16个。1985年，又完成漆包扁绕组线、航空用聚酰亚胺绝缘电线等9个标准。上述标准均等效采用国际有关标准。1986—1992年，经发布的电线电缆标准有：基础标准44个；裸电线类标准28个；电气装备电线电缆类标准65个；电力电缆类标准13个；通信电缆及光缆类标准20个；绕组线类标准43个；电缆附件类标准13个；电缆专用设备类标准27个。这些标准绝大部分等效于国际电工委员会IEC标准，对促进产品质量提高起到了积极作用。直至2007年，国家标准和机械行业标准在经过多次修订改版和整理补充后标准体系才基本定型。

总之，我国电线电缆行业经过80多年的发展，技术创新体系从无到有，从简单到全面，现代技术体系基本与国际接轨。

三、创新赋能行业高质量发展

质量是创新的基础，创新是质量的提升。改革开放前，我国电线电缆行业对产品质量的控制仅仅局限于检查、检测，没有形成产品质量管理体系。改革开放后，伴随生产力的巨大解放，我国电线电缆行业推动质量发展走出一条阶梯式进步的道路。国家相继颁发了《工业企业全面质量管理暂行办法》《工业产品质量责任制条例》等办法和条例，全面提升行业企业"线缆人"的质量意识。与此同时，国家也建立了监管制度与奖励制度，并建立了产品质量检测体系。到2012年，国务院颁布实施的《质量发展纲要（2011—2020年）》强调，质量发展是兴国之道、强国之策。2016年的《政府工作报告》首次提出建设质量强国，同年出台的《中华人民共和国国民经济和社会发展第十三个五年规划纲要》明确提出了建设制造强国、质量强国的目标。实际上，自党的十八大以来，质量一直是中央经济工作会议和政府工作报告的关键词，"质量为先"写进基本方针，把"质量强国"上升为国家战略。

科技兴则质量强。多年的实践证明，关键核心技术是要不来、买不来、讨不来的。必须强化企业科技创新主体地位，加大政策支持力度，由科技型骨干企业牵头组织队伍攻关、牵头搭建产学研合作平台，集中力量攻克一批关键核心技术，推进高水平科技自立自强，让科技创新这个"关键变量"成为高质量发展的"最大增量"。为此，我国电线电缆行业的科研院所在行业共性技术创新的基础上，许多企业也成了自主创新的主体，纷纷建立了企业技术研发中心、产品研究所，有的还建立了院士工作站、博士后工作站、国家企业技术中心、电缆工程研究技术研究中心等科研平台。这些平台的建设成为了企业提升自主创新能力的核心载体。

我国电线电缆行业创新能力的持续增强有力支撑了行业高质量发展。

第2章 生产工艺

根据电线电缆行业确定的大类产品分类原则，从1959年起将电线电缆产品分为五大类。1978年首次出版的《电线电缆手册》进一步对五大类给予确认，并明确了五个大类产品的定义和涵盖范围，小类和系列的划分等，并沿用至今。五大类产品包括：

（1）裸电线与裸导体制品　这类产品的主要特征：产品都是无绝缘层的导体，如架空输、配电线路用的架空导线，以及铜、铝汇流排（母线）和特种导电制品。

（2）电力电缆　电力电缆应用于电力系统，从超高压到低压（600V）各电压等级的输电、变电、配电和供电线路，属于强电传输，即传输电流很大（从几十安培、几百安培乃至几千安培），以及高电压（从600V至高压、超高压），因此是高电压绝缘中最具有代表性的产品。

（3）电气装备用电线电缆　电气装备用电线电缆是进入用户的末端用电线路和各种用电设备用的一大类品种，品种最为繁多，约占总数的60%，这是由用电设备的多样性和广泛性所决定的。它包括：用户低压用电线路（如照明线、动力线）用的橡塑绝缘电线、软线，从供电点（如开关、插座）到终端用电设备的连接线，终端设备组成之间的连接线（如信息系统等），以及用电设备内部安装用的电线电缆。特别是特殊的工业系统（如石油工业系统）和矿山探测、开采、大型而又有特殊要求的交通运输器具（如汽车、机车、飞机、船舶等）用的电线电缆。

（4）通信电缆与光缆　早期的信息传输系统仅承担电报、电话、电传和电视等业务，因此采用的电线电缆主要是市内电话电缆、长途通信电缆（对称式或同轴式结构）和一般的通信线、通信设备用线等。随着信息传输的数字化、高速化和广域化，特别是宽带网、信息传输网络的建立和发展，光缆产品的发展和大规模应用使信息传输系统用电线电缆产品有了超常规的发展。因此，行业中将这类产品重新划分为三类，即通信电缆、光缆和电子线缆（部分从电气装备用电线电缆中划出）。

（5）绕组线（电磁线）　绕组线（电磁线）用于各种电机、电器、仪表、变压器以及电极磁场发生器中的绕组线圈。产品品质按绝缘构成分为漆包线和绕包线两个小类。

上述五大类产品，从电线电缆技术体系讲，应包含产品标准体系和制造工艺体系，其中产品标准体系和制造工艺体系与产品类别有关。我国电线电缆行业的技术体系从无到有，从简单到全面，现在技术体系基本与国际接轨。

我国电线电缆行业已经建立了完善的制造工艺体系，主要包括导体加工工艺橡胶绝缘和护套挤橡工艺、塑料绝缘和护套生产工艺、漆包绝缘生产工艺和光缆工艺等。

一、导体加工工艺

1. 早期的铜锭加工——铜导体的熔铸、轧制与酸洗

新中国成立初期，国内电解铜、废铜线的熔化以及精炼一般是在用煤作为燃料的反射炉中进行的。采用人工装料、打拔法氧化、插木杆还原、人工抬包浇铸、池水冷却，待全炉浇铸完毕用葫芦吊吊出铜锭的

工艺方法。由于没有温度调节和记录设备，精炼的质量只凭经验判断。轧制操作是把铸好的铜锭以煤为燃料，经过人工操作的装炉、出炉在加热炉加热，然后送至三辊组、二辊组的压延机上轧制。轧制好的铜杆绕在一定直径的卧式绕杆机上，再经斜坡放入冷却池中，冷却后采用人力将其从池中捞出。冷却后的铜杆放入酸洗池浸酸，然后放入清水池洗涤，洗涤后用葫芦吊吊出供拉线使用。

后来，导体加工进行了一些技术改造，例如熔铸工艺改进、加热控制自动化改造、燃料由煤气改成重油等。

2. 早期的铝锭加工——铝导体的熔铸与轧制

新中国成立初期，浇铸铝锭时采用两开式铸铁模倾斜浇铸方式，上部用浇勺填充。由于铸锭温度没有仪器测定，只能凭借经验进行判定，因此当时铝杆合格率比较低。一般电缆企业不进行铸锭工序，都是由铝厂提供铝锭，铝杆的轧制在回线式轧机上进行。

3. 连铸连轧加工

（1）铝导体 铝导体的生产，自1950年初意大利CONTINUUS公司用PROPERZI连铸连轧法生产铝杆以来，经过几十年的发展，目前世界各国铝杆生产几乎全部采用了连铸连轧法，并广泛应用于生产导电铝合金杆。

1971年沈阳电缆厂成立三结合设计小组，开始研究铝杆连铸连轧生产工艺并设计连轧生产设备。

1970年初，我国诞生了第一台用于铝杆连铸连轧的生产线，并迅速发展遍及全国各地，先后建成了几十条生产线。它们对发展我国电线电缆用铝导体生产具有举足轻重的作用。现今，我国已掌握了电工铝杆制造的各项技术，并能在连铸连轧机组上生产电工铝杆及铝合金杆。

（2）铜导体 虽然铜杆的连续化生产起步较早，但早期的发展较慢，至20世纪70年代中期才有了较大的发展。在1980年之前，我国几乎都采用横模浇铸铜锭，在横列式轧机上轧成黑杆，这种生产方式耗能高、质量差、损耗大、工艺落后，已被淘汰。从1980年开始，我国先后引进了多条生产优质铜杆的工艺和设备，用在连铸连轧法生产光亮韧铜杆：意大利的CCR系统（双轮式）、美国的SCR系统（五轮式）、德国的CONTIROD系统（双钢带式）。连铸连轧法能生产电导率高、质量好、大长度的光亮韧铜杆。这种工艺方法生产效率高、控制方便，但铜杆含氧量相对高一些。

在铜杆连铸连轧法出现的同时，由于高频通信及电器工业对铜导体性能提出了越来越高的要求，因此国外又开发了高电导率无氧铜杆的生产技术。浸涂成型法是1969年美国研制成功的一种生产无氧铜杆的工艺方法。采用这种方法生产的铜杆，含氧量较低（一般在0.002%以下），电导率比较高。目前许多国家引进后吸收了这项技术。

到了1970年，芬兰又开发并研制成功一种利用上引冷轧（冷拉）法生产无氧铜杆设备。1980年后，我国开始引进这项新技术。到目前为止，我国在吸收国外这项先进技术的基础上，已自行开发和研制了多条上引机组进行生产无氧铜杆。

这两大新工艺所生产的铜杆都是无氧铜杆，其品质基本相同且工艺简单。但耗费电能较多，并需要用高质量的阴极铜。

上引法生产无氧铜杆是较为成功的一种无氧铜杆生产方法，它有许多优点：不仅能生产铜杆，还可以生产各种有色金属及合金杆棒，甚至能生产空心导线以及各种型材。它的生产工艺简单、投资少、经济效益高、产品质量好，能生产出高电导率（102%IACS），含氧量为0.002%以下的大长度无氧铜杆。

相对于“九五”期间铜杆生产以上引法为主的形势，“十五”期间已发展为以连铸连轧为主要生产手段，已有几家大型工厂采用新引进的铜连铸连轧机组具有年产量超过10万吨的能力，且以铜冶炼行业的工厂为主，设备也主要采用国外先进的设备。目前我国电线电缆企业及铜加工企业都采用上引法工艺生产无氧铜杆。

4. 导体的拉制

新中国成立初期铜导体的粗拉基本上是使用单盘拉线机。

沈阳电缆厂作为苏联援建156个项目之一，1956年改建后全部采用引进的连续式拉线机，其中铜线拉制采用9模、12模、13模、19模滑动式连续拉线机，生产规格为 ϕ0.05~ϕ3.5mm。铝线拉制采用6模、8模、10模非滑动式连续拉铝机，生产规格为 ϕ1.30~ϕ4.6mm。型线拉制采用一级5模、一级9模滑动式拉线机和15t链式拉杆机。

国内拉线机根据拉伸线材的模具可分为单模拉线机和多模拉线机；根据工作特性，拉线机可分为滑移式拉线机和非滑移式拉线机；根据鼓轮的构造形状，拉线机可分为塔形鼓轮拉线机、锥形鼓轮拉线机及圆柱形鼓轮拉线机；按拉线时润滑情况，拉线机又可分为喷射式拉线机和浸入式拉线机；按拉制线径的大小，拉线机可分为大、中、小、细、微拉线机。在生产中习惯上常以单模拉线机、多模拉线机来分。多模拉线机包括滑移式拉线机及非滑移式拉线机。在1993年，我国线缆行业尚有使用苏制和仿苏拉线机的情况。随着科学技术的发展，电线电缆工业的拉线设备有了新的发展。拉线设备国外已采用高速拉伸、多工序连续生产、单头或多头出线、双盘连续收线等设备。

（1）高速拉线机 目前国外的拉线机采用拉线鼓轮可单独调速，对每道鼓轮之间的速度比进行微调使拉伸保持很小的滑动率，以减少模具和鼓轮的磨损，从而延长模具和鼓轮的使用寿命；采用加压润滑的方式，可以减少模具上黏附的金属屑；模具可在模架内浮动，使模具定位精确。大拉线机的最高拉伸速度可达35m/s，中拉线机可达50m/s，小拉线机可达50~60m/s，细拉线机最高可达63m/s。

（2）多工序连续拉线机 目前有拉线连续韧炼挤塑串列机组，这类设备具有生产效率高、占用场地小、能量消耗少、质量稳定等优点。

（3）多头拉线机 多头拉线机特别适合拉制中、小规格线材，如尼霍夫公司生产的MZE121型拉线机，最多可同时拉10根线，并可连续韧炼以及与束线机联合使用，生产效率高、成本低。

（4）铝线连续滑移式拉线机 目前高强度铝合金被大量使用，而非滑移连续式拉线机由于拉线时线材存在扭转，因此不适用于拉制高强度铝合金线，所以现采用滑动量很小的滑移式拉线机来拉制高强度铝合金线。这种拉线机还配有自动下线装置，并且拉线的速度可达25m/s，所以生产效率较高。

当前我国电线电缆行业采用的拉线设备状态参差不齐，规模型企业都采用进口的、高效率的拉线设备，提升产品质量以此来降低生产成本。

5. 导电线芯的绞合

新中国成立初期，生产绞合导电线芯的设备主要有三段笼式绞线机、二段笼式绞线机、六盘和十二盘管式绞线机等。

导体绞制设备用于线芯、裸绞线和各类架空导线的绞合，主要设备分为束线机和绞线机两大类。不论是束线机还是绞线机，都包含了两种运动：一是使所有单线围绕设备的中心轴做旋转运动，二是使绞合导体做直线运动。这两种运动的组合就使一组单线成为具有一定节距和绞向的束线或绞线。

（1）束线机 由于束线机运转动作都在收线部分，变速机均安装在转动的栏架里，所以空间受到限制，这就决定了束线机只能制成一个绞向，适合规格较小的产品。其主要类型分为单节距束线机和双节距束线机两种。按收线盘的外径大小可分为300型、400型、500型、630型、1000型和1250型。

过去，束线机只用于束制小截面的导体线芯和软绞线芯，最大截面积不超过10mm^2，随着生产的高速发展，束线机的容量不断加大，其生产范围和绞合截面积也随之迅速扩大。铜线可以束制95mm^2，铝线可以束制120mm^2。还可以生产紧压圆形线和紧压扇形线芯，塑料和橡皮绝缘线芯的成缆，如控制电缆、市内通信电缆绝缘线芯的成缆，还可以束制高压电缆的导电线芯，市内通信电缆的对绞、星绞、单位绞，钢丝的铠装及铜丝平行密绕作为屏蔽等。这充分体现了束线机的固有特点：高速、高效、轻便、占地面积小。双绞束线机的效率是同样用途的一般绞线机的10~20倍。

（2）管式绞线机 管式绞线机（简称管绞机）是退扭的高速绞线机，其绞线质量与有退扭的笼式绞线机相同，而生产效率却高出好多倍，被广泛用于铜、铝、钢丝和钢芯铝绞线的绞制生产中。管绞机的规格和型号是按放线盘的数量和放线盘的直径来区分的，常用管绞机盘数有6盘、12盘、18盘等数种，放线盘的直径有 100mm、200mm、400mm、500mm、630mm 等。

（3）笼式绞线机 笼式绞线机（简称笼绞机）也称为摇篮式绞线机，其放线盘都安装在旋转的绞笼内，绞笼的形状像个铁笼，故称为笼式绞线机。它是最早的绞线机，它能同时绞制二层或三层单线，一次绞制的单线根数较多，绞制直径较大，绞合方式可退扭，也可不退扭，应用较广泛。其缺点是放线盘平均分布在绞笼周围的圆周上，绞笼体积庞大，转动惯量比较大，转速无法提高，所以生产率较低。

（4）叉式绞线机 叉式绞线机（简称叉绞机）的绞体部分是由叉形架和空心轴构成，每个叉形架上放置三个放线盘，每段绞体上的放线盘数量按需要设计，一般都是 3 的倍数。由于叉绞机的绞体结构紧凑，放线盘贴近旋转空心轴放置，没有笼绞机的浮动摇篮部分。因此叉绞机的转动惯量小，转速比较高，生产率也高，而设备价格比同类型的笼绞机低。但它的缺点是无退扭装置，常用于制造铜、铝绞线及压型线等导体。

（5）框式绞线机 框式绞线机（简称框绞机）与叉绞机比较，其线盘分装在垂直布局的三个或四个框架上，中心轴不受线盘重量负荷，线盘在绞体圆周方向均布，绞体回转半径小，其转速比相同规格的笼绞机提高一倍。绞体也不用托轮，而是在两端用大轴承座支承，设备噪声小，线盘可单个上下，也可整体上下，由气动或电动夹紧，操作方便，生产效率高。单线放线张力控制一般用气动张力控制，可自动调节。其缺点是不退扭，适用于紧压圆形、扇形绞合导体，如铜绞线、铝绞线、钢芯铝绞线及分割导体的紧压预扭等均可生产。

（6）盘式绞线机 盘式绞线机常用于制造铜、铝绞线等导体。盘式绞线机的绞笼部分是由绞笼架、轴承座和空心轴构成，每个绞笼架上设置 6 个或 12 个放线轴，每段绞笼上的放线盘数量按需要设计，一般都是 6 的倍数。由于其绞笼直径较大，放线盘安装在放线轴上，旋转时有跳动现象，因此盘式绞线机的转速一般都比较低，噪声比较大。设备无退扭装置，结构比较简单，设备价格比同类型的笼绞机低得多。

（7）辊压成型束绞机 辊压成型束绞机（铝合金导体用）是结合了辊压成型和束绞工艺的优点，将这两个系统集成到一起而成的高效生产机组。主要用于铝或铝合金线导体辊压成型后紧密绞合，也可用于圆线绞合及铜线束绞。设备具有高效、节能、工序少的特点。目前设备的最大收线盘直径已达 2500mm，最大生产产品规格为：铜绞线 300mm²，铝绞线及铝合金绞线 400mm²。设备的主要组成包括放线架、进线装置、张力平衡器、旋转模架、辊压成型装置、束绞机主机及电气控制系统。

目前国内导体绞线设备的型号多种多样。对于中高压电缆来讲，导体质量是至关重要的，现在大型线缆企业越来越重视导体的制造设备和工艺。

行业中已经开始形成专门生产导体的细分市场，有些电缆企业也开始意识到自己加工导体还不如直接购买“成品”导体，特别是 5 类导体和 6 类导体。但专业化生产的电线电缆用导体更具有成本优势和质量优势。

二、橡胶绝缘和护套挤橡工艺

新中国成立初期，行业中一般采用开放型混橡机、洗胶机、六角型转动筛粉机、胶皮切条机等简单设备，靠人工操作进行橡胶加工。切好的胶片通过被覆机采用纵包或螺旋式包覆在导线上，然后绕在铁盘上送到卧式硫化罐进行硫化，部分产品硫化后再送去编织、涂料。所用的橡胶主要是天然胶。

1956 年前后，以沈阳电缆厂为代表的头部电缆企业，引进国外的成套设备，建立具有 20 世纪 50 年代国际水平的橡缆生产线。橡胶加工的主要设备有 PC-2 型和 3A 型密闭式混橡机、开放型温橡机、白色填料和炭黑自动秤、运输带、滤橡机、辗片机、冷却皮带、切断机等，形成半自动化流水生产线。橡皮绝缘和护套的挤压硫化设备有 ϕ115mm 连续硫化机、ϕ150mm 护套连续硫化机、ϕ65mm 挤橡机、单缝冷压机（纵包机）、ϕ2000mm 卧式硫化罐、600 型立式压铅机、剥铅机等。当时按苏联标准只能生产小截面的橡皮电线，后经多次改进，能生产到 16mm^2 的橡皮电线电缆。而较大规格的橡皮电缆则采用挤橡滑石粉托盘（绝缘）硫化（硫化罐）—扒铅或纵包（冷压机）—包布带—硫化（硫化罐）和采用挤橡铅包（护套）硫化（硫化罐）—扒铅或纵包（冷压机）—包布带—硫化（硫化罐）这两种生产工艺。于是，就形成三种工艺方法共存的现象。所使用的绝缘材料以天然橡胶为主，天然橡胶占总用量的 85%，合成橡胶（有丁钠、丁苯橡胶）仅占 15%，而且是从苏联进口的。

1963 年开始大量使用国产氯丁橡胶。氯丁橡胶的耐臭氧性、耐热老化性比天然丁苯橡胶好得多，但其本身的塑性相差较大，焦烧速度快，所以工艺要求严格。为此，在橡胶加工时加入橡胶助剂秋拉姆，合成时采用断链的方式提高氯丁橡胶的塑性，使产品工艺性能基本达到要求。

1966 年，我国第一台采用倾斜式硫化管道的连续硫化设备减少了较大直径电缆硫化时下垂拖壁现象，提高了产品质量，主要用于电缆护套的生产。

现在行业里很少使用硫化罐进行硫化，而基本采用倾斜式的连续硫化罐进行硫化。为了满足橡皮绝缘电缆使用要求，电压等级越来越高，目前国内有 110kV 电压等级的乙丙橡皮绝缘电缆已研发成功，生产采用的为全进口三层共挤的挤橡设备。

橡皮绝缘电缆适用于 6kV 及以上固定敷设的电力线路，也可用于移动的固定敷设线路，绝缘为软三元乙丙橡皮（EPR）的电缆。如果用于直流电力系统，电缆的工作电压可以是交流电压的 2 倍。

电缆导体一般采用铜导体线芯，导体中单线最少根数应符合《电缆的导体》（GB/T3956）标准中第 2 种导体的规定。

电缆的绝缘有硬三元乙丙橡皮（HEPR）和软三元乙丙橡皮（EPR）两种，其长期运行的导体工作温度最高为 90℃。EPR 绝缘电力电缆的最小弯曲半径可以小于 HEPR 绝缘和交联聚乙烯（XLPE）绝缘电力电缆。HEPR 的绝缘厚度与 XLPE 绝缘相同，EPR 的绝缘厚度则比同规格的 HEPR 绝缘厚 0.2~0.6mm。而额定电压 3.6/6kV 及以上的电缆，导体和绝缘上均应有内、外半导电屏蔽层，一般采用三层共挤连续硫化工艺生产。

改革开放前，天津、郑州生产的低压连续硫化生产线完全满足生产工艺要求。改革开放后，我国陆续引进了德国特乐斯特等公司的三层共挤的挤橡设备，满足了中、高压橡皮绝缘的生产工艺要求和产品质量要求。

目前橡皮绝缘和护套材料除了工厂自己打胶生产外，也有商品化的带状原材料或颗粒状的原材料供应，其工艺特性都能满足挤橡机的要求。

三、塑料绝缘和护套生产工艺

1956 年，上海电缆厂首次采用 PVC 绝缘生产低压电力电缆，开启了我国塑料绝缘和护套的生产加工历史。在这之前电线电缆的绝缘都采用橡皮等材料，由于塑料具有良好的绝缘性能、机械性能、化学性能、非延燃性能、加工性能，并且价格便宜、工艺简单，因此深受欢迎。沈阳电缆厂为了满足塑料电线电缆生产的需要，与沈阳 112 工厂研制了 ϕ65mm、ϕ80mm 塑胶机，之后开始生产橡胶绝缘塑料护套电缆。

1958 年左右，上海新业电工机械厂生产出塑胶挤出机，全国开始生产塑料布电线产品。

1960 年，我国电线电缆企业根据上级主管部门的指示精神，全面新建全塑电力电缆、控制电缆、信号电缆等生产能力，开始大面积的使用塑料绝缘和护套材料，生产设备从 ϕ38mm~ϕ150mm 的挤出机规格齐全，满足了当时电线电缆塑料材料生产的需要。当时塑料绝缘和护套的主要材料是聚氯乙烯（PVC）。

交联聚乙烯（XLPE）有优良的物理和机械性能、极好的耐化学稳定性和电气性能，已越来越大量地应用于电缆工业中。交联过程使聚乙烯（PE）由线型高分子变成立体高分子、由热塑性变成为热固性，主要有两种工艺方法：一是辐照法，二是化学法。辐照法是利用放射性或电子束轰击 PE 分子，两个 PE 分子链上的 H 原子各被轰击掉而形成自由基，两个大分子的自由基相结合交联，而形成交联聚乙烯（XLPE）。化学法是在聚乙烯中加入少量交联剂（例如过氧化二异丙苯），然后将此 PE 挤包在导电线芯上并加热，于是交联剂与 PE 起化学反应，并使 PE 交联成 XLPE。湿法和干法交联是就加热媒质而言，一般湿法交联的热媒质是高压蒸汽，干法交联是通过热线加热，用氮气保护防止氧化。

1968 年开始，上海电缆厂着手研制并开发交联电缆，是国内最早研制交联电缆的企业。当年试制成功我国第一根交联电力电缆，之后，上海电缆厂悬挂式交联机组上采用蒸汽交联聚乙烯工艺。1971 年，上海电缆厂开展交联会战，解决了上下牵引同步、悬挂光电控制、塑胶机机身加热、自动控制以及螺杆转速稳定问题，并形成了稳定生产。1976 年，该产品经第一机械工业部鉴定后投入批量生产。1977 年，上海电缆厂着手研制 110kV 高压交联聚乙烯绝缘电缆。1982 年，上海电缆厂试制成功 35kV 干式交联电缆。1986 年，上海电缆厂将电子加速器辐照技术应用于交联电缆生产，试制成功低压辐照交联电线电缆产品。1986 年利用从美国引进的三层共挤交联机组试制成功 35kV 干式交联电缆。1987 年，从瑞士引进了温水交联机组，试制成功温水交联阻燃控制电缆和温水交联阻燃电力电缆。

1970 年，沈阳电缆厂自行设计，并仅用 28 天时间安装、施工建成一台悬垂式交联电缆机组。该机组主要由立式放线架，上、下牵引轮，ϕ50mm 和 ϕ150mm 挤出机，硫化管，冷却系统，无轴式收线架及电气、水气控制装置组成。生产范围为：铜芯 25~150mm^2、铝芯 24~400mm^2。这条建成的湿法交联生产线，采用化学法交联剂实现交联。

1981 年，沈阳电缆厂从瑞士西沃滋公司引进了干法交联聚乙烯生产线和生产技术。这条生产线采用了辐射加热并用氮气作加压介质的干式硫化方法。干法交联避免了水浸入电缆绝缘，减少电缆绝缘中空隙的数量和大小，提高了电缆的绝缘性能。

随着塑料电缆材料的广泛使用，国内上海电缆厂、沈阳电缆厂等大型国企的技术辐射、再加上大量引进了国外先进设备和技术，使得国内电线电缆制造企业塑料加工技术很快上了一个台阶，生产出的产品完全符合电线电缆产品的技术要求。

塑料绝缘和护套的生产加工工艺随着不同性质的塑料材料而有所区别，我国是全球最大的电线电缆生产制造国。各种塑料材料的加工工艺，如低烟无卤材料的挤出等，国内基本都已掌握。

从产品类别看，塑料绝缘和护套几乎使用在各个产品领域，在一些特定使用场合需要使用橡皮绝缘和护套电线电缆。现在有塑料材料改性橡皮化的趋势，在塑料材料中添加合适的添加剂，使塑料材料显示橡皮的特性，这在加工工艺中又有了新的挑战。

从加工成本看，交联聚乙烯材料不断被开发出不同的交联加工工艺类型，除传统的湿法交联、干法交联外，又增加了温水交联法、自交联法、电子加速器交联法、紫外线交联法等。

从产品结构看，三层共挤是最复杂的，其生产设备和加工工艺也很复杂。对于中压交联聚乙烯电缆的制造设备全部已国产化，如南京工艺、白城电工等都能提供三层共挤的生产线。与进口设备相比，控制精度和生产效率上还有待提高。目前，国内高压交联生产线几乎采用进口的三层共挤设备，有悬链式的和立塔式的。

从绝缘偏心度控制工艺来看，国内生产线都能满足标准要求和招标文件的技术要求，2010 年广东省电力公司 110kV 电缆盲样抽检结果也证明了这一结论。

四、漆包绝缘生产工艺

新中国成立初期，漆包线的生产设备有卧式漆包机，又分为双筒、三筒两种形式；同时还配置络纱机、并纱机、纱包机等生产纱丝漆包线。使用的绝缘漆是以植物油为主要成分的油性绝缘漆。

1958 年，采用桐油代替以植物油为主要成分的油性绝缘漆。

1960 年，采用高强度聚酯漆包线 B 级 130℃，高强度聚乙烯缩醛漆包线 E 级 120℃，替代油性漆包线 A 级 105℃。

1980 年，改革开放以后，国内企业引进漆包机，使我国绕组线行业装备和技术迅速接近或达到国际先进水平。

通过消化吸收及仿制国外漆包机，我国也产生了专业生产漆包机的厂家。由于国产新型漆包机价格仅为进口设备的 1/5~1/3，性能大体能满足使用的基本要求，所以成为许多漆包线厂设备购买或更新的首选。

1985 年前，我国漆包线绝大部分为 130 级聚酯漆包线和少量聚氨酯漆包线，绕包线也仅有丝包线、纸包线和玻璃丝包线三个品种。通过相关单位的攻关，后续研发了 155 级聚酯漆包线、180 级聚酯亚胺漆包线、200 级聚酰胺酰亚胺漆包线、240 级芳族聚酰亚胺漆包线、180 级玻璃丝包线、240 级芳族聚酰亚胺薄膜绕包烧结线等产品。

1990 年，根据大型电力变压器发展的需求，为了降低负载损耗，降低绕组热点温升，提升绕组机械强度，使结构更加紧凑，并且线圈加工更加简单，行业中又开发了适应大型电力变压器需求的换位导线。换位导线一经问世，国内扁绕组线企业纷纷建立换位导线生产线，使其在变压器行业绕组设计和制造中得到了广泛应用。

五、光缆工艺

1985年，上海电缆厂开始着手研制光缆，利用海底电缆生产工艺装备成功试制海底光缆和组合光缆。此后，又从芬兰引进了光缆生产设备并研发出新产品，例如：1986年成功试制4~8芯铁道通信光缆，1990年成功试制直埋式8芯单模13组铁道综合光缆。

1985年，侯马电缆厂试制生产的2芯、4芯、6芯、8芯、12芯光缆通过了邮电部的产品鉴定。自此以后，我国光缆产品开始进入发展快速通道，生产制造工艺日趋成熟。

1. 光缆的结构

根据光缆结构的特性，光缆的结构一般由缆芯、加强元件、填充物和护层等部分组成。此外还有防水层、缓冲层、绝缘金属导线等构件。

（1）缆芯绞合

1）一定数量的同类光学元件（松套管或紧套光纤）通过SZ绞合或螺旋绞合方式成缆。绞合节距根据工艺设计规定。

2）一定数量的同类光学元件（光纤或光纤带）置入骨架成缆。

3）一定数量的同类光学元件（光纤以SZ绞合或不绞合、光纤带以螺旋绞合）置入松套管成缆。缆芯中可根据需要绞入单根绝缘铜线或对绞绝缘铜线。由于绞合将引起光纤的弯曲，此弯曲引起的光纤最大应力（当光缆以最小弯曲半径弯曲时）应小于规定值。缆芯外面一般要包扎纱或扎带以防缆芯松动。

（2）缆芯填充 缆芯一般都应连续填充阻水化合物，也可用阻水纱、阻水带、阻水环等阻水方式防止水分渗入整根光缆之中。阻水材料应无毒、无异味，且对人体无害。该类材料应借助于对人体无害或不产生危险的材料就可容易地去除。同时，阻水化合物的析氢值和油分离度应符合相应规定要求，同时该类化合物在规定温度下不滴流。阻水带、阻水纱的额定膨胀高度和膨胀速度也应符合光缆设计要求，还应防潮、保持干燥、与缆中其他元件相容。

（3）防潮层 防潮层主要起到径向防水的作用。一般用纵包铝塑带或钢塑带。钢塑带一般需要轧纹，铝塑带在光缆外径较大时才轧纹。铝塑带和钢塑带的厚度及搭接宽度应符合相关规定。这两种金属带应与护套粘接在一起，粘接强度应符合相关规定。

（4）护层 光缆的护层是用来保护缆芯的，使缆芯免受外界机械作用和环境条件的影响。因此，在结构上基本与电缆的护套结构相似，不同的护套结构适用于不同的敷设方式。光缆护层一般可分为内护套、铠装、外护套。内护套一般用聚乙烯，厚度在1mm左右。铠装是为了增大光缆抗张强度或防止外来损伤，有钢丝铠装（提高抗拉力）和钢带铠装（提高抗侧压力或侧冲击力）等形式。外护套用来抗紫外线辐射、抗天气变化、耐环境腐蚀，一般用黑色聚乙烯挤制而成。室外直埋光缆一般选用铝塑粘接护套加钢塑粘接护套后再加聚乙烯外护套，在陡坡地或过河水线敷设应再加钢丝铠装以增强抗拉强度，空中架设的光缆如果经过树林，为防鸟枪射击可加钢带铠装。室内光缆护层要具有阻燃性能。对于要求不高时用聚氯乙烯护层；对于要求较高时用低烟无卤阻燃护套料作护套。护套外应有标记，标明长度、光缆型号、制造厂商名。护套标记应清晰可认且在规定摩擦次数后仍清晰可见。光缆外护层在特殊场合还应考虑特殊性能，如防白蚁、防鼠咬、防鸟齿、耐腐蚀等。

2. 光缆的制造

1）光纤着色。光纤着色是在本色光纤表面涂上油墨并经过固化使之保持较强附着力的过程。它要求着色光纤的颜色鲜明易区分、颜色层不易脱落、与油膏相容性好等。

光纤着色设备是在本色光纤表面涂以不同颜色并使其快速固化的设备。评价一台着色机性能最关键的指标是在保证不伤害光纤性能和一定颜料固化度的前提下的最高生产速度。按照着色机的固化方式，着色机有热固化和光固化两种。

2）光纤并带。光纤带就是将若干根着色光纤，按照一定的色谱有序地排列粘接在一起。将若干光纤排列粘接在的过程称为并带。

光纤带的结构大致可分为包封型和边缘粘接型。规格有 4、6、8、12 芯，目前已发展到 24 芯。

目前生产光纤带的方法有两种：第一种为二次涂敷成型，需要经过二次固化，内层材料较软，起保护光纤的作用；外层材料比较硬，起防止光纤受挤压、侧压的作用。一般情况下包封型结构都采用这种方法。第二种为经过一次涂敷和一次固化直接成型（目前最常用的方法）。

并带机是将多根光纤合并成一根带子的设备，它使用的粘接材料是对特定频段 UV 灯光敏感的丙烯酸酯，类似于着色料，是一种无色透明材料。按照光纤穿过模具的方向不同，并带机可分为卧式和立式两种。评价一台并带机的性能好坏时应从光纤带的几何尺寸（其中最重要的参数是光纤带的平整度）、并带时的生产速度、操作时的难易程度三方面考虑。

3）套塑工艺。在光纤的实际应用中，一次涂覆的光纤经过着色后不经过进一步的增强是无法使用的。这是因为光纤在受到外力作用时会严重影响其传输性能，为了成缆及日后的实际应用，还需要对光纤进一步加以保护，这就是套塑。

套塑又称为二次被覆，即对经一次涂覆的光纤进行第二层保护，通常有两种保护方式：紧套和松套。紧套是在经一次涂覆的光纤外层紧密挤包保护层以达到对光纤的进一步保护。松套是将光纤置于一个松动的有活动空间的套管内，以达到对光纤的进一步保护。在松套光纤套塑中又根据光纤在套管中的分布形态分为普通松套光纤套塑（含光纤束松套）和光纤带松套套塑。其中，光纤带松套套塑是光缆制造中的关键工序。这是因为套塑不但为光纤提供了进一步的保护，而且还产生了余长。余长的产生使得光缆有了优越的机械和物理性能。

4）成缆工艺。成缆就是将若干根含光纤的套管与加强元件等组合起来构成光缆的过程。成缆后的光缆必须具有优良的机械性能，使光缆可用于架空、地埋、穿管等多种敷设方式，并能在不同的环境条件下使用。此外，成缆后必须保持光纤原来的传输性能，并使它的温度特性有可能进一步改善。

成缆的目的就是为了稳定结构，使光缆具有抗拉、抗弯、抗扭转、抗冲击等优良的机械性能。还要解决由外力引起的光纤微弯和温度变化引起的压缩形变，以保持光纤要有的优良传输性能。

光缆成缆工艺分为两种，即 SZ 绞合成缆和螺旋绞合成缆。对应的设备也有两种，即 SZ 绞合成缆机和盘绞成缆机。

5）综合护套工艺。综合护套生产一般包括缆芯油膏填充、纵包阻水带、纵包铝塑带、纵包钢塑带、挤制塑料外护套五部分。根据光缆使用场合不同，可由上述五部分中的几部分构成不同组合的综合护套。缆芯填充油膏和纵包阻水带起到纵向阻水和防潮作用，纵包铝塑带或钢塑带起到径向阻水和防潮作用。纵包钢塑带还可以提高光缆的抗侧压力性能。光缆的塑料外护套一般有聚乙烯护套、聚氯乙烯护套、无卤阻燃聚合物护套三种。

综合护套设备一般有挤出机、印字设备、铝塑带或钢塑带放线架、油膏填充设备等。

6）铠装。普通直埋和管道光缆无须钢丝铠装。对于特殊应用，必须补偿外拉力和压力情况下的光缆，就要用到铠装层来保护光缆缆芯盒护套。选取的铠装材料应该做到：杨氏模量和质量之间要有一个合理的比值。铠装材料通常选用各种形式的钢材（通常分为钢丝铠装和钢带铠装）。

钢丝铠装应控制的工艺参数为绞入角、绞合节距和扎纱节距。

钢带铠装应控制的参数为钢带宽度、厚度和搭盖率。

铠装设备有两种，即钢丝铠装和钢带铠装设备。国内设备厂商都能提供这些设备。

在我国光缆制造行业企业中，还有引进奥地利的着色机和大套塑生产线、芬兰 NEXTROM 公司的光纤并带机等设备，对生产工艺稳定、产品质量提高有较大的贡献，为设备国产化也起到借鉴作用。

第3章 标准化

1949年前，以沈阳电缆厂为代表的电线电缆企业采用日本标准进行生产电缆产品。后来，日本标准一直沿袭至国民经济恢复时期。

新中国成立初期，通过公私合营而成立的电线电缆企业没有统一的标准体系，同时由于电线电缆产品使用范围不广，对产品标准认识不足，也没有上升到体系的高度，更没有形成工业体系，所以那个时代各个企业将企业技术条件作为生产加工、检验和销售的依据。

1956年，沈阳电缆厂的改建作为苏联援建我国156个项目之一，在引进苏联生产技术的基础上，产品标准全部采用了苏联标准，一直到1962年左右才不再采用苏联标准。

1961年，在进行企业整顿的基础上，开始整顿产品标准。在保留部分苏联标准的同时，制定了我国首批电线电缆标准（电D标准），同时企业标准、行业标准陆续涌现。

1965年，部分企业标准、行业标准上升为国际标准（GB）和第一机械工业部标准（JB）。

1967—1974年，对上述产品标准进行了修改和补充，并在产品标准的基础上制定了一些材料标准、配方标准和检验标准。

1981年，第一机械工业部正式提出采用国际标准的要求。在国内先后翻译和采用过IEC（国际电工委员会）、ANSI（美国）、DIN（德国）、BS（英国）、JIS（日本）、NF（法国）等电线电缆标准。

1985年左右，全行业开展了达标活动，全部贯彻国际标准及国外先进标准。

1986—1992年，经发布的电线电缆标准有253个，包括：44个基础标准；28个裸电线类标准；65个电气装备电线电缆类标准；13个电力电缆类标准；20个通信电缆及光缆类标准；43个绕组线类标准；13个电缆附件类标准；27个电缆专用设备类标准。这些标准绝大部分对标国际电工委员会（IEC）标准，对促进产品质量提高起到了积极作用。

直至2007年，国家标准和机械行业标准几经修订改版和整理补充，标准体系基本定型。

一、电线电缆国家标准和机械行业标准变迁

我国电线电缆标准变迁史就是我国电线电缆发展史，它代表了我国电缆工业在不同历史时期的技术水平。

1950年，我国只有华东工业部制定的“中国线规”标准。第一个五年计划期间，技术上全面学习苏联，各厂基本上直接采用苏联标准进行生产。20世纪50年代出版的苏联电缆标准有：《苏联国家标准—E部动力及电工设备—E类电缆、电线及软线》《苏联国家标准—E部动力及电工设备—E类电缆、电线及软线—E43组电磁线》《苏联国家标准—E部动力及电工设备—E类电缆、电线及软线—E42组电力和控制用电缆》《苏联国家标准—E部动力及电工设备—E类电缆、电线及软线—E45组通讯用电缆、电线及软线》《苏联国家标准—E部动力及电工设备—E类电缆、电线及软线—E46组各种用途电缆》《苏联国家标准—E部动力及电工设备—E类电缆、电线及软线—E49组试验方法、包装、标志与验收与规则》。

电线电缆行业标准化工作始于1958年，至1965年，我国制定了第一批电线电缆专业标准（即D标准），见表65。

表65 我国第一批电线电缆专业标准（即D标准）

序号	发布单位	标准编号	标准名称
1	中华人民共和国第一机械工业部电工专业标准	电（D）154~156—1961	热带用电线电缆
2		电（D）55~60—1962	裸电线类
3		电（D）61~63—1962	橡皮塑料电线电缆类
		电（D）66~70—1962	
		电（D）75~77—1962	
4		电（D）64~78—1962	电力电缆类
5		电（D）71~74—1962	电磁线类
		电（D）198—1962	
6		电（D）82~85—1962	电线电缆试验方法
7		电（D）86~87—1962	通讯电缆灯
8		电（D）65—1962	控制电缆及信号电缆类
		电（D）79—1962	
		电（D）81~88—1962	

1965年，开始制定第一批国、部标准（即GB、JB标准），重点是制定和修订产品标准。

1967—1985年，对期间发布的标准进行修改并补充新标准。时至1985年，电缆专业标准化经过20多年的发展，使标准体系初具雏形，该体系由5个部分组成。

1）基础标准：型谱、型号编制办法、线规、包装要求等标准。

2）试验方法标准：产品或半制品结构尺寸外观检查，以及物理机械性能、电性能的测试方法。

3）半制品标准：铜杆、铝杆、导电线芯、电线电缆用橡皮、漆包线用绝缘漆等标准。

4）产品标准：产品质量标准（或称为产品技术要求标准）。

5）专用设备标准。

1965—1985年标准明细（部分）见表66。

表66 1965—1985年标准明细（部分）

序号	发布单位	标准编号	标准名称
1	中华人民共和国第一机械工业部标准	JB 647—1967、JB 647—1977	圆铜线
2		JB 648—1967、JB 648—1977	圆铝线
3		JB 650—1965	铜电车线
4		JB 651—1968	电机用梯形铜排
5		JB 653—1968、JB 653—1977	扁铝线
6		JB 654—1968、JB 654—1977	铝母线
7		JB 655—1968	圆铜杆
8		JB 656—1968	圆铝杆
9		JB 657—1965	铜电刷线
10		JB 658~660—1968	油性高强度聚乙烯醇缩醛漆包圆铜线

（续）

序号	发布单位	标准编号	标准名称
11	中华人民共和国第一机械工业部标准	JB 658—1968、JB 658—1975	油性漆包圆铜线
12		JB 661—1975	丝包铜电磁线
13		JB 662—1975	纸包电磁线
14		JB 664—1977	电线电缆用橡皮
15		JB 669—1973	电焊机用电缆
16		JB 670—1965	矿用橡套电缆
17		JB 671—1977	矿工帽灯线
18		JB 672—1977	聚氯乙烯绝缘爆破线
19		JB 673—1977	X 射线机用直流高压电缆
20		JB 675—1971	汽车及拖拉机用铜芯高压点火线
21		JB 677—1971	汽车及拖拉机用低压电线
22		JB 678—1977、JB 678—1982	橡皮和塑料绝缘控制电缆
23		JB 679—1977	橡皮绝缘电力电缆
24		JB 680—1981	电缆盘尺寸
25		JB 681—1981	铜芯纸绝缘对绞市内通信电缆
26		JB 682—1965	铜芯纸绝缘星绞低频通信电缆
27		JB 683—1967、JB 683—1977	橡皮绝缘电话软线
28		JB 838—1977	热带电线电缆
29		JB 866—1966、JB 866—1981	铜芯纸绝缘星绞铅套高频对称通信电缆
30		JB 867—1966、JB 867—1981	通信电缆用电桥法测试工作电容
31		JB 868—1966、JB 868—1981	农用直埋铝芯塑料绝缘通信线
32		JB 869~870—1966	日用电器用电线
33		JB 947—1967、JB 947—1976	橡皮和塑料绝缘电线电缆用铜导电线芯
34		JB 948—1967、JB 948—1976	橡皮和塑料绝缘电线电缆用铝导电线芯
35		JB 1070—1967、JB 1070—1981	镀锡软圆铜线
36		JB 1071—1967、JB 1071—1977	裸电线产品检验方法
37		JB 1072—1967	电缆外护层
38		JB 1073—1967、JB 1073—1970	聚氯乙烯绝缘尼龙护套电线
39		JB 1094—1967	电容式套管，通用技术条件
40		JB 1095—1967	户外用鼎足式铸铁电缆终端盒
41		JB 1099—1967	电力线路和通信线路针式绝缘子金属附件
42		JB 1100—1967	裸铜天线
43		JB 1105—1977	船用橡皮绝缘通信电缆
44		JB 1125—1968	全聚氯乙烯配线电缆和局用电缆
45		JB 1137—1970	聚氯乙烯绝缘安装线
46		JB 1138—1970、JB 1138—1976	丁腈聚氯乙烯复合物绝缘引接线
47		JB 1139—1970	飞机用钢芯橡皮绝缘橡皮护套高压点火线
48		JB 1140—1970	飞机用聚四氟乙烯绝缘高压点火线

（续）

序号	发布单位	标准编号	标准名称
49	中华人民共和国第一机械工业部标准	JB 1141—1982	航空用聚四氟乙烯绝缘电线
50		JB 1142—1970	大截面聚四氟乙烯薄膜绝缘玻璃丝编织涂漆安装线
51		JB 1170—1975	丁腈聚氯乙烯复合物绝缘软线
52		JB 1171—1976	橡皮绝缘丁腈护套引接线
53		JB 1172—1971	汽车及拖拉机用全塑料高压阻尼点火线
54		JB 1173—1971	橡皮和塑料电线电缆检验方法
55		JB 1174—1974	聚酯漆包扁线（铜、铝）
56		JB 1177—1971	舰用橡皮绝缘橡套密封电缆
57		JB 1178—1971	舰用钢索信号电缆
58		JB 1307—1973	6千伏矿用橡套软电缆
59		JB 1543—1975	野外用橡皮绝缘电缆
60		JB 1597—1975	聚氯乙烯绝缘聚氯乙烯护套电力电缆
61		JB 1598—1975	聚氯乙烯绝缘电线
62		JB 1599—1975	聚氯乙烯绝缘软线
63		JB 1600—1975	聚氯乙烯绝缘屏蔽电线
64		JB 1601—1975	橡皮绝缘电线
65		JB 1602—1976	电线电缆生产用内部周转线盘
66		JB 1777—1976	锰铜电阻裸线、片材及高强度聚酯漆包线技术条件
67		JB 1812—1977	氯磺化聚乙烯橡皮绝缘引接线
68		JB 1813—1976	6千伏橡皮绝缘氯丁护套引接线
69		JB 1822—1976	工业热电偶用补偿导线
70		JB 1823—1976	工业热电偶用补偿导线合金丝
71		JB 2078—1977	缩醛漆包扁线
72		JB 2079—1977	聚氨酯漆包圆铜线
73		JB 2080—1977	聚酰亚胺漆包圆铜线
74		JB 2082—1977	扁铜线
75		JB 2083—1977	铜母线
76		JB 2084—1977	聚氯乙烯绝缘电话软线
77		JB 2086—1977	电磁线成品包装线盘
78		JB 2171—1977、JB 2171—1985	农用地下直埋铝芯塑料绝缘电线
79		JB 2199—1977	电梯用电缆
80		JB 2200—1977	船用对绞式电话电缆
81		JB 2201—1977	船用电力电缆
82		JB 2411—1979	航空用氟塑料—46绝缘电线
83		JB 2480—1978	绞线机系列和基本参数
84		JB 2481—1978	束线机系列和基本参数

（续）

序号	发布单位	标准编号	标准名称
85	中华人民共和国第一机械工业部标准	JB 2482—1978	铜、铝拉线机系列和基本参数
86		JB 2483—1978	管绞机系列和基本参数
87		JB 2572—1979	铜编织线
88		JB 2573—1979	铜软绞线
89		JB 2608—1979	拉丝机
90		JB 2665—1980	聚酯漆包线漆
91		JB 2803—1979	漆包圆线热寿命和温度指数试验方法常规法
92		JB 2804—1979	漆包圆线热寿命和温度指数试验方法快速法
93		JB 2817—1979	300 路四管小同轴综合通信电缆
94		JB 2818—1979	通信电缆测试方法用比较法测量串音衰耗
95		JB 2819—1981	通信电缆对称电缆电容不平衡测试方法
96		JB 2820—1982	高频对称电缆固有衰减测试方法开短路法
97		JB 2863—1981	电线电缆专有设备型号编制方法
98		JB 2926—1981	粘性油浸纸绝缘金属套电力电缆
99		JB 2927—1981	不滴流油浸纸绝缘金属套电力电缆
100		JB 2928—1981	编织机系列和基本参数
101		JB 2929—1981	电线电缆专用塑料挤出机组系列和基本参数
102		JB 3080—1982	笼式成缆机系列和基本参数
103		JB 3134—1982	航空航天电线用导电线芯
104		JB 3135—1982	镀银软圆铜线
105		JB 3302—1983	承荷探测电缆
106		JB 3980—1982	笼式成缆机系列和基本参数
107	中华人民共和国国家标准	GB 764—1965	电线电缆导电线芯电阻测量方法（直流电桥法）
108		GB 765—1965	电线电缆绝缘电阻测量方法（直流比较法）
109		GB 766—1965	电线电缆交流电压试验方法
110		GB 767—1965	电力电缆介质损失角正切值测量方法（交流高压电桥法）
111		GB 1169—1974	通用橡套软电缆
112		GB1170—1974	矿用橡套软电缆
113		GB 1179—1974、GB 1179—1983	铝绞线及钢芯铝铰线
114		GB 1193—1974	聚酯漆包圆（铜、铝）线
115		GB 1194—1974	漆包线试验方法
116		GB 1313—1977	缩醛漆包圆铜线
117		GB 1343.1—1984	绕包线试验方法总则
118		GB 1343.2—1984	绕包线试验方法尺寸测量
119		GB 1343.3—1984	绕包线试验方法伸长率试验
120		GB 1343.4—1984	绕包线试验方法回弹性试验

（续）

序号	发布单位	标准编号	标准名称
121	中华人民共和国国家标准	GB 1343.5—1984	绕包线试验方法圆线卷绕试验
122		GB 1343.6—1984	绕包线试验方法扁线弯曲试验
123		GB 1343.7—1984	绕包线试验方法附着性试验
124		GB 1343.8—1984	绕包线试验方法击穿电压试验铝箔法
125		GB 1343.9—1984	绕包线试验方法击穿电压试验、钢珠法
126		GB 1343.10—1984	绕包线试验方法高频丝包束线外径测量方法
127		GB 1842—1980	聚乙烯环境应力开裂试验方法
128		GB 2900.10—1984	电工名词术语电线电缆
129		GB 2951.1—1982	电线电缆机械物理性能试验方法总则
130		GB 2951.2—1982	电线电缆绝缘厚度测量方法
131		GB 2951.3—1982	电线电缆护套厚度测量方法
132		GB 2951.4—1982	电线电缆外径测量方法
133		GB 2951.5—1982	电线电缆机械性能试验方法
134		GB 2951.6—1982	电线电缆护套机械性能试验方法
135		GB 2951.7—1982	电线电缆空气箱热老化试验方法
136		GB 2951.8—1983	电线电缆空气弹老化试验方法
137		GB 2951.9—1983	电线电缆氧弹老化试验方法
138		GB 2951.10—1982	电线电缆聚氯乙烯绝缘热失重试验方法
139		GB 2951 11—1982	电线电缆聚氯乙烯护套热失重试验方法
140		GB 2951.12—1982	电线电缆低温卷绕试验方法
141		GB 2951.13—1982	电线电缆低温拉伸试验方法
142		GB 2951.14—1982	电线电缆低温冲击试验方法
143		GB 2951.15—1982	电线电缆浸油试验方法
144		GB 2951.16—1982	电线电缆绝缘高温压力试验方法
145		GB 2951.17—1982	电线电缆护套高温压力试验方法
146		GB 2951 18—1982	电线电缆热延伸试验方法
147		GB 2951.19—1982	电线电缆燃烧试验方法
148		GB 2951.21—1982	电线电缆软电线和软电缆曲绕试验方法
149		GB 2951.23—1982	电线电缆弯曲试验方法
150		GB 2951.24—1982	电线电缆外护层环烷酸铜含量试验方法
151		GB 2951.25—1982	电线电缆外护层厌氧性细菌腐蚀试验方法
152		GB 2951 26—1982	电线电缆盐浴槽试验方法
153		GB 2951.27—1982	电线电缆腐蚀扩展试验方法
154		GB 2951.28—1982	电线电缆挤出外套刮磨试验方法
155		GB 2951.29—1983	电线电缆吸水试验方法重量法
156		GB 2951.30—1983	电线电缆吸水试验方法电压法

（续）

序号	发布单位	标准编号	标准名称
157	中华人民共和国国家标准	GB 2951 31—1983	电线电缆聚氯乙烯绝缘抗开裂试验方法
158		GB 2951.32—1983	电线电缆护套抗开裂试验方法
159		GB 2951.33—1983	电线电缆收缩试验方法
160		GB 2951.34—1983	电线电缆抗撕试验方法
161		GB 2951.35—1983	电线电缆耐臭氧试验方法
162		GB 2951.36—1983	电线电缆炭黑含量试验方法
163		GB 2951.37—1983	电线电缆氧化诱导期试验方法
164		GB 2952—1982	电缆外护层
165		GB 3048.1—1983	电线电缆电性能试验方法总则
166		GB 3048.2—1983	电线电缆金属导体材料电阻率试验方法
167		GB 3048.3—1983	电线电缆半导电橡塑材料电阻率试验方法
168		GB 3048.4—1983	电线电缆导电线芯直流电阻试验方法
169		GB 3048.5—1983	电线电缆绝缘电阻试验方法检流计比较法
170		GB 3048.6—1983	电线电缆绝缘电阻试验方法电压 -19 电流法
171		GB 3048.7—1983	电线电缆耐电痕试验方法
172		GB 3048.8—1983	电线电缆交流电压试验方法
173		GB 3048.9—1983	电线电缆绝缘线芯工频火花试验方法
174		GB 3048.10—1982	电线电缆挤出防蚀护套火花试验方法
175		GB 3048.11—1983	电线电缆介质损失角正切试验方法
176		GB 3048.12—1983	电线电缆局部放电试验方法
177		GB 3082—1982	铠装电缆用低碳镀锌钢丝
178		GB 3333—1982	电缆纸工频击穿电压试验方法
179		GB 3334—1982	电缆纸介质损耗角正切（tan δ ）试验方法（电桥法）
180		GB 3952—1983	电工圆铜杆
181		GB 3953—1983	电工圆铜线
182		GB 3954—1983	电工圆铝杆
183		GB 3955—1983	电工圆铝线
184		GB 3956—1983	电气装备电线电缆铜、铝导电线芯
185		GB 3957—1983	电力电缆铜、铝导电线芯
186		GB 3958—1983	橡皮绝缘编织软电线
187		GB 4004.1—1983	电线电缆机用线盘型式尺寸
188		GB 4004.2—1983	电线电缆机用线盘技术要求
189		GB 4005.1—1983	电线电缆交货盘型式尺寸
190		GB 4005.2—1983	电线电缆交货盘技术要求
191		GB 4006.1—1983	绕组线圆柱形线盘型式尺寸
192		GB 4006.2—1983	绕组线圆锥形线盘型式尺寸

（续）

序号	发布单位	标准编号	标准名称
193	中华人民共和国国家标准	GB 4006.3—1983	绕组线线桶型式尺寸
194		GB 4006.4—1983	绕组线线盘技术要求
195		GB 4006.5—1983	绕组线线盘试验方法
196		GB 4011—1983	1.2/4.4mm 同轴综合通讯电缆
197		GB 4012—1983	2.6/9.5mm 同轴综合通讯电缆
198		GB 4074.1—1983	漆包线试验方法总则
199		GB 4074.2—1983	漆包线试验方法尺寸测量
200		GB 4074.3—1983	漆包线试验方法伸长率试验
201		GB 4074.4—1983	漆包线试验方法回弹性试验圆线
202		GB 4074.5—1983	漆包线试验方法回弹性试验扁线
203		GB 4074.6—1983	漆包线试验方法圆线卷绕试验
204		GB 4074.7—1983	漆包线试验方法扁线弯曲试验
205		GB 4074.8—1983	漆包线试验方法急拉断试验
206		GB 4074.9—1983	漆包线试验方法剥离试验
207		GB 4074.10—1983	漆包线试验方法漆膜附着性试验扁线
208		GB 4074.11—1983	漆包线试验方法热冲击试验圆线
209		GB 4074.12—1983	漆包线试验方法热冲击试验扁线
210		GB 4074.13—1983	漆包线试验方法软化击穿试验圆线
211		GB 4074.14—1983	漆包线试验方法单向刮漆试验
212		GB 4074.15—1983	漆包线试验方法往复刮漆试验
213		GB 4074.16—1983	漆包线试验方法耐溶剂试验
214		GB 4074.17—1983	漆包线试验方法击穿电压试验圆线
215		GB 4074.18—1983	漆包线试验方法击穿电压试验铝箔法
216		GB 4074.19—1983	漆包线试验方法击穿电压试验钢珠法
217		GB 4074.20—1983	漆包线试验方法漆膜连续性试验
218		GB 4074.21—1983	漆包线试验方法耐热性试验
219		GB 4074.22—1983	漆包线试验方法介质损耗角正切（tg δ）试验
220		GB 4074.23—1983	漆包线试验方法耐含水变压器油试验
221		GB 4074.24—1983	漆包线试验方法失重试验
222		GB 4074.25—1983	漆包线试验方法高温失效试验
223		GB 4074.26—1983	漆包线试验方法焊锡试验
224		GB 4074.27—1983	漆包线试验方法热粘合试验
225		GB 4074.28—1983	漆包线试验方法耐冷冻剂试验三氯乙烯和甲醇萃取法
226		GB 4074.29—1983	漆包线试验方法耐冷冻剂试验一氯二氟甲烷（B_{22}）萃取法
227		GB 4074.30—1983	漆包线试验方法耐冷冻剂试验一氯二氟甲烷（B_{22}）溶剂法
228		GB 4074.31—1983	漆包线试验方法耐冷冻剂试验一氯二氟甲烷（B_{22}）发泡法

（续）

序号	发布单位	标准编号	标准名称
229	中华人民共和国国家标准	GB 4098.1—1983	射频电缆电晕试验方法
230		GB 4098.2—1983	射频电缆电容和电容不平衡测量方法
231		GB 4098.3—1983	射频电缆特性阻抗测量方法
232		GB 4098.4—1983	射频电缆衰弱常数测量方法
233		GB 4098.5—1983	射频电缆电容稳定性试验方法
234		GB 4098.6—1983	射频电缆衰减稳定性试验方法
235		GB 4098.7—1983	射频电缆高温试验方法
236		GB 4098.8—1983	射频电缆低温试验方法
237		GB 4098.9—1983	射频电缆流动性试验方法
238		GB 4098.10—1983	射频电缆尺寸稳定性试验方法
239		GB 4909.1~4909.12—1985	裸电线试验方法
240		GB 4910—1985	镀锡圆铜线
241		GB5023.1~5023.3—1985	额定电压 450/750V 及以下聚氯乙烯绝缘电缆（电线）
242		GB 5270—1986	热电偶用补偿导线和补偿导线合金丝
243		GB 5441.1~5441.10—1985	通信电缆试验方法
244		GB 5584.1~5584.4—1985	电工用铜、铝及其合金圆线
245		GB 5585.1~5585.3—1985	电工用铜、铝及其合金扁线
246		GB 5589.1~5589.6—1985	电缆附件试验方法
247		GB 6108.1~6108.3—1985	绕组线导体
248		GB 6109.1~6109.4—1985	漆包圆绕组线

1981 年，第一机械工业部正式提出采用国际先进标准的要求。1982 年，电工局在郑州召开了“电线电缆行业积极采用国际标准厂长会议”，会上提出将 23 个厂作为国际通用标准的先行厂。

截至 1983 年，电线电缆行业已经制定的电线电缆标准共 112 个，包括导体、护层、电线电缆产品、电线电缆附件、专用设备、线盘模具。其中完全采用国际通用标准有 21 个，占比 19%。1984 年，又完成了电工铜铝及其合金扁线、航空电线电缆试验方法、漆包圆铜线等 16 个标准。1985 年，又完成漆包扁绕组线、航空用聚酰亚胺绝缘电线等 9 个标准。上述标准均等效国际有关标准。

1986—1992 年，经发布的电线电缆标准有 253 个，包括基础标准、裸电线类标准、电气装备电线电缆类标准、电力电缆类标准、通信电缆及光缆类标准、绕组线类标准、电缆附件类标准和电缆专用设备类标准。

直至 2007 年，国家标准和机械行业标准几经修订改版和整理补充，标准体系基本定型。

2005—2006 年，我国开展了线缆领域标准集中修订工作，大部分修订后的国家标准于 2008 年及后续年份发布。

2008 年后，我国线缆行业标准化工作进入常态化稳步发展阶段，自主创新了一些标准，如：GB/T 29631《额定电压 1.8/3 及以下风力发电用耐扭曲软电缆》，此标准是根据该产品的实际使用条件和在大量基础研究的前提下制定的，也是世界上风电领域关于耐扭曲电缆的首部标准，目前在世界上得到了认可。该标准为后续更高电压等级耐扭曲电缆标准制定打下了基础，同时为当今风电新能源装备的长期可靠运行提供了保障。另外，还颁布了核电站用电缆的技术规范等标准。这些标准和规范的颁布体现我国电线电缆制造的技术水平。

二、其他行业电线电缆标准

1. JG/T 标准（表 67）

由住房和城乡建设部标准定额研究所提出并发布的 JG/T 标准，归口单位为住房和城乡建设部建筑电气标准化技术委员会。

表 67　JG/T 标准

序号	标准编号	标准名称
1	JG/T 147—2002	额定电压 0.6/1kV 铜芯塑料绝缘预制分支电力电缆
2	JG/T 313—2014	额定电压 0.6/1kV 及以下金属护套无机矿物绝缘电缆及终端
3	JG/T 442—2014	额定电压 0.6/1kV 双层共挤绝缘辐照交联无卤低烟阻燃电力电缆
4	JGJ 232—2011	矿物绝缘电缆敷设技术规程

2. TB/T 标准（表 68）

由国家铁路局发布的标准，如：TB/T3201—2015《铁路通信漏泄同轴电缆》、TB/T3440—2016《铁路通信漏泄同轴电缆吊具》、TB/T3100—2017《铁路数字信号电缆》、TB/T2476—2017《铁路信号电缆》、TB/T1484.1—2017《机车车辆电缆第 1 部分：动力和控制电缆》和 TB/T3444—2016《机车车辆 25kV 高压电缆总成》。

表 68　TB/T 标准

序号	标准编号	标准名称
1	TB/T 1484—2017 系列	机车车辆电缆
2	TB 1919—1987	PL 型组合式电缆绝缘测试盘
3	TB 2019—1988	交流电气化铁路对通信电缆线路危险影响的计算条件和方法
4	TB/T 2293—1991	150、450MHz 铁路列车无线中继器、漏泄同轴电缆制式系列及主要技术条件
5	TB/T 2476—2017 系列	铁路信号电缆
6	TB/T 2822—1997	电气化铁道 27.5kV 单相铜芯交联聚乙烯绝缘电缆
7	TB/T 3100—2017 系列	铁路数字信号电缆
8	TB/T 3023—2001	铁路光缆接头盒主要技术条件
9	TB/T 3201—2015	铁路通信漏泄同轴电缆
10	TB/T 3440—2016	铁路通信漏泄同轴电缆吊具
11	TB/T 3444—2016	机车车辆 25kV 高压电缆总成

3. GY/T 标准（表 69）

由国家广播电影电视总局发布的 GY/T 标准，其归口单位为全国广播电视标准化技术委员会。

表 69　GY/T 标准

序号	标准编号	标准名称
1	GY/T 130—2010	有线电视系统用室外光缆技术要求和测量方法
2	GY/T 135—1998	有线电视系统物理发泡聚乙烯绝缘同轴电缆入网技术条件和测量方法

（续）

序号	标准编号	标准名称
3	GY/T 186—2002	有线电视系统射频同轴电缆屏蔽性能技术要求和测量方法
4	GY/T 224—2007	数字视频、数字音频电缆技术要求和测量方法
5	GY/T306.1—2017	有线电视网络光纤到户系统技术规范第1部分：总体技术要求
6	GY/T 327—2019	有线电视网络光纤到户万兆单向IP广播系统技术规范
7	GY 5053—1994	广播传音电缆线路工程建设技术规范
8	GY 5079—2008	广播电视传输电缆、光缆损坏损失计算标准

4. MH/T 标准

由中国民用航空局发布，由中国民用航空局机场司提出并负责解释，由中国民航科学技术研究院归口的标准。例如：MH/T6049—2020《机场助航灯光回路用埋地电缆》、MH/T6009—2016《助航灯光电缆插头和插座》。

5. HB 标准

由工业和信息化部发布，由中国航空综合技术研究所归口，如HB8587—2020《航空以太网电缆规范》。

6. QC/T 标准（表70）

由工业和信息化部发布，由全国汽车标准化技术委员会（SAC/TC114）提出并归口。

表70 QC/T 标准

序号	标准编号	标准名称
1	QC/T 1037—2016	道路车辆用高压电缆
2	QC/T 1198—2023	带功能盒的电动汽车传导充电用电缆组件
3	QC/T 1200—2023	带充电机的电动汽车传导充电用电缆组件
4	QC/T 29106—2014	汽车电线束技术条件
5	QC/T 414—2016	汽车电线（电缆）的颜色规定和型号编制方法
6	QC/T 417—2021	摩托车和轻便摩托车用电线束总成

7. YD/T 标准（表71）

由工业和信息化部发布，由中国通信标准化协会提出并归口。

表71 YD/T 标准

序号	标准编号	标准名称
1	YD/T 1019—2023	数字通信用聚烯烃绝缘水平对绞电缆
2	YD/T 1063—2000	接入网技术要求——混合光纤同轴电缆网（HFC）
3	YD/T 1065.1—2014	单模光纤偏振模色散的试验方法第1部分：测量方法
4	YD/T 1065.2—2015	单模光纤偏振模色散的试验方法第2部分：链路偏振模色散系数（PMDQ）的统计计算方法
5	YD/T 1092—2023	通信电缆无线通信用50Ω泡沫聚烯烃绝缘皱纹铜管外导体射频同轴电缆
6	YD/T 1114—2015	无卤阻燃光缆
7	YD/T 1115.1—2023	通信电缆光缆用阻水材料第1部分：阻水带
8	YD/T 1115.2—2023	通信电缆光缆用阻水材料第2部分：阻水纱

（续）

序号	标准编号	标准名称
9	YD/T 1115.3—2019	通信电缆光缆用阻水材料第 3 部分：阻水粉
10	YD/T 1118.1—2019	光纤用二次被覆材料第 1 部分：聚对苯二甲酸丁二醇酯
11	YD/T 1118.2—2019	光纤用二次被覆材料第 2 部分：改性聚丙烯
12	YD/T 1118.3—2018	光纤用二次被覆材料第 3 部分：改性聚碳酸酯
13	YD/T 1118.4—2022	光纤用二次被覆材料第 4 部分：热塑性聚酯弹性体
14	YD/T 1119—2014	通信电缆无线通信用物理发泡聚烯烃绝缘皱纹外导体超柔射频同轴电缆
15	YD/T 1120—2013	通信电缆物理发泡聚烯烃绝缘皱纹铜管外导体耦合型漏泄同轴电缆
16	YD/T 1155—2011	通信用“8”字形自承式室外光缆
17	YD/T 1173—2016	通信电源用阻燃耐火软电缆
18	YD/T 1174—2020	通信电缆局用同轴电缆
19	YD/T 1175—2001	通信电缆——同轴 / 对绞混合电缆
20	YD/T 1181.1—2015	光缆用非金属加强件的特性第 1 部分：玻璃纤维增强塑料杆
21	YD/T 1181.2—2021	光缆用非金属加强件的特性第 2 部分：芳纶纱
22	YD/T 1181.3—2011	光缆用非金属加强件的特性第 3 部分：芳纶增强塑料杆
23	YD/T 1181.4—2015	光缆用非金属加强件的特性第 4 部分：玻纤纱
24	YD/T 1181.5—2018	光缆用非金属加强件的特性第 5 部分：玄武岩纤维增强塑料杆
25	YD/T 1181.6—2020	光缆用非金属加强件的特性第 6 部分：玻纤带
26	YD/T 1181.7—2022	光缆用非金属加强件的特性第 7 部分：纤维增强塑料柔性杆
27	YD/T 1258.1—2015	室内光缆第 1 部分：总则
28	YD/T 1258.2—2009	室内光缆系列第 2 部分：终端光缆组件用单芯和双芯光缆
29	YD/T 1258.3—2009	室内光缆系列第 3 部分：房屋布线用单芯和双芯光缆
30	YD/T 1258.4—2019	室内光缆第 4 部分：多芯光缆
31	YD/T 1258.5—2019	室内光缆第 5 部分：光纤带光缆
32	YD/T 1258.6—2006	室内光缆系列第 6 部分：塑料光缆
33	YD/T 1258.7—2019	室内光缆第 7 部分：隐形光缆
34	YD/T 1281—2003	适于宽带应用的铜芯聚烯烃绝缘铝塑综合护套市内通信电缆
35	YD/T 1319—2013	通信电缆无线通信用 50Ω 泡沫聚烯烃绝缘编织外导体射频同轴电缆
36	YD/T 1447—2013	通信用塑料光纤
37	YD/T 1460.1—2018	通信用气吹微型光缆及光纤单元第 1 部分：总则
38	YD/T 1460.2—2006	通信用气吹微型光缆及光纤单元第 2 部分：外保护管
39	YD/T 1460.3—2006	通信用气吹微型光缆及光纤单元第 3 部分：微管、微管束和微管附件
40	YD/T 1460.4—2019	通信用气吹微型光缆及光纤单元第 4 部分：微型光缆
41	YD/T 1460.5—2023	通信用气吹微型光缆及光纤单元第 5 部分：光纤单元
42	YD/T 1461—2013	通信用路面微槽敷设光缆
43	YD/T 1485—2023	通信光缆护套用聚乙烯材料
44	YD/T 1588.1—2020	光缆线路性能测量方法第 1 部分：链路衰减

（续）

序号	标准编号	标准名称
45	YD/T 1588.2—2020	光缆线路性能测量方法第 2 部分：光纤接头损耗
46	YD/T 1588.3—2009	光缆线路性能测量方法第 3 部分：链路偏振模色散
47	YD/T 1588.4—2010	光缆线路性能测量方法第 4 部分：链路色散
48	YD/T 1618—2007	多芯光纤（缆）扇形分支连接器技术要求和测试方法
49	YD/T 1632.1—2007	通信用排水管道光缆第 1 部分：自承吊挂式
50	YD/T 1667—2007	通信电缆——无线通信用 50Ω 泡沫聚乙烯绝缘光滑铜（铝）管外导体射频同轴电缆
51	YD/T 1668—2007	STM-64 光缆线路系统技术要求
52	YD/T 1770—2023	接入网用室内外光缆
53	YD/T 1820—2008	通信电缆——局用对称电缆
54	YD/T 1954—2022	弯曲损耗不敏感单模光纤特性
55	YD/T 1955—2009	适用于 xDSL 传输的引入电缆
56	YD/T 1997.1—2022	通信用引入光缆第 1 部分：蝶形光缆
57	YD/T 1997.2—2015	通信用引入光缆第 2 部分：圆形光缆
58	YD/T 1997.3—2015	通信用引入光缆第 3 部分：预制成端光缆组件
59	YD/T 1997.4—2022	通信用引入光缆第 4 部分：光电混合缆
60	YD/T 1999—2021	通信用轻型自承式室外光缆
61	YD 2001—1992	市内通信全塑电缆线路工程施工及验收技术规范
62	YD/T 2159—2022	接入网用光电混合缆
63	YD/T 2160.1—2010	绝缘外径在 1mm 以下的同轴电缆及组件第 1 部分：电缆
64	YD/T 2160.2—2010	绝缘外径在 1mm 以下的同轴电缆及组件第 2 部分：组件
65	YD/T 2161—2010	通信电缆无线通信用 50Ω 泡沫聚乙烯绝缘、铜包铝管内导体、皱纹铝管外导体射频同轴电缆
66	YD/T 2162—2010	铜包铝芯聚烯烃绝缘铝塑综合护套市内通信电缆
67	YD/T 2161—2010	通信电缆无线通信用 50Ω 泡沫聚乙烯绝缘、铜包铝管内导体、皱纹铝管外导体射频同轴电缆
68	YD/T 2162—2010	铜包铝芯聚烯烃绝缘铝塑综合护套市内通信电缆
69	YD/T 2163—2010	移动通信用 50Ω 集束同轴电缆
70	YD/T 2282—2011	通信设备用 3GHz 及以下频段对称电缆技术条件
71	YD/T 2284—2011	终端光组件用光纤带
72	YD/T 2289.1—2023	无线射频拉远单元用线缆第 1 部分：光缆
73	YD/T 2289.2—2011	无线射频拉远单元（RRU）用线缆第 2 部分：电源线
74	YD/T 2289.3—2013	无线射频拉远单元（RRU）用线缆第 3 部分：光电混合缆
75	YD/T 2289.4—2017	无线射频拉远单元（RRU）用线缆第 4 部分：预制成端线缆组件
76	YD/T 2337—2011	通信电源用光伏电缆
77	YD/T 2338—2011	通信电缆无线通信用 50Ω 泡沫聚乙烯绝缘、铜包铝管内导体、皱纹铜管外导体射频同轴电缆
78	YD/T 2488.1—2023	柔性钢管铠装光缆第 1 部分：圆形光缆

（续）

序号	标准编号	标准名称
79	YD/T 2488.2—2023	柔性钢管铠装光缆第 2 部分：蝶形光缆
80	YD/T 2491—2023	通信电缆物理发泡聚乙烯绝缘纵包铜带外导体辐射型漏泄同轴电缆
81	YD/T 2651—2013	通信电缆实芯聚四氟乙烯绝缘编织浸锡外导体射频同轴电缆
82	YD/T 2740.2—2014	无线通信室内信号分布系统第 2 部分：电缆（含漏泄电缆）技术要求和测试方法
83	YD/T 2758—2014	通信光缆检验规程
84	YD/T 2761—2014	通信电源用交联聚烯烃绝缘电缆
85	YD/T 2827.4—2015	无线通信射频和微波器件无源互调电平测量方法第 4 部分：同轴电缆
86	YD/T 2964—2015	接入网用弯曲损耗不敏感单模光纤测量方法
87	YD/T 2966—2015	通信电缆聚四氟乙烯绝缘射频同轴电缆皱纹铜管外导体型
88	YD/T 2967—2015	通信电缆聚四氟乙烯绝缘射频同轴电缆微孔绝缘双层外导体型
89	YD/T 3021.1—2016	通信光缆电气性能试验方法第 1 部分：金属元构件的电气连续性
90	YD/T 3022.1—2016	通信光缆机械性能试验方法第 1 部分：护套拔出力
91	YD/T 3022.2—2016	通信光缆机械性能试验方法第 2 部分：接插线光缆中被覆光纤的压缩位移
92	YD/T 3022.3—2016	通信光缆机械性能试验方法第 3 部分：撕裂绳功能
93	YD/T 3022.4—2016	通信光缆机械性能试验方法第 4 部分：舞动
94	YD/T 3022.5—2016	通信光缆机械性能试验方法第 5 部分：机械可靠性
95	YD/T 3116—2016	光纤到户用户接入点到家居配线箱光纤线路衰减测试方法
96	YD/T 3124—2016	宽带接入用光纤 / 同轴 / 对绞混合缆
97	YD/T 322—2013	铜芯聚烯烃绝缘铝塑综合护套市内通信电缆
98	YD/T 3248.1—2017	通信光缆安装性能试验方法第 1 部分：微管净空间验证
99	YD/T 3248.2—2017	通信光缆安装性能试验方法第 2 部分：微管耐内压
100	YD/T 3248.3—2017	通信光缆安装性能试验方法第 3 部分：微管管路验证
101	YD/T 3248.4—2017	通信光缆安装性能试验方法第 4 部分：微管气吹布线试验
102	YD/T 3248.5—2017	通信光缆安装性能试验方法第 5 部分：盘上微管通过试验
103	YD/T 3296.1—2017	数字通信用聚烯烃绝缘室外对绞电缆第 1 部分：总则
104	YD/T 3296.2—2018	数字通信用聚烯烃绝缘室外对绞电缆第 2 部分：非填充电缆
105	YD/T 3297—2017	通信用耐火光缆
106	YD/T 3349.1—2018	接入网用轻型光缆第 1 部分：中心管式
107	YD/T 3349.2—2018	接入网用轻型光缆第 2 部分：束状式
108	YD/T 3349.3—2018	接入网用轻型光缆第 3 部分：层绞式
109	YD/T 3350.1—2018	通信用全干式室外光缆第 1 部分：层绞式
110	YD/T 3351—2018	通信电缆 数字通信用平行双导线电缆及组件
111	YD/T 3352—2018	射频同轴电缆连接器保护用回缩套管
112	YD/T 3353.1—2018	通信光缆电缆用色母料第 1 部分：光纤松套管用色母料
113	YD/T 3355—2018	移动通信用 50Ω 集束射频同轴电缆组件
114	YD/T 3392—2018	通信电缆聚四氟乙烯绝缘射频同轴电缆实心绝缘镀银铜带绕包编织外导体型

（续）

序号	标准编号	标准名称
115	YD/T 3393—2018	10Gbps 及以下速率数据传输用综合电缆
116	YD/T 3431—2018	通信电缆光缆用护套材料热塑性聚氨酯弹性体
117	YD/T 3432—2018	通信用偏振保持光纤特性
118	YD/T 3537—2019	通信有源光缆（AOC）用线缆
119	YD/T 3570.1—2019	通信用偏振保持光纤测量方法第 1 部分：拍长
120	YD/T 3570.2—2019	通信用偏振保持光纤测量方法第 2 部分：偏振串音
121	YD/T 3706—2020	数字蜂窝移动通信网多输入多输出（MIMO）单缆覆盖系统技术要求和测试方法
122	YD/T 3716—2020	通信电缆聚四氟乙烯绝缘射频同轴电缆藕芯绝缘编织浸锡外导体型
123	YD/T 3717—2020	通信电源用铝合金导体阻燃软电缆
124	YD/T 3718—2020	通信电缆光缆用低烟低卤阻燃软聚氯乙烯塑料
125	YD/T 3832—2021	通信电缆光缆用阻燃聚乙烯材料
126	YD/T 3833—2021	无线通信小基站用光电混合缆
127	YD/T 4051—2022	绿色设计产品评价技术规范通信电缆
128	YD/T 4052—2022	绿色设计产品评价技术规范光缆
129	YD/T 4079—2022	光纤并带用涂覆树脂
130	YD/T 4080—2022	通信电缆光缆用绕扎材料
131	YD/T 4081—2022	通信电缆光缆用撕裂绳
132	YD/T 4254.2—2023	工业互联网综合布线系统第 2 部分：对称电缆和连接硬件、组件、配线设施技术要求
133	YD/T 4254.3—2023	工业互联网综合布线系统第 3 部分：光缆和连接器、组件、配线设施技术要求
134	YD/T 4304—2023	数字通信用单线对对绞电缆
135	YD/T 4632—2023	量子密钥分发与经典光通信共纤传输技术要求
136	YD 5012—2003	光缆线路对地绝缘指标及测试方法
137	YD/T 5018—2023	海底光缆工程技术规范
138	YD/T 590.1—2005	通信电缆塑料护套接续套管第一部分：通用技术条件
139	YD/T 590.2—2005	通信电缆塑料护套接续套管第二部分：热缩套管
140	YD/T 590.3—2005	通信电缆塑料护套接续套管第三部分：注塑熔接套管
141	YD/T 590.4—2005	通信电缆塑料护套接续套管第四部分：装配套管
142	YD/T 590.5—2005	通信电缆塑料护套接续套管第五部分：通气式装配套管
143	YD/T 629.1—2022	光纤传输衰减变化的监测方法第 1 部分：传输功率法
144	YD/T 629.2—2022	光纤传输衰减变化的监测方法第 2 部分：后向散射法
145	YD/T 723.1—2007	通信电缆光缆用金属塑料复合带第 1 部分：总则
146	YD/T 723.2—2007	通信电缆光缆用金属塑料复合带第 2 部分：铝塑复合带
147	YD/T 723.3—2007	通信电缆光缆用金属塑料复合带第 3 部分：钢塑复合带
148	YD/T 723.4—2007	通信电缆光缆用金属塑料复合带第 4 部分：铜塑复合带
149	YD/T 723.5—2007	通信电缆光缆用金属塑料复合带第 5 部分：金属塑料复合箔
150	YD/T 760—2023	通信电缆用聚烯烃绝缘料

（续）

序号	标准编号	标准名称
151	YD/T 769—2018	通信用中心管填充式室外光缆
152	YD/T 814.1—2013	光缆接头盒第1部分：室外光缆接头盒
153	YD/T 814.2—2005	光缆接头盒第2部分：光纤复合架空地线接头盒
154	YD/T 814.3—2023	光缆接头盒第3部分：无中继海底光缆接头盒
155	YD/T 814.4—2007	光缆接头盒第4部分：微型光缆接头盒
156	YD/T 814.5—2023	光缆接头盒第5部分：有中继海底光缆接头盒
157	YD/T 816—2003	大芯径大数值孔径多模光缆
158	YD/T 837.1—1996	铜芯聚烯烃绝缘铝塑综合护套市内通信电缆试验方法第1部分：总则
159	YD/T 837.2—1996	铜芯聚烯烃绝缘铝塑综合护套市内通信电缆试验方法第2部分：电气性能试验方法
160	YD/T 837.3—1996	铜芯聚烯烃绝缘铝塑综合护套市内通信电缆试验方法第3部分：机械物理性能试验方法
161	YD/T 837.4—1996	铜芯聚烯烃绝缘铝塑综合护套市内通信电缆试验方法第4部分：环境性能试验方法
162	YD/T 837.5—1996	铜芯聚烯烃绝缘铝塑综合护套市内通信电缆试验方法第5部分：电缆结构试验方法
163	YD/T 838.1—2016	数字通信用对绞/星绞对称电缆第1部分：总则
164	YD/T 838.2—2016	数字通信用对绞/星绞对称电缆第2部分：水平对绞电缆
165	YD/T 838.3—2016	数字通信用对绞/星绞对称电缆第3部分：工作区对绞电缆
166	YD/T 838.4—2016	数字通信用对绞/星绞对称电缆第4部分：主干对绞电缆
167	YD/T 839.1—2015	通信电缆光缆用填充和涂覆复合物第1部分：试验方法
168	YD/T 839.2—2015	通信电缆光缆用填充和涂覆复合物第2部分：纤膏
169	YD/T 839.3—2015	通信电缆光缆用填充和涂覆复合物第3部分：缆膏
170	YD/T 839.4—2015	通信电缆光缆用填充和涂覆复合物第4部分：涂覆复合物
171	YD/T 886—1997	无卤阻燃成端电缆
172	YD/T 901—2018	通信用层绞填充式室外光缆
173	YD/T 908—2020	光缆型号命名方法
174	YD/T 925—2009	光缆终端盒
175	YD/T 979—2009	光纤带技术要求和检验方法
176	YD/T 980—2002	全介质自承式光缆
177	YD/T 981.1—2009	接入网用光纤带光缆第1部分：骨架式
178	YD/T 981.2—2009	接入网用光纤带光缆第2部分：中心管式
179	YD/T 981.3—2009	接入网用光纤带光缆第3部分：松套层绞式
180	YD/T 982—2011	应急光缆

8. SJ/T 标准（表72）

由工业和信息化部发布，由全国电子设备用高频电缆及连接器标准化技术委员会（SAC/TC190）归口。

表72 SJ/T 标准

序号	标准编号	标准名称
1	SJ/T 11138—1997	电缆分配系统用物理发泡聚乙烯绝缘同轴电缆
2	SJ/T 11284—2003	通信电缆屏蔽用金属塑料复合箔

（续）

序号	标准编号	标准名称
3	SJ/T 11473—2014	交联聚乙烯绝缘铜膜屏蔽控制电线和电缆
4	SJ/T 11520.8—2015 系列	同轴通信电缆
5	SJ/T 1563—2014	实心聚四氟乙烯绝缘同轴射频电缆
6	SJ 20102—1992	SFF-50-2-52 型 50Ω 柔软同轴射频电缆详细规范
7	SJ 20223—1992	50 / 125μm 多模光纤详细规范
8	SJ 20380—1993	海底光缆通信系统通用规范
9	SJ 20561—1995	军用光纤通信术语
10	SJ/T 2085—2016	聚氯乙烯绝缘安装用柔软电线电缆
11	SJ/T 2086—2016	聚氯乙烯绝缘安装电线电缆
12	SJ 20899—2004	野战音频电缆规范
13	SJ 20988—2008	VYJ9S 系列野战电源电缆规范
14	SJ 2669—1986	圆导体无屏蔽带状电缆总规范
15	SJ/T 2932—2016	阻燃聚氯乙烯绝缘安装电线电缆
16	SJ 45—1965	射频电缆产品型号编制办法
17	SJ 50973 系列标准	同轴电缆详细规范
18	SJ 51427 系列标准	光纤详细规范
19	SJ 51428 系列标准	光纤光缆详细规范
20	SJ 51524 系列标准	射频电缆详细规范

9. HG/T 标准（表 73）

由工业和信息化部发布，由中国石油和化学工业联合会提出的标准，如：HG/T 6066—2022《矿物绝缘电缆用氧化镁》，由全国化学标准化技术委员会无机化工分技术委员会（SAC/TCB3/SC1）归口；HG/T 5113—2016《热塑性弹性体电线电缆用苯乙烯类材料》，由全国橡胶和橡胶制品标准化技术委员会（SAC/TC35）归口。

表 73 HG/T 标准

序号	标准编号	标准名称
1	HG/T 20637.8—2017	化工装置自控专业工程设计文件的编制规范仪表辅助设备及电缆的编号
2	HG/T 21509—1995	化工企业电缆隧道敷设通用图（图）
3	HG/T 21621—1991	化工企业电缆直埋和电缆沟敷设通用图电气部分（图）
4	HG/T 5113—2016	热塑性弹性体电线电缆用苯乙烯类材料
5	HG/T 6066—2022	矿物绝缘电缆用氧化镁

10. CB/T 标准（表 74）

由工业和信息化部发布的标准，如：CB/T4451—2016《船舶主干电缆设绘要求》由全国海洋船标准化技术委员会归口；CB/T4405—2014《额定电压 6kV 至 30kV 船舶和近海设施变频传动用电力电缆》由全国船舶电气及电子设备准化技术委员会归口。

表 74

序号	标准编号	标准名称
1	CB*394—1988	冷压电线电缆接头
2	CB*/Z 89—1988	电线电缆冷压连接技术条件
3	CB 1157—1986	水听器用橡皮电缆技术条件
4	CB 1158—1986	水声换能器用橡皮电缆技术条件
5	CB 1312—1996	潜艇电缆敷设要求
6	CB/Z 132—1998	舰船电气设备和电缆屏蔽接地工艺
7	CB/Z 139—74	船舶馈电电缆代号编号方法
8	CB/Z 221—1998	舰艇电缆选择规则
9	CB/Z 274—2008	水面舰船消磁电缆敷设工艺要求
10	CB/T 3824—1998	电线、电缆物资分类与代码
11	CB/T 3831—2013	船用电缆与特种插头连接工艺
12	CB/T 3833—2013	船用射频电缆与高频接插件连接工艺
13	CB/T 3908—2007	船舶电缆敷设工艺
14	CB/T 4255—2013	船用电梯电缆
15	CB/T 4396—2014	额定电压 0.6/1kV 及 1.8/3kV 船舶和近海设施变频传动用电力电缆
16	CB/T 4405—2014	额定电压 6kV 至 30kV 船舶和近海设施变频传动用电力电缆
17	CB/T 4451—2016	船舶主干电缆设绘要求

11. SN/T 标准（表 75）

由中华人民共和国海关总署发布，由中华人民共和国海关总署提出并归口。

表 75　SN/T 标准

序号	标准编号	标准名称
1	SN/T 5501.2—2023	进口机器人检验技术要求第 2 部分：工业机器人用柔性电缆
2	SN/T 5247—2020	进口电线电缆检验技术要求新能源电动汽车充电电缆
3	SN/T 3480.2—2013	进口电子电工行业成套设备检验技术要求第 2 部分：电线电缆制造专用设备
4	SN/T 0232.1—2007	进出口电线电缆检验规程第 1 部分：通用要求
5	SN/T 4367.7—2015	进出口钢管检验规程第 7 部分：电线套管

12. NB/T 标准（表 76）

由国家能源局发布的标准，如：NB/T11128—2023《煤矿变频装置用橡套软电缆》，由中国煤炭工业协会提出，由煤炭行业煤矿安全标准化技术委员会归口（逐步取代 MT/T）；NB/T11299—2023《海上风电场工程光纤复合海底电缆在线监测系统设计规范》，由水电水利规划设计总院提出并负责日常管理，由能源行业风电标准化技术委员会风电场规划设计分技术委员会负责具体技术内容的解释（逐步取代 DL/T）；NB/T10479—2020《交联电缆本体及附件湿热环境条件与技术要求》，由中国电器工业协会提出，由全国电工电子产品环境条件与环境试验标准化技术委员会（SAC/TC8）归口；NB/T20420—2017《核电厂安全级电缆及接头鉴定》，由能源行业核电标准化技术委员会提出，由核工业标准化研究所归口（逐步取代 EJ/T）。

表 76 NB/T 标准

序号	标准编号	标准名称
1	NB/T 11299—2023	海上风电场工程光纤复合海底电缆在线监测系统设计规范
2	NB/SH/T 0001—2019	电缆沥青
3	NB/T 10181—2019	煤矿在用电力电缆安全检测检验规范
4	NB/T 10306—2019	电缆屏蔽用铜带
5	NB/T 10479—2020	交联电缆本体及附件湿热环境条件与技术要求
6	NB/T 10498—2021	水力发电厂交流 110~500kV 电力电缆工程设计规范
7	NB/T 10796—2021	水力发电厂电缆防火设计导则
8	NB/T 11128—2023	煤矿变频装置用橡套软电缆
9	NB/T 11129—2023	煤矿用控制电缆
10	NB/T 20052—2011	核电厂安全级电路电缆系统的设计和安装
11	NB/T 20070—2012	核电厂安全级电路电缆通道系统设计安装和鉴定准则
12	NB/T 20087—2012	核电厂安全重要仪表和控制电缆老化管理指南
13	NB/T 20112—2012	压水堆核电厂反应堆厂房电缆端接技术规程
14	NB/T 20213—2013	核电厂安全级电缆及现场接头鉴定规程
15	NB/T 20284—2014	核电厂安全级电缆热缩附件技术条件
16	NB/T 20352—2015	核电厂安全级电缆热缩附件安装技术规程
17	NB/T 20420—2017	核电厂安全级电缆及接头鉴定
18	NB/T 20421.1—2017	核电厂安全重要电缆状态监测方法第 1 部分：总则
19	NB/T 20421.2—2017	核电厂安全重要电缆状态监测方法第 2 部分：压痕模量
20	NB/T 20421.3—2017	核电厂安全重要电缆状态监测方法第 3 部分：断裂伸长率
21	NB/T 20421.4—2017	核电厂安全重要电缆状态监测方法第 4 部分：氧化诱导技术
22	NB/T 20421.5—2021	核电厂安全重要电缆状态监测方法第 5 部分：光时域反射
23	NB/T 20421.6—2023	核电厂安全重要电缆状态监测方法第 6 部分：绝缘电阻
24	NB/T 20678—2023	核电厂安全系统光缆、连接件及接头的鉴定
25	NB/T 31034—2012	额定电压 1.8/3kV 及以下风力发电用耐扭曲软电缆第 1 部分：额定电压 0.6/1kV 及以下电缆
26	NB/T 31035—2012	额定电压 1.8/3kV 及以下风力发电用耐扭曲软电缆第 2 部分：额定电压 1.8/3kV 电缆
27	NB/T 31036—2012	额定电压 1.8/3kV 及以下风力发电用耐扭曲软电缆第 3 部分：扭转试验方法
28	NB/T 31117—2017	海上风电场交流海底电缆选型敷设技术导则
29	NB/T 42050—2015	光纤复合中压电缆
30	NB/T 42051—2015	额定电压 0.6/1kV 铝合金导体交联聚乙烯绝缘电缆
31	NB/T 42073—2016	光伏发电系统用电缆

13. EJ/T 标准

EJ/T705—2006《核电厂安全级电缆及现场接头的型式试验》，由国防科学技术工业委员会发布；EJ/T20110—2016《钠冷快中子增殖堆设计准则电缆敷设和隔离》，由国家国防科技工业局发布，均由中国核工业集团公司提出，由核工业标准化研究所归口；其余核相关的标准均归入 NB 标准。

14. MT/T 标准（表 77）

MT818.1—2009《煤矿用电缆第 1 部分：移动类软电缆一般规定》，由国家安全生产监督管理总局（现功能归入应急管理部）发布，由中国煤炭工业协会科技发展部提出，由煤炭行业煤矿安全标准化技术委员会归口；MT/T117—2020《采煤机用电缆夹板》，由国家煤矿安全监察局（由应急管理部管理）发布，由中国煤炭工业协会提出，由煤炭行业煤矿专用设备标准化技术委员会归口。

表 77 MT/T 标准

序号	标准编号	标准名称
1	MT/T 1033—2007	矿用光纤接、分线盒
2	MT/T 1100—2009	煤矿用隔爆型高压电缆接线盒
3	MT/T 1130—2011	矿用现场总线
4	MT/T 117—2020	采煤机用电缆夹板
5	MT/T 166—1987	矿用本质安全型压接式电缆接、分线盒通用技术条件
6	MT/T 167—1987	矿用聚乙烯绝缘氯乙烯护套通信电缆
7	MT/T 326—1993	U 型钢可缩性巷道支架卡缆
8	MT/T 351.1—2005	矿用橡套软电缆聚氨酯冷补胶技术条件
9	MT/T 351.2—2005	矿用橡套软电缆聚氨酯冷补胶浇注式样制备方法
10	MT/T 351.3—2005	矿用橡套软电缆聚氨酯冷补胶甲组分试验方法
11	MT/T 351.4—2005	矿用橡套软电缆聚氨酯冷补胶浇注料试验方法
12	MT/T 376—1995	爆破母线技术条件
13	MT/T 386—2011	煤矿用电缆阻燃性能的试验方法和判定规则
14	MT/T 429—2008	煤矿用隔爆型低压电缆接线盒
15	MT 818.1—2009	煤矿用电缆第 1 部分：移动类软电缆一般规定
16	MT/T 818.2—2009	煤矿用电缆第 2 部分：额定电压 1.9/3.3kV 及以下采煤机软电缆
17	MT/T 818.3—2009	煤矿用电缆第 3 部分：额定电压 1.9/3.3kV 及以下采煤机屏蔽监视加强型软电缆
18	MT/T 818.4—2009	煤矿用电缆第 4 部分：额定电压 1.9/3.3kV 及以下采煤机金属屏蔽软电缆
19	MT/T 818.5—2009	煤矿用电缆第 5 部分：额定电压 0.66/1.14kV 及以下移动软电缆
20	MT/T 818.6—2009	煤矿用电缆第 6 部分：额定电压 8.7/10kV 及以下移动金属屏蔽监视型软电缆
21	MT/T 818.7—2009	煤矿用电缆第 7 部分：额定电压 6/10kV 及以下移动屏蔽软电缆
22	MT/T 818.8—2009	煤矿用电缆第 8 部分：额定电压 0.3/0.5kV 煤矿用电钻电缆
23	MT/T 818.9—2009	煤矿用电缆第 9 部分：额定电压 0.3/0.5kV 煤矿用移动轻型软电缆
24	MT/T 818.10—2009	煤矿用电缆第 10 部分：煤矿用矿工帽灯线
25	MT/T 818.11—2009	煤矿用电缆第 11 部分：额定电压 10kV 及以下固定敷设电力电缆一般规定
26	MT/T 818.12—2009	煤矿用电缆第 12 部分：额定电压 1.8/3kV 及以下煤矿用聚氯乙烯绝缘电力电缆
27	MT/T 818.13—2009	煤矿用电缆第 13 部分：额定电压 8.7/10kV 及以下煤矿用交联聚乙烯绝缘电力电缆
28	MT/T 818.14—1999	煤矿用阻燃电缆第 14 部分：煤矿用阻燃通信电缆
29	MT 848.1—2000	煤矿用橡套电缆硫化热补带第 1 部分：橡皮绝缘硫化热补带
30	MT 848.2—2000	煤矿用橡套电缆硫化热补带第 1 部分：橡皮护套硫化热补带
31	MT/T 930—2005	煤矿用阻燃爆破母线技术条件
32	MT/T 945—2005	煤矿用增安型低压电缆接线盒
33	MT/T 946—2005	煤矿用增安型高压电缆接线盒
34	MT/T 947—2005	煤矿用隔爆型高压电缆连接器
35	MT/T 970—2005	钢丝绳（缆）在线无损定量检测方法和判定规则

15. DL/T 标准（表 78）

由国家能源局发布的 DL/T 标准，由中国电力企业联合会提出，由电力行业电力电缆标准化技术委员会（DL/TC19）归口。

表 78　DL/T 标准

序号	标准编号	标准名称
1	DL/T 1070—2007	中压交联电缆抗水树性能鉴定试验方法和要求
2	DL/T 1178—2012	1000kV 交流输电线路金具电晕及无线电干扰试验方法
3	DL/T 1179—2021	1000kV 交流架空输电线路工频参数测量导则
4	DL/T 1279—2013	110kV 及以下海底电力电缆线路验收规范
5	DL/T 1301—2013	海底充油电缆直流耐压试验导则
6	DL/T 1506—2016	高压交流电缆在线监测系统通用技术规范
7	DL/T 1573—2016	电力电缆分布式光纤测温系统技术规范
8	DL/T 1575—2016	6kV~35kV 电缆振荡波局部放电测量系统
9	DL/T 1576—2016	6kV~35kV 电缆振荡波局部放电测试方法
10	DL/T 1694.6—2020	高压测试仪器及设备校准规范第 6 部分：电力电缆超低频介质损耗测试仪
11	DL/T 1721—2017	电力电缆线路沿线土壤热阻系数测量方法
12	DL/T 1888—2018	160kV~500kV 挤包绝缘直流电缆使用技术规范
13	DL/T 1932—2018	6kV~35kV 电缆振荡波局部放电测量系统检定方法
14	DL/T 1933.4—2018	塑料光纤信息传输技术实施规范第 4 部分：塑料光缆
15	DL/T 1935—2018	架空导线载流量试验方法
16	DL/T 2008—2019	电力变压器、封闭式组合电器、电力电缆复合式连接现场试验方法
17	DL/T 2058—2019	110kV 交联聚乙烯轻型绝缘电力电缆及附件
18	DL/T 2060—2019	额定电压 500kV（U_m=550kV）交联聚乙烯绝缘大长度交流海底电缆及附件
19	DL/T 2221—2021	160kV~500kV 挤包绝缘直流电缆系统预鉴定试验方法
20	DL/T 2233—2021	额定电压 110kV~500kV 交联聚乙烯绝缘海底电缆系统预鉴定试验规范
21	DL/T 2456—2021	输电电缆故障测寻技术规范
22	DL/T 401—2017	高压电缆选用导则
23	DL/T 413—2006	额定电压 35kV（U_m=40.5kV）及以下电力电缆热缩式附件技术条件
24	DL 508—1993	交流 110~330kV 自容式充油电缆及其附件订货技术规范
25	DL 509—1993	交流 110kV 交联聚乙烯绝缘电缆及其附件订货技术规范
26	DL/T 5161.5—2018	电气装置安装工程质量检验及评定规程第 5 部分：电缆线路施工质量检验
27	DL/T 5744.1—2016	额定电压 66kV~220kV 交联聚乙烯绝缘电力电缆敷设规程第 1 部分：直埋敷设
28	DL/T 5744.2—2016	额定电压 66kV~220kV 交联聚乙烯绝缘电力电缆敷设规程第 2 部分：排管敷设
29	DL/T 5744.3—2016	额定电压 66kV~220kV 交联聚乙烯绝缘电力电缆敷设规程第 3 部分：隧道敷设
30	DL/T 5756—2017	额定电压 35kV（U_m=40.5kV）及以下冷缩式电缆附件安装规程
31	DL/T 5757—2017	额定电压 35kV（U_m=40.5kV）及以下热缩式电缆附件安装规程
32	DL/T 5758—2017	额定电压 35kV（U_m=40.5kV）及以下预制式电缆附件安装规程
33	DL/T 691—2019	高压架空输电线路无线电干扰计算方法
34	DL/T 741—2019	架空输电线路运行规程

（续）

序号	标准编号	标准名称
35	DL/T 765.1—2021	架空配电线路金具第 1 部分：通用技术条件
36	DL/T 765.2—2021	架空配电线路金具第 2 部分：额定电压 35kV 及以下架空裸导线金具
37	DL/T 765.3—2021	架空配电线路金具第 3 部分：额定电压 35kV 及以下架空绝缘导线金具
38	DL/T 766—2013	光纤复合架空地线（OPGW）用预绞式金具技术条件和试验方法
39	DL/T 767—2013	全介质自承式光缆（ADSS）用预绞式金具技术条件和试验方法
40	DL/T 788—2016	全介质自承式光缆
41	DL/T 832—2016	光纤复合架空地线

16. 其他

XF306.1—2007《阻燃及耐火电缆塑料绝缘阻燃及耐火电缆分级和要求第 1 部分：阻燃电缆》，由中华人民共和国应急管理部发布，由公安部消防局提出，由全国消防标准化技术委员会第七分技术委员会（SAC/TC113/SC7）归口。

GA/T1031—2012《泄漏电缆入侵探测装置通用技术要求》，由公安部发布，由全国安全防范报警系统标准化技术委员会（SAC/TC100）提出并归口，之前 GA 306 等消防相关标准转入 XF。

T/CBMCA047—2023《环保电线电缆》由中国建筑材料流通协会发布。

三、团体标准

新修订的《标准化法》已于 2018 年 1 月 1 日起正式实施，赋予了团体标准法律地位。为配套落实《标准化法》中对团体标准的有关规定，经国务院标准化协调推进部际联席会议第四次全体会议审议通过，质检总局、国家标准委、民政部联合印发了《团体标准管理规定（试行）》（简称《规定》)。《规定》主要包括以下内容：

1）总则。主要包括制定目的、适用范围、制定主体、管理体制，以及实行团体标准自我声明公开和监督制度，鼓励社会团体参与国际标准化活动等内容，这是对团体标准化活动的总体要求。

2）团体标准的制定。主要是对团体标准制定的原则、范围及一般程序、团体标准的编号、团体标准的自我声明公开等提出了具体要求，明确了社会团体开展团体标准化工作应该具备的条件，让社会团体清楚如何规范地制定团体标准。

3）团体标准的实施。主要是明确团体标准的采用方式，社会团体自行负责团体标准的推广与应用。对团体标准化良好行为评价、团体标准转化为国家标准、行业标准或地方标准提出了要求。鼓励各地方、各部门采用团体标准，鼓励将团体标准纳入各级奖项评奖范围，促进团体标准的实施。

4）团体标准的监督。主要是明确县级以上人民政府标准化行政主管部门、有关行政主管部门依据法定职责，对团体标准化工作进行指导和监督；建立团体标准投诉举报处理机制；对于违反法律法规、强制性标准、国家有关产业政策制定团体标准的，责令限期改正、向社会进行公示、纳入相关信用体系等措施。

《规定》的实施有利于新修订《标准化法》的贯彻落实，进一步引导和规范团体标准的发展，激发社会团体协调相关市场主体共同制定团体标准的活力，提供标准的有效供给，促进新型标准体系的构建，支撑经济社会可持续发展。

电线电缆行业团体标准的制定由多家单位牵头组织，有中国电器工业协会、中国标准化协会、中国电工技术学会、中国检验检测学会，还有省、市电线电缆商、协会和与电线电缆行业相关领域的协会等。标准的制定出现了百花齐放、百家争鸣的局面，这对电线电缆行业的创新、发展有积极的推动作用。

到目前为止，相关行业组织制定的团体标准列举如下：

1）中国电器工业协会（T/CEEIA）制定的电线电缆团体标准：T/CEEIA 591—2022《额定电压 6kV

（U_m=7.2kV）到 35kV（U_m=40.5kV）热塑性聚丙烯绝缘电力电缆》。

2）中国标准化协会（T/CAS）制定电线电缆团体标准：T/CAS374—2019《额定电压 26/35kV 以上挤包绝缘电力电缆用半导电缓冲层材料》。

3）中国电工技术学会（T/CES）制定的电线电缆团体标准：T/CES051—2020《电力电缆用阻燃包带技术规范》，T/CES 100—2022《现场总线用聚乙烯绝缘电缆》，T/CES099—2022《热电偶用聚全氟乙丙烯绝缘补偿电缆》，T/CES197—2023《电缆屏蔽用铝合金带》。

4）中国检验检测学会（T/CITS）制定的电线电缆团体标准：《电线电缆生产及辅助设备中被采集参数检定方法》《特种软电缆卷筒收放线试验方法》《低压电线电缆修补技术规范》《中、低压电缆附件安装监造技术导则》《电线电缆数字化车间数据采集的基本要求》《舰船用通信装置—光缆》《舰船用电气装置—液位传感器电缆》《舰船用电气装置—光电发电系统用电缆》《舰船用电气装置—螺旋电缆》。

5）中国港口协会（T/CPHA）制定的电线电缆团体标准：T/CPHA 25—2023《港口机械移动电缆》。

第4章 质量与认证

第1节 质量发展历程

一、质量管理体系的建立

改革开放前对于产品质量的控制仅仅局限于检查、检测，没有形成产品质量管理体系。在特殊历史时期，国内电线电缆行业有些企业质量检查部门被错误地认为是多余的部门，认为其限制了生产的发展，于是撤销了质量、技术检查部门，结果导致产品质量下降。这一时期，各种管理制度比较混乱，生产秩序遭到破坏，产品质量大幅度下降。同时质量事故频发，废品率较高。

1978年4月，中共中央发布《关于加快工业发展若干问题的决定（草案）》，对改善产品质量、品种、规格和标准等提出要求。当年12月，国务院发布的《关于不合格品不计算产量产值的通知》提出，各工业企业生产的不合格产品不能记为产量和产值。1980年3月，国家经济委员会颁布《工业企业全面质量管理暂行办法》进一步推动工业企业实施规范化、制度化质量管理，提高质量控制能力。1985年实行产品质量国家监督抽查制度，对质量水平开始进行量化评价。1986年4月，国务院颁发《工业产品质量责任制条例》，规定不合格工业品由生产企业对用户和经销商承担修复、更换、退货以及赔偿实际经济损失的责任。这是我国第一次对产品质量责任提出要求，消费者也从此有了维权的法律武器。后来，有关部门相继又对工程质量和服务质量提出改进要求，质量管理领域不断扩大。

1978年，党的十一届三中全会后，全党工作重点已转移到社会主义现代化建设的轨道上来，为了适应新形势，开始推行全面质量管理。全面质量管理不仅包括产品本身的质量管理，而且还包括同类产品质量有关的各项管理工作的质量管理，简称为TQC。期间，同时健全了企业的产品质量检查体系，每个企业设有专门的检查人员，确保了产品质量。以上海电缆厂开展TQC活动为例，上海电缆厂在电线电缆行业质量管理方面经过10年的摸索，共经历了三个阶段（1979—1980年为学习、试验阶段；1981—1984年为推广、普及阶段；1985—1989年为巩固、深化阶段），同时登上了三个台阶（1983年获得上海市局级质量管理奖；1984年获得市、部质量管理奖；1987年获得国家二级企业称号）。期间出现了10个显著变化：经济效益持续稳定增长；技术水平不断提高；产品质量稳中有升；产品发展的技术先进性和市场针对性得到增强；产品技术水平缩短了与国外先进水平的差距；国内外两个销售市场的发展开始进入良性循环，出口创汇逐年增加；计量检测适应了产品质量不断提高的要求；推进设备TPM管理初见成效，基本形成了分级管理、区域包干的设备管理体系；管理进步的成果较为显著；职工队伍素质不断提高，10年来各类专业技术人员增加了1.26倍。

这一时期，我国整个电缆行业的电缆企业，如沈阳电缆厂、郑州电缆厂、湘潭电缆厂、无锡电缆厂、广州电缆厂、广东电缆厂、贵阳电线厂、西安电缆厂、成都电缆厂、侯马电缆厂、天津电缆厂、青岛电缆厂等也开展了 TQC 质量管理活动，在企业内部建立 QC 小组，开展质量管理活动。同时根据质量分等规定开展了质量创优活动，开展了质量评比和国内外技术交流活动，使产品质量有了新的提高。

在此期间，国家还陆续出台了一些规定相继实施，如《质量管理小组注册登记暂行办法》《质量管理小组暂行条例》《质量管理小组活动管理办法》等，推动企业质量管理逐步趋向多元化。这一时期，海尔“砸冰箱”、杭州武林广场“烧劣质鞋”等事件标志着企业对质量管理的觉醒。

1995 年，为了使企业的质量管理工作和世界接轨，全行业又开始全面贯彻 GB/T19001（ISO9001）标准，并一直延续到现在。在 GB/T19001 标准要求下，企业内部建立了质量管理体系，包括原材料进厂检测制度、半成品检测制度、成品抽测和出厂检测制度，每个企业都按质量管理体系要求建立实验室，同时对检测人员进行定期培训。

二、提升产品质量的活动简介

1. 开展质量评比和技术交流

1956—1964 年，电线电缆行业共进行了 7 次质量评比活动。继 1977 年 10 月在衡山召开的“电线电缆行业质量会议”之后，1979 年又在宜昌召开了第二次质量会议。其后，分别在 1978 年、1981 年、1982 年和 1984 年先后召开了四次“电磁线质量工作会议”，进一步促进了产品质量的提升。

1978 年 3 月，电线电缆行业分 7 个小组在全国范围内进行巡回互检抽样检查。1979 年又分 10 个小组巡回互检。1980 年，对电磁线、裸线进行抽样检查。1981—1983 年，对电磁线抽查检查。

自 1977 年起，电线电缆行业又继续进行技术交流活动，主要有：铝杆连铸连轧技术交流会、催化燃烧热风循环漆包机新技术经验交流会、铝芯软电缆生产使用经验交流会、电缆外径偏心计长检测技术交流会、新型束线机技术交流会、橡料加工自动化和冷喂料技术交流会、聚晶线模经验交流会和节能技术经验交流会等。

1984 年，开展的国外技术交流项目有：流变仪应用、交联技术、电焊机技术交流和展览、橡塑测试仪器应用、杜邦产品及其应用、电缆接头和电缆标准等。1985 年，又与外国进行了 5 次技术交流活动。通过这些活动，加速了行业新技术的推广及应用。

2. 产品创优活动

为了引导企业生产优质产品。1979 年 6 月，经党中央、国务院批准，国家经济委员会颁布了《中华人民共和国优质产品奖励条例》，决定对工业产品中的优质产品颁发国家优质产品金质奖或银质奖。首届国家优质产品奖的获奖产品共有 172 项。1987 年 5 月，国务院批准并颁布实施《国家优质产品评选条例》，对获奖产品颁发国家优质产品奖证书和标有“优”字标志的奖牌，也对评优评奖活动给予规范。

电线电缆行业获得国家优质产品称号的有：

1984 年和 1985 年，郑州电缆厂和沈阳电缆厂生产的钢芯铝绞线获得国家质量奖审定委员会金质奖章（图 103）。

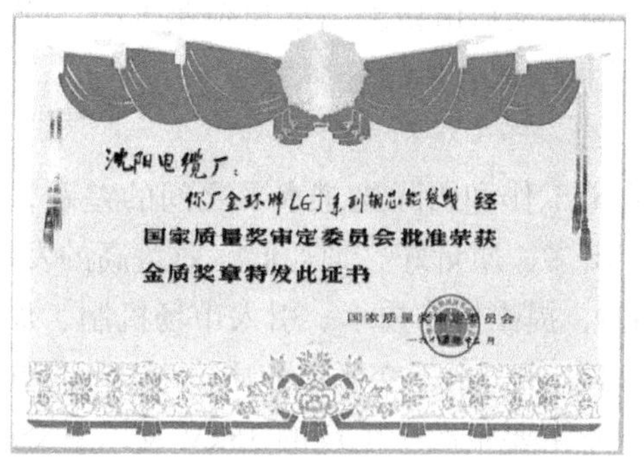

图 103　钢芯铝绞线获得国家质量奖审定委员会金质奖章

1989 年，郑州电缆厂生产的钢芯铝绞线获得机械电子工业部优质产品证书（图 104）。

1989 年，广东电缆厂获得全国交联电缆的金质奖（金牌），交联电缆全国行评第一。

1990 年，沈阳电缆厂生产的 110kV 充油电缆和金环牌 LGJ 系列钢芯铝绞线获国家金质奖牌。

1990 年，上海电缆厂生产的 110kV 充油电缆获国家金质奖章（图 105）。

图 104　钢芯铝绞线获得机械电子工业部优质产品证书

图 105　充油电缆获得国家金质奖章

在这一时期，机械工业部、省、市也开展了产品创优活动，每个地方都出现了地方优质产品的品牌。

3. 设立国家质量管理奖

1982 年 3 月，国务院同意设立国家质量管理奖，重点表彰全面质量管理工作做得好、产品质量和经济效益好、在行业或地区领先的企业。其中兰州炼油厂、吉林化学公司染料厂和常州柴油机厂成为首批获奖企业。

1990 年，我国电线电缆行业中上海电缆厂获得国家质量管理奖企业。

4. 创立中国名牌产品活动

为推进名牌战略的实施，加强中国名牌产品的监督管理，规范中国名牌产品的评价，推动企业实施名牌战略，引导和支持企业创名牌，指导和督促企业提高质量水平，增强我国产品的市场竞争力，根据《中华人民共和国产品质量法》、国务院颁布的《质量振兴纲要》和国务院赋予国家质量监督检验检疫总局的职能，制定了《中国名牌产品管理办法》。此办法中所称中国名牌产品是指实物质量达到国际同类产品先进水平、在国内同类产品中处于领先地位、市场占有率和知名度居行业前列、用户满意程度高、具有较强市场竞争力的产品。

我国电线电缆行业中也开展了创名牌活动，如沈阳电缆厂生产的全系列产品被认定为中国名牌产品（图 106）。

图 106　沈阳电缆厂获得中国名牌产品荣誉证书

电线电缆行业中最后一次名牌创建活动是开展 10kV 交联聚乙烯绝缘电力电缆产品的创名牌活动。该活动首先制定了产品质量评价办法，全国有 48 家电线电缆制造企业自愿报名参加，指定特定型号规格的样品，每个企业精心制作样品，由国家电线电缆质量监督检测中心依据产品质量评价办法开展盲样检测，最后由检测结果和企业生产、管理等条件决定前 12 名获得中国名牌称号。

5. 交联绝缘中压电缆行业整顿验收

为缩小质量工作和国际先进水平之间的差距，国务院决定 1991 年为“质量、品种、效益”年，号召走投入少、产出多、质量好、消耗低、效益高的发展道路。1992 年 7 月，国务院发布《关于进一步加强质量工作的决定》，提出依靠技术、引入市场机制、加强质量监督等政策措施。

20 世纪 80 年代，由于交联电缆质量事故不断出现造成的不良影响，20 世纪 90 年代初由机械工业部发函，要求对行业主要生产厂生产的 35kV 及以下交联电缆进行生产整顿。为此，制定了“交联电缆生产整顿管理规范”，对我国交联电缆质量提高起到积极推动作用。郑州电缆厂是首批第一家通过验收的企业。

1995 年，在原整顿规范基础上，经电力电缆专委会修改补充后，编制了《交联聚乙烯电力电缆生产工艺规范》，此规范对各厂交联电缆生产具有重要的指导意义。此规范包含了必须具备和执行的标准、必须具备的检测设备、必须具备的技术文件、质量控制要点以及组织措施五个部分。

6. 设立国家质量管理大奖

党和政府高度重视质量，质量工作制度政策不断优化创新。2012 年 1 月，国务院印发《质量发展纲要（2011—2020 年）》。2013 年 5 月，国务院办公厅印发《质量工作考核办法》。2014 年 7 月，国务院启动首轮对各省级政府的质量工作考核。2014 年 12 月，首届中国质量奖颁奖活动中 45 家组织和 4 名个人分别获得质量奖和提名奖。我国电线电缆行业获奖的单位有：亨通电缆集团荣获光通信行业唯一的中国质量奖；江苏上上电缆集团有限公司连续三次获得“中国质量奖提名奖”（图 107）；江苏上上电缆集团有限公司、中天科技集团和亨通集团获得中国工业大奖（图 108）。这些奖项展现了我国电线电缆行业的标杆企业质量管理水平，也预示着我国必将成为电线电缆制造强国。

图 107　中国质量奖提名奖

图 108　中国工业大奖

三、建立健全质量监管制度

1. 产品认证制度

根据 1991 年实施的《中华人民共和国质量认证管理条例》，产品质量认证是依据产品标准和相应技术要求，经认证机构确认并通过颁发认证证书和认证标志来证明某一产品符合相应标准和相应技术要求的活动。产品认证分为强制性认证和自愿性认证两种，一般来说，对有关人身安全、健康和其他法律法规有特殊规定者为强制性认证，即“以法制强制执行的认证制度”。其他产品实行自愿认证制度。

我国电线电缆产品认证应追溯到 1984 年成立的中国电工产品认证委员会（CCEE），该机构是我国电工产品领域的国家认证组织，由中国国家认证认可监督管理委员会批准，也是代表我国参加国际电工委员会电工产品安全认证组织（IECEE）的唯一机构。1985 年 7 月 10 日，衡阳电缆厂顺利通过 CCEE 的工厂质量保证能力审查，同时抽样产品也顺利通过型式试验，经 CCEE 批准后获得中国第一张电线电缆安全认证证书，编号为（1985）电工认证第 001 号的产品认证合格证书。

中国质量认证中心（CQC）成立以后，原来长城 CCEE 认证工作改为由 CQC 开展 CCC 的产品强制认证工作。CCC 电线电缆强制性认证涵盖了多种电线电缆产品，最初认证范围涵盖矿用橡套软电缆、交流额定电压 3kV 及以下铁路机车车辆用电线电缆、额定电压 450/750V 及以下橡皮绝缘电线电缆、额定电压 450/750V 及以下聚氯乙烯绝缘电线电缆。这些产品都是市场上常见的电线电缆类型，广泛应用于各个领域。

CQC 同时开展电线电缆产品自愿性认证服务，涵盖的产品有：矿物绝缘电缆 IEC 60702（GB/T 13033）、电力电缆 IEC 60502（GB/T 12706）、光伏电缆 IEC 62930（NB/T 42073）、电动汽车充电电缆 IEC 62893（GB/T 33594）、低烟无卤软电缆 IEC 62821（CQC 1303）等产品。

截至2024年2月，全国电线电缆CCC证书获证企业6000余家，有效CCC认证证书2万余张，主要发证机构为中国质量认证中心。与电线电缆相关行业实施的认证制度有煤炭部颁发的煤安证、广播电视部门的入网证等。

2. 许可证制度

工业产品生产许可证制度起源于20世纪80年代。新中国成立后，我国最初实行的是单一的计划经济体制。1978年，党的十一届三中全会之后，我国社会主义市场经济体制开始逐步建立。随着我国经济体制改革的深入，我国国民经济开始进入高速发展阶段。与此同时，工业生产也出现了一些新的情况和问题。一些不具备基本生产条件的企业一哄而起，盲目上马，有些中小型企业设备陈旧，管理混乱，产品粗制滥造，致使不少质量低劣的产品流向市场，冲击了合法生产企业的正常生产经营，导致许多恶性质量事故不断发生。1983年，在总结试行工作经验的基础上，五届人大三次会议的政府工作报告中提出了对重要工业产品实行工业产品生产许可证制度的要求。1984年4月7日，国务院颁布了《工业产品生产许可证试行条例》（国发〔1984〕54号）。低压电器、电度表等87类产品被列入第一批实施生产许可证管理的产品目录。《工业产品生产许可证试行条例》颁布后，原国家经济委员会于同年又发布了《工业产品生产许可证管理办法》，成立了工业产品生产许可证办公室，设在原国家标准局，承担全国生产许可证管理的日常工作，并逐步形成了国家统一管理，部门审核发证，地方技术监督局负责监督执法的管理体制。这种管理体制从1984年一直延续到1998年。

目前，工业产品生产许可证制度运行机制是由国家质检总局统一管理，省级质量技术监督局负责组织实施，国务院有关行业部门、协会参与，地方质量技术监督局依法监督查处。

我国电线电缆生产许可证制度开始实施的时间为1992年，由全国许可证办公室统一管理，实施工业产品生产许可证制度管理的电线电缆产品标准是依据1992年之前颁布的产品标准，其产品范围包括：圆线同心绞架空导线；漆包圆绕组线；塑料绝缘控制电缆；额定电压1kV和3kV挤包绝缘电力电缆；额定电压6kV到35kV挤包绝缘电力电缆；1kV、10kV、35kV架空绝缘电缆。

从2009年起，电线电缆生产许可证由各省质监局直接管理，生产许可证有效期5年。有效期届满后如果企业继续生产的，应当在生产许可证有效期届满6个月前向所在省级质量技术监督局提出换证申请。我国电线电缆行业凡是具备相应产品生产能力的企业都具有生产许可证，生产许可证的实施对保证产品质量与安全、规范市场秩序、促进产业升级和技术创新起到重要的作用。

3. 产品监督部门监督抽查

2001年12月29日，为了加强产品质量监督管理，规范产品质量国家监督抽查工作，根据《产品质量法》《标准化法》和《计量法》等规定，国家质量监督检验检疫总局令第13号发布《产品质量国家监督抽查管理办法》，要求电线电缆行业从2003年开始，每年开展国家监督抽查，抽查的产品从一开始的PVC电线扩展到电力电缆类。起初由国家质检总局下达给指定的检测机构进行抽检方案制定、抽样、检测和判定，发展到现在由专业机构制定抽查方案，政府招标采购模式确定检测机构和抽样机构。

近几年的抽样检测结果如下：

1）2011—2023年PVC绝缘电线产品国家监督抽查的产品合格率（图109）。

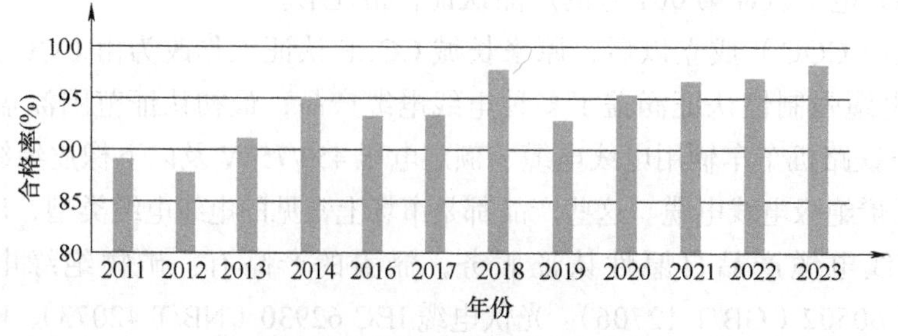

图109　2011—2023年PVC绝缘电线产品国家监督抽查的产品合格率

2）2015—2019 年橡皮绝缘电线电缆产品，国家监督抽查的产品合格率（图 110）。

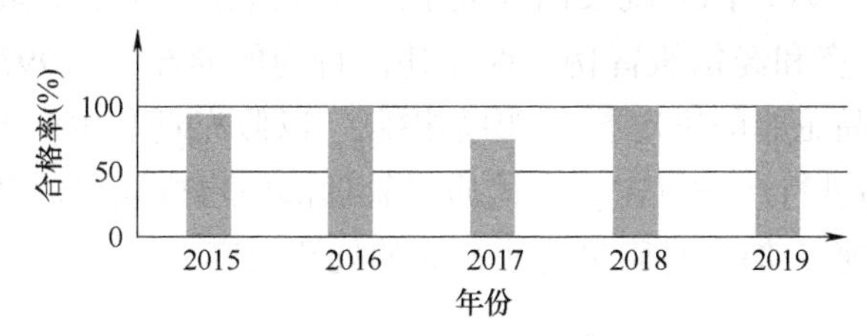

图 110　2015—2019 年橡皮绝缘电线电缆产品国家监督抽查的产品合格率

3）2011—2023 年电力电缆产品国家监督抽查的产品合格率（图 111）。

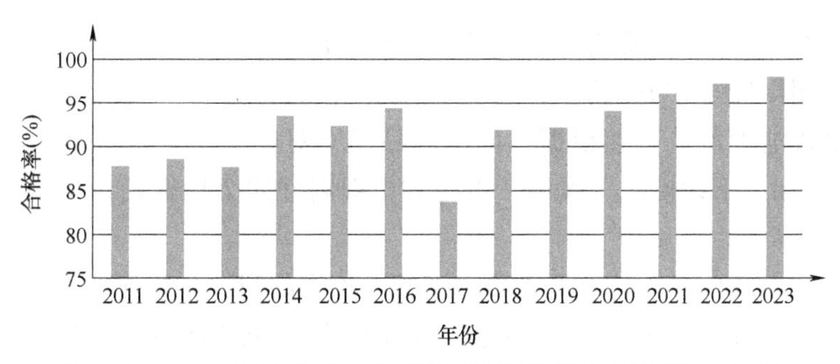

图 111　2011—2023 年电力电缆产品国家监督抽查的产品合格率

4）2017—2022 年塑料绝缘控制电缆产品国家监督抽查的产品合格率（图 112）。

5）2017—2022 年架空绝缘电缆产品国家监督抽查的产品合格率（图 113）。

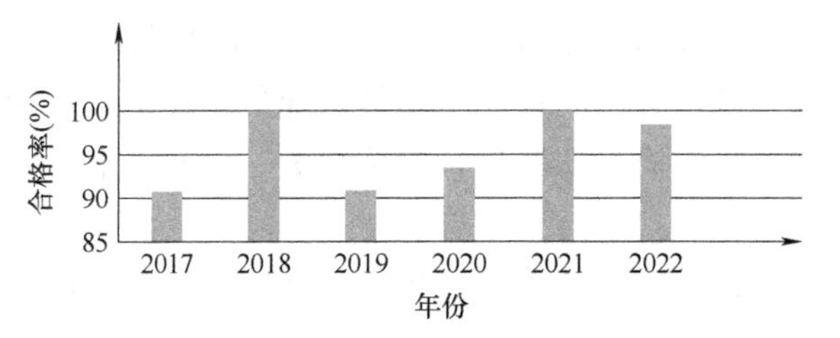

图 112　2017—2022 年塑料绝缘控制电缆产品国家监督抽查的产品合格率

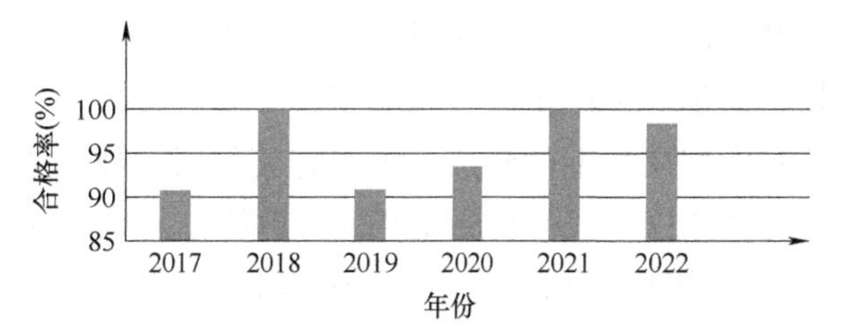

图 113　2017—2022 年架空绝缘电缆产品国家监督抽查的产品合格率

6）2003、2005、2009 和 2010 年 PVC 绝缘电缆产品质检系统抽查的合格率（图 114）。

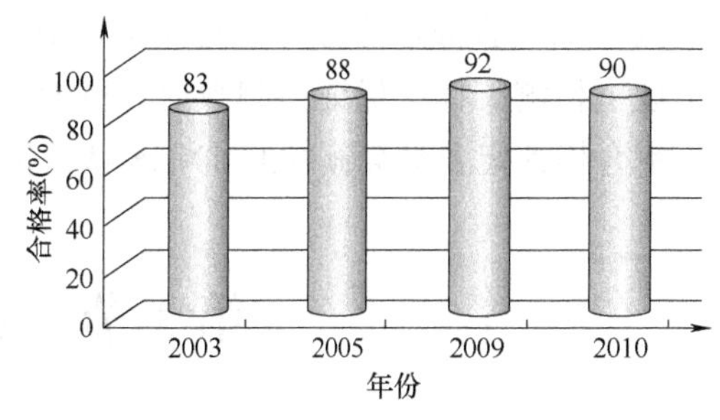

图 114　2003、2005、2009 和 2010 年 PVC 绝缘电缆产品质检系统抽查的合格率

从近几年国家监督抽查检测的结果可以看出：抽查的产品已经覆盖了量大面广的电线电缆产品，除了 2017 年抽查的橡皮绝缘电线以外，其他每年抽查的产品合格率都大于 85%，且合格率大于 90% 的情况居多。说明生产企业都非常重视国家抽查工作。同时各企业也非常关注市场流通的电线电缆产品质量，特别是监管不到位的销售集散地产品质量。

4. 用户单位抽样检测

随着人们对电线电缆产品质量认识的提高，大型企业、基础建设部门也对到货产品进行抽样检测，这对促进电线电缆质量提升，提高人们对电线电缆质量的认识都是具有一定的积极影响。

5. 坚决打击假冒伪劣行为

市场放开搞活后，总需求大于总供给。部分企业受利益驱使，片面追求数量而忽视质量。假冒伪劣产品大肆冲击市场，出口商品质量问题也时有发生，严重影响经济发展和国家形象。于是，国务院领导提出“铁腕抓质量”要求，1989 年 9 月，国务院发出《关于严厉打击在商品中掺杂使假的通知》。1992 年 7 月，国务院发出《关于严厉打击生产和经销假冒伪劣商品违法行为的通知》。1993 年 7 月，以主席令形式颁布《关于惩治生产、销售伪劣商品犯罪的决定》，对掺杂掺假、以假充真和生产不合格食品、医疗用品以及假农药、假兽药、假化肥等行为进行严厉打击。全国质量管理部门也成立专门执法队伍，建立 12365 投诉举报咨询系统，加强对企业的监管，加大对质量违法行为的处罚力度。

第 2 节　产品质量检测体系的建立

一直以来，每个电线电缆制造企业都有产品质量检查部门，不同时期其从事的工作内容有所不同，早期企业对产品质量仅仅局限于检查与检测。

新中国成立前，电线电缆制造企业根据不同的产品设立对应的检查站，例如沈阳电缆厂的前身——“满洲电线”就设有检查课，下设裸线、橡缆、电缆和电缆附件四个检查站。如果企业规模比较小，产品质量由技术人员自行检查。

1949—1957 年，全国电线电缆制造企业都设立了技术检查部门，十分注重产品质量。例如上海电缆厂认真推行“三级检查制”。上海电缆厂对产品质量的重视开始于 1953 年推行以生产操作工人、工段长、质量检查员负责的“三级检查制”。当时，对关键工种都建立了中间质量检查制，并设专职检查员，使产品制造过程中每道工序都有专人检查。1954 年，针对质量存在的问题进行大检查，各车间分别举办废品展览会。全厂职工提出生产、质量上存在的突出问题，建立生产工艺规程，加强设备维护保养和检修，在车间建立小组检查制度，制定工艺记录卡，使中间检查有了基础。1955 年，第一机械工业部电工局技术会议决定对老产品进行补课。为此，上海电缆厂修订了工艺文件，补充了部分关键工艺守则，如对浸油、压铅、铠装、纵包等生产工序，相应制定了模具管理制度和实施细则。各车间设立工模具管理员，在全厂发动群众及时发现质量上的隐患，组织有关部门和技术人员，确立指定质量课题进行集体攻关。由此，上海电缆厂获得“全国电线类厂际竞赛优秀单位”的光荣称号。

但在特殊历史时期，企业组织机构被彻底摧毁，各种管理制度混乱不堪，生产秩序遭到严重破坏，产品质量大幅度下降。质量事故频发，废品率较高。

改革开放后，电线电缆行业与全国其他行业一样开展了全面质量管理工作，其中产品质量检测作为企业专门的独立部门（检查科或检验科）的工作，负责原材料的进厂检测、生产的中间检测、出厂检测、抽样检测和工艺验证检测等，在行业中达成了共识，建立了产品质量检测体系。当前有些规模较大的企业，为了规范检测工作，保证检测数据的科学性、合理性和正确性，专门为检测部门（检测中心）开展了中国实验室合格评定委员会颁发的 CNAS 认可证书，作为第二方实验室开展企业内部的检测和部分对外检测。

第 3 节　第三方检测机构的建立

检验检测机构、监管制度（机构）、客户（市场需求）构成检验检测市场的三要素。改革开放 40 多年，我国国民经济取得了飞速发展，我国检验检测市场也从零起步发展成为世界上最大、最重要的检验检测市场。这主要体现在三方面：从业机构（检验检测机构）数量世界第一（截至 2021 年年底，取得资质认定的检验检测机构为 51949 家）、管理制度最全面（涉及检验检测的法律法规 40 多部，涉及检验检测机构资质或资格管理的政府部门 20 多家）、市场全球最大（截至 2021 年年底，市场规模为 4090.22 亿元，中国检验检测市场约占全球检验检测市场的 1/6）。

1949年新中国成立之初，我国借鉴及学习苏联经验，实施计划经济。在计划经济时代，无论生产性资料还是百姓日用商品，都实行统购统销。大多数工业产品领域没有第三方检验检测机构。20世纪50年代初，在广州、武汉、沈阳、天津、福州等地设立了工业产品检验所（1951年广州工业产品检验所成立，这是新中国成立后第一个第三方的产品质量检验机构），当时它们都隶属工业经济部门，主要承担政府下达的特定检验任务或作为工厂开展产品质量检验的补充。但是，面对大量的技术革新需求和大量的产品质量问题，钢铁、机械等领域产品质量和产品检验机构缺乏的问题开始暴露出来。20世纪80年代末，国家成立技术监督部门后这些工业产品检验所陆续划归至各地技术监督局，成为最早的第三方综合性产品质量监督检验机构。

虽然改革开放前，在设立工业产品检验所的同期，在一些专业领域设立了一些相应的质量（安全）检验机构，比如，在锅炉和压力容器领域成立了隶属于劳动部门的专业检验机构（1998年后划入质量技术监督局）。

改革开放后，社会经济得到较大发展，社会生产力水平逐年提高。进入20世纪80年代，我国由计划经济向市场经济过渡，人们告别了商品短缺，市场逐步开始繁荣，但假冒伪劣产品也开始充斥市场。为打击假冒伪劣产品，提升产品质量，国家建立了产品质量监督抽查制度。为了产品质量监督工作需要，国家以之前的主要大城市的工业产品检验所为基础，规划建设一批综合产品质量监督检验机构，期望依托大城市，辐射周边地区。同时，开始建设一批国家级产品质量监督检验测试中心。

1985年是我国检验检测机构（市场）发展史上具有里程碑意义的一年。这年，《标准化法》颁布，随后，《标准化法实施条例》于1987年颁布实施。根据《标准化法》及其实施条例的相关规定，县级以上标准化行政主管部门根据需要，可以依法设置综合性产品质量监督检验检测机构。于是，很多大中城市就将之前设置的工业品检验所划归技术监督局，在此基础上发展设立了综合性产品质量监督检验所。在国家层面，分3批规划设立了232家国家产品质检中心（截至2020年年底已经发展到860多家），省以下质监部门在20世纪80年代至21世纪初，先后成立了1800多家综合性产品质量监督检验检测机构（一些市州、县市的质检机构和计量机构“二合一”），这支隶属于质检部门（现市场监管部门）的综合性产品质检机构，经过30多年的发展壮大，逐渐成为我国产品质量监督、产品质量提升和相关产品质量鉴定的重要技术支撑。

电线电缆产品属于工业配套产品量大面广，生产企业多，在全国大约有7000家企业生产电线电缆产品，涉及的地域比较广。因此全国电线电缆检测机构具有分布广、数量多的特点。截至2024年5月，全国有CNAS资质的检测机构多达758家。这里只列举技术力量比较强、检测项目比较齐全、历史比较长的几家检测机构。

一、国家电线电缆产品检测中心

1. 国家电线电缆产品检测测试中心/上海国缆检测股份有限公司

最初的上海电缆研究所检测中心/国家电线电缆质量监督检验中心（简称检测中心）是上海电缆研究所的独立部门，也是独立于电线电缆产品设计开发、制造、贸易的第三方产品检测实验室。其法人单位为上海电缆研究所有限公司，是一家成立于1957年的国有企业，注册资金为人民币5097万元，目前隶属于上海市申能集团。

检测中心成立于1983年，1990年3月，顺利通过原国家技术监督局审查验收和计量认证，成为经授权的国家电线电缆质量检验中心，并获得由中国实验室合格评定委员会颁发的CMA证书。1984年3月检测中心初次通过CNAS认证，随后顺利通过各次复评审和扩项评审。1984年，该中心设立中国电气设备检测所电线电缆检测站（TICW），开始从事CCEE电线电缆产品安全认证的检测和工厂审查工作。1990年6月，该中心被批准为国际认可的CB实验室。随后顺利通过各次复评审和扩项评审。

2017年，检测中心改制为上海国缆检测中心有限公司。公司能对裸电线、电气装备用电线电缆、电力电缆及附件（500kV 及以下电压等级的交流、直流电缆）、架空绝缘电缆、绕组线、通信电缆和光缆、电线组件、电器附件（插头、插座、耦合器等）及电线电缆光缆用材料按国家标准、行业标准、IEC 标准、主要经济发达国家标准（UL、VDE、BS 等）等进行检测。主要仪器设备 1100 多台套，拥有世界一流的高压直流、高压交流试验装置、电缆耐火燃烧试验装置、电缆烟密度试验装置、烟气毒性分析装置、风能电缆扭转试验装置、网络参数分析、微欧计、全自动电缆结构测试、电缆特殊弯曲测试、核电站电缆 LOCA/HELB 试验装置等检测设备。

目前授权的资质有中国合格评定国家认可委员会（CNAS）认可的实验室、国家认证认可监督管理委员会（CNCA）指定的 CCC 认证检测机构、中国质量认证中心（CQC）签约实验室、中铁铁路产品认证中心（CRCC）签约实验室、中国船级社（CCS）认可的试验机构、IECEE 检测实验室委员会的 CB 实验室、美国 UL 签约实验室、德国莱茵 TUV 签约实验室、德凯签约实验室和 KEMA 合作实验室。

2. 国家电线电缆质量检验检测中心（江苏）

国家电线电缆质量检验检测中心（江苏）隶属于江苏省产品质量监督检验研究院，是由国家市场监督管理总局授权的专业从事线缆类产品质量检验、研究及技术服务的法定检验机构。

1994 年，江苏省产品质量监督检验研究院首次开展电线电缆检测业务，2004 年成立单独的线缆检测实验室，2011 年正式挂牌为国家级的电线电缆检测中心。2012 年中心首次取得中国合格评定国家认可委员会认可与检验检测机构资质认定（CMA）。此外，中心通过了资质认定（CAL），是生产许可证和 3C 产品的承检实验室，是中国质量认证中心、中国船级社、电能（北京）认证中心有限公司（PCCC）的签约实验室。在国外，中心已取得国际电工委员会 1ECEE-CB 体系认可，是欧洲技术认证有限公司（CCQS）、英国标准协会（BSI）、TUV（南德、莱茵）、德凯（DEKRA）的签约实验室，是南非国家标准局（SABS）、德国电气工程师协会（VDE）、美国保险商实验室（UL）和英国皇家认可委员会（UKAS）的授权实验室等。

检测中心总部在南京，实验室位于江苏宜兴，占地面积 36 亩，建筑面积近 2 万 m^2，专职从事管理、检验和检验辅助人员累计 80 余人，拥有各类检测装备 1100 余台套，是目前国内质监系统中电线电缆检验能力最强、规模最大的检验机构。

检测中心围绕国家和行业公益性服务的要求，承担政府监督抽查、风险监测、委托检验等工作，积极做好政府监管支持。自 2011 年起连续作为国家市场监管总局（原质检总局）监督抽查牵头技术机构，组织全国多家检验机构开展电线电缆国家监督抽查工作并编制行业分析报告，为掌握国内线缆行业整体质量状况提供了强有力的技术支撑，相关工作得到质检总局和同行检验机构的高度认可。2015 年被总局评选为“质量之光——卓越技术机构”荣誉称号；2017 年，该检测中心作为专家单位参与西安奥凯事件调查工作，在应对重大突发事件、促进行业健康发展方面做出了积极贡献；2019 年 5 月，中国标准化协会电线电缆委员会成立，该检测中心作为秘书处单位，组织生产企业、原材料企业、科研院所、检测机构及行业用户等联合开展团体标准的修制定工作，自 2019 年以来已立项电线电缆团体标准达 33 项，其中 21 个已发布；2023 年成功入选工信部第五批产业技术基础公共服务平台；同年，该检测中心申报的“推动检验检测国际互认，助力行业高质量发展”案例获评省局检验检测促进产业优化升级典型案例；2023 年 3 月，检测中心利用自身优势搭建电线电缆质量提升论坛暨检验检测认证一体化服务平台，为企业提供一站式、一体化的服务。

在服务范围上，中心检验能力已经覆盖交流 500kV、直流 ±800kV 及以下超高压电力电缆、海底电缆、船用电缆、通信电缆、光纤光缆、新能源电缆、特种电缆等，几乎涵盖了所有电线电缆品种。在检验能力上，除常规性能检测能力之外，该检测中心紧扣线缆行业发展趋势，重点建设线缆燃烧能力、超高压试验能力、机器人电缆、光电复合缆等特种电缆试验能力。其中燃烧实验室同时获得美国 UL 和德国 VDE 的认可，是目前全球唯一一家能够同时满足北美标准、欧盟标准及国际标准的实验室。此外，检测中心能够开展国内最高电压等级的型式试验及预鉴定试验，是国家市场监管系统中唯一一家具有该项能力的电缆检测机构。

3. 国家特种电缆产品质量检验检测中心（河北）

国家特种电缆产品质量检验检测中心于2010年1月开始批准筹建，2012年通过CNAS和CMA评审和验收，位于河北省宁晋县西城区，占地18亩，建筑面积10000m^2，隶属于河北省产品质量监督检验研究院，是原国家质检总局（现市场监管总局）授权的专业从事电线电缆产品检验检测的国家级检验机构。该中心也是集认证、检查、仪器设备研发、标准制修订、检验方法研究、产品风险研判、培训服务和能力验证为一体的研究型技术机构。机构早在1994年就被国家机械部授权全国生产许可证检验单位；2003年授权为强制性产品认证指定实验室，可出具GB/T5023、GB/T5013、JB/T8734及JB/T8735系列产品标准的CCC型式报告、CCC一致性确认检验和CCC监督检验；2014年中心授权为IECEE指定的CB实验室，可出具IEC 60227、IEC 60245、IEC 60502、IEC 62930系列产品标准的CB英文报告。同时，中心作为德国莱茵签约实验室，可出具2PfG1169、2PfG2642、EN50618、2PfG2693、2PfG2630、2PfG2642等检验检测报告。

该中心拥有美国ATLAS Ci4000氙灯老化试验设备、B级电缆热释放和产烟测量系统装置（含烟雾除尘装置）、金具连接试验设备、美国美特斯微机控制电子万能拉力试验机、电线电缆结构参数全自动测量系统、机器人电缆耐扭转和弯曲试验设备、35kV局放测试系统、高压冲击测试系统、热循环试验系统、介质损耗测试系统、1000kN卧式拉力试验机、风力发电电缆高低温扭转试验设备、成束燃烧试验装置、铝合金电缆特殊性能试验装置、电缆耐火特性试验装置、卤酸气体释出测定装置及氟含量试验装置等主要先进检验检测设备300余台套。中心具备检测电工用铜线坯、镀锡圆铜线、电工圆铜线、电工圆铝线、电工圆铝杆等金属材料，软聚氯乙烯塑料、可交联聚乙烯绝缘料、半导电屏蔽料、热塑性无卤低烟阻燃电缆料、黑色聚乙烯塑料、可交联阻燃聚烯烃料、架空绝缘电缆用绝缘料等电缆用绝缘和护套料，35kV及以下挤包绝缘电力电缆、塑料绝缘控制电缆、圆线同心绞架空导线、架空绝缘电缆、橡套绝缘电缆、聚氯乙烯绝缘电缆、交联聚烯烃绝缘电线和电缆等常规电线电缆，机器人电缆、储能电缆、光伏电缆、35kV及以下风力发电用耐扭曲软电缆、铁路（数字）信号电缆、机车车辆电缆、电动汽车充电用电缆等特种电线电缆，共计224种产品约5000个参数的检测能力，其中包含100余种IEC、BS、EN、ISO国际标准。

4. 国家电线电缆产品质量检验检测中心（武汉）

国家电线电缆产品质量检验检测中心（武汉）主体单位为武汉产品质量监督检验所（简称武汉质检所），武汉质检所成立于1979年，隶属于武汉市市场监督管理局，是专业从事产品质量检测、技术咨询、标准制修订等工作的权威质检机构。国家红外及工业电热产品质量检验检测中心、国家饮料及粮油制品质量检验检测中心、国家电线电缆产品质量检验检测中心（武汉）、国家纺织服装产品质量检验检测中心（湖北）、国家家用电器能效及安全质量检验检测（湖北）5个国家质检中心设在所内。武汉质检所现有员工190余人，拥有一支由30多名教授和高级工程师领衔，汇聚一大批年轻博士、硕士的专业技术团队，其中40多人具备CNAS评审员、CCC工厂审查员、生产许可证审查员资质。武汉质检所拥有固定资产4.5亿元，在东西湖区金银湖东二路5号、武汉经济技术开发区全力北路与后官湖大道交汇处建有两个检测基地，实验室面积36000 m^2，检测设备3250余台（套），设备价值约2亿元。连续多次通过国家计量认证（CMA）、机构验收（CAL）和国家认可委（CNAS）的认可评审，检测结果获得国际实验室认可合作组织（ILAC）的互认。

该中心从1980年开始从事电线电缆检测，是第一批原国家质量技术监督局指定的承担电线电缆工业产品生产许可证检验的三家机构之一。国家电线电缆产品质量检验检测中心（武汉）成立于2009年，是全国工业产品许可证发证检验机构、法定CCC认证检验实验室、中国质量认证中心（CQC）签约实验室。作为中西部地区门类最齐全的电线电缆及电缆附件、电线组件的专业检测试验室，中心还与CQC签约了阻燃耐火电缆以及电缆料的自愿认证。

该中心建有结构尺寸试验室、机械性能试验室、电性能试验室、恒温恒湿试验室、燃烧耐火等特殊性能试验室，以及电磁线试验室和插头插座专业试验室等专业实验室，配备了250kV的美国哈弗莱SR250-750局放测试系统、1000kV模拟雷电冲击试验系统、菲尼克斯FIPEC电线电缆热释放速率测试装置、

KSM全自动电线电缆结构尺寸测试系统、100t电脑伺服油压卧式材料试验机、SDB材料烟密度试验箱、MDR-I煤矿电缆带负荷试验装置、YH-8810FDS-X风力电缆高低温复合扭转试验机、机器人电缆扭转性能测试装置等国际一流的仪器设备，设备价值超过6000万元。具备对额定电压110kV及以下电力电缆、电缆附件、架空绝缘电缆、控制电缆、铝绞线及钢芯铝绞线、聚氯乙烯绝缘电缆电线、煤矿用电缆、电线组件等多种产品的390多项产品标准、160多项参数对外出具公正数据的资质。

该中心业务范围包括承担政府监管部门下达的产品质量监督检验、风险监测任务、企业委托检验任务、检验方法研究、标准制修订等。近年来，中心充分发挥专业技术优势，为武汉地铁集团有限公司、湖北省电力公司、武钢集团、海螺水泥及其子公司等地铁、电力、高铁和隧道工程和各类房地产工程提供了检测服务。中心出具的检验报告得到国网、南网、轨道交通、石油化工等行业及各大重点工程招投标的认可，得到TUV莱茵等国际机构的互认。

该中心电线电缆产品检测能力（检测范围）：承担CCC/CQC认证检验及CCC认证监督抽样检验；承担全国工业产品生产许可证型式试验和抽样检验；承担船用电缆、矿用电缆、风力电缆、矿物绝缘防火电缆、机器人电缆、充电桩电缆、漆包线、电缆料等检验任务；承担国家总局和湖北省、武汉市市场监督管理局安排的产品质量监督抽查任务；承担B1级燃烧、成束燃烧、无卤低烟、BS及IEC各类耐火检测业务；承担建设管理部门委托的电线电缆产品见证取样检验；承担110kV及以下电缆型式试验。

5. 国家电线电缆质量检验检测中心（辽宁）

国家电线电缆质量检验检测中心（辽宁）（原名国家电线电缆产品质量监督检验中心），是以辽宁省产品质量监督检验院（简称质检院）的电线电缆检验中心为基础而建立。电线电缆检验中心创建于1993年，原归属辽宁省质量技术监督局（LNQTS），后归属辽宁省市场监督管理局。2018年7月18日开始归属于辽宁省检验检测认证中心（省政府直属正厅级事业单位），电线电缆中心为其下设分支机构，是中国合格评定国家认可委员会（CNAS）认可的实验室和检验机构，也是中国国家认证认可监督管理委员会（CNCA）指定的国家强制性产品认证（CCC）检测机构，同时是中国质量认证中心（CQC）的签约实验室。

1993年，辽宁省质量计量检测研究院电线电缆检验实验室（电缆中心的前身）建立。

2000年7月，辽宁省质量计量检测研究院分设为省计量科学研究院和省产品质量监督检验院。省产品质量监督检验院下设石化、电气、机械和食品理化等专业检验室，其中电气室包含电线电缆检验室。它主要开展年度和专项电线电缆产品质量省级监督抽查。

2001年4月9日，通过“三合一”评审，包括电线电缆检验室。

2002年6月，被授权为电线电缆生产许可证产品检验机构。

2003年4月，被授权为CCC认证电线电缆产品签约检验实验室。

2005年3月，被授权为CQC标志认证电线电缆产品检验签约实验室。

2007年1月29日，国家质量监督检验检疫总局同意由辽宁省质量技术监督局负责在辽宁省产品质量监督检验院基础上筹建国家电线电缆产品质量监督检验中心（辽宁），批复文件为《关于同意筹建国家电线电缆产品质量监督检验中心（辽宁）的批复》（国质检科［2007］51号）。

2011年1月4日，国家电线电缆产品质量监督检验中心（辽宁）通过中国国家认证认可监督管理委员会评审和验收，给予授权，授权文件为《关于对国家电线电缆产品质量监督检验中心（辽宁）授权的通知》（国认实函［2011］1号）。

6. 国家信息传输线质量检验检测中心

国家信息传输线质量检验检测中心依托单位为中国电子科技集团公司第二十三研究所，中心最初成立于1988年，于2013年7月正式获得国家级质检中心授权，经过30余年的发展，中心已经形成以检测、计量、标准等信息技术为支撑，综合检测校准、分析评价、标准化制定咨询、行业动态收集、政策情报分析、技术培训、专测设备开发、整体方案解决、期刊宣传等为一体的综合性行业公共技术服务中心。目前，中心拥有国内外先进的仪器设备200余台套，以及各类专业技术人才50余人，完善的硬件设施以及高水平的人才队伍能够为整个信息传输产业提供优质、专业的全方位技术服务。

该中心资质授权：国家信息传输线质量检验检测中心（CAL、CMA）；中国合格评定国家认可委员会检测校准实验室（CMA、CNAS）；国防科技工业检测校准实验室（DILAC）；工业（信息传输线）产品质量控制和技术评价实验室；超低损耗通信光纤预制棒及光纤“一条龙”应用计划产品标准和试验检测公共服务平台；中国电子元件行业协会副理事长单位、中电元协光电线缆及光器件分会理事长单位；全国电子设备用高频电缆及连接器标准化技术委员会（TC190）主任委员单位、电子工业光纤光缆及连接器标准化归口组织组长单位；国际电工委员会IEC/TC46“通信和信号用电缆、电线、波导、射频连接器及其附件”和IEC/TC86“纤维光学”的国内归口单位；上海市光纤传输特性测试专业技术服务平台；上海市先进光波导智能制造与测试专业技术服务平台；INTERTEK合作卫星实验室；TÜV莱茵合作实验室。

该中心检测产品范围包括移动通信用馈线电缆、网络和通信设备用电缆、漏泄电缆、CATV电缆、电力电缆航空航天线缆、船用线缆、音视频线缆、汽车线缆、光电混合缆等，电连接器、组件、链路等。

该中心作为IEC国际电工委员会、全国电子设备用高频电缆及连接器标准化技术委员会以及电子工业光纤光缆及连接器标准化的归口单位，长期从事国家标准、电子行业标准的标准化管理及标准制修订工作，还是国际电工委员会IEC/TC46和IEC/TC86的国内对口单位，负责射频同轴电缆、射频同轴连接器、波导、光纤、光缆、光互连器件、无源器件和纤维光学传感器等专业领域的国际标准化工作。公司能够全面及时地掌握国内开展IEC/TC46和IEC/TC86归口领域的标准化工作，并且对国内的上述领域国际标准工作能起主导作用。

长期以来，该中心一直指派专家参加标准的制定与修订工作，至今，共制定与修订国际标准5项、国家标准50余项、国家军用标准40余项，电子行业（军用）标准50余项。

7. 国家通信光电缆产品质量检验检测中心

国家通信光电缆产品质量检验检测中心是国家市场监督管理总局授权的通信产品法定检验机构，是全国市场监督管理系统内专业从事通信产品质量检验最全的国家级实验室。该中心于2011年8月通过原国家质检总局验收，正式挂牌运行。目前，该中心隶属苏州市吴江区检验检测中心，为非独立法人。2017年11月15日，苏州市吴江区检验检测中心正式挂牌运行，统筹整合区内计量测试所、产品质量检验检测所、农产品检测中心、水产品检测中心、药品检验所、粮油质量检测中心6家事业单位职能。

该中心始终按照“国内领先、国际一流”的标准进行建设和运行，拥有实验室面积5500m^2，检验设备总价值4200余万元。拥有国内领先、国际先进的专用仪器设备201台（套），在相应产品检测的关键项目和关键控制点上均能体现先进性和权威性。该中心现有工作人员31名，均为本科及以上学历，其中学科带头人2名，正高级工程师2人，高级工程师9名，工程师10名。主要技术骨干精通专业业务，熟悉相关产品标准并实时掌握最新产品和科技的动态。

该中心是中国通信标准化协会线缆工作组和器件工作组会员单位，也是国家外贸转型升级基地（通信光电缆）服务平台、江苏省中小企业公共服务平台和苏州市光通信产业链服务平台，还是苏州市光电产业商会副会长单位，同时是北京邮电大学、南京邮电大学和苏州信息学院的“产、学、研”合作实训基地。该中心具备284个产品标准、257个参数的检验检测能力，检测能力覆盖光纤光缆、电线电缆、光通信器件、无线通信器件、通信柜架类、接续类及线路器材、原辅材料七大领域。连续多年承担通信产品的国家级、省级监督抽查，多次入围中国移动集团第三方检测服务商，是江苏有线唯一光通信联合实验室。近年来，中心还为中国中铁、轨道交通、国防军队采购通信产品提供检测及技术咨询服务，业务范围遍布江苏、上海、浙江、安徽、北京、辽宁、广东、广西、海南等十几个省（区、市）。

该中心自成立以来，积极参与科研和标准工作，承担并完成了国家市场监督管理总局“红外光子晶体光纤测量方法”和“光电缆护套炭黑含量测量系统改造及应用扩展研究”两个课题研究，江苏省市场监督管理局“光缆接头盒机械性能试验机的研发”科研项目，联合创建了“苏州市海洋信息技术创新联合体”和“苏州市新一代通信高速光器件创新联合体”两个创新联合体。独立编制完成了国家市场监督管理总局

“通信光缆产品质量监督抽查实施规范”，参与制定《宽带接入光纤/同轴/对绞混合缆》等15项行业标准和《城市轨道交通信号电缆》等8项团体标准。

该中心认真履行“做通信产品卓越品质驱动者”的光荣使命，以提升通信产品质量为己任，不断打造自身核心竞争力，为客户提供客观公正、优质高效的服务，持续满足客户的需要和期望。

8. 国家电线电缆产品质量检验检测中心（广东）

国家电线电缆产品质量检验检测中心（广东）（简称“国家线缆中心”）是广东产品质量监督检验研究院直属的国家级电线电缆产品质量监督检测机构。该中心由广东质检院负责筹建，并获得了国家质检总局的批复同意。它是国内最早全面开展电线电缆检测的技术机构之一，是独立于电线电缆产品的设计开发、制造、贸易的第三方产品检测机构。该中心现有科学城总部、琶洲、南沙和南海四个试验场地，工作面积达4500m^2，拥有世界一流的全自动投影仪、精密电桥、局部放电测试系统、高电压介质损耗装置等检测设备。国家线缆中心电线电缆产品检测范围包括电缆及光缆燃烧性能分级（B1及CPR）、阻燃耐火低烟无卤环保电缆，额定电压1kV到500kV挤包绝缘电力电缆、预制分支电缆、电力电缆附件，塑料绝缘电线，橡皮绝缘电线，通信电缆和光缆产品，电子线和特种电缆产品，裸电线产品，漆包线产品，电线电缆用原材料等。

9. 国家特种电线电缆产品质量检验检测中心（安徽）

国家特种电线电缆产品质量检验检测中心（安徽）经国家质检总局批准于2012年7月开始筹建，同年10月经芜湖市编办批准成立芜湖特种电线电缆产品质量监督检验中心。2014年3月20日获国家质检总局授权后取得CNAS（国家实验室）、CMA（国家计量认证）、CAL（国家质量审查认可）“三合一”认证证书，2014年12月通过国家质检总局对中心的现场验收。2015年1月13日，国家质检总局正式批准成立电缆质检中心，全称为“国家特种电线电缆产品质量监督检验中心（安徽）”。

该中心先后成为德国莱茵TüV签约认证实验室、电能（北京）产品认证中心PCCC签约合作实验室、中国船级社签约合作实验室、全国工业产品生产许可证指定实验室、中国质量认证中心CCC签约实验室等。2019年通过扩项和复、新评审，获得国防实验室DILAC认可，是国内同行业首家通过国防实验室认可的单位。2022年12月，顺利完成了与上海国缆检测股份有限公司混合所有制改革。

该中心共占地约70亩，总建筑面积达17733m^2，分别位于安徽省无为市无城镇城南新区和高沟镇滨江大道。其中，无城镇城南新区占地面积约50亩，建筑面积14641m^2，主要建有检测楼、研发楼和生物实验楼。高沟镇占地面积18.9亩，建筑面积3100m^2，主要建有耐火研发中心电缆燃烧实验室。

该中心现有员工51人，高级工程师9人（2人为正高级职称）、高级技师9人（其中有8人同时具有中级及以上职称）、中级职称17人。

主营业务范围包括裸电线、电气装备用电线电缆、电力电缆、通信电缆及光缆、电磁线五大类，涉及电线电缆材料产品278个，检测参数215个，电线电缆检测种类基本全覆盖。公司充分发挥主观能动性，坚定“走出去服务”理念，不断开拓外埠市场，公司客户遍布全国25个省和4个直辖市。

10. 国家海洋设备质量检验检测中心

青岛海检集团有限公司于2016年正式组建，是以科技服务业为主业的青岛市属国有独资企业，建设运营国家海洋设备质量检验检测中心（山东）（简称“海检中心”）、海洋水下设备试验与检测技术国家工程实验室、国家海洋设备重大产品研发和试验检测平台等5个国家级创新平台。其中，海检检测有限公司为青岛海检集团有限公司的全资子公司，于2017年注册成立，是海检中心的运营主体单位。建有海洋电缆实验室、电磁兼容实验室、材料分析实验室、水下设备实验室、电气实验室、新能源电力电子实验室、环境及可靠性实验室7个国内领先的检测实验室，是目前国内资质能力最全的海洋设备和高端装备的第三方检验检测机构，可为海工、船舶、轨道交通、新能源、汽车、消费电子等12个行业提供检验检测、现场服务、系统集成、科技服务、认证认可和咨询培训等服务。

海检中心是国务院批复《山东半岛蓝色经济区发展规划》中确定的国家级检测中心，为配套海洋装备产业发展同步建设。2012 年 8 月，由国家质检总局正式批准海检中心筹建。海检中心自 2013 年 6 月开始建设，占地 7.18 万 m^2，共建 8 座单体实验楼，7 个功能实验室。2018 年 3 月获取首批检测资质，并逐步进行各项检验检测资质获取，2020 年 12 月正式通过国家市场监管总局组织的国家中心验收。

海检中心建设坚持以海为主，陆海统筹，在承载国家发展海洋经济的战略任务的同时，统筹规划建设了轨道交通、航空航天、汽车、军工等其他 11 个行业能力。目前海检中心检测能力已覆盖 19 个产品大类、170 个检测对象、3600 项项目 / 参数、6600 个标准。

海检中心已被认定为高新技术企业、国家中小企业公共服务示范平台、山东省服务型制造示范平台、专精特新中小企业等，先后获评国务院“全面深化服务贸易创新发展试点最佳实践案例”、商务部“中国服务实践案例奖”、市场监管总局“检验检测促进经济社会创新发展”优秀案例、中国（山东）自由贸易试验区制度创新成果最佳实践案例、科创中国新锐企业等多个重头奖项。

海检中心电线电缆产品检测能力包括：海底电缆、脐带缆等海工电缆，额定电压 1~35kV 的低压、中压电缆及其附件、额定电压 66~500kV 的高压、超高压电缆及其附件、架空绝缘电缆等陆用电力电缆，CCC 强制性产品认证电线电缆、控制电缆、计算机电缆、船用电缆、轨道交通车辆用电缆、风力发电用电缆、光伏系统用电缆等装备电缆，低烟无卤阻燃耐火电缆，架空绞合导（地）线、电工用金属材料等裸电线及其制品，通信电缆，光纤光缆，电缆用橡塑材料等各类电线电缆及其相关产品。

11. 国家电线电缆产品质量检验检测中心（四川）

2014 年，四川省产品质量监督检验检测院电气中心与成都市产品质量监督检验研究院电气中心强强合并，经四川省质量技术监督局批准，向国家质检总局申请筹建国家电线电缆质检中心（四川）。2015 年，经国家质检总局组织委派的专家组现场审查论证，同年 12 月 30 日收悉批筹文件《质检总局关于同意筹建国家电线电缆产品质量监督检验中心（四川）等 3 个国家质检中心的批复》。

2016 年，公司在省市两局的领导下，积极开展国家质检中心的筹建工作，主动寻找周围区县洽谈项目落户建设事宜。由于成都市产业规划调整，最终于 2017 年决策在龙泉驿区进行国家质检中心的主体建设，建筑面积 3600m^2。在金堂县淮口镇进行燃烧实验室建设，建筑面积 600m^2，加上原有实验室，建筑面积共 8200m^2。2018 年 3 月 8 日在龙泉驿区举行了国家电线电缆质检中心（四川）奠基仪式，2020 年 11 月取得 CMA、CNAS 资质，2021 年 1 月通过省市场监管局组织的预验收，2021 年 12 月经总局专家组验收合格，2022 年 3 月 17 日经总局批准正式成立（图 115）。

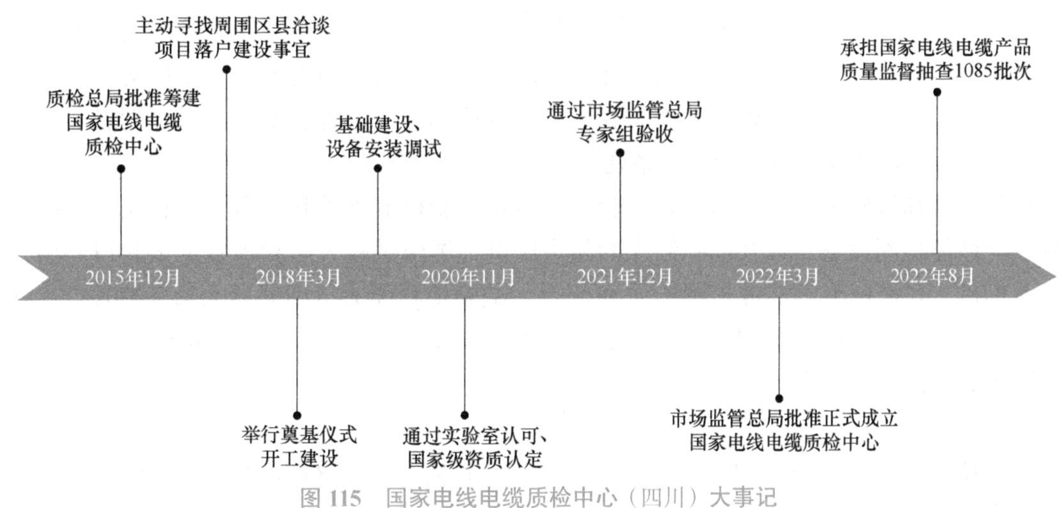

图 115　国家电线电缆质检中心（四川）大事记

国家电线电缆质检中心（四川）专业从事电线电缆类产品质量检测、风险监测、标准制定与修订、科技创新和技术咨询等工作，检测能力覆盖 5 大类、337 余种产品、830 余个参数。检测范围：220kV 及以下电力电缆、控制电缆、架空绞线、风力发电用电缆、阻燃耐火电缆、低烟无卤电缆、预分支电缆、轨道

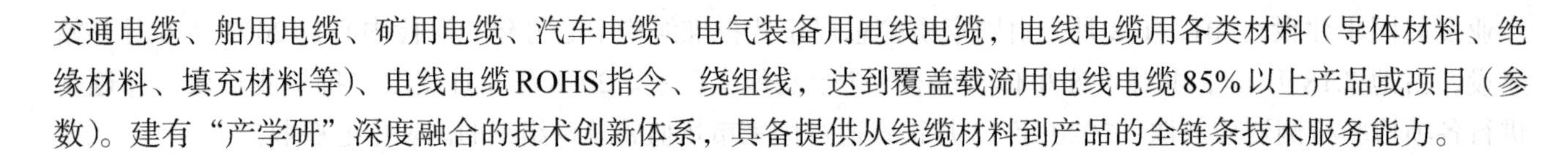

交通电缆、船用电缆、矿用电缆、汽车电缆、电气装备用电线电缆，电线电缆用各类材料（导体材料、绝缘材料、填充材料等）、电线电缆ROHS指令、绕组线，达到覆盖载流用电线电缆85%以上产品或项目（参数）。建有“产学研”深度融合的技术创新体系，具备提供从线缆材料到产品的全链条技术服务能力。

二、国内知名电线电缆产品检测机构

1. 电力工业电气设备质量检验测试中心

中国电力科学研究院（简称中国电科院）电缆专业成立于20世纪50年代，历经近70余年发展，在我国全电压等级交直流电缆及附件自主化、标准化及规模化应用的历史进程中，始终引领电缆装备研发、质量检验、工程设计与运维保障等技术领域的创新发展，为推动我国电缆行业发展和技术进步做出了重大贡献（图116）。

部委下属科研院所时期		武高所(院)时期		国网电科院时期	中国电科院时期
1956年	1964年	1974年	2006年	2008 年	2012年至今
原电力工业部下属科研机构;技术改进局高压线路室成立电缆专业组	成立水利电力部，技术改进局升格为水电部电力科学研究院，电缆专业组仍保持建制不变	成立电力工业部武汉高压研究所，恢复电缆专业组 1988、1998年分别成立能源部电力设备质量检验测试中心电缆质检站、电缆专业室	武汉高压研究所更名为国网武汉高压研究院、电缆专业室更名为电缆技术研究所	整合重组为国网电力科学研究院 原电缆技术研究所分成两部分：国网电科院电力工业电气设备质量检验测试中心电力电缆及附件质检站和国网电科院高电压研究所电缆技术研究室	整合重组为中国电力科学研究院 原电缆质检站、电缆室建制不变，分别为：中国电科院电力工业电气设备质量检验测试中心电力电缆及附件质检站、中国电科院高电压研究所电缆技术研究室
中国电科院电力电缆专业发端于原电力工业部下属科研机构——技术改进局		1987年，电力行业电力电缆标准化技术委员会(DL/TC 19)成立，秘书处挂靠电缆专业		2001年，“电力电缆实验室”获批国家电力公司重点实验室称号	2015年，“电力电缆性能优化及状态综合诊断技术科技攻关团队”获得国家电网公司批复

图116　中国电科院电缆专业发展历程

中国电科院电缆专业现有电力工业电气设备质量检验测试中心电力电缆及附件质检站和高电压研究所电缆技术研究室两个专业机构。2012年以来，中国电科院电缆专业累计承担国家级、公司级重大科技项目80余项，荣获省部级奖励32余项，制定国家、行业标准33余项，承担了首条国产500kV交联聚乙烯绝缘电力电缆、首条国产500kV交联聚乙烯绝缘海底电力电缆、首条国产料330kV交联聚乙烯绝缘电力电缆的质量检测、性能评价、监造和现场试验工作，为我国电缆专业技术发展提供了坚实的技术保障。

电缆室在输配电电缆材料及装备、规划设计、运维检修等领域与国内外标准化机构、公司专业管理部门、省市电力公司专业机构保持紧密合作，是我国电缆专业标准制定者、专业管理谋划者、重大攻关引领者，持续引领公司电缆专业现代设备管理体系建设。

电缆站具备陆地和海底电缆系统的型式试验及预鉴定试验检测资质和能力，拥有完备的电缆材料、组部件及电缆系统性能检测设备，以及国际领先的超高压电缆屏蔽试验大厅和预鉴定试验户外场，具备按国家标准、行业标准、IEC标准等标准检测资质和能力，试验检测能力范围涵盖交流1000kV及以下、直流±800kV及以下的陆地和海底电缆和附件，以及架空绝缘电缆、控制电缆、装备电缆、新能源电缆、电缆分接箱、管母线、GIL和金具等产品。

2. 天津市产品质量监督检测技术研究院

天津市产品质量监督检测技术研究院（简称天津市质检院）是1984年经天津市政府批准成立的社会公益型检验机构。现有职工545名，其中博士15名（含博士后2名），正高工13名，硕士104人，中高级以上职称人员占专业技术人员比例达60%。实验室面积近50000m^2（含分支机构、武清分院、空港质检中心），检验仪器设备总值1.4亿元以上，通过资质认定和实验室认可的标准和参数近8300项。

天津市质检院现有6个内设检验中心，即电器产品质量监督检验中心、电材产品质量监督检验中心、建材防护产品质量监督检验中心、科研中心（环境检测中心）、检测技术研究中心、电工技术科学研究中心。其中，电材产品质量监督检测中心是专业从事电线电缆、电器附件产品检验检测的国家认可实验室，授权检验的电线电缆产品覆盖了生产许可证发证检验的全部产品单元，同时还是CQC授权的强制性认证（CCC）实验室。中心承接各级政府监管部门监督检验、生产许可证发证检验、CCC强制性认证检验、工程复试和委托检验等业务。

天津市质检院电材产品质量监督检测中心已完成“智能视觉技术拉力试验装置的研制”“电线电缆检测工作数字化管理系统”“天津市重点新产品35kV防水树交联电缆”“铜电缆及导体连接金具关键工艺研究与装置研制”“南洋电缆澳大利亚绝缘电力电缆研发推广中心建设”等科研项目，还完成了T1、TU1、T3铜杆质量对电线电缆运行寿命可靠性进行风险评价风险监测项目。在各类科技期刊发表论文数篇，获得发明专利、实用新型专利共计10余项。

天津市质检院电线电缆产品检测能力包括：电线电缆产品：电力电缆、控制电缆、架空绝缘电缆、架空绞线、聚氯乙烯绝缘电缆电线、橡皮绝缘电缆、船用电缆、铁路信号电缆、矿物绝缘电缆、电机绕组引接软电缆和软线、预分支电缆、农用直埋电缆、铁路通信漏泄同轴电缆、公路车辆用低压电缆（电线）、漆包线产品以及无卤低烟阻燃耐火类电线电缆等。

3. 湖南省产商品质量检验研究院

湖南省产商品质量检验研究院（简称湖南质检院）成立于1981年，是湖南省市场监督管理局直属的、具有独立法人资格的省级综合性产品质量监督检验机构，属于正处级公益二类事业单位，是在中部省份排名靠前的、在国内享有一定影响力的省级综合性检验检测机构。现有雨花亭本部、南院、北院和东院四个院区，场地面积约8.2万㎡，固定资产4.9亿元，其中仪器设备5000余台套，价值3.3亿元。服务内容内容包括：检验检测、认证认可、标准制修、能效评估、科研开发、培训咨询。

湖南省产商品质量检验研究院机电产品检测中心从1996年起开展电线电缆产品检测。2022年8月，机电检测中心从院本部搬迁至北院D栋，电线电缆试验室面积约有600m^2，含结构和电气性能试验室、机械性能试验室、材料性能试验室、环境性能试验室、高压试验室、燃烧性能试验室、耐火试验、电缆分级燃烧试验系统和冲击、局放测试系统等大型试验装置。具有35kV及以下电线电缆的国家标准、行业标准检测能力。涵盖裸电线、电气装备用电线电缆、电力电缆及附件、绕组线、电器附件（电线组件、插头、插座、耦合器等）及电线电缆及光缆用材料等。

4. 青岛市产品质量检验研究院

青岛市产品质量检验研究院（简称青岛质检院）成立于1980年8月，同时加挂“青岛市产品质量安全风险监测中心”牌子，是青岛市市场监督管理局所属事业单位。目前拥有5个国家级质检中心：国家轮胎及橡胶制品质量检验检测中心、国家电子电器安全质量检验检测中心、国家啤酒及饮料质量检验检测中心、国家生态纺织品质量检验检测中心、国家海洋精细化工及生物制品质量检验检测中心。

经过40多年的发展，青岛质检院已基本构建起集检验检测、标准制修订、科研、产品认证、技术服务于一体的专业化、规范化质量技术服务平台。现有实验室6万m^2，检测设备5216台套、设备价值2.6亿余元，建有崂山、城阳（高新区）、西海岸新区三大检测基地。通过资质认定（CMA）产品6159个、实验室认可（CNAS）产品2946个，具备电线电缆、电子电器、电气设备、轨道交通装备、新能源、机械、智能装备、机器人、汽车零部件、船舶及海工装备零部件、灯具、建材家居、消防产品、橡胶轮胎、食品、化工、轻工、纺织服装、室内装饰工程、室内空气等领域的检验检测能力。

2005年12月31日，由国家质检总局批准筹建国家电子电器安全质量检验检测中心，依托的法人单位为青岛市产品质量检验研究院，2009年12月8日完成筹建并由国家认监委授权［国认监认字（414）号］。该中心检测能力范围包括：电线电缆，家用和类似用途电器，音、视频设备及类似电子设备，信息技术设备，测量控制和实验室用电气设备，照明设备，电动工具，高、低压成套开关和控制设备，整机保护设备，低压开关和控制设备，箱式变电站，轨道交通装备，新能源，机械，机器人等共18大类。中心实验室面积 11740m^2，在用仪器设备 1749 台（套），设备价值 9500 余万元。

该中心电线电缆检测能力包括：专业检测设备 221 台套，实验室面积超过 20002m^2。35kV 及以下电压等级的塑料和橡皮绝缘电线电缆和附件全套试验设备，其中包括 35kV 实验大厅、卧式拉力机、120kA 短路系统、电缆成束燃烧热释放试验系统等大型设备。

青岛质检院电线电缆部发展历程：1994 年成立，并取得 CMA 资质；2003 年，成为国家认监委授权的电线电缆产品强制性认证指定实验室；2005 年，由国家质检总局批准筹建国家电子电器安全质量检验检测中心；2009 年，完成国家电子电器安全质量检验检测中心筹建工作并由国家认监委授权；2016 年，取得 35kV 电力电缆、无卤低烟阻燃耐火 CMA、CNAS 资质；2019 年，成为中国标准化协会电线电缆委员会委员单位；2021 年，成为建设工程用阻燃电缆 CQC 自愿认证指定实验室，通过中国船级社产品检测和实验室认可。

5. 珠高电气检测有限公司

珠高电气检测有限公司（简称珠高检测）是一家在能源行业具备特高压检测能力的第三方检测机构，具备国内外最高电压的检测能力。公司拥有各种电压等级的电线电缆及附件、电力变压器、高低压成套开关设备、安全工器具等输变电设备及运行的检测运维服务和相关新检测技术研发能力。

公司注册及实缴资本 7000 万元，建筑面积 3.6 万 m^2，其中建有特高压试验大厅、综合试验室、非电气性能试验室、电力电缆系统户外预鉴定试验场及电缆附件安装技能培训基地，能够为电气行业提供公正、科学、准确、高效的检测服务和技术支持，为电网系统安全可靠运行提供技术保障。

珠高检测拥有一支创新能力出众的技术团队。目前团队的研发成果已经申请获得多项发明专利、实用新型专利和软件著作权专利。

珠高检测于 2016 年取得 CMA 和 CNAS 证书。截至目前，CNAS 认可检测对象 253 项、认可参数 2469 个、覆盖标准 237 个、变更标准 8 个；CMA 认可包含 10 个产品类别、2688 个认定参数、覆盖 200 多个标准。

珠高检测是同时具备试验室试验、现场试验能力的第三方检测机构。具备 500kV 及以下电线电缆及电缆附件的预鉴定试验、型式试验、抽检实验、预防性试验、交接试验的检测能力。

6. 上海缆慧检测技术有限公司

上海缆慧检测技术有限公司（简称缆慧检测）是 2016 年 3 月在上海奉贤区成立的一家私营股份制检测公司，主要从事电线电缆质量检测、性能评估服务、咨询服务、监造服务、“互联网 +” 电线电缆生产和检测质量控制大数据的第三方检测机构。

缆慧检测总部位于上海市浦东新区金海路 1000 号，面积 4000m^2，其中 2300m^2 为实验室，其余为办公场地。公司在上海临港新片区海翔路设有检测实验室，拥有 6000m^2 的实验室面积。2023 年 6 月公司投资于江苏省常州市金坛区的“缆慧检测江苏基地”开业运营，占地 40 亩，实验室建筑面积 26000m^2。

公司于 2017 年 5 月取得了中国实验室合格评定委员会颁发的 CNAS（L9930）实验室认可证书；2017 年 11 月获得 CMA（编号：170921341513）的实验室资质认定证书；2018 年 2 月获得通过了中国实验室合格评定委员会颁发的能力验证提供者认可证书（CNAS PT0067）；2019 年 8 月取得 IECEE-CB 实验室资质证书。2017 年 6 月获得德国 DEKRA、莱茵 TUV 和南德 TUV 分包实验室资质；荷兰 DNV GL KEMA 高压电缆见证试验室资质；2017 年 12 月获得中国质量认证中心的电线电缆自愿认证产品检测签约试验室资质，2018 年 10 月获得美国 UL 分包实验室认可；2019 年 7 月获得中国船级社检验机构认可证书；2023 年获得中国质量认证中心 CCC 认证产品检测签约试验室资质；2023 年 6 月获得德国 VDE 分包实验室资质。

公司拥有一支从事电线电缆检测的专业队伍，其中教授级高级工程师 3 名、高级工程师 7 名，中级工程师多名。公司现拥有高压试验室、电气性能试验室、机械性能试验室、材料性能试验室、环境试验室、燃烧性能试验室等，具有线缆原材料、常规线缆产品、新能源线缆、核电站电缆、大众交通类线缆等产品的检测技术能力。实验室认可的检测范围包含了 700 多个电线电缆产品和试验方法标准（包含相应的 IEC、

EN、BS、UL 等国外标准)，其检测能力和覆盖范围居全国电线电缆检测机构的前列，也得到了国外同行机构和专家的高度关注。

该公司的专家团队根植于电线电缆产品的检测，同时充分认识电线电缆产品质量控制的关键点和技术手段，招揽了一批从事 IT 研发的专业人才，将互联网和大数据分析手段运用到传统的电线电缆产品制造过程和检测过程中的质量控制，实现我国电线电缆产品质量控制手段的提高。公司与中国质量认证中心合作开展了“家装电线数据化认证”新模式的课题研究，采用二维码追溯每一盘产品的出厂试验数据替代传统的纸质证书，提供每一单位产品的出厂试验数据替代例行试验报告数据，质量动态管理替代静态管理。

公司自成立以来，通过不断的技术创新，开展了电线电缆行业关注的科研项目（如“高压电缆缓冲层的特性研究”)，制定了多个团体标准（如 T/CAS 374—2019《额定电压 26/35kV 以上等级挤包绝缘电力电缆用半导电缓冲层材料》）与中国质量认证中心合作编写了多个认证技术规范（如 CQC1136—2019《额定电压 450/750V 及以下辐照交联聚烯烃绝缘固定布线用电缆认证技术规范》)。

以上检测机构在我国电线电缆产品质量提升、质量控制、产品开发和走出国门方面起到了关键作用，随着社会经济的深入发展，人们越来越认可第三方检测机构数据的权威性。依据市监检测发〔2021〕55 号《市场监管总局办公厅关于国家产品质量检验检测中心及其所在法人单位资质认定等有关事项的通知》精神要求，“自 2022 年 1 月 1 日起，相关检验检测机构不得单独以国家质检中心名义对外出具检验检测报告，应当由国家质检中心所在法人单位对外出具检验检测报告，使用所在法人单位的资质认定标志，并加盖所在法人单位的公章或者检验检测专用章，允许在检验检测报告上体现与检验检测项目对应的国家质检中心名称”。从文件的要求看，今后逐步淡化国家质检中心的名称，之前国家质检中心的检测技术和能力将作为法人单位对外服务。

我国改革开放 40 多年来，社会物质基础发生了根本性的变化，电线电缆产品第三方检测机构从无到有、从小到大、从弱到强，在全球电线电缆检验检测市场，我国的第三方检测机构已经具备强大的竞争力，为未来我国走向电线电缆制造强国、产品走向世界将发挥卓越的作用。

第 4 节　认证体系的建立

人类社会的质量活动可以追溯到远古时代，伴随着社会生产力和商品交换的发展而变得日益重要。18 世纪的工业大革命使质量活动发生了本质上的变化，伴生了早期的产品认证和质量管理。现代意义上的产品认证制度和质量管理活动则分别是从 19 世纪末和 20 世纪初开始的。经过 100 多年的发展历程，从自发的局部需求转变成地区、国家的自觉活动，直到今天形成具有系统理论指导的国际化合格评定活动。

所谓产品认证，是指由可以充分信任的第三方证实某一产品或服务符合特定标准或其他技术规范的活动。产品认证分为强制认证和自愿认证两种。国际标准化组织（ISO）将产品认证定义为：由第三方通过检验评定企业的质量管理体系和样品型式试验来确认企业的产品、过程或服务是否符合特定要求，是否具备持续稳定地生产符合标准要求产品的能力，并给予书面证明的程序。

目前，大多数国家和地区设立了自己的产品认证机构，同时使用不同的认证标志来标明认证产品对相关标准的符合程度，如 UL 美国保险商实验室安全试验和鉴定认证、CE 欧盟安全认证、VDE 德国电气工程师协会认证、中国 CCC 强制性产品认证、CRCC 等标志。

如果一个企业的产品通过了国家著名认证机构的产品认证，就可获得国家级认证机构颁发的认证证书并允许在认证的产品上加贴认证标志。这种被国际上公认的、有效的认证方式，可使企业或组织经过产品认证树立起良好的信誉和品牌形象，同时让顾客和消费者也通过认证标志来识别商品的质量和安全性能。现在，世界各国政府都通过立法的形式建立起这种产品认证制度来保证产品的质量和安全、维护消费者的切身利益。

现就我国电线电缆产品领域有关认证机构和开展的认证产品范围做以下简要介绍。

一、电线电缆 CCC 产品认证制度

1. 中国质量认证中心（CQC）简介

中国质量认证中心（CQC）是由我国政府批准设立的质量服务机构，被多国政府和多个国际权威组织认可，在国际舞台上发出中国声音、提供中国方案、增进国际互信。

经过 40 年的发展，该中心已经成为业务门类全、服务网络广、技术力量强、国内规模最大、引领行业发展的质量服务机构，并以较高的信誉度和美誉度跻身世界知名认证品牌行列。

中国质量认证中心始终致力于通过认证、检测、标准制定等高技术及专业服务积极响应政府倡导和政策指引，帮助客户提高产品和服务质量，为国家部委和地方政府提供技术支持，助力国民经济发展，认证结果成为国家质量提升、产业升级、行业管理等相关政策实施的重要参考依据，促进市场诚信体系与和谐社会建设、推动高质量发展；该中心是主要国际认证组织的成员，代表国家参与 IECEE 的国家认证机构（NCB），其认证专业团队多人进入国际认证组织管理层或拥有国际认证资质；该中心颁发了第一张国家强制性产品认证证书、第一张电工产品认证合格证书、国内第一张 CB 证书等多项重量级、历史性证书；累计牵头或参与 100 余项国家及省部级项目、课题，参与并发布近 340 项国家标准。

中国质量认证中心始终密切关注质量提升、社会消费趋势、企业质量需求和民生改善，紧跟政策及国内外市场需求，探索和应用新兴技术，可为客户提供高效优质的“一站式”服务和国际认证的“本土化”服务，评测和认证结果为政府采信、买方接受、社会认可。

中国质量认证中心积极拓展碳达峰碳中和、新基建、智能制造、绿色制造、车联网、养老服务、公共应急、生态价值等前沿性业务（领域），持续打造新优势。

2. IECEE-CB 体系简介

IECEE-CB 体系是国际电工委员会（IEC）电工设备及零部件合格评定体系组织（IECEE）建立的一套电工产品安全检测结果全球互认的体系，这一体系的主要目标是通过推动国家标准与国际标准的统一协调以及产品认证机构的合作，使制造商更接近于理想的“一次测试，多处适用”的目标，从而促进国际贸易。该体系依据 IECEE 批准的相关电子电气设备的 IEC 安全和电磁兼容（EMC）标准，实现对包括电池、家用电器、信息电气设备、医用电气设备、电线电缆等在内的电工产品检测结果的互认。

目前，全球已有超过 50 个国家成为 IECEE-CB 体系的成员，每一成员均由其国家认证机构（NCB）负责 CB 体系的实施。各 NCB 之间通过 IECEE 章程和程序规则形成多边协定，相互认可、双向接受的检测结果。制造商可以凭借一个 NCB 颁发的 CB 检测证书，并结合其他必要的程序获得 CB 体系内其他成员国的国家认证，从而避免重复项目的检测，节约产品出口的时间和成本。

CB 体系的成员国包含了所有我国机电产品的重要出口地区，如美国、日本、西欧、北欧、波兰、俄国、东盟、南非、澳大利亚和新西兰等。中国质量认证中心（CQC）代表我国加入 IECEE-CB，通过与国内 CB 实验室合作，对多类电工产品颁发和认可 CB 证书。

对于电子电气产品的制造商来说，通过申请 CB 证书，制造商可以一次获得多个国家的安全认证，满足多种测试需求，从而大大降低成本、精力和时间。

目前电缆产品不断丰富和标准持续增加，现有 IECEE-CB 在电线电缆领域的发证范围见表 79。

表 79 IECEE-CB 在电线电缆领域的发证范围

序号	产品	IEC 标准	对应国内标准
1	额定电压 450/750V 及以下 PVC 绝缘电缆	IEC 60227 系列	GB/T 5023 系列
2	额定电压 450/750V 及以下橡皮绝缘电缆	IEC 60245 系列	GB/T 5013—2013

（续）

序号	产品	IEC 标准	对应国内标准
3	矿物绝缘电缆	IEC 60702 系列	GB/T 13033—1991
4	电力电缆	IEC 60502 系列	GB/T 12706 系列
5	光伏电缆	IEC 62930：2017	NB/T 42073—2016
6	电动汽车充电电缆	IEC 62893 系列	GB/T 33594—2017
7	低烟无卤软电缆	IEC 62821 系列	CQC 1303—2016

为做好 IECEE-CB 体系下电线电缆领域的相关技术协调工作，IECEE 的组织架构中包括测试实验室委员会（CTL），CTL 旨在促进各 CB 实验室测试结果的一致性，从而推动 CB 证书和报告的互认以及各测试实验室之间的紧密合作。CTL 内组建多个分工明确的工作组和专家组来指导对应产品类别的相关事宜，以提升 CTL 操作的有效性和效率。目前 CTL 专家组已发布多项 CTL 决议，有效规范了电线电缆 IECEE-CB 检测认证的相关技术要求，见表 80。

表 80　CTL 专家组已发布的 CTL 决议

序号	编号	适用的标准	主题
1	660	IEC 60227：2024	Samples required for all the polyvinyl chloride insulated cables 聚氯乙烯绝缘电缆的送样要求
2	661	IEC 60245：2011	Samples required for all the rubber insulated cables 橡皮绝缘电缆的送样要求
3	0764A	IEC 60502-1：2021	Sample requirements for power cables for rated voltages of 1kV（U_m=1.2kV）and 3kV（U_m=3.6kV）额定电压 1kV 和 3kV 电力电缆的送样要求
4	1094	IEC 60502-2：2014	Sample requirements for power cables for rated voltages from 6kV（U_m=7.2kV）up to 30kV（U_m=36kV）额定电压 6kV 到 30kV 电力电缆的送样要求
5	2166	IEC 60227-1：2024	Coherent layers for insulation and coloured surface for core identification 多层粘合绝缘和外表着色式绝缘线芯识别
6	2173	IEC 60227-1：2024	Applicability of class 6 copper conductor in flexible cables 第 6 种导体在软电缆中的应用
7	2205	IEC 62893-3：2017	Samples selection and requirement when testing of charging cables for electric vehicles 电动汽车充电电缆测试样品的选择与要求
8	2206	IEC 62930：2017	Samples selection and requirement when testing of electric cables for photovoltaic systems 光伏电缆测试样品的选择与要求
9	2207	IEC 62821-3：2017	Samples selection and requirement when testing of halogen-free，low smoke，thermoplastic insulated and sheathed cables 低烟无卤热塑性弹性体绝缘和护套电缆测试样品的选择与要求
10	2226	IEC 62930：2017	Vertical flame propagation and smoke emission tests for muti-core cables 多芯电缆的单根垂直燃烧和烟密度试验
11	2233	IEC 62930：2017	Special requirements of the damp heat test 湿热试验特殊要求
12	2234	IEC 62930：2017	Special requirements for the cable with non-separable insulation and sheath 绝缘和护套不可分时，光伏电缆的特殊要求

3. CCEE 简介

CCEE 是中国电工产品认证委员会的英文缩写，该委员会是中国电工产品领域的国家认证组织，成立于 1984 年，由中国国家认证认可监督管理委员会批准，是代表我国参加国际电工委员会电工产品安全认证组织（IECEE）的唯一机构。

CCEE 的宗旨是保障人身健康和生命财产安全，维护社会及各利益方的合法权益，提高电工产品质量和企业管理水平，促进国际贸易，竭诚为国内外客户提供优质的认证服务。其主要职责是按照国际通行的认证准则实施电工产品认证和建立内部管理体系，同时全部活动都严格遵守国家有关产品认证的法律、法规。

CCEE设有电工设备、电子产品、家用电器、照明设备4个分委员会和25个检测站，分委员会和检测站负责各自领域的认证工作，确保电工产品的安全性和合规性。CCEE在我国产品认证领域中扮演着重要角色，其认证长城标志具有极高的权威性和公信力。消费者购买电子产品时，可查看产品获得的CCEE认证，确保产品的质量和安全。

（1）我国颁发的第一张CCEE证书 衡阳电缆厂1956年就开始生产塑料电线。到1958年，厂内共有8台挤出放线机，当年生产工业、民用电线5000余千米。1982年为了促进产品顺利出口，工厂开展TOC全面质量管理，实施质量攻关活动，尝试通过采用国际标准来提高产品质量。经过反复试验、采用新材料和新技术、改革工艺流程、加强工序控制等一系列活动，探索出提高塑料电线产品质量的方法，并急需相关检测认证认可和技术指导。

此时，中国质量认证中心（CQC）的前身中国电工产品认证委员会（CCEE）于1984年应运成立，是代表我国参加国际电工委员会电工产品安全认证组织（IECEE）的唯一机构，是我国电工产品领域的国家认证组织，旨在帮助国内企业制造水平和产品质量达到国际先进标准要求。当年，得知国内即将开展CCEE电工产品认证的消息时，作为塑料电线的专业生产厂家，衡阳电缆厂积极收集认证信息和申请要求，把产品认证作为提升企业质量管理水平的又一契机。经过紧密的工作部署和严谨专业的检测认证评定，1985年7月10日，衡阳电缆厂顺利通过CCEE的工厂质量保证能力审查，抽样产品也顺利通过型式试验，经CCEE批准，获得编号为（1985）电工认字第001号的产品认证合格证书。这份首张电工产品认证证书，也帮助衡阳电缆厂率先与国际接轨，进入安全产品认证行列。随后，从强制性CCC认证、国际IECEE-CB认证到阻燃电缆、充电桩电缆、光伏电缆等新产品认证，CQC始终用优质的检测认证服务助力企业前行。

这份认证证书是认证行业和线缆行业共同的荣誉，既彰显线缆行业学习开放、开拓进取、敢为人先的奋斗基因，也体现出认证机构与线缆行业的一路携手前行，共同发展的历史与愿景。

（2）CCEE到CCC的演变 中国电工产品认证委员会（CCEE）是我国电工产品领域早期的国家认证组织，其主要职责是确保电工产品的安全性和合规性，保障消费者的利益。然而，随着我国认证制度的不断发展和完善，原有的认证体系需要进行改革以更好地适应国际标准和市场需求。

因此，我国政府决定将原有的CCEE认证体系进行转变，统一为CCC认证，即“中国强制性产品认证”。这一转变旨在整合原有的认证资源，提高认证效率，同时更好地与国际接轨，提升我国电工产品的国际竞争力。

CCC认证制度的实施，使得原有的CCEE认证和其他相关认证被统一纳入到一个新的认证框架下。这一新的认证制度不仅涵盖了原有的产品安全认证，还加入了进口安全质量许可制度以及电磁兼容认证等内容，从多个方面对电工产品的质量和安全性进行全面评估。

CCC认证制度的全面实施，标志着我国电工产品认证工作进入了一个新的阶段。它使得我国电工产品的认证更加规范、统一，同时也提高了电工产品的安全性和质量水平。此外，CCC认证制度还为我国电工产品进入国际市场提供了有力的支持，提升了我国电工产品的国际形象。

（3）全国持有CCC证书的规模、产品范围等情况 对于电线电缆这类涉及人身安全性的产品，进行CCC认证是确保其质量和安全性的重要手段。只有通过CCC认证的电线电缆产品，才能在我国市场上合法销售和使用。

CCC电线电缆认证涵盖了多种电线电缆产品，最初认证范围涵盖矿用橡套软电缆、交流额定电压3kV及以下铁路机车车辆用电线电缆、额定电压450/750V及以下橡皮绝缘电线电缆、额定电压450/750V及以下聚氯乙烯绝缘电线电缆。这些产品都是市场上常见的电线电缆类型，广泛应用于各个领域。

CCC电线电缆认证过程严格规范，包括产品认证申请、产品型式试验、工厂质量保证能力检查和认证结果评定及批准标准认证证书等步骤。企业需要按照相关标准和要求准备申请材料，并通过指定的认证机构进行认证申请和检测。认证机构将对申请企业的产品进行全面检测和评估，确保其符合相关标准和要求。截至2024年2月，全国电线电缆CCC证书获证企业6000余家，有效CCC认证证书2万余张，主要发证机构为中国质量认证中心。

二、电线电缆生产许可证制度

在中华人民共和国境内生产《电线电缆生产许可证细则》规定的电线电缆产品，应当依法取得生产许可证。我国电线电缆生产许可证制度开始实施的时间为1992年，由全国许可证办公室统一管理，实施工业产品生产许可证制度管理的电线电缆产品标准依据的是1992年之前颁布的产品标准，其产品范围包括：圆线同心绞架空导线；漆包圆绕组线；塑料绝缘控制电缆；额定电压1kV和3kV挤包绝缘电力电缆；额定电压6kV到35kV挤包绝缘电力电缆；1kV、10kV、35kV架空绝缘电缆。

从2009年起，电线电缆生产许可证由各省质监局直接管理，生产许可证有效期5年，有效期届满，企业继续生产的，应当在生产许可证有效期届满6个月前向所在省级质量技术监督局提出换证申请。

由于产品标准的变更和前版实施过程中存在的问题，2011年《电线电缆生产许可证细则》进行了修订，实施细则规定的工厂生产能力要求变化不大，电线电缆产品划分为6个产品单元、26个产品品种（表81）。

表81 电线电缆产品单元、产品品种、规格范围及型号

序号	产品单元	产品品种		规格范围	申请书填写型号举例
1	架空绞线	1	铝绞线	规格号范围：10~1500	JL
			钢芯铝绞线	规格号范围：10~1250	JL/G1A、JL/G1B、JL/G2A、JL/G2B、JL/G3A
			防腐型钢芯铝绞线	规格号范围：10~1250	JL/G1AF、JL/G2AF、JL/G3AF
		2	铝合金绞线	规格号范围：8.62~1250	JLHA1、JLHA2
			钢芯铝合金绞线	规格号范围：9.13~1120	JLHA2/G1A、JLHA2/G1B、JLHA2/G3A、JLHA1/G1A、JLHA1/G1B、JLHA1/G3A
			铝合金芯铝绞线	规格号范围：16~1400	JL/LHA2、JL/LHA1
		3	铝包钢绞线	规格号范围：4~200	JLB1A、JLB1B、JLB2
			铝包钢芯铝绞线	规格号范围：16~1250	JL/LB1A
			铝包钢芯铝合金绞线	规格号范围：16~1250	JLHA2/LB1A、JLHA1/LB1A
		4	钢绞线	规格号范围：4~63	JG1A、JG1B、JG2A、JG3A
2	漆包圆绕组线	1	聚酯漆包铜圆线	线径范围：0.020~ 5.000mm	QZ-1/155、QZ-2/155、QZ-1/130L、QZ-2/130L
		2	缩醛漆包铜圆线	线径范围：0.040~ 5.000mm	QQ-1/120、QQ-2/120、QQ-3/120
		3	直焊聚氨酯漆包铜圆线	线径范围：0.018~ 2.000mm	QA-1/130、QA-2/130、QA-1/155、QA-2/155、QA-1/180、QA-2/180
		4	聚酯亚胺漆包铜圆线	线径范围：0.018~ 5.000mm	QZY-1/180、QZY-2/180、QZY-3/180、QZYH-1/180、QZYH-2/180
		5	聚酰亚胺漆包铜圆线	线径范围：0.020~5.000mm	QY-1/220、QY-2/220、QY（F）-1/240、QY（F）-2/240
		6	聚酰胺复合直焊聚氨酯漆包铜圆线	线径范围：0.050~ 2.000mm	Q（A/X）-1/130、Q（A/X）-2/130、Q（A/X）-1/155、Q（A/X）-2/155
		7	180级聚酰胺复合聚酯或聚酯亚胺漆包铜圆线	线径范围：0.050~5.000mm	Q（ZY/X）-1/180、Q（ZY/X）-2/180、Q（ZY/X）-3/180、Q（Z/X）-1/180、Q（Z/X）-2/180、Q（Z/X）-3/180
		8	200级聚酰胺酰亚胺漆包铜圆线	线径范围：0.071~1.600mm	QXY-1/200、QXY-2/200
		9	自粘性直焊聚氨酯漆包铜圆线	线径范围：0.020~0.000mm	QAN-1B/130、QAN-2B/130、QAN-1B/155、QAN-2B/155

（续）

序号	产品单元	产品品种		规格范围	申请书填写型号举例
2	漆包圆绕组线	10	180 级自粘性聚酯亚胺漆包铜圆线	线径范围：0.020~1.600mm	QZYHN-1B/180、QZYHN-2B/180、QZYN-1B/180、QZYN-2B/180
		11	200 级自粘性聚酰胺酰亚胺复合聚酯或聚酯亚胺漆包铜圆线	线径范围：0.050~1.600mm	Q（Z/XY）N-1B/200、Q（Z/XY）N-2B/200、Q（ZY/XY）N-1B/200、Q（ZY/XY）N-2B/200
		12	200 级聚酰胺酰亚胺复合聚酯或聚酯亚胺漆包铜圆线	线径范围：0.050~5.000mm	Q（Z/XY）-1/200、Q（Z/XY）-2/200、Q（ZY/XY）-1/200、Q（ZY/XY）-2/200
		13	200 级聚酯 - 酰胺 - 亚胺漆包铜圆线	线径范围：0.018~5.000mm	QZXY-1/200、QZXY-2/200
3	塑料绝缘	1	聚氯乙烯绝缘控制电缆	电压等级：450/750V 芯数范围：2~61 芯 截面范围：0.5~10mm^2	KVV、KVVP、KVVP2、KVVP3、KVV22、KVVP2-22、KVV32、KVVR、KVVRP
		2	交联聚乙烯绝缘控制电缆	电压等级：450/750V 芯数范围：2~61 芯 截面范围：0.75~10mm^2	KYJV、KYJVP、KYJVP2、KYJVP3、KYJV22、KYJVP2-22、KYJV32、KYJY、KYJYP、KYJYP2、KYJYP3、KYJY23、KYJYP2-23、KYJY33
4	额定电压 1kV 和 3kV 挤包绝缘电力电缆	1	额定电压 1kV 和 3kV 聚氯乙烯绝缘电力电缆	电压等级：0.6/1kV 1.8/3kV 芯数范围：1~61 芯 截面范围：1.5~ 1000mm^2	VV、VLV、VY、VLY、VV22、VLV22、VV23、VLV23、VV32、VLV32、VV33、VLV33
		2	额定电压 1kV 和 3kV 交联聚乙烯绝缘电力电缆		YJV、YJLV、YJY、YJLY、YJV22、YJLV22、YJV23、YJLV23、YJV32、YJLV32、YJV33、YJLV33
		3	额定电压 1kV 和 3kV 乙丙橡胶绝缘电力电缆 额定电压 1kV 和 3kV 硬乙丙橡胶绝缘电力电缆		EV、ELV、EY、ELY、EV22、ELV22、EV23、ELV23、EV32、ELV32、EV33、ELV33；EYV、EYLV、EYY、EYLY、EYV22、EYLV22、EYV23、EYLV23、EYV32、EYLV32、EYV33、EYLV33
5	额定电压 6kV 到 35kV 挤包绝缘电力电缆 / 额定电压 6kV 到 30kV 电力电缆	1	6kV 到 30kV 电力电缆	电压等级：6kV~30kV 芯数：1 芯、3 芯 截面范围：10~1600mm^2	VV、VLV、VY、VLY、VV22、VLV22、VV23、VLV23、VV32、VLV32、VV33、VLV33；YJV、YJLV、YJY、YJLY、YJV22、YJLV22、YJV23、YJLV23、YJV32、YJLV32、YJV33、YJLV33；EV、ELV、EY、ELY、EV22、ELV22、EV23、ELV23、EV32、ELV32、EV33、ELV33、EYV、EYLV、EYY、EYLY、EYV22、EYLV22、EYV23、EYLV23、EYV32、EYLV32、EYV33、EYLV33
		2	额定电压 35kV 电力电缆	电压等级：26/35kV 21/35kV 芯数：1 芯 3 芯截面范围：50~1600mm^2	YJV、YJLY、YJY、YJLV、YJV22、YJLV22、YJV23、YJLV23、YJV32、YJLV32、YJV33、YJLV33、YJV42、YJLV42、YJV43、YJLV43、EV、ELV、EY、ELY、EV22、ELV22、EV23、ELV23、EV32、ELV32、EV33、ELV33、EV42、ELV42、EV43、ELV43；EYV、EYLV、EYY、EYLY、EYV22、EYLV22、EYV23、EYLV23、EYV32、EYLV32、EYV33、EYLV33、EYV42、EYLV42、EYV43、EYLV43

（续）

序号	产品单元	产品品种		规格范围	申请书填写型号举例
6	架空绝缘电缆	1	1kV 聚氯乙烯绝缘架空绝缘电缆	电压等级：1kV 芯数：1 芯、2 芯、4 芯、(3+K) 芯截面范围：10~400mm²	JKV、JKLV、JKLHV 1kV
		2	1kV 聚乙烯绝缘架空绝缘电缆		JKYJ、JKLYJ、JKLHYJ JKY、JKLY、JKLHY
		3	10kV 架空绝缘电缆	电压等级：10kV 芯数：1 芯、3 芯、(3+K) 芯截面范围：10~ 400mm²	JKYJ、JKTRYJ、JKLYJ、JKLHYJ、JKY、JKTRY、JKLY、JKLHY、JKLYJ/B、JKLHYJ/B、JKLYJ/Q、JKLHYJ/Q、JKLY/Q、JKLHY/Q

由于产品标准的变更以及其他原因，2018 年《电线电缆生产许可证细则》又进行了一次修订，取消了漆包绕组线的许可证管理。修改后的发证范围见表 82。

表 82　电线电缆产品单元及发证范围

序号	产品单元	参数	单元产品说明
1	架空绞线	圆线，型线，截面积	本单元是指仅有导体而无绝缘层的产品，由圆形和成型铝线、铝合金线，以及圆形铝包钢线和镀锌钢线等绞合而成，用于传输电流的导线。包含钢绞线、铝绞线、铝合金绞线、铝包钢绞线。不作为导线使用（通常无直流电阻要求）的绞线产品不属于发证范围
2	塑料绝缘控制电缆	芯数，交联，阻燃，无卤低烟	本单元是指由导体、绝缘、护层等组成，用于电气装置中传输控制、测量和指示信号的多芯电缆。包含聚氯乙烯绝缘控制电缆（阻燃型）和交联聚乙烯绝缘控制电缆（阻燃型、无卤低烟阻燃型）
3	挤包绝缘低压电力电缆	电压，截面积，交联，硫化，导体材料，阻燃，无卤低烟	本单元是指由导体、绝缘、护层等组成，用于电力系统中传输和分配大功率电能。额定电压为 1kV 和 3kV。包含聚氯乙烯绝缘电力电缆（阻燃型），交联聚乙烯绝缘电力电缆（阻燃型、无卤低烟阻燃型），乙丙橡胶绝缘电力电缆（阻燃型、无卤低烟阻燃型）
4	挤包绝缘中压电力电缆	电压，截面积，交联，硫化，导体材料，阻燃，无卤低烟	本单元是指由导体、绝缘、护层等组成，用于电力系统中传输和分配大功率电能。额定电压为 6~35kV 的电力电缆，包含聚氯乙烯绝缘电力电缆（阻燃型），交联聚乙烯绝缘电力电缆（阻燃型、无卤低烟阻燃型），乙丙橡胶绝缘电力电缆（阻燃型、无卤低烟阻燃型）
5	架空绝缘电缆	电压，截面积	本单元是指由导体和绝缘层组成，架空悬挂敷设在户外，用于传输和分配大功率电能，包含额定电压为 1kV 和 10kV 架空绝缘电缆

2021 年，《电线电缆生产许可证实施细则》又进行了修订，增加了依据 GB/T 31840 铝合金电力电缆的发证范围。

三、煤矿矿用产品安全标志制度

煤矿矿用产品安全标志制度是 20 世纪 80 年代结合我国煤矿安全生产的实际情况，在借鉴国外先进采矿国家成功经验的基础上诞生的。

1990 年，能源部下发《关于煤矿用设备材料执行安全标志的通知》（能源部能源技［1990］690 号），矿用产品安全标志管理工作正式启动，规定纳入安全标志的产品共 6 大类 37 种。

1992 年，“矿用产品安全管理制度”写入《煤矿安全规程》，明确规定：煤矿使用的涉及安全生产的产品必须取得煤矿矿用产品安全标志，未取得煤矿矿用产品安全标志的，不得使用。

1998 年，经煤炭工业部批复，煤炭科学研究总院在原有安全标志工作机构基础上成立“煤炭工业安全标志办公室”。

1999年，国家经贸委下发了国经贸安全［1999］863号文件，文件决定继续对煤矿用设备、材料、仪器仪表等产品实行安全标志管理制度，将执行的安全标志管理的煤矿矿用产品种类由6类37种扩大到11类。钢丝绳、电缆、爆炸材料等产品纳入安全标志管理。

2000年，国家煤矿安全监察局成立后，为加强煤矿矿用产品的安全标志工作，国家煤矿安全监察局、国家煤炭工业局联合下发了煤安技装字［2000］第15号《关于加强煤矿矿用产品安全标志管理的通知》，将安全标志管理的产品由11类扩大到12类，采、掘、运、支、通主要煤矿装备纳入安全标志管理。

2002年，安全标准管理制度写入《安全生产法》第30条。同年，国家煤矿安监局、国防科学技术工业委员会联合下发了《关于煤矿许用爆破器材实施安全标志管理有关问题的通知》（煤矿监技装字［2022］34号）。

2003年，经国家安全生产监督管理局、国家煤矿安全生产监察局批复，负责安标工作的中国统配煤矿总公司技术发展局（煤炭科学研究总院）技术监督处更名为“矿用产品安全标志办公室”。

2005年国家安全监管总局下发《关于金属与非金属矿山实施矿用产品标志管理的通知》（安监总规划字［2005］83号），决定对金属与非金属矿山使用的涉及生命安全、危害性较大的8类矿用产品实施安全标志管理。

2006年，经国家安全生产监督管理总局批复，矿用产品安全标志办公室注册为独立企业法人，更名为“安标国家矿用产品安全标志中心”。

2010年，安标国家矿用产品安全标志中心以安标字［2010］15号文件发布了《矿用产品安全标志申办程序》等9个安全标志管理文件，进一步完善责任体系，明确相关工作要求。

2017年，按照国务院、国资委要求，安标国家矿用产品安全标志中心改为公司制，更名为“安标国家矿用产品安全标志中心有限公司”。

经过30多年的不断探索、完善与革新，安标国家矿用产品安全标志中心有限公司建立了以22家矿用安标检测检验机构、近1000名工厂评审员、350余名技术审查员、100余名矿山安全专家为主体的安标技术支撑队伍和程序化、规范化、科学化、信息化的工作机制，形成了覆盖全国、辐射全球的安标业务网络，掌握了诸多基础性、超前性的矿山装备安全研究成果，与德国DEKRAEXAM、英国CML、俄罗斯NANIOCCVE、波兰OBAC等国际知名矿用设备认证机构建立双边合作关系，全力打造国内领先、国际一流的安全认证中心、矿用装备安全研究中心和信息服务中心。

目前执行安全标志管理的煤矿矿用产品共分9大类：电气设备；安全监控与通信设备；“一通三防”及水害防治设备；提升、运输、起重设备；煤矿用非金属制品及材料；爆破器材；采掘、支护设备；机器人；救生设备。目前，全国持有煤安证企业7500多家。目前煤安电线电缆认证的范围见表83。

表83　煤安电线电缆认证的范围

序号	产品名称	依据标准	备注
1	采煤机橡套软电缆	MT 818.1—2009 MT/T 818.2—2009	产品最大规格不超过240mm^2
2	采煤机加强型橡套软电缆	MT 818.1—2009 MT/T 818.3—2009	产品最大规格不超过240mm^2
3	采煤机金属屏蔽橡套软电缆	MT 818.1—2009 MT/T 818.4—2009	产品最大规格不超过240mm^2
4	煤矿用移动橡套软电缆	MT 818.1—2009 MT/T 818.5—2009	产品最小规格为4mm^2，最大规格不超过240mm^2
5	煤矿用移动金属屏蔽监视型软电缆	MT 818.1—2009 MT/T 818.6—2009	产品最大规格不超过240mm^2
6	煤矿用移动金属屏蔽软电缆	MT 818.1—2009 MT/T 818.7—2009	产品最大规格不超过240mm^2

（续）

序号	产品名称	依据标准	备注
7	煤矿用电钻电缆	MT 818.1—2009 MT/T 818.8—2009	
8	煤矿用移动轻型软电缆	MT 818.1—2009 MT/T 818.9—2009	
9	煤矿用矿工帽灯线	MT 818.1—2009 MT/T 818.10—2009	
10	煤矿用聚氯乙烯绝缘电力电缆	MT/T 818.11—2009 MT/T 818.12—2009	
11	煤矿用交联聚乙烯绝缘电力电缆	MT/T 818.11—2009 MT/T 818.13—2009	
12	煤矿用稀土高铁铝合金导体电力电缆	MT/T 818.11—2009	煤矿用电缆通用安全技术要求（AQYQ-MIA-2017-01）
13	煤矿用通信电缆	MT/T 818.14—1999	AQYQ-MIA-2017-01
14	煤矿用控制电缆	MT/T 386—2011	AQYQ-MIA-2017-01
15	煤矿用漏泄同轴电缆	MT/T 386—2011	AQYQ-MIA-2017-01
16	煤矿用射频电缆	MT/T 386—2011	AQYQ-MIA-2017-01
17	煤矿用通信光缆	MT/T 386—2011	AQYQ-MIA-2017-01
18	煤矿梭车用电缆	MT 818.1—2009	AQYQ-MIA-2017-01
19	煤矿变频装置用电缆	MT 818.1—2009	AQYQ-MIA-2017-01
20	爆破母线	MT/T 930—2005 MT 376—1995	
21	煤矿用无卤低烟电缆	MT 818.1—2009 MT/T 818.11—2009	AQYQ-MIA-2017-01
22	采煤机加强型橡套软电缆	MT 818.1—2009	采煤机加强型橡套软电缆通用安全技术要求
23	煤矿用移动屏蔽加强型橡套软电缆	MT 818.1—2009	额定电压 0.66/1.14kV 及以下煤矿用移动屏蔽加强型橡套软电缆通用安全技术要求

四、通信产品进网许可证制度

1995 年，邮电部发布关于《电信终端设备进网审批管理规定》的通知，对接入国家通信网使用的电信终端设备、无线电通信设备和涉及网间互联的电信设备（包括光纤光缆）实行全国统一的进网许可证制度，实行进网许可制度的电信设备必须获得信息产业部颁发的进网许可证。未获得进网许可证的，不得接入公用电信网使用和在国内销售。2002 年，为优化服务，面向市场新环境，光纤光缆入网许可变更为泰尔认证，由泰尔认证中心（简称 TLC，原邮电通信质量体系认证中心）为主体，对第三方产品进行自愿性产品认证，该认证资格通过了国家认证认可监督管理委员会（CNCA）的确认。2011 年，经中国合格评定国家认可委员会（CNAS）的规定实施评审，泰尔认证中心经评定符合要求，予以认可，准予在获准认可的职业健康安全管理体系认证业务中使用“中国合格评定国家认可委员会”认可标识。

从 2002 年至今，除泰尔认证外，还衍生出 CCC 认证、SRRC 认证、CTA 认证等。CCC 认证是我国强制性产品检测认证要求标志（以电子产品为主），主要是管制 EMC（电磁兼容）和 SAFETY（安全）两部分测试。SRRC 认证是国家无线电管理委员会强制认证要求，通过该项认证说明此产品经过国家无线电管理委员会的认可，也叫作国家无委的型号核准认证。CTA 认证是我国通信产品进网要求（China Type Approved）国内销售的任何通信产品都需要进网才可以合法在市场销售，主要管制通信产品射频和性能等方面的表现。

五、铁道用电线电缆CRCC产品认证制度

1. 中铁检验认证中心有限公司简介

中铁检验认证中心有限公司（简称“CRCC”，其前身是“铁道部标准计量研究所”）是2002年10月29日经国家认证认可监督管理委员会批准成立（批准号为CNCA-R-2002-102），2002年11月国家工商注册，2003年4月正式挂牌，是实施铁路产品和城市轨道交通装备认证、管理体系认证及产品检验检测/校准等技术服务的第三方机构。

2013年4月11日，CRCC工商变更注册法人“中铁铁路产品认证中心”为“中铁检验认证中心”，经营范围增加了检测检验及其他技术服务。

2014年1月21日，国家认证认可监督管理委员会发文批准CRCC成立“国家铁路产品质量监督检验中心”，2021年10月15日更名为“国家铁路产品质量检验检测中心”。业务覆盖了铁路及城轨机车车辆、牵引供电缆（包括裸电线、绕组线、电力电缆、通信电缆和光缆、电气装备用电线电缆五大类电线电缆）、通信信号、工务工程、运输包装、金属化学等产品的检验检测。

经中国合格评定国家认可委员会（CNAS）认可，中铁检验认证中心有限公司于2005年5月20日获得产品认证机构认可证书，于2018年7月5日获得质量管理体系认可证书。2019年10月28日，27类城市轨道交通装备产品获得国家认证认可监督管理委员公的认可。为了保证认证机构的公正性，2003年4月成立了“铁路产品认证管理委员会”，2012年更名为“产品认证公正性管理委员会”；2018年更名为“认证公正性管理委员会”，委员由来自铁路及城轨领域的政府、用户、科研、设计、制造及检验检测单位等各方代表组成，对CRCC认证过程的公正性进行监督。

CRCC从1965年铁道部所属的标准计量研究所起步，现在已拥有标准、计量、检验、检测、认证五位一体的综合技术服务能力。CRCC始终肩负责任和使命，锐意进取、不断创新，服务轨道交通全领域，促进行业质量提升，助力轨道交通事业发展，已成为我国最权威、最具影响力的轨道交通检验检测认证机构。

2. 检测与认证业务

1）检验和检测：国家铁路产品质量监督检验中心于2014年在铁道部产品质量监督检验中心的基础上，经国家认监委（CNCA）批准成立，下设7个直属检验站，另有4个合资实验室及20余个签约实验室。建有东郊、西郊两大试验基地，中铁检验认证中心国家轨道交通检验检测基地（正在筹建中）的总面积达6.6万m^2。CRCC拥有2000余台（套）专业检测检验设备，构建了从零部件到系统集成、从固定设施到移动设备的检验检测体系，检验检测能力涵盖了普速铁路、重载铁路、高速铁路和城轨装备的全部领域。整体检验检测能力达到国内同行业领先水平，部分检验检测能力达到国际先进水平。

2）认证：CRCC依据严谨完善的认证制度、国际通行的产品认证模式，开展轨道交通产品关键零部件认证，服务企业覆盖欧洲、北美、亚洲、非洲等国家和地区。CRCC积极参与我国标准动车组的研制和运用，为复兴号的正式上线到稳定运行提供了有力的质量保障。根据国家铁路集团发布实施的Q/CR 814—2021《铁路客车用电线电缆》产品标准，对铁路客车、动车组电线电缆2个产品实施CRCC认证。最新的电线电缆CRCC认证实施规则是2021年7月13日实施，它们分别为CRCC-07W-006：2021《铁路客车用电线电缆》产品认证实施规则和CRCC-10W-028：2013《动车组电线电缆》产品认证实施规则。

3）CRCC认证的电线电缆产品见表84。

表84 CRCC认证的电线电缆产品

序号	产品名称（类别）	产品范围
1	接触线	铜及铜合金接触线
2	铁路牵引供电专用电缆	27.5kV电缆及附件

（续）

序号	产品名称（类别）	产品范围
3	电气化铁路接触网附加导线及零部件用绞线	电气化铁路接触网零部件用铜合金绞线 电气化铁路接触网零部件用软铜绞线 电气化铁路附加导线
4	其他重要零部件	电线电缆（车内用电线电缆、中压电力电缆）
5	自愿认证电线电缆产品 城市轨道交通牵引供电产品	铜及铜合金接触线
		铜及铜合金绞线
		钢铝复合导电轨及其附件
		35kV 挤包绝缘电力电缆及附件
6	自愿认证电线电缆产品 城市轨道交通通信产品	铁路通信漏泄同轴电缆
7	自愿认证电线电缆产品 城市轨道交通通信产品	铁路数字信号电缆

第 5 章 线缆行业科研机构及其成果

第 1 节　上海电缆研究所有限公司

一、企业简介

上海电缆研究所（简称电缆所）创建于 1957 年，原隶属于国家机械工业部，在国家和政府机构的大力支持和扶持下，通过自身的不懈努力，为我国电线电缆工业的建立、发展和壮大做出了重要的贡献。1999 年由于实行属地化管理，隶属于上海市国有资产管理委员会。2016 年更名为上海电缆研究所有限公司。2019 年 7 月，完成与申能集团的联合重组，成为企业化运营的科研院所。

上海电缆研究所拥有一批以中国工程院院士为首的高中端专业技术人才，学科及技术专业覆盖整个电线电缆工业各相关技术与服务领域，是我国电线电缆行业中一支综合实力较强的国家级队伍。

上海电缆研究所自成立以来，一直是全国电线电缆行业中唯一集科研开发、工厂及工程设计、标准化工作、质量监督、检测、信息情报、科技服务于一体的综合型应用开发类科研机构。

二、发展沿革

1957 年 10 月，为开展电线电缆研究设计工作，需要将科研、工艺设计、工艺装备设计三者结合起来，谋求电线电缆工业有更大发展。因此，由葛和林（原电缆所副所长、总工程师）建议并负责筹建电线电缆的科研机构，后经第一机械工业部批准，在上海建立了“上海电缆研究设计室”，隶属于第一机械工业部，地址为春江路 5 号（图 117）。

该研究室从事电线电缆产品研究设计、新材料新工艺研究、电缆工厂工艺设计、电缆专用设备设计成套设备选型及定型工作，并作为布局技术后方以及电缆工业的技术情报资料中心。

1958 年 5 月，根据第一机械工业部文件精神，更名为“上海电缆研究所”，并正式建立上海电缆研究所党支部，地址为军工路 1000 号。

图 117　早期的上海电缆研究所

1959—1960 年，建成 11000m^2 各种试验室及机修车间并完成高压楼土建工程。1961 年将军用高频、海底通信电缆划回国防部第十研究院，后发展成为 1423 研究所。

1963 年 3 月，建立中共上海电缆研究所委员会。

1966 年 6 月，由国家第一机械工业部下放归上海市管辖，更名为“上海市电缆研究所”。

1977年2月，根据国务院通知，又收归国家第一机械工业部，更名为“上海电缆研究所”。

1999年10月，根据国家关于印发《关于国家经贸委管理的10个国家局所属科研机构管理体制改革的实施意见》（国科发政字［1999］143号）的通知等文件要求，上海电缆研究所划归上海市管理（上海市经济和信息化委员会）并转制为科技型企业。由上海市工业党委、上海经济委员会管辖。

2004年，根据《上海市人民政府关于公布市国资委履行出资人职责单位名单的通知》（沪府办［2004］35号）文件精神，上海电缆研究所归口上海市国资委管理。

2016年12月，上海电缆研究所完成公司制改革，更名为“上海电缆研究所有限公司”。

2019年7月19日，上海市属国企申能集团与上海电缆研究所举行联合重组工作会议。双方将通过重组，促进产业集团与科研院所融合发展，助力上海全球科创中心建设。整合后，上海电缆研究所将依托申能集团的业务资源和资金保障，加大新材料和新工艺的研发投入，拓宽电线电缆新技术应用领域，加速推动高温超导行业发展。申能集团将借助上海电缆研究所的研发能力，做足、做好能源大文章。

目前，上海电缆研究所已经发展成为集电线电缆研究开发、工程设计、测试、信息会展及服务行业工作于一体的研究机构。

三、技术成果

建所60多年来，电缆所坚持科技自主创新，完成科研设计项目8000余项，绝大部分成果达到国内先进水平，有的填补了国内空白，有的达到或接近国际先进水平。其中，获国家级、省、部级科技成果奖200余项，已被授权或受理专利60余项。科技成果平均应用率为75%，许多重大科技成果开创了我国新产业，促进和引领我国电缆工业的发展和技术进步，为国家重大工程建设做出了重大贡献。

我国电线电缆行业诸多“第一”在这里诞生。

20世纪60年代，研制出国内首台铝连铸连轧设备。

20世纪70年代，研制出国内第一根光缆。

20世纪80年代，推出稀土优化综合处理生产电工铝导体技术。

20世纪90年代，研制出国内第一根桥梁用缆索，开创我国桥梁缆索产业。

2001年，研制出三峡输电工程用大截面、大跨越导线。

2004年，研制出国内第一根商用高速磁悬浮轨道交通用长定子电缆系统。

2009年，研制应用350km/h及以上高速铁路用超细晶强化型铜镁合金接触线。

2013年，研制应用国内第一条冷绝缘高温超导电缆系统。

四、行业服务

1. 定期举办行业大会

上海电缆研究所定期举办行业年度大会，聚智聚力，携手合作，共谋行业发展大计。多年来，上海电缆研究所着力“服务型科研院所”建设，努力“为客户创造价值”，相继开展了指导意见编制、行业最具竞争力企业评比、重点产品价格监测、职业大典修订、劳动定额定员技术标准编制等行业专题工作。

2. 行业会展国际交流

作为电线电缆行业发展的“晴雨表”，中国国际线缆及线材展览会和中国国际线缆工业展览会得到了国内外同行们的一致认可和广泛好评。

3. 职业鉴定人才培养

中国机械工业职业技能鉴定中心电线电缆分中心下辖21个鉴定站，负责组织电线电缆行业职业技能等级鉴定与技师、高级技师的评定工作。成举办了四届全国性技能大赛，在全行业营造了学习高技能人才、争当高技能人才、崇尚高技能人才的浓厚氛围。

五、学术刊物

1.《电线电缆》期刊

1958 年，经第一机械工业部批准，《电线电缆》（图 118）在上海电缆研究所正式创刊，时名《电缆》。1960 年，国家处于三年自然灾害困难时期，因纸张供应不足而停刊而改用油印技术资料发送至相关企业。1972 年，《电缆》恢复办刊并更名为《电线电缆》，在行业内赠阅。1978 年 8 月 31 日，经国家科委、新闻出版总署批准予以公开发行，1978—1979 年为自办赠阅，1980 年起改由邮局发行。

《电线电缆》始终秉承促进学术交流、引领科技进步、构建电线电缆学术交流平台的办刊宗旨，坚持跟踪、传播国内外电线电缆行业的科研成果和发展趋势，为行业提供国内外电线电缆科技发展的权威信息和有价值的参考资料。期刊已成为电线电缆及其相关行业的科技人员研发新产品、推广新技术和新材料的良师益友，在行业内外具有不可替代的专业影响力。同时，也为繁荣我国电线电缆科学技术、培养行业科技人才、促进行业的发展，做出了应有的贡献。

2.《电线电缆报》

20 世纪 80 年代，在得到了中国机械工业部和上海市新闻出版局的批准后，《电线电缆报》（图 119）于 1986 年 9 月在上海电缆研究所正式诞生。《电线电缆报》创办之初，从 1 张不定期的复印小报，到 4 开 4 版的黑白、铅排旬报；从旬报到现在的 4 开 8 版的彩色周报；从影响力仅限行业内部到现在成为线缆行业、电力行业、有色行业更多读者之间的一座“信息金桥”。30 多年来，《电线电缆报》始终以宣传行业、交流经验、传递信息、服务中国电线电缆行业为宗旨。

图 118 《电线电缆》期刊

電线電缆報
对《电线电缆报》试刊的感想
电线电缆近期供求趋势
机械工业部积极开拓技术出口

图 119 《电线电缆报》

第 2 节 中国电子科技集团公司第二十三研究所

一、企业简介

中国电子科技集团公司第二十三研究所（简称二十三所）始建于 1963 年 1 月，又称为上海传输线研究所，是国内最大的专业研究光、电信息传输线及光纤传感技术的应用研究所，也是一个从事各种光、电信息传输线、连接器及组件、光纤、光缆、光器件、光纤传感器、光电传输系统和线缆专用设备研究、开发和批量生产的科研生产实体。二十三所先后直属于国防部十院、第四机械工业部十院、国防科委第十研究院、电子工业部、信息产业部等。2002 年起归属于中国电子科技集团科技有限公司。

二十三所总部位于上海，拥有上海市杨浦区、上海市宝山区、江西省吉安市吉水县等三个所区，形成了“一所三区”的布局，共占地 177.42 亩，建筑面积 109291.7m^2（含规划建筑面积 6600m^2）。按照二十三所的发展定位：杨浦所区是老所区，也是高新技术的发展基地；宝山所区是新所区，是军工产业园区；吉水所区是履行央企责任、支持赣南苏区振兴的重要平台，是二十三所的产业化基地。目前，二十三所在职职工 1000 余人，其中工程技术人员 400 多人，高级工程师 110 多人，拥有一大批获得“国家科技进步一等奖”“全国五一劳动奖章”“全国三八红旗手”“全国青年岗位能手”等国家级荣誉以及享受国务院政府津贴的各类专家，连续多年荣获“上海市文明单位”“上海市高新技术企业”等多项荣誉称号。

二十三所因“两弹一星”工程而成立，传承了军工许党报国的“红色基因”和科技创新的“蓝色基因”，以“军工电子主力军、网信事业国家队、国家科技战略力量”为使命，相继参与完成了“载人航天”“奥运安保”“世博安保”“嫦娥探月”“北斗卫星导航系统”等国家和国防重大工程建设，先后取得了 1500 余项科技成果，其中 400 余项成果接近或达到国际先进水平，获得各类科技进步奖 380 多项，专利授权 260 多项。在我国的电传输、光传输、光传感三大领域创造了几十项国内第一的技术与产品，有力支撑我国科技自立自强。

二、主要成就

二十三所是中国电子元件协会副理事长单位，是中电元协光电线缆及光器件分会的理事长单位，是全国电子设备用高频电缆及连接器标准化技术委员会主任委员单位，是国际电工委员会 IEC TC46“通信和信号用电缆、电线、波导、射频连接器及其附件”和 IEC TC86“纤维光学”的国内技术归口单位，牵头制修订多项国际、国家及行业标准。二十三所内设的检验中心机构是国家信息传输线质量检验检测中心、信息产业信息传输线质量监督中心、军工电子 306 计量站、华为联合创新实验室、商飞认可试验服务商、CQC 授权检测实验室、INTERTEK 合作卫星实验室、TÜV 合作实验室。

1998 年通过 GB/T19001-ISO9001 质量体系认证。1999 年取得军工产品质量体系认证证书。2007 年，五条生产线通过军用电子元器件制造厂生产线认证。2008 年通过环境管理体系和职业健康安全管理体系认证。2010 年，通过了国际航空航天质量管理体系 AS9100 的认证。

三、学术刊物

《光纤与电缆及其应用技术》创刊于 1967 年，是由中国电子科技集团有限公司主管，中国电子科技集团公司第二十三研究所主办的期刊；是中国科技论文统计源期刊、北京大学《中文核心期刊要目总览》来源期刊（1992 年第一版），被中国知网、万方数据库、维普网、中国核心期刊（遴选）数据库、中国学术期刊（光盘版）等收录。

第 3 节　电信科学技术第五研究所有限公司

一、企业简介

电信科学技术第五研究所有限公司（原邮电部第五研究所）创建于 1965 年，是我国最早从事有线传输通信技术领域的研究所。多年来一直是国际电信联盟电信标准组织 ITU-T SG5、SG6、SG15 的国内对口研究组组长单位，也是中国通信学会通信线路专业委员会挂靠单位，还是国家材料环境腐蚀野外试验台站建设单位。

电信科学技术第五研究所主要从事模拟、数字、光纤通信系统技术的研究及产品开发。在 40 余年的发展历程中，先后承担并圆满完成了国家“六五”至“十五”科技攻关项目、“863”及邮电部重点科研项目，取得了该领域内的200多项具有自主知识产权的科研成果，获得多项发明专利。它是国内最早研制出长途通信同轴电缆、市内通信电缆、通信光缆、1800路大容量载波通信系统、PDH光通信系统、SDH光通信系统、8×2.5Gbit/s DWDM密集波分复用系统的单位，并获得大量商业应用。先后承担、起草和修订多项有线通信领域的国家技术标准和通信行业标准，为我国通信领域培养出一大批优秀人才，为奠定我国通信基础、开拓与发展我国的通信事业做出了重要贡献。

二、主要成就

电信科学技术第五研究所在时频技术、高可信计算机网络技术、线缆测试技术、特种光传输和接入技术等领域从事项目和产品开发工作，在多个领域都拥有核心自主知识产权，并先后承担了科技部、国家自然科学基金以及军方的项目。

电信科学技术第五研究所是国务院学位委员会批准的具有“通信与信息系统”“信号与信息处理”“电磁场与微波技术”三个专业硕士学位的授予权单位。此外，该所还与四川大学电子信息工程学院采取联合办学的方式，获批了“通信与信息系统”专业的博士点。

多年来，电信科学技术第五研究所在产学研相结合的科研和产业化道路上取得了丰硕的成果：34M扩容光电传输设备GDMF34-53荣获“一九九五年度国家级新产品”称号；GDZD32-52型2000门远端用户产品荣获“一九九六年度国家级新产品”称号；同步数字系列五次群光缆通信系统及现场试验、同步数字交叉连接设备（SDXC 4/4）综合业务数字网（ISDN）实用化技术现场试验等项目荣获国家“八五”科技攻关重大科技成果称号；具有V5接口的数字用户环路传输系统荣获1998年度“国家重点新产品”称号；SDH 2.5Gb/s自愈环系统荣获1999年度“国家重点新产品”称号；合肥—芜湖140Mb/s长途单模光缆通信系统试验工程荣获1992年邮电部科技进步“一等奖”；140Mb/s光缆数字通信系统荣获1992年邮电部科技进步“三等奖”；小同轴电缆3600路载波通信系统荣获1993年邮电部科技进步“二等奖”；2Mb/s会议电视汇接设备荣获“七五”国家重点科技攻关“二等奖”；622Mb/s SDH光纤传输系统荣获1997年邮电部科技“进步奖”；155Mb/s SDH光纤传输系统荣获1997年邮电部科技“进步奖”；155Mb/s、622Mb/s SDH光纤传输系统荣获1998年科技部科技进步“二等奖”；GNSS-97同步时钟设备荣获2000年度国家重点新产品计划项目并获得五个部委联合颁发的获奖证书。

1995年，电信科学技术第五研究所成功开发出国内第一套LPR基准时钟设备，并为福建泉州解决了国内最早的SDH自愈环同步问题。

1996年，由邮电部立项，开发带双星接收单元的同步设备的重大科技项目。

1998年，四川情报检索中心查新报告证明“双星GNSS-97同步时钟设备”是国内外首创。

1999年5月，“GNSS-97同步时钟设备”获得信产部同步设备入网证，成为国内首家取得时钟进网证的厂商，也是第一家能够提供双星同步设备的厂家。

三、学术刊物

《现代有线传输》杂志创办于1975年，后更名《现代传输》，刊号：CN 51-1692/TN。该杂志为国内通信行业中公开发行的学术性权威期刊，曾荣获信息产业部（现工信部）优秀科技期刊“二等奖”。

第4节　武汉高压研究所

一、企业简介

武汉高压研究所（简称武高所），始建于1974年，是国务院部属科研机构，也是电力系统高电压试验研究基地，同时又是国家高电压计量站的所在地，担负着高电压及大电流的建标及量值传递工作。主要从事电力系统超高压输变电技术、高电压试验与测试技术、高电压大电流计量标准与测试技术的研究与开发等工作。武高所还承担了多种行业管理工作，是中国电机工程学会高压专业委员会、全国高压专业工作网、城市供电专业工作网、全国带电作业、电磁兼容、高压电气、无线电干扰标、高压试验与绝缘配合、电缆、绝缘子、变压器等专业标准化技术委员会挂靠单位。2008 年经国家电网公司整合，合并至国家电网电力科学研究院，成立国家电网电科院武汉分院。2012 年经过再次整合，科研及试验检测业务划至中国电力科学研究院，成立中国电力科学研究院武汉分院，产业发展部分保留至国家电网电力科学研究院，形成武汉南瑞有限责任公司。

（1）国家高电压计量站　1978 年，国家计委正式批准在武汉高压研究所配置建立国家高电压计量站，并承担国家高电压、大电流计量标准的任务。国家高电压计量站与武高所一体化运行，是国家法定计量机构，由国家市场质量监督检验检疫总局授权开展全国高电压大电流计量检定任务，建有高电压、大电流国家基准，担负着全国高电压、大电流标准量值溯源传递工作。2012 年开始与中国电力科学研究院一体化运行。2018 年，国家市场监督总局批准国家高电压计量站挂牌“国家计量基准实验室”。目前，维护着“国家工频大电流基准”和“国家工频高电压基准”两套国家计量基准及直流电压比例标准、工频电压比例标准等 14 套社会公用计量标准。

（2）电力工业电气设备质量检验测试中心　电力工业电气设备质量检验测试中心成立于 1974 年（依托武汉高压研究所），自 1986 年起采用该检测机构名称并一直沿用至今。2008 年国家电网电科院将武汉院区检测业务从各研究所剥离，划入中心统一实体化、专业化运营。2012 年，该中心整建制划入中国电力科学研究院有限公司。中心下设电力电缆及附件、变压器及电抗器等共计 7 个产品质检站，电磁兼容、接地、外绝缘 3 个专业实验室和质量监督技术研究室。

二、学术刊物

《高电压技术》期刊创刊于 1975 年 9 月，1980 年经当时的国家科委批准限于国内发行，1985 年批准对国内外公开发行。2012 开始，《高电压技术》期刊由中国电力科学研究院承办。2015 年，经湖北省新闻出版广电局建议、国家新闻出版广电总局的批复，国家高电压计量站成为《高电压技术》的主办单位。《高电压技术》是国内外高电压科技领域具有重要影响力的学术期刊，是《工程索引》（Ei Compendex）、中国科学引文数据库（CSCD）及《中文核心期刊要目总览》核心期刊，是《科学文摘》（SA，INSPEC）、《化学文摘》（CA）、《文摘杂志》（AJ）、《剑桥科学文摘》（CSA）及日本科学技术社数据库（JST）、Scopus 数据库收录期刊。期刊宗旨为报道高电压及其相关交叉学科研究进展，致力于促进学术交流、引领科技进步。

第 5 节　煤炭科学技术研究院有限公司

一、企业简介

煤炭科学技术研究院有限公司（简称煤科院）是根据中国煤炭科工集团重组改制的整体要求，2013 年 3 月 29 日在北京注册成立，并于 2014 年 5 月 16 日挂牌运行。

煤科院承接了煤炭科学研究总院（简称煤科总院）的全部经营性资产，传承煤科总院 50 多年的历史、品牌和文化，承载一代代煤科人推动煤炭科技进步的使命和梦想，站在新的历史起点开启了新的航程。

煤科院总资产 38 亿元，净资产 24.7 亿元，员工 1000 余人。拥有包括中国工程院院士、国家级有突出贡献专家、享受国务院政府津贴专家和大批博士在内的一流研发团队。

煤科院下设5个研究分院：煤化工分院、检测分院、矿用材料分院、安全分院和装备分院；3个中心：科技创新中心、生产采购中心和后勤服务中心；2个全资子公司：煤科（天津）煤炭检测有限公司和煤科（沧州渤海新区）煤炭检测有限公司；3个分公司：北京分公司、西南分公司和榆林分公司；1个控股子公司：煤科院节能技术有限公司，以及多个参股公司。

煤科院具有化学工程与技术、矿业工程、安全工程与技术等一级学科的硕士、博士学位研究生招生培养资格。拥有1个国家重点实验室、1个国家工程实验室、1个国家能源重点实验室，20余个省部级实验室、检验检测机构、评定中心等。

煤科院主要从事煤炭转化与加工利用、环境保护与节能工程、煤矿安全技术与装备、矿用产品检测检验、矿用油品、煤矿自动化与信息化等技术的研发和推广应用。

煤科院坚持以习近平新时代中国特色社会主义思想为指导，紧紧围绕“创新、协调、绿色、开放、共享”新发展理念，贯彻落实“1245”总体发展思路，以引领煤炭科技、推动行业进步、提升企业价值、创造绿色未来为己任，聚焦主业，突出主责，强化创新驱动，以“求实、创新、奋斗、超越”的企业精神，坚定不移地推动高质量发展。

二、发展沿革

1957年，煤炭科学研究总院成立，属于原煤炭工业部直属科研事业单位，煤炭行业综合性科学研究院。

1999年，煤炭科学研究总院转制为中央直属的科技型企业。

2008年6月，国务院国资委决定对中煤国际工程设计研究总院、煤炭科学研究总院实施战略性重组，合并组建中国煤炭科工集团有限公司。

2013年3月29日，中国煤炭科工集团有限公司出资5000万元在中国北京注册成立煤炭科学技术研究院有限公司，并于2014年5月16日挂牌运行。

三、学术刊物

（1）《煤炭学报》 创刊于1964年，月刊，是由中国科学技术协会主管，中国煤炭学会主办，煤炭科学研究总院承办的综合性学术刊物。

（2）《煤炭科学技术》 创刊于1973年，月刊，是由国家煤矿安全监察局主管、煤炭科学研究总院主办的国家级综合性煤炭科技期刊，为中文核心期刊、中国科技核心期刊、RCCSE中国核心学术期刊（A）。

（3）《煤炭经济研究》 创刊于1981年，月刊，是由国家煤矿安全监察局主管，煤炭科学研究总院和中国煤炭经济研究会共同主办的经济管理类杂志，是中国煤炭经济研究会会刊。

（4）《煤矿开采》 创刊于1991年，双月刊，是由国家煤矿安全监察局主管，由煤炭科学研究总院主办的采矿专业综合性技术期刊。

（5）《洁净煤技术》 创刊于1995年，双月刊，由国家煤矿安全监察局主管，煤炭科学研究总院与煤炭工业洁净煤工程技术研究中心联合主办，是RCCSE中国核心学术期刊、国家图书馆重点收藏期刊。

第6节　江苏中电线缆研究院有限公司

一、建设背景

江苏作为电线电缆制造大省（约占全国总量的1/3），成为行业发展的焦点，江苏常州地处江苏省乃至长三角线缆制造企业的中心，300km范围内集中覆盖了近1000家线缆企业和原材料企业，产值近4000亿元。因此，在常州设立电线电缆领域高端科研与检测服务机构具有显著优势。为抢抓市场，寻求新突破、新发展，2022 年 3 月上海缆慧检测技术有限公司结合未来的发展规划，联合中国电工技术学会（股权于 2024 年 1 月转让于中国检验检测学会全资子企业——北京中科测标准化服务事务所有限公司）、江苏金坛投资控股有限公司（国资）、沃德丰电子科技有限公司等，共同投资组建了江苏中电线缆研究院有限公司（简称中电线缆研究院）。

2022 年 6 月 16 日，中电线缆研究院正式开工建设（图 120）。

图 120　中电线缆研究院正式开工建设

2022 年 9 月，中电线缆研究院成功入选 2022 中国科协“科创中国”案例研究课题。

2023 年 6 月 3 日，江苏中电线缆研究院有限公司正式开业运营（图 121）。同日，中国检验检测学会电线电缆分会同期成立，并落户于中电线缆研究院。

图 121　中电线缆研究院有限公司正式开业运营

二、发展定位

中电线缆研究院是中国检验检测学会电线电缆分会秘书处单位，分会的宗旨是通过整合国内电线电缆产业检测技术创新资源，围绕电线电缆产品全生命使用周期质量安全控制需求，开展电线电缆质量、制造装备、材料等技术基础体系的研究；推动我国电线电缆自主创新技术突破、试验检测技术升级、完善标准体系、成果转移转化；打造电线电缆领域质量、技术一体化创新体系，全面构建电线电缆产业信用体系，为我国电线电缆产业“高质量发展”和“走出去”提供技术与信用体系支撑。

中电线缆研究院旨在“产（生产企业）、学（学会）、研（科研院所）、检（检测机构）”新科研模式下，打造我国线缆行业技术创新体系的基础平台，逐步成为行业的技术创新中心、技术资源整合中心、产业规划咨询中心、行业服务中心和人才聚合中心，辐射长三角地区的线缆产业发展战略，全面提升线缆产业自主创新能力，推进产业基础高级化、产业链现代化，逐步实现“制造业 + 服务业 + 高科技”的融合发展模式。

中电线缆研究院的发展方向与定位是将全力建设高压交、直流电缆性能评估中心、柔性电缆动态特性评估中心和“互联网 +”认证大数据中心，以及打造全球首个线缆移动特性研究与评估中心。

第6章 企业科研平台建设

第1节　院士工作站

院士专家工作站是中国科协围绕提高自主创新能力、建设创新型国家而实施的人才强国战略。组织和动员广大科技工作者服务基层、服务企业，推进“产学研”结合的好创意、好形式，是贯彻落实《国家中长期人才发展规划纲要（2010—2020年）》，发挥组织特色和优势，实施“产学研”合作培养创新人才政策，推进产学研联合，在实践中集聚、培养高层次人才和创新人才，建设宏大的创新型科技人才队伍的重要举措，是服务经济社会发展，服务企业技术创新的开创性工作。

院士专家工作站建设的基本要求：发挥院士专家的技术引领作用，帮助企业培育科技创新团队，集聚创新资源，突破关键技术制约，推动“产学研”紧密合作；通过建站工作进一步加强企业科协组织建设，巩固和扩大科协组织网络；将院士专家工作站建设纳入“讲理想、比贡献”等技术创新活动之中，同部署、同推进，进一步促进企业技术创新体系建设，提高企业自主创新能力，带动企业科技创新人才成长。

电线电缆行业部分企业根据企业自身的产品特点和技术需求，按照中国科协建立院士专家工作站的要求，成立了各自的院士专家工作站，同时也得到各级政府的支持和帮助。

（1）远东控股集团有限公司院士专家工作站　工作站成立于2008年12月，先后有5名院士（第三世界科学院院士牛文元、中国工程院院士姚熹、黄崇琪、雷清泉、孙晋良）进站指导。

该工作站先后于2009年、2010年2次荣获全国“讲理想、比贡献”活动先进院士专家工作站的荣誉称号；2015—2017年共计开发新产品1个，形成新技术2项，新工艺1项，新产品销售76467万元，申请专利总数23项，其中发明专利6项，项目获得江苏省重点新产品新技术；2017年成功申报江苏省科技成果转化项目，投入经费2759万元（其中政府资助700万元）；借助于院士工作站这一平台，2017年度引进硕士研究生72人，博士研究生4名，培养企业技术骨干25人；2018年获得30万元省创新能力建设专项资金奖励。

（2）亨通集团企业院士工作站　工作站于2009年7月经江苏省科技厅批准正式成立，先后聘请赵梓森、郭光灿、褚君浩、魏正耀等担任院士工作站特聘院士，围绕特种光纤、量子保密通信、信息安全、太赫兹及红外传感技术进行研究开发与科技成果转化工作。

（3）浙江晨光电缆股份有限公司院士专家工作站　工作站组建于2010年，2012年获批为省级院士专家工作站，2017年获批为全国示范院士专家工作站。现有主要研发人员28人，包括院士及专家5人（其中，邱爱慈院士是我国高功率脉冲技术和强流电子束加速器方面的专家，对电缆的绝缘辐照技术有深入研究），团队成员中有副高以上职称6人，中级职称成员17人。工作站成立以来，坚持以创新为动力，组织开展“产学研”合作，在服务企业技术创新和可持续发展，提高企业竞争能力，培养企业技术人才等方面，发挥出了重要作用，取得了较好的经济效益。

（4）宝胜科技创新股份有限公司院士工作站　2011年1月，宝胜科技创新股份有限公司与上海电缆研究所共建企业院士工作站协议正式签约，2012年，江苏省科学技术厅批准宝胜企业院士工作站项目。中国工程院院士、上海电缆研究所黄崇祺研究员级高工在宝胜设立企业“院士工作站”，与宝胜科技创新股份有限公司科技人员共同开展导体原料分析，废杂铜回收再生加工利用并开发加工性能优、机械性能好、导电性能高的导电材料；解决高安全防火、新能源、轨道交通、海洋工程、航空航天、军工等领域的特种电缆产品与材料的关键核心技术；开展超高压高强度铝合金架空导线、高速电气化铁路接触网导线等新型电缆导线的研究与开发；开展高温超导电缆及系统材料前瞻性课题研究，为行业和企业的技术发展提供技术支持和储备，并使其研究成果在企业及时得到成果转化。

（5）浙江万马集团院士工作站　2011年11月，浙江万马集团成立院士工作站，聘请以邱爱慈院士为公司高级技术顾问，主持万马集团院士工作站工作，与邱爱慈院士为核心的西安交通大学电气工程院研发团队建立长期的战略合作伙伴关系，研究团队主要包括钟力生、徐曼、吴楷教授等人。

邱爱慈院士领衔的西安交通大学电气工程学院，是中国高等教育创办最早的电工学科，也是全国电工二级学科设置齐全、师资力量雄厚、实验设备先进的电气工程学院之一。万马通过建立院士工作站，优化技术，提高产品市场占有率，并提升创新能力和核心竞争能力。万马院士工作站立足自主开发、自主创新、依靠产学研合作，不断开发新产品、新技术。主要对110kV电缆用超光滑屏蔽料、电缆新材料智能制造新模式研究等项目进行研发和创新，并通过技术创新实现产品转型升级。

（6）安徽华宇电缆集团有限公司院士专家工作站　为搭建更高层次技术创新平台，强化关键核心技术攻关，进一步提升华宇电缆集团有限公司（简称华宇集团）自主研发能力，经安徽省科技厅备案，2020年8月，华宇集团与青岛科技大学雷清泉院士团队联合成立院士工作站。

该工作站主要围绕海洋工程用电缆、军品用电缆等开发中的重大关键技术难题开展联合攻关；利用自主研发和引进院士及其创新团队的技术成果，在华宇集团实现产业化；培育自主知识产权、打造自主品牌；联合培养和引进企业创新人才等方面开展工作。重点攻克了一批“补短板”和“卡脖子”关键技术，取得了一系列创新成果。共获得安徽省重点新产品2项，安徽工业精品1项，安徽省新产品6项，安徽省高新技术产品13项，省级科技成果11项，国防科技成果4项，科学技术奖4项，承担省火炬计划1项，省科技重大专项1项，参加起草国家标准3项，行业标准3项，地方标准6项，拥有专利139项，其中发明专利12项。2022年，华宇集团成功入选“安徽省技术创新示范企业”。

（7）烽火通信科技股份有限公司院士工作站　2021年5月16日在武汉市科技成果转化首次对接会武汉烽火锐拓科技有限公司与中国工程院院士赵梓森签约院士项目——“5G承载网用新型自主超大尺寸、绿色环保、多用途光纤预制棒的关键制备技术研究”；2021年9月30日公司与赵梓森院士签署《院士专家工作站合作协议书》；2021年11月，公司正式提交“烽火锐拓院士工作站”申报材料。工作站旨在围绕5G承载网用新型自主大容量、低时延光纤、光纤预制棒制备技术等方面急需解决关键技术难题，突破光纤预制棒技术长期受制于外国的局面。

（8）宁波东方电缆股份有限公司院士工作站　工作站于2022年2月获批，同年10月被认定为浙江省院士工作站。通过与托盖尔·蒙恩院士团队的“产学研”合作，搭建高层次创新平台，加速科技成果转化。工作站引进院士及其创新团队9人，同时企业为工作站安排配套团队5人，就科研项目进行合作开发，促进了企业与院士专家及其创新团队资源共享、优势互补，为企业发展提供足够的技术支撑。

（9）无锡江南电缆有限公司院士工作站　工作站于2009年经江苏省科技厅批准建设，2018年12月，院士工作站被评估为“优秀”等级。无锡江南电缆有限公司先后引进工程院高功率脉冲和强流电子束加速器专家邱爱慈院士、绝缘技术专家雷清泉院士、科学院及工程院测量与遥感学家李德仁院士、核技术应用专家唐西生院士及其团队进站工作，目前在站院士为唐西生院士，正与公司合作军用核级电缆、非自然打击环境电缆及部分军用电缆课题。

电线电缆行业各家院士专家工作站都在不同的产品领域发挥了重要的作用，为我国电线电缆高端产品研发、制造提供了技术支撑，在光纤通信、高压海底电缆领域等起到了引领作用，践行了中国科协希望发挥院士专家的技术引领作用，帮助企业培育科技创新团队，集聚创新资源，突破关键技术制约，推动产学研紧密合作。

第 2 节　国家及省级企业技术中心

国家鼓励和支持企业建立技术中心，发挥企业在技术创新中的主体作用，建立健全企业主导产业技术研发创新的体制和机制。国家根据创新驱动发展要求和经济结构调整需要，对创新能力强、创新机制好、引领示范作用大、符合条件的企业技术中心予以认定，并给予政策支持，鼓励引导行业骨干企业带动产业技术进步和创新能力提高。截至 2023 年 2 月 3 日，国家企业技术中心为 1714 家、分中心为 113 家。

全国每个省、市参照国家建立企业技术中心的要求，在本地区也鼓励与支持有条件和需求的企业申请建立企业技术中心，对创新能力强、创新机制好、引领示范作用大、符合条件的企业技术中心予以认定。根据市场竞争需要设立的技术研发与创新机构，逐步成为企业提升自主创新能力的核心载体。

电线电缆行业部分头部企业根据企业自身的产品特点和需求，申请国家级企业技术中心并被认可，很多企业申请地方的企业技术中心，也被认定为地方企业技术中心。下面列举了几家具有代表性的国家级企业技术中心和地方企业技术中心，它们在电线电缆行业科技创新中发挥了积极的作用。

一、国家级企业技术中心

1. 烽火通信科技股份有限公司企业技术中心

烽火通信科技股份有限公司拥有完备的科研技术体系，稳定的行业专家团队。2001 年，公司获批国家级工程研究中心。该中心旨在面向国家重大战略任务和重点工程建设需求，开展关键技术攻关和试验研究、重大装备研制、重大科技成果的工程化实验验证，突破关键技术和核心装备制约。在此基础上，公司于 2004 年被认定为国家级企业技术中心，负责制定企业技术创新规划、开展产业技术研发、创造运用知识产权、建立技术标准体系、凝聚培养创新人才、构建协同创新网络、推进技术创新全过程实施。

2. 宝胜科技创新股份有限公司企业技术中心

1997 年，国家发改委授予宝胜科技创新股份有限公司企业技术中心“国家企业技术中心”称号。企业技术中心承担制定企业技术创新规划、开展产业技术研发、创造运用知识产权、建立技术标准体系、凝聚培养创新人才、构建协同创新网络、推进技术创新全过程实施职责。同年，公司申请建立博士后科研工作站。

1999 年，宝胜科技创新股份有限公司企业技术中心经国家人事部批准建立“博士后科研工作站”。该博士后科研工作站在企业、科研生产型事业单位和特殊的区域性机构内，经批准可以招收和培养博士后研究人员，为高级技术人才与企业搭建了沟通和联系的桥梁。

3. 亨通集团有限公司企业技术中心

亨通集团有限公司企业技术中心设立于 1999 年 3 月，2000 年 5 月被认定为江苏省级技术中心，2007 年 10 月被国家发改委等五部委联合认定为国家级企业技术中心。企业技术中心是亨通集团目前设立的最高层次和最高水平的研究开发机构。公司建立了以国家企业技术中心为核心、以 7 大专业领域分技术中心及各创新部门为基础的多级技术创新管理体系，形成了上下联动的组织体系。主要围绕新一代光纤通信网络、智能电网、海洋传输、量子通信、智能制造、新能源新材料、信息安全等领域，开展信息技术基础理论研究、技术研发、关键装备研发及测试方法研究，加快通信和信息安全领域复合型专业人才培养。主要目标是为各分公司发展提供技术支持，通过整合国内外同行、科研院所资源，努力推动科技创新成果的产业化，通过关键核心技术突破，打破国外技术封锁，推动企业创新发展，从而不断增强企业的市场竞争能力、经济效益和发展动力。

4. 江苏上上电缆集团有限公司企业技术中心

2009年11月，江苏上上电缆集团有限公司企业技术中心被认定为“国家企业技术中心”。作为江苏上上电缆集团有限公司的技术研究开发机构，负责公司重大科技项目和技术改造项目的论证、申报立项工作，负责新产品、新材料开发、标准化管理、专利申报、科技情报收集和工艺技术管理工作等。技术中心与企业博士后科研工作站、江苏省特种电线电缆工程技术研究中心和江苏省新能源用特种线缆工程研究中心紧密合作。

中心通过不断发展，建立了较为健全的机构，目前拥有技术中心大楼和燃烧试验大楼，其中技术中心大楼面积达3200m^2，燃烧试验楼300m^2，建设完成电气性能实验室、机械物理性能实验室、基础研究、可靠性实验室、环境性能实验室、特殊性能实验室和工艺性能实验室等专业化实验室，拥有各类研发试验检测仪器设备300多台套，满足主导产品及研发项目的全性能检测要求。

5. 中天科技国家企业技术中心

2013年，中天科技企业技术中心被认定为“国家企业技术中心”。公司践行“需求引领、创新驱动”技术理念，不断丰富引进消化、协同创新、源头创新等创新路径，强化标准引领、知识产权护航、共性技术平台创新机制，做强以国家企业技术中心为支撑的高端创新平台，着力发展自主可控、开放合作的技术创新体系。

企业技术中心的功能主要服务于公司的科学技术创新需要和经营业绩提升需要，是目前公司设立的最高层次和最高水平的基础研究、新品开发、成果转化、技术改造、管理创新等科学活动的机构，是企业技术创新体系的核心，是公司技术进步、技术创新、管理提升、经营变革的主要依托，也是对外技术合作和交流的关键平台。

6. 远东电缆有限公司国家企业技术中心

远东电缆有限公司拥有国家企业技术中心、江苏省架空导线与电力电缆工程技术研究中心、江苏（远东）新型特种导线工程技术研究中心等科研平台。其中，国家企业技术中心创建于2011年，主要负责制定公司技术创新规划、开展电缆技术研发、推进技术创新全过程实施。

江苏省架空导线与电力电缆工程技术研究中心是2007年远东控股集团有限公司承担的省科技发展计划项目，致力于智能电网特高压电网用架空导线与高压、超高压电力电缆研究开发和工程化及专业测试技术服务平台的建设，更好地服务于智能电网、城市电网等架空输电领域和电力输配系统的市场。

江苏省（远东）新型特种导线工程技术研究中心是2012年远东复合技术有限公司承担的省科技发展计划项目，致力于特高压电网用节能环保架空导线、复合芯耐热铝合金导线、绞合型碳纤维复合芯棒等共性、关键技术研究攻关，开发智能电网用新型环保倍容导线系列新产品、新材料、新工艺，加快科技成果的工程化和产业化示范的推广步伐。

7. 青岛汉缆股份有限公司企业技术中心

青岛汉缆股份有限公司企业技术中心于2008年被认定为“国家企业技术中心”。同时凭借其在中国线缆行业取得的突出性贡献和对行业的引领，于2011年经中华人民共和国科学技术部批准，设立国家高压超高压电缆工程技术研究中心，是目前国内线缆行业唯一的国家级工程技术研究中心，中心拥有工程技术人员251人（专职研发人员79人），其中院士3人、大学教授、科研院所专家20人，博士与硕士研究生50余人，高级和中级职称65人，形成了涵盖基础研究、应用研究、技术开发、产业化示范的工程技术人才队伍和技术创新链条。近年来，参与起草和审定电线电缆国家或行业标准83项，申请专利300多项并拥有50多项专有技术。

8. 宁波东方电缆股份有限公司企业技术中心

宁波东方电缆股份有限公司企业技术中心于2018年7月被认定为“国家企业技术中心”，先后与浙江大学、西安交通大学、上海电缆研究所、中海油研究总院、中科院宁波材料所等科研院所建立了长期合作，与创新能力强的领先用户（如中海油、国家电网、南方电网）建立了紧密合作关系，形成了一支“产、学、研、用”技术创新团队，完成了多个科技项目的研发，并实现科技成果的产业化。截止2023年底，企业技术中心已形成228人的研发团队，其中包括外国专家1名，国家级工程科技创业领军人才1名，浙江省青年拔尖人才1名，浙江省海外高层次创新青年领军人物1名，宁波市突出贡献专家3名，浙江省151人才2名，宁波市领军和拔尖人才6名。

9. 浙江万马股份有限公司企业技术中心

浙江万马股份有限公司拥有国家级企业技术中心一个，省级企业技术中心两个。其中，国家级企业技术中心成立于2021年，该中心以高分子线缆料、超高压电缆、绿色环保电缆、特种电缆为技术核心，实现高端线缆产品进口替代，并挂网试运行。

10. 通光集团有限公司企业技术中心

通光集团有限公司企业技术中心于2021年被认定为“国家企业技术中心”，中心坚持特种高端线缆的研发，在核心产品上不断加大研发投入，产品技术优势明显，多个产品填补国内空白、打破国外垄断。

通光集团有限公司作为光电线缆行业领军企业之一，依托国家级企业技术中心，不断加大新产品和新技术的研发力度，不仅增加了大量技术储备，同时也提高了企业国内外市场竞争能力。其中航空导线、应力转移型导线连续获评国家工信部第五批、第六批单项冠军产品。作为科技部重点高新技术企业、国家火炬计划重点高新技术企业和火炬计划新材料生产基地，公司生产的电线电缆产品配套运用于国家战略工程，入选国家火炬计划产业化示范项目。

11. 湖南华菱线缆股份有限公司企业技术中心

湖南华菱线缆股份有限公司作为国内领先的特种专用线缆生产企业之一，与国内多所大学和研究院建立长期合作开发关系，建设了湖南大学—华菱线缆新材料研究中心、华菱线缆—中南大学湖南省特种线缆工程技术研究中心等科创平台，多年来不断自主创新研发，取得了显著的成果。2007年10月29日，湖南省经济委员会将湖南华菱线缆股份有限公司企业技术中心认定为省级技术中心；2019年12月30日，获国家发展和改革委员会、国家科学技术部认定为“国家企业技术中心”。

12. 安徽天康（集团）股份有限公司国家级企业技术中心

安徽天康（集团）股份有限公司企业技术中心于2023年2月被认定为“国家企业技术中心”。多年来，公司高度重视科技与人才工作，先后投入数千万元加强技术中心基础设施改造和科研平台建设。现拥有国家级研发平台2个，省级研发平台7个，通过中国合格评定国家认可委员会（CNAS）认证的实验室和检测机构2个，拥有发明专利超过100项。长期与国内外科研院所开展“产学研”合作，形成拥有自主产权的核心产品与技术，极大地提升了集团的核心竞争力。

二、省级企业技术中心

1. 金杯电工电磁线有限公司省级企业技术中心

金杯电工电磁线有限公司拥有国际领先水平的线缆制造和检测设备，拥有湖南省企业技术中心、湖南省工业设计中心、特种电线电缆湖南省国防科技重点实验室等三大研发平台和湖南省新材料中试平台。同时，也是国家高新技术企业、国家绿色工厂、国家绿色供应链管理企业、全国电器标准化示范企业、湖南省制造业质量标杆企业、湖南省新材料企业、湖南省原材料工业“三品”标杆企业、湖南省“5G+工业互联网”示范工厂和湖南省智能制造标杆车间。

2. 兰州众邦电线电缆集团有限公司省级企业技术中心

兰州众邦电线电缆集团有限公司企业技术中心于2011年被认定为甘肃省省级企业技术中心，2015年被评为甘肃省高新技术企业，2016年被评为省级特种电缆工程实验室，2020年被评为省级工业设计中心。

3. 宝胜科技创新股份有限公司省级工程技术中心

(1)江苏省电线电缆工程技术研究中心 2005年，宝胜科技创新股份有限公司“江苏省电线电缆工程技术研究中心”获得获江苏省科技厅授牌，2008年2月正式验收。该中心以促进江苏省科技创新为目标，加强工程化研发平台建设，开展工程技术研究、试验和成套技术服务，开发产业发展中的共性、关键技术，持续提供成熟配套的技术、工艺、装备和产品，促进成果转化和技术辐射，带动相关行业的技术水平提升和科技进步，增强江苏省产业技术创新能力和市场竞争力。

(2)江苏省高压电力电缆工程中心 2008年，经江苏省发改委批准，宝胜集团建设江苏省高压电力电缆工程中心，对现有研发、试验用房进行改造，购置光谱仪、转矩流变仪等仪器设备，构建导体、材料、附件等研发平台及培训，测试、检测平台。

(3)高压电力电缆国家地方联合工程研究中心 2011年，国家发改委授予宝胜“高压电力电缆国家地方联合工程研究中心”称号。该中心促进宝胜科研成果向现实生产力转化，提升高技术产业的核心竞争力和地方特色经济的持续发展能力。

(4)江苏省特种电缆材料及可靠性研究重点实验室 2014年，宝胜集团获得江苏省科技厅授牌。2018年，宝胜江苏省特种电缆材料及可靠性研究重点实验室项目验收，该项目围绕江苏经济、科技、社会发展的迫切需求，以应用基础研究和高技术研究为重点，针对学科前沿和经济社会发展的重大科技问题，开展创新性研究，获取原始创新成果和自主知识产权，培育产业技术源，聚集和培养重点学科领域学术带头人和创新团队。

(5)江苏省超导电缆工程研究中心 2018年，宝胜集团获得江苏省发改委授牌“江苏省高温超导电缆工程研究中心”。该中心以促进江苏省科技创新为目标，加强工程化研发平台建设，开展工程技术研究、试验和成套技术服务，开发产业发展中的共性、关键技术，持续提供成熟配套的技术、工艺、装备和产品，促进成果转化和技术辐射，带动相关行业的技术水平提升和科技进步，增强江苏省产业技术创新能力和市场竞争力。

(6)江苏省工业设计中心 2020年，宝胜集团获得江苏省工信厅授牌“江苏省工业设计中心”，该中心以工业产品为主要对象，综合运用科技成果和社会、经济、文化、美学知识，对产品的材料、功能、结构、质量、形态、包装以及生产工艺进行整合优化的集成创新活动。

4. 江苏省特种电缆材料与应用工程技术研究中心

江苏省特种电缆材料与应用工程技术研究中心2008年11月由江苏省科学技术厅批准在无锡江南电缆有限公司设立。主要围绕电线电缆产业和技术发展需要，针对企业、行业或地区发展的重大技术问题进行攻关，在自主创新和引进技术基础上，持续不断地创造新成果，开发新技术并进行工程化研究。中心具有较强的工程技术研发能力，研发水平达到国内领先水平，2014年被认定为江苏省首批重点研发机构；2019年绩效评估被评为“优秀”等级，同年被列入江苏省首批“企业研发机构高质量提升计划”培育库。

5. 安徽新亚特电缆股份有限公司省级企业技术中心

安徽新亚特电缆股份有限公司技术中心于2007年被认定为省级企业技术中心，坚持技术创新，不断研发满足社会需求的产品，企业已建立国家博士后科研工作站、CNAS认可实验室、电缆工程研究院等研发平台，构建了完善的自主创新体系和科研人才队伍。形成了一批企业自有核心制造技术，已获授权发明专利29项，实用新型专利286项，参与起草、编制国家和行业标准30余项，取得32项省部级科研成果。

6. 江苏省核电站用低烟无卤阻燃型电缆工程技术研究中心

江苏省核电站用低烟无卤阻燃型电缆工程技术研究中心于2010年9月成立，它是江苏省唯一的核电站用低烟无卤阻燃型电缆工程化研发平台，承担着工程化共性关键技术的重大研发任务，致力于研发工程高新技术、科技成果转化和工程技术成熟化。该中心的主管部门是江苏省科学技厅，依托单位为常州八益电缆股份有限公司。中心设有管理委员会、技术委员会和工程中心，具体负责日常运营工作和产品的研发设计与推广应用。

7. 安徽华能电缆集团省企业技术中心

安徽华能电缆集团企业技术中心于2008年12月被认定为“省企业技术中心”，2012年1月安徽华能电缆集团被授予“省博士后科研工作站（创新实践基地）”，2023年10月安徽华能电缆集团被省科技厅认定为“安徽省企业研发中心”，2024年4月安徽华能电缆集团被授予“国家级博士后科研工作站”。

安徽华能电缆集团始终践行“创新推动高质量发展”的创新理念，公司的研发平台与科研院所开展产学研合作，实施科研攻关、技术落实和产品开发。通过不断协同创新、强化标准引领、知识产权护航等创新机制，加速企业技术更新步伐，做强高端创新平台，形成内引外联、自主研发、开放合作的技术创新体系。

第6篇

强国梦·业由才广

第1章 时代人物

我国电线电缆行业走过了80多年的辉煌岁月。今日的电线电缆行业正以奋进之姿，不断创新求变，在世界舞台绽放异彩。

行业的发展离不开每一位从业人员的默默奉献，更离不开积极投身行业发展的行业前辈，他们以“为国分忧、为民族争气”的爱国主义精神，撑起了行业发展的脊梁；也离不开一代代为行业发展坚持不懈奋斗的企业家，以及为行业未来发展而拼搏的年轻一代，他们传承新时代企业精神，续写电线电缆行业崭新的篇章。

一、行业突出贡献者

1. 恽震

恽震（1901—1994），1901年出生于江苏常州。他是我国电气制造业的奠基人、中国电机工程学会的创始人之一，《少年中国》杂志编撰人，长江三峡第一个开发计划的发起人和主持人，原贵州工学院一级教授，曾担任第一机械工业部外事局、电工局和上海发电设备成套设计研究所顾问，中国电机工程学会和中国电工技术学会顾问、终身荣誉会员，原九三学社北京分社和贵阳分社委员会委员，曾任贵州省政协委员，南京市政协委员。

1916年，恽震毕业于复旦公学中学部，1917年考取南洋公学（交通部上海工业专门学校，后称交通大学）电机系。1919年五四运动期间，积极投身学生运动，是南洋公学学生会的中文书记，为李大钊主编的《少年中国》杂志撰稿，1920—1924年期间发表过“学生运动的根本研究”等7篇文章。1921年夏，毕业于交通大学电机系，获学士学位。同年赴美国深造，1923年获美国威斯康星大学硕士学位。回国后，曾在国民政府建设委员会任职。1932年10月恽震挑选4位专家组织了我国第一支水力勘察队，从武昌到重庆沿途测量，编写了第一部三峡开发计划“扬子江上游水力发电勘测报告”，这个计划选定的葛洲坝、三斗坪两处坝址后来被证明是正确的。1933年，会同有关专家制定了我国电力标准，为统一我国的电压标准和频率标准打下了基础。

1936年起，他负责筹建中央电工器材厂，后任该厂总经理。不仅管理该厂的四个分工厂，他还负责管理一个提供电力的湘江电厂。这些工厂都为发展我国的电工行业以及支援抗日战争做出了贡献。其中，电线电缆厂在1939年夏建成厂房，1940年即生产出我国第一批成套规模的电线电缆。1945年，他由资源委员会派赴美国洽购技术引进合同，组织和带领100名左右工程师在美国西屋电气公司和摩根史密斯公司接受技术培训，这批接受培训的工程技术人员和经济管理人员在1949年后成为我国社会主义建设时期机电工业中德才兼备的技术骨干和领导力量。

1948年12月，在国民政府资源委员会南京五厂迁台委员会工作时，恽震按照“必须竭尽全力鼓励员工保护工厂资产不要迁移”的方针与中共地下党建立了联系，接受任务，为电工厂总管理处及所属工厂的全部资产和机器设备回到人民手中做出了努力。为此，根据1993年中央有关指示精神，按地下党工作人员对待，恽震享受离休待遇，其参加革命工作时间从1948年10月算起。

1949年8月，恽震被上海军管会选派参加中央财经委员会组织的东北华北工业考察团，进行恢复重建工作的考察，他提出了“要发展我国的电力建设必须自己制造设备”的意见。1949年10月，恽震任华东工业部电器工业处处长；1953年，调往北京，先后任第一机械工业部技术司和机械科学研究院一级工程师；1961—1976年，在贵州工学院任教授；1977年退休回上海，继续担任第一机械工业部外事局顾问，被电工总局聘为引进30万千瓦/60万千瓦火电机组制造技术谈判的顾问，协助部领导选定有意向进行技术转让的合作者，这项合同的签订对我国发电设备设计制造水平的提高起了重要作用。

恽震热爱党、热爱祖国、热爱祖国的建设事业。新中国成立前夕，他不顾好友为他做好的去台湾的安排，毅然决定留下来为建设新中国出力。他在特殊历史时期曾受到冲击，但他始终坚信中国共产党的领导，对社会主义祖国的光明前途矢志不渝。

恽震为人正直、坦率，性格开朗，任劳任怨，不计毁誉，还热心社会活动，关心青年成长。他一生的志愿是发展教育、培养人才、建设电站、提高我国发电设备和电工器材的生产能力与技术水平。由于对我国电力事业做出了卓越贡献，恽震被《中国大百科全书·电工》列为十五位名人之一。

1984年，中国电机工程学会表彰他从事电气事业50年，授予“荣誉证书”，并被授予“终身荣誉会员”称号。1991年，中国电工技术学会为他授予“元老杯”奖和“荣誉会员”称号。

2. 张承祜

张承祜（1898—1986），1898年3月16日出生于上海嘉定，1923年南洋大学堂电机工程科无线电信门第13届毕业生。1923年8月29日，国民政府交通总长吴毓麟签发交通部训令，批准选派俞汝鑫、张承祜、洪传炯、陈广沅、郑泗、茅以新、金憲、韦国鋆8人赴英国实习。张承祜是1926年交通大学旅英校友，毕业于英国曼彻斯特大学无线电系。

1927年，国民政府决定在上海筹建国际电台。1931年，真如发信台、刘行收信台、中央控制室、枫林桥支台和中菲转报台等单位合并，正式组成国际电台（简称CGRA），隶属于南京国民政府交通部国际电信局。1931年2月—1936年7月，张承祜任管理工程师，负责管理电台。

张承祜对于我国的电台没有一根国产电线颇感遗憾，因此建议兴办自己国家的电线厂。国民政府资源委员会采纳了张承祜的建议，并邀请其参加筹建工作。1936年，他作为中央电工器材厂筹备委员会委员，被筹备委员会委派去英国寻求电线电缆技术转让厂家和寻求电线制造技术协作，在采购设备的同时了解国外电线电缆制造和电工事业的现状及发展趋势。于是，张承祜先后考察了英国、荷兰、法国、意大利、德国等国的有关工厂，购回了当时世界上最先进的电线电缆生产设备。

1939年7月1日，中央电工器材厂正式成立。工厂由国民政府拨给创业经费210万银圆，建筑面积为8415m^2，职工人数为497人。经过一年多在昆明建厂、设备到货安装调试等，一厂于1939年建设完工。同年经过技术人员和工人的共同努力，一厂制造出我国第一根铜导线电缆，填补了当时国内空白，被誉为中国电线电缆工业的摇篮，产品的商标定名为“电工牌”。这一时期，张承祜担任中央电工器材厂协理兼一厂厂长。

抗日战争胜利后的1945年年底，张承祜自昆明到上海、天津、沈阳接管日本侵略者遗留下来的电工产业，并被委任为中央电工器材厂总管理处协理兼代总经理。

1935年4月，张承祜出席了在上海举行的第一届工程师学会年会；1952年，他担任中国机械工程学会武汉分会理事；1965年他担任政协第四届全国委员会委员。张承祜曾在江西省机械工业厅工作，担任江西省政协委员、江西省机械工业学会理事、江西省民盟委员等职。

3. 陈季丹

陈季丹（1907—1984），1907年出生于安徽合肥。1920年以优异的成绩考入当时教学质量颇高的扬州中学，1924年如愿考入交通大学无线电技术专业。毕业后在芜湖电台工作不久，获得官费英国曼彻斯特大学留学的机会。1934年陈季丹顺利完成了电机工程硕士学位研究课题为“极性液体电介质的高频介质损耗”，这一课题为他以后在电介质物理和电气绝缘技术方面的发展奠定了扎实的理论基础。

抗日战争胜利后，陈季丹回到上海就任交通大学电机系教授，首讲无线电原理，并主持翻译《无线电原理》一书，详尽介绍了国外先进的无线电技术。1952 年，在教育部的大力支持下，陈季丹开始筹建新专业“电气绝缘与电缆技术”，除了先后邀请精通电气绝缘测试的刘耀南、电气设备专家刘其昶和从美国 MIT 学成归国的顾振军组成绝缘专业的基础教师队伍之外，还主持编写了我国第一本《电介质物理》教材。陈季丹首创的《电介质物理》课程不仅是绝缘技术相关专业的核心课程，而且很快扩展为其他与电介质应用和理论研究相关专业的必修课程，奠定了这个专业重要的物理基础，因此他被尊称为我国电介质物理学的“祖师爷”。陈季丹建立了我国第一个电气绝缘学科的研究基地，率先系统性地开展了固体电介质、液体电介质和气体电介质的极化、电导、损耗和击穿的实验和理论研究。

1956 年，为响应国家加强西北地区高等教育数量和水平的号召，陈季丹毅然带领教研室大部分教师将新建的电气绝缘专业迁往西安，克服种种困难，全身心投入教学与科研的建设以及电气绝缘技术的发展中，在大西北的黄土地上建立了我国电气绝缘专业高级人才培养的摇篮。陈季丹带领教研室的教师们下工厂与技术人员共同研究并成功开发高介质系数的液体绝缘油，大大提高了电力电容器的储能密度，减小了体积。同时，他与电气设备专家刘其昶一起成功开发并研制了 110kV 的电容式变压器套管，解决了大型变压器、穿墙套管等技术难题；与电绝缘与电缆技术著名教育家刘子玉一起成功开发出性能优良的 110kV 级油纸电力电缆和纸绝缘通信电缆，为我国输变电及通信技术的发展做出了贡献。此外，陈季丹带领研究生和实验人员克服各种困难，建立起固体电介质电击穿实验基地，对单晶固体电介质、聚合物薄膜等的本征电击穿及单晶硅 PN 结体击穿和表面击穿特性进行系统的实验研究工作，获得许多重要实验数据和特征规律，并组建了延续性的研究团队。

陈季丹先生培养了一大批优秀的电气绝缘专业人才和电介质物理专家，学子们广布海内外，为这一领域发展做出了极大的贡献。在 2007 年陈季丹先生 100 周年诞辰之际，电气绝缘电线及技术专业毕业校友为纪念以陈季丹先生为代表的电气绝缘学科老一代先行者，继承和发扬他们热爱祖国、热爱教育事业、献身科学研究的崇高精神，促进电气绝缘学科的更好发展，培养全面发展、勇于创新的高层次人才，倡议捐资成立了“西安交通大学陈季丹助学金”，用于激励青年绝缘学子发奋努力，报效祖国。

4. 葛和林

葛和林（1910—1984），1910 年出生于江苏溧阳。1927 年葛和林考入北平清华大学物理系，1928 年转入国立交通大学电机工程系学习，1931 年 12 月在溧阳加入中国共产党。1932 年 5 月，因组织抗日学生运动被学校当局开除学籍。1934 年夏，中共南京市委遭叛徒出卖被破坏，他从此丢失组织关系，直至 1982 年重新入党。1936 年，毕业于金陵大学电机系。

葛和林曾担任湖南大学教授、中央电工器材厂昆明第一厂工程师，中央电工器材厂上海制造厂厂长。新中国成立后，历任上海电线厂厂长，一机部电工局主任工程师、副处长，上海电缆研究所副所长、总工程师，中国电机工程学会第三届理事，中国电工技术学会第一届理事上海市第一届人大代表、第三届全国人大代表，政协第五、第六届全国委员会委员。

葛和林是我国电缆工业的创始人之一。1937 年 9 月由中央电工器材厂筹备处派赴英国亨利电缆厂实习并考察购买电线电缆制造设备。1939 年年底，到昆明中央电工器材厂一厂担任计划组组长，后任工程师和主任工程师等。一厂于 1939 年 7 月建成投产，生产出我国第一根电缆，开创了我国自己独立生产电线电缆的历史。抗日战争期间，一厂承担了几乎战时全部电线电缆的供应。1945 年夏，葛和林由国民政府资源委员会派赴美国考察和协助接洽电线电缆厂的经济和技术工作；1947 年 5 月，到英国考察电线电缆生产设备；1948 年 1 月，由英国回到上海，任上海制造厂厂长兼电缆新厂筹备委员会主任工程师。在上海解放前夕，他遵照党的指示，保护了工厂的物资，为新中国的建设做出了贡献。

新中国成立初期，葛和林主持了电力电缆、通信电缆和橡套电缆车间的设计工作，主持设计、制造了我国第一套油纸绝缘电力电缆及纸绝缘通信电缆等全套设备，从而使我国有了自制的电话电缆、矿用电缆等，打破了外国对我国的封锁。1953年10月，调入北京，历任一机部设计总局第四设计分局主任工程师，第七、第八设计分局技术处副处长兼主任工程师和电缆设计室主任等职。1955年，国家首次技术职称评聘时，他被评为一级工程师。1958年10月，调任新组建的上海电缆研究所任副所长兼总工程师。任职期间，他在引进先进技术的基础上着手建立我国电缆产品标准系列，并提出施行产品研究、工艺研究、设备设计和制造“三位一体”的科研设计体制，受到一机部的肯定。1959年，提出电缆蒸发冷却理论，并进行了试验论证，早于日本有关发明专利十年。1964年，主持试制成功充油电力电缆，为后来的电缆研究发展打下了基础，为发展我国的电线电缆工业做出了贡献。次年，先后提出“以铝代铜”“以铝代铅”“以塑代橡”“以玻璃纤维代棉麻丝绸”等四项建议，均获得成功并开始实施，为国家节约了大批资金和贵重原材料。1967年，参加了《机电工程手册》的编写和审稿工作。1972年，参与500kV充油电力电缆的论证和研制工作。

1982年2月，葛和林重新入党。1986年，中共上海市委组织部决定，恢复葛和林重新入党前的党籍，党龄从1931年12月算起。1988年，国家科委、计委、经委对葛和林在研究机械工业技术政策方面做出的重要贡献给予表彰并颁发了证书。

5. 娄尔康

娄尔康（1910—1991），1910年10月出生于江苏省苏州，是我国电缆工业创始人之一，国家一级工程师。1933年，毕业于浙江大学电机系，同年于清华大学电机系任教。1936年，由清华大学派往德国留学，在柏林高等工业学校研读“高电压工程”。1938年，受国民政府资源委员会委派，被派往英国绝缘电缆公司实习。1940年年初，抱着工业救国、抗日救亡的信念来到位于昆明马街子的中央电工器材厂一分厂，正式开始电线电缆行业工作，曾任昆明、上海中央电工器材厂的工程师、总工程师。新中国成立后历任上海电缆厂总工程师兼副厂长、沈阳电缆厂总工程师兼副厂长、一机部东北电力机械制造公司副总工程师。先后被选为第一届上海市人大代表；第二至第七届全国人大代表；辽宁省第五至第七届人大常委会副主任；同时担任过辽宁省、沈阳市政协副主席等职务。1990年12月，他加入了中国共产党。

1935年在清华大学任教时，为电机系安装、调试了德国进口的超高压试验机，创建了我国第一个150kV超高压试验室。在昆明利用国产材料制成了橡皮电缆和漆包线，并建成了一台150kV冲激发生器。

20世纪50年代，在沈阳电缆厂领导设计和制造了220~330kV超高压电缆，并到刘家峡水电站组织设计了高压输变电系统。组织设计制造的铝包钢线、高强度漆包线等产品，得到用户的高度认可和赞扬。组织制造的从皮口到长海16km的海底交流电力电缆在20世纪90年代仍具有世界先进水平。

20世纪80年代初，研究了电工用铝的国产化、竖炉熔铝、连铸连轧机选型等问题，在沈阳电缆厂领导并创建了竖炉熔铝加连铸连轧生产电工铝杆的新工艺，实现了高效优质生产电工铝杆，提高了钢芯铝绞线的品质等级，达到了国际先进水平。领导及研制的500~750kV充油电缆受到国家机械委的嘉奖。

20世纪70年代，撰写了“五十万伏超高压电缆”一文，为后来成功制造出我国第一根500kV超高压电缆提供了理论根据。1988年，编著了50万字的《现代电缆工程》一书。

娄尔康曾任中国电工技术协会常务理事、中国机械工程学会顾问、中国电工技术学会电线电缆专业委员会主任、辽宁省科学技术学会顾问。

6. 李杜

李杜（1913—2005），1913年5月17日出生于山西朔县，享受国务院政府特殊津贴的电线电缆专家，1934年毕业于山西省立工业专科学校，后曾赴日本、英国进修实习电线电缆生产制造及生产管理。抗日战争期间，在中央电工器材厂昆明一厂工作，参加了建厂、安装和调试电缆生产设备、生产组织等一系列工作。抗日战争胜利后，东迁到上海电缆电机厂，任销售室主任。1949年上海解放前夕，参加了抵制迁厂和护厂，把工厂完整地交还给人民。1949年，在上海电缆厂工作。1956年10月，调入一机部八局技术二处任工程师，后又调入沈阳电缆厂工作。1959年6月，再调入上海电研究所工作，在所长室、总工程师室、技术情报室协助领导完成了以铝代铜等技术政策的制定实施，参与技术组织和管理工作，参与组织和编写行业重要文献等工作。其著作（合著）有《电线电缆手册》和《电线电缆产品样本》。

7. 吴维正

吴维正（1914—2002），1914 年出生于江苏常州，1936 年毕业于浙江大学机械工程系，曾任国民政府资源委员会昆明中央电工器材厂工程师。1945—1947 年，在美国通用电缆公司和加拿大馆业公司实习，回国后任国民政府资源委员会中央电工器材厂上海制造厂副厂长。1951 年主持筹建了湖南湘潭电缆厂，并担任湖南湘潭电缆厂副厂长兼总工程师，主持设计与制造了年产 40000 根铜杆的压延机及辅机成套设备。1957 年后，组织了 220kV、500kV 高压和超高压电缆、35kV 交联聚乙烯电缆、960 路小同轴电缆、3600 路中同轴电缆及 120 路浅海通信电缆产品的研制工作。后调任一机部电器工业管理局副总工程师、高级工程师，当选为中国电工技术学会第一届理事。所著论文《浅论我国绝缘材料的发展与问题》载于《电工技术》杂志 1986 年第 2 期。

8. 马盛模

马盛模（1916—1971），1916 年出生于广东福州，1939 年毕业于交通大学电机工程系。毕业后在中央电工器材厂昆明电工厂任实习员、工务员、助理工程师、副工程师。1944 年 1 月被派往英国绝缘电缆公司实习，1947 年再赴美国通用电缆公司、加拿大北电公司电线厂实习考察。1947 年 2 月回国后任中央电工器材厂上海制造厂副工程师兼工程室主任。1949 年后任华东工业部上海电缆厂（原上海电线厂）副工程师兼工程室主任。1951 年 4 月他与厂长葛和林、总工程师娄尔康等研制成功我国第一根 ZQ6600V 裸铅包铜芯油浸纸绝缘电力电缆和200对空气纸绝缘市内电话电缆，受到华东工业部表彰。1952年3月任副总工程师，次年 10 月任副厂长、一级工程师。1956 年 3 月任总工程师，主持电缆设计和制造。1957 年 5 月任上海电缆厂副厂长兼总工程师。同年 6 月，他赴苏联莫斯科参加国际电工委员会第 22 届年会，探讨电力电缆的发展方向并编写“八国经济合作科研规划”专题报告。1958 年兼任上海交通大学电线电缆教师。1966 年 12 月，他主持船用电缆升级换代，导电线芯、绝缘橡皮和护套均采用新工艺、新材料。他发展了耐寒船用电缆和耐油船用电缆，确保“09”和“718”等军工任务如期完成，受到一机部军工管理部门的表彰。

马盛模历任国家科委电工组电线电缆分组副组长、一机部电线电缆研究设计室副主任等职，对我国电线电缆工业的发展起了重要作用。他还历任上海市电机工程学会理事、第二至第五届上海市人大代表。

9. 胡懋书

胡懋书，男，天津市人，中共党员，一级工程师。1942 年，他毕业于国立湖南大学工学院机械系，工学学士。毕业后到中央电工器材厂昆明分厂担任助理工程师，而后又分别在中央电工器材厂上海分厂、沈阳分厂、上海电缆厂任职。1955 年 8 月赴苏联学习，回国后先后在上海电缆研究设计室、郑州电缆厂、上海电缆研究所、西安电缆厂、上海电缆厂担任副总工程师、厂长、总工程师等职。1952 年，在他支持下试制成功 6kV 油浸纸绝缘电力电缆和 100 对纸绝缘电话电缆。他还先后主持了海上扫雷用浮水电缆、电气化铁路沿线用通信电缆、小同轴综合通信电缆、船用电缆系列化等产品的研制工作，1982 年，在由上海电缆研究所、上海电缆厂、沈阳电缆厂联合攻关的 500kV 充油式高压电缆的研制工作中，主持电缆试制工作并获得成功。

10. 刘子玉

刘子玉（1927—1990），1927 年出生于湖北大冶，我国电绝缘与电缆技术著名教育家。1949 年毕业于上海交通大学电机工程系，毕业后在天津南开大学任助教，1953 年赴苏联留学，同年获技术科学副博士学位，1956 年回国后，历任上海交通大学、西安交通大学副教授、教授，并任西安交通大学电机工程系主任兼电工研究所所长。毕生从事电绝缘、电缆技术及电介质物理等方面的教学和研究工作。在国内外学术刊物上发表数十篇学术论文，著有《电气绝缘结构及设计原理（电力电缆）》《电介质物理》等教材。

刘子玉曾任中国电工技术学会理事、工程电介质委员会主任和电线电缆专业委员会副主任、中国电机工程学会电力电缆分专业委员会主任，中国物理学会电介质委员会副主任，中国国务院学位委员会学科评议组第一、二届委员国际大电网会议中国委员会委员电气与电子工程师学会（IEEE）高级会员及 IEEE 的电绝缘国际顾问委员会委员。

11. 赵梓森

赵梓森（1932—2022），1932 年 2 月 4 日出生于上海市卢湾区，我国光纤通信专家，中国工程院院士，被誉为“中国光纤之父”。曾任国家光纤通信技术工程研究中心技术委员会主任、武汉邮电科学研究院高级技术顾问、邮电部科技委委员。

1973 年始，赵梓森建议开展光纤通信技术的研究，随后提出正确的技术路线（后被证实），先后参与起草了我国“六五”“七五”“八五”“九五”光纤通信攻关计划，为我国光纤通信发展少走弯路起了决定性作用。在 20 世纪 70 年代末，组织研制出我国首批实用化的光纤光缆和设备。作为技术负责人、总体设计人，先后完成了我国第一条实用化 8Mb/s、34Mb/s 和 140Mb/s 等 6 项国家、邮电部光缆通信重点工程，获国家科技进步奖、邮电部科技进步奖等多项荣誉。在 20 世纪 90 年代，领导开发的光纤通信产品大面积推广应用，取得显著经济效益。鉴于为发展中国的光纤通信技术和工业所作的贡献，1997 年被 IEEE 电机电子工程师协会选为 Fellow 会士荣誉称号。1977 年，赵梓森与团队成员在武汉邮科院，拉出我国第一根石英光纤。2000 年后，赵梓森先后采用自主创新技术，研制出我国第一套 3.2Tb/s DWDM（波分复用）传输系统，并在国内首次实现普通单模光纤以超大容量超密集波分复用传输 80km，传输总容量达到 100.23Tb/s，使我国站在了国际光通信技术与应用领域的前列。

赵梓森是我国光通信事业的奠基人、开拓者。他所在的武汉邮科院已组建成中国信息通信科技集团有限公司。他牵头引进的中荷合资长飞光纤，指导组建的烽火通信、光迅科技等公司都已成为我国光纤通信和通信光器件领域的龙头企业。2000 年，由其联合提议的“中国光谷（武汉）”，如今是全球最大的光纤、光缆和光电器件生产基地，最大的光通信技术研发基地之一，我国成为继美日之后的世界第三大光通信技术强国，光纤光缆和光纤通信系统设备市场份额占全世界 1/2 以上。

12. 雷清泉

雷清泉，1938 年 7 月 23 日出生于四川省岳池县，中共党员，中国工程院院士，著名高电压绝缘、电缆技术及工程电介质基础理论和应用研究科学家，博士生导师，国际上从事工程电介质基础理论研究的唯一院士，中国电工技术学会工程电介质专委会终身名誉主任。雷清泉院士 1962 年毕业于西安交通大学，1981 年公派留学德国汉诺威 Hannover 大学，1993 年被聘为日本大阪大学客座研究员。清华大学、上海交通大学、西安交通大学、武汉大学等特聘教授，四川大学双聘院士。他发明了半导电高分子粉末材料制备技术与压力—温度双参数传感器，在我国大庆、南海及渤海油田，国外苏丹、美国等油田被广泛应用，至今仍世界领先，成为国际上半导电高分子粉末材料的制备及压力温度传感器应用领域的开拓者。

1988 年，获得国家机械工业局“高聚物的热激电流与导电性”自然科学奖一等奖，相当于省部级一等奖，排名第一。

2001 年，获得“新型半导电聚省醌自由基高分子粉末材料的制备及其传感器应用”国家技术发明奖二等奖及发明专利一项，且均排名第一；同年，获得国家教育部颁发的全国模范教师称号。

2001 年，在全国电气绝缘领域承担了第一个关于纳米复合聚酰亚胺材料的国家自然科学基金重点项目，成为我国纳米电介质研究的开拓者与科学发展的引领者。

2002 年，获得“高聚物的热激极化松弛与载流子输运特性”黑龙江省自然科学奖二等奖，排名第一；同年，被选为黑龙江省特等劳动模范。

2003 年，荣获“黑龙江省优秀共产党员”称号；同年，当选中国工程院院士。

2009 年向香山科学会议办公室申请并获批在北京召开了第 354 次香山科学会议——“纳米电介质的多层次结构及其宏观性能”学术讨论会，作为大会主席作了题为“纳米电介质的结构及运动的时空多层次性及其思考”的主旨报告，在全国电气工程领域是首次举办，为纳米电介质的发展及纳米制造技术确立了理论框架，奠定了科学基础，指明了研究方向。

2003—2013 年，雷清泉院士担任西安交通大学电力设备电气绝缘国家重点实验室学术委员会主任，也是唯一担任过两届的学术委员会主任。

2010 年，获得黑龙江省“无机纳米 / 高聚物复合物的制备及介电性研究”自然科学奖一等奖，排名第一。

2009—2023 年，担任电子科技大学电子薄膜与集成器件国家重点实验室学术委员会主任，带领的国家重点实验室两次被国家科技部评为优秀。2008—2018 年，担任清华大学电机系电力系统及大型发电设备安全控制和仿真国家重点实验室学术委员会委员，担任华中科技大学强电磁工程与新技术国家重点实验室学术委员会委员，担任重庆大学输配电装备系统安全与新技术国家重点实验室学术委员会委员。

2021 年，获得“中国电介质物理终身成就奖”。

2023 年，获得“第一届工程电介质终身成就奖”，是至今我国获得此两项终身成就奖的唯一一位院士。2023 年，担任西安交通大学电工材料电气绝缘国家重点实验室学术委员会委员，担任哈尔滨大电机研究所水力发电设备国家重点实验室学术委员会委员。

雷清泉院士的主要著作有：《高聚物结构与电性能》和《工程电介质的最新进展》，这两本著作在国际高电压绝缘技术与电缆领域均属首次出版，成为国内外从事此领域的专家、学者必读的权威著作。另外，还参与编写了《电介质物理学》和编著了《雷清泉文集：中国工程院院士文集》。

13. 丁山华

丁山华，1947 年 8 月出生于江苏溧阳，中共党员，现任江苏上上电缆集团党委书记、董事长。1963 年，丁山华进入溧阳县机电厂，从工人做起，历任车间主任、生产调度、生产技术科长、生产科长和副厂长。1983 年调任溧阳县电线厂任厂长。1992 年调任市经济委员会任副主任，三年后因电线厂业绩急转直下，临危受命，再次回厂。又经过近 30 年的努力，将电线厂一路发展成世界线缆企业规模排名“中国第一、全球第七”的行业领军者。2018 年 11 月，丁山华被中宣部、发改委授予“诚信之星”称号。

1996 年，丁山华决定带领企业进军被国内视为“烫手山芋”的核电领域。在没有技术指导和经费支持的条件下，丁山华带领团队“蚂蚁啃骨头”、坚毅前行。1998 年，1E 级 K3 类核电缆成功研制，达到国内领先水平；2007 年，1E 级 K1 类核电缆成功研制，填补国内空白。2010 年年底，国家核电工程有限公司（简称国核公司）向国际开展世界首堆三代核电 AP1000 壳内电缆研制的招标。在国外公司中标三个月后突然弃标的情况下，国核公司找到丁山华，希望上上能够接下此份重任。丁山华也有过短暂犹豫：“如果失败，上上多年树立的品牌将受重创，不仅企业会受致命打击，我国投入巨资的三代核电发展进度也将受到重大影响。”但作为一名老党员，丁山华下定决心，担起重任，拼力一搏，将 AP1000 项目列为企业 1 号工程，全速攻关。从材料研制、产品设计、工装改进、工艺验证到产品定型，科研团队不分昼夜，连续作战，最多的一项产品曾试制 30 多次。经过一年半的攻坚克难，AP1000 壳内电缆不仅达到了各项指标要求，通过了一系列近乎苛刻的性能测试，而且在美国通过了条件极其残酷的高温射流冲击试验。2013 年 4 月 27 日，上上自主研制的 AP1000 壳内核电缆成功发货，一举填补世界空白。目前，我国在建、运行的核电站中都有上上集团的核电缆，上上核电站用电缆获得全国“制造业单项冠军产品”称号，研发制造水平已步入世界最前列。

2001 年，上上电缆改制成为民营企业，丁山华提出指引企业随后几十年发展并贯彻至今的战略目标：“精、专、特、外”。“精”：把产品做成精品，精益求精以质取胜；“专”：专注电缆主业，专业化生产，做精做专做批量；特：大力开发特种电缆，用高端产品打开高端市场；外：开拓国际市场，打造国际知名品牌。准确的定位，让上上成功走上了一条高质量发展之路。截至目前，上上已具备从 220V 家用电线到 500kV 全系列电力电缆及各种特种电缆的生产能力，年产值超 400 亿元，产品覆盖新能源、输配电、轨道交通等八大领域，远销全球 80 多个国家和地区。

以质量为基石的科学管理是丁山华几十年掌舵上上电缆企业行稳致远的“法宝”。“质量是企业的生命、员工的饭碗”“质量比天大，质量是面子、是尊严、是道德问题”“产品质量一定要确保万无一失，否则就是一失万无”。秉持高度的使命感和责任感，丁山华坚持“质量兴业”，几十年狠抓产品质量，质量是逢会必讲。独创的“以四个人人为核心的全员质量绩效管理模式”更是将员工技能、质量绩效与报酬紧密结合，变“要我做好”为“我要做好”，有效地将“质量第一”落到实处。在自动化、信息化、智能化的时代浪潮下，丁山华以“早转早主动”的觉醒积极拥抱转型，一次次成功为上上赋能。上上现已建成“现代化智能管理工厂”，企业管理真正从“小质量”走向“大质量”、从“粗放式”迈向“精细化”，质量、效率、效益均处行业前列，“四个人人”（人人有指标、人人有数据、人人都算账、人人当老板）模式已连续荣获第二届、第三届、第四届“中国质量奖提名奖”。

实业实干、实干兴邦。上上在制造强国之路上树立起电缆行业的一面实干旗帜，丁山华也为电缆行业树立了实实在在、心无旁骛做实业的企业家榜样。跨越半个多世纪的上上正朝着“百年老店”的目标锐意前进。

二、行业“创二代”

改革开放以来，在党的正确领导下，行业内的民营企业蓬勃发展，涌现出一批批企业家，他们以强烈的家国情怀，艰苦奋斗、勇立潮头，带领企业快速发展，实现从无到有、从弱变强。随着时代的发展，传承这个课题越发成为社会和企业家关注的焦点。如中天科技、青岛汉缆、宁波东方、亨通集团、上上电缆、远东电缆等企业的“创二代”们逐步从父辈接过“权杖”。他们不负社会和父辈的期望，坚守事业选择的初心使命，继承发扬老一辈企业家激流勇进、艰苦奋斗、敢闯敢干的光荣传统和企业家精神，积极投身时代发展的创新大潮，投身行业发展的蓬勃热潮，为经济社会建设添砖加瓦、贡献力量。

1. 薛驰

薛驰，1979 年生，中天科技集团有限公司总裁、江苏中天科技股份有限公司副董事长，硕士研究生学历，正高级工程师、高级经济师。

他立足本职岗位，务实进取，推动企业做大做强，领导企业跻身中国企业 500 强，蝉联江苏百强创新型企业前五、线缆行业第一。他踏实创新，带领企业瞄准关键核心技术难题，开发多个填补国内空白的产品，获得 7 个工信部认定的“单项冠军”产品。

他关爱员工，积极探索产业工人队伍建设改革的方法，在国内首创“精神家园工程师”工作制，切实关注员工健康、生活、精神等需求；创立“知识产权银行”，激发全员创新热情；构建多元薪酬激励体系，物质奖励与精神奖励相结合；搭建“中天工匠”“后备干部”“高级管理人员”等多层次、全方位的人才培养平台，畅通晋升渠道，鼓励员工再成长。

他具有强烈的社会责任心，积极参政议政、献计献策，入选江苏政协“最美政协委员——70 年 70 人”。他领导企业发布“环境、社会及治理（ESG）报告”，诚信守法，积极履行各项职责，保护员工合法权益，被评为南通市首届诚实守信模范；带领企业在各类公益事业中积极承担企业责任，累计捐款捐物超 2 亿元，获得 2018 年度江苏慈善奖。他本人资助多名贫困中学生，向贫困山区小学捐赠多媒体教室，捐献助学金；积极参加“慈善一日捐”等活动。

他先后获得全国劳模、国家技术发明二等奖、全国关爱员工优秀企业家、江苏省优秀企业家、江苏省“最美科技工作者”、江苏省优秀中国特色社会主义事业建设者、江苏省“青年双创英才”、江苏制造特殊贡献奖等荣誉。

2. 张大伟

张大伟，1987 年生，青岛汉河集团股份有限公司董事长、青岛汉缆股份有限公司监事会主席、青岛汉河氢能装备科技有限公司董事长、上海恒劲动力科技有限公司董事，是青岛市青年联合会委员、山东省青年联合会第十三届委员会委员、山东省企业管理研究会副会长、山东省电线电缆行业协会监事长、青岛市人大代表。

他重科技、重人才，善管理。其管理模式获第六届山东省企业管理创新成果奖。自 2017 年担任汉河集团董事长和国家工程中心主任以来，大胆探索、开拓创新，借助我国线缆行业唯一的国家高压超高压电缆工程技术研究中心、国家级技术中心和博士后工作站的平台优势，重视科研投入和企业技术创新能力建设，使公司具备了较强的电缆研究和开发能力，达到国内同行业领先水平。2020 年以来，他主持完成220kV交联聚乙烯电缆绝缘料、ERF-64/110kV乙丙橡胶软电缆等十余项行业重点“卡脖子”技术攻关，相关产品经中国电力企业联合会、中国机械工业联合会组织专家鉴定，达到国内领先、国际先进水平，打破国外垄断实现产业化，产品已经应用2022年冬奥会、建党100周年和建国70周年等重大活动供电系统。他还在行业内率先建立SAP ERP、BPM、智慧物联平台等信息化网络系统，建立起独特的生产管理和质量管理体系、名牌管理体系、营销管理体系。

张大伟通过大力实施管理创新、技术创新、人才创新，使其公司保持了强大的生命力，各项工作扎实推进，各业态发展蓬勃有序，实现了高质量的稳健发展。

3. 夏峰

夏峰，1985年生，宁波东方电缆股份有限公司党委副书记、总裁，第十四届浙江省人大代表、第十二届宁波市青年联合会副主席。主持和参与国家科技项目8项；授权专利19件（其中发明专利12件），发表论文15篇；参与制定国家标准2项；获省市级科技进步奖9项。先后被认定为浙江省151人才、首批浙江省高层次人才特殊支持计划青年拔尖人才、宁波市有突出贡献专家人才等多项荣誉。

夏峰领导的企业和带领的技术团队坚持开展如下工作：

（1）研发国内首根海洋脐带缆，实现我国深海油气开采核心装备自主可控　针对我国在深水油气开采方面关键技术装备长期被国外垄断的问题，夏峰团队依托国家科技项目，突破了水下生产系统“神经生命线”“卡脖子”技术。自2018年成功研发首根国产化大长度海洋脐带缆并在海南文昌成功投运以来，成功交付多个海洋油气开发用脐带缆产品，为我国海洋工程装备的国产化和南海深水油气田的开发提供了坚强的技术支撑。

（2）首创500kV光电复合海底电缆，助力实现我国“双碳”目标宏伟蓝图　光电复合海底电缆技术被世界各国公认的一项困难且复杂的大型技术工程，产品全部依赖国外进口。夏峰团队不断创新，突破高等级海底电缆多项技术瓶颈，2019年，世界首条交流500kV海底电缆在舟山500kV联网输变电工程上投入运行，开启了我国海洋输电的“超高压时代”；2021年，研发的浮式海上风电用动态缆应用于全球首个抗台风型漂浮式海上风电机组“三峡引领号”，标志着我国海上风电走向深海。

（3）攻克柔性直流海缆（电缆）关键技术，构建全球能源互联网　夏峰团队在承担国家863课题的基础上开发了柔性直流电缆关键技术，并于2020年受邀成为荷兰±525kV柔性直流海底电缆系统研发项目合作商，成功中标欧洲HKWB海上风电项目，这是我国线缆制造商在欧洲高端市场的重大突破。2021年，自主研发的±535kV直流电缆成功应用于北京冬奥会张北柔直工程，推动能源转型、服务绿色冬奥。

（4）以科技创新为根基，勇担社会责任　夏峰团队在不断提升企业核心竞争力的同时，助力抗疫勇担社会责任。2020年11月，圭亚那新政府执政刚逾百天，因水下电缆损坏导致首都供电中断，叠加圣诞节用电高峰和疫情因素，圭亚那政府将其定义为“国家紧急状况”，向我国使馆求助，指定东方电缆承担此次抢修工作。夏峰团队以国家利益大局为重，迅速组建技术组，分析故障原因，制定解决方案。面对严峻的疫情形势，技术组克服疫情、天气等多种不利因素，奋战23天，圆满完成使命，为中圭友好关系深入发展贡献力量。

当前，基于国家、省、市新能源发展战略和国际客户可持续发展要求，夏峰带领公司积极践行低碳护海，树立绿色转型“硬核标杆”，以数字化、智能化和低碳化发展为中心，在绿色技术研发和清洁能源应用领域中持续技术投入，聚焦为客户、伙伴及产业链上下游创造价值，为绿色可持续发展提供新的行业范例，推动产业和经济创新转型。

第2章 院校线缆工程学科建设与人才培养

第1节 西安交通大学

1896 年，盛宣怀先生在上海创办了南洋公学（交通大学前身），建立下院、中院、上院，成为中国最早的现代教育学堂之一，对于我国新式系统学制的建立起到开拓作用。1908 年，我国著名教育家，时任邮传部高等实业学堂（1906 年更名）监督的唐文治先生开办了我国历史上第一个三年制的电机专修科，举办电机专业，开创了我国电气工程高等教育的先河。1956 年，交通大学主体西迁西安，电气工程学科随之西迁到了西安。

1. 学科简史

1952 年交通大学电工器材制造系在陈季丹教授主持下新设我国首个四年制的电气绝缘与电缆技术专业（简称绝缘专业），并招收首届 20 名本科生。1953 年成立电气绝缘教研室并招收首届 5 名研究生，开启了我国电气绝缘与电缆技术专业高等教育；1954—1956 年，在苏联莫斯科动力学院曼特洛夫专家协助指导下，通过培养师资和筹建实验室为专业的发展奠定了基础。

从 1956 年开始，绝缘专业 1955 级本科生第一批西迁到新校续读二年级。1957—1958 年，绝缘专业师生陆续随校西迁。绝缘教研室（属于电工器材制造系）共有教师 13 人，留上海 3 人，其余 10 人随校迁往西安，包括教授陈季丹（图 122），讲师王绍先、于怡元、刘耀南、刘其昶、邹兆年，助教马乃祥、傅玲玲、姚培洪、黄华庭。在迁校准备过程中，教研室主任陈季丹教授不仅带头支持和响应西迁决定，而且通过家访了解青年教师西迁的实际困难，以保障本专业西迁后有坚实的师资力量以及学科发展后继有人。

图 122　陈季丹教授组织教学讨论

交通大学主体迁校西安时，绝缘专业在上海保留了一个小的底子，1958 年下半年，由第一届本科毕业生陈益新、王寿泰等筹建绝缘专业。1959 年 7 月国务院决定“交通大学上海、西安两部分分别成立上海交通大学和西安交通大学”，并明确要求“目前西安交通大学在师资及高年级学生方面，应予上海交通大学以适当的支援”。后由交大上海部分的领导赴交大西安部分协商调回部分教师，正式建立交大上海部分的电气绝缘教研室。

1963 年根据学科研究发展的需要，成立了独立的电气绝缘研究室，也是原高教部直属首批 18 个专门研究室之一。

西安交通大学的电气绝缘专业，1981 年成为我国首批硕士点、博士点及博士后流动站；1988 年被评为国家重点学科；2002年、2007年、2012年，高电压与绝缘技术学科又多次被评为国家重点学科。2007年电气工程专业被评为一级国家重点学科。2023年，重点实验室面向国家重大需求，重组为“电工材料电气绝缘全国重点实验室”。

70年辛勤耕耘，电气绝缘专业桃李满天下，先后培养出近两万名本科、硕士和博士毕业生。他们已经成长为院士、教授、研究员、工程师、企业家、管理者等，在各自岗位上担负着重要职责，为我国工业、科技和国防的建设与发展做出了重大贡献，同时也为电气绝缘专业赢得了崇高声誉。

电气绝缘学科是由多学科交叉融合的学科，她以电介质物理与电介质化学为基础，以电气绝缘设计和测试为手段，以电气材料与电力设备为对象，涉及电气电子工程、材料科学与工程、计算机科学与技术、生命科学等领域，充满开拓性和活力，具有很强的生命力。

2. 专业教学与教材

（1）电介质物理 电介质物理学是随着20世纪电气工程的发展而形成的一门凝聚态物理学分支，是与金属学、半导体物理学并列的应用物理学科。其主要内容涉及电介质的组成、结构、杂质等微观特征与其宏观介电性能（极化、电导、损耗、击穿等）的关系，电介质的电、光、热、机械功能特性转换，以及温度、压力、电频率等物理条件对电介质性能的影响。电介质物理学作为电气绝缘专业理论基础。

1954年9月，陈季丹先生开始给首届绝缘专业学生授课，从此成为我国讲授电介质理论课程和研究电介质特性的开拓者。电介质物理最早的教学大纲主要来自苏联大学该专业的《电介质理论教学大纲》。教材讲义包括400页正文，120条参考文献及5个实验，约30万字。教学内容较完整地包括电介质的极化、电导和击穿。尤其值得注意的是，当时的课程还包括介电特性及其微观参数测量的实验内容，这有利于培养学生对电介质的理解和实验研究能力的提高。学生的主要参考书有：斯卡那维著《电介质物理学》（弱电场部分）和华耳特尔主编的《电介质物理学》。

1962年，教研室开始组织自编教材讲义。第一本《电介质物理学》教材讲义是根据陈季丹先生的讲稿和讲授内容，由徐传骧、伍学正等执笔编写。这一时期还组织翻译了斯卡那维著《电介质物理学》（强电场部分）。由于特殊原因，这两本书稿都没有正式出版。

1982年，由陈季丹、刘子玉先生任主编，组织编写并出版了我国第一本《电介质物理学》全国通用教材，这是以陈季丹先生为代表的电介质物理学教学组多年教学心得的结晶。

1996年，金维芳教授对《电介质物理学》进行了修订，新版《电介质物理学》于1997年在机械工业出版社出版。修订后的教材内容比较精炼，更加适合于减少课时后的本科生教学使用。

2009年，李盛涛、李建英、钟力生教授教学团队承担的“电介质物理学”课程入选“国家精品课程”。

（2）电介质化学 在1966年以前，材料课程的教材基本上采用苏联大学的教材，以有机合成高分子为中心。1955年使用的《高分子电介质》，主要包括高分子电介质的一般性质和制备方法、各种高分子电介质的制造、性质和应用；1956年增加了有机化学基础内容；1961年增加了低分子化合物的结构和性能，从低分子化合物合成高分子化合物，高分子化合物的裂解和老化，元素有机、半有机和无机化合物等新内容。

1972—1977年，新编写了《绝缘材料的化学和物理基础》一书，强调包含各种绝缘材料、性能及其应用，把一些实用性理论放在有关材料内容中作简要介绍。

1996年后，电气学院扩大公共基础课程学时并紧缩专业学时，绝缘专业的几门化学课程成为紧缩对象。为此，巫松桢、谢大荣、陈寿田、俞秉莉教授编写了《电气绝缘材料科学与工程》一书，以适应教学改革的要求。

（3）电气绝缘结构设计原理 电气绝缘结构设计原理是绝缘专业本科生必修的专业课程。最早开课于1958年，课程名称为“电气绝缘设计和计算”，教材基本上采用苏联专家带来的内容。从20世纪50年代末开始，绝缘专业师生参加了大量工厂实践活动，生产和科研充实了教学内容，随后编写的教材内容更为丰富。为适应生产实际的要求，1957年编写的《绝缘结构设计和工艺》，增加了电气设备制造中若干典型绝缘工艺的内容。随着毕业生就业范围的扩大和大量毕业生走向电力部门工作，以及学校教学计划的调整，1980年编写的教材增加了必要的高电压工程和电气设备运行方面的知识。在此基础上出版了刘其昶先生编写的全国通用教材《电气绝缘结构设计原理》，后由谢恒堃教授改编再版。

（4）电气绝缘测试技术　从20世纪50年代开始，电气绝缘测试技术教学内容几乎是完全照搬苏联的教材，只限于绝缘材料性能的测量，内容比较粗浅，但很具体实用。

1960年，结合我国实际情况，不断地扩大知识面，增加了局部放电、电老化、试验数据处理等内容。之后的一段时间工作有所停滞，直到1970年后期才开始重整旗鼓，总结以往的教学经验。

1981年，刘耀南先生编写出版的《电气绝缘测试技术》全国通用教材，为本课程的教学打下了坚实的基础。

随着20世纪80年代生产、科学研究的迅速发展，对绝缘测试技术提出了许多新的要求。通过总结前10多年的发展，刘耀南、邱昌荣教授于1994年编写出版了《电气绝缘测试技术 第2版》，增加了绝缘结构的性能测量、介电谱测量、空间电荷测量等，内容更加广泛深入。

（5）电力电缆结构设计原理　20世纪60年代初，刘子玉先生主持编写了《电力电缆结构与设计原理》一书，首次把电力电缆基础理论引入我国的高等教育中，后成为全国高等教育通用教材，也为我国电力电缆的设计与制造奠定了理论基础。

第2节　哈尔滨理工大学

哈尔滨理工大学由机械工业部所属的哈尔滨科学技术大学、哈尔滨电工学院和哈尔滨工业高等专科学校于1995年合并组建而成，1998年划转黑龙江省，实行中央与地方共建、以地方为主的管理体制。学校认真贯彻党的教育方针，全面落实立德树人根本任务，扎根黑龙江，深耕机电行业，矢志艰苦奋斗，发展成为综合实力强劲、办学特色鲜明的国内“双一流”高校，是省属规模最大的理工科大学，为我国装备制造业发展和黑龙江经济社会建设做出了重要贡献。哈尔滨理工大学电缆专业是在哈尔滨电工学院电缆专业全部班底基础上组建的。

1. 学科简史

哈尔滨电工学院始建于1950年1月26日东北电器工业高级职业学校。1958年，经第一机械工业部批准改建为哈尔滨电工学院，开始招收本科生。1977年开始招收研究生。1995年4月学院与哈尔滨科学技术大学、哈尔滨工业高等专科学校合并，成立哈尔滨理工大学。

20世纪40年代末，随着哈尔滨、沈阳等大城市逐步解放，新中国成立的曙光已经近在眼前，尽快恢复国民经济成为当时中国共产党和人民政府的首要任务。百业待兴，工程技术人才十分缺乏。在这样的背景下，东北人民政府为恢复经济，培养东北地区电器工业中级技术人才，决定创建东北电器工业高级职业学校。

1950年1月26日，东北人民政府工业部电器工业管理局接管原抚顺市第二中学，并改校名为东北电器工业高级职业学校。设置电机、电讯、机械、工厂管理、工厂会计、电缆、电器应用化学共7个专业(科)。同年3月12日，东北电器工业高级职业学校正式开学。

1952年10月18日，为适应哈尔滨电机厂建设和发展需要，东北电器工业高级职业学校由抚顺市迁往哈尔滨市香坊区马场并改校名为哈尔滨电机工业学校。

1953年4月，学校更名为哈尔滨电器工业技术学校，隶属关系划归中央人民政府第一机械工业部。同年，原北京机械制造学校电机专业并入，学校更名为哈尔滨电器制造学校，当时在校学生为781人，教职工25人。设电机制造、电器仪器、电缆电线制造、工具制造、机床设备、企业计划、厂房及住宅建设共7个专业。

1955年，电线电缆专业（中专，哈尔滨电器制造学校）开始招生。

1956年，学校更名为哈尔滨电机制造学校，隶属关系转为电机制造工业部。

1958年6月，为了适应国家电机工业发展需要，哈尔滨电机制造学校改建为哈尔滨电工学院，由中专升格为本科，开始招收本科生。

1982年，所属二级学科“电工材料与绝缘技术”获硕士学位授予权。

1998年，所属二级学科“高电压与绝缘技术”开始招收博士研究生。

2. 师资力量

1958年哈尔滨电工学院成立后，先后举办了电工、理化、语文师资培训班，有效补充了师资力量；至1965年，大批清华大学、西安交通大学、哈尔滨工业大学和吉林大学等高校毕业生充实到学院教师队伍，同时学院派出到清华大学、西安交通大学和上海交通大学进修的教师陆续学成归校。20世纪80年代，学院调入和选留研究生、优秀本科生充实教师队伍，选派中青年教师出国和到国内重点院校进修。例如：雷清泉教授1962年毕业于西安交通大学，曾任哈尔滨电工学院教授，现任哈尔滨理工大学教授、博士生导师，高电压与绝缘技术国家级重点学科带头人，中国电工技术学会工程电介质专业委员会终身荣誉主任。

3. 学生规模

1958年第一机械工业部批准哈尔滨电工学院设置电机系、电材系2个系，4个专业，在校学生规模定为4000人。1958—1976年，学院毕业生总数达2082人。1977年国家恢复高考后，当年招收新生6个专业，6个班，共240人，在校生达900人（含进修生60人），其中研究生5人。1988年学院设置5个系，2个教学部，11个专业。1995年，拥有7个系、4个教学部，18个专业，6个硕士点，二级重点学科2个，本科生2855人，研究生94人。其中，电缆专业已培养学生近3000名，同时为电线电缆行业培养了大量从事电气绝缘与电缆制造、研发、教学和运行维护等工作的骨干专业技术人员，享有电线电缆行业“黄埔军校”之美誉。

4. 特色课程与科研成果

学院开设的与电线电缆有关的课程有：电介质物理、电气绝缘测试技术、电气绝缘结构设计原理与CAD、电工用聚合物原理、电缆材料、光电传输原理、电缆工艺原理、光纤通信、高分子绝缘材料化学基础和电气测量。

电缆专业教研室主要从事的研究工作有：110kV及以上电压等级超净交联聚乙烯电缆绝缘材料的研究及产业化；紫外辐射交联电缆制造技术与设备；基于纳米复合物的直流超高压电缆绝缘料的研究；基于光纤传感的电力设备监测技术研究；非线性绝缘电介质理论、测试技术、材料开发及应用；聚合物/层状硅酸盐无机纳米复合物介电性能；无机纳米杂化聚酰亚胺膜制备及其耐电晕老化机理；电介质微区介电行为测试表征方法及设备；电、磁场处理对聚合物材料结构和介电性能影响；高端聚合物电缆材料开发。

第3节　河南工学院电缆工程学院

1995年，时任校党委书记孙怀玉提出“把学校引向社会，将竞争引入学校”的办学理念，带领教师开展广泛调研，问计于社会，请教于厂长。时任河南金龙电缆集团有限公司卫小玉厂长强烈建议：开设“电线电缆”专业，承诺十年内包分配。于是孙怀玉书记便提出“2+1”产学合作育人模式，提出了学校和企业两个育人主体的教育理念，并获批教育部“2+1”教学模式改革立项。电线电缆专业正是在这一全新的教育理念下诞生的。

1998年，根据社会和电缆行业人才需求，学校与河南金龙电缆集团有限公司联合申报了教育部专业目录外特设“电线电缆制造技术”专科专业，2003年被教育部评为“高工专示范专业”，2004年获得国家教学成果二等奖。2017年，获批河南省特种电缆绝缘工程技术研究中心，同年获批教育部目录外“电缆工程”本科专业，2018年获批河南省“高电压与绝缘技术”重点学科，2019年成立电缆工程学院。2020年获批电缆工程专业河南省一流本科专业建设点和河南省线缆材料与结构重点实验室，2021年获批河南省电缆现代产业学院，2022年获批河南省电缆特色学院，2023年获批河南省电气工程重点学科。

1. 专业建设

1998年第一届电线电缆制造技术专业开始招生，学生数量为47人，聘请哈尔滨理工大学郑玉东、任中毅、韩中洗、张云廉等教授作为专业课教师。电缆教研室主任为郭红霞，教师有郑先锋、乔月纯、梁蕊、常玉琳、周树栋、范立群、杨德鑫等。

2019年根据学科专业发展的需要，成立了电缆工程学院，设有电缆工程教研室、电气绝缘教研室、电缆工程实验中心。近30年辛勤耕耘，电缆专业桃李满天下，先后培养出4000余名毕业生。他们已经成长为教授、工程师、企业家、管理者等，在各个岗位上担负着重要职责，为电缆行业的发展做出了重大贡献。

2. 主要教材与教学

（1）《电缆制造技术基础》 2017年出版，王卫东主编，本书以电线电缆相关知识为主线，溯源了电线电缆的发展历史，概述了产品分类及不同类型电缆产品的结构、用途、型号编制和技术标准，对电线电缆生产中使用的材料、机械设备、工艺过程、结构计算、过程检验及质量控制分别进行了介绍，还对电缆盘具的使用和选择、包装储运、电缆载流量及电缆选型进行了分析，并将电线电缆的相关认证加入了本书，对电线电缆制造中的新技术、新产品及热点问题都进行了介绍。

（2）《电缆工艺技术原理及应用》 2011年出版，王卫东主编，本书在韩中洗编写的《电缆工艺原理》基础上，结合电缆企业工作经历并结合行业发展情况，以电缆企业工程应用为基础，适度扩展了金属加工技术和高分子材料加工基础理论知识。全书按照电缆生产工序展开，依次讲述了精炼、制杆、拉线、退火、绞线、挤塑、交联、橡料加工、硫化、成缆、绕包、装铠、编织、金属护套等制造技术和工艺原理，并对双金属线、新型架空导线、矿物绝缘电缆等部分特殊产品的制造工艺进行了介绍。

（3）《电线电缆材料——结构·性能·应用》 2012年出版郭红霞主编，本书以电缆材料的结构—性能—应用为主线，系统地介绍了金属材料、高分子材料、复合材料等电线电缆行业使用较多的各种材料，以通俗简洁的语言深入浅出地介绍了结构及其使用环境和性能的关系，本书除了具有科学性、系统性的特点，还特别兼顾了简明性、实践性，同时展示了电线电缆材料领域的新成就和发展趋势。

（4）《电线电缆结构设计》 2011年出版，乔月纯主编，本书主要讲述电力电缆典型结构、1~35kV电力电缆及特种电缆结构设计、电缆电气参数和电磁力计算、电缆电场分布和绝缘厚度设计、电缆金属护层感应电动势和损耗、电缆热流场特性和载流量、电气装备用电线电缆结构等。本书以电线电缆职业岗位群的基本知识和核心技能为出发点，结合国内外电线电缆制造技术的发展，引入最新的国家和行业标准或设计规范，本着“理论以必需、够用”为原则，在注重基本理论、基本概念、基本分析方法的基础上，突出应用性、综合性，力求提高学生查阅相关标准和规范的实际应用能力，以及分析问题和解决问题的能力。

（5）《通信电缆结构设计》 2013年出版，倪艳荣主编，本书在郑玉东主编的《通信电缆》基础上，根据电缆行业的发展，删除了用于长途通信的综合同轴电缆、对称电缆（铁路信号电缆除外）等内容，增加了高频数据电缆相关内容。该教材主要从通信电缆的基本理论出发，逐步阐明通信电缆的结构设计、生产工艺及测试方法。同时也对通信电缆回路间的相互干扰特性、外界电磁场对它们的影响以及对这些影响的防护作了介绍。其主要内容包括通信电缆的电气特性、对称电缆、射频同轴电缆、串音及串音防卫度、电缆的生产工艺及测试等。

（6）《电线电缆制造设备电气控制原理及应用》 2014年出版，戚新波主编，本书是“十二五”职业教育国家规划教材，系根据电线电缆设备电气控制的实际和未来发展趋势进行编写。包括电缆设备用继电器、接触器、PLC及变频器的控制方法，内容翔实、丰富，理论联系实际，填补了电线电缆制造设备电气控制教材的空白。

第 4 节　无锡工艺职业技术学院

无锡工艺职业技术学院是隶属于江苏省教育厅的全日制普通高等学校，是江苏省中国特色高水平高职学校建设单位、江苏省示范性高等职业院校、教育部高职高专人才培养工作水平评估优秀院校。学校坚持差异化、特色化发展战略，主动对接地方产业，积极融入区域经济社会发展。建校 90 多年来，学校坚持以立德树人为根本，实施“双元双创双融”人才培养模式，不断深化教育教学改革，现已发展成为以紫砂陶为特色，以艺术设计为重点，覆盖电线电缆、眼视光技术、物联网技术、电子商务等艺工文商相融合的综合性高职院校。

1. 学科简史

从明至清，实业教育救国的呼声日益高涨。1933 年 7 月，经国民政府批准，窑业科与公立宜兴职业学校脱离，正式独立建校，校名为“江苏省宜兴初级陶瓷科职业学校”。

1937 年 10 月 1 日，日本侵略者占领宜兴，学校被迫解散，学生各自回乡。

1945 年，抗日战争胜利后，国民政府要求恢复各省属学校，要求宜兴县政府清查江苏省宜兴初级陶瓷科职业学校的情况。由于学校原址已遭焚毁，宜兴旅镇同乡会和宜兴县政府上书省教育厅，建议借用耀民桥（现丁蜀大桥）北堍民立医院及陶业联合营业社作为校址恢复办学。1947 年，国民政府批准复办并更名为“江苏省立宜兴陶瓷科职业学校”。学校重新组建，设立行政、教学班子，招收学生，实行半工半读。

新中国成立以后，江苏的陶瓷工业走上稳步发展的道路。但是，陶瓷工业设备亟待更新，陶瓷产品及其工艺技术的迅猛发展与陶瓷专业技术人才严重短缺的矛盾日益突出。1958 年春，经中共宜兴县委研究决定：以宜兴县丁蜀镇陶瓷技术研究所的专业研究人员为骨干教师，在宜兴丁蜀陶瓷职业高中的基础上创办“陶都工业大学”（图 123）。1958 年秋，陶都工业大学开始招生，设硅酸盐、电机 2 个专业，校址在丁蜀镇宜兴县陶瓷实验工场。

图 123　1958 年陶都工业大学校门

1959 年 9 月，经中共宜兴县委和县人民委员会研究决定，“陶都工业大学”更名为“宜兴县陶瓷工业学校”，由县工业主管部门主办。同年，学校变更为江苏省轻化工业厅主管中专学校，更名为“江苏省宜兴陶瓷工业学校”，学制 3 年。

1985 年 8 月，经江苏省轻化工业厅批准，学校更名“江苏省宜兴轻工业学校”。

2003 年 12 月，学校与宜兴电缆行业龙头企业江苏远东集团签订《校企联合定向办班协议书》，商定于 2003 年起为江苏远东集团联合定向培养电线电缆专业学生，并从学校 2003 年秋季招收的初中毕业生 3 年制电线电缆专业中专生中选取 28 人作为定向培养对象。定向培养班按照学校与企业双方商定的教学计划实施教学，企业专业技术人员到校参与班级授课、开展技术讲座等。定向班学生的认识实习、教学实习、顶岗实习等实践教学环节主要安排在企业进行，同时企业根据学生意愿负责落实合格毕业生的就业工作。电线电缆专业定向班的开设，是学校与企业开展定向培养的积极探索与尝试，为学校升格后与江苏远东集团等重点骨干企业开展更深层次的“订单式”培养奠定了良好基础。

2004 年 3 月，学校向上级主管部门递交《关于申办“商务日语”“电线电缆”两个高职专业的请示》（苏宜轻校〔2004〕003 号），这 2 个五年制高职专业也于当年下半年升格为高职院校后开始正式招生。

2004 年 7 月，江苏省人民政府决定在江苏省宜兴轻工业学校、江苏广播电视大学宜兴学院基础上，建立无锡工艺职业技术学院，升格为专科层次的普通高等学校。自此，学校开启了高职教育办学的新篇章。

2006年9月，学校从丁蜀校区整体搬迁至宜兴校区，逐步实现办学中心的转移，为实现跨越式发展奠定了坚实基础。

2007年9月，学校“电线电缆制造技术”专业开始招收3年制大专生。

2. 师资力量

电线电缆制造技术专业现有专任教师10名，兼职教师12名。专任教师中，3人具有机械工业人才评价管理人员资格，5人具有高级考评员资格，4人具有考评员资格。拥有国家级技能大师1人，正高级职称1人，博士1人，江苏省“333高层次人才培养工程”培养对象1人，江苏省“青蓝工程”培养对象1人，无锡市职业技能鉴定中心企业技能人才评价电线电缆考评组组长1名，1名教师担任中国电工技术学会电线电缆专业委员会会员，2名教师担任江苏省电线电缆行业协会专家团成员，2名教师担任广东省光电线缆专家委员会委员，80%以上教师具有企业一线工作经历。

3. 特色办学

电线电缆制造技术专业每年招生规模150人左右，现有在校生445人。专业与行业内多家骨干企业合作，先后开办了“远东电缆班”“亨通电缆班”“上上电缆班”“万马电缆班”等订单式人才培养班，形成了订单办学规模效应。目前，无锡工艺职业技术学院是江苏省内唯一开设电线电缆制造技术专业的高职院校，现建有省内唯一的省级电线电缆制造实训基地和省级线缆材料与工艺工程技术研究开发中心；专业先后被列为“中央财政支持高等职业学校提升专业服务产业能力项目建设专业”“江苏省高等职业教育高水平骨干专业”“无锡市职业教育现代化特色专业”“无锡市重点建设专业”“无锡市职业教育现代化专业群”，主持修订教育部《高等职业学校专业教学标准》和《职教教育实训教学条件建设标准》（电线电缆制造技术专业）。

电线电缆制造技术专业已培养学生近1600名高素质技术技能人才，主要从事电线电缆（光纤光缆）成品检测员、质量工程师、工艺技术员、生产计划员、作业指导员、客户经理、营销服务等岗位的专业技术人员。

4. 特色课程

学院开设与电线电缆有关的课程有：电线电缆制造设备与工艺、光纤光缆制造技术、电线电缆结构设计、电线电缆产品检验、电线电缆材料、电力电缆设计与应用、通信电缆、电缆料配方设计、电缆的选型与敷设。

5. 科研成果

电线电缆制造技术专业目前主要从事的研究工作有：低烟无卤电缆料的制备及其性能研究、橡胶配方设计研究及其应用、EVA电缆料低烟无卤阻燃技术研究进展、低烟无卤阻燃汽车线材料研究、矿用电缆护套材料配方研究、超薄壁汽车线压缩导体的设计和制造、高压用XLPE的过氧化物交联制备工艺、纳米二氧化硅增强聚氯乙烯韧性和塑化性能的研究。

6. 校企合作

与亨通集团完成《光纤光缆制造工》国家职业资格标准1项，校企合作项目获批江苏省职业教育校企合作示范组合，合作编写出版《光缆制造技术》《电力电缆制造技术》等系列教材4部。其中，1部教材入选“十三五”职业教育国家规划教材。与无锡江南电缆有限公司合作开发江苏省职业技能等级题库，合作开展江苏省职业教育体系贯通培养项目，校企合作模式获评无锡市职业教育名校名企合作项目。学校与远东电缆有限公司、江苏亨鑫科技有限公司的校企合作模式获评“无锡市职业教育校企合作示范项目”。校企合作经验也被中央电视台在2013年两会期间作了专题报道，并入编教育部的“高校产学研优秀合作案例集”，成为校企合作典范。

第5节　郑州电缆技工学校

郑州电缆技工学校原名郑州电缆厂技工学校，成立于1959年。郑州电缆厂建成后，第一机械工业部于1959年批准郑州电缆厂技工学校开始首批招生。学校在办学过程中先后获得省优级、省重点称号，是首批“河南省职业教育特色院校”、河南省职业教育先进集体、河南省校企合作先进单位、国家级职业技能鉴定站、首批“郑州市高技能人才培养示范基地”。从昔日的“厂办技工学校”，发展到如今有口皆碑、人才辈出、深受各界支持的优质职业院校，郑州电缆技工学校以“培养国家栋梁，塑造民族未来”为己任，秉承“崇德尚技，博学精工”的校训，坚持“立足郑缆、服务电缆”的办学宗旨，为社会输送了大量优秀的高技能人才，为电缆行业企业可持续发展和地方经济建设做出了巨大的贡献。

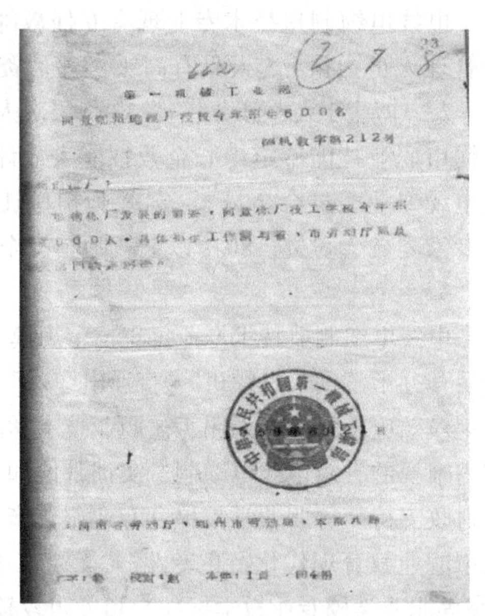

图 124 第一机械工业部批文

1. 学科简史

20 世纪 50 年代，我国电力工业蓬勃发展，鉴于电线电缆制造工艺要求和线缆制造技术人才的短缺，1959 年 9 月经第一机械工业部批准成立郑州电缆厂技工学校，同年开始首批招生（图 124）。

1961 年秋，因国民经济调整，学校停办。

1964 年春，经第一机械工业部教育局批准，成立了“郑州电缆厂半工半读中等技术专科学校”，设置“电线电缆”和“金属加工”两个专业，先后于 1964 年秋和 1965 年秋各招收 100 名初中毕业生。

1975 年 7 月，开办“七二一工人大学”，设置电缆、机械制造专业，招收学员 37 名。

1978 年，设置机械制造和电线电缆专业。

1980 年春，经第一机械工业部批准，恢复郑州电缆厂技工学校，于当年秋天开始统一招生。开设“电线电缆”和“电工机械”两个专业，专业特色鲜明，注重实践操作和技能培养。学制分别为两年和三年（招收对象分别为高中毕业生或初中毕业生），理论教学与生产实习的时间为 1∶1。通过两年（招收高中毕业生）或三年（招收初中毕业生）的文化、技术和专业理论课及生产实习课的教学，使学生对所学专业达到四级技工的“应知”、“应会”要求，并把学生培养成有理想、有道德、有文化、守纪律的合格技术人才。同年，受机械工业部电工总局委托，组织 9 名工程技术人员编写了“电线电缆工人技术教育教材”，包括《熔压工艺》《裸线电线制造》《橡皮绝缘电力电缆制造》《塑料绝缘电线电缆制造》《油浸纸绝缘电线电缆制造》《电线电缆检测》6 个分册，计 80 万字。该套教材的出版，贴合生产实际，有非常强的实用性，弥补了电缆行业技术工人层次教学教材的空白。教材出版发行后，除满足本厂电线电缆技术工人培训需要外，还满足了同行业 400 家企业对培训教材的需要，为电缆行业的职工教育工作做出了应有的贡献。

1980 年 6 月，一机部对学校进行复查和验收，以（1980）一机教字 816 号文正式批准郑缆开办职工大学，定名为“郑州电缆厂职工大学”。学制三年，采取脱产办学形式，设置电线电缆、机械制造两个专业。

1984 年 4 月，经机械工业部机教函字 756 号文批准，教育部及河南省教育厅备案，成立“郑州电缆厂职工中等专业技术学校”，设置电线电缆工艺、机械制造工艺、工业电气自动化、工业企业管理 4 个专业。采取脱产、业余两种办学形式，学制分别为三年、四年。

1993 年，在学校正常招生办学的前提下，为满足电缆企业对技能人才需要并要兼顾企业的生产经营，学校开始设立电线电缆制造技术人员短期培训班，为电缆行业职工从业后提升个人技能水平进行再深造提供了平台，也为电缆行业、企业发展提供了新动能。

2003 年 12 月，经河南省劳动和社会保障厅批准，学校更名为郑州电缆技工学校。

经过 60 余年的艰辛磨炼，郑州电缆技工学校已形成了以电线电缆制造专业为主，多学科协调发展的专业格局。学校将一如既往地紧跟最新行业技术发展趋势，不断优化课程设置、深化教学改革、强化培训管理，为电缆行业创建学习型企业、建设技能过硬、爱岗敬业、务实创新、超越自我、乐于奉献的技能型人才队伍提供服务，做出了巨大的贡献。

2. 线缆专业

学校电线电缆制造专业以其优秀的师资力量和丰硕的科研成果而闻名。近几年通过“产学研”一体化发展，组建了数十位行业知名专家参与的专家委员会，同时建立了具有丰富教学经验和企业技术管理经验的高级工程师、高级技师为主的多名电线电缆专业双师型优秀教师队伍。学校电线电缆制造专业的教师们在电缆新材料、电线电缆制造工艺等领域取得了一系列重要的科研成果，为该专业在学术上的充分发展注入了源源不断的活力。

学校在电线电缆制造专业的课程设置上，从最初简单的电线电缆制造制作技术逐渐演变为涵盖了电缆材料、生产工艺、设计与制造、电线电缆制造应用等多个领域的综合性专业，充分结合电缆行业的最新技术和发展趋势，设置了包括电线电缆制造基础知识、电缆设备、电缆材料、电缆检测技术、电缆结构设计、裸电线制造工艺学、塑料电缆制造工艺、通信电缆结构设计、橡皮电缆制造工艺、绞制工艺学、拉线工艺学等满足各层次教学需求的丰富课程内容。

3. 取得成就

郑州电缆技工学校职工大学在1997—2002年期间为我国电线电缆技术领域累计培养了783名优秀技术人员，其中1988届学员王彩霞成长为中超电缆总工程师；职业中专在1984—1987年期间共计培养了310名毕业生；1993—2024年共举办70期电缆短训班，累计有2806名来自全国各地电缆企业选送的优秀员工在学校进行了电缆专业知识的系统学习；郑州电缆技工学校从1959年建校至今为电线电缆行业培养了6075名具有专业技能的电线电缆制造专业毕业生，学校毕业生最初阶段仅为郑州电缆厂一线生产制造工人，随着电线电缆行业2002年以后的发展壮大，学校毕业生遍布全国知名电缆生产基地，如江苏宜兴、安徽无为、河北宁晋等地。很多毕业生已成为电缆企业的一线主机手、工段长、车间主任等生产骨干和技术能手。

第3章 技能人才鉴定与培育

第1节　线缆职业技能鉴定机构

一、机械工业职业技能鉴定指导中心线缆分中心

2003年1月9日，经国家劳动和社会保障部批准，“机械工业职业技能鉴定指导中心线缆分中心”（简称“线缆鉴定分中心”）在上海电缆研究所挂牌成立，当时其成员有奚根娣、陈根英、陈幼明。

线缆鉴定分中心是线缆行业职业技能鉴定工作的组织实施、监督协调机构，接受机械工业职业技能鉴定指导中心的指导和委托，对全行业鉴定站（点）等考核机构进行技术监督检查，组织实施考评人员培训与考核，参与制定国家职业分类、职业标准有关线缆行业的技术文件，组织线缆专业工艺教材和考核试题的编写，参与线缆行业全国职业技能竞赛的组织工作，推行国家职业资格证书制度，开展职业技能鉴定的学术理论研究。

从此，我国线缆行业的职业技能鉴定体系开始建立并逐步完善。

二、鉴定站（点）

鉴定站（点）是具体实施职业技能鉴定的考试和考核场所，必须具有与所鉴定的工种及其等级相适应的考核场地、设备、检测仪器和基础设施等，具有相应的考核人员，有必要的规章制度和计算机考务管理。

鉴定站（点）受理职业技能鉴定的申请，组织申请者按规定进行考试，负责考试过程中的考务管理，按规定组织阅卷评分，汇总考试成绩并向线缆鉴定分中心提供鉴定评价报告。

设立鉴定站（点）要符合择优选择、合理布局的规划。对应我国行政区域划分，原则上一个省（自治区）设立一个鉴定站（点），个别线缆制造企业密集的省也可以设立两个鉴定站（点）。

线缆鉴定分中心负责对鉴定站（点）实行年检评估制度，年检结果每年予以公布，凡年检未通过的将要求整改以至撤销。截至2021年，全国线缆行业批准设立鉴定站（点）23个，已覆盖线缆制造规模以上企业4653家中的大部分地区。

三、考评人员

考评人员是职业技能鉴定活动的主导因素，其考评行为直接决定着鉴定的质量。

考评人员的主要任务：考前参加考评组会议熟悉鉴定计划和评分标准，鉴定前检查场地、材料、设备和仪器等，鉴定中独立评分并填写考评记录，考评后递交考评报告。

考评人员分为考评员和高级考评员两级。考评员可承担初、中、高级职业资格的考评，高级考评员可

承担技师、高级技师及以下各级职业资格的考核评审。

考评人员在上岗前必须进行资格培训。培训内容主要包括职业技能鉴定的法律、法规、制度，考评人员的职业道德，线缆制造工职业标准、鉴定要素和考评技术方法。培训结束要进行考核，考核内容由公共知识部分和专业技能部分组成，合格者颁发人力资源和社会保障部统一样式的证卡。

截至2023年，全国线缆行业已有考评员237人，其中124人为高级考评员。

第2节　线缆职业技能鉴定实施流程

一、鉴定工作流程（图125）

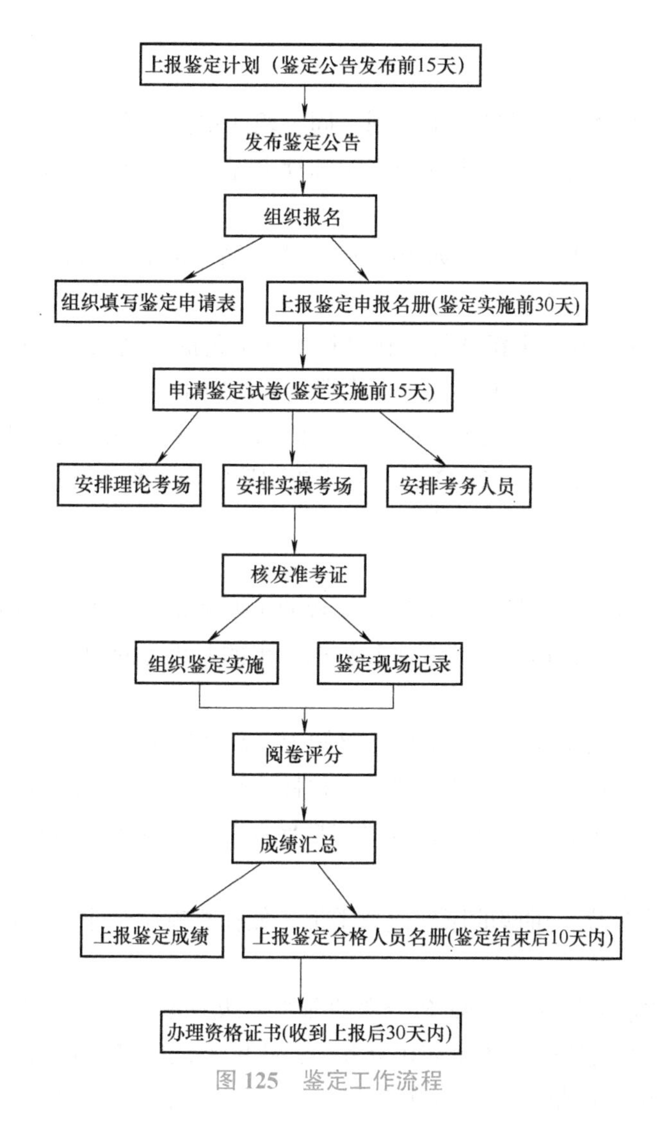

图125　鉴定工作流程

线缆鉴定分中心在整个工作流程实施中，努力做到了“五个统一”：统一标准、统一教材、统一命题、统一派遣考评人员、统一资格证书核发。确保各鉴定站（点）各地区的鉴定质量得到充分保障，线缆职业技能鉴定体系顺畅运行。

二、国家职业资格证书

国家职业资格证书是国家以法律为依据、以政府权威力量推行的，因此具有权威性和严肃性。证书由人力资源和社会保障部统一印制。国家职业资格证书的等级设置为 5 个级别；国家职业资格五级、四级、三级分别对应技术等级的初级工、中级工、高级工，二级和一级分别对应技师和高级技师。

线缆职业技能鉴定实施百分制计分，理论知识考试和操作技能考核满分均为 100 分，60 分为及格分。考生必须理论知识考试和操作技能考核两项都及格才能申请相应的国家职业资格证书，证书上记分 =40% 理论知识考试分 +60% 操作技能考核分。

截至 2023 年底，线缆鉴定分中心共办理国家职业资格五级、四级、三级证书共 21110 人，二级证书 1532 人，一级证书 589 人。

第 3 节　电线电缆专业工艺教材和考核试题

一、线缆制造职业与工种

职业是具有一定特征的社会工作类别。工种则是同一职业中按生产专业分工、劳动组织状况而划分的工作种类。我国的职业分类和工种划分是由人力资源和社会保障部代表国家确定的。一个职业包括一个或几个工种。

《中华人民共和国职业分类大典》（1999 版）确定线缆制造的职业名称为“电线电缆制造工”。2000 年国家劳动部批复确定该职业包括 13 个工种。

进入 21 世纪以后，随着线缆行业新设备、新材料、新工艺的不断发展，产品迭代更新，职业和工种的划分开始发生变化。《中华人民共和国职业分类大典》（2015 版）确定线缆制造的职业为两个：电线电缆制造工和光纤光缆制造工。其中，电线电缆制造工包括 12 个工种，光纤光缆制造工包括 8 个工种。

《中华人民共和国职业分类大典》（2022 版）对线缆制造的职业和工种的确定与 2015 版保持不变。

二、专业工艺教材编写

适应时代和生产需要的专业工艺教材是培训劳动者的重要依据，组织编写高质量的线缆行业统一教材是线缆鉴定分中心的职责之一。根据广泛的调研和分析得出的共识是对每个工种编写一本对应的专业工艺教材，并且形成以下编写原则：

（1）实用性　能指导工人的实际操作，运用教材知识提高线缆生产第一线的掌控力。

（2）科学性　内容正确无误，在业界具有共识；教材的叙述应当符合科学逻辑性。

（3）规范性　以国家标准或行业标准作为教材的指导规范，引导工人施行规范化操作，遵守工艺纪律和安全操作规程。

（4）可读性　语言通俗易懂，讲解的原理或数学推导能让具有中学水平的读者理解，即具有初中毕业学历的读者即使自学也能基本接受。

自 2001 年起，线缆鉴定分中心组织 46 名资深的业内高级专家，对 2000 年国家劳动部批复确定的 13 个工种，编写了 13 本专业工艺教材，共计 120 余万字，我国电线电缆行业第一次有了自己统一的职业培训教材。教材有《铜铝杆生产工艺学》《拉线工艺学》《镀制工艺学》《绞制工艺学》《挤橡工艺学》《挤塑工艺学》《包制工艺学》《金属护套制造工艺学》《交联工艺学》《干燥浸油工艺学》《漆包工艺学　光缆工艺学》和《电线电缆检验工艺学》（两册）。

2015 年，为适应国内线缆生产形势发展需要，根据《中华人民共和国职业分类大典》（2015 版）确定的职业和工种划分，线缆鉴定分中心组织 59 名熟稔生产工艺、来自行业领头企业的高级工程师专家，按“电线电缆制造工”“光纤光缆制造工”两个职业共 20 个工种重新编写专业工艺教材，共计 260 余万字。

对应“电线电缆制造工”职业包含的 12 个工种，编写 12 本专业工艺教材：《铜铝杆生产工艺学》《电线电缆拉制工艺学》《电线电缆镀制工艺学》《电缆辐照工艺学》《电线电缆金属导体挤制工艺学》《电线电缆绞制工艺学》《电线电缆挤塑工艺学》《电线电缆金属护套制造工艺学》《电线电缆包制工艺学》《电线电缆挤橡工艺学》《绕组线漆包工艺学》《电线电缆产品检验工》。

对应“光纤光缆制造工”职业包含的8个工种，编写8本专业工艺教材：《光棒制造工艺学》《光纤拉制工艺学》《光纤着色并带工艺学》《光纤套塑工艺学》《光纤成缆工艺学》《光缆护套工艺学》《无源光器件制造工艺学》《光纤光缆产品检验工艺学》。

三、考核试题编写

职业技能鉴定属于标准参照考试类型，所以编写试题时必须以线缆制造国家职业标准为依据，以职业资格达标作为命题考量。

由于劳动者的生产岗位和职业培训都是按工种进行的，教材也是紧密结合工种，所以试题编写必定按工种展开。在线缆鉴定分中心安排下，每个工种都独立编写考核试题。考核试题包括理论知识试题和操作技能试题两部分，各部分还要区分初、中、高各等级的试题。

理论知识试题的编写必须反映本工种专业教材中所有知识点，务求全面。试题编写前必须熟悉教材，熟悉企业生产。试题的难度要符合各技能等级的实际。考虑到理论知识考试是闭卷考试，试题统一采用四种形式：判断题、选择题（四选一）、问答题、计算题。

为此，理论知识试题的编写基本上都请该工种专业教材的主编来担任。实践证明，考试和培训相衔接，效果比较好。

操作技能考核试题是公开的，而且是在生产岗位的设备上进行，鼓励劳动者平时要按照试题要求进行训练。编写操作技能试题采用模块化命题，试题分成6个模块：开车前检查；材料、半成品准备；操作设备过程；工艺参数调整；故障排除考核；产品质量检测。

各模块都有细化要求和量化标准，便于客观性计分。对不同企业、设备，模块化试题灵活、实用、规范，深得好评。操作技能试题特别聘请长年在生产一线的高级工程师来命题，各模块的细化和量化质量有了切实保证。

操作考核过程中，特别强调工艺纪律、安全操作规程和产品质量的权威性，若发现违规，当即一票否决。

2007年起开展技师考核评审，2009年起开展高级技师评定，随之增加了计算机试题和论文答辩，试题的编写又提出了新的要求。

截至2023年，线缆鉴定分中心共有理论知识试题14940道，拥有操作技能试题50余套。

第4节　全国线缆制造工职业技能大赛

全国电线电缆制造工职业技能大赛是线缆职业技能鉴定体系建立之后的成果检验活动，也是在推行国家职业资格证书制度基础上开展的学技术、比贡献、出人才的全国性群众活动。其规模之大、发动之广、影响之深，在我国电线电缆发展史上都是前所未有的。

截止到2020年，全国电线电缆制造工职业技能大赛已举办三届：第一届全国电线电缆制造工（检验工）职业技能大赛于2006年11月在上海市举办；第二届全国电线电缆制造工（拉线工）职业技能大赛于2011年5月在江苏宝应县举办；第三届全国电线电缆制造工（挤塑工）职业技能大赛于2015年11月在安徽无为县举办。

第三届大赛的报名空前热烈，最后经审核合格者达4326人之多。大赛分区域预赛和全国决赛两个阶段。预赛按行政省（区）、直辖市为基础，单独或联合划分成若干区域进行。在各企业大力支持下，预赛的组织实施都由各区域内鉴定站（点）承担，参赛者中有60%以上都经历过职业技能鉴定，岗位练兵和专业培训的素质较好，保证了赛程平稳有序。全国决赛的命题组和裁判组中，高级考评员占了八成，为专业技能鉴定和国家大赛选拔的衔接奠定了基础。选手成绩采用现场独立计分和计算机综合记分相结合，从而确保赛事公正、公平、合规。受机械工业职业技能鉴定指导中心委托，线缆鉴定分中心全过程参与大赛的组织实施工作，获得大赛组委会的高度评价。

通过组织三届大赛，有 341 人获得优胜奖，给予颁发奖牌和相应的国家职业资格证书；有 45 人获得二、三等奖，晋升国家职业资格一级（最高至技师）；有 15 人获得一等奖，晋升为技师资格，原有技师的晋升高级技师；有 9 人获得人力资源和社会保障部授予的“全国技术能手”称号；有 3 人获得中华全国总工会授予的“五一劳动奖章”。

全国电线电缆制造工职业技能大赛的成果表明，随着职业技能鉴定体系的不断完善和深入，新时代线缆制造的一线从业人员中正在涌现出一批又一批的新型人才，他们就是建设“线缆制造强国”的中流砥柱。

附 录

行业发展大事记

1. 1939年7月1日，由国民政府创办的第一家电缆企业——中央电工器材厂正式建成，后改为昆明电缆厂，我国自己生产的第一根线缆在这里诞生。

2. 1956年3月，作为苏联援建的国家156项工程的首批重点工程，沈阳电缆厂工程项目竣工，裸电线、电磁线、软绳日用品、熔铜、压延车间等投入生产。

3. 1958年，经第一机械工业部批准，《电线电缆》杂志在上海电缆研究所正式创刊，时名《电缆》。1972年，《电缆》恢复办刊并更名为《电线电缆》。

4. 1961年，上海电缆厂先后成功开发了110kV、220kV、330kV高压充油电缆及附件产品。

5. 1966—1969年，电线电缆行业进行大、小三线建设，使我国电线电缆制造企业在地域布局上更为合理，而不成功的项目造成了人力、财力的浪费。

6. 1976年，沈阳电缆厂开发试制了500kV高压充油电缆及附件，1980年试制成功并得到应用。

7. 1976年，我国研制出可用于光通信的多模光纤；1988年在甘肃省兰州—武威建设了我国第一条国产的长途直埋光缆通信干线。

8. 1977年，上海电缆厂试制成功综合护层塑料绝缘市话电缆，在国内开始代替纸绝缘市话电缆。

9. 1978年，《电线电缆手册》首次出版，为电线电缆科技工作者提供了全面、方便的实用工具。

10. 1982年，上海电缆厂试制成功我国第一根大长度海底电力电缆。

11. 1984年4月，中国电工技术学会电线电缆专业委员会成立。

12. 1984年11月，中国电机工程学会（变电）电力电缆分专业委员会成立。

13. 1984年1月，《电缆与附件安装运行》杂志在武汉出版，主办单位：全国电缆附件专业委员会武汉市机械工业局；主编：钱汝立；副主编：陈玉梅；出版单位：武汉电缆附件研究所《电缆与附件应用》编委会；期刊号：湖北省内部期刊第0317号（季刊）；发行对象：电力行业、石油、化工系统、相关电缆与附件安装人员；发行时间：1984年1月到1997年9月，合计出版发行56期。

14. 1985年7月10日，衡阳电缆厂顺利通过CCEE的工厂质量保证能力审查，抽样产品也顺利通过型式试验，经CCEE批准，获得编号为（1985）电工认字第001号的产品认证合格证书（电线电缆强制性产品认证第一张证书）。

15. 1986年9月，经机械工业部和上海市新闻出版局批准，《电线电缆报》在上海电缆研究所正式创办。

16. 1988年，中国电器工业协会电线电缆分会成立。

17. 1992年，我国电线电缆行业开始实施生产许可证制度，由全国许可证办公室统一管理。

18. 1995年8月，郑州电缆厂研制的110kV交联聚乙烯绝缘电缆通过了机械工业部、电力工业部联合举行的技术鉴定，首批电缆于1995年12月28日在北京供电局投入运行，这也是北京供电局首次选用国内110kV交联电缆替代进口。

19. 1995年11月，武汉电缆（航天时代电子技术股份有限公司）成为国内第一家生产销售电缆的上市企业，同年远东股份（远东智慧能源股份有限公司）前身公司也成功上市。

20. 1996年12月，郑州电缆厂研制的220kV交联电缆顺利通过机械工业部重大装备司和电力工业部科技司联合组织的技术鉴定，填补了国内空白，标志着我国高压交联绝缘电力电缆的生产技术跨入了世界先进行列。

21. 1997年，沈阳电缆厂为国家重点工程项目秦山核电二期工程提供岛内用核级电缆500km（乙丙类绝缘）；1997年，常州八益电缆股份有限公司和常州华光电缆电器有限公司成功开发了具有40年模拟热寿命的1E级K3类核电站用电缆，实现了国产化。

22. 1998年，远东电缆有限公司、无锡江南电缆公司、中天科技、河南通达等成功开发了1000kV特高压交流架空输电导线，并于2013年9月25日投入正式运行。

23. 2003年，上海电缆研究所专家受IEC中国国家委员会委派，担任IEC/TC7秘书，开创了我国参与到IEC标准体系中的历史，也有机会让国际专家和同行了解、理解、感受到我国在各技术领域的发展和取得的成果。

24. 2005年10月，河北宝丰电缆有限公司研制的500kV交联电缆通过了型式试验，2013年4月通过了预鉴定试验。

25. 2006年11月，第一届全国电线电缆制造工（检验工）职业技能大赛在上海举办。

26. 2007年，我国首条直流特高压输电工程：向家坝—上海 ±800kV特高压直流输电工程，导线型号规格：JL/G1A-630/45，电压等级：±800kV。该工程由我国自主研发、自主设计和自主建设，是世界上电压等级最高、输送容量最大、送电距离最远、技术水平最先进的直流输电工程，也是我国能源领域取得的世界级创新成果，代表了当今世界高压直流输电技术的最高水平。该工程获得第五届中国工业大奖。

27. 2009年，上海电缆研究所检测中心编制了TICW06技术规范，制定了计算机/仪表电缆的技术要求，规范了市场上此类产品的质量，在石化系统、石油系统、发电系统等应用领域得到了充分的认可和使用。

28. 2012年，江苏上上电缆集团有限公司成功开发了具有40年模拟热寿命的1E级K1类核电站用电缆，实现了国产化。

29. 2012年6月，国内首套核电站用IE级K1（壳内）电缆LOCA实验装置开发成功，该系统由上海电缆研究所国家电线电缆质量监督检验中心开发，完全符合第三代核电站（AP1000系列）DBA/Post-DBA试验要求，并成功为我国的三门和海阳核电站电缆、AP1000阀门O型密封圈及配套密封件进行了AP1000的LOCA试验验证，该项目获得机械工业科学技术进步一等奖。

30. 2012年9月，由中国电器工业协会电线电缆分会、印度尼西亚线缆协会、国际铜业协会、马来西亚线缆协会、越南线缆协会以及我国台湾地区线缆协会联合发起的亚洲电线电缆行业合作组织（AWCCA）在上海正式成立。

31. 2012年9月24日，中国电器工业协会电线电缆分会发布了《中华人民共和国职业分类大典》电线电缆职业体系。

32. 2013年，远东电缆有限公司、无锡江南电缆公司等成功开发出 ±1100kV特高压直流架空输电导线，2018年4月投入正式运行。

33. 2013年，GB/T 29631—2013《额定电压1.8/3kV及以下风力发电用耐扭曲软电缆》标准批准颁布，此标准是根据该产品的实际使用条件和大量基础研究前提下制定的国家标准，也是世界上风电领域关于耐扭曲电缆的首部标准。它为后续更高电压等级耐扭曲电缆标准的制定打下了基础，同时为当今风电新能源装备的长期可靠运行提供了保障。

34. 2013年3月20日，由宁波东方、中天科技、青岛汉缆、上缆藤仓和亨通高压研制的 ±160kV交联聚乙烯挤包绝缘直流电缆以及上海三原电缆附件有限公司研制的 ±160kV交联聚乙烯挤包绝缘直流电缆终端、±160kV 交联聚乙烯挤包绝缘直流电缆预制式直通接头通过中国电力企业联合会的新产品鉴定。

35. 2013 年 9 月，国产 35kV 超导电缆挂网运行。由上海电缆研究所有限公司研制的我国首条冷绝缘高温超导电缆系统，额定容量为 120MVA（额定电压 35kV，额定电流 2000A，最大瞬时负荷电流达到 2200A），长度为 50m，三相超导材料均采用 AMSC 提供的二代高温超导带材。

36. 2014 年，江苏上上电缆集团有限公司的三代核电 AP1000 壳内电缆通过中国机械联合会组织的专家鉴定，该产品填补了国际空白，达到国际领先水平。

37. 2014 年，国产单根最长、电压等级最高、截面积最大的 ±210kV 挤包绝缘柔性直流海底电缆（中天海缆、宁波东方、青岛汉缆）被应用于舟山 ±210kV 五端柔性直流输电科技示范工程。

38. 2014 年，以中天科技、宁波东方、亨通高压为代表的企业成功研制了 ±320kV 直流电缆，被应用于厦门供电局。

39. 2014 年，由青岛汉缆生产的 500kV 交联聚乙烯绝缘大长度电力电缆在北京市海淀区投入运行。

40. 2016 年，青岛汉缆中标新加坡能源公司 400kV、2500mm² 超高压电缆系统工程，国产超高压电缆首次出口发达国家。

41. 2016—2018 年，宁波东方、亨通高压、中天科技、青岛汉缆成功开发了交流额定电压 500kV 交联聚乙烯绝缘海底电缆；2019 年 1 月，500kV 海缆系统应用于国家电网公司浙江舟山 500kV 联网输变电工程。

42. 2017—2018 年，宁波东方、亨通高压、中天科技和重庆泰山等成功研制出 ±535kV 直流高压电缆。

43. 2017—2019 年，西安交通大学 / 国际大电网绝缘电缆中国研究委员会和上海缆慧检测技术有限公司组织了国内高压电缆制造企业、原材料供应商、供电部门、高校和相关检测机构搭建了科研合作平台，开展高压电缆缓冲层烧蚀故障机理研究，研究费用和研究人员由参与单位共同提供，开创了电线电缆行业基础研究的新模式。

44. 2019 年，由中天科技生产的 ±400kV 大长度交联聚乙烯绝缘高压直流电缆和附件成功在如东海上风力发电场投入运行。

45. 2019 年，河南工学院根据学科专业发展的需要成立了电缆工程学院。

46. 2023 年 6 月，中国检验检测学会电线电缆分会在江苏金坛成立，是中国检验检测学会的分支机构。西安交通大学为会长单位，秘书处设在江苏中电线缆研究院有限公司。

参 考 文 献

[1] 本书编写组 . 中国电机工业发展史：百年回顾与展望 [M]. 北京：机械工业出版社，2011.

[2] 本书编写组 . 穿越西东：纪念献身中国电气工业的先驱 [M]. 上海：上海交通大学出版社，2023.

[3] 江苏上上电缆集团有限公司 . 从优秀迈向卓越的上上之路 [M]. 北京：中国标准出版社，2023.

[4] 中国电器工业发展史编委会 . 中国电器工业发展史 [M]. 北京：机械工业出版社，1990.

[5] 中国机械电子工业年鉴编辑委员会 . 中国机械电子工业年鉴 1986 [M]. 北京：机械工业出版社，1986.

[6] 中国机械工业年鉴编辑委员会 . 中国机械工业年鉴 1998 [M]. 北京：机械工业出版社，1999.

[7] 韩馥儿 . 中国光纤通信年鉴：2022 年版 [M]. 上海：上海大学出版社，2022.

[8] 张兆文 . 我国电线电缆辐射加工应用现状及发展趋势 [J]. 电线电缆，2004 (1)：18-20.

[9] 金标义 . 辐照交联——我国线缆行业的新潮流 [J]. 中国电工技术学会电线电缆专业委员会 2008 年学术年会，2008，184-187.

[10] 赵以正，任惠芳，赵杰，等 . 辐射交联聚氯乙烯电缆料配方的研究——多官能团单体的选择 [J]. 电线电缆，1986 (6)：20-24.

[11] 周积春 . 辐射交联聚氯乙烯绝缘材料的研究 II：添加一缩二乙二醇二丙烯酸 [J]. 辐射研究与辐射工艺学报，1989，7 (1)：45-50。

[12] 片平忠夫 . 阻燃耐热交联聚丙烯电线 [J]. 电线电缆，1986 (5)：30-33.

[13] 周知明，刘振灏，滕人瑞，等 . 开发辐射交联技术和发展辐射加工产业 [J]. 核技术应用，1990，4：21-26.

[14] 张京辉 . 我国辐射交联电线电缆的现状与对策 [J]. 光纤与电缆及其应用技术，1990 (2)：4.

[15] 朱学勇，聂祝婷，康雪峰，等 . 长寿命辐照交联聚烯烃电缆料的研制 [J]. 光纤与电缆及其应用技术，2020 (4)：4.

[16] 欧育湘 . 新世纪前 10 年全球阻燃剂发展预测 [J]. 化工进展，1999，18 (6)：29-34.

[17] 谢大荣，吴南屏 . 无卤阻燃 EVA 复合材料阻燃性和力学性能的研究 [J]. 中国塑料，1994，8 (2)：8-12.

[18] 张军，等 . 无卤低烟阻燃辐照交联聚烯烃绝缘材料研究 [J]. 中国电工技术学会第七届绝缘材料与绝缘技术学术会议，1999，128-131.

[19] 赵海燕 . 抗水树交联聚乙烯绝缘电力电缆的研究 [J]. 电线电缆，2010 (4)：4-7.

[20] 杨扬，黄志林，邓长胜，等 . 抗水树中压电力电缆及材料的研究 [J]. 电线电缆，2006 (2)：14-16.

[21] 倪伟波 . 热缩材料：用“记忆”铸造强国之盾 [J]. 科学新闻 . 2018 (8)：53-55.

[22] 严兵 . 辐照交联电缆及材料的研究探讨 [C]. 中国电工技术学会电线电缆专业委员会 2015 学术年会论文集 . 2015：298-306.

后记

《中国电线电缆行业发展简史》（以下简称《简史》）正式出版了，这是我们电线电缆行业内的一件大事、喜事。《简史》是对我国电线电缆行业 80 多年发展历程的系统梳理和集中展示，也是传承弘扬“线缆人”精神、讲好线缆行业故事的重要载体，是凝聚全体“线缆人”的宝贵精神财富。

在《简史》编纂过程中，我们严格以行业发展为主线，遵循实事求是、以史为据的原则，集中了行业专家、学者，以及科研单位、院校和行业企业、广大用户等全行业的智慧与力量，并广泛搜集资料，及时听取行业内外各界人士的意见，客观、真实、全方位、广角度地记述我国电线电缆产业从无到有、从小到大、从弱到强的发展历程。

一部发展史，牵动众人心。《简史》编纂工作是全行业上下齐心协力推动的一项庞大系统工程。在《简史》编纂中得到了多省行业组织、企事业单位、科研单位、院校，以及专家、学者的大力支持，特别是上海缆慧检测技术有限公司、江苏中电线缆研究院有限公司为编纂工作给予鼎力资助，提供了出版经费和数次编务会议的食宿、场地。在此，我们编纂工作组对所有辛勤付出的单位与个人表示崇高的敬意和衷心的感谢！

下面我们将参与《简史》编纂及提供帮助和支持的全体人员的供职单位或曾供职单位信息汇总如下：

吴长顺　中国检验检测学会电线电缆分会　上海缆慧检测技术有限公司
陶金亚　中国检验检测学会电线电缆分会　上海缆慧检测技术有限公司
卜东乐　上海南洋电工器材股份有限公司
于泽众　郑州电缆厂
万同利　青岛市产品质量检验研究院
刁有建　昆明电缆集团昆电工电缆有限公司
马汝亮　上海电缆研究所有限公司
马海宏　无锡恒泰电缆机械制造有限公司
王　力　郑州电缆厂
王　宇　上海缆慧检测技术有限公司
王　玮　上海缆慧检测技术有限公司
王　怡　深圳市沃尔核材股份有限公司
王大飞　无为县电线电缆行业协会
王正壮　青岛汉缆股份有限公司
王寿泰　上海交通大学
王宏雪　南德认证检测（中国）有限公司上海分公司
王良琪　安徽省无为市电线电缆行业协会
王国忠　通光集团有限公司
王国鹏　成都鑫成鹏实业有限公司
王怡瑶　沈阳电缆厂

王洁然　安徽华能电缆集团有限公司
王晓荣　恒飞电缆股份有限公司
王锦明　长园科技集团股份有限公司
王新盛　河南通达电缆股份有限公司
毛文章　安徽天康（集团）股份有限公司
孔德忠　无锡工艺职业技术学院
石　铁　北京电线电缆总厂
叶明竹　安徽华宇电缆集团有限公司
申洪来　阳谷电线电缆行业协会
田　洁　德国 VDE 认证公司
史玉芳　江苏上上电缆集团有限公司
冯名星　宝胜科技创新股份有限公司
边　际　郑州电缆技工学校
邢太文　河北明达线缆集团有限公司
朱　峰　常州八益电缆股份有限公司
朱正斌　贵州玉蝶电工股份有限公司
朱永华　上海缆慧检测技术有限公司
朱爱荣　郑州电缆厂
华启国　安徽天康（集团）股份有限公司
刘　咏　特乐斯特机械（上海）有限公司
刘　标　天长市科学技术局
刘云龙　杭州永通新材料有限公司
刘雄军　江苏上上电缆集团有限公司
关丽丽　中国质量认证中心
江　诚　江苏中电线缆研究院有限公司
江平开　上海交通大学
汤　均　中国电子科技集团公司第二十三研究所
孙　利　上海缆慧检测技术有限公司
孙无忌　江苏上上电缆集团有限公司
孙兆渭　广东南缆电缆有限公司、红旗电缆厂
苏保信　铜陵精达特种电磁线股份有限公司
李　波　宁晋县电线电缆行业协会
李　骥　上海缆慧检测技术有限公司
李小秋　哈尔滨电缆厂
李长明　哈尔滨理工大学
李永辉　四川川东电缆有限责任公司
李亚明　南京全信传输科技股份有限公司
李自为　亨通集团有限公司
李志宏　侯马电缆厂
李宏章　河北华通线缆集团有限公司
李海全　浙江万马股份有限公司
杨　刚　辽宁省产品质量监督检验院
杨　娟　浙江万马股份有限公司
杨昌平　上海电缆厂

杨春尧 四川省产品质量监督检验检测院
杨树生 山东电缆厂
杨娟娟 上海缆慧检测技术有限公司
杨培杰 南京中超新材料股份有限公司
杨福贵 高邮市电线电缆行业协会
肖红杰 广东祥利科技集团有限公司
吴 涛 江苏中煤电缆有限公司
吴 蒙 上海捷胜线缆科技有限公司
吴云杰 麦斐国际贸易（上海）有限公司
吴友国 上海缆慧检测技术有限公司
吴金蓬 广州市新兴电缆实业有限公司
吴雪梅 上海缆慧检测技术有限公司
邱漫诗 国网上海市电力公司电缆分公司
何 波 天津六〇九电缆有限公司
余群光 广州电缆厂有限公司
邹凌云 德国 DEKRA 认证检测公司
辛膨成 中国质量认证中心
张 生 青岛汉缆股份有限公司
张 杰 广意永雄机械有限公司
张 忠 通光集团有限公司
张 涛 青岛汉缆股份有限公司
张开拓 河南工学院电缆工程学院
张公卓 湖南华菱线缆股份有限公司
张文勇 河北华通线缆集团有限公司
张立刚 青岛汉缆股份有限公司
张兆田 扬州曙光电缆股份有限公司
张炳生 扬州鑫源电气股份有限公司
张道利 沈阳古河电缆有限公司
陆玉庆 扬州市精艺试验机械有限公司
陈 良 苏州科宝光电科技有限公司
陈幼明 上海电缆研究所有限公司
陈向阳 天长市工业和信息化局
陈良平 尼霍夫机械制造（常州）有限公司上海分公司
陈国平 苏州市吴江区检验检测中心
陈保平 烽火通信科技股份有限公司
陈晓鸣 江苏安靠智电股份有限公司
陈祥楼 南京全信传输科技股份有限公司
陈淑萍 广东电缆厂有限公司
范文同 兰州众邦电线电缆集团有限公司
范明海 江苏亨通华海科技股份有限公司
罗延松 荷兰 KEMA 实验室
岳光明 合肥神马科技集团有限公司
金 群 武汉产品质量监督检验所
金银强 兰州众邦电线电缆集团有限公司

周　飞　中天科技股份有限公司
周才辉　临海市亚东特种电缆料厂
周文华　广东产品质量监督检验研究院
周桂华　上海起帆电缆股份有限公司
周海燕　广东电缆厂有限公司
周韫捷　国网上海市电力公司电缆分公司
郑士泉　中国质量认证中心
郑连元　扬州曙光电缆股份有限公司
郑焕然　金龙羽集团股份有限公司
孟秋娟　上海金丰电缆有限公司
项　健　浙江万马高分子材料研究院
项冰仑　白银有色长通电线电缆有限责任公司
赵　飞　青岛海检集团有限公司
赵以正　上海化工厂
赵尊华　特变电工昭和（山东）电缆附件有限公司
胡　伟　河北省产品质量监督检验研究院
胡少忠　金杯电工衡阳电缆有限公司
胡良建　安徽省电线电缆行业协会
胡学潮　扬州光明电缆有限公司
柯德刚　上海永锦电气技术股份有限公司
钟　成　珠高电气检测有限公司
钟力生　中国检验检测学会电线电缆分会、西安交通大学
钟伟勤　上海新上化高分子材料有限公司
段　涛　青岛汉缆股份有限公司
俞丽琴　浙江太湖远大新材料股份有限公司
费楚然　中广核高新核材集团有限公司
胥玉珉　山东电缆厂
姚正平　上海罗坤电气科技发展有限公司
贺　伟　上海缆慧检测技术有限公司
袁常俊　上海缆慧检测技术有限公司
贾　欣　上海缆慧检测技术有限公司
贾天广　阳谷电线电缆行业协会
夏　峰　宁波东方电缆股份有限公司
夏亚芳　无锡江南电缆有限公司
夏君山　金杯电工衡阳电缆有限公司
夏春亮　惠州乐庭智联科技股份有限公司
夏喜明　安徽天康（集团）股份有限公司
钱子明　江苏亨通电子线缆科技有限公司
徐红卫　浙江久盛交联电缆有限公司
徐季新　浙江元通线缆制造有限公司
徐建中　福建南平太阳电缆股份有限公司
徐建峰　江苏昂倍兹智能机械有限公司
凌宗勇　安徽宇测线缆质检技术有限公司
栾立群　天津市产品质量监督检测技术研究院

高博洋　中国质量认证中心
郭守恒　合肥电缆厂
唐　玲　湖南省产商品质量检验研究院
唐崇健　扬州万益高分子材料有限公司、宝胜科技创新股份有限公司
诸　怡　上海缆慧检测技术有限公司
陶　君　上海缆慧检测技术有限公司
黄　宇　上海缆慧检测技术有限公司
黄俊华　上海阿尔卡特光缆有限公司
黄晓勇　西安西电光电缆有限责任公司
黄湘赣　深圳市机器人特种线缆行业协会、东莞市虎门信息传输线缆协会
梅　梅　浙江万马股份有限公司
曹保国　阳谷电线电缆行业协会
曹振霞　青岛电缆厂
龚国祥　中国检验检测学会电线电缆分会、江苏中电线缆研究院有限公司
盛业华　安徽省无为市电线电缆行业协会、安徽华能电缆集团有限公司
崔久德　无锡鑫宏业线缆科技股份有限公司
康雪峰　安徽华菱电缆集团有限公司
梁后俊　天长市委组织部
梁福秋　天长电线电缆行业协会
隋明辉　常州船用电缆有限责任公司
彭　超　电力工业电气设备质量检验测试中心
程金星　中广核拓普（湖北）新材料有限公司
蒋建中　宜兴市电线电缆行业协会
韩惠福　新亚特电缆股份有限公司
谢志国　中国质量认证中心
蒲轶川　青岛汉缆股份有限公司
訾敬印　阳谷县光电线缆行业协会
鲍振宇　江苏省产品质量监督检验研究院
鲍煜昭　无锡统力电工有限公司
靖吉旭　莱茵技术（上海）有限公司
廖　强　四川省产品质量监督检验检测院
樊　华　郑州电缆技工学校
潘茂龙　山东华凌电缆有限公司
瞿保钧　中国科学技术大学

除上述参编者外，还有杭州电缆股份有限公司、美国 UL 实验室等提供了史料。

在《简史》编纂中，我们力求史料系统、完整，结构逻辑严密、清晰，数据准确、真实，文字严谨、流畅，但由于时间紧、任务重、资料收集难度大、时间跨度大等因素影响，加之编纂工作组水平有限，书中存在纰漏和瑕疵在所难免，恳请广大读者批评指正！

编纂工作组
二〇二四年五月一日